福建企业年鉴

FUJIAN ENTERPRISE YEARBOOK

2021

《福建企业年鉴》编委会 编

海峡出版发行集团 THE STRAITS PUBLISHING & DISTRIBUTING GROUP | 福建科学技术出版社 FUJIAN SCIENCE & TECHNOLOGY PUBLISHING HOUSE

图书在版编目（CIP）数据

福建企业年鉴．2021 /《福建企业年鉴》编委会编．—福州：福建科学技术出版社，2022.4
ISBN 978-7-5335-6653-1

Ⅰ．①福… Ⅱ．①福… Ⅲ．①企业经济－福建－2021－年鉴 Ⅳ．① F279.275.7-54

中国版本图书馆 CIP 数据核字（2022）第 030480 号

书　　名	**福建企业年鉴2021**
编　　者	《福建企业年鉴》编委会
协　　编	福建省海峡数据信息中心 福建省产业经济发展促进会
出版发行	福建科学技术出版社
社　　址	福州市东水路76号（邮编350001）
网　　址	www.fjstp.com
经　　销	福建新华发行（集团）有限责任公司
印　　刷	福州力人彩印有限公司
开　　本	889毫米×1194毫米　1/16
印　　张	47.5
图　　文	760码
插　　页	4
版　　次	2022年4月第1版
印　　次	2022年4月第1次印刷
书　　号	ISBN 978-7-5335-6653-1
定　　价	497.50元（含光盘）

书中如有印装质量问题，可直接向本社调换

特 别 致 谢

本书编撰下列单位提供了大量翔实的数据资料和企业信息，福建科学技术出版社进行了精心的审读与编校，在此一并致谢！

福建省人民政府、各设区市、县（市、区）人民政府

平潭综合实验区管委会

福建省发展和改革委员会

福建省国有资产监督管理委员会

福建省卫生和健康委员会

福建省农业农村厅

福建省工业和信息化厅

福建省住房和城乡建设厅

福建省商务厅

福建省交通运输厅

福建省科学技术厅

福建省文化和旅游厅

福建省财政厅

福建省民政厅

福建省审计厅

福建省公安厅

福建省自然资源厅

福建省生态环境厅

福建省水利厅

福建省人力资源和社会保障厅

福建省教育厅

福建省退役军人事务厅

福建省应急管理厅

福建省统计局

福建省林业局

福建省海洋与渔业局

福建省地方金融监督管理局

福建省市场监督管理局

国家税务总局福建省税务局

福建省新闻出版局

福建省广播电视局

福建省体育局

福建省医疗保障局

福建省粮食和物资储备局

福建省药品监督管理局

中国人民银行福州中心支行

中国人民银行厦门市中心支行

中华人民共和国福州、厦门海关

中国银行保险监督管理委员会福建监管局

中国银行保险监督管理委员会厦门监管局

中国证券监督管理委员会福建监管局

中国证券监督管理委员会厦门监管局

福建社会科学院

福建省农业科学院

福建省总工会

中国共产主义青年团福建省委员会

福建省妇女联合会

福建省科学技术协会

福建省企业与企业家联合会

福建省开发区协会

福建省统计学会

（以上单位排名不分先后）

《福建企业年鉴　2021》
编　委　会

《福建企业年鉴　2021》
编　辑　部

编 辑 说 明

一、编辑出版《福建企业年鉴 2021》以习近平新时代中国特色社会主义思想为指导，旨在宣传福建企业发展的战略、现状和进程，展示福建企业发展的新成就和出现的新情况，总结经验，提供信息，承载历史，服务企业高质量发展。

二、《福建企业年鉴 2021》是多角度系统记载福建企业发展情况的大型资料性年刊，正式出版，国内外公开发行。

三、《福建企业年鉴 2021》内容涵盖上年度福建企业发展的各个方面，分为年度主题、发展纪事、行业分析、工业园区、品牌创建、专业人才、区域概况、经济数据、涉企政策和表彰奖励共十篇，比较客观、翔实地记载2020年福建企业的实际情况。

四、《福建企业年鉴 2021》中的一些论述仅代表作者观点，所引用的数据和资料均采用政府各部门正式发布的数据和资料；由相关协会提供的稿件，因统计口径不尽相同，个别数据可能有差异。读者如需引用数据和资料，请向相关单位查证，以相关单位提供的数据和资料为准。

五、《福建企业年鉴 2021》的编辑出版工作，得到了省委、省政府和全省各级政府、省直各有关单位、各有关社会组织和社会各界人士的关心和支持，在此一并致以诚挚的感谢。在本书编撰过程中，参考、引用了一些专著或资料，受联系渠道的制约，无法一一与原作者取得联系，请有关作者看到本书后与编委会联系，我们将支付稿酬并致以谢忱。限于经验和水平，难免存在疏漏和欠妥之处，谨请广大读者批评指正。

目　　录

第一篇　年度主题

第二篇　发展纪事

第三篇　行业分析

第四篇　工业园区

第五篇　品牌创建

第六篇　专业人才

第七篇　区域概况

第八篇　经济数据

第九篇　涉企政策

第十篇　表彰奖励

第一篇
年度主题

2020年福建省经济发展概述

2020年是极不平凡的一年，是众志成城、共克时艰的一年。新冠肺炎疫情突如其来，经济发展备受冲击，外部环境严峻复杂，在以习近平同志为核心的党中央坚强领导下，福建省坚持以习近平新时代中国特色社会主义思想为指导，全面贯彻党的十九大和十九届二中、三中、四中、五中全会精神，认真落实党中央、国务院决策部署和省委工作要求，增强"四个意识"、坚定"四个自信"、做到"两个维护"，奋力战疫情、保民生、稳经济、促发展，夺取了疫情防控和经济社会发展"双胜利"。这一年，习近平总书记亲自作出系列重要指示批示，赋予福建全方位推动高质量发展超越的重大使命，亲自向第三届数字中国建设峰会等致贺信，亲自宣布建立厦门金砖国家新工业革命伙伴关系创新基地，取得了决战脱贫攻坚的决定性胜利。

一、保持经济持续健康发展

2020年，全省扎实做好"六稳"工作、全面落实"六保"任务，深入实施"八项行动"，初步统计，全省生产总值43903.9亿元，增长3.3%；一般公共预算总收入5158.4亿元，增长0.2%；地方一般公共预算收入3079亿元，增长0.9%；居民消费价格总水平上涨2.2%；城镇登记失业率3.8%；城镇居民人均可支配收入47160元，增长3.4%；农村居民人均可支配收入20880元，增长6.7%；节能减排任务全面完成。

二、农业

2020年全省农林牧渔业总产值4901.07亿元，比上年增长3.3%。农村居民人均可支配收入20880元，比上年增长6.7%，扣除价格因素，实际增长4.5%。粮食生产平稳增长。全年粮食产量502.32万吨，比上年增加8.42万吨，增长1.7%。其中，稻谷产量391.75万吨，增加2.96万吨，增长0.8%。粮食播种面积1251.65万亩，比上年增加18.00万亩。其中，稻谷播种面积902.58万亩，增加3.72万亩。烟叶种植面积71.29万亩，减少3.99万亩；油料种植面积118.97万亩，增加2.71万亩；蔬菜种植面积895.46万亩，增加25.76万亩。特色经济作物增长较快。蔬菜种植面积895.46万亩，增加25.76万亩。多数品种单产较上年同期有所提高，全省蔬菜产量达1492.30万吨，增长3.8%。食用菌生产形势逐季好转。全省食用菌产量137.88万吨，同比增长3.4%。茶叶产量较快增长。全省茶叶产量46.14万吨，同比增长4.9%。荔枝、柚子、青梅、龙眼、李和青枣等增长幅度较大。花卉及盆景园艺增长较快。前三季度，全省花卉及盆景园艺播种面积50.78万亩，同比增长4.4%。畜牧业生产总体向好。全年肉蛋奶总产量330.88万吨，比上年增长3.8%。肉类总产量259.39万吨，增长1.7%。其中，猪肉产量103.75万吨，增长0.7%；主要禽肉产量146.56万吨，增长3.3%；牛肉产量2.46万吨，增长15.0%；羊肉产量2.28万吨，增长3.0%。年末生猪存栏910.90万头，增长42.0%；生猪出栏1299.86万头，增长0.2%。牛奶产量16.93万吨，增长17.1%。渔业生产增长较快。全年水产品产量830.34万吨，比上年增长1.9%。其中，淡水产品产量92.49万吨，增长1.6%；近海捕捞产量152.90万吨，下降5.1%；远洋捕捞产量58.15万吨，增长12.6%；海水养殖526.80万吨，增长3.1%。林产品产量保持增长。前三季度，全省木材产量888.08万立方米，同比增长1.7%。前三季度，毛竹产量3.57亿根，同比增长6.6%；篙竹1.89亿根，增长6.0%；竹笋干产量32.72万吨，增长6.0%。推进特色现代农业高质量发展“968”工程，茶叶、蔬菜、水果、畜禽、食用菌等十大乡村特色产业全产业链总产值突破2万亿元，十个产业全部超过千亿元。农村人居环境明显改善。农村户用厕所无害化普及率达96%以上，乡镇生活垃圾收运体系全覆盖，农村生活污水治理率达66.5%，整治农房73267栋，完成村庄绿化2.42万亩，改造农村公路1324公里。乡村振兴迈出新步。省级整合100亿元资金支持“百镇千村”试点示范，建成项目5244个，完成年度投资工程包78亿元，形成200条乡村振兴示范线。

三、工业

2020年前两个月，受新冠肺炎疫情的影响，福建大部分规模以上工业企业推迟复工，规模以上工业增加值下降高达13.3%。在38个工业大类行业中，有31个行业同比下降。3月份新冠肺炎疫情稳定后，工业加速复产，增速实现单月由负转正（3.6%）。4月份工业生产进一步恢复，4—10月份连续6个月工业增加值在4%—6.3%增长区间运行。其中5月份和9月份规上工业增加值增长达到6.3%和6.0%，是全年两个高峰。但四季度，工业增加值增长有所回落，尤其是12月，同比增长仅3.2%，创年内次低值。规模以上工业企业实现利润3470.08亿元，同比下降9.7%。在38个工业大类行业中，27个行业利润总额同比下降，11个行业利润总额同比增长。利润下降较大的主要行业有：石油、煤炭及其他燃料加工业下降73.3%，汽车制造业下降43.4%，黑色金属冶炼和压延加工业下降32.3%，化学原料和化学制品制造业下降30.9%，有色金属矿采选业下降28.5%，农副食品加工业下降28.5%，木材加工和木、竹、藤、棕、草制品业下降24.7%，食品制造业下降20.8%。规模以上工业企业实现营业收入同比下降3.5%。营业收入利润率6.26%，同比降低0.42个百分点；每百元营业收入中的成本为86.51元，同比增加0.17元。

2020年，4家省创新实验室和10家制造业创新中心加快建设，新增国家高新技术企业1400家、企业技术中心7家、工程研究中心9家，新增省级新型研发机构54家。省创新研究院正式启动运转。发明专利授权量增长14.4%，厦门大学研发的新冠肺炎疫苗获批开展临床试验。新增省级以上技术转移机构26家，技术合同成交额增长25.9%。新型显示、集成电路、半导体照明等全产业链加快发展，新增省级以上制造业单项冠军企业47家，工业战略性新兴产业增加值占规上工业增加值的25.6%。加快数字产业化、产业数字化，数字经济增加值增长15%。

四、建筑业

深化“五个一批”，突出“两新一重”，推动设立500亿元稳投资补短板应急专项融资资金，集中开工建设997个重大项目、总投资7640亿元。新增高速公路里程468公里、铁路运营里程264公里，新建改造城市道路和各类市政管网7300公里。加强基础设施互联互通，衢宁铁路、福平铁路开通运营，平潭海峡公铁大桥建成通车，漳汕高铁、温武吉铁路、福莆宁城际铁路、厦漳泉城际铁路等重大项目前期工作扎实推进。福州新区、厦门环东海域新城建设全面提速，南平行政中心搬迁平稳顺利。加快完善城乡路网体系，建成普通国省干线公路364公里，新建、改造农村公路1886公里，80%以上陆域乡镇实现30分钟内上高速。加快以县城为载体的新型城镇化，10个县（市）列入国家县城新型城镇化建设示范点。武夷山机场迁建、龙岩新机场等重大项目加快推进，老区苏区所有县城15分钟内上高速。扎实开展绿色生活创建行动，城市公交车中新能源汽车占80%，城镇新增建筑中绿色建筑面积占比达77%，设区城市建成区生活垃圾分类全面铺开。开工棚户区改造4万套、公租房2.4万套、老旧小区改造24万户。新开工建设226所公办幼儿园，省儿童医院建成投用，省疾控中心、福州新区滨海新城综合医院基本建成。

五、服务业

初步统计，2020年全省服务业增加值20842.78亿元，比上年增长4.1%，增幅比GDP和第二产业分别高0.8和1.6个百分点，比全国平均水平高2.0个百分点。三次产业结构由2019年的6.1：47.4：46.5调整为6.2：46.3：47.5。服务业对GDP增长贡献率为56.6%，拉动GDP增长1.9个百分点。

全省5999家规模以上服务业企业实现营业收

入5419.11亿元，增长7.6%，增幅比一季度、上半年和前三季度分别高13.4、6.9和2.9个百分点，比全国平均水平高5.7个百分点，居全国第2位。从行业看，生产性服务业快速恢复，实现营业收入4760.27亿元，增长9.4%。全省实现社会消费品零售总额18626.45亿元，下降1.4%，降幅比全国小2.5个百分点，居全国第8位，比一季度、上半年、前三季度分别收窄11.1、4.0和1.1个百分点，呈现持续恢复态势。全省实现电商交易额1.15万亿元，增长14.7%，比全国平均水平高10.4个百分点。交易额及增速分居全国第8和第6位。全省2020年中国淘宝村441个、淘宝镇153个，分居全国第6和第5位。全省交通运输、仓储和邮政业实现增加值1497.31亿元，增长4.8%，占GDP比重为3.4%，对GDP增长贡献率为5.9%。全省完成货物发送量13.99亿吨，增长4.7%；货物周转量9020.34亿吨公里，增长8.7%；旅客发送量2.55亿人，下降48.4%；旅客周转量661.97亿人公里，下降44.4%。沿海港口货物吞吐量6.21亿吨，增长4.5%。取消高速公路省界收费站并实现平稳运行，减免车辆通行费95.3亿元。开行"丝路海运"快捷航线，船舶平均通关效率提升20%。公路水路固定资产投资完成额1048.16亿元，增长13.9%。全省邮电业务总量4764.31亿元，增长22.8%。其中，邮政业务总量856.48亿元，增长32.6%；电信业务总量3907.83亿元，增长20.8%。全省邮电业务收入818.77亿元，增长8.1%。其中，邮政业务收入368.88亿元，增长14.0%；电信业务收入449.88亿元，增长3.7%。全省快递服务企业完成业务量34.32亿件，增长31.0%；快递业务收入302.56亿元，增长16.7%。规模以上信息传输、软件和信息技术服务业实现营业收入1415.44亿元，增长5.6%。其中，互联网和相关服务业增长12.2%，软件和信息技术服务业增长5.6%。全省金融业增加值3418.36亿元，增长6.4%，占GDP比重为7.8%，对GDP增长贡献率为14.2%。2020年末，全省金融机构本外币各项存款余额56386.92亿元，增长13.1%；本外币各项贷款余额59859.66亿元，增长13.7%。保险业实现保费收入1242.25亿元，增长5.7%。海峡股权交易中心、厦门两岸股权交易中心"台资板块"共挂牌展示台企1700多家。首创"台胞信用证担保"服务，融资担保余额9.5亿元。截至2020年12月29日，A股上市公司总市值2.99万亿元，总资产10.18万亿元，分居全国第7和第5位。全省房地产业实现增加值2904.80亿元，增长3.0%，占GDP比重为6.6%，对GDP增长贡献率为4.2%。从投资情况看，全省房地产开发投资6026.80亿元，增长6.2%。全省接待国内旅游人数36981.07万人次，下降29.8%，降幅比前三季度收窄15.7个百分点；国内旅游总收入4927.72亿元，下降33.3%，降幅比前三季度收窄19.3个百分点。新增国家全域旅游示范区4家，湄洲岛成功创建国家5A级旅游景区，实现"市市有5A景区"，平潭国际旅游岛影响力持续增强，"全福游、有全福"品牌效应进一步扩大。规模以上居民服务、修理和其他服务业，卫生和社会工作，文化、体育和娱乐业营业收入分别下降1.9%、3.2%和22.5%，降幅比上半年分别收窄3.4、10.3和6.9个百分点；教育业营业收入增长1.0%，比上半年提高3.9个百分点。规模以上教育业中开展线上教育的企业数是上年的2.4倍。规模以上互联网数据服务、互联网接入及相关服务、互联网广告服务营业收入分别增长106.8%、92.5%和82.8%。

（摘编：于新光）

福建：做好“六稳”落实“六保”
四十三条措施抓紧抓实抓细抓到位

为深入贯彻落实习近平总书记重要讲话重要指示批示精神，全面落实党中央决策部署，2020年4月27日福建省出台《关于扎实做好“六稳”工作落实“六保”任务的实施方案》，坚持稳中求进工作总基调，坚持新发展理念，坚持以供给侧结构性改革为主线，在抓紧抓实抓细抓到位上下功夫，努力克服新冠肺炎疫情带来的不利影响，在常态化疫情防控中全面推进复工复产达产，恢复正常经济社会秩序。

一、保居民就业

1. *千方百计促进高校毕业生就业。*实施“十个一批”扩岗行动。加大机关、事业单位招考（聘）力度；国有企业今明两年招聘应届毕业生，招聘数量不低于新增岗位的50%，不低于2019年；扩大社区就业岗位，鼓励高校毕业生到村居、社区就业；鼓励应届高校毕业生应征入伍或继续升学深造。支持中小微企业吸纳高校毕业生就业，并按每人1000元标准给予用人单位一次性吸纳就业补贴。开展毕业年度、离校2年内未就业高校毕业生（含技师学院）免费职业技能培训；加强困难家庭未就业高校毕业生公益性岗位兜底保障。

2. *做好相关重点群体就业工作。*鼓励农民工就地就近就业，通过回归农业、农村电商、自主创业等方式，扩大返乡留乡农民工就业规模。用好农民工返岗复工“点对点”用工对接服务平台，对吸纳省外贫困劳动力的给予跨省务工奖补。扎实推进退役军人安置工作，切实抓好退役军人免费职业教育和技能培训，促进退役军人就业创业。

3. *突出抓好困难群体就业。*重点抓好已脱贫但不够稳定、受疫情影响存在返贫风险的有就业意愿的劳动力就业工作，支持企业和重点项目复工复产中优先使用困难群体劳动力，延长公益性岗位政策期限。确保零就业有劳动力的困难家庭至少有1人就业。

4. *强化企业稳岗就业。*适当放宽受疫情影响企业稳岗返还政策认定标准，对受疫情影响不裁员、少裁员的中小微企业，企业及其职工上年度缴纳的失业保险费全额返还。

5. *优化就业公共服务。*鼓励企业和用人单位持续开展在线招聘，打造“就业服务不打烊，网上招聘不停歇”全天候全覆盖服务模式。推进在线办理就业服务和补贴申领。实施“百日免费线上技能培训行动”。

二、保基本民生

6. *适时提高城乡低保保障标准。*及时将符合条件的困难群众纳入低保或特困供养，省定农村低保最低标准从人均每年3700元提高到4050元，老区苏区县低保、特困供养资金补助在原比例基础上再提高10%。

7. *加大临时救助力度。*2020年阶段性提高临时救助筹资标准，加大对老区苏区县资金倾斜。对受疫情影响和因突发性、紧迫性问题导致基本生活陷入困境的困难群众，直接给予临时救助。全面落实特殊困难群体关爱服务政策，关心关注城镇低收入困难群体基本生活。

8. *阶段性加大价格临时补贴力度。*今年4月至6月，阶段性加大社会救助和保障标准与物价上涨挂钩联动机制的价格临时补贴力度，对相关优抚对象、保障对象，以及阶段性纳入保障范围内的孤儿、事实无人抚养儿童和领取失业补助金人员，在现行补贴标准基础上提高1倍发放价格临时补贴，补贴金额与物价涨幅同比例变动。

9. 巩固脱贫攻坚成果全力防止返贫。巩固提升“三保障”，持续开展控辍保学行动。有序推进城乡供水一体化。支持各类农业新型经营主体全面复工复产。鼓励优先采购贫困地区农畜产品。完善防止返贫监测和帮扶机制，多措并举防止因疫致贫、返贫。

10. 保障基本医疗卫生服务。推动有条件的县（市、区）实现“医保村村通”。深入开展健康福建行动和爱国卫生运动，扎实抓好“一老一小”照护服务和妇幼健康工作。全面完成健康扶贫三年攻坚行动各项目标任务。

11. 保障教育基本公共服务。新开工建设200所左右公办幼儿园，新增公办幼儿园学位数4万个。推进义务教育管理标准化学校和乡村小规模学校标准化建设，落实农村留守儿童等特殊群体学生教育关爱工作。义务教育“大班额”控制在1%以内。

12. 加强保障性安居工程建设。加大公共租赁住房建设力度，缓解中等偏下收入家庭以及外来务工人员等群体的阶段性居住困难。重点改造2000年底前建成、基础设施配套不齐全的老旧小区，完善小区配套和市政基础设施。

13. 坚决打赢污染防治攻坚战。打赢蓝天保卫战、打好碧水保卫战、推进净土保卫战，确保全省水、大气、生态环境质量继续保持全优。充分发挥生态云平台作用，督促企业落实环评要求、正常运行环保设施、稳定达标排放。扎实推进农村人居环境整治，深化“一革命四行动”。继续实施一批危废处置补短板投资工程包。

三、保市场主体

14. 实施一二三产业“百千”增产增效行动。坚持抓两头带全局，以打通政策链、服务链、操作链等“三个链条”为突破口，以促进优势特色产业和优势企业增产增效为切入点，选取百个以上农业特色产业和企业、千个以上第二产业优势产业和企业、千个以上服务业重点产业和企业进行重点扶持。

15. 实施困难企业帮扶行动。用好进出口银行福建省分行600亿元外贸专项贷款。协调银行业金融机构对受疫情影响的外贸出口企业到期贷款不抽贷、不压贷，到期给予续贷。至2020年6月底，对承租国有经营性房产的中小企业免收或减半收取房租，服务业小微企业和个体工商户免除上半年3个月租金。鼓励各类园区、小微企业双创基地等载体带头减免承租的中小微企业房租；不动产出租方减免租金的可按规定减免房产税、城镇土地使用税。非国有房屋减免租金的可同等享受上述各项政策优惠。落实好阶段性减免企业社保费和小规模纳税人征收率下调、缓缴住房公积金等政策。

16. 支持中小微企业融资纾困。设立首期100亿元贷款额度的福建省中小微企业纾困专项资金。对受疫情影响的中小微企业，扩大融资担保业务规模、降低担保费率。整合设立规模10亿元的省级政策性优惠贷款风险分担资金池，支持符合条件的企业融资。对加大中小微企业融资纾困支持力度、降低企业融资成本的金融机构，予以正向激励奖励。

17. 帮助企业稳定市场。用足用好出口退税、出口信保和财政贴息等政策工具，帮助企业稳住海外市场和订单。引导外贸企业线上洽谈接单。推动生产型出口企业拓展国内市场。举办若干场大型“闽货华夏行”促销活动。举办“全福游、有全福”主题系列旅游营销活动。

18. 培育新产业新业态新模式。遴选公布一批数字经济“瞪羚”等创新企业清单，大力发展新零售、“互联网+教育”、“互联网+医疗健康”等线上经济新业态新模式。打造一批平台型交易中心和平台经济品牌企业。扶持“旅游+”“+旅游”多产业融合发展。积极发展总部经济。

四、保粮食能源安全

19. 提升粮食安全保障能力。压紧压实粮食生产目标任务，确保全年粮播面积1250万亩、总产量500万吨。加强粮食应急保障体系建设，提升粮食应急保障水平。加强粮食质量安全监管，调整优化粮食储备结构。

20. 全力抓好农业生产。大力发展十大乡村特色产业，加快推进84个省级以上特色农产品优势区、60个现代农业产业园建设，提升8个农业优势特色产业集群建设水平。加强“菜篮子”基地建设，加强280万亩蔬菜田间管理。推进96个年出栏万头以上规模养猪场项目落地投产，确保完成年存栏900万头目标。推动农产品主产区与重点商贸流通企业建立稳定产销协作关系，“一品一策”对接销售。

21. 强化能源安全保障。建立健全多元主体、多类品种、多种形式互为补充、协同联动的能源安全储备制度。加强天然气供需平衡调度。有序提升煤炭储备规模。增强油气储备和应急保障能力。做好电力供应保障工作，优化电力调度，合理安排运行方式，构建稳定灵活的电力供应安全保障体系。促进清洁能源发展。

五、保产业链供应链稳定

22. 实施产业链供应链固链行动。加快构建我省产业链自主配套体系，培育形成20个产值超千亿元产业集群。加强电子信息行业与供应链上下游企业协同；加快推动“电动福建”建设三年行动计划，设立省级新能源汽车产业发展基金；加强石化下游塑料加工、纺织、鞋服、家装等产品市场内销供需对接。大力培育5G、物联网、云计算、新能源、新材料等新兴产业。

23. 推进龙头企业示范带动工程。加大“三个一百”重点企业支持力度，培育省级工业和信息化龙头企业400家以上。大力培育产业细分领域“单项冠军”和“小巨人”企业。推动龙头企业及其产业链配套企业上线“金服云”平台，对接“快服贷”产品。

24. 加强关键核心技术攻关。围绕集成电路、新材料、生物医药、高端装备、精细化工等产业链短板，组织实施关键核心技术攻关。支持集群企业、行业协会、研究机构共建产业链协同创新项目。加快建设省创新研究院和省创新实验室，推进一批高水平创新平台建设，力争在新能源、新材料等领域创建国家级工程研究中心。加快发展技术要素市场，大力引进和培育一批创新人才和创新团队，健全以需求为导向、企业为主体的产学研用一体化创新体制。

25. 加快推进工业（产业）园区标准化建设。围绕龙头品牌带动、科学规划布局、产业集约发展、产教融合、科技创新等十大专项，加快园区标准化建设步伐。重点推进首批16家试点园区标准化建设，促进优质生产要素集中集聚，进一步做强做优做大产业。创新工业（产业）园区项目建设投融资机制。

26. 强化产业链招商。加大产业链招商力度，全面推进“云招商”“云签约”，抓好第三届数字中国建设峰会相关工作，做好“9·8”投洽会、“5·18”海丝博览会境外客商资源维护，办好“6·18”创交会云上展会。

六、保基层运转

27. 加大基层保障支持力度。进一步加强转移支付支持。持续优化转移支付结构，重点向财政困难地区、基本民生领域倾斜。做好教师工资保障工作。保障基层村居组织运转经费。

28. **加快转移支付预算下达进度**。进一步压减一般性支出。加快转移支付预算下达，切实缓解基层财政资金压力。

29. 强化支出保障与约束。坚持以收定支、量入为出，足额保障基本民生和基层运转各项支出。完善财政风险防范处置机制，进一步加强监测预警。

七、畅通产业、市场、经济社会循环

30. 畅通产业循环。分级分类协调解决企业对设备、零配件、原材料等多方需求，切实疏导和打通各种人流、物流、资金流、信息流、技术流堵点。实施打通外贸全链条发展十大行动。推进“丝路海运”“数字丝路”等八大工程。

31. 畅通市场循环。加快推动居住、商业、医疗、文化、旅游、康养等行业复市，促进生活服务业正常经营。最大限度降低市场主体准入门槛，鼓励社会与个人创新创业。聚焦产业消费“双升级”，推动形成市场供需的良性互动。

32. 畅通经济社会循环。坚决做好重点群体的就业、教育、医疗和社会保障等重点工作，兜紧“米袋子”、丰富“菜篮子”。下大力气解决好疫情应对中暴露出来的公共卫生、社区治理等方面的短板和不足，进一步提高社会治理能力和治理体系现代化水平。

八、激活消费需求

33. 重振线下消费信心。落实促进消费提质扩容系列政策，鼓励各设区市、平潭综合实验区在五一黄金周之前出台消费券政策。开展“消费季”促消费活动，积极发展假日经济和夜间经济。推动便利店品牌化连锁化智能化发展，打造“一刻钟便民生活服务圈”。推动步行街改造提升，加快打造地标性商圈。推动传统消费行业调整营销方式、产品供给等。

34. *积极培育新兴消费*。培育壮大生鲜电商、物流直配、网络诊疗、线上教育、数字娱乐等新兴消费领域和消费热点。推进名优特农产品网络营销。对利用电商平台实现实物商品网络零售额或农产品网络零售额达到一定规模的企业给予奖励。扩大新能源汽车消费。扩大现代信息技术和绿色环保商品消费。科学引导居民理性扩大健康类消费。

35. *支持外贸企业出口转内销*。支持出口企业参加“闽货华夏行”等国内重点展会。搭建外贸企业与国内大型平台商、线上营销大V的合作平台，鼓励出口企业在知名电商平台打造福建出口产品内销专区。引导优质外贸产品开拓国内市场。加大对外贸企业出口转内销投保的支持力度。

九、扩大有效投资

36. *加大新型基础设施投资力度*。落实加快5G网络建设和产业发展18条措施，组织实施一批数字基础设施示范应用工程，重点推进华为鲲鹏超算中心等52个重大新型基础设施项目，加快培育形成新的投资动能。

37. *强化重大项目攻坚*。以重点项目建设为抓手，强化要素全流程保障，优化施工组织，千方百计推进交通、能源、市政、水利等传统基础设施建设。推动厦门新机场、福州机场二期等今年计划新开工的554个重大项目尽快开工。进一步梳理百项重大工程纳入省重点项目管理。继续组织实施补短板投资工程包。

38. *加强资金保障*。用好国家增加地方政府专项债券规模的政策，有效保障重大项目建设资金需求。落实好今年第一批专项债券项目。进一步做好新增中央投资项目准备，争取更多中央资金支持。及时转下达或分解下达中央及省级预算内投资。加快实施500项省重点技改项目。用好补短板稳投资应急专项。

39. *加快谋划一批重大项目*。围绕科技创新、城乡基础设施、新型基础设施、重点产业发展、生态环境保护、社会民生保障等领域，引领性、带动性强的重大项目。组织一批央企、民企和外企重大项目签约落地，推动签约项目尽快转化为开工项目。建立重大项目服务工作专班，“点对点”精准服务。

十、加强组织保障

40. *抓好政策落实*。抓好已出台政策落地见效，通过一体化政务平台、网上办事大厅、惠企政策“掌上知”等渠道，拓展政策知晓度和申办便利度。储备一批重大政策，创新完善政策工具箱，确保政策跑在受困企业前面。

41. *强化要素保障*。践行一线工作法，主动靠前服务，切实疏导和打通各种堵点断点，强化资金、用地、用林、用海、用工等要素保障，充分调动各方资源和力量为企业纾难解困。

42. *创新工作方式*。建立健全困难企业救助机制，要快速办理、快速协调，及时回应企业关切。在“六保”工作具体操作层面上要精准、便民、可操作，真正让企业和群众便捷享受“六保”各项惠民政策和服务。深化拓展基层减负工作，让干部有更多时间和精力抓落实。

43. *加强组织领导*。各地各部门要全力以赴做好协调保障，实行“一个保、一个协调机制、一套工作方案”，抓紧抓实抓细具体工作措施，加大督促检查和协调推动力度，确保“六保”保得住、保得好。

（摘编：王增丰）

福建：实施一二三产业“百千”增产增效行动

为深入贯彻落实习近平总书记重要讲话重要指示批示精神，全面贯彻落实党中央、国务院决策部署，加快推动和有序推进福建省复工复产、复商复市，2020年4月28日福建省出台《实施一二三产业“百千”增产增效行动方案》，把工作重心落到重点行业、重点企业、重点项目上，支持推动优势特色产业和优势企业满产超产，引领产业上下游联动发展，培育发展新动能，实现疫情防控和经济社会发展双胜利。

《行动方案》明确，实施“百个以上农业特色产业和企业”增产增效行动、“千个以上制造业优势产业和企业以及建筑业企业”增产增效行动、“千个以上服务业重点产业和企业”增产增效行动的重点任务和工作措施，进一步支持优势产业和企业发挥潜能、做大做强，力争把疫情造成的损失降到最低限度，为加快经济社会秩序全面恢复提供有力支撑。

实施“百个以上农业特色产业和企业”增产增效行动

1. 全面推动满产超产：确保重点农业特色产业和企业全部实现复工复产，年内新改扩建一批重点项目。

2. 加快产业集聚发展：发挥龙头带动作用，全面推进安溪铁观音等10个现代农业产业园和武夷岩茶等8个优势特色产业集群建设，为实现今年十大乡村特色产业全产业链产值突破2万亿元提供有力支撑。

3. 加大技改提升力度：实施一批重点企业技改提升项目，提高乡村特色产业全产业链增值能力。

4. 着力打响优势品牌：新认证一批“三品一标”农产品，推进福建农产品区域公用品牌、福建名牌农产品创建，构建“福”字号优质农产品品牌集群优势。

5. 深化农村三产融合：推进种植与养殖融合，发展农牧统筹、稻鱼共生、林下种养。推进农业与流通融合，大力推广中央厨房、直供直销等。推进农业与文化、旅游、教育、康养等产业融合，发展创意农业、功能农业。

6. 完善联农带农机制：推广“龙头企业＋合作社＋农户”等组织方式，打造一批农业产业化联合体。推广“订单收购＋分红”“农民入股＋保底收益＋按股分红”等模式，让农民分享更多产业发展红利。

实施“千个以上制造业优势产业和企业以及建筑业企业”增产增效行动

1. 推动企业达产满产超产：支持制造业优势企业实施兼并重组、研发创新、技术改造、智能制造、绿色制造项目等。支持建筑业大型施工企业、重点项目建设单位与主要材料供应商对接，保障建设需要。

2. 加强分类指导推进：电子信息产业重点拓展柔性显示、化合物半导体、芯片设计、封装测试等领域。机械装备重点突破核心基础零部件、先进基础工艺、高端装备等。石油化工重点延伸烯烃、芳烃等上下游链条。纺织服装、制鞋、食品加工等传统产业实现数字化、绿色化、品质化、集群化转型。支持建筑业优势企业与央企对接组建联合体投标，共同拓展城市轨道交通等基础设施工程。

3. 培育壮大产业集群：开展工业园区标准化建设试点，带动形成计算机和网络通信、集成电路和光电、高端装备、石化一体化等20个产值超千亿元重大产业集群。

4. 支持企业改造升级：鼓励优势企业加快更新改造，带动实施500项以上省重点技改项目，引导传统产业利用新一代信息技术实施升级改造和“机器换工”。支持优势企业开展智能制造试点示范，建设一批智能制造样板车间、数字化工厂。

5. 提升产业创新水平：推动优势企业参与产业创新中心、工程研究中心、企业技术中心、重点实验室、工业设计中心等创新平台建设，引导上下游企业加快构建协同创新体系。

实施“千个以上服务业重点产业和企业”增产增效行动

1. 推动商贸服务业持续发展：对社会消费品零售总额增长达到一定规模的商贸企业给予奖励。大力发展“互联网+”消费，支持新能源汽车消费，扩大地方名特优产品消费。推动便利店品牌化连锁化经营发展。推动步行街改造提升。对利用电商平台实现实物商品网络年零售额达到一定规模的企业给予奖励，对服务电商企业年业务量达到一定规模的快递企业给予奖励。

2. 促进旅游业加快复苏：对成功创建国家5A、4A级景区，国家级、省级旅游度假区和生态旅游示范区，以及获评国家、省级全域旅游示范区进行奖励。扶持一批研学旅行示范基地、标志性产品项目及文旅融合产业示范园区、文旅惠民项目等。适时组织“全福游、有全福”主题消费活动。支持有条件的地方和单位发放旅游消费券。

3. 支持现代物流业做大做强：推动更多企业获评国家A级物流企业。继续组织实施物流园区提升工程包。继续创建省级示范物流园区。完善冷链物流体系。推动“互联网+”数字物流发展。

4. 培育发展软件信息和科技服务业：积极创建福州、厦门中国软件名城。加快拓展5G网络覆盖面和5G技术应用领域。加快培育建设一批国家和省级技术转移机构。支持福厦泉国家自主创新示范区带动省内其他高新区建设一批创新创业服务载体。

5. 引导体育服务业创新发展：推动体育培训业开发“体育+互联网”生态体系，发展在线健身培训服务、个性化定制培训服务等增值服务产品。推动体育用品制造企业扩展服务业项目。积极打造新的一批全国性体育旅游目的地和精品线路。

（摘编：刘海元）

福建：二十三条措施加快推进重大项目建设、促进稳投资

《福建日报》2020年3月9日报道，为深入贯彻落实习近平总书记关于统筹做好疫情防控和经济社会发展工作的重要讲话重要指示批示精神，扎实做好“六稳”工作，福建省近日出台《关于加快推进重大项目建设促进稳投资的若干措施》，全力推进重大项目建设，积极扩大有效投资。

加大项目生成力度

（一）聚焦重点谋划项目。强化主要领导抓项目机制，按照“五个一批”项目工作要求，聚焦主导产业、龙头企业、“三高”企业、技术改造等产业补链强链，聚焦交通、能源、市政、水利等重大基础设施，聚焦5G、物联网、人工智能、大数据、区块链、创新平台等新业态，聚焦节能减排、生态修复、污染防治等环保工程，聚焦教育、康养、文旅、体育等社会事业，聚焦应急救助、公共卫生体系、农村公共服务等短板领域，策划生成一批引领性、带动性、根植性强的重大项目。

（二）推动项目进规入盘。成立工作专班，主动衔接国家“十四五”规划及相关重点专项规划，积极谋划推动一批重大项目列入国家规划盘子。把抓重大项目策划生成纳入“五个一批”正向激励考评。

加大招商引资力度

（三）开展“大招商”“招大商”。强化“一把手”招商，拓展产业链招商、高端嫁接招商、基金招商、第三方招商、创新人才和创新团队招商、闽商回归招商等渠道，央企、民企、外企项目齐抓，全方位、多层次增加项目源。

（四）创新招商引资方式。用好数字中国建设峰会、创交会、投洽会等平台，大力推进“线上招商”“在线洽谈”，依托门户网站、微信、微博等网络平台和媒体，持续开展网络招商。运用大数据、物联网、人工智能等技术，精准推送项目对接需求，拓展智能招商。

（五）强化招商引资激励。对市、县（区）新引进或增资的符合产业发展导向且投资额超过一定规模的项目，给予前期工作经费奖励，其中，投资额超过50亿元的项目，实行“一事一议”奖励政策。对2020年符合条件的第三方招商引资单位引进的固定资产投资额5亿元及以上（原省级扶贫开发工作重点县和中央苏区县3亿元及以上）民营工业和信息化领域项目，按固定资产投资额给予分档奖励。

加大前期工作力度

（六）成立前期工作专班。实行“一项目一专员一班子”，“门对门”“点对点”精准服务，指导帮助建设单位围绕规划选址、可研、初设、施工图设计等环节和用地、用林、用海、环评、稳评、节能等评估论证，备齐审批要件，并联平行作业，交叉加快推进。

（七）落实前期工作经费。从省级预算内投资中安排5000万元的重大项目前期工作经费，支持铁路、机场、水利、高速公路等重大基础设施、产业和社会事业项目前期工作。地方相应加大投入。

加大审批推进力度

（八）优化审批服务。推动审批事项“网上办”“掌上办”“预约办”，完善在线办理申报、进

度查询功能，实现网上审批、网上出件。全面推广审批代办制，完善网上中介服务超市，一地入驻、全省通用。充分运用电话、微信、网络办公平台等方式“远程办公”“多点联动”，最大限度缩短审批时间。

（九）落实审批要素。各要素审批部门坚持“马上就办”，指导做好组卷、报批工作，成熟一个、获批一个。对省重点项目投资完成较好的县（市、区），省级耕地占补平衡补助资金给予倾斜支持。对前期工作进展缓慢、延迟补正的项目，要组织跟踪、限时督办。

加大项目开工力度

（十）加快重大项目建设。省发改委梳理年内计划新开工重大项目清单，指导各地集中力量、强化保障，尽快落实开工条件，力争全年新开工重大项目500个以上、总投资超万亿元。

（十一）鼓励多开工早开工。用好“五个一批”正向激励措施，将省重点项目实物投资完成量纳入考评范围。对2020年计划开工的省重点项目提前三个月以上实现主体工程开工，且完成年度投资不少于5亿元的，从省级预算内投资中按完成投资额的千分之一给予项目建设单位不超过200万元的奖励。

加大在建投资力度

（十二）加强复工调度。落实“一项目一方案、一工地一办法、一困难一对策”，一线协调解决在建项目员工复工、施工装备、原辅材料、防疫物资等方面困难问题；协调帮助有关地方通过包车、包飞机、包火车专列（车厢），“点对点”一站式接回返岗复工人员。将省重点项目建设所需防疫物资纳入属地保供范围。

（十三）推行封闭式施工管理。加强施工单位驻地—上下班线路—工地“两点一线”封闭式管理，对防疫抢险救灾急需使用政府储备用地的，可以先行使用土地，各地予以配套水电气路支持，防疫结束后施工单位应当恢复原状并交还。

（十四）全力加快建设进度。加快推进施工单位全员返岗、开足马力、挂图作战，实施“作战图”强力推进，紧扣“进度图”对标推进，盯牢“监测图”提升强度，实现在建省重点项目尽快全部复工、3月下旬基本实现满负荷复工，确保年度计划5005亿元投资全面完成。对超额完成年度投资计划30%以上的省重点项目，予以倾斜激励。

加大融资保障力度

（十五）设立稳投资应急专项。设立融资总量500亿元的补短板稳投资应急专项，支持年内新开工和续建的基础设施、补短板、重点产业项目和疫情防控重点名单企业建设，给予专项优惠。

（十六）用好地方政府专项债。积极争取中央各类资金支持，做好地方政府专项债项目储备，加大对交通、能源、农林水利、生态环保、社会事业、城乡冷链物流、市政和产业园区基础设施以及城镇老旧小区改造、应急医疗救治设施、公共卫生设施、职业教育设施等等重大项目支持力度。加快实施2020年提前批项目，抓紧准备后续批次项目，多形成实物工作量。

（十七）拓展多元筹资渠道。运作好省级铁路、高速公路投资基金和省技改基金，鼓励各地因地制宜探索设立各类产业和基础设施投资基金；鼓励银行、保险、证券等金融机构创新推出重大项目“快服贷”等金融产品，提高审批效率，降低融资成本；全面落实减税降费政策，纾解民营企业困难，调动民间投资积极性。

加大征迁攻坚力度

（十八）压实征迁属地责任。健全市县区、街道乡镇、社区村庄、征收单位“四位一体”征迁工作机制，组建工作专班，列出清单，做深做细群众工作，营造无障碍施工环境。对征迁工作成效突出的市、县（区），在下年度省重点项目安排上给予倾斜。

（十九）加强迁改工作协调。加强迁改工作的沟通联动，千方百计争取理解支持，打通征迁交地“最后一公里”。

加大建材供应力度

（二十）落实建材属地保障。重点项目所在地要积极帮助落实项目建设所需的建材地材和物资供应，建立区域平衡调度机制，加大采购力度，加强供水、供电、供气、通信、交通保障，强化工程材料市场价格监督，确保项目施工建设顺利推进。

（二十一）加强建筑砂石供应。各地要加快机制砂项目审批、出让、建设，为省重点项目配套提供砂石的新建机制砂生产项目，视同省重点项目予以服务保障；在砂石采矿权出让时，应统筹考虑省重点项目的砂石需求。依法依规有序开采河砂，优先保障重大项目控制性工程使用；规范利用海砂，满足重大项目回填需求。

加大靠前服务力度

（二十二）健全协调调度机制。完善“一月一协调、一季一督查”的重点项目工作机制，强化日常调度，确需省级协调的事项第一时间组织协调，做到困难及时解、问题不耽搁。

（二十三）落实分级管理责任。省级重点推进100个带动力强的“重中之重”项目，明确挂钩部门，由厅级干部担任“服务专员”，组建“手牵手”帮扶专班；市县分级推进其他重点项目，逐项落实责任单位和责任人，分级分类、及时解决项目推进中的困难和问题。强化安全生产“一岗双责”和企业主体责任，确保安全生产和工程质量。

（摘编：陈建闽）

福建省农业农村厅落实省委、省政府2020年农业农村重点工作部署

2020年1月22日福建省农业农村厅下发《关于落实省委、省政府2020年农业农村重点工作部署的实施意见》（闽农综〔2020〕1号）提出，2020年是全面建成小康社会、打赢脱贫攻坚战、完成“十三五”规划的收官之年，做好“三农”工作具有特殊重要意义。全省农业农村工作总的要求是：以习近平新时代中国特色社会主义思想为指导，全面贯彻党的十九大和十九届二中、三中、四中全会以及中央农村工作会议精神，落实省委十届七次、八次、九次全会和省委农村工作会议部署，坚持新发展理念，坚持高质量发展落实赶超，以实施乡村振兴战略为总抓手，对标全面建成小康社会目标，集中力量完成打赢脱贫攻坚战和补上全面小康“三农”短板两大重点任务，全力抓好农业稳产保供和农民持续增收，推进农村改革发展，提升农民群众获得感幸福感安全感，确保脱贫攻坚圆满收官，确保农村同步全面建成小康社会。主要预期增长目标是，全省农林牧渔业增加值增长3.5%、农民人均可支配收入增长8.5%。

一、高质量打赢脱贫攻坚战

1. 压实攻坚责任。聚焦老区苏区脱贫奔小康，按照“四个不摘”要求，推动各级各部门全面落实脱贫攻坚政治责任、主体责任、帮扶责任，保持攻坚态势，做到频道不换、靶心不散、力度不减，确保“一个都不掉队”。

2. 强化精准施策。围绕45.2万已脱贫建档立卡贫困人口稳定脱贫，推动产业、就业等关键性扶贫措施落地，加快补齐“三保障”和饮水安全短板，及时将返贫人口和新发生的贫困人口纳入帮扶，持续巩固提高脱贫质量。

3. 加强监测预警。建立健全防止返贫监测预警机制，对已脱贫但不够稳定的4557户14157人实行单列管理、按季监测、重点帮扶，多措并举防止返贫。

4. 落实兜底保障制度。统筹推动医疗、低保、救助等社会保障措施落实，对无法依靠产业就业帮扶脱贫的特殊贫困人口，做到应保尽保。

5. 探索建立解决相对贫困长效机制。支持三明、屏南等国家级改革试验区和其他有条件的地方开展试点，推动脱贫攻坚与实施乡村振兴战略有机衔接。

6. 深化东西部扶贫协作。落实“联席推进、结对帮扶、产业带动、互学互助、社会参与”的闽宁扶贫协作机制，紧盯宁夏和甘肃定西市、临夏州尚未脱贫的贫困人口、贫困村和贫困县，牵头各相关部门持续加大帮扶力度，确保完成任务。

二、全力保障重要农产品有效供给

7. 抓好“米袋子”。对标粮食安全省长责任制，着力稳面积、攻单产、提品质、强产能，开展粮食绿色高产高效创建1000万亩次，发展优质稻600万亩，完成高标准农田建设130万亩，推进800万亩水稻生产功能区建设，不断提升粮食综合生产能力，确保完成粮食播种面积1250万亩、总产量500万吨任务。

8. 抓好“菜篮子”。严格落实省负总责、“菜篮子”市长负责制，强化县级抓落实责任。深入实施稳定生猪生产促进转型升级三年行动计划，坚持不懈抓好非洲猪瘟防控，加快恢复生猪产能，生猪存栏恢复到900万头。实施畜禽产业提升工程，新增肉鸡3000万羽、蛋鸡250万羽、牛羊兔

等草食动物100万头（只），实现肉蛋奶总产量327万吨。支持千亩以上蔬菜基地建设，扶持蔬菜设施栽培，全年高优蔬菜种植面积860万亩，新增10万亩。

9. 抓好特色农产品生产。大力发展福建百香果等特色水果和绣球菌等珍稀食用菌，建设1000个优质水果示范基地，食用菌产量达到470万吨。

三、切实加快特色现代农业建设

10. 培育壮大乡村特色产业。持续推进特色现代农业“五千工程”，加强省级以上84个特色农产品优势区和60个现代农业产业园创建，组织实施现代农业重点项目450个、新增投资130亿元以上，打造一批农业产业强县、强镇、强村，推进特色产业向优势区域集聚发展，力争十大乡村特色产业全产业链总产值突破2万亿元。

11. 发挥龙头带动作用。支持省级以上龙头企业加快发展，培育省级农业产业化示范联合体，鼓励企业通过品牌、资本、技术等与各类农业经营主体结成利益共同体。

12. 加大品牌培育力度。支持创建优质农产品标准化示范基地250个，带动规模生产基地全部按标生产。加强农产品质量安全监管，推行“一品一码”，试行合格证制度，农产品质量安全总体合格率保持全国前列。认证“三品一标”农产品200个以上，评选农产品区域公用品牌10个和福建名牌农产品30个，提高“福”字号福建绿色优质农产品知名度和竞争力。

13. 深化对台对外合作。围绕打造台胞台企登陆发展特色现代农业第一家园，组织实施闽台农业融合发展推进行动，促进国家级台湾农民创业园、闽台农业融合发展产业园建设上新水平。加快农业“走出去”步伐，支持新建20个国际标准农产品示范基地，深化“闽茶海丝行”等系列经贸活动，更好开拓国际市场、利用国际资源。

14. 促进农村一二三产业深度融合发展。加快补齐加工短板，新建农产品产地初加工中心300个；发展农产品精深加工，会同有关部门支持食品产业重大技术改造、建设粮油、蔬果、畜禽等加工示范基地，农产品深加工转化率提高到71%。发挥特色农产品产销联盟、供应链协会作用，加强实体营销，推动村级电商服务站点建设，促进骨干冷链物流基地改造提升，畅通农产品销售渠道。鼓励和引导返乡下乡人员创新创业创造，加快发展休闲农业等新产业新业态。

四、扎实推进农业绿色发展

15. 实施农业投入品减量增效行动。力争全省化肥、农药使用量比2019年减少2%以上。实施地力提升“3323”工程，示范推广绿肥种植300万亩、实施稻草秸秆还田300万亩、示范推广有机肥2000万亩、推广测土配方施肥3000万亩次；推广绿色防控新技术、新产品、新机具，完成病虫害统防统治1200万亩次、绿色防控3000万亩次；加快建设不用化学农药示范茶园，基本实现茶园不用化学农药。

16. 实施畜禽粪污资源化利用整省推进行动。加快建设畜禽粪污资源化利用整县推进项目，支持利用畜禽粪便生产有机肥，突出沼液、肥水还田利用，建立健全种养循环发展机制，推进规模养殖场粪污处理设施装备全覆盖，确保畜禽粪污综合利用率达到90%以上。

17. 实施田园环境整治行动。强化产地环境监测，会同有关部门推进受污染耕地安全利用，利用率达到91%以上。扩大秸秆、农膜、农药包装废弃物回收利用试点，完善回收利用设施，全省秸秆综合利用率达到90%以上、农膜回收利用率达到80%以上。

18. 实施农业绿色发展先行先试示范区创建行动。支持漳州、南平、永泰3个国家级和福安、晋江等8个省级示范区建设，总结推广一批农业绿色发展先进模式。

五、大力提升农业物质技术装备水平

19. 实施种业创新与产业化工程。选育具有自主知识产权品种20个以上，示范推广优质专用绿色农作物新品种100个以上，高标准建设“中国南方稻种基地”，支持建宁建设国家级种子产业园，支持圣农集团开展白羽肉鸡育种联合攻关。

20. 推进农业设施化。完善购置补贴政策，实施主要农作物全程机械化推进行动，农作物耕种收综合机械化率提高到70%，水稻耕种收综合机械化率提高到77%。继续实施设施农业温室大棚补贴项目，组织开展设施农业保险保障专项行动，设施农业总面积超过220万亩。

21. 加快农业信息化建设。完成“农业云131”信息工程一期建设，启动二期可研，进一步提升农业信息化服务管理能力。加快物联网、大数据、区块链、智能装备等现代信息技术和装备在农业领域的应用，支持新建10个现代农业智慧园、150个农业物联网应用基地。全面推进信息进村入户工程，推动益农信息社建制村基本覆盖，探索建立可持续运营机制。

六、持续深化农业农村改革

22. 完善农村基本经营制度。落实农村土地承包关系稳定并长久不变政策，巩固土地确权成果，推进“三权分置”，鼓励发展多种形式适度规模经营。支持沙县开展第二轮土地承包到期后再延长30年试点，研究制定土地延包具体实施办法。

23. 构建新型农业经营体系。实施农民合作社规范提升行动、家庭农场培育计划，建设整县推进试点县，培育农民合作社示范社、家庭农场示范场各1000家。实施高素质农民培育计划，完成实用技术培训100万人次以上。支持农业新型经营主体通过技术指导、服务带动、代购代销、品牌共享等，与小农户建立紧密型利益联结机制，把小农户引入现代农业发展轨道。

24. 整省推进农村集体产权制度改革。加快股份合作制改革步伐，有经营性资产的村（居）全面完成改革任务。积极推动新型集体经济组织登记赋码，完善农村集体“三资”监督管理制度，盘活集体资源、资产，多渠道发展壮大集体经济。

25. 稳妥推进农村宅基地改革试点。组织开展新修订的《土地管理法》等培训，启动全省农村宅基地和农房使用现状调查，研究制定我省农村宅基地管理办法。

七、全面推进农村人居环境整治

26. 统筹推进“一革命四行动”。紧盯农村人居环境整治三年行动目标任务，完成农村户用厕所无害化改造7.5万户，会同有关部门推进农村公厕新建改造、污水治理、垃圾治理、农房整治、村容村貌提升等任务落实，牵头开展验收工作。

27. 持续开展村庄清洁行动。扎实推进“三清一改”，全省85%以上的村完成房前屋后整治，健全完善村庄清洁建设和运行管护长效机制。

八、加强和改进乡村治理

28. 健全工作机制。完善乡村治理体系建设联席会议制度，推动市、县两级建立健全相关领导机构，定期研究协调推进重点工作。

29. 加强协同配合。会同有关部门加强农村基层党组织建设、打造和谐平安乡村、深化文明村镇创建、推进移风易俗等。办好中国农民丰收节，以“庆丰收、迎小康”为主题，组织开展具有地方特色的庆祝活动，传承八闽农耕文化，弘扬文明乡风。

30. 注重典型引路。扎实推进自治、法治、德治相结合的乡村治理体系建设试点示范，支持晋江、海沧、长泰等3个县（市、区）和上杭县古田镇等44个乡镇（村）创建全国试点县、示范村镇，组织10个县、100个乡镇、1000个村开展“十百千”省级试点。

九、积极探索具有福建特色的乡村振兴之路

31. 完善规划体系。推动900多个乡镇、1.4万多个村全面制定实施乡村振兴战略方案，加快编制“多规合一”的实用性村庄规划，基本完成县域层面村庄布局。

32. 实施十大行动。牵头组织省12个专项小组，策划实施重点项目100项，采取季度通报、年度报告、实绩考核等措施，推动十大行动重点任务落地落实。

33. 抓好试点示范。全面落实领导挂钩、部门联系、人才支撑、干部驻村、资金奖补等措施，持续推进50个重点县（市、区）、100个特色乡（镇）、1000个试点村建设。对未列入试点的地方，每年确定100个工作实绩突出村给予奖补。

全省农业农村系统要提高政治站位，深入学习贯彻习近平总书记关于“三农”工作的重要论述和做好今年“三农”工作的重要讲话精神，不断巩固提升“不忘初心、牢记使命”主题教育成果，进一步增强“四个意识”、坚定“四个自信”、做到“两个维护”；要强化能力建设，加强“三农”政策理论和业务知识学习，培育“一懂两爱”的“三农”工作队伍，充分履行党委工作部门和政府组成部门职能，努力用改革创新办法破解“三农”发展难题；要改进工作作风，弘扬“马上就办、真抓实干”精神，组织开展农业农村系统绩效提升行动，深化“放管服”改革，持续推进“百名干部进千村入万户”调研实践活动，更加注重时效、提升实效；要加强党风廉政建设，严格落实中央八项规定精神，坚决反对“四风”，严守廉政底线，为如期完成全面建成小康社会和打赢脱贫攻坚战等各项“三农”硬任务、推进新时代新福建建设作出新的更大贡献。

（摘编：林开龙）

福建省出台十八条措施 进一步支持5G网络建设和产业发展

为深入贯彻落实习近平总书记重要讲话重要指示批示精神，全面贯彻党中央决策部署，扎实推进福建省5G网络建设和商用步伐，2020年3月7日福建省在落实《福建省加快5G产业发展实施意见》的基础上，就进一步支持福建省5G网络建设和产业发展出台十八条措施。

加强统筹规划

1. 组织编制5G基站专项规划；专项规划要衔接国土空间总体规划，并纳入国土空间详细规划，规划数据进入国土空间基础信息平台统筹利用。

2. 各市、县（区）每年将5G基站及机房等配套设施用地需求统筹纳入土地利用年度计划；对征迁基站的，应严格按照有关规定落实补偿。

3. 加快制定我省建筑物通信基础设施建设标准，将5G基站和室内分布系统等通信基础设施与建筑物同步规划、同步设计、同步审批、同步施工和同步验收。

开放公共资源

4. 整合利用路灯杆、信号杆、监控杆、电力杆、通信杆等各类杆塔资源，统筹推进“一杆多用”智慧杆建设。新建、改扩建道路要统一规划和建设智慧杆，支持相关单位按需将现有道路各类存量杆塔逐步改造为智慧杆。

5. 加大公共设施资源以及城市道路、绿化带、公园广场、公交站等场所和各类杆塔设施开放力度，支持5G基站及机房等配套设施建设。公共资源产权人、管理人或使用人无正当理由，不得拒绝开放公共站址资源。

6. 住宅、公共建筑、公共设施的所有单位或管理单位，应当为5G基站建设、运营、维护提供通行便利，并保障公平进入。除必要的成本和管理费用外，禁止任何单位和个人在5G基站建设、运行、维护过程中违规收取额外不合理费用。

降低用电成本

7. 对具备条件的5G基站及机房等配套设施实施直接供电。支持基础电信企业、铁塔公司、省广电网络集团开展5G基站智能电表改造，并以市为单位统一计算用电量。

8. 严格落实转供电电价政策，清理规范转供电环节加收的其他费用，纠正违规加价等行为。

优化服务环境

9. 推广“一窗受理”模式，开展5G铁塔、管线、局房等设施建设并联审批，提高审批效率。推进5G设施建设事项审批“一网通办”，实现全流程“不见面审批”。

10. 建立5G基站及机房等配套设施用电报装绿色通道，提供“一证办电”“网上办电”等便捷服务，保障设施正常用电需求。

11. 加强5G基站保护，依法惩处无故阻挠基站建设和盗窃、破坏基站等违法行为，加大对伪基站打击力度，健全基站干扰协调机制，开辟基站设置使用审批绿色通道。

加快应用推广

12. 鼓励企业和高校院所重点围绕新型网络架构、编译码、高效传输、射频芯片、微波器件等领域开展5G关键共性技术攻关。

13. 支持企业在5G新型半导体材料、中高频功率放大器、滤波器、阵列天线、光芯片、智能网联汽车、无人机、AR/VR、超高清视频、工业互联网及终端应用产品等领域打造一批5G技术创新中心。

14. 鼓励企业在超高清视频、工业互联网、远程医疗、公共卫生、在线教育、远程办公、广播电视、自动驾驶、智慧城市、AR/VR、人工智能等领域建设一批对产业带动作用明显的5G新技术、新业态、新模式示范应用项目。

15. 引导企业在5G核心设备、芯片、器件、模组及终端等领域加大产品研发力度，加快推进产品产业化。

16. 对企业生产的5G核心设备进入基础电信企业集中采购名录，且年营业收入首次超过4000万元、1亿元的，分别给予一次性奖励。鼓励企业申报我省首台（套）重大技术装备认定。

健全保障机制

17. 将5G网络建设列入地方政府年度重点工作，建立健全5G网络建设协调小组。优先支持5G网络部署在疫情防控重点区域。

18. 将5G网络建设列入我省投资工程包，创新完善市场化运作机制，积极吸引社会资本参与，着力补齐通信基础设施领域短板。

（摘编：李兵）

2020年福建省工业质量品牌建设工作重点

2020年4月16日福建省工业和信息化厅下发《关于印发2020年福建省工业质量品牌建设工作要点的通知》（闽工信函科技〔2020〕167号）提出，为贯彻落实工信部和省委省政府工作部署，加快提高工业质量品牌水平，促进制造业高质量发展，根据工信部办公厅《关于做好2020年工业质量品牌建设工作的通知》（工信厅科函〔2019〕53号）和省质量强省工作联席会议办公室《关于做好2020年质量强省工作的通知》（闽质强省办〔2020〕4号）要求，提出福建省2020年工业质量品牌建设工作要点，主要内容如下。

一、推进企业质量管理升级

推动企业落实质量主体责任，建立健全质量管理和考核制度，增强产品全生命周期质量追溯能力，严格执行强制性标准，主动对产品和服务质量进行自我声明，接受社会监督。推动企业质量管理创新，组织各地市开展质量标杆经验学习交流活动，引导广大工业企业通过学习与对标，导入现代质量管理方法和质量工程技术，探索构建以数字化、网络化、智能化为基础的全过程质量管理体系。指导质量协会等有关行业组织和相关专业机构，组织企业学习卓越绩效、精益制造、六西格玛等先进质量管理方法，开展质量管理小组等群众性质量活动，开展制造业质量品牌专业人才培训，提高企业质量管理能力和水平。

二、提升质量技术基础水平

将质量提升与智能制造、绿色制造、工业互联网建设等工作相结合，加大质量升级技术改造和技术创新支持力度。推动企业加快实施智能化改造和“机器换工”技术改造项目。支持企业开展质量技术攻关，组织实施一批基础条件好、带动作用强的省重点工业强基工程项目，省、市技术创新重点项目继续重点支持产品质量提升项目。加强制造业创新中心、企业技术中心、工业设计中心、工业设计研究院等创新平台建设，支持海西研究院、机械研究院海西分院等院省共建创新平台的建设与重点项目研发。深化产学研精准对接，加快突破重点产业关键核心技术和短板装备，支持首台（套）重大技术装备研发。发挥标准对行业质量提升的支撑与引领作用，加强重点产业领域标准体系的研究，征集重大标准预立项项目，组织有条件的单位和企业制定一批引领产业发展、促进产业升级的先进标准。

三、促进重点产业质量提升

深入开展消费品工业“三品”专项行动、装备制造和原材料工业质量提升行动。加快纺织鞋服、食品、医药等产业数字化、绿色化、品质化转型，积极引导企业发展中高端消费品，在服装、制鞋、家具、陶瓷等行业重点推行个性化定制模式，推进食品工业企业诚信体系建设，支持医药企业仿制药质量和疗效一致性评价工作。提升装备制造竞争力，支持新能源汽车产业发展，实施智能制造和高端装备创新工程，攻关核心智能化技术装备、重点加大对离散型智能制造、流程型制造、大规模个性化定制、网络协调制造、远程运行维护等智能制造新模式的培育与推广。提高基础原材料供应能力，拓展中下游产业，加快发展400系列不锈钢、稀土新材料、绿色建材、高品质水泥，新型深加工玻璃等产品，提高产品附加值。鼓励消费品、机械装备、原材料等行业企业积极参与工业产品质量分级试点和示范应用，促进优质产品生产和消费。

四、深化开展工业品牌培育

深入推进企业品牌建设，引导企业构建品牌

战略，积极参与工业企业品牌培育管理体系标准宣贯活动，建立品牌培育工作机制，增强品牌培育能力，提升品牌价值，加快形成一批主业突出、竞争力强、拥有自主品牌的行业领军企业。促进产业集群区域品牌与企业品牌互动发展，引导重点产业集群和新型工业化产业示范基地加强技术服务平台建设，通过完善标准、注册集体商标、宣传推广等方式提升产业竞争力和区域品牌影响力。支持举办鞋服、食品、工艺美术等网上直播和线上展销活动。结合“中国品牌日”“质量月”“品牌故事大赛”等重大活动，大力宣传和推广一批优秀工业企业和品牌，讲好福建品牌故事，扩大品牌知名度和美誉度，推动福建工业品牌“走出去”。

五、强化公共服务平台支撑

推动制造业创新中心、行业基地、行业协会、中小企业公共服务平台、质量品牌专业机构等为工业企业质量品牌升级提供服务，加强质量品牌宣贯，面向企业开展技术开发、标准提升、质量分析、质量诊断等技术服务和质量品牌体系建设、专业人才培训、经验交流等活动，引导企业结合行业及自身特点，增强质量品牌创新升级能力。重点加强对疫情防控与民生保障直接相关产品的产业链上下游企业的指导，促进产业链质量提升。

（摘编：郭鹭）

2020 年福建省工信系统电力安全生产工作重点

2020 年 2 月 4 日福建省工业和信息化厅《关于印发 2020 年工信系统电力安全生产工作要点的通知》（闽工信函能源〔2020〕48 号）提出，为确保全省电力系统安全稳定运行和电力可靠供应，根据国家能源局召开的 2020 年全国电力安全生产电视电话会议精神和《国家能源局综合司关于切实做好疫情防控电力保障服务和当前电力安全生产工作的通知》（国能综通安全〔2020〕6 号），结合全省电力安全生产工作实际，制定了《2020 年工信系统电力安全生产工作要点》，主要内容如下。

2020 年，福建省工信系统将继续深入贯彻习近平总书记关于安全生产的重要论述和重要指示，认真落实党中央、国务院和省委、省政府关于安全生产的各项决策部署，确保全省电力系统安全稳定运行和电力可靠供应，为全面建成小康社会提供可靠保障。

一、落实电力行业安全生产“一岗双责”

各级工信部门要按照“管行业必须管安全、管业务必须管安全、管生产经营必须管安全”的要求，将电力安全生产工作作为行业领域管理的重要内容，指导督促辖区电力企业加强安全生产管理。同时要积极配合能源监管部门、应急管理部门做好各项电力安全生产监督检查工作，构建齐抓共管、相互支撑的电力安全监管体系。

二、全力做好疫情防控电力保障服务

认真做好疫情防控关键时期安全生产各项工作，确保电力系统运行安全，坚决遏制重特大事故发生。精准研判电力负荷变化情况，加强运行调度管理，协调解决电力安全生产重大困难问题。全面梳理辖区内医疗机构、隔离区域、医用物资生产运输企业等疫情防控单位和场所情况，并将其列为重要电力用户，指导供电企业予以重点保障。督促指导电力企业制定落实复工复产方案和安全措施，严禁不满足安全生产条件而“带病”强行复工复产。

三、做好迎峰度夏及重大活动等期间电力供应保障

组织编制有序用电方案、电网事故紧急限电序位方案、超电网供电能力限电序位以及电力迎峰度夏保障工作实施方案等，加强电力迎峰度夏的组织领导，建立电力供应保障工作机制，完善主力燃煤电厂电煤监测机制，消除电网约束，优化电力运行调度，提高机组运行可靠性。同时要积极配合相关部门做好消防安全、电力反恐、扫黑除恶治乱等工作，确保迎峰度夏、重大活动和突发事件期间社会用电秩序和电力安全有效供应。

四、落实总装机 5 万千瓦以上水电站安全度汛工作

督促相关水电企业严格按照“安全第一、常备不懈、预防为主”的要求，健全和完善各项防汛规章制度，落实防汛责任制。指导水电企业科学制定总库容 1 亿立方米及以上已投运发电水库汛期防洪调度运用计划以及在建水电工程度汛方案。组织开展汛期安全检查，安全检查工作要切实做到不走过场、不留死角。

五、完善大面积停电事件应急管理工作

加强应急管理，修订完善应急预案体系，进一步完善电力应急工作体制机制，推动组建各级电力应急办公室实体化挂牌运作，推进大面积停电事件应急管理系统建设，有序开展应急演练，开展现代电力应急示范县建设研究，进一步加强应急知识宣传培训。

六、加强电力行政执法工作

按照《福建省2020年电力行政执法工作要点》（闽工信函能源〔2020〕23号文）明确的工作任务，依托监管平台，加强外部协作和内部机制建设；大力开展电力设施安全隐患排查整治，严厉打击破坏电力设施违法行为；广泛宣传电力法律法规宣传，营造积极的电力设施保护氛围；规范电力设施保护区划定公告和标示，序时完成划定工作。

七、做好发电机组安全运行

指导发电企业严格履行安全生产法定责任，合理安排机组检修计划，做好燃料物资采购储备工作，确保机组稳定出力。配合相关部门督促华能罗源电厂、华电邵武三期等应急调峰机组及华能福州电厂延续运行机组切实落实安全生产主体责任。同时督促发电企业要高度关注外包业务、外委队伍及外协人员安全管理，做好健康防疫工作，防范安全生产事故和机组停运事件。

八、加强值班值守，确保信息畅通

要密切关注天气变化，加强台风、强降雨、山火等灾害预警研判，提前制定并落实应急防范措施和防灾避险方案。要加强电力应急值班值守，严格落实领导干部24小时在岗值班和信息报告制度，遇有紧急情况应及时报告并快速响应、有效应对，确保电力供应安全稳定。

（摘编：朱明清）

2020 年福建省城市建设工作重点

2020 年 03 月 24 日福建省住建厅网站发布《2020 年福建省城市建设工作要点》，主要内容如下。

2020 年是城乡基础设施建设“十三五”规划收官之年。按照全省住房城乡建设工作会议部署要求，聚焦推进城市建设高质量发展，以世遗大会城乡面貌新提升为契机，继续实施民生基础设施补短板 9 大工程建设，大力推动老旧小区改造和城市更新，抓实污水处理提质增效，提升城市供水品质，持续推动行业管理创新，切实加强市政公用行业安全管理。

一、扎实推进老旧小区改造，试点探索城市更新工作

以老旧小区改造为切入点，按照“小区街区片区”推进原则把老旧小区改造成基础设施完善、防灾防疫设施完备、居住环境整洁、社区服务配套、管理机制长效、文明和谐的宜居社区，连线成片推进城市更新。指导福州新一批国家老旧小区改造试点，省厅重点跟踪指导 30 个省定试点项目、100 个列入省委省政府为民办实事项目，全省力争启动 33 万户老旧小区改造，推动创建绿色社区。开展城市更新课题研究和试点探索。

二、有效治理城市水环境，全面提升城市供水水质

（一）实施城市污水处理提质增效三年行动。指导设市城市制定出台污水处理提质增效实施意见，持续开展排水管网排查，实施“一厂一策”，力争用 2—3 年完成城市市政雨污错接混接点治理、破旧管网修复改造和雨污分流改造，完成污水厂进水 BOD 浓度和生活污水集中收集率年度目标。全省新建改造城市市政污水管网 1000 公里以上。

（二）巩固黑臭水体治理成效。指导福州、漳州、莆田三个国家黑臭水体整治示范城市治理。推进中央生态环境保护督察相关问题整改，加快扫尾工程项目建设，巩固设区市黑臭水体治理成果，建立健全长效管护机制，防止水体水质反弹。开展黑臭水体整治效果评估，指导各地做好完成交账销号工作。

（三）提升城市供水水质。持续推进城市供水供质三年行动，加快城市供水设施提升改造，全省新建改造供水管网 1000 公里（其中老旧管网 450 公里），提升 55 座水厂、3.35 万户“一户一表”改造，供水管网漏损率控制在 10% 以内。持续开展二次供水水箱（池）清洗消毒专项行动，适时开展督查。完成供水水质信息系统建设，年内实现出厂水、管网水水质在线监测和生产过程视频监控联网。开展节水型城市创建，指导漳州、石狮创建国家级和福州、晋江、东山等创建省级节水型城市。

三、着力提升城市品质，推进城市建设高质量发展

（一）实施城市道路交通提升工程。优化城市路网结构和道路交通体系，畅通“微循环”，治理一批道路交通堵点，新改扩建城市道路 1200 公里，新增公共停车泊位 2 万个（其中 1 万个列入省委省政府为民办实事项目）。会同省道安办开展城市道路安全监管三年行动，完成 26 处城市道路隐患和临水临涯整治，全面完成城市桥梁安全护栏升级。指导各地完善城市步行和非机动车交通系统，有条件的设区市开展自行车专用道建设试点，改善城市绿色出行环境。

（二）全面推进海绵城市和综合管廊建设。指导福州市国家海绵城市试点全面验收，10 个未完成海绵城市规划编制城市加快完成。开展海绵城市建设评价，力争全省城市建成区20%以上面积达到海绵城市建设要求。因地制宜推进城市地下综合管廊建设，推进沿路管线入廊。结合综合管廊建设和缆线下地，推行多杆合一，试点推进市政多功能智慧杆建设。

（三）加强排水防涝设施建设。完善省级排水防涝应急指挥平台，实现省市互联互通。建立城市排水防涝安全责任人及重点易涝点信息及整治责任人名单制度，完善全省排水防涝应急设备和物资清单，指导各地开展排水防涝汛前检查和应急演练。全省新建改造雨水管网1500公里以上。

四、加强市政公用设施管理，切实保障城市安全运行

（一）增强安全保障能力。推动城市天然气应急调峰储备设施建设，各地城市燃气企业落实年供气量5%的储气任务，提升城市天然气供应保障能力。扩大燃气管网覆盖面，推动商业街区供应“瓶改管”，加快武夷山市管道燃气设施建设，全省新改扩建燃气管道1000公里。全面落实城市桥梁结构定期检测，加快城市桥梁移交。开展污水运行评估考核、供水行业规范化管理考核和供水企业安全运行评估以及供水水质抽检，提升污水供水企业安全生产水平。

（二）开展安全隐患大排查大整治。开展市政公用行业大排查大整治专项行动，全面排查城市燃气、桥梁（隧道）、供排水等安全隐患，实行清单销号狠抓整改落实，建立健全行业安全管理常态化机制。督促市政公用企业及时完善各类应急预案，加强应急物资设备储备和抢险队伍建设，增强突发事件的应对处置能力。

（三）创建安全发展环境。持续开展市政公用行业扫黑除恶专项斗争，切实加强在全国“两会”、中秋国庆、重大活动等重要时段、敏感时期市政公用行业安全防范和反恐维稳工作，积极应对高温、台风洪涝、低温冰冻等恶劣天气，加强预警预报，健全行业安全防控机制，将各项安全生产责任制落到实处。进一步加强城市地下管线建设管理，推进市政管线普查数据更新，完善管线信息管理系统，保障城市地下管线和地下综合管廊安全运营。

五、加强管理创新，持续增强行业发展动力

（一）强化规划引领。总结评估“十三五”相关规划落实情况，深化调研，开展全省城乡基础设施“十四五”规划编制，指导各地完善市政公用设施专项规划。

（二）加强督导服务。发挥省政府对各市政府目标管理绩效考核机制和省民生基础设施项目信息平台作用，推动年度目标任务落实。推进行业信息化建设，加强行业技术标准规范。加强行业主管部门、技术骨干等政策宣贯和业务培训。

（三）坚持项目带动。在统筹做好疫情防控和复工复产工作的同时，抓好项目调度稳投资，重点围绕城乡民生基础设施补短板、应急防灾、中央生态环境保护督察问题整改和城市运营安全等方面加大投入稳投资，指导各地积极谋划储备项目，充实完善项目库。加紧项目前期工作，积极争取中央预算资金补助、国家及地方专项债支持。继续发挥国家补助资金、省级专项资金引导作用，支持市政基础设施项目建设。

（摘编：黄国实）

2020 年福建省村镇建设工作重点

2020 年 3 月 4 日福建省住建厅网站发布《2020 年福建省村镇建设工作要点》，主要内容如下。

一、全力完成 5 项目标

（一）农村危房改造（贫困家庭住房安全有保障）

2020 年，实现建档立卡等各类贫困户住房安全有保障，确保贫困家庭不住危房。

一是推进年内动态新增贫困户的危房改造，新增一户、解决一户，确保贫困家庭不住危房。二是完成危房改造“回头看”排查整改，发现问题在今年 6 月底前整改到位；3 月底前全面排查建档立卡贫困户与非贫困户共同居住的联体房安全情况，影响贫困房住房安全的统筹解决、消除隐患；继续推进建档立卡贫困户等各类贫困户全覆盖危房鉴定，确保一户不漏，9 月底前将各类贫困户现状房屋危险等级、鉴定时间、鉴定单位等信息采取挂牌、上墙等形式逐户标明。三是完成脱贫攻坚验收农户档案信息录入，建立全省所有建档立卡贫困户住房安全的档案信息，县级住建部门会同扶贫部门 4 月底前完成审核录入；四是完善贫困户住房安全保障动态监测机制，做到安全隐患及时发现、及时解决。省市县建立投诉处理机制、县乡建立脱贫户住房安全保障跟踪管理机制，对反映的问题及时进行处理。五是强化农村危房改造成效宣传，充分运用电视、报纸、新媒体等多种渠道，加大对先进事迹和人物的宣传和表扬，形成农村危房改造政策成效的积极舆论氛围。

此外，推进泉州、漳州农房抗震改造试点，编制农房抗震鉴定和加固技术导则，协助市县区开展技术培训，市县编制出台试点实施方案和结构抗震设计通用图集，跟踪指导落实。

（二）农村公厕建设管护

2020 年，实现乡镇（集镇区）每万人有 3—4 座公厕，村村建成 1 座以上水冲式公厕。

各地在 2020 年“为民办实事”乡镇公厕 400 座、村庄公厕 1000 座的基础上，摸排剩余未实现万人指标的乡镇、未建成水冲式公厕的村庄，要求全部 2020 年建成，逐一列明清单，建账销号。省级对列入为民办实事的项目予以补助，其他项目由各地自筹资金实施。加快健全公厕日常管理长效机制，公厕纳入村庄日常保洁。3 月底前落实“一长两员”（公厕长、管理员、保洁人员）及联系方式和管理制度上墙。宣传推广农村公厕建设管护“一张图”。省、市、县开展暗访。按规定时限完成国务院农村人居环境整治大检查发现问题的整改，对照“个别公共厕所管理不到位”“公共厕所打扫不及时，恶臭强烈”“公厕洗手池并未连接下水管，无法正常使用”等一系列问题，立行立改、举一反三，全面排查整改，3 月底前将排查整改情况由设区市汇总后上报省厅。

（三）农村生活垃圾治理

2020 年，所有乡镇（集镇区）和 90% 以上村庄的生活垃圾得到有效处理，乡镇生活垃圾无害化处理率达到 90% 以上，农村生活垃圾收运处置体系覆盖所有乡镇（集镇区）和行政村、90% 以上自然村组，全面推进农村生活垃圾“干湿分离”。为落实国务院农村人居环境整治大检查整改要求，加快完成简易填埋设施（含焖烧炉，下同）和非正规垃圾堆放点整治。

一是完成农村生活垃圾简易填埋设施整治。加快推进第一轮中央环保督察反馈问题的 483 处简易填埋设施整治，商请生态环境部门参与验收，6 月底前全面完成整治销号。二是完成非正规垃圾堆放点整治。6月底前完成全部113处的整治验收销号。为落实国务院农村人居环境整治大检查反馈问题整改要求，各地要组织开展全面再排查非正规垃圾堆放点和农村垃圾随意堆放、随意倾倒现象，坚决查处、立查立改，3月底前将排查整改结果报送省厅，对于新增非正规垃圾堆放点，要纳入整治台账，于6月底前同步完成整治验收销号。非正规垃圾堆放点验收也要商请生态环境部门参与，确保整治过关。三是提升乡镇生活垃圾转运系统。对照国务院大检查发现的设施不足、运力不足、规模不够等问题，各地要抓住时机，组织所属县市区积极申报乡镇垃圾转运系统提升项目，进一步健全乡镇生活垃圾收运体系。严格落实相邻县区、乡镇转运站共建共享机制。四是完善农村生活垃圾治理常态化机制。进一步夯实市县乡巡查常态化机制。编制出台《偏远地区、海岛农村生活垃圾治理技术指南》，推动建立偏远地区、海岛垃圾常态化治理机制。各地要落实《福建省城乡生活垃圾管理条例》规定，总结推广2019年每县一个试点村经验，宣传推广农村生活垃圾分类“一张图”，全面推动农村生活垃圾“干湿”分类。五是推行农村生活垃圾治理市场化。借鉴闽清等地做法，推行以县域为单位将农村生活垃圾转运、清扫保洁、公厕管护一并打包，统一委托第三方运营，全面提升农村生活垃圾治理水平。

（四）乡镇生活污水治理

2020年，乡镇污水处理率达到70%，重点镇污泥无害化处置率比2015年底提高5个百分点，初步实现建制镇污泥统筹集中处理处置。

一是大力推进乡镇生活污水治理市场化。推广永泰等地做法，对全域乡镇生活污水处理厂及延伸管网提升改造、运行维护捆绑打包，委托第三方专业机构统一运营管理，根据合同按效付费，定期对运维商考核评价，确保有效运行，实现常态治理。二是加快推进乡镇生活污水设施提升改造和管网完善，提升设施负荷率和污水收集率。编制出台《福建省乡镇生活污水处理设施运营维护标准》，督促指导各地落实。三是提高进出水水质和水量监测能力。规模3000吨/日（含）以上乡镇污水处理厂（站），安装进出水水量和水质监测设备，水质监测指标包括COD、氨氮、总磷；3000吨/日以下乡镇污水处理厂（站），安装进出水量计量装置。水量和水质监测设备应符合标准，今年6月底前安装完成，乡镇要验收存档，省级予以奖补。各地要逐一排查，全面配备，逐步建立起乡镇污水处理设施运行监控机制。

落实2017—2018年建设的农村生活污水治理（三格化粪池）排查整治回头看，按照国务院农村人居环境整治大检查反馈问题整改要求，对照“三格化粪池容积不足”“管网设计不合理、技术指导不到位，导致管网建设不能有效覆盖，一些农户家中污水无法接入管网，只能直排沟渠”“已经铺设了污水管网，但没有投入使用”“污水管道破损”“出现污水管道检查井渗漏、溢流情况”等一系列问题，立行立改、举一反三，全面排查整改，于3月底前将排查整改情况由设区市汇总后上报省厅，于6月底前全面完成整治。

（五）既有农房整治和村容村貌提升

2020年，实现既有农房整治“镇镇有示范”，全省完成裸房整治10万栋以上。福州、厦门、泉州完成95%的村庄房前屋后整治，漳州、莆田、平潭综合实验区完成90%的村庄整治，其他设区市完成85%的村庄整治。提升镇区品质，每个乡镇镇区建成1条以上整洁有序“示范街”。各县（市、区）创建1条以上美丽乡村特色景观带，全省创建10条以上优秀美丽乡村特色景观带。

根据2月28日全省农村人居环境整治工作视频会部署要求，各地要大力推进既有农房整治，推动我省村庄建筑风貌年内有明显改观。总结推广铁路沿线环境综合整治和中心村整治做法经验，形成指导本地区既有农房整治的技术方案和工作方法，积极配合乡村振兴试点工作，加大力度推进既有农房整治，落实“镇镇有示范”要求，全面完成年度农房整治目标任务。完善农村生活垃圾治理常态化机制，完成2017—2018年农村生活污水治理问题排查整治，推进农村人居环境提升试点，配合开展“村庄清洁”行动，完成村庄房前屋后整治目标。

二、加快健全4项机制

村镇建设工作点多面广线长、庞杂具体，需要针对客观实际和现状问题，分类指导、健全机制。一是健全市场化机制，以推进市场化作为破解村镇建设工作难题，提升专业化、规范化水平的重要举措，大力推进乡镇污水提升改造和运行维护、农村生活垃圾治理和公厕管护市场化，以市域或县域为单位捆绑打包 PPP 或政府购买服务项目，积极吸引第三方专业机构参与。各级安排补助资金对市场化项目倾斜，对市场化工作滞后的县市，列出名单、列为重点监管区域，督促推进；规范合同双方履约行为，避免政府违约形成恶性循环、企业违约影响民生，杜绝层层转包行为。二是健全投诉处理机制，省市县乡建立投诉举报处理机制，3 月底前设立农村危房改造、乡镇生活污水治理、农村生活垃圾治理、农村公厕建设管护、2017—2018 年农村生活污水治理项目专门投诉举报电话，在本部门官网上相应设立专门投诉举报窗口，收集问题图片投诉举报，及时发现问题、及时处理，避免问题上交。三是建立差异化监管指导和暗访机制，对以下几类县乡村分别列出名单，重点暗访、重点督促、跟踪推动：1. 各类审计、巡视和督查检查中问题频发或多次被投诉举报的；2. “六江两溪”流域周边一公里以内、土楼保护区和其他生态敏感区域的乡镇生活污水处理设施负荷率、收集率低的；3. 市场化推动滞后的；4. 当年建设或整改任务重的。四是建立分级培训机制。今年起农村建筑工匠和村镇干部实行省市县分级培训，省厅重点培训农村建筑工匠师资和市县主管部门分管领导、部门负责人，设区市对市县两级分工作出安排。农村建筑工匠由县级统一组织实施，具体按照省厅《关于加强农村建筑工匠管理的通知》（闽建村〔2019〕10 号）执行，县市区 3 月底前制定年度培训计划并组织实施，确保轮训一遍，尽快建立起一支合格的农村建筑工匠队伍。县市区培训计划由设区市统一收集汇总后 4 月 10 日前报省厅备案，省市逐月调度、跟踪落实。

三、持续推进 3 项提升

（一）“两高”沿线环境

加快推进杭深线、合福线、向莆线、赣龙复线、龙厦线、福厦高铁客专等境内铁路沿线环境整治，实现“绿化全覆盖、全线不露白、基本无裸房、面貌大改观”；建立长效管护制度机制，做到“整治一线、巩固一线”。配合相关部门推进铁路沿线安全隐患项目整治。配合省高指推进国高网主通道等路段综合整治，打造高速公路绿色走廊。

（二）乡村建筑风貌

落实县县编制推广具有地域特色的农房立面图集，请设区市逐县核查出台的图集、建账销号，已完成的及时将图集报省厅备案，省市加强编制工作的指导；选取优秀案例补充到省级图集进行全省推广，公布一批优秀设计队伍信息。积极配合自然资源部门编制村庄规划、农房审批和验收，加强乡村建筑风貌管控。继续推进一批省级村镇住宅小区建设试点，着眼整体宜居和村民生活，突出乡土建筑风貌、室内合理布局和社区空间营造，建成一批功能完善、布局合理、风貌乡土、成本经济、结构安全、绿色环保的宜居型示范农房，今年对列入省级村镇住宅小区试点且按照试点设计方案建设的，按照小区面积对其基础设施给予补助。探索闽派民居建设，依山就势自然布局，规划适宜公共空间，体现传统建筑风貌，推广农家庭院绿化，彰显地域乡土特色。探索推广适宜农村的建筑材料和绿色节能新技术、新产品、新工艺。因地制宜推广钢结构装配式农房建设。推进设计下乡和闽台乡建乡创合作，对于委托台湾建筑师团队提供 1 年以上、以提升农房建筑风貌（包括新建农房和农房整治）为主要服务内容、开展陪伴式指导服务的村庄，省级给予补助。

（三）农房质量安全

宣传落实质量安全“一张图”，印发至镇村一线、建房户和工匠队伍，建房现场张贴；督促乡镇落实农民建房前谈话提醒制度。启用全省农村建筑工匠管理系统，督促各县开展农村建筑工匠信息登记，建立农村建筑工匠名录和档案库，进行电子化管理。落实既有房屋安全隐患排查整治，对已排查发现但仍未完成整治的农村重大安全隐患房屋，建账销号。

四、积极探索 2 项试点

（一）共同缔造试点

推进全国第一批“美好环境与幸福生活共同缔造”精选试点村（厦门市海沧区青礁村院前社、厦门市思明区曾厝垵社、福州市晋安区寿山乡九峰村）和试点县（宁德市屏南县）试点工作，列为“福建省美好环境与幸福生活共同缔造现场教学基地”并开展业务培训和经验交流，扩大培训覆盖面，选择一批有条件的镇村深入开展“共同缔造”活动，进一步探索“纵向到底、横向到边”的五级共建机制，探索“协商共治、共同富裕”的全员经合社机制，推行“村民参与、投工投劳”的雇工购料法，推动建立“共建共治共享”的社会治理体系。

（二）新时代农村社区试点

开展新时代农村社区建设试点。每个设区市选取1个以上资源条件较好的村民集中居住区（占地3公顷、常住人口100人以上），委托高水平、接地气的规划设计团队，村民全程参与，围绕提升宜居水平，探索美好环境与幸福生活共同缔造的“共谋、共建、共管、共评、共享”模式、建筑风貌管控、农房建设节约用地、审批管理等机制，实施建筑立面整治，完善村民交流、民俗活动、文化休闲等公共空间，接入周边景观、人文资源，着力打造有区域特色建筑风貌、有现代完备功能、有良好社区关系的示范小区。试点区域可在省级农村人居环境整治提升试点村中选定，或另外精选。

（摘编：黄国实）

福建出台十八项措施加快线上经济发展

为深入贯彻落实习近平总书记关于统筹做好疫情防控和经济社会发展工作的重要讲话重要指示批示精神，2020年3月31日福建省出台《关于加快线上经济发展的若干措施》，深入实施数字经济领跑行动，加快发展线上经济新业态新模式，促进线上线下有机融合，增强高质量发展新动能。十八项措施主要内容包括如下。

加快新型信息基础设施建设

1. 加快优质精品网络建设。深入实施新时代“数字福建·宽带工程”行动计划，打造低时延、高可靠、广覆盖的新一代通信网络。加快建设千兆城市；积极推进高水平全光网络建设；加快老、少、边和海岛地区的4G网络全面覆盖；加快推进5G网络建设，优先覆盖核心商圈、重点产业园区、重要交通枢纽、主要应用场景等，对其他申请5G网络的企业、产业园区和为线上经济提供配套服务的智慧物流园区等，优先予以保障。

2. 提升大数据基础设施水平。依托数字福建产业园（长乐、安溪），加快建设一批布局合理、绿色智能、安全可靠的数据中心。对运营机柜超过150台的超算中心或数据中心，支持参与电力市场直接交易，免费提供网络性能重点监测服务。

3. 推进工业互联网基础设施建设。实施“十百千万”工业互联网工程，加快推进工业企业内网升级，支持建设工业互联网平台和应用标杆企业，培育“5G＋工业互联网”典型应用场景和应用案例，推动更多中小企业“上云上平台”。

大力培育壮大市场主体

4. 支持企业做大做强。每年遴选公布一批数字经济龙头企业、“瞪羚”等创新企业清单，实行“一对一”跟踪服务，加强要素保障和政策、资金、项目扶持，培育形成未来领军型创新企业。对首次进入全国互联网企业百强、软件百强等本省企业，给予一次性100万元奖励。

5. 引进培育总部企业。创新招商模式，对总部（含研发总部、行业总部和区域总部）新落户我省的全国互联网企业百强、软件百强等企业，在享受我省总部经济相关政策基础上，再给予每户200万元的一次性落户奖励。支持符合条件的线上经济企业申请总部企业认定，并给予奖励。

积极培育新业态新模式

6. 有序发展“互联网＋教育”。巩固学校互联网攻坚行动成果，尽快实现所有学校接入快速稳定的互联网。优化省级数字教育资源公共服务体系，为农村和边远地区中小学提供丰富的在线教育学习资源。推广大规模在线开放课程等网络学习模式，推动学历教育在线课程资源共享。鼓励社会力量参与大型开放式网络课程建设，支持符合条件的网络课程、社会化教育培训产品按照相应规定和程序纳入学校课程体系。

7. 加快推进“互联网＋医疗健康”。深入推进“互联网＋医疗健康”示范省建设，大力推进分时段预约诊疗、互联网医院、福建12320热线公众服务平台、电子处方流转、家庭医生电子化签约等在线健康医疗服务。拓展提升省养老服务综合信息平台功能，开展智慧健康养老应用试点，探索发展社区居家“虚拟养老院”。支持将“八闽健康码”作为全省居民医疗健康服务的标识，实现全省一码通用。

8. 大力推进“互联网＋文化旅游”。加快建设省公共文化服务供需对接平台，推进数字图书馆、数字文化馆、数字博物馆等建设。鼓励发展互联网新闻出版、文学艺术、广播电视、电影、动漫游戏、文化传播等互联网文化产品和服务，支持互联网企业打造数字精品内容创作和新兴数字资源传播平台。提升完善“全福游”智慧旅游服务平台，支持开展智慧旅游试点，实现“一机在手畅游福建”。

9. 优化提升“互联网＋生态环保”。深化生态云平台建设，构建基于信息化的新型生态环境治理体系。加大省生态环境亲清服务平台开放力度，为企业各类应用开发提供快速构建能力。

10. 积极推广示范应用。鼓励企业集成运用新一代信息技术搭建“互联网＋”公共服务平台，加快社会服务在线对接、线上线下深度融合。大力发展“丝路电商”、跨境电商，对“买全球、卖全球”的电商企业和供应链平台企业、对示范平台和典型应用予以优先扶持。

加大金融支持力度

11. 创新信贷产品和服务。在省“金服云”平台“快服贷”系列产品中增列线上经济定制式服务产品，鼓励银行业金融机构面向线上经济企业对接推广“快服贷”服务。对符合条件的线上经济企业的银行贷款，纳入风险分担资金池予以风险分担。探索开展“股权＋债权”的投贷联动模式，积极开发金融产品，支持线上经济小微企业等“轻资产”企业融资。

12. 拓展企业融资渠道。建立省线上经济企业上市挂牌后备资源库，支持企业对接多层次资本市场上市挂牌。支持符合条件的企业发行债券。支持符合条件的线上经济重点项目纳入补短板稳投资应急专项。

强化要素保障

13. 促进数据有序开放。加快建设金融、健康医疗、生态、农业、交通、住建、市场监管、自然资源等主题数据库，依法依规向企业授权开放及社会化利用。探索设立福建省大数据交易服务平台。

14. 推进通信网络提速降费。推动基础电信企业提升线上经济企业通信网络接入速率，免费提供定制化网络升级解决方案，制定一揽子网络费用优惠措施；支持为超算中心、数据中心提供高带宽、多路由、多运营商网络接入，资费进一步优惠。

15. 加大算力资源支持力度。省超算中心以及“海丝乐云”等省属企业建设运营的云计算资源，资费按照市场平均服务价格水平下浮20%；疫情期间资源冗余部分向疫情防控重点保障企业免费提供。

16. 加强人才引进培育。落实我省人才政策，支持线上经济企业引进国内外高层次人才，将数字经济人才列入全省紧缺急需人才引进指导目录。优先支持高校设置数字经济类相关专业。

健全安全保障体系

17. 强化网络和数据安全。加大对数据中心、工业互联网等关键信息基础设施等级保护定级备案、安全测评工作力度。各地可采取政府购买服务方式，委托具备相应资质的机构对属地线上经济平台服务商开展安全测评，指导企业完善网络安全保障制度，提供安全可靠的解决方案。

18. 推广可信电子文件应用。推动应用区块链技术建设省可信电子文件服务平台，经平台核验和流转的电子文件与纸质文件具备同等效力。

（摘编：王增丰）

2020 年度福建省级重点招商项目

为贯彻落实中央和省委省政府关于统筹推进新冠肺炎疫情防控和经济社会发展的决策部署，推动全省经济发展提质增效，2020 年 4 月 12 日省发改委筛选推出 248 项 2020 年度福建省级重点招商项目，总投资 5978 亿元。

248 项项目中，三大主导产业项目 41 项，总投资 996 亿元；战略性新兴产业项目 69 项，总投资 2712 亿元；传统特色产业项目 35 项，总投资 493 亿元；生产性服务业项目 27 项，总投资 652 亿元；生活性服务业项目 48 项，总投资 846 亿元；现代农业项目 16 项，总投资 89 亿元；基础设施项目 12 项，总投资 190 亿元。

据悉，这些重点招商项目是在符合国家发展改革委、商务部发布的《外商投资准入特别管理措施（负面清单）（2019 年版）》和《鼓励外商投资产业目录（2019 年版）》的基础上，根据福建省培育千亿产业集群推进计划和推动产业基础高级化、产业链现代化的发展要求，从电子信息、石油化工、机械装备等三大主导产业，新一代信息技术、高端装备、新材料、新能源、生物医药、节能环保、海洋高新等战略性新兴产业，传统特色产业，生产性服务业，生活性服务业，现代农业等重点领域筛选推出的，具有较好的产业基础和资源优势，预期投资收益较好。

（摘编：于新光）

福建省2020年省级智能制造重点项目

2020年8月17日，福建省工业和信息化厅下发《关于印发2020年省级智能制造重点项目的通知》（闽工信函装备〔2020〕395号）提出，为加快推动福建省智能制造发展，促进产业转型升级，省工信厅组织编制《2020年省级智能制造重点项目》，现印发你们，请你们认真组织实施。有关事项一并通知如下。

一、加强项目管理服务。2020年省级智能制造重点项目共计234项，请各设区市做好项目协调、服务工作，加强政策宣导，及时协调解决项目实施过程中存在的困难和问题，推进项目按计划实施，充分发挥项目社会效益和经济效益。

二、做好项目分类指导。2020年省级智能制造重点项目主要包括智能制造试点示范企业项目、智能制造系统解决方案供应商项目、首台（套）重大技术装备保险补偿项目、首台（套）重大技术装备认定项目、重大短板装备项目等5种类型。各设区市应根据各项目申报指南要求，做好项目申报的指导工作。

三、优先给予政策支持。入选项目原则上是省级智能制造相关项目的重点支持对象，同时也作为申报国家相关项目的优先推荐对象。地方配套政策对省级智能制造重点项目给予优先支持。

2020年省级智能制造重点项目

序号	地市	项目实施单位名称	项目名称	项目类型
1	福州	福建海源复合材料科技股份有限公司	汽车碳纤维复合材料车身HP－RTM模压成型技术与装备	重大短板装备项目
2	厦门	沙迪克（厦门）有限公司	精密慢走丝线切割机床ALN/VL系列	重大短板装备项目
3	厦门	厦门捷昕精密科技股份有限公司	卧（立）式车铣（磨）复合加工中心	重大短板装备项目
4	厦门	厦门捷昕精密科技股份有限公司	精密慢走丝线切割机床	重大短板装备项目
5	厦门	厦门市荟智精密机械科技有限公司	立式车铣（磨）复合加工中心，型号HZ－VTM800型	重大短板装备项目
6	漳州	漳州市钜钢精密机械有限公司	超精密五轴加工中心	重大短板装备项目
7	三明	机械科学研究总院海西（福建）分院有限公司	CAMHX－BP480大口径五轴数控气囊式抛光机床	重大短板装备项目
8	三明	机械科学研究总院海西（福建）分院有限公司	CAMHX－UPG80超精密非球面成型磨床	重大短板装备项目
9	福州	福建华拓自动化技术有限公司	高速隧道储能备电系统	智能制造系统解决方案供应商项目

续表

序号	地市	项目实施单位名称	项目名称	项目类型
10	福州	福建华鼎智造技术有限公司	智能装备全生命周期健康大数据平台	智能制造系统解决方案供应商项目
11	福州	福建星云电子股份有限公司	智能制造系统解决方案供应商项目	智能制造系统解决方案供应商项目
12	福州	福建摩尔软件有限公司	摩尔云智造系统	智能制造系统解决方案供应商项目
13	福州	福建振邦信息科技发展有限公司	振邦工业互联网数据运营平台	智能制造系统解决方案供应商项目
14	厦门	厦门嵘拓物联科技有限公司	工业物联网智能制造解决方案（高端制造智能监测与预测管理云平台）	智能制造系统解决方案供应商项目
15	厦门	厦门嵘拓物联科技有限公司	嵘拓智造“工具云”	智能制造系统解决方案供应商项目
16	厦门	厦门尚为科技股份有限公司	雷达配套环境动力监控系统	智能制造系统解决方案供应商项目
17	厦门	厦门物之联智能科技有限公司	城市轨道交通综合安全监测体系平台	智能制造系统解决方案供应商项目
18	厦门	厦门航天思尔特机器人系统股份公司	机器人装备系统解决方案供应商	智能制造系统解决方案供应商项目
19	厦门	厦门海普锐智控软件有限公司	制造执行系统（MES）	智能制造系统解决方案供应商项目
20	厦门	厦门市索联软件科技有限公司	索联制造执行系统	智能制造系统解决方案供应商项目
21	泉州	嘉泰数控科技股份公司	智能制造系统解决方案供应商	智能制造系统解决方案供应商项目
22	莆田	中电（福建）工业互联网研究院有限公司	智能制造系统解决方案	智能制造系统解决方案供应商项目
23	龙岩	福建省世能科泰节能设备有限公司	冷端优化节能监控系统（COS－8000）	智能制造系统解决方案供应商项目
24	龙岩	龙合智能装备制造有限公司	终端物料智能无人装车设备及系统解决方案	智能制造系统解决方案供应商项目
25	福州	福建省马尾造船股份有限公司	海洋工程支持居住船（84 米双体半潜自航式居住辅助平台 MW610－3）	首台（套）重大技术装备保险补偿项目
26	福州	福建省马尾造船股份有限公司	1700 吨远洋金枪鱼围网渔船（MW817－3）	首台（套）重大技术装备保险补偿项目
27	龙岩	福建龙净环保股份有限公司	汕尾电厂超低排放改造项目之烟气换热器	首台（套）重大技术装备保险补偿项目
28	龙岩	福建龙净环保股份有限公司	国投钦州发电有限公司综合治理总承包工程设备	首台（套）重大技术装备保险补偿项目
29	龙岩	福建龙净环保股份有限公司	吉林省公主岭市中心城区热电联产集中供热新建工程烟气治理岛总包工程	首台（套）重大技术装备保险补偿项目
30	龙岩	福建龙净环保股份有限公司	吉林省公主岭市中心城区热电联产集中供热新建工程污水处理装置	首台（套）重大技术装备保险补偿项目

续表

序号	地市	项目实施单位名称	项目名称	项目类型
31	龙岩	福建龙净环保股份有限公司	污泥干化处理设备（广州华润热电有限公司湿污泥干化处置（EPC）总承包工程合同）	首台（套）重大技术装备保险补偿项目
32	龙岩	福建龙净环保股份有限公司	LGGH 烟气余热回收－再热装置系统（国投湄洲湾第二发电厂 2＊1000MW 新建项目EPC 总承包工程）	首台（套）重大技术装备保险补偿项目
33	龙岩	福建龙净环保股份有限公司	超净烟气治理岛多污染物协同治理装备（福建华电邵武三期 2＊660MW 项目环保岛设计采购施工调试总承包 EPC）	首台（套）重大技术装备保险补偿项目
34	龙岩	福建龙净环保股份有限公司	干法烟气脱硫除尘脱汞一体化装备（兖煤菏泽能化有限公司赵楼综合利用电厂一期机组超低排放改造项目 EPC 总承包）	首台（套）重大技术装备保险补偿项目
35	龙岩	福建龙净环保股份有限公司	干法烟气脱硫除尘脱汞一体化装备（内蒙古京海煤矸石发电有限责任公司脱硫脱硝除尘超低排放改造 EPC 总承包合同）	首台（套）重大技术装备保险补偿项目
36	福州	福建时代星云科技有限公司	光储充检智能微网系统（500kwh）	首台（套）重大技术装备认定项目
37	福州	福建星云电子股份有限公司	动力电池包装配线（18650 型）	首台（套）重大技术装备认定项目
38	福州	福建新大陆环保科技有限公司	NLQ－400K 紫外消毒系统	首台（套）重大技术装备认定项目
39	福州	福建建中建设科技有限责任公司	MCWP－30/10 智能导架爬升式高空作业平台	首台（套）重大技术装备认定项目
40	福州	福州科杰电子衡器有限公司	KJ－CG01 一卡通骨料定量装车系统	首台（套）重大技术装备认定项目
41	福州	福建东南造船有限公司	海上风电运维服务船（海电运维 101）	首台（套）重大技术装备认定项目
42	福州	福耀集团（福建）机械制造有限公司	汽车风窗夹层玻璃炉内双片压制炉/TSL22－01	首台（套）重大技术装备认定项目
43	福州	福建省马尾造船股份有限公司	大部件更换运维平台（海电运维 801）	首台（套）重大技术装备认定项目
44	福州	福建省马尾造船股份有限公司	SSFF150 单柱半潜式深海养殖渔场	首台（套）重大技术装备认定项目
45	福州	福建瑞玻玻璃有限公司	9MW 余热发电机组	首台（套）重大技术装备认定项目
46	厦门	厦门精升力科技有限公司	P19 化油器自动组装生产线	首台（套）重大技术装备认定项目
47	厦门	厦门嘉戎技术股份有限公司	集装箱式渗滤液处理设备	首台（套）重大技术装备认定项目
48	厦门	泰普斯（厦门）环保科技有限公司	吸污净化设备 FHQ5080TWJME	首台（套）重大技术装备认定项目
49	厦门	厦门福信光电集成有限公司	端子走线 AOI 设备 SL－17－D4A	首台（套）重大技术装备认定项目

续表

序号	地市	项目实施单位名称	项目名称	项目类型
50	厦门	厦门福信光电集成有限公司	AOI 检察机 SL－17－D4R20&D3A20	首台（套）重大技术装备认定项目
51	厦门	沙迪克（厦门）有限公司	数控慢走丝线切割机床 ALN600Q	首台（套）重大技术装备认定项目
52	厦门	厦门大显科技有限公司	自动投叉机 DTC300－GD	首台（套）重大技术装备认定项目
53	厦门	大禾众邦（厦门）智能科技股份有限公司	CU 全自动换型多用途龙骨设备（MF300）	首台（套）重大技术装备认定项目
54	漳州	漳州立达信灯具有限公司	LED 大面板灯智能自动化生产线	首台（套）重大技术装备认定项目
55	泉州	福建鸿益机械有限公司	仿石路侧石成型生产线	首台（套）重大技术装备认定项目
56	泉州	嘉泰数控科技股份公司	龙门焊铣复合加工中心 JT－FSW2317	首台（套）重大技术装备认定项目
57	泉州	灰犀牛（泉州）医疗科技有限公司	静电纺丝设备 3PJ7_ S2	首台（套）重大技术装备认定项目
58	泉州	福建信亿机械科技有限公司	双针床凸轮单贾卡纱架经编机 RDPJ7/1－T－EL－E24	首台（套）重大技术装备认定项目
59	泉州	晋江市鹏太机械科技有限公司	三贾卡双针床经编机	首台（套）重大技术装备认定项目
60	泉州	福建泉工股份有限公司	二次加工劈裂生产线	首台（套）重大技术装备认定项目
61	泉州	泉州市三联机械制造有限公司	全自动伺服墙地砖生产线	首台（套）重大技术装备认定项目
62	泉州	泉州市三联机械制造有限公司	立式立模复合轻质节能墙板自动生产线	首台（套）重大技术装备认定项目
63	泉州	福建长江工业有限公司	六轴四工位清光机 NC64－L	首台（套）重大技术装备认定项目
64	泉州	泉州市泰智机械发展有限公司	板旋式一体化无内胎铝合金车轮生产线	首台（套）重大技术装备认定项目
65	泉州	泉州坤泰机械精工制造有限公司	TA465 日用陶瓷智能自动成型生产线	首台（套）重大技术装备认定项目
66	三明	机械科学研究总院海西（福建）分院有限公司	CAMHX－ZDCQ001 转炉钢水机器人自动测温取样设备	首台（套）重大技术装备认定项目
67	三明	机械科学研究总院海西（福建）分院有限公司	CAMHX－UPG80 超精密非球面成型磨床	首台（套）重大技术装备认定项目
68	三明	机械科学研究总院海西（福建）分院有限公司	CAMHX－BP480 五轴数控气囊式抛光机床	首台（套）重大技术装备认定项目
69	三明	机械科学研究总院海西（福建）分院有限公司	CAMHX－HQCJJ－00001 竹帘浸胶沥胶自动化输送设备	首台（套）重大技术装备认定项目
70	三明	机械科学研究总院海西（福建）分院有限公司	GMW－4020 激光焊铣复合机床	首台（套）重大技术装备认定项目

续表

序号	地市	项目实施单位名称	项目名称	项目类型
71	三明	机械科学研究总院海西（福建）分院有限公司	GC－1613 石墨舟加工专机	首台（套）重大技术装备认定项目
72	三明	福建玮士迈科技有限公司	SH－82NMP0121 型 NMP 回收系统	首台（套）重大技术装备认定项目
73	莆田	福建屹立智能化科技有限公司	全数字化簇绒地毯织机	首台（套）重大技术装备认定项目
74	龙岩	华达（福建龙岩）环卫科技有限公司	斜压分体式垃圾压缩设备（钩臂式 HDXYJ－2000）	首台（套）重大技术装备认定项目
75	龙岩	福建威而特旋压科技有限公司	旋压带轮智能制造成套装备	首台（套）重大技术装备认定项目
76	龙岩	龙岩亿丰机械科技有限公司	全自动分体式超微粉体加工设备	首台（套）重大技术装备认定项目
77	龙岩	福建侨龙应急装备股份有限公司	适应复杂环境的大功率远程供排水系统	首台（套）重大技术装备认定项目
78	龙岩	福建省舟拓智能制造集团有限公司	智能八轴铆合称重收料系统	首台（套）重大技术装备认定项目
79	龙岩	福建省舟拓智能制造集团有限公司	压合自动分板线	首台（套）重大技术装备认定项目
80	龙岩	福建省得力机电有限公司	多片圆锯机制材生产线（套）	首台（套）重大技术装备认定项目
81	龙岩	龙合智能装备制造有限公司	ZNZC10－001 垛装物料智能无人装车设备	首台（套）重大技术装备认定项目
82	宁德	宁德思客琦智能装备有限公司	Busbar 激光焊接机 SKEQI－BUSBAR－R－A	首台（套）重大技术装备认定项目
83	宁德	百能数控设备（福建）有限公司	玻璃刻花机	首台（套）重大技术装备认定项目
84	宁德	福建浦汇科技发展有限公司	MPLC160－2 型超高效铸铝转子精细化形磁流体铸造生产线	首台（套）重大技术装备认定项目
85	宁德	福建中资新能源动力制造有限公司	CQY25 行李牵引车（电动式）	首台（套）重大技术装备认定项目
86	宁德	福建省霞浦县众源机械有限公司	金刚石多组绳锯机	首台（套）重大技术装备认定项目
87	福州	福建骏鹏智能制造有限公司	福建骏鹏智能制造有限公司综合智能生产调度平台	智能制造试点示范企业项目
88	福州	福州新福兴浮法玻璃有限公司	新福兴新能源汽车产业园一期项目	智能制造试点示范企业项目
89	福州	福建省新宏港纺织科技有限公司	高档针纺织品生产及多功能性整理加工绿色智能制造项目	智能制造试点示范企业项目
90	福州	福建友谊胶粘带集团有限公司	智能立体仓库	智能制造试点示范企业项目
91	福州	福建中能电气有限公司	一二次智能配电项目	智能制造试点示范企业项目
92	福州	福建顺景机械工业有限公司	福建顺景机械工业有限公司引进木制家居配件智能化生产线项目	智能制造试点示范企业项目

续表

序号	地市	项目实施单位名称	项目名称	项目类型
93	福州	福建瑞玻玻璃有限公司	超白太阳能光伏优质浮法玻璃和特种玻璃项目	智能制造试点示范企业项目
94	福州	宝钢德盛不锈钢有限公司	宝钢德盛设备远程智能运维平台系统	智能制造试点示范企业项目
95	福州	福建省海峡星云信息科技有限公司	国产芯片高端整机先进制造生产基地项目（一期）	智能制造试点示范企业项目
96	厦门	厦门光莆电子股份有限公司	超小型 SMT 智能化生产线建设项目	智能制造试点示范企业项目
97	厦门	沙迪克（厦门）有限公司	高精密高端设备工厂的精益化智能制造	智能制造试点示范企业项目
98	厦门	厦门金龙汽车新能源科技有限公司	新能源汽车动力电池 PACK 研发及生产建设项目（一期）	智能制造试点示范企业项目
99	厦门	厦门捷昕精密科技股份有限公司	模具制造生产智能化	智能制造试点示范企业项目
100	厦门	厦门身份宝网络科技有限公司	智能感知多功能检测终端研发与产业化	智能制造试点示范企业项目
101	厦门	厦门市科力电子有限公司	云上 MES、SRM	智能制造试点示范企业项目
102	厦门	厦门赢晟科技有限公司	无菌纸铝塑包装制品项目	智能制造试点示范企业项目
103	厦门	厦门市吉士汀食品有限责任公司	年产 6000 吨奶酪食品建设工程	智能制造试点示范企业项目
104	漳州	青蛙王子（福建）婴童护理用品有限公司	青蛙王子婴童护理用品净化智能制造项目	智能制造试点示范企业项目
105	漳州	福建大北农水产科技有限公司	基于办公自动化系统的功能性水产饲料智能制造示范项目	智能制造试点示范企业项目
106	漳州	漳州蒙发利实业有限公司	按摩产品技改项目	智能制造试点示范企业项目
107	漳州	福建恒隆塑胶工业有限公司	新增年产 1 亿个食品包装盒智能化生产线扩建项目	智能制造试点示范企业项目
108	漳州	漳州万利达科技有限公司	高端智能信息终端产品自动化生产线综合技术项目	智能制造试点示范企业项目
109	泉州	七星电气股份有限公司	改进型数控化智能环网柜生产线	智能制造试点示范企业项目
110	泉州	泉州华数机器人有限公司	华数智能装备云管控平台	智能制造试点示范企业项目
111	泉州	福建纳川管材科技股份有限公司	钢骨架塑料复合管智能制造生产线	智能制造试点示范企业项目
112	泉州	三六一度（福建）体育用品有限公司	智能自动隧道整烫机	智能制造试点示范企业项目
113	泉州	福建晋江天然气发电有限公司	3 号车间控制系统和燃烧系统智能改造项目	智能制造试点示范企业项目
114	泉州	福建欣兴泰新材料股份有限公司	功能性卫生材料无纺布智能制造数字化车间	智能制造试点示范企业项目
115	泉州	信泰（福建）科技有限公司	新型环保鞋面材料智能工厂智能制造试点示范	智能制造试点示范企业项目
116	泉州	泉州三安半导体科技有限公司	半导体核心器件智能制造示范项目	智能制造试点示范企业项目
117	泉州	华辉玻璃（中国）有限公司	玻璃深加工智能化工厂改造	智能制造试点示范企业项目
118	泉州	福建省德化明英华陶瓷有限公司	自动化日用陶瓷生产线技术及信息化技术改造项目	智能制造试点示范企业项目

续表

序号	地市	项目实施单位名称	项目名称	项目类型
119	泉州	福建省泉州景玉纸业有限公司	瓦楞纸箱包装智能化生产车间	智能制造试点示范企业项目
120	泉州	福建省德化同鑫陶瓷有限公司	日用陶瓷标准化厂房及数字化车间建设项目	智能制造试点示范企业项目
121	泉州	陆升（福建）集团有限公司	高档酒店瓷自动化和信息化生产项目	智能制造试点示范企业项目
122	泉州	德化县鑫源再生资源有限公司	陶瓷废模石膏环保循环利用加工项目	智能制造试点示范企业项目
123	泉州	德化县宏顺陶瓷有限公司	日用陶瓷生产自动化及信息化技术应用项目	智能制造试点示范企业项目
124	泉州	泉州市健德建材实业有限公司	商品混凝土生产项目	智能制造试点示范企业项目
125	泉州	福建省德化龙顺陶瓷有限公司	龙顺日用陶瓷生产线改造	智能制造试点示范企业项目
126	莆田	莆田市涵江区依吨多层电路有限公司	制造印制电路板的智慧工业平台 MES 设备工况采集系统	智能制造试点示范企业项目
127	莆田	福建恒而达新材料股份有限公司	双金属带锯条数控智能制造项目	智能制造试点示范企业项目
128	莆田	福建省莆田协丰模具有限公司	射出生产自动化及主要设备节能升级	智能制造试点示范企业项目
129	莆田	福建安恒致远鞋业有限公司	安恒致远智能制鞋项目	智能制造试点示范企业项目
130	南平	南平华田机械工业有限公司	新品生产线智能系统化改造	智能制造试点示范企业项目
131	南平	福建南平南孚电池有限公司	高容量碱锰电池生产线及配套供配电智能化改造项目	智能制造试点示范企业项目
132	南平	福建晨光塑业有限公司	复膜水泥包装袋增资扩产二期	智能制造试点示范企业项目
133	南平	福建闽瑞新合纤股份有限公司	高性能复合纤维智能化制造车间	智能制造试点示范企业项目
134	南平	松溪县好味食品有限公司	数字化自动连续式脱水蔬菜生产线	智能制造试点示范企业项目
135	南平	福建武夷山国家级自然保护区正山茶业有限公司	茶叶智能加工设备升级改造	智能制造试点示范企业项目
136	南平	武夷山正华竹木制品有限公司	新建竹牙刷自动化生产线	智能制造试点示范企业项目
137	南平	福建味家生活用品制造有限公司	智能制造与全流程信息化协同管理	智能制造试点示范企业项目
138	南平	邵武市福宝供应链有限公司	猪包包食品生产加工	智能制造试点示范企业项目
139	南平	福建诚安蓝盾实业有限公司	智能防火门生产线改造及竹木新产品开发	智能制造试点示范企业项目
140	龙岩	福建省格兰尼生物工程股份有限公司	格兰尼天然维生素 E 及衍生产品生产项目	智能制造试点示范企业项目
141	龙岩	福建龙麟环境工程有限公司	利用水泥窑处置危险废物	智能制造试点示范企业项目
142	龙岩	福建威而特旋压科技有限公司	年产 250 万件汽车动力部件生产线	智能制造试点示范企业项目
143	龙岩	龙岩市海德馨汽车有限公司	应急专用车智能健康服务系统平台试点示范	智能制造试点示范企业项目
144	龙岩	福建宏祥科技有限公司	复合袋和纸袋生产线技改	智能制造试点示范企业项目
145	龙岩	紫金矿业集团股份有限公司紫金山金铜矿	有轨电机车无人驾驶改造	智能制造试点示范企业项目
146	龙岩	福建亿瑞电力科技有限公司	配电智能运维综合服务平台	智能制造试点示范企业项目
147	龙岩	福建龙德新能源股份有限公司	年产 6000 吨新能源材料智能工厂项目	智能制造试点示范企业项目
148	龙岩	福建金泰机械制造有限公司	高强度汽车制动鼓精密制造智能化改造提升工程项目	智能制造试点示范企业项目
149	龙岩	福建塔牌水泥有限公司	智能水泥工厂建设	智能制造试点示范企业项目

续表

序号	地市	项目实施单位名称	项目名称	项目类型
150	龙岩	福建创隆纺织有限公司	粗细络联自动化生产线	智能制造试点示范企业项目
151	龙岩	福建省舟拓智能制造集团有限公司	线路板内＋压智能制造项目	智能制造试点示范企业项目
152	龙岩	福建康莱宝运动用品有限公司	物联网下的智能生产制造体系建设	智能制造试点示范企业项目
153	龙岩	福建爱的电器有限公司	直流水泵精益生产＋网络协同制造项目	智能制造试点示范企业项目
154	龙岩	谊美吉斯光电科技（福建）有限公司	智能显示玻璃运程运维	智能制造试点示范企业项目
155	龙岩	福建漳平协龙高新化纤有限公司	年产1000吨双贾卡鞋服面料生产项目	智能制造试点示范企业项目
156	龙岩	福建福迩金生物科技有限公司	年处理10000吨植物甾醇建设项目技术改造	智能制造试点示范企业项目
157	龙岩	欧麦香（福建）食品有限公司	压缩饼干专业生产线	智能制造试点示范企业项目
158	龙岩	福建中晶科技有限公司	蓝宝石图形化衬底PSS智能制造项目	智能制造试点示范企业项目
159	龙岩	福建建豪建筑科技有限责任公司	PC构件智能制造项目	智能制造试点示范企业项目
160	龙岩	福建龙马环卫装备股份有限公司	智能制造1.0项目	智能制造试点示范企业项目
161	宁德	上海汽车集团股份有限公司乘用车福建分公司	上汽乘用车福建分公司智能制造项目	智能制造试点示范企业项目
162	宁德	延锋安道拓（宁德）座椅有限公司	延锋安道拓宁德工厂工业4.0项目	智能制造试点示范企业项目
163	宁德	宁德厦钨新能源材料有限公司	宁德厦钨智慧工厂一期	智能制造试点示范企业项目
164	宁德	福建华龙化油器有限公司	化油器研产供销集成数字化车间建设项目	智能制造试点示范企业项目
165	宁德	华益机电有限公司	通用电喷燃油供给系统生产线技改升级项目	智能制造试点示范企业项目
166	宁德	福建鑫中顺机械有限公司	年新增500万套汽摩配改装件项目	智能制造试点示范企业项目
167	福州	福建东龙针纺有限公司	提升绿色生态型内衣面料档次及深加工项目	智能制造试点示范企业项目
168	福州	福建兰天包装材料有限公司	新型多层高阻隔、多功能塑料软包装材料项目	智能制造试点示范企业项目
169	福州	福建坤彩材料科技股份有限公司	年产3万吨珠光材料项目	智能制造试点示范企业项目
170	福州	福建华冠光电有限公司	华冠液晶显示无边框产品智能制造	智能制造试点示范企业项目
171	福州	福建金风科技有限公司	福建金风大型海上风电设备智能化生产线项目	智能制造试点示范企业项目
172	厦门	厦门三安光电有限公司	半导体照明核心器件智能制造新模式应用	智能制造试点示范企业项目
173	厦门	厦门ABB开关有限公司	厦门ABB开关有限公司智慧工厂项目	智能制造试点示范企业项目
174	厦门	厦门豪帝卫浴工业有限公司	智能卫浴数字化生产车间	智能制造试点示范企业项目
175	厦门	厦门倍杰特科技股份有限公司	智能马桶盖板的智能制造试点示范	智能制造试点示范企业项目
176	漳州	漳州盈塑工业有限公司	基于多平台的智能精密塑胶件生产试点示范项目	智能制造试点示范企业项目
177	漳州	漳州伟伊化纤有限公司	年产1000吨包覆纱自动化生产线建设项目	智能制造试点示范企业项目

续表

序号	地市	项目实施单位名称	项目名称	项目类型
178	漳州	东山腾新食品有限公司	东山腾新食品智能制造试点示范企业建设项目	智能制造试点示范企业项目
179	漳州	漳州松霖智能家居有限公司	高端家居产品智能工厂	智能制造试点示范企业项目
180	漳州	漳州宏兴泰电子有限公司	智能注塑工厂建设项目	智能制造试点示范企业项目
181	泉州	石狮市新华宝纺织科技有限公司	石狮市新华宝纺织科技有限公司印染改扩建项目	智能制造试点示范企业项目
182	泉州	福建逸锦化纤有限公司	年产20万吨聚酯高强低伸棉型短纤生产数字化车间	智能制造试点示范企业项目
183	泉州	晋江万兴隆染织实业有限公司	晋江万兴隆面料染整加工智能制造生产线示范项目	智能制造试点示范企业项目
184	泉州	大发科技集团有限公司	高档面料智能生产线引进及织造管理系统的开发	智能制造试点示范企业项目
185	泉州	金鹰（福建）印刷有限公司	金鹰数码印刷智能制造生产线示范项目	智能制造试点示范企业项目
186	泉州	晋江市远大服装织造有限公司	晋江市远大服装织造有限公司年产3500万码多功能化纺织品技术改造项目	智能制造试点示范企业项目
187	泉州	福建顺成面业发展股份有限公司	全自动智能面粉生产车间	智能制造试点示范企业项目
188	泉州	聚隆（福建）包装有限公司	瓦楞纸板全自动数字化生产车间	智能制造试点示范企业项目
189	泉州	福建省晋江市普斯特针织服装有限公司	针织面料生产智能制造车间	智能制造试点示范企业项目
190	泉州	晋江市永固纺织涂层有限公司	高档织物面料智能制造试点示范项目	智能制造试点示范企业项目
191	泉州	福建省向兴纺织科技有限公司	染整生产、包装、仓储一体化智能制造项目	智能制造试点示范企业项目
192	泉州	晋江市天守服装织造有限公司	运动服装数字化智能制造试点示范项目	智能制造试点示范企业项目
193	泉州	泉州市六源印染织造有限公司	染整车间智能制造项目	智能制造试点示范企业项目
194	泉州	福建合盈食品有限公司	生产高端固态调味料智能车间技改项目	智能制造试点示范企业项目
195	泉州	福建回头客食品有限公司	烘焙类系列产品生产线智能制造试点示范项目	智能制造试点示范企业项目
196	泉州	永悦科技股份有限公司	不饱和聚酯树脂智能制造生产线建设项目	智能制造试点示范企业项目
197	泉州	裕忠（福建）新材料科技有限公司	高端差别化复合短纤智能制造试点示范项目	智能制造试点示范企业项目
198	泉州	福建省中科生物股份有限公司	植物工厂产业化项目	智能制造试点示范企业项目
199	泉州	福建良瓷科技有限公司	九牧永春智慧制造产业园（一期）	智能制造试点示范企业项目
200	泉州	玖龙纸业（泉州）有限公司	年产65万吨高档牛卡纸智能制造项目	智能制造试点示范企业项目
201	莆田	福建钜能电力有限公司	HDT太阳能电池及组件智能制造生产线	智能制造试点示范企业项目
202	莆田	福建华佳彩有限公司	显影智能生产线	智能制造试点示范企业项目
203	莆田	双驰实业股份有限公司	双驰企业鞋业工业互联网示范项目	智能制造试点示范企业项目
204	莆田	福建省莆田市双源鞋业有限公司	智能制造车间升级项目	智能制造试点示范企业项目
205	莆田	福建永荣科技有限公司	年产60万吨己内酰胺项目一期工程（年产20万吨己内酰胺）	智能制造试点示范企业项目

续表

序号	地市	项目实施单位名称	项目名称	项目类型
206	龙岩	龙岩海德馨汽车有限公司	应急专用车智能健康服务系统平台试点示范	智能制造试点示范企业项目
207	龙岩	福建建豪建筑科技有限公司	PC 构件智能制造项目	智能制造试点示范企业项目
208	龙岩	福建易动力电子科技股份有限公司	新能源电池集成系统生产项目	智能制造试点示范企业项目
209	龙岩	龙工（福建）机械有限公司	“龙工”牌装载机改扩建项目	智能制造试点示范企业项目
210	龙岩	福建紫金铜业有限公司	福建紫金铜业智能工厂项目	智能制造试点示范企业项目
211	龙岩	福建天守纺织新材料有限公司	智能化纺织数字车间项目	智能制造试点示范企业项目
212	福州	中铝瑞闽股份有限公司	高端铝合金功能材料智能制造新模式	智能制造试点示范企业项目
213	厦门	厦门卫星定位应用股份有限公司	基于物联网的公交智能电子站牌	智能制造试点示范企业项目
214	厦门	厦门路桥信息股份有限公司	一路云维护	智能制造试点示范企业项目
215	厦门	厦门麦丰密封件有限公司	麦丰橡胶密封件离散型智能制造项目	智能制造试点示范企业项目
216	厦门	厦门齐强胜模具有限公司	齐强胜智能制造管理系统	智能制造试点示范企业项目
217	厦门	厦门市佳贝美集团有限公司	佳贝美集团服装智能制造车间	智能制造试点示范企业项目
218	漳州	漳浦县海泰鞋业有限公司	年加工 200 万双经编鞋面项目	智能制造试点示范企业项目
219	漳州	车城汽车配件（福建）有限公司	汽车拉杆球接头智能化焊接、数控加工生产线项目	智能制造试点示范企业项目
220	漳州	福建新峰科技有限公司	新峰科技 CNC 项目	智能制造试点示范企业项目
221	漳州	漳州金钥匙机械有限公司	吐司面包自动生产线生产应用	智能制造试点示范企业项目
222	泉州	福建钟山化工有限公司	办公生产网络集成系统	智能制造试点示范企业项目
223	泉州	泉州鹏泰服饰有限公司	鹏泰 C2M 数字化智能快反制造服务项目	智能制造试点示范企业项目
224	泉州	乔丹体育股份有限公司	生产流水线改造项目	智能制造试点示范企业项目
225	泉州	冠达星股份有限公司	年产实木家具 2.4 万—东西之间个性化定制	智能制造试点示范企业项目
226	泉州	晋江力绿食品有限公司	年产 30 万件岩烧海苔生产项目	智能制造试点示范企业项目
227	泉州	福建大方睡眠科技股份有限公司	年产值 8 千万 MDI 透气凝胶枕头智能制造项目	智能制造试点示范企业项目
228	泉州	中化泉州石化有限公司	石油化工智能制造系统试点示范项目	智能制造试点示范企业项目
229	泉州	福建立亚新材有限公司	CASAS－300 特种陶瓷材料产业化项目	智能制造试点示范企业项目
230	三明	中机数控科技（福建）有限公司	大功率激光切割机产业化建设项目	智能制造试点示范企业项目
231	三明	德美特斯（三明）液压制造有限公司	液压零部件智能制造车间执行系统（MES）建设项目	智能制造试点示范企业项目
232	三明	福建三明南方水泥有限公司	福建三明南方水泥有限公司窑系统综合节能技改项目	智能制造试点示范企业项目
233	三明	福建省中坚环保科技有限公司	工业物联网智慧园区综合管理平台项目	智能制造试点示范企业项目
234	龙岩	上杭县紫金佳博电子新材料科技有限公司	年产 6 吨键合金丝建设项目	智能制造试点示范企业项目

（摘编：郑新贵）

福建省 2020 年省级技术创新重大项目

2020 年 10 月 9 日福建省工业和信息化厅下发《福建省工业和信息化厅关于印发 2020 年省级技术创新重大项目的通知》（闽工信科技〔2020〕141 号）提出，为贯彻落实省委和省政府创新驱动发展战略，提升企业技术创新能力，促进产业转型升级，着力培育高质量发展新引擎，省工信厅组织编制了 2020 年省级技术创新重大项目，现印发给你们，请认真组织实施。有关事项一并通知如下。

一、项目实行分级管理

2020 年省级技术创新重大项目共计 245 项，项目研发投入总额约 32.5 亿元，预计年新增销售收入 130.6 亿元。具体如下：

（一）省属项目

省属项目共 29 项，项目研发投入总额约 1.7 亿元，预计年新增销售收入 6.9 亿元。

（二）各设区市属项目

设区市属单位项目共 216 项，项目研发投入总额约 30.8 亿元，预计年新增销售收入 123.7 亿元。省级技术创新重大项目扶持资金不涵盖厦门市，由厦门市属单位申报的项目不列入本次省级技术创新重大项目库。

二、做好项目跟踪管理工作

（一）省属单位项目由省直主管部门或省属控股（集团）公司负责管理；设区市属单位项目由各所属设区市经工信部门负责管理。各主管单位要做好项目协调、服务工作，推进项目按计划实施，充分发挥项目的社会效益和经济效益。

（二）省工信厅专项资金扶持的企业技术创新类项目，原则上从列入省级技术创新重点项目中筛选产生。

2020 年省级技术创新重大项目（省属）

单位：万元

序号	项目实施单位及合作单位名称	项目名称	专项类别	所属行业	项目实施年限	项目研发投入	年新增销售收入
1	福建省新能源汽车控制系统技术开发基地、东南（福建）汽车工业有限公司	纯电动乘用车智能控制关键技术研发	行业共性关键技术开发	新能源汽车	2 年	500	5000
2	福建省模具技术开发基地、福建省海安橡胶有限公司	巨型工程轮胎智能制造装备产品开发与应用	行业共性关键技术开发	制造业	2 年	600	2500
3	福建工程学院、鞍钢冷轧钢板（莆田）有限公司	高品质无铬热镀锌耐指纹板关键技术研发及产业化应用	产业创新重大专项	金属制品	3 年	200	900

续表

序号	项目实施单位及合作单位名称	项目名称	专项类别	所属行业	项目实施年限	项目研发投入	年新增销售收入
4	福州大学、福建兆元光电有限公司	Micro LED 免转移全彩显示集成材料和芯片研究	行业共性关键技术开发	电子信息（半导体显示）	2 年	500	500
5	福建省生物质资源化技术开发基地、三明市缘福生物质科技有限公司	竹木质素基粘结性材料关键技术研发及产业化	行业共性关键技术开发	专用化学产品制造	2019.01—2020.12	1200	3000
6	福州大学、福建省食品生物技术开发基地	功能性海藻寡糖加工用酶的研究及其制备和应用技术的开发	行业共性关键技术开发	食品	2020.09—2022.08	100	1000
7	福州大学数学与计算机科学学院、福建星网视易信息系统有限公司、福州市联创智云信息科技有限公司	集成化的深度学习平台及服务	行业共性关键技术研发	软件与信息技术服务	2 年	600	1000
8	福建省医疗器械行业技术开发基地、福建帝视信息科技有限公司	基于人工智能的阿尔兹海默病早期辅助诊断技术研究	行业共性关键技术开发	生物医学工程	2 年	100	/
9	福建省医疗器械行业技术开发基地、福建帝视信息科技有限公司	基于医疗 3D 打印技术的定制化矫形鞋垫开发	行业共性关键技术开发	生物医学工程	2 年	100	/
10	福建省医疗器械行业技术开发基地、福州市二医院、福建弘扬软件股份有限公司	基于人工智能的可穿戴步态分析系统及云应用技术开发	行业共性关键技术开发	康复设备行业	2 年	100	/
11	福建省医疗器械行业技术开发基地、福建医科大学附属第一医院、福州仁馨医疗科技有限公司	基于人工智能的脑机接口技术及在康复机器人中的应用	行业共性关键技术开发	康复设备行业	2 年	100	/
12	福州大学、福建邵武创鑫新材料有限公司	新型钛基锂电池负极材料的产业化关键技术研发	行业共性关键技术开发	新能源、新材料	2 年	200	1000
13	福州大学建筑与城乡规划学院、福建经纬测绘信息有限公司	新基建背景下的国土空间优化与决策支持平台研发	行业共性关键技术开发	城乡规划	2 年	300	200
14	福建省福芯电子科技有限公司	可配置锂电池保护芯片关键电路的设计开发	行业共性关键技术开发	集成电路设计	2019.07—2021.06	214	1050

续表

序号	项目实施单位及合作单位名称	项目名称	专项类别	所属行业	项目实施年限	项目研发投入	年新增销售收入
15	福建福光股份有限公司	超视距透雾光电技术的研究与产业化	行业共性关键技术开发	光学制造	2019. 07—2020. 12	820	3000
16	长威信息科技发展股份有限公司	公共卫生应急指挥大脑关键技术研发项目	产业创新重大专项	软件和信息服务业	2019. 10—2021. 01	750	2000
17	厦门金龙联合汽车工业有限公司、厦门大学、北京百度网讯科技有限公司、大唐移动通信设备有限公司	混合云架构的智能网联关键技术研究	产业创新重大专项	汽车制造业	2019—2020	5000	6000
18	厦门金龙联合汽车工业有限公司、吉林大学、华侨大学、宝钢不锈钢有限公司、苏州渭蓝汽车材料科技有限公司	大客车安全性升级与多材料缓冲结构研发	行业共性关键技术开发	汽车制造业	2019—2021	680	5680
19	福建巨电新能源股份有限公司	高安全高能量密度大容量固态聚合物锂离子电池系统研发项目	行业共性关键技术开发	新能源	2020. 05—2022. 05	1500	10000
20	中国科学院福建物质结构研究所、福清核电有限公司	新型核电厂腐蚀产物分散剂的开发与产业化	行业共性关键技术开发	新能源	2018. 04—2020. 03	200	300
21	中国科学院福建物质结构研究所、福晶科技股份有限公司	激光雷达用人眼安全 1.5 微米波长高重频激光光源	行业共性关键技术开发	光电信息	2019. 01—2020. 12	300	1000
22	中国科学院福建物质结构研究所、福建中科恒申科技发展有限公司	煤制甲酸甲酯 10—20 万吨级工业生产技术开发	产业创新重大专项	化工	2020. 01—2021. 12	2000	14000
23	中国科学院福建物质结构研究所	CO 直接酯化共性关键技术开发	行业共性关键技术开发	化工	2020. 01—2021. 12	300	5000
24	中国科学院福建物质结构研究所、福建中科晶创光电科技有限公司	基于光学超晶格的 355 纳米极化晶体的设计和制造	行业共性关键技术开发	制造业	2020. 01—2021. 12	200	1000
25	中国科学院海西研究院泉州装备制造研究所、福建龙马环卫装备股份有限公司	多源智能感知技术在环卫车上的辅助应用	产业创新重大专项	装备制造	3 年	300	1000

续表

序号	项目实施单位及合作单位名称	项目名称	专项类别	所属行业	项目实施年限	项目研发投入	年新增销售收入
26	闽江学院、福建省服装行业技术开发基地、福建中海创（科技）集团	纺织行业工业互联网云平台共性关键技术研究	行业共性关键技术开发	纺织服装	2020.06—2022.05	100	2000
27	闽江学院、福建省服装行业技术开发基地、福建华峰新材料有限公司	抗静电/光降解有害气体自清洁功能针织面料的产业化与关键技术开发	行业共性关键技术开发	纺织服装	2020.06—2022.05	40	2000
28	龙岩学院、江西曼普信息科技有限公司	基于北斗/GNSS+多源传感器灾害风险监测及预警系统关键技术研究与应用	行业共性关键技术开发	测绘地理信息、地质	2年	100	15
29	龙岩学院、江西曼普信息科技有限公司	恒亿集团有限公司	行业共性关键技术开发	建筑消防、公共安全	2年	100	15

2020年省级技术创新重大项目（设区市属）

单位：万元

序号	项目实施单位及合作单位名称	项目名称	专项类别	所属行业	项目实施年限	项目研发投入	年新增销售收入
1	福建福晶科技股份有限公司、中国科学院福建物质结构研究所	提拉法大尺寸、优质二氧化碲（TeO_2）晶体的研发	产业创新重大专项	电子器件及电子元件制造	2019.10—2020.12	500	2000
2	福建省海峡信息技术有限公司	大数据安全智能分析与可视化平台研发与产业化	产业创新重大专项	新一代信息技术	2019.07—2021.06	1300	2100
3	恒锋信息科技股份有限公司	智慧校园安消一体化平台	产业创新重大专项	信息系统集成服务	2018.10—2020.12	800	1200
4	恒锋信息科技股份有限公司	基于CIM城市信息模型的边缘智能VR数字孪生研究	产业创新重大专项	信息系统集成服务	2018.03—2020.10	1000	2000
5	福建星瑞格软件有限公司	星瑞格数据实时复制软件V3.2	产业创新重大专项	电子信息	2019.01—2020.12	3000	3000
6	福建亿榕信息技术有限公司	“互联网+”企业风险智能监测管控支撑平台	产业创新重大专项	软件开发	2019.05—2021.04	800	2000
7	福建省气柜设备安装有限公司、福州大学化肥催化剂国家工程研究中心	高性能高炉煤气脱硫催化剂产业化成套技术开发与工业应用	产业创新重大专项	节能环保	2019.08—2021.08	6000	100000

续表

序号	项目实施单位及合作单位名称	项目名称	专项类别	所属行业	项目实施年限	项目研发投入	年新增销售收入
8	福建思嘉环保材料科技有限公司、福州大学、福建恩迈特新材料有限公司	高性能抗菌医用隔离舱材料开发	产业创新重大专项	新材料	2019.05—2021.05	600	10000
9	福建中信网安信息科技有限公司、福建省网络与信息安全行业技术开发基地（福建师范大学）、华侨大学计算机科学与技术学院	数据安全监管与治理关键技术研究及产业化	产业创新重大专项	软件业	2年	656	1550
10	锐捷网络股份有限公司、北京东土科技股份有限公司、北京工业大学	支持IPv6的工业互联网高实时网关项目	产业创新重大专项	新一代信息网络	2019.06—2021.12	8000	23971.25
11	福建优迪电力技术有限公司、中国科学院海西研究院泉州装备制造研究所	基于电力一二次融合成套新技术的柱上断路器研究与开发	产业创新重大专项	其他输配电及控制设备制造	2020.01—2021.12	300	3000
12	福建省富兰光学有限公司、福州大学、国家环境光催化工程技术研究中心、能源与环境光催化国家重点实验室	表面功能化聚碳酸酯光学球罩系列产品的开发	产业创新重大专项	轻工	2020—2022	3000	8000
13	福州物联网开放实验室有限公司、福建省网络与信息安全测评中心、中国科学院福建物质结构研究所	面向5G物联网领域的低功耗通信安全芯片	产业创新重大专项	物联网	2020.03—2022.03	2500	3000
14	福建新大陆自动识别技术有限公司、新大陆（福建）公共服务有限公司	基于可信数字身份（CTID）二维码技术的智能识别体系化装备研发及产业化	产业创新重大专项	信息技术	2019.01—2020.12	2000	3000
15	福建中锐网络股份有限公司、福建农林大学	基于深度学习的重大交通基础设施物联网监测与状态评估系统	产业创新重大专项	软件和信息技术服务业	2019.01—2020.12	1000	500
16	福建中电合创电力科技有限公司	基于无线物联网技术的配电站房SF6在线运维系统	产业创新重大专项	制造业	2020.01—2021.06	300	400

续表

序号	项目实施单位及合作单位名称	项目名称	专项类别	所属行业	项目实施年限	项目研发投入	年新增销售收入
17	福建万润新能源科技有限公司	低成本高性能锌空气电池的产业化	产业创新重大专项	新能源汽车	2018.06—2020.06	500	1000
18	福建博思软件股份有限公司	基于区块链医疗电子票据管理平台	产业创新重大专项	软件和信息技术服务业	2019.6—2021.6	1500	8000
19	福州长庚医疗器械有限公司、福州大学高分子科学技术研究所	双层无菌采血管的研发及其产业化	产业创新重大专项	生物与新医药	2019.04—2021.04	380	1000
20	福建长庚医疗生物科技有限公司、福州大学高分子科学技术研究所	关于血液透析管的制备方法及其产业化应用研究	产业创新重大专项	生物与新医药	2019.08—2021.08	550	1200
21	福建坤彩材料科技股份有限公司、中国科学院福建物质结构研究所	变色龙系列高端珠光颜料的关键技术研发及产业化	产业创新重大专项	新材料	3年	500	2000
22	宝钢德盛不锈钢有限公司、上海大学	抗菌不锈钢研制	产业创新重大专项	黑金属冶炼和压延加工业	3年	1000	3000
23	福建福晶科技股份有限公司	AR和VR用高精密光学器件的开发	行业共性关键技术开发	395电子器件及电子元件制造	2019.05—2020.12	1000	800
24	福建省海峡信息技术有限公司	APT高级监控预警关键技术研究	行业共性关键技术开发	新一代信息技术	2020.01—2021.12	650	1200
25	福建汇威环保科技有限公司	云组态智能臭氧发生系统	行业共性关键技术开发	节能环保、社会公共服务及其他专用设备制造	2019.01—2020.12	300	1000
26	福建南威软件有限公司	政务中台之数据中台	行业共性关键技术开发	软件业	2020.01—2020.12	1000	2000
27	福建南威软件有限公司	证照链	行业共性关键技术开发	软件业	2019.06—2020.12	1000	1500
28	福州锐景达光电科技有限公司	全自动锁附镜头MTF检测线及其产业化	行业共性关键技术开发	工程和技术研究和试验发展	2019.06—2021.05	300	800
29	福建睿思特科技股份有限公司	超过人眼的边缘检测算法——计算机视觉角度精准正负0.01度开发与应用	行业共性关键技术开发	新一代信息技术	2019.09—2021.08	300	300
30	福建欣创摩尔电子科技有限公司	VR交互智能追溯监管系统平台关键技术研究与应用	行业共性关键技术开发	新一代信息技术	2019.02—2021.01	450	1100

续表

序号	项目实施单位及合作单位名称	项目名称	专项类别	所属行业	项目实施年限	项目研发投入	年新增销售收入
31	福州欣联达电子科技有限公司	高功率密度 LED 舞台灯驱动控制关键技术及其产业化	行业共性关键技术开发	照明器具制造	2019.01—2020.12	300	1000
32	福建省亿鑫海信息科技有限公司	一种基于虚拟现实技术的电力安全体感软件开发	行业共性关键技术开发	电子信息	2019.01—2020.12	240	500
33	福建中维动力科技股份有限公司、福建工程学院	新能源矿用自卸车动力总成关键技术研发	行业共性关键技术开发	制造业	2018.12—2020.12	1000	3000
34	福建华威钜全精工科技有限公司	美国 Husqvarna 公司二冲程发动机的高性能铝合金汽缸研发	行业共性关键技术开发	制造业（汽车零部件）	2020.01—2021.12	2000	4000
35	福州钜全汽车配件有限公司	新一代汽车发动机高性能、高功率铝合金活塞的研发	行业共性关键技术开发	制造业（汽车零部件）	2020.01—2021.12	1200	3000
36	福州钜全汽车配件有限公司	航天军用新型无人飞机发动机系统的高性能铝合金零部件研发	行业共性关键技术开发	制造业（汽车零部件）	2020.01—2021.12	1000	2500
37	恒瑞通（福建）信息技术有限公司	基于大数据区块链的数据可信流通与交易平台	行业共性关键技术开发	软件及信息服务	2019.09—2021.09	250	700
38	中电福富信息科技有限公司	福富数据集成平台	行业共性关键技术开发	软件及信息服务	2年	1130	1800
39	中电福富信息科技有限公司	基于 5G－SA 网络的互联网数据采集分析项目	行业共性关键技术开发	软件及信息服务	1年	1000	2000
40	福建金山生物制药股份有限公司	微丸产业化共性关键技术平台	行业共性关键技术开发	生物医药	2020.01—2022.12	2000	19000
41	福建仙芝楼生物科技有限公司	灵芝孢子粉综合利用关键技术研究及其产业化应用	行业共性关键技术开发	制造业—食品制造业—保健食品制造	2020.03—2022.06	385	4500
42	福建三易云通信息科技有限公司、福州石子科技有限公司	应用于智能运维的知识图谱研发	行业共性关键技术开发	6510 软件开发	2019.12—2021.12	225	600
43	福建鸿博光电科技有限公司	轨道交通智能 LED 照明装备研发及应用	行业共性关键技术开发	照明器具制造	2019.05—2021.04	400	550

续表

序号	项目实施单位及合作单位名称	项目名称	专项类别	所属行业	项目实施年限	项目研发投入	年新增销售收入
44	福建时代星云科技有限公司	光储充检一体化智慧电源系统技术改造项目	行业共性关键技术开发	新能源汽车行业	2019.06—2021.02	480	60000
45	福建新大陆环保科技有限公司	100kW风冷式大型模块化臭氧电源系统的研发	行业共性关键技术开发	环境保护专用设备制造	2019.01—2020.12	600	1760
46	福州开发区创达电子有限公司	特种设备大数据辅助决策分析系统	行业共性关键技术开发	信息技术	2019.12—2021.12	500	1800
47	福建新大陆环保科技有限公司、福州大学	基于臭氧、紫外、光催化和过氧化氢耦合的污水高级氧化处理工艺研发	行业共性关键技术开发	环境保护专用设备制造	2019.01—2020.12	500	3850
48	福州科杰电子衡器有限公司、福建工程学院	建筑骨料散装一卡通成套计重装备与应用	行业共性关键技术开发	光机电一体化	2019—2020	300	1200
49	福建力多利生物科技有限公司	新型抗氧化饲料添加剂吡咯喹啉醌（PQQ）二钠提取生产关键技术开发	行业共性关键技术开发	科学研究和技术服务业	2019.01—2020.12	300	500
50	北卡科技有限公司	基于国密算法的工业互联网数据安全关键技术	行业共性关键技术开发	软件和信息技术服务业	2019.06—2021.05	1600	1800
51	福建鑫联达智能科技有限公司	AI技术在环保领域应用—垃圾回收系统关键技术开发	行业共性关键技术开发	新一代信息技术	2019.02—2021.01	500	1500
52	福建雪人股份有限公司	智能化天然工质压缩机组的开发	行业共性关键技术开发	机械制造	2019.01—2020.12	1200	5000
53	福建友和胶粘科技实业有限公司	耐高温高频变压器间隔胶带的研发与应用	行业共性关键技术开发	新材料	2019.03—2021.02	600	2000
54	福建恒杰塑业新材料有限公司	高韧性抗污HDPE渔排网箱研制及产业化	行业共性关键技术开发	塑料制品业	2019.01—2020.12	600	8000
55	福建宝利特科技股份有限公司、福州大学	高性能有机硅合成革共性关键技术开发	行业共性关键技术开发	轻工塑料人造革、合成革制造	2019.05—2021.05	400	3000

续表

序号	项目实施单位及合作单位名称	项目名称	专项类别	所属行业	项目实施年限	项目研发投入	年新增销售收入
56	福建省福抗药业股份有限公司	抗病毒药物中间体2-氨基-6-氯嘌呤绿色合成工艺关键技术开发	行业共性关键技术开发	医药	2019.07—2020.12	260	1500
57	丽珠集团福州福兴医药有限公司	高质量达托霉素高效生产技术开发	行业共性关键技术开发	生物医药	2020.01—2021.12	850	11800
58	福建宏宇电子科技有限公司	智能无线贾卡系统	行业共性关键技术开发	纺织、服装和皮革加工专用设备制造	2019.02—2020.12	500	1500
59	福建兆元光电有限公司	高抗静电能力GaN基LED芯片的研发	行业共性关键技术开发	高效节能	2020.5—2021.12	200	2000
60	青拓集团有限公司有限公司、温州大学、浙江腾龙精线有限公司	圆珠笔头用环保易切削不锈钢新材料开发及产业化	行业共性关键技术开发	C3130	2019.11—2021.10	2000	1500
61	福建惠丰电机有限公司、华中科技大学	五相异步电动机	行业共性关键技术开发	C3812	2019.04—2021.04	150	360
62	福建省古田县茄宝食品有限公司、福建省农林大学（菌草研究中心）	食药用菌复方养生包的研发与产业化开发	产业创新重大专项	食用菌	2019.10—2020.10	300	1000
63	福建省闽东力捷迅药业有限公司、杭州和泽医药科技有限公司	注射用特利加压素研究	产业创新重大专项	医药制造业	3年	780	20000
64	福建广生堂药业股份有限公司	索磷布韦原料及片剂	产业创新重大专项	生物医药	2014.01—2021.06	4500	5000
65	福建广生堂药业股份有限公司	富马酸丙酚替诺福韦原料及片剂	产业创新重大专项	生物医药	2016.04—2021.12	2500	5000
66	福建广生堂药业股份有限公司	枸橼酸西地那非原料药及片剂	产业创新重大专项	生物医药	2009.08—2020.12	1500	5000
67	福建华龙化油器有限公司	油电混合增程动力新型膜片式化油器的开发与应用	行业共性关键技术开发	农林牧渔机械配件制造	2020—2021	230	1000
68	福鼎市福海化油器有限公司	化油器组装电控系统技术的研发与应用	行业共性关键技术开发	摩托车零部件及配件制造	2020—2021	200	100
69	福建省立新船舶工程有限公司、大连海事大学	一种主机节能闭式冷却系统技术的研发与应用	行业共性关键技术开发	金属船舶制造	2020—2021	2000	1000

续表

序号	项目实施单位及合作单位名称	项目名称	专项类别	所属行业	项目实施年限	项目研发投入	年新增销售收入
70	百能数控设备（福建）有限公司、福建工程学院	全自动数控大版面玻璃刻花机关键技术研发与产业化	行业共性关键技术开发	玻璃、陶瓷和搪瓷制品生产专用设备制造	2020—2021	350	1116
71	福建元发树脂有限公司、温州大学生物质材料研究院	服装合成革用无溶剂聚氨酯树脂研发项目	行业共性关键技术开发	初级形态塑料及合成树脂制造	2020—2022	180	68
72	福建鸣鸿树脂有限公司、温州大学	高性能合成革水性聚氨酯涂饰剂的开发	产业创新重大专项、行业共性关键技术开发	初级形态塑料及合成树脂制造	2020—2021	200	1000
73	莆田学院、福建数字榕安科技有限公司、深圳融安网络科技有限公司	工业互联网安全技术监控与测试平台	行业共性关键技术开发	工业互联网	2019. 06—2021. 05	150	100
74	福建中裕新材料技术有限公司、华侨大学材料科学与工程学院	水性环保聚氨酯绒面合成革的研发	行业共性关键技术开发	鞋业鞋材	2020. 01—2021. 04	200	2000
75	福建省莆田市联盛鞋业有限公司、福州大学	高性能热塑弹性体物理发泡材料共性关键技术开发及产业化	行业共性关键技术开发	新材料	2019. 01—2020. 12	500	10000
76	双驰实业股份有限公司、福建双驰智能信息技术有限公司	脚型大数据行业平台共性关键技术开发及产业化	行业共性关键技术开发	大数据	2019. 1—2020. 12	500	3000
77	三棵树涂料股份有限公司、美国东密西根大学	用于外墙厚质涂料的快干高性能乳液关键技术开发	产业创新重大专项	化工	2020. 07—2021. 06	500	6000
78	杰讯光电（福建）有限公司、中科院海西研究所	5G高速通信波分复用模组研发项目	行业共性关键技术开发	新一代信息技术	2019. 03—2021. 03	600	5000
79	溢通环保科技（莆田）有限公司	柴油车尾气处理液关键技术研究与应用	行业共性关键技术开发	环保节能减排	2020. 03—2022. 03	260	6000
80	中电（福建）工业互联网研究院有限公司	中电云 MES	行业共性关键技术开发	工业互联网	/	300	500
81	莆田杰木科技有限公司	3D TOF 智能传感器	行业共性关键技术开发	集成电路设计	2019. 01—2021. 01	7000	6300
82	莆田市华宇鞋服有限公司、福州大学	高性能熔喷布共性关键性技术开发及产业化	行业共性关键技术开发	新材料	2019. 01—2020. 01	600	12000

续表

序号	项目实施单位及合作单位名称	项目名称	专项类别	所属行业	项目实施年限	项目研发投入	年新增销售收入
83	蛤老大（福建）食品有限公司	花蛤特色调味汁开发技术研究与产业化应用	行业共性关键性技术开发	水产品加工	2020.01—2021.12	130	350
84	福建钜能电力有限公司、福建钧石能源有限公司、福建农林大学能源学院	超薄 HDT 高效异质结太阳能电池	产业创新重大专项	新能源	2019.06—2021.06	1000	10000
85	福建钜能电力有限公司	高质量功能薄膜溅射技术	行业共性关键技术开发	新能源	2019.06—2021.06	1000	10000
86	福建华佳彩有限公司	高清全面显示屏研发	行业共性关键技术开发	电子信息	2019.10—2020.10	820	5600
87	福建安特微电子有限公司	高频大功率 JBS 型整流二极管芯片研发与应用	行业共性关键技术开发	电子信息	2019.10—2021.09	150	1600
88	福建安恒致远鞋业有限公司	安恒致远智能制鞋项目	行业共性关键技术开发	其他制造业	2年	3000	20000
89	福建华峰运动用品科技有限公司、福建农林大学、福建华峰捷特运动用品有限公司	纳米纤维素增强植物油基弹性体鞋材开发关键技术	行业共性关键技术开发	制造业	2020—2022	80	500
90	福建华峰新材料有限公司、厦门大学、莆田达凯新材料有限公司	竹生物质制取呋喃二甲酸（酯）单体及其聚酯的生产技术开发	行业共性关键技术开发	新材料	2020—2022	200	1000
91	福建永荣科技有限公司、河北美邦工程科技股份有限公司	己内酰胺结晶精制工艺开发与工业应用	产业创新重大专项	石化	2020.01—2020.10	800	60000
92	信和新材料股份有限公司、福州大学	“华龙一号”环保型核级涂料国产化研发	产业创新重大专项	新材料	2019.02—2021.02	500	2000
93	联誉信息股份有限公司、泉州市信息工程学院软件学院	数字政协云	产业创新重大专项	物联网	2019—2020	300	600
94	三六一度（中国）有限公司、中国科学院合肥物质科学研究院	悬浮式智能温控保暖服装	产业创新重大专项	轻工	2019.03—2021.08	800	5000
95	福建百宏高新材料实业有限公司、东华大学	耐污高透明聚酯双向拉伸膜的开发及其产业化	产业创新重大专项	塑料薄膜制造	2020.01—2021.01	20000	40000
96	福建百宏聚纤科技实业有限公司、福建百凯纺织化纤实业有限公司、东华大学	高强阻燃聚酯工业丝的开发及其产业化	产业创新重大专项	纺织	2020.01—2021.01	50000	80000

续表

序号	项目实施单位及合作单位名称	项目名称	专项类别	所属行业	项目实施年限	项目研发投入	年新增销售收入
97	福建鹏翔实业有限公司、同济大学	鹏翔—同济大学再生石技术研究中心	产业创新重大专项	非金属矿物制品业	2019.10—2022.10	800	8000
98	中仑塑业（福建）有限公司、福建师范大学泉港石化研究院	耐高温尼龙的开发	产业创新重大专项	化工	2020.07—2022.07	500	2000
99	福建省信达光电科技有限公司、中国科学院福建物质结构研究所	植物照明用LED器件开发	产业创新重大专项	LED照明	2020.01—2021.12	280	500
100	泉州市圣能电源科技有限公司、厦门大学	锂离子电池用铝塑膜产业化	产业创新重大专项	新能源新材料	2020.02—2023.01	3000	40000
101	泉州迈特富纺织科技有限公司、南通大学	基于甲壳素抗菌整理的高性能防护面料研发及产业化	产业创新重大专项	新材料	2020.02—2022.02	400	5000
102	德化县祥山大果油茶有限公司、华南理工大学	乙酯化茶油护肤品的深加工的研究与应用	产业创新重大专项	制造业	2020.01—2021.12	500	800
103	福建省德化县华茂陶瓷有限公司、泉州工艺美术职业学院	抗菌环保半白瓷制备及其产业化研究	产业创新重大专项	轻工	2019.05—2021.04	454	5000
104	泉州坤泰机械精工制造有限公司、福建工程学院	一种大型推拉式自动成型生产线的研发与产业化	产业创新重大专项	装备制造	2019—2021	500	2500
105	福建毫米电子有限公司	单层芯片瓷介电容器	行业共性关键技术开发	新一代信息技术	2019—2020	1500	3000
106	福建毫米电子有限公司	STVA系列温度补偿衰减器	行业共性关键技术开发	新一代信息技术	2019—2021	1500	2500
107	泉州市铁通电子设备有限公司	铁路通信传输设备数字化技术研发与产业化	行业共性关键技术开发	电子信息	2019.01—2020.12	1095	1970
108	福建（泉州）哈工大工程技术研究院	六轮六驱室外巡逻机器人系统的开发	行业共性关键技术开发	科学研究	2019.06—2021.05	300	500
109	福建（泉州）哈工大工程技术研究院	面向电力行业的智能运检系统的研究与应用	行业共性关键技术开发	科学研究	2019.06—2021.05	280	500
110	泉州匹克鞋业有限公司	基于“匹克态极”的马拉松竞速跑鞋的研制和产业化	行业共性关键技术开发	制鞋业	2019.01—2020.12	150	8000

续表

序号	项目实施单位及合作单位名称	项目名称	专项类别	所属行业	项目实施年限	项目研发投入	年新增销售收入
111	网链科技集团有限公司	蜻蜓云城市停车综合治理平台	行业共性关键技术开发	软件和信息技术服务业	2019.04—2020.12	600	1000
112	网链科技集团有限公司	城市非机动车综合治理平台	行业共性关键技术开发	软件和信息技术服务业	2019.01—2020.12	600	800
113	网链科技集团有限公司	红点智慧营盘协同管理平台	行业共性关键技术开发	软件和信息技术服务业	2019.06—2020.12	500	1000
114	福建威盾科技集团有限公司	智慧社区大数据安防管控与服务平台	行业共性关键技术开发	软件和信息技术服务业	2019.01—2020.12	1000	1500
115	泉州迪特工业设计产品有限公司、陶瓷工业设计研究院、(福建)有限公司、华侨大学工业设计研究院	矮凳网“C2B设计交易与产品创新协作SaaS系统”的开发与应用	行业共性关键技术开发	技术服务/工业设计	2019.12—2020.12	300	200
116	福建鸿益机械有限公司	混凝土艺术制品成型机	行业共性关键技术开发	制造业	2019.12—2021.06	100	500
117	泉州华大超硬工具科技有限公司	带臂锯切机及带锯的研发	行业共性关键技术开发	先进制造及自动化	2018.10—2020.10	200	210
118	福建纳川管业科技有限责任公司	海洋工程用HDPE缠绕结构壁管开发与应用	行业共性关键技术开发	新材料	2019.01—2021.12	2000	15000
119	福建飞通通讯科技股份有限公司、福建省海洋预报台(福建省卫星海洋遥感与通讯工程研究中心)	小型渔船固定式北斗智能定位仪研发及产业化项目	行业共性关键技术开发	海洋船舶通导制造业	2019.01—2020.01	1200	2000
120	福建清源科技有限公司	水煤浆协同处理含高浓度聚乙烯醇废水技术研究	行业共性关键技术开发	纺织业	2019.06—2021.06	400	2000
121	福建中科光芯光电科技有限公司	掩埋异质结结构AlGaInAs 25G DFB激光器	行业共性关键技术开发	光电子器件制造	2019.06—2021.05	300	400
122	茂泰(福建)鞋材有限公司	智能调节吸震回弹性能的鞋用发泡材料研发及产业化	行业共性关键技术开发	制鞋业	2020.01—2021.12	400	300
123	福建晋工机械有限公司	JGM857L智能传动轮式装载机	行业共性关键技术开发	工程机械	2020.04—2021.09	500	15000
124	泉州市数坊信息科技有限公司、福建省特种能场制造重点实验室	无花果3D打印云服务平台	行业共性关键技术开发	软件和信息技术服务业	2018.06—2020.06	100	300

续表

序号	项目实施单位及合作单位名称	项目名称	专项类别	所属行业	项目实施年限	项目研发投入	年新增销售收入
125	信泰（福建）科技有限公司、晋江市成东纺织有限公司	自动装纱卸纱系统	行业共性关键技术开发	纺织业	2019. 01—2021. 01	120	400
126	峰安皮业股份有限公司	环保型“多金属-有机复配”无铬鞣技术在反绒革制作工艺中的研究	行业共性关键技术开发	皮革制品制造	2019. 01—2020. 07	281	500
127	福建省晋江市华宇织造有限公司、中国科学院海西研究院泉州装备制造研究所	面向纺织经编行业的大规模智能排产与优化关键技术研发	行业共性关键技术开发	纺织业（经编制造）	2019. 10—2021. 04	500	5000
128	福建兴翼机械有限公司	大型全液压地坪磨抛机	行业共性关键技术开发	机械制造	2020. 01—2022. 01	100	1800
129	福建集成伞业有限公司、福州大学、福建省功能材料技术开发基地	伞用高性能热塑性塑料复合材料共性关键技术开发	行业共性关键技术开发	新材料	2019. 10—2021. 10	500	10000
130	福建省华宝智能科技有限公司	休闲鞋智能成型生产线关键技术研发	行业共性关键技术开发	专用设备制造业	2019. 10—2021. 04	300	5000
131	福建凤竹纺织科技股份有限公司、泉州师范学院	罗布麻天然抗菌针织面料开发及产业化关键技术	行业共性关键技术开发	纺织业	2020. 01—2022. 07	351	1701
132	福建柒牌时装科技股份有限公司、中国科学院海西研究院泉州装备制造研究所、中国移动通信集团福建有限公司泉州分公司、中兴通讯股份有限公司	5G 服装智能仓储系统	行业共性关键技术开发	服饰制造	2019. 06—2021. 06	500	2500
133	晋江市天守服装织造有限公司、四川大学	智能调温抗菌面料及其服装开发产业化研究	行业共性关键技术开发	纺织服装、鞋、帽制造业	2019. 01—2020. 06	1330	12400
134	九牧厨卫股份有限公司	新型铝合金多色薄膜关键技术研发	行业共性关键技术开发	金属表面处理及热处理加工	2019. 01—2020. 09	100	1000
135	阳光中科（福建）能源股份有限公司	高效 SE 工艺晶体硅太阳能电池技术产业化	行业共性关键技术开发	新能源	2019. 01—2020. 12	10000	9000
136	翡柯机械（福建）有限公司	EPS 高效节能自动真空成型机关键技术开发	行业共性关键技术开发	机械制造	2020. 01—2021. 12	700	2500

续表

序号	项目实施单位及合作单位名称	项目名称	专项类别	所属行业	项目实施年限	项目研发投入	年新增销售收入
137	福建大方睡眠科技股份有限公司	无感科技棉材料研发与应用	行业共性关键技术开发	新材料	2020.03—2021.03	1000	4500
138	陶瓷工业设计研究院（福建）有限公司、中国科学院宁波材料技术与工程研究所	基于机器视觉的日用陶瓷产品外观检测系统研发与应用	行业共性关键技术开发	陶瓷/工业设计	2020.03—2021.03	300	240
139	福建立亚新材有限公司、厦门大学	Cansas – 1100、1200 高性能陶瓷纤维研制	行业共性关键技术开发	其他轻工业	2019.01—2020.12	3500	3500
140	和谐光电科技（泉州）有限公司、中国科学院海西研究院泉州装备制造研究所	LED 空气净化灯智能控制系统的开发及其产业化	行业共性关键技术开发	其他轻工业	2019.10—2020.12	380	1000
141	福建德普乐能源科技有限公司、福州大学	电动巴士无线充电系统研发	行业共性关键技术开发	其他轻工业	2018.01—2020.12	150	1000
142	泉州市洋屿土壤科技有限公司、中国科学院过程工程研究所	污泥及农业废弃物资源化利用	其他—节能、土壤治理与修复	废弃资源综合利用业	2019—2021	3200	1863.8
143	福建龙溪轴承（集团）股份有限公司、航空工业 601 所，中国科学院福建物质结构研究所，厦门大学	长寿命自润滑衬垫关键技术研发及产业化	产业创新重大专项	先进制造业	2 年	1500	2000
144	漳州片仔癀药业股份有限公司	新型抗凝药物阿哌沙班片的研发	产业创新重大专项	医药制造业	2018.12—2021.12	2450	2000
145	漳州片仔癀药业股份有限公司	治疗肠易激综合征药物的研究开发	产业创新重大专项	医药制造业	2020.04—2023.04	4000	2000
146	漳州片仔癀药业股份有限公司、北京盈科瑞药物研究院有限公司	马钱子总碱囊泡凝胶的研发	产业创新重大专项	医药制造业	2020.04—2023.04	4200	1500
147	漳州科华技术有限责任公司、西安交通大学、科华恒盛股份有限公司	高功率密度绿色节能型 MW 级储能变流器	产业创新重大专项	制造业	2018.08—2020.08	1200	6000
148	漳州市恒丽电子有限公司	钟表精密部件自动装配技术研发及产业化	行业共性关键技术开发	钟表与计时仪器制造	2020.01—2021.06	545	4000
149	漳州科能电器有限公司	基于物联网技术的综合能源管理服务产业创新项目	产业创新重大专项	物联网	2019.09—2021.12	900	8000

续表

序号	项目实施单位及合作单位名称	项目名称	专项类别	所属行业	项目实施年限	项目研发投入	年新增销售收入
150	大闽食品（漳州）有限公司	速溶茶增强免疫力活性成分提升关键技术	产业创新重大专项	食品	2019.05—2022.04	600	3000
151	福建和进食品制罐工业有限公司、晋业铁工厂有限公司（台湾）	两片罐智能化生产线与工控物联网系统开发	行业共性关键技术开发	3333金属包装容器制造	2019.08—2021.08	1000	2000
152	东山腾新食品有限公司、福建农林大学	常温贮藏鱼糜制品贮运过程中脂肪氧化及其控制技术研究	行业共性关键技术开发	食品制造业	2020.06—2022.05	300	3000
153	漳州鑫展旺化工有限公司、福州大学	防爆抗老化水性涂料共性关键技术开发及应用	行业共性关键技术开发	新材料（涂料）	2019.06—2021.06	400	2000
154	福建玛塔生态科技有限公司、中国科学院城市环境研究所	牡蛎壳资源化制备土壤和水修复材料的开发	产业创新重大专项	非金属废料和碎屑加工处理	2018.04—2021.03	231	1000
155	漳州宏发电声有限公司、福州大学	高压（1500V及以上）光伏发电系统中核心大功率继电器的研发	行业共性关键技术开发	电子信息	2年	2232	7200
156	福建省漳州安泰铝材有限公司、中南大学	高效低成本耐腐蚀铝合金太阳能支架制造技术研究及产业化	产业创新重大专项	铝压（延）加工	2年	600	8000
157	福建新永发塑胶模具有限公司	汽车精密塑胶制品	行业共性关键技术开发	塑胶制品	2020.02—2021.12	450	1500
158	漳州万利达科技有限公司、福州大学、漳州盈新精密模具有限公司	基于“物联网+”的无纸化会议系统的研发及产业化	产业创新重大专项	制造业	2018.09－2021.07	1000	6000
159	科之杰新材料集团福建有限公司	超高强无收缩灌浆料系列产品关键技术研究及产业化	行业共性关键技术开发	建筑材料	2年	200	2000
160	科之杰新材料集团福建有限公司	耐高温自防腐型聚羧酸保坍剂关键技术研究及产业化	行业共性关键技术开发	新材料	2年	210	3000
161	福建建豪建筑科技有限责任公司、台湾润泰建筑有限公司	装配式建筑构件生产项目	行业共性关键技术开发	建筑行业	2019.12—2021.10	25000	40608

续表

序号	项目实施单位及合作单位名称	项目名称	专项类别	所属行业	项目实施年限	项目研发投入	年新增销售收入
162	龙岩龙芯半导体科技有限公司、中国科学院福建物质结构研究所、厦门大学	面向健康照明及微显示的发光模组关键技术研究	行业共性关键技术开发	节能环保	2年	300	500
163	福建省长汀金龙稀土有限公司	高纯稀土金属及其靶材的制备和产业化实施	产业创新重大专项	有色金属	2年	2150	38400
164	福建省长汀金龙稀土有限公司	高牌号无重稀土烧结钕铁硼制备技术及产业化	产业创新重大专项	有色金属	2年	7345	58300
165	福建省长汀金龙稀土有限公司	稀土绿色减排冶炼分离资源循环产业化	产业创新重大专项	有色金属	2年	2963	0
166	福建省长汀卓尔科技股份有限公司中国科学院宁波材料技术与工程研究所	高性能钐钴永磁材料的关键技术开发及产业化	产业创新重大专项	新材料	3年	1300	25991
167	龙岩市海德馨汽车有限公司、厦门市众慧悦和科技有限公司	大面积突发停电电源车快速接入装备及远程监控服务系统的研发及产业化	行业共性关键技术开发	改装汽车制造	2年	460	2000
168	龙岩市全鸿建材有限公司	钢渣粉制备关键技术研发	行业共性关键技术研发	废弃资源综合利用业	2年	510	5600
169	福建铭祥金属材料有限公司	工业危废资源化综合利用技术研发	行业共性关键技术开发	废弃资源综合利用业	2年	360	4500
170	上杭县紫金佳博电子新材料科技有限公司、贵研铂业	键合金带的研发及产业化	行业共性关键技术开发	新材料	2年	300	800
171	福建百灵天地环保科技有限公司	鹅颈里环保系统HDS工艺升级改造	节能	先进环保	2年	120	5000
172	福建闽烯科技有限公司	石墨烯柔性触控显示器件的研制	产业创新重大专项	新材料	2019—2021	200	200
173	福建亿瑞电力科技有限公司	基于节能用电的智能断路器远程监控云平台的研发与应用	行业共性关键技术开发、节能	输变电及控制设备制造	2020—2022	400	1000
174	紫金铜业有限公司	铂钯的富集、提取、提纯及高值化应用研究	产业创新重大专项	冶金	2年	600	1200

续表

序号	项目实施单位及合作单位名称	项目名称	专项类别	所属行业	项目实施年限	项目研发投入	年新增销售收入
175	福建金山锂科新材料有限公司	长寿命锰酸锂正极材料的制备及其产业化	产业创新重大专项	新能源	2020—2021	3000	5000
176	福建万乘智慧光电科技有限公司、中国科学院福建物质结构研究所	荧光微晶玻璃基高功率暖白光LED灯技术研发	行业共性关键技术开发	照明灯具制造	2018—2020	500	650
177	福建省华裕天恒科技有限公司	低品位钕铁硼废料制备高纯单一稀土氧化物的技术研发	行业共性关键技术开发	废弃资源利用	2020—2022	10000	20000
178	福建易动力电子科技有限公司	新能源电池系统电加热技术研究与开发	行业共性关键技术开发	新能源节能与技术	2019.01—2020.12	120	1200
179	新洲（武平）林化有限公司	多臂离子液体催化合成聚合松香	产业创新重大项目	林产化工	2年	500	2000
180	福建省永安轴承有限责任公司、厦门大学	轮毂轴承专用石墨烯润滑脂产品研发及产业化应用	产业创新重大专项	机械制造业	2019.06—2021.06	800	500
181	福建科宏生物工程股份有限公司、福建师范大学	全细胞催化高效制备食品安全级γ-氨基丁酸产业化关键技术研究与应用	产业创新重大专项	食品制造业	2020.03—2023.03	600	1620
182	三明福特科光电有限公司、福建师范大学	4K低畸变工业视觉系列镜头的研制及产业化	产业创新重大专项	光电信息	2019—2020	380	2000
183	机械科学研究总院海西（福建）分院有限公司、圆通速递有限公司	快递物流物件智能分拣装备研发	产业创新重大专项	机械制造业	2018.06—2020.06	260	1000
184	中机焊业科技（福建）有限公司	轻量化复合陶瓷衬板研究项目	产业创新重大专项	机械制造业	2019.01—2020.12	300	3000
185	福建省开诚机械有限公司、温州市开诚机械有限公司	超超临界材质汽轮机铸钢件生产工艺及产品的技术研发	产业创新重大专项	黑色金属铸造	2018.06—2020.06	1100	5000
186	福建省中坚环保科技有限公司、数字福建工业能源大数据研究所	智慧园区安环综合管理解决方案	产业创新重大专项	节能环保	2020—2022	520	500
187	名佑（福建）食品有限公司、福建农林大学食品科学学院	改善发酵培根品质的加工方法技术创新项目	行业共性关键技术开发	食品	2019.06—2020.06	200	8200

续表

序号	项目实施单位及合作单位名称	项目名称	专项类别	所属行业	项目实施年限	项目研发投入	年新增销售收入
188	福建省三明同晟化工有限公司	超分散轮胎用和高清洁型牙膏用二氧化硅产品研发	行业共性关键技术开发	化工	2020.01—2022.12	3000	5000
189	中机铸材科技（福建）有限公司、机械科学研究总院海西（福建）分院有限公司	铸造废弃砂再生高温煅烧彩砂	行业共性关键技术开发	资源再生利用	2019.01—2020.12	150	340
190	机械科学研究总院（将乐）半固态技术研究所有限公司、福州大学机械工程学院	低氧化挤压铸造工艺及装备研发	行业共性关键技术开发	机械制造业	2020—2022	1000	2000
191	机械科学研究总院（将乐）半固态技术研究所有限公司、上海交通大学	高性能 SiC 增强铝基复合材料制备技术的研发	行业共性关键技术开发	机械制造业	2020—2022	1000	2000
192	机械科学研究总院（将乐）半固态技术研究所有限公司、福州大学	高导热半固态铝合金壳体散热零部件的研发	行业共性关键技术开发	机械制造业	2020—2022	1000	2000
193	将乐三晶新材料有限公司	融熔硅直接生产大规格（光学）靶材工艺	行业共性关键技术开发—新材料/节能环保	有色金属	2020—2022	3000	10000
194	福建慧思通三维技术有限公司	基于选区激光熔化成形工艺的 3D 打印设备开发	行业共性关键技术开发	机械制造业	2020—2021	360	1000
195	三明市锦浪新材料科技有限公司、福建省锦浪精细化工有限公司	阻燃性热膨胀微胶囊研发项目	行业共性关键技术开发	新材料	2019.06—2021.06	500	1500
196	福建省南平铝业股份有限公司、福州大学、福州盈泰电气科技有限公司	铝型材智能仓储物流装车辅助系统研发	行业共性关键技术研发	有色金属压延加工	2019—2021	350	1100
197	福建省南平铝业股份有限公司、奥地利 EDE 公司（Extrusion Die Expert）、福建工程学院	铝合金热挤压模具关键技术开发及应用	产业创新重大专项	有色金属压延加工	2019—2020	190	1200
198	福建闽航电子有限公司	武器装备关键技术产业化专项	行业共性关键技术开发	电子元件及电子专用材料制造	2019—2021	1250	1200
199	福建锐信新材料科技有限公司、陕西科技大学	环境友好型无溶剂聚氨酯合成革产业化研究	产业创新重大专项	轻工	2020—2022	430	2000

续表

序号	项目实施单位及合作单位名称	项目名称	专项类别	所属行业	项目实施年限	项目研发投入	年新增销售收入
200	福建南平和洁环保科技有限公司、上海复榆新材料科技有限公司	分子筛吸附技术去除二甲基甲酰胺溶剂中微量有机杂质	行业共性关键技术开发	生态保护和环境治理业	2019—2020	500	2000
201	福建建阳龙翔科技开发有限公司、福建省轮胎成型设备企业重点实验室	LC－G25 大规格伺服液压控制轮胎成型机关键技术开发及应用	行业共性关键技术开发	装备制造	2019—2020	258	2100
202	福建龙泰竹家居股份有限公司	竹板轻质化生产工艺的研究	行业共性关键技术开发	轻工	2020—2021	460	2000
203	福建省建瓯市富晶宝微粒有限公司、福建工程学院	半导体用高纯超细规整晶型碳化硅制备关键技术及产业化	行业共性关键技术开发	石墨及其他非金属矿物制品制造	2019—2020	151	1200
204	福建大庄竹业科技有限公司及杭州庄宜家具有限公司	高利用率无醛定向重组竹集成材关键制备技术研究与产业化	行业共性关键技术开发	轻工	2020—2022	200	5000
205	福建省建瓯市朝阳竹编帽业有限公司、国际竹藤中心、福建农林大学	竹编安全帽强化与涂装技术研发及产品标准制定	行业共性关键技术开发	轻工	2020—2022	180	1000
206	福建省建瓯黄华山酿酒有限公司、福建师范大学福建省传统酿酒行业技术开发基地	酱香型白酒增香提质的现代微生物发酵技术示范	行业共性关键技术开发	白酒制造	2019—2020	180	1200
207	福建省芝星炭业股份有限公司、福建农林大学	机械力化学方法高效再生活性炭的关键技术	产业创新重大专项	林产化工	2018—2020	810	5200
208	福建省邵武市永飞化工有限公司、中国科学院上海有机化学研究所	电子级氢氟酸、氟化铵溶液及BOE溶液产业化工艺开发及生产示范	行业共性关键技术开发	化工	2018—2020	300	20000
209	福建邵武创鑫新材料有限公司、中国科学院福建物质结构研究所	含硫添加剂硫酸乙烯酯的新合成技术研究	行业共性关键技术开发	电子信息	2019—2020	300	2100
210	福建仁宏医药化工有限公司、山东科技大学	芝麻酚合成工艺研究开发	产业创新重大专项	医药	2019—2020	300	1500
211	福建省顺昌县饶氏佰钰食品有限公司、闽南师范大学	顺昌海鲜菇智能数控漂汤沥水风干产业化研究	行业共性关键技术开发	食品	2019—2020	160	400

续表

序号	项目实施单位及合作单位名称	项目名称	专项类别	所属行业	项目实施年限	项目研发投入	年新增销售收入
212	福建省顺昌县合亿农产品开发有限公司、福建农林大学	绿仙椒漂风干智能加工技术研发	行业共性关键技术开发	食品	2019—2020	300	1000
213	福建圣维生物科技有限公司、武汉中博生物公司	猪伪狂犬病活疫苗研发（悬浮培养）	行业共性关键技术开发	生物医药	2020—2022	330	4000
214	福建圣维生物科技有限公司、山东省农科院畜牧兽医研究所	猪圆环病毒2型、猪支原体肺炎二联灭活疫苗	行业共性关键技术开发	生物医药	2020—2022	360	5000
215	福建省碧诚工贸有限公司、福建农林大学	高附加值竹家居产品加工关键技术集成及其用材竹林的定向培育与示范	行业共性关键技术开发	轻工	2020—2023	150	4800
216	福建省格绿木业有限公司、福建农林大学材料工程学院	淀粉基热固胶膜制备及在胶合板应用	行业共性关键技术开发	轻工	2020—2022	350	1200

（摘编：李兵）

福建省2020年下半年省重点技术改造项目名单

2020年12月4日福建省工业和信息化厅下发《关于发布2020年下半年省重点技术改造项目名单的通知》（闽工信函投资〔2020〕596号）提出，为持续推进新一轮技术改造专项行动，加快传统产业改造提升、先进制造业创新发展，2020年，省工信厅优化提升省重点技改项目管理模式，建立了常态化受理申报、审核入库、集中发布制度。下半年，累计审核入库2020年省重点技术改造项目255项、总投资777亿元，年度计划投资174亿元，项目建成达产后预计新增销售收入1238亿元以上。其中，福州39项、总投资（下同）140亿元；厦门3项、2亿元；漳州56项、103亿元；泉州41项、74亿元；三明17项、44亿元；莆田30项、307亿元；南平21项、24亿元；龙岩18项、27亿元；宁德27项、54亿元；平潭3项、2亿元。另根据项目实施单位申请和项目动态管理要求，对上半年5项入库项目进行调整。现将项目名单予以集中发布。

2020年省重点技改项目名单（下半年）

序号	企业及项目名称	项目所属市县（区）	行业
合计255项			
一、福州39项			
1	福建福光股份有限公司 棱镜冷加工产业化建设项目	福州福清	电子信息
2	福建福光天瞳光学有限公司 全光谱精密镜头智能制造基地项目	福州福清	电子信息
3	福建新大陆支付技术有限公司 传统POS国际化工程制造中心技术改造	福州马尾	电子信息
4	福建国光新业科技有限公司 表面安装导电高分子片式固体（双面贴片）电容器生产线改扩建项目	福州马尾	电子信息
5	飞毛腿（福建）电子有限公司 高性能锂聚合物电池智能工厂技改项目	福州马尾	电子信息
6	福建闽威科技股份有限公司 年产215万平方米单面板及62万平方米双面多层板	福州长乐	电子信息
7	福建新中冠数据技术有限公司 新中冠大数据研发运营中心	福州长乐	电子信息
8	福州市长乐区顺亨实业有限公司 年产20万吨管桩端头板成品自动化生产线技改项目	福州长乐	机械装备
9	福建福耀汽车饰件有限公司 年产车用窗框、饰条2500万件	福州福清	汽车

续表

序号	企业及项目名称	项目所属市县（区）	行业
10	福州泰全工业有限公司 扩产225万台助力转向EPS永磁无刷马达产线建设项目	福州闽侯	汽车
11	福建友谊胶粘带集团有限公司 友谊新材料科技工业园（一期BOPP胶粘带及电子胶粘带）	福州福清	石化
12	福州科麟环保科技有限公司 24万t/a环氧树脂一体化循环经济技术改造暨高盐废水综合利用示范项目	福州福清	石化
13	正太新材料科技有限责任公司 正太新材年产20万吨二氧化钛项目	福州福清	石化
14	福建申马新材料有限公司 扩建20万吨/年环己酮项目	福州连江	石化
15	福建宇邦纺织科技有限公司 年产高档服装面料15000吨	福州福清	纺织鞋服
16	福建省永泰县华尔锦纺织有限公司 迁建新上紧密赛络纺高品质纱线30万锭项目三期	福州永泰	纺织鞋服
17	福州翔隆纺织有限公司 静电纺－熔喷复合非织造材料及N95口罩生产	福州长乐	纺织鞋服
18	福建恒冠纺织科技有限公司 长乐高档针织生产项目建设	福州长乐	纺织鞋服
19	福建榕升纸业有限公司 年加工39600万平方米纸板、纸箱项目	福州福清	轻工
20	福清市圣达塑胶制品有限公司 年产硫化鞋240万双	福州福清	轻工
21	福建省福清友发实业有限公司 年产新型美纹纸40000吨项目	福州福清	轻工
22	德通（连江）金属容器有限公司 金属印刷制品项目	福州连江	轻工
23	福建丰大集团有限公司 丰大集团扩建技改项目	福州福清	食品
24	福建天马科技集团股份有限公司 年产14万吨饲料高新技术产业项目	福州福清	食品
25	福建新德食品有限公司 年分装食用油脂6万吨	福州福清	食品
26	福建御味香冷冻食品有限公司 御味香年产7500吨的冷冻食品加工	福州福清	食品
27	福清市新大泽螺旋藻有限公司 新大泽－海洋微藻高值化产品开发及产业链建设项目	福州福清	食品
28	福建华丰贺氏餐饮管理有限公司 华丰贺氏烘焙中心	福州马尾	食品
29	福建京福海洋渔业发展有限公司 深海时代产业园	福州马尾	食品
30	福建省福抗药业股份有限公司 抗病毒原料药及医药中间体升级改造项目	福州福清	医药

续表

序号	企业及项目名称	项目所属市县（区）	行业
31	福建省福抗药业股份有限公司 年产1200吨邻璜酸钠苯甲醛、330吨叶酸及200吨莽草酸生产线改造项目	福州福清	医药
32	丽珠集团福州福兴医药有限公司 二阶段高端抗生素建设项目	福州福清	医药
33	福建延年药业有限公司 生产线改造	福州闽清	医药
34	宝钢德盛不锈钢有限公司 宝钢德盛能介管线技术改造项目	福州罗源	钢铁
35	宝钢德盛不锈钢有限公司 宝钢德盛信息化技术改造项目	福州罗源	钢铁
36	福建金德尚黄金有限公司 素金生产线技术改造	福州长乐	有色
37	福建天添福建材发展有限公司 技术改造项目	福州福清	建材
38	福清市融大水泥制品有限公司 年产钢筋混凝土排水管1万立方	福州福清	建材
39	福建海峡环保资源开发有限公司 益凤渣土及建筑废弃物资源化利用二期项目	福州晋安	其他
二、厦门3项			
40	晶宇光电（厦门）有限公司 Mini、Micro LED智能工厂技改项目	厦门火炬	电子信息
41	厦门唯科模塑科技股份有限公司 模具及注塑产品智能升级技术改造	厦门火炬	机械装备
42	厦门建霖健康家居股份有限公司 健康家居产品生产线2020年升级技术改造项目	厦门集美	轻工
三、漳州56项			
43	漳州中科智谷科技有限公司 集成电路板自动化生产线扩建项目	漳州台投区	电子信息
44	漳州雅宝电子有限公司 年产3.7亿个温度保险丝扩建项目	漳州台投区	电子信息
45	宏泰机电科技（漳州）有限公司 年产网关终端产品1400万套扩建项目	漳州台投区	电子信息
46	漳州市威华电子有限公司 仪器仪表智能化生产扩建项目	漳州芗城	电子信息
47	漳州宏发电声有限公司 通用继电器增资扩能项目	漳州长泰	电子信息
48	漳州立达信光电子科技有限公司 LED面板灯及各类灯具智能制造项目	漳州长泰	电子信息
49	漳州市华威电源科技有限公司 年产300万kVAh高容量阀控免维护铅酸蓄电池二期技术升级及自动化改造项目	漳州云霄	机械装备

续表

序号	企业及项目名称	项目所属市县（区）	行业
50	福建省鑫晟环境科技有限公司 电镀自动生产线节能环保及智能化技术改造项目	漳州长泰	机械装备
51	豪氏威马（中国）有限公司 豪氏威马（中国）喷漆/机加工/配电房扩容扩建项目	漳州开发区	机械装备
52	漳州纽莱德机械科技有限公司 金属制品、机械设备零配件等加工	漳州龙海	机械装备
53	福建龙溪轴承（集团）股份有限公司 关节轴承绿色智能制造技术改造项目	漳州龙文	机械装备
54	福建和动力投资发展有限公司 和动力二期智能化高端精密模具生产线扩建项目	漳州龙文	机械装备
55	威驰腾（福建）汽车有限公司 新能源汽车样车组装	漳州开发区	汽车
56	漳州新福达底盘有限公司 年产纯电动卡车、环卫车底盘及配件 3000 台套	漳州台投区	汽车
57	翔鹭石化（漳州）有限公司 生产配套优化技改项目	漳州古雷	石化
58	漳州新阳科技有限公司 20 万吨/年不饱和聚酯树脂项目	漳州古雷	石化
59	漳浦县源鸿服装配件有限公司 年产 500 吨口罩耳带生产线项目	漳州漳浦	轻工
60	际诺思（福建）家具有限公司 华安际诺思环保型钢管家具生产项目	漳州华安	轻工
61	福钢科技（福建）有限公司 烤炉、金属模具及健身器材钣金件生产加工项目	漳州开发区	轻工
62	漳州蒙发利实业有限公司 年产口罩 4500 万个	漳州台投区	轻工
63	漳州爱伯特家居有限公司 智能家居生产车间扩建项目	漳州芗城	轻工
64	漳州新坐标工贸有限公司 家具及配件扩建项目	漳州芗城	轻工
65	漳州市坤生家具有限公司 坤生家具厂房改扩建	漳州芗城	轻工
66	漳州华锐锂能新能源科技有限公司 非医用民用防护口罩、医用防护口罩全自动生产线	漳州云霄	轻工
67	福建豪锦化妆品有限公司 豪锦化妆品增资扩产项目	漳州云霄	轻工
68	福建合信包装有限公司 年产 1.2 亿平方米纸制品项目	漳州长泰	轻工
69	漳州万晖洁具有限公司 产能置换及配套设施工艺技术升级改造项目	漳州长泰	轻工
70	漳州市超悦纸业有限公司 纸制品生产项目	漳州诏安	轻工

续表

序号	企业及项目名称	项目所属市县（区）	行业
71	中港（福建）水产食品有限公司 水产品精深加工生产线技改提升工程	漳州东山	食品
72	东山县华昌食品有限公司 二期水产品深加工生产线建设项目	漳州东山	食品
73	福建其亮食品科技有限公司 食品工业园二期建设项目	漳州高新区	食品
74	福建澳闽利康生物科技有限公司 华安澳闽利康大健康食品扩建项目	漳州华安	食品
75	福建省龙海市安利达工贸有限公司 安利达食品生产线扩建项目	漳州龙海	食品
76	龙海状圆食品有限公司 状圆食品厂房扩建项目	漳州龙海	食品
77	多麦（福建）食品有限公司 多麦食品厂房及设备技改项目	漳州龙海	食品
78	福建省新星食品有限公司 4#生产车间	漳州龙海	食品
79	福建省卡尔顿食品有限公司 卡尔顿食品生产厂房及设备扩建项目	漳州龙海	食品
80	漳州顶津食品有限公司 新增年产 13.7 万吨瓶装饮用水生产线	漳州龙文	食品
81	大闽食品（漳州）有限公司 饮料生产线改造项目	漳州龙文	食品
82	漳州市浦美食品有限公司 年产速冻食品 21000 吨项目（一期 10500 吨）	漳州龙文	食品
83	漳州市同发食品工业有限公司 年新增 1.5 万吨罐藏食品扩建项目	漳州台投区	食品
84	福建同发糖业有限公司 年新增 10 万吨液体糖扩建项目	漳州台投区	食品
85	福建糖业股份有限公司 成品糖熟化包装项目	漳州芗城	食品
86	漳州傲农牧业科技有限公司 绿色环保生物饲料项目	漳州芗城	食品
87	福建利众诚食品有限公司 利众诚食品加工增资扩产项目	漳州云霄	食品
88	振牌（福建）海洋生物科技有限公司 振牌技术改造项目	漳州云霄	食品
89	漳州片仔癀药业股份有限公司 片仔癀生产线及配套设施改造项目	漳州高新区	医药
90	漳州旗滨玻璃有限公司 漳州旗滨三、七线冷修技改项目	漳州东山	建材
91	福建龙石建材有限公司 扩建年产 20 万立方米商品混凝土	漳州龙海	建材

续表

序号	企业及项目名称	项目所属市县（区）	行业
92	漳州市龙文佳宝混凝土工程有限公司 建设项目	漳州龙文	建材
93	福建省华诚陶瓷发展有限公司 年产250万平方米新型环保地铺石陶瓷扩建项目	漳州平和	建材
94	台玻福建光伏玻璃有限公司 年产19万吨超薄双玻光伏玻璃盖板项目	漳州漳浦	建材
95	华能（福建漳州）能源有限责任公司 华能古雷热电厂一期工程（北厂区）项目	漳州古雷	能源
96	华能（福建漳州）能源有限责任公司 华能古雷热电厂供热管网一期工程	漳州古雷	能源
97	翔鹭码头投资管理（漳州）有限公司 厦门港古雷港区古雷作业区南8#泊位工程	漳州古雷	其他
98	上特（福建）展示科技有限公司 上特长泰工业园	漳州长泰	其他
四、泉州41项			
99	福建省勤为光电有限公司 厂房扩建项目	泉州安溪	电子信息
100	渠梁电子有限公司 集成电路封装测试项目（二期）	泉州晋江	电子信息
101	泉州三安半导体科技有限公司 年产4万片Mini LED蓝光芯片（4寸片）项目	泉州南安	电子信息
102	福建中科光芯光电科技有限公司 光芯片项目	泉州石狮	电子信息
103	福建省正丰数控科技有限公司 正丰二期厂房建设	泉州安溪	机械装备
104	泉州市劲力工程机械有限公司 年产500台甘蔗收获机和铁路工程机械迁建项目	泉州洛江	机械装备
105	福建申利卡铝业发展有限公司 年产30万只旋压轻质铝合金汽车轮毂扩建项目	泉州南安	汽车
106	福建省天骄化学材料有限公司 高性能聚醚多元醇系列材料改扩建二三期项目	泉州泉港	石化
107	福建百宏石化有限公司 氧化醋酸回收技术改造项目	泉州泉港	石化
108	福建联合石油化工有限公司 油品质量升级项目—30万吨/年烷基化装置	泉州泉港	石化
109	福建联合石油化工有限公司 芳烃联合装置脱瓶颈项目	泉州泉港	石化
110	福建联合石油化工有限公司 EOEG装置脱瓶颈改造项目	泉州泉港	石化
111	佳化化学泉州有限公司 年产40万吨烷氧基化新材料项目	泉州泉港	石化
112	裕忠（福建）新材料科技有限公司 高端复合纤维生产线的扩建	泉州惠安	纺织鞋服

续表

序号	企业及项目名称	项目所属市县（区）	行业
113	佳福（福建）染整有限公司 佳福（福建）染整年产 7000 吨高档针织面料生产线	泉州晋江	纺织鞋服
114	福建福田纺织印染科技有限公司 年染整高档织物面料 5000 吨项目	泉州晋江	纺织鞋服
115	福建省港丰新材料科技有限公司 年产网布 12500 吨技改项目	泉州晋江	纺织鞋服
116	福建冠泓工业有限公司 年产 0.5 万吨熔喷、热风生产线	泉州晋江	纺织鞋服
117	泉州联兴发针织织造有限公司 联兴发高档针织功能性面料技术改造项目	泉州鲤城	纺织鞋服
118	石狮市龙兴隆染织实业有限公司 数字车间建设	泉州石狮	纺织鞋服
119	石狮市三益织造染整有限公司 采用节能环保设备生产加工机织化纤布	泉州石狮	纺织鞋服
120	福建东经新材料有限责任公司 采用先进的设备生产氨纶包覆纱及采用剑杆织布机生产化纤面料项目	泉州石狮	纺织鞋服
121	泉州鹏泰服饰有限公司 C2M 数字化智能快反制造服务项目	泉州石狮	纺织鞋服
122	卡宾服饰（中国）有限公司 扩建智能生产线项目	泉州石狮	纺织鞋服
123	百润（中国）有限公司 T 型纸尿裤生产线	泉州惠安	轻工
124	晋江联兴反光材料有限公司 年产 150 万平方米微棱镜交通反光膜生产项目	泉州晋江	轻工
125	嘉亨家化股份有限公司 粉类全自动混合灌装生产车间项目	泉州鲤城	轻工
126	中天（中国）工业有限公司 年产卫生护理用品 5.8 亿片项目	泉州南安	轻工
127	福建万家鑫轻工发展有限公司 EVA 智能产能技术改造项目	泉州泉港	轻工
128	美佳爽（中国）有限公司 卫生用品生产技术提升项目	泉州石狮	轻工
129	福建省炎英包装科技有限公司 年产 3000 吨食品级包装材料生产项目	泉州石狮	轻工
130	福建回头客食品有限公司 福建烘焙类系列产品生产线改造项目	泉州惠安	食品
131	安记食品股份有限公司 安记食品酱类全自动生产线	泉州开发区	食品
132	金维他（福建）食品有限公司 燕麦精深加工自动化智能化生产扩建项目	泉州泉港	食品
133	福建中益制药有限公司 生产基地	泉州石狮	医药

续表

序号	企业及项目名称	项目所属市县（区）	行业
134	泉州裕森石材有限公司 年产 60 万平方米大理石板材技改项目	泉州南安	建材
135	福建泉州新万龙石材有限公司 年产 30 万平方米石材复合板技改项目	泉州南安	建材
136	福建省万豪石膏工业有限公司 年产石膏粉 30000 吨项目	泉州泉港	建材
137	泉州鲁新新型建材有限公司 新增储库项目	泉州泉港	建材
138	福建纳川管业科技有限责任公司 HDPE 缠绕结构壁管产能扩建项目	泉州泉港	建材
139	福建省石狮热电有限责任公司 石狮热电公司综合节能减排改造工程	泉州石狮	能源
五、三明 17 项			
140	厦工（三明）重型机器有限公司 JG 大型钢构扩产技改项目	三明沙县	机械装备
141	三明市信吉特种气体有限公司 固态二氧化碳制品生产项目	三明梅列	石化
142	永安市丰源化工有限公司 丰源化工整体提升改造项目	三明永安	石化
143	福建省三明纺织股份有限公司 60000 枚天竹功能性纤维纱线扩建项目	三明梅列	纺织鞋服
144	福建省奔鹿纺织科技有限公司 48000 吨无纺布生产线扩建项目	三明宁化	纺织鞋服
145	福建省永安市金德纺织实业有限公司 高档环锭纺生产线技改项目	三明永安	纺织鞋服
146	福建省尤溪县东欣纺织有限公司 高档缝纫线生产项目	三明尤溪	纺织鞋服
147	福建尤溪华杨纤纺科技有限公司 涤纶纤维生产项目	三明尤溪	纺织鞋服
148	福建省佳宇纺织器材有限公司 纺织配件生产项目	三明尤溪	纺织鞋服
149	福建东方鑫威纺织科技有限公司 纺织面料生产项目	三明尤溪	纺织鞋服
150	福建旭源纺织有限公司 8 万锭智能化高品质混纺纱项目	三明尤溪	纺织鞋服
151	福建鑫森合纤科技有限公司 年产 2 万吨智能化、绿色差别化锦纶弹力丝项目	三明尤溪	纺织鞋服
152	福建科华石墨科技有限公司 新增建设年产 15000 吨石墨化负极材料生产线技改项目	三明大田	轻工
153	三明市名成冷冻物流有限公司 农副产品、肉类加工中心	三明三元	食品
154	名佑（福建）食品有限公司 低温西式肉制品生产技改项目	三明三元	食品

续表

序号	企业及项目名称	项目所属市县（区）	行业
155	福建省大田县京口工业园开发建设有限公司 大田经济开发区上京工业园标准厂房及公用配套设施建设项目	三明大田	其他
156	福建飞翔工业投资发展集团有限责任公司 建宁县标准化经济开发区配套设施建设项目	三明建宁	其他
六、莆田 30 项			
157	莆田三利谱光电科技有限公司 莆田三利谱科技厂区项目	莆田城厢	电子信息
158	深圳市三利谱光电科技股份有限公司莆田分公司 购置生产设备	莆田城厢	电子信息
159	莆田市涵江区依吨多层电路有限公司 高性能覆铜板产业化	莆田涵江	电子信息
160	福建铈乾新能源科技有限公司 车用锂离子蓄电池生产项目	莆田仙游	机械装备
161	福建天石源设备科技有限公司 天石源智能化光伏加工设备和工具项目	莆田秀屿	机械装备
162	云度新能源汽车股份有限公司 云度 A 平台车型产品提升项目	莆田涵江	汽车
163	福建省三棵树新材料有限公司 高新材料综合产业园项目（一期）	莆田秀屿	石化
164	福建佳通轮胎有限公司 轮胎生产线智能化改造	莆田秀屿	石化
165	福建永荣科技有限公司 年产 60 万吨己内酰胺项目	莆田秀屿	石化
166	福建亿发护理用品有限公司 口罩及酒精棉片生产线扩建项目	莆田涵江	轻工
167	福建中粮制罐有限公司 福建制罐第二条两片罐生产线提速扩产项目	莆田涵江	轻工
168	莆田睿康科技有限公司 按摩器械生产线改造	莆田仙游	轻工
169	福建省亚明食品有限公司 预包装菜肴生产线改扩建项目（三期）	莆田城厢	食品
170	百威雪津啤酒有限公司 蓝妹啤酒本地化项目	莆田涵江	食品
171	福建中粮华港饲料有限公司 中粮华港年产 5.2 万吨预混料项目	莆田秀屿	食品
172	福建省莆田富邦实业有限公司 防疫应急设备项目	莆田荔城	医药
173	莆田市莆鑫医疗科技有限公司 口罩净化车间改装及口罩流水线机台购置	莆田荔城	医药
174	福建民恒科技有限公司 口罩生产、无菌车间建设	莆田仙游	医药
175	福建省和佳顺钢结构有限公司 福建省和佳顺钢结构生产制造项目	莆田仙游	建材

续表

序号	企业及项目名称	项目所属市县（区）	行业
176	溢通环保科技（莆田）有限公司 柴油车尾气处理液研发及标准化生产车间建设	莆田城厢	其他
177	莆田市涵江区交通建设投资有限公司 莆田市涵江区迎宾路拓宽改造工程	莆田涵江	其他
178	仙游县城南新区开发总公司 2020 年仙游县工业园区基础设施及园区配套设施项目包	莆田仙游	其他
179	仙游县建工投资集团有限公司 仙游县电子信息产业园标准化厂房一期	莆田仙游	其他
180	莆田市秀屿区万融实业有限公司 莆田市秀屿区石门澳产业园生态修复及配套工程	莆田秀屿	其他
181	莆田市秀屿区万融实业有限公司 石门澳产业园地下管网及配套项目	莆田秀屿	其他
182	莆田市秀屿区万融实业有限公司 石门澳产业园东九街二期工程	莆田秀屿	其他
183	莆田市秀屿区万融实业有限公司 莆田市秀屿区石门澳产业园东片区通道工程	莆田秀屿	其他
184	莆田市秀屿区万融实业有限公司 石门澳西园片区通道工程	莆田秀屿	其他
185	莆田市秀屿区水务工程建设投资有限公司 莆田市秀屿区石门澳产业园滞洪区清淤及配套工程	莆田秀屿	其他
186	莆田市秀屿区水务工程建设投资有限公司 莆田市秀屿区石门澳产业园堤防提升工程	莆田秀屿	其他
七、南平 21 项			
187	福建南平太阳电缆股份有限公司 补齐短板，扩大产能技改项目	南平延平	机械装备
188	福建八方阀门制造有限公司 八方年产不锈钢精密机械配件 1000 吨技改项目	南平松溪	机械装备
189	南平博源金属制造有限公司 博源耐磨球磨配件生产线自动化升级改造项目	南平延平	机械装备
190	福建永晶科技股份有限公司 含氟系列高新材料改扩建项目（清洁生产及其设备提升与改造示范项目）	南平邵武	石化
191	邵武和丰布业有限公司 和丰布业技术升级改造	南平邵武	纺织鞋服
192	福建力鹏羽绒制品有限公司 福建力鹏羽绒生产项目	南平邵武	纺织鞋服
193	福建闽瑞新合纤股份有限公司 年产 10500 吨卫材级复合短纤维生产线改造扩建项目	南平松溪	纺织鞋服
194	福建华韵竹木有限公司 年产 1.5 亿双竹木工艺筷及年产 500 万件竹木厨房用具改扩建	南平松溪	轻工
195	武夷山市阳光竹地板有限公司 武夷山阳光竹地板厂区扩建	南平武夷山	轻工
196	武夷山诸子窑陶瓷有限公司 五夫诸子窑	南平武夷山	轻工

续表

序号	企业及项目名称	项目所属市县（区）	行业
197	福建金夏粮业有限公司 优质米现代化加工生产线技术改造	南平建阳	食品
198	福建金山都米业有限公司 年产60000吨生态米加工项目	南平建阳	食品
199	武夷星茶业有限公司 武夷星智能产品中心	南平武夷山	食品
200	武夷山市桃渊茗茶叶科学研究所有限公司 智能化年产1000万罐茶叶包装流水线	南平武夷山	食品
201	武夷山市绿洲茶业有限公司 茶业厂房扩建提升项目	南平武夷山	食品
202	武夷山捷安医疗器械制造有限公司 医用外科口罩生产项目	南平武夷山	医药
203	福建俊达装配材料有限公司 福建俊达装配建筑新型材料项目	南平延平	建材
204	福建省鑫森炭业股份有限公司 造粒活性炭、蜂窝活性炭项目	南平邵武	其他
205	邵武绿益新环保产业开发有限公司 危险废物处置及综合利用项目二期技改、扩建工程	南平邵武	其他
206	顺昌县工业园区开发有限公司 顺昌县工业园区污水处理厂及配套污水管网技改工程	南平顺昌	其他
207	顺昌县工业园区开发有限公司 金山新材料产业园供水项目（扩建）	南平顺昌	其他
八、龙岩18项			
208	福建创合亿联电子科技有限公司 年产400万片触摸屏生产线项目	龙岩连城	电子信息
209	福建省金普达电子科技有限公司 金普达电子5G印刷电子线路及压合技改项目	龙岩武平	电子信息
210	福建新佳鑫实业有限公司 年产智能装备加工中心铸件8000吨	龙岩漳平	机械装备
211	连城久安机械制造有限公司 年产2.5万吨汽车配件及窨井盖等铸铁制品生产项目	龙岩连城	机械装备
212	福建中宏新材料科技有限公司 年处理5万吨废旧橡胶高值循环利用示范项目（二期）	龙岩漳平	石化
213	龙岩市锐美家装饰材料有限公司 年产5万m^3大规格耐火防腐三聚氰胺高压贴面板项目	龙岩上杭	轻工
214	福建丹海新材料科技有限公司 竹原纤维制品加工产业化项目	龙岩新罗	轻工
215	连城县奇峰食品厂 年产4000吨倒蒸带皮小香薯	龙岩连城	食品
216	福建省长汀盼盼食品有限公司 一厂改建项目	龙岩长汀	食品
217	福建上杭兴恒硅品有限责任公司 新型高效节能高纯硅冶炼生产线技改	龙岩上杭	有色

续表

序号	企业及项目名称	项目所属市县（区）	行业
218	福建省长汀金龙稀土有限公司 磁材机加工生产线升级改造项目	龙岩长汀	有色
219	瓮福紫金化工股份有限公司 年产45万吨建筑石膏粉项目	龙岩上杭	建材
220	福建省德锐新材有限公司 年产300万 m^2 新型多功能板材	龙岩上杭	建材
221	龙岩市福居新型建材有限公司 龙潭镇福居新型建材生产线扩建	龙岩永定	建材
222	龙岩市宇恒环保科技有限公司 宇恒环保危险废物综合回收治理技改项目	龙岩上杭	其他
223	龙岩市永定区龙翔建设发展有限公司 军民融合智能制造产业基地标准厂房（一期）项目	龙岩永定	其他
224	龙岩市永定区龙翔建设发展有限公司 军民融合智能制造产业基地（一期）企业服务中心及职工宿舍项目	龙岩永定	其他
225	福建永腾实业有限公司 永定工业园光电信息产业园标准厂房三期项目	龙岩永定	其他
九、宁德27项			
226	福建永盛电子有限公司 高密度多层印刷线路板生产线技改升级项目	宁德福鼎	电子信息
227	宁德时代新能源科技股份有限公司 宁德时代锂离子电池生产扩建项目（博发一期）	宁德东侨	机械装备
228	宁德维杜精密制造有限公司 智能装备精密制造项目	宁德东侨	机械装备
229	安波电机（宁德）有限公司 高效电机生产车间改造及技术升级改造	宁德东侨	机械装备
230	宁德震裕汽车部件有限公司 年产1500万件新能源汽车锂电池壳体改建项目	宁德福安	机械装备
231	福鼎中重特种机器人有限公司 特种机器人产业基地迁建项目	宁德福鼎	机械装备
232	福建省福林化油器有限公司 通用机化油器技改项目	宁德福鼎	机械装备
233	福鼎市中联机械部件有限公司 化油器配件技改项目	宁德福鼎	机械装备
234	宁德聚能动力电源系统技术有限公司 Y模组侧板项目	宁德蕉城	机械装备
235	福建胜阀机械制造有限公司 阀门配件锻件产品改扩建项目	宁德福鼎	机械装备
236	福鼎市鸿辉机车部件有限公司 汽车精密件生产扩建项目	宁德福鼎	汽车
237	福建三横精密五金有限公司 汽摩五金配件生产线技改升级项目	宁德福鼎	汽车
238	宁德康本新材料有限公司 新能源复合材料结构件扩建项目	宁德蕉城	汽车

续表

序号	企业及项目名称	项目所属市县（区）	行业
239	宁德振华振德汽车部件有限公司 EX21 集成技术升级改造项目	宁德蕉城	汽车
240	福建省立新船舶工程有限公司 船舶修造智能化技改项目	宁德福鼎	船舶
241	福建新鹏纺织有限公司 高档棉纱生产线技改扩建项目	宁德福鼎	纺织鞋服
242	福建大兴纺织有限公司 高档棉纱生产线技改项目	宁德福鼎	纺织鞋服
243	福建博艺材料科技有限公司 无溶剂、水性聚氨酯合成革技改项目	宁德福鼎	轻工
244	福建省霞浦县庆顺工贸有限公司 庆顺工贸年产 60 万套竹木生产线建设项目	宁德霞浦	轻工
245	盛养（福建）生物科技有限公司 盛养食品精深加工项目	宁德古田	食品
246	福建广生堂药业股份有限公司 核苷类抗乙肝病毒药物系列产品生产线升级改造项目	宁德柘荣	医药
247	福建青拓上克不锈钢有限公司 轧机、冷酸车间技术改造	宁德福安	钢铁
248	宁德东侨国有资产投资建设有限公司 宁德北部新区产业园配套服务中心	宁德东侨	其他
249	福建省宁德市鑫泰资源投资发展有限公司 福安经济开发区高端制造产业园项目	宁德福安	其他
250	福建省福鼎市国有资产投资经营有限公司 福鼎市白琳金山工业区基础配套设施工程	宁德福鼎	其他
251	福建环海投资有限公司 屏南县溪角洋工业园区基础设施配套建设项目	宁德屏南	其他
252	周宁县宁福工贸发展有限公司 周宁县不锈钢深加工产业园	宁德周宁	其他
十、平潭 3 项			
253	福建省平潭县创新电子有限公司 平潭创新电子元器件生产项目	平潭综合实验区	电子信息
254	宗仁科技（平潭）有限公司 宗仁科技集成电路研究院	平潭综合实验区	电子信息
255	福建洁大师高分子科技有限公司 洁大师汽车薄膜生产基地	平潭综合实验区	轻工
十一、调整 5 项			
1	福建欧瑞园食品有限公司 欧瑞园食品二期项目 原：贝类等海产营养保全加工项目	漳州芗城	食品
2	福建兰天包装材料有限公司 新型多层高阻隔、多功能塑料软包装材料年新增 15 万吨扩建项目 原：新型多层高阻隔、多功能塑料软包装材料年新增 12 万吨扩建项目	福州福清	轻工

续表

序号	企业及项目名称	项目所属市县（区）	行业
3	方明环保科技（漳州）有限公司 高浓度难降解有机废水综合处理中心（已退库）	漳州开发区	其他
4	首钢凯西钢铁有限公司 年产10万吨高精度超薄型冷轧不锈钢板与年产50万吨高精度冷轧薄板（已退库）	漳州开发区	钢铁
5	漳州万宝能源科技股份有限公司 高端自动化锂离子电池制造生产设备技术改造项目 原：漳州万宝能源科技有限公司 年产1.2亿安时锂离子电池及电池相关产品应用与制造生产项目	漳州南靖	电子信息

（摘编：陈建闽）

2020年度第一批福建省工业和信息化重点新产品推广目录

2020年8月6日福建省工业和信息化厅下发《关于印发〈2020年度第一批福建省工业和信息化重点新产品推广目录〉的通知》（闽工信函科技〔2020〕365号）提出，按照《福建省经济和信息化委员会关于印发〈福建省工业和信息化重点新产品征集和发布工作实施细则〉的通知》（闽经信政法〔2018〕177号）要求，根据企业申请，经研究，同意将型钢无内胎（神奇）车轮（9.0－20）等27项新产品列入《2020年度第一批福建省工业和信息化重点新产品推广目录》，现予以公布，有效期2年。请你们对目录进行宣传推广，加大对新产品市场开拓、商业模式培育等的支持力度。

2020年度第一批福建省工业和信息化重点新产品推广目录

序号	企业名称	产品名称及型号	地市	备注
1	福建华佳彩有限公司	高清全面显示屏065WE、062WB、101FA	莆田	
2	福建华峰运动用品科技有限公司	光致变色鞋面材料	莆田	
3	福建永晶科技股份有限公司	电子工业气体四氟化碳（8L钢瓶）	南平	
4	正兴车轮集团有限公司	型钢无内胎（神奇）车轮（9.0－20）	漳州	
5	福建省天骄化学材料有限公司	高固含量聚合物多元醇TPOP－2045	泉州	
6	泉州匹克鞋业有限公司	匹克态极运动鞋（跑鞋）/E91617H	泉州	
7	福建三钢闽光股份有限公司	35MnBH合金结构钢热轧圆钢	三明	
8	福建三钢闽光股份有限公司	ML20MnTiB冷镦钢热轧盘条	三明	
9	中铝瑞闽股份有限公司	新能源动力电池外壳用3003H14铝合金板带	福州	
10	福建恒捷实业有限公司	仿麻锦纶6复合纤维丝40D/72F	福州	
11	弘扬软件股份有限公司	弘扬区域医疗卫生信息一体化平台V1.0	福州	
12	福建升腾资讯有限公司	可信终端/TS660	福州	
13	福建华威钜全精工科技有限公司	美国福特摇臂RK03610	福州	
14	福建中信网安信息科技有限公司	华安星数据安全监管系统	福州	
15	福建中信网安信息科技有限公司	华安星等级保护综合管理系统	福州	
16	厦门渊亭信息科技有限公司	DataExa－Insight人工智能中台系统V3.2	厦门	
17	厦门海普锐科技股份有限公司	线缆自动化加工机SPC－31/32	厦门	
18	厦门久贤新能源科技有限公司	久贤物联网智慧路灯	厦门	
19	厦门强力巨彩光电科技有限公司	室内全彩LED显示屏镁丽系列箱体	厦门	
20	厦门立达信照明有限公司	全护眼LED黑板灯B21－LE2800－01	厦门	

续表

序号	企业名称	产品名称及型号	地市	备注
21	厦门云知芯智能科技有限公司	云听会议系统 V1.0	厦门	
22	厦门市美亚柏科信息股份有限公司	DC－7100 汽车取证大师	厦门	
23	厦门市美亚柏科信息股份有限公司	DC－7300 物联取证大师	厦门	
24	厦门金龙联合汽车工业有限公司	XMQ6105/6125AGBEVL 系列纯电动低地板城市客车	厦门	
25	厦门南讯股份有限公司	南讯客道云电商用户数字化经营系统 V1.0	厦门	
26	中航太克（厦门）电力技术股份有限公司	动态电压恢复器 AVR	厦门	
27	厦门市致创能源技术有限公司	智慧路灯杆及其综合管理系统	厦门	

（摘编：严志东）

第二篇
发展纪事

1 月

1 日，《福建日报》报道：2019 年 12 月 31 日晚，取消高速公路省界收费站工程并网切换进行。从 2020 年 1 月 1 日零时起，全国 29 个联网省份的 487 个省界收费站全部取消，其中我省取消 16 个省界收费站，分别为：宁德沈海闽浙、溧宁闽浙收费站；南平长深闽浙、浦建闽浙、京台闽浙、宁上闽赣、宁光闽赣、福银闽赣收费站；三明浦建闽赣、泉南闽赣收费站；龙岩厦蓉闽赣、古武闽赣、长深闽粤、莆永闽粤收费站；漳州沈海闽粤、沈海复线闽粤收费站等。从 2020 年 1 月 1 日零时起，收费计费方式由分省封闭式收费调整为全网开放式收费，由最短路径和最低费额收费转化为精确路径收费。此外，通行高速公路货车收费模式由计重收费转为车（轴）型收费；鲜活农产品运输车辆将通过预约通行服务平台或收费站入口进行预约通行，享受免费政策；国际标准集装箱运输车辆将通过预约通行平台预约通行，享受通行优惠。

3 日，福建省自助办税管理平台上线仪式上月 30 日晚在建瓯市举行，标志着该平台在福建省范围内正式上线，我省纳税人和缴费人从此在办税自助终端上就能轻松自助办理 90% 的常办业务，享受 365 天不间断、全天候自助随办、一台多能业务通办的便捷服务。福建省自助办税管理平台的上线，将有效帮助网上办税基础与能力较薄弱的乡镇纳税人和缴费人离厅自助办理涉税业务，形成“线上线下互补、前台后台贯通、方便快捷高效”的便捷办税环境。

3 日，由省农业农村厅主办的农产品质量安全宣传活动在福州举行。当前，福建农产品质量安全追溯监管信息平台已覆盖全省办理营业执照的 1.3 万多家食用农产品生产企业、合作社、家庭农场，累计生成追溯凭证和追溯标签 310 多万批次。自推行“一品一码”工作以来，全省新增 1268 个“三品一标”农产品。

5 日，为鼓励更多人工智能新技术、新产品、新模式赋能数字福建建设，省数字办近日正式公布 2019 年度数字福建 100 项人工智能应用示范项目。示范项目涉及人工智能在教育、医疗、园区、生态环境、农业、城市管理、政务服务、制造、交通物流、安全、商贸服务、能源、司法、基础设施等 14 个领域的深度应用，与福建省经济社会发展需求紧密联系。

5 日，经省政府同意，省金融办会同省委台港澳办、省委人才办、省工信厅等部门近日联合印发了《关于深化闽台金融交流合作的若干意见》，从四个方面提出具体措施，进一步推进两岸金融交流合作，打造台胞台企登陆的第一家园。

5 日，省交通运输厅消息，全省交通运输 2019 年完成投资 920 亿元，不仅超额完成年度计划，而且再创历史新高。“十三五”前四年累计完成投资 3624 亿元，超序时进度 6 个百分点，为完成规划主要目标奠定坚实基础。一批重点交通工程建成投用。福州东南绕城高速、沈海高速三屿互通等高速公路通车，建成 196 公里；国道 358 线龙岩新罗小池至上杭古田五龙段、国道 319 漳州改线段一期工程等 36 个项目 355 公里普通国省干线通车；福州港三都澳港区漳湾作业区 7 号泊位等 4 个万吨级以上泊位建成投用，新增港口通过能力超 700 万吨，全省万吨级以上泊位达 185 个；湄洲湾 30 万吨级主航道建成投用。

10 日，省统计局、省第四次全国经济普查领导小组办公室发布福建省第四次全国经济普查公报第一号、第二号。抽查结果表明，本次我省普查数据填报综合差错率为0.14%，比全国低0.95个百分点，本次普查高质量完成。根据普查结果，2018年末，全省共有从事第二产业和第三产业活动的法人单位70.28万个，与2013年第三次全国经济普查相比，增长87.5%；从业人员1726.00万人，增长24.9%；产业活动单位79.66万个，增长70.8%；个体经营户230.08万个。2018年末，全省共有第二产业和第三产业的企业法人单位60.55万个，比2013年末增加32.13万个，增长113.0%。

17日，全省水利工作会议消息，去年全省水利投资再创新高，共完成水利投资407.67亿元，占年度计划的100.6%。其中，重大水利项目完成投资321.37亿元、民生水利工程完成投资86.3亿元，圆满完成年度目标任务。

19日，省经济信息中心近日发布的首份《福建省区块链行业人才需求监测报告》显示，我省企业积极抢抓机遇迎接区块链发展的强劲“风口”，涉及“区块链”的企业和人才需求呈快速增长态势。尤其是去年10月中央政治局就区块链技术发展现状和趋势进行第十八次集体学习后，我省企业发布的区块链人才需求数量连续两个月突破400个，人才需求总量已突破1000个。

19日，福建省税务工作会议消息，2019年，全省税务部门（含厦门，下同）共计组织税费收入5821.1亿元，同比增长3.2%，其中，税收收入完成4322.39亿元，同比增长0.9%。累计新增减税降费540亿元，其中，深化增值税改革减税253.1亿元，小微企业普惠性政策减税58.9亿元，个人所得税改革减税120.7亿元，社保费降费46.5亿元。减税降费政策效应持续释放。

20日，福建省水稻产业技术创新联盟成立大会近日在福州举行。联盟由省农科院水稻研究所、省种子管理总站、福建农林大学农学院等单位共同发起，旨在通过统筹全省水稻产业资源优势和科技力量，构建协作高效的水稻产业技术机制，引导水稻科研机构、相关高等院校、农业技术推广部门以及新型农业经营主体，共同搭建福建水稻产业科研协同攻关、科企合作开发、上中下游衔接的平台。联盟成立后，将重点组织开展水稻新品种及其配套技术的研发集成创新、示范推广与产业化研究，引导成员单位在技术研发、示范推广、品牌创建、市场开拓、人才培养等方面开展紧密合作，以增强全省水稻产业科技协同创新能力，提高水稻科技创新效率，为福建乡村振兴和保障粮食安全提供科技支撑。

21日，省农业农村厅等11部门日前联合公布2019年农业产业化省级重点龙头企业增补名单，共244家企业入选。至此，我省农业产业化省级重点龙头企业数量达到926家。级重点龙头企业是指以农产品生产、加工或流通为主业，通过合同、合作、股份合作等利益联结方式直接与农户紧密联系，使农产品生产、加工、销售有机结合、相互促进，在规模和经营指标上达到规定标准并经省农业产业化联席会议审定、省政府批准后认定的农业企业。

21日，全省工业和信息化工作视频会议消息，2019年我省规模以上工业增加值预计增长8.8%，高于全国平均3.2个百分点，居全国第二位、东部10省市第一位。一年来，我省在打造创新平台、推动成果转化、培育创新人才方面成绩显著。全年新增国家技术创新示范企业4家，数量居全国第一；打造福州软件园等8个创新创业特色载体，数量居全国第二；健全完善“6·18”对接长效机制，对接项目266项，专利技术转让投产后年产值可达58亿元；认定省级示范性校企共建职业教育实训基地11家，年培养技能人才近2万人。过去一年，我省注重项目带动，工业投资稳步增长。在产业链招商方面，全省共对接签约民营企业产业合同项目1797项，总投资7809亿元；在项目建设方面，全省新开工项目1230项、总投资3500亿元，新投产项目820项、总投资1990亿元；技改覆盖面不断扩大，全省实施技改项目6000项以上，省技改基金规模扩大至120亿元；建立基金对接投放项目双向推荐机制，提高对接项目精准度，带动技改项目总投资980亿元。通过加强分业施策，一年来我省的产业结构也在不断优化。通过深入推进新兴产业倍增工程，我省战略性新兴产业增加值达5400亿元；全年全省推广应用新能源汽车5.96万辆标准车，完成年度目标的119.3%；推动3000家工业企业上云上平台，通过两化融合贯标评定企业1200多家，数量居全国首位；推进工业绿色发展，强化能耗总量和强度“双控”，提前完成“十三五”规上工业万元增加值能耗下降目标。新的一年，我省以智能制造为主攻方向，增强产业发展新动能。全年将新认定省智能制造试点示范企业 30 家，组织实施省级智能制造重点项目 180 项以上；积极推动人工智能、5G、物联网、区块链、云计算、大数据等新一代信息技术在制造业领域应用与融合发展；推进“5G + 工业互联网”发展，推动万家企业业务向云端迁移；学习借鉴国内外区块链应用实践，加快窄带物联网推广，推进 NB - IoT 技术在水气电表、地下管网等更多领域应用，

21 日，省政府新闻办举行的新闻发布会消息，2019 年，我省累计接待国内外游客 5. 37 亿人次，同比增长 16. 5%。其中，接待过夜游客 2. 65 亿人次、同比增长 15. 2%；实现旅游总收入 8101. 21 亿元、同比增长 22. 1%，游客人均花费 1510 元、同比增长 4. 8%，实现了游客总量、逗留天数、消费总额三个显著增长。

22 日，福建省是国家确定的全国用能权有偿使用和交易试点的四个省份之一，出台用能权有偿使用和交易方案、开展用能权交易试点也是福建省生态文明试验区建设的重点任务之一。近日，省政府颁布了《福建省用能权交易管理暂行办法》(以下简称《暂行办法》)，并将于 2020 年 3 月 1 日起施行。《暂行办法》明确省政府用能权交易主管部门负责统筹用能权交易市场建设，确定用能权交易的行业和主体范围。在确定用能权交易覆盖范围时，我省遵循“重点突出，循序渐进”的原则，科学合理确定试点行业范围，并从实际出发，根据我省经济社会发展需要和产业结构调整目标，不断扩大试点行业、企业范围。建立用能权交易市场是为了充分利用市场机制促进节能降耗、实现绿色发展。用能权指标总量目标是根据我省经济社会高质量发展需要，综合我省能源消耗总量和强度“双控”目标和淘汰落后产能、行业转型升级等因素合理设定的。《暂行办法》指出，指标分配是用能权交易的核心内容。省用能权交易主管部门根据全省经济增长、产业转型升级、能源消耗总量和强度“双控”目标、各试点行业能源消费情况等确定全省年度用能权指标分配方案，并通过用能权指标注册登记系统登记和发放各用能单位用能权指标，对指标的转让、注销等进行统一管理。企业历史能源消费数据由第三方机构根据能耗在线监测数据、交易主体的年度能源消费量报告、现场核查情况核定。《暂行办法》还强化了对第三方机构的管理。

25 日，安踏集团作为首批捐资企业向中华慈善总会捐赠人民币 1000 万元（于 1 月 26 日早上在中华慈善总会收款账号公布后第一时间付款到位），在其机构内下设医护人员救助及奖励专项基金，用于救助在抗击新型冠状病毒感染肺炎疫情中奋勇作战的一线医护人员，奖励表彰在此次疫情中作出重大贡献的一线医护人员。据悉，此次捐款将作为中华慈善总会的首批捐赠善款支援当地新型冠状病毒肺炎疫情防控工作。

25 日，恒安集团首批防疫物资 2500 件杀菌湿巾产品，由恒安集团孝感公司送抵疫区，交由有关部门处置应用。这几天，恒安集团总裁许连捷要求集团和分公司相关负责人，不计成本、不计回报，全力配合政府部门防疫减灾工作。

25 日，三安光电宣布向湖北鄂州市慈善总会捐款 1000 万元，用于当地的疫情防控。三安光电发出豪言，要“与鄂州人民共度艰难”。

26 日，从省发改委近日召开的新闻通气会上获悉，去年全省 1200 个在建重点项目完成投资 4948 亿元，占年度计划的 108%。去年，全省各级各部门密切协作、合力推进，省重点项目建设总体推进顺利，一批影响力大的重点项目加快建成投产，一批重大项目加快落地建设，一批有影响力的重大项目前期工作取得突破。从行业看：农林水利完成投资 181 亿元，占年度计划的 114%；交通完成 776 亿元，占年度计划的 101%；能源完成 428 亿元，占年度计划的 96%；城建环保完成 1048 亿元，占年度计划的 113%；工业完成 1721 亿元，占年度计划的 109%；服务业完成 541 亿元，占年度计划的 115%；社会事业完成 252 亿元，占年度计划的 110%。

26 日，兴业银行召开党委会进一步研究部署全行新型冠状病毒感染的肺炎疫情防控工作，决定首批捐款 3000 万元，全力支持抗击疫情。针对防控疫情医疗物资紧缺情况，兴业银行持续加大

对医疗企业金融支持力度，支持医疗企业组织生产和销售，特别是加大对医药连锁社区便民服务企业的信贷投放，保障医疗物资供应。

27日，省交通运输厅近日多次召开紧急会议，全面部署全省交通运输部门疫情防控工作。要求各级交通部门认真落实联防联控工作机制，协助卫生健康部门对公路、水路交通工具及承运人员实施卫生检疫、查验工作，严格防止疫情通过交通运输环节传播；切实保障疫情处置人员、物资、药品、器械等应急物资和有关标本的运送。目前，各级交通运输主管部门和运输企业24小时值班值守，对疫情实行日报告制度。

29日，经省委、省政府研究决定，省政府办公厅发布关于延迟省内企业复工的通知，明确除涉及保障城市运行、疫情防控、群众生活必需及其他涉及重要国计民生的相关企业稳定生产、做好服务保障外，其他企业复工时间不早于2月9日24时。通知指出，除涉及保障城市运行必需（供水、供气、供电、通信等行业）、疫情防控必需（医疗器械、药品、防护品生产和销售等行业）、群众生活必需（超市卖场、食品生产和供应等行业）及其他涉及重要国计民生的相关企业稳定生产、做好服务保障外，其他企业要根据自身情况不早于2月9日（农历正月十六，星期日）24时复工。用人单位须依法保障员工合法权益。省内企业已开工的继续稳产，减少工人流动。

31日，记者从省粮储局获悉，我省各地粮食加工企业陆续开工生产，生产能力加快恢复。截至1月30日，全省123家大米应急加工企业已有87家开工生产，加工能力达1.2万吨。为做好粮油市场保供稳价工作，确保全省粮油供应不脱销、不断档，确保粮油市场运行平稳，全力服务疫情防控大局，省粮储局督促全省粮食应急加工企业每日保持不低于日加工能力的库存量，确保2月3日前全部具备开工条件，增加成品粮油投放。目前，全省在库粮食地方储备342万吨，库存大米11.8万吨。各市（县、区）供货渠道畅通，市场货源充足，销量明显回落，价格保持平稳。

（摘编：肖启辉）

2月

2日，国家税务总局福建省税务局下发通知，从四个方面出台十二条举措，充分发挥税收职能作用，支持物资供应、医疗救治、困难企业、科研攻关、公益捐赠和民生保障，同时做好意见收集，加速退税审批，规范执法检查，优化纳税服务，助力打赢疫情防控阻击战。

2日，福建省药监局出台《服务企业保障防护医疗器械产品供应特别措施》（以下简称《措施》），对相关产品注册、生产许可和检验检测等实施特别措施，提升疫情防控医疗器械审评审批效率，全力配合做好急需防护类医疗器械产品供应保障。《措施》规定，在防控新型冠状病毒感染的肺炎疫情期间，对防护医疗器械产品（医用口罩、医用外科口罩、医用防护口罩、医用防护服）产品注册和生产许可实施告知承诺应急审批制，简化申报资料，合并产品注册及生产许可证检查流程，启动加急检验检测程序，同时认可企业部分自检报告。对符合要求的企业申请，省药监局将予以应急审评审批，颁发有效期3个月的临时医疗器械注册证和生产许可证。《措施》要求，全省药品监管系统在加速审评审批的同时，要加大对申请企业产品质量检查和抽检力度，确保产品质量安全。为促进快速落地见效《措施》，福建省药监局在疫情防控医疗物资保障组内，专门增设了专家指导组、应急审批组、监督检查组三个小组，细化明确内部责任分工，确保《措施》能够有力有序推行。

5日，省发改委、粮储局消息，目前我省粮油市场供货渠道畅通，市场货源充足，价格保持平稳。截至2月4日，全省123家大米应急加工企业全部具备开工条件，总体大米日加工能力为1.94万吨。其中，104家已开工生产，日加工能力1.53万吨。全省现存地方储备粮食342万吨，粮食加工企业自有原粮库存量26.2万吨，其中：小麦14.9万吨、稻谷11.3万吨；全省库存大米11.68万吨，库存小麦粉3.47万吨。

6日，省委办公厅、省政府办公厅印发《福建省应对新型冠状病毒感染的肺炎疫情扎实做好“六稳”工作的若干措施》，从金融服务、减轻税费、降低成本、增产增效、重大项目建设、援企稳岗等六个方面出台二十四条措施，全力支持和组织推动各类生产企业复工复产，促进经济社会持续健康发展。

7日，省应对新型冠状病毒感染肺炎疫情工作领导小组综合协调组发布《关于统筹做好当前疫情防控和全面打通省内交通物流的二十条措施的通知》，部署在有效防控疫情的情况下扎实做好“六稳”工作，分类施策保障交通运输服务，着力保障重大工程等八大类重要国计民生物资的运输，支持企业恢复和开展正常的经营活动。

7日，为发挥财政资金引导撬动作用，支持金融更好服务新型冠状病毒感染肺炎疫情防控工作，省财政厅印发《关于做好新型冠状病毒感染肺炎贷款贴息工作的通知》。通知明确，对疫情防控重点保障企业2020年新增贷款给予贴息支持，贴息期限不超过1年。其中，列入全国重要医用物资和生活物资骨干企业名单的，在中央财政按人民银行再贷款利率的50%给予贴息基础上，省级财政再给予50%的贴息支持。对我省疫情防控重点保障企业，省财政按人民银行再贷款利率的50%给予贴息。可申请贴息支持的企业包括：经国家发改委、工信部等部门确定的疫情防控重点保障企业；经省发改委、工信厅等部门确定的我省疫情防控重点保障企业；对支持疫情防控工作作用突出的其他卫生防疫、医药产品、医用器材企业。申请贴息的中央企业直接向财政部申请，省属企业向省财政厅申请，其他企业向所在地财政部门申请。

9日，我省南平、龙岩、三明、泉州等地的部分道路客运班线恢复，各市际县际客运班线、农村客运、公交专线也在逐步恢复当中。随着假期结束，各地交通部门根据省里相关通知精神，在疫情有力有效防控的情况下，有序做好交通运输保障。

9日，为确保疫情应急物资供应，经省政府同意，省政府办公厅近日发布《关于做好福建省疫情防控物资扩产、转产、新建“三个一批”工作的通知》，多措并举、强化激励，支持企业通过扩产、转产、新建等方式，尽快实现全省口罩日产量2000万个、防护服日产量10万件的目标。

9日，省侨联副主席、香港福建社团联会新界西分会会长、永鸿集团董事长林雄申捐赠的100万只口罩已陆续运抵福州。这批口罩将用于我省疫情防控工作，缓解口罩紧缺状况。为了支持打好疫情防控阻击战，连日来，林雄申夜以继日，持续多方联系海内外口罩生产企业，并派员驻厂落实口罩生产和运输等工作，确保这批急需的防护物品能及时支援疫情防控前线。当得知我省医院医用口罩和护目镜短缺时，他除捐赠100万只口罩和200个医用护目镜外，还帮助采购了100万只医用口罩，支援医疗一线。

9日，为深入贯彻落实习近平总书记重要讲话重要指示批示精神，全面落实中央应对新冠肺炎疫情工作领导小组部署和国务院通知要求，省应对新冠肺炎疫情工作领导小组综合协调、疫情防控组印发切实加强疫情科学防控、有序推进企业和项目复工复产的意见，提出7个方面21条具体措施，要求各地各部门认真执行到位，在严格做好疫情防控的前提下，有序有力有效推进生产企业和重点项目复工复产，为稳定经济社会大局提供有力支撑。

10日起，我省部分台资企业开始逐步复工，同时防疫、复产措施并举，有序推进企业复产。截至11日，全省台资企业共有190家正常生产。

10日，为做好企业债券对疫情防控的支持与保障工作，省发改委印发《关于做好疫情防控期间企业债券申报发行工作的通知》，明确六条措施支持疫情防控企业发行企业债券融资。

11日，省水利厅消息，截至目前，罗源霍口、一闸三线（福州段）、一闸三线（平潭段）、泉州白濑等“172”节水供水重大水利工程，以及永春马跳等11个省级重点水利工程和福鼎、沙县等2个城乡供水一体化工程已于10日前全部复工。

11日，继瑞芯微2月7日在上交所正式挂牌上市交易，赛特新材也将于2月11日在上交所科创板上市交易。2月3日至5日，兴业证券保荐承销的福州瑞芯微电子股份有限公司上交所主板IPO项目和福建赛特新材科技股份有限公司科创板IPO项目顺利完成发行工作，合计募集资金8.89亿元。

12日，省财政厅先行安排2020年融资担保风险补偿资金5000万元，支持各地融资担保机构开展业务，帮助中小企业战疫情、渡难关。根据相关政策，将受疫情影响的小微企业贷款（不超过1000万元）的担保业务纳入省再担保分险范围；由省财政负担省再担保免收的担保费和向国家融资担保基金缴纳的再担保费；对担保贷款到期还款暂时遇到困难的受困企业积极推动给予续贷或延期还款。

13日，当前人民群众对防疫用品、食品药品等重要民生商品的需求激增，对此，福建市场监管部门积极引导生产经营企业与商家参与“保价格、保质量、保供应”系列行动。目前，全省已有400多家企业与商家参与此次“三保”行动，他们向消费者做出庄严承诺：疫情防控期间保障防疫用品、重要民生商品价格不涨、质量不降、供应不断，努力保持生产生活平稳有序，让人民群众满意、放心；同舟共济、众志成城，同全国人民一道，坚决打赢疫情防控阻击战。

13日，省交通运输厅出台措施，在做好疫情防控的同时，突出重点，推动尽早复工。原则上省重点项目、2020年计划完工项目、“十三五”扶贫攻坚项目中的控制性工程，应在15日前做好复工准备，力争20日前实质性复工；高速公路项目争取在16日前50%标段、23日前全部标段复工。对于春节未停工和已经复工的项目要上足力量、上足设备，确保连续施工；项目中工地相对封闭的桥梁、隧道、码头、疏浚、清礁等工程尽快复工，应开尽开、能开快开，加快形成交通建设投资。

14日，我省印发《企业防控新冠肺炎疫情应急处置导则》。

15日，根据省委的部署要求，省农业生产服务小组要求统筹推进疫情防控和农业复工复产工作，切实做好粮食和菜篮子稳产保供工作。13日，农业生产服务小组召开视频调度会，针对基层反映家禽养殖企业出现的困难，点对点调度了解福建圣农集团、正大食品、大通农牧、光阳蛋业等重点农业企业复工复产情况和存在困难，协调解决具体问题。针对企业物流交通受阻问题，要求交通部门和属地政府切实保障企业在省内生产资料和产品运输通畅，及时协调解决跨省运输问题；针对企业复工人员到岗不足问题，要求属地政府积极帮助企业就地就近招工替代，组织引导省外老员工尽快返岗，落实好疫情防控工作要求；针对生产资料库存不足问题，要求省农业农村厅、商务厅、工信厅、粮储局会同属地政府加强上下游协调衔接，解决玉米饲料供应、包装材料紧缺等问题；针对产品销量下降问题，要求省商务厅帮助企业拓宽销路，协调对接大型商超和电商物流配送平台，减少损失。按照“六稳”工作要求，落实好省委省政府出台的复工复产24条扶持政策，同时急事急办、特事特办，简化行政审批，提高服务效率。副省长李德金参加调度会并提出具体工作要求。

16日晚，中央广播电视总台新闻联播以《福建：严守防疫关口　保障经济运行》为题，报道福建一方面筑牢疫情防控安全网，一方面帮助企业复工复产，推动经济社会发展。在做好疫情防控的同时，福建还先后推出45项措施，加大技改基金对中小企业的财政贴息力度，对在库及新增项目，年利息由4.5%降到3.5%。截至目前，全省各级财政累计下达资金超29亿元，用于疫情防控和支持企业复工复产。全省规模以上企业复工率近60%。

17日，省财政厅作为履行省属国有金融企业出资人职责的部门，近日印发《关于国有金融企业积极做好疫情防控捐赠有关事项的通知》，鼓励国有金融企业积极履行社会责任，根据疫情防控需要实施捐赠，并明确相关政策措施。

17日，省政府新闻发布会消息，我省将遵循“突出重点、统筹兼顾，分类指导、分区施策”的原则，在落实好疫情防控的基础上，坚持交通先行，满足群众务工返岗、日常出行的需求，支持企业复工复产，促进经济社会稳定发展。

17日，省发改委日前下发通知，提出七条举措做好疫情防控期间投资项目远程审批服务工作。

19日，为解决企业复产的用工困难，经省政府同意，省人社厅、省工信厅、省教育厅、省财政厅、省交通运输厅、省卫健委联合下发通知，出台一系列暖企措施支持疫情防控期间复工稳岗。

20日，省发改委价格监测中心消息，当前我省主要食品价格总体平稳。对全省各地价格监测数据显示，2月19日，我省粮油价格与春节前基本持平，4种猪肉的平均价格小幅上涨后趋稳，鸡蛋价格逐步下跌，6种蔬菜平均价格的日涨幅逐步稳定。

20日，福建省首单“科技贷”无还本续贷业务落地。兴业银行为福建格兰尼工程有限公司提供了“科技贷”无还本续贷业务，通过“连连贷”提前为企业新发放贷款来结清已有贷款，使企业无需还本，大大缓解了资金压力。省金融监管局消息，据不完全统计，今年初以来全省银行机构续贷总额661.72亿元，其中，无还本续贷105.83亿元。

20日，从支持企业复工复产、降低企业经营成本的角度，省财政厅、机关事务管理局联合印发《关于新冠肺炎疫情防控期间减免企业房租和做好防控资产保障工作的通知》，明确疫情防控期间省级国有资产类经营性房产可减免相应的房租。承租省级国有资产类经营性房产的中小企业和个体工商户（不含国有独资、控股企业），可免收一个月并减半收取两个月租金，减免租期为2020年2月1日至4月30日。承租企业应在5月31日前向出租的省直单位提出申请，并签订减免租金协议，报主管部门备案。

21日，为扎实做好“六稳”工作，支持受疫情影响严重企业渡过难关，省财政厅、工信厅、商务厅、农业农村厅、地方金融监管局、人行福州中心支行联合印发通知，对受疫情影响严重的企业给予贷款贴息。贷款贴息支持的行业包括交通运输、餐饮、住宿、旅游等四大类。贴息范围为2020年6月30日前向困难行业企业新发放的，且单户余额不超过1000万元部分的优惠利率贷款，给予0.5个百分点贴息支持，期限不超过1年。

21日，福建省总工会办公室印发《福建省总工会关于组织动员职工坚决打赢疫情防控阻击战、助力企业复工复产的通知》。通知指出，福建省总工会将全力协助企业平稳有序复工复产。加大援企引工力度，拓展工会网上就业招聘渠道，通过网络积极为企业用工和职工求职牵线搭桥，提供网络就业咨询、就业指导、就业培训等服务。鼓励采取包车、包机、包专列或给予交通补贴等方式，引导、组织外地职工有序返岗复工。

21日，省委军民融合办下发通知，为推动军民融合领域企业和项目复工复产，采取需求摸底调研、精准对接服务、简化手续流程、推动重点项目、筹办重大活动、优先调拨资金、引导基金扶持等13项具体措施推动企业和项目复工复产。截至25日，全省军工生产相关企业单位复工率达95.8%，员工上岗率达80%以上；福建省军民融合企业商会会员单位复工率达95.7%，员工返岗率达85%以上；福建省军民融合发展促进会会员单位复工率达83%，员工返岗率达70%以上；全省国民经济动员中心依托的生产服务型企业复工率达93.1%，员工返岗率达80%以上。在建中央投资6条国防公路、4条部队进出道路均已复工建设，符合复工复产条件的海防基础设施建设项目基本复工，各地支前物资供应关联企业复工复产率达90%左右，军民融合深度发展格局加快推进。

22日，为缓解企业经营压力，助力企业复工复产，国家发改委公布阶段性降低企业用电成本政策，国家电网有限公司党组专题研究出台执行阶段性降低用电成本政策八项举措。23日，记者从国网福建省电力有限公司获悉，福建将减免大工业和一般工商业企业电费约19.8亿元，惠及220.1万户客户，预计电量450亿千瓦时。

22日，经省应对新冠肺炎疫情工作领导小组同意，我省印发《关于做好恢复正常交通运输秩序保障道路交通畅通工作的通知》，要求除了省界查验以及疫情中风险地区中较多病例的乡镇因分区域差异化防控需要外，恢复封闭的高速公路出入口，依法依规取消全省高速公路、国省干线、农村公路设置的查验站点，取消不合理的车辆和人员劝返措施。

24日，省粮储局消息，截至23日，全省各类涉粮企业的复工率达97.6%，各地粮油市场供货渠道畅通，市场货源充足，价格保持平稳。全省涉粮企业中，140家国有粮食购销公司已全部复工；241家粮油加工企业中，已有222家开工生产，开工率92.1%，其中：应急粮食加工企业开工138家，开工率93.9%；1476个应急供应网点中，已有1443个开门营业，占比97.8%；316家贸易批发企业中，已有305家开工营业，复工率96.5%。

25日，国开行福建分行与福建省高速公路集团有限公司签订《开发性金融支持福建高速公路集团战疫情稳投资战略合作协议》。省高速集团将继续做好疫情防控期间免收我省高速公路车辆通行费工作，促进福建经济社会秩序恢复、稳定发展。国开行福建分行发挥开发性金融逆周期调节作用和长期、大额、稳定的资金优势，与高速集团同舟共济、共克时艰，助力打赢疫情防控阻击战，切实保障全省高速公路项目建设及运营资金需求，确保全省高速重大工程和重点项目投资力度不减、任务目标不变；将通过加大资金规模保障、提供最优贷款条件以及优化计结息周期等方式，做好综合金融服务。此前，国开行福建分行已向省高速集团提供复工复产专项贷款等信贷支持20亿元，强化“保运转、保融资”支撑。

25日，省药监局消息，截至24日，省药监局已陆续为柒牌时装、卡宾服饰、利郎集团、春晖服装、康博医疗科技、建德医疗器械等18家企业颁发了23张临时注册证和18张临时生产许可证。截至目前，省药监局已现场指导企业117家次，帮助23家企业复产转产扩产，新增医用防护用品生产线40条，全省相关产品日产能已达一次性医用口罩41万只、一次性医用外科口罩16.8万只、医用防护口罩5.5万只、非无菌医用防护服1.19万件、无菌医用防护服7451件。省药监局出台并实施《服务企业保障防护医疗器械产品供应特别措施》，对医用防护用品启动快速应急审评审批程序，相关审评审批时间由原来4个半月缩短至1周，其中审批环节实现受理后24小时内即可办结。

26日，省交通运输厅消息悉，25日零时起，全省因疫情影响临时管制的高速公路收费站全部解除管制，恢复正常通行。公路查验点100%取消，交通运输秩序恢复正常。全省高速公路实行免费通行。高速服务区便利店、加油站正常运营，在符合疫情防控要求的前提下，各服务区餐饮档口将陆续恢复营业。

27日，记者从省林业局获悉，目前全省70%以上林业龙头企业已复工，除个别疫情较严重的市县，全省林企复工复产工作已经有序步入正轨。为助推林企复工复产，省林业局把服务企业与疫情防控结合起来，通过发挥基层林业部门和行业协会作用，精准掌握林企复工复产进展情况和存在问题，积极协调解决林企复工复产招工用工难、原材料供应难、订单履约难、部分防疫物资筹集难等问题，督促省林产品行业协会为林业企业出具不可抗力证明，避免因订单违约造成赔偿。为强化项目支撑，日前，我省及时下达了2020年竹产业发展专项资金和林下经济发展专项资金1.7亿元，要求各项目县在源头项目储备基础上尽快确定补助项目，鼓励通过“以奖代补”等方式加快补助资金支付进度，扶持林企尽快恢复生产。

27日，福建省新冠肺炎疫情联防联控工作第十一场新闻发布会消息，至2月26日，全省在建省重点项目已复工960个，复工率92.7%。其中，省管重点项目复工67个，复工率85%；市管省重点项目复工893个，复工率93.3%；厦门的省重点项目已全面复工，泉州、三明、莆田、南平复工率已达95%以上，福州92.6%，漳州、龙岩、宁德、平潭都在85%以上。

28日，省交通运输厅消息，截至27日，全省478个交通建设在建项目全部恢复施工，其中高速公路13个、普通国省道92个、农村公路304个、水运工程53个、运输场站16个。下一步，全省交通运输部门将采取远程审批、电子招标等方式，保障今年计划开工项目审核审批和招标工作顺利开展，促进项目尽快开工。为尽可能减少疫情对我省交通建设投资影响，全省交通系统交通建设复工坚持分区分级差异化原则，实行“一项目一方案、一项目一班子、一项目一对策”，挂图作战，确保完成年度计划投资。

（摘编：肖启辉）

3 月

1 日，省商务厅（口岸办）消息，近期国家口岸办通报 2019 年全国和各省区市整体通关时间，我省口岸整体通关时长压缩工作成效显著。2019 年，全省口岸进出口货物整体通关时间分别压缩至 41.46 小时、3.91 小时，分别比 2017 年压缩 62.33% 和 80.89%，在全国七大进出口省市排名中，进口居第 2 位，出口居第 3 位。

1 日到 3 日，工信部复工复产联络员工作组深入福州市企业生产一线，调研指导企业复工复产和疫情防控工作。工作组一行先后走访爹地宝贝、力恒锦纶、长源纺织、联迪商用等 16 家重点企业，现场查看中景石化"年产 120 万吨聚丙烯热塑性弹性体项目"、博那德公司"低碳建筑生产一体化项目"等 6 个投资额超 10 亿元的重点项目，与企业负责人深入交流，了解企业复工复产情况，协调解决企业实际问题，挖掘宣传典型经验，为企业复工复产提供精准服务。工作组对我省各级工信部门和企业推动复工复产的工作成效和经验做法表示肯定。

2 日，省委实施乡村振兴战略领导小组日前印发《2020 年福建省实施乡村振兴战略十大行动重点任务》，在全省组织实施特色产业发展、人居环境整治、乡村生态保护、文明乡风塑造、乡村治理提升、乡村民生改善、农村脱贫攻坚、人才科技支撑、农村改革创新、农村党建引领等十大行动，着力推进 100 项重点任务落实。今年是全面打赢脱贫攻坚战的收官之年，因此，农村脱贫攻坚行动聚焦巩固脱贫成果、防止返贫。今年，我省将开展农村困难残疾人就业创业工程，在全省扶持 4000 个农村困难残疾人开展种植业、养殖业、加工业和个体服务业等生产经营活动。此次确定的 100 项重点任务，每项均明确年度目标、责任单位，采取季度通报、年度报告、实绩考核等措施，及时跟踪掌握、协调调度工作进度，确保任务落地见效。

2 日，省农业农村厅消息，2019 年农业农村部对福建省农产品质量安全监测结果日前公布。我省总体合格率为 98.6%，高于全国平均水平 1.2 个百分点，位居全国前列。省农业农村厅同时发布了 2019 年省级第四次和全年农产品质量安全监督抽查结果。监测结果显示，2019 年，省农业农村厅共组织抽检蔬菜、水果、食用菌、茶叶、禽蛋、禽肉、生鲜乳、生猪尿样等 3741 个样品，总体合格率为 99.5%。今年，省农业农村厅将以实施乡村振兴战略为抓手，重源头、防风险、强监管、严执法，统筹推进食用农产品合格证与一品一码追溯并行制度，强化生产主体质量安全第一责任，严格落实质量安全控制要求。

2 日，在平潭海坛片区上洋村，华侨城竹屿湾文旅综合体项目涉迁房屋腾空工作正有序开展，不少老党员清空自家屋内物品，带头为该项目"让路"。这是实验区近年来引进投资额最大的产业项目，总投资逾 150 亿元，将打造成集滨海旅游、闽台融合、科技创意、生态康养、都市娱乐、文化演艺等功能于一体的一流大型文旅综合体项目。数据显示，截至 3 月 1 日，该项目完成房屋签约 345 座，完成房屋拆迁任务的 99%，完成征地 456.789 亩。

2 日，省林业局、省民政厅、省卫健委、省总工会、省医保局日前联合发布关于加快推进森林康养产业发展的意见。意见指出，我省森林康养产业发展的目标是依托森林生态景观资源，建设设施齐备、产品丰富、管理有序、服务优良的森林康养基地，培养一批森林康养骨干人才队伍。

到2022年，全省创建省级森林养生城市10个，命名省级森林康养小镇20个，认定省级以上森林康养基地50个，四星级以上森林人家30个；到2025年，争取创建省级森林养生城市20个，命名省级森林康养小镇50个，认定省级以上森林康养基地100个，四星级以上森林人家达到50个。

3日，省发改委消息，统筹做好“六稳”工作，近日省发改委会同国开行福建分行设立融资总量500亿元的补短板稳投资应急专项，支持受疫情影响企业尽快复工复产，全力稳企业稳投资稳发展。补短板稳投资应急专项重点支持六个领域项目，即重大基础设施项目，包括铁路、轨道交通、公路、机场、港口、能源、水利等基础设施项目；补短板项目，包括医疗卫生、教育、养老、文化、物流、应急灾备和城市更新等市政领域短板项目；产业转型升级项目，包括实施数字经济领跑行动、电子信息“增芯强屏”、石化产业基地布局和全产业链发展、机械装备产业“智能创新”等重大项目，新一代信息技术、新材料、新能源等战略性新兴领域以及船舶等军民融合重大产业项目，特别是龙头项目；城乡区域协调发展项目，包括闽东北、闽西南两大协同发展区建设项目，围绕乡村振兴、脱贫攻坚、生态环保等重点领域，加大对老区苏区的扶持力度；疫情防控重点企业名单的项目；其他符合应急专项融资支持条件的项目。目前，省发改委已会同国开行福建分行组织各地开展项目申报，对各地申报并纳入应急专项支持的项目，国开行将按照“特事特办、急事急办”原则，在服务团队、审批流程、贷款规模、授信条件、融资利率等给予专项优惠政策支持。

3日，为深入贯彻习近平总书记重要讲话重要指示批示精神和党中央决策部署，全面落实国务院联防联控机制与省委省政府的部署要求，省政府办公厅近日印发《关于全面推动农业复工复产扎实抓好春季农业生产二十条措施的通知》，要求各地各部门认真执行到位，把农业基础打得更牢，把“三农”领域短板补得更实。

3日，福建省新冠肺炎疫情联防联控工作第十二场新闻发布会消息，省财政厅表示，这次疫情使不少企业出现资金困难，为支持企业应对疫情、恢复生产，我省加强财政金融政策配合，积极做好中央和我省财政贴息政策的落实落细落早，对列入全国重点医用物资和生活物资骨干名单的企业和我省疫情重点保障名单的企业，以及交通运输、餐饮、住宿、旅游等4个受疫情影响严重的困难行业予以贷款贴息。同时，鼓励相关行业主管部门根据实际制定出台行业贷款贴息或融资支持政策，支持其他受疫情影响严重企业。

4日，在人民银行福州中心支行的推动下，福建首批再贷款再贴现专用额度资金1.58亿元在泉州落地，其中支农再贷款1300万元、支小再贷款1000万元、再贴现1.35亿元，此举切实降低了涉农和小微企业的融资成本，为受疫情影响较严重企业有序复工复产提供强有力的金融支持。2月26日，在前期已经设立3000亿元疫情防控专项再贷款的基础上，为加大金融支持有序复工复产力度，人民银行增加再贷款再贴现专用额度5000亿元，同时下调支农、支小再贷款利率。

4日，省政府近日印发《关于进一步加快渔港建设的若干意见》，要求相关地方和部门认真贯彻落实，补齐渔港建设短板，改善渔业基础设施，提升防灾减灾能力，推动海洋与渔业高质量发展。《意见》提出渔港建设的目标任务和总体要求。在布局上，到2025年，全省建设中心、一级渔港20个，二级（避风锚地）、三级和内陆渔港不少于110个，渔船就近避风率达到93%以上，逐步形成以中心、一级渔港为主体，二、三级渔港和避风锚地为支撑的海洋渔业基础设施体系。《意见》明确，省级财政对列入《福建省渔港布局与建设规划（2020—2025年）》的渔港项目予以补助。新建渔港项目，省级补助为项目核定总投资的65%；提升改造和整治维护渔港项目，省级财政补助为项目核定总投资的60%。对省级扶贫开发工作重点县（云霄、诏安、霞浦）加大补助力度，新建渔港项目省级补助为项目核定总投资的75%，提升改造和整治维护渔港项目省级财政补助为项目核定总投资的70%。同时，从渔业燃油补助资金中安排5000万元专项资金，作为渔港项目前期工作经费，实行滚动使用，主要用于项目规划、勘测、可行性研究、设计、咨询评审、论证及相关试验研究等。

5日，省农业农村厅日前印发《2020年福建省农产品质量安全工作要点》，从加强风险防控、强化执法监管、着力提质保供、推进制度创新、提升条件保障、深化共治共享等六方面，确定了今年全省农产品质量安全工作要点。

5 日，省林业局消息，截至 3 月 5 日，全省完成植树造林 51.9 万亩，占总任务 90 万亩的 57.7%。在前期落后 4 个百分点的情况下，经过全省上下近 20 天努力，春季造林全面提速，进度与去年同期相比提高 5.6 个百分点。其中，进度较快的设区市：三明市完成造林 13.5 万亩，占年度任务的 83.1%；福州市完成造林 3.6 万亩，占年度任务的 69.7%；南平市完成造林 11.5 万亩，占年度任务的 58.5%。

6 日，福建省新冠肺炎疫情联防联控工作第十三场新闻发布会消息，疫情发生以来，我省文旅部门积极出台支持或惠及文旅企业的政策措施。其中，加快暂退旅行社质量保证金，要求各地务必于 3 月 15 日前完成，目前全省 1191 家旅行社已经完成 1037 家，暂退金额约 2.45 亿元。对导游群体开展线上免费培训，协调行业组织免除导游会费，建立导游人员关爱机制，及时回应导游关切，做好政策服务和困难帮扶。

6 日，福建省新冠肺炎疫情联防联控工作第十三次新闻发布会消息，截至目前，我省规模以上工业企业已有 17000 多家复工，复工率达 98.1%；各地市复工率均超过 96%；龙头企业、骨干企业、国有企业基本实现全复工。省级重点跟踪的工业在建项目已复工 980 项，复工率约 90%，电子、食品、能源等行业项目复工率较高。

6 日，为深入贯彻落实习近平总书记关于统筹做好疫情防控和经济社会发展工作的重要讲话重要指示批示精神，我省出台《关于全面推进复工复产促进住房城乡建设事业健康发展的若干措施》，以 20 条措施全面推进房建市政工程复工复产，促进住房城乡建设事业健康发展。其中，有 7 条措施都是关于进一步改善群众居住条件。

6 日，根据省领导指示要求，省数字办于 2 月 27 号召开部分线上经济重点企业座谈会，了解疫情期间企业运营状况、存在困难问题以及具体政策诉求。会上，多数企业反映疫情期间防疫物资紧缺，特别是口罩缺口较大，永辉、美团、饿了么、朴朴等 9 家重点企业在册“快递小哥”逾 10 万人，每人每天需求至少 2 个口罩。为保障相关线上经济重点企业全面复工、正常运营，省数字办迅速向省应对新型冠状病毒感染肺炎疫情工作领导小组综合协调组申请调配 30 万个口罩，并已第一时间分发给相关企业。

6 日，莆田举行“开放 · 招商”全球云推介会暨招商项目线上签约活动，总投资 547.6 亿元的 40 个项目通过“屏对屏”方式进行线上签约。当天，全市共有 40 个项目签约，总投资 547.6 亿元。在主会场网络签约项目 8 个，投资总额 270.5 亿元，主要涵盖医疗健康、电子信息、高端装备、能源、化工新材料、数字经济等领域。其中，涵江区与福建龙源风力发电有限责任公司签约的新能源开发项目一期工程投资 100 亿元，将主要建设分布式光伏发电、漂浮式海上风电技术研发中心、智能运维中心等。

6 日，省数字办、省经济信息中心依托闽政通 APP 开发上线了惠企政策“掌上知”服务平台。企业和群众足不出户即可一键了解政策、享受政策，真正实现惠企政策“掌上知”、疫情防控“云辅导”。该平台涵盖了国家、省、市各级政府发布的政策文件和通俗易懂的问答式政策解读材料，并提取了每一条解读材料的若干关键词，以便用户搜索和查找。平台近期聚焦企业和群众关于疫情防控、交通出行、复产复工等不同的业务场景需求，提供场景式服务导航，满足不同需求。

9 日，记者从省水利厅获悉，我省国家重大和省重点水利项目复工率 100%。2 月以来，省水利部门出台了《关于加快重点水利工程复工开工的通知》，明确了重大水利项目复工开工目标任务；下发了《关于落实防疫情促开工稳发展六项举措的通知》，指导做好疫情防控，强化疫情期行政审批，全力推进项目复工。截至目前，全省 4 个“172”国家节水供水重大水利项目已全部复工，复工率 100%；62 个“省重点”水利项目中，除 3 个推进前期项目外，在建项目 59 个已全部复工，复工率 100%；254 个年度重大水利项目已复工 250 个，复工率 98%。

9 日，省生态环境厅消息，为克服疫情带来的影响，我省创新环评服务模式，尝试使用网络视频直播形式开展项目环评审查。3 日，邵武市金塘工业园区热电联产项目环境影响报告书技术审查会在“云端”召开，环评审批审查工作人员、评审专家、建设单位、环评单位及相关部门工作人员均通过视频远程参会讨论。远在安徽、四川等地专家对项目环境可行性进行“把脉问诊”，对优化项目建设出谋划策，助推项目早建设、早投产。

9 日，为深入贯彻党中央、国务院关于加强新冠肺炎疫情防控工作的重大部署，全面落实国家出台的相关措施，我省日前印发《关于应对新冠肺炎疫情支持交通运输现代服务业发展若干措施的通知》，主要内容包括十一条具体措施，全力支持交通运输现代服务业恢复生产，畅通经济循环，满足民生需要，培育发展交通运输新动能。

10 日，国网福建电力有限公司消息，福建超高压、迎峰度夏、重要电源电铁等电网工程全面复工，排名位居国网系统前列。

10 日，省通信管理局消息，我省将制定和优化建设 5G 计划，加快 5G 特别是独立组网建设步伐，争取把受疫情影响的进度抢回来，确保到 2020 年底全省建成 5G 基站 2 万个，实现县级以上区域（含重点乡镇）实现 5G 网络覆盖。

10 日，为统筹推进疫情防控和食品企业复工复产，在省工信厅的推动下，首届福建省食品网交会于 3 月 1 日拉开帷幕，将持续到 4 月 1 日。活动期间，网交会将陆续推出品牌食品直播盛典、大宗食品食材网络供需对接会等系列网上产供销对接交易活动，旨在扩大我省生态食品、海洋食品、休闲食品、特色食品等品牌宣传和产品销售，将优质美味食品推广到全国乃至世界各地。本次活动将强化政府引导、属地管理、部门协同、行业推广，通过组织省内食品企业参与网络对接、线上交易，进一步整合行业供应链资源，创新行业发展新模式、新业态，推动“互联网 + 食品”产业融合发展，促进生产、销售、配送三端协同，拓展食品产业上下游产业链，帮助企业拓展产品销售、降低营销成本，促进食品产业高质量发展。3 月 5 日，福清食品专场直播成功举办，福清市政府主要领导与“网红”主播一起推介特色品牌食品。经过 4 小时直播带货，在线参与人数超过 200 万人，成交金额突破 1000 万元。

10 日，省发改委、粮储局消息，截至目前，全省各类涉粮企业复工率达 99.9%。全省各级发改、粮储部门积极采取措施，推动粮油企业复工复产。在资金支持方面，下达应急加工专项补助资金，对春节期间为平息粮食市场供应紧张而提前复工复产的应急大米加工企业，在装卸费、用电等方面给予补助。同时先后四批次组织动员省内 123 家粮油企业申请列入国家疫情防控重点保障企业，提出贷款需求 28 亿元。各地也相继出台政策助力粮油企业复工复产。厦门市为承租粮油批发市场的约 50 家粮油企业减免租金 3 个月；龙岩上杭县将粮食加工企业纳入疫情防控企业，享受一次性稳定就业奖补资金政策。此外，我省积极组织“引粮入闽”。自 1 月 25 日以来，全省粮食骨干企业累计从粮食主产省调入应急粮食 24 万吨。

12 日，省交通运输厅消息，为加快推进交通基础设施转入满负荷建设，全省交通行业开展重点项目“满产超产”攻坚会战。攻坚会战分四个阶段推进：一季度满负荷攻坚，高速公路、国省干线、水运工程的省重点项目在 3 月 15 日前满负荷复工，其他项目 3 月 20 日前满负荷复工。二季度扩产能攻坚，实现各行业半年度任务完成达到全年计划 45% 以上，年度开工项目“应开尽开、能开快开”。三季度提速超产攻坚，到 9 月底全省交通建设项目应达到或超过序时进度。四季度收官冲刺攻坚，确保年度圆满收官，力争超产完成。按照今年全省公路水路投资完成 900 亿元、力争 1000 亿元的总目标，省交通运输厅采取清单化调度推进实施攻坚会战，确保完成年度计划投资。

12 日，省政府办公厅近日印发《深化农村公路管理体制改革推动“四好农村路”高质量发展实施方案》，明确要构筑广覆盖的农村交通基础设施网，推进公路交通行业治理体系和治理能力现代化，为实施乡村振兴战略、农业农村现代化和交通强国福建先行区建设提供更好保障。方案提出，到 2022 年，基本建立以各级公共财政投入为主、多渠道筹措为辅的资金保障机制，形成权责清晰、建养并重、齐抓共管的农村公路管理体制机制。农村公路年均养护工程比例达 5% 以上，优良中等路率达 75% 以上。到 2025 年，基本形成外通内联、安全舒适、路域洁美、服务优质的农村交通运输网络，实施农村路网提档升级10000公里以上，改造县道三级路1000公里、通达双车道建制村1000个；85%县（市、区）城乡道路客运一体化评价达到4A及以上等级，农村物流实现“县县有中心、镇镇有站点、村村通快递”。

12日，平潭港口岸金井港区，高速滚装货船“台北快轮”满载着台湾产品停靠在金井港区3号泊位，此次运载的352吨水果、218吨冰鲜水产品通关后，除了进入澳前台湾小镇销售外，还将销往长三角地区。市场回暖，福建中潭国际贸易有限公司订单不减。去年，平潭新增“平潭—高雄”客货、货运直航航线，实现与台湾北部、中部、南部港口客运货运航线全覆盖，平潭港口岸金井港区对外开放，金井港区进境水果、冰鲜水产品等2个指定监管场地获批，蓝色优势随之凸显：去年，平潭港口进出口标箱4.05万个，同比增长49.03%，增速全省第一，总量居全省第四；实验区设立台湾农渔产品线上线下交易平台，去年进口农渔产品货值约4亿元，同比增长570%。

14日，省商务厅（口岸办）消息，围绕深入贯彻落实习近平总书记重要讲话重要指示批示精神，署省合作进一步推进高质量发展和扩大对外开放，近日，海关总署和福建省政府签署备忘录。海关总署将在支持福建营造良好口岸营商环境、促进贸易创新发展、推动两岸融合发展、支持原中央苏区革命老区以及重点平台和新业态发展等方面给予积极支持。福建省政府将在海关强化监管优化服务、强化打私工作、建设智慧海关、完善监管配套设施、提升人才队伍等方面为海关工作开展创造条件、提供保障。双方将建立紧密合作机制，驻闽海关与省商务厅（口岸办）牵头共同推进各项措施落实落细。

15日，连日来，全省各地纷纷上演“云签约”。截至3月11日，全省共通过电话、微信、邮件等“不见面”方式对接海内外客商1379名；组织举办345场线上对接活动，对接外资线索项目122个，总投资455.7亿元；组织举办23场“云签约”活动，41个重点外资招商项目线上签约，总投资350.43亿元。

16日，为打好土壤污染防治攻坚战，落实中央生态环保督察问题整改，省生态环境厅、自然资源厅、农业农村厅、工业和信息化厅等4部门日前联合下发《“守护净土”重点监管企业排查整治工作方案》，集中力量开展土壤重点监管企业排查整治专项行动，以188家省级土壤环境重点监管企业为主要对象，查清查明各类土壤环境重点污染源，解决土壤环境监管和风险防控中的老大难问题，逐步建立健全长效监管机制。

18日，平潭综合实验区2020年经济发展产业培育工程第一阶段招商项目“云签约”活动举行。活动采用“主会场+分会场+视频签约”的形式，“云签约”25个项目，总投资139.6亿元，涉及旅游文化康体、总部经济、传统产业升级、新兴产业等领域。当天，平潭与喜马拉雅有声城市项目、中国（平潭）两岸创新企业港项目、文禾科技房产经纪平台项目等签约，双方通过视频连线实现“屏对屏”“线连线”，将签约工作由线下搬到了线上。

21日，省工信厅消息，进入3月份以来，我省在确保做好疫情防控和安全生产的前提下，全力以赴推动工业企业、项目加快复产达产，努力实现工业经济稳定增长。通过用电监测分析，3月18日，全省规上工业企业日用电量与去年3月日均用电量之比达101.9%，恢复到去年同期水平；全省企业复工指数84.77，在国家电网公司经营区域内的27个省（市、自治区）中排名第3位，在华东区域（六省一市）排名第2位。

22日，省生态环境厅消息，为全力保障疫情防控与复工复产“两不误”，我省在安排污染防治资金时向受疫情影响较重的县（市、区）和乡（镇、街道）倾斜，并加快清算下达2020年度重点流域生态补偿资金，切实保障各地污染防治资金需求，目前已安排下达中央和省级污染防治资金16.3亿元。生态环保专项资金重点支持开展应急监测和处置、加强饮用水水源地环境保护、垃圾填埋场地下水环境监管等，切实保障人居环境安全。

23日，省发改委消息，截至19日，我省口罩日产量已突破2000万大关，达到2119万只，产能产量均位居全国前列。我省在四十多天内实现口罩产能产量跨越式增长，受到国家发展改革委肯定和表扬。从2月初到3月19日，全省口罩生产企业数量、产能、产量均明显提升。口罩生产企业从9家迅速增加到176家，日产量从120万只提高到2119万只，医用N95口罩产能产量均增长10倍以上，全省口罩累计总产量达到4.8亿只。

25日，省生态环境厅、住建厅、农业农村厅、卫健委日前联合下发《福建省2020年农村生活污水治理实施方案》，明确今年将完成年度有效投资6亿元，推进永泰等27个县（市、区）、358个村庄连片开展农村生活污水治理。358个村庄中，福州26个、漳州63个、泉州36个、三明47个、莆田37个、南平28个、龙岩20个、宁德86个、平潭15个。同时，福清、诏安、南安等地开展农村黑臭水体治理试点，促进农村生态环境明显改善。

29日，记者从省林业局获悉，全省325家林业产业化龙头企业，已有322家复工，复工率达99%以上。疫情防控期间，省林业局全力做好林业疫情防控和林业企业复工复产服务保障工作，及时下达了2020年林下经济、笋竹精深加工示范县和竹产业一二三产业融合重点县项目资金1.7亿元，鼓励通过“以奖代补”等方式加快项目实施和资金拨付，扶持林业企业尽快恢复生产，助推地方经济社会发展。对财力困难的市、县（区），可从2020年省级林业经济发展（花卉产业）补助资金中安排扶持资金，用于疫情期间鲜切花无法上市交易的花卉生产企业等的损失补助。为做好用林审批服务，我省出台简化国家级、省级审核审批的建设项目使用林地的市级审查流程，实行省市并联审查，将市级审查时限从8个工作日压缩至3个工作日以内。

30日，经省政府同意，省发改委、财政厅、自然资源厅、住建厅、农业农村厅等五部门日前联合印发《福建省关于简化优化农村小型建设项目管理的若干意见（试行）》，进一步改革创新农村小型建设项目管理。农村小型建设项目是指由乡（镇、街道）、村（居）委员会、村（居）集体经济组织或县级行业主管部门指定的企事业单位作为项目业主，使用政府财政性资金50%及以上，工程总投资估算在50万元及以下（不包括征地费等），在建制村实施的小型建设项目。

30日，国网福建省电力有限公司消息，今年，该公司将完成农村电网投资53亿元，进一步缩小城乡用电差距，助力我省决战决胜脱贫攻坚。今年农网投资将着力解决农村电网“卡脖子”、“低电压”、安全隐患多等问题，进一步提升农村电网供电可靠率、综合电压合格率、户均配变容量。还将在寿宁县下党乡、上杭县古田镇、安溪县参内乡实施乡村电气化试点工程，打造一批惠农富民项目，实现脱贫攻坚与乡村振兴有效衔接。

30日，省工信厅消息，根据工信部近期对220万户使用云平台的中小企业监测初步测算，我省中小企业复工率为68.9%，高出全国7.4个百分点，位居全国前列。全省规上工业企业复工率达99.7%，同样居全国前列。疫情发生以来，我省推动出台财税、金融、创新、社保、就业等扶持政策，帮助中小企业渡过难关。省工信厅积极对接融资需求，征集发布重点企业（项目）融资需求清单1095项1632亿元，推动各地举办各种形式的产融对接活动，突出福建“产融云”平台“永不落幕”的线上对接优势，提供防疫专属金融贷款，为银企双方融资对接牵线搭桥。

31日，为深入贯彻落实习近平总书记关于统筹做好疫情防控和经济社会发展工作的重要讲话重要指示批示精神，日前我省出台《关于加快线上经济发展的若干措施》，深入实施数字经济领跑行动，加快发展线上经济新业态新模式，促进线上线下有机融合，增强高质量发展新动能。这十八项措施涉及加快新型信息基础设施建设、大力培育壮大市场主体、积极培育新业态新模式、加大金融支持力度、强化要素保障、健全安全保障体系等方面，

（摘编：肖启辉）

4 月

1 日，福建省新冠肺炎疫情联防联控工作第十七场新闻发布会消息，我省加快落实社保费减免政策，截至 3 月 25 日，全省共确定大型企业及其分支机构 3819 户，中小微型企业（含有雇工个体工商户）约 64.96 万户，已落实社保费抵减及退费超 17.01 亿元。

1 日，省人社厅消息，至 3 月 22 日，全省各级人社部门开展抽样调查的 12060 家企业，整体员工返岗率为 88.54%。根据人社部失业动态监测企业调查显示，至 3 月 23 日，福建省开工率为 92.68%、到岗率为 81.02%，在沿海省份中居前三名。

3 日，福建省新冠肺炎疫情联防联控工作第十八场新闻发布会消息，截至 3 月 31 日，省国资委监管的各级企业已复工 1037 家，复工率超过 99%，其中生产型企业复工率为 100%；复工人数超过 20 万人，已超过疫情前在岗员工数。为确保省属国企正常运行，省国资委还积极争取多方支持，推动 12 家企业入选国家疫情防控重点保障企业目录，获得低息贷款、贴息、税收等支持；推动中国进出口银行福建省分行提供 100 亿元企业专项贷款额度，国家开发银行福建省分行为省属企业提供各类综合授信 75.1 亿元；对接工商银行落实 1000 亿元授信额度加快放款。

3 日，在前期出台“两稳一促” 26 条政策基础上，近日省委办公厅、省政府办公厅印发《关于全面落实稳外贸稳外资促消费，有力推进高质量发展的若干措施》。这个“加强版”措施，从优化外贸全链条发展、积极推进多元化招商、加快消费提质扩容、打造高质量发展载体平台等方面发力，着力发挥政策引导，帮助企业战胜困难。

3 日，省财政厅消息，3 月 31 日，省财政厅下达融资再担保保费补贴资金 780 万元，对省再担保机构给予补贴，用于支持其为小微企业和“三农”主体提供融资担保。

3 日，福建省电力有限公司消息，一季度，福建电网建设新开工 35 千伏及以上项目 45 项、投产 35 千伏及以上项目 37 项，其中提前开工项目 9 项，提前投产 10 项，超额完成计划，开工复工成效初显。今年新冠肺炎疫情发生以来，国网福建电力全力推进疫情防控和复工复产齐抓并进。一季度，电网建设新开工 35 千伏及以上线路长度 616.7 公里、变电容量 158.9 万千伏安；投产 35 千伏及以上线路长度 394.0 公里、变电容量 266.3 万千伏安，建设投资总规模达 22.4 亿元，带动上下游供应商复工复产。

6 日，省财政厅消息，为支持企业通过专利权质押方式获取贷款，促进专利权市场化运用，近日，省财政厅下达专项资金 1715 万元，对符合条件的 110 家企业予以贴息支持。专利权质押贷款贴息资金主要面向全省区域内注册的具有独立法人资格、拥有自主专利权的中小企业；用于补助企业以专利权质押方式向银行贷款所支付的利息；贴息比例为同期银行贷款基准利率的 30%—50%，每家企业享受贴息总额最高不超过 50 万元。

9 日，省发改委、农业农村厅、财政厅、自然资源厅、生态环境厅、交通厅、商务厅、人行福州中心支行、市场监管局等九部门联合出台《关于促进家禽业高质量发展的实施方案》。提出：努力构建福建省家禽产业高质量发展格局，力争到 2025 年，全省禽肉产量保持在 150 万吨以上，肉禽出栏量达到 10 亿羽以上，禽蛋产量达到 50 万吨以上；全省规模养殖比重达 85% 以上；规模化集中屠宰加工比重达 80% 以上。

8日，省发改委消息，今年，我省从五方面加大力度推进海洋强省建设。一是推进海洋经济发展示范，加快建设福州、厦门市海洋经济发展示范区。二是推进海洋产业高质量发展，重点是深化海洋渔业“蓝色”转变，推动临海工业优化升级，培育壮大海洋新兴产业，大力发展滨海旅游业。三是推进涉海基础设施建设，重点是加快完善港航设施，构建港口集疏运体系，提升防灾减灾设施水平。四是推进海洋科技创新，重点是强化重大创新平台支撑，实施重大科技创新工程，畅通科技成果转化渠道。五是推进海洋生态建设，重点是努力推动解决项目用海问题，抓好海洋生态修复和污染防治，加强渔业资源保护和恢复。

8日，省发改委消息，福建省发改委、数字办会同省网信办、福州市政府正在有序开展第三届数字中国建设峰会筹备工作，目前总体进展顺利。基本明确16个峰会分论坛均由部级单位主办。中央网信办、国家发改委、工信部、生态环境部、卫健委、中国科协、光明日报社、中国电子信息产业集团分别牵头主办14个分论坛，福建省负责牵头主办物联网、数字福建分论坛。初步确定各分论坛相关牵头承办单位。在坚持以福州为峰会主会场的基础上，拟将智能制造分论坛安排在泉州市举办，争取将部分分论坛安排在厦门举办，打造全省办会、全省招商、全省当好东道主大平台。

11日，为更好地推进大众创业万众创新，省市场监督管理局日前印发《关于在全省推广个体工商户全程智能化登记的通知》，提出全面推行个体工商户全程智能化登记。这意味着今后在福建申办个体工商户，只需在手机上操作就能随时随地轻松完成全部流程。此次在全省推广的个体工商户全程智能化登记采用“微信申请＋直接登记＋自动审核＋自助打照”的便利化登记模式。申请人只要手机微信关注当地市场监督管理局微信公众号，点击个体工商户全程智能化系统，录入申请人身份证号码、手机号码等信息，获取验证码后即可登录，并可按照“请勾选”和“下一步”等简单明了的提示申报。申请人提交后，由系统自动审查、核准，并直接反馈结果，24小时后就可到就近的自助打照机打印营业执照，完全实现免预约、不见面、零干预、无纸化，365天全天24小时不打烊。

12日，为贯彻落实中央和省委省政府关于统筹推进新冠肺炎疫情防控和经济社会发展的决策部署，推动全省经济发展提质增效，省发改委日前筛选推出248项2020年度福建省级重点招商项目，总投资5978亿元。248项项目中，三大主导产业项目41项，总投资996亿元；战略性新兴产业项目69项，总投资2712亿元；传统特色产业项目35项，总投资493亿元；生产性服务业项目27项，总投资652亿元；生活性服务业项目48项，总投资846亿元；现代农业项目16项，总投资89亿元；基础设施项目12项，总投资190亿元。

12日晚，省委常委会召开会议，传达中央对张志南涉嫌严重违纪违法进行纪律审查和监察调查的决定。省委书记于伟国主持会议。与会同志一一作了表态发言，大家一致表示，坚决拥护中央决定。

14日，人行福州中心支行消息，2020年3月末，福建省金融机构存贷款增速均创近年来新高，在支持实体经济复工复产中发挥出显著的支撑与提振作用。3月末，福建省各项贷款余额55570.86亿元，同比增长14.39%，增速创近5年来新高，较全国高2.07个百分点。一季度累计增加2930.04亿元，相当于去年全年增量的50.35%，同比多增1172.50亿元。

15日，福州市商务局消息，为全面落实中央和省委、省政府关于统筹推进疫情防控和经济社会发展工作的部署要求，促进消费回补回暖，在福建省商务厅支持下，福州市将分期投放总额1.5亿元的消费券，其中通用消费券1.2亿元、汽车专项补贴3000万元，首轮投放8000万元。届时，可登录支付宝领取通用消费券。

16日，省委书记、省应对新冠肺炎疫情工作领导小组组长于伟国主持召开省委常委会会议暨领导小组第二十六次会议，深入学习贯彻习近平总书记重要讲话重要指示批示精神，研究部署在常态化疫情防控中加快推进生产生活秩序全面恢复，研究全省安全生产专项整治三年行动方案等；认真学习中央办公厅《关于持续解决困扰基层的形式主义问题为决胜全面建成小康社会提供坚强作风保证的通知》，研究我省贯彻落实具体措施。

17日，据福州、厦门海关统计，今年一季度，福建省货物贸易进出口总值2874.2亿元人民币，比去年同期（下同）下降3.6%，较同期全国进出口降幅少2.8个百分点，进出口规模在全国排名第七，增速在全国前十大省市中排名第四。其中，出口1652.7亿元，下降10.3%，较同期全国出口降幅少1.1个百分点；进口1221.5亿元，增长7.1%，而同期全国进口为下降0.7%。3月当月，福建省货物贸易进出口1090.3亿元，同比增长2.2%，环比增长78.5%。在3月份回升的带动下，一季度我省进出口虽总体下降，但降幅较前2个月收窄3.3个百分点。

19日，省发改委消息，3月我省重点项目完成投资429亿元，占年度计划投资的8.6%，超序时进度0.3个百分点，完成投资额同比增长4%。疫情发生以来，省发改委积极做好疫情防控和经济社会发展工作，实行项目复工清单式管理，建立日报机制，抓实抓细抓好福建省重点项目开复工。3月初在建省重点项目全部复工，3月底续建的1036个在建省重点项目基本实现满负荷复工。东南大数据产业园研发中心、厦门新一代显示面板生产线、福建石化集团中下游产业链、三明高端装备产业园、南平泰盛纸业等一批重大项目实现开工建设。

19日，省财政厅消息，财政部根据我省项目偿还世行、亚行贷款债务情况，近日给予福州南台城市交通等4个项目贷款利费减免，减免额16.71万美元，折合人民币约118.2万元。这是财政部为鼓励债务单位及时还款给予的减免奖励。长期以来，我省扎实做好国际金融组织贷款管理，及时、足额偿还国际金融组织贷款到期债务，做到无欠款、不拖欠，建立起良好的还贷信誉，得到财政部肯定，为可持续利用国际金融组织贷款奠定了信用基础。

20日，省发改委消息，经省政府同意，为充分发挥数字经济对经济社会发展的驱动引领作用，省数字办日前发布2020年省数字经济重点建设项目251个，总投资5878亿元，年度计划投资1084亿元。其中，数字新基建项目52个，总投资729亿元，年度计划投资286亿元；数字经济重点园区基础设施项目7个，总投资724亿元，年度计划投资111亿元；数字经济产业项目192个，总投资4425亿元，年度计划投资687亿元。省数字办已上线省数字经济项目信息管理系统，全省入库项目1695个，总投资达1.32万亿元。省数字办通过季度调度制度，持续跟踪推进项目建设，确保按照序时进度如期开工建设。同时，充分利用数字中国建设峰会平台，积极谋划一批重大项目，力促更多数字经济大项目、好项目落地实施。

21日，省文旅厅消息悉，截至4月20日，福建省A级旅游景区已经恢复开放199家（占比53.1%）。同时恢复开放的还有66个文化场馆和27家博物馆。目前开放的文化场馆、博物馆包括：省图书馆和省少儿图书馆；福州市、厦门市、龙岩市和莆田市的图书馆和艺术馆，以及三明市、泉州市图书馆和福州市少儿图书馆；县（区）级馆42个；乡（镇）级11个；福建博物院、福建民俗博物馆、中央苏区（闽西）历史博物馆、福州市博物馆、厦门市博物馆、泉州市博物馆、厦门奥林匹克博物馆等。

21日，根据国家发改委、财政部、农业农村部、国家粮食和物资储备局、中国农业发展银行《关于公布2020年稻谷最低收购价格的通知》精神，经省政府同意，省发改委等五部门日前发布2020年我省籼稻谷最低收购价。其中，早籼稻为每50公斤121元，中晚籼稻为每50公斤127元。

21日，福建自贸试验区挂牌五周年之际，由省商务厅（自贸办）举办的“改革引领，开放先行——福建自贸试验区五周年成果展”开展。本次展览分主要成效、创新举措、开放措施、重点平台、金融服务、图说风采六个版块，通过丰富的图片及翔实的文字解说，充分展现了自贸试验区的发展历程和精彩故事，向五周年献礼。展览将持续到“五一”假期结束。市民可通过福建自贸试验区微信公众号、官方网站和微博预约前往。

21日，省长唐登杰主持召开省政府常务会议，贯彻落实中央和省委部署，审议《关于营造更好发展环境支持民营企业改革发展的若干措施》（送审稿），研究2020年省食安委重点工作安排及全省治理“餐桌污染”、建设“食品放心工程”工作方案，部署推进下一阶段工作。会议还研究了其他事项。会议强调，要深入学习贯彻习近平总书记重要讲话重要指示批示精神，认真落实中央《关于营造更好发展环境支持民营企业改革发展的意见》，坚持“两个毫不动摇”，大力营造市场化、法治化、国际化营商环境，保障民营企业依法平等使用资源要素、公开公平公正参与竞争、同等受到法律保护，持续激发民营企业创新创造活力，充分发挥民营经济在做好“六稳”“六保”工作中的重要作用。要切实把民营企业和民营企业家当作“自己人”，积极构建亲清政商关系，依法保护民营企业家的合法权益。要全面落实各项减税降费等政策，在常态化疫情防控中精准帮扶受影响的企业，推动民营企业改革创新、转型升级、健康发展。

21日，省商务厅与建设银行福建省分行深化战略合作签约仪式暨建行“百千万”金融行动启动会在福州举行。副省长郭宁宁出席会议并致辞。根据协议，省商务厅与建设银行福建省分行将围绕“稳外贸、稳外资、促消费”，在深化自贸试验区改革创新、稳住外贸基本盘、拓展外资服务新方式、助力拉动消费市场、提振商贸流通、支持闽企“走出去”、聚焦单一窗口线上服务、拓宽普惠金融覆盖、推动资源对接共享等9个方面深化战略合作。建设银行福建省分行将提供不低于100亿元的意向性融资，重点支持省百大外贸及疫情防控外贸企业；与中信保福建分公司签署“信保贷+白名单政策”专项合作协议，支持外贸企业开拓国际市场；推出20条措施助力百行万企、千家万户复工复产、复商复市。

22日，省委书记、省应对新冠肺炎疫情工作领导小组组长于伟国主持召开省委常委会（扩大）会议暨领导小组第二十八次会议，强调要认真学习贯彻习近平总书记在4月17日中央政治局会议上的重要讲话精神，在疫情防控常态化前提下，坚持稳中求进工作总基调，坚持新发展理念，深化供给侧结构性改革，坚决打好三大攻坚战，加大“六稳”工作力度，细化实化“六保”具体措施，坚定实施扩大内需战略，维护经济发展和社会稳定大局。会议研究了《关于加大“六稳”工作力度 扎实做好“六保”工作的意见》。省长、领导小组组长唐登杰，省政协主席崔玉英出席。

22日晚，中央广播电视总台央视在《新闻联播》头条播出消息《福建：互助共赢精准协同 实现产业联动》。报道说，习近平总书记指出，要在严格做好疫情防控工作的前提下，有力有序推动复工复产提速扩面，积极破解复工复产中的难点、堵点，推动全产业链联动复工。眼下，面对企业发展遇到的难题，各地企业也在积极作为，迎难而上，共克时艰，努力战胜疫情挑战。

23日，省政府召开全省安全生产视频会议，深入贯彻习近平总书记关于安全生产重要论述和重要指示批示精神，落细落实党中央、国务院和省委部署，深入分析全省安全生产形势，推进第二季度防范重特大生产安全事故暨安全生产专项整治三年行动工作。省长唐登杰出席并讲话，副省长李德金主持，副省长田湘利出席。

24日，福建品牌（香港）线上展览启动仪式举行。福建省副省长郭宁宁、香港贸发局副总裁周启良分别在闽港两地在线出席仪式。省商务厅与香港贸发局联合推出“福建品牌线上展览”，从福建重点培育和发展的国际知名品牌、福建名牌产品、高新技术企业和中国驰名商标等四类产品中，精选出首批70多家企业“上线出海”，以借助香港国际性平台优势，通过全方位推广、多渠道推送，争取更多贸易伙伴和订单。“贸发网采购”是香港贸发局的官方采购网站，拥有超过200万优质活动注册买家、13万供应商会员，年度在线商贸对接超过2400万次。福建入驻企业除在该网站进行产品推广外，还可以参加香港贸发局主办的10个全年无休的线上展会。同时，还可以通过香港贸发局“小批量采购”平台，直接进行小批量产品线上跨境交易。

24日下午，由福州海关、厦门海关、福建省商务厅（口岸办）牵头组织，福建省外事办、税务局、厦门边检总站等30个部门（单位）通过“云签署”方式，共同签署了《福建省口岸安全风险联合防控机制》。此举旨在加强信息共享、拓展联合研判、密切协同配合，提升福建省口岸安全风险联合防控能力。

26日，省市场监管局消息，今年一季度，全省新登记企业58636户，同比增长12.48%；企业实有143.02万户，同比增长13.21%。从新增数量上看，主要集中在批发和零售业、租赁和商务服务业、科学研究和技术服务业、制造业、建筑业，五个行业占新登记企业总户数的82.19%。从增长速度上看，排名前五位的分别是交通运输、仓储和邮政业，批发和零售业，电力、热力、燃气及水生产和供应业，文化、体育和娱乐业，科学研究和技术服务业，增速分别为43.69%、16.43%、12.48%、10.13%、2.08%。

26日，省统计局消息，今年一季度，全省九大工业行业增加值保持增长。分别是：烟草制品业同比增长16.8%，化学纤维制造业增长12.8%，石油加工炼焦和核燃料加工业增长9.7%，有色金属矿采选业增长7.5%，化学原料和化学制品制造业增长1.3%，水的生产和供应业增长4.9%，有色金属冶炼和压延加工业增长5.2%，黑色金属冶炼和压延加工业增长3.4%，医药制造业增长0.4%。

28日，省财政厅消息，财政部、水利部日前公布第一批55个水系连通及农村水系综合整治试点县（区、市）名单，我省建宁县、南安市、莆田秀屿区被列为试点，试点期限为2020—2021年。中央财政将采取先建后补、奖补结合的方式给予支持，目前已下达资金1.25亿元。

28日下午，“中国·福建—俄罗斯经贸合作在线推介会”通过网络视频会议方式举行。副省长郭宁宁出席活动。本次推介会设置福州主会场以及圣彼得堡、北京、厦门等分会场。参会嘉宾围绕“闽俄合作云为媒，市场商机共分享”主题，介绍了福建与俄罗斯在双向投资贸易、跨境电商等领域的合作机会和金融支持服务，为深度拓展俄罗斯市场提供经验借鉴，并通过直播互动与参会企业就关心关注的议题展开交流互动，超过1600家企业在线同步参与。福建与俄罗斯经贸合作互补性强，在跨境电商、矿产、机电、新材料、生物等领域拥有广泛合作空间。今年一季度，双方进出口在世界经济和贸易受国际疫情严重冲击的背景下，逆势上扬，同比增长18%，体现了巨大潜力与韧性。

29日，2020年全省“五一”假期旅游景区开放管理工作电视电话会议在榕举行。省委常委、宣传部部长、统战部部长邢善萍出席会议并讲话，副省长郑建闽主持会议。会议要求各地各部门在前期准备工作的基础上，落实落细防控责任，集中精力做实做深做细假期旅游景区开放管理具体措施，抓好重点区域和重要节点管理，完善应急预案，推动旅游景区疫情防控工作不变形、不走样、不打折扣，严防恢复运营引发各类安全事故，确保旅游景区开放管理及“五一”假期文化和旅游市场各项工作平稳有序。

29日，省委书记、省应对新冠肺炎疫情工作领导小组组长于伟国主持召开省委常委会（扩大）会议暨领导小组第三十次会议，强调要深入学习贯彻习近平总书记在陕西考察时的重要讲话精神，坚持稳中求进总基调，坚持新发展理念，以有力有效的真招实招硬招，把常态化疫情防控和“六稳”“六保”工作抓紧抓实抓细抓到位，努力克服新冠肺炎疫情带来的不利影响，加快经济社会发展。省长、领导小组组长唐登杰，省政协主席崔玉英出席。

30日，省数字办、省财政厅下发关于组织申报2020年省数字经济发展专项资金5G产业、人工智能、卫星应用、平台经济、物联网、数字丝路等六个专项项目的通知，明确提出重点扶持的16类项目。

（摘编：郑新贵）

5月

2日，省文旅厅消息，“五一”假期首日，我省景区视频监测系统全天候监测85家4A级及以上景区，该厅派出的10个工作组共暗访检查16家景区。从检查情况看，各地未出现游客集聚问题，未发生安全事故及重大投诉，全省旅游市场整体平稳有序。“五一”假期，我省各地各相关部门将持续开展督导和明察暗访工作，对各地景区入口、购票餐饮点、核心游览点、网红打卡点等重点区域加强监测，运用景区智慧视频监控系统，精准监测研判流量，优化通道、窗口设置，提前通过提示牌、广播、显示屏等载体预警，加派人员及时疏导分流，严防人员瞬时聚集。

2日，福建省农业科技创新联盟2019年度总结会议暨2020年工作会消息，我省已成立并运行福建省茶叶产业技术创新联盟、福建省水果产业技术创新联盟等11个专业联盟，筹备成立4个专业联盟。福建省农业科技创新联盟由省农业农村厅、省农科院、福建农林大学共同发起成立，由全省农业农村行政管理部门、农业科研机构、高校、农业技术推广机构及新型农业经营主体等共同组成，旨在解决农业科技资源条块分割、创新力量碎片化问题。

2日，省生态环境厅消息，4月20日，我省提前10天完成33个行业14589家企业排污许可清理整顿工作，成为全国率先完成清理整顿任务的6个省份之一。针对企业量大面广的现状，我省多措并举，协同合作，实现排污许可清理整顿工作“加速度”。省生态环境厅加强督导力度，持续调度各设区市工作情况，发布工作要点提示和进度通报，对进度滞后、清单导入率较低的市点对点督导。开展企业分类质量检查工作共18043家，对有意回避排污登记的企业，上门帮扶的同时加强检查。与此同时，生态环境部门借力生态环境大数据“亲清服务”平台、微信公众号等，实行线上“手把手”指导，为企业答疑解惑；开展分片区下沉式帮扶企业，录制排污注册、填报等教学视频，编制行业排污登记模板；对主动进行排污登记的企业，列入监督执法正面清单，免除近期现场执法检查。

6日，厦门蓝海天院士专家工作站近日在美丽的厦门集美湖畔揭牌。这是厦门市成立的首家涉海企业院士专家工作站，中国工程院院士金翔龙出席仪式。作为中国海底科学奠基人之一，金院士为中国海洋事业奋斗了60余年，在边缘海海底勘察研究、大洋国际海底勘探开发等方面取得了丰硕成果。近年来，他着力推动海洋高新技术的开发和海洋工程科学在国民经济等方面的应用。院士专家工作站是中国科协为推进产学研联合所实施的创新人才政策，是服务经济社会发展、服务企业技术创新的开创性工作。厦门蓝海天院士专家工作站旨在借助院士专家在技术、人才资源上的优势，打造海洋信息技术领域产学研平台，推动企业自主创新能力的不断提高，促进科技成果的有效转化和推广，服务于海洋经济产业发展。

6日，科技部近日公布2020年度国家备案众创空间名单，福建援建的闽昌众创空间榜上有名，成为西藏昌都市首家国家级众创空间。昌都市“双创”工作起步相对较晚，2016年前“双创”平台建设还是一片空白。在此背景下，福建省援藏工作队、福建省科技厅、昌都新区管委会、昌都市科技局联手，在昌都市经开区建设该市首个“双创”平台——闽昌众创空间。该空间由福建省高新技术创业服务中心牵头实施，昌都市昌禾聚鑫实业有限公司具体建设。

7日，省委书记、省应对新冠肺炎疫情工作领导小组组长于伟国主持召开省委常委会（扩大）会议暨领导小组第三十二次会议，强调要深入学习贯彻习近平总书记在4月29日、5月6日中央政治局常委会会议上的重要讲话精神和给郑州圆方集团全体职工的回信、寄语新时代青年的重要指示精神，深刻领会党中央对疫情防控和经济社会发展形势的科学判断和重要部署，增强“四个意识”、坚定“四个自信”、做到“两个维护”，毫不懈怠抓好常态化疫情防控工作，不断巩固防控成果，加快恢复生产生活正常秩序，把“六稳”“六保”各项工作抓紧抓实抓细抓到位。会议要求，要认真学习贯彻习近平总书记给郑州圆方集团全体职工的回信精神，坚定不移坚持党的领导，大力弘扬劳模精神、劳动精神、工匠精神，坚持崇尚劳动、尊重劳动者，充分发挥工会优势，加强职工维权服务工作；深入推进产业工人队伍建设改革，建设高素质产业工人大军，引导全省各条战线用勤劳双手为疫情防控和经济社会发展作出更大贡献。

9日，省委书记、省应对新冠肺炎疫情工作领导小组组长于伟国主持召开全省视频会议暨领导小组第三十三次会议，强调要深入学习贯彻习近平总书记重要讲话重要指示批示精神，落实国务院联防联控机制《关于做好新冠肺炎疫情常态化防控工作的指导意见》和《关于调整疫情分区分级标准实施精准管控的通知》精神，加强常态化疫情防控，加快推进经济社会发展，一丝不苟地把各项工作抓紧抓实抓细抓到位，以实际行动增强“四个意识”、坚定“四个自信”、做到“两个维护”。省长、领导小组组长唐登杰作具体部署。省政协主席崔玉英出席。

10日，福州海关消息，自11日起，海关扩大自助打印原产地证书范围，在原有15种自助打印原产地证书基础上，增加输印度尼西亚和新加坡的《中华人民共和国与东南亚国家联盟全面经济合作框架协议》项下原产地证书以及输印度的《亚洲—太平洋贸易协定》项下原产地证书为可自助打印证书。自2019年5月20日海关总署在全国推广15种原产地证书自助打印工作以来，签证便利化程度大幅提升，为企业节约了大量的时间和人力成本。截至目前，福州关区出口企业共自助打印原产地证书2.67万份，涉及货值金额超15.16亿美元；自助打印率稳步提升，4月达73.2%。

12日，副省长林宝金带领省有关部门负责人到泉州中化泉惠石化园区、福建联合石油化工有限公司检查安全生产工作。

13日，国家发改委发布数字化转型伙伴行动倡议，福建省第一时间响应，6家企业成为第一批联合倡议方，共同发布《数字化转型伙伴行动倡议》。我省参与联合发布的6家企业为：福州物联网开放实验室有限公司、福建中海创科技有限责任公司、南威软件股份有限公司、福建星网锐捷通讯股份有限公司、西人马联合测控（泉州）科技有限公司、嘉泰数控科技股份公司。

14日，为贯彻《国务院应对新型冠状病毒感染肺炎疫情联防联控机制关于做好新冠肺炎疫情常态化防控工作的指导意见》，近日，我省印发《关于做好文化旅游场所新冠肺炎疫情常态化防控和安全有序开放工作的实施意见》，加强文化旅游场所新冠肺炎疫情常态化防控工作，提高常态化防控条件下的精准化水平，推进文旅场所安全有序开放。《实施意见》包括总体要求、开放安排、防控措施、组织实施四部分内容。

14日，于伟国主持召开专题会议，深入研究畅通我省电子信息和数字经济产业循环。为了深入贯彻落实习近平总书记重要讲话重要指示批示精神，扎实做好“六稳”工作，全面落实“六保”任务，抓紧抓实抓细保产业链供应链稳定工作，省委和省政府对我省电子信息、石油化工、机械制造等主导产业和战略性新兴产业逐个研究畅通产业链供应链措施。5月13日，省委书记于伟国在我省畅通电子信息暨数字经济产业循环专题视频会议上强调，要围绕畅通产业循环、市场循环、经济社会循环，深入梳理、全力打通产业链供应链的堵点断点，推动产业加快发展、做优做强。省长唐登杰出席。会上，福州市、厦门市，省发改委、工信厅主要负责人，省电子信息集团、福州网龙、厦门天马微电子、漳州中科智谷、泉州矽品、莆田物泊科技等企业负责人先后发言，围绕克服疫情带来的冲击和挑战，加快电子信息产业和数字经济发展，提出意见建议。

14 日，省委书记于伟国主持召开省委常委会会议暨省委巡视整改工作领导小组第十七次会议、省国家生态文明试验区建设领导小组会议，深入学习贯彻习近平总书记重要讲话重要指示批示精神，研究我省贯彻落实全国巡视工作会议精神的意见，部署我省加强生态环境监管能力建设、做好全国“两会”期间疫情防控和经济社会发展以及安定稳定工作、做好食品安全重点工作。会议还研究了其他事项。

15 日，商务部门、统计部门消息，今年 1—4 月，全省实际使用外资 139.8 亿元人民币，同比增长 23.8%，完成全年目标 43%，超序时进度 9.7 个百分点。在全球疫情迅速蔓延、经济下行压力增大、供应链阻断等因素下，福建外资持续逆势保持较大幅度增长。

15 日，省长唐登杰主持召开省政府常务会议，认真贯彻中央和省委部署，研究推进中央环保督察反馈问题整改工作，抓紧抓实抓细安全生产专项整治，加大力度帮扶中小微企业，促进妇女儿童事业发展。会议通过了《全省安全生产专项整治三年行动实施方案》，审议了《关于促进中小企业平稳健康发展的若干意见》，通过了设立首期 100 亿元贷款规模的福建省中小微企业纾困专项资金的具体方案。会议还研究了其他事项。会议指出，要围绕做好“六稳”工作、落实“六保”任务，落细落实支持中小微企业纾困发展的各项政策，在畅通产业链条、减税降费降本、支持企业融资、推动市场开拓、引导提质增效等方面加大帮扶力度，促进中小微企业平稳健康发展。要多措并举、强化保障，打通堵点、连接断点，促进上下游、产供销、大中小企业协同复工达产。要加大宣传力度，狠抓政策落实，用好首期 100 亿元贷款规模的省中小微企业纾困专项资金，及时疏解企业面临的暂时流动性困难，降低企业融资成本，帮助企业渡过难关。

17 日，《福建日报》报道：好政策，真落实才是关键；促落实，才能更好地助企纾困！疫情发生后，省“政企直通车”迅速开展“复工复产暖心行动”，全国率先上线“政策诊断”助手，精准推送各项惠企政策；24 小时热线覆盖全省，快速分办，全程跟踪协调各项“政策落实”诉求。自 2 月开展专项行动以来，“政企直通车”累计办理企业来件 7000 多件，办结率 99.6%。建立标准化办理流程，形成政策促落实“闭环”，加速推动复工复产政策兑现，增强企业获得感。

17 日，省财政厅消息，近日，我省整合设立规模 10 亿元的省级政策性优惠贷款风险分担资金池，支持符合条件企业融资，并出台相关管理办法，对资金池资金的使用和管理进行规范。政策性优惠贷款风险分担资金池由省财政整合相关部门资金设立，主要用于支持小微企业贷款、科技型企业贷款、外贸、商贸、三农、线上经济企业贷款和其他政策性优惠贷款。纳入风险资金池分担范围的企业以小微企业为主，单户贷款规模原则上控制在 1000 万元以内。

18 日，省委书记于伟国主持召开省委常委会会议暨省应对新冠肺炎疫情工作领导小组第三十七次会议、省数字福建建设领导小组会议，强调要深入学习贯彻习近平总书记在 5 月 14 日中央政治局常委会会议和 5 月 15 日中央政治局会议上的重要讲话精神，会议强调，要提升产业链供应链稳定性和竞争力，加快经济社会发展。深化供给侧结构性改革，逐个产业链供应链打通堵点断点，推进更高水平开放，构建国内国际双循环相互促进的新发展格局。要提升产业基础高级化、产业链现代化水平，巩固三大主导产业支撑作用，推动传统优势产业创新升级、新兴产业规模化发展、数字经济做大做强。要加强科技创新和技术攻关，加快“国字号”重大平台建设，完善全过程创新生态链。要充分发挥重点产业链、龙头企业、重大投资项目带动作用，促进上下游、产供销、大中小企业协同复工复产。要加快推动商贸和生活服务业恢复到正常水平，积极培育消费热点。要切实保障和改善民生，着力稳企业保就业，加大对困难群体保障力度。要促进中小企业平稳健康发展，在帮扶纾困解难、支持企业融资、推动市场开拓、引导提质增效等方面，制定落实硬招实招。会议要求，要加快数字福建建设，高效率服务常态化疫情防控和经济社会秩序恢复，高水平打造数字政府，高标准办好第三届数字中国建设峰会，高起点建设国家数字经济创新发展试验区。

深入实施数字经济领跑行动，突出壮大龙头企业和培育瞪羚企业、专精特新企业，大力发展5G商用、人工智能等新兴业态，力争今年全省数字经济总量突破2万亿元，数字福建服务治理体系和治理能力现代化坚实有力。

18日，省委书记、省委全面深化改革委员会主任于伟国主持召开省委全面深化改革委员会第十次会议。会议强调，要认真学习贯彻习近平总书记在中央全面深化改革委员会第十三次会议上的重要讲话精神，深化改革、健全制度、完善治理体系，为在常态化疫情防控前提下，做好“六稳”“六保”工作，维护经济发展和社会稳定大局提供有力支撑和坚强保障。省委全面深化改革委员会副主任唐登杰、王宁出席会议。会议听取了关于完善政企直通车和生态环境亲清服务平台、创新金融服务支持复工复产增产增效等工作情况汇报；审议通过了高层次人才、产业领军团队认定、遴选和支持办法，深化政府采购制度改革、打通外贸全链条发展的方案和今年自贸试验区建设工作要点。会议强调，要进一步完善政企直通车、生态环境亲清服务平台建设，丰富服务内容，健全服务机制，拓展服务实效，切实提高政策兑现率和服务满意率。

18日，我省组织重大项目和数字经济重点项目视频连线集中开工，共开工260个项目、总投资1463亿元，其中数字经济项目90个、总投资397亿元。这是继3月18日全省集中开工265个重大项目、总投资1950亿元，4月26日全省“云签约”391个重大项目、总投资7836亿元后又一次集中开工。省委书记于伟国作开工动员，省长唐登杰主持。本次集中开工项目，新基建和产业项目占比高，高新制造业、现代服务业和数字产业化、产业数字化项目多，示范性和导向性明显。基础设施项目50个、总投资224亿元，产业项目93个、总投资617亿元，社会事业项目27个、总投资225亿元。其中包括福州锦江科技智能化绿色差别化锦纶纤维项目、厦门云谷、泉州（南安）高端装备智能制造园、宁德智享二轮车换电网络等典型示范项目。

19日，福建省助力小微企业复产复工银税互动座谈会上，省税务局分别与浙江网商银行股份有限公司、深圳前海微众银行股份有限公司签订“征信互认　银税互动”协议，标志着互联网银行两大巨头正式加盟“福建银税互动平台”。自2015年启动“银税互动”以来，福建省已与22家合作银行推出银税合作信贷产品41项，累计帮助3.64万户小微企业获得银税合作信用贷款610亿元。据统计，今年一季度，福建省共有5366户小微企业获得“银税互动”信用贷款64亿元，贷款金额较去年同期增长1.5倍，比全国增长速度高出30%，有效解决了小微企业复工复产的资金缺口问题。

19日，副省长李德金带领省发改委、省交通运输厅有关负责人到福州市长乐区、平潭综合实验区，深入道庆洲大桥、福州至长乐机场城际铁路F1线、福州地铁6号线、平潭海峡公铁大桥、平潭高铁中心站、京台高速平潭互通和平潭海关二线卡口等重点项目工地调研，现场协调解决有关问题。

21至22日，副省长李德金带领省直有关部门负责人，前往长汀、武平、连城等地调研农业农村工作，实地察看了易地扶贫搬迁和产业就业扶贫、特色畜禽保种扩繁、农村人居环境整治、房屋安全隐患排查整治等工作情况，并在连城县召开挂钩帮扶工作座谈会。

21日，国家主席习近平向“国际茶日”系列活动致信表示热烈祝贺，在我省干部群众和茶界人士中产生热烈反响。大家表示，要认真贯彻落实习近平总书记的致信精神，推动福建茶产业持续健康发展，深化茶文化交融互鉴，让更多的人知茶、爱茶，共品茶香茶韵，共享美好生活。

21日是联合国确定的首个“国际茶日”，国家主席习近平向“国家茶日”系列活动致信表示热烈祝贺，在我省各茶叶产区产生热烈反响。21日，在福鼎市举行的首个“国际茶日”福建主会场活动现场，春茶飘香，以福鼎白茶制作的首个“国际茶日”纪念砖正式发售。安溪、武夷山、大田等各茶叶主产区也纷纷组织开展形式多样的“福茶”宣传、“福茶”体验、“福茶”消费等茶事活动。

22日，中国（福建）国际贸易单一窗口4.0版正式上线。副省长郭宁宁到场见证。中国（福建）国际贸易单一窗口是我省落实“数字福建”建设，推进跨境贸易便利化的重点项目。本次上线的4.0版，突出提供全链条一体化服务，应用大数据、人工智能和区块链等新一代技术，全面汇聚融合进出口业务流、货物流、信息流、资金流，实现关、港、贸、税、银一体化全链条运作，使贸易更加简单、更智能，贸易数据共享更加透明、互信，推进了通关、税务及金融服务等领域的管理创新。以金融服务为例。单一窗口融资系统上线后，银行通过惠数通平台，可获取企业进出口情况等真实数据，为银行等金融机构提供精准直观的企业生产经营信息指标参考，优化审批流程，大幅压缩审批时间。针对小微企业，最快当天完成在线授信。我省还在全国首创上线出口信保“小微资信红绿灯”服务功能，为小微出口企业提供海外买方交易风险简易识别查询工具。下一步，中国（福建）国际贸易单一窗口将持续以技术创新、模式创新、应用创新为抓手，持续深化“单一窗口+”模式，全力服务企业，服务我省口岸提质增效，服务自贸试验区制度创新，服务我省外向型经济高质量发展。

25日，全省实施工业（产业）园区标准化建设推动制造业高质量发展视频会在榕召开。省工业（产业）园区发展工作联席会议总召集人、副省长林宝金出席会议并讲话。会议指出，要准确把握当前工业经济形势，坚定发展信心，扎实做好“六稳”“六保”工作；加快实施工业千企增产增效行动，保市场主体稳基本盘；持续建链强链补链，促进大中小企业协同，实施中小企业梯度培养，保产业链供应链稳定；推进项目建设，加大技改投入，扩大工业有效投资；加大问题协调解决力度，畅通产业循环；强化惠企政策落实，发挥叠加效应，促进工业增产增效。会议强调，要加快制定实施工业（产业）园区标准化建设推动制造业高质量发展三年行动计划，强化产业梳理，以龙头企业带动产业集群、以产业集群催生龙头企业，打造主导产业清晰、产业链条完整的新型产业示范园区；强化任务落实，加大政策、资金支持力度，加快推进园区标准化建设，为推动我省制造业高质量发展提供更加强有力的支撑和保障。

26日上午，省农业农村厅、农行福建省分行在漳州联合举办“深化政银企合作　促进生猪产业转型升级”发布会。副省长郭宁宁出席会议并讲话。农行福建省分行分别与省农业农村厅、人保财险福建分公司、省农担公司签署战略合作协议，共同支持生猪产业转型升级。农行福建省分行将在未来3年内新增200亿元专项贷款规模，全力支持生猪养殖、屠宰加工、冷链物流、饲料生产等领域的金融需求。今年初以来，农行福建省分行共对生猪全产业链企业和农户发放贷款1659户、29.3亿元，比年初增加1046户、22.5亿元。

26日，我省召开安全生产专项整治三年行动视频推进会，对全省安全生产专项整治三年行动作再部署、再动员、再落实。副省长李德金出席会议并讲话。会议指出，开展专项整治是贯彻落实习近平总书记重要指示批示精神的一项重大政治任务，是消除事故隐患、保障人民生命安全的一场“安全保卫战”，是推进我省安全生产治理体系和治理能力现代化的一次历史性考验。各级各部门要把这次专项整治作为当前以及今后一段时期安全生产工作的“头等大事”，从更高的站位去认识、把握和推进。会议强调，要加强组织领导，抓紧细化方案；盯紧重点领域，深入推进实施；聚焦突出问题，做实“四个清单”；健全工作机制，形成工作合力；广泛开展宣传教育，形成良好社会氛围，把专项整治各项工作抓紧抓实抓细抓到位。要严格落实地方党政领导责任，落实部门“三个必须”监管责任，落实企业安全生产主体责任，坚决做到隐患整改“一抓到底、见底清零”。要坚持底线思维，强化精准监管执法，精细驻地指导服务，进一步健全完善指挥体系，深入排查各类安全隐患，做到深挖细查、整改落实、监管执法“三个全面到位”，以专项整治的实际成效，为夺取疫情防控和经济社会发展“双胜利”，实现决胜全面建成小康社会、决战脱贫攻坚目标任务提供安全稳定的发展环境。

27日，福建外贸云展会系列活动正式启动，我省外贸企业“线上”开拓市场再添新平台。参加展会一直是外贸企业争取新订单的重要方式，但受新冠肺炎疫情的影响，今年全球经济与贸易展会纷纷按下了“暂停键”。1—4月，福建外贸进出口总值较去年同期下降5.2%。外贸云展会启动当天，首场活动“轻工日用品专场”上线。来自省内的132家外贸企业线上展示了园艺用品、陶瓷、家居、服装、家纺、婴儿用品等多个类别产品，展前预注册近2500人次重点采购商，开展首日已吸引来自220个国家和地区的超过2.3万名客商线上浏览展会，近百名采购商与参展商进行了实时线上交流、洽谈。

27日，2020年闽江流域河湖长制工作视频会议在南平市召开。副省长、副总河长兼闽江流域河长李德金出席会议并讲话。

28日，省工信厅、省财政厅、省金融监管局、人行福州中心支行、福建银保监局联合举办福建省支持工业（产业）园区标准化建设融资对接会，进一步推动金融支持工业（产业）园区标准化建设，促进制造业高质量发展。副省长林宝金出席福州主会场活动并讲话。会议指出，在统筹推进疫情防控和经济社会发展的关键时期，要加大金融对工业（产业）园区标准化建设的支持力度，积极搭建一站式金融服务综合平台，促进“银园对接”“银企对接”；要打好产业基础高级化、产业链现代化攻坚战，加强园区规划、招商引资、项目建设、专业服务，突出抓龙头企业带动大中小企业协同，抓产业协作促进上下游贯通，抓关键替代维护供应链稳定，促进园区内大中小企业融通发展；要全力以赴促进中小企业平稳健康发展，落深落实落细近期省政府出台的支持中小企业平稳健康发展24条措施，加强政策宣贯，推动政策有效落地。

28日，福建省信创生态适配测试中心启动仪式在长乐区滨海新城东南健康医疗大数据中心隆重举行，工信部电子五所副所长王蕴辉、省电子信息集团董事长宿利南等8位嘉宾共同按下启动按钮，开启我省信创产业生态建设的又一里程碑，王蕴辉、宿利南为福建省信创科技有限公司揭牌。省工信厅、机要局、大数据委及福州新区管委会、长乐区委等单位领导出席活动，华为、统信软件、麒麟软件、龙芯中科、天津飞腾、无锡先进技术研究院、上海兆芯等23家合作企业共同参加。

29日，国网福建省电力有限公司投资的集美500千伏输变电工程和棠园500千伏输变电工程比原计划提前30天开工建设，这两个项目都是国家电力发展“十三五”规划项目、福建省重点项目。集美、棠园500千伏输变电工程新建的集美500千伏变电站、棠园500千伏变电站是福建电网的第26、27座500千伏变电站，工程建成后将进一步优化福建电网结构，满足地方经济社会发展用电需求。集美500千伏变电站还将作为福建电网“北电南送”新增输电通道的接入点，为新增通道开工创造条件。

31日，《福建省交通建设工程质量安全监督条例（草案）》提交省人大常委会会议一审。

31日，省财政厅消息，为支持我省“五个一批”产业项目实施，进一步提高项目建设质量效益，近日，省财政厅下达第一季度项目正向激励奖励资金2500万元，对固投增速、新开工战略性新兴产业项目数等指标综合考评较好的福州、厦门、龙岩分别奖励500万元，对马尾区、罗源县、鼓楼区、翔安区、大田县、泰宁县、石狮市、顺昌县、福安市、新罗区十个县（市、区）分别奖励100万元。

（摘编：郑新贵）

6 月

1 日，省发改委消息，近日，福建省投资集团所属晋江闽投电力储能科技有限公司的福建晋江百兆瓦时储能站试点示范项目建成并通过初步验收，获颁电力业务许可证（发电类），这是全国首张独立储能电站电力业务许可证。晋江储能电站是福建省首个电网侧大型储能示范站项目，列入国家重点研发计划智能电网技术与装备重点专项，由省投资集团、宁德时代新能源和中电建福建电力设计院联合投资建设，一期总投资 2.68 亿元。该储能电站采用长寿命磷酸铁锂电池系统，额定功率 30 兆瓦、电池容量 108.8 兆瓦时，可为附近 3 个 220kV 重负荷变电站提供调峰调频服务，目前该项目已并网并调试完成、建成验收。储能能够为电网运行提供调峰、调频、备用、黑启动、需求响应支撑等多种服务，是提升传统电力系统灵活性、经济性和安全性的重要手段，能够显著提高风、光等可再生能源的消纳水平，促进能源生产消费开放共享和灵活交易、实现多能协同。

3 日，中国·福建—西班牙经贸合作在线推介会举行。在线推介会设置福州主会场，并连线广州以及西班牙马德里和巴塞罗那。副省长郭宁宁，国际奥委会副主席小萨马兰奇出席活动。去年 11 月，福建省代表团访问西班牙，在品牌合作、现代物流、石材贸易等领域达成系列经贸合作协议，目前多个项目推进顺利。会上，西班牙卡尔美集团、福昕软件西班牙公司分享了与福建在品牌建设、技术合作等领域的成功经验。西班牙驻广州总领馆与泉州商务局分别作合作商机及特色商品推介。活动受到境内外企业家广泛关注，超过 2000 家企业在线同步参与。

4 日，省长唐登杰主持召开省政府常务会议，认真贯彻中央和省委部署，研究推进中央环保督察整改、清理妨碍公平竞争的相关政策措施、推动“电动福建”建设壮大新能源产业等工作。会议审议了福建省贯彻落实中央生态环境保护督察报告整改方案、进一步加快新能源汽车推广应用和产业高质量发展推动“电动福建”建设三年行动计划（2020—2022 年），通过了《福建省渡运管理办法》《关于促进体育社会组织健康发展的若干措施》。会议强调，要认真落实国家稳定和扩大汽车消费的部署，细化目标、综合施策、重点突破，加快新能源汽车推广应用，大力推动“电动福建”建设。要围绕保产业链供应链稳定，整合优势资源，打通堵点、补上断点，加快畅通产业循环，促进全产业链发展。要突出扶强扶优的政策导向，从培育龙头、研发创新、推广应用、设施配套等方面强化支持，推动新能源产业高质量发展。

4 日，省委书记于伟国主持召开省委常委会会议，深入贯彻落实以习近平同志为核心的党中央决策部署，研究我省支持民营企业改革发展措施、巩固提升农村供水保障水平的实施意见和划转部分国有资本充实社保基金、加强评比达标表彰活动管理等工作。会议要求，要深入学习贯彻习近平总书记在民营企业座谈会上的重要讲话精神，坚持“两个毫不动摇”，大力支持民营企业改革发展，在市场准入、人才引进等方面一视同仁，为民营企业提供长期稳定的制度保障、普惠公平的政策支持、多元精准的要素供给，提高政策落地的兑现率，积极帮助民营企业纾难解困，营造更好环境支持民营企业改革发展，持续帮助民营企业转型升级、创新发展。

5 日，省委书记于伟国主持召开畅通机械装备制造产业循环专题会议，强调要深入学习贯彻习近平总书记重要讲话重要指示批示精神，突出问题导向，拿出硬招实招，打通堵点痛点，提升产业链供应链稳定性和竞争力，做优做强优势产业，加快提升产业基础高级化、产业链现代化水平。省长唐登杰出席。会上，泉州市、宁德市、省工信厅主要负责人，省船舶工业集团、三峡集团福建分公司、科华恒盛公司、正兴车轮公司、晋工机械公司、中国重汽福建海西汽车公司、龙净环保公司、宁德时代新能源公司等企业负责人先后发言，提出意见建议。

5日，为健全城市公共服务基础设施，织密便民消费网格，优化便利店营商环境，推动便利店品牌化、连锁化、智能化发展，省商务厅联合宣传、发改、工信等13个部门出台推动我省品牌连锁便利店加快发展的实施意见。

6日，省经济信息中心日前发布2019年福建省数字经济发展指数（简称FJDEI指数）评价结果：全省数字经济发展指数达72.09，数字经济规模突破1.7万亿元，增速近20%，占全省GDP比重超过40%。数字经济成为我省经济高质量发展的新引擎。2019年FJDEI指数评价由省经济信息中心牵头，联合福建师范大学经济学院共同开展，指标体系由5个一级指标、16个二级指标和48个三级指标组成，从数字发展基础、数字技术创新、数字社会应用、数字治理水平和数字产业发展五个方面，评估九市一区数字经济发展状况，为我省数字经济高质量发展提供参考。根据评价结果分析，2019年，我省数字经济快速发展，闽东北协同发展区指数为72.01、闽西南协同发展区指数为72.17，两大协同发展区数字经济发展齐头并进。福州、厦门数字经济发展继续领跑全省，数字经济发展指数分别达87.68和84.97，人才、资金和创新等资源集聚优势驱动作用明显。九市一区数字经济发展基础差距逐步缩小，数字技术创新和数字社会应用成为加快各地数字经济发展的关键因素。

6日7时30分，Y585次空调列车从宁德站始发，满载着700余名游客开始了为期2天的长汀欢乐之行。这是我省自疫情后开出的首趟专列，也标志着“全福游　有全福”旅游专列系列活动拉开序幕。截至目前，已有10余家企业与南昌铁路旅游有限公司福建分公司联合开发了多条旅游专列精品线路。6月的每个周末，游客都能坐上火车领略八闽大地“山水画廊　人间福地”的诗情画意。

7日起，由福建省发改委、福建省数字办联合字节跳动共同发起的“闽山闽水物华新”大型福建直播带货栏目，将在抖音平台上正式上线。届时，主办方将共同打造省级特色产品电商专属IP，通过直播助力经济复苏、拉动消费、推广特色产品。“闽山闽水物华新”的一系列直播带货活动将从6月7日起持续到8月中旬。首次直播的时间为6月7日晚7点—9点。随后，开启首场县（市、区）直播带货活动。该活动共分为10期，10个县（市、区）长将到直播间带货推广本地产品。未来3个月，还将继续举办其他9场直播活动。

7日省财政厅消息，为防止渔民因灾返贫，充分发挥渔业互助保险的风险保障作用，2日，省财政厅会同省海洋与渔业局、渔业互保协会印发通知，对自愿投保渔业互助保险雇主责任附加险的渔民，在0—35万元（含）额度内，由省级财政给予投保渔民对应保费10%的投保奖励。我省此前已向沿海渔船渔工和远洋渔船船员投保雇主责任互助保险给予40%的保费补贴，由于保额有限，一旦出险难以覆盖渔工和船员的损失，极易导致因灾返贫。为此我省增加了对雇主责任附加险的奖励，以鼓励和引导渔民投保附加险，获得更高额度的风险保障。按照渔业互助保险雇主责任保险条款，参加投保的渔民和船员在工作场所及工作时间内，因遭受意外事故伤害导致死亡或失踪，由渔业互保协会给予相应保额的赔偿。

自2006年开展试点以来，我省渔业互助保险覆盖面不断扩大、保障水平持续提高，有力保障了渔民的生产生活。其中，2019年全省共承保渔民7万多人次，提供风险保障369亿元。

8日，省委书记于伟国、省长唐登杰在福州与国家开发银行党委书记、董事长赵欢一行座谈交流。国开行将围绕落实国家战略，聚焦主业主责，强化使命担当，充分发挥开发性金融机构的独特作用和政策效果，重点在企业复工复产达产、基础设施建设、高端制造业、服务台商台企、脱贫攻坚和支持中小微企业发展等领域加大投入，助力福建全方位推动高质量发展。

10 日，省工信厅发布了《关于组织申报 2020 年度国家中小企业公共服务示范平台的通知》（以下简称《通知》），计划开展我省 2020 年度国家中小企业公共服务示范平台（以下简称“国家示范平台”）组织申报工作，申报时间截至 6 月 16 日。《通知》规定了申报对象的具体范围为：经省工信厅、财政厅认定的省级中小企业公共服务示范平台，尚未获得国家示范平台称号，且符合《国家中小企业公共服务示范平台认定管理办法》规定条件的平台运营单位；2017 年经工业和信息化部认定的国家中小企业公共服务示范平台；经工业和信息化部认定的工业产品质量控制和技术评价实验室。《通知》还明确了属申报对象范畴且符合《管理办法》所要求条件的单位，可按属地原则，自愿向所在设区市工信部门、平潭综合实验区经发局提出书面申请；省属有关单位建设的示范平台，以及经工业和信息化部认定的工业产品质量控制和技术评价实验室可直接向省工信厅提出申请。下一步，省工信厅将根据各地市推荐申报情况，通过组织专家评审、服务满意度测评等方式，择优推荐不超过 4 个示范平台申报 2020 年度国家中小企业公共服务示范平台。

10 日，省委书记、省应对新冠肺炎疫情工作领导小组组长于伟国主持召开专题会议暨领导小组第三十九次会议，强调要深入学习贯彻习近平总书记重要讲话重要指示批示精神，贯彻落实全国“两会”工作部署，在做好常态化疫情防控前提下，扎实做好“六稳”工作，全面落实“六保”任务，加快“两新一重”等项目建设，积极扩大有效投资，为全方位高质量发展提供有力支撑。省长、领导小组组长唐登杰作工作安排。会上，福州、厦门、泉州、三明、龙岩、省发改委、省工信厅、省住建厅主要负责人，东南沿海铁路（福建）公司、厦门市轨道交通集团、古雷石化、百宏集团等企业负责人作了发言。

11 日，省委书记于伟国主持召开省委常委会暨省委学习贯彻落实习近平总书记重要讲话重要指示批示精神和党中央各项决策部署工作小组会议、省中央环境保护督察整改工作领导小组会议、省平安建设领导小组第一次会议，深入学习贯彻习近平总书记重要讲话重要指示批示精神，研究进一步深化我省文化遗产保护工作具体措施、我省贯彻落实中央生态环境保护督察报告整改方案、平安福建建设重点工作，研究通过《关于进一步加快新能源汽车推广应用和产业高质量发展推动“电动福建”建设三年行动计划（2020—2022 年）》。会议指出，要认真贯彻落实党中央和国务院决策部署，坚持稳定和扩大汽车消费，走绿色发展道路，坚持龙头引领、创新驱动，强化产业链协同合作，加快突破核心技术，加强精准服务保障，提高政策兑现率，进一步加快我省新能源汽车推广应用和产业高质量发展，推进“电动福建”建设。

11 日，省委书记、省应对新冠肺炎疫情工作领导小组组长于伟国主持召开省委常委会（扩大）会议暨领导小组第四十次会议，强调要认真学习贯彻习近平总书记在宁夏考察时的重要讲话精神，增强“四个意识”、坚定“四个自信”、做到“两个维护”，坚持稳中求进工作总基调，坚持新发展理念，落实全国“两会”工作部署，以有力有效的实招硬招，扎实做好“六稳”工作，全面落实“六保”任务，全方位推动高质量发展落实赶超，深化对口支援和东西部扶贫协作，决胜全面建成小康社会，决战脱贫攻坚。省长、领导小组组长唐登杰，省政协主席崔玉英出席。会议强调，要坚持不懈推动全方位高质量发展，深入实施扩大内需战略，深化落实“八项行动”，精准扶持重点行业和重点企业，积极扩大有效投资，加快消费回补和潜力释放，提升产业链供应链的稳定性竞争力。要持续深化改革、扩大开放，推动各项改革往深里走、往实里落，不断激发各类市场主体活力，大力创新外向型经济新体制，积极拓展市场，稳住外贸外资基本盘。要牢固树立绿水青山就是金山银山的理念，深化国家生态文明试验区建设，抓好中央生态环境保护督察整改落实，打好蓝天、碧水、净土保卫战。要坚持以人民为中心的发展思想，扎实做好重点群体就业工作，全力保障困难群体基本生活，切实解决好群众的操心事、烦心事、揪心事。

12 日，省发改委消息，截至 5 月底，省重点项目累计完成投资 2047 亿元、占年度计划的 40.9%，同比增长 3%。其中，5 月份省重点项目完成投资542亿元、占年度计划的10.8%，达到当月投资任务要求。分地区看，福州、漳州、泉州、三明、莆田、南平、龙岩等地累计完成投资已达序时进度；分领域看，农林水利、城乡建设与生态环保、工业、社会事业等累计完成投资已达序时进度。

12日，省委书记于伟国主持召开座谈会，围绕深入学习贯彻习近平总书记重要讲话重要指示批示精神，全方位推动高质量发展超越，深入听取专家学者和企业家代表的意见建议。他强调，要牢记习近平总书记重要嘱托，增强“四个意识”、坚定“四个自信”、做到“两个维护”，保持战略定力，全方位推动高质量发展超越，以实实在在的发展成效，充分彰显我们的制度优势。座谈中，田中群、李鸿阶、李非、李鹏、黄茂兴、伍长南、罗海成、洪茂椿、付贤智、徐西鹏、顾越峰、黎立璋、曾玉荣、谢必震、吴凤娇、刘怡靖等23位来自高校、科研院所的专家学者和部分企业负责人，畅谈了学习习近平总书记重要讲话重要指示批示精神的认识体会，围绕推动科技创新、优化产业结构、培养高层次人才、提高居民收入、完善指标体系等积极建言献策。

12日，我省与国家电网有限公司在福州签署合作协议。双方深入贯彻落实习近平总书记重要讲话重要指示批示精神，认真落实能源安全新战略和中央关于加快新型基础设施建设的决策部署，高质量编制“十四五”能源和电力规划，加快能源互联网建设，提升福建电力外送能力，加快推进乡村电气化应用，加大老区苏区电网建设，拓展储能装备应用等，全力在福建建设国内领先的一流电网。

12日，省长唐登杰主持召开省政府常务会议，认真贯彻中央和省委部署，研究深化“海丝”核心区建设、进一步优化营商环境、发展农村电商促进农产品销售等工作。会议审议了2020年福建省21世纪海上丝绸之路核心区建设工作要点，听取了2019年度全省营商环境第三方评估情况汇报，通过了《“互联网+”农产品出村进城工程实施方案》。会议指出，要深入贯彻落实习近平总书记关于推进“一带一路”建设的系列重要讲话精神，提高政治站位，坚持稳中求进，充分发挥我省改革开放先行、文化积淀深厚、海外侨胞众多等综合优势，推进丝路海运、丝路飞翔、数字丝路、丝路投资、丝路贸易、人文海丝、生态海丝、海丝茶道等重点工程走深走实。要秉持共商共建共享原则，善于把握机遇、积极主动作为，有效应对疫情冲击，促进“海丝”核心区高质量发展，更好为全国大局服务。要深入贯彻落实习近平总书记重要讲话重要指示批示精神，认真贯彻《优化营商环境条例》，聚焦企业关切，对标先进水平，实施一批标识度高、突破性强的改革举措，大力营造有利于创新创业创造的良好发展环境。要对照全省营商环境第三方评估发现的问题，补短板、强弱项，不断提高企业和群众的满意度、获得感。要围绕扎实做好“六稳”工作、全面落实“六保”任务，持续深化“放管服”改革，落实落细减税降费降本等惠企纾困政策，完善服务企业的常态长效机制，持续激发市场主体活力和社会创造力。会议强调，要坚持服务“三农”，发挥“互联网+”优势，拓展农产品线上交易、直播带货等新模式，有力促进农业丰收、农民增收，助力脱贫攻坚和乡村振兴。要深化农业供给侧结构性改革，做优做强特色现代农业，大力培育“福”字号优质农产品，促进产销对接更加便捷顺畅。要结合推进“新基建”，完善农村信息化基础设施，构建高效的农产品网络销售、物流配送等体系，培育多元化市场主体，推动农村电商蓬勃发展。

13日，由省文化和旅游厅组织开展的2020年“文化和自然遗产日”非遗宣传展示系列活动主会场活动在福州三坊七巷非遗博览苑举行，各设区市分会场同步进行。本次系列活动以“迎世遗·非遗传承 健康生活”为主题，全省共举行220场非遗宣传展示活动。这些活动以线上为主，而“嗨购6·13福建非遗购物节”线上系列活动成为其中的重头戏。

14日，由省林业局委托省林业调查规划院编制的《湄洲岛造林绿化提升建设规划（2020—2025年）》，通过专家组评审。该规划是我省首个完成编制的海岛造林绿化提升规划。

17日，省商务厅消息，为坚决阻断新冠肺炎疫情传播渠道，保障复工复产、复商复市安全平稳，省商务厅就进一步做好农贸（批发）市场、商超场所疫情防控工作发出通知，要求各地商务主管部门密切配合地方卫健部门，督促指导农贸（批发）市场和销售生鲜农产品的商超（以下简称“农贸场所”）经营单位时刻绷紧疫情防控这根弦，慎终如始抓好“外防输入、内防反弹”。

18日，省委书记于伟国主持召开畅通石化产业循环专题会议，强调要深入学习贯彻习近平总书记重要讲话重要指示批示精神，全面贯彻新发展理念，发挥创新驱动作用，全力通堵点、强链条、优管理，在危机中育新机、于变局中开新局，推动产业向高端化、绿色化、智能化、融合化方向发展，不断做优做大做强，提升产业发展水平和竞争力。会上，福州市、漳州市、泉州市、省发改委、省工信厅主要负责人，福建石化集团、中景石化、福海创石油化工、联合石化、永荣科技等企业负责人先后发言，提出意见建议。

19日，省委书记、省应对新冠肺炎疫情工作领导小组组长于伟国主持召开省委常委会会议暨领导小组第四十二次会议、省21世纪海上丝绸之路核心区建设工作领导小组会议、省委实施乡村振兴战略领导小组会议，深入学习贯彻习近平总书记重要讲话重要指示批示精神，部署进一步统筹做好常态化疫情防控和经济社会发展工作具体措施，学习《中国共产党政法工作条例》并研究我省实施办法，研究海丝核心区建设年度工作要点和完善农业支持保护制度实施方案。

21日，省发改委消息，我省多举措推进降费，助企减负。一是降低用电成本。今年2至6月，除高耗能行业外的所有工商业用户的电费，按原到户电价水平的95%收取，支持性两部制电价政策延长至6月30日。二是降低用气成本。我省5个联网城市均已将下调天然气门站价格5%的降价空间全额传导至终端用户，减少企业用气负担5100万元。三是加大价格临时补贴力度。3月份发放8290.85万元，惠及78.5万人次。四是持续落实港口降费政策。降低港口货物港务费收费标准和统一返还比例，年可让利减轻企业负担约7600万元；落实全省货物港务费和港口设施保安费收费标准降低20%，可助企减负1900多万元。

22日9时28分，红色的高铁箱梁运架一体机将1000吨箱梁成功架设到新建福州至厦门高铁湄洲湾跨海大桥的桥墩上，标志着全国首台千吨级高铁箱梁运架一体机投入使用，宣告我国高铁装备制造和施工水平获得又一重大突破。这台1000吨级流动式架桥机是目前我国自主设计制造的功能最全的高铁桥梁提运架设备，集提梁、运梁、架梁于一体，能够满足24米、32米、40米不同跨度的高铁箱梁施工作业，具有智能化程度高、多用途等特点。

29日上午，我省在宁德市举办2020年全国节能宣传周启动仪式。与此同时，其他设区市也组织开展了内容丰富、形式多样的节能宣传活动。启动仪式上，开展了节能宣传周主题签名，节能法律法规、政策标准咨询以及有奖答题宣传，节能新产品新技术推广等活动。省节能中心进行节约能源法、福建省用能权交易管理暂行管理办法的宣传，面向全省开展以“绿水青山，节能增效”为主题的节能宣传网络答题活动。省新材办、省散装办、建科院及20多家企业、金融机构代表现场进行节能新产品新技术推广、节能产品与技术应用展示、“助保贷”绿色金融宣传和新能源汽车推广展览。数据显示，今年一季度全省单位GDP能耗下降3.88%，能耗增速下降8.83%，继续保持在合理区间。

29日，省促进中小企业发展工作领导小组办公室（省工信厅）在福州举办第四个“中小微企业日”暨“惠企政策进百园入万企”省级专场线上活动。本次活动旨在帮助我省中小微企业应对疫情影响，推动各项惠企政策有效落地，营造全社会共同关心关注中小微企业发展的浓厚氛围。活动共吸引超过14万人次在线观看。活动现场邀请省工信厅、人行福州中心支行和中国出口信用保险公司福建分公司等单位相关负责人解读支持中小企业发展政策，并上线了福建省“1+10+N”“政企直通车”服务平台，以进一步提升“政企直通车”服务效能。现场表彰2019年度福建省中小企业公共服务平台网络“十佳平台”，福建省中小企业公共服务联盟还发起福建省2020年中小企业志愿服务专项行动倡议。

29日，2020年九龙江流域河湖长制工作视频会议在龙岩召开。副省长、副总河长兼九龙江流域河长林宝金出席会议并讲话。会前，林宝金带领省直有关部门和有关市、县（区）政府负责人前往漳州九十九湾、龙岩小溪河、铁山污水处理厂及马坑矿业开展调研检查。

30日，为推动福建与东盟经贸合作恢复增长，做好“六稳”工作，落实“六保”任务，中国（福建）—东盟经贸合作网络推介会首次采取网络视频会议+直播的方式举行，在福州和北京分设会场，并同时连线东盟十国十五地。副省长郭宁宁出席推介会。

30日，省经济信息中心发布我省首份《福建省“独角兽”“瞪羚”企业发展报告（2020）》。分析显示，我省数字经济领域的89家创新企业（3家“独角兽”企业、14家未来“独角兽”企业、72家“瞪羚”企业）在经营效益、研发创新等方面表现良好，成为推动全省数字经济发展的重要支撑。

（摘编：郑新贵）

7月

2日，福建省第十三届人大常委会第二十次会议在福州召开。会议表决通过有关人事事项。因工作岗位调整，决定接受唐登杰辞去福建省人民政府省长职务的请求。决定任命王宁为福建省人民政府副省长，代理省长职务。决定任命崔永辉为福建省人民政府副省长。

2日，国家发展改革委党组召开扩大会议，学习贯彻习近平总书记在中共中央政治局第二十一次集体学习上的重要讲话精神。党组书记、主任何立峰同志主持会议，党组副书记穆虹、唐登杰同志和党组其他同志出席会议。上述消息显示，原任福建省委副书记、省长的唐登杰已经出任国家发改委党组副书记。

2日，省委常委周联清、副省长郭宁宁会见了来闽参加“台资企业拓内销线上推介对接（福建首场）”活动的全国台企联会长李政宏，我省部分台协会会长、涉台企业负责人。

3日上午，由商务部、国台办和福建省政府共同指导，海峡两岸经贸交流协会、全国台企联、福建省商务厅和福建省台办共同主办的“台资企业拓内销”线上推介对接系列活动首场对接会成功举办。推介对接活动形式新颖，采取在线直播推介和企业线上洽谈对接相结合的方式，助力台企拓展内销市场，共吸引百家台企和超过200家大陆对接企业参与，直播推介活动同时在线人数超过5000人次。商务部副部长王炳南、国台办副主任裴金佳、福建省委常委周联清、福建省副省长郭宁宁、全国台企联会长李政宏出席活动开幕式。全国各地商务主管部门和对台工作部门代表在线上参加活动。

9日，福建省税务局消息，今年初以来，全省有1.8万户企业通过纳税信用修复，实现了纳税信用提档升级，其中6412户企业信用级别受益于信用修复机制升至A级。

10日，省商务厅消息，今年1—6月，全省实际使用外资213.2亿元人民币，同比增长21.7%，完成全年目标65.6%，超序时进度15.6个百分点，圆满完成“双过半”目标任务。

11日，省商务厅、省财政厅、省金融监管局近日联合印发《福建省商贸贷外贸贷实施暂行办法》，开辟专属便捷通道，引导金融机构加强融资支持，纾解中小微商贸、外贸企业融资难、融资贵、融资慢问题。

12日，省财政厅消息，截至6月底，省级财政已下达为民办实事项目资金 145.1 亿元，占比 99.1%，基本完成年初投入计划。2020 年我省共确定 28 项为民办实事项目，计划投入资金 415.54 亿元，其中省级财政（含中央）承担 146.93 亿元。为了加快落实资金筹措和拨付，省财政厅通过完善专项资金管理办法、优化资金分配使用流程、建立健全预算资金执行进度通报制度，以及实行审计、绩效评价结果与预算安排挂钩等措施，加快为民办实事项目资金拨付，推进项目及早落地惠民。

12 日 21 时 25 分，国内首台 10 兆瓦海上风电机组在三峡集团福建福清兴化湾二期海上风电场成功并网发电。这是目前我国自主研发的单机容量在亚太地区最大、全球第二大的海上风电机组，刷新了我国海上风电单机容量新纪录。它的并网发电，标志着我国具备 10 兆瓦大容量海上风机自主设计、研发、制造、安装、调试、运行能力，标志着我国风电开发能力实现历史性跨越，跻身世界第一方阵。

13 日，福建全省最高用电负荷达 4063 万千瓦，这是今年以来我省最高用电负荷第 5 次创历史新高，比 2019 年最大值增长 5.86%，也是全省最高用电负荷有史以来首次突破 4000 万千瓦。目前我省电网运行平稳，电力供应充足。

14 日，中国·福建—意大利经贸合作在线推介会在两国七地以视频直播连线方式举办，吸引中意工商企业界代表超过 3000 人在线观看。推介会上，泉州经济技术开发区管委会与意大利蒙卡洛集团就“意大利对外交流中心”项目、宁德市霞浦县政府与意大利卡利亚里足球俱乐部就足球产业合作项目、福建聚嘉科技股份有限公司与意大利 m2020 有限公司就防疫物资采购合作项目进行了“云签约”。

15 日，省数字办近期公布 2020 年度福建省数字经济领域创新企业名单，首次遴选出 89 家数字经济领域创新企业。其中，“独角兽”企业 3 家、“未来独角兽”企业 14 家、“瞪羚”企业 72 家。

15 日，为进一步提升我省制造业设计能力，近期，省工信厅、省发改委、省教育厅、省财政厅、省人社厅、省商务厅、省知识产权局等七部门联合印发了《福建省制造业设计能力提升专项行动计划实施意见》，瞄准我省重点产业和发展趋势，全面构建工业设计创新体系，为制造业高质量发展提供有力支撑。意见提出，到 2023 年，全省建成 100 家左右省级工业设计中心，20 家以上国家级工业设计中心；培育创建国家、省级工业设计研究院。持续举办各类工业设计赛事活动，搭建工业设计人才和成果与我省制造业企业对接平台，力争“海峡杯”“八闽杯”等工业设计赛事活动获奖作品产业化率达 20% 以上。意见明确了强化载体培育、主体创建、融合发展、公共服务、交流合作五大任务，并提出一系列具体举措。

15 日，省委书记于伟国主持召开省委常委会会议，传达学习贯彻习近平总书记对进一步做好防汛救灾工作作出的重要指示和给中国石油大学（北京）克拉玛依校区毕业生的回信精神，研究进一步统筹推进常态化疫情防控和经济社会发展，做好防汛防台风、防范化解重大风险、抓紧抓实抓细安全生产、促进高校毕业生就业创业、整治农村乱占耕地建房和加强公职人员监管等工作。会议还研究了其他事项。

16 日，我省首座配电网箱式变电站 5G 共享基站在三明市建成并投运。年底前，全省将投运 2 万座 5G 共享基站。5G 共享基站可同时为通信与电网提供硬件支撑，其投运既能解决人流密集区域近地面 5G 信号不强、覆盖存在盲点等问题，为 5G 网络稳定运行与使用提供额外保障，还能为电网运行与维护提供安全高效的无线接入通道，实现智能化在线监测与控制电量，解决配电网光纤敷设不灵活、无法支撑泛在电力物联网感知层设备同时运行等问题，极大提高故障发现、查找、处理时效。在自然灾害等特殊情况下，5G 共享基站可以有效增强通信应急保障能力，减少配电网现场巡视安全风险。

16 日，兴业银行与省生态环境厅签署绿色金融战略合作协议，计划未来 5 年向福建省生态环保领域提供不低于 500 亿元意向性融资额度。根据协议，双方将加强绿色信贷、绿色债券、绿色产业基金等融资模式创新，在水环境综合治理、大气污染防治、土壤生态治理、海洋生态环境保护等重点领域，通过搭建优势互补的政银企交流平台，推动绿色项目合作，逐步构建和完善政策措施完备、产品种类丰富、稳健安全运行的绿色金融支持生态环境发展体系。同时，兴业银行将对重点环境治理项目和优质环保企业，建立绿色审批通道和差异化授信政策，共同推动我省生态环境产业发展。兴业银行积极倡导并支持生态环境多方共治，截至2020年6月，已累计向我省提供绿色融资1556.80亿元，融资余额668.27亿元。

18日，农业农村部、财政部日前公布2020年259个农业产业强镇建设名单。我省晋江市东石镇、宁化县城郊镇等10个镇（乡）入选。自2018年全国农业产业强镇示范建设工作启动以来，我省共有3批次27个镇（乡）开展示范建设工作。它们聚焦优势特色产业，促进生产要素集聚，推动产业链条延伸，创新农民利益联结机制，成为撬动乡村产业振兴的重要支点。

20日，代省长王宁到省农业农村厅调研，首先来到省农产品质量安全检验检测中心，深入了解"治理餐桌污染、建设食品放心工程"情况，随后与厅班子和处室负责同志座谈交流，与大家一起研究问题、破解难题，推进落实省委对下半年工作的部署要求。王宁指出，抓好"三农"领域重点工作，决胜全面小康、决战脱贫攻坚，要进一步解放思想、开阔视野，学习先进、找准坐标，善于用改革的思维、创新的办法，努力走出一条发展新路。要突出"担当、服务、创新、实干、廉洁"，持续加强自身建设，不断优化服务、提高效率、奋发进取，在全方位推动高质量发展超越中当标兵、作表率。

21日，今年以来，以创建宁德、龙岩普惠金融改革试验区为契机，我省普惠金融改革发展加快推进。5月末，全省普惠型小微贷款6436.17亿元，比年初增加644.06亿元，同比增长25.27%；1—5月全省普惠型小微贷款平均利率5.75%，比上年度下降0.71个百分点；6月末，全省涉农贷款余额14258.46亿元，较年初增加1033.47亿元，其中，农村企业贷款余额7498.71亿元，占52.59%，具有直接支农属性的农户贷款余额5003.11亿元，同比增长14.83%，涉农贷款中直接支农贷款占比持续提高，涉农贷款质量不断提高。

21日，习近平总书记主持召开企业家座谈会时强调，激发市场主体活力，弘扬企业家精神，推动企业发挥更大作用实现更大发展。我省是民营经济大省，民营企业总量大、贡献大、出口多、吸纳就业多。连日来，我省广大民营企业家持续热议习近平总书记重要讲话，大家一致表示，习近平总书记重要讲话鼓舞信心、振奋士气，为民营企业迎难而上实现更大发展指明了方向。今后，大家将弘扬企业家精神，继续发扬"敢为天下先、爱拼才会赢"的闯劲，进一步解放思想，改革创新，敢于担当，勇于作为，不断做大做强，为国家经济社会持续健康发展发挥更大作用。

22日，省财政厅消息，为促进旅游业复苏，纾解旅行社资金周转困难，近日，省级财政下达纾困帮扶资金2000万元，对2019年度纳税排名靠前的42家骨干旅行社给予补助（兼顾区域平衡），支持其恢复经营发展。补助标准分三档，第一档补助80万元，第二档补助50万元，第三档补助30万元。

22日，省科技厅与建设银行福建省分行签署助力福建科技创新合作协议，共同实施"科技型中小微企业创新发展行动"，加大对科技企业支持力度，通过专项资金支持、融通平台构建、投贷联动机制等全景式、全链条服务，精准助力科企复工复产、转型升级。省科技厅消息，截至2020年7月份，我省"科技贷"业务累计投放金额62.58亿元，累计服务科技型中小微企业748户。建设银行福建省分行将以签约为契机，打造服务科技型企业的专属服务品牌"MOST"，未来三年提供不少于100亿元的专项信贷，通过"融资+融智+融商+融技"的一站式科技金融服务，引新金融活水，激活科企创新活力。签约仪式上，我省52家科技型小微企业共享到"科技贷"普惠红利。银企双方通过云端相聚、屏幕交流，完成了融资金额2.7亿元的"科技贷"合作签约。建行福建省分行还携手福建省融资担保有限责任公司签订合作协议，通过"银行贷款+担保保证+财政风险补偿"的"银政担"模式，实现增信助力。

24日，省工信厅、省文旅厅联合印发创建福建省工业旅游精品线路实施细则的通知。通知提出，我省将积极创建首批省级工业旅游精品线路，对入围的企业给予支持和奖励。

24日，省委书记于伟国主持召开省委常委会会议，传达学习贯彻习近平总书记在中央政治局常委会会议上关于防汛救灾工作的重要讲话精神，进一步研究部署我省贯彻落实措施和防汛防台风工作；传达学习贯彻习近平总书记在企业家座谈会上的重要讲话精神，研究《福建省新型基础设施建设三年行动计划（2020—2022年）》，部署全力做好"六稳""六保"工作，在常态化疫情防控条件下扎实推进经济社会发展各项工作的具体措施。

24日，由商务部投促局、福建省商务厅联合主办的"中欧经贸与投资合作云峰会暨荷兰比利时卢森堡在线推介会"在中国北京、福州、上海、海口以及荷兰、比利时、卢森堡四国七地通过"云平台"方式举办，吸引中欧工商企业界代表逾3500人在线参与。欧洲是福建最主要的贸易伙伴、最重要的外资来源地和投资目的地之一。中欧信息通讯产业投资合作联盟正式启动成为本次云峰会的一大亮点。省商务厅作为联盟合作单位，积极组织发动省电子信息龙头企业加入联盟，加强与欧洲相关行业企业与机构联系沟通，拓展欧洲市场。副省长郭宁宁参会。

24日，我省与中国中化集团、中国化工集团签署战略合作协议。省委书记于伟国，省委副书记、代省长王宁，中国中化集团党组书记、董事长，中国化工集团党委书记、董事长宁高宁出席签署仪式并座谈。根据协议，中化集团、中国化工将福建作为重要战略投资区域，通过有利于共同发展的市场合作方式，加强与福建在能源化工、现代农业、城市运营、装备制造、现代金融、环保、商务咨询等重点领域深入合作。

25日，"一县一周"福建供销名特优农产品展销会在福建省供销合作社一楼举行。"一县一周"名特优农产品展销会首展是来自建瓯的各种名特优农产品，建瓯物产丰饶，不仅有驰名中外的坂田大米和笋竹产品，还有莲子、板鸭、北苑贡茶、锥栗等特产。"一县一周"名特优农产品展销会将以一个县组织一周的形式，通过搭建农产品产销对接平台，助力精准扶贫和乡村振兴。

25日晚7点，首届"福建好鞋网购节"在莆田开启。这是一场公益直播活动，将持续至8月5日。活动旨在进一步强化省市县、政企协、产供销合力，发挥融媒体、知名电商平台等影响力和品牌推动力，促进制鞋产业链供应链数字化畅通循环，加快培育行业发展新业态、新模式，持续提升产品品质，促进特色品牌消费。当晚，重点推荐莆田双驰、玩觅、走索，以及泉州匹克、鸿星尔克、361°等品牌鞋企的40多款好鞋。在现场直播的同时，还插播了事先录制好的匹克、鸿星尔克、361°等场外体验视频，通过镜头，带着网友走进企业生产车间、实验室，领略福建好鞋的制作全过程，了解福建好鞋的好材料、高工艺、黑科技、云智慧、酷造型等特色优势。福建省是全国四大鞋业产业集聚区之一，产业集群效应明显，已成为全国旅游运动鞋最大的生产基地，其鞋业产量、主营业务收入和出口交货值连续多年位居全国前列，其中，运动鞋系列位居全国首位。近年来，在国内外市场多变、增速减缓的情况下，福建省制鞋业依然保持平稳发展态势。2019年，全省规模以上制鞋企业达1032家，实现营业收入3618亿元，同比增长7%；制鞋产量38.9亿双，同比增长10.3%；销售产值增长7.3%；出口交货值增长6.6%。

27日出版的今年第30期新华通讯社《瞭望》新闻周刊刊登特稿《福建GDP首超台湾之后》。文章说，党的十八大以来，福建经济发展快马加鞭，GDP连续跨越三个万亿级台阶，2019年经济总量更是突破4万亿元人民币，首次超越台湾。福建经济总量赶超台湾，将给两岸融合发展带来新的契机。向高质量发展迈进的八闽大地，将为台胞提供更大的发展舞台、更多的实惠便利、更好的心灵契合。

28日11时，福州长乐松下站建设工地，中铁二十四局作业人员将最后一根长轨换铺到位。这标志着国家重点项目福平铁路全线铺轨贯通，也为该条铁路的正式开通运营奠定了基础。福平铁路是京福高铁的重要延伸段，线路全长88.433公里，为时速200公里的Ⅰ级双线铁路。全线设福州、福州南、长乐、长乐东、松下、平潭6座车站，其中福州、福州南为既有站，其余为新建站。福平铁路全线桥隧占比79.04%，其中有9座隧道、3座桥梁邻近或跨越既有铁路线。施工过程中先后完成了乌龙江特大桥、平潭海峡公铁两用大桥等重难点工程。

28日，商务部公布了福州三坊七巷、厦门中山路在内的12条步行街升级改造试点。这是继2018年12月底确定11条步行街改造提升试点后，商务部公布的第二批步行街升级改造试点名单。福州三坊七巷步行街街区汇集的国际高端品牌有30余个，品牌首店200余家，总计各类商业品牌1128个，未来将致力于升级为承载闽都文脉、汇集城市智慧、充满生机活力的海西城市会客厅。中山路是厦门最老牌的商业街，也是见证厦门历史的一张烫金名片。提高商业质量将成为中山路改造提升的重中之重。

28日，记者从国网宁德供电公司获悉，位于宁德市蕉城区飞鸾镇的我省第一座配网标准化5G共享杆塔基站完成建设。据介绍，配网标准化5G共享杆塔基站的建成，不仅解决该区域动车轨道周边信号弱、覆盖存在盲点的问题，还解决了该区域配电网自动化通信信号差等问题。今年初以来，国网宁德供电公司与中国铁塔宁德分公司开展共享合作，铁塔公司借助供电配电网杆塔点多面广，可直接在杆上挂5G天线等优势，开展共享合作，解决了铁塔公司建塔难、建设周期长、建设点位受限等问题，为铁塔公司缩短了5G建设周期。

28日，代省长王宁主持召开省政府常务会议，认真贯彻中央和省委部署，审议《关于构建现代环境治理体系的实施方案》《福建省生态环境保护督察工作实施办法》《关于全面加强危险化学品安全生产工作的实施意见》《关于促进劳动力和人才社会性流动体制机制改革若干措施的通知》《关于完善建设用地使用权转让、出租、抵押二级市场的实施方案》《福建省创建新能源产业创新示范区总体方案》，研究持续优化营商环境、创新办好2020厦洽会等工作。

29日，代省长王宁率省直有关部门负责同志到福州新区，深入了解滨海新城、三江口片区开发建设情况，现场协调解决新区建设中遇到的困难问题，指导推进新区新城建设。

30日上午10点30分，在福州市行政服务中心，新设立企业——福建省星宇建筑大数据运营有限公司董事长马力遥在领取营业执照时，还同步收到了免费的意外之喜——企业正常经营所需的4枚印章。这是福州在全省率先推行企业开办刻章“零延时”“零费用”服务后，发出的第一套印章。这意味着，今后，在福州开办企业，在登记环节，刻章由政府买单，企业一分钱都不用花了。

31日，全省畅通产业链循环融资对接视频会举行。会议强调，要围绕“促进高质量发展、畅通产业链循环”目标，深化产融合作，强化融资对接，促进金融支持畅通产业链循环，推动金融与产业良性互动。要建立完善优势龙头企业信贷审批“绿色通道”，用好首期100亿元贷款额度的省中小微企业纾困专项资金，扩大中小企业应收账款融资规模，持续提升产融合作政银企对接水平，加大金融对畅通产业链循环的支持力度。要充分用好正向奖励政策，全力实施梯度培养，推动个转企、小升规、规改股、股上市，打造企业成长链条，千方百计保护和激发市场主体活力。要深入开展“政策落实年”行动，深化服务民企“三个一百”活动，进一步提升“政企直通车”效能，持续推进“百千”增产增效行动，推动惠企政策有效落地，让企业真正把政策用起来，让政策有力带动企业好起来，努力提升产业链供应链稳定性和竞争力。此次对接会由省工信厅联合省财政厅、省金融监管局、人行福州中心支行、福建银保监局共同主办。除主会场外，还在9个设区市及平潭综合实验区设立分会场。共有131个产业链企业（项目）和金融机构签约，总金额达462.4亿元。

（摘编：郑新贵）

8月

4日，为积极营造有利于汽车消费的市场环境，深化我省生态文明试验区建设，推进供给侧结构性改革，有效应对疫情对产业的冲击，省工信厅等十部门日前联合印发《关于进一步加快新能源汽车推广应用和产业高质量发展推动“电动福建”建设三年行动计划（2020—2022年）》（以下简称《行动计划》），旨在强化产业基础能力建设，坚持加快新能源汽车、储能电池和新能源装备推广应用，推动产业高质量发展，建设“电动福建”。

5日，省生态环境厅消息，为打好土壤污染防治攻坚战，摸清土壤污染状况“家底”，我省加快推进重点行业企业用地土壤污染状况调查，以数据质量为导向，实现从质控体系建立到抽查整改的全链条、闭环式无缝管理，工作进展和质量居全国前列。截至目前，2385个地块已全部完成基础信息采集，形成“一图、一表、一报告”，325个地块采样调查按序时推进。

6日，首届中国—巴布亚新几内亚经贸联委会以视频会议形式召开，商务部副部长兼国际贸易谈判副代表王受文、巴新外交与国际贸易部副秘书长瓦罗共同主持，我省和广东省、深圳市代表应邀出席。今年是我省与巴新东高地省结好20周年。20年来，两省人员互访和经贸往来频繁，在农业、基础设施等领域拓展务实合作，取得了丰硕成果，结下了亲如一家的情谊。

6日，经省政府同意，省政府办公厅日前印发《中国（莆田）跨境电子商务综合试验区实施方案》，提出试验区建设的总体要求、主要任务及创新举措、保障措施等。《方案》指出，要探索和实践跨境电子商务管理新方式、新机制，挖掘和培育跨境电子商务发展新模式、新业态。经过3—5年的改革试验，通过搭建四大平台、完备六大体系，培育形成5个以上功能完善、各具特色的跨境电子商务发展集聚区，重点打造10个以上在国际市场上具有竞争力和影响力的跨境电子商务品牌，实现全市跨境电子商务交易额超200亿元。4月27日，国务院印发《国务院关于同意在雄安新区等46个城市和地区设立跨境电子商务综合试验区的批复》，中国（莆田）跨境电子商务综合试验区正式获批。

7日，代省长王宁主持召开省政府常务会议，认真贯彻中央和省委部署，通过《关于建立武夷山国家公园生态补偿机制的实施办法（试行）》，研究2019年福建省专利奖评奖等工作。会议还研究了其他事项。

9日，省海洋与渔业局消息，上半年全省水产品总产量411.82万吨，同比增长4.1%，渔业产值604.68亿元，同比增长3.7%（可比价增速），实现了全省渔业经济的平稳运行。今年来，省海洋与渔业局扎实做好“六稳”工作，全面落实“六保”任务，统筹推进疫情防控和渔业复工复产，切实保障了疫情期间水产品的市场供给，并呈现三大亮点。一是捕捞产量得到了有效管控。按照国家海洋渔船“双控”目标，进一步加强我省海洋渔业资源养护，合理控制海洋渔船捕捞能力和捕捞总量，上半年近海捕捞、淡水捕捞产量分别同比下降5.47%、0.43%。二是养殖产量保持了平稳增长。海水、淡水养殖产量占水产品总产量达到八成，分别实现同比增长5.02%、3.58%。三是远洋渔业实现逆势飘红。得益于远洋渔船的更新改造和远洋渔业政策的扶持，上半年远洋捕捞产量21.69万吨，同比增长25.8%。

11日，省生态环境厅和国网福建电力有限公司签署战略合作协议，依托东南能源大数据中心，围绕企业污染防治大数据应用，研发“电力+环保”数据服务产品，辅助我省生态环境大数据云平台决策分析。

11日，据福州海关统计，今年前7个月，福建省货物贸易进出口总值7409亿元人民币，比去年同期下降1.5%，降幅较上半年收窄1.7个百分点。其中，出口4414.3亿元，下降8.1%，降幅较上半年收窄2个百分点；进口2994.7亿元，增长10.2%，增幅较上半年提高1.1个百分点。7月份，福建省进出口继6月份之后继续双双实现正增长。当月进出口1233.1亿元，增长8.2%。其中，出口759.7亿元，增长3.5%，当月出口增速达年内最高值；进口473.4亿元，增长16.7%。一般贸易进出口5557.6亿元，增长0.2%，占同期福建省货物贸易进出口总值的75%，比重较去年同期提升1.3个百分点。

12日，省商务厅联合省财政、交通运输、国资、金融监管、税务、海关、信保等单位举办下半年稳外贸政策培训班。副省长郭宁宁到场作动员讲话。培训班上，省商务厅、省金融监管局、福州海关、省税务局、省出口信保等部门负责人分别作了政策解读。各设区市、平潭综合实验区、各县（市、区）商务主管部门负责人，外贸商协会秘书长、百大外贸企业负责人，重点外贸企业、电商企业、物流企业等相关企业代表分别在主会场、分会场或通过直播形式参加培训。

12日，为推动创业担保贷款支持就业创业，省财政厅等四部门近日印发通知，在此前出台创业担保贷款贴息支持政策基础上，进一步从六个方面优化服务，推动各地增加创业担保贷款。确定省农信系统、邮储银行、招商银行为首批开展创业担保贷款业务的机构，要求其按照创业担保贷款条件开发具有特色的产品。各地可根据实际确定其他经办银行。按照现行办法对今年12月31日之前发放的个人创业担保贷款给予贴息的同时，明确对明年1月1日起新发放的个人和小微企业创业担保贷款继续给予贴息，其中贷款基础利率减去150基点以下部分由借款人和借款企业承担，剩余部分由各级财政给予贴息。通知要求各地收取的担保费不超过贷款本金的1%，其中个人借款的由财政和创业贷款对象对半分担。政府性融资担保机构提供的创业担保贷款业务量纳入降费奖补范围。鼓励将创业担保基金委托给当地政府性融资担保机构管理，纳入省再担保分险范围，符合条件的纳入“总对总”批量担保业务。对创业担保贷款工作成效突出的银行、创业担保基金运营管理机构，由各级财政按当年新发放创业担保贷款总额的1%给予奖励。在金服云平台开设创业担保贷款专区，进一步简化审批资料和流程，方便创业贷款支持对象申请。

12日召开的省政府新闻发布会上获悉，2020厦门国际贸易洽谈会暨丝路投资大会（简称“2020厦洽会”）将于9月8日—11日在厦门国际会展中心举办。本届厦洽会将重点邀请境内低风险地区客商及境外驻华使领馆、政府机构参会，以境内为主体，并创新办会模式，开通“云上投洽会”全新平台，进一步提升大会实效。本届厦洽会的主宾国为菲律宾，主宾省为山西省。目前已经报名参会客商团组已超过200个。其中，投资中国展区已有33家省市成员单位明确意向参展；境外投资展区已有英国、德国、比利时、奥地利、日本、韩国等35个国家和地区明确参展意向。围绕“双向投资促进”主题，精心策划各项展会论坛活动。

13日，省委书记于伟国在厦门与浪潮集团董事长孙丕恕一行座谈，双方就扩大务实合作、推动创新发展，进行深入交流。浪潮将牢牢抓住福建全方位推动高质量发展超越的难得机遇，紧紧围绕福建产业发展规划，加快打造南方总部，提升已有项目效益，扩大信创产业、工业互联网、大数据等领域投资，努力为数字福建建设贡献更大力量。

13日，代省长王宁率省直有关部门负责同志赴平潭综合实验区，深入高铁中心站房建设工地、龙王头滨海沙滩、南部生态廊道、跨境电商园区、总部平台经济企业、台胞社区项目，全面了解平潭经济社会发展和国际旅游岛建设情况，解难题、谋发展，推动习近平总书记关于平潭开放开发的重要讲话重要指示批示精神和中央决策部署进一步落细落实。

14日，省发改委消息，截至7月底，3月18日集中开工的265个重大项目已累计完成投资218亿元，占年度计划的47.6%，福州、三明、莆田等地市的项目投资完成率已达六成。5月18日集中开工的170个重大项目累计完成投资123亿元，占年度计划的48%，厦门、莆田、龙岩等地市的项目投资完成率已达五成。3月18日、5月18日，省委、省政府先后组织两批次共435个重大项目集中开工，各地持续加大推进力度，增加有效投资。

14日，省自贸办发布了福建自贸试验区第16批36项创新举措。据悉，来自福州自贸片区的创新举措有19项，其中12项为全国首创，占福建自贸试验区全国首创举措的一半。截至目前，福州自贸片区共推出16批创新举措217项，其中全国首创75项，发挥了全面深化改革"试验田"的作用。在中山大学发布的43个自贸（片）区2019年度至2020年度中国自贸试验区制度创新指数排名中，福州自贸片区排名第八。

14日，福建自贸试验区五周年评估报告评审会暨高质量发展研讨会在福州市举行。记者从会上获悉，5年来，福建自贸试验区推出实施446项创新举措，其中全国首创181项、对台98项。国务院及五部委发文在全国复制推广的创新经验中，福建报送34项，占31.2%，居全国前列。国务院部际联席会议办公室发文在全国学习借鉴的"最佳实践案例"中，福建报送6个，数量在全国最多。5年来，福建自贸试验区累计新增企业9.43万户、注册资本2.06万亿元，分别是挂牌前历年总和的6.1倍、9.3倍，以不到全省千分之一的面积，引进了全省四成的新增外资，贡献了六分之一的外贸进出口额。今年以来，克服疫情影响，通过网上洽谈、"云签约"等招商方式，加速引进一批大项目、好项目，推动签约项目120多个，投资总额逾千亿元。1—6月实际利用外资4.02亿美元，同比增长45.6%。

15日，省财政厅消息，为及时纾解中小微企业面临的暂时流动性困难，我省进一步拓宽中小微企业纾困专项资金贷款投放渠道，在原有十二家贷款银行基础上，新增招商银行、中信银行、光大银行、浦发银行和民生银行五家银行作为纾困专项贷款银行。自今年5月我省设立首期100亿元贷款额度的中小微企业纾困专项资金以来，截至11日，我省已有5809家企业提交贷款申请，涉及纾困贷款资金363亿元，相关银行已为1147家企业放款纾困资金51亿元。

17日，省政府办公厅近日印发《福建省新型基础设施建设三年行动计划（2020—2022年）》，明确任务、分工、保障措施，要求加快构建面向未来的新型基础设施体系，高起点建设国家数字经济创新发展试验区。行动计划提出，到2022年，我省基本建成国家东南区域网络枢纽和海上数字丝绸之路信息通信枢纽，传统和新型基础设施深度融合，5G、大数据、物联网、工业互联网、人工智能、区块链等新技术全面赋能经济社会高质量发展，创新基础设施支撑能力显著提升。全省新型基础设施建设规模、发展水平、创新能级处于全国先进行列。

17日，厦门市商务局消息，国务院于日前下发《关于同意全面深化服务贸易创新发展试点的批复》，厦门成为我省唯一试点城市。文件要求试点地区要重点在改革管理体制、扩大对外开放、完善政策体系、健全促进机制、创新发展模式、优化监管制度等方面先行先试，为全国服务贸易创新发展探索路径。近年来，厦门市积极推动和深化服务贸易创新发展，探索服务贸易发展的新路径和新模式，初步形成旅行、运输和航空维修三大行业为主的服务贸易新格局，同时，游戏动漫、计算机服务、融资租赁等重点领域也异军突起，形成一批具有国际影响力的服务贸易品牌。厦门先后获批国家文化出口基地和国家数字服务出口基地。

18日，十二届省政协常委会召开第十七次会议，深入贯彻落实习近平总书记重要讲话重要指示批示精神，按照中共福建省委十届十次全会部署，围绕"培优做强重点产业　推进'十四五'产业基础高级化和产业链现代化"协商议政。省委副书记、代省长王宁出席并讲话，省政协主席崔玉英主持会议。

18日，福建广电网络集团与建设银行福建省分行举行战略合作协议签订仪式，副省长郭宁宁出席活动。建设银行福建省分行为福建广电网络集团提供综合授信贷款和融资支持，总额达100亿元，重点支持广电网络5G新基建等项目。此外，双方将在惠农服务、"全闽乐购"福建省促消费服务、金融电视专区服务、投资银行服务、信息化建设服务等方向建立长效合作机制，全力推动我省广电网络在有线广播电视传输、互联网、通信、5G建设、惠农等领域的进一步发展。

18日，代省长王宁主持召开省政府常务会议，认真贯彻中央和省委部署，研究通过了《福建省老旧小区改造实施方案》，决定在福州高新技术产业开发区等8个县、区开展相对集中行政许可权改革试点，审议《省级行政事业单位经营性国有资产集中统一监管实施方案》。

19日，我省组织第三季度重大项目视频连线集中开工，共开工238个项目、总投资2346亿元。这是继第一、二季度全省分别集中开工265个重大项目、总投资1950亿元和260个重大项目、总投资1463亿元后又一次集中开工。省委书记于伟国作开工动员。省委副书记、代省长王宁主持。本次集中开工项目，基础设施项目共59个、总投资482亿元，产业项目141个、总投资1675亿元，社会事业项目38个、总投资189亿元。产业项目占比较高，项目规模较大，视频连线的开工项目，平均单体投资规模超90亿元，其中包括福州马尾万洋众创建设项目、厦门东部体育会展新城产业集群项目、漳州古雷开发区综合管廊项目、泉州传感智能制造产业基地核心区项目、莆田大唐网络产业东南总部基地项目等典型示范项目，这些项目都有较强的代表性、示范性、导向性。

20日，省委副书记、代省长王宁在福州会见中核集团总经理顾军一行。中核集团将发挥央企作用，优化产业布局，加强多领域合作，推动项目落地见效，进一步支持福建高质量发展超越。

21日，省委副书记、代省长王宁在福州与中国电力建设集团党委书记、董事长晏志勇一行会谈。中国电力建设集团将围绕“数字福建”“美丽福建”“电动福建”建设，充分发挥特大型中央企业在相关领域的独特优势和核心能力，全面加强互利合作，不断提升合作层次，助力福建高质量发展超越。

22日，“全闽乐购”福建促消费行动全面启动，开展形式多样的线上线下促销活动，这是我省深入实施扩大内需战略，扎实做好“六稳”工作、全面落实“六保”任务，加快复商复市、促进消费增长的重要举措。省委书记于伟国，省委副书记、代省长王宁出席启动仪式。省领导赵龙、郑新聪、梁建勇、郭宁宁、崔永辉、洪捷序分别参加相关活动；部分省领导还通过淘宝、抖音、“直播福建”等直播平台为八闽好货代言。今年1—7月，我省社会消费品零售总额10190.5亿元，好于全国平均水平5.7个百分点；全省网络零售额3176.1亿元，同比增长18.7%，高于全国增速15.4个百分点。为进一步提振消费信心、释放消费潜力，我省出台了促进消费行动方案，推出一系列促消费举措，从今年8月份起到明年3月份，实施“全闽乐购”促消费行动，重点实施“百千万亿”行动，即举办500场线下促销、5000次线上直播，有10万家商户参与、各方让利100亿元，撬动1000亿元消费。

24日，省委书记于伟国主持召开省委常委会会议，认真学习贯彻习近平总书记在安徽考察和主持召开扎实推进长三角一体化发展座谈会时的重要讲话精神、在中国医师节到来之际向全国广大医务工作者致以节日祝贺和诚挚慰问时的重要指示精神，传达学习克服疫情灾情影响确保如期全面脱贫电视电话会议精神，研究我省具体贯彻措施。会议还研究了其他事项。

25日，省商务厅举行的媒体见面会消息，我省将多举措推进全面深化服务贸易创新发展试点工作，以新一轮试点为平台和突破口，全面推进服务贸易改革、开放、创新。我省将加快推进服务贸易创新发展试点工作，加强统筹部署，把需重点推进和探索的事项放在试点地区先行先试，试点经验在本省率先推广。同时加强保障，对下放至省级的服务业行政审批事项加强落实执行。

25日，省市场监管局消息，为支持企业复工复产达产，进一步推动我省企业信用体系建设，“2018—2019年度福建省守合同重信用企业”公示工作已于日前启动。

27日，省工商联在福州发布了“2020福建省民营企业100强”“2020福建省民营企业制造业50强”榜单，同时发布《2020福建省民营企业100强分析报告》《2020福建省民营企业社会责任报告》。报告显示，我省民营经济高质量发展成色明显，成为经济社会发展的重要力量和创造社会财富的重要来源。规模总量不断壮大。本次百强入围门槛近18亿元，比上年提高19.5%。营业收入超过100亿元的企业有31家，营业收入平均增长4.39%。其中，排在榜首的阳光龙净集团有限公司本年度营业收入达2480.78亿元，比上年净增271.82亿元；名列次席的青拓集团有限公司本年度营业收入达到1367.55亿元。质量效益不断提升。减税降费成效显现，发展态势总体良好。税后利润总额达958亿元，人均营业收入218.66万元，人均税后净利润12.79万元。产业结构不断优化。第三产业入围企业有33家，比上年增加2家；第二产业入围企业有67家，与上年持平；第一产业没有入围企业，比上年减少2家。以第二、三产业为主体驱动经济发展的效应明显。进一步来看，营业收入排名前十的企业中，第三产业企业占5家。制造业仍然占主体地位，入围数量高达53家，排名前十的企业中制造业占5家。

27日，京闽（三明）科技合作“云签约”视频会议举行。北京市副市长隋振江、福建省副省长林宝金出席并讲话。北京和福建三明开展科技合作以来，双方积极协调推进，竭力落实双方合作协议具体内容。此次活动，邀请部分重点合作项目代表出席“云签约”仪式，共有19个项目对接签约，总投资100.7亿元。

27日，全省畅通现代物流和生物医药产业循环专题视频会召开，深入学习贯彻习近平总书记重要讲话重要指示批示精神，落实省委十届十次全会部署，分析现代物流和生物医药产业的转型难点、市场堵点、企业痛点，提升产业链供应链稳定性和竞争力，促进产业持续健康发展。副省长林宝金出席会议并讲话。

28日至30日，全国茶叶加工工（红茶）职业技能竞赛福建省初赛暨福建省首届茶叶加工工职业技能竞赛，在“中国茶叶之乡”“中国红茶之都”福安市举办。本届赛事由省农业农村厅、省人力资源和社会保障厅、省总工会联合主办，福安市人民政府承办。赛事分初赛、决赛两个阶段，采取理论知识闭卷笔试、现场技能操作考核相结合的方式进行，旨在公开遴选一批熟悉技术规程、传承制茶工艺、在行业有影响力而且能够敬业守信、推陈出新的制茶大师。评委从茶叶条索、香气、汤色、口感、茶底等方面，对送评的75个传统工艺型和87个创新工艺型红茶茶样综合评分，最终评选出坦洋工夫红茶和新工艺坦洋工夫红茶茶王各1名，特别金奖31名、金奖若干名。

29日7时，随着一声汽笛声响起，K8746次试验列车从福州火车站出发，开往松溪站。这是衢宁铁路开行的第一列试运行列车，标志着衢州至宁德铁路正式进入试运行环节，衢宁铁路距离正式通车又近一步。衢宁铁路起自浙江省衢州市终至福建省宁德市，线路全长约379公里，设计时速160公里。衢宁铁路北接沪昆铁路、九景衢铁路，南连沿海铁路通道，在闽东北至浙西南、赣东北地区间架起一条快捷的运输通道，将结束浙闽两省的遂昌、松阳、龙泉、庆元、松溪、政和、屏南、周宁等县市不通铁路的历史。

（摘编：郑新贵）

9月

1日，以“金融科技融合·服务万企融资”为主题的福建省金融服务云平台暨“快服贷”产品推广发布会举行。当天，商贸贷、外贸贷“快服贷”产品正式上线。金融服务云平台已对接相关部门政务信息涉企数据近4400项，入驻金融机构29家，上线融资产品352个，注册企业超61000

户，累计为近6300户企业提供融资支持260多亿元。

1日，代省长王宁主持召开省政府常务会议，认真贯彻中央和省委部署，研究通过了《福建省房屋结构安全专项治理三年行动方案》，审议《福建省野生动物保护条例（草案）》《福建省沿海防护林条例（修订草案）》。会议还研究了2020年中国航天大会筹备工作。

2日，省委书记于伟国在福州会见中国民生银行行长郑万春一行。福建发展势头强劲、空间广阔。民生银行将积极融入国家战略，多加投入、多做贡献，为福建项目建设和各类企业发展提供更大金融支持。

3日，省商务厅召开第三届中国国际进口博览会福建省交易团新闻通气会。据介绍，福建省交易团抓住进博会带来的国际贸易、国际投资、人文交流和开放合作新机遇，广泛发动企业参与采购，并通过多渠道宣传推送进博会相关信息，目前我省已注册专业观众近千名。第三届进博会将于11月5日至10日在上海举办。相较于往届，今年进博会将呈现四大特点：展览规模更大、展区设置更优、展商质量更高、人文交流内容更加丰富。据悉，首届和第二届进博会省团76家次企业签约采购，累计签约金额49.7亿美元，已履约36.4亿美元，履约率达73.2%。金融机构为我省22家采购商提供1024亿元的配套融资服务，已实际放贷468.1亿元。

7日，以“聚焦新基建释放新动能”为主题的2020中国国际工业互联网创新发展大会开幕式及主论坛在厦门举行。十三届全国政协经济委员会副主任，原工业和信息化部党组成员、副部长刘利华，福建省政府副省长郭宁宁出席，并在开幕式上致辞。本次大会由中国通信学会、福建省工业和信息化厅、福建省通信管理局主办，论坛研讨高端权威，聚焦热点，包括主旨论坛“‘一带一路’国际工业互联网产业论坛”，以及“金融科技助力中小企业融资”“5G时代的产业发展新模式”“工业互联网与区块链融合创新发展”等多场专题分论坛，邀请专家学者和行业领袖出席展开专业探讨，发布产业政策，研讨发展趋势，对接项目需求，推动创新发展。本届大会展览展示区面积6000平方米，邀请的中国三大运营商集中亮相，涵盖5G、通信网络服务、边缘计算、云计算与大数据、网络应用安全、加密技术、各相关行业领域应用解决方案等多个领域的内容展示。大会通过论坛与展览互助的模式，更专业、全面地展示工业互联网企业的技术成果，利用厦洽会“一带一路”的平台为工业互联网企业提升国际影响力。开幕式上还举行了厦门市产业创新平台启动暨签约仪式、中国通信学会与厦门国贸会展集团有限公司战略合作框架协议签约仪式。

8日，中国国际投资贸易洽谈会与阿里巴巴集团共同打造的“云上投洽会”正式上线。上线仪式以视频连线形式进行，商务部副部长兼国际贸易谈判副代表王受文，省委常委、厦门市委书记胡昌升，省委常委、副省长赵龙，省委常委、秘书长郑新聪，副省长郭宁宁、崔永辉，阿里巴巴集团合伙人、副总裁宋洁出席仪式并共同触屏启动“云上投洽会”。王受文、郭宁宁在仪式上致辞。“云上投洽会”依托阿里巴巴集团在数字新基建领域的核心技术优势，全面采用了3D、AI、云计算、大数据等技术，推出云展示、云对接、云洽谈、云研讨、云签约（五朵云），并提供要客预约、现场直播等多项服务。全球嘉宾可以通过多方实时连线，感受身临其境的线上参展体验和跨区域、跨领域、无障碍的互动交流，进一步拓展线下展览的服务广度与深度。通过平台数据专业化、精细化分析和智能算法（千人千面），精准匹配投融资双方，让海内外投资商一键获取投资信息。“云上投洽会”创造了一种新的投资促进服务模式，客商可以便捷上线，将成为政府招商的“云上”工具和引资的好“帮手”，提供项目的专业化精准对接，营商环境的精准推送服务，使“永不落幕的投洽会”增添新动力。

8日，2020厦门国际投资贸易洽谈会暨丝路投资大会开幕。当天，2020国际投资论坛举行，本次论坛主题为“提振投资信心　促进合作共赢”。省委常委、厦门市委书记胡昌升，省委常委、副省长赵龙，主宾省山西省副省长卢东亮致辞。部分国家政要、驻华大使，国际机构主要负责人，国内知名企业负责人和专家学者通过线上线下相结合的方式致辞或发表演讲。省领导郑新聪、崔永辉出席，副省长郭宁宁主持论坛。

8日下午，2020“丝路海运”国际合作论坛在厦门召开。中国国际经济交流中心副理事长、全国人大财经委原副主任委员黄奇帆出席论坛并发表主旨演讲。省领导胡昌升、郑新聪、崔永辉出席。省委常委、副省长赵龙致辞。国家发展改革委、交通运输部等部委，中远海运、马士基等港航龙头企业相关负责人参加论坛。本届论坛由福建省人民政府、中国航海学会主办，以“丝路海运：高质量发展之路”为主题，吸引了海丝沿线港口、知名航运公司、学术机构等各界嘉宾参加。论坛期间，发布了6条“丝路海运”快捷航线、《2020“丝路海运”蓝皮书》及“丝路海运”服务标准体系研究的最新成果，波兰格但斯克港务局、汉班托塔国际港口集团等8家单位正式成为“丝路海运”联盟成员。

8日，第五届中国国际绿色创新发展大会在厦门举行，大会以“大力推进生态文明建设，努力实现绿色发展目标——共建新平台、共创新生态、共享新成果”为主题。大会同期举办第五届中国国际绿色创新技术产品展，现场展示国内外知名环保企业的绿色低碳创新技术、智能产品及服务，并开展投资、融资、贸易合作等多场对接洽谈活动。中国国际投资促进会会长马秀红、副省长郭宁宁出席会议有关活动。

8日，福建广电网络集团与厦门国际银行在厦门举行银企合作对接会，副省长郭宁宁出席活动。通过此次合作，厦门国际银行支持福建广电网络推动港澳及海外市场业务拓展，推动“文化出海”，讲好“中国故事”，输出“中国好产品”，服务跨境电商产业链。双方共同深化资本合作，厦门国际银行为广电网络资本运营提供金融支持；共同推进资源共享，参与全闽乐购促消费活动，开展金融业务、信息化和宣传业务合作；共同聚焦5G等新产业，开展5G、大数据、物联网、金融信息化业务等合作，助力广电网络多元化发展，助推福建数字经济高质量发展。

9日，省委书记于伟国、代省长王宁在福州会见国家开发投资集团有限公司董事长白涛一行。国投集团的投资方向与福建的重点发展领域高度契合，国投将在科技创新、产业升级、生态环保、医养结合等方面进一步扩大投资规模、提升合作层次，为新时代新福建建设作出更大贡献。

10日，省委书记于伟国在福州与华润（集团）有限公司董事长王祥明一行就深化双方产业合作进行深入座谈交流。会见后，双方签署了战略合作框架协议，华润集团将投资一千亿元，拓展我省居民消费市场，推进建材、医药、燃气服务、电力能源和城市综合投资开发运营等合作。

10日，福州长乐国际机场二期扩建工程启动。省委书记于伟国参加开工动员。长乐国际机场二期扩建工程将新建一条长3600米、宽45米的第二跑道，新建25.5万平方米的T2航站楼、60个机位的站坪、8万平方米的综合交通中心和2.5万平方米的货运站，配套辅助生产生活设施，并引入机场第二高速公路、地铁F1线、福莆城际铁路F2线、福宁城际铁路F3线等多制式交通。项目建成后，长乐国际机场将成为集航空、铁路、地铁、地面公交等多元交通方式联动的综合性城市客货流集散枢纽。

11日，省委副书记、代省长王宁在福州与沙特基础工业公司副总裁兼北亚区总裁、中国投资有限公司董事长李雷一行，就加快推进重大项目实施、深化务实合作进行会谈。

11日，为期4天的2020厦门国际投资贸易洽谈会暨丝路投资大会圆满落幕。本届厦洽会与“云上投洽会”相辅相成，朝国际化、专业化、品牌化精耕细作，以实际行动宣示中国高水平对外开放的决心，凝聚起抗击疫情、提振全球投资合作信心的共识。作为常态化疫情防控期间举办的一场重大国际经贸活动，2020厦洽会共吸引1018个客商团组参会，包括来自69个国家、地区的境外驻华客商团组248个。线下展览面积达11万平方米，同期“云上投洽会”3D展厅精彩亮相，近千家境内外投资机构闪亮登场，近百名国内外嘉宾在投资促进主题论坛中线上线下共同研讨。大会期间共有2300多个项目达成合作协议，协议总投资额超8000亿元人民币。今年大会设置16个专业展区，全方位展示全球投资环境和最新产业发展成果，吸引32家省市成员单位及中国开发区协会，英国、德国、比利时、奥地利、日本、韩国等42个国家和地区踊跃参展。此外，近百位境外嘉宾通过线上线下研讨国际投资趋势。今年厦洽会携手阿里巴巴集团，与大会同步开启“云上投洽会”，创造了一种全新的投资促进服务模式。“云上投洽会”为境内37个省、市、自治区、直辖市及38个国家和地区设置了云展馆和3D展厅，共发布境内外各类招商项目超过16000个，开展了18场视频会议或会议直播活动。大会期间，“云上投洽会”App累计访问量超过50000人，境内外投资商、投资促进机构和投资者在“云上投洽会”上踊跃开展“屏对屏”云上对接和洽谈，共享市场机遇。

13日，为进一步加强塑料污染治理，建立健全塑料制品长效管理机制，经省政府同意，省发改委、生态环境厅日前印发《福建省关于进一步加强塑料污染治理实施方案》。方案提出，到2025年，全省塑料制品管理制度基本建立，多元共治体系基本形成，替代产品开发应用水平进一步提升，福州、厦门等重点城市塑料垃圾填埋量大幅降低，塑料污染得到有效控制。

13日，省农业农村厅等九部门日前联合印发《福建省农村创新创业带头人培育行动实施方案》，提出到2025年，全省农村创新创业带头人达3万人以上，农业重点县的建制村基本实现全覆盖。培育行动聚焦鼓励扶持创业、强化教育培训、提供优质服务等三大任务。

14日，海峡股权交易中心全省“台资板”暨平潭“海峡板”企业集体鸣锣授牌仪式在平潭综合实验区举办，50余家企业亮相海峡股权交易中心，正式登陆区域股权市场。海峡股权交易中心是经中国证监会、福建省政府批准设立的区域性股权交易市场，专为台资企业设立“台资板”，下设展示、基础、股改、交易等服务与板块。同时，立足于实验区对台区位优势，设立平潭“海峡板”，专为平潭本土企业、台资企业提供区域市场服务。

14日，记者从省政府新闻办召开的新闻发布会获悉，2020中国资产管理武夷峰会将于9月26日在南平举办。首届峰会由中国人民大学国家发展与战略研究院、中国证券投资基金业协会、福建省地方金融监督管理局、南平市政府主办，将围绕“新资管·新征程·绿色发展”主题，重点探讨金融开放背景下中国资管行业的变革、开放与创新之路。峰会将邀请重要嘉宾和头部资管机构与行业专家做主旨演讲；围绕“金融开放背景下的中国资产管理”“绿色金融产品创新与地方绿色金融实践”主题举办圆桌论坛；发布《2020创新资本形成与私募股权创投基金发展报告》《2020中国资产管理行业发展报告》以及《中国武夷资产管理行业发展指数》；举行科技资本项目对接签约仪式。

15日，省财政厅消息，为减轻自然灾害导致的恢复重建及养护维修费用负担，提升农村公路抗灾抢修能力，我省积极推行农村公路灾毁保险。近日，省财政下达资金5500万元，对投保农村公路灾毁保险给予补助，补助里程达9.01万公里。

16日，省委书记于伟国、省长王宁在福州与中国联通集团公司董事长王晓初一行就深化务实合作、推进“数字福建”建设进行座谈。

16日中午12时，一架内部装饰有福建风景的“全福游·有全福”福建文旅主题飞机从福州起飞，开启福建旅游的全国邀请。在当日早些时候举行的启动仪式上，副省长郑建闽出席活动并致辞，与福建旅游形象大使姚晨一同为活动助力。当日飞往北京的是首架“全福游·有全福”福建文旅主题飞机。据悉，该主题飞机一共有11架，即日起，它们将带着福建美景往来全国各地，让更多游客了解福建，玩转福建。

16日至17日，副省长李德金赴南平市调研城市规划建设，实地察看了武夷山市茶旅小镇、东快线、马厂洲污水处理厂、第二供水厂、武夷新区引调水及供水工程、建阳区考亭片区城乡面貌品质提升及历史文化保护利用等项目，现场协调解决有关问题。

17日，福建省省长王宁在三亚会晤了一同出席2020年泛珠三角区域合作行政首长联席会议的澳门特别行政区行政长官贺一诚一行，话友谊、谋合作、促发展。

17日，第三届数字中国建设峰会将于10月12日至14日在福州举办。今日，本届峰会新闻发布会在国务院新闻办新闻发布厅举行，国家互联网信息办公室副主任杨小伟，国家发展改革委、工业和信息化部有关负责人，省委常委、副省长赵龙，福州市有关负责人，介绍了数字中国建设峰会有关情况并回答记者提问。

18日，2020年中国航天大会在福州开幕。省委书记、省人大常委会主任于伟国出席开幕式并致辞。国家工业和信息化部副部长、国家航天局局长张克俭，中国宇航学会理事长、中国航天科技集团董事长吴燕生，省委常委、副省长、福州市委书记林宝金在开幕式上致辞，国际宇航联合会执行主席克里斯汀·费奇廷格、国际空间法学会主席凯伍·施罗格分别视频致辞。省领导郑新聪、崔永辉、林钟乐出席。开幕式上，颁发了2019年中国航天基金会“钱学森杰出贡献奖”和“航天重大项目奖”，举行了我省与中国航天科技集团、中国航天科工集团战略合作协议签约仪式。大会期间，有56个航天、航空、航海等项目签约，投资1236亿元。国家航天局、中国航天科技集团、中国航天科工集团、中国宇航学会、中国航天基金会等主要负责人，专家学者，我省各设区市、平潭综合实验区和省直有关单位主要负责人及企业代表等500多人参加开幕式。

18日，由中国贸促会等单位联合主办、福建省贸促会等承办的第二届海峡两岸工商合作论坛在福州召开。副省长郭宁宁出席论坛。第二届海峡两岸工商合作论坛为期半天，以“合作·创新·共享”为主题，设有主题演讲和对接会等环节，两岸医美、康养企业（机构）共举行了112场“一对一”经贸视频对接活动。

18日，以“共享海南自贸港机遇，推动泛珠区域联动发展”为主题的2020年泛珠三角区域合作行政首长联席会议在海南三亚市举行。省长王宁出席并作会议发言，表示要深入贯彻习近平总书记重要讲话重要指示批示精神，认真落实党中央、国务院决策部署，在加快新时代新福建建设进程中，携手各方推动泛珠区域合作高质量发展，更好服务国家重大战略。会上，泛珠“9+2”行政首长围绕“共享自贸港开放新机遇，共建制度集成创新平台”“共建大港口、大通道、大枢纽，打造现代化交通运输网络”“后疫情时代携手推动泛珠区域合作高质量发展”等议题，进行深入研讨交流。

18日，省委书记于伟国在福州分别与来闽出席2020年中国航天大会的工业和信息化部副部长、国家航天局局长张克俭，中国航天科技集团董事长吴燕生、中国航天科工集团总经理刘石泉，就进一步深化务实合作、加快推进福建航天产业发展进行座谈交流。省领导郑新聪、林宝金、林钟乐参加座谈。

19日，省商务厅消息，2020厦门国际投资贸易洽谈会暨丝路投资大会上，福建省代表团双向投资稳步推进，外资项目签约好于预期。据统计，2020厦洽会期间，全省共对外签约外商投资合同项目282项，总投资152.4亿美元，拟利用外资76.1亿美元，超预期目标任务8.7个百分点。厦洽会期间，签约“走出去”项目33个，中方协议投资额13亿美元，同比增长19.1%。其中，投资“一带一路”项目16个，中方协议投资额6.5亿美元；中方协议投资额1000万美元以上的项目10个，总投资额12.5亿美元，增长37.5%，占签约对外投资总额的96.4%。此外，厦洽会期间，推出801个网上招商项目，投资总额16822亿元，重点推介7场对接活动，进一步拓展我省招商引资维度。

19日，省长王宁到厦门航空公司调研，深入了解安全生产、经营发展等情况，看望慰问企业员工，并召开调研座谈会，与公司领导班子共同研判形势、谋划发展，强调要深入贯彻习近平总书记重要讲话重要指示批示精神，坚定发展信心，善于化危为机，勇于改革创新，为全方位推动高质量发展超越作出厦航贡献。省委副书记、厦门市委书记胡昌升，省直有关部门负责同志参加调研。

22日，2019年福建省专利奖揭晓。经福建省专利奖评审委员会评审，并经省政府常务会议研究同意，来自中铝瑞闽股份有限公司的“一种中等强度阳极氧化用铝合金带材及其制备方法”被授予特等奖；厦门虹鹭钨钼工业有限公司的“一种磁控线圈用粉末的掺杂方法”、厦门大学的“一种检测核酸序列变异的方法”和宁德新能源科技有限公司的“电解液以及包括该电解液的锂离子电池”等三项专利获得了一等奖。另有10项专利获得二等奖、30项专利获得了三等奖。省政府于2010年设立福建省专利奖，目前已评选7次，共评选出获奖专利305项。2019年度专利奖获奖项目有两个新特点：获奖项目主要来源于我省优势产业和新兴产业领域，44项获奖专利的专利权人和发明人绝大多数来自企业。

22日，省政府召开全省深化“放管服”改革优化营商环境电视电话会议。省长王宁在会上强调，要深入贯彻落实习近平总书记重要讲话重要指示批示精神，按照国务院电视电话会议部署，围绕省委提出的要求，聚焦重点、对标先进、精准发力，推进“放管服”改革再深化、营商环境再提升，为全方位推动高质量发展超越提供有力保障。

22日，第三个中国农民丰收节如期而至，福建省“中国农民丰收节”庆祝活动在永春县岵山镇茂霞村启动。在希望的田野上，福建各地围绕“八闽丰收节节高　幸福小康样样红”的主题，组织开展系列庆丰收活动，展示全省农业农村发展成就，礼赞丰收，致敬农民，共迎小康。为办好今年的丰收节，省农业农村厅会同省委文明办、省文旅厅等19个相关部门，就开展丰收节系列活动作出具体安排。除了主会场，我省还在武平县、大田县、华安县、罗源县和南平市建阳区设立5个分会场，其余各县（市、区）也立足农时农事区域特色，共同庆丰收、话丰收、晒丰收、享丰收。

23日，省委书记于伟国、省长王宁在福州与中国农业发展银行行长钱文挥一行座谈。座谈后，双方签署了战略合作协议。农发行将在粮食安全、水利建设、农村路网建设、城乡融合、扶贫开发、现代农业发展等领域支持福建乡村振兴战略的实施。

23日，省委书记、省委财经委员会主任于伟国主持召开省委财经委员会第六次会议，认真学习贯彻习近平总书记在中央财经委员会第八次会议上的重要讲话精神，研究我省贯彻落实措施；听取省发展改革委关于今年以来经济形势和下一步工作措施的汇报，部署下一阶段经济工作。省长、省委财经委员会副主任王宁出席会议。

23日，全省渔业安全生产工作紧急视频会议在福州召开，通报渔业安全生产事故，贯彻落实省委省政府安全生产工作部署。副省长李德金出席会议并讲话。

24日，全国政协副主席、全国工商联主席高云龙，省长王宁，省政协主席崔玉英在福州与前来参加第三届全国青年企业家峰会的曹德旺、陈东升、郭广昌、曾毓群、陈春花、许泽玮、方运舟、周少雄、张华荣等知名企业家、经济学家和优秀青年企业家代表座谈，共商合作、共享机遇、共谋发展。全国工商联党组副书记、副主席樊友山，全国工商联党组成员、副主席李兆前，省委常委、常务副省长赵龙，省委常委、统战部部长庄稼汉，省委常委、副省长、福州市委书记林宝金，省政协副主席、省工商联主席王光远，省政府秘书长、省直有关部门负责同志参加会见。

24日，副省长李德金带领省直有关部门负责人赴福州市连江县调研海上渔业安全生产工作，实地察看周边海域渔船管控、海上养殖设施、基层渔业综合管理、黄岐和苔菉中心渔港建设管理等情况。

24日，一架由美国康尼航空执飞的波音747－400全货机从福州机场腾空而起，飞往美国洛杉矶，标志着福州—洛杉矶全货机航线正式开通，这是福州机场开通的首条洲际大型全货机航线。该航线装载量单程约为100吨，每周一、周四各执飞1班。该航线的开通，进一步优化了福州机场货运航线网络布局。除了此次开通的美国康尼航空福州—洛杉矶航线，还有美国西部环球航空公司、美国国家货运航空等航空企业也计划在福州机场开通北美洲际、欧洲洲际全货机航线。

25日，以“弘扬企业家精神　发挥生力军作用”为主题的第三届全国青年企业家峰会在福州举行。全国政协副主席、全国工商联主席高云龙，省长王宁出席开幕式并致辞。他说，全国青年企业家峰会是青年企业家碰撞思想、共享商机、成就事业的重要平台，为促进民营经济和举办地发展发挥了重要作用。在习近平总书记亲自推动、亲切关怀下，一大批福建民营企业家敢为天下先、勇做弄潮儿，全省民营经济活力不断释放，实现了从量变到质变的新跨越。福建是有“福”之地，新福建建设生机勃发、前景广阔。当前，我们正深入贯彻习近平总书记重要讲话重要指示批示精神，全方位推动高质量发展超越。我们诚挚邀请各位企业家来福建创业发展，把握机遇、创造未来。我们将以更加优质的营商环境、更加精准的扶持政策、更加高效的创业平台、更加贴心的服务保障，助力企业家朋友在福建投资一路绿灯、生意一路红火。峰会还举办了福建省产业项目招商推介会，以及“数字福建与数字经济”“电动福建与新能源”“‘双循环’下的贸易新篇”三场平行论坛。全国工商联党组副书记、副主席樊友山，全国工商联党组成员、副主席李兆前，省委常委、常务副省长赵龙，省委常委、统战部部长庄稼汉，省政协副主席、省工商联主席王光远出席开幕式。

25 日，作为第三届全国青年企业家峰会的重要活动，福建省产业项目招商推介会在福州海峡国际会展中心举行。会上，360 科技有限公司董事长兼首席执行官周鸿祎、宁德时代新能源科技有限公司董事长曾毓群、特来电新能源股份有限公司董事长于德翔作了交流发言。福建省数字办介绍了“数字福建”建设情况，省工信厅以及福州、厦门、泉州、三明、南平分别围绕福建省以及有关地市的产业发展情况、投资环境、招商重点等方面进行了招商推介。本次推介会举行了重点项目签约仪式，现场共签约项目 21 个，总投资 685 亿元，涵盖智能制造、健康养老、云计算、区域总部、数字经济、新能源等新兴产业和优势传统产业。其中，制造业项目 13 个，服务业项目 6 个，总部经济项目 2 个。全国政协副主席、全国工商联主席高云龙，全国工商联党组副书记、副主席樊友山，全国工商联党组成员、副主席李兆前，福建省委常委、常务副省长赵龙，福建省委常委、统战部部长庄稼汉出席。福建省政协副主席、省工商联主席王光远主持。

25 日，2020 中国福建互联网大会在福州举行，各界精英学者及业内人士会聚榕城，聚焦 5G 的发展应用，深入探讨 5G 时代变革。本次大会由福建省委网信办、福建省通信管理局、福建省发展和改革委员会、福建省工业和信息化厅、福建省数字福建建设领导小组办公室指导，福建省互联网协会主办。大会围绕“5G 共创，产业互联”主题，设有一场主论坛及一个 5G 智能体验展，展示福建省在 5G 领域取得的前沿理论和技术成果，探讨 5G 对互联网行业带来的机遇与挑战。会上发布了《2019 年福建省互联网发展报告》，颁奖并公布 2020 年福建省互联网企业 30 强榜单，同时，还颁奖公布福建省互联网最具成长型企业名单，以及福建省互联网最具创新型企业名单。

26 日 18 时，福州至平潭铁路正式进入联调联试阶段，意味着这条铁路距离开通运营又近了一步。福平铁路联调联试期间，铁路部门将采用检测列车、测试动车组、综合检测列车等检测设备，在规定测试速度下对福平铁路整体系统功能进行综合测试，并根据测试结果进行调试、优化，使线路整体系统功能满足开通运营条件。福平铁路线路全长约 88.43km，其中桥隧占比 79.04%，建成了乌龙江特大桥、平潭海峡公铁两用大桥等重难点工程。共设福州、福州南、长乐、长乐东、长乐南、平潭 6 个车站，线路设计时速 200 公里，其中福州和福州南为既有车站，其余为新建站，计划 2020 年年底具备开通条件。

27 日 9 时 59 分，T8006 次列车从宁德站缓缓驶出，开往浙江衢州，标志衢宁铁路正式开通运营。自此，我省的松溪、政和、屏南、周宁等 4 县结束不通铁路的历史。衢宁铁路于 2015 年开工建设，北起浙江省衢州市，向南途经浙江丽水市、福建省南平市，终至福建省宁德市，线路全长 379 公里，为国铁Ⅰ级客货共线单线电气化铁路，设计时速 160 公里，全线设衢州、龙游南、遂昌、松阳、龙泉市、庆元、松溪、政和、建瓯东、屏南、周宁、支提山、宁德等 13 个客运车站。

28 日，省商务厅消息，日前国家商务部、发改委、财政部、海关总署、税务总局、市场监管总局、外汇局七部委联合发文，同意福建晋江国际鞋纺城开展市场采购贸易方式试点。这意味着我省稳外贸工作和贸易新业态发展取得又一项重要突破。晋江是我省外贸出口大市，年出口规模位列全省县级市首位，拥有鞋类、服装、泳装、伞具等 4 个国家外贸转型升级基地。此前，石狮服装城市场是我省唯一的国家级市场采购贸易方式试点。晋江国际鞋纺城总规划面积 7900 亩，其中专业市场占地 2200 亩，致力于打造中国乃至亚太地区最大鞋纺专业市场、鞋纺产销链集成服务平台、生产性服务贸易重点基地。专业市场项目一期总建筑面积 56.8 万平方米。市场全部建成后，将实现鞋材乃至体育产业全链条产品展示和交易、信息发布、物流配送、会展推广、网批中心、跨境电商等6大功能。

29日，第十八届福建省优秀企业家表彰大会暨省企联2020年年会在福州举行。大会对134名福建省优秀企业家进行表彰。副省长郑建闽，省级老同志黄瑞霖、黄文麟、李川、李祖可出席大会。我省自1986年起至今已组织开展18届优秀企业家评选工作。今年参加本届优秀企业家评选者373名，当选134名，分别比上届增加100.5%、9.8%，均为历届最多。本届当选者基本为营业收入超过亿元、利润和纳税超过1000万元的经济贡献突出者，其他为在抗击新冠肺炎疫情、稳就业、农业产业化等方面表现突出者。当选者当中，国有企业占27.6%，民营企业占64.2%，外资及港澳台企业占8.2%。当选的优秀企业家们表示，将持续增强爱国情怀，踊跃参与创新创造，坚持依法、诚信经营，切实履行社会责任，不断拓展国际视野，坚持以实业为本、为先、为重，加大科技投入，以技术创新牵引商业模式创业，心系困难群众，以满腔热情为我省经济社会发展作出更大贡献。

29日，省长王宁在福州与中国500强企业三一集团总裁唐修国一行会谈，共商加强建筑产业工业化、工业互联网等领域的项目合作。

29日，由福建银保监局指导，农业银行福建省分行、建设银行福建省分行、福建省农信联社、人保财险福建省分公司四家金融机构参加的“助小微 强经济”福建银行业保险业降低小微企业融资成本线上新闻发布暨政策宣导会成功举办。活动通过直播方式对《关于进一步降低小微企业融资成本的意见》进行线上新闻发布和政策解读。《意见》明确提出，各金融机构在企业融资过程中，应取消信贷环节部分收费项目和不合理条件；控制助贷环节收费成本；压缩续贷环节资金成本；减轻增信环节收费成本。下阶段，福建银保监局将持续加强政策引导、监督检查和处罚，进一步规范信贷融资收费，降低企业融资成本，更好地支持福建实体经济健康发展。

（摘编：郑新贵）

10月

1日，全省文化旅游市场热闹开启中秋节、国庆节假期。全省381家景区全部开放，游客接待量提升至最大承载量75%。部分省级博物馆开启“夜场”，电影院每场放映的上座率上限调整为75%，排片量增加。双节长假期间，全省各地将持续推出“全福游 有全福”千团万人系列活动，举办50多场特色旅游活动，100多场文化节庆活动，如厦门举办中秋旅游嘉年华系列活动，泉州举办第三届闽南美好生活嘉年华暨泉州文创市集活动等。部分省属文博单位延长开放时间至晚9点，推出博物馆之夜、美术馆之夜等活动。

3日，省政府办公厅近日印发《福建省实施工业（产业）园区标准化建设推动制造业高质量发展三年行动计划（2020—2022年）》，明确提出要着力抓好工业园区、工业互联网“一实一虚”两大平台建设，通过实施龙头品牌带动等十大专项行动，全面提升全省园区发展水平，力争到2022年打造8个超千亿元园区、20个以上产值规模超千亿元的产业集群，推动制造业全方位高质量发展。

4日，省委书记于伟国、省长王宁在福州与中国石化集团党组书记、董事长张玉卓一行洽谈，双方就进一步深化合作、加快有关项目落地、推动石化产业做强做优做大进行深入交流并达成共识。

5日，省政府办公厅近日印发《福建省老旧小区改造实施方案》通知，提出力争用3年时间完成2000年前建成、失养失修失管、市政配套设施不完善、社会服务设施不健全、居民改造意愿强烈的城市或县城（城关镇）住宅小区（含单栋住宅楼）改造工作，加快推动城市更新。

9日，省文旅厅消息，今年国庆中秋假期，我省按照“限量、预约、错峰”常态化的总体要求，加大节假日文旅产品高质量供给，推出各类节庆和优惠活动，创新组织文化场馆夜间开放，有效促进了假日文旅市场快速复苏和假日旅游消费热度，取得疫情防控和经济社会发展的“双丰收”。据测算，全省累计接待游客3928.45万人次，同比增长5.5%；实现旅游收入340.88亿元，同比增长10.2%。假日期间，全省未发生游客聚集及安全责任事故，没有发生重大旅游投诉，没有监测到重大负面舆情。国庆中秋假日，我省旅游营销活动丰富多彩。全省文旅系统积极引导动员全省各大景区、旅行社推出文旅消费券、优惠券等优惠措施，形成“全福游、有全福”假日旅游特惠大餐，做热假日文化旅游消费市场。全省已开放362家A级旅游景区，占比96.5%。

10日，省委书记于伟国在福州与中国工商银行董事长陈四清一行就进一步深化双方务实合作、加大金融服务力度进行深入座谈，并见证我省与中国工商银行签署全面战略合作协议。根据协议，未来五年内，中国工商银行将为福建省经济社会发展提供不低于5000亿元的投融资支持，在重点产业、数字福建建设、对外开放、乡村振兴、普惠金融、绿色金融和两岸融合发展等方面为福建提供全方位金融服务。

12日，在第三届数字中国建设峰会数字福建分论坛上，东南能源大数据中心揭牌。东南能源大数据中心立足福建、辐射东南，汇聚共享能源行业数据，推进“平台+数据+生态”一体化发展，致力于服务政府治理能力提升、能源行业转型升级和社会便捷高效用能。今年6月，省政府与国家电网有限公司签订战略合作框架协议，明确共建东南能源大数据中心。省发改委同意按照“政府主导、电网主建、多方参与、共建共享”模式，依托国网福建电力公司建设东南能源大数据中心。国网福建电力已完成全省1914万用电客户和32.3万台智能用电采集终端的在线管理，信息化水平达到国内领先、国际先进，实现电力生产、传输、消费等各个环节数据全覆盖。

12日，在第三届数字中国建设峰会数字福建分论坛上，省数字办发布135项数字经济应用场景，涵盖人工智能、大数据、物联网、平台经济、5G、区块链、工业互联网、卫星应用及数字丝路领域。其中，数字经济应用场景典型案例31项，具有较高技术水准、完整解决方案、相对成熟应用模式，具备可复制性和示范推广性。包括“鼓楼智脑”“东南医疗大数据中心BIM智慧工地协同平台项目”“中国（福建）国际贸易单一窗口”等。数字经济应用场景建设需求16项，主要是数字经济新技术、新产品、新模式应用落地的建设需求，着力解决经济发展、社会治理、民生服务等重点领域中的痛点、难点、堵点问题。单个场景建设投资规模均在1000万元以上。包括“基于知识图谱技术的儿科罕见病少见病临床决策支持系统”“基于人工智能的海上打船应用平台”等。数字经济优秀应用技术、产品和解决方案88项，具有技术先进、性能优异、应用前景好的特点，具有相关自主知识产权。包括“SAA智能化车辆救援共享经济平台”“政务中台之数据中台”“基于教育大数据的成果导向教育管理平台”等。我省将重点扶持一批数字经济应用场景项目，在同等条件下优先安排专项扶持资金，定期组织开展优秀案例宣传推广活动，加快推动形成一批具有全国影响力的福建样板；有序开发一批数据产品和数据服务，以社会需求迫切、关注度高的场景应用为突破口，加快推动公共数据开发利用，建立健全公共数据资源开发利用管理制度体系；培育壮大一批数字经济龙头企业，加大政策、资金、项目扶持，在细分领域培育一批专精特新“小巨人”和“单项冠军”企业，力争更多数字经济龙头企业进入全国行业百强。

13日，第三届数字中国建设峰会福建省数字经济重大项目集中签约仪式在福州海峡国际会展中心举行。省委常委、常务副省长赵龙出席签约仪式。为充分发挥数字中国建设峰会的平台效应，高起点建设国家数字经济创新发展试验区，按照第三届数字中国建设峰会总体方案安排，省发改委、数字办牵头开展峰会对接项目征集、全省集中签约活动筹备等工作，推动一批数字经济龙头企业及重大项目在我省落地实施。截至目前，全省共征集、梳理数字经济对接项目总计607个、总投资4392亿元，其中签约项目426个，总投资3316亿元，分别同比增长38.3%、31.6%；在谈项目181个，总投资1076亿元。本次活动遴选了50个与央企、龙头企业、独角兽企业、科研院所合作的数字经济大项目、好项目进行集中签约，总投资1100亿元，其中总投资超100亿元项目有2个、50亿—100亿元项目2个、10亿—50亿元项目27个。

13日，省内首家卫星互联网产业园项目——福州达华卫星产业园在第三届数字中国建设峰会上完成签约。作为福建省数字经济重大项目之一，该项目落地福州长乐区滨海核心区，由达华智能（集团）牵头筹建，现已完成园区一期用地购置、产业规划、平台开发、主体项目试运行等，预计最快于今年底前动工，建设期为两年。同时，国内首个“卫星海联网”应用场景也正式在峰会亮相。该项目以福州达华卫星产业园为基地，联合有关国企及生态链相关各方，共同打造基于通导卫星应用的海联网生态产业体系，实现海岸互联、船船互联、海洋感知、军民融合、渔获交易及普惠金融等，并对处置非法采砂、非法越界作业、海洋垃圾等形成有力科技支撑。

14日，第三届数字中国建设峰会圆满完成各项议程，在福州顺利闭幕。省委常委、常务副省长赵龙在闭幕式上作总结讲话，省委常委、宣传部部长邢善萍主持闭幕式。省委常委、福州市委书记林宝金，国家有关部委负责同志、院士专家、企业代表等出席。赵龙指出，本次峰会聚焦“创新驱动数字化转型，智能引领高质量发展”主题，交流思想，深化合作，凝聚共识，展示成果，取得了圆满成功。我们要深入学习贯彻落实习近平总书记关于网络强国的重要思想和数字中国建设的重要指示以及对峰会的贺信精神，紧紧抓住新一轮科技革命的历史机遇，加快建设网络强国、数字中国、智慧社会，努力在信息化浪潮中乘风破浪，以更高的信息化水平更好融入新发展格局、推动高质量发展。数字经济企业代表在闭幕式上作了主题发言。会上还举行了2020数字中国创新大赛颁奖仪式。

14日从省商务厅获悉，今年以来，国务院先后批复同意福州出口加工区、福州保税港区、厦门象屿保税物流园区、厦门海沧保税港区等4个海关特殊监管区域整合优化为综合保税区，这标志着我省海关特殊监管区域整合优化工作取得阶段性成果。海关特殊监管区域具有承接国际产业转移、连接国内国际两个市场的特殊功能和政策，由海关为主实施封闭监管，包括保税区、出口加工区、保税物流园区、跨境工业区、保税港区、综合保税区等模式，目前综合保税区是海关特殊监管区域的最高形态。接下来我省将着力把综合保税区建设成为加工制造中心、研发设计中心、物流分拨中心、检测维修中心和销售服务中心“五大中心”，继续推进落实综合保税区内企业一般纳税人资格试点等各项政策，支持鼓励区内企业承接区外委托加工业务，推进融入以国内大循环为主体、国内国际双循环相互促进的新发展格局。我省还将支持在福州空港、漳州古雷港等地按照高标准建设要求，新增申报设立综合保税区，更好地服务闽东北、闽西南两大协同发展区的经济发展。

15日，省委书记于伟国、省长王宁在福州与国家开发银行行长欧阳卫民一行就深入推进务实合作、强化金融服务进行座谈，并见证我省与国开行签署全方位推动高质量发展超越合作备忘录。根据合作备忘录，未来三年，国开行将在基础设施建设、新基建和数字经济发展、新型城镇化、产业现代化、生态文明建设、民生社会事业和对外开放合作等领域，力争为福建重点项目建设提供3000亿元融资支持。

15日，由中国石油和化学工业联合会、福建省漳州市人民政府、中国化工经济技术发展中心主办的“2020中国化工园区与产业发展论坛”在漳州市召开。本次会议主题为“科学规划　高质量发展”，与会嘉宾和代表们重点围绕在“十四五”时期，中国化工园区如何高质量发展与创新突破展开讨论。中国石油和化学工业联合会会长李寿生，福建省副省长郑建闽等领导共同出席论坛。目前，福建石化产业规模日益壮大，石化工业总产值从2008年的800亿元增长到2019年的4340亿元；石化产业链完整，全省目前每年炼油产能2900万吨、乙烯210万吨、PX240万吨，己内酰胺和尼龙6等产能和产量居国内首位。

16日，第二十一届宁德投资洽谈会产业招商推介及签约仪式在宁德举行，25个项目现场集中签约。经过前期的洽谈对接，本届投洽会共对接项目365项，总投资844亿元。其中，工业项目202项，总投资507.43亿元；服务业项目163个，总投资336.57亿元。推介会围绕宁德锂电新能源、新能源汽车、不锈钢新材料、铜材料等四大主导产业和现代服务业发展情况、招商方向、招商重点进行推介。对接的亿元以上项目中，四大主导产业项目投资额占比超过一半。

16日，生态环境部日前发布《关于命名第四批国家生态文明建设示范市县的公告》和《关于命名第四批“绿水青山就是金山银山”实践创新基地的公告》，其中，漳州市东山县、泉州市永春县2个县被命名为第四批“绿水青山就是金山银山”实践创新基地；三明市宁化县、三明市建宁县、泉州市安溪县、南平市顺昌县、南平市邵武市、龙岩市武平县等6个县（市）被授予第四批国家生态文明建设示范市县称号。

18日，省财政厅消息，在首期百亿纾困专项资金于9月2日提前超额完成放款任务基础上，10月12日，我省第二期100亿元中小微企业纾困专项资金设立。第二期纾困专项资金在延续支持对象、贷款条件、名单收集、贷款发放、担保支持、财政贴息、合作银行等原有做法基础上，进一步优化了相关服务。其中在财政贴息资金方面，提高了贴息资金拨付效率，贴息资金由按季预拨调整为按月预拨。在融资担保方面，将省再担保机构、各地政府性融资担保机构支持纾困资金政策落实情况纳入绩效评价，并作为省财政融资担保专项资金分配的参考因素。同时，探索通过信用贷款方式发放纾困贷款。首期100亿元纾困专项资金共为2475家困难企业解决了资金需求，户均贷款404万元，年化利率低于3.35%。

19日，省委书记于伟国、省长王宁在福州与中国中信集团有限公司董事长朱鹤新、总经理奚国华一行就深化双方合作、促进金融和产业融合发展等深入座谈，并见证我省与中信集团签署全面战略合作协议。

19日，由福建、山东、江西、吉林、安徽、河南、黑龙江、湖南、江苏、湖北、内蒙古等11省（区）政府共同举办的第十六届粮食产销协作福建洽谈会在海峡国际会展中心举办。本届粮洽会旨在进一步巩固和发展福建与各粮食主产省间长期稳定的粮食产销协作关系，推动产学研合作、扩大产销合作成效。为突出“福建洽谈会”主题，本届粮食交易大会在展馆设立11个协作省份联合展区，集中展示各地优质绿色营养健康粮油产品，及部分省试点全产业链情况。粮洽会筹备以来，共征集到福建与10个产销协作省（区）粮食购销意向合同262项，数量449万吨；粮食行业科技成果16项，粮食企业科技需求28项，科技项目成果对接2项。自2005年开始，福建与粮食主产省共同举办产销协作洽谈会。历经15年的培育，福建粮洽会已成为全国粮食产销协作的知名品牌，更是“引粮入闽”的重要平台。目前，全国已有10个粮食主产省与福建建立政府间产销协议，累计签订粮食购销合同近9000万吨，每年从协作省调粮占省外调粮总数的80%以上，有效保证了省内粮食供应。

20日，省委书记于伟国、省长王宁在福州与中国移动通信集团有限公司董事长杨杰一行就深化新一轮战略合作、加快数字福建建设等进行洽谈。

20日，由福建省商务厅与马来西亚—中国总商会联合举办的第十届马中企业家大会举办。副省长郭宁宁、马来西亚国际贸易及工业部副部长林万锋、马中总商会总会长陈友信出席并致辞，中国复关及入世谈判首席谈判代表，原国家外经贸部副部长，原博鳌亚洲论坛理事、秘书长龙永图作主旨演讲。大会首次以跨境视频连线＋直播的“云”上新形式，在福州与马来西亚吉隆坡分设会场，有16.5万人通过国内外各直播平台在线参加，谈商论道、合作共赢。本届大会以“后疫情时代中马经贸合作新机遇与趋势”为主题，聚焦先进制造业及高科技产业、电子商务、金融服务等当前中马经贸合作热门领域，通过会前预对接大会共“云签约”智能制造、冷链物流、钢铁产能合作等多个领域经贸合作项目，签约金额近百亿元。

21日，省统计局消息，经初步核算，我省地区生产总值在上半年实现同比增长0.5%的基础上，前三季度进一步回升，同比增长2.4%，其中第一产业增加值增长3.5%、第二产业增长1.8%、第三产业增长2.8%。

21日，省科技厅发起设立了“福建省科技成果转化创业投资基金”，工商核准名称为福建阳明创业投资合伙企业（有限合伙），基金总规模3.75亿元。其中：省级财政出资0.5亿元，国家科技成果转化引导基金出资0.75亿元，社会资本出资2.5亿元，并作为国家科技成果转化引导基金子基金。该基金主要投资国家重点支持的高新技术企业，特别是投资于国家科技成果转化项目库中的企业，对促进我省科技成果转化和科技产业的发展具有重要作用。

21日，省委书记于伟国、省长王宁在福州与中国交通建设集团有限公司董事长王彤宙一行就深化务实合作、加快综合交通建设等进行座谈，并见证我省与中交集团签署深化战略合作协议。

22日，省委书记于伟国、省长王宁在福州与中国三峡集团董事长雷鸣山一行就进一步深化战略合作、加快推进我省清洁能源转型升级等进行洽谈。

23日，推动文化产业高质量发展超越座谈会在榕召开。会议强调，要深入学习贯彻习近平总书记关于发展文化产业的重要论述，深刻认识推动文化产业高质量发展超越的重大战略意义，加快文化产业转型升级、提质增效，推进我省文化产业繁荣发展。要科学研判形势，坚持问题导向，贯彻新发展理念，紧紧围绕构建新发展格局，始终坚定文化产业发展的正确方向，增强文化产业创新创造活力，精心谋划好“十四五”时期文化产业发展工作。要加强组织领导，充分发挥福建多区叠加优势，强化统筹协调、顶层设计、政策支持、督促落实，研究提出推动我省文化产业高质量发展超越的思路举措，形成各级各部门齐心协力、共促发展的合力，为我省文化产业高质量发展超越提供有力保障。会议指出，要继续统筹好疫情防控和经济社会发展，支持建设集多种业态、多功能服务于一体的文旅消费集聚区，创新文化旅游产品营销模式，大力推进文旅企业复工复产复业。要在充分学习借鉴兄弟省市经验，广泛征求专家、群众意见建议的基础上，坚持问题导向、补齐短板弱项，高水平编制好我省文化产业“十四五”规划。省委常委、宣传部长邢善萍主持座谈会并讲话，副省长郑建闽出席。

24日，经省政府研究，同意三明市、南平市创建省级绿色金融改革试验区。省政府办公厅近日下发工作方案，要求两地和各有关部门认真贯彻执行，做好整体策划、系统推进、重点突破，抓紧实施、取得实效，打造具有福建特色亮点的绿色金融服务体系。

25日，省财政厅消息，为进一步降低企业融资成本，推动企业加快转型升级，日前，省技改基金第十届基金理事会全票通过关于降低省技改基金投资项目年化收益利率的方案，决定从2020年9月23日至2021年3月23日，基金向融资企业新增投资的首年利率由3%下降到2.5%。省技改基金是由省市财政与兴业银行共同发起设立，吸收社会资本参与，专门为企业技术改造提供投融资服务的政府投资基金，基金规模200亿元。目前基金带动全省制造业项目总投资超过1087亿元，间接撬动了54倍社会资金进入实体经济。投资利率降低后，已有福建南平南孚电池有限公司、三明阿福硅材料有限公司、福建新中冠数据技术有限公司等8家企业的12.17亿元技改项目融资获得降率优惠。

26日，省自然资源厅近日下发通知，要求各地逐步构建“政府主导、企业主体、社会参与”的废弃矿山生态修复体系，坚持“保护优先、自然恢复为主”“谁修复、谁受益”，通过政策激励，吸引社会各方投入，探索实施“生态修复+废弃资源利用+产业融合”的废弃矿山生态修复新模式；建立本地区废弃矿山生态修复项目储备库，统筹安排，分类推进历史遗留废弃矿山（点、硐）生态修复工作。

27日，省政府新闻发布会消息，第十一届海峡两岸机械产业博览会暨第十三届中国龙岩投资项目洽谈会将于11月8日—11日在龙岩举行。本届展会以“两岸合作，发展共赢”为主题，展览展示面积3万平方米，约1500个标准展位。设产业发展、工程和环保机械、专用车和应急装备、台湾机械、智能制造、配件等六大专业展区，将展示工程机械、环卫机械、新能源汽车、专用车辆、军民融合、高端数控机床、激光切割设备、应急装备、智能工业机器人、云计算、VR应用、大数据与机械产业应用等机械设备。

27日，省统计局发布数据，1—9月，全省规模以上工业增加值实现同比增长1.8%，分别比1—3月和1—6月回升8.6和1.7个百分点，比全国平均水平高0.6个百分点。其中，9月份全省规上工业增加值增长6.0%，是今年以来仅次于5月份（增长6.3%）的第2个较高增长水平。随着统筹疫情防控和经济社会发展各项政策逐步落地见效，工业生产复工复产水平继续回升，多数产品和行业生产日益得到改善，规上工业生产延续恢复性向好态势。

28日至29日，全省海上养殖综合整治和绿色发展现场会在宁德召开。会议指出，近三年来，宁德市强力推进海上养殖综合整治，海上养殖呈现出良性升级、科学管控与向好发展态势，经验做法值得学习借鉴、大力推广。他强调，各级各有关部门要深入贯彻落实习近平生态文明思想，认真落实省委省政府工作要求，全面推进海上养殖综合整治工作，为水产养殖业绿色发展创造良好的生态环境。要坚持走生态优先、绿色发展之路，推进传统养殖设施改造提升，推动养殖权属制度改革创新，加大海漂垃圾清理整治力度，拓宽水产养殖业投融资渠道，全面提升海上综合整治能力，加快构建水产养殖业绿色高质量发展的空间格局、产业结构和生产方式，努力为全国渔业发展提供“福建模式”。要抓好强化渔业安全生产管理、加快渔港建设步伐、健全海洋防灾减灾体系、加强海洋与渔业执法体系建设、深化海洋渔业领域扫黑除恶专项斗争等海洋与渔业重点工作，全面谋划“十四五”和明年海洋与渔业相关工作，为全方位推动高质量发展超越作贡献。会前，与会人员还前往三都澳海域实地观摩宁德海上养殖转型升级和海漂垃圾治理现场。

29日，省农业农村厅消息，2020年第三次省级农产品质量安全监督抽查总体合格率99.5%。本次监督抽查随机抽检了福州、宁德、莆田、泉州、漳州、三明、龙岩、南平等8个设区市和平潭综合实验区的264个种植基地、98个畜禽养殖场和18个生猪屠宰厂（场），对象为农产品生产企业、农民专业合作社、家庭农场，抽检蔬菜、水果、食用菌、禽肉、禽蛋和生猪尿样等6大类样品939个，检测农药兽药残留参数84项。

29日，省生态环境厅消息，第三届数字中国建设峰会期间，共举办大型活动19场、参会人数近1万人。根据估算，数字峰会期间因交通、餐饮、住宿、展会等活动新增二氧化碳排放约900吨。为实现绿色办会，在省生态环境厅指导下，福州市生态环境局与数字峰会主办方实施“碳中和”行动，通过购买林业碳汇项目减排量抵消中和峰会活动实际产生的二氧化碳排放，实现峰会“零排放”。

29日，由中国副食流通协会、中国食品土畜进出口商会、中国国际贸易促进委员会福建省委员会、泉州市人民政府主办的中国食品行业国际竞争力高峰论坛暨市场采购贸易助力预包装食品出口推介会在石狮举行。论坛上，石狮首次面向全国食品行业推介预包装食品出口试点政策。石狮是全国首个预包装食品出口试点城市，建成中国石狮国际食品城，为预包装食品生产企业和采购商的展示、对接、采购提供了一站式服务，初步形成“买全国、卖全球”的预包装食品出口格局。泉州是我国重要的食品生产基地之一，食品行业年生产值超过1000亿元，泉州生产的预包装食品在东南亚和中东等国家和地区广受欢迎。

30日，省政府办公厅近日印发《福建省实施工业（产业）园区标准化建设推动制造业高质量发展三年行动计划（2020—2022年）》，部署开展规划提升、集约发展等10个专项行动，大力实施工业（产业）园区标准化建设，开展试点园区土地利用标准化评价工作，指导标准化园区建立土地集约利用长效工作机制。计划明确，标准化工业（产业）园区用地按照工业用地综合容积率、固定资产投入强度及亩均税收等标准化工业（产业）园区用地主要指标，开展试点园区土地利用标准化评价工作，指导标准化园区建立土地集约利用长效工作机制。按照布局集中、产业集聚、用地集约原则，科学合理布局工业项目，有序引导工业项目进区入园，鼓励新上工业项目集中连片建设。加大存量建设用地盘活力度，落实土地利用计划指标配置与存量建设用地盘活挂钩制度，保障试点园区转型升级项目的合理用地需求，支持园区所在地优先配置土地利用计划指标。对"退城入园"、转型升级的企业，优先在工业园区内安排建设用地或协调租赁标准厂房。

（摘编：朱明清）

11 月

1 日，为期 3 天的"2020 中国福建（永安）石墨烯创新创业大赛暨项目成果对接会"圆满闭幕。会上，工信部赛迪研究院发布了《中国石墨烯产业发展竞争力指数（2020）》，这是国家级智库发布的首个石墨烯产业竞争力发展指数。全国各地石墨烯产业发展基本呈现"四个梯队"。江苏省以 90.44 的指数居第一梯队榜首，福建省处于发展势头迅猛的第二梯队，以 74.78 居第二梯队首位。在发展环境指数方面，全国石墨烯政策环境整体趋好。全国 30 多个省、区、市的同向比较中，福建省在产业政策和组织建设两方面都具有较明显的领先优势，发展环境指数位居全国第二。中国石墨烯产业发展竞争力指数今后三年将固定在永安发布，将极大提升中国福建（永安）石墨烯创新创业大赛暨项目成果对接会以及三明石墨和石墨烯产业的知名度。

2 日上午，福建省交易团召开第三届进博会行前媒体见面会，介绍各项筹备工作及主要活动情况。第三届进博会将于 11 月 5 日至 10 日在上海举办。首届和第二届进博会，省交易团（含厦门交易团）累计签约金额 66.5 亿美元（按大会统计口径），其中：福建省交易团签约 44 亿美元，已履约 41.5 亿美元，履约率 94.3%；厦门交易团签约 22.5 亿美元，履约率 93.1%。金融机构为我省 22 家采购商提供 1024 亿元的配套融资服务，已实际放贷 468.1 亿元。抓住进博会带来的国际贸易、国际投资、人文交流和开放合作新机遇，福建省交易团提前谋划，通过全省各级各有关部门、社交平台等渠道展开全方位宣传推介，共完成注册报名单位 4214 家，报名人数 7849 人（其中厦门交易团 512 家 2802 人），采购商组织情况已超过前两届。

2 日，医保局和省卫健委联合印发《关于落实第三批国家组织药品集中采购和使用有关工作的通知》，明确我省于 11 月 13 日起在采购平台挂网执行第三批国家组织药品集中采购中选结果。《通知》明确，全省所有公立医疗机构和驻闽军队医疗机构（含药材供应机构）全部参加，药品范围为第三批国家集中采购确定的 55 个品种，执行国家联合采购办公室统一确定的采购周期。《通知》要求，完善限价及医保支付标准。中选药品实行零差率销售，在医保目录范围内的以销售价格作为医保支付标准。11 月 16 日起，中选药品和同通用名非中选药品同步执行规定的销售价格和差别化的医保支付标准。据统计，第三批国家组织药品集中采购平均降价约 53%，药品品种数量接近前两批之和。

2 日，省水利厅消息，今年 1 至 9 月，全省累计完成水利投资 335.16 亿元，占年度计划的 81.73%，其中重大项目 272.65 亿元，面上项目 62.51 亿元。1 至 9 月，我省累计新开工重大水利项目 175 个，建成或基本建成马尾区亭江 3#渠黑臭水体整治工程项目、德化县春美乡双瀚溪安全生态水系建设项目、古雷区域引水工程延伸段工程、武平县武东镇陈埔溪安全生态水系等61个项目。

2日，乘坐“闽昌号”福建援疆旅游专列的500余名游客抵达昌吉州。这是新疆疫情防控进入常态化阶段后，今年福建到昌吉州的首趟援疆旅游专列。本次“闽昌号”福建援疆旅游专列从福州市出发，全程15天，行程包括昌吉、和田、阿克苏、阿勒泰、乌鲁木齐、吐鲁番等地特色旅游景区（点）。

4日至5日，省长王宁率福建省交易团赴上海参加第三届中国国际进口博览会，加强国际采购，深化投资促进，开展政策推介和项目对接，在开放合作中推动高质量发展。5日上午，王宁与37家参会的跨国企业、知名民企和机构代表座谈，面对面听取意见建议，深化交流、共商合作。巴西淡水河谷、美国ADM、比利时百威集团、台达集团、杉杉控股、上海百汇星融、月星集团、上海河姆渡实业、中国进出口银行福建省分行、阳光龙净集团等企业代表先后发言，大家表示，福建发展势头强劲、市场空间广阔。王宁说，福建政策优势明显、产业体系健全、基础设施日益完善、营商环境越来越好、生态环境全国领先，是重商、亲商、安商的福地。我们正认真贯彻习近平总书记重要讲话重要指示批示和党的十九届五中全会精神，全面贯彻新发展理念，着力构建新发展格局。我们将认真吸纳各位企业家的真知灼见，“一企一策、一业一策”助企惠企，与大家分享市场机遇，合作共赢、共同发展。各级政府要把麻烦留给自己，把方便留给企业和群众，该办的、能办的事，要马上就办、痛痛快快地办，以优质服务营造更好环境。省商务厅、工信厅介绍了我省支持外资企业和民营企业发展的政策举措。座谈会上签约了17个投资、采购及银企合作项目。5日下午，王宁一行还前往国家会展中心，走访了通用电气、三菱电机、ABB、西门子、冠捷科技、辉瑞、辉瑞普强、阿斯利康、强生等参展企业展台，仔细了解新技术、新产品、新服务，与参展商深入交流。

6日上午，第三届进口博览会“福建新一轮开放政策解读和项目对接会”在上海举行。对接会全方位、多角度推介福建省开放政策和良好营商环境，宣示我省坚定不移推进落实新一轮高水平对外开放的决心，鼓励世界知名企业到福建投资兴业，推动福建加快构建以国内大循环为主体、国内国际双循环相互促进的新发展格局。境外参展商、境内意向采购商代表等近300名嘉宾参加对接会。福建省立医院、福建医科大学附属协和医院、福州地铁集团、福建华佳彩、紫金矿业物流、福建元成豆业、福建赛隆科技等重点企业分别达成采购与合作协议，现场签约6批次29个项目，签约项目涉及医疗设备、工程机械、轨道交通、仪器设备、变频器和电气元件、农副产品、化纤原料等多个行业领域。

6日，经国家农业农村部批准，由中国绿色食品发展中心、福建省农业农村厅主办的第二十一届中国绿色食品博览会暨第十四届中国国际有机博览会在厦门举办。本届博览会福建省以“生态福建、绿色农业”为主题，以“五福临门　乡村振兴”为展示内容，以“福”字号系列福建优质农产品划分了八大功能区，在展品征集上优先选择福建著名农业品牌、绿色食品、有机食品和地理标志农产品，重点推介福建茶叶、水果、蔬菜、食用菌、畜禽等十大特色优势产业，充分展示了我省绿色食品以及品牌农业发展的成果。

6日，第十六届海峡两岸（三明）林业博览会暨投资贸易洽谈会开幕。本届林博会以“深化海峡两岸合作，做实绿色三明文章”为主题，围绕贯彻落实习近平生态文明思想，积极践行“绿水青山就是金山银山”理念，发挥三明“林深水美人长寿”生态优势，展示三明生态文明建设新成果、新面貌，展销两岸绿色生态森林食品，宣传推介全域森林康养产品，持续打响“中国绿都·最氧三明”品牌，促进海峡两岸林业交流融合，全方位推动三明林业高质量发展超越。本届林博会突出全域全时，推出“云上林博会”，并设立主会场、分会场和线上会场，其中，主会场设立三明特色产业展、森林食品展、海峡两岸特色小吃展3大展区，分会场在各县（市、区）开展主题活动，线上会场设置e三明“掌上林博会”，组织开展森林食品直播带货、康养基地直播推介、线上看展会等3项新媒体直播推介活动。开馆仪式上，发布了三明市森林生态系统功能价值评估结果、“中国绿都”评价结果、三明道地药材“明八味”评选结果，现场为2020年三明市十佳制茶大师、秋季茶王赛和团体茶艺赛获奖者颁奖，并举行了项目集中签约仪式。副省长崔永辉出席开馆仪式。

6日，全国第一家受理生态环境资源纠纷的仲裁院——“南平生态仲裁院”正式成立。该院首次将仲裁运用在生态领域，主要受理涉及大气、水、土壤等生态环境污染纠纷案件，将促进和保障生态环境资源法律的全面正确施行，实现多元解决生态纠纷，切实维护人民群众生态环境权益。成立生态仲裁院，能够充分发挥仲裁机制解决纠纷低成本、高效率、化解快、促和谐、保稳定的优势。新《环保法》出台后，全国首例环境民事公益诉讼案就在南平开庭，此案被最高人民法院评为2015年度全国法院民事行政十大案例之一，这说明南平已经具备司法解决生态类案件的基础和经验，可以为生态仲裁院提供司法范本。

7日上午，“闽茶中国行”北京站在国家会议中心推介柘荣高山白茶。此次活动为期4天，以“‘柘’有好茶，‘荣’耀京城”为主题。柘荣是我省重要的产茶县，当地产茶区山高雾多、空气清寒、昼夜温差大，茶叶生长缓慢、成叶周期长，这使得柘荣高山白茶具有香气浓郁、味感醇美、色泽鲜亮等优异品质和独有韵味。柘荣全县茶园面积约7万亩，年产茶叶5000多吨，全产业链总产值约7亿元，全县70%人口从事茶叶生产经营。“闽茶中国行”活动是我省大型的茶产业茶文化推广活动，由福建日报报业集团、海峡两岸茶业交流协会、福建省农业农村厅、省农业科学院、省供销合作社联合社共同举办。自2010年6月13日在福州正式启动以来，活动至今已成功地走过了台湾、上海、北京、新疆、澳门等15站，每一站都以不同主题和形式呈现福建茶产业及福建茶文化的博大精深。十年来，“闽茶中国行”已成为福建茶产业茶文化宣传推广的亮丽名片。

7日，省长王宁在厦门调研，深入产业园区、民生项目建设现场，仔细了解园区建设和产业培育、地铁规划建设运营等情况，听取意见、解决难题、推动发展。他强调，要把学习贯彻党的十九届五中全会精神作为当前和今后一个时期的首要政治任务，牢记习近平总书记重要嘱托，深入实施跨岛发展战略，以推动高质量发展为主题，以深化供给侧结构性改革为主线，以改革创新为根本动力，以满足人民日益增长的美好生活需要为根本目的，加快建设高素质高颜值、现代化国际化城市，在奋斗“十四五”、奋进新征程中勇当排头兵。在厦门软件园三期，王宁详细了解创新平台建设、科技成果转化、项目孵化成长等情况。他指出，党的十九届五中全会把科技自立自强作为国家发展的战略支撑，我们要全面贯彻新发展理念，坚持创新的核心地位，深入实施创新驱动发展战略，提升企业技术创新能力，激发人才创新活力，加快壮大战略性新兴产业，塑造发展新优势、培育增长新引擎。要加快园区建设，完善配套服务，促进产城融合，更好集聚高能级企业，以创新驱动、高质量供给引领和创造新需求。在建的厦门地铁6号线，将延伸到漳州角美台商投资区，是闽西南协同发展区的重大协同项目。来到6号线集美创业园站建设工地，王宁与地铁管理、建设单位负责同志深入交谈，要求科学优化线网布局，注重多种交通方式无缝接驳，坚持安全第一、质量第一，建设精品工程、安全工程。

7日，由省商务厅、省海洋与渔业局共同主办的“福建省海洋战略性新兴产业对接会”在上海举行。本次对接会以“新福建·新产业·新海洋”为主题，邀请国内相关领域的权威专家和重点企业，通过交流世界及我国海洋战略性新兴产业最新发展趋势及最新技术成果，促进关键技术突破引领产业转型升级，推进福建省海洋工程装备、海洋生物医药等海洋战略性新兴产业向纵深发展。对接会上，福建省海洋与渔业局、省进出口银行、中国银行、交通银行分别与福安海荣不锈钢制品、省船舶工业集团、天马科技集团、中铁福船海洋工程、宏东渔业等知名企业达成采购与合作协议，现场签约3批次17个项目，涉及海洋生态环境监测科研平台、对海测绘遥感应用、智慧海上福建应用、海上新材料新技术融合应用、水海产品加工、船舶等前沿领域。

7日，第四届全国原苏区振兴高峰论坛在龙岩学院举办。来自中国社会科学院、全国原苏区和其他革命老区的有关部门、高校的140多位领导、专家、学者等参加论坛。本届论坛由中国社会科学院农村发展研究所、江西师范大学、福建社会科学院、龙岩学院共同主办。论坛围绕“苏区精神与苏区老区振兴”主题，交流和研讨近年来在苏区精神的研究成果、全国原苏区和其他革命老区振兴发展的创新经验和典型做法，探索思考新时代革命老区高质量发展的新举措新办法，旨在为革命老区发展把脉问诊、建言献策，促进全国原苏区和其他革命老区与经济发达地区的协调发展。

9日，省长王宁主持召开省政府常务会议，认真贯彻党的十九届五中全会精神，贯彻落实中央和省委部署，研究地方性法规、政府规章和规范性文件清理工作，健全完善生态环境保护、食品安全、医疗卫生、地方金融监管等领域体制机制。会议还研究了其他事项。

11日，为帮助企业渡过难关，扎实做好“六稳”工作，省财政厅近日下达贴息资金400万元，对受疫情影响严重行业企业贷款给予补助。据金服云平台统计，截至10月中旬，受疫情影响严重行业企业贷款共发放414笔，贷款金额达8.01亿元。

11日，省政府新闻发布会消息，第十四届海峡两岸茶业博览会将于11月16日至18日在武夷山市举行。本届茶博会共有参展企业811家，其中，台湾参展企业89家。本届茶博会突出四个新亮点：新模式，打造“永不落幕”的茶博会模式，线上依托百度技术和链接打造“云上茶博会”，线下以茶旅小镇国际会展中心为载体，每月举办各类茶事活动；新展馆，首次启用茶旅小镇会展中心，展览面积4.5万平方米，规划标准展位1800个，较上届增加近50%；新内容，在继续做强海峡两岸民间斗茶赛、“走百企、进百店、入百园”等特色专场活动基础上，举办“万里茶道”环中国自驾游集结赛、武夷岩茶品质化学特征与保健功能研究成果发布会、武夷山水—武夷茶品牌营销活动等；新平台，依托主流直播平台阵地，为茶博会提供全年全覆盖的互联网新媒体推广平台。

11日，第二十二届中国国际高新技术成果交易会在深圳会展中心及相关分会场拉开序幕。福建代表团组织21家企业和高校携23个项目参加本届成果交易会，集中展示和推介我省“十三五”期间前沿技术、传统产业转型升级等方面的典型成果和优秀项目，着力推动我省科技成果转移转化。中国国际高新技术成果交易会由商务部、科技部、工信部、国家发改委、农业农村部、国家知识产权局、中国科学院、中国工程院等部委和深圳市政府共同举办。本届高交会以“科技改变生活、创新驱动发展”为主题，汇聚创新资源，促进产业、科技、资本大融合与大发展，为提升科技创新水平、促进国际科技经济合作、强化危机应对能力、增强经济发展动力发挥积极作用。本届高交会总展览面积超过14万平方米，有3300多家海内外展商、近万个项目参展，各项活动将超过140场。福建代表团紧紧围绕“科技创新驱动 全方位高质量发展超越”的主线，聚焦近两年来我省高科技领域优势特色产业的创新成果，共征集新一代信息技术、新能源、新材料、现代农业、生物与新医药、节能环保、高端装备制造等领域的项目成果48项。

11日，首届福建省数字经济统计培训研讨班在福州数字中国会展中心开班，来自国内数字经济统计领域的专家学者围绕这一议题展开深入研讨。福建省经济信息中心发布的数据显示，福建省2019年数字经济规模突破1.7万亿元，增速近20%，占全省GDP比重超过40%，数字经济已成为福建省经济高质量发展的新引擎。省统计局将主动探索建立数字经济统计监测体系，科学测度、改进方法，为数字福建建设提供高质量的统计服务。

12日，在收听收看全国冬春农田水利暨高标准农田建设电视电话会议后，我省紧接着部署相关工作。副省长崔永辉作部署讲话，各地各相关部门要高度重视、落实责任，紧抓当前黄金季节，加强农田水利建设，加快灌区节水配套改造，抓紧修复水毁灾损设施，做好抗旱保供水工作；要加快高标准农田项目建设进度，抓紧谋划“十四五”项目，强化项目储备；要持续加大财政投入，用好用足债券资金，积极引导社会和金融资本投入，拓宽筹资渠道；要进一步明确管护主体，强化投入保障，健全完善长效管护机制。

13日，由中国贸促会主办、中国贸促会投资促进中心和福建省贸促会共同承办的“优化营商环境政企对话会（福建专场）”通过视频连线形式举行。副省长郭宁宁、中国贸促会副会长张慎峰分别在福州、北京会场出席活动。中国美国商会总裁毕艾伦、英中贸易协会中国区总裁赵汤、中国欧盟商会华南区主席刘畅等境外投资贸易促进机构代表作了发言。省有关部门、部分设区市就稳外贸、稳外资等政策措施进行宣传推介，并与企业在线问答互动。

13日，省长王宁在福州与中国铁建总裁、党委副书记庄尚标一行会谈。王宁说，中国铁建是工程设计及建设领域的领军企业，当前，福建正深入学习贯彻党的十九届五中全会精神，加快构建新发展格局，全方位推动高质量发展超越，双方合作空间广阔、潜力巨大。希望中国铁建抓住机遇，发挥优势，加大在闽投资、建设、运营力度，注重质量安全、生态环保，打造一批精品工程，实现互利共赢。

16日，福建省财政厅、人行福州中心支行近日联合印发的有关加强农村普惠金融建设、提升服务点功能的通知，我省将通过两年时间即2022年底，实现农村普惠金融服务点在建制村全覆盖。

18日，在福州华能电厂召开的全国首套100%国产化DCS系统发布会传来好消息：全国产化DCS在华能福州电厂试验验证机组连续运行12天稳定可靠，硬件板卡精度、抗干扰能力与运行环境适应性等多项指标超过国外同类产品水平。这标志着我国发电领域工业控制系统完全实现自主可控，全面解决了受制于人的短板。

18日，省长王宁在福州与中国华能集团总经理、党组副书记邓建玲一行会谈。王宁说，福建与华能集团有着长期友好的合作关系，希望华能集团抓住福建全方位推动高质量发展超越的重大机遇，把福建作为投资布局的“主战场”，以“十四五”为新起点，在清洁能源、新能源、智慧能源等领域，与福建深化战略合作，取得更大成效。福建将进一步优化营商环境，提供高效优质服务。

20日，省财政厅消息，为进一步扩大开放，积极应对疫情带来的不利影响，今年我省出台一系列稳外资财政政策，推动全省实际使用外资逆势增长。近日审核兑现了2020年稳外资政策资金1.65亿元，同比增长51.1%。

20日，省委书记于伟国在福州与两岸企业家峰会秘书长林军一行，就深入推进两岸融合发展进行座谈。

20日，省长王宁主持召开省政府常务会议，认真贯彻党的十九届五中全会精神，贯彻落实中央和省委部署，研究通过了《2021年全省城乡建设品质提升实施方案》《关于进一步加强耕地保护监督工作方案》，研究制定《福建省高质量发展综合绩效评价办法》《福建省污染防治攻坚战成效考核实施方案》《进一步加强农村宅基地和村民住宅建设管理工作的若干意见》《全方位推动住房城乡建设高质量发展超越行动计划》，审议《福建省省级零基预算改革实施方案》《福建省乡村振兴促进条例（草案）》。会议还研究了其他事项。

26日，我省举行第四季度重大项目视频连线集中开工活动，共开工重大项目234个、总投资1881亿元。省委书记于伟国作开工动员。省长王宁主持。

27日上午，《福建省航空运动产业发展规划（2020—2030年）》在福州正式发布。该规划由福建省航空运动协会起草编制，由福建省体育局、福建省发展和改革委员会和福建省财政厅等11家单位联合发布。规划深入分析了当前福建省发展航空运动产业的基础和面临的形势，提出了引领航空运动基础设施建设布局等五大重点任务，展望了到2030年我省航空运动产业初具规模的远景目标，即在全国率先形成200公里航空运动飞行圈，基本建成一批具有一定国际影响力和知名度的航空运动产业项目，并通过与旅游、康养、教育、体育制造等产业的融合发展，基本形成基础扎实、结构合理、内容丰富、产业带动性强的航空运动产业体系。航空运动产业是以航空运动项目为载体，提供相关系列产品、服务和产业链的经济活动的总称。航空运动产业涵盖目前我国正式开展的运动飞机、热气球、滑翔伞、飞机跳伞、轻小型无人驾驶航空器、航空模型等六大类共26个运动项目。

27日，第六届“海上丝绸之路”（福州）国际旅游节暨“全福游”嘉年华在福州启动。文化和旅游部副部长张旭，省委常委、福州市委书记林宝金，副省长郑建闽，黎巴嫩驻华大使米莉亚·贾布尔，安哥拉驻华大使若昂内图，克罗地亚驻华大使达里欧·米海林，马里驻华大使迪迪埃·达科等出席启动仪式。启动仪式上，发布了“海上丝绸之路”旅游大数据、“全福游”嘉年华活动信息等。

27 日，第十八届中国国际农产品交易会在重庆开幕。福建省农业农村厅牵头组织全省 100 多家农业企业携 600 余种展品参展。本届农交会上，我省设农产品地理标志专业展区和海峡两岸农业合作展区及市场化展区，参展面积达 800 多平方米。农产品地理标志专业展区分为“实施地标保护工程、促进乡村产业振兴、推动中欧地标互认、加大知识产权保护”四大板块，重点展示宣传“福茶”“福果”“福菌”“福菜”“福禽”等“五福”福建地标品牌产品；海峡两岸农业合作展区集中展示 40 家台资合资企业 150 多个产品，突出展示引进试种台湾果蔬新品种、农产品加工新技术和先进的管理新经验等，突显了近年来闽台农业合作成果。福州市和泰宁县分别以“有福之州、幸福之城，山珍海味、鲜美农品”和“寻找泰味、岩上好茶”为主题设立了市场化展区。本届农交会以“品牌强农，巩固脱贫成果；开放合作，共迎全面小康”为主题，为期 4 天。

27 日，2020 福建旅游生活展在福州开幕。全省九设区市和平潭综合实验区以主题馆形式入驻展会，进行“全福游　有全福”优质资源推介、特色产品推广和品牌形象展示。生活展采用“展会 + 互联网”的线上线下联动模式，设有福建省文化和旅游厅、各设区市文化和旅游局和平潭综合实验区文旅局展区，省旅游集团、旅行社和酒店展区，省内旅游景区展区，“全福游欢乐购”特卖展区，传统工艺、非遗和文创产品展区，金融展区，乡村振兴展区，产教融合展区等八大展区。展会全场共有 100 多家企业参与热卖，景区门票、旅行社及 OTA、酒店、文创产品等丰富的旅游产品引爆全福乐购，共同为市民打造“旅游特卖惠”，现场还有促销叫卖、特价秒杀、惊喜抽奖等活动吸引观众。活动期间还将举办 2020 中国旅游投资高峰论坛、“全福游　有全福”旅游产品创意设计大赛颁奖典礼、营销大联盟、全福游欢乐购、文旅产业合作签约仪式等活动。

28 日，第三届 21 世纪海上丝绸之路博览会暨第二十二届海峡两岸经贸交易会线上展会在福州仓山万达广场启动。省委常委、福州市委书记林宝金，副省长郭宁宁出席活动，共同启动本届海丝博览会暨海交会线上 VR 展会平台。马来西亚驻华大使拉惹·拿督·努西尔万、两岸企业家峰会大陆方面理事长郭金龙、两岸企业家峰会台湾方面理事长萧万长、中国贸促会副会长张慎峰等通过视频方式发来祝贺。本届展会以“拓展海丝合作、深化两岸融合、共享发展机遇”为主题。当天启动的线上展会平台分为协作城市馆、福建福州馆、海丝精品馆、海峡特色馆等四大展馆，共有 1232 家企业展商参与线上展会，含 60 个国家馆和 1 个海淘馆。启动仪式后，林宝金、郭宁宁走进云直播间，与受邀参会的刘仪伟、何雯娜等主播互动交流，亲身体验 VR 线上平台，随后还察看了线下展销活动。

29 日，2020 福建旅游生活展落幕。展会采用线上线下联动模式，吸引线上线下观展人数突破 560 万人次，现场文旅合作项目签约金额超 30 亿元，线上线下消费金额超 800 万元。生活展举办期间，福建省旅游发展集团及权属企业分别就“全福游、有全福”旅游营销大联盟、产教融合—校企合作、闽昌玉石文化交流以及旅游开发合作等项目，与合作单位签订战略合作协议或合作协议。

30 日，省财政厅消息，为更好落实中央和我省各项稳外贸、稳外资、促消费政策，近日，省财政提前下达 2021 年部分省级商务发展资金 5.9 亿元。资金主要用于推进贸易创新发展，实施更大范围、更宽领域、更深层次对外开放；支持利用外资，促进开发区转型升级和高质量发展；支持全面促进消费，推进商贸流通产业结构调整和转型升级；优化商务发展环境，推动金融支持商务领域发展；促进商务区域协调发展等。

30 日，第 33 届中国电影金鸡奖·脱贫攻坚主题影展暨八闽电影巡展活动交接仪式在厦门举行。今年是中国电影金鸡奖落户厦门的第一年，八闽电影巡展活动将由全省各地市轮流担任主宾城市，2021 年主宾城市定为福州。活动现场进行主宾城市八闽影展旗帜的交接。活动开展为期 7 天的电影展映，其间在全省 21 家影院、6 所高校和 20 个农村共放映 366 场电影。据各影院售票系统统计，截至 11 月 30 日零点零分，此次活动总票房达 368267. 2 元，其中，在档热映影片票房 155025. 2 元，非在档影片票房 213242 元。

（摘编：朱明清）

12 月

1 日，省委召开领导干部会议。中央组织部副部长李小新出席会议并宣布中央决定：尹力同志任中共福建省委委员、常委、书记，于伟国同志不再担任中共福建省委书记、常委、委员职务。于伟国主持会议并讲话，尹力、王宁讲话，崔玉英出席。

1 日，福州大学举行 2020 福建省上市公司智力资本信息披露评价发布会，首次发布上市公司智力资本信息披露指数，并公布了福建省 A 股上市公司智力资本信息披露测评结果。评价结果显示，福建省 2019 年 12 月 31 日前在 A 股市场上市交易的 137 家公司中有 104 家入榜。其中，星网锐捷、盈趣科技、乾照光电、永福股份、傲农生物、吉比特等 6 家获评 A + 级，浔兴股份、三钢闽光、科华恒盛、垒知集团、恺英网络、兴业科技、海欣食品、爱迪尔、冠城大通、三棵树、合诚股份等 11 家获评 A 级。此外，B + 级 15 家、B 级 14 家、C + 级 23 家、C 级 35 家。

3 日，省财政厅消息，省财政会同省委宣传部近日下达 2020 年省文化产业发展专项资金 9330 万元。

3 日，第二届福建省中小企业商会大会在福州举行。活动由福建省中小企业商会主办。来自全省各地的 800 多位中小企业家参与了“创新品牌·赋能成长”分享交流。企业家们纷纷表示，要不断创新品牌驱动发展，赋能企业危中寻机。

3 日，全省根治欠薪冬季专项行动动员部署电视电话会议在福州召开。副省长崔永辉出席会议并强调，各级各有关部门要切实加强组织领导，充分发挥协调机制作用，压实各方责任，强化部门联动，推动各项工资支付保障制度落地落实，持续提升监察执法效能，全力保障农民工工资支付。

3 日，由福州市金融控股集团有限公司、兴业银行福州分行联合宁德、南平、莆田、平潭综合实验区合作的福建闽东北两翼基础设施发展基金实现首笔项目投放。兴业银行福州分行联动宁德分行向华电福新周宁抽水蓄能有限公司“周宁蓄能电站项目”投放贷款 5000 万元，利率较现行 5 年期 LPR 下浮后，可为企业节约融资成本 400 万元。

3 日，省委书记尹力赴宁德调研时强调，要深入学习贯彻习近平总书记重要讲话和党的十九届五中全会精神，秉承习近平总书记在闽工作期间的重要理念和重大实践，全面把握新发展阶段，坚定不移贯彻新发展理念，服务构建新发展格局，拿出只争朝夕的干劲，保持滴水穿石的韧劲，全方位推动高质量发展超越，奋力谱写全面建设社会主义现代化国家的宁德篇章。尹力前往宁德东侨工业集中区，调研宁德时代新能源科技股份有限公司和上汽集团乘用车公司福建分公司，强调要矢志不移把创新摆在核心位置，把科技自立自强作为战略支撑，着力培养引进更多高层次人才，充分调动人才的积极性、创造性，加快产业集群发展和全产业链创新发展。省市要研究有针对性的政策措施，支持现代企业加强核心技术攻关，做强做大、走向世界。

7日，第十三届海峡两岸（厦门）文化产业博览交易会在厦门国际会展中心落幕。文博会组委会消息，本届展会现场交易额82.65亿元人民币，大会期间总参观人数近10万人次。本届文博会线下展览面积达6.8万平方米，设置文化旅游、数娱影视、创意设计、工艺美术等4大专业板块14个主题展区，举办20场专业活动，两岸近千家展商齐聚。同时，设有1个文博云展数字平台，900余家展商线上参展。经过为期4天的展览展示、交流对接，本届文博会共有93个重大文旅项目达成合作意向，项目总金额388.21亿元。现场交易额82.65亿元，其中订单额82.45亿元。

8日，2020金砖国家新工业革命伙伴关系论坛在厦门举行，会上，发布了“促进金砖工业创新合作”项目集。经各地工业和信息化主管部门推荐，以及企业自主申报，共收到“促进金砖工业创新合作”申报项目153个，最终，2014巴西世界杯新能源客车、柳工印度公司结构件智能制造等21个项目入选，涵盖人工智能、绿色制造、智能城市、数字化转型、健康医疗、防疫等众多前沿领域。

8日，厦门火炬高新区成我省首个企业数破万的开发区。作为厦门创新驱动发展主引擎，厦门火炬高新区产业集聚势头强劲。来自厦门火炬高新区管委会的数据显示，截至12月4日，火炬高新区在册企业10140家，今年以来新增企业数2361家，成为我省首个企业数量突破万家的开发区。

8日，金砖国家新工业革命伙伴关系论坛在厦门举办，金砖国家新工业革命伙伴关系创新基地正式启动。工信部部长肖亚庆通过视频致辞，省长王宁出席并致辞。工信部副部长辛国斌主持开幕式。金砖各国政府、企业、研究机构和联合国工发组织代表等嘉宾，聚焦加快建设金砖国家新工业革命伙伴关系、打造“数字金砖”和“绿色金砖”等议题展开深入研讨。论坛还发布了“促进金砖工业创新合作”项目成果。

8日，由福建省金融监管局、厦门市金融监管局指导，厦门金圆集团主办、金圆统一证券承办的中小台资企业金融服务论坛在厦门举办。两岸企业家峰会金融产业合作推进小组大陆方面召集人李礼辉，福建省副省长郭宁宁以及两岸金融机构、台资企业负责人共计70多人参加活动。

9日，由福建省、天津市和美国俄勒冈州共同举办的俄勒冈州特色农产品线上推介洽谈会，在中美两国以多点连线形式举办。会上，俄勒冈州农业部门负责人对小麦、坚果、果蔬、海鲜、乳制品、葡萄酒、木材、牛肉、草籽、饲料等当地特色农产品进行了重点推介。

9日，2020两岸企业家峰会年会以视频连线方式在厦门市和台北市同步举行。中共中央政治局常委、全国政协主席汪洋向两岸企业家峰会理事会发贺信，代表中共中央和习近平总书记，对年会召开表示祝贺，向峰会全体会员和与会嘉宾致以问候。中共福建省委书记尹力在会上致辞。

10日，第十八届中国·海峡创新项目成果交易会在福州举办“云上海创会”启动仪式。副省长郑建闽、中科院院士陈宗懋、中科院院士戴民汉出席仪式。天津大学党委书记李家俊通过视频致辞。本届海创会以“汇聚‘三创’活力，驱动高质量发展”为主题，采取线上+线下的方式举办。线上展会方面，设置网上展厅、论坛活动、科技商城、创新成果板块，着力构建展会及展商详细信息展示以及线上观众和展商互动交流的一体化展会平台。广大市民可通过海创会官网、公众号、微信小程序等多种方式逛展，并展开互动交流。其间还举办近十场会议、论坛类线下活动。启动仪式上，厦门大学与省招标采购集团，省招标采购集团与福建工程学院，华为技术有限公司与三明新基建产业发展有限公司，省招标采购集团与三明市投资发展集团有限公司等签署了系列合作协议。

11日，《福建金融业生态环境多方共治行动倡议》签约仪式暨生态环境多方共治标杆项目发布会举行。这是国内首个由金融机构自发提出的生态环境治理行动倡议。《倡议》由兴业银行联合22家机构共同通过，共九条，涵盖践行“两山论”、支持绿色产业、拒绝污染融资、严守合规底线、推进整改修复、强化专业能力、加强绿色运营、携手多方共治、共享绿色信息等。此外，兴业银行还将开发一系列项目环境与社会风险管理工具包，共享兴业银行在践行赤道原则过程中在项目分类、信息披露等方面的成功经验，并引入环保公益组织作为第三方专家支持，将赤道原则国际最佳实践经验与福建省内融资信贷业务有机融合，形成一套适用于福建本土融资项目的环境与社会风险管理体系与业务流程。当日还同步发布了生态环境多方共治标杆项目——“福建连江可门工业园区转型绿色纺织产业园”项目，通过园区统一的水、电、蒸汽、污水处理等基础设施配套，将建设成福建省首个清洁制造染整一体化的产业园区。副省长郭宁宁出席活动。

11日，全省金融工作座谈会在福州召开。省长王宁在会上强调，全省金融系统要深入学习贯彻习近平总书记重要讲话和党的十九届五中全会精神，立足新发展阶段、贯彻新发展理念、服务新发展格局，深化金融供给侧结构性改革，加大服务实体经济力度，积极稳妥防范化解金融风险，为全方位推动高质量发展超越提供有力金融支撑。副省长郭宁宁主持会议。

14日，福建“丝路海运”航线吞吐量再创新高。福建省发改委消息，截至11月底，福建60条“丝路海运”航线共开行2203个航次，完成集装箱吞吐量207.87万标箱，超过去年全年总量。

14日，国家企业技术中心培育工作座谈会上消息，近年来，我省积极构建高技术企业成长加速机制，加快培育国家企业技术中心工作。今年，我省又有7家企业列入国家企业技术中心公示名单，目前全省已推动设立99家国家企业技术中心，这一批国家企业技术中心在科技研发、成果转化、产业升级、人才引进等方面发挥了积极作用。国家企业技术中心是由国家五部委认定，各部委根据各自的相关职能形成共同推进企业自主创新工作的协调互动机制。各部委不单单给企业建平台给予经费补助，还有相关科技专项以及资金、奖项等扶持，鼓励企业加大技术创新投入。

14日，省长王宁在福州会见中国宝武钢铁集团有限公司党委书记、董事长陈德荣一行。王宁说，1780热轧项目顺利投产，标志着宝钢德盛精品不锈钢绿色产业基地建设取得重大阶段性成效。希望中国宝武以此为契机，加大在闽投资力度，延伸产业链，注重节能环保，提升科技含量。

15日，副省长李德金赴莆田调研城乡建设工作，现场察看木兰溪南岸高铁片区项目、城区老旧小区改造、黑臭水体治理、兴化府历史文化街区保护修缮工程、传统村落保护等工作推进情况，现场研究协调解决问题。

15日，闽澳第三次合作会议在澳门举行，澳门特区政府经济财政司司长李伟农、福建省副省长郭宁宁在会上均表示，双方将进一步深化在经贸会展、文化旅游、金融、中医药产业和青少年教育等多个领域的交流与合作。两地发挥各自优势，携手参与和助力国家“一带一路”建设，借澳门中葡平台作用，联合开拓葡语国家市场。会上，闽澳分别签署了《福建省文化和旅游厅与澳门特别行政区政府文化局、旅游局关于拓展闽澳文化旅游合作的协议》《关于深化闽澳会展产业合作的协议》和《关于共同推动澳门青年在闽见习实训的合作协议》。

16日，国家发展改革委、民航局联合复函支持福州临空经济示范区建设。根据国家发改委、民航局复函要求，省发改委近日印发实施《福州临空经济示范区总体方案》。示范区规划面积145平方公里，在产城空间格局上，将构建“一核四区”格局。“一核”，即长乐国际机场，建设国家东南片区及两岸客货运中转、配送和采购中心。“四区”，即航空港及物流区、产业聚集区、现代服务业区、城市功能区。在生态空间格局上，将高标准打造国家级森林城市重点片区，构建“一屏一带一核一网多点”的生态空间格局。示范区将重点推进四大建设任务。一是建设区域航空枢纽，打造便捷交通网络。二是发展临空相关产业，引领区域创新发展。三是搭建便利口岸平台，建设沿海开放门户。四是推动产城融合发展，加强生态文明建设。推动高新技术产业、旅游业和城市的融合发展，构建15分钟生活圈和5分钟邻里便民中心。

16日，福清市农村综合改革标准化试点启动大会召开。这是国内首个以畜禽粪污资源化利用为试点对象的农业社会化服务标准化试点项目，也是全省首个国家级农业社会化服务标准化试点项目。该项目将以提高畜禽粪污综合利用率为目标，涵盖畜禽粪污基础设施建设、收集、储存、运输、利用全过程；开展重点标准研制，形成系统的服务标准和技术标准，建立畜禽粪污资源化利用社会化服务长效机制。

19日，省委书记尹力主持召开省委常委会（扩大）会议，认真学习贯彻习近平总书记在中央经济工作会议和中央政治局第二十六次集体学习时发表的重要讲话精神，研究提出我省贯彻落实措施。省长王宁传达李克强总理在中央经济工作会议上的讲话精神。会议还研究了其他事项。

22日12时37分，我省首颗卫星“海丝一号”搭载长征八号运载火箭在文昌卫星发射中心发射升空。卫星进入测控站覆盖区后，遥测信号显示卫星工作正常，太阳翼、天线均展开正常，发射任务圆满成功。“海丝一号”卫星由厦门大学、省招标采购集团、三明投资集团、天仪研究院和中国电科38所等单位联合策划研制，是国内首颗对标国际先进指标的、基于有源相控阵天线的轻小型SAR遥感卫星。它的成功发射，实现了福建卫星从0到1的新突破。“海丝一号”重约180千克，不到传统SAR卫星的十分之一，主要观测对象为我国东南沿海和西北太平洋海域，可为全球变化背景下海洋动力环境参数的遥感反演、海洋灾害监测、洪水监测和地表形变分析等提供有力支持。

22日，省委经济工作会议在福州举行。省委书记尹力主持并讲话，认真学习贯彻中央经济工作会议精神，落实省委十届十一次全会部署，总结2020年经济工作，部署2021年经济工作，推动“十四五”福建发展开好局、起好步。会议指出，今年中央经济工作会议，是党的十九届五中全会之后中央召开的一次重要会议。习近平总书记在会上发表的重要讲话，系统总结了今年以来的经济工作，深刻分析了当前国内外经济形势，明确提出了明年经济工作的总体要求、政策取向和重点任务等，强调要加强党对经济工作全面领导，为我们做好明年经济工作提供了根本遵循。李克强总理在讲话中对明年经济工作作出具体部署，并做了总结讲话。全省各级各部门要认真学习领会、坚决贯彻落实，深刻领会党中央关于国内外经济形势的科学判断，深刻领会我国发展取得的显著成就和党中央关于在严峻挑战下做好经济工作的五个方面规律性认识，深刻领会和把握好党中央关于明年经济工作的总体要求、政策取向和重点任务，深刻领会加强党对经济工作全面领导的重要要求，切实把思想和行动统一到以习近平同志为核心的党中央各项决策部署上来，结合实际创造性开展工作，以实际行动和工作成效增强“四个意识”、坚定“四个自信”、做到“两个维护”。会议指出，2020年，我省深入贯彻落实习近平总书记重要讲话重要指示批示精神和党中央决策部署，统筹推进疫情防控和经济社会发展，疫情防控有力有效，经济发展稳中向好，三大攻坚战成果丰硕，改革开放纵深推进，民生保障持续加强，各项工作取得了新成绩。这是以习近平同志为核心的党中央坚强领导的结果，是全省上下团结奋斗的结果，为我们奋进“十四五”、开启新征程奠定了坚实基础。明年是我国现代化建设进程中具有特殊重要性的一年，是“十四五”开局之年。做好明年经济工作，意义重大、至关重要。要强化机遇意识、风险意识，科学部署、狠抓落实，准确识变、科学应变、主动求变，牢牢把握经济工作主动权。省委副书记、省长王宁对明年经济工作作出具体部署。

23日至24日，省委书记尹力在福州调研时强调，要深入贯彻落实习近平总书记重要讲话重要指示精神，学习贯彻党的十九届五中全会和中央经济工作会议精神，秉承弘扬习近平总书记在福州工作期间的创新理念和重大实践，深入实施“3820”战略工程，立足新发展阶段，贯彻新发展理念，积极服务并深度融入新发展格局，加快建设现代化国际城市，在全方位推动高质量发展超越中走在前列、作出示范。尹力来到福州高新区创新园一期、二期，了解园区建设情况，强调高新区要不断提高科技创新能力，着力加强创新服务平台建设，注重为制造而制造的技术研发，避免核心技术“卡脖子”。要加快高新技术企业聚集，把数字福州建设得更有内涵。要把高新产业与旅游相结合，发展全域旅游、工业旅游，激发青少年热爱科技的热情。在恒申控股集团，尹力鼓励企业加快科技自主创新，延伸上下游产业链，不断提升核心竞争力。在滨海快线建设工地，尹力说，地铁对新城建设至关重要，能够促进经济发展，方便群众出行，改善人民生活，要加快建设进度，统一站点形象设计，带动商业综合体开发。要时刻绷紧安全生产这根弦，深化隐患排查整治，严格落实安全生产主体责任，确保工程质量和施工安全。

24 日，省长王宁主持召开省政府常务会议，认真贯彻落实中央部署和省委要求，研究《政府工作报告（讨论稿）》《关于福建省 2020 年预算执行情况及 2021 年预算草案的报告（送审稿）》《关于福建省 2020 年国民经济和社会发展计划执行情况及 2021 年国民经济和社会发展计划草案的报告（送审稿）》，研究生态环境保护责任清单和红线划定、农村宅基地制度改革、加快金融业发展、应急救援领域省与市县财政事权和支出责任划分、电力市场交易等工作。会议还研究了其他事项。会议审议了《福建金融领域全方位推动高质量发展超越的若干措施》，强调要坚持以服务实体经济为方向，深化金融供给侧结构性改革，积极稳妥防范化解金融风险，为全方位推动高质量发展超越提供有力金融支撑。会议研究通过了《福建省 2021 年电力市场交易方案》，强调要按照“安全稳定、统筹兼顾、平稳有序”的原则推进电力市场交易，确保电力系统安全运行，降低企业用电成本，促进工业经济稳定增长。

24 日，随着福州高新区专场直播结束，全国首个省级品牌电商专属 IP“闽山闽水物华新”大型直播带货年度活动在抖音平台圆满收官。从 6 月 7 日开始至 12 月中旬，“闽山闽水物华新”先后举办了晋江、政和、福安、永安、建宁、德化、长汀、屏南、连城和福州高新区专场等 10 场直播活动，线上邀请 36 个明星团和 36 个达人团作为八闽好物推荐官助力“打 call”，线下请来福建 10 位设区市领导、县长和 10 位明星化身主播，直播带货推广福建本地产品。活动累计吸引超过 1 亿人次在线观看，总曝光量破 4. 5 亿，104 款产品全渠道销售额突破 1 亿元，让福建各地好物闻名全国。

25 日，福建省高速公路科技创新会议在福州召开。副省长崔永辉出席会议并致辞，中国工程院院士王复明、张建民、邓铭江，交通运输部有关司局、高校科研院所、企业代表参加会议。会上，自动化作业技术交通运输行业研发中心、坝道工程医院福建交通分院揭牌落户福建高速，省高速集团与中国航天科工集团二院、华为、宁德时代等 6 家单位分别签订了战略合作协议。自动化作业技术交通运输行业研发中心是由福建省高速集团牵头，联合清华大学、同济大学、交通部公路院等 12 家单位建立的多学科、跨专业、跨领域的全国性产学研用合作基地，有助于带动福建相关产业集群发展。坝道工程医院福建交通分院则是诊断处治我省交通建设“疑难急险”的“专业医师”。福建省高速公路创新平台正式启动，省高速集团将设立 5 亿元的创新产业基金，并每年安排至少 5000 万元作为研发经费，吸引国内外各类交通运输领域优秀科技创新技术落地福建。

25 日，旨在为消费者带来好看、好玩、好吃、好购、好体验的“全闽乐购 · 跨年购”暨第二届商博会在福州海峡国际会展中心开幕。本次跨年购分启动仪式、成果展示和跨年消费活动三大板块。时值年末采买的消费节点，跨年购现场设置了老字号展示区、德化白瓷展示区、八闽美食嘉年华展示区、福茶及茶文化展示区、福建红曲酒展示区、“下乡的味道”等县域品牌展示区、厦航展示区、台澎金马精品展示区、美发饰品展示区、日用百货优品展示区、直播及电商平台展示区、甘肃特产展示区、陕西展示区等 13 大展示区，可一站式满足群众在日用百货、食品、茶酒、县域特产等方面的消费需求。展会将从 25 日持续到 27 日。同时，主办方还邀请了流量主播进行主直播间直播与云逛展直播，线上同步带来各类精选产品进行促销售卖，双线互动，惠利于民，让更多未能到现场的消费者也参与到“看直播，抢年货”中。自 8 月启动“全闽乐购”福建促消费行动以来，截至目前，全省累计发放全闽乐购券 1132 万张，发放金额 2. 29 亿元，有力汇聚了人气、商气，消费市场回暖态势进一步巩固，全省社会消费品零售总额已连续 7 个月实现单月正增长。

25 日，省委书记尹力在平潭调研时强调，要深入贯彻落实党的十九届五中全会和中央经济工作会议精神，坚定不移沿着习近平总书记为平潭发展指引的方向，坚持“一岛两窗三区”战略定位，进一步解放思想，加快推进平潭综合实验区发展，积极探索海峡两岸融合发展新路。在平潭高铁中心站，尹力详细了解了平潭海峡公铁大桥工程建设过程和试运营情况。在瑞谦智能科技有限公司，尹力详细了解平潭新兴产业发展、跨境电商、集货物流情况，察看了智能终端、智能家居等产品和智慧警务实操。尹力指出，平潭综合实验区的意义在于试验，要大胆闯、大胆试，发挥多区叠加优势，加快科技创新、制度创新，全方位推动高质量发展超越。

26日，福平铁路正式开通运营。省委常委、常务副省长赵龙与省直有关部门及铁路方面负责同志，实地察看了平潭动车站站前广场、通站道路、配套设施、旅客候车室、车站基本站台等建设运行情况，并检查了首趟平潭—福州列车开通准备情况。

28日，省委书记尹力主持召开省委常委会会议，认真学习贯彻习近平总书记致首届全国职业技能大赛的贺信精神，研究我省贯彻落实措施；审议通过《贯彻落实〈关于加强高校党的政治建设的若干措施〉的实施方案》《2021年福建省普通高校招生考试安排和录取工作实施方案》，审议通过《福建省沿海港口布局规划（2020—2035年）》《湄洲湾港总体规划（2020—2035年）》《泉州港总体规划（2020—2035年）》，审议通过《福建省国企改革三年行动实施方案（2020—2022年）》，审议通过《福建省省直有关部门生态环境保护责任清单》。会议还研究了其他事项。会议指出，构建新发展格局，为我省发挥港口优势提供了难得的历史机遇。要认真抓好港口规划实施，树立“全省一盘棋”思想，加快全省港口资源整合，科学定位沿海各港口功能，推动沿海港口分工合作、协调发展，提高整体效率和效益，推动港产城联动协调发展。要加快港口高质量建设发展，加强重点港区整体连片开发，进一步提升港口规模化、专业化、智能化、信息化水平，深化“丝路海运”建设，增强港口服务经济社会发展的能力。同时，要抓好港口发展要素保障工作。会议强调，要深入实施国企改革三年行动，做大做强做优国有资本和国有企业，切实增强国有经济竞争力、创新力、控制力、影响力和抗风险能力。要坚持和加强党对国有企业的全面领导，实现党的领导与公司治理有机融合。要推进国有经济布局优化和结构调整，全面提升国有企业科技创新能力，推动国有资本向打造“六四五”产业新体系发力。各级党委和政府要加强组织领导，推动改革稳步实施。

29日上午，福安正威宁德电子信息新材料科技城项目一期10万吨精密铜线投产暨三期铜箔项目开工活动在福安市举行，副省长郑建闽出席活动。福安正威宁德电子信息新材料科技城项目总投资约80亿元，分四期建设，建设内容包括：一期年产10万吨低氧光亮铜线、精密控制铜线；二期年产25万吨连铸连轧低氧光亮铜杆；三期年产6万吨精密铜箔、挠性覆铜板；四期年产6万吨电气化铁路架空导线和2200万盒单晶纳米铜线等。项目全部达产后预计年产值将达350亿元。项目相关负责人介绍，福安正威宁德电子信息新材料科技城三期电解铜箔项目也正式开工建设。该项目规划建设年产6万吨电解铜箔新材料项目，达产后产值约80亿元。随着宁德地区锂电新能源等产业快速发展，该项目将发挥延链、补链、强链的作用，满足宁德地区锂电、新能源高品质电解铜的需求，进一步壮大宁德地区主导产业链，为福建省“十四五”发展开局注入新动力。

29日，全省科学技术奖励大会在福州举行，表彰在我省科技战线作出突出贡献的科技工作者。省委书记尹力出席并讲话，他强调，要深入学习贯彻习近平总书记重要讲话和党的十九届五中全会精神，按照省委十届十一次全会要求，立足新发展阶段、贯彻新发展理念、积极服务并深度融入新发展格局，把科技创新作为第一动力源，深入实施科教兴省、人才强省、创新驱动发展，为全方位推动高质量发展超越注入更为强大、更为持久的科技创新力量。省长王宁主持会议。尹力指出，党的领导是推动我国科技创新事业不断前进的根本保证。全省各级党委和政府要大力营造有利于创新创业创造的良好发展环境，进一步放宽政策、放开市场、放活主体，聚焦具体问题提出务实管用的政策措施，引导广大科技工作者弘扬科学家精神，专心致志、卧薪尝胆、扎实进取，全身心投入科技创新的时代潮流。省领导赵龙、郑新聪、吴洪芹、薛卫民出席。会议宣读了2019年度福建省科学技术奖励的决定，与会省领导为获奖代表颁奖。于岩、康德智等代表获奖人员作发言。本次全省表彰了192项优秀科技成果，涵盖基础研究、先进制造、农业生产、医疗卫生、新材料、大数据等领域。

29日至30日，省委书记尹力在泉州开展调研，强调深入学习贯彻习近平总书记重要讲话重要指示批示精神，贯彻落实党的十九届五中全会和中央经济工作会议精神，大力传承弘扬“晋江经验”，立足新发展阶段，贯彻新发展理念，积极服务并深度融入新发展格局，充分发挥侨的独特优势，加快民营企业创新发展，勇当全方位推动高质量发展超越的主力军。要在发展现代产业体系中发挥主力军作用。依靠科技创新推进实体经济发展，聚天下英才而用之，加快传统产业转型升级，抢抓新兴产业、未来产业空间，着力建设全国一流的先进制造业中心和全球“新制造”重要基地。要在深化改革开放中发挥主力军作用。积极服务并深度融入新发展格局，在海丝核心区建设上展现更大作为，在深化闽台融合发展上迈出更大步伐；深化“放管服”等改革，打造市场化法治化便利化国际化营商环境。要在区域协调发展中发挥主力军作用。主动融入闽西南协同发展区建设，高标准高起点推进“跨江发展、跨域融合”，深化新型城镇化试点工作；加强科学规划建设，既保护好传统文化、生态环境，又建设好现代化城市，形成具有闽南特色的整体风格。要在促进共同富裕中发挥主力军作用。大力实施乡村振兴战略，持续推进富民增收，加强普惠性、基础性、兜底性民生建设，让发展成果更好惠及广大人民群众；扎实做好安全生产工作，坚决遏制重特大事故发生。尹力深入安踏集团，详细了解企业生产经营和科技研发等情况。他强调，要始终牢记习近平总书记的重要嘱托，实实在在、心无旁骛做主业，加大科技创新研发力度，为企业发展赋能，让企业插上科技的翅膀。要发挥晋江体育产业优势，促进体育场馆综合开发利用与体育赛事、工业旅游有机结合。在盼盼食品集团，尹力希望企业切实把好食品安全和质量关，不断注入新的科技成果，把食品工业民族品牌做得质量优、规模大、影响力强；要抓好非公企业党建，坚持把支部建在车间上，促进企业健康发展。在晋江五店市传统街区，尹力说，地方传统建筑记载着当地历史、寄托着乡愁，是宝贵的历史文化财富，我们一定要保护好，努力把这些富有特色的符号更好地体现在现代建筑中，让我们城市建设更有特色、更有魅力。

30日，福州市15个市级夜色经济体验示范街区同步开街。省委常委、福州市委书记林宝金，副省长郭宁宁在“上下杭·金银里”商业步行街主会场出席开街活动。近年来，福州市紧扣消费发展趋势，积极打造夜间消费品牌，推进“上下杭·金银里”商业步行街等15个夜色经济体验示范街区建设提升，取得了明显成效，为全省夜色经济发展作出了良好示范。这次开街活动与“全闽乐购”活动相呼应、相衔接，将进一步扩大影响、聚集人气、提升消费，为促进福州乃至全省做好“六稳”工作、落实“六保”任务发挥重要引领带动作用。此次同步开街的15个体验示范街区主要依托历史文化街区、城市综合体和多元业态商业街开展建设提升，包括鼓楼区三坊七巷、长乐区东湖数字小镇、闽侯县上街大学城永嘉天地、福清市万达广场等。

（摘编：朱明清）

第三篇

行业分析

福建省农村经济形势分析

2020年，我省气候条件有利于农业生产。同时，各地认真做好“六稳”工作、落实“六保”任务，统筹推进疫情防控和复工复产，农林牧渔业生产形势总体平稳。全年全省农林牧渔业总产值4901.07亿元，按可比价计算比上年同期增长3.3%。其中，农业产值1818.18亿元，增长4.0%；林业产值390.57亿元，增长3.2%；牧业产值1141.12亿元，增长3.9%；渔业产值1373.12亿元，增长1.9%。

一、农业生产形势良好

1. 粮食生产获得丰收。近年来，我省努力保障“米袋子”生产，各级各部门不断完善落实稳粮惠农政策措施，有力地稳定了粮食生产。2020年，我省气候适宜，粮食长势良好。全省粮食播种面积1251.65万亩，同比增长1.5%。粮食产量502.32万吨，增长1.7%。从分季看，春收粮食24.25万吨，增长5.2%；夏收粮食77.26万吨，增长2.0%；秋收粮食400.81万吨，增长1.5%。从分品种看，稻谷播种面积902.58万亩，增长0.4%；产量391.75万吨，增长0.8%。其中，早稻62.16万吨，增长0.9%；中稻171.16万吨，增长1.1%；晚稻158.42万吨，增长0.4%。非稻谷粮食作物播种面积349.07万亩，增长4.3%；产量110.57万吨，增长5.2%。其中，主要品种甘薯60.66万吨，增长4.8%；马铃薯21.49万吨，增长2.9%；大豆9.47万吨，增长4.4%。

2. 特色经济作物增长较快。一是蔬菜产量增长较快。2020年，全省蔬菜种植面积扩大，同比增长3.0%，多数品种单产较上年同期有所提高，全省蔬菜产量1492.30万吨，增长3.8%。二是食用菌生产形势逐季好转。疫情严峻期间，我省部分交通运输受阻，食用菌生产企业原材料及产品运输受到一定影响，防控等级降低后，食用菌生产逐步正常。全省食用菌产量137.88万吨，同比增长速度从一季度持平、上半年增长2.4%、前三季度增长3.0%，提高到全年增长3.4%。三是茶叶产量较快增长。2020年，我省茶叶长势良好，疫情对春茶的采摘时间和品质有一定影响。全省茶叶产量46.14万吨，同比增长4.9%。白茶持续走俏，南平、宁德等地扩大生产，全省白茶产量增长20.1%。四是园林水果获得丰收。全省园林水果产量717.05万吨，同比增长5.2%。荔枝、青梅、柿子、猕猴桃、龙眼、李、枇杷和柑橘类，分别增长16.3%、14.4%、10.2%、9.6%、8.6%、6.9%、6.4%和5.6%。五是花卉及盆景园艺增长较快。全省花卉及盆景园艺播种面积76.10万亩，同比增长4.1%。六是中草药材较快发展。全省中草药材播种面积38.14万亩，同比增长5.5%。

二、林业生产顺利发展

1. 超常规完成造林绿化任务。针对疫情造成春季造林劳动力组织难、苗木调运难等问题，我省林业部门采取简化造林项目招投标程序、就地就近组织劳动力，通过开设绿色通道、尽可能小范围内调剂苗木等超常规措施，2020年3月底就完成了全年造林任务，比常年快了近一个月。据省林业局统计，全年全省完成造林104.2万亩，占任务的115.8%；完成森林抚育334.8万亩，占任务的111.6%；完成封山育林213.8万亩，占任务的106.9%。

2. 林产品产量有增有减。2020年，全省木材产量1451.25万立方米，同比略降0.2%。近年，我省在竹林资源丰富的地区大力扶持竹业生产。2020年，全省毛竹产量6.29亿根，同比增长

2.6%；篙竹3.28亿根，增长3.8%；小竹材产量136.54万吨，增长4.6%。竹笋干作为纯天然绿色食品，市场需求量大。全省竹笋干产量44.10万吨，增长5.7%。

三、畜牧业生产持续向好

2020年，全省肉蛋奶总产量330.88万吨，同比增长3.8%。肉类产量259.39万吨，同比增长1.7%。其中，猪肉产量103.75万吨，增长0.7%；主要禽肉产量146.56万吨，增长3.3%；牛肉产量2.46万吨，增长15.0%；羊肉产量2.28万吨，增长3.0%。

1. 生猪生产逐步恢复，产能持续提高。2020年，我省狠抓疫情防控和生猪稳产保供工作，不断推进规模生猪养殖场增养补栏，加快万头以上生猪养殖场落地建设，生猪生产呈现持续回升态势。全省生猪年末存栏910.90万头，环比上涨9.9%，同比上涨42.0%；能繁母猪年末存栏92.77万头，环比上涨9.2%，同比上涨53.7%。全省全年生猪出栏同比呈现正增长，全年生猪出栏1299.86万头，同比增长0.2%。

2. 主要家禽存、出栏保持增长。全省主要家禽年末存栏2.07亿只，同比增长6.4%；全年主要家禽出栏10.31亿只，增长3.7%。

3. 草食动物生产形势良好。近年来，我省各地积极调整养殖结构，草食动物得到较快发展。2020年，全省肉牛年末存栏16.78万头，同比增长30.1%；全年牛出栏22.07万头，增长12.8%。羊年末存栏105.90万头，同比增长0.2%；全年羊出栏159.06万头，增长2.1%。

四、渔业生产总体保持增长

2020年，渔业部门全力推进复工复产和水产养殖综合治理，不断推动现代渔业发展，升级改造养殖网箱，优化养殖布局，有序推进远洋渔业发展，渔业生产总体保持增长。据海洋渔业部门统计，2020年，全省水产品总产量830.34万吨，同比增长1.9%。其中，海水产品737.85万吨，增长2.0%；淡水产品92.49万吨，增长1.6%。远洋渔业继续保持较快增长，全年更新改造远洋渔船38艘，新增塞内加尔、巴基斯坦渔场，全年远洋捕捞产量58.15万吨，增长12.6%。

（撰稿：福建省统计局　林卿）

福建省工业发展概况

2020年是极不平凡的一年，是众志成城、共克时艰的一年。新冠肺炎疫情突如其来，经济发展备受冲击，外部环境严峻复杂，在以习近平同志为核心的党中央坚强领导下，福建省坚持以习近平新时代中国特色社会主义思想为指导，全面贯彻党的十九大和十九届二中、三中、四中、五中全会精神，认真落实党中央、国务院决策部署和省委工作要求，增强“四个意识”、坚定“四个自信”、做到“两个维护”，扎实做好“六稳”工作、全面落实“六保”任务，深入实施“八项行动”，奋力战疫情、保民生、稳经济、促发展，夺取了疫情防控和经济社会发展“双胜利”，保持了经济社会持续健康发展。初步统计，全省生产总值43903.9亿元，增长3.3%；全省全部工业增加值15745.55亿元，比上年增长1.7%；全省规模以上工业企业实现营业收入55475.40亿元，比上年下降3.5%；规模以上工业企业实现利润3470.08亿元，比上年下降9.7%；全省规模以上工业增加值比上年增长2.0%。

一、工业增速略低于全国水平

由于新冠肺炎疫情的影响，福建省工业发展增速明显下降，第二产业增加值20328.80亿元，同比增长2.5%；规模以上工业增加值同比增长2.0%，规模以上制造业增加值同比增长1.9%。增速分别比去年同期下降5.8%、6.8%和7.3%。

福建省工业增速也略低于全国水平，第二产业增加值、工业增加值、制造业增加值分别比全国平均水平低0.1%、0.7%和1.5%。与沿海周边地区相比，处于中游偏下的水平。

二、工业结构不断优化

从轻重工业看，轻重比为50.5：49.5，轻工业增加值下降0.2%，重工业增加值增长4.3%，重工业比重上升1.1%。分登记注册类型看，股份制企业增加值增长3.1%，国有控股增长9.4%，外商和港澳台投资企业下降0.4%。分三大门类看，采矿业增加值同比增长1.2%，制造业增长1.9%，电力、热力、燃气及水生产和供应业增长3.8%。分行业看，38个大类行业有21个行业实现增长，增长面为55.3%，而一季度和上半年的增长面分别仅为23.7%和52.6%。其中，医药制造业增长29.7%，化学纤维制造业增长23.7%，电气机械和器材制造业增长8.9%，化学原料和化学制品制造业增长7.4%，有色金属冶炼和压延加工业增长6.9%，计算机、通信和其他电子设备制造业增长6.6%。工业结构不断优化，三大主导产业增加值增长5.7%、战略性新兴产业增加值增长4.5%、高技术制造业增加值增长8.0%，均高于全省平均水平。

三、工业经济逐渐恢复增长

2020年前两个月，受新冠肺炎疫情的影响，福建省大部分规模以上工业企业推迟复工，工业生产短期内受到较大冲击，规模以上工业增加值下降高达13.3%。在38个工业大类行业中，有31个行业同比下降。其中，通用设备制造、造纸和纸制品、酒饮料和精制茶制造、纺织服装服饰、皮革和制鞋等传统行业受新冠肺炎疫情影响较大，行业增加值同比均下降超过20%。3月份新冠肺炎疫情稳定后，工业加速复产，增速实现单月由负转正（3.6%）。4月份工业生产进一步恢复，4－10月份连续6个月工业增加值在4%－6.3%增长区间运行。其中5月份和9月份规上工业增加值增长达到6.3%和6.0%，是全年两个高峰。但四季度，工业增加值增长有所回落，尤其是12月，同比增长仅3.2%，创年内次低值。

四、工业生产者价格指数同步下降

2020年，工业生产者购进价格（IPI）下降1.4%。9个大类有6个上涨，3个下跌。其中，农副产品类在去年上涨5.4%基础上进一步上涨10%，有色金属材料类也上涨4.5%。燃料动力类下降高达7.9%，而化工原料类由于石油价格暴跌导致下降7.3%。

2020年，工业生产者出厂价格（PPI）下降1.6%。生产资料价格下降2.9%，其中原材料下降高达6.8%。生活资料继续上涨0.8%。其中，食品、一般用品和衣着，分别上涨1.7%、1.0%、0.6%，而耐用品价格下降2.2%。

2020年，生猪存栏量急剧下降导致食品价格逆市大涨，福建的食品衣着等生活资料出厂价格保持上升势头。而由于石油、煤炭等原材料价格显著下降，我省工业生产价格环境相对友好。

五、工业利润明显下降

2020年，规模以上工业企业实现利润3470.08亿元，同比下降9.7%。在38个工业大类行业中，27个行业利润总额同比下降，11个行业利润总额同比增长。利润下降较大的主要行业有：石油、煤炭及其他燃料加工业下降73.3%，汽车制造业下降43.4%，黑色金属冶炼和压延加工业下降32.3%，化学原料和化学制品制造业下降30.9%，有色金属矿采选业下降28.5%，农副食品加工业下降28.5%，木材加工和木、竹、藤、棕、草制品业下降24.7%，食品制造业下降20.8%。

2020年，规模以上工业企业实现营业收入同比下降3.5%。营业收入利润率6.26%，同比降低0.42个百分点；每百元营业收入中的成本为86.51元，同比增加0.17元。应收账款平均回收期为29.6天，同比增加4.1天；产成品存货周转天数为13.4天，同比增加1.2天。

六、内生动力持续增强

创新支撑更加有力。4家省创新实验室和10家制造业创新中心加快建设，新增国家高新技术企业1400家、企业技术中心7家、工程研究中心9家，新增省级新型研发机构54家。省创新研究院正式启动运转。发明专利授权量增长14.4%，厦门大学研发的新冠肺炎疫苗获批开展临床试验。新增省级以上技术转移机构26家，技术合同成交额增长25.9%。工业发展提质增效。新型显示、集成电路、半导体照明等全产业链加快发展，新增省级以上制造业单项冠军企业47家，工业战略性新兴产业增加值占规上工业增加值的25.6%。加快数字产业化、产业数字化，数字经济增加值增长15%。

七、宁德市工业增长领先全省

一季度，宁德市在全省九地市中保持唯一增长；到上半年，龙岩、厦门、福州、三明等市工业增加值由负转正；至年底，全省各设区市中有8地市工业增加值实现同比正增长。

宁德市全年规上工业增速7.4%，增速居全省首位，实现2018年以来“三连冠”。主导产业带动明显，锂电新能源、不锈钢新材料、铜材料、新能源汽车等四大产业工业增加值同比增长16.2%，拉动全市规模以上工业增加值增长10.1个百分点。厦门市规模以上工业增加值增长6.0%，规模以上高技术产业实现工业增加值765.67亿元，增长8.9%。其中医疗相关行业快速增长，高技术医疗仪器设备及仪器仪表制造业、高技术医药制造业增加值分别增长94.3%和43.4%。龙岩市工业增加值增长5.1%，亿元企业拉动力显著，产值超亿元企业（510家）增加值占工业增加值的90.5%，拉动工业增加值增速5.4个百分点。

八、出台有效举措，帮助工业企业复工稳产

早在新冠肺炎疫情初期，中共福建省委办公厅和省政府办公厅就印发了《福建省应对新型冠状病毒感染的新冠肺炎疫情扎实做好“六稳”工作的若干措施》，大多数措施都针对制造业，特别是中小制造企业。从金融服务保障、减轻中小企业税费负担、降低企业运营成本、支持企业增产增效、推进重大项目建设、加大援企稳岗力度等方面，全力支持各类生产企业复工复产。

除了落实“六稳”24条，福建还出台了复工复产21条、复工稳岗12条、支持企业恢复发展16条、促进工业企业复产达产13条等措施，全力帮助企业复工稳产。其他省直部门也陆续出台支持措施，如省商务厅出台《应对当前新冠肺炎疫情，稳外贸、稳外资、促消费的政策措施》，省税务局出台《关于充分发挥税收职能作用助力打赢疫情防控阻击战十二项措施的通知》，省科技厅出台《关于疫情防控期间进一步做好科技创新工作的若干措施》，省人社厅、工信厅等6厅委出台《关于支持企业疫情防控期间复工稳岗的通知》等。

（摘编：黄国实）

福建服务业稳定恢复展现韧性

2020 年，面对新冠肺炎疫情的巨大冲击，在以习近平同志为核心的党中央坚强领导下，福建坚持统筹疫情防控和经济社会发展，服务业展现强大韧性，生产经营稳步复苏，经济指标持续改善，新动能茁壮成长，不断推进服务业高质量发展超越。

一、服务业跃升经济第一大产业

（一）增加值比重超越二产

初步核算，2020 年全省服务业增加值 20842.78 亿元，比上年增长 4.1%，增幅比 GDP 和第二产业分别高 0.8 和 1.6 个百分点，比全国平均水平高 2.0 个百分点。三次产业结构由 2019 年的 6.1∶47.4∶46.5 调整为 6.2∶46.3∶47.5。自 1993 年以来，第三产业增加值比重首次超过第二产业，呈现“三二一”格局。服务业对 GDP 增长贡献率为 56.6%，拉动 GDP 增长 1.9 个百分点。

（二）企业经营持续恢复

2020 年，全省 5999 家规模以上服务业企业实现营业收入 5419.11 亿元，增长 7.6%，增幅比一季度、上半年和前三季度分别高 13.4、6.9 和 2.9 个百分点，比全国平均水平高 5.7 个百分点，居全国第 2 位。从行业看，生产性服务业快速恢复，实现营业收入 4760.27 亿元，增长 9.4%。其中，租赁和商务服务业增长 20.3%，科学研究和技术服务业增长 16.7%。生活性服务业营业收入 658.85 亿元，下降 4.4%，降幅比上半年和前三季度分别收窄 5.4 个和 0.8 个百分点。

（三）投资规模保持稳定

2020 年，全省服务业固定资产投资规模总体保持平稳，下降 0.7%。现代服务业投资增长加快，金融业，信息传输、软件和信息技术服务业投资分别增长 20.1% 和 7.4%。民生服务补短板投资持续推进，居民服务、修理和其他服务业，文化、体育和娱乐业，教育，卫生和社会工作投资分别增长 14.6%、4.1%、2.1% 和 0.6%。服务业实际使用外资增长 37.2%，住宿和餐饮业，租赁和商务服务业，批发和零售业分别增长 141.0%、98.7% 和 70.6%。

二、服务业新动能支撑作用凸显

（一）新消费助力商贸业改革创新

2020 年，通过落实《福建省促进消费行动方案》，政府协会搭台组织，企业商户共同参与，省市县三级联动，“全闽乐购”品牌持续打响，互联网消费快速增长，电子商务蓬勃发展，消费回升势头有效巩固。全省实现社会消费品零售总额 18626.45 亿元，下降 1.4%，降幅比全国小 2.5 个百分点，居全国第 8 位，比一季度、上半年、前三季度分别收窄 11.1、4.0 和 1.1 个百分点，呈现持续恢复态势。限额以上网络零售额增长 14.2%，占限额以上零售额的比重为 17.0%，比上年提高 2.4 个百分点。批发和零售业增加值 4667.60 亿元，增长 5.3%；住宿和餐饮业增加值 614.44 亿元，下降 7.7%。全省实现电商交易额 1.15 万亿元，增长 14.7%，比全国平均水平高 10.4 个百分点。交易额及增速分居全国第 8 和第 6 位。全省 2020 年中国淘宝村 441 个、淘宝镇 153 个，分居全国第 6 和第 5 位。

（二）交通运输现代服务业跨越发展

2020 年，交通运输行业全力保障物流供应畅通，全省交通运输、仓储和邮政业实现增加值 1497.31 亿元，增长 4.8%，占 GDP 比重为 3.4%，对 GDP 增长贡献率为 5.9%。全省完成货物发送量 13.99 亿吨，增长 4.7%；货物周转量 9020.34 亿吨公里，增长 8.7%；旅客发送量 2.55 亿人，下降 48.4%；旅客周转量 661.97 亿人公里，下降

44.4%。沿海港口货物吞吐量6.21亿吨，增长4.5%。取消高速公路省界收费站并实现平稳运行，减免车辆通行费95.3亿元。开行“丝路海运”快捷航线，船舶平均通关效率提升20%。公路水路固定资产投资完成额1048.16亿元，增长13.9%。交通运输现代服务业蓬勃兴起，在全国率先出台网络货运税务征管优惠政策，全省网络货运企业44家，物泊、好运联联入围全国首批5A级网络货运企业，网络货运企业收入增长76.8%，带动规模以上道路运输业实现营业收入735.88亿元，增长17.8%。

（三）新基建打造信息产业新引擎

2020年，邮电业积极服务疫情防控和经济发展，全省邮电业务总量4764.31亿元，增长22.8%。其中，邮政业务总量856.48亿元，增长32.6%；电信业务总量3907.83亿元，增长20.8%。全省邮电业务收入818.77亿元，增长8.1%。其中，邮政业务收入368.88亿元，增长14.0%；电信业务收入449.88亿元，增长3.7%。全省快递服务企业完成业务量34.32亿件，增长31.0%；快递业务收入302.56亿元，增长16.7%。信息基础设施建设持续推进，光网和4G全面覆盖城乡，建成5G基站2.25万个，县级以上区域实现5G覆盖，各设区市和平潭综合实验区均建成高水平光网城市，固定宽带家庭普及率、移动宽带用户普及率分居全国第2和第7位。依托数字经济和互联网产业发展，规模以上信息传输、软件和信息技术服务业实现营业收入1415.44亿元，增长5.6%。其中，互联网和相关服务业增长12.2%，软件和信息技术服务业增长5.6%。6家企业入选2020年中国互联网百强，居全国第4位，被评为互联网行业发展典型省份。

（四）区域金融改革持续稳步推进

2020年，金融业积极服务实体经济，有效防控金融风险，金融改革持续推进。全省金融业增加值3418.36亿元，增长6.4%，占GDP比重为7.8%，对GDP增长贡献率为14.2%。2020年末，全省金融机构本外币各项存款余额56386.92亿元，增长13.1%；本外币各项贷款余额59859.66亿元，增长13.7%。保险业实现保费收入1242.25亿元，增长5.7%。疫情挑战下，政银企联动，统筹推动金融支持稳企业保就业工作，出台中小微企业临时性延期还本付息、产业链协同复工复产金融服务等应急纾困政策。全省普惠型小微企业贷款余额增长31.9%。宁德、龙岩国家级普惠金融改革试验区及三明、南平绿色金融改革试验区建设统筹推进。自贸区金融改革“试验田”作用有效发挥，对台金融开放创新成效显著。海峡股权交易中心、厦门两岸股权交易中心“台资板块”共挂牌展示台企1700多家。首创“台胞信用证担保”服务，融资担保余额9.5亿元。深入实施资本市场提升工程，截至2020年12月29日，A股上市公司总市值2.99万亿元，总资产10.18万亿元，分居全国第7和第5位。

（五）房地产市场逐步复苏回暖

2020年，房地产市场逐步复苏，各项指标稳中向好。全省房地产业实现增加值2904.80亿元，增长3.0%，占GDP比重为6.6%，对GDP增长贡献率为4.2%。从投资情况看，全省房地产开发投资6026.80亿元，增长6.2%。其中，住宅投资4372.10亿元，增长7.3%，占房地产开发投资的比重为72.5%。从销售情况看，商品房销售面积6607.18万平方米，增长2.3%；其中，住宅销售面积5210.03万平方米，增长2.7%。商品房销售额7497.75亿元，增长8.1%；其中，住宅销售额6343.34亿元，增长11.6%。2020年末，商品房待售面积1807.37万平方米，下降2.9%。其中，住宅待售面积479.44万平方米，下降10.0%。从房地产服务行业看，规模以上物业管理营业收入实现两位数增长，增长14.6%；规模以上房地产中介服务、房地产租赁经营、其他房地产业营业收入降幅逐步收窄，分别下降19.6%、3.9%和16.3%。

（六）商务与科技服务优化升级

2020年，疫情倒逼下，互联网和生产性服务业融合发展不断推进。规模以上租赁和商务服务业企业实现营业收入1085.89亿元，增长20.3%。互联网广告、互联网人力资源服务成为拉动该行业快速增长重要动力。疫情催生的“宅经济”发展活跃，手机APP成为广告投放的主流选择，规模以上互联网广告企业营业收入增长82.8%。后疫情时代，居家办公也成为就业重要途径。自由职业者通过互联网人力资源服务平台对接劳务需求，平台提供报酬发放、个税代缴等服务，为“保就业”提供有力支撑。规模以上人力资源服务企业营业收入增长68.0%。科学研究和技术服务产业优化升级不断推进，传统工程技术和设计服务企业转型工程整包服务商，支撑规模以上科学研究和技术服务业实现营业收入329.60亿元，增长16.7%。

（七）幸福产业转型升级蓬勃发展

2020年，新冠疫情对生活性服务业冲击较为严重，同时也倒逼企业创新发展模式，加快数字化转型，生产经营逐步恢复。规模以上居民服务、修理和其他服务业，卫生和社会工作，文化、体育和娱乐业营业收入分别下降1.9%、3.2%和22.5%，降幅比上半年分别收窄3.4、10.3和6.9个百分点；教育业营业收入增长1.0%，比上半年提高3.9个百分点。疫情影响下，线上培训教学成为教育新常态，规模以上教育业中开展线上教育的企业数是上年的2.4倍。网龙旗下互联网教育平台成为联合国教科文“远程学习解决方案”官方推荐平台及埃及教育部指定的全国K12教育远程学习平台。新型文化产业在互联网技术助力下加速数字化转型升级，规模以上互联网数据服务、互联网接入及相关服务、互联网广告服务营业收入分别增长106.8%、92.5%和82.8%。

（八）文化旅游品牌价值不断提升

2020年，文化和旅游业有序推进企业复工复产，持续打响“全福游、有全福”品牌。全省接待国内旅游人数36981.07万人次，下降29.8%，降幅比前三季度收窄15.7个百分点；国内旅游总收入4927.72亿元，下降33.3%，降幅比前三季度收窄19.3个百分点。多地推出“全闽乐购”文旅优惠活动，景区景点推出门票减免、消费送礼等优惠措施，吸引游客集聚人气，做热假日文旅消费市场。国庆黄金周期间，全省接待游客3928.45万人次，比上年国庆假日增长5.5%；实现旅游总收入340.88亿元，比上年国庆假日增长10.2%。以文旅融合发展为重点，着力打响“全福游，有全福”品牌。举办“全福游，有全福”最美福建·旅游产品创意设计大赛、第十六届海峡旅游博览会、“山海福厝”2020福建文创市集等文旅特色活动。组织首届福建非遗购物节，出版“福建的世遗”丛书，“全福游，有全福”品牌价值不断提升。

三、存在问题亟待解决

（一）部分指标低于全国水平，内部结构待进一步优化

2020年，服务业占GDP比重为47.5%，比全国平均水平低7.0个百分点。服务业固定资产投资下降0.7%，全国服务业固定资产投资增长3.6%。从服务业内部结构看，传统服务业占比较高，现代服务业比重偏小，产业结构有待进一步优化。批发和零售业，交通运输、仓储和邮政业，住宿和餐饮业，房地产业，公共管理、社会保障和社会组织等传统服务业占第三产业增加值比重达53.4%。信息传输、软件和信息技术服务业，租赁和商务服务业，科学研究和技术服务业等现代服务业产业规模偏小，占第三产业增加值比重仅为14.3%。

（二）生产性服务融合发展不足，生活性服务经营恢复较慢

生产性服务业与制造业融合发展水平较低。从投入产出情况看，制造业对自身的直接消耗系数为0.5730，占制造业总中间消耗的75.3%，高于全国10.2个百分点；对生产性服务业的直接消耗系数为0.0624，占制造业总中间消耗的8.2%，低于全国6.9个百分点。制造业对自身的直接消耗为制造业对生产性服务业的直接消耗的9.2倍，说明制造业发展主要依靠制造业自身，制造业与生产性服务业融合发展水平较低。疫情冲击下，生活性服务业经营恢复较为缓慢。2020年，住宿和餐饮业，文化、体育和娱乐业，居民服务、修理和其他服务业，零售业增加值分别下降7.7%、3.2%、2.5%和0.3%。规模以上旅行社及相关服务、游览景区管理、旅游会展服务、游乐园等行业营业收入分别下降70.8%、49.6%、45.4%和32.7%。

（三）企业规模偏小压力较大，自主创新意愿能力不足

从户均规模看，5999家规模以上服务业企业户均营业收入0.90亿元，是全国平均水平的64.4%；户均资产3.57亿元，是全国平均水平的55.7%。从成本费用看，全省规模以上服务业营业成本4315.53亿元，增长12.3%，营业成本与销售、管理、研发、财务费用合计占营业收入比重达98.3%，比上年高2.4个百分点。1664家企业

经营亏损，总计亏损211.45亿元，比上年增亏107.83亿元。企业规模小、经营压力大造成企业在转型升级过程中面临更多风险，融资渠道单一、民间借贷利息高、招不来留不住人才等问题，制约了服务业企业自主创新意愿和能力。

四、服务业领跑经济发展正当时

面对新冠肺炎疫情，服务业是受冲击影响最大、恢复速度较慢的产业。但2020年服务业为什么能够跃升成为我省经济的第一大产业呢？究其原因，新冠肺炎疫情虽然对服务业造成了巨大冲击，但同时加速了服务业供给侧结构性改革进程，从而对经济结构产生了根本性影响。从服务业内部结构看，直接面对消费者的零售、住宿餐饮、教育、卫生、居民服务、文化旅游、房地产等传统生活性服务受影响最大，这些行业的损失在下半年疫情趋缓后也难以得到弥补。但是信息服务、商务服务、科技服务、交通运输等生产性服务受疫情影响有限。特别是受益于技术革新的新兴服务业逆势增长，甚至爆发式增长。如疫情期间的宅经济、互联网游戏、线上零售、互联网医疗、在线教育等。同时，疫情倒逼传统制造业释放大量生产性服务需求，通过生产性服务赋能，向“微笑曲线”两端转型升级。此外，疫情对金融业产生了正向影响，民间资本大量流入股票、基金等证券市场。因此，2020年下半年我省服务业复苏有力，带动经济持续回暖。

2021年，作为“十四五”开局之年，《福建省国民经济和社会发展第十四个五年规划和二〇三五年远景目标的建议》明确提出“全面优化产业结构，加快构建现代产业体系”“大力加快数字福建建设”“建设先进制造业强省”“加快发展现代服务业”，这些都离不开服务业发展水平的提高。信息服务业是“数字福建”的主要承重平台，生产性服务业与先进制造业深度融合发展为制造业未来发展指明了方向，数字化则是推动生活性服务业由传统向现代升级的重要路径。因此，服务业抓住经济换挡的历史机遇，站在“两个一百年”的历史交汇点上，领跑全省经济发展正当时。

五、新征程服务业谋求新突破

（一）谋划好“十四五”服务业发展规划

目前，我省服务业占GDP比重比全国平均水平低7个百分点，比台湾低14个百分点。差距就是潜力，在今后相当长时期的发展中，服务业作为增长潜力最大的产业，将在很大程度上决定整个福建经济的发展速度。针对2020年统筹推进常态化疫情防控和经济社会发展下服务业发展呈现出的新特点新态势，科学谋划“十四五”现代服务业发展专项规划，将为“十四五”时期服务业谋求新突破指明发展道路。一要持续扩大服务业有效投资，对投资规模大、带动能力强、科技含量高的服务业项目和企业，给予更大的扶持力度和更优的营商环境。二要着力推动物流、金融、旅游等三大新兴主导产业高质量发展，完善现代物流产业体系，提高金融服务实体经济效能，深化“全福游、有全福”品牌建设。三要谋划推动我省服务业融入“国内大循环为主体、国内国际双循环”的新发展格局，确保“十四五”时期服务业发展迈上新台阶。

（二）推进好服务业创新与融合发展

加强服务业创新与融合发展，是推进服务业供给侧结构性改革的重要路径。一要推动生产性服务业与现代农业、先进制造业融合发展。重点支持现代绿色农业、高端装备制造、电子信息制造、新能源汽车等产业与信息服务业、科技服务业、商务服务业等知识密集型服务业间的深度融合，推动农业、制造业价值链向高端提升。二要推动生活性服务业标准化、数字化发展。支持电子商务创新发展，推广社群电商、内容电商、直播电商、农村电商新模式。以在线教育、线上医疗、数字文旅、智慧养老为重点推进领域，引导企业“互联网+生活性服务”融合发展。

（三）扶持好服务业企业增产增效

当前疫情防控形势仍复杂严峻，针对服务业各行业运行特点，细化疫情防控工作机制，强化对生活性服务业企业、小微服务业企业的帮扶力度，进一步延长减税缴费、金融服务、简化审批等帮扶政策实施期限，有序推进服务业企业增产增效行动目录任务落实，及时协调解决企业经营困难，化解疫情反弹带来的不利影响。

（撰稿：福建省统计局　杨峰）

福建运输邮电业恢复向好

2020 年，全省各部门深入贯彻落实中央和省委、省政府的各项决策部署，统筹疫情防控和经济发展，交通运输邮电业展现生机，为全省经济稳定恢复提供了重要保障。2020 年，全省交通运输、仓储和邮政业实现增加值 1497.31 亿元，较上年增长 4.8%，增幅高于全省 GDP1.5 个百分点；增加值占 GDP 的比重为 3.4%，对 GDP 增长贡献率为 5.9%，拉动 GDP 增长 0.2 个百分点。

一、交通运输先降后升

随着疫情防控的常态化，企业陆续复工复产，人们选择公共交通方式出行的意愿逐渐增加。2020 年，全省铁路、公路、水运和民航四种运输方式累计货运量 139926.97 万吨，比上年增长 4.7%，货物周转量 9020.34 亿吨公里，增长 8.7%。客运量 25489.75 万人，降幅从 1—4 月的 60.3% 收窄到 48.4%；旅客周转量 661.97 亿人公里，降幅从 1—4 月的 57.2% 收窄到 44.4%。

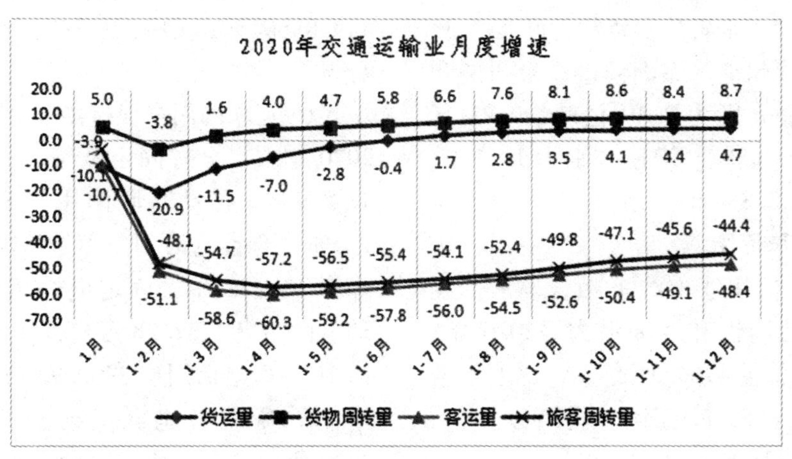

（一）铁路运输持续恢复

2020 年，全省铁路货运量 3749.92 万吨，比上年下降 8.2%，货物周转量 180.90 亿吨公里，下降 5.6%。客运量 7539.34 万人，下降 40.8%，降幅比年内最低值收窄 17.0 个百分点；旅客周转量 223.13 亿人公里，下降 43.7%，降幅比年内最低值收窄 13.6 个百分点。

（二）公路运输有序发展

2020 年，全省公路货运量 91136.61 万吨，比上年增长 4.4%，货物周转量 1021.69 亿吨公里，增长 6.2%。客运量 14882.10 万人，下降 52.3%，降幅比年内最低值收窄 9.2 个百分点，旅客周转量 90.64 亿人公里，下降 52.3%，降幅比年内最低值收窄 9.3 个百分点。

（三）水路货运率先转正

2020 年，全省水路货运量 45017.65 万吨，比上年增长 6.5%，货物周转量 7811.73 亿吨公里，增长 9.5%，货运量及货物周转量自年初 1—3 月起恢复正增长且增幅逐渐提高。客运量 741.55 万人，下降 59.3%，降幅比年内最低值收窄 9.0 个百分点；旅客周转量 0.77 亿人公里，下降 71.1%，降幅比年内最低值收窄 5.2 个百分点。

（四）航空运输受冲击较大

2020 年，全省民航货邮吞吐量 22.80 万吨，比上年下降 17.7%，货邮周转量 6.02 亿吨公里，下降 13.2%。客运量 2326.77 万人，下降 35.7%，降幅比年内最低值收窄 18.8 个百分点；旅客周转量 347.40 亿人公里，下降 42.2%，降幅比年内最低值收窄 13.4 个百分点。

2020 年，全省民用机场旅客吞吐量 3181.99 万人，比上年下降 38.5%；货邮吞吐量 47.73 万吨，下降 11.4%。其中，高崎机场旅客吞吐量 1671.02 万人，下降 39.0%；长乐机场 886.18 万人，下降 40.0%；晋江机场 562.06 万人次，下降 33.4%；武夷山、冠豸山、三明机场旅客吞吐量分别下降 64.0%，36.4% 和 2.3%。

（五）港口生产总体平稳

2020 年，全省沿海主要港口货物吞吐量 6.21 亿吨，比上年增长 4.5%；集装箱吞吐量 1720.19 万标准箱，下降 0.3%。全省外贸货物吞吐量 2.35 亿吨，下降 0.9%。福州港、湄洲湾港、泉州港和厦门港的货物吞吐量分别为 2.49 亿吨、0.98 亿吨、0.67 亿吨和 2.07 亿吨，增速分别为 17.1%、4.0%、-10.4% 和 -2.8%。

二、邮政电信逆势而上

得益于消费市场加快线上线下融合发展，我省邮电业展现了强劲韧性和巨大潜力。2020 年，全省邮电业实现业务总量 4764.31 亿元，比上年增长 22.8%；业务收入 818.77 亿元，增长 8.1%。

（一）邮政业大幅增长

2020 年，福建省邮政企业和快递服务企业业务总量 856.48 亿元，比上年增长 32.6%，增幅比上年提高 3.1 个百分点，比全国平均水平高 2.9 个百分点，增速居全国第 11 位；业务收入（不包括邮政储蓄银行直接营业收入）368.88 亿元，增长 14.0%。

1. 快递业务量居全国前列。快递作为线上消费最主要的交付渠道，对邮政业支撑作用显著。2020 年，全省快递业务量 34.32 亿件，比上年增长 31.0%，增幅比上年提高 7.2 个百分点，总量居全国第 6 位；快递业务收入 302.56 亿元，增长 16.8%，增幅回落 8.6 个百分点。其中，同城业务量 3.63 亿件，增长 5.1%；异地业务量 29.93 亿件，增长 34.7%；国际及港澳台业务量 0.76 亿件，增长 45.5%。

2. 传统邮政业务量下滑，包裹报纸业务小幅回升。2020 年，全省邮政函件业务累计完成 3267.89 万件，比上年下降 31.3%；包裹业务量 67.17 万件，增长 11.9%，增幅比上年提高 5.9 个百分点；订销报纸业务量 69418.24 万份，增长 1.8%；订销杂志业务量 2261.53 万份，下降 5.5%，降幅比上年收窄 3.4 个百分点；汇兑业务量 24.38 万笔，下降 34.0%。

（二）电信业发展较快

新冠肺炎疫情发生以来，大数据、云计算、物联网、人工智能等前沿数字技术应用在生产生活各个领域加速落地，全社会数字化进程的加快进一步推动电信业快速发展。2020 年，全省电信业实现业务总量 3907.83 亿元，比上年增长 20.8%，总量居全国第 15 位；实现业务收入 449.88 亿元，增长 3.7%，增幅提高 3.6 个百分点。

1. 互联网用户保持增长，电话用户小幅减少。2020 年末，全省固定宽带用户 1831.02 万户，增长 2.9%，移动互联网用户 3979.60 万户，增长 1.6%。全省电话用户总数 5472.35 万户，同比下降 0.2%，其中，固定电话用户 733.07 万户，移动电话用户 4739.28 万户，净增 166 万户，移动电话中，4G 电话用户 3900.93 万户，增长 0.6%。

2. 5G 网络建设持续推进，基站数量增加。2020 年底，全省建成移动电话基站 32.3 万个，较上年末净增 3.3 万个。其中，4G 基站 20.5 万个，净增 9517 个，占移动电话基站总数比重达 63.5%，5G 基站 2.2 万个，净增 2 万个。固定宽带接入端口 3370 万个，较上年末净增 138 万个，其中：光纤接入（FTTH/O）端口 3110.4 万个，净增 167.3 万个，占比由上年末的 91.1% 提升至 92.3%。

三、几点建议

（一）发展交通现代服务业，培育交通运输新动能

疫情防控期间，全省网络货运、快递服务、

城市绿色配送、陆地港、多式联运、智慧出行等交通运输新业态为助力各行业复工复产发挥了重要作用，同时促进了传统交通运输业向现代交通运输业的转型升级。要大力发展交通运输现代服务业，促进云计算、大数据、物联网、智能技术与交通运输业的深度融合，推动智能交通产业化，建设现代综合交通运输体系，增强交通运输业对经济的辐射带动能力。

（二）建设综合货运枢纽，提升铁路运力

综合货运枢纽建设是现代综合交通运输体系的重要组成部分，推进铁路综合货运与内河航运枢纽建设，发展国际集装箱多式联运加快发展铁水联运，提高铁路在多种运输方式中的占比；通过铁路综合货场建设，促进公铁联运改革，形成高效协同的现代化综合交通运输体系，降低实体经济运行成本，提高经济发展效率效益。

（三）推进5G网络建设，提升电信服务水平

5G网络投入商用以来，在经济社会发展数字化、网络化、智能化等方面作用突出，潜力巨大。要加快5G网络建设和产业发展，增强网络供给能力，提升5G服务质量，为“数字福建”快速发展提供技术支撑。

（撰稿：福建省统计局　陈洁）

福建省规模以上工业增加值概况

2020年12月，全省规模以上工业增加值同比增长3.2%；2020年规模以上工业增加值比上年增长2.0%。

分三大门类看，12月采矿业增加值同比增长3.5%，制造业增长2.9%，电力、燃气和水的生产和供应业增长11.2%。

分经济类型看，12月国有控股企业增加值同比增长10.7%，集体企业增长13.6%，股份制企业增长6.1%，外商及港澳台商投资企业下降3.3%。

分行业看，12月38个大类行业中有25个行业增加值同比增长。其中，纺织业增长7.7%，纺织服装、服饰业增长6.2%，石油、煤炭及其他燃料加工业增长7.1%，化学原料和化学制品制造业增长1.2%，非金属矿物制品业增长9.0%，有色金属冶炼和压延加工业增长7.6%，计算机、通信和其他电子设备制造业增长2.8%，电力、热力生产和供应业增长10.8%。

分产品看，12月汽车2.99万辆，增长77.6%，其中，轿车1.30万辆，增长90.2倍；水泥1005.57万吨，增长12.7%；

钢材363.81万吨，增长6.1%；发电量237.41亿千瓦时，增长5.4%；原煤59.31万吨，同比下降6.2%；十种有色金属6.59万吨，下降10.0%；12月工业企业产品销售率为97.61%，比上年同期增长0.30个百分点。工业企业实现出口交货值788.73亿元，同比下降2.0%。

2020年1—12月福建省规模以上工业生产主要数据

	12月		1—12月	
	绝对量	同比增长（%）	绝对量	同比增长（%）
规模以上工业增加值	…	3.2	…	2.0
分三大门类				
采矿业	…	3.5	…	1.2
制造业	…	2.9	…	1.9
电力、燃气和水的生产和供应业	…	11.2	…	3.8
分经济类型				
国有控股	…	10.7	…	9.4
集体企业	…	13.6	…	13.6
股份制企业	…	6.1	…	3.1
外商及港澳台商投资企业	…	-3.3	…	-0.4
主要行业增加值				
农副食品加工业	…	-11.1	…	-6
纺织业	…	7.7	…	5.9

续表

	12月		1—12月	
	绝对量	同比增长（%）	绝对量	同比增长（%）
纺织服装、服饰业	…	6.2	…	-0.3
皮革、毛皮、羽毛及其制品和制鞋业	…	-4.4	…	-7.0
石油、煤炭及其他燃料加工业	…	7.1	…	20.0
化学原料和化学制品制造业	…	1.2	…	7.4
非金属矿物制品业	…	9	…	4.8
黑色金属冶炼和压延加工业	…	-5.7	…	5.8
有色金属冶炼和压延加工业	…	7.6	…	6.9
计算机、通信和其他电子设备制造业	…	2.8	…	6.6
电力、热力生产和供应业	…	10.8	…	3.1
主要产品产量				
纱（万吨）	63.18	26.4	548.47	-6.0
布（亿米）	6.96	-4.6	77.84	-24.6
化学纤维（万吨）	79.87	5	870.8	4.0
成品糖（万吨）	2	24.2	15.28	38.8
卷烟（亿支）	53.36	-12.6	886.45	0.8
新闻纸（万吨）	-	-	-	-
彩色电视机（万台）	114.31	-6.3	1330.02	68.2
原煤（万吨）	59.31	-6.2	645.85	-23.1
发电量（亿千瓦时）	237.41	5.4	2537.12	5.2
其中：火电（亿千瓦时）	148.43	5.8	1561.41	10.7
水电（亿千瓦时）	9.97	-4.5	207.60	-29.5
粗钢（万吨）	216.03	4.5	2466.5	3.2
钢材（万吨）	363.81	6.1	3861.65	3.5
十种有色金属（万吨）	6.59	-10	73.97	0.7
其中：精炼铜（电解铜）（万吨）	5.97	-11.3	66.78	2.9
原铝（电解铝）（万吨）	0.6	7.3	7.05	-15.1
水泥（万吨）	1005.57	12.7	9703.81	2.7
硫酸（万吨）	24.32	-21.9	332.75	-3.4
纯碱（万吨）	1.92	-37.4	25.49	-12.3
烧碱（万吨）	3.53	-8.5	35.9	-7.9
农用氮、磷、钾化学肥料（折纯）（万吨）	4.53	-50.3	86.25	-4.5
发电设备（万千瓦）	15.14	50	138.2	24.8
汽车（万辆）	2.99	77.6	18.04	11.4
其中：轿车（万辆）	1.3	9017.5	2.64	238.2
集成电路（亿块）	1.77	36.2	16.95	37.5

续表

	12月		1—12月	
	绝对量	同比增长（%）	绝对量	同比增长（%）
移动通信手持机（万台）	120.58	-51	2382.81	32.2
微型电子计算机设备（万台）	97.49	-56.2	1493.63	-31.9
产品销售率（%）	97.61	0.3	96.53	-0.71
出口交货值（亿元）	788.73	-2	8411.72	-6.6

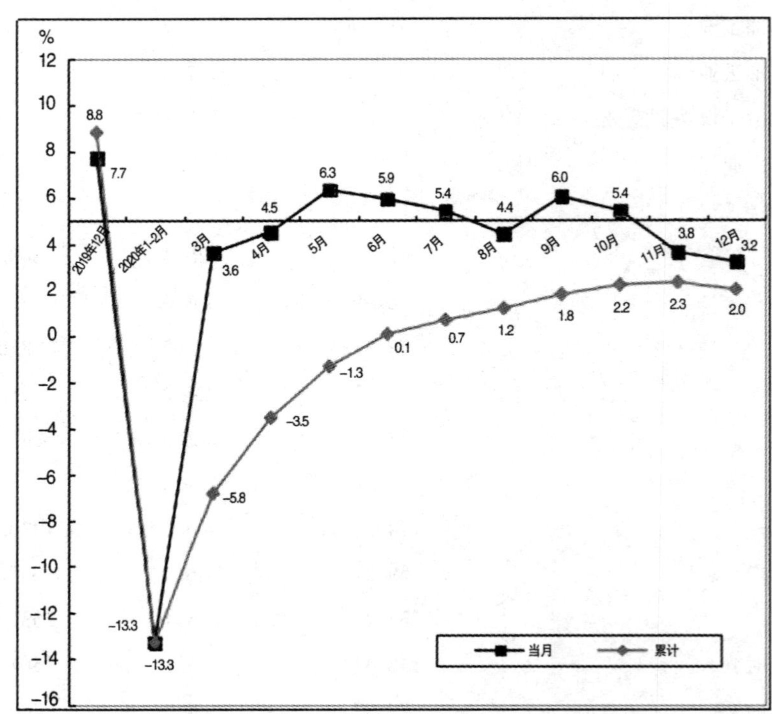

规模以上工业增加值同比增长速度

（来源：福建省统计局网站　摘编：刘海元）

福建省规模以上工业实现利润情况

2020 年全省规模以上工业企业实现利润 3470.08 亿元，比上年下降 9.7%。

在规模以上工业企业中，国有控股企业实现利润 366.72 亿元，下降 14.7%；股份制企业实现利润 2320.00 亿元，下降 6.3%；外商及港澳台投资企业实现利润 1111.15 亿元，下降 16.1%。

采矿业实现利润 31.34 亿元，下降 11.0%；制造业实现利润 3212.50 亿元，下降 10.7%；电力、热力、燃气及水生产和供应业实现利润 226.24 亿元，增长 8.1%。

在 38 个工业大类行业中，26 个行业利润总额同比下降，11 个行业利润总额同比增长，1 个行业亏损。利润下降较大的主要行业有：有色金属矿采选业下降 28.5%，非金属矿采选业下降 18.5%，农副食品加工业下降 28.5%，食品制造业下降 20.8%，木材加工和木、竹、藤、棕、草制品业下降 24.7%，家具制造业下降 14.6%，石油、煤炭及其他燃料加工业下降 73.3%，化学原料和化学制品制造业下降 30.9%，黑色金属冶炼和压延加工业下降 32.3%，汽车制造业下降 43.4%，仪器仪表制造业下降 19.7%，金属制品、机械和设备修理业下降 59.5%；利润增长的主要行业有：黑色金属矿采选业增长 31.7%，烟草制造业增长 1.1 倍，医药制造业增长 31.2%，化学纤维制造业增长 16.8%，金属制品业增长 9.6%，专用设备制造业增长 53.4%，计算机、通信和其他电子设备制造业增长 21.9%，燃气生产和供应业增长 11.2%。

2020 年规模以上工业企业实现营业收入 55475.40 亿元，比上年下降 3.5%。12 月末，规模以上工业企业应收账款 5065.86 亿元，同比增长 17.2%；产成品存货 1888.90 亿元，增长 4.6%。

2020 年规模以上工业企业营业收入利润率 6.26%，比上年降低 0.42 个百分点；每百元营业收入中成本为 86.51 元，比上年增加 0.20 元；每百元资产实现营业收入 141.58 元，比上年减少 12.30 元；人均营业收入 146.25 万元，比上年增加 6.35 万元；产成品存货周转天数为 13.4 天，同比增加 1.2 天；应收账款平均回收期为 29.6 天，同比增加 4.1 天。12 月末，资产负债率为 50.4%，同比下降 0.4 个百分点。

2020 年规模以上工业企业主要经济指标

指标名称	营业收入月		利润总额	
	1—12 月（亿元）	同比增减（%）	1—12 月（亿元）	同比增减（%）
总　计	55475.40	-3.5	3470.08	-9.7
其中：采矿业	702.94	-2.8	31.34	-11.0
制造业	52236.65	-3.7	3212.50	-10.7
电力热力燃气及水生产和供应业	2535.81	0.3	226.24	8.1
其中：国有控股企业	7407.31	1.0	366.72	-14.7
非公有企业	47643.69	-4.2	3075.17	-9.2

续表

指标名称	营业收入月		利润总额	
	1—12 月（亿元）	同比增减（%）	1—12 月（亿元）	同比增减（%）
其中：集体企业	231.79	4.6	6.04	8.8
股份合作企业	51.05	2.6	2.02	-13.7
股份制企业	38674.02	-1.9	2320.00	-6.3
外商及港澳台投资企业	16008.24	-7.4	1111.15	-16.1
其中：私营企业	29455.37	-2.8	1786.04	-7.6
其中：轻工业	27360.36	-4.5	1884.69	-7.9
重工业	28115.04	-2.6	1585.39	-11.7
其中：大型企业	15902.93	-4.1	1104.64	-13.6
中型企业	15582.66	-4.0	1103.33	-4.1
小型企业	23352.30	-0.6	1224.95	-7.6
微型企业	637.50	-46.5	37.17	-57.3

2020 年规模以上工业企业主要经济指标（分行业）

分行业	营业收入		利润总额	
	1—12 月（亿元）	同比增长（%）	1—12 月（亿元）	同比增长（%）
总　计	55475.4	-3.5	3470.08	-9.7
煤炭开采和洗选业	80.48	-15.0	4.79	-12.9
黑色金属矿采选业	230.51	-0.7	7.43	31.7
有色金属矿采选业	87.29	11.0	3.66	-28.5
非金属矿采选业	304.66	-4.0	15.46	-18.5
农副食品加工业	3193.33	-8.5	170.64	-28.5
食品制造业	1650.99	-9.3	143.28	-20.8
酒、饮料和精制茶制造业	1015.29	-11.1	83.1	-13.1
烟草制品业	309.46	4.6	20.59	108.2
纺织业	3248.04	-5.1	153.27	-15.7
纺织服装、服饰业	2538.15	-2.4	169.84	-7.6
皮革毛皮羽毛及其制品和制鞋业	3804.07	-9.3	263.65	-14.1
木材加工和木竹藤棕草制品业	1280.41	-12.3	49.55	-24.7
家具制造业	636.83	-0.1	32.97	-14.6
造纸和纸制品业	1246.32	-2.8	98.03	-1.1
印刷和记录媒介复制业	477.19	1.9	28.6	-1.4
文教工美体育和娱乐用品制造业	2122.01	-5.6	147.05	-11.2
石油、煤炭及其他燃料加工业	1408.65	-9.2	25.92	-73.3
化学原料和化学制品制造业	2437.85	-2.7	113.06	-30.9
医药制造业	459.55	10.4	71.06	31.2

续表

分行业	营业收入		利润总额	
	1—12月（亿元）	同比增长（%）	1—12月（亿元）	同比增长（%）
化学纤维制造业	1497.66	5.8	62.15	16.8
橡胶和塑料制品业	1861.57	-5.5	118.34	8.3
非金属矿物制品业	4569.34	2.5	364.53	-6.7
黑色金属冶炼和压延加工业	2169.41	1.1	107.19	-32.3
有色金属冶炼和压延加工业	2910.69	11.5	99.09	-5.8
金属制品业	1884.93	-1.1	98.21	9.6
通用设备制造业	1373.7	-4.8	102.53	-11.5
专用设备制造业	1163.53	0.8	119.55	53.4
汽车制造业	1092.93	-16.8	45.13	-43.4
铁路船舶航空航天和其他运输设备制造业	262.43	-9.0	-4.71	*
电气机械和器材制造业	2560.56	3.0	253.26	0.7
计算机、通信和其他电子设备制造业	4189.66	-7.9	233.66	21.9
仪器仪表制造业	272.08	-3.7	16.14	-19.7
其他制造业	263.78	-3.0	16.46	-4.6
废弃资源综合利用业	222.07	11.0	3.14	-45.1
金属制品、机械和设备修理业	114.16	-46.2	7.21	-59.5
电力、热力生产和供应业	2056.58	0.9	184.81	8.1
燃气生产和供应业	384.87	-3.6	31.28	11.2
水的生产和供应业	94.36	5.5	10.15	-1.3

*说明：铁路船舶航空航天和其他运输设备制造业同期利润2.78亿元。

（来源：福建省统计局网站　摘编：刘海元）

福建省固定资产投资概况

2020年，全省固定资产投资比上年下降0.4%。

分产业看，第一产业投资比上年下降8.3%；第二产业投资增长0.7%；第三产业投资下降0.7%。第二产业中，工业投资增长0.7%。其中，采矿业投资增长32.1%；制造业投资下降2.3%；电力、热力、燃气及水的生产和供应业投资增长19.8%。

分登记注册类型看，内资企业投资比上年下降1.0%；港澳台商投资企业投资下降8.4%；外商投资企业投资增长62.0%。

从隶属关系看，中央投资比上年增长3.0%；地方投资下降0.5%。

从施工和新开工项目情况看，施工项目计划总投资比上年增长7.8%；新开工项目计划总投资增长28.0%。

从到位资金情况看（5000万以上项目和房地产项目），到位资金比上年增长4.8%。其中，国家预算资金增长25.3%；国内贷款下降11.8%；利用外资下降39.1%；自筹资金增长4.2%。

2020年固定资产投资主要数据

指　标	比上年增长（%）
固定资产投资	-0.4
其中：国有及国有控股	-1.4
分隶属关系	
中央	3.0
地方	-0.5
分产业	
第一产业	-8.3
第二产业	0.7
第三产业	-0.7
分行业	
其中：农林牧渔业	-6.4
采矿业	32.1
制造业	-2.3
电力、热力、燃气及水的生产和供应业	19.8
建筑业	-32.5
交通运输、仓储和邮政业	-16.1
水利、环境和公共设施管理业	-6.3

续表

指　标	比上年增长（%）
教育	2.1
卫生和社会工作	0.6
文化、体育和娱乐业	4.1
公共管理、社会保障和社会组织	-10.2
分注册类型	
其中：内资企业	-1.0
港澳台商投资企业	-8.4
外商投资企业	62.0
分施工和新开工项目	
施工项目计划总投资	7.8
新开工项目计划总投资	28.0
固定资产投资到位资金	4.8
其中：国家预算资金	25.3
国内贷款	-11.8
利用外资	-39.1
自筹资金	4.2

注：1. 此表中速度均为未扣除价格因素的名义增速。

2. 此表中到位资金含5000万以上项目和房地产项目到位资金。

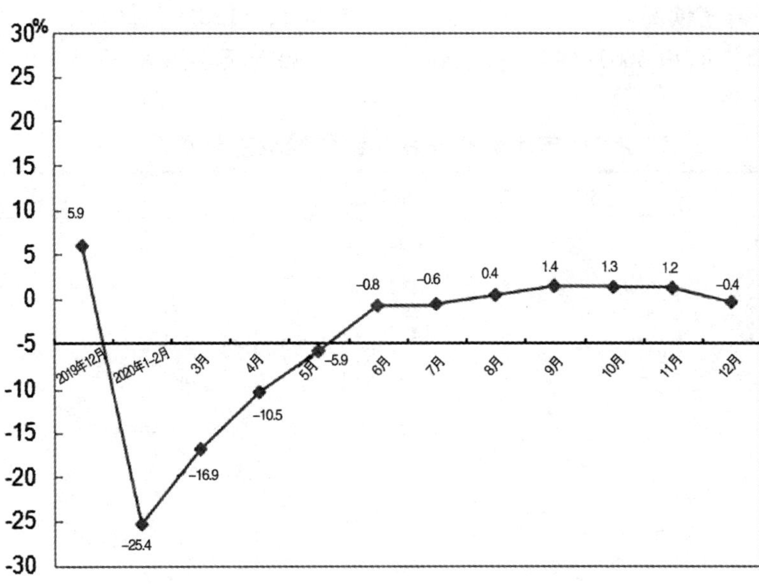

固定资产投资累计同比增长速度

（来源：福建省统计局网站　摘编：朱明清）

福建省房地产开发和销售情况

一、房地产开发投资完成情况

2020 年，全省房地产开发投资 6026.80 亿元，比上年增长 6.2%，增速与 1—11 月持平。其中，住宅投资 4372.10 亿元，增长 7.3%，占房地产开发投资的比重为 72.5%。

2020 年，房地产开发企业房屋施工面积 34556.77 万平方米，比上年增长 1.2%；其中，住宅施工面积 22929.82 万平方米，增长 2.1%。房屋新开工面积 6637.99 万平方米，增长 3.7%；其中，住宅新开工面积 4549.05 万平方米，下降 1.4%。房屋竣工面积 3804.07 万平方米，增长 32.0%；其中，住宅竣工面积 2403.09 万平方米，增长 32.5%。

二、商品房销售和待售情况

2020 年，商品房销售面积 6607.18 万平方米，比上年增长 2.3%；其中，住宅销售面积 5210.03 万平方米，增长 2.7%。商品房销售额 7497.75 亿元，增长 8.1%；其中，住宅销售额 6343.34 亿元，增长 11.6%。

12 月末，商品房待售面积 1807.37 万平方米，同比下降 2.9%。其中，住宅待售面积 479.44 万平方米，下降 10.0%。

三、房地产开发企业到位资金情况

2020 年，房地产开发企业到位资金 7355.03 亿元，比上年增长 7.0%。其中，国内贷款 753.75 亿元，下降 8.3%；利用外资 7.23 亿元，下降 68.0%；自筹资金 3173.46 亿元，增长 10.5%；定金及预收款 1901.33 亿元，增长 9.3%；个人按揭贷款 1138.86 亿元，增长 0.7%；其他资金 380.39 亿元，增长 33.3%。

2020 年房地产开发和销售情况主要数据

指　标	绝对量	比上年增长（%）
房地产开发投资（亿元）	6026.80	6.2
其中：住宅	4372.10	7.3
房屋施工面积（万平方米）	34556.77	1.2
其中：住宅	22929.82	2.1
房屋新开工面积（万平方米）	6637.99	3.7
其中：住宅	4549.05	-1.4
房屋竣工面积（万平方米）	3804.07	32.0
其中：住宅	2403.09	32.5
商品房销售面积（万平方米）	6607.18	2.3
其中：住宅	5210.03	2.7
商品房销售额（亿元）	7497.75	8.1
其中：住宅	6343.34	11.6

续表

指　标	绝对量	比上年增长（%）
商品房待售面积（万平方米）	1807.37	-2.9
其中：住宅	479.44	-10.0
房地产开发企业到位资金（亿元）	7355.03	7.0
其中：国内贷款	753.75	-8.3
利用外资	7.23	-68.0
自筹资金	3173.46	10.5
定金及预收款	1901.33	9.3
个人按揭贷款	1138.86	0.7
其他资金	380.39	33.3

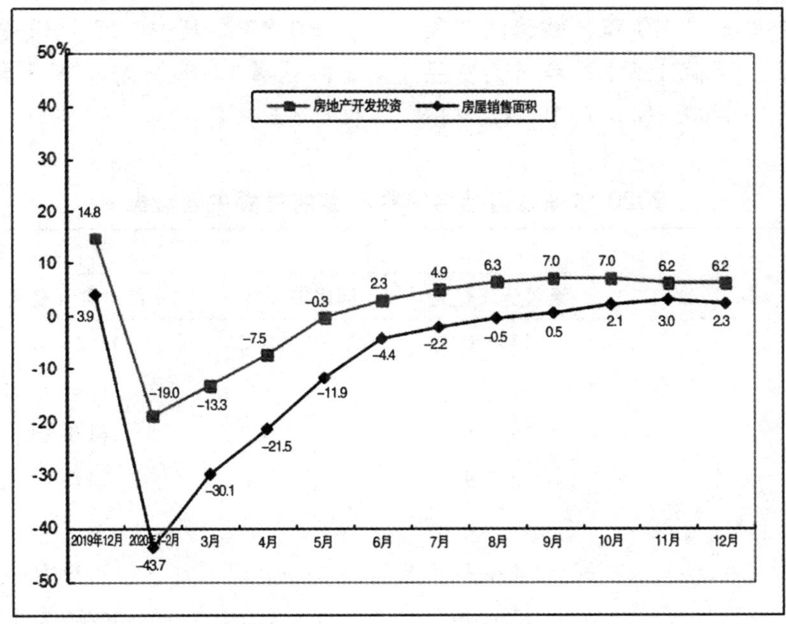

房地产开发投资及商品房销售面积累计同比增长速度

（来源：福建省统计局网站　摘编：严志东）

福建省社会消费品零售概况

2020年，全省实现社会消费品零售总额18626.45亿元，比上年下降1.4%（名义下降，下同）。其中，12月份全省实现社会消费品零售总额1742.07亿元，增长0.2%。

按销售单位所在地分，2020年，城镇消费品零售额16178.61亿元，下降1.5%；乡村消费品零售额2447.84亿元，下降0.8%。其中，12月份城镇消费品零售额1526.13亿元，增长0.7%；乡村消费品零售额215.94亿元，下降3.6%。

按消费形态分，2020年，餐饮收入额1739.56亿元，下降6.9%；商品零售额16886.89亿元，下降0.8%。其中，12月份餐饮收入额161.17亿元，下降1.1%；商品零售额1580.90亿元，增长0.3%。

2020年福建省社会消费品零售总额主要数据

指　标	12月		1—12月	
	绝对量（亿元）	同比增长（%）	绝对量（亿元）	同比增长（%）
社会消费品零售总额	1742.07	0.2	18626.45	-1.4
按销售单位所在地分				
城镇	1526.13	0.7	16178.61	-1.5
乡村	215.94	-3.6	2447.84	-0.8
按消费形态分				
餐饮收入	161.17	-1.1	1739.56	-6.9
商品零售	1580.90	0.3	16886.89	-0.8

注：此表速度均为未扣除价格的名义增速。

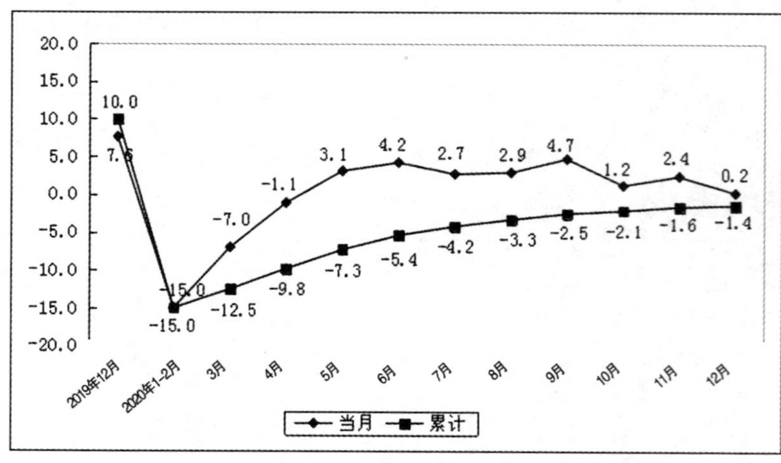

社会消费品零售总额同比增长速度

附注：

1. 指标涵义

社会消费品零售总额：是指企业（单位、个体户）通过交易直接售给个人、社会集团非生产、非经营用的实物商品金额，以及提供餐饮服务所取得的收入金额。

2. 调查对象

从事商品零售活动或提供餐饮服务的法人企业、产业活动单位和个体户。其中，限额以上单位是指年主营业务收入2000万元及以上的批发业企业（单位）、500万元及以上的零售业企业（单位）、200万元及以上的住宿和餐饮业企业（单位）。

3. 调查方法

对限额以上单位进行全数调查，对限额以下单位进行抽样调查。

（来源：福建省统计局网站　摘编：彭文荣）

第四篇

工业园区

福建省开发区发展情况综述

2019年，国务院出台了《关于推进国家级经济技术开发区创新提升打造改革开放新高地的意见》和《关于促进综合保税区高水平开放高质量发展的若干意见》。7月26日，省政府召开常务会议，研究推进开发区创新提升工作，强调要认真贯彻落实国务院文件精神，推进全省开发区开放创新、科技创新和制度创新。省商务厅按照国务院文件精神和省政府关于促进开发区高质量发展的指导意见，大力推动开发区创新提升、高质量发展。2019年，全省开发区实现地区生产总值1.42万亿元，同比增长11.8%，占全省33.6%；实现税收收入1068亿元，同比增长1.8%，占全省24.7%；实际利用外资166.57亿元，占全省52.8%；对外直接投资额207.71亿元，占全省68.6%；进出口总额7521.79亿元，同比增长11.3%，占全省56.6%。

一、制定促进开发区高质量发展实施方案政策

牵头研究制定《贯彻〈国务院关于推进国家级经济技术开发区创新提升打造改革开放新高地的意见〉实施方案》《福建省促进综合保税区高水平开放高质量发展实施方案》《推动开发区高质量发展工作方案》和《关于开发区整合托管有关工作的通知》，会同省自然资源厅制定出台《关于严格土地节约集约利用促进开发区高质量发展十条措施》。以上方案政策均经省政府同意后印发实施。

二、着力在开发区管理体制机制创新上下功夫

指导推动10家国家级经开区研究制定创新提升具体实施方案，着力培育20个特色产业园区。东侨经开区围绕“做大锂电新能源千亿产业集群”的目标，锂电新能源产业以年均144%的增速爆发式发展，成为全球规模最大的锂电池生产基地；泉州经开区重点发展高端纺织鞋服产业和新兴产业，营造一流营商环境，2019年新签约项目实现数量、质量双提升，通过建设中意“两国双园”，加强意大利—中国（泉州）产业深度对接。开发区体制活力进一步激发，全省开发区管委会主要领导由所在地领导兼任的超过一半，设立运营公司的约占85%，成立专业化招商公司的近三分之一。

三、发挥开发区招商引资平台作用

推动开发区开展公司化招商、产业链招商和产业基金招商等模式。厦门9·8投洽会期间，组织全省20个开发区参展招商，展示开发区主导产业和良好的营商环境，吸引海内外客商投资开发区。据不完全统计，厦洽会期间开发区共签约内外资项目79个，总投资超千亿元。同时，积极配合推荐开发区参加境内外招商推介活动，引导省外开发区或客商到省内开发区投资考察，帮助协调联系，促进投资合作。

四、开展开发区年度综合发展水平考核评价

按照省商务厅等7个部门出台的《福建省开发区综合发展水平考核评价办法（暂行)》，委托第三方机构完成全省开发区年度综合评价工作，形成《2018年度福建省开发区综合发展水平考核评价报告》，考评结果通报各地政府和省直有关部门。对综合发展水平排名前10位、实际利用外资前10位的开发区分别给予奖励，对考评结果后5名的省级开发区予以警告、限期整改，引导激励开发区创新提升发展。

五、指导推动海关特殊监管区转型升级

推动福州出口加工区、福州保税港区、厦门海沧保税港区、厦门象屿保税物流园区等4家海关特殊监管区转型升级为综合保税区。指导泉州、宁德等符合条件的地方设立保税物流中心（B型），泉州石湖港保税物流中心（B型）已获得海关总署、财政部、国家税务总局和国家外汇管理局四部委联合批准设立。同时，积极争取设立福州空港综合保税区，配合做好前期筹备工作。

六、促进区域协同发展

研究商务工作服务两大协同发展区建设机制，完成《两大协同发展区商务工作机制调研报告》和《提升两大协同发展区开放合作水平的对策建议》。支持闽西南协同发展区五市商务部门签订《闽西南协同发展区商务部门合作框架》，重点在搭建联合招商合作平台、促进产业布局调整和协同发展、加强商贸服务合作、开展电商和物流合作、深化口岸通关、推进菜篮子工程建设、加强对台交流合作等七大领域联动发展。推动闽宁开发区合作，省内有3家国家级经开区（东侨、融侨、龙岩）与宁夏2家国家级经开区（银川、石嘴山）在闽宁第23次联席会上签订合作协议，漳州金峰开发区与宁夏固原开发区签订合作协议，推动合作双方开展交流考察、深化合作。

七、督促开发区做好环境保护工作

配合做好中央第二轮环保督察工作。积极督促督察发现问题的整改，持续推进开发区落实规划环评和污水集中处理设施建设。目前全省省级以上开发区基本实现污水集中处理及在线监控全覆盖。

（撰稿：福建省商务厅，
原载：《福建开发区年鉴2020》）

福州省级及省级以上开发区概况

福州经济技术开发区

福州经济技术开发区于 1985 年 1 月经国务院批准设立（1992 年与马尾区实行“两区合一”的行政管理体制），是中国首批 14 个国家级经济技术开发区之一。2019 年，开发区完成地区生产总值 587 亿元，增长 7.5%；一般公共预算总收入 34.8 亿元，下降 2.8%；地方一般公共预算收入 22.7 亿元，下降 5.4%；固定资产投资 200 亿元，下降 35%；社会消费品零售总额 232 亿元，增长 11%；进出口总额 230 亿元，下降 23.6%；实际利用外资 10.5 亿元，增长 158.9%；城镇居民人均可支配收入 52776 元，增长 7.6%；农村居民人均可支配收入 26930 元，增长 7%。

基础建设加快推进。地铁 2 号线马尾延伸段通过国家发改委专家评审。东部快速通道、港口路下穿、福马路提升改造等 12 条道路加快推进，铁南西路三期等 4 条道路建成投用，三江口大桥、东南绕城高速（琅岐段）顺利通车。新辟优化公交线路 15 条，新增公交车 23 辆、公共充电桩 75 台、公共停车泊位 958 个，建成琅岐公交枢纽站。实施缆化下地 50 项、夜景灯光工程 13 项，新建改造公厕 9 座、雨污管网 45 公里。天台水库、琅岐海峡水厂、福州主城区与马尾供水干管连接线工程完工，新建供水管网 20 公里。

产业发展快速壮大。建成 27 万平米物联网产业创新发展中心，引入大唐高鸿、方电子信息集团、中国电信等 51 家知名企业，新认定物联网企业 37 家，产值达 600 亿元，比增 20%。物联网开放实验室二期加快建设，实验室制定发布技术标准 14 项，与华为公司共建物联网联合认证实验室，华为全国首个物联网云计算创新中心投入使用。与中央党校合作共建的“智慧后勤”项目建成投用。承办第二届数字中国建设峰会物联网分论坛、福建省第二届工业控制系统信息安全攻防大赛等大型活动，马尾物联网产业的知名度和影响力持续提升。新兴产业快速发展。加大传统产业技术改造力度，重点推进 34 项省市重点技改项目，全年完成投资 17.33 亿元，比增 30.79%。全力推动龙头企业、高成长企业发展，新认定省级以上高新技术企业 86 家、省级制造业单项冠军企业 2 家、省级科技小巨人领军企业 12 家，福水智联、中电合创等 11 家企业获评省级高成长企业，福光股份成为全省首家科创板上市企业。强化高成长性企业用地保障，飞毛腿、星云电子、腾景光电、超宏自动化等扩产项目全面动建。

科技创新再创佳绩。34 个省市重点技改项目完成投资 17.4 亿元，增长 30.8%，新增省级以上高新技术企业 53 家、制造业单项冠军企业 2 家、科技小巨人领军企业 12 家、“专精特新”中小企业 4 家，昇兴集团等 21 家企业入选省级工业龙头企业，福水智联等 11 家企业获评省级高成长企业，福光股份成为全国首批、全省首家科创板上市企业。新认定省级新型研发机构 3 家、工业设计中心 1 家，参与制定国家标准 12 项、行业标准 3 项，万人有效发明专利授权量居全省前列。战略性新兴产业产值占规上工业产值 48%，居全市首位。新大陆科技、网龙网络荣登中国软件和信息技术服务综合竞争力百强榜，网龙网络、乐游网络入选中国互联网企业百强榜。

招商引资成绩斐然。2019 年，新引进招商落地项目 425 个，总投资额 566.86 亿元，综合排名全市第 6。按产业分类：一产项目 5 项，投资额

6.5亿元，二产项目50项，投资额152.8亿元；三产项目370项，投资额407.56亿元。按三维属性分类：央企项目1项，投资额0.6亿元；国企项目18项，投资额58.9亿元；民企项目375项，投资额423.08亿元；外企项目31项，投资额84.28亿元。从项目规模看：投资额5亿—10亿元（含5亿元）的大项目、好项目有12个，总投资额69.56亿元；投资额10亿—15亿元（含10亿元）的大项目、好项目有2个，投资额41.76亿元；投资额15亿—30亿元（含15亿元）的大项目、好项目有1个，投资额21.79亿元。2019全区重点项目实际完成投资207.74亿元。从完成投资量看，商贸服务、工业科技、城建环保居前三位，分别完成89.91亿元、39.30亿元、32.30亿元；从完成年度计划投资比例看，工业科技、交通、城建环保前三位，分别完成121.5%、109.0%、99.7%。马尾基金小镇设立全国首个私募基金综合服务平台，目前已集聚367家私募投资机构，基金管理规模达1444.2亿元，基金小镇被中国母基金联盟评为“2019年中国基金小镇行业年度杰出贡献20强”。

生态环保严格执法。环境安全大检查、“清水蓝天”、危险废物检查、环境执法大练兵等专项执法行动，在全区范围内开展拉网式排查工作，重点对企业污染设施运行情况、危废转移联单执行情况、应急预案编制情况、事故状态下应急处置措施情况、风险评价情况进行现场检查。全年查处环境违法企业29家，罚款63.08万元。青洲、快安、长安3家污水处理厂全年处理污水2034.86万吨，平均日处理5.57万吨。琅岐污水处理厂投入试运行，有效处理工业废水和生活污水；完成福人木业和中日达清洁生产审核工作；实施排污许可制度，全年核发新版排污许可证行业企业共3家；推进排污权工作，全年完成福州和盛食品有限公司初始排污权和马尾区鑫星月洗涤服务中心可交易排污权确认工作。

（摘编：于新光）

福清融侨经济技术开发区

福清融侨经济技术开发区位于福建省福清市，创办于1987年，1992年经国务院批准成为国家级经济技术开发区。全区已开发面积约10平方公里，区内现设有光电科技园、出口加工区、洪宽台湾机电园、大埔工业园等专业园区，形成以电子信息产业为主导，玻璃精加工、铝冶炼、塑胶、食品、机电和装备制造业等多轮驱动的产业集聚园区，现拟再扩区近15平方公里。2019年，开发区173家规上工业企业完成产值1015.74亿元，比增7.2%；全社会固定资产投资104亿元，比增57.2%；其中工业固投95.23亿元，比增56%；规上工业税收15.54亿元，比增34.4%。在全国219个国家级经济技术开发区综合发展水平考评中进入全国百强（位居91位，上升37位）；在全省97个省级以上开发区综合发展水平考评中入选全省十强、福州市第二。

基础设施提升改造。组织实施洪宽工业村部分道路维修及绿化提升改造、南部片区清华路绿化改造等5项基础设施建设，总投资7534万元；推动市市建局、城设集团完善园区所在街道市政雨、污水管网建设，年内新增9个路段管网，总长12.3公里。

项目建设有序推进。2019年，梳理分析当年园区项目建设总盘子，制定“两单一表”，推行项目目标管理，实行全程跟踪服务；推进“抓项目促发展”专项行动和建设项目“问题清零”行动，每半个月召开一次项目协调会商会，梳理存在问题，及时协调推进。2019年列入省“五个一批”项目30个，年度计划投资14.49亿元，完成24.56亿元；在强产业补链条专项行动中，新开工项目任务15个，已完成20个；竣工项目任务11个，已完成15个。京东方柔性面板项目，已完成项目公司注册、备案、公告等工作，临建办公区主体结构已竣工，正在进行室内地板铺设及室外绿化施工。

科技创新改革创新。完成各类改扩建、技改项目31个，总投资约23.86亿元；新增国家级高新技术企业18家（其中复核4家，共43家）、省级高新技术企业16家（共28家）、科技小巨人领军企业5家（共17家）；新增有效发明专利126件（共570件）、实用新型专利396件（共2287件）、外观新型专利38件（共339件）、企业PCT专利

15件（共62件）；新增国家级绿色工厂3家、绿色供应链管理示范企业1家，新增省级绿色工厂4家、绿色供应链管理示范企业1家、绿色设计产品7个等。冠城瑞闽入选福建省智能制造示范企业，福耀玻璃入选“2019中国民营企业500强”，捷联电子等3家企业获评“2019中国民营企业制造业500强”。

招商引资突出产业。推进“2019招商年”活动和“强产业补链条”专项行动，围绕电子信息、精密汽车部件、光学三大发展产业，进一步分析梳理“三大产业”上下游产业链，明确发展重点，开展精准招商。全年园区新增招商项目备案148个，属于三大产业的69项，其他为三大产业配套服务项目。在这些项目中，列入福清市“2019招商年”项目35个（任务17个），总投资96.01亿元。其中，电子信息产业项目备案12个，总投资51.08亿元；精密汽车部件项目备案8个，总投资14.9亿元；光学产业项目备案2个，总投资5.7亿元。这些项目的引进落地，进一步垒大产业集群，填补产业链短板，提升园区产业竞争力。

（摘编：蔡志轩）

福州高新技术产业开发区

福州高新技术产业开发区是1991年获批的全国首个国家级高新区。2016年6月，经国务院批复同意，启动国家自助创新示范区建设。2019年，开发区173家规上工业企业完成产值1015.74亿元，比增7.2%；全社会固定资产投资104亿元，比增57.2%；其中工业固投95.23亿元，比增56%；规上工业税收15.54亿元，比增34.4%。在全国219个国家级经济技术开发区综合发展水平考评中进入全国百强（位居91位，上升37位）；在全省97个省级以上开发区综合发展水平考评中入选全省十强、福州市第二。

基础设施提升改造。道路建设方面，高新区已建成市政道路44条约58.4公里。供水设施方面，已经与福州青源供水有限公司达成园区供水协议，供水管网已引入园区，可满足园区建设、生产生活用水的需求。供电设施方面，海西园和两园共规划7座变电站，目前建平变、蔗洲变、南屿变、桐南变4座110kV变电站已建成并投入使用。污水处理设施方面，辖区已建成大学城污水处理厂，目前处理规模为5万吨/日，2020年将启动大学城污水处理厂三期扩容工程建设，扩容规模为2.5万吨/日。通讯、网络已覆盖园区。

产业发展以点带面。围绕“4+1+1”产业布局战略规划（分别指半导体、电子信息、新能源和新材料、生物医药四大产业，以及总部经济集聚区，和创新创业孵化产业基地），以龙头企业引进，骨干企业培育为助力，通过不断加大对高新技术、高成长性、高附加值企业的招商力度，高起点打造优势产业集群。把握产业发展趋势，助推数字经济发展。立足于“4+1+1”产业布局战略规划，加大对符合产业发展规划的数字经济企业的招商力度。通过不断完善服务，优化企业的营商环境，落实各项优惠政策，以及数字经济公共服务平台的建设，吸引、承接软件、半导体、电子信息等数字经济企业落户。强化项目落地保障，促进高新技术产业集群发展。抢抓国家地球空间信息产业基地（一期）、清华光科技园、星网锐捷三期、吉特瑞等项目建设进度，确保完成项目的建设任务，建成海西最高端的高新科技园。协同创新优势逐步凸显。坚持“联合创新+孵化创新”为主的发展模式，通过与清华大学、海西研究院等国内外院所开展深度合作，联合成立创新创业中心，搭建孵化平台，培育高新企业，推进科技成果转化和产业化，提升产业竞争力。

招商引资成果喜人。2019年，高新区招商落地项目共468项、总投资1014.39亿元，在全市考评排名中位列第5名。其中产业链项目11项，总投资115.54亿元，技改项目56项，投资额112.93亿元。已完成招商项目373项，总投资额约844.19亿元，其中2019年上半年，高新区共落地招商项目173个，总投资额约365.04亿元；第三季度完成招商项目114个，总投资约252.61亿元，第四季度完成招商项目86个，总投资约226.54亿元，在库线索项目117项，预计总投约160亿元。高新区以“项目+资本”为突破，成立“福州高新区产业引导基金”，发挥财政资金杠杆放大效应，引导不同社会资本参与产业投资。（1）福州高新区引导股权投资合伙企业（有限合伙）。该基金投资方式为引入社会资本共同设立子基金，或联合直接投向高新区战略新兴产业和政府鼓励发展的领域。基金从2019年4月正式运作，截至目前已吸引落地5个项目；参与投资项目5个；后备项目10余项；拟投子基金3只。目前已投项目中，基金引导出资7700万元，引导投资效果显著。（2）福建中科成果投资合伙企业（有限合伙）。该基金正在筹划落地中，基金重点布局光电、激光技术、新能源、新材料、生物医药等投资方向。核心项目源以中科院海西研究院为重点，投资于高新区项目的资金不低于基金可投金额的60%。融资服务概况。为支持高新技术企业创新发展，搭建“政府+银行+企业”合作模式，推出“高新贷”服务，为有技术、有市场的科技型企业提供信贷支持。“高新贷”以政府提供的3000万元风险补偿金为基础，建立“政府风险补偿金”机制，银行配合将总量按风险补偿金实际到位情况放大10—15倍展开。

科技创新孵化创新。2019年共举办2场高新技术企业认定培训，新增高新技术企业52家，通过复审高企18家，新增13家蹬羚企业，4家企业入选福建省科技小巨人领军企业，64家企业入选科技型中小企业名单。创业孵化体系不断健全，推进福建省大学生创新创业（福州）基地、创业黑马福州独角兽基地、国科双创等双创项目落地高新区，配合对13家市级众创空间进行年度考核。举办2019年全国双创活动周福建分会场暨创响中国·福州站启动仪式、科技部2019年“中日青年科技人员交流计划”（福州站）等活动。三是科技政策加快兑现，积极协助企业争取资金扶持，及时兑现各级科技扶持资金共计总计6004.52万元。全区共有国家千人计划23人，国家万人计划6人，省百人计划32人，省外专百人计划2人，省引进高层次ABC类人才11人，市引进高层次人才8人。

（摘编：严志东）

福州元洪投资区
（福州新区福清功能区）

福州元洪投资区是1992年经国务院原则同意设立的国家级综合性投资区。2017年10月，根据福州新区总体规划，元洪投资区、龙田经济技术开发区园区管理机构整合为福州新区福清功能区管委会，保留元洪投资区国家级工业园区牌子。目前园区规划60平方公里，地跨福清城头镇全域、海口镇大部、龙山街道及南岭镇部分区域，已开发15平方公里，周边覆盖人口总数约12万人。2019年工业总产值创历史新高，累计完成259.93亿元，比增11%，其中规上工业产值254.83亿元，比增10.8%；固投累计完成67.9亿元，比增18.7%，其中工业固投55.08亿元，比增20.6%。

基础设施趋于完善。重点推进园区路网和创业服务中心、创业生态公园、华侨公园建设、A1区填海等，不断提升园区综合承载能力，已完成投资约9亿元。目前创业生态公园、元城次四路、洪城次一路、洪嘉大道延伸段、元城次三路和滨海大道物流园段（丰大冷库段）等一批项目已经建成投用。环境综合整治方面。重点推进大坝溪、首溪溪和东皋溪等水环境综合整治工程，实施海城路重要路段及其两侧强化绿化美化整治工程。目前“中国结”夜景灯光工程、山海路两侧人行道绿化带整治工作和洪嘉大道人行道改造工作已完成。

项目建设成果喜人。“强产业补链条”开竣工任务共38宗（开工22宗，竣工16宗），全年完成亚琦元洪商贸城二期、煜烁食品、宇邦纺织二期等项目开工22宗，完成胜田食品、丰大冷库一期等项目竣工16宗。

招商引资重点突出。围绕“建设食品产业生态链和大宗食材供应链”目标，推进产业链招商、平台招商。2019年完成招商项目29宗，总投资额82.54亿元，超额完成“福清市2019年招商年”要求，其中二产业项目4宗，总投资额11.79亿元；三产业项目20宗，总投资额63.15亿元；技改项目5宗，总投资额7.6亿元。

管理服务先行先试。根据福建省人民政府《关于促进开发区高质量发展的指导意见》“各开发区成立运营公司，实行市场化运作”的精神（闽政文〔2018〕15号），不断提高园区专业化、市场化运作。一是成立由市国投作为出资方、注册资本金10亿元的福州元洪商贸集团（融委财办

〔2019〕2 号），作为食品产业运营平台，并列入《福清市县域集成改革试点总体方案》（融委改办〔2019〕4 号）。二是实现园区开发建设平台——港城公司于 1 月份独立运营。

（摘编：林开龙）

福州保税区

福州保税区是 1992 年经国务院批准设立的第一批海关特殊监管区，规划面积 1.8 平方公里，首期实际开发 0.6 平方公里（另 1.2 平方公里于 2007 年底置换到江阴港区申报建设保税港区国际物流区）。2015 年 4 月 21 日，中国（福建）自由贸易试验区福州片区挂牌成立，福州保税区成为福州片区马江区块的组成部分。2019 年，福州保税区区内共有企业 5987 户，注册资本 788.99 亿元，其中外资 105 户、注册资本 106.02 亿元，规模以上企业 162 户。全年税收总收入 5.05 亿元。福州保税区综合服务大厅通过采用“一口受理”模式，依托福建市场监管一体化平台自动进行数据推送，开通线上线下同步办理渠道，推行“企业名称自主申报”“企业登记身份管理实名验证”等创新举措，企业开办时限由福州自贸片区挂牌前的 15 个工作日压缩到 1 个工作日，在材料齐全情况下最快 3 个小时内办结。2019 年，保税区内新设企业 2085 户、注册资本 120.82 亿元，分别比增 81%、20.3%。

（摘编：刘海元）

福州综合保税区

福州出口加工区是 2005 年 6 月经国务院批准成立的海关特殊监管区。2020 年 1 月 14 日，国务院文件国函〔2020〕7 号文已批复同意福州出口加工区整合升级为福州综合保税区，总体规划面积 0.659 平方公里。涵盖了国家级福州新区、自由贸易试验区、海上丝绸之路核心区、海关特殊监管区及生态文明先行示范区，是“五区叠加”的重点开放区域。2019 年，招商落地项目 28 项，完成年计划 140%，注册资本 59.78 亿元；“强产业补链条”已开工项目 5 项，总投资 6.67 亿元；省“五个一批”已完成开工项目 4 项，总投资 8.53 亿元；已完成竣工项目 4 项，总投资 3.55 亿元。全年实现进出口总额 9.9 亿元；实际利用外资 1.43 亿元；固定资产投资 5.58 亿元。

跨境电商飞速发展。跨境电商交易额交易量增量明显。全年跨境电商累计进口票数 552.82 万票，同比增长 92.6%，占全市 92.3%，占全省 35.1%；进口销售额 6.06 亿元，同比增长 50%，占全市 78.8%，占全省 38.3%。其中，“6·18”大促期间，累计跨境电商进口量 34 万单，同比增长 85%；进口销售额 4229 万元，同比增长 62%。“双 11”期间累计跨境电商进口量 58.7 万单，同比增长 64%；进口销售额 9825 万元，同比增长 156%。目前，出口加工区跨境电商日交易达 1.5 万单（其中融达通 1 万单，百世物流 3000 单，考拉无尾熊 2000 单），日交易额 180 万元。推进跨境电商业务实现高质量发展。一是实现融达通供应链平台对接金关二期。二是实现考拉海购 5 月如期开仓运营，共调入福州仓商品 2500 多个品种、180 余万件，累计发货 80 万余单。三是协调坡道式保税仓网易考拉和融达通调仓，及时安置誉金公司到邦信仓库。四是着力优化软服务。紧盯“6·18”、“双 11”等电商促销活动关键时间节点，成立现场应急小组主动对接、靠前服务。

项目建设转型提升。建成普洛斯—科乐通现代物流中心项目，持续跟踪服务、积极协调，帮助中交产投实现央企重组并控股停产两年的汉吉斯冷链枢纽中心暨跨境电商中心项目，于 2019 年 8 月 16 日正式复工。积极推进伟成物流二期仓库企业安置工作，为综保区盘整提升做好前期准备工作。根据省市区的工作要求，积极推进转型升级综合保税区申报工作。促成省商务厅将《关于补充福州出口加工区内土地权属情况的函》上报给自然资源部。并按部委审核要求补充完善相关资料，自然资源部于 7 月底将规划土地审核函告海关总署。海关总署及时启动相关部委会签程序并报国务院审批。2020 年 1 月 14 日，《国务院关于福州出口加工区整合优化为福州综合保税区的批复》（国函〔2020〕7 号）同意福州出口加工区核减规划面积并整合优化为福州综合保税区。及时完成福建省开发区综合发展水平考核评价。2019

年，福州出口加工区作为海关特殊监管区首次纳入福建省开发区综合发展水平考核体系参与考核评比。按照省商务厅关于《福建省开发区综合发展水平考核评价办法（暂行）》的工作要求，精心组织科室人员与区直各有关职能部门建立工作联系机制，加强与上级部门沟通对接，及时落实形成综合评价材料上报商务主管部门，在海关特殊监管区中考核结果全省排名第5位，全市排名第3位。

体制机制创新改革。多次与海关、企业座谈、协商，研讨体制机制创新举措，上报1条创新举措：福州海盛龙船舶物资有限公司实行由企业自行使用非海关监管车辆将进境保税货物从港口运输至海关特殊监管区内保税仓库的创新举措，该模式使通关作业环节减少，通关时间缩短，企业运营成本降低，推动海关特殊监管区与口岸之间的有效联动，促进“区”与“港”的共同发展。

安全生产严格执行。认真学习贯彻《福建省消防安全责任制实施办法》，全面落实安全生产责任制坚持季度安全工作例会，研究部署安全生产工作，将安全生产目标管理责任落实情况纳入年度考核，严格实行“一票否决”。建立“党政同责、一岗双责”的安全生产责任体系。同时，根据部署，组织开展系列专项重点整治活动，强化落实企业主体责任，确保综保区安全生产形势的安定稳定。

（摘编：林开龙）

福州福兴经济开发区

福州福兴经济开发区为省级开发区。2019年，开发区生产总值784.73亿元，完成规模以上工业产值392.4亿元，增长14.3%；工业固投24.3亿元；实际利用外资1.8亿元。茶花家居荣登中国最具价值品牌榜单，高意集团成功收购美国菲尼萨公司，5G生产线建成投产。喜相逢集团、中信网安、泉牌阀门、量子中金等优质高科技企业入驻福州软件园晋安分园。

项目建设扎实推进。“抓项目促发展”，开（竣）工项目78项、总投资434亿元。全球首个格兰富环境治理体验中心成功入驻中莉创新产业园。欧居智能创新中心、永正检测创新中心等一批创新型产业项目开工建设，麦克赛尔数字映象新生产基地项目基本建成。盛辉智慧物流园、盛丰云通供应链协调平台加快建设。成功出让2幅工矿仓储（创新型产业M1）用地，产业载体扩容升级。

科技创新再创新高。新增一家泉牌阀门科技市级专家工作站。兆丰华生物、钜全汽配选为2019年国家级学会创新驱动服务站。新增大禹科技等4家为福建省科技小巨人领军企业培育名单。长榕弹簧等10家企业通过国家高新技术企业认定，其中新增高新技术企业6家。

招商引资颇有成效。2019年，鼓山镇及福兴经济开发区招商注册、备案项目共170项，总投资达540.06亿元。其中，3亿元以上项目共39项，招商引资成果位居晋安区前列。相继引进永正检验检测大数据研发中心、金强房屋公园、福建建筑智能创新中心、顺大—腾讯福州数字产业园、天一同益智能电网创新中心等优质项目。

（摘编：朱明清）

福州金山工业园区

福州金山工业园区为省级开发区，园区现有占地面积约13500亩（9.01平方公里），包括五个片区即金山片、桔园洲片、浦上片、福湾片和义序片。2019年，园区实现规模工业产值491.33亿，比增12.8%；限上社零49.59亿元，比增16.3%；固定资产投资9.08亿元，比增184.8%；工业固定资产投资8.75亿元，比增204.1%；规上营利性服务业22.8亿，比增7%；建筑业总产值4.28亿元，比增29.1%；财政总收入4.79亿元，其中地方财政收入2.73亿元。全年新增提升工业企业39家，新增提升商贸企业18家，新增提升服务业企业12家，新增提升建筑业企业2家。现有企业3442家（其中规模以上工业企业145家、限额以上商贸企业65家、规模以上服务业企业73家），园区拥有各类省级以上创新创业平台机构数37个，拥有国家高新技术企业158家，有效发明授权量1131个。

基础设施不断完善。园区供电配置设计双回

路，220kV 变电站各一座；福州西区水厂和金山水厂为工业区提供两套供水系统，日供水能力 15 万吨；工业区污水管网已接入市政污水管道，日排污能力 6 万吨，并已开通金山污水处理厂及连坂污水处理厂；在园区各片区内均设有垃圾转运站或垃圾处理设施；电话装机容量 1 万门；设计配套管道液化气。

项目建设有序推进。一是打好感情牌，深挖技改项目，推荐兴凯彩印、奥特帕斯、汉佰康等企业进行技改项目备案，指导金源泉、誉信达、宏利兴等企业做好项目备案，有力推动强产业补链条。二是积极落实主官协调解决问题机制，全年主官协调解决问题累计 162 个。三是抓项目促发展，认真开展“强产业补链条”项目工作。“集中开工”全年累计上报开工数 10 个；“强产业补链条”全年累计实现开工数 18 个；“五个一批”全年累计实现开工数 13 个。

招商引资成果喜人。全年完成常规招商项目 31 个，投资额 69.17 亿元；技改招商项目 31 个，投资额 120.03 亿元。一是建立园区内可供招商厂房信息的定期摸底机制，通过与企业的紧密联系，实时掌握空置厂房情况，并定期进行数据的更新和发布，做到底数清、情况明，为招商工作打下良好基础。园区内可供招商厂房共 22 处，面积约 10.36 万平方米。二是积极为业主和优质工业企业牵线搭桥，推动招商项目落地生效，已帮助金源泉和锦顺电子空置厂房、腾博电子和日宏电子空置厂房、易美特和永达鞋业空置厂房实现对接。

（摘编：朱明清）

福州高新技术产业园区（福州软件园）

2019 年，园区汇聚 770 家企业，上市挂牌企业 36 家、上市公司分支机构 15 家，产值超亿元企业 58 家，国家重点软件企业 10 家，全国软件综合竞争力 200 强企业 8 家，高新技术企业 163 家，形成了软件产品及行业应用、集成电路及智能制造、互联网及大数据、文化创意与科技融合等四大特色产业集群。园区各项指标稳步增长，完成营业总收入 1012 亿元，同比增长 25%；税收上缴 21 亿元，同比增长 10%；营利性服务业收入 62 亿元，规模工业总产值 47 亿元，财政总收入 2.4 亿元，上缴鼓楼地方财政 1.3 亿元，实际利用外资 1.1 亿元，进出口总额 12.13 亿元。

基础设施提升改造。一是软件园 A 区双创新城投入使用，共投资 9.76 亿元，新增建筑面积 17.38 万平方米。二是两大基地启动建设，E 区 25 地块光电芯片产业基地项目已开始动工；D 区软件信息产业基地项目正在进行动工前期准备工作，计划年内动工。三是筹划园区整体提升改造规划，目前待福州市自然资源和规划局正式批复公示结果；完成 B 区、C 区、G 区支路白改黑。四是完成“腾笼引凤”三年计划，清退不符合园区产业发展、低附加值的企业 20 家，合计面积 2.95 万平方米。

推动实施创新配套。2019 年，园区遵循“可持续发展、生态型、山水园林式科技园区”的理念进行规划、建设，注入现代科技元素，双创新城投入使用后新增建筑面积 17.38 万平方米，将园区容积率由 0.55 提升至 1.1，园区营商环境、生产生活配套设施日益完善，福山郊野公园 7.8 公里步道和 62 公顷生态公园贯穿其中，是全国生态环境最佳科技园区之一。一是打造孵化加速平台。推动实施《福州软件园苗圃行动计划》，1 万平方米拎包入住人工智能和资本加速器投入营运，依托创投、基金、知识产权等专业服务机构，全方位助力企业加速孵化。引进上市企业顶点软件内孵化团队、旺星人智能科技、信诺通信息、福建天目区块链及领鹿谷网络科技等优质项目，2019 年孵化中心新落地项目共 89 个。二是成立福州市数字产业加速基金，为园区企业提供特色的普惠金融服务。三是完善生活配套。为入驻企业职工提供医疗健康管家服务，园区 83 家企业 301 位高管办理了保健服务卡；确保钱塘小学教学点正常运行，配合教育部门做好幼儿园开办先期准备工作，解决园区高管子女入学等实际问题；配备瑞幸咖啡等休闲场所，通过福州软件园 App，园区员工的吃喝住行等需求进一步得到满足。四是连通休闲空间。连通大腹山步道和福山郊野公园休闲开放空间，G 区党员户外活动中心山地公园投入使用，结合园区主干道景观绿化，进一步优化生态休闲空间。五是保护生态环境。配合市、区环境部门做好域内环境保护工作，保持园区山清水秀的生态环境，水系水质达到V类标准。

营商环境不断优化。一是落实企业直通车制度。落实企业直通车制度，开展“百十千”行动，走访企业251家次，负比增企业34家，帮助企业解决52个“一企一议”诉求，兑现省、市、区相关产业扶持政策，已兑现惠企政策扶持资金1037.85万元，惠及企业20余家，兑现力度位列市、区前茅。二是加大窗口建设力度。努力提升软件园政务中心服务水平，有针对性地解决园区企业办事难、环节多等问题，进一步优化税收考评、企业入驻、楼宇租赁等现有审批制度，压缩企业“跑手续”所需的时间。三是推动“智慧园区”建设。进一步完善综合业务管理平台、安防监控系统、园区数据库系统、园区应用支撑平台、安全系统等五个方面建设；建立智能停车管理系统，新增1013个停车位，逐步实现园区智慧化、智能化，协调电力、通讯等专业运营机构，合理降低相关费用，为企业减负。四是推进企业产权办理工作。为51家购楼企业办理产权证，为企业盘活资产、融资贷款创造良好条件。

招商引资成效显著。利用数字中国建设峰会举办的有利契机，接洽了一批知名数字经济企业，特别是瞄准国内外数字龙头企业，推动数字经济领域的领军企业落户园区。积极拓宽招商渠道，构建大招商格局，利用华为云创中心、基金大厦、知识产权交易、软交所福建工作中心等平台开展资本、平台招商，取得良好效果。2019年招商落地项目60.5项，总投资81.24亿元；启动“数字福州”项目5个，总投资5.56亿元；“抓项目、促发展”项目17项，总投资额23.75亿元。引进微医集团、毅达资本、武汉迈异等知名企业，阿里钉钉、新西兰绘梦集团、省农资集团、中景合天等重点项目落地园区。

平台建设持续深化。2019年，园区积极推进专业化服务建设，成功打造“五凤论见”精品论坛，华为软件云、基金大厦、“知创福建”、智慧园区、海峡人力资源产业园、软件交易福建工作中心等公共服务平台顺利运营。实施“众创空间—孵化器—加速器—园区”全链条、差异化的创新创业“苗圃计划”，不断致力创新服务生态圈，以技术、资本、IP、人才、市场全方位服务企业。一是持续深化“华为软件开发云”平台建设，为鼓楼区1172家、园区629家企业提供软件开发云相关服务，为340家企业发放补贴6417万元，与80余家优质企业建立生态合作伙伴关系；关联产值超过23亿。二是“基金大厦”公共服务平台引进基金管理公司12家，注册基金规模14亿元，实现投融资对接2.85亿元，资管规模14亿元，开发基金联盟单位13家；基金大厦共聚集了66家基金类、股权投资类、资产管理类投资机构和基金公司，资管规模达485亿元，对外投资108亿元，其中投资鼓楼区企业82.4亿元。三是引进“知创福建”专业运营机构入驻办公，3家政府职能部门和33家国内外知识产权高端服务机构驻点服务。举办专题讲座、贯标会、宣传周、专业培训班等活动10场，服务企业430余家次。四是举办17期“五凤论见”活动，累计举办79期，参与活动企业超过3000家次，主题涵盖数字产业热点、人才发展、政策项目解读等领域，形成品牌效应，成为招商引资、企业服务、新阶参政的新渠道。五是成立软件交易福建工作中心，搭建标准化软件产品造价和评估体系，为80家企业提供政府信息化建设服务、进场招投标业务以及普惠金融服务。六是推动福建中小微企业普惠金融服务平台落地，联合建设、招商银行提供60亿元的授信额度，为16家企业发放贷款，累计贷款额度6500万元。

人才培育力度加大。一是建设软件人才拓展基地，成立数字人才工作站，为落地软件园数字人才工作站的创新大赛优胜团队提供30亿元银行授信、10亿元专业资本对接、10万平方米拎包入驻精装修孵化空间、1000万元云服务支持的“数字精英人才大礼包”。二是链接数字中国研究院的科研资源和海峡人力资源产业园的服务能力，举办海峡信息赛和鲲鹏训练营，推动发展“数字精英孵化计划”，吸纳各类数字经济方面的竞赛优秀人才与项目落地。三是积极支持和响应数字中国创新大赛，从资金、空间、技术、房补、子女就学等五个维度为优胜赛队提供扶持政策，促进优秀创新成果在园区转化落地，福州大学获奖赛队落地园区。四是走进长春、成都、兰州、西安、武汉、长沙、南昌等省外985、211高校开展招才引智交流活动；在省内举办十余场人才招聘会，在园区举办校企交流会，推进人才培育和人才支撑工作。2019年，园区集聚各类技术人才30000多名，其中国际欧亚科学院院士1人、国家“千人计划”专家4人、国家“万人计划”专家5人、国务院特殊津贴专家2人，博士近百人、硕士千余人。

（摘编：王增丰）

闽侯青口汽车工业园区

闽侯青口汽车工业园区是经国家发改委核定的省级汽车工业园区，位于福州市的东南部，是省市重点打造的汽车生产基地，辐射涵盖闽侯县青口、祥谦、尚干三个乡镇，规划面积56平方公里，规划工业用地16平方公里，已开发工业用地12平方公里，主要发展汽车、机械、电子等工业，汽车产业占主导地位。目前，已有海峡两岸最大合资汽车项目东南（福建）汽车工业有限公司，以及国际品牌汽车福建奔驰汽车有限公司二家整车厂落户青口投资区。已建成投产企业280多家，其中汽车整车厂及六和机械、爱德克斯零部件、麦格纳汽车座椅等配套厂180多家，汽车销售企业奔驰、宝马、保时捷、奥迪4S店等30多家。目前为止，到青口投资区投资兴业的有德国戴姆勒汽车公司、日本三菱汽车公司、加拿大麦格纳公司、日本三井物产株式会社、日本爱德克斯株式会社、台湾中华汽车公司、台湾六基集团公司、台湾中华台亚公司等二十多个国家、地区的知名企业。目前，投资区已成为福建省重要的汽车生产基地，在省市县经济发展全局中都占有重要的位置。2019年，园区完成规上工业产值444.08亿元（其中汽车行业产值262.22亿元，占比59%；汽车配套厂规上产值123.09亿元），税收收入31.31亿元，社会消费品限额以上零售总额75.2亿元，固定资产投资完成66.3亿元。

基础建设加快推进。2019年，安排基础设施建设项目34个，计划投资约3.56亿元，其中在建项目16项，已完工10项，拟建项目8项，累计完成投资约3.04亿元。东台大道至陶精路污水干管工程（一期），完成污水管网5.9公里，沉井19座，累计完成97%工程量；203省道至林森大道污水干管工程验收并投入使用；203省道至扈屿路污水干管工程于10月完工；白水路改造工程水泥搅拌桩（软基处理）、箱涵、雨水、给水、污水、顶管工程、4座沉井、路基平整全部完成。路面水稳完成10800平方米、混凝土路面完成10700平方米，箱涵搭板1450米、箱涵调平层浇筑1450米、沥青路面铺设4500平方米，累计完成约88%工程量；洋山路道路改造工程累计完成54%工程量，计划2020年7月完工。灵岩路道路工程实施洋山路口至高速桥底约550米未涉及规划调整的路段，完成雨水管600米，污水管550米，给水管550米，道路平整390米，累计完成41%工程量；青潭溪上游段河道整治工程完成挡墙混凝土浇筑2780米，河道清淤1300米，累计完成约85%工程量；东台河下游段河道整治工程完成挡墙4700米，栏杆4500米，堤后路面4500米，河道清淤2300米，累计完成93%工程量；琯前河河道整治工程于11月完工。

产业发展成果丰硕。全年完成18项开工任务，总投资27.14亿元：福州六和机械有限公司汽车部件产能扩增技改项目（总投资1.01亿元）、福州泰全工业有限公司补增助力转向无刷马达4条生产线建设项目（总投资1.1亿元）、福州小糸大亿车灯有限公司新能源汽车用LED车灯生产线技术改造项目（总投资2亿元）等；完成9项竣工任务，总投资12.51亿元：东南（福建）汽车工业有限公司新能源汽车研发能力提升建设工程（总投资1.52亿元）、福州联泓交通器材有限公司汽车零部件生产项目（总投资1.26亿元）、福州宏玮工业有限公司技改项目（总投资1.05亿元）等。全年完成工业项目规划选址及总平规划批复12项、《建设用地规划许可证》8项、《建设工程规划许可证》12项（福奔汽车，龙生机械5#厂房，海通轩辕7#、10#、11#等），完成规划核验14项（中凯信，新力3#、4#、9#厂房，泰全车间四，联泓厂房四等）。园区在建企业项目共22项，总建筑面积552296.40平方米，其中：建成投产及主体建成的企业项目及配套设施项目13项（东南新能源研发能力提升工程、鸿溢服饰、联泓厂房四等6项建成投产，7项主体建成），总建筑面积328342.28平方米；主体在建的企业项目9项（海通轩辕、福奔汽车、鑫欣汽配等)，总建筑面积223954.12平方米。

招商引资卓有成效。投资区主动发掘招商项目、三产项目线索180多个，新增落地项目有祥鑫股份汽配产业园项目、兰圃工业园项目等98个项目，涉及轻量化铝材、汽车橡胶、汽车玻璃、汽车制动器、新能源汽车、汽车销售、二手车销售等，总投资约196亿元。其中，祥鑫股份汽配产业园项目总投资为30亿元，兰圃工业园项目总投资为28亿元，福州三盛实业有限公司EVA/XPE/IXPE泡沫产品扩建项目总投资为5.11亿元，六和精密金属构件生产项目总投资为5亿元。签订合同外资项目2项：福州六和汽车零部件有限公司扩建项目总投资5900万美元，福州井原六和精密机械有限公司扩建项目总投资2500万美元。

营商环境高度重视。坚持为企业提供优质便捷的服务，创造一个有利于企业发展的良好环境。2019年共召开46次服务企业有关会议，协调解决98个问题，多措并举提升服务企业水平。联合县科技部门、乡镇制定企业研发投入(R&D)文件汇编宣传册，对经费补助政策进行宣传并指导企业做到应统尽统；印制青口投资区投资指南3000本，优化青口投资区工业项目报审服务流程，以“简洁、周到、诚信、高效”为服务宗旨，协调各环节的问题，提升服务质量，增进投资区与企业之间的联系。

(摘编：陈建闽)

罗源湾经济开发区

罗源湾经济开发区位于罗源湾北岸，以松山、白水两个垦区为腹地涵盖周边区域，规划开发建设面积31.46平方公里。松山垦区：北片工业区6000亩，主要以发展轻工业、新型建材为主，现落地有海峡西岸软包装、福亮钢化玻璃、福万玩具、南铝工程股份有限公司等项目；南片工业区及滞洪区1.8万亩，主要发展商住、金融、仓储、物流、高端制造业及部分城市公共事业，现落地有滨海新城、蓝海专用汽车、蓝海房车等项目。白水垦区1.2万亩，其中工业用地约8400亩，其余3600亩作为防洪、铁路、公路等基础设施用地，重点建设临港重工业，包括冶金建材、金属加工、机械制造等，现落地有宝钢德盛、闽光钢铁、亿鑫钢铁等项目。2019年，开发区完成规上工业产值444.8亿元，比增9.6%；完成固定资产投资26亿元，同比增长87.3%；完成地方级财政收入4.8亿元；完成其他营利性服务业1.1亿元，同比增长5.1%；完成社会消费零售总额2.9亿元，同比增长8.6%；完成出口总额1.9亿元。目前，开发区累计引进项目159个，合同投资总额632多亿元，已投产项目127个，其中规上工业企业31个，在建项目7个。

基础设施逐步完善。开发区完成金港工业园区规划编制，谋划产业布局，提高项目准入门槛，争取高回报、高效率、高产出项目入园。提高要素保障能力，建设完善园区基础设施配套，加强路网、水、电、气、通信等基础设施建设，已完成松山片区(大、小获片)防洪排涝工程、松山片区鹤屿水闸、泵站及滞洪区工程、金港工业区防洪排涝(横向排洪沟及JC截洪沟)工程，不断优化园区基础设施配套。南片工业区已建成进厂污水主干管、岐鹤路污水干管、江滨南路污水干管、滨海城污水干管。北片工业区完成污水管网及提升泵站的可研，并纳入罗源县南溪流域水环境综合整治PPP项目建设实施。

营商环境整合优化。依据罗源湾所拥有的港口、土地、区位优势及其他沿海发达地区发展临港工业的经验，罗源湾发展临港工业，港口地理位置适中，海洋资源丰富，产业特色突出，区域交通便捷，对外开放优势明显，具有良好的发展前景。一是抓体制机制创新，促扩大投资。推行“政企直通车”制度，构建亲清新型政商关系；定期召开民营企业家座谈会，听取民营企业家的意见和建议，全面推进企业投资项目高效审批，缩短项目落地时限；坚持问题导向，针对企业生产经营中遇到的具体问题，及时协调解决，提高办事效率，限时办结。二是抓转型升级，促优化产业结构。鼓励企业转型升级，扩大投资整合重组，形成产业集聚，自我壮大，以龙头企业为中心，推动支持完善工业上下游企业配套，形成规模效应和核心竞争力。加快企业结构调整步伐，去除低端产能，大力发展高端产品，提升产品附加值，提高综合竞争力。三是抓扩大开放开发，促千亿冶金产业基地。动员全区上下扎实开展营商环境大提升行动，切实筑牢“亲商、安商、富商、惠商”理念，打造精简高效的政务环境；坚持法治化方向，打造公平公正的法治环境；坚持市场化方向，打造活跃规范的市场环境；坚持便利化方向，打造快捷细致的服务环境，全力解决影响企业和群众办事的难点痛点堵点问题，打造法治化、市场化、便利化的一流营商环境。

招商引资凸显重点。把发展不锈钢下游精深加工项目作为开发区招商工作的一个重点，紧盯在谈意向企业，力促供应链企业加快聚集。鼓励和吸引更多大项目、好项目来开发区投资兴业，强化招商产业导向。2019 年招商任务数 20 个，累计完成 20 个，合计引资约 32 亿元。其中：10 亿元以上的项目 1 个，3—10 亿元的项目 1 个。

生态环保严格执行。一是坚持绿色发展理念，严格执行重点产业发展布局，完成了《金港工业区环境影响报告书》，并通过了福州市罗源生态环境局审查，明确了金港工业区的环境容量，严把新上项目环保准入门槛，环境友好型产业布局初步形成。二是针对华东督查组督查发现的钢渣填埋问题，开发区以及金港有关钢铁企业立即开展钢渣问题风险调查评估，并根据评估意见和建议开展整治工作，目前已取得很大成效。三是针对第二轮中央环保督察重点关注领域问题，加强自查自纠力度，彻底清查未批先建、违规建设、偷排放、厂区脏乱差等突出环境问题，对排查出的问题及时整改到位。四是加强园区重点区域环保巡查工作，狠抓水、气、尘等环保突出问题的督查，共向区内有关企业发放 37 份整改通知书，并按时跟踪督查落实，全面提升环保工作水平，努力形成环保工作上下齐抓共管的良好局面。

（摘编：肖启辉）

福清江阴经济开发区（福州江阴港城经济区）

福清江阴经济开发区为省级开发区。2019 年，全年完成规模以上工业产值 294.11 亿，比增 11.2%；完成固投 103.91 亿元，比增 44.2%；完成工业固投 94.53 亿元，比增 60.9%。江阴港区集装箱吞吐量首次突破 200 万标箱，达到 204.97 万，比增 12.2%；港口货物吞吐量 2865.88 吨，比增 9.1%；跨境电商共运营 94.22 万票，比增 416.8%；到港整车 5164 辆，比增 25%。截至 2019 年 12 月底，落地工业企业 93 家，已投产 71 家（规上企业 41 家）。

投资环境配套完善。园区配套建设 2019 年，福州江阴港城经济区加快提升园区公共服务配套，启动了钱塘洋起步区、新厝和江阴生活配套区等路网建设前期工作及生活配套用地报批、收储工作，同步推进福清一中和城关小学等福清名校落地新厝生活配套区，启动 3 万平方米公租房建设。完善提升园区基础设施配套，实施了路灯照明、消防栓建设、河道疏浚、道路、污水管网等一批基础配套项目建设，推动完善东部产业区电力配套。实施园区颜值提升工程，引入社会化力量实施道路保洁 200 万平方米，绿化管养 84 万平方米；种植防风林 21 万平方米，绿化提升和补植 60 万平方米，持续提升园区颜值。港口码头建设《江阴港区壁头作业区规划方案补充》于 2019 年 5 月，通过国家交通运输部审查，《江阴港区壁头作业区规划方案环境风险专项研究报告》修改完善中。6—9 号码头建设持续推进，13 号 ABC、18 号 19 号码头开展前期工作。2019 年，江阴港新增内外贸航线 9 条，内外贸航线达 54 条，8 条为“海丝”航线。

项目建设有序推进。2019 年，福州江阴港城经济区围绕加快推动千亿级化工新材料产业集群和百亿级清洁能源装备制造基地建设，深入开展“强产业补链条”项目年行动。全年共有正太新材一期、中水电四局等 20 个总投资 264.53 亿元的开工项目（完成全年任务 117.65%）；完成友谊一期、新福兴汽车玻璃一期、富仕一期等 12 个总投资约 64.9 亿元的竣工项目（完成全年任务 100%）。缘泰石油项目现场于 2019 年 9 月进行软基处理开工仪式以及进行试验性施工。友谊新材料科技工业园二期项目设备抓紧安装，福化天辰大型煤气化项目设备主体框架推进施工。中景石化科技园的美得石化第一套丙烷脱氢项目预计 2019 年第四季度完成设备安装。三峡风电产业园各项目基本投产，2019 年 7 月，江苏中车项目首台 30MW、60MW 直驱永磁风力发电机下线；2019 年 9 月，金风科技首台 8MW 海上风电机组下线，东方风电首台 10MW 海上风电机组下线；2019 年，产业园中的中国水电四局项目生产吊车梁、钢柱等结构件；丹麦 LM 项目主厂房承台及地坪全部浇筑完成，钢结构进行吊装。

招商引资成果喜人。2019 年，福州江阴港城经济区累计有正太新材料（一期）、艾尔姆叶片等 26 个招商项目备案，总投资约 157.06 亿元，其中产业链、技改项目 19 项。全力推动万华化学集团福建产业园项目落地，积极引进江苏旭川新材料项目，培育异氰酸酯、聚氨酯产业链，着力形成园区经济新增长点。

安全环保多措并举。2019 年，福州江阴港城经济区启用应急管理平台，完善在线监测与自动预警机制。打造专业化应急救援队伍，成立应急救援专家库。组织应急培训和演练，提升实战能力。又好又快推进中央环保督察发现问题整改工作，完成总长约 9 公里的园区污水管网建设，实施江阴污水处理厂提标改造。开展有毒有害气体环境风险预警体系建设、突发环境事故应急预案修编和“环保管家”服务方案编制工作。完成 2019 年污水深海排放口周边海域海洋跟踪监测工作。联合生态环境部门开展“散乱污”企业生态环境问题专项整治。

管理服务强化升级。2019 年，福州江阴港城经济区进一步推进审批便民化，于 2019 年 2 月在福清市行政服务中心大厅增设“福州新区、自贸区综合业务窗口”，派遣人员入驻对福州新区、自贸区下放的事项集中审批，让企业少跑一趟，提升审批速度，缩短审批时效，减少企业的时间和成本，落实“最多跑一趟”理念。

（摘编：郑新贵）

福清龙田经济开发区

福清龙田经济开发区，位于福清市龙高半岛龙田镇中心地段，创办于 1992 年 10 月，1999 年 5 月获福建省政府批准升级为省级经济开发区，2006 年 9 月 22 日经国家发改委核准为省级开发区，规划面积 3 平方公里。2019 年，开发区共有工业企业 106 家，其中规上工业企业共 26 家，全年共完成规模以上工业总产值 117.3 亿元，其中水产加工企业产值达 62.72 亿元；完成限上社零 4.79 亿元；完成全社会固定资产投资 21.15 亿元；工业固定资产投资完成 5.23 亿元；税收总收入 2 亿元。

基础建设稳步推进。道路新改扩建工程，滨海大通道、长福高速和滨海新城一期道路工程即将完工，打通龙锦路和龙鼎路两条断头路，其中龙锦路已投入数使用，龙鼎路正加快推进中；新建改建市政道路 4 条共 6 公里，投入 750 多万元改造乡村道路 9 条共 8 公里，基本实现农村公路“村村通”和“村通自然村”。投资 734 万元完成上一村农贸市场提升改造；投资 392 万元完成三村新市街环岛步梯修缮。镇区内建有 1 座容量 100 万立方米和 3 座容量达 10 万立方米的水库，分布有东张水库高干渠 14.2 公里；建有一个日供水 3 万吨的自来水厂和一座 110 千伏变电站；电视、网络、通讯覆盖率达 100%；东壁岛、西部友谊等一批偏远乡村实现了通自来水，城乡供水一体化工作稳步推进。龙田开发区完善镇区上下对接，做好镇区规划修编，基本完成环城东片区控制性详细规划、龙田经济开发区总体规划修编和山利村历史名镇名村保护规划编制等工作。园区周边 1 千米半径内，已配套 1 家四星级酒店及 9 家可供住宿的酒店，2 座城市综合体，1 家电影院，1 座体育馆，3 座集休闲娱乐健身为一体的景观公园，1 家二级乙等医院和 1 家卫生院，4 所中学，其中省一级达标校 1 所、中心小学 2 所，4 家大型农贸市场，35 家商业银行营业网点，4 家大型超市，1 家大型百货商场，9 家医药连锁超市，20 余家快递营业网点。

招商引资卓有成效。立足于“精准招商”，发挥在外乡贤众多优势，进一步推进招商引资工作，力求招商引资工作取得新的突破。招商产业项目类已备案 6 项，备案金额 16.69 亿元。全镇共培育楼宇企业 112 家，注册资金 46.06 亿元，其中 2019 年完成 27 家，注册资金 23.52 亿元，税收 6500 万元。

产业发展重点突出。坚持产业立区，打造优势产业。结合本地结构调整、产业发展实际，依托已形成的优势和特色产业，重点围绕水产品加工、五金制品以及精细化工三大主导产业，瞄准知名企业，有重点、有选择地进行产业链招商、定向招商，下力引进龙头型、基地型大项目，带动更多与之配套企业跟进，扩展产业链，加速产业聚集，形成现代制造业基地。发挥龙田水产加工和区位的优势，衔接元洪国际食品产业园和蓝色经济产业园，做大做强“全国水产品加工示范基地”，壮大百亿工业园区。园区共有亿元以上工业企业21家，共有中国驰名商标3枚、福建著名商标8枚，省名牌产品10项。友谊集团的“友日久”品牌胶粘带产品市场占有率居全国第一，也是目前国内最大的胶粘带生产商。东威集团的“东威”对虾系列产品远销美日欧和东南亚等国家和地区，在国内肯德基、必胜客及湾仔码头的供货占有率达50%以上。除此之外，产品还顺利打入沃尔玛商超，实现销售渠道多元化网络化的良好态势。谊华水产公司对虾产品获出口美国免检产品，并在前年成功获得美国ACC4颗星认证，目前全国仅有4家获此认证。

生态环保狠抓治理。城镇管理更加精细，全面整治镇村“六乱”，2019年累计整治乱堆放点位7000多处，清运垃圾约3000吨，清理乱贴乱写乱画2200多处；强化重点路段交通管控，2019年查处滴撒漏、乱倒乱弃违规渣土运输车辆100余起；引入了无人机巡查技术，加大“两违”整治力度，2019年共拆除违章建筑29座、面积达5.76万平方米；深入推进坟墓治理，共整治坟墓3899台，覆土深埋面积达4.1万平方米。生态治理强势推进，持续巩固治水成果，2019年共投入3000多万元，完成截污管道建设及河道清淤工程，共清理河、渠长度近8万米，水环境质量持续提升。耗资800多万元，完成84个自然村池塘建设，完成率达100%。全力抓好污水治理，查处污染源、排污口等408处，拆除临水违搭违建164处，修复破损管道144处，建设溢流式截污设施等62处，“污水零排河”工作取得新进展。城乡面貌加速改善，2019年重点围绕“清沟、扫地、摆整齐”集中开展村庄环境专项整治行动，不断优化农村环境卫生；深化农村生活垃圾治理工作，基本实现农村垃圾收集点、环卫设施和保洁队伍全覆盖；加强企业环境监管力度，拆除散乱污企业1宗，关停19宗；完成林分修复32亩，采伐迹地更新147亩，封山育林500亩；开展15个村植千树专项绿化行动，栽植各类绿化苗1万余棵；大力推进“厕所革命”，全面实施城乡卫生改厕，2019年以来新改建公厕11个，乡村文明水平得到进一步提升。

（摘编：郭鹭）

连江经济开发区

连江经济开发区于2006年3月经省政府批准，国家发改委审核通过的省级开发区。开发区以敖江园区为依托，整合连江县城区周边的工业资源，将琯头园区、江南园区、东湖山岗工业集中区、东浦工业集中区和粗芦岛船舶修造基地纳入管理范围，“五园一基地”工业发展格局已初步形成，工业用地总面积近20500亩，其中敖江园区5000亩、琯头园区3000亩、江南园区300亩、东湖园区4000亩、东浦工业集中区3600亩、琯头粗芦岛船舶修造基地4500亩。2019年，开发区实现地区生产总值153.51亿元，比增30.8%；实现规模以上工业增加值85.22亿元，比增5.2%；实现税收5.88亿元；完成规模以上工业产值393.64亿元；完成固定资产投资96.77亿元（其中，公共基础设施建设投资20.9亿元，区内企业固定资产投资75.87亿元），比增34.9%；实现出口总额36.48亿元，比增1.8%；实现进口总额5.37亿元，比增35%；实际利用外资9431万元，比增74.8%。全区现有内外资企业157家，其中，外资企业48家；全区现有规模以上企业85家，实现年产值亿元以上的企业有茶花家居、青岛啤酒、聚春园食品、德通金属等37家，其中，年产值超10亿元的有马尾船政、海汇生物、亿达食品、源博建材等8家。

基础设施逐步完善。康怡小镇PPP项目001、002、003地块场地平整、土石方平整工程已完成80%；西北经济区区间路路坯工程正在施工；格兰德机械、茶花家居二期、华兰泰五金、福立方家居、名木年华以及中马装配地块土石方平整工程已开工动建；新高技术标准厂房二期项目正在进行土石方平整，已完成30%。宏东水产加工基地宏晟冷链物流、宏海食品、聚力实业、龙福食品等项目启动土石方平整施工工程。

项目建设有序推进。全区有普洛斯（连江）物流园一期、冠通塑胶、新航食品、宜联管业等项目建成投产；宏东产业园一期软骨素、福宗实业、顺发机电、佳昆食品、宏鑫水产等项目完成主体工程建设；宏东产业园纵一路、福宗路、七号地块护坡工程以及东浦园区的都东路、岭下路等一批基础项目已开工动建，按序时进度推进。

产业发展成果丰硕。全区产业集聚水平不断提升，形成了以鞋帽制造加工、食品加工、船舶修造为主导的三产集聚产业。鞋帽制造加工产业产值 152.26 亿元、食品加工产业产值 109.36 亿元、船舶修造产业产值 21.77 亿元，共实现产值 283.39 亿元，占全区 2019 年工业产值的 72%。全区共有省级龙头企业共 6 家、有效发明专利 69 项、通过 ISO14000 认证企业（项目）17 家、省级企业工程技术研究中心 1 家、省级企业技术中心 2 家、市级企业技术中心 6 家、市知识产权示范企业 4 家、市知识产权贯标培育企业 4 家、院士工作站 3 家、市专家工作站 5 家。

（摘编：李兵）

长乐经济开发区

长乐经济开发区为省级开发区。2019 年，开发区规模以上工业企业 108 家，实现规模以上工业总产值 1196.5 亿元，比增 13.4%；固定资产完成投资 217.65 亿元，比增 41.9%；纺织、化纤、冶金机械三大主导产业平稳增长，实现工业产值 1099.79 亿元，比增 14%。集聚形成五大产业集群，以金源纺织、华源纺织为龙头的棉纺产业集群；以恒申合纤、金纶高纤为龙头的化纤产业集群；以大东海冶金为龙头的钢铁产业集群；以东龙针纺、永丰针纺为龙头的花边产业集群；以雪人制冷、鑫隆机械龙头的装备制造产业集群；以元成豆业为龙头的粮油加工产业集群。其中，福建元成豆业有限公司、福建省金纶高纤股份有限公司等 11 家企业入选省级龙头企业。

基础设施趋于完善。2019 年，工业区二期路网供水和路灯照明工程年初竣工并亮灯，竣工结算及配套供水接驳工程进展顺利；工业区 5 号路改造工程已基本完成结算和结算审核工作；金纶大道拓改工程基本完成竣工决算审计等扫尾工作，正督促施工单位做好路面维护修复等工作；扎实推动松下粮食物流基地区间道路路网建设，其中 1、2 号支路前期已竣工，3 号支路工程经福州市政府批准上报省国土厅进行土地批次等手续；松下片区集中供热二期项正着手锅炉的热源站安装，风机、电力改造、3.5KM 增温增压管道和附属及环保配套设施同步开展，预计 2020 年 5 月试运行；推动污水处理厂提标改造，二期提标改造工程（6 万吨/日）于 2019 年 10 月完成，一期提标工程（3 万吨/日）正在建设，预计 2020 年完成。

招商引资探索创新。积极探索招商引资新模式，开拓招商引资新渠道，开展主题招商，推动基金招商，试行第三方招商，招商成果显著。2019 年全年完成招商项目 141 个，落地项目总投资额 352.09 亿元。聚集一批龙头企业，华为鲲鹏生态基地、阿里巴巴、东方银星、均和集团、贝瑞和康和博思软件等国内外知名企业已入驻，并将区域总部设在滨海新城。平台经济进一步显现，已注册平台项目共 11 项，注册资本共 4.96 亿元，正在跟踪推动在谈的平台项目有 11 项，其中，东方银星公司下一步还将导入新的公司及业务，主营焦炭、油气等，年营收可达 80 亿元；上海均和集团供应链金融平台项目正在推进中，年营业收入可达 100 亿元。

项目建设稳中有序。全年共安排 153 项重点项目，年度计划投资 497.23 亿元，全年完成投资 574.29 亿元，超序时进度 15.5 个百分点。其中：84 项在建项目，全年完成投资 472.51 亿元，超序时进度 16.6 个百分点；35 项计划新开工项目，年度计划投资 92.06 亿元，全年完成投资 99.33 亿元，超序时进度 7.9 个百分点。

生态环保严格治理。开发区内需整治的散乱污企业 11 家，已全部整治关停；15 家企业共 51 个项目在线安装监控设施并联网；大力推进清洁能源，淘汰 10 蒸吨以下燃煤锅炉。

（摘编：郭鹭）

厦门省级及省级以上开发区概况

厦门海沧台商投资区

厦门海沧台商投资区为国家级开发区。2019年，台投区实现地区生产总值797亿元，同比上年增长7.8%；固定资产投资（不含农户）增长10.6%；财政总收入176.80亿元，增长1.6%；区级财政收入39.84亿元，增长1.9%；实际利用外资10.35亿元；实现城镇居民人均可支配收入5.39万元，增长8.5%；实现农村居民人均可支配收入3.06万元，增长10.1%。

科技创新积极探索。2019年，全区有73家企业获得国家级高新技术企业，其中重新认定30家、新认定43家。至2019年底，全区资格有效的国家级高新技术企业205家，同比增长26.5%。全年规模以上高新技术产业工业产值756.12亿元，占规模以上工业总产值的58%。其中117家规模以上高新技术企业实现工业产值543.81亿元。大博医疗获批2018年国家企业技术中心，松霖科技成功上市，特宝生物成为科创板厦门第一股。厦门生物医药产业协同创新创业中心基本完成建设。以厦门生物医药港为核心的厦门市生物医药产业入选国家发改委战略性新兴产业集群，成为全国首批入选的17个生物医药领域产业集群之一。与厦门大学第一附属医院联合共建“抗肿瘤新药临床评价技术示范性基地”，并获国家科技重大专项2019年立项支持。海峡两岸（厦门海沧）无人机暨智能机器人孵化基地入选国家级科技企业孵化器。SIP系统级封装平台启动建设，支撑集成电路设计企业、芯片制造企业及终端应用企业的发展。全年组织实施科技计划项目11批，财政投入科技扶持资金9876.8万元。推进大众创新创业，共有RQ空间、无人机孵化基地、创业公社等9家众创空间，孵化面积33475平方米，自设立以来累计为1526家初创企业（团队）提供孵化服务、创客人数累计5436人，累计孵化出国家级高新技术企业11家、市级高新技术企业21家。知识产权水平持续提升，全年国内专利申请量4141件，同比增长25.5%；国内专利授权量2697件，同比增长20.8%；有效发明专利拥有量1405件，同比增长16.6%。积极创新人才工作机制，探索实施科学合理的人才评价方式，集成电路产业实行“职务＋薪酬”多维度人才评价标准；率先全省开展生物医药高级职称评审改革，通过副高级职称评审24人，通过率达77.4%，生物医药职称评审改革做法入选全国人才工作优秀案例；制定实施《海沧区企业人才实训基地建设三年行动方案（2019—2021年）》，首批评选13家区级人才实训基地，完成管理、专业技能等各类培训7.5万人次，开展大学生实习实训378人，推进“一企一策”培训工作，371家企业纳入名单库，共培训人才9575人，培训对象涵盖生物医药、智能制造等骨干、技能人才；与厦门大学合作共建国家集成电路产教融合创新平台，打造高水平的集成电路产业人才培养平台。全年新增引进市级以上高层次人才175人，柔性引才582人。推行安居工程留才，全年入住率最高达90.5%，904间人才公寓累计入住1139人，同比大幅增长427%。全年受理发放各类人才政策补贴5476万元。

招商引资改革创新。全面推进招商引资机构改革，建立招商引资项目库和招商载体资源库，编制产业招商地图，组建招商服务公司统筹全区招商工作。借助第二届进博会、9·8厦洽会、“瑞幸咖啡2019全球合作伙伴大会暨全球咖啡产业发展论坛”等开展招商推介，发动区内企业资源开展“以商引商”，盈趣科技、泰地海西总部等企业主动引入全球供应商年会、全国工商联金银珠宝业商会会长论坛等活动开展招商推介，外出招商100余次。三产招商实现突破，“SM新生活广场+”、马銮湾悦年华高端康养、阳光国贸、全桔融资担保有限公司（滴滴项目）等项目顺利签约落地；碧鑫蔬菜花卉种苗繁育基地项目签订协议，淘宝福建绿植花卉产业带直播平台落户；全国首台套AB－BNCT系统将在海沧完成总装并落户厦门弘爱医院，填补福建省大型医疗器械研发生产领域的空白。引进中硼医疗器械、国药控股生物科技等生物医药项目40个，其中央企国药控股参与投设的国药生物是全市服务业招商大会上海沧区唯一上会签约项目。引进万渤生物、晶华视康等有特色、有实力的初创项目，引进君建生物、德必碁、胜亚生物等外资港澳台资项目。全年共对接和推进招商引资项目491个，新引进项目163个，其中17个项目实现当年落地、当年入统。全区共引进500万元以上内资项目1482个，注册资本约310亿元，比增48%。受柯达、长塑等10余家企业减资影响，合同利用外资－2.19亿元，比降105.2%，实际利用外资10.35亿元，同比增长8.5%。

两岸融合推动发展。2019年，修订台湾人才引进办法，增加配套优惠条款，开展台湾地区专门职业及技术人员（技术士）考试及格证书比照认定职称。全年兑现8家企业，27名台湾人才57万元奖励补助。落实各项台企优惠政策，新落户台资项目17个。设立区级台商台胞服务站，召开台商台胞座谈会，形成常态化交流互动机制。探索两岸融合发展新模式，成立海峡城乡发展基金会，建立“顾问团队＋执行团队＋项目化运作”运行机制，推动海沧乡村治理经验走向宁夏泾源县、甘肃积石山县等，探索聘用台湾青年参与乡村振兴、社会治理模式在西北大地复制推广，新聘台胞社区营造员11名。开展两岸融合社区健康营造项目，引进台湾社区健康促进专家担任“健康促进项目总监”，在海虹社区和青礁社区2个试点社区开展以疾病预防、健康管理为主要内容的健康促进项目。全国首创引进台湾医疗专家进社区，每周服务不少于四诊，直接将台湾优质医疗资源下沉到最基层，特聘台湾专家担任社区医师4名。两岸交流平台不断丰富，建成大陆第一座以纪念颜思齐开台文化为主题的公园，两岸人文新地标金沙书院正式动工建设。第十二届海峡两岸保生慈济文化节、2019海峡两岸（海沧）乐活节等活动持续深化，举办第十一届海峡论坛“融合发展看海沧”主题论坛、大航海时代与21世纪海上丝绸之路研讨会、第二届海峡两岸人文学论坛等，与台湾中国时报合办“第40届时报文学奖暨金沙书院散文奖”，探索设立中国闽南文化研究中心，不断深化两岸人文交流。

（摘编：朱明清）

厦门火炬高技术产业开发区

厦门火炬高技术产业开发区于1990年12月由国家科委和厦门市人民政府共同创办，1991年3月被国务院批准为首批国家级高新技术产业开发区。2019年，高新区完成规上工业总产值2918.4亿元，工业增加值增速11.5%，高于全市2.9个百分点，居全市第一位；固定资产投资增速10%，高于全市1个百分点；实际利用外资25.7亿元，居全市第一位；合同利用内资196亿元，比增102%，超额完成年度任务；软件与信息服务业实现营业收入1183.06亿元，比增18.2%，占全市68.3%，增速高于全市2.96个百分点；区内的国家级高新技术企业数915家，占全市国家级高新技术企业总数的47.46%。

产业发展成效斐然。全年实施“三高”企业增资扩产项目176个，备案计划总投资955.8亿元，2019年完成投资212亿元，项目数和完成投资额比增23%和30.3%。晋大纳米获评工信部第一批专精特新“小巨人”企业。弘信电子成为全国首批（7家）入围工信部《印制电路板行业规范条件》的企业。3家企业入选2019年全国软件百强，占全省一半。5家企业入选2019年全国互联网百强，排名全国第5。前沿布局初具规模。从事人工智能技术研发的骨干企业达18家，运用人工智能技术的企业超200家。瑞为人脸识别设备覆盖全国三分之一机场，并在北京大兴国际机场应用。云知芯搭建的厦门人工智能超算平台浮点运算能力正式突破1亿亿次/秒（10 PFLOPS），成为我国东南区域计算能力首屈一指的超算平台。成功举办第23届世界半导体理事会议和2019中国（厦门）石墨烯新材料产业峰会。芯米半导体、澜至科技等一批优质集成电路项目相继落户。清华大学厦门半导体工研院引进当年即投入运营，鑫天虹项目正式投产。

园区建设快速推进。厦门软件园三期东片区在建110万平方米全部竣工，园区新增核准入园企业899家，工商注册企业达2705家，比增46.3%。同翔产业基地重点完善起步区框架路网建设和同安、翔安起步区二期市政道路、水、电等基础设施项目建设，完成投资比增83%。环东海域现代服务基地美峰片区开发全面提速，美峰科创公园7栋研发主楼及4栋副楼基本建成。全年挂牌出让产业用地14宗，面积超1200亩，比增139%，位居全市第一。探索试点低效用地收储创新机制，获准园区存量土地房产收储权限。收回并盘活闲置用地300亩。园区生活配套日益完善。嘉福人才公寓新增公寓1248套。天马人才房提升改造工程启动建设。火炬国际学校主体结构封顶，翔安火炬实验学校加快前期工作。厦门软件园三期体育中心正式开业。生态文明建设持续深入。在全市率先试点工业园区环境污染第三方治理，完成"线上+线下"智慧化管理平台搭建，引进第三方环保服务商16家，推进园区环境污染治理"市场化、专业化、产业化"，获省、市主要媒体推广。

招商引资成果丰硕。全面形成大招商态势，中航锂电、天马6代AMOLED、浪潮3个百亿级项目，16个十亿级项目、50余个亿级项目均落户高新区。新增入区企业2107家，比增33.7%。其中新增注册资本亿元以上企业37家，比增37%。

创新创业全面升级。全年净增国家级高新技术企业140家，约占比全市46.7%。新增60家企业入选"省科技小巨人领军企业培育发展库"，占全市入选企业数的43.2%。1家企业参与的项目获国家科技进步一等奖；2家企业参与的项目获国家科技进步二等奖。4家企业进入"中国企业专利500强榜单"；1家企业获评第二十一届中国专利优秀奖；3家企业获评国家知识产权示范企业。由园区企业主导参与的17个项目获福建省科技进步奖。创新平台全面发展。全年新增2家国家级企业技术中心，1家省级重点实验室，2家省级企业技术中心，7家省级新型研发机构，占全市58.3%。新增3家市级重点实验室，1家市级新型研发机构，7家市级企业技术中心，占全市46.7%。支持设立3家院士专家工作站。首次认定2家"火炬创新研究院"、3家"火炬公共技术服务平台"、3家"火炬域外研发中心"。各类公共技术服务平台累计服务企业超2000家次，总服务金额比增45.2%。创新生态日益完善。新认定34家高水平创新券服务机构，首次评选"火炬十佳服务机构"，全年创新券授权额度比增100%，服务企业超700家次。科易网（火炬高新区）技术交易平台促成149个技术项目交易，比增29.6%，总签约金额达1.13亿元，服务企业超4000家次。举办厦门市首届"春晖杯"留学人才厦门行活动、厦门市首届"硬科技"创新创业大赛、2019创客中国和双创领袖峰会等各类创新创业活动近30场。创业孵化持续发力。厦门高新技术创业中心有限公司、厦门软件产业投资发展有限公司、厦门海峡科技创业促进有限公司获评国家级优秀（A类）科技企业孵化器。新增省级台湾青年就业创业基地1家，省级科技企业孵化器1家和省级众创空间8家，20家众创空间入选2019年度市级专业众创空间，占全市66.7%。成立"火炬众创之家"，搭建众创空间之间的合作交流平台。高层次人才队伍迅速壮大。全年新增高层次创新创业人才317人，其中国家"万人计划"2人，省"高层次人才"10人，市"双百计划"33人，市青年"双百"人才21人；市"特支人才"16人；市台湾特聘专家及专才62人，占全市65%；市重点产业紧缺人才173人，占全市80%。

（摘编：严志东）

中国（福建）自由贸易试验区厦门片区

2015年4月21日，中国（福建）自由贸易试验区挂牌成立。总面积118.04平方公里，包括福州片区、厦门片区和平潭片区三个片区。中国（福建）自由贸易试验区厦门片区（以下简称厦门片区）总面积43.78平方公里，包括两大功能园区：两岸贸易中心核心区（19.37平方公里，涵盖象屿保税区、象屿保税物流园区）和东南国际航运中心海沧港区（24.41平方公里，涵盖海沧保税港区）。2019年，厦门片区完成地区生产总值663.94亿元，比增12.2%；实现进出口总额2018.06亿元，比增21.6%，其中出口1047.70亿元，比增35.2%；财政收入93.37亿元，其中地方级收入51.25亿元。全年厦门片区新增企业9485家、注册资本829.92亿元；其中，新增外资345家、注册资本172.92亿元，引进世界500强企业壳牌、硕达等一批重点项目。厦门片区挂牌以来，累计新增企业45280家，注册资本6392.36亿元，实有企业51939家、注册资本7786.21亿元，企业注册数较挂牌前净增近6.8倍。

产业发展大力推进。重点打造航空维修、融资租赁、跨境电商、进口酒、黄金珠宝、集成电路、机电平台、文化贸易、国际水产品交易、中欧（厦门）班列、国际航运中心、三创基地、国际贸易“单一窗口”等14个重点平台，并分别制定三年行动方案，充分发挥政策和资金杠杆作用，以争取政策突破和推出创新举措为手段，将“保税+”“金融+”“互联网+”等自贸试验改革创新元素融合、协同、集聚到推动重点平台建设之中，同时在开办、运营、租金、人才等方面予以大力支持，以更高层次的系统集成，聚集一大批有带动力的创新创业创造的企业，打造拉动经济平稳快速增长、带动产业转型升级、增强区域发展竞争力的重要增长极，共同打造厦门千亿产业链。航空维修。落实厦门片区航空保税维修1371试点业务适用退税政策，推进特殊监管区外保税维修监管试点政策落地。对接中国商飞国产大飞机、拓展产业新领域。2019年，航空维修产值138.6亿元，超过80%为境外业务。进口酒。借鉴香港等地模式组建进口酒专业委员会，出台支持进口酒市场发展若干措施，推动厦门国际酒类交易平台集聚发展。2019年，厦门关区进口酒量达2.2亿升，其中进口啤酒1.9亿升，保持全国第1位，厦门口岸进口酒总量保持全国第二。融资租赁及中后期飞机处置产业链群。厦门片区引进融资租赁企业437家，为全国主要融资租赁聚集区。2019年引进租赁飞机22架，增长154.5%，累计引进租赁飞机125架，租赁金额81亿美元。累计开展船舶融资租赁船舶16艘，融资金额8亿元。引进国家集成电路大基金下属企业—鑫芯租赁。机电设备。发挥“保税+”“金融+”“会展+”优势，打造智能制造全产业链一站式综合服务平台。已引进日本山崎马扎克、瑞士肖柏林机床、台湾百德机械等20多家知名品牌。2019年平台实现交易额超28亿元，区级纳税1010万元。国家文化出口基地。出台专门政策措施，发挥自贸试验区“保税+”优势，打造特色文化艺术品平台。国内首个大型保税艺术博览会博乐德艺术品保税共享平台开业；举办首场保税拍卖会，成交金额3731万元。举办东南亚中国图书巡回展，丹溪映画与巴基斯坦电视台等合作。国际航运中心。全国首创“进口直供、保税供船”监管模式，构建邮轮物供快速通道。2019年，接待国际邮轮136航次，比增41.7%，旅客吞吐量41.37万人次，增长27.4%；集装箱吞吐量1112.22万标箱，继续领先高雄港。

招商引资突出重点。树立全员招商工作理念，以企业需求为导向，系统运用产业链、专业化、社会化多种方式链动上下游产业，建立项目中心的全周期工作机制，出台《进一步加强招商引资工作的若干意见》，针对重点产业链建立“一个产业链、一个招商方案、一批目标企业、一支招商小分队”的“四个一”招商机制，开展精心精准精细招商，大力推动项目落地。主要落地项目有：京东（厦门）电商进出口运营中心、台湾大有海洋集团总部、厦航飞机跨境租赁、香港中环球跨境支付服务平台、顺利办信息服务股份有限公司南方总部等。离岸贸易业务持续增长。理顺厦门市企业开展离岸贸易外汇收支结算的操作流程，从厦门市首笔离岸贸易业务落地至2019年底，建发、国贸、象屿3家国企已在工、农、中、建、交和兴业6家银行累计办理了离岸贸易国际收支62.18亿美元，折合人民币430亿元，其中2019年外汇收支增量为50.91亿美元，折合人民币354亿元。构建跨境电商生态圈。获批国家跨境电商综合试点城市，打造跨境出口品牌营销中心，落地亚马逊、京东、雨果、拼多多国际等龙头项目，吸引跨境电商产业链上下游企业入驻，实现要素集聚。2019年，厦门片区纳统的跨境电商9610进出口294.5万件、货值4.25亿元、比增445.5%；其中，9610出口292.32万件、货值4.16亿元、比增480.8%，占比超九成，有力培育了厦门市外贸新模式、新业态，推动了外贸经济的转型发展。1210保税备货进口965件，货值159.58万元；邮件快运进出口3192.14万件，其中邮件2951.88万件，快件240.26万件。其中对台海运邮快件2494个标箱，共1054.47万件，比增4.4%。国际集拼成为出口增长新动能。率先在全国开展国际中转集拼业务，吸引东南亚等近洋货物在厦门港口分拆，再与国内出口货物集拼出口至欧美。2019年，国际集拼实现箱量11.5万标箱，比增10.7%；实现出口380.17亿元，占全市出口总额10.8%，比增46.8%，拉动全市出口增长约3.6个百分点。中欧班列持续拓展贸易渠道。抓住集装箱货物过境运输契机，推动越南货物首次连接中亚线，使得海铁联运全部覆盖欧洲、中亚、俄罗斯3条国际货运干线；匈牙利布达佩斯线和俄罗斯新西伯利亚首班返程班列发运，打通了厦门欧洲双向通道，台湾商品经中欧班列过境运输业务实现常态化运营。2019年1—12月，已累计发运234列，同比增长32%，货值达50.49亿元，同比增长51%。

（摘编：郑新贵）

厦门同安工业园区

厦门同安工业园区为省级工业园区。截至2019年底，园区共有工业企业280余家，其中规模以上企业50家。2019年，园区实现生产总值60.64亿元，同比增长17.4%；规模以上工业企业完成工业产值106.9亿元；规模以上企业实现增加值26.54亿元，同比增长1.5%；税收收入3.06亿元。

基础设施配套完善。路网建设现状：园区已建成18米以上道路约9.5公里。工业区现对外交通较为便利，北侧为沈海高速，东侧为同集路，南侧为海翔大道，规划区内道路以方格网形式为主。为保证城市干道的快速畅通，白云大道与海翔大道，同集路与海翔大道的交叉口设有立交用地。片区规划道路划分为快速路、主干道、次干道和支路，快速路有海翔大道、同集路；主干道有白云大道，红线宽度40米；次干道设置红线宽度24—30米；支路设置红线宽度18米以下。工业区内道路已经基本建成，交通条件较为顺畅。供水、供电、供气设施：工业区现由集美天马水厂统一供水，供水压力约为0.15MPa。本区的输水干管同集路西侧给水管道DN500，其余道路下管径为DN200—DN300。区内管道已铺设完毕。工业区内能源消耗以天然气和电力为主。区内现有一座110kV西柯变电站，现状主变容量2×40MVA，占地5700平方米。110kV电源引自220kV梧侣变电站，采用架空线沿道路和溪流架设。工业区内燃气气源为天然气，由厦门华润燃气公司供气，燃气管径采用DN80—150。集中供热设施：工业区内企业现由厦门同集热电有限公司统一供热，该热电厂配置2台35t/h循环流化床燃煤锅炉及一台6MW抽气冷凝式汽轮机发电机组，基本完成轻工食品工业园供热全覆盖。

项目建设持续推进。2019年，园区投入的项目主要有以下几项：美禾园排水工程，总投资190万元；园区标线施划项目，总投资300万元；美禾园美禾二路、美星五路等道路建设项目，总投资1780万元；美禾园周边配套绿化隔离带项目工程，绿化面积约4900平方米，植草砖停车场1984平方米，总投资143万元；工业区提升改造项目工程，主要内容为美禾一路、二路、五路、七路、官浔溪南路等道路改造，人行道、绿化提升工程，总投资1500万元；以上项目总投资约3900万元。

招商引资稳步增长。2019年，园区内总投资500万元以上的企业实现固定资产投资9105万元，同比增长29.9%，冠州食品、味华香、英之盛等企业项目竣工或投产。

生态环保监管到位。园区污水排水采用分流制。污水（包括生活污水与工业污水）独立排放，目前排入同安污水处理厂处理，轻工食品工业区污水待西柯污水厂建成后，规划区内污水改为排入西柯污水厂处理，污水必须经预处理达到标准后才能进入污水厂处理。雨水独立排放，就近排入水体。随着园区规划的实施，区域道路、污水管网等基础设施将逐步完善，同时结合区内农村改造，重新规划建设农村给排水管，加快实行雨污分流，并与工业区的给排水系统相衔接，农村生活污水接入工业区污水管网，纳入城市污水处理厂处理，区域水环境逐步改善。区域大气环境质量趋于改善，目前园区大气环境质量可满足《环境空气质量标准》（GB3095－2012）二级标准要求。随着同集热电公司实施日常锅炉烟气超低排放运行，可进一步改善区域大气环境质量。根据工业区的工业发展方向，规划范围内产生的工业固废主要以轻工、食品、机械等方面的废弃物居多，固体废物的类型主要是食品生产过程中产生的有机类的食品下脚料、食品剩余物等，均由企业委托有资质单位统一处置。园区规划环评已基本通过环保部门审查；截至2019年末，园区用于防治水污染的集中治理设施和在线监控设备（含与生态环境部门平台联网）已建成并正常运行，涉水排污企业接管率和处理率达到100%；园区固废和危废处置综合利用率达到100%；园区单位规模以上工业增加综合能耗为0.16吨标准煤/万元；截至2019年末，园区通过ISO14000环境管理体认证企业10家。

管理服务不断完善。为确保同安工业园区巡查、管理、服务工作正常进行，经区政府同意，同安资产管理有限公司就承接园区管理服务工作具体事宜派驻公司人员入园驻点开展日常管理和服务工作，主要是对园区进行巡查，配合相关部门做好园区公共设施配套、市容环境、园林绿化和监督园区物业等各项管理工作。

（摘编：林开龙）

厦门翔安工业园区

厦门翔安工业园区位于海翔大道以北，总规划用地面积约55.08平方公里，包括厦门火炬（翔安）产业区、厦门翔安工业集中区及同翔高新技术产业基地翔安片区。2019年全区329家规上工业企业完成产值1463.14亿元。形成以平板显示、半导体和集成电路、机械装备及新材料四大重点产业链为主导的产业体系，初步形成了光电、集成电路、软件、电子信息、电工行业、食品加工产业集群及轻工、精密装备制造等产业链。

厦门火炬（翔安）产业区：厦门火炬（翔安）产业区创建于2003年，2005年8月全面开工建设，规划总面积从零发展到29.14平方公里，该区为厦门火炬高新区最大的综合性园区。友达光电、冠捷电子、东元集团等一批台湾知名企业相继落户于此，成为海峡西岸承接台湾优势产业及先进制造业转移的最大基地。火炬（翔安）产业区设有国家LED检测中心、台湾科技企业育成中心、火炬（翔安）保税物流中心等，正日益成为集研发、中间试验、制造于一体的高科技工业园区。截至2019年底，火炬翔安产业区218家规模以上工业企业完成产值1184亿元；固定资产投资累计113亿元。

厦门翔安工业集中区：2006年3月，经福建省人民政府批准，原巷北工业区和银鹭工业区整合升级为厦门翔安工业园区，规划面积1.56平方公里。经建区十多年的持续发展，扩成巷北、市头、银鹭、内厝等四大工业集中区，规划总面积11.8平方公里，开发面积达6.47平方公里。主要发展、引进光电及其配套行业、电器电工、纺织化纤、电子信息和食品加工等高产值、高效益、高附加值和低污染、低能耗的行业。2019年，厦门翔安工业集中区落户规模以上企业111家，企业产值约279亿元，占全区规模以上工业产值的19%，吸纳产业工人近5万人。

同翔高新技术产业基地翔安片区：翔安片区（含内厝中航片区）位于翔安区内厝、马巷镇，规划用地面积11.78平方公里。由市土地开发总公司作为总业主，厦门信息集团分别作为翔安片区的代建单位，负责办理土地开发的相关手续和市政道路及配套的建设；产业用地收储后，由火炬高新区和各区联动招商出让建设。翔安片区2019年完成投资7亿元，主要项目有：翔安高新技术产业基地起步区建设项目25558万，乾照半导体高端LED芯片等半导体研发生产项目12274万元，6英寸碳化硅外延晶片生产线技术改造项目（E线、F线）1074万元，著赫科技园项目15648万元，芯光第三代半导体SiC功率模块研发及产业化2122万元。

（摘编：王增丰）

漳州省级及省级以上开发区概况

东山经济技术开发区

东山经济技术开发区是1993年1月20日经国务院批准设立的国家级经济技术开发区，总规划面积10平方公里，区内主干道及排雨、排污、供水、供电、通讯等配套设施较为齐全，产业聚集效应突显。东山经济技术开发区下设两个园区，分别是玻璃和新材料产业园和海洋生物科技园。2019年，开发区规模工业产值完成241.15亿元，比增10.5%；工业增加值完成69.93亿元，比增6.2%；海关出口总额完成39.09亿元，比增-25.5%；全社会固定资产投资预计18.82亿元，比增-15.20%；财政总收入预计完成8.11亿元，比增17.2%。其中，本级财政收入预计完成4.6亿元，比增17.6%。

基础设施不断完善。道路建设方面，海科园开工的6条PPP道路已竣工验收并投入使用，园区“三纵六横”路网格局已然形成。玻璃园区观音山北路等七条道路的手续已完成工程可行性研究、地质勘察、施工图设计、工程预算价编制。污水处理厂方面，长山尾污水处理厂及两个污水提升泵站的土建和设备安装基本完成，园区企业污水已能够顺利排入污水管网。城垵污水处理厂预计2020年上半年投入试运行。其他方面，海科园新建南港东路至污水处理厂供电架空线，已完成南港东路段架空线的施工，该项目的完工为两个污水提升泵站的顺利投用提供供电保障和作为长山尾污水处理厂的第二电源。中交围海造地项目取得东山薄膜太阳能项目海域使用权竣工验收合格通知书，现已换发国有土地使用权证并被县土地收储中心收储，竣工验收结算审核送县审计部门审计，并委托中介机构编制中交围海造地工程竣工财务审计报告书。

招商引资重点突出。围绕水产业加工、海洋生物科技、玻璃及新材料产业等主导产业，加大对水产品精深加工、以海洋生物医药和新型科技类产业等重点产业进行项目推介和重点招商，招引“大项目”“好项目”。全年招商签约任务数9个，签约投资额任务数18亿元。截至12月底，已签约东山惜巢建材城项目、漳州海德宝电子科技项目、新鲜味食品项目、科能能源培训中心项目、包装制品项目、松元电子元件项目、东榜电子商务项目、东山天然气支线管道工程项目、永固船用设备项目、照瑞祥食品项目等10个项目，总投资18.7亿元。全力做好园区竞赛工作。抓好“三抓三比，十项竞赛”工业园区竞赛跟踪，截至12月底，上报新引进签约项目24个，签约金额44.35亿元，开工率100%；新增规上企业10家，新增产值98685万元；园区新纳入统计工业项目72个，完成投资358070万元，完成年计划投资279675万元的128%。全力推进两个园区通用厂房建设。积极与中商盛世对接洽谈，促其在两个园区投建通用厂房，吸引小微企业入驻，有效解决企业起步发展难的问题。同时，实现集约用地，缓解园区用地紧张的压力。进一步优化资源配置，形成产业集聚，推动园区统一规划建设。配合中商盛世6月14日举行项目招商推介会进行招商，邀请200多家企业参与会议，并组织参加9月26日举办的中商盛世（东山岛）智慧城项目开工仪式。

生态环保推进落实。落实生态环境部华东督察局对开发区规划环评情况的反馈，多次召开会议研究探讨，分工细化，专人负责，全力推进开发区规划环评工作。园区委托生态环境部中日友好环境保护中心（环境发展中心）开展规划环评工作已编制完成，报送生态环境部环评司。目前生态环境部环评司初审已完成，待围填海评估和修复手续上报国家备案完成后进行评审，力争2020年6月底前审批。做好围填海历史遗留问题处置工作。一方面加强与县自然资源局的沟通协调，加快对原海洋三所项目用地收储及超正周边道路的用地预审、选址意见、农转等手续的办理，促进存量土地的使用；另一方面开展涉及围填海历史遗留问题项目的《生态评估报告》和《生态保护修复方案》编制，于2019年3月28日通过福建省自然资源厅组织的专家评审，并形成《东山海洋生物科技产业基地围填海历史遗留问题处理方案》报送省自然资源厅，对依法处置两个围填海历史遗留问题提出相应的处置措施，正待省自然资源厅的审批意见，依程序推进解决用地问题。

管理服务深化拓宽。坚持走访企业制度，及时了解企业问题，坚持每月至少1次走访企业，在走访活动中有针对性地邀请相关职能部门的工作人员，要求现场咨询、解答处理，将为企业服务带到企业和工地、带到生产一线，更实效快捷地解决企业问题，主动“下访”有效地减少或避免“上访”，促进企业建设发展。2019年，共接到企业、农民工投诉、求助电话3起，并召开2019年农民工工资支付情况专项检查工作会，传达东山县2019年农民工工资支付工作联席会议精神，开展农民工工资支付情况专项检查。加强安全检查，建设平安园区。根据上级安全生产工作要求和会议精神，结合开发区实际，每年组织对重点行业，特别是对危险化学品行业、涉氨制冷企业开展安全生产大排查大整治。2019年，累计共出动154人次，检查区内企业50多家，发现安全隐患47项，责令整改完成45项，整改率95%。涉氨制冷企业中海、海魁两家压力管道未整改，7月24日已上报县安办，建议县行业主管部门采取措施。抓好项目挂钩，强化责任落实。

（摘编：李兵）

漳州招商局经济技术开发区

漳州招商局经济技术开发区总体规划面积56.17平方公里，为国家级经济技术开发区，全区分为临港工业区、行政科教商住区、高科技产业园区、港口工业区等四个功能区。建区28年来，全区已形成交通机械制造业、金属制造加工业、粮油食品加工业三个临港产业集群。2019年，开发区完成地区生产总值100.32亿元，同比增长4.9%；一般公共预算收入10.23亿元，同比增长-39.2%；其中，地方一般公共预算收入7亿元，同比增长-40.7%；外贸出口总值5.52亿元，同比增长-80.4%；社会消费品零售总额7.99亿元，同比增长7.1%；规模工业总产值82.69亿元，同比增长6.2%；规模工业增加值18.42亿元，同比增长5.9%；全社会固定资产投资37.74亿元，同比增长-19.4%。

产业发展结构优化。开发区积极培育海工装备、港航物流等产业，豪氏威马、中集集装箱、路易达孚、嘉吉饲料、伟成油脂等一批临港工业不断延伸产业链；同时，继续围绕现有交通机械制造业、粮油食品加工、金属制品加工等产业集群，加大相关配套项目的引进和技改力度；着力布局智能汽车小镇、泛信息技术产业、旅游产业、大健康产业、临港产业五个百亿元产业集群，项目进展显著。港口经济有新发展。围绕区域融合发展，健全交通基础配套，厦门港最大等级散杂货码头后石港区3号泊位取得港口运营许可证，正式开港运营；后石航道二期工程15万吨级完成年度投资500万元；招银航道二期工程前期工作扎实开展，顺利通过省发改委立项批复。

投融资服务重点打造。开发区着力打造科技金融服务、招商引资及资讯交流平台，面向金融机构、科技创新企业招商，为企业提供“融资、融智、融讯”的一站式企业服务，提升厦门湾区域科技金融影响力。积极鼓励各银行推出中小企业特色信贷产品并向区内企业提供信息服务；通过召开银企对接会、实地走访企业等形式促进银行与企业贷款、信用证等业务合作；加大融资担保资金、应急周转金等政策的宣传力度；推动产融结合，利用“科技金融广场”平台，鼓励私募基金产业发展，截至2019年底，漳州开发区已设立三支产业引导子基金，子基金2019年累计投资项目5个，累计投资金额约1.5亿元。

招商引资成果喜人。全年累计洽谈对接约85个产业项目，签约安博物流等10个项目，合同资金额达60.69亿元，引进的威驰腾新能源汽车项目，实现了当年签约、当年落地、当年投产。在招商引资方面，主要立足开发区的资源禀赋和自身优势，着力打造三大产业平台。一是先进的海工装备制造平台。扩大招商重工与豪氏威马的合作规模，打造第八代深海钻井平台；利用区内诺尔起重公司用地，探讨与优质工业项目嫁接，打造新一代高端装备制造基地。二是厦门湾南岸的泛信息产业平台。开发区打造第四代产业综合体“芯云谷”泛信息技术产业园，产业园一期已于2019年11月投入运营，吸引了华为、腾讯云、中关村e谷等一批企业入驻。三是食品工业支持平台。利用漳州食品工业基础，以及开发区现有的世界500强路易达孚、中粮、伟成油脂等企业，打造食品工业的基础产业。此外，漳州开发区还通过参加厦洽会、花博会、进口博览会等一系列展会，积极出台各项招商引资政策，做好招商和推介工作。

科技创新加大投入。开发区紧紧围绕市委市政府重大决策部署，有力推进产业转型，充分激活科技创新要素。一是重点抓好企业研发投入，加大对科技创新型企业培育；二是培育双创孵化载体，加速创新创业项目转化，新增2家市级众创空间；三是努力提升“高企”培育服务工作水平，2019年获评国家级高企1家，省级高企1家；四是加快推进重大科技创新项目建设，“招商．芯云谷”正式开园投用；五是精心筹备举办第二届全球未来食品论坛，助力漳州食品企业创新发展。

生态环保稳步推进。持续开展排洪沟清淤及市政设施维修等工程。实施静湖公园及黄金海岸公园喷灌系统改造修复、苗木补植、木结构设施维护及排水沟渠修造等工程，完成山地生态园和黄金海岸喷泉广场局部塌陷、南鼎山大门地面沉降等3处应急抢修，有力应对暴雨、台风等特殊天气。环境保护持续加强。加强污染源头排查整治工作，组织开展第二次全国污染源普查，制定整治方案，将“双随机”抽查和专项检查相结合，对照梳理污染源69项。打好环保“三大攻坚战”，全年空气质量优良率不低于96%，6项污染物指标均达到环境空气质量二级标准。实施危险废物规范化管理考核，推进超期贮存危险废物清零专项行动，危险废物规范化考核达标率100%。顺利完成中央环保督察整改迎检及反馈整改工作。

体制机制创新改革。经福建省人民政府批准，开发区由招商局集团负责经营管理。目前，开发区管委会与招商局漳州开发区有限公司实行“政企合作”的管理模式。在体制机制创新方面，组成专项工作小组，草拟《漳州开发区管理办法》初稿，并推动报审，持续推进开发区机制体制改革。此外，2019年，漳州开发区还整合资源，推动行政审批制度改革走向纵深，一是精简审批流程，推进“多证合一”改革，将56项涉企证照事项合并办理。设立优化商事登记、建设审批、社保等综合窗口，实现企业注册登记3.5小时，提供24小时工商自助个体登记服务；推进工程建设项目审批改革，大幅缩短全流程审批时间。二是推进“证照分离”改革，作为首批国家级开发区试点，制定精准实施方案，率先在全市完成改革试点工作。三是确保“减税降费”落地生根，落实134项“最多跑一趟”清单，有效节省办税时间。四是设立人才服务窗口，一站式做好人才政策咨询、申报等服务，为全市首创。五是持续推进互联网+政务服务，完成“漳州港E-City”政务服务APP的建设，实现线上全流程政务服务。

（摘编：刘海元）

漳州台商投资区

漳州台商投资区于2012年1月获国务院批准设立，实行以区带镇管理模式，下辖角美镇及46个村（居、场），区域总面积163.7平方公里，总人口约30.1万人。2019年，全区实现地区生产总值353.17亿元、增长7.2%；固定资产投资202.45亿元；规模工业总产值750.72亿元、增长9.4%；规模工业增加值204.07亿元、增长9.1%；一般公共预算总收入34.46亿元；地方一般公共预算收入 21.19 亿元；社会消费品零售总额 36.79 亿元、增长 8.4%；实际利用外资 38028 万元；外贸出口总值 80 亿元，比增 1.5%；城镇居民人均可支配收入 40053.1 元、增长 8.1%；农村居民人均可支配收入 20935 元、增长 10.1%；三产比重为 2.5∶70.2∶27.3。在 2019 年国家级经开区综合发展水平考核评价中位列第 162 名、全省开发区综合发展水平考核评价中位列第 17 名，所辖角美镇连续五届蝉联“全国文明乡镇”，位列“2019 年度全国综合实力千强镇”第 49 名，排名比 2018 年度上升 2 个位次。

项目建设赶超进度。围绕“三抓三比、十项竞赛”，以“五个一批”作为项目建设抓手，建立完善“一月一协调，一季一调度，一季一督查”重大项目管理机制、项目代办制，2019 年，新开工建设重点项目 27 个，64 个市级以上重点在建项目完成投资 170.1 亿元，6 个“2018—2020”赶超重大项目完成投资 25.3 亿元，均超额完成全年目标，全区共落实“五个一批”项目 100 个，总投资约 669.5 亿元，“五个一批”项目综合考评连续五年保持全市开发区系列第一；积极融入闽西南协同发展区建设，5 个重点协作项目完成投资 2.1 亿元；初步谋划“十四五”重大储备项目 16 个，总投资 216.3 亿元。

营商环境积极优化。率先在全市开展台商台胞金融信用证书试点工作，为台商台胞授信总额达 15.7 亿元。海峡两岸（漳州）设计创意中心已建成投用，并招引 3 家企业入驻。保税物流中心（B）型通过验收，成为厦门关区第二家保税物流中心（B 型），区内企业可享受与自贸区一样的通关政策。拓宽招才引智渠道，成功举办第十七届 6.18 海峡人才交流合作大会，开展乡村振兴人才培训班，提高非在编教师队伍待遇，逐步实现同工同酬，为留住人才打好基础。持续优化营商环境，按照“一窗受理、信息共享、集成服务”企业申请不动产登记办理时间压缩在 3 个工作日内，抵押权注销登记实现“一趟不用跑”。设立企业“绿色通道”，实行“无障碍”“保姆式”服务举措，着力压缩企业开办时间，企业设立登记、刻制公章、申领发票三个开办环节压缩至 1 个工作日，除特殊复杂变更登记外，均实行当场办结；优化审批和服务事项环节，投资项目审批时间从项目立项到施工许可办结在 28 个工作日以内，承诺办事时限压缩率达 50% 以上。

招商引资成效显著。各大招商活动成效明显，成功举办首届文旅项目推介会、“北斗 + 卫星 + 海洋”应用研讨会等，共签约项目 30 个（含框架协议），总投资约 105.57 亿元，其中，总投资 20 亿元的中科智谷产业园实现“当年签约、当年开工、当年投产。加大文化创意产业、服务业、建筑业等引导和扶持力度，成立“漳州台商投资区文化创意产业园区”，优化文创产业发展环境，出台重点文创项目“厦漳油画城”政策扶持文件，推动“厦漳油画城”油画产业健康发展。

体制机制改革创新。加快开发区改革，实行“区地合一”管理机制，新调整设置的 11 个机构在 2019 年全部挂牌成立，顺利承接市级下放的 905 项行政审批事项，实现“区内事区内办”；深化开放型经济体制建设，漳州台商投资区保税物流中心（B 型）正式获批，大幅提高口岸通关效率，助推制造业转型升级；有效应对中美贸易摩擦和贸易壁垒，98 家出口企业完成出口 80 亿元，外贸市场保持平稳；落实各级惠台政策，闽台交流不断深化，率先在全市开展台商台胞金融信用证书试点工作，为台商台胞授信总额达 15.7 亿元，充分发挥台资企业资本项目管理便利化试点作用，为 15 家台企办理 111 笔试点业务，金额达 2.13 亿美元，让台企享有更多政策“红利”；注重高质量招引，台企质量效益不断提升，目前，区内常驻台商台胞 500 多人，在册台资企业 127 家，总投资 53.81 亿美元，分别占外资总数 64.77%，投资总额 77.08%，成为区域经济发展的重要支撑。

（摘编：郭鹭）

漳州高新技术产业开发区

漳州高新技术产业为国家级开发区。2019 年，漳州高新区（直管园区）完成固定资产投资 113 亿元，与 2018 年基本持平；完成规模工业产值 168 亿元，增长 8.1%；规模工业增加值 52 亿元，增长 8%；同口径（不含车购税）一般预算公共收入完成 7.5 亿元，增长 26%；地方一般公共预算收入 4.87 亿元，增长 42.2%。

基础建设重点突破。南江滨主路、金峰大桥、圆山大道Ⅲ标基本实现通车，圆山大道纵十路到象镇互通段开工，马洲大桥、芝山桥等跨江桥梁加快建设。市政配套扎实推进，新建改造城市道路 11 公里，雨水管网 16 公里，污水管网 5 公里，供水管网 15.4 公里，燃气管网 5 公里，新增绿道 10 公里，新增城市公共停车位 200 个，在全市率先完成住宅小区增设电动车智能充电桩任务。环保设施稳步提升，漳州工业废弃物处置利用中心焚烧系统正式点火投入运营，推进农村污水整治 PPP 项目，南星污水处理站等 9 个污水处理设施完成建设，马洲污水处理厂、林前污水处理厂实现开工。民生配套全面加快，新开工建设棚改项目 2337 套，组织龙江新苑、水仙花苑等安置房分房 3009 套，安置面积 26.75 万平方米；高新区“安得广”惠民安居工程全部封顶，首批 64 户符合申请条件对象成功选房；市医院总部加快建设，8 栋主要建筑进入主体施工；职教园区完成所有单体工程施工；兰庭、莲浦、龙江新苑等安置房小区配套幼儿园项目基本完工，投用后可容纳 45 个班，1350 个学位；谋划九湖中心小学、靖城中学扩建综合楼、长边中学等改造扩容提质项目 9 个。城乡面貌显著提升，大力推进 324 国道及南大道、龙江南路、西环城路等 4 个重点路段“六乱”整治以及“两高”沿线环境综合整治，拆除乱搭盖 1057 起，整治乱堆放 1003 处，取缔非法广告牌 1660 块，整治电线 43.8 公里，建成龙江南路垃圾分类示范线，漳州火车站整治成效显著成全市铁路沿线整治示范段，南大道成为高新区第一条现代化城市街区。

产业发展落实赶超。围绕漳州市委市政府“大抓工业，抓大工业，建设工业新城”的决策部署，聚焦“3+1”主导产业，即物联网、集成电路等新一代信息技术产业、智能制造产业、大健康产业、新材料产业，聚力工业发展，推动高质量发展落实赶超，产业集聚效应进一步增强。全力抓大工业。全年共开工建设工业领域项目 10 个，总投资 33.6 亿元，竣工投产焙之道食品（二期）、万宝龙非标制罐项目等工业项目 12 个。打造科创平台。建成高新区众创园、甲骨文双创基地、物联网示范园三个科创园，孵化器面积 5 万平方米，现已入驻科创型初创企业 100 多家，成功孵化出昌达光电、路达交通、博慧电子等一批优质科创型企业，新增院士工作站 2 家，省级百人计划人才 2 名，国务院津贴专家 1 名，新增专利 400 多件。建设示范园区。基本建成中盟科技园、智能制造园、健康产业示范园等三个标准化产业园区，引导有科技含量、有市场效益的中小企业入园集约发展，已集聚企业 40 多家。

招商引资健全机制。牢固树立“大招商、招大商”理念，坚持“一把手”抓招商，健全“商务 110”商机对接中心，采取 VR 系统科技招商模式，持续加大对外开放和招商力度，瞄准京津冀、长三角、珠三角等地点对点招商，成功举办 618 专场招商推介会，总投资超过 500 亿元的漳州中铁世博城项目，国内机器人行业排名第 2 的漳州新松智能制造项目及排名前 10 的中信重工开诚（漳州）智能装备产业基地项目等一批重大项目相继签约落地，全年新签约项目 44 个，总投资 257 亿元，年度签约项目数量和投资额均创新高。2019 年 9 月，高新区招商服务中心获得福省人力资源和社会保障厅、商务厅联合授予的“全省商务系统先进集体”荣誉称号；2019 年 12 月，漳州高新区《创新“商务 110”招商模式，助力“大抓工业、抓大工业”突破成效》在第二届“推进机制活、建设新福建”机关体制机制创新案例征集评选活动中获得三等奖。

科技创新成果喜人。坚持把创新作为引领发展的第一动力，深入实施创新驱动发展战略。一是营造创新创业环境。全年共 18 家企业参加创新创业大赛，荣获三等奖 5 个，参赛及获奖企业数均居全市前列。截至 2019 年，漳州高新区共有 18 家企业在创新创业大赛上获得国家级荣誉 4 项、省级荣誉 10 项、市级荣誉 17 项。创新创业获得上级肯定，漳州高新区众创园获福建省科技厅推荐申报 2019 年度国家众创空间备案。二是做好科技项目扶持。5 家企业获市级科技型中小企业技术创新资金项目立项；龙海市百叶水仙花专业合作社的“水仙花新品种高效优质标准化生产技术集成及栽培示范”项目列入 2019 年漳州市水仙花科技专项项目；福建路达交通设施有限公司的“公路桥隧节能防腐阻燃纳米瓷化涂料”项目列入2019年省科技项目计划（第四批）。三是健全科技企业梯度成长机制。新增福建省科技小巨人领军企业4家；新增通过备案省级高新技术企业8家；新增国家认定企业技术中心1家；8家企业通过国家高新技术企业认定。四是做好科技特派员工作。2019年8月“区地合一”后，采取多种方式选派科技特派员，省级科技特派员由原先空白增加到现在8人、镇（办）覆盖率超200%。

生态环保提升改善。紧密围绕“产城融合宜居宜业新城区”的发展定位，持续推动高新区生态环境质量持续改善提升。一是持续推进生态建设。实施南山水岸绿道建设、龙江南路绿化提升（二期）、南山湖生态园（一期）、水仙花海4个项目，完成投资3亿元，占年度计划的112.94%。南山湖生态园、梅溪花海等相继建成开放，建成花海180亩，湿地公园92亩。推进荔枝海、水仙花海生态建设，探索南湖管养模式。进一步强化水仙花保护管理措施，配合出台《漳州市人民政府关于推进水仙花原产地保护和产业发展的实施意见》。二是扎实推进环保督察整改。第二轮中央环保督察涉及高新区信访问题15件，已完成整改销号9件，其他问题均按序时推进。三是大力推进污染源治理。按照市委“源头治理、标本兼治、表里如一”的部署要求，落实表单化、清单化、项目化、责任化管理，对照五大类污染类型，开展拉网式排查，梳理污染源990个，已完成污染源治理514个，其余项目将于2020年内全部完成治理。

体制机制创新改革。2019年8月1日，漳州高新区“区地合一”委托管理体制正式实施，新组建14个工作机构，实行相对集中办公、大部制扁平化管理模式，有效提升管理效能；99名从芗城、龙海、南靖新转隶过来的干部及时承接到位，快速实现工作磨合、情感融合；1123项市级行政审批和公共服务事项全部在市委市政府部署要求时间内有序承接，基本实现“区内事区内办”，管理效率持续提升，工作合力显著增强，发展动力活力持续释放。项目审批实现大提速，在全市率先实行“集中审批、审管分离”模式，率先实施工业项目告知承诺审批，工业项目在市级审批时限66个工作日基础上压缩至30个工作日，压缩率超过50%。企业开办时间压缩至1个工作日内。用地前期实现大提升，全面优化项目用地报批流程，用地报批前期工作时间缩短到45个工作日，压缩率达50%。

（摘编：黄国实）

漳州金峰经济开发区

漳州金峰经济开发区是第一批通过国家发改委审核的省级重点开发区之一，是漳州市吸引外资的重要窗口。2019年，园区规模工业企业共有209家，全年完成规模工业产值826.61亿元，比增9.4%；完成固定资产投资192.21亿元，比增13.4%，其中完成工业投资61.92亿元，比增24.5%；完成限上社零20.73亿元，比增24.9%。新增新上工作成效显著。围绕全年任务8家的工作目标，2019年共完成14家，其中新增3家为闽光、奇力、科兴，新上11家为天铭、新三优、捷龙、邦晟、宝福、集龙、名庄、精铭、方拓、百图、傲科生物。综合发展水平名列前茅。近年来，金峰开发区综合发展水平连续三年在全省73家省级开发区中排第2名，在全省89家国家级、省级开发区中排第8位，成为漳州市第一个进入福建十强的省级开发区。

基础设施完善配套。构建高效便捷路网。园区主动脉——金塘路目前已完成地下综合管廊浇筑，正在进行主路面施工；提速宝石路、金珠路、宝天大道、林脚路、浯三路及金安片区5条道路等道路工程建设，进一步完善园区交通网。完善水电工程体系。完善实施金峰开发区北部片区供水工程，缓解浦南工业园、南山工业园一带企业生产生活用水压力；加快南山鳌门变等6个电力设施迁改和3个电力工程建设。营造宜居便企园区。“安得广”民生工程—大唐幸福里正在进行内部装修；总投资27.3亿元的铁塘片区、金安片区棚户区改造项目，已全面进场进行桩基施工；金峰开发区实验小学及附属幼儿园项目已完成立项，EPC公开招标已挂网，石亭中心小学项目已开工建设，两所小学建成后将有效缓解开发区企业员工子女就学问题；金峰中心广场已完成供地，计划今年开工建设。

产业发展创新格局。经过多年培育发展，开发区现已形成以正兴、科华、科晖等为龙头的装备制造产业，以三宝、闽光等为龙头的特殊钢铁产业及以傲农、大北农等为龙头的生物科技产业三大主导产业。2019 年，三大主导产业分别创规模以上工业产值 244.63 亿元、384.97 亿元、103.87 亿元，占规模以上工业产值比重分别为 29.6%、46.6%、12.6%；三大主导产业合计创规模以上工业产值 733.47 亿元，占规模以上工业产值比重为 88.7%，产业集聚水平高。开发区将通过产业结构调整和培育，努力打造由省级龙头企业引领的钢铁深加工、装备制造、电子信息和现代服务业“3＋1”的产业发展新格局。抢抓机遇布局新兴产业。在推动传统产业发展的同时，也要不断引入新兴产业。一方面助力传统产业开枝散叶，帮助他们在现有基础上，扩建厂房、增加生产线，抓住新一轮技术革命和产业变革的历史性机遇，转型升级，绿色发展，再上项目，乘势而上。另一方面抢先布局新领域新产业，开发区面对方兴未艾的新经济，快出手、快布局，对于企业用于工业生产的技改扩建项目，特事特办，马上研究批件，利用原有厂房进行转型升级，落地快、见效快。审时度势当好新经济引导员，建立干部职工卡片“挂牌”服务，每个项目由一名领导及一名干部挂点服务，深入具体项目，实时跟踪服务，保障项目用地，协调产能指标，为企业发展排忧解难，推动项目快速落地，帮助企业把好布局方向。

招商引资成效凸显。2019 年共签约项目 44 个，签约数同比增长 95.7%，签约金额 87 亿元，落地项目 33 个，落地率 73.3%。签约项目中 10 亿元以上项目 5 个（主要有三宝炼铁配套改造项目、冷轧硅钢及金属制品深加工项目、辉源冷轧卷板及金属制品深加工项目、伟业城冷轧卷板及金属制品深加工项目、三宝 80 万吨高强度优线棒项目等），亿元以上项目 11 个，5000 万元以上项目 23 个，在谈意向性项目 39 个。

生态环保严格执行。近年来，金峰开发区围绕着“绿色”做文章，做好规划环评，提升污水处理工艺，积极推动西区污水厂三期、南山工业园污水管网二期、三宝工业园污水管网等 16 个污水治理项目加快建设并逐步投入使用，保持较高的固废和危废处置综合利用率，并取得一系列成绩，彰显“绿色金峰”品牌效应：2017 年 12 月，入选省商务厅“第一批绿色开发区示范区”，是漳州市唯一入选开发区；2019 年 9 月，省工信厅发布“2019 年福建省园区循环化改造重点支持备选园区公示名单”，金峰成为漳州市首个循环备选园区；2019 年 10 月，入选发改委办公厅、工信部办公厅“工业资源综合利用基地名单（第二批）”，是福建省首个入选基地；2019 年 9 月，三宝钢铁成功入选工信部“第四批绿色制造名单”，成为漳州市首家“国家级绿色工厂”；三宝钢铁、信华食品、正兴车轮成为省级绿色工厂，占漳州市比重 42.9%。园区单位规模以上工业增加值综合耗能为 0.63 吨标准煤/万元，比降 8.7%；“四上”企业通过 ISO14000 认证 33 家，占比 10.6%；全年无发生环境污染事故。

体制机制大力改革。2019 年，区委、区政府对金峰开发区充分授权，于当年 12 月全面接管全区工业企业、物流企业、工业项目，扩大企业服务范围。成立芗城区工业项目统筹领导小组办公室，负责芗城区“大抓工业”相关工作，成立三宝集团综合服务协调办公室，负责芗城区“抓大工业”相关工作；抽调人员下沉一线，到金峰开发区和三宝集团挂职，集聚全区最重要的要素保障部门和人才队伍，高效服务企业和项目工作；将金峰开发区管委会办公地点搬至金峰众创园，就近服务辖区企业和项目；成立金峰开发区管委会安全生产监督管理局，金峰建设工程安全监督管理站更名为金峰建设工程服务中心，转变职能定位，更加贴近服务；恢复成立金峰派出所，行政服务中心分中心已投入运行；整合成立金峰投资集团，将区财政局原持有金峰投资集团的股权划转金峰开发区管委会，土地、厂房等资产注入集团，成立金峰招商服务中心有限公司，建立统一的招商平台，从招商引资走向招商选资。

（摘编：李兵）

漳州蓝田经济开发区

漳州蓝田经济开发区是漳州市第一个省级开发区。2019年，开发区完成规模工业产值264亿元，同比增长9.6%；完成全社会固定资产投资57.3亿元，同比增长5%；完成限上消费品零售额（无石油）54亿元，同比增长10.2%；完成税收5.51亿元，同比下降20%。

项目建设稳步推进。2019年共实施投资项目56个，总投资216.5亿元，年计划投资57亿元：其中新开工项目29个，总投资70.3亿元，年计划投资26.2亿元，截至2019年12月份已开工14个（含竣工项目2个）；续建项目27个，总投资146.2亿元，年计划投资30.8亿元，截至2019年12月已完工11个。17个省、市重点项目（省级重点项目2个、市级重点项目15个）中，已有15个开工建设，其中2个竣工投用。

招商引资成果喜人。2019年，共引进项目84个（含技改项目），总投资超过60亿元。漳州多特制针有限公司、漳州鸿莉家具有限公司钢管家具智能化生产示范项目、漳州富乘健康科技有限公司、漳州顶津食品有限公司瓶装饮用水生产线项目、漳州市宏香记食品有限公司智能化食品生产基地、聚盈漳州大健康物流园项目，佰优诺智能科技项目、日商产业园项目、瑞士独立制表大师工作室、爱迪欧广播卫视设备制造项目、长芯半导体等11个重点项目成功签约。积极盘活旧厂房，开展“腾笼换鸟”，新麦食品收购嘉顺制罐厂房，盈创信息科技收购晨辉茶叶厂房，闲置厂房得到有效利用，以厂房租赁形式引进项目29个，总投资2.06亿元。

园区服务提升质量。制定《关于规范漳州蓝田经济开发区工业企业产权转让的实施方案》，以提高开发区企业土地集约利用率和投入产出水平，促进工业经济良性循环发展；制定《为响应市委市政府关于“大抓工业、抓大工业”的指示的优惠政策建议》和《企业采用集中供热的激励办法》，帮助企业向上争取更多优惠政策，以加快开发区企业高质量发展步伐；制定《项目土地监管协议》，将土地投入产出效益纳入监管范畴，为规范项目招商奠定良好基础，提升招商选商质量。

生态环保严格治理。开展黑臭水体整治，累计排查企业205家，下发并督促整改雨污混排企业、小区84家，完成整改43家，其余正按要求督促其规范整改；完成雨污水管道实施检测73公里、清淤65公里；强化施工扬尘污染控制，针对辖区内35处在建工地，共发放扬尘整治检查表252份，检查整改存在扬尘问题425条。

安全生产加强监管。抓好安全生产工作，加强道路交通综合整治，投入1500多万元增设交通信号灯、警示标志、路灯、凸面镜等安全设施。加强建筑工地安全监管，全年共检查在建工地35个，排查隐患274处，整改274处，整改率100%。深化有限空间专项整治，全年排查有限空间作业企业35家，发现隐患116处，整改116处，整改率100%。开展消防安全专项行动，共检查生产经营单位571家，提出隐患779条，整改隐患779项，整改率100%。突出危险化学品等工贸行业领域检查，共检查危险化学品企业及涉氨制冷企业13家，检查粉尘涉爆企业10家，发现隐患97条，整改隐患97项，整改率100%。开展物流仓储行业安全生产检查，加强对辖区14家物流仓储行业经营行为的监管，切实消除物流仓储行业中潜在的安全生产事故隐患。强化民众安全意识教育，群发安全生产宣传短信1000多条，转发《安全生产通知》289份，组织区内201家企业共332人参加安全生产管理人员资格证培训，组织17家企业3650人开展消防安全应急演练。

体制机制落实到位。围绕招商引资、项目建设等重点领域，全面提高服务水平和工作效能，落实干部一线考核制度，制定《2019年领导干部挂钩项目责任制》，成立项目督察组、项目协调组，确保每一名领导干部至少挂钩一个项目，通过每周集中汇报一次项目进度，每月开展一次项目督查、每季度召开一次现场会的机制，加快推动项目建设，真正做到奖勤罚懒，激励先进。认真开展全国第四次经济普查工作，组建开发区经济普查队伍，65名成员划分15个片区进行地毯式入户普查，普查登记924家非一套表企业（不含规模企业），切实掌握辖区企业情况。

（摘编：郑新贵）

长泰经济开发区

长泰经济开发区创办于1998年，是国家发改委审核通过的第一批省级开发区之一、漳州市11个省级重点开发区之一，总面积22平方公里，规划工业开发面积12平方公里。2019年，开发区全年实现规模工业产值339亿元，规模工业增加值95亿元，全社会固定资产投资48.5亿元；外贸出口53亿元；签约项目36个，新批办内资企业13家，新批办外资项目2家；财政收入完成6.49亿元；新增规模工业企业9家。2019年获长泰县重点项目建设工作先进单位、长泰县“大抓工业、抓大工业”工作先进单位。

基础设施配套完善。2019年，开发区基础配套开创崭新局面。一是商贸服务配套焕发新颜。2019年开发区促成凯悦广场、盛世嘉园等重新启动二期建设，推进兴博广场主体建设完工，推动兴泰公租房顺利将378套公租房配租给立达信、俪人鞋业等16家企业，完成公租房商场对外出租招标工作，公租房商场正由有实力的专业运营商进行改造，将填补园区商业配套短板，为企业和群众提供优质的配套环境，对于企业招工、稳工、留工等具有重要的意义。二是教育医疗配套扩充补齐。2019年累计投入2500万元，完成兴泰中学一期工程1#教学楼建设，推进兴泰中学二期工程完成开工前各项手续办理。投入1500多万元，推进中医院的主体装修及附属配套建设并完成验收。三是基础设施配套接二连三。2019年累计投入1500多万元，组织实施北环路南侧排洪渠开发区段一期、岩兴公路（陈积线）破损路面修复、园区绿化提升等6个为民办实事项目。继续推进聚牛山廉政文化公园建设，投资3500万元配合住建局、环保局进行工业园区污水管网、污水处理厂提标改造工程，完善基础设施和公共服务设施配套。投入300多万元，实施积山三角点到乐丫丫路段、前山工业园区的路灯LED改造工程，进一步提高园区道路交通安全水平。

项目建设平稳推进。2019年，开发区项目建设平稳快速推进，26个重点项目全年完成投资33.27亿元,；新开工建设兴岩建筑科技、贝立家居等12个项目，其中亿元以上项目10个，10亿元以上项目1个（立达信科技小镇）；新投产易辰达烤炉、兴岩建筑科技等9个项目，其中亿元以上项目7家。2019年获长泰县重点项目建设工作先进单位、长泰县“大抓工业、抓大工业”工作先进单位。

招商引资势头良好。2019年开发区坚持“一把手”招商，主要领导每月组织1次以上外出招商，全年累计外出招商14次。积极转变招商思维，通过“零地招商”“飞地招商”等方式，重点引进投资效益好、科技含量高、产业关联紧的项目。全年签约引进欧宝贝儿童用品、宏辉金属、莫那烫画科技、兴岩建筑科技等36个项目（其中：新批办2000万以上民营企业13家），签约项目总投资额达60亿元，保持良好的招商势头。

科技创新再添佳绩。2019年，开发区实施技术改造项目5个，完成技术改造投资额2.5亿元。全年新增省级以上高新技术企业9家，省级企业技术中心2个、新增省级企业研发中心2个。至2019年，开发区累计有省级企业技术中心（研发中心）11个、省级科技企业孵化器1个、省级重点实验室1个、国家级轻工业重点实验室1个、省级以上高新技术企业34家，全区企业已获发明专利100多件，实用新型专利500多件。

生态环保全面整治。2019年，开发区投资140多万元，采取拓宽、清淤清杂、水草种植、沟底硬化等措施，消除兴吉路黑臭水体，提升辖区河道水质；投资500万元，推动2.5公里污水管网铺设；完成总投资3300万元的东区污水处理厂提标改造工程，促使排放标准由一级B提升到一级A。投入50万元，开展积山、欧山9.6公里高低排渠清淤拓宽，清运淤泥1500多立方米；全面开展整治洗砂场、农业养殖污染治理等行动；全年恢复绿化植被165亩，减少水土流失污染河道。

管理服务落实到位。在社会事务管理权限上，长泰经济开发区除受托管理开发区发展工业、招商引资、项目建设和企业管理与服务外，还直接负责对所带村的管理，并按照属地管理原则，区管委会还直接负责环境保护、安全生产、市场监管、治安维稳、道路管网、绿化保洁等公共事务的日常管理与服务工作，同时，实行“以区带村”

的管理模式。园区设有招商科、企管科、规建科等科室专门管理与服务企业，并设立了企业微信公众号、政企平台，专门用于政府扶持政策的宣传。

（摘编：黄国实）

漳州古雷港经济开发区（古雷港）

漳州古雷港经济开发区包括古雷港及其后方的古雷镇、霞美镇、杜浔镇、沙西镇、下蔡林场、杜浔盐场及相关海域。辖区总人口23.6万，陆域面积393平方公里，海域面积1000平方公里。凭借得天独厚的区位优势，古雷开发区先后被确认为台湾石化产业园区、全国七大石化基地之一、中国化工潜力园区十强。2019年园区完成地区生产总值80.97亿元，增长8.2%；固定资产投资136.60亿元，增长55.2%；规模工业总产值309.77亿元，增长13.9%；实际利用外资13.3亿元，增长37.3%；城镇居民人均可支配收入39447元，增长9.4%；农村居民人均可支配收入21700元，增长9.8%。

产业发展加速聚集。进入石化产业规划布局方案的三大战略项目蹄疾步稳推进，主要以福海创160万吨/年PX项目、450万吨/年PTA项目为依托，配套建成海顺德23万吨/年特种油项目、春达化工增塑剂项目、康普化工氧化残渣处理项目等5个投产项目。炼化一体化核心区，2014年4月国家发改委批复面积为50.9平方公里，分1#、2#、3#地块，其中1#地块主要布置中沙古雷乙烯项目，2#地块主要布置炼化一体化一期百万吨乙烯及下游配套项目。中沙古雷乙烯项目，又称150万吨/年乙烯及下游深加工联合体项目，项目总投资达420亿元，2019年9月列入国家石化产业规划布局方案，时下项目环评、社稳评估、用地预审等严格按照省上议定的时间节点有序推进，预计2023年建成投产。古雷炼化一体化一期百万吨级乙烯项目，是迄今为止陆台合资最大规模的石化产业项目，规划建设1600万吨炼油、百万吨烯烃及配套化工装置。目前项目一期工程百万吨乙烯项目已开工建设，力争今年投入试生产。随着龙头项目的持续深入推进，中下游石化项目区，也迎来了新的入驻高峰，当前整个园区在建项目包括奇美45万吨/年ABS及AS项目、新阳不饱和树脂项目、海顺德催化剂项目等8个，待建项目包括奇美15万吨PC与2.5万吨PETG项目、科之杰烷氧基化衍生物项目、濮阳惠城酐酸酐衍生物项目、碳五碳九分离及下游新材料项目等14个，古雷石化全产业链发展框架基本形成。

招商引资精准定位。一年来，开发区突出产业项目，精准招商。重点瞄准世界500强石化企业和台湾百大石化企业，以及国内著名的石化企业，组织招商小分队，主动出击，登门拜访，目前已经与二十几家知名国内外企业建立日常往来。突出以商招商，拜访推介。支持园区企业引入战略合作伙伴，在古雷做大做强。充分利用“6·18”、“9·8”、中国芳烃技术与项目论坛等平台，主动“走出去”宣传推介古雷。多次在北京、厦门开展专场招商宣传推介活动，向国内外客商充分展示园区的投资环境、区位优势、自然条件优势和政策优势，积极寻求新的合作可能。2019年，开发区共组织参与重大招商活动10场，拜访了沙特基础工业公司、奇美、中国石化工程建设有限公司等世界500强企业，并积极探讨项目在园区投资建设的可行性，储备并盯紧一批重大产业招商项目。2019年以来，共集中签约重大产业项目14个，总投资1020.27亿元，亩均计划投资超1500万元、亩均计划税收超150万元；其中，外资方面，世界第五大石化产品制造商沙特基础工业集团、世界50强石化企业法国液体空气集团分别签约投资436亿元、30亿元；台资方面，“台湾百强企业”长春集团、奇美集团分别签约投资45亿元、27.6亿元；国资方面，福建石化集团、福海创分别约签投资150亿元、70亿元；民资方面，舟基集团水封洞库项目签约投资120亿元。总投资40亿元的福建石化集团碳五碳九分离及下游新材料项目等7个项目实现当年签约、当年开工。

生态环保严格执行。经三次规模有序搬迁，古雷整岛搬迁任务基本完成，石化区实现无常住人口。为进一步打造安全可持续发展的生态环境，开发区借鉴新加坡裕廊石化园区先进管理经验，于2015年10月启动建设安全检查站建设，目前封口卡口已经建成投用。2015年，漳州市政府举全市之力完成古雷半岛整岛搬迁工作，核心区无常住人口，古雷成为国内首个封关管理的石化园区。对进出古雷半岛车辆、人员都进行有效监管，大大降低石化企业生产危险、运输危险、运营危险。古雷半岛将成为国内首个具备封关运行条件的石化专业园区。

机制创新全面推进。“双厅级”主官到位坐镇统筹、12个新机构集中揭牌亮相、70名机关事业干部划转到位，开发区管辖土地面积由原来石化园区的116平方公里拓展到古雷、杜浔、沙西、霞美4个乡镇的393平方公里，干部队伍由“区地合一”前104人增长到2026人，开发区机构、人员资源加速整合，干部干事创业活力充分激发。区党工委、管委会工作机制再优化。创新采用五个工作版块方式优化班子分工，推动组织领导、干部队伍向石化园区和乡镇发展两大工作重心聚集，形成经济发展和社会事务既独立运转又互相推动的格局，使主业更突出、力量更集中、管理更高效。创新服务“工业发展”新模式。成立园区协调办公室，选派6名处级干部、17名干部“一对一”挂钩园区重点工业项目，把精兵强将压到石化园区一线，实行“一个窗口”统一归口受理企业诉求，全力帮扶企业突破项目用地用林用海报批等发展要素保障瓶颈。“放管服”改革再深入。“一站式”行政服务中心启用并对外开放，顺利承接市级行政审批权限共1115项，承接漳浦县审批事项主项603项、子项1083项，积极推进省、市、县、乡“一张网”四级连通联办。除38项暂委托漳浦县办理外，基本实现“区内事区内办”，区级“一趟不用跑”和“最多跑一趟”事项占比达98%，企业项目从进入审批程序到开工平均时间缩短50%以上，至目前累计完成办件5075件，及时办结率100%。产业和城市规划再提升。按照“建设工业新城”的更高标准推动产城融合，坚持一体规划、一体运作、一体投入，从顶层设计上同步启动石化产业园区规划和港区新城规划修编等工作。先后推动《漳州市精细化工产业发展规划与产业招商报告》《漳州古雷石化产业园区增量配电业务试点项目建设方案》获批，与厦门大学携手启动古雷石化产业技术研究院建设，严格实施《招商引资产业项目评分标准》，抓紧编制开发区国土空间规划和古雷石化基地总体发展规划修编，持续推进古雷产城融合及关联产业战略与空间布局优化。

（摘编：彭文荣）

漳州古雷港经济开发区（绥安）

绥安工业开发区设立于1991年6月，总规划面积34.59平方公里，1998年3月列为省级开发区。2019年，绥安工业区规模工业企业120家，全年实现规模工业产值205亿元，占全县的53.8%，产值达到50亿元以上企业1家（盈丰食品集团）；实现工业税收5亿元，占全县工业税收的55.6%；完成固定资产投资突破30亿元；实现出口创汇28.5亿元；完成财政收入5亿元，比增30%。

产业发展优化升级。绥安工业区按照“各有侧重、突出特色、协调发展”的原则，对园区产业规划布局进行再优化再提升，强化产业园区集聚效应，增强产业竞争力。重点发展食品加工、轻纺制品、运动器材等三大主导产业，全力打造食品产业园、自行车产业园、两岸农机产业园和互联网经济产业园等特色园区，2019年，三大主导产业实现规模工业产值162亿元，占全部规模企业产值的79%。

招商引资多措并举。一是不断优化营商环境。“软硬”建设并驾齐驱，设立了省级“政企直通车”服务站，为企业提供快速便捷优质服务；深入推进市委“追解促”行动，下沉一线解决项目建设难题，推动10个项目年内动工建设。提升园区的承载力，全年实施基础设施建设项目25个，总投资达1600万元，完善了天马南路、横一路、纵一路等区间路的硬化、绿化、亮化、美化工程，以及园区排污管网建设，在年度工业园区建设竞赛中名列全市前茅。二是突出产业链招商。围绕主导产业和自行车产业园、食品产业园两个主打特色园，紧盯珠三角、长三角、泉厦地区三大招商重点区域开展精准招商。全年外出招商16次，签约项目36个，总投资21.8亿元，其中，亿元以上项目8个，总投资14亿元，发展后劲支撑持续增强。三是力促企业增资扩产。进一步激活企业内生动力，促进企业增资扩产，推动同溢堂药业新增国医馆项目，总投资6亿元；自行车产业园先后引进自行车配件生产企业10家，总投资10亿元，目前，已有5家投产，另外5家正在加紧建设中，捷安特、爱地雅、意普等品牌整车生产企业也纷纷前来考察。

管理服务多管齐下。1. 增强要素保障。全年盘活闲置厂房近5万平方米、闲置土地195亩，工业用地产出比持续提高；完成已净地项目约150亩用地的供地手续办理；推动鹏利玩具、海新饲料、淞铂电动马达、达川食品、政伸印刷、欧康实业等32个签约项目开工投建，总投资30亿元；推进香江达成、金马百虹、联创光电等16个项目竣工投产，总投资11.5亿元；推动标准砂生产线改造项目、玮柏自行车配件增资项目、达川年产6万吨果汁增资项目等3个项目增资扩产，总投资2.1亿元。2. 优化企业服务。一是突出精准服务，主动上门走访，深入开展“下园区、进企业、惠企行”行动，充分挖掘企业科技创新潜力，扶持同溢堂药业、伟伊化纤、致易电子、舜洋食品等多家规模企业转型升级。二是联合县人社局开展招聘工作，全年共开展新春招聘会、省外招聘会、退伍转业军人亲属招聘会、国庆返乡务工招聘会、精准就业扶贫招聘会等多场次招聘会，累计为300多家企业成功招聘工人1100多人，有效缓解了企业招工用工难题，保障企业正常生产运营。三是按照“2019年全县人才工作要点”要求，着力推动政策措施落到实处，主动协调县教育局，成功解决致易电子、腾特实业、敏捷动漫等7家企业13名高管的子女就学问题，让企业高层管理及骨干人员安心在漳浦工作和生活。

（摘编：肖启辉）

诏安工业园区

诏安工业园区为省级开发区，2015年3月，园区被确认为闽粤经济合作区先行启动区。2019年，园区完成规模工业产值170亿元，同比增长2.7%；财税收入完成2.03亿元，其中完成工业税收1.58亿元，同比增长30.3%；固定资产投资完成13.05亿元，同比增长62.5%；外贸出口完成8.4亿元，同比增长22.7%；新增规模以上企业2家，具体为福建省景生农业开发有限公司、福建融海新材料科技有限公司。

基础设施逐步完善。2019年启动的A区和B区路灯亮化工程、B区绿化提升工程、农民工服务中心工程、兴业园通用厂房附属工程、C区纵二路建设5个基础设施项目均在年内完工。同步推进的工程还有城西污水处理厂项目、恒大物流园物华路项目、C区横一路、D区储备用地周边配套道路等工程，这些基础设施的完善可以进一步提升园区项目承载能力，为打造标准化园区提供基础保障。

产业发展合理规划。园区按“一片区一产业”布局产业格局：A区属园区老工业基地，主要发展服装和食品传统产业，规模小，因毗邻县城中心优势，拟实施“退城入园”，着力打造集银行、商业、居住、旅店、餐饮、文娱为一体的多功能生活配套服务区；B区主要突出聚集婴童文化创意产业，以漳州市京丰婴儿用品有限公司、福建麦凯智造婴童文化股份有限公司、福建星辉玩具有限公司等企业为龙头代表，辐射带动婴童产业发展壮大；C区大力发展新材料产业，打造闽粤绿之地产业园；D区借助厦深高铁交通优势，主要发展富硒食品加工、物流仓储等产业。截至2019年末园区共入驻企业126家，规模以上工业企业55家，高新技术企业3家。园区立足本地资源优势和毗邻潮汕的区位优势，契合县里经济发展总体规划，适应国土空间地理分布，已初步形成婴童文化、食品加工产业、轻工机械产业三大产业发展格局。2019年，以福建星辉玩具有限公司、福建麦凯智造婴童文化股份有限公司为龙头企业的婴童文化产业完成税收4244.36万元，同比增长18%；以福建大新电子科技有限公司为代表的电子轻工机械产业完成税收1210.64万元，同比增长16.2%；以福建能裕实业有限公司、福建合口味食品工业有限公司和诏安溜溜果园食品有限公司为代表的富硒食品产业完成税收4890万元，同比增长53%。

招商引资卓有成效。园区精准定位主导产业、锁定招商目标、出台优惠政策，借助小分队招商、以商引商和委托第三方招商机构等方式，紧紧围绕园区主导产业链条、谋划新兴科技产业和打造婴童文化创意产业园目标，把珠三角等经济发达地区作为招商引资的主要区域，1—12 月，园区的招商分队共外出招商 12 次，主要对接珠三角、厦门、泉州等地区的婴童产业和食品加工等产业，共洽谈项目近 40 个，成功签约项目 15 个，总投资 14.3 亿元，项目涉及婴童用品、食品加工、电子轻工等园区主导产业。

生态环保全面治理。2019 年，园区协同县生态环境局和有关执法部门开展了生态环境问题排查整治、水质提升整治、打击“散乱污”小作坊等工作，重点排查取缔漂染类小作坊和违规金属表面处理加工场，严肃查处了 24 起环保违规行为。通过全面摸清园区企业废水排放情况和采取工程技术措施综合治理，整治了涉及南湖片区企业排污问题；通过不断加强对赤水溪流域片区企业巡查和监管力度，充分发挥赤水溪入河排污口污水处理工程和 D 区连站大道零星污水收集工程作用，接入城区污水处理厂进行再次处理，基本解决了 D 区企业污水直排赤水溪问题；加速推进城西污水处理厂及配套管网工程项目前期工作，力争在 2020 年 2 月份动工建设。

管理服务多措并举。2019 年，结合园区企业不断增加的现状，为更好地服务企业，优化园区营商环境，推动项目建成落地，园区创新服务体制机制。一是创新“四个中心”服务功能。通过设立企业服务中心、党群活动中心、职工文体中心、农民工服务中心，探索创新完善“四个中心”服务功能，使其功能作用相互补充、相互促进，实现“四个中心连一体”。为园区各类企业和新落户项目提供咨询、审批、代办、协调等事项“一条龙”服务，同时也为企业协调解决招工、人才引进、职工子女入学等问题，为企业员工开展学习、培训、文体活动提供全新平台，丰富员工业余文化生活。四个中心成立以来，累计服务企业 142 家、成功办结 895 件；帮助企业招工 1800 余人，帮扶困难职工 55 人，“金秋助学”56 人。二是健全项目挂钩制。对每年新签约的项目及园区整合移交企业建立“一企一档”，安排精干人员深入企业生产一线、在建项目工地一线，实行点对点、面对面的“包项目、包工地、驻企业”的责任制，并定期召开项目联席会议，及时发现并帮助协调解决问题，实现精准服务。三是成立项目促督办。充分发挥项目促督办协调督查功能，针对入驻项目涉及的工商注册、土地报批、征迁遗留、项目报建等多个环节全程跟进，明确各小组责任人和工作职责，帮助企业解决开工建设、生产经营、转型升级等方面存在的难题，全面推动签约项目早落地、早动工、早投产。四是成立“项目服务青年突击队”。园区从各个部门中抽取青年骨干成立项目服务青年突击队，突击队员各司其职、环环相扣、整合资源，从对接部门、申请报备，到问题协调、办结归档，专门解决企业发展或项目建设存在的难题，2019 年共为企业解决各种疑难杂症 30 余项。此做法成效在全国“不忘初心、牢记使命”主题教育总结大会后的新华社通稿中，作为全省唯一的一个典型得以刊登肯定。

（摘编：林开龙）

云霄常山经济开发区

云霄常山华侨经济开发区是福建省省级重点经济开发区。2019 年，全区经济社会呈现总体平稳的良好态势。地区生产总值完成 35.29 亿元；固定资产投资完成 31.4 亿元；规模工业总产值完成 67.83 亿元；规模工业增加值完成 18.37 亿元；财政总收入完成 2.64 亿元；地方财政收入完成 1.59 亿元；外贸进出口完成 24.28 亿元；实际利用外资 2305 万元；社会消费品零售总额完成 8.45 亿元；城镇居民人均可支配收入 34686 元；农村居民人均可支配收入 18388 元。

基础建设有序推进。实现公共配套竞赛项目 25 个，年度计划投资 6.41 亿元，覆盖道路建设、污水处理、城区排水等多个领域，目前已竣工项目 18 个，城区基础设施进一步完善。人居环境整治成效显著。实施“一革命四行动”，深化“两高”沿线环境整治，排查并整改安全隐患农房 289 座，新建城乡公厕 10 座；开展农村垃圾治理，清运生活垃圾 2672 吨；建立环卫保洁机制，聘用专职保洁员，投入 1100 万元引进社会化服务，实现垃圾收集清运全覆盖；漳州南部生活垃圾焚烧发电厂投产，实现垃圾无害化处理。

项目建设深化落实。落实重大项目建设推进机制，实施“五个一批”项目共7个，年度完成总投资32.59亿元，赶超任务重大项目漳州南部生活垃圾焚烧发电厂顺利投产。加快推进省市重点项目建设。实施15个省市重点项目，年度计划总投资11.15亿元，完成11.5亿元，超序时2个百分点。促进漳州南部驾驶人考试场、美肯科技等项目开工建设。抓好“三抓三比、十项竞赛”活动。实施项目53个，年度计划总投资20.9亿元，完成投资29.8亿元，超序时49个百分点。其中，特色现代农业暨农业绿色发展等一系列指标在开发区系列名列前茅。

产业发展做大做强。深入实施“大抓工业、抓大工业”三年行动计划，落实领导干部挂钩企业的制度，按照“一个工业项目，一套人马，一站服务”，紧盯工业项目谋划、招商、开工、投产等环节，推动项目滚动发展；加大企业扶持力度，实行“一企一策”，持续跟踪扶持重点、重大工业项目；累计落实惠企补助资金563万元。落实减税降费政策，推行“点、线、面”宣传工作法，扩大宣传覆盖面；专人专岗，精准对接，解决沟通不畅问题。累计落实减税降费1424万元。产业加快转型升级，深化供给侧结构性改革，推动万佳华盛等企业技改升级，完成技改投资10.18亿元。清理闲置低效用地和僵尸企业清理活动，盘活闲置用地140公顷。农业现代化进程加快。大力实施乡村振兴战略，实施乡村振兴战略项目48个。启动乡村振兴“345”示范工程，加快梧园、柘林、白竹等示范村建设，重点打造梧园管理区省级试点村建设，推动开发区乡村振兴。充分挖掘农村旅游消费潜力，发展休闲农林渔业，延长产业链，成功创建了国家现代农业示范区，打造天窗坪仙境山庄农业示范点，带动完成农、林、牧、渔业总产值3.77亿元。现代服务业持续发展。乌山天池旅游专线基本建成通车，省级竞争性扶持重大项目3000万元旅游专项资金全部到位，建设进度明显加快；引进乌山湾现代田园度假项目，有望打造成乌山天池旅游专线门户配套；天窗坪仙境山庄已取得证照开园试运营，第三产业占比持续增大。

招商引资多路并进。坚持“走出去”和“引进来”两手抓。由“一把手”带队，分别前往浙江、深圳、苏州等地招商11场次，走访30多家企业，接待来访客商60多人次，在谈项目21个，举行集中签约3场，已签约项目8个，落地项目4个，总投资41.8亿元。

生态环保严格监管。污染防治取得阶段性成果，全年大气优良比例为96.4%。全面排查各类污染源，排查出136个污染源头并出台治理方案，完成整治66项；拆除2家沙企业，完成矿山复绿10公顷，中央第一轮、第二轮环保督查收到的6件信访件已全部办结；全面完成“水十条”年度目标任务，城市建成区无黑臭水体，杜塘水库水质达三类以上标准；完成造林绿化和森林经营任务3722公顷，常山管理区获得省级“森林村庄”荣誉称号，乡村生态景观持续升级。

管理服务深化改革。梳理明确全区权力清单事项156项、公共服务清单事项48项，“最多跑一趟”232项，“一趟不用跑”7项，进一步简化审批环节，规范审批行为，为企业、群众提供了便捷、高效的行政审批和公共服务，打通办事的“最后一公里”。

（摘编：朱明清）

平和工业园区

平和工业园区2006年经国家发改委、省人民政府审核批准升格为省级工业园区，总体规划面积5平方公里。2019年，园区共完成固定资产投资25.5亿元，完成规模工业产值90.66亿元；新引进项目8个，总投资19.5亿元；列入年度重点项目6个，完成投资8.29亿元；完成投资5000万元—1亿元工业项目数2个，完成投资1亿元—5亿元工业项目数10个。

基础设施日臻完善。2019年计划投资13500万元，新建7.2公里园区主干道，实际完成投资11800万元。进一步完善覆盖全园区的路、电、水、热、气、网络及配套管网等公用基础设施，以及污水集中处置设施等。

招商引资重点突出。园区围绕“五个一批”项目签约作为日常招商引资的核心任务，建立全方位、系统化的工作机制，充分利用蜜柚节、访乡贤等活动，一把手亲自抓招商，2019年引进兆木森、上峰机制砂、鹏龙新型建材、PVC塑料隔墙、木制品贴纸、海绵砖、PVC环保塑料制品、富美家具等亿元以上项目。

管理服务优化升级。投资38万元建设中小企业服务平台，网络平台包含资源门户网站、新闻资讯管理系统、政策资金管理系统、服务网城管理系统、培训活动管理系统、市平台数据互通互联、沟通工具系统、办公应用系统等，已完成全部投资38万元，公共服务平台已投入运行，并与市中小企业公共服务平台实现互联互通。贯彻落实支持企业发展的各项优惠政策，强化帮扶协调，推动企业技术创新、技术改造。深入重点企业，帮助企业解决融资、用工等问题，助力企业加快发展。强化培育引导，以技术创新、节能减排、循环经济为重点，加快中小微企业和高成长型企业培育。一年来，先后有华诚四期、美艺陶和鸿星技改抛光生产线、澳利软瓷砖、百得利扩建等一批技改项目开工和即将开工建设，推动平和县技改工作的步伐。

（摘编：王增丰）

华安经济开发区

华安经济开发区位于漳州市北郊、华安县南部，规划面积62平方公里。2005年创办，2010年被省政府批准为省级经济开发区，先后荣获“福建省光电产业园”“国家科技兴贸创新基地”等称号，已成为漳州北部经济增长极、汽配产业区、九龙生态经济区核心组成部分。2019年，开发区固定资产投资任务数11.1亿元，已完成11.99亿元，比增3.2%，完成年度任务的108%；固定投资（含飞地）完成61.92亿元，同比增长4.4%；规模以上工业总产值完成149.25亿元，比增17.2%；规模以上工业增加值完成42.51亿元，比增19.6%；公共财政总收入任务数39441万元，完成31564万元，比减13.6%，完成年度任务的80%；地方级财政收入任务数25683万元，完成16606万元，比减30.8%，完成年度任务61.7%；新增规模以上企业8家，分别是元大体育、际诺思、恒利鑫、泳力泰、河峰机械、卓逸窗饰、丰隆钢管、恒宝和工贸。

基础建设有序推进。全年建设道路10条，总投资1.54亿元，总长6.36公里。其中，浦角线东西两段300米路面已完成建设，九龙大道二期、36路一期，江滨路已验收完成。准备开工建设文峰自来水厂改扩建及管网建设工程，目前已完成取水口部分的预算，准备送财政审核。建设排洪渠4条（分别是长富、芹寨版、红岩、康山至浦西排洪渠），其中红岩排洪渠（27路排水渠）已完成，总投资9500万元，总长8.67公里。已完成九龙工业园污水提升泵站1、2、3号及配套管网建设工程，并已成功接入第二污水处理厂，基本完成园区所有污水收集工作。

产业发展突出重点。先进装备制造产业，以正兴铝车轮、金昌龙机械、徐工机械等企业为龙头，加快推进先进装备制造产业集群建设，延伸产业链，加快新能源汽车、电控电池等研发和产业化步伐。重点引进：大型整车制造及汽车核心部件龙头企业为核心，打造集汽车研发设计、生产制造、展示贸易、销售服务为一体的汽车产业链。节能环保新型材料产业。以新长诚重工、恒瑞环保新型建材等企业为龙头，以红狮水泥、九龙江北溪丰富沙石原料为基础，培育壮大若干个研发设计能力强、工艺技术水平高的龙头企业。重点引进：“节能环保”新型建材项目。绿色食品产业。以立兴食品、星光食品、祥友食品、福创食品、巧食夫食品、知福茶业等企业为龙头，大力发展绿色食品、有机食品和农副产品深加工，延长食品产业链，提高精细加工和市场开发水平，提升产品附加值和产业竞争力。重点引进：果蔬菌罐头、铁观音茶叶精加工、保健品及饮料、酿酒、生物医药等有机、生态、绿色食品产业。家具产业。以华森家具、红梅家具、巴洛克纳家具等企业为龙头，推进百家强家具产业园建设。重点引进：高档特色家具生产研发企业，发挥产业集群效应，提升家具产业竞争力。电子信息产业。以利胜电光源、安控电气、午阳半导体等企业为龙头，发挥开发区省级光电产业园优势，积极承接台湾和厦门泉州深圳产业转移，主要打造LED照明、LED显示、太阳能光伏、集成电路、计算机设备、家用电子、数字家庭用品、仪器仪表等核心产品。重点引进：芯片、外延片等科技含量高的生产研发企业，提高科技企业比重，提升产业价值。电商物流产业。以电子商务为主，打造集商贸物流、仓储配送、供应链管理、研发设计、孵化培育、生活服务、文化创意等功能为一体的现代电子商务及物流服务体系。重点引进：电子产品、软件开发、电子信息产品研发与制造、现代物流中心、电商示范企业。

招商引资成果喜人。新引进项目共39个，总投资131.82亿元。其中，上亿元项目16个、上5亿元项目3个（厦门工学院、新页、华建管桩）、上10亿元项目2个（厦门工学院、新页无线充电）。

（摘编：郭鹭）

泉州省级及省级以上开发区概况

泉州经济技术开发区

泉州经济技术开发区是泉州市委、市政府直接开发建设的国家级经济技术开发区，开发范围包括清濛园区、国家级泉州出口加工区。2019 年，开发区实现 GDP 228.09 亿元，比增 10%；工业增加值 178.5 亿元，比增 7.9%；建筑业增加值 3.3 亿元，比增 58.4%；第三产业增加值 46.32 亿元，比增 17.3%；一般公共预算总收入 16.37 亿元；一般公共预算收入 8.08 亿元，比增 2.4%；全社会固定资产投资比增 12%；社会消费品零售额 77.29 亿元，比增 6.9%；出口商品总值 59.27 亿元，比增 41.03%；实际利用外资（验资口径）1.24 亿元。其中，GDP、建筑业增加值、第三产业增加值增速位居全市第一，出口商品总值增速位居全市第二。

项目建设扎实推进。实行“一个项目、一套人马、一拼到底”，扎实开展“项目攻坚 2019”。技改项目。全区 20 个技改项目完成投资 5.6 亿元，完成年度计划的 112.56%，超过时序进度 12.56 个百分点。特步、天地星、星美健等 3 个项目被纳入市级重点技改项目。积极培育产业转型升级典型示范企业，兆兴无纺布公司、三星电气公司生产车间被认定为市级数字化车间；天地星被认定为省级单项冠军企业；九牧王公司被认定为省级智能制造试点示范企业；安记、三星、万龙被认定为省级“专精特新”中小企业。重点项目。全区 46 个在建重点项目，累计完成投资 25.66 亿元，完成年度计划投资 100.01%。其中，14 个列入市级在建重点项目累计完成投资 12.43 亿元，完成年度计划投资 107.58%，超额完成年度目标任务。“五个一批”项目。谋划项目 27 个，总投资 287.49 亿元，完成谋划任务的 135%；签约项目 24 个，总投资 93.40 亿元，完成签约任务的 240%；开工项目 19 个，总投资 72.57 亿元；竣工投产项目 15 个，总投资 33.20 亿元。

产业发展狠抓重点。抓龙头引领增后劲。充分发挥产业龙头企业支撑和引领作用，加快壮大现有龙头企业，紧盯规上企业，积极培育新的龙头企业，特步、九牧王、宏远等 3 家被认定为 2019 年省级工业龙头企业，推荐太平洋、锐驰、万龙等 14 家企业列入市级产业龙头企业；新增规下转规上工业企业 15 家，预计可新增产值 3 亿元；天际 SUV 汽车生产、九牧王产业园、足力健老人鞋、友臣食品等 20 个优质企业项目，预计可新增产值 38.53 亿元。稳妥应对中美贸易摩擦，不断壮大出口主体，全区全年新增出口备案企业 64 家，新增出口实绩企业 59 家。抓产业转升聚动力。把产业升级作为经济增长的“动力源”，鼓励企业创新创造，支持传统制造业通过技术改造向中高端迈进，积极培育产业转型升级典型示范企业，推动高新技术产业快速发展。抢抓服务制造融合大趋势，开展“第三产业提升年”活动，推进九牧王智能物流配送中心、建筑业和商贸服务业集聚园区及国脉生物科技项目等三产在建项目建设，引导新华旭智慧物流园申报市级现代服务业集聚示范区，力促三产集聚发展。支持企业承接“军转民”科技成果转化，参与军品研发生产，壮大军民融合产业，目前全区已有 11 家军民融合企业，21 个产品列入军队采购目录。抓高新培育强支撑。坚持高端引领，着力培育具有特色的战略新兴产业，推进科技创新与构建现代产业体系紧密结合，加快构建以高新技术产业为主导、服务经济为主体、先进制造业为支撑的现代产业体系。思安公司等5家入选市战略性新兴产业成长型企业培育库；新增泰亚鞋业等5家省级科技小巨人领军企业；力声电子被认定为泉州市瞪羚企业；国家级高新技术企业孵化基地累计孵化企业达278家，累计毕业企业175家。大力发展商贸服务业、创意产业、现代生产性服务业，引导中小企业参与龙头企业、品牌企业的协作配套，推动产业之间横向结盟上规模，纵向整合成链条。

招商引资再添佳绩。制定出台《项目入驻、项目评估、项目退出管理办法（暂行）》，深入推进2.5产业园及智能产业园规范清理工作，共清退出企业9家，清理出闲置低效及违规占用的办公用房2.7万平方米，盘活存量土地242亩、闲置厂房19.9万平方米，嫁接引进新项目136个，项目总投资达8.2亿元。实施“三个一”招商工作机制（“一把手”带头抓招商，“一条龙”服务抓招商，“一队伍”专业抓招商），成功对接入库9个民企项目，合同总投资额46.1亿元人民币，超额完成市里下达的25亿元民企对接任务，完成率高达184.4%。引进集聚1765家互联网经济、工业设计、检验检测、创新金融、文化创意等新型业态。制定出台《泉州开发区关于鼓励利用空置厂房和土地进行二次招商的若干措施》等优惠政策，吸引项目进驻，有效激发招商活力，成功引进斐乐（FILA）全球采购中心、德尔电梯、维佳石材机械等大型优质项目。加快推进中意“两国双园”建设，成功引进“中意（泉州）时尚创意谷”“意大利CSMT（泉州）中心”两大平台入驻开发区，搭建起泉州市引进意大利资金、技术、品牌、设计师人才团队的桥梁和纽带。

管理服务提升质量。管理方面，将全区划分为5大网格片区，采取“一格四员、分层快处”形式延伸服务末梢，明确网格督导员、网格管理员、网格服务员、网格警务员这“网格四员”职责，压实工作责任，以此让企业群众有了困难和问题知道找谁办、到哪办、怎么办。该做法在全市强基促稳推进会上作经验介绍。美丽颜值再提升。落实好“城市提速年”项目，全区5个纳入市里的在建项目年度计划投资3050万元，完成投资3050万元，完成年度计划的100%，西片区第一公共停车场、学园路市政道路项目、A区慢行道及德泰路部分道路综合提升工程及泉州开发区智慧公厕工程建设改造项目等5个项目均已完工，园区宜居宜业舒适度进一步提升。扎实打好污染防治攻坚战，认真配合做好第二轮中央环境保护督察迎检工作，深入开展环境执法大练兵、“清水蓝天”专项执法行动、污染源“双随机”抽查，重点开展散乱污企业排查，采用错时执法、联合执法、信息公开等手段，严厉打击环境违法行为。作为泉州市唯一的全省生活垃圾分类试点，在全省率先推行市场化智能垃圾分类系统，生活垃圾分类的经验做法在“学习强国”平台、《侨区快讯》、泉州晚报、东南网等媒体刊载。安定稳定再夯实。扎实推进“强基促稳”三年行动，持续深化“扫黑除恶”专项斗争。坚决打好重大风险防范化解攻坚战，全年累计处置不良贷款3.04亿元，全区不良贷款余额自2016年以来首次降至1亿元以下，区域信贷风险呈现出企稳筑底态势。时刻绷紧安全生产这根弦，紧紧盯住危化企业、道路交通、消防安全、建筑工地、食品药品等重点行业和领域，共排查出安全隐患220多条，整改率达100%。在全市率先创新推出“智慧用电”监控系统，实现对重点企业安全用电情况进行全天候实时监控，让企业通过可视化手段切实预防电器火灾事故的发生。全区共有169家企业安装“智慧用电”系统895台，提前超额完成市安委会下达的任务数。健全劳资和谐保障、议事、调解机制，深入开展“无欠薪项目部”创建等活动，实现了保证金覆盖率、欠薪应急周转金覆盖率、工伤认定申请办结率、劳资矛盾受理率、调处成功率“五个100%”。

（摘编：肖启辉）

泉州台商投资区

泉州台商投资区成立于2010年，为国家级台商投资区，也是泉州国家高新技术产业开发区的主园区。2019年，台投区全年完成地区生产总值330.34亿元，增长8.6%；规上工业增加值199.72亿元，增长8.5%；一般公共预算总收入20.05亿元，增长16%；一般公共预算收入11.65

亿元，增长16.4%；社会消费品零售总额97.41亿，增长11.3%；出口商品总额24.53亿元，增长1.7%；实际利用外资6.42亿元，增长1.8%。一般公共预算总收入、一般公共预算收入、第三产业增加值3个指标增速排名全市第一。GDP、一般公共预算总收入、一般公共预算收入、第三产业增加值、社会消费品零售总额等5个指标增速高于全市平均水平，高质量发展落实赶超迈出坚实步伐。

项目建设攻坚克难。高水平推进项目建设，实施大片区作战，实行重大建设项目定期、定量、定性考核机制，创新重点项目联合攻坚机制、村级成建制拆迁等措施，强力突破征拆滞后、前期缓慢、违法阻工等制约项目开工投产的"中梗阻"。全区119个区级以上重点项目完成投资219.7亿元，完成年度计划的101.5%，其中在建项目完成投资217.68亿元，完成年度计划的104.7%。海城大道（海山大道至张纬四路）等33个项目开工建设；海灵大道北段、嘉德利二期项目等51个建成投产。28个省市重点项目完成投资103.47亿元，其中玖龙纸业65万吨高档牛卡纸扩建、八仙过海大型旅游、白沙棚户区改造等21个在建项目（考核类）累计完成投资102.59亿元。开展"项目攻坚年"活动，新增谋划生成项目36个、招商（谋划转签约）项目34个、开工项目23个、建成（部分建成）项目27个，完成8个市级征迁攻坚项目房屋征迁2.34万平方米、征地（海）1612亩、坟墓拆除213个。实施2019年工程包活动，组织实施城镇污水管网等工程包19个，完成投资35.64亿元。

营商环境不断优化。城市布局进一步优化，启动全域乡村建设规划，加快推进白沙片区等单元控规编制及报批工作。实施"城市建设提速年"项目27个，完成投资45.8亿元。全区基础设施建设总量和规模位居全市第一。海湾大道（八仙段、双山段）等项目有序推进；杏东片区"七通一平"工程、江锦街（杏秀路—海山大道段）已基本完成；海灵大道北段、滨湖东路北延伸段已完工。泉州后渚大桥东桥头互通建成通车。投资72亿建设海湾大道，打造泉州版最美"环岛路"。占地5000亩，总投资约7亿元的海丝生态公园顺利开园。引进10万平方米的世茂星河城城市综合体，打造湖东片区商业新城、高品质生活圈。按照"三留一活"工作目标，推进洛阳古街保护与利用。引进中建集团投资300亿建设白沙片区，邀请国内规划大师、中国工程院吴志强院士进行城市规划设计，力争用5—10年时间打造现代化高端国际社区、洛阳江畔城市建设典范。扎实推进"四好农村路"建设，创建洛阳镇3.395公里和东园镇8.892公里生态示范路工程，东园镇被泉州市评为"四好农村路"示范乡镇。全区行政村公交覆盖率达96.15%，实现村村通客车。全区实施污水处理设施建设项目22个，累计完成投资1.5亿元，完成污水管道施工约74公里。

招商引资卓有成效。高质量抓好招商引资。制定2019年招商引资工作实施方案，形成全员招商工作局面。组建成立招商服务公司，与中国国际贸易促进委员会台港澳企业服务中心、中国国际经济咨询有限公司等专业第三方平台达成合作意向。全年签约泉州干细胞与再生医学研究院、东风重工、彩蝶湾养老养生村、中信重工智能装备产业基地等项目15个，总投资额约130.2亿元；签订启迪美术高级中学等项目框架协议13个，投资总额超百亿元。承办由国家工信部主办的2019年"创客中国"两岸三地新兴产业中小企业创新创业大赛，决赛获奖项目中来自台湾的CSI晶圆生产、无人驾驶机器人、基于北斗导航系统及天线等项目意向落户，拟共同建设"创客中国中小企业创新创业产业园"。成功举办"工业设计暨台湾大学生来泉工作座谈会""2019泉州海峡两岸工业设计大赛暨海峡两岸大学生设计工作坊启动仪式"、第二届海峡两岸（泉州）检验技术暨医保人才交流论坛、首届泉台医护人员岗位职工技能竞赛、第四届海峡泉台职工雕艺技能大赛等。组织企业参加进博会、广交会、慕尼黑国际体育用品展等境内外展会，第十七届6·18对接合同项目58个，总投资34.6亿元。

科技创新再创佳绩。谋划建设泉州科学城，打造国家创新型城市和国家自主创新示范区的"新名片"。推动工业产业转型升级，舒华健身器材、立亚新材碳化硅研制等15个项目列入省市技改项目，华德机电、力达空压机等7家企业列入

"数控一代"产品企业。新增国家级星创天地1家、国家高新技术企业11家、国家知识产权管理规范标准认定企业7家、省科技小巨人领军企业9家、省高成长企业11家、市瞪羚企业5家，市级企业技术中心2家。累计列入省、市两化融合重点项目、重点技改项目名单市、服务型制造企业培育对象、A级物流企业培育对象90个。加强科技创新平台建设，泉州装备制造研究所新增"电机驱动和功率电子国家地方联合工程研究中心""福建省复杂动态系统智能辨识与控制重点实验室"等2个科技服务平台；促成13个STS项目（中科院科技服务网络计划）进驻；建成全省电机领域首个国家地方联合工程研究中心—中科院海西研究院泉州装备制造研究所，为泉州市第一批国地联合共建的国家级创新平台；泉州国家农业科技园区创新能力指数跻身国家农业科技园区第九，是全省唯一进入全国排名前十的国家农业科技园区；新增省级众创空间1家、省级新型研发机构1家、市级新型研发机构1家。开展科技知识产权宣传周活动，累计申请专利2043件、授权专利1496件，全区有效发明专利达到829件，每万人口发明专利拥有量达到32.13件，排名全市第二。

管理服务落实保障。稳步推进减税降费工作，推行"中午不打烊"和"5+2周末轮班办税"制度，落实149项"最多跑一次"清单服务。全区减税降费政策减免税收2.15亿元，税务部门征收社会保险费减免1250万元。争取上级科技、外贸、用电等扶持资金6060.83万元，兑现区级科技、专利、技改等奖励资金3487.45万元。坚决打好防范化解重大风险攻坚战，发挥区级应急保障周转资金池作用，滚动使用应急保障金90笔4.20亿元，有效帮助70家企业解决转贷资金问题。全区各项贷款余额98.18亿元，达到年度目标的124.3%，各项存款余额88.02亿元，达到年度目标的103.6%。累计处置不良贷款3.1亿元，逾期类贷款、关注类贷款分别比去年同期下降0.08亿元、0.53亿元。优化项目用林、用地服务，经省政府批准农用地转用和土地征收共25个批次，批准面积3456.46亩，用地面积批准量全市第一，重点保障了白沙片区、海湾大道等省市重点项目用地需求。清理处置批而未供土地1575亩，其中工业用地259亩。全区共完成房屋征收签约1350宗，签约面积55.3万平方米；完成已竣工的7个安置小区涉及43个项目1179户选房回迁工作，共安置套房2025套，安置面积24.51万平方米，回迁选房率100%。

（摘编：吴汉良）

泉州高新技术产业开发区（江南园）

泉州高新技术产业开发区为国家级开发区。2019年，高新区地区生产总值155.06亿元、税收收入9.52亿元，规模以上工业增加值69.53亿元。工业用地亩均产值达到946.7万元、亩均税收23.1万元。经过十多年的开发建设，高新区综合实力、创新能力、集约发展等各项指标在全省、全市各类开发区中均位于前列，连续三年获泉州高新区"一区多园"考核评价第一名。

基础设施趋于完善。高新区地处泉州市中心城区，距高铁泉州站8公里，距泉州后渚港17公里，距晋江国际机场15公里，城市交通主道南环路贯穿而过，区内有高速互通口一个，商场、公园、医院、学校、酒店、公交场站等城镇配套完善。

产业特色突出重点。鲤城高新区以微波通信、数字安防、电子元器件、太阳能光伏为主的电子信息产业，以服装面料、纺织材料、成品鞋服为主的纺织鞋服产业，以工程机械"四轮一带"及整机制造为主的机械汽配产业等为三大支柱产业。

项目建设积极推动。"流量测量仪表生产项目""立信节能设备产业园"落地建设，进一步壮大高新产业规模；引进建设"数字经济智慧园"，搭建汽配贸易、鞋服电子商务、仓储、办公、休闲、教育、培训等全方位服务平台；投资建设"高新区创业投资服务中心"，打造产业创新创业平台，提升配套服务水平；牵头促成万盛置业公司和红星美凯龙合作，谋划引进"星艺佳家居卖场"，带动周边区域商贸市场繁荣发展；帮助解决"骏雅轩艺术馆项目"配套场地问题，协调解决"大众汽车城项目"用地征迁遗留问题，盘活存量资源对接落地"金泉商城""培文学校"，破解项目建设瓶颈。

招商引资卓有成效。按照建设金融专业市场的要求，不断引进有品牌、有实力、有信誉的机构入驻，科技金融服务产品不断丰富，金融服务水平不断提高。截至2019年12月，金融中心累计已签约入驻各类金融服务单位70多家，其中金融机构5家、类金融机构10家、增值服务等其他机构60家，聚集效应已初步显现。

体制改革创新服务。按照省政府指导意见具体要求，主动融入全区国有企业改革大局，结合高新区当前发展阶段的实际需要，探索设立集招商、管理、服务为一体，具备资本运作、资产管理、信息咨询、投融资合作等功能的投资运营平台，成立公司作为平台运作主体。招商引进北京联东集团入驻投资建设“联东U谷·泉州产业综合体项目”，采取统一规划、统一建设、统一招商、统一服务的模式，由专业运营机构负责项目产业定位、规划方案设计、投资建设及招商运营管理，结合区域主导产业特点，吸引电子信息、智能制造为主导的高新技术产业，形成高端产业集群，打造聚合生产制造、研发设计、中试成果转化、生产企业总部、产品展示和生产配套功能于一体的都市型产业集聚地；项目占地面积120亩，计划总投资4.8亿元，达产后年可新增创税4800万元以上，亩均税收达到40万元以上。以综合体项目为示范和带动，持续探索市场化运作模式，借助专业运营机构的资金和资源优势，推动专精特微产业园建设。

（摘编：黄国实）

晋江经济开发区

晋江经济开发区（以下简称“开发区”）系省级开发区。2019年，开发区新增规上企业20家、“四上”企业35家、高新企业10家，全区完成规模以上工业总产值1052.16亿元，比增11.4%；限上企业批发销售额完成355.63亿元，比增18.5%；全社会固定资产投资完成58.8亿元，比增8.9%。经过多年发展，开发区“一区多园”现有入驻企业859家，其中，投产企业485家，在建企业147家。国家火炬计划重点高新技术企业3家，国家级企业技术中心3家，国家级工业设计中心1家，省级院士工作站3家，省级高新技术企业32家；省级创新型企业1家；省级创新型试点企业5家；省级行业星火计划创新中心4家；省级重点实验室4家；省级技术中心6家；泉州市行业技术开发中心8家；福建企业工程技术研究中心1家；泉州市工程技术研究中心6家；泉州企业技术中心18家；科技小巨人21家；瞪羚计划重点培育企业2家。园区入驻企业中获中国驰名商标14家，福建省知名商标18家。基本形成了以鞋服纺织、纸制品、食品饮料等3个传统产业为主，装备制造、高端印刷、光电能源等3个新兴产业为辅的产业格局，囊括恒安、安踏、361度、利郎、亲亲、蜡笔小新、雅客、优兰发等传统产业知名企业，以及金保利能源、三力机车、佶龙机械新兴产业优质企业。

基础设施配套完善。持续完善园区路网体系，完成中源路等4条道路建设，全力推进时尚园阳溪北路等7条道路工程建设，加快进度解决新塘园横八路与泉州环城高速石狮收费站匝道工程项目可研批复相关工作。完成食品园景观配套用房工程桩基建设和新塘园垃圾转运站设备采购事项，安东园综合污水处理厂8万吨完成建设及设备联动调试。加大优质教育资源供给，第八实验小学及其大山后校区9月份正式投入使用。深化与晋江市医院共建医疗联合体，晋江市医院经济开发区院区暨晋江经济开发区社区卫生服务中心6月份正式投入运营，满足园区企业职工看病就医、卫生保健需求。有序推进林格廉租房的复工工作，1#、3#、5#楼的装修已完成，2#、4#、6#楼的装修工作进行中。

项目建设强化推进。强化分析研判，夯实要素保障，细化工作责任，确保重点项目投资力度不减。积极会同相关镇（街道），以点带面，逐步化解食品园北片区征迁历史遗留问题，完成海天项目、时尚园基础设施、第八实验小学项目等3个征迁问题销号，全力保障项目落地建设及快速推进。围绕企业投产做足配套文章，预判企业用水、用电、用汽、排污等需求，主动协调相关市直部门，减轻企业后顾之忧。2019年92个重点项目完成年度投资68.74亿元，完成年度投资计划103.94%；新增21个项目开工建设，25个项目投产投用。

生态环保持续优化。狠抓生态水域治理，坚持每周召开环保专题会议，建立“网格+微信”工作机制，督促整治工作快速开展、落实到位。以梧垵溪、坝头溪流域治理为核心，以消除黑臭水体为目标，采取重点片区雨污分流和河道排污口截污整治相结合，努力实现河畅、水清、岸绿。2019年全面排查管网231公里，编号溯源271个市政排放口，落图登记987个企业排放口，增设95个电子监控点，提升智能监管水平。加大环卫保洁投入力度，继续在全市卫生考评中保持前列。加强河道整治力度，严格按照“边排查、边建档、边整治、边验收”的原则，采取自来水放水的措施，对企业进行排查，加大约谈、处罚力度，督促企业立即采取措施，确保问题立即整改、全面整改、逐件落实。2019年共约谈34家企业负责人，办理环保查封扣押案件3起，行政处罚案件38起，累计罚款197.275万元。

管理服务质量提升。着力提升服务质量，营造良好营商环境，服务企业既“定心”更“贴心”，努力构建“亲”“清”政商关系。推进“党建（人才）+经济（企业）+科技+商会”联动机制，开展企业总裁班、惠企政策、企业家沙龙等各类培训活动14次，受益1000多人次，全面提升企业家素质。推动优惠政策落地生效，全年协助企业申报132项优惠政策补助约计2237万元，指导1人成功申报国家千人计划，73人申报高层次人才。以获批“2018年度省级新型工业化示范基地”为抓手，创建高新技术企业培育库、科技项目库，指导凤竹鞋业、美力艾佳公司申报数字化车间；抓牢用地要素保障，完成农转用报批83亩、供地2984.18亩，协助企业办理不动产权证49宗共1484.82亩；依托“六大平台”，着力提升精细化管理水平。启动晋江经济开发区人才交流服务共享中心建设，举办“六个一”调研宣讲活动和“春风行动”大型招聘会，帮助企业破解招工、引才难题。着力打造“智慧园区”可视化平台，建成1个指挥中心、建设10个“瞭望天网”、增设150多个电子监控，实现基础设施网络化、日常管理敏捷化、功能服务精准化和产业发展智能化。

（摘编：郭鹭）

洛江经济开发区

洛江经济开发区是2006年4月经国家发改委批准，由原万安开发区、双阳华侨经济开发区整合而成的省级经济开发区。2019年，开发区经济运行速度快速增长，运行质量稳步提高。开发区区域范围内完成地区生产总值241.83亿元，比同期增长39.2%，财政收入14.68亿元，实际利用外资金额4.75亿元。开发区在全区经济发展的主导地位日益显现，带动作用日益增强，对区域经济的贡献份额日益提高。第二产业再上台阶。规模以上工业企业达到149家，工业总产值610.39亿元，增长16.7%。启动智谷高新技术产业园洛江园区规划建设，铁拓机械改扩建工程建成投产，三一筑工（泉州）建筑科技产业园落地，一批机械装备制造项目加快建设和入驻河市西片区，省级智能制造试点示范基地成型成势，智能装备产业产值增长26%。发挥信和新材料、嘉泰数控、西人马等重点企业和成长型企业带动效应，机器人、传感器、石墨烯新材料等产业链加快延伸。改造提升传统优势产业，11家企业25项产品入选泉州市“数控一代”示范项目名单，13个省市重点技改项目完成投资11.4亿元，卫生用品、纺织鞋服行业分别增长30%、17%。推动数字经济发展，列入省级数字经济项目完成投资4.9亿元，建成开通39个5G站点。修订建筑业发展壮大六条措施，稳步推进建筑业产业化，建筑业实现产值210亿元、纳税4.2亿元。创新驱动取得突破。落实泉州市国家创新型城市实施方案，规模以上工业企业研发投入增长20%。高新技术企业、科技小巨人领军企业分别达29家、23家，入围、新增一批工信部专精特新“小巨人”企业、省级制造业单项冠军企业、市级产业龙头企业，西人马列入工信部工业强基项目，2家企业研发项目分别荣获福建省科学技术进步奖二、三等奖。培育壮大军民融合产业，与兵装集团在导航测控、新材料等项目达成合作，新认定7家军民融合企业。落实“人才港湾”计划，新增高层次人才198人。

产业发展转型升级。开展“第三产业提升年”活动，24个三产重点项目完成投资12.6亿元。万安、双阳一批酒店、餐饮、文创园等退二进三项目投入营业，城区商业氛围渐浓，全区社会消费品零售总额增长12.5%。全区应用网络销售企业近1400家、销售额增长18.6%。汽车服务业沿万虹路两侧形成规模效应，奔驰、宝马、雷克萨斯等知名汽车品牌入驻，汽车销售额增长10%。现代物流业取得突破，新宜泉州枢纽物流中心开工建设，德邦物流东南基地等3个重大项目落地。

项目建设有序推进。2019年以来，园区内基础设施建设和公共配套均在有效推进：（1）园区建设加速提质。①投资2.5亿市级重点项目泉州市洛江区小总部经济区市政道路等基础设施PPP项目，预计2021年1月完工。完成本项目的基础设施建设将推进洛江小总部经济区——建筑业总部园区项目开发，进一步形成开发区新的经济增长点，②河市西片区开发：投资10.8亿的西环路市政道路工程于2019年完成道路建设竣工验收、绿化验收并通车。机械产业园（铁拓地块）、（中立机械地块）已完成平整场地238亩，并交付铁拓公司、中立机械进行厂房建设。西片区蛟南安置地基础部分总建设安置地211宗，已完成基础建设工作，并移交河市政府使用。③阳江路续建道路2019年阳江路2.5公里道路路基、管线、路面已全部完成，同步两侧绿化已完成100%，完成竣工验收。阳江路与万虹路口、阳江路与滨江路口交通信号灯、电警监控设备已完成建设并投入使用，道路已正式开放通车。（2）统筹城乡促协调。城市建设加速提质。落实市委市政府“城市建设提速年”“提升城市环境品质”活动部署，74个城建项目完成投资10.4亿元。实质性启动阳江片区规划建设，完成阳江新城城市设计，组织实施阳江片区土地收储和市政道路、水系整理、学校等项目建设。打通经五路和万安城区一批断头路，万安城区断头路问题基本解决；洛滨北路等主干道加快建设，西环路双阳段、经六路、经十路等前期工作有序推进。系统梳理城乡停车场、过街通道、公交停靠站、排水排污等领域短板，完成一批“XIN”行动和群众急忧盼项目建设。

招商引资拓展渠道。围绕建设智造生态新城区目标，突出智能制造、商贸物流、现代服务业等重点产业，做优链条、做强集群。突出产业链招商、以商招商、委托招商，一是新引进三一品牌，占地450亩、总投资11亿元的三一筑工（泉州）建筑科技产业园项目；二是引进民营医院项目，占地约87亩、总投资15亿元。熠跃泉州汽车后市场供应链基地、安必信跨境电商供应链区域总部、德邦物流东南总部基地等四个物流项目，发展以人工智能、大数据、GIA技术为基础的智慧物流，计划累计新增投资22亿元，新建物流高标仓库55万平方米。西片区智造产业园对接项目26个，其中铁拓机械已完成厂房建成并投产，三一筑工（泉州）建筑科技产业园等7个项目签约落地，4个项目已完成准入评估，9个项目完成论证评估。围绕泛在物联网、芯片、传感器等高新技术产业，与湖南云箭集团合作的泉州市云箭测控与感知技术创新研究院项目签约落地，智谷（泉州）万洋高新技术产业园、越疆机器人、骨科医疗机器人、联亚航空无人机等项目。

管理服务提升改革。政务服务便捷高效。落实“绿色通道”服务机制，深化“证照分离、多证合一”、不动产登记、工程建设项目审批制度改革，企业开办时间压缩至3个工作日内，不动产登记时限缩短至5个工作日内，工程建设项目审批流程科学合理，时限进一步压缩。推进“互联网+”政务建设，1010项行政审批和服务事项全部进驻省政务服务网洛江分厅运行。履行职责依法依规。开展“法治政府建设年”行动，推行行政执法公示、全过程记录、重大执法决定法制审核制度，完善和落实《洛江区人民政府重大行政决策若干规定》，加强规范性文件审查备案，深化重点领域政务公开。

（摘编：严志东）

永春工业园区

永春县工业园区2006年国家发改委审核通过，为省级开发区，总体规划面积1.8万亩，首期已开发建设近8000亩。该区地处县城中心区南侧，“泉三高速”、省道三郊线、泉德线从区边经过，交通便利，具有独特的区位优势。2019年，轻工新城基础设施建设项目计划总投资20亿元，2019年完成投资103亿元，累计完成总投资额17.6亿元。其中，永春智慧产业园基础设施工程2019年主要实施轻工西路工程建设，投资约860万元，已于3月建设完成；轻工新城机械园安置房项目（济川、张埔安置区）已完成主体工程，开始进行室外配套设施工程、配电工程、通讯综合管线工程等施工；完善园区城市基础配套设施，实施轻工新城亮化工程，完成轻工大道、轻工北路、东二路及平一南路路灯施工。

土地利用腾笼换鸟。集约利用工业用地资源。一是消化供而未建闲置用地，动员锦佳机械（50亩）和禄富纸业（110亩）等2家公司分别于5月、10月向县政府递交收回土地的申请，锦佳机械已完成回收，禄富纸业进入固定资产评估。二是充分用好边角零星地块。2019年引导6家小微企业优先考虑一些园区边角。三是盘活闲置厂房，共盘活企业闲置厂房15.9万平方米，引入小微企业70家。

招商引资创新提升。为加大招商引资力度，管委会创新实行工业招商工作制度，与永春县工信商务局、投资促进局及乡镇协同协力，积极做好招商引资工作，进一步完善一月一信息交流、重大项目“一对一”跟踪服务、项目即时会商、进度汇报等机制。2019年度永春县确认招引入驻园区企业33家，总投资额13.6亿元，投资亿元以上的企业8家，投资5000万元—1亿元（不含）的企业5家，投资1000万—5000万（不含）的企业20家。2019年盘活园区企业闲置厂房159001平方米，闲置土地203.55亩，共盘活园区闲置土地8块，企业破产重组成功2家。加强引办项目的服务工作，全年无休假做好企业选址服务；做好九牧项目、源福机械、永旺食品（二期）、禾力机械制造、永燠灵芝菌合剂二期、万润食品项目、顺意食品、传玻玻璃二期、宇领消防、新洁诚卫生用品、良格金属二期、百胜包装公司、紫隆陶瓷扩建、美律科技扩建、万鼎工贸、爵能厨卫科技、华飞金属制品、嘉恒陶瓷等18家在建企业的日常服务工作，确保项目建设的顺利进行。

管理服务多措并举。从5月起，管委会积极开展“企情日记”活动，组织全体干部深入企业摸实情、办实事、求实效，针对企业的问题需求精准做好服务。一是持续在探花山门口开展企业现场招工会，并通过微信公众号、LED电子屏，及时上传各级惠企政策和招聘信息。二是联系泉州市讲师团，集中百家企业进行“晋江精神”、“减税降费”、贸易战应对策略宣讲。三是对多处路口破损和污水管网堵塞问题进行处理。对南星厂区主干道封闭门进行整治，方便企业出入。完成轻工大道安全标线标识的设计与施工。联合县民政局，对工业园区14条未命名支路进行命名，为企业对外信息服务提供准确地址服务。四是加大整治乱倾倒建筑垃圾问题，2019年已移送县城市管理局执法处理20余起。五是协调协商县教育部门，帮助企业解决32位高管子女择校入学。六是联系县电影公司，推出“惠企暖心”免费观影工程，已组织14场7000多人次观看《红海行动》、《战狼》等爱国主义题材电影。

生态环保查缺补漏。一是借力督察契机完善环保基础资料。以第二轮中央环保督察工作为契机，结合《福建省开发区生态环境专项整治工作方案》，对园区生态环境进行大排查、大体检，继续对园区环保基础资料工作进行补缺补漏。二是突出重点督促企业雨污分流。园区管委会自4月底开始，经过企业自查、现场检查、督促整改三个阶段，持续五个月进行污水管道专项排查和整治工作。在排查的基础上列出问题清单，及时向县分管领导、县河长办、城市管理局和生态环境局报告，就园区市政管网涉及路段和企业外部接入问题，实行现场移交、无缝对接。主动组织清理疏浚排水管泥沙沉积、排污管内污泥，对沿溪不明排水孔进行水泥封堵处理，倒逼企业和园区中民居做好整改。对问题企业实行“闭环式销单管理”。三是启动园区规划环评修编工作。鉴于《永春县工业园区规划环境影响报告书》2020年6月将期满及部分产业需要适时调整，急需跟踪评价和部分修整。管委会自7月份启动园区规划调整工作，在多次征求县生态环保局意见的基础上，在10月份，向15家省内环评机构发出环评编制邀请函，共12家机构在规定期限反馈，4家机构到园区考察，正在委托代理机构实行招标，相关工作正在有序进行中。

（摘编：李兵）

德化陶瓷产业园区

德化陶瓷产业园区于2012年9月12日被国家发改委确定为福建省唯一的国家循环化改造示范试点园区，为省级开发区。该园区总面积8.98平方千米，于2006年被国家发展改革委命名为德化陶瓷产业园区。截至2019年底，园区累计入园企业1750家，就业人数5.2万人，实现工业总产值160亿元，规模以上工业增加值32亿元，税收收入9.8亿元。园区形成了以陶瓷业为主导产业的发展模式，产业集聚水平高达82%。

基础建设赶超进度。园区利用城市周边的山杂地集中建设工业项目区，请工业上山，利用荒坡开发“工业梯田”，使园区布局更加合理。园区管委会集中力量抓好基础设施建设，包括交通、供电、供水、供气、电信、环卫、排水、污水和垃圾无害化处理、园林绿化等。基本形成设施配套、功能完善、布局合理、运行可靠的现代化园区基础设施体系，以便于筑巢引凤，发展壮大园区规模。2019年，项目建设成效显著，共推进县重点项目建设39个，完成投资327918万元（其中，财政性投资项目37776万元），完成年度投资计划的100.65%。

生态环保改造提升。德化陶瓷产业园区内企业均采用自建地下污水管网的形式，建成后全部接入县污水处理厂集中处理。园区生活垃圾由当地镇政府环卫站负责统一清理；工业垃圾由企业出资定期运至县级垃圾填埋厂集中进行处理。园区规划建设瓷土集中加工区，建设瓷土集中加工区污水管网配套工程，将浐溪上游瓷土加工类企业集中规划进区，这样可减少浐溪源头污染，改善城乡居民生活环境。此外，园区开发建设过程中十分注重做好水土保持、绿化养护等各项工作，大力建设街边绿地、袖珍公园。园区内现有阳光公园、嘉裕公园、月亮湾公园等场所供辖区内群众休闲娱乐，整个园区发展环境良好。

（摘编：李兵）

安溪经济开发区

安溪经济开发区于2006年4月经省政府批复为省级开发区，现核准面积826.22公顷，共分为六个区块，形成“一区带三园”的格局，下辖城区、龙桥、湖头三个园区，以现代工业为主、以发展高新技术为导向的现代产业体系逐步形成，注重发展茶叶加工、生物医药、绿色食品、机械电子、光电产业、新兴材料、金属加工等产业，同时配套发展商贸物流、房产物业、旅游休闲等第三产业。2019年，开发区实现地区生产总值553亿元，比上年提升26.8%，规上工业增加值200.14亿元，比上年提升16.7%，高新技术企业数21家，增幅23.5%，财政对科技的实际投入2005万元，比上年提升28.8%，实际利用外资总额1.21亿元，增速27.2%，在历年来全省经济开发区综合发展水平评价位次逐年提高。其中，城区工业园累计引进福建高洁卫浴有限公司、福建省万家利洁具工贸有限公司、福建省罗丰集团有限公司等11个招商项目（超亿元项目4个），项目协议投资12.4亿元；湖头工业园引进闽光钢铁60亿元产能置换及配套、佳亿电力、锦龙金属等11个项目，总投资96亿元。其中，投资1亿元以上产业项目9个，60亿元重大技改项目1个；龙桥工业园引进项目19个，总投资36.5亿元。

城区工业园：根据规划建设和产业布局情况，园区规划城东、城南、城西和下长泰4大功能片区。其中，城东片区位于园区的东侧，是中心城市“东拓”的主要组成部分，规划面积780公顷，规划发展集茶叶精加工、交易、总部、研发、物流仓储、电子商务、文化交流、高等教育、观光旅游等功能为一体的城东茶业新城。城南片区位于县城南部，是中心城区“南扩”的主要组成部分，总规划用地面积830公顷，规划发展服装纺织等工业产业和酒店、金融服务、商业服务、房地产开发等第三产业为主的城南金融商务区，是安溪企业回归总部建设聚集地。城西片区位于西二环路沿线及周边区域，是中心城区“西进”的主要组成部分，总规划面积800公顷，规划发展商住、商贸、物流、家居工艺品等。下长泰片区位于省道308线沿线区域，规划用地面积890公顷，规划发展水暖卫浴、机电阀门、仓储物流等产业。用地报批方面，抓好卫浴新城未批用地、工人文化宫、参岭隧道（东二环—站前大道）、红星美凯龙西侧市政道路、建安片区27A地块、江兴大桥连接线、厦大医院、永安小学、中创机制砂等新增项目报批材料，累计完成11个林地报批项目合计9.3公顷、17个用地报批项目合计31.96公顷。安置房建设方面，德苑片区安置小区A、B区已回迁完成、三安大桥东片区城中村改造项目进入室内外装修，富源小区正在主体施工，涝港安置小区一期工程正在进行室外配套工程建设。卫浴新城建设方面，加快卫浴新城等项目土地报批、平整、道路等基础设施建设工作，完成3#排水渠、西溪护岸工程财审、招标及工程建设工作等相关工作；完成卫浴新城道路工程建设，督促设计院尽快完成污水处理厂项目建议书、可研报告等前期准备工作。目前，卫浴新城用地平整工程、排洪渠工程和护岸工程基本完成，一期区间道路工程正在进行路面施工。其他项目建设方面，负责各项目用地范围内电力、电信、移动、广电线杆迁移工作，完成茂雄物流园供电线路迁移工作，满足企业开工建设需要。

湖头工业园：加快推进新旧动能转换，建设钢铁产业园、绿色食品产业园以及安溪2025产业园湖头区等现代专业园区，钢铁、水泥等传统支柱产业在转型升级中持续发力，光电、光植物、智能物流等高新智造产业在孵化培育中强势补链。一是腾笼换鸟。盘活三元集发水泥厂闲置土地，引进恒佳铜业生产项目，建设安溪2025产业园湖头区。目前，已有3家企业入驻，恒佳铜业已取得建设用地规划许可证，1号厂房地面回填已完成，锦龙金属、佳亿电力等2个项目已完成环评工作。在云林村打造安溪绿色食品产业园区，已完成初步概念性规划，正在编制控制性规划。二是凤凰涅槃。不断加大传统产业改造提升力度。闽光钢铁公司60亿产能置换及配套项目加快上马，220m² 烧结改建和料场综合升级改造项目已启动建设，刚投入运行的全省首个钢铁智能物流园进一步引领企业向智能化转型升级，公司全年实现工业产值112.2亿元，营业收入111.23亿元，纳税12.68亿元，全县第一。三元集发水泥公司正积极与海螺集团洽谈重组事宜，加快推进企业提质增效，全年完成产能220万吨，营业收入6.7亿元，纳税6939万元。

龙桥工业园：园区内基础设施建设较为完善，省道206线贯穿园区南北，同时园区内已建成龙榜路、龙桥路、榜莲路等三条主干道，园区内道路通畅。园区附近建设有2座11万伏变电站可供应本园区用电，给排水管网完成建设，园区内配置1所小学及3所私立幼儿园，附近配备2所中学及1所卫生院。新建污水管网3公里，新建市政配套道路5公里。新兴产业主要涉及光电产业、水产物流、电子商务等，其中，光电产业发展良好，企业扩产增效明显，海佳彩亮、鼎泰光电两家企业，2019年总产值约12亿元，纳税额3300多万元；电子商务产业蓬勃发展，弘桥智谷电商园入驻企业近百家，据园区大致统计，2019年园区入驻企业整体交易额约20亿元，福建省弘桥智谷投资有限公司及下属的运营公司、物流公司也保持较好的发展势态；水产物流产业处于起步阶段，摘地企业均已开工建设，预计将于2020年下半年正式投产。

（摘编：王增丰）

南安经济开发区

南安经济开发区是2006年经国家发改委、省政府正式批准设立的省级工业园区，总规划用地含项目集中区面积约44.1平方公里，根据地理分布和产业规划分为三个工业园，即扶茂工业园、成功工业园、水暖工业园。2019年，地区生产总值496.96亿元，增速15.6%；规模以上工业增加值220.98亿元，增速20.2%；工业总产值997.64亿元，产业集聚水平70.8%；完成工商税收13亿元；合同利用外资3.79亿元，实质到资7558.4万元，外商（含港澳台）投资企业数达42家；出口总额19.39亿元，增速 –3.7%，进口总额13.82亿元，增速16.2%；已崛起成为南安经济发展的重要支撑。

投资环境配套完善。扶茂工业园：经济开发

区的核心园区，总规划用地面积（含项目集中区）24.7平方公里，位于南安市区西北部，晋江西溪北岸。园区东邻泉三高速公路南安北互通，东隔檀林溪与观音山物流园区相连，南邻漳泉肖铁路南安火车站，隔漳泉肖铁路与南安市区城北组团相连。用地分属美林街道、省新镇和仑苍镇。区内现有县道金柳线南金路，通过南金路和东侧南安大道联系市区，国省干线纵三线（安溪—梅山段）、中心市区北环路、中部地区外环路均从本区通过。距泉州后渚港42公里，泉州高铁站32公里，晋江机场40公里、厦门国际机场80公里，正在建设中的兴泉铁路（江西赣州兴国—泉州）南安北站位于园区内，配套建有廉租房580套，恒大新城、源昌中央公园2大楼盘，南安市第十一小学（市直小学）和第六幼儿园（市直幼儿园）主体建筑封顶，交通便捷，配套设施完善，区位优势得天独厚。

成功工业园：规划面积2.5平方公里，位于南安市区西南溪美街道内，东至彭美社区、城南变，西至彭美水库、山园水库及山体，南至宣化村，规划中心市区南环路（国省干线横九线G358线，官桥至仑苍中心市区段），自东向西横贯通本区连接规划国省干线纵三线（乐峰至东田），距南同公路500米，省道306线2公里，离南安火车站5公里，距机场、港口、高速公路都在1小时圈内，交通四通八达，海陆空运输便捷通畅，配套建有房地产项目日昇新城和世茂璀璨新城，南安市柳城中学、南安市第八小学（在建）、南安北山森林公园等。

水暖工业园：位于南安市西部仑苍镇内，紧邻扶茂工业园。总规划用地面积（含项目集中区）16.9平方公里，按产业配套、工艺流程和生产特点分设“一城三园”，即中国水暖城、美宇阀门园、高新技术园、辉煌工业园。凡入驻开发区的企业，列入市重点工业项目管理，享受省、市各级关于民营经济发展的各项优惠政策。

体制机制创新措举。按照“一区多园”建设思路和“政企分开、独立运营”原则，将原有的18家权属企业进行资源整合提升，组建园区开发建设集团，实行行政管理主体（管委会）与开发运营主体（园区集团）相分离的管理体制，实现从建设园区向经营园区转变。截至2019年12月底，园区开发建设集团资产已达54.48亿元。主要做法：一是整合资源，健全机制，走集团化发展之路；二是规划引领，高端定位，走现代化园区之路；三是转变理念，创新模式，多元化参与市场化运营，增强自身造血功能。积极推进行业协会、龙头企业、国企央企等进行混改投资合作，优势互补，实现多赢，共计混改投资11家公司，实现资金流水3.8亿元，实现年经营性收入472万元，投资涉及中介市场服务、商业楼宇、装配式建筑、高端装备智造、再生资源利用、信息产业、劳务派遣等多个行业。

（摘编：刘海元）

惠安经济开发区

惠安经济开发区始建于2002年，总规划面积38平方公里，主导产业为石雕石材、食品饮料、鞋服包袋、五金机械等四大工业主导产业。由惠南、城南、泉惠石化、台商创业基地五大园区组成。2019年，开发区实现工业产值363亿元，完成固定资产投资6.26亿元，完成限额以上商品零售额2.16亿元，完成工商税收入库2.08亿元。

基础设施日臻完善。充分利用开发区紧邻县城的独特区位优势，结合开发区东拓及城南新区建设，调整开发区控规，引进与开发区发展相适应的商业综合体，建设能够满足企业外来工居住的房地产，丰富区内公交线路，侧重引进一批物流仓储企业进驻，建设农产品批发市场、教育、医疗、商超、酒店等一批商业配套。通过完善开发区的功能配套，不断发展和壮大现代服务业，形成开发区发展新的业态。

招商引资多措并举。更新招商观念，转变招商方式，广泛收集招商信息，积极搭建对接平台，引进一批优质企业入驻园区，其中慧芯激光项目规划用地250—300亩，分二期实施，计划总投资11亿元，其中一期用地93亩，投资额约7亿元。另有一些集成电路相关产业链项目进行洽谈中。详细排查摸清园区企业闲置的土地、厂房的具体情况，在盘活存量上下功夫，通过“腾笼换鸟”的方式，充分利用闲置土地和厂房引进新企业，以盘活存量提升增量，实现园区企业转型升级，提质增效。目前，已经盘活厂房面积23.75万平方米。

生态环保严格执行。加大对摆摊设点、占道经营现象的整治力度，切实整治乱倒垃圾、焚烧垃圾现象，园区的卫生状况大为改观，每月考评分有较大提高。

（摘编：严志东）

惠安惠东工业园区

惠东工业园区是在整合涂寨、东岭、东桥、净峰、小乍等五个乡镇的基础上于2002年12月设立的县办工业园区，是福建省重点工业园区之一。至2019年底，园区完成规模以上工业产值132.71亿元、固定资产投资达10.9亿元，工商税收30018万元，限上商品零售额2.5亿元，各项主要经济指标均比2018年有较大幅度增长，高于全县平均增长速度。

项目建设快速推进。2019年园区认真贯彻落实县委“大干40天，比拼开门红”、春季攻坚、夏季百日攻坚等活动，积极协调化解项目用地、资金、用工、供电、供水等各类要素保障问题，推进项目落地建设、投建投产。2019年园区列入县重点项目共有14个，总投资48.54亿元。其中裕忠ES新材料项目、家世比工业4.0电商产业园项目列入2019年省重点项目。和亨商务中心项目列入第二季度重点开工项目，裕忠ES新材料项目列入第三季度重点竣工项目。宇翔机械、冠正塑胶、惠东电商物流基地、积力管道、南王包袋钢结构厂房、裕忠ES新材料及家世比工业4.0电商产业园、翔豪新城B地块等8个项目已建成或部分建成。

基础设施逐步完善。坚持产城融合发展理念，进一步完善园区道路、路灯、绿化等基础设施配套，推进翔豪新城B地块及和亨·幸福里项目建设，完成惠东污水处理厂提标改造工程，积极打造宜商、宜居、宜业的营商环境，为园区聚集人员、聚集产业奠定坚实的基础。

招商引资成果喜人。园区加大招商工作力度，创新招商思想，在新业态、产业链方面精准招商。主动走出去，先后赴北京、四川、贵州等地考察项目，招商成果喜人。意向落地项目有北京金都蓝天航空科技、北京神舟智汇科技、吉林宇恒光电、和群科技等。其中引进的和群科技项目，在9·8厦洽会上签约。该项目用地210亩，总投资20亿元，从事集成电路、半导体材料的研发、设计和制造。

生态环保严格执行。园区高度重视环保生态建设，严格抓好各项目环保措施落实，辖区内企业的生活污水全部接入惠东污水处理厂。其提标改造工程已于4月份竣工投入使用，排放标准由原来的一级B标准提升为一级A标准。积极开展园区闲置土地处置工作，提高土地的集约利用效率。

安全生产高度重视。园区高度重视安全生产工作。落实企业安全生产主体责任，与辖区内的企业签订安全生产目标管理责任书，实现全覆盖，压紧压实安全生产责任。扎实开展安全生产“大排查、大管控、大整治”工作，广泛开展安全生产月活动，落实智慧安监隐患排查治理工作，整改率达100%。2019年园区无发生安全生产事故，安全生产形势总体平稳。

（摘编：彭文荣）

泉港石化工业园区

泉港石化工业园区位于中国东南沿海、台湾海峡西岸、福建省中部、湄洲湾南岸，是2007年9月福建省政府批准的《福建省湄洲湾石化基地发展规划》确定的湄洲湾石化基地先导区，是福建省发展石化产业的龙头地区。2012年3月，省政府正式批复园区升格为省级经济开发区。2019年实现税收收入82亿元。

产业发展重点凸显。园区遵循“大型、先进、系列、集约”的战略，坚持“大招商、招大商”，秉承“大项目—产业链—产业群—产业基地”的发展理念，围绕联合石化提供原料进行深度延伸产业链化，并结合周边市场的需求，重点发展多元化烯烃、乙烯、丙烯、碳四、碳五、芳烃等产业链。现已形成以联合石化乙烯为原料，带动下游EO/EG、乙（烷）氧基化物、表面活性剂等项目的乙烯产业链；以丙烯为原料，带动下游聚丙烯、环氧丙烷等项目的丙烯产业链；以碳四馏分、丁二烯为原料，带动下游碳四烷基化、丁二醇、丁苯橡胶、顺丁橡胶等项目的C4产业链；以芳烃为原料，带动下游环己酮、PTA等项目延伸芳烃产业链。园区近期引进国乔石化丙烷及聚丙烯项目由中国燃气液化烃码头仓储项目提供丙烷原料，将带动下游双氧水、环氧丙烷、聚醚等丙烯产业链条落户园区。同时，园区正在重点对接碳五、碳九项目，争取就地消化碳五、碳九原料，延伸延长石化产业链条。

招商引资突出优势。根据《湄洲湾石化基地发展规划修编（2011—2020年）》产业规划，坚持“大招商、招大商”，围绕联合石化“脱瓶颈”下游及其他深度延伸的石化产业链项目开展招商工作，推进石化产业链延伸，发挥石化基地的综合效益。目前，园区仙境片区、洋屿片区、氯碱片区已基本招商完成，落户了联合石化炼化一体化、天原化工聚苯乙烯、氯碱公司离子膜烧碱、振戎石化等从“油头”到“化尾”较为完善的上中下游石化产业，并配套相关仓储、码头公司，服务园区入驻企业，提供港口物流服务。南山片区作为园区今后产业项目发展的主战场，重点规划下游烯烃、芳烃等产业链条。2019年以来，园区引进投资500亿元新台币国乔石化新建100万吨/年丙烷脱氢及90万吨/年聚丙烯、投资7.34亿元天骄化学聚醚多元醇等项目，总投资192.14亿元。现已初步招商形成了“环氧乙烷－乙二醇/乙（烷）氧基化物－表面活性剂－聚醚多元醇/聚氨酯”等高新产业链条，并进一步完善“丙烯－环氧丙烷/双氧水－聚醚”等碳三产业链条，实现了园区做强上游，做精下游精细化工的产业模式，并不断提高产品附加值，提升企业产品市场竞争力。

科技创新转型升级。园区严把石化项目准入关口，注重企业科技研发创新，着力引进高附加值产业项目，同时，加快园区落后产能设备的技改升级进度，2019年园区联合石化推动汽油质量升级项目（GB Ⅵ）——新建30万吨/年烷基化装置、芳烃联合装置脱瓶颈及加氢裂化装置多产石脑油改造等项目技改进程，做好企业转型升级改造。借助福州大学泉港石化学院、福建师范大学泉港石化研究院、国家阀门检测中心、国家油品检测中心等一系列知名院校、科研、教育检测服务机构，为入园企业提供化工生产、研发的咨询服务，建成佑达精细电子化学新材料工程技术中心、丰鹏含银催化剂回收银新工艺研发实验室等一批省市级企业工程技术研究中心，加快园区科技创新推进力度，提升园区科技创新能力。

生态环保多管齐下。开展SO_2、NO_2、O_3、PM2.5、PM10等自动监测，区内已建成污水处理厂、公共应急池等安全环保配套设施，已编制印发园区应急救援体系建设方案报告、总体应急预案、生产安全事故应急预案、突发环境事件等应急预案，建成园区突发事件应急指挥平台，在应急指挥平台的基础上，建设高效可行石化园区有毒有害气体预警体系，提高环境风险预警能力。对企业安全隐患实行“零容忍”，组织督促园区企业开展演练，切实提升应急处置和综合协调能力。

体制机制创新举措。泉港石化工业园区相继出台《泉港石化工业园区管理规定》、《泉港石化工业园区石化投资项目专家评审准入制度》等相关文件，严格把关入园企业的政策符合性、产业关联性，规范管理入园企业，靠前服务项目，高效推进项目进度。创新党建工作，园区开展“工作共商、组织共建、资源共享、活动共办、人才共用、干部共培”的党建“六共”模式，园区党工委成立非公企业党委，将非公企业纳入党建工作范畴，摸清家底、建立台账，按照“园区党工委→园区非公企业党委→非公企业党组织”模式，在园区建立上下贯通的工作体系，实现园区基层组织“全覆盖”，完善非公企业党员e家平台建设。依托平台服务，建立“园区微事”微信公众服务平台，增设园区网站“园区先锋驿站”党建板块，全方位搭建党组织和党员日常管理、学习教育、互动交流的信息化平台，通过平台线上线下宣传、服务园区各入驻企业。设立驻泉港石化工业园区“检察官工作室”，定期收集企业需求，帮助企业解决发展难题，推进项目动建、投产进度。加强人才引进。园区采取“引进＋返聘”机制，更好、更快的推动石化产业发展。一方面不断优化人才落户就业、创业环境，吸引更多优秀的管理型人才、精湛的技术型人才、熟练的操作型人才落户园区服务当地石化产业发展。另一方面加强对具备专业知识水平、技术能力和熟悉园区产业规划的退休专家进行“返聘”，以专家智力推动园区整体发展。

（摘编：林开龙）

泉惠石化工业园区

泉惠石化工业园区位于惠安县外走马埭垦区内，涉及东桥、净峰、辋川三个乡镇。该园区是湄洲湾石化基地的重要组成部分，规划面积33.8平方千米，2012年9月升格为省级开发区。园区在2018年度开发区综合发展考核评价中位列全省97家开发区第9位，比去年上升8个位次，位列73家省级开发区第3位；首次进入中国化工园区30强，位列全国第28位；被列为2019年福建省园区循环化改造重点支持备选园区，并获得省级切块节能与循环经济专项资金1000万元补助，获评福建省绿色园区。2019年实现工业产值656.4亿元，固定资产投资156.5亿元，完成工商税收32.33亿元。

项目建设赶超进度。坚定不移把项目建设作为经济发展的重要抓手，全力实施“项目攻坚2019”活动，及时跟踪了解各项目进度、存在问题及服务需求，精准调度，确保项目按照既定的时间节点推进。重点项目稳步推进。1—11月完成155.18亿元，占年度计划104.9%，占全县比重57.3%；完成谋划项目3个，签约项目6个，开工项目4个，各项指标均位全县前列。高效服务乙烯项目建设。今年以来编印乙烯项目进展周报29期，组织召开乙烯专题协调会11次，协调解决建设过程中遇到的有关乙烯综合配套项目建设、配套220kV外供电线路征地、管廊维护管护、中化泉州乙烯综合配套办公区项目涉及惠森公司项目搬迁等问题。乙烯项目在12月30日建成中交，正式从建设阶段进入试车阶段。项目实际完成总进度91.7%，全年完成投资136.3亿元，占年度投资计划的119.7%，累计完成投资295亿元，占总投资89.7%。积极推动县重点项目前期工作，危化品交易市场项目已完成项目建议书编制。

安全生产多措并举。围绕加强应急救援指挥中心平台智能化建设这个重心，以完善体制机制、开展应急演练为切入点，有力提升应急救援能力，致力打造泉惠石化工业园区“最强大脑”。提升应急平台功能。坚持以信息化为支撑，推行数据资源融合，把智能化建设应用与入园企业管理有机结合，将企业安全风险空间分布图、安全控制三线、数据实时在线监测折线图加入平台管理，接入中化视频监控及可燃气体探测器，实现了应急数据可视化分类及融合，为突发事件处置提供直观的决策支持。完善体制机制建设。严格落实省生态环境厅下发的《关于做好石化园区有毒有害气体环境风险预警体系建设的通知》精神，抓紧有毒有害气体环境风险预警体系和突发环境事件应急响应处置体系建设。修编突发环境事件应急预案，做到居安思危、防患于未然，切实解决突出环境风险问题，有效遏制和应对突发环境事件的发生，确保园区环境安全。组织开展应急演练。与长兴化工材料有限公司开展了仓库火灾事故综合应急联动演练，联合惠安生态环境局开展福建兴业东江环保科技有限公司突发环境事件应急演练，并督促企业完善应急预案，开展事故应急演练，中化石化销售有限公司于6月12日举办了“2019年危险品运输车辆道路应急救援演习”，磨合应急机制，锻炼应急队伍，全面提升应急救援能力。

生态环保全面推进。树牢安全环保生命线意识，始终把安全环保工作放在首要位置，坚持问题导向，凝心聚力，扎实抓好各项工作，园区安全环保工作整体水平有了进一步提升。全面落实安全生产责任。①全面推进安全指导服务工作，督促园区企业切实落实主体责任，持续深化隐患排查整治，园区采取购买技术服务方式，委托第三方开展12次（包括复查）隐患排查行动，排除生产企业安全隐患216项，消除企业一般隐患211项，未整改5项。②开展园区整体性安全风险评价工作，委托具有甲级资质的安全评价机构开展园区整体性安全风险评价工作，科学评估园区安全风险，提升园区本质安全水平。③认真组织摸排（核查）各行业领域在危险化学品生产、储存、使用、经营、运输、废弃处置等环节的安全风险，建立危险化学品安全风险分布档案，推进安全风险分级管控建设。持续改善生态环境质量。①切实做好中央、省级环保督察、三合一环保督查问题整改工作，不定期深入项目现场，强化督导检查，扎实推进环保督察问题整改。②全面启动实施蓝天保卫战计划，强化园区臭氧污染形势的分析研判，强化VOCs排放、建筑施工扬尘等各类大气污染源整治，减少源头污染。③严格督导入园企业履行环保“三同时”，积极指导园区企业开展环境影响评价、应急预案等报告编制工作。

（摘编：朱明清）

三明省级及省级以上开发区概况

三明高新技术产业开发区（金沙园）

三明高新技术产业开发区（金沙园）成立于2002年，2006年获批国家大型机械装备高新技术产业化基地，2012年获批福建省新型工业化产业示范基地，2015年国务院批准为国家级高新区。2019年，园区规上企业实现产值413亿元，同比增长11.6%；增加值104亿元，比增8%，完成税收1.8亿元；新增规模以上工业企业10家，新增限上贸易企业11家；全年完成固定资产投资10.3亿元，其中基础设施投资3.6亿元；闲置厂房二次招商13个，有效盘活闲置厂房8.55万平方米；26个省市县重点项目，全年完成投资20.06亿元；“五个一批”完成谋划项目21个，签约项目24个，开工项目8个，投产项目9个，增资项目4个。

产业发展加快集聚。园区推进供给侧结构性改革，培育龙头企业发展，加快产业集聚。中机院海西分院二轮共建扎实推进，突出大功率光纤激光器和超精密磨削数控装备为代表的高端装备板块，围绕石墨制品加工市场进行数控装备创新研发，现有4家中机系专业化公司均完成增资扩股，进一步做大存量、做优增量，全年营收增长137%。天华智能注塑机项目总投资10亿元，列入全市重点培育“百亿产业”。项目全年完成投资6854万元，生产注塑机68台；开诚机械绿色铸造项目总投资5亿元，完成投资9000万元，完成原有车间技改，正在进行研发楼和模具车间建设。项目建成投产后，可实现年产值5亿元以上，税收3000万元以上，打造全省大型高端装备关键零部件绿色铸造基地；厦工三重被厦门海翼集团列入混改试点，在做好主业的同时，积极对接泉州南方路机、漳州特种钢构企业，签订大量订单，全年生产经营稳定，实现销售收入2.7亿元。金杨科技电池零部件项目二期已完成厂房主体施工建设，正在进行厂房装修。生物医药产业持续推进，未来药业生物酶催化法高选择性制备医药中间体研发生产项目进行试生产；臻昕美化妆品、澜海生物已投产。

资产盘活腾笼换鸟。通过司法拍卖、合作重组、收购收储、租赁等方式，共引进了臻昕美化妆品生产、高温高压阀门生产、淳百味食品加工、华饮食品加工等项目13个，盘活闲置厂房8.55万平方米，有效化解债务，盘活资产，拓展产业发展空间。

招商引资卓有成效。围绕高端装备、生物医药、食品加工上下游产业配套的方向，积极对外开展招商活动。赴长三角、珠三角等地开展项目对接20余次，在广州、福州、厦门等城市举办3场招商推介会，引进项目24个，其中食品加工项目12个（华饮食品加工项目、淳百味食品加工项目等），高端装备项目9个（铝镁合金熔炼装备项目、大吨位锻压机床项目、年产13万套高温、高压阀门项目等），生物医药项目2个（臻昕美化妆品生产项目、盆底康复医疗产品），新材料项目1个（亲美家新型装饰材料生产项目）。同时大力发展快递物流及电商产业，推动电子商务与传统产业融合发展，新引进沙县中科科技、嘉行电子商务等10家电子商务企业。目前，金沙园电商产业园共有企业70家，形成浓厚的创新创业氛围。

科技创新再创佳绩。全年共组织82家的企业申报人才、上级政策扶持、科技荣誉等各项政策18项，其中获得国家级高新技术企业荣誉的企业有4家（宏盛塑料、开诚机械、中机精冲、未来药业），省级高新技术企业5家（华杰电气、开诚机械、中机精冲、圣智热处理、未来药业），8家企业入科技型中小企业库，3家企业被省工信厅评为福建省“专精特新”企业（中机数控、金杨科技、开诚机械），中机数控获得福建省科技小巨人荣誉，海西分院获得省级技术转移机构和国家制造业“双创”平台试点示范项目。截至2019年12月份，金沙园共有19家国家级高新技术企业，省高新技术企业11家，进入科技型中小企业库的企业24家，科技小巨人9家，省级高成长型企业4家，省知识产权优势企业3家，省创新型企业和创新型试点企业共计7家。

管理服务持续优化。园区继续深化落实企业“妈妈式服务”，为园区企业解难题、办实事，促进园区发展。一是深入企业调研。围绕市县工作部署，开展“下基层、摸实情、解难题、保平安、促发展”和“访企业，解难题，促‘六稳’”等活动，深入企业一线了解情况，与企业共同探索新方法、新路子，实现新发展。共帮助40余家企业解决问题60余个。二是缓解企业融资难题。积极推进企业融资租赁服务，金沙园租赁公司2019年为金杨科技提供1430万元设备租赁服务，缓解企业资金难题，并组织园区企业参加金融部门召开的工商银行、中国银行专场政银企座谈会2场，带领光大银行、渝农商银行和邮政储蓄银行到一品鑫食品、长发机械、金达等23家企业对接，帮助金杨科技、馨艺家具、科飞新材、玉景工贸等6家企业与渝农商银行对接贷款业务，助力金杨科技申请科技贷，推荐金达机电申请助保贷，为馨艺家具、科飞新材、金杨科技等企业提供1800万贷款。三是组织企业申报政策奖励。园区针对企业科技创新、品牌专利和人才给予补助，共补助11.1万元。

（摘编：严志东）

三明经济开发区

三明经济开发区（原三明台商投资区）于2009年9月按“一区多园”组团方式筹建。2010年12月31日，福建省人民政府批准设立省级三明经济开发区，包括吉口、贡川两个园区，规划面积10平方公里。其中吉口新兴产业园规划面积7.9平方公里（园区总规37平方公里），东临岩前镇区，南起曹坑，西至大吉溪，北接明溪县瑶奢村。2019年，吉口园全年完成规上工业总产值47.8亿元，同比增长3.5%；企业实缴税收11337万元，同比增长71.2%；企业固投2.5亿元，同比增长73.6%；基础设施投资3300万元，同比增长16.6%。

产业发展突出重点。三明经济开发区吉口产业园是福建省稀土战略布局“一龙头、两园区”中的两园区之一。重点发展稀土新材料、新能源电池材料及氟新材料产业。现已形成新能源电池材料产业、水泥制造、重竹加工产业；贡川园重点发展石墨、石墨烯、纺织、化工、机械加工等产业。

招商引资多管齐下。围绕稀土产业、新能源材料产业、氟化工产业科学绘制“产业树”全景图，强化招商信息收集，实施“靶向招商”。一是精心策划项目。通过深度对接目标企业和项目发展方向，精心策划生成年产2万吨TFE项目、年产5千吨六氟磷酸锂项目、年产6千吨有机胺中间体及特种助剂等重点产业招商项目12个，项目投资总额超过25亿元。二是精心开展招商对接。以厦明共建园区名义，采用小分队招商方式，先后赴上海、昆山、汉中、厦门等地市开展“靶向招商”。同时，邀请香港润丰、台湾台氟、厦门海麒公司、北京汇智众成、台湾国统国际、昆山立邦等企业到三明考察。三是精细服务项目落地。全年引进项目5个，分别是福建悦淳新材料科技有限公司投资5亿元的年产6000吨有机胺中间体及特种助剂项目、三明钢联电力发展有限责任公司投资8000万元的年产30万吨再生资源循环利用项目、台氟科技股份有限公司投资6亿元的台氟科技含氟精细化工项目、安辰新能源科技（福建）有限公司投资5亿元的超高纯微电子新材料项目、安美医药（福建）有限公司投资5.5亿的年产1万吨医药和香料中间体项目。另有陕西邦华新能源动力有限公司投资7亿元的锂电池包整装产业基地项目、无锡华盈运输有限公司投资4500万的氟化工特种物流项目等多个有入园意向的项目在谈。

科技创新有序推进。围绕打造区域性的自主研发平台、技术交流平台、成果转化平台和公共服务平台，为区域新能源产业的全面发展提供技术支撑的目标，新能源产业技术研究院与厦大杨勇教授团队正式签订合作协议，启动新能源固态电解质项目研究，力争2020年上半年取得项目专利后同步启动中试。

体制机制健全完善。三明经济开发区管理委员会为市政府正处级派出机构，内设综合办公室、财政统计局、规划建设局、经济发展局、社会事业管理局等5个正科级行政部门，设招商服务中心、企业服务中心等2个正科级事业单位。三明经济开发区投资建设集团有限公司注册资本金1亿元，下辖三明吉源水务有限公司、三明市吉源市政建设有限公司、三明市吉源资产管理有限公司、三明市新能源产业技术研究院有限公司4家全资子公司。结合市委巡察和“不忘初心、牢记使命”主题教育要求，立足开发区实际，先后制定出台了开发区二级绩效考评、人员招聘录用管理、企业用水及污水处理服务费标准、研究院采购及人员薪酬、入园项目全流程一站式服务等相关制度政策，健全完善园区管理体系，进一步形成规范管理局面。

（摘编：肖启辉）

三元经济开发区

三元经济开发区成立于2002年12月，是经省政府批准，国家发改委公示的省级经济开发区，截至2019年底，园区已出让建设用地面积4722亩，共有入园企业178家。2019年开发区入园企业累计实现规模以上工业产值约220.53亿元；开发区内企业固定资产投资累计完成约68311万元；税收收入约9631.56万元；实现就业人数6042人。

基础设施不断完善。全年投入约1116万元完成园区基础设施建设。其中荆东工业园围绕安鑫液化气、罗桂英熏鸭、力建洗涤、盐业公司仓储等入园项目安装荆东小微园公用变压器一座、迁移10kV电力线路2000米、场地填方80000立方米，完成荆东污水厂危废暂存间建设及污水站公共设施建设项目，完成园区雨水管及路面修复等项目；黄砂新材料循环经济产业园完成AMG地块110kV荆铁线2#至3#段塔基迁移和盛达化工楼源线110kV迁移工程，完成道路边坡塌方治理和污水三期管道塌方抢修等工程；汇华工业集中园完成毅君铸造后山排洪沟项目；台江工业园完成205国道旁排洪沟抢修清淤工程。

土地利用腾笼换鸟。一是完成荆东工业园31.66亩盐业公司项目与3.8亩罗桂英熏鸭项目土地出让工作。对英华物流2.2亩、盛达化工13.33亩、三圆化学试剂7.42亩三地块完成农转用手续办理。二是对荆东园区三明市德丰电气有限公司边地块、黄砂循环经济产业园大段胶水地块、三元区竹洲园原捷龙地块等空闲土地共184.562亩闲置土地进行引入项目促成企业生产或对外租赁。三是收回明鑫矿业有限公司地块工业用地国有土地使用权，长安机械、永丰化工通过司法手段实现腾笼换鸟。

产业发展初具规模。开发区经过长期的发展，形成一区多园的组织架构，各园区产业定位明晰，发展前景广阔。荆东工业园距三明市区5公里，主要发展铸造机械加工、生物医药以及食品加工产业，规划用地总面积3690.45亩，现已开发建设用地2787亩。截至2019年12月，已入驻华灿生物、欣茂药业、聚海食品和麦尔食品等企业共计96家。汇华（含竹洲）工业园位于三元区莘口镇溪口，园区以冶金机械加工业为支柱，总占地面积约1724亩，已开发建设用地1490亩。截至2019年12月，已入驻丰润化工、毅君机械及汇华缸套等企业共计29家。台江工业园位于三元区台江片区，距三明火车站2公里，以机械制造、轻纺制品为主，总占地面积约730亩，已开发建设用地693亩。截至2019年12月，已入驻汇天医药、新源机械、华一机械、富丽礼品等企业共计42家。黄砂新材料循环经济产业园是三明市市区联办重点园区，是市区目前唯一一个已初步形成氟产业链的化工产业专业园。园区位于市区西南部，总体规划面积约3577亩，已开发建设用地约2270亩。截至2019年12月，园区入驻三农新材料、金氟化工、盛达化工、金利亚垃圾焚烧发电项目企业家共计11家。

招商引资围绕重点。开发区继续以重点产业“233”行动计划为指导，围绕延伸产业链，制订年度招商工作计划，策划招商引资项目，严守项目准入标准，不断提升产业集聚水平。全年共对接21个新项目，其中福建三众环创科技有限公司年产10万吨醋酸钠建设项目、三莆报废汽车回收有限公司机动车拆解项目等4个项目已完成区各部门会商会审，同意入园。上海竹虹年产6000吨有机胺中间体及特种助剂项目、黄砂新材料循环经济产业园集中供热项目及美国AMG铝业年产10000吨铝钛硼、4000吨合金金属建设项目等4个可望落地项目已完成入园预审工作。

生态环保严格监管。2019年在园区各污水厂完成安装污染源水质自动采样器及视频监控系统，实现在线监控并与环保部门平台联网。对三圆试剂、三泰化工公司等13家企业进行纳管污水管道设施建设，并签订了纳管协议，实现入园企业基本做到“雨污分流、清污分流”。组织完成荆东园区、黄砂园区突发环境事件应急预案重新编制和报备。黄砂园区环评规划修编工作已完成专家评审，荆东工业园环评规划修编已完成初稿。

管理服务多措并举。一是结合开发区实际开展“帮企业、解难题、敢担当、促发展”活动，成立三元经济开发区管理委员会各园区服务挂包队，每名开发区干部职工挂包5—7家企业，定期开展企业帮扶活动，及时宣传上级相关部门的惠企政策，协调解决企业投融资及生产各环节中的实际困难，提高服务效果。二是搭建政企服务平台。举办开发区第二届政银企综合金融服务对接会，共有24家参与了对接会，审核通过2家，通过审批金额400万元。会同市人社局、区人社局有关人员深入三明欣茂药业有限公司、圣力（三明）智能制造有限公司等园区内企业开展“春风送政策”活动。就高层次人才和技术项目（难题）需求、稳岗补贴、失业社保补助、技能人才补助等惠企政策进行宣传与解读，并现场解读企业惠企政策问题，有5家企业已经得到社保补贴的优惠。三是秉承“一站式”“保姆式”“妈妈式”的服务理念，从入园预审、项目落地到政策奖励，为企业提供全方位的协调沟通服务。构建“投资审批一条龙服务、项目建设全方位服务、企业生产经常性服务”三大服务体系，持续跟踪服务AMG、金氟化工、盛达化工等入园项目、在建项目。

（摘编：郭鹭）

梅列经济开发区

梅列经济开发区在2000年经三明市政府批准设立的三明市梅列区瑞云工业园区的基础上，于2006年3月经省政府批准、国家发改委公示升格为省级开发区。2019年，开发区共入驻企业71家，其中规模企业41家，企业用工4000余人。全年完成规模以上工业总产值121.18亿元，同比增长9%；完成固定资产投资40.6亿元，同比增长6.9%；完成基础设施建设投入1.5亿元。全年共收储土地51公顷，平整土地34公顷，土地报批27公顷，供地46公顷，其中挂牌出让8宗15.3公顷，土地出让金约3175万元。

基础建设有序推进。全年园区累计投入基础设施建设资金超过1.5亿元，5个完工项目、2个在建项目和3个开工建设项目上整体进展良好。在园区平台上，9月启动泉三高端装备产业园一期一批次16公顷土石方工程；信息经济产业园一期剩余土石方工程已基本完成。在设施建设上，加快小蕉第二供水工程一期项目（含杉坂坑引调水工程、砂坪水库清淤及大坝加高工程、泵站工程和第二自来水厂工程）建设，已全面启动工程的前期工作，委托设计公司编制双江口组团供水方案、砂蕉水库工程规划建设方案论证报告和净水厂项目可行性研究报告；生活配套服务区（安置房A）项目，完成一栋18层钢管束楼房主体建设，进入外墙装修阶段；规划一路及鹅坑河道边坡环境整治项目总投资约2800万元，已完成投资约2600万元，进入路基施工阶段。在路网建设上，生活配套服务区5条市政道路A、B线建设已完成投资200万元，完成图纸审查，开始办理用地手续；380平台道路改造项目完工并投入使用；宏力钢构至杭萧钢构路段修缮工程，于11月完成。

项目建设赶超进度。2019年，开发区管委会以服务换项目、以项目促发展，全年完成谋划任务数9个、签约6个、开工3个、投产项目7个和增资项目1个，累计完成26个“五比五晒”项目。其中，①投资1000万元的宝顺冶金余热发电项目于1月开工建设，已完成设备基础施工，部分设备已安装。②投资4000万元的益特高强高性能混凝土复合矿物外加剂生产项目于年初开工建设。③总投资2亿元的沈阳机床集团5D智造谷项目，展厅及厂房的装修已基本完成，前期100台智能机床已到货，进入安装和调试阶段，厂房空压机完成80%安装量。④总投资2.2亿元的PC生产项目（混凝土装配式生产线），上半年完成主厂房建设和PC生产设备调试，下半年投入正式生产。⑤总投资4亿元的城市资源循环利用中心项目，7月完成废钢破碎、汽车拆解、汽车衡及控制室、综合仓库和综合楼等建筑设施建设，9月正式竣工投产。⑥投资2亿元的年产8万吨特种石墨新材料项目，9月完成一期建设并投入试生产。

招商引资突出优势。围绕产业特点和小微企业创业园发展规划，继续紧盯京津冀、珠三角、长三角、浙江、福州、厦漳泉等6个重点区域，先后赴泉州、浙江、福州等地考察永康门业、固废综合利用和机械加工等生产项目，先后邀请泉州60多家机械加工企业和浙江伯纳激光、浙江春天门业和厦门曾志环保科技等公司来明洽谈业务，2019年与泉州28家机械加工企业签订投资协议（其中7家企业已开工建设），厦门儿童车生产项目已入驻小微园并投入生产，厨余垃圾成套设备和智能生物制药设备等2个生产项目进入厂房装修建设阶段。紧紧依托小微企业创业园招商平台，2019年在完成轻钢别墅构件和建筑抗震预埋槽管廊支架等8个生产项目签约入园基础上，重点抓好沈阳机床三明5D智造谷平台项目的引进，已完成厂房及展厅的装修，100台设备完成安装调试，投入试生产。

管理服务注重落实。依托"服务管理工作机制"，不断深化"进企业、解难题、促发展"、"敢担当、解难题、立新业"等活动，建立服务企业（项目）"零距离"专人对接机制，做到工作向上攀登、作风向下深入。注重融资帮扶，用足用好兴业担保公司的转贷资金，有效解决企业资金困难问题，2019年共为13家企业办理转贷近1.2亿元。扎实抓好园区安全生产，深入开展安全生产大检查活动，突出道路交通、建筑施工、危化品等重点部位安全管理，严格落实安全生产责任制。以围绕中心、服务大局为主线，持续开展生态环境保护及水土治理工作专项行动，重点做好标尾鱼塘微生物治理、污水厂一级A出水标准提升改造和污水管网建设等，大力推进环境保护工作。

（摘编：陈建闽）

将乐经济开发区

将乐经济开发区是2006年8月由国家发改委审核并经省人民政府批准设立的省级经济开发区。2019年，开发区内110家规模以上企业完成工业总产值141.65亿元；完成企业固定资产投资18.63亿元；完成税收19331.52万元。新增规模以上工业企业6家。

基础建设逐步完善。2019年，将乐轻合金成形先进制造业产业孵化园：服务中心大楼配电室用电工程电缆对接完成准备初验；二装已基本完工，现进行收尾工作准备初验；道路工程已完成全部内容并进行初验；附属工程完成服务中心大楼、研发楼门前硬化，完成给水、消防及雨污管道敷设；第三期两栋标准厂房完成项目的立项批复并设计出图；轻合金6号厂房内部改造已完成。将乐县积善商服区职工文体中心道路工程初验完成，已进行整改及准备竣工验收资料。将乐开发区洋布污水管网项目现已完成约1445米污水管道铺设，现因横五线施工影响，约1740米污水管道铺设滞后，经双方协调，滞后路段将在横五线项目路基完成后开始继续施工。将乐积善园河滨路市政道路工程（第一期）A、B标段完成招标，办理施工许可证等材料。将乐开发区装配式公租房目前初验问题已整改完成，室外附属工程已完工，正在建设后期增加的消防水池。福瑞华安至炭都沿河路网工程目前正在路灯安装及路沿石铺设，预计12月底准备初验。将乐洋新线积善段雨水管道敷设工程基本完工，目前因炭都路段因积水问题还未建设，其余路段已回填。A栋标准厂房（QLED）项目装修改造已完工，已准备初验。积善工业园商服东区公租房A－E栋前期工作勘察图审已完成，正在施工图图审，准备招标代理。将乐县积善工业园区第四期主干道施工图纸完成。第四期土石方工程开工建设至今SQ1、SQ3、SQ4、SQ6、远大后山二期地块竣工验收完成，SQ5、远大后山地块竣工，结算审核完成，SQ2地块至完成约600万立方米，第四期拦渣坝坝体填土工程基本完成填土碾压。琼脂项目和蜜饯项目处路网工程已完成全部内容并进行初验。福建将乐新区污水处理厂（第三期）及配套管网工程已完成部分池体基础。污水处理厂（第一、第二）期厂水池加盖项目施工完成。

项目建设加速推进。落实重点项目代办和企业零距离服务，加快项目建设审批办证，帮助协调解决困难、问题，促进在建项目早投产、投产企业早达产在建项目51家。到年末建成投产或部分投产项目有源鼎新材料、瑞沃康普、旭牧联、创世纪铝业、科信赢力、金希新材料、装配式建筑、瑞隆节能、聚贤盛邦、台松工贸、新佳丰木业等11家，推进前期准备中国金属资源、中科金属、鑫金轮机械等23个项目。截至年底，110家入驻企业投产或部分投产72家、在建16家、签约待建22家。

招商引资成果喜人。重点抓好半固态轻合金、精细化工等产业链招商，重点打造轻合金特色产业。开发区签约22个项目，签约额为人民币67.58亿元，超额完成县里下达的全年招商引资任务，分别是：福建将乐铝产业基地项目，投资15亿元；OLED镁提纯生产项目，投资1.5亿元；量子点微晶粉生产项目，投资6亿元；丰源矿业固体废物及尾矿综合利用扩建项目，投资0.6亿元；环保竹炭家电壳体及成品家电制造项目，投资1.5亿元；瑞沃康普半固态压铸项目，投资1.2亿元；年产20万吨再生铝、各类铝制品及铝型材模板生产项目，投资10亿元；年产15万吨再生铜、20万吨再生铝项目，投资11亿元；市政建材生产项目，投资0.6亿元；智能化环保设备生产项目，投资0.8亿元；年产300万台散热器生产项目，投资1.8亿元；年产800吨纳米级电子硅溶胶生产线，年产800吨的吡唑酸产品生产线及其他高新材料建设项目，投资10.3亿元；鲜果蜜饯果干深加工生产项目，投资0.65亿元；ERC系统开发项目，投资0.6亿元；复配食品添加剂生产项目，投资0.72亿元；将乐美朵内衣生产线项目，投资0.62亿元；户外公园花箱、屏风、凉亭扩建项目，投资0.62亿元；隧道、桥梁设备及汽摩精密项目，投资0.65亿元；水文在线传感设备及工业在线传感设备生产项目，投资0.62亿元；污染源在线监测设备及小型水质自动检测站生产项目，投资0.65亿元；水产品精深加工项目，投资1.5亿元；竹活性炭生产项目，投资0.65亿元。

（摘编：黄国实）

三明现代物流产业开发区

2009年9月，三明市委、市政府研究决定，启动三明现代物流产业开发区建设。2010年12月，经省政府批准（闽政文〔2010〕555号文件），同意设立三明现代物流产业开发区，纳入省级开发区管理。2019年，三明现代物流产业开发区（海西三明生态工贸区）全年完成企业固定资产投资28598万元；共有入园企业173家，从业人员626人，实现营业收入8740万元、财税贡献1039万元。三明陆地港完成进出口集装箱23171个标箱、累计货值约45576.11万美元，承揽的进出口散杂货约677.80万吨、累计货值约57490.12万美元，同比增长9.3%。

项目管理落实到位。深化“五个一批”工作机制，开展“五比五晒”竞赛活动，为项目指派挂包领导和项目负责人，全程提供“妈妈式”服务。全年共实施重点项目10个，累计完成投资1.43亿元。明城新城广场已建成投产，12月8日正式对外运营；南海岸医药物流中心主体已封顶；金泉家园二期建设、三明陆地港商住综合体（C2地块）建设目、三明职业中专学校新校区续建、金泉110kV变电站等项目均按照序时进度正常推进。水南污水处理厂建设项目已完工，5月7日正式开始试运营；湿地公园临水临崖安全防护工程于10月通过相关部门验收。

产业特色突出优势。开发区全力打造四大产业：一是以如意湖湿地公园、市第一医院生态新城分院、市医学科技职业学院为依托，建设三明生态康养城，实现智慧医疗、科学康养、健康金融等民生工程，创建全民健康科技示范先行区，打造文旅康养产业；二是以三明北大附属实验学校、三明职教园、市委党校为依托，建设全省先进教育示范区，打造教育培训产业；三是是以明城新城广场、生态新城文化广场为依托，建设商贸文化中心，发展绿色金融产业，打造商贸金融产业；四是以国家低碳城为平台，同中国城市规划研究院密切合作，引进新能源设施，建设宜居宜业山水旅游城，打造低碳宜居产业。

招商引资健全机制。印发《2019 年生态新城四个方面招商工作实施方案》，成立生态新城四个方面招商项目领导小组，各工作组组长由管委会分管领导和部门负责人担任，分别制定年度招商目标，对应落实，形成“全员招商”工作机制。2019 年以来，共完成项目策划 15 个，新落地项目 6 个，相继对接了市第一医院、三明医科技术职业学院、市卫计委、市邮管局、厦门旅游集团、亿利集团、恒大集团、厦门中远海运等企业、机构共计 50 余组团。除做好来访企业、机构对接工作外，管委会主要领导还多次带领招商团队赴晋江、石狮、厦门、抚州、共青城、大田等地考察洽谈。

（摘编：彭文荣）

建宁经济开发区

建宁经济开发区位于建宁县城东北部，四至范围：北起渡头、南至塔下、西至寒坡岭、东至韩家园。规划总面积 15.27 平方公里。截至 2019 年止，开发区共有企业 39 家（规模以上企业 29 家），分别为：食品加工企业 15 家、造纸企业 3 家、非金属矿加工企业 2 家、生物质能源企业 1 家，其他企业 18 家。2019 年底，工业总产值实现 60.71 亿元，占全县规模以上工业增加值的比重为 33.5%；完成固定资产投资 35.12 亿元，亩均投资强度 150 万元。开发区围绕做强产业，转变发展方式，进一步优化产业结构、壮大产业规模，产业规模效能日益凸现，培育出一批具有一定规模和影响力的企业。其中培育了 1 个省级小微企业创业创新基地、1 个科技孵化器、1 个省级中小企业公共网络服务平台。获批高新技术企业 3 家（源容生物、汇利丰环保、禾丰种业），省级技术中心企业 2 家，市级技术中心企业 4 家，省级院士专家工作站 2 家，博士后科研工作站 1 个，省科技型小巨人企业 2 家。

项目建设稳步推进。坚持基础设施先行，配套设施一步到位的做法，合理布局，全面改善开发区的投资环境。全年共实施基础设施建设项目 4 项，计划总投资 7200 万元。其中新建项目 4 个、续建项目 3 个，已完成投资 6100 万元，占计划总投资 85%。全年共实施企业生产项目 6 项，计划总投资 6.8 亿元。已完成投资 5.1 亿元，占计划总投资 75%，分别是：科诺欣年产 1100 万套 LED 芯片及照明灯具生产项目；明一公司二期液态奶生产项目；铖盛公司重型机械及农用机械配件加工项目，源容公司二期液态产品生产项目；博宏铝业公司年产 10 万吨废旧铝及配件生产项目；林森光电公司 LED 铜线灯技改生产项目。

产业布局合理规划。开发区按照不同功能区划分为 6 个产业组团。即规划面积 73.9 公顷的助家井食品、生物及生物医药产业组团；规划面积 81.5 公顷的塔下特种纸、纸上下游关联及现代商贸物流产业组团；规划面积 376.81 公顷的曲滩高端装备制造业、仓储及城市综合体产业组团；规划面积 167.82 公顷的斗埕新能源、新材料及综合加工产业组团；规划面积 156.81 公顷的渡头机械、五金、水暖、纺织等器材加工产业组团；规划面积 180.65 公顷的韩家园信息、环保及轻工产业组团。

招商引资把握机遇。招商引资是加快县域经济发展的引擎，随着高铁和高速陆续开通，给全县经济发展带来了新机遇和挑战，开发区以发展县域经济的“第一抓手”为目标，确立了招商引资“四个转变”即：在思想上，变数量型招商为效益性招商；在组织上，变无序招商为规范化招商；在方向上，变盲目性招商为针对性招商；在模式上，变单一招商为合作共建招商。通过全力组织实施，取得了较好的成绩。截至 2020 年 1 月，意向入园企业 10 个，现已签约 6 个。

科技创新积极推动。定期对现有企业开展调查摸底，积极选报符合条件的企业实施科技创新项目，改造提升传统产业。已先后向国家、省、市组织申报耐高温透气性高档密胺原纸技术开发、软包装笋干二次乳酸发酵技术的研究及产业化应用、二步低温结合乙醇工艺开发魔芋葡甘露聚糖等项目，被省科技厅立项 5 项，其中创新基金 2 项、星火计划 2 项、区域重大项目 1 项。同时，大力支持企业与高校科研机构建立产学研合作关系，为企业搭建产学研合作大平台。经过共同努力，饶山纸业集团、文鑫莲业食品公司被确定为省级创新型企业；兴辉食品公司、闽江源绿田公司被确定为省级创新型试点企业。

管理服务多措并举。在开展硬环境建设的同时，以创“三优”单位为目标，强化服务软环境建设。一是充分发挥微小企业服务平台作用。为企业落地、建设、生产、发展等提供全程优质服务，协调解决企业在用工、融资等方面存在的困难问题。据统计，219年共帮扶小微企业6家，解决企业用工100余人，协调融资280万元。二是加强党组织及群团组织建设。按照“服务企业、服务项目、服务发展”要求，开展创建学习型党组织、学习型单位活动，强化机关党建和非公党建工作。三是进一步转变工作作风。落实规章制度，提高机关效能，强化干部职工服务意识，增强广大干部职工服务企业的积极性、主动性和创造性，形成服务企业、服务客商、服务项目的良好氛围。四是严格落实安全生产责任制。抓好企业、项目建设的安全生产，搞好隐患排查整治，有效遏制重特大安全事故发生，2019年度无发生重特大安全事故发生。五是抓好创建文明单位工作。积极开展创建活动，健全完善了创建材料，六是认真搞好挂村、计生等项工作。

（摘编：李兵）

明溪经济开发区

明溪经济开发区为省级经济开发区，分为南、北两个分区，规划总面积约10.22平方公里，其中工业用地6100多亩。2019年，开发区企业实现税收1.39亿元，比增49.5%；规上工业总产值完成62.6亿元，比增14.3%；企业固定资产投资11.5亿元，比增43%；进出口总额2.78亿元。入驻企业增至61家，其中高新技术企业8家，上市企业3家。

工程建设保质保量。一是基础设施建设。完成主干道道路绿化1.7公里；工业集中区主干道北侧支路1.02公里和给排水工程基本建成；新建自来水增压泵房一座。二是项目用地建设。完成紫杉烷类原料药生产基地等项目16.7公顷土地平整。三是项目用水用电。完成海斯福三期双回路用电工程；完成工业集中区格林韦尔、瑞德医药、昱和医药、众诚塑业、科顺等家5企业临时用水用电工程。四是重点项目建设。海斯福高端氟精细化学品项目和锦浪微胶囊发泡剂扩建项目建成投产；南方制药抗肿瘤新药系列产品生产项目（二期）仓库主体已封顶，正在进行仓库内部装修、生产车间基础建设及厂区道路等附属设施施工；昱和含氟医药生产项目、瑞德医药中间体生产项目正在进行综合楼、车间、仓库主体施工；科顺新型防水材料项目正在进行基础施工。

招商引资创新改革。从“招商引资”走向“招商选资”，创新招商方式，采用精准招商、点对点招商、以商招商等方式，主动走访浙江、广东、厦门、泉州等地开展项目对接，引进福瑞明德药业、格林韦尔科技、玮士迈科技、昱和医药、卓跃氟硅、科顺新材料、瑞博奥、导洁等8家企业入驻园区，项目总投资超14亿元，“三新”产业链条逐步延伸，产业集聚效应初步形成。

安全环保严格落实。开发区管委会积极履行安全生产监督管理职责，与企业签订年度安全生产责任状。通过购买第三方服务，聘请有资质的安全专业技术人员对开发区企业安全生产情况进行检查指导，落实隐患整治整改，实现园区企业安全生产闭环管理。同时，制定开发区网格化环境监管实施方案，不定期开展网格区域内非法排污巡查和环境安全隐患排查等相关工作。全年检查、督查企业168家次，下发安全生产文件100余件，开发区安全生产形势稳定。

（摘编：陈建闽）

大田经济开发区

大田经济开发区原为京口工业集中区，成立于2008年9月；2012年6月，经省政府批准，升格为省级经济开发区。开发区现有29家企业入驻或协议入驻，规模以上企业11家，2019年规模以上工业产值37.47亿元，同比增长100.2%；税收3638万元，企业固定资产投资7.89亿元。

基础建设不断完善。开发区不断完善基础设施建设，京口工业园笼式足球场建成并投入使用；微型消防站已建成；9号平台土方石平整工程完成并验收；入园公路滑坡治理工程、C线路灯工程完成施工。上京工业园主路口完成桩基、桥墩墩柱施工，进入预制桥梁阶段。罗丰工业园完成部分边坡绿化，10千伏临时用电和9万立方“小山塘”选址、地勘、设计等前期工作，罗丰科华石墨110千伏线路基本建设完成。

项目建设稳步推进。清航无人机产业化项目已完成空域审批及跑道工程和仓库基础，1#厂房主体工程已完成，正在进行装修；集中供热项目完成烟囱、主厂房、碎煤楼、干煤棚主体建设及装修；正在进行综合楼基础建设、锅炉安装；科华石墨完成煅烧车间、石油焦仓库、煅烧炉砌筑及煅烧设备安装、煅烧生产线投产。正在进行石墨化车间建设、变电房基础、专有设备制作安装；大圣陶瓷项目目前已完成场地平整、护坡工程、厂房、宿舍楼基础施工。展晖机械铸造生产项目完成前期工作，11月26日开工建设；卓利达生产项目完成一期工程建设，机器设备正在安装。

招商引资卓有成效。现各园区共有29个项目入驻或协议入驻，其中，京口工业园放宽准入门槛，建成综合性园区，共有19个项目，其中全年新引进卓立达箱包、维真园医药、铿锋螺丝、呈宇皮革、星恒化纤、集中供热、安然燃气等7个项目。上京工业园清航无人机、展晖机械、凯沃科技、津高阀门、建航阀门、超越科技等6个项目；罗丰工业园有科华石墨、申美石墨、仲荣冶金等3个项目；均溪工业园有大圣陶瓷项目。各园区2019年落地5个项目，全部开工建设，总投资56688万元。

（摘编：郑新贵）

清流经济开发区

清流经济开发区2006年起步于清流国家级台湾农民创业园金星加工区，2012年升格为省级经济开发区，总规划面积13.7平方公里，按功能划分为“一区三园”。2019年，开发区共投产企业37家（规模以上企业26家），10个在建项目。全年实现规模工业总产值77.27亿元，较上年增长18.4%，规模以上工业增加值17.78亿元，园区年创税2.95亿元。

基础设施逐步完善。2019年，城南园垃圾中转站、停车场、新型城镇化道路（二期）已完工；氟新材料产业园产业园福宝片一期基础设施已完工，含氟新材料土方工程完工；金星园消防站、水厂、市政道路开工建设中。

招商引资政策优惠。开发区主动对标打造“六最”营商环境要求，全面落实县委县政府出台的《清流县招商引资若干规定（试行）》、《清流县促进工业经济稳步增长若干措施》、《清流县县域产业发展专项资金管理办法（修订）》等一系列含金量十足的惠企政策，在财税支持、土地供给、规费减免、用工保障、配套服务等方面，做好做足服务企业、服务项目这项基本功。2019年，成功签约项目8个，其中上亿项目5个（142kt/a环保型氟产品生产扩建项目、清流环保制冷剂小钢瓶灌装项目、有色金属氟化物生产项目、年产8万吨含氟精细化学品系列项目、沥青混凝土项目），亿元以下项目3个（清流天泽丰氟石膏生产项目、轻质抹灰石膏项目、思莉纺织生产项目）。目前，在谈项目13个。

（摘编：严志东）

三明埔岭汽车工业园区

三明埔岭汽车工业园区由三明、永安市两级政府共同开发，2013年12月1日经福建省人民政府批准设立为省级经济开发区，是海西生态工贸区的重要组成部分，也是福建省现有两个专业汽车工业园区之一，列入工信部《海西先进制造业发展规划》汽车产业的重点园区，是福建省重要的汽车产业发展平台和汽车及零部件制造业基地。2019年，园区规上企业完成产值78.95亿元，同比增长14%；完成固定资产投资1.07亿元，实现外贸出口2234.92万美元，新增规上企业2家，纳税超百万元企业4家。

基础设施完善配套。汽车零部件产业集聚区5#—8#标准化厂房投入使用，吉山甲污水输送管道项目竣工，完成永轴工业废水提升泵（管）安装建设；洛溪环路一期和吉洛支路竣工并通车，吉山甲大道扫尾工程完工，完成埔岭新村宅前路及水电配套工程。投入约资金650万元，完成征地补偿22亩，完成房屋征迁面积3100平方米，完成埔岭新村安置1户、洛溪新村安置3户、迁坟2座等。累计筹措资金20642万元，其中：扶持入园企业发展资金2325万元，专项建设资金5144万元，园区债务风险化解资金13173万元，有效的化解园区债务风险。园区标准化厂房三期项目列入2019年重点项目库，获批1.12亿元额度。

产业特色优势凸现。园区致力于发展整车及零部件产业，打造福建汽车制造基地，基本形成“一重一新一专一集聚区”产业格局，力促实现永安汽车产业跨越式发展。全年实施项目10个，全年完成投资7.07亿元。其中，开工项目3个（智能无人飞行器生产线项目、年产9500套汽车内外饰件生产项目、汽车货箱及副车架生产线扩建项目）；投产项目6个（中国重汽集团福建海西汽车有限公司新一代中重卡车身项目、永安载货汽车零部件配套工业园区基础设施建设项目、永安市中科动力年产2万套轻量化车身及配套设施项目、永安市年产500台隧道台车生产线项目、福建福迪车辆制造有限公司轻型卡车车身项目、福建省达康源电气有限公司年组装10万台空气能空调热水一体机项目）；增资项目1个（年产400万套高端轴承保持器及1000套工业智能机器人项目）。中国重汽福建海西汽车有限公司推出“新一代智能V7和轻型蓝牌金牛工程车”，实现智能V7、金牛地库工程车、麒麟轻型公路车“三箭齐发”，推动转型升级驶入高质量发展的快车道。全年产品出口国家从53个上升到72个，实现出口销售2531辆，增长53.8%，增长率位居同行前列，创造公司有史以来的最好记录；中科动力（福建）新能源汽车有限公司取得第315批纯电动厢式运输车生产企业资质，EV1型高速车型取得工信部产品公告；福建永安轴承制造有限责任公司参与制定、发布的“滚动轴承一般载荷条件下轴承修正参考额定寿命计算方法”国家行业标准5月1日正式实施。

招商引资发挥优势。积极发挥园区整车龙头企业优势，围绕“龙头招商”“以商招商”“供应链招商”等模式，不断拓展招商领域，提高招商成效。全年开展汽车及零部件专场招商活动8场，引进配套项目6个（汽车内外饰件项目、汽车线束项目、汽车货厢及副车架生产线扩建项目、汽车传动轴生产线项目、扩建海工车桥总成项目、汽车座椅、货厢及底盘件项目），引进市外资金7.43亿元。

科技创新成果喜人。2019年，海工车桥公司、兴业机械公司获得省高新技术企业称号，海西汽车公司、永安轴承公司列入省工业互联网应用标杆企业及重点项目。中国重汽福建海西汽车有限公司推出“新一代智能V7和轻型蓝牌金牛工程车”；福建省永安轴承有限责任公司参与制定、发布的“滚动轴承一般载荷条件下轴承修正参考额定寿命计算方法”国家行业标准5月1日正式实施。

人才工作积极引聘。中国重汽福建海西汽车有限公司依托中国重汽集团人才优势，建成了车身焊装培训工作站、总装现场培训工作站，招聘专业技术人员27名（本科生12名），拥有高级技师2人，技师9人；福建省永安轴承有限责任公司列入省引才“百人计划”人才1名，申报高级工程师3人，引进专业技术人员12名（本科生5人）。抽调永安市科协副主席邱承越驻企帮扶海工车桥公司，争取三明市政协政研室主任罗兴茂、中国银行永安分行客户经理曾治芳分别挂包帮扶中国重汽福建海西汽车有限公司、中科动力（福建）新能源汽车有限公司。完善校企合作，永安职专、三明第二高级技校等176名学生到海西和永轴公司实习，海西公司、永轴轴承公司与福建水力电力职业技术学院、三明医学科技职业技术学院合作，本年完成专业技术人才培训108人次。开展业务技能培训，海西公司开展管理、技术、销售等业务技能培训76项，轴承公司安开展中高层管理技能提升培训、技术专利知识培训、质量IATF16949培训、制造14000－18000环境体系培训等务技能培训20项；海西公司开展技术竞赛10余场次，参加人员达150多人次。

生态环保严格执行。园区规划环评要求，主动介入园区招商项目的前期工作，协助企业跟踪环保手续办理；完成永安轴承厂至园区污水处理厂污水管网、吉山甲污水处理跨区域输送项目建设；完善污水处理厂污染源自动监控配套设施，增加化学需氧量、氨氮在线监测仪器、数字采集仪、视频监控及水质自动采样器等，确保环境治理工作落实。全年通过网格化环保管理群等，开展不定期环保巡查60余次，转移处置生物化干污泥、化学废液1吨，处置危险废物135.941吨。

（摘编：黄国实）

莆田省级及省级以上开发区概况

莆田高新技术产业开发区

莆田高新技术产业开发区是莆田市第一个国家级高新技术产业化基地，也是经科技部批准成立的全省六个国家火炬计划产业基地之一。2019年，高新区共聚集企业427家，其中规模以上企业188家，年产值超亿元企业109家，国家高新技术企业44家。全年实现规模以上工业产值790.2亿元，较上年同期增长8%。在全国169家国家级高新区排名中位列123位，2018年度综合发展水平位列福建省开发区第六名。

基础建设持续推进。促进站前进站大道、东港路东楼安置区、海防路一期改造提升工程以及东港路等4个工程开工；跟进迎宾路拓宽改造项目、涵江火车站进站广场项目、涵庭路东段建设等3个项目的手续办理；完成涵江火车站站前地块一、地块二的收储手续。

产业发展优化升级。形成电子信息、装备制造、食品加工三大主导产业，推动产业链向上下游延伸，促进产业高端化、集聚化发展。华佳彩高新面板、福联砷化镓产能逐步释放，HDT高效太阳能电池产品获得国际国内权威机构认证。云度新能源汽车与首汽约车合作，取得全市首家网约车运营资质。百威雪津启动25万吨产能扩增项目，全球第二条科罗娜生产线、全球高端百威大师生产线建成投产。

招商引资积极推动。深化以商招商、驻点招商，紧盯世界500强、全国百强和行业龙头，突出电子信息、装备制造、食品加工三大产业链招商，积极承接深圳等发达地区的产业转移，推动涵商回归、涵企回迁，完成朝业电气项目的引进：项目计划总投资约6000万元，建设5条生产线，计划生产电缆桥架、母线槽、电线电缆、钢导管、配电箱、配电柜，抗震支架等产品，已租用落户利邦环保公司；服务旺定实科技项目的落户；重点跟进英唐光显、天石源晶体切割设备、东之晖电容式触摸屏、鑫泽环保装备制造配套产业园项目的落户洽谈。

管理服务提升质量。建设企业管家服务中心，面积36平方米，完成内部装修、工作人员招聘和设备采购安装。着力促进优质教育资源往园区倾斜，挂牌涵江区实验小学高新区分校、涵江区实验幼儿园莆田高新区分园。挂牌二级乙等莆田高新区医院，筹建赤港医疗健康服务中心，优化园区医疗服务站布局。盘活现有酒店资源，不断提升园区酒店服务水平。向企业推送莆田市中小企业云平台、中关村天合科技成果转化促进中心平台资源，为彩龙化工、彩虹色卡等企业就水性油墨等新材料技术深入对接北京化工大学，服务企业转型升级；组织企业参加黑马创业服务企业转型升级培训及参选，参选企业10余家，入选的企业有6家，飞阳光电、家联宝、国邦、威诺、莆阳等。积极对接锦华投资基金、海峡基金港等投资机构，为云度新能源汽车等企业提供投融资咨询；举办电力市场交易政策解读，服务新宏益、亿丰、天天向上等企业进入电力市场交易，降低企业用电成本。

（摘编：王增丰）

莆田湄洲湾北岸经济开发区

莆田湄洲湾北岸经济开发区为省级开发区。2019年，全区地区生产总值95.3亿元，比上年增长5%。其中：第一产业增加值13.67亿元，增长4.7%；第二产业增加值40.41亿元，增长4.4%；工业增加值21.75亿元，下降5.4%；第三产业增加值41.22亿元，增长6.3%。人均地区生产总值148187元，增长0.4%。规模以上工业总产值82.57元，下降4%。农林牧渔业总产值25.22亿元，增长5.3%。固定资产投资208.25亿元，增长22.8%。社会消费品零售总额16.26亿元，增长15.3%。外贸出口额8.18亿元，增长99.5%。一般公共预算总收入9.01亿元，增长6%；其中地方一般公共预算收入5.46亿元，下降6.1%。城镇居民人均可支配收入33587元，增长7.9%；农村居民人均纯收入20564元，增长10%。

项目建设稳步推进。2019年实施省市重点项目共48个（含市直及跨县区），投资61.8亿元，完成年度计划的103.3%。“五个一批”在库项目340个，总投资3825亿元。列入市级开竣工项目共18个，其中开工项目8个，竣工项目10个，均顺利实现开竣工。太阳树原料药研发基地项目、国投湄洲湾煤炭码头一期工程预留线系统工程、世贸国风·湄洲、悦海壹号大酒店等项目实现开工；湄洲湾航道三期、中关村综合实验楼、港湾酒店、赛得利公司生产技术及设备改造等项目实现竣工。

产业发展再创佳绩。海峡两岸生技和医疗健康产业合作区获批设立，妈祖健康城“小镇客厅”临时展示厅建成投用，健康城启动区主体结构全部封顶，瑞仕国际潜力少年综合中心项目进入装修阶段。签订中科院近代物理研究所重离子治疗设备项目采购合同。中关村医学工程转化（福建）中心入驻企业23家；两岸生技产业园一期标准化厂房主体工程封顶，已入驻医疗器械制造企业13家。妈祖医学院全面完成前期工作，即将开工建设。罗屿作业区9号和10号泊位工程通过竣工验收，正式进入生产运营阶段。罗屿港铁矿石实现对台首航，正式启动对台铁矿石中转业务。台湾中钢确定罗屿港口保税堆场作为其物流中转基地。东吴港区全年实现港口货物吞吐量3198万吨，同比增长54.3%。引进福建物泊科技有限公司、东南铁矿石及大宗散货交易中心、莆田建设交易平台等6个平台经济项目，其中物泊科技无车（船）承运平台2019年开票58.51亿元、完成税收2.81亿元。完善贤良港天后祖祠、莆禧古城、妈祖阁等景区旅游配套，开展“妈祖爱·元宵长”文化旅游宣传月、纪念妈祖诞辰1059周年系列活动等，推动南普陀山（紫霄洞）景区争创国家3A级景区、莆禧古城创建国家2A级景区，旅游接待人数达119.17万人次，旅游总收入11.15亿元，比增37.6%。

城乡建设日新月异。新建市政公路3公里、绿道2.1公里、口袋公园3个，建成公共自行车系统项目站点25个。加快污水管网铺设，妈祖城核心区及山亭片区污水管基本连通。加强“两违”治理，拆除“两违”18.6万平方米。推动环卫基础设施完善，持续推进垃圾分类收集处理工作。联合市振兴乡村集团谋划实施紫霄洞风景区、莆禧历史文化名村、莆禧研学基地、特色购物街等项目。新建农村公厕3座，完成无害化卫生户厕所改造500个，新建、改造三格式化粪池1590户，启动农村污水收集治理试点工程。累计建设省级美丽乡村村庄20个，占全区村庄比例52.6%。深入开展六大专项行动，争取中央财政补助2.15亿元启动实施蓝色海湾整治项目，完成植树造林和森林经营任务1010亩。

（摘编：严志东）

莆田华林经济开发区

莆田华林经济开发区为莆田市五大经济开发区之一，2006年4月17日经国家发改委批准为省级经济开发区。现有入园企业419家，其中规上81家，规下338家，总计从业人数约2.3万人。2019年，规上工业企业完成总产值218.5亿元，占全区规上工业产值375亿元的58.3%，用地面积约3110亩，亩均产值702万元；实现税收3.7亿元，亩均税收11.9万元。太湖工业园现有入驻企业38家，员工约3380人，主要以食品、纺织鞋服、轻加工及建材4大产业为主。2019年园区规模以上企业达27家，实现产值82.59亿元、税收约5420万元。

基础设施日臻完善。华林工业园：华林工业园道路建设主要依托324国道，截至2018年已基本完成建成区基础设施建设，总投资64257万元。现今建有主干道三条华林路、竹林路和腾飞路，支路有：创业路、华中路、利民路、霞皋路、腾达路、支一路、支二路、支三路、后角路、郑庄路，全部覆盖开发区内企业，道路中含有路灯、雨污排水、绿化、人行道。园区内现有110kV变电站一座为园区内企业供电，企业生产和生活用水由市自来水公司供水，用气由莆田市旷远燃气公司提供，已基本覆盖园区内企业。2010年建设污水提升泵站一座，由泵站提升至荔园路市政污水管网，截至2018年初园区内企业污水已全部接入市政管网，防洪排涝工程建有郑庄沟、顺达沟、霞皋沟、宝溪沟等四条河道。园区绿化面积267.28公顷，绿地率41.32%，绿化覆盖率达到51.65%，主干道、建成单位均已按标准绿化。太湖工业园区目前已完成建设自来水管道、供电线路、通讯线路、燃气管道、污水收集管道等工程，为进一步完善园区基础配套设施，完成建设的配套设施有：一是沿滨海大道北侧至凯达纸业项目自来水管道铺设工程，总投资29万元；二是田厝村排水沟工程，总投资105万元；三是新栖枫路至篁山溪雨水收集管网工程，总投资49万元；四是太湖园区400kV变800kV项目，总投资46万元。正在建设的配套设施有：一是污水二期管网改线工程，目前正在变更设计图纸；二是沿滨海大道北侧至福铝家具、韩廷药业项目自来水管道工程，已完成预算、财审。太湖园区基础配套设施已日臻完善，根据今后发展需要，园区将加大投资力度建设配套设施，进一步提升园区配套服务功能。

产业发展优势凸显。华林园区基本形成鞋服、食品、电子信息、工艺美术等四大产业集群亮点。其中：①鞋服产业规模以上企业42家，2019年工业产值为118.3亿元，占54.1%，比上年同期增长23.7%。重点企业有：力奴鞋业、三迪鞋服、祥冠鞋业、郭氏鞋业、新路体育、三威鞋业等。②电子产业规模以上企业15家，2019年工业产值为18.32亿元，占8.3%，比上年同期增长2.1%。重点企业有：三利谱电子、嘉辉光电、杰讯光电等。③食品产业规模以上企业11家，2019年工业产值为23.56亿元，占10.5%，比上年同期增长15.4%。重点企业有：天怡现代、亚明食品、复茂食品等。④工艺美术产业规模以上企业10家，2019年工业产值为28.7亿元，占13.1%，比上年同期负增长2.3%。重点企业有：庄严苑工艺、腾辉工艺、艺峰工艺、欧雅艺术等。⑤其他产业规模以上企业17家，2019年工业产值为29.62亿元，占13.5%，比上年同期负增长10.5%。重点企业有：新旺隆、建工混凝土、溢通环保、荔城纸业等。太湖工业园主要以食品、纺织鞋服、轻加工及建材4大产业为主。2019年园区规模以上企业达27家，实现产值82.59亿元、税收约5420万元。其中，食品类企业7家，产值24.6亿元，占园区总产值的29.8%；鞋服纺织类企业有7家，产值27.1亿元，占园区总产值的32.8%。轻加工类企业有11家，产值25.6亿元，占园区总产值31%；建材类企业2家，产值5.3亿元，占园区总产值的6.4%。园内现有公共型保税仓库一个，面积8.28万平方米，可带动全市进口贸易及转口贸易的发展。

招商引资卓有成效。对华林工业园建成区，保留优质或优势骨干企业，继续壮大鞋服、电子、食品三大产业龙头企业的体量及影响力，支持重点企业改制上市，引导科技型企业加大研发投入，争创国家级高新技术企业或技术中心。引导企业争创国家级省级品牌，提高产品市场占用率。华林园区对接引进三利谱偏光片、中电科创城、大唐5G产业东南总部基地等产业类重大项目，预计总投资165亿元，建成后年新增产值300亿元，税收20亿元。太湖园区拟引进荔发建材、远东动力电池项目江南工业等8个项目，预计总投资20亿元，年新增产值50亿元，税收4亿元。

生态环保多措并举。2019年，开发区共排查“散乱污”企业116家，截至目前整治到位116家，其中50家环保备案，46家搬迁，10家关停取缔，10家查封，整改率100%。强化生态环境监管为提高环境监管能力，制定了《华林经济开发区建立网格化环保监管体系实施方案》，并成立了开发区环保网格化管理工作领导小组，建立以开发区、各网格、各企业为单元的三级环保网格化管理体系，形成辖区环保监管工作制度化、规范化的长效管理机制。

（摘编：郭鹭）

荔城经济开发区

荔城经济开发区2006年3月份经省政府批准成为省级经济开发区，同年4月份通过国家发改委审核。总体发展规划范围21.8平方公里，核准规划面积3.48平方公里，已开发3.26平方公里，正逐步成为一个服务一流、功能齐全、工业密集、商贸繁荣、环境优美、社会和谐的综合经济开发区。2019年，开发区完成50万元以上固定资产投资10.7亿元；规模以上企业创税收11.36亿元，达产值286亿元。

基础设施持续完善。一年来，开发区紧盯项目分季度目标、双过半指标任务以及年度总目标，坚持节点突破和项目攻坚，倒计时安排项目进度计划，着力在园区高质量发展方面，围绕园区“十个一”标准体系，在促竣工投产、促开工建设和促项目落地等方面下功夫、勤协调、促进度，重点持续完善开发区基础配套设施，加快荔园北路的路灯、绿化和人行道等道路配套设施建设，大力推进项目进度和转化升级进程。

项目建设稳步推进。开发区全年在建项目21个；预备项目10个；前期项目11个。其中已竣工2个，分别是：才子科技园项目、百利鑫易拉罐（一期）项目；已封顶1个，分别是：百利鑫易拉罐（二期）项目；新竣工及投产15个：分别是双源鞋业、新日鞋服、安健致远鞋业、艾力艾三路鞋业等。

体制机制改革创新。开发区已基本形成了相对独立的创新型管理体制、薪酬制度改革和无地招商运行模式，其体制创新工作成功经验主要有：1. 转变管理服务职能，深入推行服务型管理，为开发区企业提供生产安全、惠企政策服务以及办证服务协调等综合性服务。2. 开展薪酬制度改革，推行绩效工资制。3. 突出对接盘活无地招商，为企业牵线搭桥，促进闲置厂房出租。

生态环保加大投入。开发区污水管网已建成并投入使用的约为32公里，已形成以荔涵大道、南少林路、荔园路、东川路、九华路、绶溪路等为主干道的污水管网，上述污水管网中的污水经西天尾镇提升泵站统一纳入闽中污水处理厂收集处理。一年来，开发区已完成对园区内东川路、洞湖路、石盘路、工业一号路等污水管网进行疏通和清淤维护，确保污水有效收集。

（摘编：林开龙）

仙游经济开发区

仙游经济开发区为省级开发区。2019年，核心区43家规模以上工业企业实现产值152.29亿元，同比增长9.6%；完成固定资产投入55.72亿元，同比增长130%；实现工业税收2.74亿元。年产值超亿元的企业将达26家，创税1000万元以上的企业达11家，综合经济实力持续提升。开发区列入2019年重点项目20个，项目总投资251.16亿元，2019年计划投资44.27亿元。（其中：在建重点项目15个、预备项目3个、前期项目2个。）已顺利开工建设项目9个，完工项目3个，正在推进和开展前期工作的项目10个。

基础设施优化完善。坚持以路网建设为引领，基础设施取得新进展。枫秀西路道路工程完成2.6公里路面，正在进行其余路面建设及下社段500米路基建设。枫笏路提升拓宽改造工程、塔东路市政工程已完工。开发区南片区至仙港大道连接线（枫亭段）道路工程正在进行审计工作。开发区主干道（海平路、北和路）大中修工程现已完成设计审查批复等前期工作，准备立项。园区东路道路工程已完成80%的工作量。公园东路道路工程已完成初设和概算编制、设计等工作，正在施工图图审。开发区核心区“一环两纵三横”路网基本形成，现已实现了“六通一平”，承载能力进一步增强。环保配套方面，开发区污水处理厂二期、污水处理厂配套污水管网建设、公共事故应急池、绿色纤维产业园工业废水管道工程均已完工。华腾、成联等周边企业污水收集管及提升泵站改造工程已完成施工图设计。五里岭污水主干管工程（一期）已进场施工。联十一线（仙游段）污水管道迁改工程正在进行审计工作。排洪防涝方面，枫秀路建国排洪渠完成300米挡土墙，完成80%箱涵建设。环境绿化方面，枫笏路提升扩宽道路绿化工程已完工。三杆迁移方面，塔东路电力杆线迁移工程已完工。其他工程，泰景装配式企业土方工程已完成90%土方工程。完成开发区（含枫亭）雨污管网淤堵情况探测以及《秀屿港区枫亭作业点岸线利用规划方案》编制工作。

项目建设准备充分。做好项目各项前期准备工作，促进项目挂牌出让。土地报批方面，完成和森纺织、艾利斯、仙港大道连接线等项目报批126.975亩，上报慈岳中路、公园东路、后沈片区过溪路等项目报批材料88.122亩。项目供地方面，组织完成辉强体育、塔西路、开发区中心幼儿园、开发区中心小学、海警仙游工作站共5个项目114.0415亩地块的招拍挂工作。

招商引资重点突出。坚持招商引资战略不动摇，不断加大招商引资力度。2019年以来，重点围绕精细化工、机械制造、电子信息、食品医药等产业类大项目招商。进一步研究探索“以市场换产业”的以商招商模式，突出产业招商、存量招商，着力招大引强，不断引进新项目，改造提升传统产业，加快发展新兴产业，推动供给侧结构性改革，加快调转促升级步伐。新引进的产业招商项目为：总投资3.5亿元的南伴生物中药饮片项目，正在筹备项目部、围墙建设，并进行施工设计；总投资5亿元的泰景装配式（PHC）项目，于5月24日摘牌，业主环评、总评、地勘合同均已签订；总投资1.5亿元的辉强鞋业项目，目前土地招拍挂已签约，场地已平整，挡土墙、围墙正在建设，施工图纸已送审；总投资10亿元的忠旺铝型材项目；总投资2亿元的康保无尘科级项目。

管理服务落实到位。在扶持发展方面，协调解决了海安橡胶、滨海化工高压供电专线安全隐患、禾欣新材料产权分割办证用于融资以及南伴生物项目用地地上青苗清理，拨付天晶实业兼并重组蔡襄系企业项目补助、协诚鞋业消防应急通道补助以及蔡襄酒业燃煤锅炉改造补助，完成通用电梯周边秀峰路路面硬化以及禾欣新材料、钰诚化学、信力胶业等企业周边临时路灯建设，并对鑫益力置业周边排洪渠进行改造等事项，不断提高服务质量和水平，为企业开拓市场、稳定运营提供良好服务。政企共建方面，举办了劳动竞赛誓师大会和第五届福建仙游经济开发区“华峰杯”篮球赛，组织园区企业参加心理辅导健康讲座和三八妇女节登山活动，开发区与企业之间的互动交流不断加强。

（摘编：林开龙）

湄洲湾国投经济开发区

2010年12月，福建省政府批复同意将湄洲湾（石门澳）产业园区确认为省级开发区，定名为湄洲湾国投经济开发区。2019年，开发区辖区范围内实现工业产值108.2亿元，财税收入约2.83亿元。

基础建设全面推进。一是道路及管网方面。形成“三横三纵”路网，“三横”即疏港路、石门澳路和沁峤路；“三纵”即城港大道、东九街、东五街。同时，西园片区通道、滞洪区南侧通道、东片区通道等支路正在同步推进。除污水管网、燃气管网预留管位外，道路供水、给水、电力、通信等管网建设一步到位。二是石化消防方面。总投资0.6亿元石门澳产业园特勤消防站是全省布局的综合应急救援石化特勤大队之一，于2018年1月建成投用，配备有原装进口泡沫消防车、远程供水系统等技术先进的消防车辆19部。三是防洪防潮方面。按照满足100年一遇的防潮要求，内侧堤防满足100年一遇的防洪要求，总投资约0.6亿元、全长5.3公里的堤防提升工程西堤、北堤标段已完工；总投资0.5亿元、全长3.2公里东堤、南堤及新建堤防标段计划2020年第三季度扫尾完工；总投资2.3亿元的西园片区防洪防潮排涝一期工程正在扫尾，该工程建成后，将与东沁水闸形成联动，石门澳产业园3473亩滞洪区将实现闭闸运行。四是供水方面。总投资2亿元的莆田金钟水利枢纽引水配套工程石门澳支线工程，由市水务集团承建，供水规模为19.21万立方米/日，管线总长11.17公里，已建成供水；远期由莆田市东圳水库枢纽引水配套工程供给，将实现双水源供水。五是供电方面。总投资0.8亿元的石门澳产业园输变电工程由国网莆田供电公司承建，主要新建110千伏变电站一座，110千伏出线2回，线路全长12.38公里，目前建成投用，形成双回路双电源供电；近期正在与莆田国网公司对接园区二级环网柜建设事宜。六是供气方面。投资0.16亿元（全线投资0.9亿元）的石门澳产业园供气工程由旷远能源股份有限公司承建，建成2条燃气管道，形成双气源供气，满足园区企业用气需要。七是用热方面。总投资约26.7亿元的热电联产项目由福建永荣科技有限公司承建，目前一期已投用，二期完成项目核准，正在加快设计等前期工作。八是码头建设方面。投资33亿元的石门澳作业区6#、9#化工码头、11#通用码头工程正在软基处理施工，计划2020年下半年主体工程动工，2023年建成投用。九是固废处置方面。投资约2.32亿元的莆田市工业固体废物综合处置项目二期填埋场项目，由莆田宏盛环保产业发展有限公司承建，占地58.5亩，填埋坑总库容为10万立方米，目前综合楼、固化车间、填埋场主体完工，正在进行管网、道路等配套工程施工。十是绿化方面。沿石门澳产业园堤岸长12公里已完成绿化林带建设550亩，构建产业园与村庄绿色屏障。同时，近期与中交上海航道局公司对接道路一期工程绿化方案，将形成网状道路防护带，更好地起到防护的作用。

产业发展突出重点。围绕园区“承接湄洲湾南岸石化产业链延伸，发展非炼化一体化的化工新材料产业”的功能定位，依托现有龙头企业，抓住列入国家战略性新兴产业集群发展工程名单的有利之机，全力打造莆田市国家级新型功能材料产业集群核心承载区。全力推进CPL一体化项目片区、华峰水性油墨项目片区、聚烯烃项目片区、新型涂料项目片区、复合材料项目片区五大片区，着力打造百亿税收千亿产值的化工新材料产业园区。

招商引资主动对接。对有意向企业、行业协会、第三方招商机构，借力用力、借智发力，着力在产业链招商、平台招商有突破有作为。2018年总投资201亿元的乙烷制乙烯签约落地、2019年7月总投资59亿元的华峰水性油墨项目项目签约落地，同时做好催化剂等CPL产业链配套项目的招商推介。

生态环保多管齐下。按照2015年11月省环保厅批复同意《莆田湄洲湾（石门澳）产业园总体规划（2014—2030）环境影响报告书》内容，一是在石门澳化工新材料产业园周边进行地形测绘并落标定桩，片区外设置200米的环保隔离带、2000米的环境风险防范区，落实环保隔离带内不得有居民区、学校、医院等敏感目标，环境风险防范区应控制人口规模，不新增居民区、学校、医院等敏感目标要求。二是建设日处理1万吨的石门澳产业园污水处理厂（一期）及配套管网工程，项目于2017年3月开工、2019年1月开始接收污水。三是建设总投资0.8亿元的石门澳产业园区公共应急池一期工程，容量为5.5万立方米，项目于2017年10月开工建设、2018年11月投入使用。四是建设总投资约0.12亿元，建设全天候自动监测站2座，东沁、苏厝环境空气自动监测站分别于2015年6月、2018年5月投入使用。五是建设投资约2.32亿元的莆田市工业固体废物综合处置项目二期填埋场项目，由莆田宏盛环保产业发展有限公司承建，占地58.5亩，填埋坑总库容为10万立方米，目前综合楼、固化车间、填埋场主体完工，正在进行管网、道路等配套工程施工。

（摘编：陈建闽）

南平省级及省级以上开发区概况

南平工业园区

南平工业园区为省级开发区。2019 年，园区完成规模工业产值 217.95 亿元，同比增长 6.2%；完成工业增加值 48.28 亿元，比增 7.3%；税收入库 9.34 亿元。在市本级经济增长中持续发挥重要拉动作用。

基础建设逐步完善。一是路网、港口项目有序推进。南福路快速通道工程 PPP 项目完成业主、方案等重大变更工作。园区主干道路从彦路一期基本完工，新港路一期竣工验收。八仙三支路工程、张坑工业平台 3#支路完工。南平港延平新城港区 PPP 项目完成项目公司组建，积极推动资金问题解决，施工前准备工作有序开展。二是陈坑—瓦口组团平台建设全面展开。完成延平新城产业园区项目 B 标场地平整，加快推进泰盛项目、三元竹业供地工作。三是供热、供水、排污、生活等配套工程日益完善。绿洲固废建成投产，江南工业水厂项目完成招标工作及授信贷款，综合服务区建成并对外招租，316 国道污水管网 B 标完成建设。

项目建设全面推进。省市重点项目、赶超项目、“五个一批”项目、七大绿色产业重点支撑项目及工程包项目统筹推进，全面完成年度任务。省市重点项目 13 项，总投资 70.4 亿元，重点项目年内开工率、竣工率均居三大组图第一，其中在建项目 9 项，完成年度投资计划的 100.2%。省在建项目 5 项，完成年度投资计划 100%；赶超项目完成年度计划 118.8%，提前完成年度任务；2019 年新增“五个一批”项目 35 项，计划总投资 116.88 亿元。七大绿色产业重点支撑项目 7 项，总投资 22.93 亿元，均按序时进度推进；1—12 月园区工程包项目完成投资 1.93 亿元，占年度投资计划的 178.63%，居三大组团首位；年内还谋划有“十四五”实施项目 5 项，总投资 19.54 亿元。

招商引资成果喜人。继续围绕平台招商，以小分队招商为手段，立足园区产业基础，积极对接五南及园区优势企业、依托新城资源优势，开展上下游产业链招商、专业园招商，重点打造林产化工循环经济专业园。全面完成市政府下达的任务指标。泰盛纸业、彩虹织染、三元竹业等 18 个总投资 5000 万元以上招商引资项目完成合同签订；三元竹业、国投资源循环利用等 14 个项目当年实现转化开工，占年度任务（9 个）的 155.56%。招商引资工作有序铺开同时，聚焦产业链高位嫁接，推进优势龙头企业增资扩产，在延链、扩链、强链上重点发力。

安全环保严格监管。延续购买第三方服务的方式，引进安全生产和环保专业机构，充实园区安办、环保办工作人员，增强工作力量。安全生产工作方面。建立健全“党政同责、一岗双责、齐抓共管”工作机制，调整充实园区安委会班子成员，建立消防（电气）安全专项整治、应急管理工作机制；保持园区企业安全生产标准化建设基本全覆盖，完成安全生产标准化期满复评企业 6 家复评工作；以园区 118 加企业危险源辨识工作为基础，创新建立的“工业园区安全生产信息化管理服务平台”，实现园区企业日常安全管理数字化；全年园区安全监管检查 165 家企业（含厂中厂），发出整改通知 114 份，发现隐患 327 条，整改隐患 327 条，整改率 100%。环保工作方面。持续开展园区 6 个组团 169 家企业污染物排放情况和污染治理设施运行情况监督检查，健全环保档案管理；完成长沙、张坑、陈坑组团污水管网图制作，提升企业污水排放监管时效；完成316国道改扩建B标污水管网建设；抓牢中央环保督察发现问题企业整改工作，完成各类问题整改；引入第三方企业前期环评咨询服务机构，依托环评服务单位，为计划入园企业开展前期环评咨询服务。

管理服务多措并举。成立企业服务中心，为企业提供安全环保、政策宣传、人力资源、法律咨询、企业融资、技术咨询、财税咨询、项目申报以及非公党建，共8+1项服务；建立动静结合的服务机制，积极开展“百名局长挂企业”、“实体经济服务月”等活动，围绕重点企业做大做强目标，持续解决企业困难；滚动收集企业需求，及时解决反馈；继续开展第二批园区“信用示范企业”评定活动，新增9家园区信用示范企业；挂点帮扶33家园区企业对接金融机构，拓宽融资渠道；支持园区企业嘉茂纳米至海峡股权交易中心挂牌展示，做好上市准备；支持企业列入优选供应商名录，2019年共有16家园区企业入选南平市地产名优工业品推荐目录，占全市入选总数的11.8%；全年园区企业申报获得奖励资金共计2381.86万元，较上年增长1590万元。获得“2019年省级高新技术企业”“2019年绿色工厂称号”等荣誉的企业超45家（次）；全年帮助园区重点企业超353名员工获得近65万元人才补贴及部分人才奖励用房；联合乡镇举办专场招聘，解决部分企业用工需求。

（摘编：彭文荣）

南平高新技术产业园区（闽北经济开发区）

南平高新技术产业园区（闽北经济开发区）位于武夷山市和建阳市之间，地处闽北新兴发展区域的核心地带，于2005年10月经南平市政府批准设立，2006年4月，福建闽北经济开发区经国家发改委审核确认为省级开发区，并被列入福建省“十一五”规划重点建设工程。2019年，高新区新增规模工业企业2户，总数达到22户；规模以上工业产值38.62亿元，比去年同期现价增长15.6%；工业增加值10.92亿元，比去年同期增长8.1%；全社会固定资产投资完成46.1亿元。其中工业固定资产投资完成11.5亿元，同比增长21%。

基础建设逐步完善。高速公路方面，浦南、武邵、宁武3条高速在此汇集，武沙高速正在规划建设中。铁路方面，合福高铁全线贯通，吉武温城市铁路正在规划建设中。机场方面，已启动建设4D级武夷山新国际机场。此外，省内首条城市轻轨将于2021年通车。目前武夷新区已形成市域1小时经济圈，对接沿海中心城市和港口2—3小时经济圈，区域交通枢纽基本形成。

产业发展打造重点。重点发展先进制造、数字信息、旅游、健康养生和文化创意产业，加快培育特色产业集群。建立产业发展基金，出台《武夷新区促进工业经济发展的若干措施》从规模工业、税收奖励、科技创新等方面支持企业发展壮大，2019年兑现区内企业奖励资金208.52万元，指导企业向上争取项目扶持资金606万元。新能源汽车产业势头良好，发挥巨电新能源、海源新材料等高新技术龙头企业作用，辐射带动8家关联企业联盟发展，福建巨电与闽铝轻量化公司结成联合体，与武夷交投公司达成公交车采购批量协议。通过军民融合嫁接转化高科技项目，成立航天五院南平军民融合产业发展中心对接航天技术的转化，巨电新能源入选中国航天钱学森创新委员会实践基地。

招商引资成绩斐然。聚力招大商、大招商，重点对接正新集团、商汤集团、微医集团等，签约了检测认证（半导体芯片）实验室、台达绿色建筑节能等一批项目。2019年共引进总投资超5000万元产业项目18个，总投资54.12亿元，其中10亿元以上项目3个；当年签约当年转开工项目16个。为精准招商，引进龙头企业落地新区，对重点项目执行“一企一策”专题研究，积极为企业研究政策，全面激发企业家投资发展的热情，使企业继续保持旺盛的发展活力。如为虎扑项目研究前期运营补助政策，为同心项目研究场地租金与装修补助等政策。2019年与台湾金翔国际有限公司成功对接闽浙赣台湾商品集散中心项目并顺利召开“南平·金门同心同源系列产品发布会”。

科技创新积极构建。坚持引导企业走自主知

识产权、自主品牌、自主创新之路，大力构建以企业为主体、市场为导向、产学研相结合的技术创新体系。目前全区高新技术企业总数达到5家。闽铝轻量化汽车制造有限公司的专利“公交车骨架总成”获得第六届南平市专利一等奖、海源新材料公司的专利“一种汽车脚垫的制备方法”获得第六届南平市专利三等奖。

体制机制多措并举。“下级派单、上级接单”。搭建协调解决问题督办平台，通过强化上级部门与下级项目业主之间的统筹联动，督促审批、服务、征迁、进度滞后等四类问题加快协调解决，提高工作效率。腾笼换鸟，盘活资产。强力清除“僵尸企业”，加大对长期闲置土地、低效土地处置力度，在“退城进园”、“腾笼换鸟”、“旧厂房改建”等方面敢于创新探索合作重组、联合招商、收购储备、产权分割转让等方式盘活低效工业用地。通过政府收储派森家饰、龙翔机械等低效闲置用地700余亩。经济效益不明显或部分土地厂房闲置的企业予以盘活，提供给新入驻项目，提高土地利用价值。一企一策，帮扶企业。对区内22家规模企业继续实施包保责任制，积极主动为企业解决生产经营中的土地、资金、创新、市场等方面存在的困难和问题，促进企业做大做强。健全项目推进机制，落实领导联系、督查通报、考核奖惩等制度。大力宣传国家、省、市、县扶持企业发展的各项政策措施，2019年累计帮助企业争取补助资金600余万元。为入驻企业提供一站式全程代办服务，实行“一企一策”，加大政策扶持力度，提高政务服务水平，优化企业发展环境，促进企业做大做强，健康持续快速发展。

（摘编：朱明清）

光泽工业园区

光泽工业园区为省级开发区，总规划面积23.4平方公里，分为和顺工业园、金岭工业园。2019年，园区共实现工业总产值125.54亿元（其中规模以上企业产值119.26亿元），比上年增长24.4%，税收1.398亿元，比上年增长34.3%，解决就业19630人。目前，光泽工业园区拥有上市企业1家，国家级及省级高新技术企业4家。

基础设施配套完善。和顺工业园内水、电、路、讯等基础设施完善，已有农业产业化国家重点龙头企业、南方规模最大的联合型肉鸡生产加工企业圣农集团等企业入驻。金岭工业园已建成金岭110千伏专用变1座，已开发范围的道路、排水、排污、供水、供电、通讯已完善到位；建设标准厂房22幢，面积60000平方米，员工配套楼2幢，面积8160平方米；已开通城区至园区公交线路。

招商引资成绩斐然。2019年，全县共引进超5000万元产业招商引资合同项目31项，总投资48.6亿元，其中，已转化开工项目27项，项目履约率达87.1%。2019年“四比六促”招商项目考评成绩名列全市第三，全年招商氛围浓厚，招商活动频繁，一批有特点、有亮点的新项目、大项目陆续开工、在建和竣工投产。一是“走出去、请进来”。主要领导带队赴香港、台湾等地境外招商，陆续引进了一批外资项目，总投资达7.4亿元。在福州、惠安等地召开武夷山水品牌推介会，就武夷山水公用品牌及我县优质农特产品作招商推介。赴上海、厦门、福州等地召开乡贤招商座谈会。二是突出“1+3”生态食品产业链招商。注重品牌培育及品牌推广，主要领导带队至福州等地举办“武夷山水”公用品牌推介会共3场；着力做大水饮品产业，推动福建武夷山水食品饮料有限公司获得首批授权使用“武夷山水”区域公共品牌，觉农红茶、华韵武夷茶业、圣绿山茶油等3家企业通过第二批“武夷山水”授权使用单位初审。加强与央企、省企及大型民企的多形式对接合作，壮大现有企业实力，加快推进项目建设。目前已成功推动泽汇渔业（光泽）有限公司与中建安装集团、福建承天金岭药业与国药集团江阴天江药业有限公司的合作等。三是优化营商环境。出台《关于促进工业经济跃升发展的若干意见》《关于进一步推进绿色产业发展的若干意见》等优惠政策，加大招商项目扶持力度。成立优化营商环境工作小组，针对项目落地审批过程中可能涉及的86项具体工作，列出牵头部门及责任单位，提升审批服务实效。建立快速会商落地机制，采取扁平式管理模式，第一时间召集相关部门与客商面对面交流，现场答疑，分头落实。

生态环保监管到位。和顺工业园投资近8000

多万元建立4个污水处理厂，采用物化加生化相结合的处理工艺，每日可处理污水22000多吨，完成规划环境影响评价评审。金岭工业园绿化面积8.9万平方米，绿地率达31%，绿化覆盖率达36%。投资4000多万新建了日处理污水5000吨的金岭污水处理厂已投入营运。目前，工业园新一轮土地集约利用评价、水土保持方案、地质灾害评估。为提高项目投资的可行性，项目落地决策的科学性和确定项目投资政策的合理性，对投资入驻工业园区的投资项目，实行联合审核制度，确定项目是否可以入园。同时，对新上项目坚决执行“四不批”政策：即环境影响评价不过关的不批、环境容量不允许的不批、区域或流域排污总量超标的不批、污染防治措施不可行的不批。入园项目均通过环评审查，按要求建设污水处理、粉尘处理、降噪处理设施，尤其是对用水量大，要求建设水循环利用系统，加强定期监测，主要污染物符合全县污染物排放总量控制要求，有关企业固体废物综合利用率指标达到国家标准。

制度创新因地制宜。设立光泽工业园区管理委员会，主任由分管县领导兼任，根据工业园区开发的需要，及时协调相关部门解决征地、拆迁、杆线迁移、林木采伐、招商等矛盾。为确保园区的开发建设，同时成立了园区开发建设有限公司，与县招商局合署办公，实行“三块牌子，一套人马”运作，并从有关部门抽调了精干人员参与园区建设。制定了《光泽县项目联审制度暂行规定》，对投资入驻工业园区的生产性投资项目，实行联合审核制度。逐步完善工业园区各项管理制度，有力促进工业园区各项工作的有效开展。

（摘编：李兵）

邵武经济开发区

邵武经济开发区为省级开发区，规划面积20平方公里，2019年开发区共有企业250家，其中规模工业企业73家，2019年实现工业总产值163亿元，增长11%，增加值41.09亿元；完成固定资产投资21亿元；实现税收1.9亿元。

基础设施配套完善。2019年，开发区有供电能力220千伏安的安平变电站1座，有日供水量3万吨的紫金山水厂1座；日处理量为6000吨/天第二污水处理厂一座；集中供热项目已完成签约；区内广电、移动通信、互联网等实现全覆盖，设有农村信用社与多家存储点，建有“惠航”等多家超市，有黄峭广场、汽车站等。建成紫金、廖家排、傅家墩、香林等4个保障性住房安置小区，有安置房1800套，建有紫金城、皇庭新世界、城中花园等高档商品房小区，且幼儿园、小学、中学齐备，是闽北基础设施配套完善的多功能综合性产业园区之一。

产业发展重点突出。2019年，开发区已进驻福建王斌装饰材料有限公司、福建杜氏木业有限公司、福建味家生活用品制造有限公司、邵武现代家用有限公司、邵武市振达机械制造有限责任公司、福建含香食品有限公司、福建香缘饮用水有限公司、福建永同盛农业发展有限公司等企业，初步形成以林产加工、竹木加工、机械电子、机械制造、纺织服装、包装制品、食品加工、农副产品加工及非金属矿物制品、橡胶制品和市政交通物流配套为主导产业，致力于建设一个规模优势明显、配套齐全、产业特色突出、产业链条完善、产业集群集聚的综合性产业新区。

招商引资多路并进。开发区把招商引资作为重点工作来抓，采取以商招商、产业招商，请进来、走出去的招商办法，创新招商理念和招商方式，尝试引用VR科技招商，展示园区的区位、交通、生态人文、配套设施等优势，吸引客商前往洽谈投资。截至2019年底，全市招商引资（提交项目认定表的）落在园区的项目有30个，总投资29.03亿元，其中福建含香食品有限公司年产1万吨烤鳗项目、福建香缘饮用水生产有限公司年产50万吨天然饮用水项目、邵武盛鸿生物质能源有限公司竹产业热电联产循环加工项目、大诚世纪集成家居有限公司集成家居生产项目等7个项目总投资均超过1亿元。

科技创新再创佳绩。园区内企业福人集团森林工业有限公司2019年6月入选福建省第一批绿色制造名单；6月入选2019年福建省工业和信息化省级龙头企业名单；7月入选2019年国家级第四批绿色工厂名单；7月入选2019年度福建省工业和信息化高成长培育企业名单；8月入选福建省

"专精特新"中小企业（精细化）；9 月入选 2019 年省级智能制造重点项目；10 月入选福建省循环经济示范点单位（第三批）公示名单。福建远翔新材料股份有限公司 2019 年 6 月认定为国家第一批"专精特新小巨人"企业；9 月认定为福建省第三批制造业单项冠军企业。福建味家生活用品制造有限公司 2019 年 10 月获得工业企业知识产权运用试点企业（工业和信息化部科技司）；11 月获得 2019 年度福建省工业企业质量标杆；12 月获得福建省高新技术企业。全年开发区有 2 家企业获中国驰名商标、6 家企业获高新技术企业称号。园区有 3 家企业成为电商孵化平台。园区企业有 67 个产品获得技术发明专利，有 3 个产品获得省级名牌产品称号。

生态环保严格落实。严守"环境质量只能更好、不能变坏"底线，坚持生态优先、加快绿色发展，以中央生态环保督察整改为抓手，结合"四比六促"活动，严格落实党政领导生态环境目标责任制，全力打好污染防治攻坚战，精心呵护好绿水青山。一是坚持高位推进，着力强化生态环保责任；二是坚持绿色发展，着力推动高质量发展；三是坚持综合治理，着力打好污染防治攻坚战；四是坚持问题导向，着力解决生态环境突出问题；五是坚持依法依规，着力提升环境监管水平；六是坚持与时俱进，着力构建生态环境治理体系；七是坚持从严治党，着力打造生态环境保护铁军。

（摘编：彭文荣）

浦城工业园区

浦城工业园区是承接长三角产业梯度开发的前沿平台及经济结构调整、产业升级和招商引资的重要基地。截至 2019 年底，园区建成面积已达 2.5 平方公里，全年完成规模工业产值 24.6 亿元，同比上升 35.4%；完成税收 1.19 亿元，同比增长 46%；固定资产投资 4.48 亿元，同比增长 43%。

基础设施日臻完善。截至目前，园区已建设道路工程约 3.8 公里。园区内污水管道及 205 国道污水管道已建设 7 公里，园区污水处理情况：（1）园区内部管网工程于 2011 年 5 月设计，按雨污分流标准进行设计，2011 年 6 月开始施工，2011 年 12 月竣工，管道总长 3680 米。（2）2015 年 10 月园区委托中国市政工程中南设计研究总院有限公司编制福建浦城工业园区 A 区工业废水接入城区污水处理厂可行性和可靠性论证报告，并通过专家评审。2016 年 3 月县长朱金生主持召开第三次常务会议，同意园区工业废水达到环保批复的排放指标后排入县污水处理厂。同时经 205 国道从园区至市政管网工程同年按雨污分流的标准进行设计。于 2016 年 7 月开始施工，同年 12 月竣工，管道总长 3880 米。2017 年 2 月浦城县环保局下发浦环函〔2017〕4 号文同意浦城工业园区污水接入县城市污水管网进入城市污水处理厂。2017 年 2 月份购买提升泵房和在线监控设备，同年 6 月份完成安装使用，同时园区管网接入市政管网，园区污水达标后排入县城市污水处理厂处理。园区内污水应急池于 2017 年 12 月完成，应急池容积 300 立方米，于 2018 年 11 月委托福建省靖桥企业服务有限该公司编制完成福建浦城工业园区（A 片区）突发环境事件应急预案，并通过专家评审。园区自来水厂每天可供应 10000 吨自来水。两座污水提升泵房，一座容量为 300 立方米的污水应急池，又投入 30 万元在主管道安装污水监控，对污水中的 COD、氨氮、流量指标进行监控。两座变电站：110 千伏变电站及 220 千伏变电站。浦潭生物专业园计划总投资 5.22 亿元用于基础设施建设。35 千伏变电所竣工完成并已送电运行；横二路、纵二路、横四路建设已全面完成；自来水厂、污水处理厂已建设完成；热电联产项目专项规划已获省发改委批复，预计 2020 年底建成投产。施工便道已完工；土地平整设计已完成；横九路及大桥已开工建设；110 千伏大石溪变电站目前已开工建设，预计 2020 年 6 月完成建设。

产业发展突出重点。园区做大做强"三大产业"集群，三大"主导产业"2019 年实现工业总产值 147.44 亿元。（1）提升生物制药产业发展质量。2019 年实现工业总产值 8.62 亿元。（2）加强食品加工产业集群发展。2019 年实现工业总产值 57.65 亿元。（3）延伸轻纺轻工产业链条。2019 年实现工业总产值 81.18 亿元。

（摘编：陈建闽）

建瓯工业园区

建瓯工业园区为省级开发区，中心区规划面积10平方公里，其中工业用地6.5平方公里、商住用地2平方公里、商贸中心0.5平方公里，休闲、绿地和公共设施用地1平方公里。2019年，园区实现总产值117.4亿元，同比增长8.5%，规上工业企业实现产值82.15亿元，同比增长5.6%；全园区实现税收约1.59亿元，与去年基本持平，完成固定资产投资30.19亿元，同比增长21.3%。2019年工业园区项目总任务数41个，完成项目数48个，其中谋划项目21个，签约项目11个，开工项目10个，竣工投产项目6个，超额完成全市“五个一批”项目任务。

基础建设加速推进。完成投资2200万元的莲花坪污水处理厂建设，并投入运营；投资3000多万元的F区新建道路、投资1000多万元的丰乐二期道路、投资800多万元的仕坑仔新建道路按时序进度加快推进；完善城东园C区8号路等多条道路建设，彻底打通“断头路”，实现园内建成区道路贯通全覆盖。谋划总投资3.34亿元的园区基础设施建设项目，包含城东污水处理厂、丰乐污水处理厂、丰乐自来水厂等11个子项目的工程包已采取EPC方式由省二建集团中标承建。

产业发展优势显著。建瓯工业园区根据发展调整优化产业布局，形成城东园以竹木加工为主导，中药制造、林产化工、新能源、废纸再生利用、汽车物流相配套，专业市场等公共服务设施综合发展，兼有部分生活居住的城市新区；丰乐园以食品加工、机械制造、电子信息为主导；莲花坪园以竹木加工、农产品加工为主导的产业集群化布局，促进产业集中积聚组团发展。特别是笋竹木产业链条完整，已成为建瓯市的支柱产业之一，连续两年举办的“中国笋竹产业（建瓯）高峰论坛”，提升建瓯笋竹产业影响力；园区规划1000亩竹产业专业园，拟建成高端竹产品加工区；大庄科技、丸美竹业等龙头企业落户园区，同时建设全国最大的笋产品交易中心，打造笋竹产业发展中心，实现产业集聚发。目前建瓯市竹胶板、竹地板产量居全省首位，水煮笋加工产量居全国首位。

招商引资开拓进取。不断开拓创新招商思路和招商方式，招商项目得到大力推进，已落地或准备签约落地，招商引资收到实效。一年来，在策划项目库中筛选出重点招商项目、做好前期准备工作24项，对接重要客商团组52批，对接异地商会，参与商会活动4场，洽谈推进招商项目21项，及时向市政府提供有价值的招商信息6条。建筑工业化生产，百丰竹业低碳环保竹菜板、竹家居及竹板材生产，竹笋精加工、银耳休闲食品，年产8000吨竹炭和8000吨树脂炭等项目，已竣工投入生产；大庄竹业项目已进入设备安装阶段，年内可投产；漳州水仙药业有限公司与新武夷生物制药合作项目，已完成合同签订、技改，扩大生产；城东工业园热电联产、邵武农资物流园、正顺汽配生产、万福汽车等项目已开工建设；此外，和泓纺织的高档地趟布及网布定型烘干后处理项目，实现当年引进、当年建设、当年投产。汽车拆解项目，落地丰乐工业园，面积30亩；竺骏竹业的户外重竹新型产品项目，落地莲花坪工业园，已完成供地及施工建设前期手续；全景、瑞景、美居3个智能家居项目已落户城东工业园。

管理服务结合实际。结合建瓯市千名干部挂点帮扶企业制度，园区推行干部派驻企业、重点项目制度，知企业所想、帮企业所需、解企业所难，及时破解企业发展难题，助推项目建设进度。推出“123+N”创新项目服务机制，成立一个专帮团队、制定正反两项推进机制、设立三笔帮扶资金，依托“一站式服务中心”，变“企业跑”为“代办员”跑、“数据”跑，实现项目审批“零接触”、项目审批事项“一趟不用跑”。

（摘编：郭鹭）

松溪经济开发区

松溪经济开发区于2011年8月经福建省政府批准纳入省级开发区管理。2019年，开发区工业总产值39.35亿元，同比增幅22.9%，完成固定资产投资9亿元，创税约6050万元。

基础建设全力推进。2019年，开发区集中资源继续开展基础设施建设年活动，响应县委、县政府“四比六促”号召，全力推进工程建设，增强和完善省级经济开发区配套功能。全年基础设施建设投资约3300万元，其中旧县园4号路，道路总长465米，宽8米，总投资约200万元；旧县精密铸造产业园消防水池管网项目，投资约200万元；旧县园邦能智控有限公司新增地块土地平整10亩，投资约130万元；旧县园环境整治围挡工程及旧县园水毁抢修项目天山厂区边围挡工程，投资约24万元；三和园矮溪桥水渠建设，水渠全线长度787.97米，投资约200万元。普伦斯厂区道路建设，投资约187万元；三和园区聚酯瓶厂产业园130亩土地平整工程投资约392万元；新建消防水池、职工活动中心、非公企业党建活动中心等重点项目，道路、管网、绿化等工程也在顺利推进中。

产业发展欣欣向荣。开发区目前已形成竹木加工、纺织服装、机械电子为主与食品加工为辅的产业格局。城东园区内设两个专业园，分别为文化产业专业园和纺织服装专业园，占地面积300亩。文化产业专业园由2个加工区组成，分为文化产品加工区和工艺茶具加工区。目前，文化产业专业园已入驻投产企业6家，其中文化产品加工企业2家（时代文具、金亿文化），茶具生产企业4家（畅宏家具、居友工艺品、慧通工艺品、泓盛工艺品），均以竹木精深加工为主，产品主要有铅笔、工艺笔、眉笔、文具套装、软化板以及高档红木茶具等，产品主要销往美国、欧洲、日本等地。纺织专业园主要依托从华西村引进的总投资7亿元的闽瑞纤维项目，该项目分三期投资，共建设8条生产线，其中1—6条生产线已投产，7、8条生产线正在建设当中；旧县园区自2018年以来新引进奥大铸造、京田阀门等11家精密铸造企业，运用再设计创新理念、精密成型创新工艺、技术装备智能化创新技术、管理运营创新思想和方法等手段，打造精密铸造产业园区。

招商引资优势凸显。开发区交通便捷，松建高速公路和X830线交战路从园区穿过，园区毗邻浙江省庆元县，离松建高速公路旧县互通口1公里，是闽北承接浙沪地区产业转移的“桥头堡”。交通便捷，供电、供水充足，基础设施齐全。目前园区内“七通一平”基础设施基本完成，园区已入驻企业60家，招商重点结合城东园纺织产业、旧县园精密铸造产业与三和园聚酯瓶片产业，开展产业链招商和专业园招商，重点打造纺织专业园、旧县精密铸造产业园区和三和聚酯瓶片产业园区。经过多年的建设发展，松溪经济开发区软硬环境不断优化，入园企业享受各级政府优惠政策，基础设施日臻完善，开发区内交通发达，社会治安良好，服务水平不断提高。已成为福建省投资兴业的热土。

生态环保多管齐下。一是着手对园区总体规化和规划环评进行修编，对“3+1”产业及其配套以外的项目，原则上不引入、不供地，对现有“三高一低”（高投入、高能耗、高污染、低效益）项目，引导企业异地搬迁、改造转型。二是推进企业节能减排，鼓励企业采用新工艺、新设备、新能源、新材料，全面完成园区企业燃煤锅炉整治工作。三是加快完善园区基础设施配套，推进城东园区污水管网建设维护以及、旧县园区水电路、污水管网、网络通讯等设施建设。

（摘编：郑新贵）

政和经济开发区

政和经济开发区于2012年6月获批省级经济开发区，总规划面积25平方公里，启动区6平方公里。开发区经过7年开发建设，累计完成投资10.5亿元，完成征地5656亩基本实现供地，区内水电路网、天然气等基础配套设施日趋完善，签约入驻企业107家，总投资约101亿元，全面达产后产值约156亿元。其中，18家正在建设，73家投产经营，初步形成以机械制造业为主，食品加工、竹制品深加工为辅的“1+2”产业布局。围绕机电产业，积极承接闽东南、浙东南地区产业转移，引进机电企业77家，总投资近60亿元，逐步形成发电机（组）、水泵、阀门、汽摩配4条产业链。2019年，开发区新增入驻企业8家，新增开工企业9家，新增投产企业7家；全年完成工业总产值约37.2亿元，比增17.2%，规模以上工业总产值约32.8亿元，比增16.8%；完成固定资产投资约12.8亿元；实现税收约5005.2万元，比增72%；实现工业用电量约11027.6万千瓦时，比增65.8%。在省商务厅发布的2018年度福建省国家级和省级开发区（全省94个）综合发展水平评价结果，政和经济开发区位列福建省第58位，综合发展水平较去年提升5位。

基础设施配套完善。开发区基础设施建设较为完善，目前建成道路约15公里，完成污水管网铺设18公里。建成日供水1.5万 m^3/d 的自来水厂、日处理0.5万 m^3/d 污水处理厂，住房518套房的公共租赁房3栋，并投入使用。2019年底，开发区小微企业创业园建成投入运营，预计2020年将孵化小微企业达20家，其他配套服务设施，如职工文体中心、羽毛球馆、篮球馆、游步道、同心公园、廖俊波事迹馆、机电展示中心等均已建成投入使用。

产业发展重点突出。目前开发区签约企业107家，投产73家、在建21家、未开工13家。机电产业：签约机电企业81家（铸造企业56家），总投资75亿元，预计全面投产后产值100亿元；其中正在建设11家，投产经营56家。竹木加工产业：签约竹木加工产业13家，投产10家，其中在建2家，未开工1家。食品产业：投产企业5家，在建1家。规上企业26家，其中8家竹木加工，食品产业2家，机电产业16家。开发区以铸造产业为主导培育产业，2019年以来，铸件产量约3万余吨，铸造企业年销售收入达23.4多亿元（按平均7800元/吨单价计算），年用电量达1.8亿kW/H。由于受到贸易战影响，园区铸件产量从2019年6月后增速放缓，抑制了铸件总产量，是园区铸件产量呈中低速增长态势。

体制机制持续优化。一是深化管理体制创新。开发区管委会内设综合协调部、规划建设部、招商服务部、经济发展部、维稳中心、安全生产办公室等6个部门，管委会主要领导均由县领导兼任，各部门负责人从相关县直机关单位抽调精干干部任职。管委会下设四个国有公司，其中经营管理公司承担园区项目运营与管理，建设公司负责园区开发区开发建设、投资运营，融资担保公司解决企业资金难题，通过运行机制创新，实现了市场化运作，政企分开，政资分开。二是优化服务机制提升。秉承“亲商、富商、安商”的宗旨，坚持24小时办公、全天候服务，着力营造良好营商环境。再造项目审批流程，启动项目联合预审机制，严把项目入园关。一方面在招商过程中，组织环保、经信和供电等部门专业人员，赴意向入园企业所在地实地察看环境影响、工艺流程、税收贡献等情况；另一方面，项目落地后联合发改、经信、环保、安全等部门召开联合评审会，缩短审批时限，推动项目早落地、早开工、早投产。

生态环保落实到位。突出绿色发展，推动生态文明建设。按照上级生态文明建设和环境保护的重大决策部署，积极推动绿色发展方式，以建设生态园区为目标，在实现经济快速发展的同时确保区内环境质量总体稳定，促进园区可持续发展。一是持续开展企业落后生产设备淘汰工作。全部企业完成铝壳中频炉更换为钢壳中频炉，除尘净化设备全部更新，吸附设施建设基本完善。二是规范园区保洁绿化管理。道路保洁绿化采用片区网格式管理，垃圾分类处置，集中处理，确保园区环境整洁亮丽。三是持续完善环保设施建设。全园区污水管网实现全覆盖，企业污水集中纳管排放至污水管网，固废贮存场建成并投入使用。

（摘编：黄国实）

顺昌工业园区

顺昌县工业园区总规划面积15.21平方公里，沿316国道和福银高速引线等交通干道布局，初步形成了“一区多园”发展格局，即以新屯机械加工园区为核心、促进金山化工园、郑坊光电园、文新生物质产业园、张坑绿色食品产业园等多个专业特色园区共同发展。其中，新屯片区已开发工业用地3500亩，尚有1500亩熟地可供，入驻企业22家。郑坊光电园已开发工业用地1800亩，尚有熟地1200亩可供，欧浦登（年产值10亿元）等6家企业入驻。2019年，新建和续建基础设施项目10项，其中竣工项目3项，在建项目4项，前期项目3项。总投资104643万元，当年计划投资26140万元，实际完成投资2680万元。

基础建设优化升级。一是园区总体规划修编和产城融合控规（修编）进行优化扩容，郑坊园区总体规划扩容至8.23平方公里。二是以项目建设推进基础设施配套改造升级。郑坊园区竣工完成污水处理厂、临时供水和园区主干道项目，临时供水当前已正常运行，园区主干道及快速通道（园区段）已竣工通车，完成召坑尾230万方的土方挖填，产城融合路网工程已开工建设，标准厂房和公租房三期以EPC模式已开工建设。三是推进园区基础设施改造升级，以神农菇业，欧普登等龙头带动企业增资扩产，促进企业不断做大做强。

招商引资精准定位。一是根据《入园项目管理服务办法》等政策，围绕项目上下游供应商，精准定位客商需求，推进轻资产招商，引资入园促进协议项目开工建设（智圣氢能源、辰星荟聚、神农三期、竺福林、爱乐钢琴、百佳能源、浩洋包装等）。重点推进顺昌浙商（中国）出口家具产业园建设，规划总面积3430亩，一期平台建设1200亩，包括土方工程、道路管网、快速通道、标准厂房等项目，引进企业投资强度为220万元/亩以上，税收15万元/亩以上。目前，产业园已完成征地3030亩，一、二期PC已开工建设，签约入园企业38家。二是以现有龙头企业（神农、欧浦登）为中心，积极推进企业增资扩产和企业上下游链条的延伸，形成产业集群。

管理服务健全完善。一是围绕建立高效运行机制的目标，健全完善园区议事、工作、请假、财务审批等相关制度，规范园区管理工作。二是设立园区企业服务中心，全天侯为入园企业和落地项目提供优质服务。三是大力推进园区非公企业党的工作建设，提升企业生产和运营效率。四是注重培植龙头企业，在政策上、服务上为企业提供全方位支持，促进企业增资扩产、转型升级。

（摘编：刘海元）

龙岩省级及省级以上开发区概况

龙岩经济技术开发区（龙岩高新技术产业开发区）

龙岩经济技术开发区设立于1998年7月，1999年5月经福建省人民政府批准为省级开发区，2012年3月2日经国务院批准升级为国家级经济技术开发区。2019年，龙岩经济技术开发区（高新区）按照“产城融合、二三并举，创新创业、招商引智，体制优化、精简高效”发展定位，全力打造“东肖产城融合区”“红坊现代物流区”和“高陂高端制造产业区”三大片区，经济运行总体保持平稳增长的态势。全年实现规模以上工业总产值245.18亿元；规模以上工业增加值比增2%；财政总收入10.9亿元，地方级财政收入6.1亿元；500万元及以上固定资产投资、工业固定资产投资分别完成42.4亿元、7.1亿元；限上商品销售额174.1亿元。机械装备产业实现产值218亿元，8家龙头企业产值175.6亿元、比增5.8%。12家重点培育的中小微工业企业完成产值27.1亿元、比增23.9%。外贸出口完成29.1亿元，完成年度目标100%。新增规模工业企业3家，培育服务业龙头企业3家、限上商贸企业2家、规模以上服务业企业4家，26家企业实现“上云上平台”。

园区建设日新月异。按照“产业化、生态化、生活化”要求，重点推进红坊龙岩南高速出口地块概念规划设计和高陂万洋众创城产业园、中小微创业园、专用车配件园以及南北环路二期、上洋西路等“五园五路两配套”整体建设。扎实开展产业园区建设升级行动，实施配套项目16个，年度计划投资3.16亿元，新建南北环路二期、上洋西路、龙溪邦西路等市政交通路网13条，龙岩实验学校、专用车主题公园、平在3、4号路、标准厂房等项目基本完工，快速通道二期基本贯通，莲花安置小区三期回迁率达99%，完成铺设雨污水管网约6公里。

项目建设赶超进度。11个省市重点项目、3个“重中之重”产业项目分别完成投资45.7亿元、8.1亿元，占年度计划112.8%、129.3%。8个省级重点技改项目完成投资5.12亿元，占年度计划100%。“3个100”8家工业（服务业）企业、6个投资增长点项目、5家财税增长点企业分别完成4.5亿元、10.87亿元、3.38亿元，分别完成年度计划43%、120%、315.4%。举行12次项目集中开竣工仪式，54个项目（37个开工、36个竣工）实现开竣工，总投资78.7亿元，其中龙净环保输送装备及智能制造、龙马高端环卫装备扩建项目开工建设，越秀物流园、龙亿粉体、万乘智慧城市、龙夏电子半导体项目投产。

招商引资成绩斐然。组建粤港澳、京津冀、长三角招商小分队，成立招商公司，实现谋划项目18个、完成率138.5%，实现签约项目54个、完成率234.8%，总投资约142.6亿元，新签约项目开工46个、开工率85.2%，竣工项目43个、竣工率79.6%，招商接待中心投入使用。盯紧粤港澳、京津冀、长三角、闽西南四大区域，组织企业深度参与八场推进会，共引进项目37个，总投资约65亿元。引入字节跳动、爱迪尔珠宝、天英科技等上市公司，珠江大厦共入驻企业68家，年产值超30亿元，税收达2.5亿元。外出招商60批次，总投资26亿元天英数字产业、总投资10亿元智康光热等一批大项目、好项目顺利签约。

管理服务落实到位。成立高陂、红坊一线指挥部，抽调150余名干部职工走进项目一线，扎实开展“千名干部挂千企”“领导挂片、干部挂企”活动，实际解决困难问题28件；出台企业就学照顾性政策，照顾就学92人次，组织百余家企业参加15场人才招聘会，协助1300余人与企业达成初步就业意向；成立龙岩经开区（高新区）自然资源分局和市场监管分局，实行“一家牵头、一张表单、一份指南、一套机制”审批模式，审批时长从8个月缩减为4个月；企业服务大厅完成规范化建设，年办件量近8万件。

（摘编：严志东）

漳平工业园区

漳平工业园区位于漳平市菁城街道、和平镇、西园乡三个乡镇之间，是国家发改委批准建设的省级工业园区。2019年，园区规模以上工业企业94家，企业用工人数7800人（同比新增约350人），全年完成150.83亿元，同比增长12.5%。园区企业入库税收合计2.24亿元，同比增长24.1%。园区企业用电总量20015.29万千瓦时，同比增长4.9%，占全市工业用电总量的17.5%。2019年共签约项目22个，总投资约14.13亿元，新签约项目中新供地项目9个，共278.14亩。园区管委会被评为福建省循环经济试点单位（第三批）和征地拆迁促重点项目落地百日攻坚大战先进集体。

土地利用有力盘活。加大力度盘活闲置低效用地，促成了路路通（34.35亩）司法拍卖、骏代专用汽车收购伟明机械（81.78亩）、华滨（100亩）股权转让，共盘活216.13亩。近年来，已累计盘活2200亩闲置低效用地。

科技创新助力转型。实施科技创新驱动，加快产业转型升级，助推高质量发展，现拥有国家企业技术中心1家（天守），国家高新技术企业15家，省级科技小巨人领军企业12家、高成长型企业3家、科技型企业9家，省级技术中心5家、“专精特新”中小企业8家，博士后工作站2家，产学研基地11个，上市企业4家（木村公司2012年7月在香港联交所主板上市、瑞森公司2016年4月公司成功在“新三板”挂牌上市、德诺公司和九鼎公司分别在2015年7月份和2016年3月成功在“新四板”挂牌上市）。

生态环保严格实行。推进新材料产业园污水处理厂一期建设工作，目前已累计投资2658万元。完善企业环保一企一档，加强园区企业日常环保巡查，落实企业雨污分流，确保污水应收尽收，完成园区企业的达标排放。坚持常态化企业环保日常巡查，提升企业环保自主责任意识，2019年累计巡查企业455人次，发出整改通知书27份，与企业约谈4次。加强市政雨污管网排查，对工贸新区市政污水管网疑似地下水渗入严重问题开展两次大规模排查，累计排查56人次，排查迎宾大道污水管网2.2km，48个观察井。园区安全生产形势持续稳定向好。

营商环境优化提升。贯彻落实《进一步优化营商环境十条措施》，深入开展“三服务一信心”活动，采取有效的措施，积极化解企业生产或建设过程中碰到的困难和问题，积极深化与企业家沟通交心，倾听企业家心声，做到服务暖企心。同时，积极落实各项优惠政策，并将教育纳入工业园区发展规划中，为工业园区务工子女划出小学、中学教育资源，并专门设立漳平市工业园区幼儿园解决务工子女到公办幼儿园学前教育问题。今年来完成296名企业员工随迁子女申报2019年秋季入学，其中幼儿园93名（含漳平市工业园区幼儿园65名）、小学130名、初中73名。完成2018年度子女就学、返乡人员、购房补贴等各项补贴共计268239.5元。

（摘编：李兵）

武平工业园区

武平工业园区始建于2005年9月，位于县城南端。2006年5月由省政府批准为省级工业园区，规划面积15平方公里，已建成约4.5平方公里。2019年园区实现总产值70.61亿元，增长15.7%；以不锈钢加工为重点的机械制造产业产值41.01亿元，实现税收8037.95万元，纳税百万企业12家，外贸出口1722.3万美元。

项目推进稳步推进。2019年，园区内省市县重点项目共20个，总投资87.48亿元，建成项目10个，在建项目8个，开展前期项目2个。新签约落户园区项目6个（总投资17.17亿元），新开工项目5个；新建成投产项目8个。

产业发展加大投入。产业化方面，不断加大基础设施投入，园区基础设施投资完成投资比例居全市首位；科技孵化器一期建成投入使用，并认定为省级科技孵化器；总建筑面积15万㎡的科技孵化器二期暨光电新材料产业园项目于2019年10月开工建设；6月，武平工业园区成功获批第二批国家级中小企业创新创业特色载体；顺利完成高新区成立2周年暨军民融合对接交流会及全市“产业发展项目建设年”活动暨园区“三化”建设现场点评会各项筹备工作。生态化方面，严把环保准入关，对照准入负面清单，对不符合项目在项目招商考察、准入评审中给予否决；强化园区环保网格化巡查，加强对入园企业环保排查、监督。4月，宇田汽配完成3条在线监测污染因子、PH、总磷、流量、六价铬的监控实施；完成中央环保督查期间关于工业大道7号厂房福建利达新型线材有限公司废水、废气直排问题的调查整改。生活化方面，落实企业职工子女就读吉美幼儿园补助，给予园区企业职工名子女发放补助1.48万元；附小集文校区（24个班1200个学位）、高新区幼儿园（6个班210个学位）秋季开始招生；园区人才楼已入住企业高管、技术骨干约50人。园区创业楼一楼思明·武平共享职工之家正式揭牌投入使用，将为园区3000多名职工提供组织建设、休闲书吧、职工维权等服务。

安全生产全面落实。深入开展安全隐患排查治理，全年对41家企业共排查隐患233条，整改率100%；按时办结12345平台转发关于园林绿化、市政维护等诉求件20件；严厉打击非法采砂行为，会同城管、自然资源局等部门依法取缔园区4处非法洗砂场，确保生态安全；开展普法教育，全力化解矛盾纠纷，成功调解39件民事纠纷，认真落实治安巡防工作，核对流动人口近6400人次，加强园区治安巡逻，创建和谐园区。

（摘编：黄国实）

连城工业园区

连城工业园区坐落在风景秀丽的国家重点风景名胜区冠豸山城区西部，是经国家发改委核准、省人民政府批准的省级工业园区。2019年，园区实现产值87.35亿元，比增21.6%；税收10466.14万元，比增137.9%；固投11.92亿元（工业固投10.5亿元）。

基础设施不断完善。光电产业园的交通、环境卫生、围墙已完成，职工公寓的便利店、餐饮、公交车已投入使用，生活区的灯光球场、休闲吧、海峡光电产业园职工活动中心等建成，完善园区的道路、绿化、路灯、夜景等配套设施。加大对园区及园区企业的宣传，树品牌标志以及在莲冠大道两侧树部分重点企业的宣传牌，完善企业服务中心展厅工程和绿化亮化工程。产业化方面建设特色产业园，并形成产业集聚，培育产业链，目前已初步形成光电产业、新材料产业、锂电池产业。

项目建设成果喜人。2019年新签约入园项目18个：总投资3.6亿元的无人机小动力电池生产项目、总投资10.5亿元的汽车智能座舱系统制造生产项目、总投资1.6亿元的年产600万台应急灯项目、总投资1.2亿元的储能锂电池生产项目、总投资2.5亿元的聚合物锂电池生产项目、总投资2.3亿元的小动力电动工具类锂电池项目、总投资1.2亿元的高端锂电池盖帽生产项目、总投资10.5亿元的年产100套垃圾气化发电成套设备生产项目、总投资4000万元的包装制品生产项目、总投资600万元的锂电池包装项目、总投资3000万元的五金配件及铝塑件生产线项目、总投资1亿元智能视窗防护玻璃生产线项目、总投资1.5亿元的佰盛金属新材料加工生产项目、总投资1.1亿元金属新材料注射成型项目、总投资3000万元的屋顶太阳能项目、总投资6000万元的台农食品公司的果蔬饮料生产线、总投资1.1亿元的85—100寸电容触摸屏生产项目、总投资2亿元的智能收银系统项目。

管理服务落实到位。持续抓“重中之重”项目。定期召开重点工业项目情况汇报会，及时了解项目进展情况，帮助解决项目建设过程中存在的困难，协助项目办理各项手续等服务工作。制定重点工业项目建设情况进度计划表，主要领导亲自抓，分管领导牵头，为允升复合不锈钢管项目、汽车智能座舱系统生产线项目、菲尔姆锂塑膜产业化项目、爱的电器年产200万台高性能直流水泵项目、达米拉新型显示器智能化生产项目、中触二期大尺寸触摸屏等项目设立服务秘书，及时帮助达米拉电子与省广电网络集团合作。多措并举帮助企业招工。县政府专门出台“推进企业用工服务六项措施”，解决企业用工、子女就学、职工购房等问题。园区每月定期收集企业员工信息以及企业招聘信息，将企业招聘信息发布在园区网站、微信公众号和人社局以及城区内各大LED显示屏上。2019年累计帮助企业招工1800余人。同时积极宣传公租房、职工子女就学等园区用工就业的优惠政策，指导帮助符合条件的员工申请。

（摘编：刘海元）

永定工业园区

永定工业园区总体规划用地面积13.68平方公里，属省级工业园区。园区按照总体规划和产业布局，推进“一区多园”建设，加快光电信息产业园二期、新材料产业园二期、三期和制衣产业园建设，鼓励入园企业自建厂房；进一步做好园区美化、绿化、亮化，实施片区小流域治理，完善通信、电力、油气等基础设施配套，提升园区承载力。2019年，园区企业总数49家，其中工业企业36家（光电行业企业23家），已投产企业40家，规模以上工业企业11家。实现工业总产值15亿元，新上规企业5家，固定资产投资总额5.75亿元，解决劳动力就业1560余人。祥亿电子被评为国家级高新技术企业，臻普科技产品获得国家3C认证。

项目建设加速推进。园区加快光电信息产业园建设，着力引进一批竞争力强、技术含量高、产业链长的线材线缆项目，推动光电信息产业24家企业集聚发展，新增厂房面积3.67万平方米，新增13家企业落户，新开工工业项目9个，竣工项目4个，新增众冠科技等5家规上工业企业，康海通信等一批自建厂房企业相继落地投产。工业园区管委会被区委、区政府授予产业发展突破年暨项目攻坚2019年行动嘉奖单位。

招商引资成效显著。全年落户永定工业园区工业企业共13家（光电信息企业8家）；新开工工业项目9个，竣工项目4个；完成洽谈储备项目12个，“11·8”机博会签约落户园区项目3个，其中2个为纺织产业项目，制衣产业园项目建设取得突破性进展。工业园区管委会被区委、区政府授予2019年招商引资工作嘉奖单位。

管理服务持续优化。园区不断提升营商环境软实力，不断优化落地企业跟踪服务，简化项目审批程序，深化工程建设项目审批制度改革，让项目审批更便捷、更高效，完善“惠企政策兑现窗口”，让企业申报只进“一扇门”。不断提升人性化服务水平，建立了干部联系服务项目的长效机制，将保姆式的服务贯穿于项目招引、落地、达产全过程中，使企业家在园区投资安心、生活舒心、发展放心。不断完善园区配套设施，公共实训基地、职工文体活动中心、警务室、医疗卫生室、职工食堂等全面投入使用，给企业职工创造了良好的工作生活环境。

（摘编：王增丰）

龙岩稀土工业园区

龙岩稀土工业园区建于2010年，规划总面积12.82平方公里，建设用地面积7.98平方公里，已纳入省级工业园区管理，为福建省重抓的20个产业基地（集群）之一，第二批福建省新型工业化产业示范基地。2019年园区完成稀土及相关应用产业产值118.9亿元，比增18%。现有企业14家，其中省级高新技术企业1家。福建省长汀金龙稀土有限公司2019年被国家工信部认定为第4批国家级绿色工厂及获“省级绿色设计产品”称号。2019年，园区有效发明专利数25个，发明授权数2个。

项目建设持续推进。2019年持续推进“五个一批”，项目建设成效显著。签约一批完成5个项目：上海比路电子股份有限公司智能音圈马达及其配套项目（二期），总投资1亿元，2019年9月签约；稀土绿色矿山示范项目，总投资2亿元，2019年9月签约；福建先知化学助剂制造有限公司铝基粘结剂项目，总投资达1.06亿元，2019年9月签约；金龙稀土公司年产5000吨碳酸氢镁溶液项目，项目总投资达1.2亿元；2500吨表面处理改扩建项目，项目总投资达0.53亿元，2019年11月19日签约。开工一批完成3个项目：福建贝思科电子材料股份有限公司高性能纳米钛酸钡粉体项目（二期）2019年3月开工；金龙稀土有限公司磁材机加工生产线升级改造项目2019年4月开工；长汀陇和无机盐公司催化剂原料配套项目2019年6月开工建设。建成一批完成2个项目：福建鸣友新材料有限公司热转印稀土新材料生产项目2019年6月底竣工投产；福建省长汀金龙稀土有限公司年产3000吨稀土永磁材料扩建项目2019年12月竣工投产。谋划一批完成4个：年产1000吨稀土永磁钐钴合金材料项目、热转印稀土新材料生产项目、智能音圈驱动马达项目、稀土特种玻璃精深加工项目。增资一批完成8420万元：福建省长汀金龙稀土有限公司年产3000吨稀土永磁材料二期生产线项目，已完成5594万元；长汀金龙稀土磁材机加工生产线升级改造项目，已完成2826万元。稀金精工特色小镇位于龙岩稀土工业园区内，规划总用地面积为2.94平方公里。小镇按照生产、生活、生态、生命“四生融合”的理念和产城融合——打造长汀南部新城的要求，突出稀土元素和军民融合特色，以国家4A级景区建设为标准，重点完善产业配套服务和生活、娱乐、商业、居住功能为主，规划总投资48.72亿元。2019年9月，稀土工业园区总体规划方案提升暨稀金精工特色小镇创建规划通过了评审，10月启动稀金精工特色小镇的征地拆迁及报批工作。

招商引资创新精准。龙岩稀土工业园区创新开展精准招商，2019年引进海上风电电机、中石油配套铝基粘结剂项目并已签订投资合同。

（摘编：郭鹭）

宁德省级及省级以上开发区概况

东侨经济技术开发区

东侨经济技术开发区于2012年12月经国务院批准升级为国家级开发区。2019年，开发区全年税收收入73.72亿元；规上工业增加值比增39.5%；固定资产投资比增33.9%；完成实际利用外资3350万元人民币。在2019年全省开发区综合发展水平评价中位列第二，较上年提升3个位次，年度绩效考评连续3年保持优秀等次。

产业发展重点打造。紧紧围绕“服务金娃娃，壮大产业链”这一条主线，突出“抓龙头、筑链条、建集群”，着力提高产业集聚水平。2019年锂电新能源产业持续保持良好增长态势，实现产业产值增长36.7%，拉动工业经济增长32个百分点，新能源产业产值全年突破660亿元。新能源科技、宁德时代在国内市场的份额分别达46%、5%，国际市场占有率均保持世界首位。新能源科技的动力电池产品及宁德时代主营的消费类锂离子电池产品销售额均居世界第一。宁德时代获评全国第一批智能制造标杆企业、省级循环经济示范试点企业，省政府质量奖、省科技进步一等奖，“福建能源器件科学与技术创新实验室”获批创建。新能源科技被认定为国家工信部第四批绿色制造名单（绿色工厂）和福建省第一批绿色制造名单（绿色工厂），入选国家第四批制造业单项冠军示范企业名单，被评为省级循环经济示范企业。星宇科技成为全市首家在港股主板上市的企业。卓高、凯利两家企业入选省级精特新企业。安波（宁德）有限公司新认定为省级循环经济示范试点企业。全年新增高新技术企业5家，高新技术产业产值占东侨规模以上工业产值比重达83.8%。

招商引资扎实推动。精心绘制产业链图谱，实施精准招商。建立全员招商机制，拓宽招商渠道，充分激发全区招商潜力，把招商与效能管理相结合，扎实推动招商引资工作。持续推进锂电新能源、新能源汽车产业链招商，加强对接产业链企业，坚持抓好要素保障，积极参加“锂电新能源产业链”“9·8厦洽会”、第二届进博会等国家、省、市举办的招商会，成功举办汽车半导体论坛，不断吸引上下游企业入驻我区，促成中检锂离子电池、新能源汽车检测、日本安迪信铝箔分切、励润复合材料制品、卡蒂德电芯托盘等一批产业链项目成功签约，CATL二期、ATL二期、厦钨一期、杉杉一期等一批重大项目建成投产。2019年共对接、洽谈项目134个，预计投资300多亿元，其中服务业项目80个，工业项目47个，地产综合体项目7个，服务业招商培育与政策导向成效明显。共签约项目38个，总投资141.38亿元，完成全年任务141.4%。

体制机制优化升级。出台优化营商环境三年行动计划，制定并落实促进民营企业加快发展实施细则、高质量发展工作方案等政策措施，全年兑现各类企业奖励3.62亿元。积极落实减税降费政策，减免各类企业税费8.6亿元。领导机关入驻北部新区，设立企业服务中心，推动政务服务下沉。全面推行网格化服务企业，组建7支服务队，建立“一图一表三单”“三级会商+”机制，帮助企业协调化解问题431个。积极搭建“政银企”合作平台，出资1000万元作为风险补偿金，有效缓解小微企业融资难题。实施工程建设项目审批制度改革，建立政府投资小规模建设工程简易招标“阳光平台”。推进政务服务“一网一门一次”改革，落实“一窗受理、集成服务”，企业开办时间压缩至2.5个工作日以内，工程项目审批时间压缩至87个工作日以内；“一趟不用跑”和“最多跑一趟”事项达191项、占比91.4%。市场活力持续迸发，市场主体总量达20256户、增长42.3%。

（摘编：陈建闽）

福安经济开发区

福安经济开发区（原名福建省闽东赛岐经济开发区），是福安市滨海新区建设的重要组成部分，是闽东地区第一个省级经济开发区，是宁德市（福安）军民融合深度发展产业园的核心区。2019年，开发区完成规上工业企业总产值35.73亿元，固定资产投资4.69亿元，税收收入2亿元。2019年，开发区共有规上工业企业29家，完成固投入库项目10个（华工智能、小学教学楼、震裕、天铭、金兰湾、科特、盛潮、安航、恒生、华旺金属），新增限上商贸企业2家（福建正丰建材实业有限公司、福建盎远供应链管理有限公司）。

基础建设持续推进。开发区完成一洲工贸、万家宝电器、微龙电子、知心养老院等项目133亩征地工作。全面开展樟港片区征地工作，组织江滨大道B段工程、樟港工业园区共233亩土地报批组件。三江水闸改造工程全面完成投入使用，总投资470万元；罗江大桥头三角坪景观提升改造工程和罗江江滨公园绿化提升工程全面完成。2019年，开发区完成罗江中心小学教学大楼建设，总建设面积3916平方米，教育资源进一步优化。

项目建设全面开花。开发区共实施重点项目15个，总投资约6亿元，其中震裕新能源、华工发电机组、恒盈电机等一批产业项目相继建成投入生产；罗江敬老院即将完工投入使用；世贸云玺和赛和江滨首府房地产共6幢楼主体封顶（约7万平米），5幢楼正在开工建设；罗江中心小学教学综合楼完成建设，江滨大道B段工程已动工建设，罗江中学教学综合楼和罗江卫生院即将动工建设。

招商引资多措并举。开发区不断创新招商引资方式，改进招商引资方法，完善招商引资优惠政策，努力以大项目推进大发展。2019年以冶金铸造、新型电机和新能源等产业板块为重点，先后赴北京、上海、深圳、福州、厦门、浙江等地开展招商引资工作，共引进项目13个，签约投资金额25.3亿元，已落地项目6.42亿元。其中东旭浙大福安新能源产业园和研究院项目，是对接宁德上汽、新能源产业链，推进开发区转型升级的重点项目。

管理服务强化治理。2019年，福安经济开发区全面铺开环保整治工作，对原有入驻企业在噪音、空气、污水等领域提高要求，促进技改，着力打造绿色园区。加强安全生产宣传教育培训工作，严格日常安全监管，形成安全检查常态机制，安全生产大排查大整治工作取得明显成效。成立开发区服务企业工作领导小组，实行领导、干部挂钩服务企业制度，畅通了企业与开发区的联系渠道，持续优化投资环境。

（摘编：肖启辉）

宁德三都澳经济开发区

宁德三都澳经济开发区于1998年3月经省政府批准设立，是以港口、商贸、加工业、海洋产业为主的省级经济开发区，位于天然深水良港三都澳内，已建成万吨码头和疏港公路，可建多个10万—30万吨级泊位码头。中长期规划面积23.8平方公里，开发岸线7.5公里，已开发面积1500亩。目前已有海螺水泥、宁德三都港口、三都澳国际集装箱码头等十多家大中型企业入驻。2019年，开发区完成地区生产总值61.14亿元，地区生产总值增长80%；新增3家规上企业，规上工业增加值3.72亿元，增长100%；产业集聚水平达到90%；财政税收收入1.8亿元；公共基础设施建设投资69.85亿元；区内企业固定资产投资总额116.9亿元，增速203%；新增已建成工业用地面积4330亩；工业企业固定资产累计投资达155.46亿元；土地供应率达100%、建成率99.3%、综合容积率110%；高新技术主营业务收入0.62亿元；财政对科技实际投入805万元；固废和危废处置综合利用率达95.98%；通过ISO14000认证企业占15%；出口总额1.04亿元，增速999%。

项目建设全力推进。成立城澳园区重点项目安征迁指挥部，全力推进重点项目建设。228国道（城澳段）工程顺利施工；城澳作业区1#泊位30万吨级专业铁矿石卸船码头和2#泊位15万吨级专业化铁矿石装船码头施工图设计已完成；完成城澳片区防洪排涝工程项目工程可行性研究报告编制批复；海上养殖综合整治成效显著，通过“全面清、规范养、依规管”的组合拳，共清理非法养殖贝藻类6.2万亩、清退禁养区渔排15.8万口、清理海漂垃圾6402吨、岸线19.85公里、升级改造贝藻类3.9万亩，形成两个万亩藻类养殖示范区，并升级改造渔排7.97万口，打造新型塑胶渔排养殖示范点。三屿工业园区上汽宁德基地项目，总投资约200亿元（产能投资100亿元、基础设施配套100亿元），于2019年9月28日正式竣工投产，该项目投产以来，车间内流水线运行已趋于完美，车间产能已达单车满产状态，每2分钟可出产一台车子。至2019年底，入驻园区的供应商企业达32家。三屿园区已是厂房林立、道路四通八达、配套齐全、功能完善、全国先进、技术一流、绿色生态的现代化汽车城。

安全环保严格监管。宁德三都澳经济开发区规划环评及城澳园区污水处理设施项目工作取得突破。完成了开发区总体规划环境影响报告，并报省生态厅审查。开发区城澳片区污水处理设施和三屿园区污水处理厂均已建成投产，城澳园区在线监控设备安装完成，并与省污染源监控平台联网，正常运行。同时严格落实安全生产责任，确保全年环境污染零事故和生产安全零事故。

管理服务多措并举。一是理顺体制，构建精简高效的开发区机构。在市委、市政府关心和区委、区政府领导的大力支持下，经宁德市委机构编制委员会批复，核增三都澳经济开发区党工委书记（副处级1名），对开发区管委会现有内设机构及职能进行重新整合，由原有“一办四局”调整设置为党政综合办公室、经济发展局、社会事务局，规格升格为为正科级。经区委机构编制委员会批复，将开发区下属国土规划建设事务管理中心更名为“三都澳经济开发区招商服务中心”，机构规格升格为相当正科级。二是以党建为引领，加强非公企业党建工作。建立非公党组织工作台账，在新纳入开发区的三屿园区设立企业联合党支部，鼓励并带动新入园的非公企业成立党支部，开发区党组织履盖率达69.4%；同时选派党建工作指导员入企业，帮助企业解决生产生活中的问题，广泛宣传党的政策，积极开展党的活动，充分发挥党员先锋模范带头作用，实现开发区企业党的工作全覆盖。三是实行周例会制度，及时调度和协调解决问题。开发区每周一召开项目推进会，每周与上汽项目公司开一次对接会，并频赴工地一线调研督促检查工程进展情况，开发区各工作部门坚持每天一碰头、三天一协调，对重点、难点技术问题通过组织专家论证，科学决策，精准施策，确保项目服务及时到位。

（摘编：严志东）

古田工业园区

古田工业园区位于古田县城区西南面的局下、浣中、浣下、官江一带，距城区约2公里，总用地面积为249公顷，其中一期工程47.5公顷。园区根据现状用地控制情况与202省道衔接。区内交通便捷，三面环山，区内现有一座35千伏变电所，有4回35千伏进出线，并将规划建设一座220千伏古田变电站，位于本区东北方向古田县城300立方米高位水可向本区供水，是古田县最大的工业新区。2019年，园区实现地区生产总值40.8亿元，比增15%，规模以上工业增加值4.17亿元，比增37%。纳税总额8266.6万元，进出口总额65625万元，从业人员约5000人。

基础设施日臻完善。西区6栋标准化丙类工业厂房和1栋配套用房正在建设中，配套建设停车位1321个、6个电动汽车快速充电桩。同时加快西区路网工程建设，启动供水、供电工程建设，园区日均处理污水2000吨的污水处理厂已在建设中。古田工业园区在交通、供水、供电、污水处理、垃圾处理等方面基础设施配套趋于完善。

项目建设落实政策。以扶持县食用菌支柱产业为原则，根据国家、省、市的工业用地调整的政策要求，在符合规划、不改变土地用途的前提下，按照相关法律法规，对东区采取厂房增层扩容、建筑立面改造的办法，扩大企业生产空间。获得2019年福建省革命老区中央苏区县财源增长点建设资金200万元，用于提升园区景观风貌，更好的展现“中国食用菌之都”的形象。同时配合推进“双创”基地项目、“文化三馆”、城西双语幼儿园等项目建设，扶持推动、引导动员对驻留厂区窄小和旧厂房的企业退城入园，集聚发展。

生态环保严格要求。一是建立健全环保机制，制定园区环保检查计划和方案，加强环境保护管理；二是严格监管已入园企业，明确环保要求，并要求已建成投产企业严格落实环保责任，排放污染物必须达到环保排放标准；三是全面开展“一企一档”工作，收集园区内企业环保方面信息。现东西区规划环保评估已完成，固体废物与维修废物处置综合利用率两年连续达到100%，园区土地建成率57.9%，综合容积率0.89%。园区企业环保相关信息已进行摸底排查，数据库逐步建立。

（摘编：李兵）

寿宁工业园区

寿宁工业园区2006年4月被省政府确定为省级工业园区，是寿宁县对接长三角、承接浙东南产业转移的重要平台，也是宁德市较早定位、启动的工业园区之一。在推进工业发展和园区建设中，寿宁坚持“布局集中、资源集约、企业集群、产业集聚、规模适中”的原则，以南阳工业园区为核心区，辐射建设各具特色的际武、武曲和三祥科技园三个拓展区，着力在双湖二级公路、福寿高速公路沿线打造以工业新材料、精密铸造、汽摩配件、电机电器等为主导产业的“绿色工业走廊”。工业园区规划总面积25326亩，已开发8750亩，目前入驻企业96家，2019年实现工业总产值501603万元，税收13200万元。

基础设施日趋完善。采取“依托城镇、集中突破、不断完善”措施，使配套设施建设日趋完善。南阳工业园区污水处理厂、园内主干道硬化、通讯网络等建成投用。际武工业集中区涵盖职工生活区、污水处理厂、溪滨山前路硬化、景观公园等，PPP项目正在有序推进，预计年内可建成投用。三祥科技园职工之家、产品展览厅、科研楼已建成投用，为园区的进一步发展夯实基础。

制度创新因地制宜。在贯彻落实好省市有关优惠政策的基础上，结合寿宁实际，制定出台一系列政策措施，在土地开发利用、资源节约、生产经营、项目建设、品牌创建等方面给予企业优惠鼓励；采取“一企一议一策”办法，对规模企业、高新技术企业和其它普通中小企业，采取不同的激励措施，促进企业发展；设立工贸企业应急保障资金，（一期注入2000万元）帮助部分企业解决融资转贷困难，防范和化解资金风险，扶持工贸企业持续发展。不断完善高效、优质、便捷的服务体系，着力优化投资环境，推进“全程代办制”服务，提高服务水平，企业所有办证、审批等手续都由园区管委会全程代办；在全县范围内实行领导干部“一对一”挂点扶持企业，深入企业释疑解惑，帮助企业解决困难和问题，实现精准帮扶；建立政、银、企沟通合作长效机制，重点项目联系领导和挂钩服务部门为企业和银行牵线搭桥，为投资者创造良好融资环境。

管理服务创新意识。2014年寿宁县编制委员会正式核编成立福建寿宁工业园区管理委员会，园区管理由原来以部门指导、乡镇管理为主，转变为以管委会统一管理为主、乡镇配合相结合的方式，强化了园区管委会的管理和服务职能。为促进南阳工业园区和际武工业集中区日常管理工作走上规范化轨道，给入园企业提供优质高效的服务，经县委常委会议定，县编委会于2017年7月14日批复成立“寿宁县南阳工业园区企业服务中心”和“寿宁县犀溪际武工业集中区企业服务中心”（寿编〔2017〕10号）。南阳园区与际武工业集中区两个企业服务中心秉持“硬件不足软件补、条件不足服务补”理念，对入驻企业办理证照、项目审批等手续以及与政府相关部门的沟通联系实行全程跟踪服务。已帮助瑞祥、九鼎、凯盛、林福铝业等11家新入驻企业完成项目备案；帮助园区威马车业，华尔泵阀，永旺等企业办理子女入学问题；帮助企业解决用水难问题，南阳园区自来水旧管道改造已部分投用；帮助兆翔车业，凯优，博瑞，西奈山等企业解决劳务纠纷多起。贯彻落实惠企政策，多方面助推企业发展。正确解读国家、省、市有关工贸项目优惠政策，引导企业申报项目并跟踪落实到位，帮助企业减轻负担、轻装上阵。召开惠企政策宣讲活动，讲解企业优惠政策，指导企业申报相关补助。归纳、收集、整理惠企政策、办事流程，编制成《企业服务指南》发放给企业，并定期到企业解读宣传，让企业明白、掌握、理解惠企政策及各项办事流程。

（摘编：林开龙）

柘荣经济开发区

柘荣经济开发区分三个片区，包括砚山洋山海协作示范区、下村生物医药循环经济产业区、富源工业区。

项目建设全面发展。2019 年，开发区基础设施项目投资 2 亿元，启动建设企业服务中心、园区兴业路、标准厂房、滨溪南路、本草路二期及南部片区路网等 10 个基础设施项目，截至 12 月完成投资 21000 万元，占年度计划投资 105%。1. 园区兴业路项目。全长 1.522 公里，宽 18 米，内含中桥一座（造价 596 万元），总投资 7117.28 万元。其中建安费 5209.6 万元。除太阳村段单幅水泥路面硬化正在实施外，项目主路面全部完工。2. 本草路二期 A 段项目。道路总长 427.894 米，宽 18 米，总投资 1832.08 万元。其中建安费 1394.1 万元，财审后造价 1375 万元。目前交易平台挂网施工招标，于元月 7 日开标。3. 滨溪南路项目。道路总长 1.961 公里，宽 12 米，内含中桥一座（造价 274 万元），原总投资 8814.64 万元，建安费 5767 万元。为了解决滨溪南路北侧可用地块、道路高程及造价偏高等问题，管委会会同县自然资源局与规划设计单位进一步研究，通过设计变更、标高调整及造价优化，建安费调整为 4100 万元，造价降低了 1700 万元，道路线型调整，增加用地面积 16.3 亩。完成施工图设计变更，进入造价编制。4. 南部片区路网项目。建设园区西源路、宝塔路延伸段、本草路延伸段 3 条道路，总长 4.95 公里，总投资 3.74 亿元。其中建安费 2.95 亿元（本草路延伸段建安费 4448 万元，西源路建安费 21416 万元，宝塔路延伸段建安费 3680 万元）。本草路延伸段已启动建设；西源路已完成施工图设计及施工招标，正在进行勘察、监理招标及土地报批；宝塔路延伸段已完成施工图设计及勘察，正在进行造价编制和土地报批工作。5. 标准厂房项目。园区标准厂房项目规划用地 210 亩，建筑 21 万平方米，一期实施 2 栋 1.6 万平方米标准厂房及配套设施建设，总投资 5386 万元。其中建安费 4250 万元。已完成项目用地土石方工程及场地平整、土地挂牌成交、建设用地审批、施工图设计及审查、造价编制，正在预算财审，紧接着施工、监理招标。同时启动标准厂房项目二期用地土石方工程，二期项目土石方工程量达 124 万方，其中土方 76 万方，石方 48 万方；场内竖向标高进行优化调整，调整后场内标高挖方 124 万方，填方 41 万方，土石方量剩余约 83 万方。园区考虑到投入成本核算，将土方部分先实施，利用石方利润贴补土方工程成本，降低了三通一平成本。6. 企业服务中心项目。项目用地面积 11.5 亩，建筑面积 5596 平方米（其中主楼 3354 平方米，附属楼 2174 平方米，地下室 68 平方米），总投资 2821.86 万元。其中建安费 2585.77 万元。11 月底建设完工，12 月 25 日正式入驻使用。7. 电力杆线迁移项目。生物医药园区内 6 回线路、34 根杆线的整合迁移，总投资 1560 万元。截至目前，已全线迁移架设完成。8. 茶产业集中区项目。规划面积约 260 亩，据初步测算，园区路网、基础设施配套、场地三通一平就要投入 1 个亿。已完成林地报批、项目规划、设计等前期工作，实施茶叶园区建设软硬条件已具备，紧接着开始实施路网、场地三通一平和茶企业平面布局等工作。9. 工业用地收储项目。完成工业用地收储 642 亩。其中，城郊乡完成征地 220 亩，东源乡完成征地 422 亩。

招商引资围绕重点。坚持招商引资战略不动摇，不断加大招商引资力度。重点围绕生物医药产业，发挥现有药业企业老板关系网、本地药业能人、外地柘荣商会、山海协作平台作用，加强以商招商，寻求产业合作发展，先后组织人员走访安徽、泰和、亳州、广东普宁、江西樟树等全国重点药业集散地，成功引进帝氏药业、汉广集团、福建时珍堂等 10 家企业落户园区，进一步引导主导产业加快发展，提升集聚化发展水平。目前时珍堂、帝氏药业用地均已进入一平。坚持以商招商、以情招商，发挥药业企业资源优势，努力实现引进一个龙头企业、培育一个产业集群、打造一个特色园区。截至 2019 年底，累计入园企业 22 家，累计投资总额 40 亿元。全年新签约项目 5 个，新开工项目 3 个，续建项目 2 个。

（摘编：郑新贵）

第五篇
品牌创建

2020 福建 100 强企业榜单

11 月 21 日上午，2020 福建企业 100 强发布大会暨福建企业家大讲坛 20 日在宁德市举行。会上，省企业与企业家联合会联合福建省社会科学院发布了“2020 福建企业 100 强”榜单。

从 2020 福建企业 100 强榜单来看，福建省大企业整体规模和效益增长态势良好：今年福建百强企业的入围门槛为 70.47 亿元，比去年增加了 12.55 亿元；总营业收入为 39711.34 亿元，相当于全省国内生产总值的 93.7%，比上年增长 13.5%；纳税总额为 2138 亿元，比上年增长 7.1%；最高营业收入为 3519.52 亿元，比去年增加 146.6 亿元；发明专利数 8876 项，比上年增加 22%；海外员工数 29800 人，比上年多出 93%。

值得一提的是，在这份榜单中，民企上榜数量最多，达 72 家，他们为传统产业和企业转型升级、加快推进结构调整起到了较好的带头示范作用。

据省企联有关人士透露，今年榜单评选主要考核“营业收入、企业净利润、资产总额、纳税总额”等综合指标，以营业收入为标准，评选对象包括国企、民企、外企等各种所有制企业，程序上严格经过“企业自行申报、各设区市企联及相关经济社团、行业协会推荐、由主办单位组织成立的评审委员会审定”等步骤，榜单发布前面向社会公示，在公示的基础上，及时了解和充分吸收社会意见，综合多方面因素，最终确认了最终的榜单。

2020 福建企业 100 强榜单

排行	企业名称	属性	地区	行业	2019 营业收入（万元）
1	兴业银行股份有限公司	国有	福州	服务业	35195200
2	厦门建发集团有限公司	国有	厦门	服务业	33969015
3	厦门国贸控股集团有限公司	国有	厦门	服务业	29561335
4	厦门象屿集团有限公司	国有	厦门	服务业	28418162
5	阳光龙净集团有限公司	民营	福州	服务业	24807843
6	青拓集团有限公司	民营	宁德	制造业	13675492
7	紫金矿业集团股份有限公司	国有	龙岩	采掘业	13609798
8	国网福建省电力有限公司	国有	福州	服务业	11526360
9	融侨集团股份有限公司	民营	福州	建筑业	8650762
10	永辉超市股份有限公司	民营	福州	服务业	8487696
11	福建省冶金（控股）有限责任公司	国企	福州	制造业	8208892
12	戴尔（中国）有限公司	外资	厦门	制造业	6173735

续表

排行	企业名称	属性	地区	行业	2019 营业收入（万元）
13	福建大东海实业集团有限公司	民营	福州	制造业	5733625
14	福建联合石油化工有限公司	中外合资	泉州	制造业	5704659
15	融信（福建）投资集团有限公司	民营	福州	建筑业	5164651
16	恒申控股集团有限公司	民营	福州	制造业	5044661
17	福建永荣控股集团有限公司	民营	福州	制造业	5013949
18	福建省农村信用社联合社	国有	福州	服务业	4930327
19	福建省能源集团有限责任公司	国有	福州	制造业	4881451
20	中化泉州石化有限公司	国有	泉州	制造业	4879553
21	宁德时代新能源科技股份有限公司	民营	宁德	制造业	4578802
22	福建省电子信息（集团）有限责任公司	国企	福州	制造业	4218900
23	三盛集团有限公司	民营	福州	建筑业	4030205
24	均和（厦门）控股有限公司	民营	厦门	服务业	3975451
25	厦门路桥工程物资有限公司	国有	厦门	服务业	3759382
26	盛屯矿业集团股份有限公司	民营	厦门	制造业	3731427
27	福建省金纶高纤股份有限公司	民营	福州	制造业	3267586
28	厦门航空有限公司	国有	厦门	服务业	3261199
29	正荣地产控股股份有限公司	民营	福州	建筑业	3255766
30	中建海峡建设发展有限公司	国有	福州	建筑业	3192289
31	安踏体育用品集团有限公司	民营	泉州	制造业	3106855
32	福建石油化工集团有限责任公司	国有	福州	制造业	2715768
33	厦门港务控股集团有限公司	国有	厦门	服务业	2755758
34	福建建工集团有限责任公司	国有	福州	建筑业	2611924
35	厦门中骏集团有限公司	民营	厦门	服务业	2477304
36	厦门禹洲集团股份有限公司	民营	厦门	服务业	2324071
37	中国移动通信集团福建有限公司	国有	福州	服务业	2317670
38	福建圣农控股集团有限公司	民营	南平	制造业	2300956
39	三宝集团股份有限公司	民营	漳州	制造业	2300647
40	福建恒安集团有限公司	民营	泉州	制造业	2249284
41	达利食品集团有限公司	民营	泉州	制造业	2137525
42	福耀玻璃工业集团股份有限公司	中外合资	福州	制造业	2110388
43	福建省汽车工业集团有限公司	国有	福州	制造业	2033451
44	漳州市九龙江集团有限公司	国有	漳州	服务业	1867395
45	兴业证券股份有限公司	国有	福州	服务业	1859849
46	福建省高速公路集团有限公司	国企	福州	服务业	1812100
47	福建捷联电子有限公司	台港澳独资	福州	制造业	1777452

续表

排行	企业名称	属性	地区	行业	2019 营业收入（万元）
48	厦门天马微电子有限公司	国有	厦门	制造业	1705268
49	厦门国际银行股份有限公司	国有	厦门	服务业	1688388
50	厦门翔业集团有限公司	国有	厦门	服务业	1660297
51	宸美（厦门）光电有限公司	外资	厦门	制造业	1619450
52	龙岩烟草工业有限责任公司	国有	龙岩	制造业	1575021
53	福建百宏聚纤科技实业有限公司	民营	泉州	制造业	1515545
54	中国电信股份有限公司福建分公司	国有	福州	服务业	1509965
55	鹭燕医药股份有限公司	民营	厦门	服务业	1500888
56	中铜东南铜业有限公司	国有	宁德	制造业	1469013
57	福建省国有资产管理有限公司	国有	福州	服务业	1466739
58	福建省和顺碳素有限公司	民营	南平	制造业	1395632
59	福建省交通运输集团有限责任公司	国有	福州	服务业	1331064
60	名城企业管理集团有限公司	民营	福州	服务业	1304405
61	祥兴（福建）箱包集团有限公司	民营	福州	制造业	1282556
62	中建四局建设发展有限公司	国有	厦门	建筑业	1279100
63	厦门烟草工业有限责任公司	国企	厦门	制造业	1278783
64	福建正祥投资集团有限公司	民营	福州	建筑业	1259385
65	宝钢德盛不锈钢有限公司	国有	福州	制造业	1193706
66	厦门夏商集团有限公司	国有	厦门	服务业	1184724
67	中国人民财产保险股份有限公司福建省分公司	国有	福州	服务业	1126795
68	福建三安集团有限公司	民营	厦门	制造业	1125357
69	厦门航空开发股份有限公司	民营	厦门	服务业	1125318
70	厦门恒兴集团有限公司	民营	厦门	服务业	1118454
71	福州京东方光电科技有限公司	国有	福州	制造业	1070000
72	福建省闽南建筑工程有限公司	民营	泉州	建筑业	1062588
73	福建奔驰汽车有限公司	中外合资	福州	制造业	1031625
74	福建漳龙集团有限公司	国有	漳州	服务业	1003810
75	厦门正新集团	外资	厦门	制造业	992737
76	宸鸿科技（厦门）有限公司	外资	厦门	制造业	987558
77	中国（福建）对外贸易中心集团有限责任公司	国有	福州	服务业	984528
78	福建甬金金属科技有限公司	民营	宁德	制造业	965475
79	福建宁德核电有限公司	国有	宁德	制造业	938931
80	福建宏旺实业有限公司	民营	宁德	制造业	917877
81	厦门海沧投资集团有限公司	国有	厦门	服务业	917523
82	厦门黄金投资有限公司	国有	厦门	制造业	911031

续表

排行	企业名称	属性	地区	行业	2019 营业收入（万元）
83	福建福清核电有限公司	国有	福州	制造业	907695
84	福建福欣特殊钢有限公司	中外合资	漳州	制造业	890348
85	中交一公局厦门工程有限公司	国有	厦门	服务业	870596
86	福建一建集团有限公司	国有	三明	建筑业	869310
87	福建省船舶工业集团有限公司	国有	福州	制造业	819896
88	福建省华荣建设集团有限公司	民营	福州	建筑业	786977
89	福建省南平铝业股份有限公司	国有	南平	制造业	783299
90	冠城大通股份有限公司	民营	福州	服务业	778733
91	永富建工集团有限公司	民营	福州	建筑业	771312
92	福建路港（集团）有限公司	民营	泉州	建筑业	733867
93	飞毛腿（福建）电子有限公司	民营	福州	制造业	731404
94	福建省惠东建筑工程有限公司	民营	泉州	建筑业	730004
95	福建巨岸集团有限公司	民营	厦门	服务业	729993
96	福建发展集团有限公司	民营	福州	建筑业	714152
97	平安银行股份有限公司福州分行	民营	福州	服务业	709040
98	厦门宏发电声股份有限公司	民营	厦门	制造业	708149
99	厦门金圆投资集团有限公司	国有	厦门	服务业	707854
100	福建海峡银行股份有限公司	国有	福州	服务业	704740

2020 福建制造业企业 100 强

排行	企业名称	属性	地区	2019 营业收入（万元）
1	青拓集团有限公司	民营	宁德	13675492
2	紫金矿业集团股份有限公司	国有	龙岩	13609798
3	戴尔（中国）有限公司	外资	厦门	6173735
4	福建大东海实业集团有限公司	民营	福州	5733625
5	福建联合石油化工有限公司	中外合资	泉州	5704659
6	福建省三钢（集团）有限责任公司	国有	三明	5672576
7	福建永荣控股集团有限公司	民营	福州	5013949
8	中化泉州石化有限公司	国有	泉州	4879553
9	宁德时代新能源科技股份有限公司	民营	宁德	4578802
10	盛屯矿业集团股份有限公司	民营	厦门	3731426
11	福建省金纶高纤股份有限公司	民营	福州	3267586
12	安踏体育用品集团有限公司	民营	泉州	3106855
13	福建石油化工集团有限责任公司	国有	福州	2715768

续表

排行	企业名称	属性	地区	2019 营业收入（万元）
14	三宝集团股份有限公司	民营	漳州	2300647
15	福建恒安集团有限公司	民营	泉州	2249284
16	达利食品集团有限公司	民营	泉州	2137525
17	福耀玻璃工业集团股份有限公司	中外合资	福州	2110388
18	合力泰科技股份有限公司	国有	莆田	1849984
19	厦门金龙汽车集团股份有限公司	国有	厦门	1789059
20	福建捷联电子有限公司	台港澳独资	福州	1777452
21	厦门钨业股份有限公司	国有	厦门	1739551
22	厦门天马微电子有限公司	国有	厦门	1705268
23	长乐恒申合纤科技有限公司	民营	福州	1666763
24	翔鹭石化（漳州）有限公司	国有	漳州	1627319
25	宸美（厦门）光电有限公司	外资	厦门	1619450
26	龙岩烟草工业有限责任公司	国有	龙岩	1575021
27	福建百宏聚纤科技实业有限公司	民营	泉州	1515545
28	中铜东南铜业有限公司	国有	宁德	1469012
29	福建省和顺碳素有限公司	民营	南平	1395632
30	腾龙芳烃（漳州）有限公司	国有	漳州	1371452
31	祥兴（福建）箱包集团有限公司	民营	福州	1282556
32	厦门烟草工业有限责任公司	国企	厦门	1278783
33	宝钢德盛不锈钢有限公司	国有	福州	1193706
34	福建福日电子股份有限公司	国有	福州	1137741
35	福建三安集团有限公司	民营	厦门	1125357
36	福建龙净环保股份有限公司	民营	龙岩	1093502
37	福州京东方光电科技有限公司	国有	福州	1070000
38	福建奔驰汽车有限公司	中外合资	福州	1031625
39	厦门正新集团	外资	厦门	992736
40	宸鸿科技（厦门）有限公司	外资	厦门	987558
41	福建长源纺织有限公司	民营	福州	985062
42	福建甬金金属科技有限公司	民营	宁德	965475
43	福建宁德核电有限公司	国有	宁德	938931
44	福建星网锐捷通讯股份有限公司	国有	福州	926577
45	福建宏旺实业有限公司	民营	宁德	917877
46	福建申远新材料有限公司	民营	福州	914936
47	厦门黄金投资有限公司	国有	厦门	911031
48	长乐力恒锦纶科技有限公司	民营	福州	909060

续表

排行	企业名称	属性	地区	2019 营业收入（万元）
49	福建福清核电有限公司	国有	福州	907695
50	福建福欣特殊钢有限公司	中外合资	漳州	890348
51	福建省船舶工业集团有限公司	国有	福州	819896
52	福建省南平铝业股份有限公司	国有	南平	783298
53	飞毛腿（福建）电子有限公司	民营	福州	731404
54	厦门宏发电声股份有限公司	民营	厦门	708149
55	福建南平太阳电缆股份有限公司	民营	南平	697486
56	福建省长乐市山力化纤有限公司	民营	福州	682019
57	福建盼盼食品有限公司	民营	泉州	662587
58	九牧集团有限公司	民营	泉州	631580
59	福建友谊胶粘带集团有限公司	民营	福州	608075
60	三棵树涂料股份有限公司	民营	莆田	597226
61	福建匹克集团有限公司	民营	泉州	595650
62	福建傲农生物科技集团股份有限公司	民营	漳州	578808
63	漳州片仔癀药业股份有限公司	国有	漳州	572227
64	福建金源纺织有限公司	民营	福州	549994
65	奥佳华智能健康科技集团股份有限公司	民营	厦门	527627
66	福建安井食品股份有限公司	民营	厦门	526666
67	捷太格特转向系统（厦门）有限公司	外资	厦门	505461
68	立达信物联科技股份有限公司	民营	厦门	504028
69	中铝瑞闽股份有限公司	国企	福州	493743
70	福建龙麟集团有限公司	民营	龙岩	485084
71	明达实业（厦门）有限公司	外资	厦门	468009
72	福建经纬新纤科技实业有限公司	民营	福州	461592
73	百路达（厦门）工业有限公司	民营	厦门	438303
74	福建龙马环卫装备股份有限公司	民营	龙岩	422792
75	华特控股集团有限公司	民营	厦门	422531
76	福建天辰耀隆新材料有限公司	国有	福州	418259
77	福建元成豆业有限公司	民营	福州	413727
78	林德（中国）叉车有限公司	民营	厦门	411648
79	路达（厦门）工业有限公司	民营	厦门	396070
80	厦门轻工集团有限公司	国有	厦门	387454
81	科华恒盛股份有限公司	民营	厦门	386930
82	厦门银祥集团有限公司	民营	厦门	369370
83	福建七匹狼实业股份有限公司	民营	泉州	362319

续表

排行	企业名称	属性	地区	2019 营业收入（万元）
84	福建金牛水泥有限公司	民营	三明	360892
85	福建省轻纺（控股）有限责任公司	国有	福州	360391
86	大通（福建）新材料股份有限公司	民营	福州	351073
87	厦门建霖健康家居股份有限公司	外资	厦门	339303
88	福建天马科技集团股份有限公司	民营	福州	329046
89	厦门市建潘集团有限公司	民营	厦门	327381
90	厦门金达威集团股份有限公司	民营	厦门	319178
91	福建恒杰塑业新材料有限公司	民营	福州	315633
92	福建佳通轮胎有限公司	民营	莆田	305815
93	厦门强力巨彩光电科技有限公司	民营	厦门	300229
94	福建青松股份有限公司	民营	南平	290812
95	厦门翔鹭化纤股份有限公司	合资	厦门	276951
96	山鹰华南纸业有限公司	民营	漳州	270809
97	福建奋安铝业有限公司	民营	福州	269757
98	福建省青山纸业股份有限公司	国有	三明	267026
99	福建金德尚黄金有限公司	民营	福州	259882
100	腾龙特种树脂（厦门）有限公司	外资	厦门	258269

2020 福建服务业企业 100 强

排行	企业名称	属性	地区	2019 营业收入（万元）
1	兴业银行股份有限公司	国有	福州	35195200
2	厦门建发集团有限公司	国有	厦门	33969015
3	厦门国贸控股集团有限公司	国有	厦门	29561334
4	厦门象屿集团有限公司	国有	厦门	28418162
5	阳光龙净集团有限公司	民营	福州	24807843
6	国网福建省电力有限公司	国有	福州	11526360
7	融侨集团股份有限公司	民营	福州	8650762
8	永辉超市股份有限公司	民营	福州	8487696
9	融信（福建）投资集团有限公司	民营	福州	5164651
10	福建省农村信用社联合社	国有	福州	4930327
11	三盛集团有限公司	民营	福州	4030205
12	均和（厦门）控股有限公司	民营	厦门	3975451
13	厦门路桥工程物资有限公司	国有	厦门	3759382
14	厦门航空有限公司	国有	厦门	3261199

续表

排行	企业名称	属性	地区	2019 营业收入（万元）
15	正荣地产控股股份有限公司	民营	福州	3255766
16	中建海峡建设发展有限公司	国有	福州	3192289
17	厦门港务控股集团有限公司	国有	厦门	2755757
18	福建建工集团有限责任公司	国有	福州	2611924
19	厦门中骏集团有限公司	民营	厦门	2477304
20	厦门禹洲集团股份有限公司	民营	厦门	2324071
21	中国移动通信集团福建有限公司	国有	福州	2317670
22	漳州市九龙江集团有限公司	国有	漳州	1867395
23	兴业证券股份有限公司	国有	福州	1859849
24	福建省高速公路集团有限公司	国企	福州	1812100
25	厦门国际银行股份有限公司	国有	厦门	1688388
26	厦门翔业集团有限公司	国有	厦门	1660297
27	中国电信股份有限公司福建分公司	国有	福州	1509965
28	鹭燕医药股份有限公司	民营	厦门	1500887
29	福建省国有资产管理有限公司	国有	福州	1466738
30	福建省交通运输集团有限责任公司	国有	福州	1331063
31	名城企业管理集团有限公司	民营	福州	1304405
32	中建四局建设发展有限公司	国有	厦门	1279099
33	福建正祥投资集团有限公司	民营	福州	1259385
34	厦门夏商集团有限公司	国有	厦门	1184724
35	中国人民财产保险股份有限公司福建省分公司	国有	福州	1126795
36	厦门航空开发股份有限公司	民营	厦门	1125318
37	厦门恒兴集团有限公司	民营	厦门	1118454
38	福建省闽南建筑工程有限公司	民营	泉州	1062588
39	福建漳龙集团有限公司	国有	漳州	1003810
40	中国（福建）对外贸易中心集团有限责任公司	国有	福州	984527
41	厦门海沧投资集团有限公司	国有	厦门	917523
42	中交一公局厦门工程有限公司	国有	厦门	870595
43	福建一建集团有限公司	国有	三明	869310
44	福建省华荣建设集团有限公司	民营	福州	786977
45	冠城大通股份有限公司	民营	福州	778732
46	永富建工集团有限公司	民营	福州	771312
47	福建路港（集团）有限公司	民营	泉州	733867
48	福建省惠东建筑工程有限公司	民营	泉州	730004
49	福建巨岸集团有限公司	民营	厦门	729993

续表

排行	企业名称	属性	地区	2019 营业收入（万元）
50	福建发展集团有限公司	民营	福州	714152
51	平安银行股份有限公司福州分行	民营	福州	709040
52	厦门金圆投资集团有限公司	国有	厦门	707854
53	福建海峡银行股份有限公司	国有	福州	704740
54	厦门住宅建设集团有限公司	国有	厦门	703127
55	福建省泷澄建设集团有限公司	民营	漳州	701548
56	大洲控股集团有限公司	民营	厦门	696350
57	福建豆讯科技有限公司	民营	莆田	684725
58	福建省永泰建筑工程公司	民营	福州	680942
59	福建省第五建筑工程公司	国有	泉州	667870
60	中国联合网络通信有限公司福建省分公司	国有	福州	657682
61	新大陆科技集团有限公司	民营	福州	647914
62	福建三木集团股份有限公司	民营	福州	638000
63	厦门市万科企业有限公司	民营	厦门	636541
64	福建省人力资源服务有限公司	国有	福州	635480
65	厦门市明穗粮油贸易有限公司	民营	厦门	634199
66	福建省九龙建设集团有限公司	民营	厦门	622652
67	厦门经济特区房地产开发集团有限公司	国有	厦门	612744
68	新华都购物广场股份有限公司	民营	福州	600551
69	厦门海澳集团有限公司	民营	厦门	598272
70	中国工艺福建实业有限公司	国有	厦门	582262
71	厦门宝拓资源有限公司	私营	厦门	581667
72	泉发建设股份有限公司	民营	泉州	581534
73	福建网龙计算机网络信息技术有限公司	民营	福州	579308
74	福建省二建建设集团有限公司	国有	福州	572501
75	泉州市燃气有限公司	民营	泉州	569770
76	泉州银行股份有限公司	国有	泉州	560852
77	福建省东霖建设工程有限公司	民营	泉州	560631
78	厦门特房建设工程集团有限公司	国有	厦门	552008
79	厦门中联永亨建设集团有限公司	民营	厦门	534375
80	福建宏盛建设集团有限公司	民营	福州	513863
81	安通控股股份有限公司	民营	泉州	504973
82	中铁二十二局集团第三工程有限公司	国有	厦门	473013
83	福建璟榕工程建设发展有限公司	民营	福州	463214
84	厦门信和达电子有限公司	民营	厦门	457321

续表

排行	企业名称	属性	地区	2019 营业收入（万元）
85	福建漳州城投集团有限公司	国有	漳州	454198
86	中城建设有限责任公司	私营	福州	449971
87	福建省投资开发集团有限责任公司	国有	福州	436641
88	鑫东森集团有限公司	民营	厦门	432451
89	福建同春药业股份有限公司	国有	福州	429178
90	福建广电网络集团股份有限公司	国有	福州	429166
91	福建东百集团股份有限公司	民营	福州	410000
92	厦门源昌城建集团有限公司	民营	厦门	408503
93	福建省顺安建筑工程有限公司	民营	莆田	400648
94	中铁十七局集团第六工程有限公司	国有	厦门	386093
95	福建海峡人力资源股份有限公司	国有	福州	378986
96	福建泉州市嘉晟供应链有限公司	民营	泉州	374758
97	厦门市嘉晟对外贸易有限公司	民营	厦门	368706
98	四三九九网络股份有限公司	民营	厦门	349032
99	福建联美建设集团有限公司	国有	厦门	345189
100	顺通达集团有限公司	民营	厦门	342754

2020 福建战略性新兴产业企业 100 强

排行	企业名称	战新业务所属领域	企业所属行业	属性	地区	2019 营收（万元）
1	厦门天马微电子有限公司	新一代信息技术	电子核心产业	国有	厦门	1705268
2	长乐恒申合纤科技有限公司	新材料	化学纤维制造	民营	福州	1666763
3	福建龙净环保股份有限公司	节能环保	专用设备制造	民营	福州	1093503
4	福建申远新材料有限公司	新材料	化学纤维制造	民营	福州	914936
5	长乐力恒锦纶科技有限公司	新材料	化学纤维制造	民营	福州	909060
6	厦门厦钨新能源材料股份有限公司	新材料	先进有色金属材料	国有	厦门	697919
7	锐捷网络股份有限公司	新一代信息技术	新型信息技术服务	国有	福州	522391
8	立达信物联科技股份有限公司	高端装备制造	智能关键基础零部件制造	民营	厦门	504029
9	厦门信息集团有限公司	新一代信息技术	新型信息技术服务	国有	厦门	485860
10	明达实业（厦门）有限公司	新材料	先进石化化工新材料	外资	厦门	468009
11	漳州立达信光电子科技有限公司	新一代信息技术	智能消费相关设备制造	民营	厦门	401975
12	科华恒盛股份有限公司	新一代信息技术	新型信息技术服务	民营	厦门	386931
13	新中冠智能科技股份有限公司	新一代信息技术	新型信息技术服务	民营	福州	318754
14	厦门金鹭特种合金有限公司	新材料	先进有色金属材料	国有	厦门	317795

续表

排行	企业名称	战新业务所属领域	企业所属行业	属性	地区	2019 营收（万元）
15	厦门强力巨彩光电科技有限公司	新一代信息技术	电子核心产业	民营	厦门	300229
16	福建青松股份有限公司	生物	化学药品与原料药制造	民营	南平	290811
17	福建网龙计算机网络信息技术有限公司	数字创意	网络游戏	民营	福州	288824
18	腾龙特种树脂（厦门）有限公司	新材料	先进石化化工新材料	外资	厦门	258269
19	福建祥鑫股份有限公司	新材料	铝及铝合金制造	民营	福州	256689
20	福建省长汀金龙稀土有限公司	新材料	先进有色金属材料	国有	龙岩	246341
21	福州朴朴电子商务有限公司	新一代信息技术	互联网平台服务（互联网+）	民营	福州	246067
22	厦门弘信电子科技集团股份有限公司	新一代信息技术	电子核心产业	民营	厦门	246018
23	科之杰新材料集团有限公司	新材料	新型建筑材料制造	民营	厦门	237648
24	兴证全球基金管理有限公司	相关服务业	金融服务	国有	福州	233796
25	锐珂（厦门）医疗器材有限公司	生物	先进医疗设备及器械制造	外资	厦门	222452
26	福建省福投新能源投资股份公司	新能源	其他新能源运营服务	国有	福州	221387
27	厦门 TDK 有限公司	新一代信息技术	电子核心产业	外资	厦门	220812
28	开发晶照明（厦门）有限公司	新一代信息技术	电子核心产业	国有	厦门	219385
29	厦门吉比特网络技术股份有限公司	数字创意	网络游戏	民营	厦门	217037
30	厦门市美亚柏科信息股份有限公司	新一代信息技术	新型信息技术服务	国有	厦门	206741
31	福建海峡企业管理服务有限公司	新一代信息技术	新型信息技术服务	国有	福州	195207
32	联芯集成电路制造（厦门）有限公司	新一代信息技术	集成电路制造	外资	厦门	189077
33	福建升腾资讯有限公司	新一代信息技术	新型计算机及信息终端设备制造	国有	福州	182970
34	福建恒捷实业有限公司	新材料	化学纤维制造	民营	福州	180486
35	福建天晴数码有限公司	数字创意	数字文化创意软件开发	民营	福州	174830
36	厦门松霖科技股份有限公司	高端装备制造	智能关键基础零部件制造	民营	厦门	173863
37	厦门强力巨彩显示技术有限公司	新一代信息技术	新型电子元器件及设备制造	民营	厦门	168808
38	漳州蒙发利实业有限公司	高端装备制造	其他智能设备制造	民营	厦门	166637
39	福建省电信技术发展有限公司	新一代信息技术	工业互联网及支持服务	国有	福州	158135
40	厦门乾照光电股份有限公司	新一代信息技术	电子核心产业	民营	厦门	153426
41	华映科技（集团）股份有限公司	新一代信息技术	电子核心产业	国企	福州	147412
42	福建鑫森合纤科技有限公司	新材料	高性能纤维及制品和复合材料	民营	三明	144126
43	联通（福建）产业互联网有限公司	新一代信息技术	工业互联网及支持服务	国有	福州	141793

续表

排行	企业名称	战新业务所属领域	企业所属行业	属性	地区	2019 营收（万元）
44	福建福华新材料集团有限公司	新材料	先进钢铁材料	民营	福州	138000
45	南威软件集团	新一代信息技术	新兴软件和新型信息技术服务	民营	泉州	137925
46	长乐力源锦纶实业有限公司	新材料	高性能纤维及制品和复合材料	民营	福州	130945
47	中电福富信息科技有限公司	新一代信息技术	新型信息技术服务	国有	福州	107864
48	福建省海安橡胶有限公司	新材料	先进石化化工新材料	民营	莆田	106588
49	厦门通士达照明有限公司	节能环保造	高效节能电气机械器材制	国有	厦门	106084
50	漳州立达信灯具有限公司	高端装备制造	其他智能设备制造	民营	厦门	95836
51	易联众信息技术股份有限公司	新一代信息技术	新型信息技术服务	民营	厦门	94871
52	福建龙溪轴承（集团）股份有限公司	高端装备制造	智能关键基础零部件制造	国有	漳州	94602
53	厦门蒙发利电子有限公司	高端装备制造	其他智能设备制造	民营	厦门	93151
54	福建博思软件股份有限公司	新一代信息技术	新型信息技术服务	民营	福州	89654
55	福建广源再生资源回收有限公司	节能环保	城乡生活垃圾综合利用	民营	福州	86799
56	福建飞毛腿动力科技有限公司	新材料	二次电池材料制造	民营	福州	84318
57	厦门金达威维生素有限公司	生物	生物饲料制造	民营	厦门	83850
58	泉州恒普光伏有限公司	新能源	太阳能设备和生产装备制造	民营	泉州	82519
59	厦门梦加网络科技股份有限公司	数字创意	数字文化创意软件开发	民营	厦门	76667
60	福建中闽水务投资集团有限公司	节能环保	资源循环利用产业	国有	福州	76251
61	三祥新材股份有限公司	新材料	先进有色金属材料	民营	宁德	76108
62	阳光中科（福建）能源股份有限公司	新能源	太阳能设备和生产装备制造	民营	泉州	75212
63	福建星网智慧科技有限公司	新一代信息技术	新型计算机及信息终端设备制造	国有	厦门	73549
64	福建永晶科技股份有限公司	新材料	先进石化化工新材料	民营	南平	72507
65	福建翔丰华新能源材料有限公司	新材料	高性能纤维及制品和复合材料	民营	三明	63632
66	厦门雷霆互动网络有限公司	数字创意	数字文化创意软件开发	民营	厦门	59465
67	福建固美金属股份公司	新材料	新型铝合金制造	民营	泉州	58998
68	厦门狄耐克智能科技股份有限公司	高端装备制造	其他智能设备制造	民营	厦门	58573
69	中闽能源股份有限公司	新能源	风能、太阳能、生物质能	国有	福州	58075
70	福建福光股份有限公司	新一代信息技术	新型电子元器件及设备制造	民营	福州	57991
71	厦门嘉戎技术股份有限公司	高端装备制造	其他智能设备制造	民营	厦门	57363
72	恒锋信息科技股份有限公司	新一代信息技术	互联网相关信息服务	民营	福州	5666

续表

排行	企业名称	战新业务所属领域	企业所属行业	属性	地区	2019 营收（万元）
73	大通互惠集团有限公司	高端装备制造	其他智能设备制造	民营	漳州	55625
74	福建三棵树建筑装饰有限公司	新材料	科技推广和应用服务	民营	莆田	53251
75	厦门蒙发利健康科技有限公司	高端装备制造	其他智能设备制造	民营	厦门	52651
76	漳州亚邦化学有限公司	新材料	高性能塑料及树脂制造	中外合资	漳州	51548
77	福建天泉药业股份有限公司	生物	化学药品与原料药制造	民营	龙岩	50395
78	罗普特科技集团股份有限公司	新一代信息技术	新型信息技术服务	民营	厦门	49173
79	厦门柏事特信息科技有限公司	新一代信息技术	新型信息技术服务	民营	厦门	48288
80	厦门美图之家科技有限公司	新一代信息技术	人工智能软件开发	民营	厦门	46778
81	富春科技股份有限公司	新一代信息技术	新一代移动通信网络服务	民营	福州	46766
82	清源科技（厦门）股份有限公司	新能源	太阳能产业	民营	厦门	46576
83	德京集团股份有限公司	新能源	风能产业	民营	宁德	45910
84	福州智永信息科技有限公司	新一代信息技术	产业互联网相关信息服务	民营	福州	45712
85	厦门雷霆网络科技股份有限公司	数字创意	数字文化创意内容制作服务	民营	厦门	44988
86	厦门市市政工程设计院有限公司	相关服务业	新技术与创新创业服务	民营	厦门	44417
87	福建福晶科技股份有限公司	新材料	新材料相关服务	国有	福州	43438
88	厦门点触科技股份有限公司	数字创意	数字文化创意软件开发	民营	厦门	43272
89	福州市鸿生建材有限公司	新材料	新型建筑材料制造	民营	福州	42913
90	福州迈新生物技术开发有限公司	生物	生物医药相关服务	民营	福州	42043
91	福建广生堂药业股份有限公司	生物	生物药品制品制造	民营	宁德	41486
92	福建福安闽东亚南电机有限公司	节能环保	高效节能电气机械器材制造	民营	宁德	40425
93	福建赛特新材股份有限公司	新材料	真空绝热板	民营	龙岩	40093
94	福建傲农生物科技集团股份有限公司	生物	生物饲料制造	民营	漳州	39593
95	福建万安实业集团有限公司	新材料	涂料制造	民营	漳州	39048
96	福建泉工股份有限公司	高端装备制造	重大成套设备制造	民营	泉州	38966
97	福建省闽东力捷迅药业有限公司	生物	化学药品与原料药制造	民营	宁德	38598
98	长威信息科技发展股份有限公司	新一代信息技术	新兴软件和新型信息技术服务	民营	福州	38050
99	麦克奥迪实业集团有限公司	生物	先进医疗设备及器械制造	民营	厦门	37842
100	厦门汉印电子技术有限公司	高端装备制造	其他智能设备制造	民营	厦门	37765

（摘编：于新光）

2020 福建省民营企业 100 强名单

2020 年 8 月 27 日，省工商联在福州发布了“2020 福建省民营企业 100 强”“2020 福建省民营企业制造业 50 强”榜单，同时发布《2020 福建省民营企业 100 强分析报告》《2020 福建省民营企业社会责任报告》。报告显示，我省民营经济高质量发展成色明显，成为经济社会发展的重要力量和创造社会财富的重要来源。

规模总量不断壮大。本次百强入围门槛近 18 亿元，比上年提高 19.5%。营业收入超过 100 亿元的企业有 31 家，营业收入平均增长 4.39%。其中，排在榜首的阳光龙净集团有限公司本年度营业收入达 2480.78 亿元，比上年净增 271.82 亿元；名列次席的青拓集团有限公司本年度营业收入达到 1367.55 亿元。

质量效益不断提升。减税降费成效显现，发展态势总体良好。税后利润总额达 958 亿元，人均营业收入 218.66 万元，人均税后净利润 12.79 万元。

社会贡献更加彰显。实现纳税总额 774.26 亿元，纳税超 20 亿元的企业有 12 家。员工总人数为 74.92 万人，比上年增加 7.26 万人，同比增长 10.74%，为增加社会就业作出重要贡献。其中，永辉超市股份有限公司成为百强中员工人数最多的民营企业，达到 11 万人。

产业结构不断优化。第三产业入围企业有 33 家，比上年增加 2 家；第二产业入围企业有 67 家，与上年持平；第一产业没有入围企业，比上年减少 2 家。以第二、三产业为主体驱动经济发展的效应明显。进一步来看，营业收入排名前十的企业中，第三产业企业占 5 家。

制造业仍然占主体地位，入围数量高达 53 家，排名前十的企业中制造业占 5 家。

2020 福建省民营企业 100 强名单

序号	企业名称	地区	所属行业	营业收入（万元）
1	阳光龙净集团有限公司	福州	综合	24807843
2	青拓集团有限公司	宁德	黑色金属冶炼和压延加工业	13675492
3	融侨集团股份有限公司	福州	房地产业	8650762
4	永辉超市股份有限公司	福州	零售业	8487696
5	福建大东海实业集团有限公司	福州	黑色金属冶炼和压延加工业	5733625
6	融信（福建）投资集团有限公司	福州	房地产业	5164651
7	恒申控股集团有限公司	福州	化学原料和化学制品制造业	5044661
8	福建永荣控股集团有限公司	福州	化学纤维制造业	5013949
9	宁德时代新能源科技股份有限公司	宁德	电气机械和器材制造业	4578802
10	三盛集团有限公司	福州	房地产业	4202313
11	均和（厦门）控股有限公司	厦门	综合	3975451

续表

序号	企业名称	地区	所属行业	营业收入（万元）
12	盛屯矿业集团股份有限公司	厦门	有色金属矿采选业	3731427
13	安踏体育用品集团有限公司	泉州	皮革、毛皮、毛及其制品和制鞋业	3392785
14	福建省金纶高纤股份有限公司	福州	化学纤维制造业	3267586
15	正荣地产控股股份有限公司	福州	房地产业	3255766
16	泰禾集团股份有限公司	三明	房地产业	2362062
17	名城企业管理集团有限公司	福州	房地产业	2327108
18	禹洲地产股份有限公司	厦门	房地产业	2324071
19	福建圣农控股集团有限公司	南平	农副食品加工业	2300956
20	三宝集团股份有限公司	漳州	黑色金属冶炼和压延加工业	2300347
21	福建恒安集团有限公司	泉州	造纸和纸制品业	2249284
22	达利食品集团有限公司	泉州	食品制造业	2137525
23	福耀玻璃工业集团股份有限公司	福州	非金属矿物制品业	2110388
24	福建闽海石化有限公司	福州	批发业	2081540
25	福建捷联电子有限公司	福州	计算机、通信和其他电子设备制造业	1777452
26	福建百宏聚纤科技实业有限公司	泉州	化学纤维制造业	1515545
27	祥兴（福建）箱包集团有限公司	福州	其他制造业	1282556
28	厦门恒兴集团有限公司	厦门	批发业	1137085
29	厦门航空开发股份有限公司	厦门	批发业	1125317
30	福建省闽南建筑工程有限公司	泉州	房屋建筑业	1062589
31	盈众控股集团有限公司	厦门	零售业	1013489
32	福建长源纺织有限公司	福州	纺织业	985062
33	福建甬金金属科技有限公司	宁德	黑色金属冶炼和压延加工业	965476
34	福建宏旺实业有限公司	宁德	黑色金属冶炼和压延加工业	917877
35	厦门宏发电声股份有限公司	厦门	计算机、通信和其他电子设备制造业	848247
36	特步（中国）有限公司	泉州	皮革、毛皮、羽毛及其制品和制鞋业	818272
37	冠城大通股份有限公司	福州	综合	778732
38	福建省永富建设集团有限公司	福州	房屋建筑业	771313
39	福建省辉源金属制品有限公司	泉州	黑色金属冶炼和压延加工业	743479
40	福建省惠东建筑工程有限公司	泉州	房屋建筑业	730004
41	福建省泷澄建设集团有限公司	漳州	房屋建筑业	701548
42	福建南平太阳电缆股份有限公司	南平	电气机械和器材制造业	697487
43	大洲控股集团有限公司	厦门	综合	696350
44	福建省长乐市山力化纤有限公司	福州	化学纤维制造业	682019
45	福建盼盼食品有限公司	泉州	食品制造业	662587
46	新大陆科技集团有限公司	福州	软件和信息技术服务业	647914
47	九牧集团有限公司	泉州	非金属矿物制品业	631580

续表

序号	企业名称	地区	所属行业	营业收入（万元）
48	福建吴航不锈钢制品有限公司	福州	黑色金属冶炼和压延加工业	631116
49	厦门海澳集团有限公司	厦门	批发业	598272
50	三棵树涂料股份有限公司	莆田	化学原料和化学制品制造业	597226
51	福建匹克集团有限公司	泉州	纺织服装、服饰业	595650
52	福建网龙计算机网络信息技术有限公司	福州	软件和信息技术服务业	579308
53	福建傲农生物科技集团股份有限公司	漳州	农副食品加工业	578808
54	厦门宝拓资源有限公司	厦门	批发业	577473
55	福建省东霖建设工程有限公司	泉州	房屋建筑业	560631
56	福建金源纺织有限公司	福州	纺织业	549994
57	厦门中联永亨建设集团有限公司	厦门	房屋建筑业	534375
58	立达信物联科技股份有限公司	厦门	电气机械和器材制造业	506572
59	福建源盛纺织服装城有限公司	福州	纺织服装、服饰业	485224
60	福建龙麟集团有限公司	龙岩	非金属矿物制品业	485084
61	福建经纬新纤科技实业有限公司	福州	化学纤维制造业	461591
62	弘信创业工场投资集团股份有限公司	厦门	商务服务业	447602
63	福建凯邦锦纶科技有限公司	福州	化学纤维制造业	443014
64	鼎丰集团（中国）有限公司	厦门	综合	439102
65	福建龙马环卫装备股份有限公司	龙岩	专用设备制造业	422792
66	华特控股集团有限公司	厦门	石油、煤炭及其他燃料加工业	422531
67	福建元成豆业有限公司	福州	农副食品加工业	413727
68	福建固美金属有限公司	泉州	有色金属冶炼和压延加工业	398285
69	科华恒盛股份有限公司	厦门	计算机、通信和其他电子设备制造业	386931
70	厦门银祥集团有限公司	厦门	农副食品加工业	368702
71	福建七匹狼实业股份有限公司	泉州	纺织服装、服饰业	362320
72	方圆建设集团有限公司	泉州	房屋建筑业	358867
73	恒晟集团有限公司	厦门	房屋建筑业	340453
74	福建巨岸建设工程有限公司	莆田	房屋建筑业	337315
75	厦门永同昌集团有限公司	厦门	房地产业	323422
76	新中冠智能科技股份有限公司	福州	互联网和相关服务	318755
77	中建富林集团有限公司	泉州	房屋建筑业	312325
78	鑫泰建设集团有限公司	厦门	房屋建筑业	304354
79	厦门强力巨彩光电科技有限公司	厦门	计算机通信和其他电子设备制造业	300229
80	福建青松股份有限公司	南平	化学原料和化学制品制造业	290812
81	福建中绿投资有限公司	厦门	商务服务业	287653
82	福建鸿星尔克体育用品有限公司	泉州	皮革、毛皮、羽毛及其制品和制鞋业	284334
83	福建省凯景投资集团有限公司	福州	房地产业	282979

续表

序号	企业名称	地区	所属行业	营业收入（万元）
84	泉舜集团有限公司	厦门	房地产业	274103
85	山鹰华南纸业有限公司	漳州	造纸和纸制品业	270810
86	福建奋安铝业有限公司	福州	有色金属冶炼和压延加工业	269757
87	福建国航远洋运输（集团）股份有限公司	福州	水上运输业	255779
88	漳州旗滨玻璃有限公司	漳州	非金属矿物制品业	254575
89	福建天马科技集团股份有限公司	福州	农副食品加工业	242838
90	中晟海峡建设有限公司	泉州	房屋建筑业	232514
91	福建三叶集团有限公司	泉州	批发业	231932
92	盛辉物流集团有限公司	福州	道路运输业	229920
93	福建恒利集团有限公司	泉州	造纸和纸制品业	226459
94	福建省五洲建设集团有限公司	泉州	土木工程建筑业	213969
95	厦门市美亚柏科信息股份有限公司	厦门	软件和信息技术服务业	206741
96	通达（厦门）科技有限公司	厦门	橡胶和塑料制品业	205156
97	福建光通实业有限公司	福州	批发业	201051
98	福建恒捷实业有限公司	福州	化学纤维制造业	189005
99	福建省泉州美岭集团有限公司	泉州	综合	186052
100	厦门保沣实业有限公司	厦门	金属制品业	179989

2020 福建民营企业制造业 50 强

序号	企业名称	地区	所属行业	营业收入（万元）
1	青拓集团有限公司	宁德	黑色金属冶炼和压延加工业	13675492
2	福建大东海实业集团有限公司	福州	黑色金属冶炼和压延加工业	5733625
3	恒申控股集团有限公司	福州	化学原料和化学制品制造业	5044661
4	福建永荣控股集团有限公司	福州	化学纤维制造业	5013949
5	宁德时代新能源科技股份有限公司	宁德	电气机械和器材制造业	4578802
6	安踏体育用品集团有限公司	泉州	皮革、毛皮羽毛及其制品和制鞋业	3392785
7	福建省金纶高纤股份有限公司	福州	化学纤维制造业	3267586
8	福建圣农控股集团有限公司	南平	农副食品加工业	2300956
9	三宝集团股份有限公司	漳州	黑色金属冶炼和压延加工业	2300347
10	福建恒安集团有限公司	泉州	造纸和纸制品业	2249284
11	达利食品集团有限公司	泉州	食品制造业	2137525
12	福耀玻璃工业集团股份有限公司	福州	非金属矿物制品业	2110388
13	福建捷联电子有限公司	福州	计算机、通信和其他电子设备制造业	1777452
14	福建百宏聚纤科技实业有限公司	泉州	化学纤维制造业	1515545
15	祥兴（福建）箱包集团有限公司	福州	其他制造业	1282556

续表

序号	企业名称	地区	所属行业	营业收入（万元）
16	福建长源纺织有限公司	福州	纺织业	985062
17	福建甬金金属科技有限公司	宁德	黑色金属冶炼和压延加工业	965476
18	福建宏旺实业有限公司	宁德	黑色金属冶炼和压延加工业	917877
19	厦门宏发电声股份有限公司	厦门	计算机、通信和其他电子设备制造业	848247
20	特步（中国）有限公司	泉州	皮革、毛皮、羽毛及其制品和制鞋业	818272
21	福建省辉源金属制品有限公司	泉州	黑色金属冶炼和压延加工业	743479
22	福建南平太阳电缆股份有限公司	南平	电气机械和器材制造业	697487
23	福建省长乐市山力化纤有限公司	福州	化学纤维制造业	682019
24	福建盼盼食品有限公司	泉州	食品制造业	662587
25	九牧集团有限公司	泉州	非金属矿物制品业	631580
26	福建吴航不锈钢制品有限公司	福州	黑色金属冶炼和压延加工业	631116
27	三棵树涂料股份有限公司	莆田	化学原料和化学制品制造业	597226
28	福建匹克集团有限公司	泉州	纺织服装、服饰业	595650
29	福建傲农生物科技集团股份有限公司	漳州	农副食品加工业	578808
30	福建金源纺织有限公司	福州	纺织业	549994
31	立达信物联科技股份有限公司	厦门	电气机械和器材制造业	506572
32	福建源盛纺织服装城有限公司	福州	纺织服装、服饰业	485224
33	福建龙麟集团有限公司	龙岩	非金属矿物制品业	485084
34	福建经纬新纤科技实业有限公司	福州	化学纤维制造业	461591
35	福建凯邦锦纶科技有限公司	福州	化学纤维制造业	443014
36	福建龙马环卫装备股份有限公司	龙岩	专用设备制造业	422792
37	华特控股集团有限公司	厦门	石油煤炭及其他燃料加工业	422531
38	福建元成豆业有限公司	福州	农副食品加工业	413727
39	福建固美金属有限公司	泉州	有色金属冶炼和压延加工业	398285
40	科华恒盛股份有限公司	厦门	计算机、通信和其他电子设备制造业	386931
41	厦门银祥集团有限公司	厦门	农副食品加工业	368702
42	福建七匹狼实业股份有限公司	泉州	纺织服装、服饰业	362320
43	厦门强力巨彩光电科技有限公司	厦门	计算机、通信和其他电子设备制造业	300229
44	福建青松股份有限公司	南平	化学原料和化学制品制造业	290812
45	福建鸿星尔克体育用品有限公司	泉州	皮革、毛皮、羽毛及其制品和制鞋业	284334
46	山鹰华南纸业有限公司	漳州	造纸和纸制品业	270810
47	福建奋安铝业有限公司	福州	有色金属冶炼和压延加工业	269757
48	漳州旗滨玻璃有限公司	漳州	非金属矿物制品业	254575
49	福建天马科技集团股份有限公司	福州	农副食品加工业	242838
50	福建恒利集团有限公司	泉州	造纸和纸制品业	226459

（摘编：赵小真）

福建省高新技术企业名单

福建省2019年第一批高新技术企业名单

2020年1月21日福建省科学技术厅、福建省财政厅、国家税务总局福建省税务局下发《关于认定福建省2019年第一批高新技术企业的通知》（闽科高〔2020〕2号）提出，根据《高新技术企业认定管理办法》（国科发火〔2016〕32号）（以下简称《认定办法》）和《高新技术企业认定管理工作指引》（国科发火〔2016〕195号）有关规定，以及《关于福建省2019年第一批高新技术企业备案的复函》（国科火字〔2020〕10号），现认定福州易户外网络科技有限公司等530家企业为福建省2019年第一批高新技术企业，发证日期为2019年12月2日。高新技术企业资格有效期3年。

根据《认定办法》第十七条的有关规定，高新技术企业发生更名或与认定条件有关的重大变化（如分立、合并、重组以及经营业务发生变化等）应在三个月内向认定机构报告。经认定机构审核符合认定条件的，其高新技术企业资格不变，对于企业更名的，重新核发认定证书，编号与有效期不变；不符合认定条件的，自更名或条件变化年度起取消其高新技术企业资格。

各设区市科技局、平潭综合实验区经济发展局可于2020年2月20日后统一至省高新技术创业服务中心（福州市工业路611号福建火炬高新技术创业园主楼九层905室）办理高新技术企业认定证书领取手续。

福建省2019年第一批高新技术企业名单

（发证日期：2019年12月2日）

序号	企业名称	证书编号
1	福州易户外网络科技有限公司	GR201935000001
2	福建省利邦环境工程有限公司	GR201935000002
3	福建逐云网络科技有限公司	GR201935000003
4	福州天石源超硬材料工具有限公司	GR201935000004
5	福州普洛机械制造有限公司	GR201935000005
6	福建省城投科技有限公司	GR201935000006
7	福建汽致信息科技有限公司	GR201935000007
8	福建省奥农竹业开发有限公司	GR201935000008
9	西人马联合测控（泉州）科技有限公司	GR201935000009
10	福州传世网络科技有限公司	GR201935000010

续表

序号	企业名称	证书编号
11	晋江市曙光机械有限公司	GR201935000011
12	福建群龙开关有限公司	GR201935000012
13	爱普（福建）科技有限公司	GR201935000013
14	阿斯福特纺织（漳州）有限公司	GR201935000014
15	泉州市劲力工程机械有限公司	GR201935000015
16	福建酷享网络科技有限公司	GR201935000016
17	福建网诚信达信息科技有限公司	GR201935000017
18	福建三鸿电子有限公司	GR201935000018
19	晋江万兴隆染织实业有限公司	GR201935000019
20	泉州力同科技有限公司	GR201935000020
21	福建省和达智能科技有限公司	GR201935000021
22	福建维众信诚网络科技有限公司	GR201935000022
23	福建银达汇智信息科技股份有限公司	GR201935000023
24	品翔电子元件（漳州）有限公司	GR201935000024
25	福建金地勘测规划有限公司	GR201935000025
26	福州市博讯网络科技有限公司	GR201935000026
27	福州阿凡达科技有限公司	GR201935000027
28	中国水利水电第十六工程局有限公司	GR201935000028
29	福建海景科技开发有限公司	GR201935000029
30	华韩（泉州）新型面料开发有限公司	GR201935000030
31	福州汉森小伙伴网络科技有限公司	GR201935000031
32	福建中青汽车技术有限公司	GR201935000032
33	福州银达天成电子技术有限公司	GR201935000033
34	福建慧舟信息科技有限公司	GR201935000034
35	福州银河星空网络科技有限公司	GR201935000035
36	福州万象三维电子科技有限公司	GR201935000036
37	福建锐信合成革有限公司	GR201935000037
38	泉州市德源轴承实业有限公司	GR201935000038
39	福建亚丰种业有限公司	GR201935000039
40	福建优创油脂有限公司	GR201935000040
41	福建博观信息技术有限公司	GR201935000041
42	福建通宇电缆有限公司	GR201935000042
43	福州和特新能源有限公司	GR201935000043
44	龙岩金时裕电子有限公司	GR201935000044
45	福建盛冠信息科技有限公司	GR201935000045
46	彩虹（莆田）涂料色卡有限公司	GR201935000046

续表

序号	企业名称	证书编号
47	福建泰金科技有限公司	GR201935000047
48	福建闽威科技股份有限公司	GR201935000048
49	泉州市睿云智能科技有限公司	GR201935000049
50	福建晟洲信息科技有限公司	GR201935000050
51	福建掌购网络科技有限公司	GR201935000051
52	福建福大北斗通信科技有限公司	GR201935000052
53	福建中振网络科技有限公司	GR201935000053
54	福州众衡时代信息科技有限公司	GR201935000054
55	正新（漳州）橡胶工业有限公司	GR201935000055
56	福州英迪特智能科技有限公司	GR201935000056
57	福州利福高新材料有限公司	GR201935000057
58	福州花谷科技有限公司	GR201935000058
59	福清轩朗光电科技有限公司	GR201935000059
60	福建思亿电子科技有限公司	GR201935000060
61	福建锐霸机电有限公司	GR201935000061
62	漳州旗滨玻璃有限公司	GR201935000062
63	福建晶彩光电科技股份有限公司	GR201935000063
64	福州海恒水务设备有限公司	GR201935000064
65	福建福启网络科技有限公司	GR201935000065
66	福建科图勘测规划有限公司	GR201935000066
67	福建海图智能科技有限公司	GR201935000067
68	龙岩兰博湾环保科技有限公司	GR201935000068
69	福安市亿微电子科技有限公司	GR201935000069
70	福建易行通信息科技有限公司	GR201935000070
71	福建省劲牛重工发展有限公司	GR201935000071
72	福建省智慧城市大数据运营有限公司	GR201935000072
73	漳州政友软件技术有限公司	GR201935000073
74	福建未来药业有限公司	GR201935000074
75	福建省亿顺机械设备有限公司	GR201935000075
76	龙岩市永定区祥亿电子有限公司	GR201935000076
77	福建欧仕儿童用品股份有限公司	GR201935000077
78	福建麦格数码科技有限公司	GR201935000078
79	福建华业信息技术有限公司	GR201935000079
80	福建卓融信息技术有限公司	GR201935000080
81	福建友通实业有限公司	GR201935000081
82	晋江市龙兴隆染织实业有限公司	GR201935000082

续表

序号	企业名称	证书编号
83	福建友和胶粘科技实业有限公司	GR201935000083
84	福州在源景观设计有限公司	GR201935000084
85	福建金正丰金属工业有限公司	GR201935000085
86	福建省银河服饰有限公司	GR201935000086
87	福州宇隆光电科技有限公司	GR201935000087
88	福州科融电子科技有限公司	GR201935000088
89	福建正德光电科技有限公司	GR201935000089
90	福州万宇信息科技有限公司	GR201935000090
91	福建省德化佳诚陶瓷有限公司	GR201935000091
92	福建鸿耀同创软件科技有限公司	GR201935000092
93	福建盈方网络科技有限公司	GR201935000093
94	泉州匹克鞋业有限公司	GR201935000094
95	澳蓝（福建）实业有限公司	GR201935000095
96	利郎（中国）有限公司	GR201935000096
97	福州创荣软件科技有限公司	GR201935000097
98	南平市建阳区汽车锻压件厂	GR201935000098
99	福建天擎科技有限公司	GR201935000099
100	晋江联兴反光材料有限公司	GR201935000100
101	三明市普诺维机械有限公司	GR201935000101
102	福建中科智与科技有限公司	GR201935000102
103	福建省泉州市契合工贸有限公司	GR201935000103
104	泉州市旭麟机械制造有限公司	GR201935000104
105	福建德辉信息科技有限公司	GR201935000105
106	福建兴网纵横网络科技有限公司	GR201935000106
107	福州美扬光电有限公司	GR201935000107
108	福建易动力电子科技股份有限公司	GR201935000108
109	福建顺景机械工业有限公司	GR201935000109
110	浦城正大生化有限公司	GR201935000110
111	福建富民云咖信息科技有限公司	GR201935000111
112	福建德丰智能装备有限公司	GR201935000112
113	宁德智己策略文化传播有限公司	GR201935000113
114	丝耐洁（福建）口腔健康科技有限公司	GR201935000114
115	汉佳（福建）展示货架有限公司	GR201935000115
116	福建省绿能环保科技有限公司	GR201935000116
117	福州东星生物技术有限公司	GR201935000117
118	福州长盛亿电子科技有限公司	GR201935000118

续表

序号	企业名称	证书编号
119	福建海峡科化股份有限公司	GR201935000119
120	福州蓝帆电子技术服务有限公司	GR201935000120
121	福建申利卡铝业发展有限公司	GR201935000121
122	福建海创光电有限公司	GR201935000122
123	福州大禹电子科技有限公司	GR201935000123
124	福建瑞森新材料股份有限公司	GR201935000124
125	福州刷新网络技术服务有限公司	GR201935000125
126	福建中科芯源光电科技有限公司	GR201935000126
127	福建省中孚检测技术有限公司	GR201935000127
128	福州天地众和信息技术有限公司	GR201935000128
129	福建中锐网络股份有限公司	GR201935000129
130	福水智联技术有限公司	GR201935000130
131	龙岩市中鑫质检技术服务有限公司	GR201935000131
132	福建省德化博龙陶瓷有限公司	GR201935000132
133	福建久策气体集团有限公司	GR201935000133
134	福建路达交通设施有限公司	GR201935000134
135	福州震旦计算机技术有限公司	GR201935000135
136	福建闽瑞新合纤股份有限公司	GR201935000136
137	福建创昱达信息技术有限公司	GR201935000137
138	福建中信网安信息科技有限公司	GR201935000138
139	福建景丰科技有限公司	GR201935000139
140	福建元华泵业有限公司	GR201935000140
141	中网电力科技有限公司	GR201935000141
142	福建省德化县继裕陶瓷有限公司	GR201935000142
143	光隶新能源（南平）科技有限公司	GR201935000143
144	福建家先生互联网服务有限公司	GR201935000144
145	福建省亿鑫海信息科技有限公司	GR201935000145
146	福州恰同学信息科技有限公司	GR201935000146
147	福州立洲弹簧有限公司	GR201935000147
148	福建泰丰医药化工有限公司	GR201935000148
149	福建超汇信息技术有限公司	GR201935000149
150	福建星烽信息科技有限公司	GR201935000150
151	福建巨昂信息技术有限公司	GR201935000151
152	福建融音塑业科技有限公司	GR201935000152
153	石狮市星港塑胶包装有限公司	GR201935000153
154	福建德惠天下网络科技有限公司	GR201935000154

续表

序号	企业名称	证书编号
155	福建新开普信息科技有限公司	GR201935000155
156	福建国信立联信息科技有限公司	GR201935000156
157	福建瓮福蓝天氟化工有限公司	GR201935000157
158	福建港盛再生资源科技有限公司	GR201935000158
159	福建环海生物科技股份有限公司	GR201935000159
160	福建融之家金融信息服务有限公司	GR201935000160
161	轩亚（福州）信息技术有限公司	GR201935000161
162	福建正康智能科技有限公司	GR201935000162
163	福建省网动网络科技有限公司	GR201935000163
164	天目数据（福建）科技有限公司	GR201935000164
165	福州百力安检测技术有限公司	GR201935000165
166	福建鼎盛五金制品有限公司	GR201935000166
167	中影智能技术发展（福建）有限公司	GR201935000167
168	福建世纪东海集团有限公司	GR201935000168
169	福建省晋江市励精汽配有限公司	GR201935000169
170	福州佳和互娱网络科技有限公司	GR201935000170
171	中纺协检验（泉州）技术服务有限公司	GR201935000171
172	福州一起威客信息科技有限公司	GR201935000172
173	福州万升电器有限公司	GR201935000173
174	福建吉雅电力工程咨询有限公司	GR201935000174
175	漳州水仙药业股份有限公司	GR201935000175
176	福州翰林在线教育发展有限公司	GR201935000176
177	龙岩市有容软件科技有限公司	GR201935000177
178	漳州视瑞特光电科技股份有限公司	GR201935000178
179	福建便利宝电子商务有限公司	GR201935000179
180	龙岩市山和机械制造有限公司	GR201935000180
181	福州泰文信息科技有限公司	GR201935000181
182	福建泛达建设科技有限公司	GR201935000182
183	福建腾宇电气有限公司	GR201935000183
184	龙岩市耐思科技信息有限公司	GR201935000184
185	福建瀚鑫网络科技有限公司	GR201935000185
186	福建中星华宸电子设备有限公司	GR201935000186
187	福州四九八网络科技有限公司	GR201935000187
188	福建利树股份有限公司	GR201935000188
189	福州福田工艺品有限公司	GR201935000189
190	福建元晟汽车配件科技有限公司	GR201935000190

续表

序号	企业名称	证书编号
191	全城淘信息技术服务有限公司	GR201935000191
192	福建省固体废物处置有限公司	GR201935000192
193	石狮市振富针纺机械有限公司	GR201935000193
194	龙岩市宏瑞建材有限公司	GR201935000194
195	福建竹家女工贸有限公司	GR201935000195
196	福安市裕兴机械有限公司	GR201935000196
197	福建宏泰教育有限公司	GR201935000197
198	晋江市陆钢塑料机械有限公司	GR201935000198
199	福建省亚明食品有限公司	GR201935000199
200	晋江邦达塑料有限公司	GR201935000200
201	福州鑫洋机械制造有限公司	GR201935000201
202	泉州源利鞋材有限公司	GR201935000202
203	福建省联创电气设备有限公司	GR201935000203
204	福建伊索力科技有限公司	GR201935000204
205	福建森视安电子工程有限公司	GR201935000205
206	福建晶安光电有限公司	GR201935000206
207	福州市天弓信息科技有限公司	GR201935000207
208	奥特路（漳州）光学科技有限公司	GR201935000208
209	福建极推科技有限公司	GR201935000209
210	福建和瑞基因科技有限公司	GR201935000210
211	福建闽图科技有限公司	GR201935000211
212	福州市闽川科技有限公司	GR201935000212
213	泉州科发卫浴有限公司	GR201935000213
214	漳州市金安机电有限公司	GR201935000214
215	福州科杰电子衡器有限公司	GR201935000215
216	福建卡卡智能电子科技有限公司	GR201935000216
217	福州开鹏信息技术有限公司	GR201935000217
218	福建省南云包装设备有限公司	GR201935000218
219	福州索普电子科技有限公司	GR201935000219
220	陆升（福建）集团有限公司	GR201935000220
221	泉州华腾信息技术有限公司	GR201935000221
222	福建省五维智讯电气有限公司	GR201935000222
223	晋江宏辉汽车配件制造有限公司	GR201935000223
224	福建龙夏电子科技有限公司	GR201935000224
225	漳州鑫华成机械制造有限公司	GR201935000225
226	福建龙氟化工有限公司	GR201935000226

续表

序号	企业名称	证书编号
227	福建物联天下信息科技股份有限公司	GR201935000227
228	福建省锐拓信息科技有限公司	GR201935000228
229	龙岩市有道电子有限公司	GR201935000229
230	集时通（福建）信息科技有限公司	GR201935000230
231	福建瑞敏捷顺工业智能装备有限公司	GR201935000231
232	福州丹诺西诚电子科技有限公司	GR201935000232
233	福建福田纺织印染科技有限公司	GR201935000233
234	龙岩市九龙水泵制造有限公司	GR201935000234
235	福建东南艺术纸品股份有限公司	GR201935000235
236	福建省新通网络科技有限公司	GR201935000236
237	福建贝迪药业有限公司	GR201935000237
238	福州鑫捷迅网络科技有限公司	GR201935000238
239	福州海存量数据科技有限公司	GR201935000239
240	福建中科多特健康科技有限公司	GR201935000240
241	福州创光明电子科技有限公司	GR201935000241
242	福建大馅饼网络科技有限公司	GR201935000242
243	连城县中触电子有限公司	GR201935000243
244	福建兴恒机械科技有限公司	GR201935000244
245	福建九圃生物科技有限公司	GR201935000245
246	福建拓天生物科技有限公司	GR201935000246
247	福建欣隆环保股份有限公司	GR201935000247
248	福建海上风电运维服务有限公司	GR201935000248
249	泉州市佰源重工机械有限公司	GR201935000249
250	晋江市神工机械制造有限公司	GR201935000250
251	福建省建研工程顾问有限公司	GR201935000251
252	莆田市雷腾激光数控设备有限公司	GR201935000252
253	福建省嘉顺艺品股份有限公司	GR201935000253
254	福建新大陆环保科技有限公司	GR201935000254
255	福建智涵信息科技有限公司	GR201935000255
256	福州友爱互动信息科技有限公司	GR201935000256
257	福建锐华有限公司	GR201935000257
258	福州云联畅想软件科技有限公司	GR201935000258
259	北卡科技有限公司	GR201935000259
260	福建永鹏融和科技有限公司	GR201935000260
261	屏南县康迈精选科技有限公司	GR201935000261
262	福建科源新材料股份有限公司	GR201935000262

续表

序号	企业名称	证书编号
263	福建中程锐铂电力科技有限公司	GR201935000263
264	福建省山河药业有限公司	GR201935000264
265	福州立顺通智能设备有限公司	GR201935000265
266	福建吉特瑞生物科技有限公司	GR201935000266
267	福州金域医学检验所有限公司	GR201935000267
268	易之泰生物科技（龙岩）有限公司	GR201935000268
269	福州良正机械有限公司	GR201935000269
270	武夷山元生泰生物科技有限公司	GR201935000270
271	福建省星云大数据应用服务有限公司	GR201935000271
272	龙岩金品机械制造有限公司	GR201935000272
273	安溪县金华南实业有限公司	GR201935000273
274	福建坤彩材料科技股份有限公司	GR201935000274
275	漳州市力天环境工程有限公司	GR201935000275
276	漳州金钥匙机械有限公司	GR201935000276
277	福建群峰机械有限公司	GR201935000277
278	福建亿策金点在线教育科技有限公司	GR201935000278
279	福建新和兴信息技术有限公司	GR201935000279
280	福建鑫诺医疗股份有限公司	GR201935000280
281	福州十方网络科技有限公司	GR201935000281
282	福建省壹蓝智能科技有限公司	GR201935000282
283	福建威而特旋压科技有限公司	GR201935000283
284	福州思博网络科技有限公司	GR201935000284
285	中物智福股份有限公司	GR201935000285
286	福建省泉州华鸿通讯有限公司	GR201935000286
287	福建炎信信息技术有限公司	GR201935000287
288	福建国光电子科技股份有限公司	GR201935000288
289	福州安盟电子信息技术有限公司	GR201935000289
290	福建省秦蜂网络科技有限公司	GR201935000290
291	龙岩市联发信息有限公司	GR201935000291
292	福建迈纬通信科技股份有限公司	GR201935000292
293	福州玩呗网络科技有限公司	GR201935000293
294	福建省天杰信息科技有限公司	GR201935000294
295	福州鸿运闽水通讯技术有限公司	GR201935000295
296	福建绿洲生化有限公司	GR201935000296
297	漳州大北农农牧科技有限公司	GR201935000297
298	福州市闽侯振兴炜业机械有限公司	GR201935000298

续表

序号	企业名称	证书编号
299	福建省富亚龙挂车制造有限公司	GR201935000299
300	福建清道夫环保科技有限公司	GR201935000300
301	福建酷智科技有限公司	GR201935000301
302	福建铨一电源科技有限公司	GR201935000302
303	易宝（福建）高分子材料股份公司	GR201935000303
304	福州周壹云智能科技有限公司	GR201935000304
305	福建卫东环保股份有限公司	GR201935000305
306	福建星元次方大数据应用有限公司	GR201935000306
307	永悦科技股份有限公司	GR201935000307
308	泉州市信昌精密机械有限公司	GR201935000308
309	福建腾博信息技术有限公司	GR201935000309
310	晋江金飞鞋材有限公司	GR201935000310
311	三明市海斯福化工有限责任公司	GR201935000311
312	泉州市汉威机械制造有限公司	GR201935000312
313	福州物博科技发展有限公司	GR201935000313
314	福建按按通信息科技有限公司	GR201935000314
315	福建省应急通信运营有限公司	GR201935000315
316	福建省恒圆金服科技有限公司	GR201935000316
317	福州腾景光电科技有限公司	GR201935000317
318	龙岩市华众机械有限公司	GR201935000318
319	福建海源三维高科技有限公司	GR201935000319
320	福建华塑新材料有限公司	GR201935000320
321	福州爱国者之星光电科技有限公司	GR201935000321
322	福州海云信息技术有限公司	GR201935000322
323	怡捷（福建）电子科技有限公司	GR201935000323
324	中机精冲科技（福建）有限公司	GR201935000324
325	福建众益太阳能科技股份公司	GR201935000325
326	福建科之杰新材料有限公司	GR201935000326
327	福建亿华源能源管理有限公司	GR201935000327
328	福州网乐网络科技有限公司	GR201935000328
329	福建欣弘机电设备有限公司	GR201935000329
330	福建诚博自动化科技有限公司	GR201935000330
331	福建省建筑工程质量检测中心有限公司	GR201935000331
332	福州闽海药业有限公司	GR201935000332
333	福州美美环保科技有限公司	GR201935000333
334	福州富茨系统技术有限公司	GR201935000334

续表

序号	企业名称	证书编号
335	毅立达（福建）科技股份有限公司	GR201935000335
336	黑金刚（福建）自动化科技股份公司	GR201935000336
337	福建海西标准化技术服务事务所有限公司	GR201935000337
338	福建海源新材料科技有限公司	GR201935000338
339	贝思瑞婴童用品有限公司	GR201935000339
340	福州云程信息科技有限公司	GR201935000340
341	福建省民爆化工股份有限公司	GR201935000341
342	三明市鸿达智能农业设备有限公司	GR201935000342
343	福建省牧科物联科技有限公司	GR201935000343
344	福建益玖软件科技有限公司	GR201935000344
345	福建冠锐网络技术有限公司	GR201935000345
346	福建荔建工程技术有限公司	GR201935000346
347	福建省申伯仕门业有限公司	GR201935000347
348	泉州佰源机械科技股份有限公司	GR201935000348
349	福建融银信息技术服务有限公司	GR201935000349
350	福建省鼎泰光电科技有限公司	GR201935000350
351	福建省仙游县南丰生化有限公司	GR201935000351
352	泉州市齐论教育科技有限公司	GR201935000352
353	顺裕（龙岩）混凝土有限公司	GR201935000353
354	福建鼎旸信息科技股份有限公司	GR201935000354
355	福建扬诚机械有限公司	GR201935000355
356	福建图易信息科技有限公司	GR201935000356
357	福建鑫力智能科技有限公司	GR201935000357
358	泉州创景视迅数字科技有限公司	GR201935000358
359	慧翰微电子股份有限公司	GR201935000359
360	福州百洲信息技术有限公司	GR201935000360
361	坦帕（福建）电气有限公司	GR201935000361
362	福建省金农威饲料有限公司	GR201935000362
363	福建省鑫融通信息技术有限公司	GR201935000363
364	数微（福建）通信技术有限公司	GR201935000364
365	福建睿思特科技股份有限公司	GR201935000365
366	福建亿达工程勘察设计研究院有限公司	GR201935000366
367	福建华夏蓝新材料科技有限公司	GR201935000367
368	福建兴方舟科技有限公司	GR201935000368
369	福建春辉生物工程有限公司	GR201935000369
370	福建安贝通科技有限公司	GR201935000370

续表

序号	企业名称	证书编号
371	福建赛特新材股份有限公司	GR201935000371
372	福建用心信息科技有限公司	GR201935000372
373	莆田市超威电子科技有限公司	GR201935000373
374	福建省石狮市通达电器有限公司	GR201935000374
375	福州客家网络科技有限公司	GR201935000375
376	清流县点金农业科技发展有限公司	GR201935000376
377	福州坤锐空间信息技术有限公司	GR201935000377
378	长乐力恒锦纶科技有限公司	GR201935000378
379	福建中信创投发展有限公司	GR201935000379
380	福建省力菲克生物技术有限公司	GR201935000380
381	福州云元素网络科技有限公司	GR201935000381
382	福州市恒晟弹簧有限公司	GR201935000382
383	福建富润建材科技股份有限公司	GR201935000383
384	福州煜辉网络科技有限公司	GR201935000384
385	福融辉实业（福建）有限公司	GR201935000385
386	福州迈可博电子科技股份有限公司	GR201935000386
387	石狮市七彩虹植绒印花有限公司	GR201935000387
388	福建微派互联信息科技有限公司	GR201935000388
389	晋江力绿食品有限公司	GR201935000389
390	福建喜购宝信息科技有限公司	GR201935000390
391	福州市灵创电子科技有限公司	GR201935000391
392	福建龙生生物科技有限公司	GR201935000392
393	福建南王环保科技股份有限公司	GR201935000393
394	特步（中国）有限公司	GR201935000394
395	龙岩嘉麒生物科技有限公司	GR201935000395
396	福建省国巨智能科技有限公司	GR201935000396
397	福州思派信息技术咨询有限公司	GR201935000397
398	福州鸿瑞光电科技有限公司	GR201935000398
399	福州七日电子科技有限公司	GR201935000399
400	福州思飞信息技术有限公司	GR201935000400
401	福建中控普惠信息科技有限公司	GR201935000401
402	福建有点内容文化传媒有限公司	GR201935000402
403	福州海牛网络技术有限公司	GR201935000403
404	漳州市远见信息技术有限公司	GR201935000404
405	石狮市流香针织面料有限公司	GR201935000405
406	福建宸为电子科技有限公司	GR201935000406

续表

序号	企业名称	证书编号
407	漳州东利光学科技有限公司	GR201935000407
408	福建呈祥机械制造有限公司	GR201935000408
409	福州百洋海味食品有限公司	GR201935000409
410	福建啄木鸟环境科技有限公司	GR201935000410
411	福建省漳平木村林产有限公司	GR201935000411
412	福建德普乐能源科技有限公司	GR201935000412
413	福建文昌三力机电设备有限公司	GR201935000413
414	漳州市万维网聚网络科技有限公司	GR201935000414
415	福建绿润康成环境科技有限公司	GR201935000415
416	龙岩市惠祥科技有限公司	GR201935000416
417	三明市蓝天机械制造有限公司	GR201935000417
418	福州江闽仪器技术有限公司	GR201935000418
419	伟志股份公司	GR201935000419
420	福州动灵多媒体科技有限公司	GR201935000420
421	漳州弘敏机电有限公司	GR201935000421
422	福建健康管家网络科技有限公司	GR201935000422
423	福建天海通信科技集团有限公司	GR201935000423
424	福建图讯信息技术有限公司	GR201935000424
425	福州恒术信息科技有限公司	GR201935000425
426	福建福船一帆新能源装备制造有限公司	GR201935000426
427	福耀集团（福建）机械制造有限公司	GR201935000427
428	福建五一信息技术有限公司	GR201935000428
429	龙岩众宇科技有限公司	GR201935000429
430	福州安护科技有限公司	GR201935000430
431	中领心泉（福建）空气饮用水科技有限公司	GR201935000431
432	晋江中天模具有限公司	GR201935000432
433	福建鼎厨王厨具有限公司	GR201935000433
434	福建省众联网络科技有限公司	GR201935000434
435	福州科易软件有限公司	GR201935000435
436	福建梦田农业科技有限公司	GR201935000436
437	龙岩市五环环保设备有限公司	GR201935000437
438	石狮市瑞鹰纺织科技有限公司	GR201935000438
439	福州福睿科光电有限公司	GR201935000439
440	漳州市思源环保科技有限公司	GR201935000440
441	福建夜光达科技股份有限公司	GR201935000441
442	福州中康信息科技有限公司	GR201935000442

续表

序号	企业名称	证书编号
443	龙岩卓越机械有限公司	GR201935000443
444	福建省德化县尚品陶瓷有限公司	GR201935000444
445	福建福迩金生物科技有限公司	GR201935000445
446	福建长信纸业包装有限公司	GR201935000446
447	福建紫金铜业有限公司	GR201935000447
448	福建微码信息科技有限公司	GR201935000448
449	福州市联创智云信息科技有限公司	GR201935000449
450	福建省万旗科技陶瓷有限公司	GR201935000450
451	福建华科工业自动化设备有限公司	GR201935000451
452	福建省中艺网络科技有限公司	GR201935000452
453	泉州市唯达五金工贸有限公司	GR201935000453
454	福建摩尔软件有限公司	GR201935000454
455	福州星海湾软件有限公司	GR201935000455
456	福州奇新食品有限公司	GR201935000456
457	泉州市大西洋电力科技有限公司	GR201935000457
458	福建中之银电子科技有限公司	GR201935000458
459	福州图腾易讯信息技术有限公司	GR201935000459
460	福建省嘉盟网络科技有限公司	GR201935000460
461	长乐万达纺织机械有限公司	GR201935000461
462	福建青网网络科技有限公司	GR201935000462
463	福建省永正工程质量检测有限公司	GR201935000463
464	福建蓝海节能科技有限公司	GR201935000464
465	福州宏旭科技有限公司	GR201935000465
466	福建新中泰电子科技有限公司	GR201935000466
467	晋江达康电子有限公司	GR201935000467
468	福建省泛地缘信息科技有限公司	GR201935000468
469	福建晟达通节能科技有限公司	GR201935000469
470	福建鸿丰纳米科技有限公司	GR201935000470
471	福建省家联宝智能科技有限公司	GR201935000471
472	福建京力信息科技有限公司	GR201935000472
473	福建耀美斯坦利机电科技有限公司	GR201935000473
474	福建省新华都工程有限责任公司	GR201935000474
475	福州兴奕盛网络科技有限公司	GR201935000475
476	福建省晋江市华宇织造有限公司	GR201935000476
477	智汇公产（福建）软件科技有限公司	GR201935000477
478	福州小稻草信息科技有限公司	GR201935000478

续表

序号	企业名称	证书编号
479	福建省德化县欣德益现代家用有限公司	GR201935000479
480	福建泓宝信塑胶科技有限公司	GR201935000480
481	万维智能科技有限公司	GR201935000481
482	福建省随缘信息科技有限公司	GR201935000482
483	福州小神龙表业技术研发有限公司	GR201935000483
484	石狮真发齿轮有限公司	GR201935000484
485	福建省海西细胞生物工程有限公司	GR201935000485
486	福建金山锂科新材料有限公司	GR201935000486
487	福州宝威电子有限公司	GR201935000487
488	晋江市维丰织造漂染有限公司	GR201935000488
489	福建省慧通工艺品有限公司	GR201935000489
490	嘉文丽（福建）化妆品有限公司	GR201935000490
491	福建超瑞创原信息技术有限公司	GR201935000491
492	福建天马饲料有限公司	GR201935000492
493	福建省永春佳威塑料包装制品有限公司	GR201935000493
494	福建逢兴机电设备有限公司	GR201935000494
495	福州巨昂精密模具科技有限公司	GR201935000495
496	斯达康（福建）五金科技有限公司	GR201935000496
497	百利（福建）建材有限公司	GR201935000497
498	福建长庚新材料股份有限公司	GR201935000498
499	龙岩市锐美家装饰材料有限公司	GR201935000499
500	福建省漫鱼动漫科技有限责任公司	GR201935000500
501	福建小知大数信息科技有限公司	GR201935000501
502	晋江海纳机械有限公司	GR201935000502
503	福州觉感视觉软件科技有限公司	GR201935000503
504	顺来电新能源科技有限公司	GR201935000504
505	福建赚赚圈信息科技有限公司	GR201935000505
506	福州迈新生物技术开发有限公司	GR201935000506
507	福建三朵云网络科技有限公司	GR201935000507
508	连城县丰海竹木业有限公司	GR201935000508
509	三明市金财软件服务有限公司	GR201935000509
510	龙岩市金恒机械制造有限公司	GR201935000510
511	福建永越智能科技股份有限公司	GR201935000511
512	上杭县紫金佳博电子新材料科技有限公司	GR201935000512
513	天守（福建）超纤科技股份有限公司	GR201935000513
514	福建晟哲自动化科技有限公司	GR201935000514

续表

序号	企业名称	证书编号
515	福建永洁金属建材有限公司	GR201935000515
516	福建海兴保健食品有限公司	GR201935000516
517	漳州科晖专用汽车制造有限公司	GR201935000517
518	福建省有竹科技有限公司	GR201935000518
519	福州旺星人智能科技有限公司	GR201935000519
520	福州宇科信息技术有限公司	GR201935000520
521	龙岩市龙腾窑炉设备有限公司	GR201935000521
522	福建省东山县辉永泰体育用品实业有限公司	GR201935000522
523	同溢堂药业有限公司	GR201935000523
524	福建美天环保科技有限公司	GR201935000524
525	福州交通信息投资运营有限公司	GR201935000525
526	福州顺游网络科技有限公司	GR201935000526
527	龙岩市中远方舟网络科技有限公司	GR201935000527
528	福州品行科技发展有限公司	GR201935000528
529	宏正（福建）化学品有限公司	GR201935000529
530	福州猫和鼠信息科技有限公司	GR201935000530

福建省2019年第二批高新技术企业名单

2020年1月21日福建省科学技术厅、福建省财政厅、国家税务总局福建省税务局下发《关于认定福建省2019年第二批高新技术企业的通知》（闽科高〔2020〕3号）提出，根据《高新技术企业认定管理办法》（国科发火〔2016〕32号）（以下简称《认定办法》）和《高新技术企业认定管理工作指引》（国科发火〔2016〕195号）有关规定，以及《关于福建省2019年第二批高新技术企业备案的复函》（国科火字〔2020〕11号），现认定福建省鑫海湾建材科技有限公司等702家企业为福建省2019年第二批高新技术企业，发证日期为2019年12月2日。高新技术企业资格有效期3年。

根据《认定办法》第十七条的有关规定，高新技术企业发生更名或与认定条件有关的重大变化（如分立、合并、重组以及经营业务发生变化等）应在三个月内向认定机构报告。经认定机构审核符合认定条件的，其高新技术企业资格不变，对于企业更名的，重新核发认定证书，编号与有效期不变；不符合认定条件的，自更名或条件变化年度起取消其高新技术企业资格。

各设区市科技局、平潭综合实验区经济发展局可于2020年2月20日后统一至省高新技术创业服务中心（福州市工业路611号福建火炬高新技术创业园主楼九层905室）办理高新技术企业认定证书领取手续。

福建省2019年第二批高新技术企业名单

（发证日期：2019年12月2日）

序号	企业名称	证书编号
1	福建省鑫海湾建材科技有限公司	GR201935000531
2	晋江市石达塑胶精细有限公司	GR201935000532
3	福建逸百家信息科技有限公司	GR201935000533
4	莆田市城厢区福瑞科技电子有限公司	GR201935000534
5	泉州众志金刚石工具有限公司	GR201935000535
6	漳州大唐生物科技有限公司	GR201935000536
7	福建锐翔体育科技股份有限公司	GR201935000537
8	福建地三方空间信息技术有限公司	GR201935000538
9	晋江市达亿经编织造有限公司	GR201935000539
10	福州德科精密工业有限公司	GR201935000540
11	漳州华康信息科技有限公司	GR201935000541
12	福建省雾精灵环境科技有限公司	GR201935000542
13	福建省正丰信息技术发展有限公司	GR201935000543
14	福州展辰新材料有限公司	GR201935000544
15	福清市迪川包装有限公司	GR201935000545
16	福州辉聚网络科技有限公司	GR201935000546
17	清流伊科电子科技有限公司	GR201935000547
18	福建省智协教育科技发展有限公司	GR201935000548
19	福州聪电堡智能科技有限公司	GR201935000549
20	泉州锦林环保高新材料有限公司	GR201935000550
21	福建省展讯地理信息有限公司	GR201935000551
22	福建民本信息科技有限公司	GR201935000552
23	福建前景信息技术有限公司	GR201935000553
24	福州校企邦网络科技有限公司	GR201935000554
25	福建省远乐电气科技有限公司	GR201935000555
26	皇宝（石狮）实业有限公司	GR201935000556
27	福州建电成套设备有限公司	GR201935000557
28	福建爱美环保科技有限公司	GR201935000558
29	大永精机（福州）有限公司	GR201935000559
30	恒瑞通（福建）信息技术有限公司	GR201935000560
31	泉州联兴发针织织造有限公司	GR201935000561
32	福建超智集团有限公司	GR201935000562
33	泉州联成机械有限公司	GR201935000563
34	福州英迪格成像技术有限公司	GR201935000564
35	福建省闽东力捷迅药业有限公司	GR201935000565

续表

序号	企业名称	证书编号
36	福州市大吕网络科技有限公司	GR201935000566
37	福建盛达机器股份公司	GR201935000567
38	福建云阅网络科技有限公司	GR201935000568
39	福建昇兴云物联网科技有限公司	GR201935000569
40	福建海德宝生物科技有限公司	GR201935000570
41	福建鑫豪高新材料科技有限公司	GR201935000571
42	福建至简智能科技有限公司	GR201935000572
43	福清市巨利塑胶制品有限公司	GR201935000573
44	福州联合智业技术咨询有限公司	GR201935000574
45	福建海工车桥制造有限公司	GR201935000575
46	泉州大昌纸品机械制造有限公司	GR201935000576
47	福建浩凡网络科技有限公司	GR201935000577
48	福州莱斯特塑料焊接科技有限公司	GR201935000578
49	泉州红晟鞋业有限公司	GR201935000579
50	泉州弘正机械有限公司	GR201935000580
51	福州天地同人信息科技有限公司	GR201935000581
52	优而耐（福州）动力制造有限公司	GR201935000582
53	福州鼎新高压电器有限公司	GR201935000583
54	漳州市芗城区老木匠木业有限公司	GR201935000584
55	水仙药业（建瓯）股份有限公司	GR201935000585
56	福建肯特机电有限公司	GR201935000586
57	福建中移智慧物联科技有限公司	GR201935000587
58	福州信诺通信息技术有限公司	GR201935000588
59	福建帝傲数码科技有限公司	GR201935000589
60	福建奥通迈胜电力科技有限公司	GR201935000590
61	汉马（福建）机械有限公司	GR201935000591
62	福建创投环保科技有限公司	GR201935000592
63	福州春笋网络科技有限公司	GR201935000593
64	晋江亿兴机械有限公司	GR201935000594
65	福州友洗智能物联网科技有限公司	GR201935000595
66	泉州星竹鞋材有限公司	GR201935000596
67	福建国民商用软件股份有限公司	GR201935000597
68	福建省环境工程有限公司	GR201935000598
69	福建兆元光电有限公司	GR201935000599
70	福州元捷信息技术有限公司	GR201935000600
71	福建建中建设科技有限责任公司	GR201935000601

续表

序号	企业名称	证书编号
72	福建省万鼎能源科技有限公司	GR201935000602
73	福建长基科技发展有限公司	GR201935000603
74	龙岩市坤辉测绘有限公司	GR201935000604
75	泉州市三联机械制造有限公司	GR201935000605
76	福州百特环保设备有限公司	GR201935000606
77	福建鹏坤实业有限公司	GR201935000607
78	福建省百洁环卫机械有限公司	GR201935000608
79	福建省天力卫浴科技有限公司	GR201935000609
80	福建福清核电有限公司	GR201935000610
81	泉州市南建泵业制造有限公司	GR201935000611
82	福建福日照明有限公司	GR201935000612
83	福建德运科技有限公司	GR201935000613
84	福建晋江市山水鞋材有限公司	GR201935000614
85	福建华冠物联科技有限公司	GR201935000615
86	泉州市晋源消防水暖有限公司	GR201935000616
87	福州一能电气科技有限公司	GR201935000617
88	泉州禾伦织造有限公司	GR201935000618
89	福建省宝树鞋楦有限公司	GR201935000619
90	晋江市科协机电设备有限公司	GR201935000620
91	福建航港针织品有限公司	GR201935000621
92	泉州金石金刚石工具有限公司	GR201935000622
93	福建民恩科技有限公司	GR201935000623
94	福建中榕信环保工程有限公司	GR201935000624
95	福建顺邦防护科技有限公司	GR201935000625
96	泉州慧联信息技术有限公司	GR201935000626
97	福州市沃达物联电子科技有限公司	GR201935000627
98	福州康福特机械设备有限公司	GR201935000628
99	泉州市万泉电气设备有限公司	GR201935000629
100	福建犀牛智慧科技有限公司	GR201935000630
101	石狮华宝新材料工程有限公司	GR201935000631
102	福州新网互联信息科技有限公司	GR201935000632
103	莆田市森达数控机械有限公司	GR201935000633
104	福建佳成电力有限公司	GR201935000634
105	泉州市晟彩光电科技有限公司	GR201935000635
106	福州市锐网信息技术有限公司	GR201935000636
107	福州金网际信息科技有限公司	GR201935000637

续表

序号	企业名称	证书编号
108	陌创有限公司	GR201935000638
109	福建福禾电力科技有限公司	GR201935000639
110	永安市兴业机械有限公司	GR201935000640
111	福建慧政通信息科技有限公司	GR201935000641
112	莆田市涵江区依吨多层电路有限公司	GR201935000642
113	福州易标软件有限公司	GR201935000643
114	福建恒丰生物科技有限公司	GR201935000644
115	漳州市祥豪涂料工贸有限公司	GR201935000645
116	福建华韵影音工程有限公司	GR201935000646
117	福建瑞恒信息科技股份有限公司	GR201935000647
118	品尚电子商务有限公司	GR201935000648
119	晋江信路达机械设备有限公司	GR201935000649
120	福建省莆田市荔城纸业有限公司	GR201935000650
121	福建锦绣商务电子科技有限公司	GR201935000651
122	福州东青信息科技有限公司	GR201935000652
123	福建英吉微电子设计有限公司	GR201935000653
124	福州华纳信息科技有限公司	GR201935000654
125	福建莆田荣龙精密机械有限公司	GR201935000655
126	漳州优耐特电子制造有限公司	GR201935000656
127	福州智元仪器设备有限公司	GR201935000657
128	福建博电工程设计有限公司	GR201935000658
129	福建省地信数据科技有限公司	GR201935000659
130	福建省普华电力科技有限公司	GR201935000660
131	福建省昌德胶业科技有限公司	GR201935000661
132	福建凌智信息科技有限公司	GR201935000662
133	福建华龙化油器有限公司	GR201935000663
134	福州渠成自动化设备有限公司	GR201935000664
135	福建凯达集团有限公司	GR201935000665
136	展宏（福建）板业发展有限公司	GR201935000666
137	福州云狐文化传播有限公司	GR201935000667
138	福建富源通管业科技有限公司	GR201935000668
139	漳州非常网络科技有限公司	GR201935000669
140	福建易正天心软件科技有限公司	GR201935000670
141	福建福莱航空科技有限公司	GR201935000671
142	福建聚能机械制造有限公司	GR201935000672
143	福建黑狮润滑油有限公司	GR201935000673

续表

序号	企业名称	证书编号
144	福建省万家利洁具工贸有限公司	GR201935000674
145	龙岩龙安安全科技有限公司	GR201935000675
146	福建科劲测绘服务有限公司	GR201935000676
147	龙岩市佳诚机械有限公司	GR201935000677
148	福建中科易讯科技有限公司	GR201935000678
149	福建兴大宇轻工制品有限公司	GR201935000679
150	伟兴有限公司	GR201935000680
151	福州众为电子科技有限公司	GR201935000681
152	晋江市恒里机械配件有限公司	GR201935000682
153	福州智慧城信信息科技有限公司	GR201935000683
154	福建省开诚机械有限公司	GR201935000684
155	福建省广通电控有限公司	GR201935000685
156	泉州市卓锐针织机械有限公司	GR201935000686
157	福建银讯信息科技有限公司	GR201935000687
158	福建省展化化工有限公司	GR201935000688
159	福州弘宇信合通信技术有限公司	GR201935000689
160	熊仔动漫有限公司	GR201935000690
161	福建省国鼎检测技术有限公司	GR201935000691
162	亿联盟（福建）科技有限公司	GR201935000692
163	福建融联网络科技发展有限公司	GR201935000693
164	商田科技有限公司	GR201935000694
165	福建省幸福生物科技有限公司	GR201935000695
166	福州次元视界信息科技有限公司	GR201935000696
167	鑫创鑫自动化设备科技（漳州）有限公司	GR201935000697
168	福建省瑞亿机械制造有限公司	GR201935000698
169	福建诚德农业机械有限公司	GR201935000699
170	福建海鲸消防有限公司	GR201935000700
171	福建省微讯信息技术有限公司	GR201935000701
172	信泰（福建）科技有限公司	GR201935000702
173	福建纸匠文化科技股份有限公司	GR201935000703
174	福建无限工场信息技术有限公司	GR201935000704
175	莆田市涵江华源电子有限公司	GR201935000705
176	福建丹海新材料科技有限公司	GR201935000706
177	中宝（福建）食品科技有限公司	GR201935000707
178	福州帅宝生物科技有限公司	GR201935000708
179	泉州市凯鹰电源电器有限公司	GR201935000709

续表

序号	企业名称	证书编号
180	福建渃博特自动化设备有限公司	GR201935000710
181	福建天础信息科技有限公司	GR201935000711
182	福建中织源网络科技有限公司	GR201935000712
183	福建省闽安机械制造有限公司	GR201935000713
184	福建立亚新材有限公司	GR201935000714
185	福州为尔科技有限公司	GR201935000715
186	福建省德化县晖德陶瓷有限公司	GR201935000716
187	福建龙兰环保科技有限公司	GR201935000717
188	福建省建阳金石氟业有限公司	GR201935000718
189	福建省源容生物科技有限公司	GR201935000719
190	莆田市华科环保工程有限公司	GR201935000720
191	泉州雷恩生化有限公司	GR201935000721
192	福鼎市福海化油器有限公司	GR201935000722
193	福建伊特先进智能科技有限公司	GR201935000723
194	福建省铭诚工贸有限公司	GR201935000724
195	泉州瑞森电子有限公司	GR201935000725
196	石狮市卓诚机械自动化设备有限责任公司	GR201935000726
197	安耐特消防装备有限公司	GR201935000727
198	福州量子中金数码技术有限公司	GR201935000728
199	泉州市成裕机械设备有限公司	GR201935000729
200	泉州市科圣通电子科技有限公司	GR201935000730
201	福清鑫铭电子科技有限公司	GR201935000731
202	恒鸿达科技有限公司	GR201935000732
203	福建信龙农产品开发有限公司	GR201935000733
204	福建省亿达精密铸造有限公司	GR201935000734
205	福建速汇宝网络科技有限公司	GR201935000735
206	泉州维盾电气有限公司	GR201935000736
207	泉州市拓科信息技术有限公司	GR201935000737
208	福建兴宇信息科技有限公司	GR201935000738
209	福建省鼎志信息技术有限公司	GR201935000739
210	福建金正福电子科技有限公司	GR201935000740
211	福建心智信息科技有限公司	GR201935000741
212	福建红蝠科技有限公司	GR201935000742
213	福建大旭光电有限公司	GR201935000743
214	晋江市隆盛针织印染有限公司	GR201935000744
215	福建省菌芝堂生物科技有限公司	GR201935000745

续表

序号	企业名称	证书编号
216	邵武永太高新材料有限公司	GR201935000746
217	永安市永福混凝土工程有限公司	GR201935000747
218	福建省三明市三洋造纸机械设备有限公司	GR201935000748
219	福建汇顺检测集团有限公司	GR201935000749
220	晋江市达胜纺织实业有限公司	GR201935000750
221	福建恒春织造有限公司	GR201935000751
222	福建智天下建设发展有限公司	GR201935000752
223	福州云尚金麟信息科技有限公司	GR201935000753
224	莆田市城厢区恒鑫鞋材有限公司	GR201935000754
225	福人集团森林工业有限公司	GR201935000755
226	泉州市米图网络科技有限公司	GR201935000756
227	龙岩金石精密机械有限公司	GR201935000757
228	永秀阀门有限公司	GR201935000758
229	福建省霞浦县众源机械有限公司	GR201935000759
230	华辉玻璃（中国）有限公司	GR201935000760
231	福建省沉瑜香香文化开发有限公司	GR201935000761
232	福州佳鼎软件有限公司	GR201935000762
233	福州闽嘉电力科技有限公司	GR201935000763
234	泉州市创绿机械工贸有限公司	GR201935000764
235	福建中研机电科技有限公司	GR201935000765
236	福建省感创精密机械有限公司	GR201935000766
237	福州斯狄渢电热水器有限公司	GR201935000767
238	漳州市新天一网络科技有限公司	GR201935000768
239	晋江市中辉印刷包装有限公司	GR201935000769
240	福建恒智信息技术有限公司	GR201935000770
241	福建图宇燎原信息技术有限公司	GR201935000771
242	长乐恒申合纤科技有限公司	GR201935000772
243	福州高博信息技术服务有限公司	GR201935000773
244	德化东华陶瓷有限公司	GR201935000774
245	福建圈子互联网金融服务有限公司	GR201935000775
246	福建碧蓝环保股份公司	GR201935000776
247	泉州容大机械有限公司	GR201935000777
248	福建省福抗药业股份有限公司	GR201935000778
249	福建道勤空间信息科技有限公司	GR201935000779
250	永安市金声机械有限公司	GR201935000780
251	福建省金瑞高科有限公司	GR201935000781

续表

序号	企业名称	证书编号
252	泉州云卓科技有限公司	GR201935000782
253	福建省宇诚环保科技有限公司	GR201935000783
254	福建省鑫港纺织机械有限公司	GR201935000784
255	福建锋冠科技有限公司	GR201935000785
256	福建省软众数字科技股份有限公司	GR201935000786
257	福建省宏实建设工程质量检测有限公司	GR201935000787
258	福建鼎信科技有限公司	GR201935000788
259	漳州金蝶奇思软件有限公司	GR201935000789
260	福建国强新型环保建材有限公司	GR201935000790
261	漳州市利利普电子科技有限公司	GR201935000791
262	沙县宏盛塑料有限公司	GR201935000792
263	溢通环保科技（莆田）有限公司	GR201935000793
264	泉州鲤城区铭宏机械有限公司	GR201935000794
265	福州浩普软件技术开发有限公司	GR201935000795
266	福建力宝动力机械有限公司	GR201935000796
267	福建省华隆机械有限公司	GR201935000797
268	建宁县绿农农业开发有限公司	GR201935000798
269	茂泰（福建）鞋材有限公司	GR201935000799
270	福建浩蓝光电有限公司	GR201935000800
271	福建智铭鞋业有限公司	GR201935000801
272	福建永宏环保科技有限公司	GR201935000802
273	福建省泉州市江南冷却器厂	GR201935000803
274	石狮冠盛机械有限公司	GR201935000804
275	泉州日美卫浴有限公司	GR201935000805
276	福建省安然纺织科技有限公司	GR201935000806
277	福建易美特电子科技有限公司	GR201935000807
278	福建联其新材料有限公司	GR201935000808
279	玖龙纸业（泉州）有限公司	GR201935000809
280	泉州恒利达工程机械有限公司	GR201935000810
281	福建省凯明电器有限公司	GR201935000811
282	福建井和科技有限公司	GR201935000812
283	平潭综合实验区宇通达科技发展有限公司	GR201935000813
284	福州慧校通教育信息技术有限公司	GR201935000814
285	福建华佑检测技术有限公司	GR201935000815
286	福建朝旭新能源科技有限公司	GR201935000816
287	福建锦程高科实业有限公司	GR201935000817

续表

序号	企业名称	证书编号
288	福建长远通风设备有限公司	GR201935000818
289	莆田市燎原包装印刷有限公司	GR201935000819
290	福建德佳胶粘科技有限公司	GR201935000820
291	泉州市甲申九鼎机械有限公司	GR201935000821
292	福建大晶光电有限公司	GR201935000822
293	福州钧鼎生物科技有限公司	GR201935000823
294	福建新越金属材料科技有限公司	GR201935000824
295	福州君善品电子有限公司	GR201935000825
296	泉州市夜景辉反光材料有限公司	GR201935000826
297	福建金闽再造烟叶发展有限公司	GR201935000827
298	泉州市丰阳精密模具有限公司	GR201935000828
299	晋江鹏盛机械有限公司	GR201935000829
300	福州视创电子有限公司	GR201935000830
301	宁德凯利能源科技有限公司	GR201935000831
302	福州创安恒业信息技术有限公司	GR201935000832
303	福建元瑞信息科技有限公司	GR201935000833
304	漳州钜宝生物科技有限公司	GR201935000834
305	福建诚晨信息科技有限公司	GR201935000835
306	福建省尤溪永丰茂纸业有限公司	GR201935000836
307	福建医联康护信息技术有限公司	GR201935000837
308	福州市百宇晟网络科技有限公司	GR201935000838
309	福建省神蜂科技开发有限公司	GR201935000839
310	漳州升源机械工业有限公司	GR201935000840
311	福建省榕壹网络科技有限公司	GR201935000841
312	泉州森鹤电子有限公司	GR201935000842
313	福建嘉恒信息科技有限公司	GR201935000843
314	政信云（福州）数据技术有限公司	GR201935000844
315	福建嘉得利厨卫发展有限公司	GR201935000845
316	泉州佳乐电器有限公司	GR201935000846
317	泉州市恒达隆针织机械有限公司	GR201935000847
318	福建飞毛腿动力科技有限公司	GR201935000848
319	福州熠和微电子有限公司	GR201935000849
320	福州康泰生物科技有限公司	GR201935000850
321	福建新永发塑胶模具有限公司	GR201935000851
322	福建睿和科技有限公司	GR201935000852
323	泉州市六源印染织造有限公司	GR201935000853

续表

序号	企业名称	证书编号
324	福建中联纸业有限公司	GR201935000854
325	晋江凯基高分子材料有限公司	GR201935000855
326	福州昊宇信息技术有限公司	GR201935000856
327	泉州市华实橡塑科技有限公司	GR201935000857
328	福州开发区创达电子有限公司	GR201935000858
329	福建博海工程技术有限公司	GR201935000859
330	福州合拍网络科技有限公司	GR201935000860
331	青艺（福建）烫画科技有限公司	GR201935000861
332	福建青拓特钢技术研究有限公司	GR201935000862
333	福州鸿传信息技术有限公司	GR201935000863
334	政和县深山茶叶机械有限公司	GR201935000864
335	福建省南鸿通讯科技有限公司	GR201935000865
336	福建画王烫印机有限公司	GR201935000866
337	福建奥拓美科技有限公司	GR201935000867
338	福州书境文化传媒有限公司	GR201935000868
339	福建合能科技有限公司	GR201935000869
340	长泰铱科科技有限公司	GR201935000870
341	福建省沙县金沙白炭黑制造有限公司	GR201935000871
342	泉州市天龙电子科技有限公司	GR201935000872
343	漳州市澳捷光学科技有限公司	GR201935000873
344	福建深兰环境科技有限责任公司	GR201935000874
345	晋江市明海精工机械有限公司	GR201935000875
346	中科华宇（福建）科技发展有限公司	GR201935000876
347	博纯材料股份有限公司	GR201935000877
348	九牧厨卫股份有限公司	GR201935000878
349	福建西伯力环保科技有限公司	GR201935000879
350	泉州市艺峰软件科技有限公司	GR201935000880
351	福建青口科技有限公司	GR201935000881
352	福建省元诚机车部件有限公司	GR201935000882
353	福建恭安网盾电子技术有限公司	GR201935000883
354	福州美佳环保资源开发有限公司	GR201935000884
355	福州瑞博智视智能设备有限公司	GR201935000885
356	泉州市创达机械制造有限公司	GR201935000886
357	泉州市微柏工业机器人研究院有限公司	GR201935000887
358	携船网（福建）航运科技有限公司	GR201935000888
359	泉州市纳德信息科技有限公司	GR201935000889

续表

序号	企业名称	证书编号
360	福州英诺电子科技有限公司	GR201935000890
361	福建福迪车辆制造有限公司	GR201935000891
362	奥弗锐（福建）电子科技有限公司	GR201935000892
363	福建天泉教育科技有限公司	GR201935000893
364	福建达峰智能科技股份有限公司	GR201935000894
365	漳州玉露食品科技股份有限公司	GR201935000895
366	福建三农新材料有限责任公司	GR201935000896
367	漳州捷达新精密模具有限公司	GR201935000897
368	泉州迈特富纺织科技有限公司	GR201935000898
369	福建新通途信息技术有限公司	GR201935000899
370	福建博士通信息有限责任公司	GR201935000900
371	福建华超信息科技有限公司	GR201935000901
372	六和敬（福建）信息技术有限公司	GR201935000902
373	福建奋安智能门窗系统有限公司	GR201935000903
374	福州百诚互联信息技术有限公司	GR201935000904
375	福建奥斯福电力系统有限公司	GR201935000905
376	福建联畅网络科技有限公司	GR201935000906
377	福建小飞科技有限公司	GR201935000907
378	福建省德化县宝艺陶瓷有限公司	GR201935000908
379	福建格林生物科技有限公司	GR201935000909
380	福建锐宇智能科技有限公司	GR201935000910
381	福州鑫弘哲电子科技有限公司	GR201935000911
382	福建众天环保科技有限公司	GR201935000912
383	泉州市新宏色彩信息科技有限公司	GR201935000913
384	福州闽创环保科技有限公司	GR201935000914
385	福州云端时代信息科技有限公司	GR201935000915
386	福建东南西北网络科技有限公司	GR201935000916
387	福建中科康膳生物科技有限公司	GR201935000917
388	福建易通商联信息技术有限公司	GR201935000918
389	福州淘股网络技术有限公司	GR201935000919
390	福州瀚天光电科技有限公司	GR201935000920
391	泉州天智合金材料科技有限公司	GR201935000921
392	海峡富民生质检技术服务有限公司	GR201935000922
393	漳州通正勘测设计院有限公司	GR201935000923
394	泉州市合协软件技术有限公司	GR201935000924
395	福建汇天生物药业有限公司	GR201935000925

续表

序号	企业名称	证书编号
396	福建鲁班智慧信息科技有限公司	GR201935000926
397	福建省枢建通信技术有限公司	GR201935000927
398	泉州市南方食品机械有限公司	GR201935000928
399	泉州市德化县恒峰陶瓷有限公司	GR201935000929
400	福建福泉鑫生物科技有限公司	GR201935000930
401	漳浦县扬基园艺发展有限公司	GR201935000931
402	福建省德化县宝瑞陶瓷有限公司	GR201935000932
403	漳州宇杰智能包装设备有限公司	GR201935000933
404	福州弘耀光电技术有限公司	GR201935000934
405	福建海峡纺织科技股份有限公司	GR201935000935
406	方家铺子（莆田）绿色食品有限公司	GR201935000936
407	福建中企移动技术有限公司	GR201935000937
408	福州祥泰电子有限公司	GR201935000938
409	泉州市云旅旅游开发有限公司	GR201935000939
410	福建省华科模具科技有限公司	GR201935000940
411	福建田多多信息技术有限公司	GR201935000941
412	泉州市鼎丰针织机械有限公司	GR201935000942
413	福建省南盛网络科技有限公司	GR201935000943
414	福建省福瑞华安种业科技有限公司	GR201935000944
415	福建省华宝智能科技有限公司	GR201935000945
416	福建省广电智能系统集成工贸有限公司	GR201935000946
417	千亿设计集团有限公司	GR201935000947
418	漳州捷安达电子有限公司	GR201935000948
419	福建四新电力科技有限公司	GR201935000949
420	福建省江南顺达线缆有限公司	GR201935000950
421	泉州市科恩智能装备技术研究院有限公司	GR201935000951
422	泉州市德威软件开发有限公司	GR201935000952
423	福建优至盾安防技术有限公司	GR201935000953
424	福建金山都种业发展有限公司	GR201935000954
425	福建双诚电气有限公司	GR201935000955
426	福州锐掌网络科技有限公司	GR201935000956
427	福建合码通信息服务有限责任公司	GR201935000957
428	福建众智精图信息技术有限公司	GR201935000958
429	福建亿佰互联科技有限公司	GR201935000959
430	福州钛米环保科技有限公司	GR201935000960
431	福建闽仪自动化设备有限公司	GR201935000961

续表

序号	企业名称	证书编号
432	福建恒新源计量检测有限公司	GR201935000962
433	福建省万华电子科技有限公司	GR201935000963
434	福建省沙县松川化工有限公司	GR201935000964
435	泰鑫化纤（中国）有限公司	GR201935000965
436	世纪怡嘉软件科技有限公司	GR201935000966
437	福建比木建筑科技有限公司	GR201935000967
438	福建省力菲克药业有限公司	GR201935000968
439	福建未来无线信息技术有限公司	GR201935000969
440	泉州市速腾网络科技有限公司	GR201935000970
441	漳州市向荣电脑科技有限公司	GR201935000971
442	福建点景科技股份有限公司	GR201935000972
443	福建天蕊光电有限公司	GR201935000973
444	福建华冠光电有限公司	GR201935000974
445	福建亿同世纪软件科技股份有限公司	GR201935000975
446	宁化行洛坑钨矿有限公司	GR201935000976
447	福建科斯特电气科技有限公司	GR201935000977
448	福建科杰物联网科技有限公司	GR201935000978
449	福建大力新型建材科技有限公司	GR201935000979
450	福建创诚网络科技有限公司	GR201935000980
451	福建金山生物制药股份有限公司	GR201935000981
452	福建省君邦正业科技有限公司	GR201935000982
453	福州华亨通讯信息有限公司	GR201935000983
454	福州冠维实业有限公司	GR201935000984
455	福建迎盛消防科技有限公司	GR201935000985
456	福建大方睡眠科技股份有限公司	GR201935000986
457	天迈极光（福建）科技有限公司	GR201935000987
458	福建华夏金刚科技股份有限公司	GR201935000988
459	福建瑞虹贾卡实业有限公司	GR201935000989
460	福建鑫天宏电子科技有限公司	GR201935000990
461	福建节点信息科技有限公司	GR201935000991
462	福建腾博新材料科技有限公司	GR201935000992
463	福建省中正兄弟体育产业发展有限公司	GR201935000993
464	福建桓兴材料科技有限公司	GR201935000994
465	福建味家生活用品制造有限公司	GR201935000995
466	福建江海苑园林工程有限公司	GR201935000996
467	福建万恒精密刀具有限公司	GR201935000997

续表

序号	企业名称	证书编号
468	闽台龙玛直线科技股份有限公司	GR201935000998
469	福建兵工装备有限公司	GR201935000999
470	福州汉斯曼产品质量技术服务有限公司	GR201935001000
471	福建省劲安节能监测技术有限公司	GR201935001001
472	福建易工专用汽车制造有限公司	GR201935001002
473	福州爱豆信息科技有限公司	GR201935001003
474	福州鸿远网络科技有限公司	GR201935001004
475	莆田市华睿机械有限公司	GR201935001005
476	福建天志互联信息科技股份有限公司	GR201935001006
477	福建冠城瑞闽新能源科技有限公司	GR201935001007
478	晋江新建兴机械设备有限公司	GR201935001008
479	福建省碧诚工贸有限公司	GR201935001009
480	福建省福信富通网络科技股份有限公司	GR201935001010
481	福建时创电子科技有限公司	GR201935001011
482	福建山海电力设备有限公司	GR201935001012
483	福建双环能源科技股份有限公司	GR201935001013
484	福建格通电子信息科技有限公司	GR201935001014
485	福建东辉智能仪器有限公司	GR201935001015
486	福州诚控电气有限公司	GR201935001016
487	福建省格物智图信息技术有限公司	GR201935001017
488	福建凯立生物制品有限公司	GR201935001018
489	福建所思达勘测设计院有限公司	GR201935001019
490	泉州市金胜生态农业有限公司	GR201935001020
491	福建龙锋云科技股份有限公司	GR201935001021
492	龙岩思康新材料有限公司	GR201935001022
493	福建创隆纺织有限公司	GR201935001023
494	福建省南平市闽科通信有限公司	GR201935001024
495	福州上华防火设备有限公司	GR201935001025
496	福建嘉壹自动化工程有限公司	GR201935001026
497	福建佳厨厨具有限公司	GR201935001027
498	泉州市佳能机械制造有限公司	GR201935001028
499	福建兴中艺轻工制品有限公司	GR201935001029
500	石狮佳南热熔胶有限公司	GR201935001030
501	福建福瑞康信息技术有限公司	GR201935001031
502	晋江玖富隆鞋业有限责任公司	GR201935001032
503	福建中量智汇科技有限公司	GR201935001033

续表

序号	企业名称	证书编号
504	福建天堃科技有限公司	GR201935001034
505	福建省致格新能源电池科技有限公司	GR201935001035
506	汉纱合纺（福州）新材料科技有限公司	GR201935001036
507	福建省商银信息科技有限公司	GR201935001037
508	福建恒盛动漫文化传播有限公司	GR201935001038
509	福建中煤化工环保科技有限公司	GR201935001039
510	福建连城兰花股份有限公司	GR201935001040
511	福建华佳彩有限公司	GR201935001041
512	福建八萃网络科技有限公司	GR201935001042
513	福建省和顺碳素有限公司	GR201935001043
514	泉州市依科达半导体致冷科技有限公司	GR201935001044
515	福建思创天下网络科技有限公司	GR201935001045
516	福州华政信息咨询有限公司	GR201935001046
517	福建飞虎无人机有限公司	GR201935001047
518	耐普（龙岩）汽车附件有限公司	GR201935001048
519	福建省科达信息技术有限公司	GR201935001049
520	福建洁利来智能厨卫股份有限公司	GR201935001050
521	龙工（福建）挖掘机有限公司	GR201935001051
522	福建互医健康科技有限公司	GR201935001052
523	福建永丰针纺有限公司	GR201935001053
524	福建和通电气有限公司	GR201935001054
525	泉州市利器金刚石工具有限公司	GR201935001055
526	福建赢诚嘉业信息科技有限公司	GR201935001056
527	福建共益安全环保科技有限公司	GR201935001057
528	福州需求侧电力科技有限公司	GR201935001058
529	福建久丰信息科技有限公司	GR201935001059
530	漳州雅宝电子有限公司	GR201935001060
531	特力惠信息科技股份有限公司	GR201935001061
532	泉州巨力重型工程机械有限公司	GR201935001062
533	福建省海兴凯晟科技有限公司	GR201935001063
534	福建中益制药有限公司	GR201935001064
535	福建省交通规划设计院有限公司	GR201935001065
536	漳州市陆海环保产业开发有限公司	GR201935001066
537	福建美可纸业有限公司	GR201935001067
538	福建和盛塑业有限公司	GR201935001068
539	漳州市东南电子技术研究所有限公司	GR201935001069

续表

序号	企业名称	证书编号
540	莆田市嘉业光电电子有限公司	GR201935001070
541	莆田浩步鞋业有限公司	GR201935001071
542	福建幻视文化科技有限公司	GR201935001072
543	泉州华科模具有限公司	GR201935001073
544	兴安药业有限公司	GR201935001074
545	龙岩市鸿图线路板有限公司	GR201935001075
546	福建汇威环保科技有限公司	GR201935001076
547	福州尚品尚家网络技术有限公司	GR201935001077
548	长泰县海力机械制造有限公司	GR201935001078
549	福州联创汇通网络科技有限公司	GR201935001079
550	福建敏捷机械有限公司	GR201935001080
551	福州腾企光电有限公司	GR201935001081
552	福州音之源文化艺术有限公司	GR201935001082
553	福建省恺思智能设备有限公司	GR201935001083
554	福建天宜电器有限公司	GR201935001084
555	福建天晴在线互动科技有限公司	GR201935001085
556	神思朗方（福建）信息技术有限公司	GR201935001086
557	伊瓦特机器人设备制造有限公司	GR201935001087
558	华尔嘉（泉州）机械制造有限公司	GR201935001088
559	福建易安充网络科技有限公司	GR201935001089
560	福州点金信息技术有限公司	GR201935001090
561	福建鼎珂光电科技有限公司	GR201935001091
562	福建茂荣睿智信息科技有限公司	GR201935001092
563	福建盛汇达机电科技有限公司	GR201935001093
564	漳州惠智信息技术有限公司	GR201935001094
565	福建绿洲固体废物处置有限公司	GR201935001095
566	福建省平潭县水产良种实验有限公司	GR201935001096
567	福建易联众医疗信息系统有限公司	GR201935001097
568	福建柘参生物科技股份有限公司	GR201935001098
569	福建省天正信息资讯工程有限公司	GR201935001099
570	建宁县绿源果业有限公司	GR201935001100
571	福建省闽保信息技术股份有限公司	GR201935001101
572	石狮市洪顺印染机械制造有限公司	GR201935001102
573	福建钜能电力有限公司	GR201935001103
574	福建省安溪宏源工艺有限公司	GR201935001104
575	中建海峡建设发展有限公司	GR201935001105

续表

序号	企业名称	证书编号
576	福建省力天网络科技股份有限公司	GR201935001106
577	博汉（泉州）机械有限公司	GR201935001107
578	泰仕特仪器（福建）有限公司	GR201935001108
579	泉州宏泰机械有限公司	GR201935001109
580	福建辰康农林科技有限公司	GR201935001110
581	福州海王金象中药制药有限公司	GR201935001111
582	福建禾润源电子科技有限公司	GR201935001112
583	福州安达信息技术有限公司	GR201935001113
584	福建新创电力科技有限公司	GR201935001114
585	福建省高速公路信息科技有限公司	GR201935001115
586	福州美美软件开发有限公司	GR201935001116
587	福建省西斯特环保材料科技有限责任公司	GR201935001117
588	福州蝶创信息技术有限公司	GR201935001118
589	福建瑞凡轻工有限公司	GR201935001119
590	福州万山电力咨询有限公司	GR201935001120
591	福州人资通信息技术有限公司	GR201935001121
592	科创光电（莆田）有限公司	GR201935001122
593	龙岩市山力工程液压有限公司	GR201935001123
594	福建和泉生物科技有限公司	GR201935001124
595	福建信迈科技股份有限公司	GR201935001125
596	福建省锐驰电子科技有限公司	GR201935001126
597	福建省宏港纺织科技有限公司	GR201935001127
598	福建易联众电子科技有限公司	GR201935001128
599	福建百城新能源科技有限公司	GR201935001129
600	福建恒丰源消防安全科技有限公司	GR201935001130
601	福建索佳艺陶瓷有限公司	GR201935001131
602	福建榕工环保机械股份有限公司	GR201935001132
603	福建天电光电有限公司	GR201935001133
604	中纺检测（福建）有限公司	GR201935001134
605	福建华阳超纤有限公司	GR201935001135
606	福州长鑫电动工具有限公司	GR201935001136
607	福建汉龙信息科技有限公司	GR201935001137
608	福建优创汇禾信息技术有限公司	GR201935001138
609	福建百悦信息科技有限公司	GR201935001139
610	福州荣林机械有限公司	GR201935001140
611	福州沸点物联网科技有限公司	GR201935001141

续表

序号	企业名称	证书编号
612	龙岩九鼎生物科技有限公司	GR201935001142
613	福建华大利合成革有限公司	GR201935001143
614	泉州天地星电子有限公司	GR201935001144
615	龙岩市新罗联合铸造有限公司	GR201935001145
616	福建万瑞达信息科技有限公司	GR201935001146
617	福建锐远档案技术服务有限公司	GR201935001147
618	福建日日红电线电缆有限公司	GR201935001148
619	福建神豆信息科技有限公司	GR201935001149
620	福州欣翔威电子科技有限公司	GR201935001150
621	福建省中能泰丰节能环保科技有限公司	GR201935001151
622	龙岩赛科德传动部件制造有限公司	GR201935001152
623	福建五翔实业股份有限公司	GR201935001153
624	梅花（晋江）伞业有限公司	GR201935001154
625	泉州市洁强道路设施有限公司	GR201935001155
626	福州九九七七八八网络技术有限公司	GR201935001156
627	福建奇鹭物联网科技股份公司	GR201935001157
628	泉州科牧智能厨卫有限公司	GR201935001158
629	福建省利航建设有限公司	GR201935001159
630	福州讯丰信息技术有限公司	GR201935001160
631	青蛙王子（福建）婴童护理用品有限公司	GR201935001161
632	海诺斯（漳州）工业机械有限公司	GR201935001162
633	福建省代码力量网络科技有限公司	GR201935001163
634	福建亿万嘉电力科技有限公司	GR201935001164
635	福州航鑫信息科技有限公司	GR201935001165
636	晋江市福普机械设备有限公司	GR201935001166
637	福建枫叶游戏有限公司	GR201935001167
638	泉州市上晴信息科技有限公司	GR201935001168
639	华电智网（福建）电力科技有限公司	GR201935001169
640	泉州市数字云谷信息产业发展有限公司	GR201935001170
641	福建泳力泰针织机械有限公司	GR201935001171
642	福建烟草机械有限公司	GR201935001172
643	福建思域电子商务有限公司	GR201935001173
644	福州博奕通信息科技有限公司	GR201935001174
645	福建章乐电缆有限公司	GR201935001175
646	百特（福建）智能装备科技有限公司	GR201935001176
647	福建奥瑞斯机器人工程技术有限公司	GR201935001177

续表

序号	企业名称	证书编号
648	福建泉州市消防安全工程有限责任公司	GR201935001178
649	福建天普发展集团有限公司	GR201935001179
650	漳州三德利油漆涂料有限公司	GR201935001180
651	福建凯特信息安全技术有限公司	GR201935001181
652	福州鑫微创网络科技有限公司	GR201935001182
653	晋江市精帛针织机械有限公司	GR201935001183
654	福建省启航起重设备有限公司	GR201935001184
655	福建乔明电器科技有限公司	GR201935001185
656	福建航天信息科技有限公司	GR201935001186
657	福州凌云数据科技有限公司	GR201935001187
658	福建南威软件有限公司	GR201935001188
659	泉州海维软件有限公司	GR201935001189
660	福州瑞诚鞋材模具有限公司	GR201935001190
661	泉州市青果网络科技有限公司	GR201935001191
662	福建先锐软件科技有限公司	GR201935001192
663	福州亿软科技有限公司	GR201935001193
664	福建科立讯通信有限公司	GR201935001194
665	漳州市汇晶信息科技有限公司	GR201935001195
666	福建纳仕达电子股份有限公司	GR201935001196
667	福州三矩机电设备有限公司	GR201935001197
668	福建乐百慧信息技术有限公司	GR201935001198
669	泉州市生辉电机设备有限公司	GR201935001199
670	福建亚伦电子电器科技有限公司	GR201935001200
671	福建碧霞环保科技有限公司	GR201935001201
672	福州贸牛超人网络有限公司	GR201935001202
673	泉州市明众达智能设备有限公司	GR201935001203
674	福建康之力电气设备有限公司	GR201935001204
675	福建省中慧捷成电子科技有限公司	GR201935001205
676	祥安消防科技有限公司	GR201935001206
677	福建省马尾造船股份有限公司	GR201935001207
678	福建省双龙消防科技有限公司	GR201935001208
679	漳州市泓旺工艺品有限公司	GR201935001209
680	福州晨丰科技有限公司	GR201935001210
681	福建省三辉消防器材有限公司	GR201935001211
682	蓝佳堂生物医药（福建）有限公司	GR201935001212
683	石狮市福元辉网络科技有限公司	GR201935001213

续表

序号	企业名称	证书编号
684	福建万安实业集团有限公司	GR201935001214
685	泉州市琪祥电子科技有限公司	GR201935001215
686	泉州市比邻三维科技有限公司	GR201935001216
687	福建荣盛钢结构实业有限公司	GR201935001217
688	泉州安邦展示用品工贸有限公司	GR201935001218
689	福建巨纵科技发展有限公司	GR201935001219
690	福建福联精编有限公司	GR201935001220
691	漳州市长泰新麒麟机械有限公司	GR201935001221
692	莆田市远航包装饰品有限公司	GR201935001222
693	福建恒顺电力工程有限公司	GR201935001223
694	福州锐创工业设计有限公司	GR201935001224
695	福建纵横联信信息科技有限公司	GR201935001225
696	福州黄金屋教育科技有限公司	GR201935001226
697	福建明点信息技术有限公司	GR201935001227
698	福州永鸿鑫环保科技有限公司	GR201935001228
699	福建三诚网络科技有限公司	GR201935001229
700	泉州市南安特易通电子有限公司	GR201935001230
701	福建三明金氟化工科技有限公司	GR201935001231
702	福建臻善信息科技有限公司	GR201935001232

福建省2020年第一批更名高新技术企业名单

2020年6月28日福建省科学技术厅、福建省财政厅、国家税务总局福建省税务局下发《关于公布福建省2020年第一批更名高新技术企业名单的通知》(闽科高〔2020〕20号)提出，根据《高新技术企业认定管理办法》(国科发火〔2016〕32号)和《高新技术企业认定管理工作指引》(国科发火〔2016〕195号)的有关规定，现对2020年第一批32家企业变更高新技术企业名称予以公布，其高新技术企业证书编号和有效期不变。

各设区市科技局(含平潭综合实验区经济发展局)将名单中企业的原高新技术企业证书原件和单位介绍信寄送至省高新技术创业服务中心(福州市工业路611号福建火炬高新技术创业园主楼南区九层905室)，更名后的高新技术企业证书将于近日寄返。

福建省2020年第一批更名高新技术企业名单

序号	原企业名称	拟更名企业名称	证书编号	发证日期
1	福建南方路面机械有限公司	福建南方路面机械股份有限公司	GR201735000396	2017.11.30
2	漳州市芗城区老木匠木业有限公司	老木匠木业有限公司	GR201935000584	2019.12.2
3	福建科之杰新材料有限公司	科之杰新材料集团福建有限公司	GR201935000326	2019.12.2

续表

序号	原企业名称	拟更名企业名称	证书编号	发证日期
4	漳州市远见信息技术有限公司	福建远见睿辰信息技术有限公司	GR201935000404	2019. 12. 2
5	福建心智信息科技有限公司	福建心智信息科技股份有限公司	GR201935000741	2019. 12. 2
6	兴安药业有限公司	福建东瑞制药有限公司	GR201935001074	2019. 12. 2
7	福建省闽保信息技术股份有限公司	福建省闽保信息技术有限公司	GR201935001101	2019. 12. 2
8	福州市锐网信息技术有限公司	福建省鼎善智媒集团有限公司	GR201935000636	2019. 12. 2
9	福建久策气体集团有限公司	福建久策气体股份有限公司	GR201935000133	2019. 12. 2
10	福建锦江科技有限公司	福建永荣锦江股份有限公司	GR201835000882	2018. 11. 30
11	福州市智捷信息科技有限公司	优速云（福建）科技有限公司	GR201735000677	2017. 11. 30
12	福建省宏鼎网络科技有限公司	福建宏鼎网络科技股份有限公司	GR201735000048	2017. 10. 23
13	福建海上风电运维服务有限公司	福建海电运维科技有限责任公司	GR201935000248	2019. 12. 2
14	贝思瑞婴童用品有限公司	福建省贝思瑞婴童用品有限公司	GR201935000339	2019. 12. 2
15	福建深兰环境科技有限责任公司	中科深兰（福建）环境科技有限责任公司	GR201935000874	2019. 12. 2
16	福州极客微创信息技术有限公司	福建极客云创信息技术有限公司	GR201835000735	2018. 11. 30
17	福建易安充网络科技有限公司	福建易安充科技有限公司	GR201935001089	2019. 12. 2
18	福州腾景光电科技有限公司	腾景科技股份有限公司	GR201935000317	2019. 12. 2
19	漳州市向荣电脑科技有限公司	漳州向荣信息科技股份有限公司	GR201935000971	2019. 12. 2
20	福建鼎盛五金制品有限公司	福建博瑞特金属容器有限公司	GR201935000166	2019. 12. 2
21	福建盈浩工艺制品有限公司	福建盈浩文化创意股份有限公司	GR201735000020	2017. 10. 23
22	泉州佰源机械科技股份有限公司	泉州佰源机械科技有限公司	GR201935000348	2019. 12. 2
23	汉佳（福建）展示货架有限公司	汉佳（福建）展示科技有限公司	GR201935000115	2019. 12. 2
24	福建侨龙应急装备有限公司	福建侨龙应急装备股份有限公司	GR201735000036	2017. 10. 23
25	福建禾欣中裕新材料有限公司	福建中裕新材料技术有限公司	GR201735000413	2017. 11. 30
26	福州永通电线电缆有限公司	福建辉阳电缆科技有限公司	GR201835000306	2018. 11. 30
27	福州星冠智通信息系统有限公司	福建星冠智通信息系统有限公司	GR201735000133	2017. 10. 23
28	福州卡思特信息技术有限公司	福州智医科技股份有限公司	GR201735000356	2017. 11. 30
29	长乐力天针纺有限公司	福州力天纺织有限公司	GR201835000493	2018. 11. 30
30	福州大北农生物技术有限公司	兆丰华生物科技（福州）有限公司	GR201835000474	2018. 11. 30
31	福州市马尾区朱雀网络信息技术有限公司	福州朱雀网络科技有限公司	GR201735000465	2017. 11. 30
32	福建弘扬软件股份有限公司	弘扬软件股份有限公司	GR201735000065	2017. 10. 23

福建省2020年第一批异地搬迁高新技术企业名单

2020年7月10日福建省科学技术厅、福建省财政厅、国家税务总局福建省税务局下发《关于福建省2020年第一批异地搬迁高新技术企业名单的公告》（闽科高〔2020〕21号）提出，根据《高新技术企业认定管理办法》（国科发火〔2016〕32号）和《高新技术企业认定管理工作指引》（国科发火〔2016〕195号）关于高新技术企业异地搬迁的有关规定，经审核，福建新诺机器人自动化有限公司、龙岩智康太阳能科技有限公司等2家企业符合整体迁移条件，其高新技术企业资格和《高新技术企业证书》继续有效，证书编号与有效期不变。

福建省2020年第一批异地搬迁高新技术企业名单

序号	原企业名称	现企业名称	证书编号	发证日期	统一社会信用代码	有效期
1	黑龙江新诺机器人自动化有限公司	福建新诺机器人自动化有限公司	GR201923000090	2019.10.14	91230199MA18YKQA3B	三年
2	深圳市智康新能科技有限公司	龙岩智康太阳能科技有限公司	GR201944201417	2019.12.9	914403003264743371	三年

福建省2020年第二批更名高新技术企业名单

2020年8月2日福建省科学技术厅、福建省财政厅、国家税务总局福建省税务局下发《关于公布福建省2020年第二批更名

高新技术企业名单的通知》（闽科高〔2020〕23号）提出，根据《高新技术企业认定管理办法》（国科发火〔2016〕32号）和《高新技术企业认定管理工作指引》（国科发火〔2016〕195号）的有关规定，现对2020年第二批10家企业变更高新技术企业名称予以公布，其高新技术企业证书编号和有效期不变。

各设区市科技局（含平潭综合实验区经济发展局）将名单中企业的原高新技术企业证书原件和单位介绍信寄送至省高新技术创业服务中心（福州市工业路611号福建火炬高新技术创业园主楼南区九层905室），更名后的高新技术企业证书将于近日寄返。

福建省2020年第二批更名高新技术企业名单

序号	原企业名称	拟更名企业名称	证书编号	发证日期
1	福州瑞芯微电子股份有限公司	瑞芯微电子股份有限公司	GR201735000176	2017.10.23
2	博汉（泉州）机械有限公司	泉州市博汉机械股份有限公司	GR201935001107	2019.12.2
3	泉州市上晴信息科技有限公司	福建省上晴信息科技有限公司	GR201935001168	2019.12.2
4	漳州万宝能源科技有限公司	漳州万宝能源科技股份有限公司	GR201735000100	2017.10.23
5	福州智享舒适网络科技有限公司	福建智享舒适科技有限公司	GR201735000462	2017.11.30
6	福建四合文化传媒有限公司	福建四合创为信息科技有限公司	GR201835000745	2018.11.30
7	福建荔建工程技术有限公司	福建荔建检验检测集团有限公司	GR201935000346	2019.12.2
8	泉州市夜景辉反光材料有限公司	福建夜景辉光学科技有限公司	GR201935000826	2019.12.2
9	深圳市智康新能科技有限公司	龙岩智康太阳能科技有限公司	GR201944201417	2019.12.9
10	黑龙江新诺机器人自动化有限公司	福建新诺机器人自动化有限公司	GR201923000090	2019.10.14

取消8家高新技术企业资格名单

2020年1月21日福建省科学技术厅、福建省财政厅、国家税务总局福建省税务局下发《关于取消福建神画时代数码动画有限公司等8家高新技术企业资格的通知》（闽科高〔2020〕12号）提出，根据《高新技术企业认定管理办法》（国科发火〔2016〕32号）和《高新技术企业认定管理工作指引》（国科发火〔2016〕195号）的有关规定，经研究，决定取消福建神画时代数码动画有限公司（证书编号：GR201635000457）、福州德格索兰机械有限公司（证书编号：GR201635000496）、财佰通科技有限公司（证书编号：GR201735000397）、福建宏祥智能科技股份有限公司（证书编号：GR201735000418）、文创科技股份有限公司（证书编号：GR201735000323）、福建科捷智能机电股份有限公司（证书编号：GR201635000130）、福建省光都电子科技有限公司（证书编号：GR201635000056）、龙岩盛丰机械制造有限公司（证书编号：GR201635000105）等8家企业2017年至2018年高新技术企业资格。

（摘编：吴汉良）

福建省营业收入前300家工业企业（2020年）

位次	企业名称	位次	企业名称
1	国网福建省电力有限公司	31	厦门海峡黄金珠宝产业园有限公司
2	福建联合石油化工有限公司	32	福建三宝特钢有限公司
3	紫金矿业集团黄金冶炼有限公司	33	福建大东海实业集团有限公司
4	宁德时代新能源科技股份有限公司	34	福建申远新材料有限公司
5	戴尔（中国）有限公司	35	宝钢德盛不锈钢有限公司
6	中化泉州石化有限公司	36	福建甬金金属科技有限公司
7	宁德新能源科技有限公司	37	翔鹭石化（漳州）有限公司
8	福建青拓镍业有限公司	38	福建省长汀金龙稀土有限公司
9	福建三钢闽光股份有限公司	39	福建奔驰汽车有限公司
10	福建青拓实业股份有限公司	40	福建泉州闽光钢铁有限责任公司
11	福建三宝钢铁有限公司	41	联盛纸业（龙海）有限公司
12	福建鼎信科技有限公司	42	福建宁德核电有限公司
13	紫金铜业有限公司	43	福建福清核电有限公司
14	福建省金纶高纤股份有限公司	44	长乐力恒锦纶科技有限公司
15	福建捷联电子有限公司	45	福建中锦新材料有限公司
16	长乐恒申合纤科技有限公司	46	福建吴航不锈钢制品有限公司
17	中铜东南铜业有限公司	47	中海福建天然气有限责任公司
18	厦门天马微电子有限公司	48	腾龙芳烃（漳州）有限公司
19	龙岩烟草工业有限责任公司	49	安踏体育用品集团有限公司
20	戴尔（厦门）有限公司	50	宸鸿科技（厦门）有限公司
21	福建福欣特殊钢有限公司	51	福建宏旺实业有限公司
22	福建鼎信实业有限公司	52	福建省石狮市通达电子有限公司
23	特步（中国）有限公司	53	福建省长乐市山力化纤有限公司
24	宸美（厦门）光电有限公司	54	福建省辉源金属制品有限公司
25	友达光电（厦门）有限公司	55	漳州中科智谷科技有限公司
26	厦门烟草工业有限责任公司	56	飞毛腿（福建）电子有限公司
27	福建永荣锦江股份有限公司	57	泉州市泉港富兴钢板有限公司
28	福建罗源闽光钢铁有限责任公司	58	福建龙净环保股份有限公司
29	福州京东方光电科技有限公司	59	华阳电业有限公司
30	冠捷显示科技（厦门）有限公司	60	捷星显示科技（福建）有限公司

续表

位次	企业名称	位次	企业名称
61	福建长源纺织有限公司	97	厦门金龙联合汽车工业有限公司
62	福建景丰科技有限公司	98	福建凯邦锦纶科技有限公司
63	厦门厦钨新能源材料股份有限公司	99	福建固美金属有限公司
64	厦门银鹭食品集团有限公司	100	九牧厨卫股份有限公司
65	福建圣农发展股份有限公司	101	漳州立达信光电子科技有限公司
66	锐捷网络股份有限公司	102	福建省东鑫石油化工有限公司
67	福建上杭太阳铜业有限公司	103	三明厦钨新能源材料有限公司
68	中铝瑞闽股份有限公司	104	新大陆数字技术股份有限公司
69	福建省晋江福源食品有限公司	105	捷太格特转向系统（厦门）有限公司
70	福建省长乐市锦源纺织有限公司	106	福建省长乐市泰源纺织实业有限公司
71	莆田市永丰鞋业有限公司	107	路达（厦门）工业有限公司
72	山鹰华南纸业有限公司	108	国投云顶湄洲湾电力有限公司
73	莆田市鑫龙鞋业有限公司	109	仙游县元生智汇科技有限公司
74	福建傲农生物科技集团股份有限公司	110	福建欧美龙体育用品有限公司
75	泉州福海粮油工业有限公司	111	福建华电可门发电有限公司
76	福建罗源小蕉轧钢有限公司	112	漳州鼎鑫工贸有限公司
77	福建金源纺织有限公司	113	明达实业（厦门）有限公司
78	福建亿鑫钢铁有限公司	114	福建凯航再生资源有限责任公司
79	福建省长乐市第二棉纺织厂	115	福建南平太阳电缆股份有限公司
80	福建华峰新材料有限公司	116	福建省南平铝业股份有限公司
81	福建恒利集团有限公司	117	泉州市燃气有限公司
82	福建华锦实业有限公司	118	福建新华源纺织集团有限公司
83	柯林（福建）服饰有限公司	119	福州旭福光电科技有限公司
84	南靖万利达科技有限公司	120	紫金矿业集团股份有限公司
85	福建百宏聚纤科技实业有限公司	121	华能国际电力股份有限公司福州电厂
86	福建圣农食品有限公司	122	厦门宝太生物科技有限公司
87	福建永荣科技有限公司	123	蜡笔小新（福建）食品工业有限公司
88	福建美明达鞋业发展有限公司	124	福建图图服饰有限公司
89	福建省中江石化有限公司	125	福建三钢小蕉实业发展有限公司
90	福建元成豆业有限公司	126	福建泉州群发包装纸品有限公司
91	上海汽车集团股份有限公司乘用车福建分公司	127	厦门金龙旅行车有限公司
92	福建经纬新纤科技实业有限公司	128	福建大唐国际宁德发电有限责任公司
93	珠穆朗玛（中国）有限公司	129	福建恒利纸业有限公司
94	中国重汽集团福建海西汽车有限公司	130	国电泉州热电有限公司
95	福建中景石化有限公司	131	漳州蒙发利实业有限公司
96	福建省晋江市浩沙制衣有限公司	132	林德（中国）叉车有限公司

续表

位次	企业名称	位次	企业名称
133	泉州星竹鞋材有限公司	169	达利食品集团有限公司
134	厦门正新橡胶工业有限公司	170	福建省闽发铝业股份有限公司
135	龙工（福建）机械有限公司	171	厦门太古发动机服务有限公司
136	福建祥鑫股份有限公司	172	福建南平南孚电池有限公司
137	福建省闽中有机食品有限公司	173	福建战地吉普户外服饰有限公司
138	宝宸（厦门）光学科技有限公司	174	福建省国联混凝土有限责任公司
139	厦门市三安半导体科技有限公司	175	厦门 ABB 低压电器设备有限公司
140	福建德通金属容器股份有限公司	176	奥佳华智能健康科技集团股份有限公司
141	厦门盈趣科技股份有限公司	177	福建合力泰科技有限公司
142	中平神马（福建）科技发展有限公司	178	福建乐隆隆食品科技有限公司
143	神华福能发电有限责任公司	179	福建星网锐捷通讯股份有限公司
144	福建省晋江市陈埭安盛鞋服有限公司	180	福建省长乐市正隆纺织有限公司
145	大通（福建）新材料股份有限公司	181	福建省源威涤锦科技有限公司
146	福州翔隆纺织有限公司	182	普立优高分子（福建）有限公司
147	福建冠睿电子科技有限公司	183	石狮市斯舒郎体育用品有限公司
148	福建上润精密仪器有限公司	184	福建源盛纺织服装城有限公司
149	辉煌水暖集团有限公司	185	三六一度（中国）有限公司
150	福建省石狮市通达电器有限公司	186	福建佳新创辉集团有限公司
151	福建泉州宝辉珠宝首饰有限公司	187	福建正麒高纤科技股份有限公司
152	福建龙麟集团有限公司	188	福建莱克石化有限公司
153	福建圣农发展（浦城）有限公司	189	福州市长乐区华亚纺织有限公司
154	厦门 ABB 开关有限公司	190	福建天辰耀隆新材料有限公司
155	万利（中国）有限公司	191	联芯集成电路制造（厦门）有限公司
156	福建唐源合纤科技有限公司	192	泉州来亚丝卫生用品有限公司
157	申鹭达股份有限公司	193	玉晶光电（厦门）有限公司
158	福建鸿圣箱包有限公司	194	福建晶安光电有限公司
159	福建省鸿山热电有限责任公司	195	莆田新飞天鞋业有限公司
160	厦门三安光电有限公司	196	厦门东方银祥油脂有限公司
161	厦门厦顺铝箔有限公司	197	泉州华尔宝树脂有限公司
162	厦门宏发电声股份有限公司	198	福建森源家具有限公司
163	玖龙纸业（泉州）有限公司	199	厦门金鹭特种合金有限公司
164	福建省永安万年水泥有限公司	200	福建冠盖金属包装有限公司
165	百威雪津啤酒有限公司	201	匹克（中国）有限公司
166	福建龙峰纺织科技实业有限公司	202	连天红（福建）家具有限公司
167	福建赛隆科技有限公司	203	上海电气风电设备莆田有限公司
168	福州吴航钢铁制品有限公司	204	金牌厨柜家居科技股份有限公司

续表

位次	企业名称	位次	企业名称
205	福建佳通轮胎有限公司	241	漳州旗滨玻璃有限公司
206	泉州欣林包袋有限公司	242	华辉科技（中国）有限公司
207	福建长德蛋白科技有限公司	243	福建荣盛钢结构实业有限公司
208	厦门亿联网络技术股份有限公司	244	泉州市泉港源盛工贸有限公司
209	金强（福建）建材科技股份有限公司	245	福建新福达汽车工业有限公司
210	晋江市七彩狐服装织造有限公司	246	福建锦程高科实业有限公司
211	赛得利（福建）纤维有限公司	247	福建博那德科技园开发有限公司
212	泉州闽华电器有限公司	248	安踏（中国）有限公司
213	晋江腾达陶瓷有限公司	249	福建恩东体育用品有限公司
214	福建金磊纺织有限公司	250	福建省闽宏建材实业有限公司
215	漳州片仔癀药业股份有限公司	251	晋江新奥燃气有限公司
216	福建思嘉环保材料科技有限公司	252	福建省天和纺织实业有限公司
217	福建龙马环卫装备股份有限公司	253	惠安伟盛鞋业有限公司
218	福建华源纺织有限公司	254	国电福州发电有限公司
219	福州兴广恒玻璃有限公司	255	正新（漳州）橡胶工业有限公司
220	福建万鸿纺织有限公司	256	福建新文行灯饰有限公司
221	福建省长乐金沙港纺织有限公司	257	厦门钨业股份有限公司
222	厦门正新海燕轮胎有限公司	258	荣兴（福建）特种钢业有限公司
223	福建翔升纺织有限公司	259	福建浔兴拉链科技股份有限公司
224	福建省莆田荔兴轻工实业有限责任公司	260	通达（厦门）科技有限公司
225	福州通尔达电线电缆有限公司	261	福建亚伦电子电器科技有限公司
226	华昌珠宝有限公司	262	福州恒展电子有限公司
227	福州摩实达电子科技有限公司	263	石狮市益兴针织服装有限公司
228	福建源光电装有限公司	264	中天（中国）工业有限公司
229	福建省谋成水泥发展有限公司	265	肯拓（泉州）户外用品有限公司
230	福建省辉源达钢铁制品有限公司	266	福建省闽华电源股份有限公司
231	科华恒盛股份有限公司	267	福州泰宇混凝土有限公司
232	金冠（中国）食品有限公司	268	福建恒捷实业有限公司
233	长乐聚泉食品有限公司	269	晋江恒盛玩具有限公司
234	福建三钢（集团）三明化工有限责任公司	270	福州金缘鞋材有限公司
235	福建经纬集团有限公司	271	泉州鸿圣轻工有限公司
236	泉州东风鞋帽有限公司	272	福建省信达光电科技有限公司
237	益海嘉里（泉州）粮油食品工业有限公司	273	福建金风科技有限公司
238	晋江市锦福化纤聚合有限公司	274	福建金鑫纺织有限公司
239	福建华佳彩有限公司	275	福建省惠香粮油食品有限公司
240	三六一度（福建）体育用品有限公司	276	福建东海漆业有限公司

续表

位次	企业名称	位次	企业名称
277	泉州源利鞋材有限公司	289	福建正鑫纺织有限公司
278	泉州南安市华龙塑胶有限公司	290	漳平红狮水泥有限公司
279	福建力道鞋服有限公司	291	福建省万达汽车玻璃工业有限公司
280	锐珂（厦门）医疗器材有限公司	292	达郎（福建）体育用品有限公司
281	建新轮胎（福建）有限公司	293	福建南安市万家美针织有限公司
282	厦门松霖科技股份有限公司	294	福州名成食品工业有限公司
283	福建利瑶纺织制衣有限公司	295	厦门华特集团有限公司
284	莆田启明鞋业有限公司	296	福建晋工机械有限公司
285	福建精联科技有限公司	297	厦门中禾实业有限公司
286	厦门保沣实业有限公司	298	泉州艺龙美术工艺有限公司
287	福建恒安集团有限公司	299	福建统一马口铁有限公司
288	漳州市昌龙汽车附件有限公司	300	福建省长乐市永盛金属制品有限公司

（摘编：李兵）

福建省建筑业总产值前300家企业（2020年）

位次	企业名称	位次	企业名称
1	中建海峡建设发展有限公司	31	福建省日誉建设集团有限公司
2	福建六建集团有限公司	32	中铁一局集团厦门建设工程有限公司
3	福建建工集团有限责任公司	33	福建省兴岩建设集团有限公司
4	中建四局建设发展有限公司	34	厦门中联永亨建设集团有限公司
5	中建海峡（厦门）建设发展有限公司	35	福建来宝建设集团有限公司
6	福建省永泰建筑工程公司	36	厦门特房建设工程集团有限公司
7	福建九鼎建设集团有限公司	37	福建卓越建设工程开发有限公司
8	福建省泷澄建设集团有限公司	38	中建协和建设有限公司
9	福建省永富建设集团有限公司	39	福建省安泰建筑工程有限公司
10	福建省华荣建设集团有限公司	40	福建省顺安建筑工程有限公司
11	中交一公局厦门工程有限公司	41	中铁二十四局集团福建铁路建设有限公司
12	福建省闽南建筑工程有限公司	42	福建省融旗建设工程有限公司
13	福建省惠东建筑工程有限公司	43	福建成森建设集团有限公司
14	海峡宏基建工集团有限公司	44	福建省民益建设工程有限公司
15	福建宏盛建设集团有限公司	45	福建七建集团有限公司
16	福建省第五建筑工程公司	46	福建巨岸建设工程有限公司
17	福建发展集团有限公司	47	福建新华夏建工有限公司
18	福建省二建建设集团有限公司	48	中交建宏峰集团有限公司
19	福建路港（集团）有限公司	49	福建磊鑫（集团）有限公司
20	福建省九龙建设集团有限公司	50	华辉建工集团有限公司
21	福建一建集团有限公司	51	福建省荔隆建设工程有限公司
22	中交三航（厦门）工程有限公司	52	厦门源昌城建集团有限公司
23	中铁二十二局集团第三工程有限公司	53	福建森正建设集团有限公司
24	名筑建工集团有限公司	54	福建省雄盛建筑工程有限公司
25	福建华航建设集团有限公司	55	中国水利水电第十六工程局有限公司
26	泉发建设股份有限公司	56	中铁十七局集团第六工程有限公司
27	福建省涵城建设工程有限公司	57	福建省百盛建设发展有限公司
28	福建金鼎建筑发展有限公司	58	福建远舟港湾建设工程有限公司
29	福建璟榕工程建设发展有限公司	59	福建惠丰建筑工程有限公司
30	福建省东霖建设工程有限公司	60	中建三局（厦门）建设有限公司

续表

位次	企业名称	位次	企业名称
61	福建才溪建设集团有限公司	97	中建（福建）建设有限公司
62	福建省兴创建设集团有限公司	98	福建省利恒建设工程有限公司
63	新纪建工集团有限公司	99	中建远南集团有限公司
64	福建省工业设备安装有限公司	100	福建永旺建设集团有限公司
65	福建联泰建设工程有限公司	101	福建省隆盛建设工程有限公司
66	福建省五洲建设集团有限公司	102	至永建设集团有限公司
67	福建省同源建设工程有限公司	103	福建中冶永行建设工程有限公司
68	福建博业建设集团有限公司	104	福建大华鑫建设工程有限公司
69	福建省透堡建筑工程有限公司	105	福建巨铸集团有限公司
70	福建荣建集团有限公司	106	福州市第三建筑工程公司
71	中建力天集团有限公司	107	中城投集团第八工程局有限公司
72	福建省中马建设工程有限公司	108	中建八局（厦门）建设有限公司
73	福建省八方建筑工程有限公司	109	中城建设有限责任公司
74	福建路桥建设有限公司	110	飞阳建设工程有限公司
75	鑫泰建设集团有限公司	111	福建省禹澄建设工程有限公司
76	福建三建工程有限公司	112	福建省晓沃建设工程有限公司
77	福建铭泰集团有限公司	113	中东建设集团有限公司
78	中晟海峡建设有限公司	114	中建鑫宏鼎环境集团有限公司
79	方圆建设集团有限公司	115	福建省汇恒达建筑工程有限公司
80	恒晟集团有限公司	116	福建第一公路工程集团有限公司
81	福建永东南建设集团有限公司	117	海曜建工集团有限公司
82	福州建工（集团）总公司	118	福州市城投建筑有限公司
83	中铁海峡建设集团有限公司	119	福建登凯成龙建设集团有限公司
84	福建华建工程建设有限公司	120	福建省嘉晟建设发展有限公司
85	中铁（厦门）投资有限公司	121	永太建设集团有限公司
86	福建省恒基建设股份有限公司	122	福建省凡士建设集团有限公司
87	福州第七建筑工程有限公司	123	中国电建集团航空港建设有限公司
88	福建弘祥建设工程有限公司	124	恒富建设集团有限公司
89	中铁（福州）投资有限公司	125	福建拓海建设工程有限公司
90	中建旷博（福建）有限公司	126	福建省南安市第一建设有限公司
91	福建省长鸿建筑工程有限公司	127	福建正宇市政园林工程有限公司
92	乐嘉建设工程有限公司	128	福建省杭辉建设工程有限公司
93	中核工建设集团第四工程局有限公司	129	福建省冠辉建设工程有限公司
94	福州市一建建设股份有限公司	130	福建闽清一建建设发展有限公司
95	海环科技集团股份有限公司	131	福建省水利水电工程局有限公司
96	中交四航局第五工程有限公司	132	福建蓝海市政园林建筑有限公司

续表

位次	企业名称	位次	企业名称
133	福建省国筑建设工程有限公司	169	福建省交建集团工程有限公司
134	福建冶地恒元建设有限公司	170	福建恒声建设集团有限公司
135	福建省亿方建设工程有限公司	171	中国电建集团福建工程有限公司
136	厦门树鑫建设集团有限公司	172	凯辉集团（福建）有限公司
137	大成工程建设集团有限公司	173	福建省诚毅工程建造有限公司
138	中建闽泰建设开发有限公司	174	福能联信建设集团有限公司
139	福建省实盛建设工程有限公司	175	福建筑兆建设有限公司
140	宇旺建工集团有限公司	176	福建省海天建设工程有限公司
141	福建勤马集团有限公司	177	福建晟亿集团有限公司
142	福建省龙祥建设集团有限公司	178	福建省汤头建筑工程有限公司
143	福建省高华建设工程有限公司	179	神州建设集团有限公司
144	海峡建工集团有限公司	180	闽晟集团城建发展有限公司
145	福建互助建筑工程有限公司	181	福建省筑信建设集团有限公司
146	福建省国泰建设有限公司	182	泉州亿兴电力工程建设有限公司
147	福建西南建设有限公司	183	福建省高速公路养护工程有限公司
148	中建一局集团东南建设有限公司	184	福建中凯建设工程有限公司
149	聚煌集团有限公司	185	中建华鸿建设发展有限公司
150	福建省榕源建设工程有限公司	186	莆田中建建设发展有限公司
151	福建省泉州市东海建筑有限公司	187	中星联丰建设集团有限公司
152	中建富林集团有限公司	188	福州亿力电力工程有限公司
153	福建省闽楚建设工程有限公司	189	厦门安能建设有限公司
154	中汇建筑集团有限公司	190	厦门集三建设集团有限公司
155	福建省惠一建设工程有限公司	191	福建泉润建设工程有限公司
156	福建省泰宏建设工程有限公司	192	福建上杭广厦建设有限公司
157	厦门海投工程建设有限公司	193	福建省金通建设集团有限公司
158	福建省惠五建设工程有限公司	194	福建省吴航建筑工程有限公司
159	福建省惠三建设发展有限公司	195	福建省华策建设集团有限公司
160	龙岩市西安建筑工程有限公司	196	福建省中嘉建设工程有限公司
161	福建省晋南建设集团有限公司	197	福建省永泰县第三建筑工程有限公司
162	福建省中木建设集团有限公司	198	福建省惠裕建设工程有限公司
163	福建联美建设集团有限公司	199	厦门卓毅建筑工程有限公司
164	福建泉州市二建工程有限公司	200	厦门鲁班源房屋营造有限公司
165	福建胜奇工程建设有限公司	201	福州铁建建筑有限公司
166	中交鹭建有限公司	202	厦门市大方舟建设有限公司
167	中磐建设集团有限公司	203	福建平祥建设工程有限公司
168	漳州市建筑工程有限公司	204	福建省邮电工程有限公司

续表

位次	企业名称	位次	企业名称
205	厦门市建安集团有限公司	241	福建汇达建筑工程有限公司
206	中呈建设有限公司	242	福州闽龙铁路工程有限公司
207	砖文建设集团有限公司	243	仙游县建工投资集团有限公司
208	中交上航（福建）交通建设工程有限公司	244	福建径坊建造工程有限公司
209	福建大舟建设集团有限公司	245	福建普尔泰集团有限公司
210	福建联谊建筑工程有限公司	246	福建祥荣建设投资集团有限公司
211	厦门电力工程集团有限公司	247	福建恒盛建筑集团有限公司
212	福建省永同达建筑工程有限公司	248	福建省榕圣市政工程股份有限公司
213	紫金矿业建设有限公司	249	福建新纪建设集团有限公司
214	福建省昊立建设工程有限公司	250	福建省协兴建设有限公司
215	福建兴万祥建设集团有限公司	251	福建永宏建设工程有限公司
216	亿耀（福建）建设有限公司	252	福建广耀建设工程有限公司
217	福建省上杭县宏庄建筑工程有限公司	253	厦门安禧建设有限公司
218	恒亿集团有限公司	254	中建德信集团有限公司
219	福建省恒超建设发展有限公司	255	福建省巨龙建设工程有限公司
220	福建省送变电工程有限公司	256	福建省龙津建筑工程有限公司
221	福建博成建筑工程有限公司	257	福建省百川建设发展有限公司
222	福建京源建设工程有限公司	258	福建省华实建设工程有限公司
223	海峡福环建工集团有限公司	259	福建荣成建设工程有限公司
224	福建红珊瑚景观建设有限公司	260	福建屹立建设工程有限公司
225	福建省涵禹建设工程有限公司	261	福建星原建设工程发展有限公司
226	中庚汇建设发展有限公司	262	福建省睿煌建筑工程有限公司
227	福建省明丰建设集团有限公司	263	福建全顺建设工程有限公司
228	福建众诚建设工程有限公司	264	达顺建设有限公司
229	福建省新华都工程有限责任公司	265	福建省浦口建筑工程有限公司
230	厦门泰睿坤建设工程有限公司	266	福建省东风建筑工程有限公司
231	福建九翔龙建设工程有限公司	267	华宇（福建）置业集团有限公司
232	福建省恒鼎建筑工程有限公司	268	巨融建工集团有限公司
233	福建省明通建设集团有限公司	269	福建省新越建工有限公司
234	福建海瑞工程建设有限公司	270	福建省麒麟建设工程集团有限公司
235	福建中浩市政园林有限公司	271	中建诺成有限公司
236	福建省博晟建筑工程有限公司	272	三明客家源建设工程有限公司
237	福建省桃城建设工程有限公司	273	厦门市吉兴集团建设有限公司
238	中建凯源集团有限公司	274	福建省福新建设工程有限公司
239	福建承昌建设工程有限公司	275	福建实联建设有限公司
240	福建省九建建筑工程有限公司	276	福建省渚港建工发展有限公司

续表

位次	企业名称	位次	企业名称
277	福建省顺天亿建设有限公司	289	福建金田建设工程有限公司
278	武夷隆鑫集团有限公司	290	福建金川建筑工程有限公司
279	福建省中禹水利水电工程有限公司	291	福建省城弘建设集团有限公司
280	福建中联建设工程有限公司	292	厦门鹭恒达建筑工程有限公司
281	福州市中霖工程建设有限公司	293	福建省东昇建设工程有限公司
282	福建鑫泷鼎建设工程有限公司	294	中兴华骏建设有限公司
283	福建创邦建筑工程有限公司	295	福建省樟榕建设工程有限公司
284	福建冠云鑫建设工程有限公司	296	福建鑫楷鼎建设工程有限公司
285	福建巧匠建筑工程有限公司	297	福建鑫远建工有限公司
286	锦禾建设集团有限公司	298	中建长远建设有限公司
287	福建建中建设科技有限责任公司	299	厦门市广科建设有限公司
288	精易建工集团有限公司	300	福建省华舜水利水电工程有限公司

（摘编：严志东）

福建省主营业务收入前300家批发零售企业名单（2020年）

位次	企业名称	位次	企业名称
1	厦门国贸集团股份有限公司	30	均和（厦门）控股有限公司
2	厦门象屿物流集团有限责任公司	31	福建信通贸易有限公司
3	福建兴大进出口贸易有限公司	32	福建省福化工贸股份有限公司
4	厦门信达股份有限公司	33	盛屯金属有限公司
5	福建闽光云商有限公司	34	永辉超市股份有限公司
6	厦门象屿铝晟有限公司	35	中国石油天然气股份有限公司福建销售分公司
7	福建中烟工业有限责任公司	36	福建省烟草公司泉州市公司
8	中化石油成品油销售有限公司	37	福清中金有色金属材料有限公司
9	中石化森美（福建）石油有限公司	38	厦门海峡供应链发展有限公司
10	厦门建发物产有限公司	39	福建世德久晟贸易有限公司
11	厦门建发矿业资源有限公司	40	漳州路桥物资发展有限公司
12	厦门象屿速传供应链发展股份有限公司	41	福建省烟草公司福州市公司
13	福建点钢科技有限公司	42	福建新东联国际贸易有限公司
14	厦门海翼国际贸易有限公司	43	厦门港务贸易有限公司
15	厦门建发金属有限公司	44	中石化化工销售（福建）有限公司
16	福建闽海石化有限公司	45	福建三钢国贸有限公司
17	福化工贸（漳州）有限公司	46	福建永辉超市有限公司
18	福建省森集石油贸易有限公司	47	厦门安踏电子商务有限公司
19	成大物产（厦门）有限公司	48	泉州展志钢材有限公司
20	建发物流集团有限公司	49	厦门建发物资有限公司
21	宁德正威发展有限公司	50	福建阳光集团有限公司
22	福建炼油化工有限公司	51	晋江锦兴贸易有限公司
23	厦门建发纸业有限公司	52	厦门国贸纸业有限公司
24	厦门京东东和贸易有限公司	53	厦门同顺供应链管理有限公司
25	福建三安集团有限公司	54	福建省长一实业有限公司
26	福建达利发展有限公司	55	福建力聚物流有限公司
27	厦门同歆贸易有限公司	56	厦门翔熙供应链管理有限公司
28	盛屯矿业集团股份有限公司	57	福建省榕江进出口有限公司
29	厦门建发原材料贸易有限公司	58	漳州市九龙江集团有限公司

续表

位次	企业名称	位次	企业名称
59	福建华锦贸易有限公司	95	百威东南销售有限公司
60	福建东铭国际贸易有限公司	96	厦门宝拓资源有限公司
61	斐乐体育有限公司	97	鑫东森集团有限公司
62	斐乐服饰有限公司	98	厦门金圆产业发展有限公司
63	福建省烟草公司漳州市公司	99	紫金矿业物流（厦门）有限公司
64	福州民天实业有限公司	100	象屿宏大供应链有限责任公司
65	昌富利（厦门）有限公司	101	福建安越服饰有限公司
66	厦门市明穗粮油贸易有限公司	102	福建亚升石化有限公司
67	厦门黄金投资有限公司	103	紫森（厦门）供应链管理有限公司
68	厦门海易航供应链物流有限公司	104	中化石油福建有限公司
69	紫金矿业集团（厦门）金属材料有限公司	105	全骏达实业有限公司
70	厦门象屿化工有限公司	106	福建昊润石化有限公司
71	均和（厦门）能源有限公司	107	福建省烟草公司三明市公司
72	晋江辉豪化工有限公司	108	厦门特步投资有限公司
73	龙岩市龙地贸易有限公司	109	龙岩交发睿通商贸有限公司
74	厦门航空开发股份有限公司	110	均达升（厦门）控股有限公司
75	福建永荣控股集团有限公司	111	福建三棵树建筑材料有限公司
76	福建申远贸易有限公司	112	厦门路桥国际贸易有限公司
77	福建省超盛化工工贸有限公司	113	厦门市信达安贸易有限公司
78	厦门象屿农产品有限责任公司	114	厦门国贸农产品有限公司
79	中国石化销售有限公司福建石油分公司	115	福州喜盈门实业有限公司
80	福建省烟草公司厦门市公司	116	厦门乔丹发展有限公司
81	晋江市大长江钢管实业有限公司	117	中煤京闽（福建）工贸有限公司
82	厦门合兴包装印刷股份有限公司	118	福建省烟草公司南平市公司
83	福建恒安集团厦门商贸有限公司	119	青拓集团有限公司
84	上杭县紫金金属资源有限公司	120	福建南方建材发展有限公司
85	厦门安踏有限公司	121	福州麦多万嘉超市有限公司
86	海峡石化产品交易中心有限公司	122	厦门海投经济贸易有限公司
87	福建青企实业有限公司	123	平潭青拓金属材料有限公司
88	厦门万翔物流投资有限公司	124	均和（厦门）供应链管理有限公司
89	福建闽侯永辉商业有限公司	125	福建省烟草公司龙岩市公司
90	中国工艺福建实业有限公司	126	厦门鑫同玺供应链管理有限公司
91	厦门建发化工有限公司	127	象晖能源（厦门）有限公司
92	厦门建发能源有限公司	128	福建省烟草公司莆田市公司
93	龙工（中国）机械销售有限公司	129	厦门象屿矿业有限公司
94	厦门信和达电子有限公司	130	厦门采购宝供应链科技有限公司

续表

位次	企业名称	位次	企业名称
131	福清江阴港银河国际汽车进出口贸易有限公司	167	瑞幸咖啡（中国）有限公司
132	厦门象屿资源有限公司	168	厦门象盛镍业有限公司
133	厦门嘉晟供应链股份有限公司	169	紫金矿业集团黄金珠宝有限公司
134	福建省长乐市创造者锦纶实业有限公司	170	厦门宝达纺织有限公司
135	福建国海燃料有限公司	171	福州中维实业有限公司
136	福建匹克能源有限公司	172	旭达（厦门）商贸有限公司
137	福建新华发行（集团）有限责任公司	173	中国航油集团福建石油有限公司
138	必达（厦门）国际贸易有限公司	174	福建三木建设发展有限公司
139	厦门恒兴集团有限公司	175	金控均和（福州）供应链有限公司
140	厦门海投供应链运营有限公司	176	福州开发区新电燃料有限公司
141	福建福泰钢铁有限公司	177	晋江裕福集团有限公司
142	国药控股福州有限公司	178	晋江福华化工有限公司
143	厦门信和达供应链有限公司	179	龙岩市国有资产投资经营有限公司
144	漳州伊莱福食品有限公司	180	厦门象屿同道供应链有限公司
145	国投京闽（莆田）工贸有限公司	181	福州中宝汽车销售服务有限公司
146	平潭鼎信商贸有限公司	182	荣鑫盛（厦门）商贸有限公司
147	福州朴朴电子商务有限公司	183	福州麒铠商贸发展有限公司
148	福建省烟草公司宁德市公司	184	福建苏宁易购商贸有限公司
149	厦门国贸金属有限公司	185	厦门国贸能源有限公司
150	厦门市嘉晟对外贸易有限公司	186	晋江宝华钢材有限公司
151	紫金矿业物流有限公司	187	厦门融银贸易有限公司
152	福建省龙岩市国贸有限公司	188	厦门育哲集团有限公司
153	厦门西海控股有限公司	189	厦门海沧保税港区供应链有限公司
154	厦门欣枫情商贸有限公司	190	厦门安踏贸易有限公司
155	福建康泰再生资源利用有限公司	191	福州开发区益商贸易有限公司
156	福建锦江泓晟贸易有限公司	192	福州钜森实业有限公司
157	福建省路路达石油制品有限公司	193	福建省润通汽车销售服务有限责任公司
158	福建山福国际能源有限责任公司	194	厦门新纸源电子商务有限公司
159	厦门迅达国际贸易有限公司	195	厦门盛屯金属销售有限公司
160	连江县一福再生资源有限公司	196	福建高速中化石油有限公司
161	福建泉州市嘉晟供应链有限公司	197	龙骏信息科技有限公司
162	福建省晋江市进出口有限公司	198	福建省粮油食品进出口集团有限公司
163	新中冠智能科技股份有限公司	199	福建达亿贸易有限公司
164	厦门国贸有色矿产有限公司	200	厦门路桥工程物资有限公司
165	宁德海螺水泥有限责任公司	201	厦门信息集团商贸有限公司
166	厦门嘉联恒进出口有限公司	202	福州锦泽化纤有限公司

续表

位次	企业名称	位次	企业名称
203	福建华峰实业有限公司	239	福州展志钢铁有限公司
204	福建省万展信息科技有限公司	240	厦门圣德达元贸易有限公司
205	福建盛泰石化有限公司	241	福建青拓再生资源开发有限公司
206	晋江市新长江精密钢管制造有限公司	242	福建湛华智能科技有限公司
207	福建省福能物流有限责任公司	243	鹭燕医药股份有限公司
208	厦门大正贸易有限公司	244	中国厦门国际经济技术合作公司
209	厦门栢瑞供应链服务有限公司	245	福建省南安市华龙石油有限公司
210	福州轻工进出口有限公司	246	厦门三裕丰能源有限公司
211	厦门夏商粮食发展有限公司	247	福州智硕商贸发展有限公司
212	国药控股福建有限公司	248	厦门博钦贸易有限公司
213	厦门瑞悦隆供应链管理有限公司	249	厦门匹克贸易有限公司
214	莆田市众鞋网络科技有限公司	250	厦门誉联集团有限公司
215	福建同春药业股份有限公司	251	福建省建筑材料设备有限责任公司
216	厦门恒兴晟贸易有限公司	252	厦门昌兴格瑞商贸有限公司
217	福建新孚能源有限公司	253	道普（厦门）石化有限公司
218	厦门建发轻工有限公司	254	福州联合闽津茶业有限公司
219	龙岩投创商贸有限公司	255	厦门华通远达贸易有限公司
220	厦门龙津进出口贸易有限公司	256	凝晟国际贸易（厦门）有限公司
221	厦门宏发电声科技有限公司	257	福建阳光集团厦门进出口有限公司
222	福清市众汇汽车进出口贸易有限公司	258	厦门市锋荣达贸易有限责任公司
223	海西黄金（厦门）有限公司	259	福建均泰国际贸易有限公司
224	福建兆佳贸易有限公司	260	厦门晟茂有限责任公司
225	厦门隆昌晟商贸有限公司	261	福州迪光商贸有限公司
226	厦门航开保税贸易有限公司	262	福州威石艺术品贸易有限公司
227	厦门鑫吉贸实业有限公司	263	厦门华铸实业有限公司
228	坤健控股（厦门）有限公司	264	新储（厦门）农业有限公司
229	福建能化供应链管理有限公司	265	厦门汇通瑞祥贸易有限公司
230	莆田市国投森通贸易有限公司	266	福建新紫金医药有限公司
231	福建和锦贸易有限公司	267	泰地集团（厦门）石油有限公司
232	仙游青拓环保科技有限公司	268	厦门力拓集团有限公司
233	福州开发区恒成实业有限公司	269	厦门禹港有限公司
234	漳州新业贸易有限公司	270	厦门芗江进出口有限公司
235	福建高速石化有限公司	271	连江县康杰再生资源有限公司
236	福建佳兆燃料油有限公司	272	晋江市恒丰进出口贸易有限公司
237	福清市驰辰汽车进出口贸易有限公司	273	厦门鑫通贸易有限公司
238	厦门大亮贸易有限公司	274	福建漳龙集团有限公司

续表

位次	企业名称	位次	企业名称
275	东铭矿业（福建）有限公司	288	福建省福农农资集团有限公司
276	福建福人林木收储有限公司	289	福建省南安市进出口有限公司
277	厦门展志钢铁有限公司	290	福建虹鑫实业有限公司
278	漳州新鑫贸易有限公司	291	晋江华昂进出口贸易有限公司
279	福建力争石化有限公司	292	福建奥盛荣实业有限公司
280	福建龙翌君瑶商贸有限公司	293	福建闽讯实业有限公司
281	福建东百集团股份有限公司	294	厦门建益达有限公司
282	厦门荣兴德恒贸易有限公司	295	福建中升之宝汽车销售服务有限公司
283	福建盛世欣兴格力贸易有限公司	296	福建省南平市立远贸易有限公司
284	福建九州通业贸易有限公司	297	福州恒基石化有限公司
285	中海油销售福建有限公司	298	冠捷（福州保税区）贸易有限公司
286	中海石油福建新能源有限公司	299	漳州益盛商贸有限公司
287	福建福化古雷石油化工有限公司	300	隆鑫集团（福建）有限公司

（摘编：王增丰）

国家产融合作试点城市福建省入围名单

2020 年 12 月 22 日，工业和信息化部、财政部、中国人民银行、银保监会和证监会联合发布了《五部门关于同意北京市朝阳区等 51 个城市（区）列为国家产融合作试点城市的通知》，我省的厦门市入围第一批延续试点名单，泉州市、莆田市入围第二批试点名单。

根据通知，五部门将在四方面加强对试点城市的工作指导和政策支持，包括：按照市场化、法治化原则推动开展专项产融对接活动，引导战略合作金融机构予以重点支持，加大中长期、信用贷款供给，构建循环畅通、发展稳健的产业链生态；优化国家产融合作平台和工业互联网产融服务，加强数字技术应用，完善企业标签体系和数字图谱，推进数据综合分析和产融智能对接，全面支持与地方平台对接，降低企业融资综合成本；推动中央层面基金与地方基金加强合作，开展企业上市联合培育，畅通企业多元化融资渠道；加强产融合作政策辅导、培训交流和融资能力建设，及时宣传推广试点经验成果。

（摘编：王增丰）

全国农业农村标准化试点示范项目福建省列入名单

2020 年 12 月 18 日，全国农业农村标准化试点示范项目启动会在福州召开，来自水利部、农业农村部、粮食和储备局、林草局、供销总社等国家部委以及全国 28 个省（自治区、直辖市）的市场监管局（厅、委）近 50 名代表参加会议。水利部以及福建、吉林等 7 个省份代表作经验交流发言。

会议宣布全面启动第十批国家农业标准化示范区、第四批全国农村综合改革标准化试点、第四批新型城镇化标准化试点建设。我省的漳平国家生态樱花茶园产业融合标准化示范区、南靖国家高山茶种植标准化示范区被列入第十批国家农业标准化示范区；福清农村综合改革标准化试点被列入第四批全国农村综合改革标准化试点。

推进农业农村及新型城镇化标准化传承、创新与发展至关重要。要继续发挥标准化试点示范项目的引领带动作用；继续提升农民的标准化意识，提升标准化技能，不断提升标准化生产普及率；要继续优化农村美丽宜居环境，推进农村户用厕所改革，促进畜禽粪污资源化利用水平，系统化、标准化改善农村生态环境。

（摘编：林开龙）

2020 年全国乡村特色产业十亿元镇（亿元村）、全国“一村一品”示范村镇福建名单

2020 年 12 月 11 日，农业农村部推介 91 个镇（乡）为 2020 年全国乡村特色产业十亿元镇，36 个村为 2020 年全国乡村特色产业亿元村。我省 3 个镇、5 个村入选。

诏安县太平镇、平和县小溪镇、连城县朋口镇等 3 个镇入选 2020 年全国乡村特色产业十亿元镇；罗源县起步镇上长治村、晋江市金井镇围头村、云霄县下河乡下河村、云霄县马铺乡客寮村、福鼎市点头镇柏柳村等 5 个村入选 2020 年全国乡村特色产业亿元村。

近日，农业农村部公布第十批 423 个全国“一村一品”示范村镇名单，我省 14 个村镇入选。

它们是：安溪县尚卿乡（藤铁工艺品）、永春县岵山镇（水果）、永春县湖洋镇（芦柑）、晋江市金井镇南江村（鲍鱼）、邵武市拿口镇庄上村（肉牛）、武夷山市星村镇（茶叶）、福安市赛岐镇象环村（葡萄）、龙岩市新罗区小池镇培斜村（竹制品）、长汀县河田镇（河田鸡）、上杭县湖洋镇文光村（脐橙）、武平县桃溪镇（绿茶）、连城县四堡镇（芙蓉李）、漳平市南洋镇梧溪村（水仙茶）、蕉城区虎贝镇黄家村（竹制蒸笼）。

（摘编：严志东）

国家县城新型城镇化建设县（市）福建上榜示范名单

2020 年 6 月 21 日福建省发改委消息，国家发展改革委日前印发《关于加快开展县城城镇化补短板强弱项工作的通知》，提出通过加大财政资金支持等方式，在优先支持公共卫生防控救治设施、医疗废物集中处置设施建设的同时，有序推进公共服务设施提标扩面等 4 大领域 17 项建设任务。《通知》公布县城新型城镇化建设示范名单，包括 24 个省份共 120 个县及县级市。我省霞浦县、闽侯县、永泰县、永春县、德化县、上杭县、长汀县、福清市、福安市、晋江市上榜示范名单。

（摘编：黄国实）

中央财政产粮（油）大县福建获奖励县（市）名单

2020年7月24日福建省财政厅消息，根据对近五年平均粮食产量和近三年油料产量等指标测算，今年我省共有16个市、县获得中央财政产粮（油）大县奖励。财政部已于近日下达相应奖励资金。

获得中央财政产粮大县奖励的是浦城、建阳、建瓯、邵武、宁化，奖励资金4279万元。

获得中央财政产油大县奖励的是莆田、南平和福清、尤溪、惠安、永泰、漳浦、仙游、宁化、清流、平和，奖励资金2476万元。

另外，建宁县作为国家级制种大县，单独获得奖励资金1000万元。

（摘编：张海生）

福建省入选全国“互联网+”农产品出村进城工程试点县（市）名单

2020年8月30日，农业农村部日前公布“互联网+”农产品出村进城工程全国110个试点县名单。我省安溪县、福安市、永春县、古田县、平和县在列。

今年5月，农业农村部在全国启动“互联网+”农产品出村进城工程试点工作，计划优先选择包括贫困地区、特色农产品优势区在内的100个县开展试点，到2021年底，基本完成试点建设任务。

试点县应具备一定的资源禀赋和产业比较优势、一定的网络销售基础，且当地地方政府高度重视。试点县工程建设重点任务包括培育县级农产品产业化运营主体、以运营主体为核心打造优质特色农产品供应链、建立适应农产品网络销售的运营服务体系、建立有效的支撑保障体系等。

（摘编：陈建闽）

福建获得国家生态文明建设示范市县名单

2020年10月17日福建日报报道：生态环境部日前发布《关于命名第四批国家生态文明建设示范市县的公告》和《关于命名第四批“绿水青山就是金山银山”实践创新基地的公告》，其中，漳州市东山县、泉州市永春县2个县被命名为第四批“绿水青山就是金山银山”实践创新基地；三明市宁化县、三明市建宁县、泉州市安溪县、南平市顺昌县、南平市邵武市、龙岩市武平县等6个县（市）被授予第四批国家生态文明建设示范市县称号。

（摘编：陈闽声）

福建省获批开展农业产业强镇建设名单

2020年6月3日，农业农村部、财政部公布259个2020年农业产业强镇建设名单。我省晋江市东石镇、宁化县城郊镇、永泰县嵩口镇、福安市穆云畲族乡、龙海市东园镇、龙岩市新罗区大池镇、连城县北团镇、德化县上涌镇、南平市建阳区回龙乡、长汀县河田镇等10个镇（乡）入选。

按照要求，入选镇（乡）应聚焦1至2个农业主导产业，聚集资源要素，强化创新引领，加快全产业链建设、全价值链开发，着力支持提升生产基地、仓储保鲜、加工营销等设施装备水平，培育产业融合主体，创新利益联结机制，持续助力脱贫攻坚，打造主导产业突出、一二三产业深度融合、创新创业活跃、产村产城一体的农业产业强镇。

农业农村部、财政部于2018年启动农业产业强镇示范建设工作。截至目前，我省共有3批次共27个镇（乡）开展农业产业强镇示范建设。

（摘编：李兵）

国家农村产业融合发展示范园福建省入选单位

2020 年 9 月 18 日，国家发改委等 7 部门日前认定 100 个单位为第二批国家农村产业融合发展示范园。我省尤溪县国家农村产业融合发展示范园、建瓯市国家农村产业融合发展示范园、寿宁县国家农村产业融合发展示范园入选。

2017 年，国家发改委等 7 部门启动国家农村产业融合发展示范园创建工作，提出以示范园建设为抓手，着力打造农村产业融合发展的示范样板和平台载体，充分发挥示范引领作用，带动农村一二三产业融合发展，力争到 2020 年建成 300 个融合特色鲜明、产业集聚发展、配套服务完善、组织管理高效的示范园。2019 年，我省南平市武夷山市国家农村产业融合发展示范园、三明市建宁县国家农村产业融合发展示范园等两个单位入选首批示范园。

（摘编：黄国实）

厦门火炬高新区获双料第一

2020 年 11 月 10 日，福建省商务厅通报了全省开发区 2019 年度综合发展水平考核评价结果，厦门火炬高技术产业开发区获评综合发展水平第一名、实际利用外资第一名。

本次考评从发展规模、土地集约、科技创新、环保安全、开放合作、管理服务等 6 个方面 57 项指标，全方位考核评价开发区的综合发展水平。从考核评价情况来看，开发区已成为我省经济发展的重要增长极、对外开放的重要平台和产业集聚的重要载体。

作为厦门市的“产业大平台、投资主战场”，厦门火炬高新区已形成了“6 + N”产业链（群）。去年，总投资 100 亿元的中航锂电“新型动力锂电池生产线项目”、厦门史上单体投资最大的天马第 6 代柔性 AMOLED 生产线项目、浪潮新一代信息技术产业基地等落地高新区，进一步激发了园区产业活力，也为产业聚链成群、做大做强夯实了基础。

以产业集聚为依托，厦门火炬高新区实现了发展质量和效益的全国领先。在这里，每平方公里土地创造出 163 亿元工业产值，以占厦门不到 1% 的土地，实现厦门近 43% 的工业总产值。

2019 年，厦门火炬高新区获评国家知识产权示范园区，是我省唯一上榜的园区。近日，厦门火炬高新区金融服务平台与智能制造服务平台启动，聚焦资金和技术这两个产业发展的要素，提升产融结合与智能制造服务水平。

立足经济特区这片热土，厦门火炬高新区也将开放发展作为园区发展的重要内容。今年前三季度，高新区实际利用外资已累计完成 29.36 亿元，落地项目总投资 1145.6 亿元，落地高能级项目 10 个，均已完成全年任务目标。

（摘编：李兵）

福州保税港区升级为福州江阴港综合保税区

2020年7月8日福州海关消息，近日，国务院正式批准福州保税港区整合优化为福州江阴港综合保税区，为福建外贸高质量发展高水平开放增添新平台。

整合优化后的福州江阴港综合保税区共2.64平方公里，将充分发挥江阴整车进口口岸、临港资源、海铁联运等独特优势，重点发展保税加工、保税物流、保税服务等业务，推动整车保税仓储和展示交易、进口棉花保税仓储、保税燃料油、跨境电商等新业态发展，逐步培育形成整车进口、航运物流、保税仓储物流三大临港特色支柱产业。

综合保税区是我国参照国际上通行的自由贸易园区设立的海关特殊监管区域的最高形态，是开放型经济的重要平台，对发展对外贸易、吸引外商投资、促进产业转型升级发挥着重要作用。海关对综合保税区实行封闭管理，境外货物入区保税或免税，货物出区进入境内区外销售按货物进口的有关规定办理报关手续；境内区外货物入区视同出口，实行退税；区内企业之间的货物交易免征增值税和消费税。

（摘编：肖启辉）

2019年台创园建设评价结果出炉我省继续包揽前六名

2020年6月8日福建省农业农村厅消息，在2019年大陆国家级台创园建设评价中，我省6个国家级台创园继续包揽前六名。其中，漳平台创园、漳浦台创园并列第一名，清流台创园紧随其后，仙游台创园、福清台创园并列第四，惠安台创园位居第六。

近年来根据《台湾农民创业园建设发展评价试行办法》要求，农业农村部会同国台办联合开展大陆台创园发展建设第三方评价工作。根据近日新一轮台创园建设评价结果显示，现有的27家国家级台创园中，15家评价等级为优秀、11家评价等级为良、1家评价等级为合格。其中，我省6个国家级台创园评价等级全部为优，并包揽前六名。这也是我省台创园连续三次包揽前六名。

作为大陆距离台湾最近的省份，福建充分发挥对台优势，积极先行先试，持续拓展闽台农业合作交流平台，并按照“集聚发展、优化产业、典型示范”要求，持续加大台创园扶持力度。为促进台创园发展，我省成立专门管理机构，制定专项扶持政策，实施贷款贴息、电价减收、专项补助等优惠办法，加强园区基础设施建设，吸引台胞入园创业。截至目前，已累计吸引624家台资企业入园，引进台资11.7亿美元，推动了特色产业向优势区域集聚发展，已初步形成“一园一特色、一区一产业”发展格局。

（摘编：黄国实）

首批国家森林康养基地福建省入选单位

2020年6月10日国家林业和草原局、民政部、国家卫生健康委员会、国家中医药管理局等四部门公布96家第一批国家森林康养基地名单。我省4地5单位入选。

其中，以县为单位的国家森林康养基地有福州市晋安区、武平县、将乐县、顺昌县；以经营主体为单位的国家森林康养基地有福建省梅花山旅游发展有限公司建设的梅花山森林康养基地、福建省邵武市国有林场二都场建设的邵武市二都森林康养基地、三明市三元格氏栲森林旅游公司建设的三元格氏栲森林康养基地、福建岁昌生态农业开发有限公司建设的岁昌森林康养基地、浦城县旅游投资开发有限公司建设的匡山生态景区（一期项目建设工程）。

四部门将按照有关标准和要求，对国家森林康养基地开展动态管理，适时开展抽查检查和质量评定工作，对不符合条件、服务质量差、有违法违规等行为的，剔除出国家森林康养基地建设范围。

（摘编：林开龙）

首批国家数字服务出口基地福建入选名单

2020年4月18日，商务部、中央网信办、工业和信息化部联合发布公告，认定12个园区为首批国家数字服务出口基地，厦门软件园上榜。

作为厦门火炬高新区的重要组成部分，厦门软件园总规划11平方公里，先后建设了软件园一期、二期、三期，是厦门软件和信息服务业的核心载体。数据显示，截至2019年底，软件园入驻企业总数超过5800家，软件产业人才超10万人，园区去年总营业收入达到1183.1亿元，占比全市软件产业营收约2/3，占比全省软件产业营收约1/3。

抢抓信息技术新机遇，打造数字经济新高地。去年，厦门软件园成为我省首个5G产业园区，形成了以大数据人工智能、智慧城市与行业应用、移动互联、数字文化创意、电子商务五大行业细分领域为主的产业格局，并通过龙头带动，加速数字经济与实体经济的融合发展。

（摘编：陈建闽）

福州入选国家骨干冷链物流基地建设名单

2020年7月7日，国家发改委印发《关于做好2020年国家骨干冷链物流基地建设工作的通知》，福州国家骨干冷链物流基地列入建设名单，为全省唯一入选的基地。

此次入选的福州国家骨干冷链物流基地以马尾冷链物流基地为主要载体。2019年，马尾区冷库库容达105万吨（已建成70.5万吨、在建34.5吨），约占福州全市总量的70%，全省总量的25%。

借此契机，福州市、马尾区积极建设冷链物流基地，规划面积2000亩，其中核心功能区面积约1000亩、配套功能区1000亩。规划至2023年，基地冷库年总周转量提升至400万吨，将马尾冷链物流基地打造成为水产品商贸流通枢纽平台、衔接“一带一路”的国际冷链物流枢纽。

福州马尾发展冷链物流优势明显。区内水产品产业链完整，冷藏设施连片布局存量大，已建成冷库26座，拥有冷链物流配送企业41家，年配送能力达20556.16吨。

（摘编：李兵）

全国十佳林场福建省获评名单

2020年7月7日，中国林场协会公布2019年全国十佳林场名单，我省顺昌县国有林场、长汀楼子坝国有林场位列其中。

近年来，顺昌县国有林场深入践行“两山”理念，在全国木材战略储备基地建设、森林质量精准提升、“森林生态银行”试点建设和林业碳汇项目开发利用上，进行了大胆探索和创新，探索出了一条把“绿水青山”转化为“金山银山”的实现路径。

长汀楼子坝国有林场积极参与长汀县“建设绿色生态”“建设绿色文明”“创建国家森林城市”等系列活动，主动参与长汀水土流失精深治理，做好国土绿化的先锋示范，同时大力推广“薄壳山核桃优良品种引种试验”等，着力推动绿色产业发展。

（摘编：严志东）

国家4A级景区福建省新增名单

2020年1月6日福建省文旅厅消息，三明市尤溪县九阜山景区、泉州市永春县北溪文苑旅游区近日通过公示，正式成为国家4A级旅游景区。南平市浦城县匡山景区、政和县念山云上梯田景区同日成为省级生态旅游示范区，泉州晋江市紫帽山景区成为省级旅游度假区。

我省在促进文旅深度融合，构建“全福游、有全福”产业产品体系方面持续加力，加大优质产品供给，扩容重点旅游景区，目前全省共有A级旅游景区351家。

（摘编：张海生）

福建省三景区入围三项榜单

2020年1月2日，中国社会科学院财经战略研究院和美团点评联合课题组日前发布中国景区旅游消费便利度指数（Travel Convenience Index，简称TCI），这是国内首个衡量旅游消费便利度的量化评估指标。在发布的榜单中，福州三坊七巷入围全国5A免费景区TCI30强，位列第9位；厦门方特梦幻王国入围全国4A收费景区TCI50强，位列第47位；中国闽台缘博物馆入围全国博物馆类景区TCI20强。

TCI指数从消费者景区旅游消费全链路定义便利度，梳理出消费者从出发地到景区涉及的四个主要旅游消费环节：信息获取、交通、入园及游玩。TCI得分越高意味着该景区的经营管理环境越利于消费者旅游和消费。

联合课题组对我国5A和4A景区（高星景区）进行数据分析。目前，全国高星景区TCI综合得分为80.4分，信息获取最便利，游玩配套服务提升空间最大，在景区信息获取、入园购票两个环节，以“互联网+”实现景区信息及票务的在线化等成为提升旅游消费便利度的关键因素。

TCI报告发现，目前国内5A和4A景区的信息获取便利度达91分，近两成景区的此项得分获得满分。越来越多的游客可以很方便地通过手机查询景区的营业时间、票务信息和儿童票、老人票等优待票政策。与此同时，入园便利度也在“互联网+”的多种措施下有所提升。

但报告也显示，有部分景区门票还做不到当天随买随用或快速出票，有的网络购票后还要到景区换纸质二维码，同样需要排长队。同时，部分景区虽然开放了夜间游览服务，却面临景区规划与公共交通不匹配的问题。

（摘编：朱明清）

全国轻工业二百强入围闽企

2020 年 8 月 7 日，中国轻工业联合会正式发布 2019 年度轻工业二百强企业，海尔集团、美的集团、格力电器、贵州茅台和天能股份居榜单前五位。7 家福建企业上榜，分别为安踏、特步、闽华电源、富丽堂家居、雨丝梦洋伞实业、青蛙王子、舒华体育。其中，安踏和特步进入榜单的前 100 名，分列第 19 和第 57 位。

据了解，轻工业二百强企业是依据轻工企业 2019 年度的营业收入、实现利润、科研投入、营业收入增长速度、营业收入利润率及税收占利税总额比重六项指标进行量化评分评出。这些企业分布在全国 24 个省（市、自治区），涉及皮革、家电、食品、酿酒、造纸等 41 个轻工行业。轻工业前 100 家企业的营业收入总额 3.14 万亿元，占轻工规模以上企业营业收入的 15.87%；实现利润总额 3144 亿元，占轻工规模以上企业利润的 24.27%。轻工业前 100 家企业营业收入利润率达到 10%，是高质量发展的先进典范。

（摘编：郭鹭）

国家 2019 年企业上云典型案例福建入选企业

2020 年 8 月 6 日，工业和信息化部日前公布了 2019 年企业上云典型案例遴选结果。其中，我省九牧厨卫股份有限公司“C2F 智能定制项目”、福建华龙化油器有限公司“企业信息化 Saas 平台系统应用”、福建圣农食品有限公司“云 ERP”等 3 家企业上云案例入选，数量位居全国前列。

本次典型案例遴选活动主要面向制造业、采矿、建筑、农业、能源、金融、安防、电信、交通、物流、医疗、教育、旅游、环保等重点行业领域用户企业，征集利用云上的软件应用和数据服务，实现成本降低、效率提升、业务拓展、流程再造、管理优化、服务创新、资源整合、节能减排、安全生产等场景下深度高效应用的典型案例。经企业申报、地方推荐、形式审查、专家评审、网上公示等环节，共遴选出 40 个 2019 年度企业上云典型案例。据了解，下一步，我省将继续组织推进“上云用数赋智”行动，树立一批数字化转型企业标杆和典型应用场景，加快网络化制造、个性化定制、服务化生产发展，促进传统行业进一步优化升级，大力培育数字经济新业态。

（摘编：彭文荣）

中国印刷包装企业百强榜入选福建印刷企业

2020 年 8 月 4 日，“2020 年中国印刷包装企业百强排行榜”日前揭晓，我省共有 16 家印刷企业入选，入选企业数位居全国第一。

在此次发布的全国百强榜中，厦门合兴包装印刷股份有限公司以年销售收入 107 亿元再登榜首。其余入围的福建印刷企业分别为：厦门吉宏科技股份有限公司（第 11 位）、昇兴集团股份有限公司（第 16 位）、厦门保沣实业有限公司（第 21 位）、达利食品集团有限公司（第 50 位）、泉州金百利包装用品有限公司（第 51 位）、福建南王环保科技股份有限公司（第 58 位）、鸿博股份有限公司（第 67 位）、福建华发包装有限公司（第 76 位）、祥恒（莆田）包装有限公司（第 78 位）、福建泰兴特纸有限公司（第 85 位）、易联众信息技术股份有限公司厦门市思明分公司（第 88 位）、福建省文松彩印有限公司（第 95 位）、厦门安妮股份有限公司（第 96 位）、福建中粮制罐有限公司（第 99 位）、漳州市天辰纸品包装有限公司（第 100 位）。

从地区入选数量看，厦门、泉州各 5 家，福州、莆田、漳州各 2 家，这基本反映了我省印刷业以厦门为龙头，泉州为次中心，辐射福州、莆田、漳州等沿海地区的产业发展格局。

（摘编：林开龙）

2019 软件营收百强入围闽企名单

2020 年 1 月 19 日，工业和信息化部正式发布《2019 年中国软件业务收入前百家企业发展报告》，福建星网锐捷通讯股份有限公司、福州福大自动化科技有限公司、新大陆科技集团有限公司、厦门市美亚柏科信息股份有限公司四家福建企业入围。

从排名上看，华为、海尔、阿里云、浪潮、海信、海康威视、小米、中国银联、南瑞、京东排名前十位。星网锐捷、福大自动化和新大陆这三家来自福州的企业均跻身前 50，分列第 26、39、40 位，美亚柏科排名第 99 位。

报告显示，本届软件百家企业由量增向质优阶段迈进，呈现“高毛利、高研发”的双高特征；企业稳定性与活跃性并存，新兴领域支撑力量显著增强；集聚效应和示范作用突出。

（摘编：郭鹭）

2020 年大数据产业发展试点示范项目闽企上榜项目名单

2020 年 3 月 5 日，福建省大数据管理局消息，近日，工业和信息化部办公厅公示了 2020 年大数据产业发展试点示范项目名单，我省 8 家企业的项目上榜。

全国试点示范项目共计 200 个，包含工业大数据融合应用、民生大数据创新应用、大数据关键技术先导应用、大数据管理能力提升等四大领域，工业现场、企业应用、重点行业、民生大数据创新应用、大数据关键技术先导应用、数据管理能力、公共服务平台等 7 个方向。

福建省福耀玻璃工业集团股份有限公司的“基于大数据的资源共享和协同运营平台建设”、双驰实业股份有限公司的“鞋业工业互联网示范项目”、福建联迪商用设备有限公司的“支付大数据综合行业应用平台”、国网信通亿力科技有限责任公司的“电力大数据商业化服务示范应用建设项目”、厦门美亚商鼎信息科技有限公司的“食品安全风险预警大数据平台”、厦门路桥信息股份有限公司的“一路云智慧停车大数据平台”、厦门亿联网络技术股份有限公司的“企业通信大数据管理及分析平台”、厦门南讯股份有限公司的“ECRP 零售企业客户资源管理公共服务平台”等 8 个项目上榜。

（摘编：刘海元）

福建省文化产业发展专项资金支持县（市、区）名单

为支持我省文化产业发展，2020 年 11 月 15 日省财政提前下达 2021 年省文化产业发展专项资金 3600 万元，对省内文化产业发展基础较好、增长潜力大的 12 个县（市、区）给予重点支持。

经过竞争性分配方式申报、评审，仓山区、晋安区、长泰县、安溪县、德化县、泰宁县、仙游县、秀屿区（湄洲岛旅游经济区管理委员会）、建阳区、武夷山市、武平县、屏南县，被列入我省文化产业发展专项资金支持名单，将连续三年得到财政扶持。资金集中用于发展地方特色文化产业项目。

（摘编：李兵）

福建省农业产业化省级重点龙头企业更名名单

2020年3月25日福建省农业农村厅下发《关于同意部分2019年农业产业化省级重点龙头企业更名的通知》（闽农产函〔2020〕157号）提出，根据《福建省农业产业化省级重点龙头企业认定与监测管理办法》（闽农综〔2019〕115号），经审查，福建省连江远嘉冷冻食品有限公司等22家农业产业化省级重点龙头企业符合更名条件，同意予以更名；闽清县金沙大龙湾生态养殖场有限公司、罗汉峰（漳州）檀香股份有限公司、福建省碧诚工贸有限公司、泉州市润山生态农业综合开发有限公司、南安鼎盛养殖有限公司在2019年申报中名称录入有误，同意予以更正。

农业产业化省级重点龙头企业更名名单

序号	原名称	变更后名称
1	福建省连江远嘉冷冻食品有限公司	福建省远嘉海洋科技有限公司
2	福州大北农生物科技有限公司	兆丰华生物科技（福州）有限公司
3	长乐闽发食品水产有限公司	福州市长乐区闽发食品水产有限公司
4	厦门百利种苗有限公司	厦门百利控股有限公司
5	厦门中盛粮油集团有限公司	厦门新盛洲植物油有限公司
6	莆田广东温氏家禽有限公司	莆田温氏家禽有限公司
7	福建省安溪县华源茶业有限公司	福建省中闽华源茶业有限公司
8	福建省金霞生态园林景观工程有限公司	福建金霞生态园林股份有限公司
9	泉州市耀华园林工程有限公司	耀华园林股份有限公司
10	漳州嘉蕈食品有限公司	福建奇蕈食品股份有限公司
11	福建三和食品集团有限公司	三明惊石农业科技有限公司
12	福建丰茂生物科技有限公司	三明元利珍稀菇有限公司
13	福建文鑫莲业股份有限公司	福建文鑫莲业有限责任公司
14	永安市九龙湖农业发展有限公司	绿耕耘股份有限公司
15	福建省华融禽业有限公司	福建华融农牧集团有限公司
16	福建科宏生物工程有限公司	福建科宏生物工程股份有限公司
17	福建金山都发展有限公司	福建金山都种业发展有限公司
18	福建省龙岩市喜浪米业有限公司	福建省喜浪农业科技发展有限公司
19	福鼎市云鼎茶业有限公司	福建华香茶业有限公司
20	福建正茸农业发展有限公司	福建正茸农业科技股份有限公司
21	福建天人药业有限公司	福建天人药业股份有限公司

续表

序号	原名称	变更后名称
22	平潭县冠超市发展有限公司	福建冠业投资发展有限公司
23	闽清县金沙大龙湾生态养殖有限公司	闽清县金沙大龙湾生态养殖场有限公司
24	泉州润山生态农业综合开发有限公司	泉州市润山生态农业综合开发有限公司
25	南安市鼎盛养殖有限公司	南安鼎盛养殖有限公司
26	罗汉峰（漳州）檀香有限公司	罗汉峰（漳州）檀香股份有限公司
27	福建省碧城工贸有限公司	福建省碧诚工贸有限公司

（摘编：黄国实）

福建省一二三产业“百千”增产增效行动方案农业企业名单

一二三产业“百千”增产增效行动方案第一批农业企业名单

2020年4月29日福建省农业农村厅下发《关于印发一二三产业“百千”增产增效行动方案第一批农业企业名单的通知》（闽农产函〔2020〕225号）提出，根据《中共福建省委办公厅　福建省人民政府办公厅关于印发〈实施一二三产业“百千”增产增效行动方案〉的通知》（闽委办〔2020〕12号，以下简称《行动方案》）要求，现印发《行动方案》第一批农业企业名单（102家，协调服务单位另行下达）。请按照《行动方案》要求，紧紧围绕乡村产业振兴，按照“企业带产业、产业带农户”的思路，着力推动恢复一批、转型一批、拓展一批，促进农业优势特色产业和优势企业增产增效，为实现十大乡村特色产业全产业链总产值突破2万亿元目标、加快经济社会秩序全面恢复提供有力支撑。

一二三产业“百千”增产增效行动方案第一批农业企业名单（102家）

一、福州（21家）

1. 福建春伦集团有限公司
2. 福州福民茶叶有限公司
3. 闽榕茶业有限公司
4. 久泰现代农业有限公司
5. 海欣食品股份有限公司
6. 福建光阳蛋业股份有限公司
7. 福建省星源农牧科技股份有限公司
8. 福建天马科技集团股份有限公司
9. 利农农业技术（福建）有限公司
10. 福建超大现代农业集团有限公司
11. 永辉超市股份有限公司
12. 福建满堂香茶业股份有限公司
13. 宏东渔业股份有限公司
14. 福建正冠渔业开发有限公司
15. 连江县官坞海洋开发有限公司
16. 福建益升食品有限公司
17. 福建省平潭县远洋渔业集团有限公司
18. 福州宏龙海洋水产有限公司
19. 名成集团有限公司
20. 福建省闽清双棱竹业有限公司
21. 明一国际营养品集团有限公司

二、厦门（11家）

22. 厦门市新荣腾水产技术开发有限公司
23. 厦门象屿股份有限公司
24. 厦门爱垦园艺有限公司
25. 华祥苑茶业股份有限公司
26. 厦门茶叶进出口有限公司
27. 厦门市明穗粮油贸易有限公司
28. 厦门银祥集团有限公司
29. 厦门福慧达果蔬股份有限公司
30. 厦门市同安区市场建设管理有限公司
31. 如意情集团股份有限公司
32. 厦门龙程水产科技有限公司

三、莆田（5家）

33. 天怡（福建）现代农业发展有限公司
34. 莆田温氏家禽有限公司

35. 福建省华港农牧集团有限公司
36. 福建省闽中有机食品有限公司
37. 莆田市海发水产开发有限公司

四、泉州（10 家）

38. 安溪茶叶批发市场开发有限公司
39. 福建八马茶业有限公司
40. 福建安溪铁观音集团股份有限公司
41. 德化县祥山大果油茶有限公司
42. 达利食品集团有限公司
43. 福建顺成面业发展股份有限公司
44. 阿一波食品有限公司
45. 福建泉州市金穗米业有限公司
46. 泉州福海粮油工业有限公司
47. 石狮市华宝明祥食品有限公司

五、漳州（18 家）

48. 福建绿宝食品集团有限公司
49. 福建紫山集团股份有限公司
50. 厦门鑫兴宇养殖场
51. 立兴集团有限公司
52. 福建东方食品集团有限公司
53. 漳州明成食品有限公司
54. 漳州市同发食品工业有限公司
55. 信华食品（漳州）有限公司
56. 漳州大北农农牧科技有限公司
57. 漳州日高饲料有限公司
58. 福建康之味食品工业有限公司
59. 漳州天福茶业有限公司
60. 福建万辰生物科技股份有限公司
61. 漳浦县新建大水产养殖有限公司
62. 福建鸿森畜禽养殖有限公司
63. 漳州温氏农牧有限公司
64. 诏安优农生态农业开发有限公司
65. 福建铭兴食品冷冻有限公司

六、三明（7 家）

66. 三明市食品集团有限责任公司
67. 科荟种业股份有限公司
68. 福建和其昌竹业股份有限公司
69. 福建省八一村永庆竹木业开发有限责任公司
70. 福建光华百斯特生态农牧发展有限公司
71. 福建省沈郎油茶股份有限公司
72. 福建省祥云生物科技发展有限公司

七、南平（11 家）

73. 福建圣农控股集团有限公司
74. 福建省恒亮生态禽业有限公司
75. 福建旭禾米业有限公司
76. 仙芝科技（福建）股份有限公司
77. 福建华天农牧生态股份有限公司
78. 福建神农菇业股份有限公司
79. 福建武夷山国家级自然保护区正山茶业有限公司
80. 武夷星茶业有限公司
81. 福建长富乳品有限公司
82. 南平元力活性炭有限公司
83. 福建省祥福工艺有限公司

八、龙岩（6 家）

84. 福建容和盛食品集团有限公司
85. 福建龙岩闽雄生物科技股份有限公司
86. 福建龙岩晋龙食品有限公司
87. 福建省龙岩市福果时代农业科技有限公司
88. 福建康达森绿农业开发有限公司
89. 长汀县国投公司

九、宁德（10 家）

90. 安发（福建）生物科技有限公司
91. 福建品品香茶业有限公司
92. 福建福鼎海鸥水产食品有限公司
93. 福建闽威实业股份有限公司
94. 古田县顺达食品有限公司
95. 宁德市南阳实业有限公司
96. 福建岳海水产食品有限公司
97. 宁德市金盛水产有限公司
98. 宁德市海扬食品有限公司
99. 福建省宁德市川晖水产有限公司

十、平潭（3 家）

100. 福建阳光生态农业集团有限公司
101. 福建省恒利渔业有限公司
102. 福建省平潭县水产良种实验有限公司

一二三产业“百千”增产增效行动方案第二批农业企业名单

2020年7月15日福建省农业农村厅、福建省林业局、福建省海洋与渔业局下发《关于印发一二三产业“百千”增产增效行动方案第二批农业企业名单的通知》（闽农综〔2020〕79号）提出，根据《中共福建省委办公厅　福建省人民政府办公厅关于印发〈实施一二三产业“百千”增产增效行动方案〉的通知》（闽委办〔2020〕12号）要求，现印发一二三产业“百千”增产增效行动方案第二批农业企业名单（48家，协调服务单位另行下达）。各地要按照《福建省农业农村厅等5部门关于印发〈福建省一二三产业“百千”增产增效行动农业产业推进工作方案〉的通知》（闽农综〔2020〕53号）要求，建立挂钩服务工作机制，研究制定“一企一策”方案，于7月30日前报省农业农村厅乡村产业发展处。

一二三产业“百千”增产增效行动方案第二批农业企业名单

1. 武夷山市九龙袍茶业有限公司
2. 武夷山市绿洲茶业有限公司
3. 福建三明华达茶叶有限公司
4. 福建哈龙峰茶业有限公司
5. 上杭傲新生态农业开发有限公司
6. 福建哈客生态农业有限公司
7. 福建萌宝生态农业科技有限公司
8. 福建润宝畜牧有限公司
9. 福建天种森辉种猪有限公司
10. 南平市福源畜牧发展有限公司
11. 福建一春农业发展有限公司
12. 福建莆田鸿达牧业有限公司
13. 福建鑫锦宏农牧开发有限公司
14. 福建省麦尔食品集团有限公司
15. 福建傲农生物科技集团股份有限公司
16. 漳州富达农牧饲料有限公司
17. 龙岩溢可香农业发展有限公司
18. 厦门百利控股有限公司
19. 厦门青田食品工业有限公司
20. 漳浦县达川食品工业有限公司
21. 福建海丽天食品有限公司
22. 福建省诏安四海食品有限公司
23. 诏安荣华食品有限公司
24. 福建紫心生物薯业有限公司
25. 欧麦香（福建）食品有限公司
26. 福建省龙岩市华龙饲料有限公司
27. 福建金夏粮业有限公司
28. 三明河龙贡米米业股份有限公司
29. 厦门兴盛食品有限公司
30. 福建省古田闽越食品有限公司
31. 福建丹海新材料科技有限公司
32. 三明市缘福生物质科技有限公司
33. 福建省吉兴竹业有限公司
34. 福建省政泰工贸有限公司
35. 福建省尤溪永丰茂纸业有限公司
36. 福建宏盛园艺股份有限公司
37. 福建品匠茶居科技有限公司
38. 福建含香食品有限公司
39. 宁德市东方水产有限公司
40. 宁德市万兴食品有限公司
41. 福建嘉丰农业发展有限公司
42. 晋江力绿食品有限公司
43. 福建承天农林科技发展有限公司
44. 名佑（福建）食品有限公司
45. 福建科宏生物工程股份有限公司
46. 厦门市江平生物基质技术股份有限公司
47. 福建贯通食品有限公司
48. 福建升隆食品有限公司

（摘编：陈建闽）

福建省建筑业“百千”增产增效行动重点企业名单

第一批建筑业“百千”增产增效行动重点企业名单

2020年4月30日福建省住房和城乡建设厅下发《关于印发〈福建省建筑业“百千”增产增效行动实施方案〉的通知》（闽建筑〔2020〕4号）提出，根据省委省政府的要求，为统筹推进疫情防控和建筑业经济发展工作，扎实做好“六保”工作，促进建筑业持续健康发展，现将《福建省建筑业“百千”增产增效行动实施方案》和“百千”增产增效行动第一批建筑业企业名单（100家）印发给你们，请认真贯彻执行。

第一批建筑业“百千”增产增效行动重点企业名单

序号	企业名称	序号	企业号称
1	中建海峡建设发展有限公司	20	中交四航局第五工程有限公司
2	福建建工集团有限责任公司	21	福建弘祥建设工程有限公司
3	福建九鼎建设集团有限公司	22	福建省长鸿建筑工程有限公司
4	福建宏盛建设集团有限公司	23	福建省利恒建设工程有限公司
5	福建闽清一建建设发展有限公司	24	中铁（福州）投资有限公司
6	名筑建工集团有限公司	25	永太建设集团有限公司
7	福建来宝建设集团有限公司	26	中建四局建设发展有限公司
8	福建卓越建设工程开发有限公司	27	中建海峡（厦门）建设发展有限公司
9	福建华航建设集团有限公司	28	中交一公局厦门工程有限公司
10	福建省民益建设工程有限公司	29	中建鑫宏鼎环境集团有限公司
11	福建省百盛建设发展有限公司	30	中铁一局集团厦门建设工程有限公司
12	福建省透堡建筑工程有限公司	31	中交三航（厦门）工程有限公司
13	福建省中马建设工程有限公司	32	中铁二十二局集团第三工程有限公司
14	福建路桥建设有限公司	33	福建磊鑫（集团）有限公司
15	福建永东南建设集团有限公司	34	厦门中联永亨建设集团有限公司
16	向阳建设实业有限公司	35	福建森正建设有限公司
17	海环科技集团股份有限公司	36	厦门源昌城建集团有限公司
18	福建省晓沃建设工程有限公司	37	中铁十七局集团第六工程有限公司
19	中建（福建）建设有限公司	38	中建旷博（福建）有限公司

续表

序号	企业名称	序号	企业号称
39	鑫泰建设集团有限公司	70	飞阳建设工程有限公司
40	中铁海峡建设集团有限公司	71	亿耀（福建）建设有限公司
41	福建省惠东建筑工程有限公司	72	福建闽信建设发展有限公司
42	泉发建设股份有限公司	73	福建千业建设工程有限公司
43	福建省东霖建设工程有限公司	74	福建誉洲建设有限公司
44	中建协和建设有限公司	75	福建省易中成建设发展有限公司
45	福建省安泰建筑工程有限公司	76	福建正宇市政园林工程有限公司
46	中核工建设集团第四工程局有限公司	77	福建省腾昌建设有限公司
47	福建远舟港湾建设工程有限公司	78	福建新纪建设集团有限公司
48	中大（福建）工程建设集团有限公司	79	福建易顺建筑工程有限公司
49	方圆建设集团有限公司	80	福建晋恒建设工程有限公司
50	中晟海峡建设有限公司	81	武夷隆鑫集团有限公司
51	福建省五洲建设集团有限公司	82	巨融建工集团有限公司
52	中建力天集团有限公司	83	福建省华实建设工程有限公司
53	中建远南集团有限公司	84	福建金鼎建筑发展有限公司
54	中东建设集团有限公司	85	闽晟集团城建发展有限公司
55	福建省南安市第一建设有限公司	86	中汇建筑集团有限公司
56	福建丰秦园建筑工程有限公司	87	福建一建集团有限公司
57	福建俊润建设工程有限公司	88	福建省博兴建设有限公司
58	福建省启荣建设工程有限公司	89	福建大景建设有限公司
59	福建宝来建筑工程有限公司	90	福建国厦建设工程有限公司
60	福建省成宏园林建设有限公司	91	福建省泷澄建设集团有限公司
61	福建省梁禹工程有限公司	92	福建省日誉建设集团有限公司
62	福建拓海建设工程有限公司	93	福建省兴岩建设集团有限公司
63	福建惠丰建筑工程有限公司	94	福建七建集团有限公司
64	福建荣建集团有限公司	95	福建华建工程建设有限公司
65	福建巨岸建设工程有限公司	96	福建全立建设发展有限公司
66	福建省涵城建设工程有限公司	97	福建天微建设集团有限公司
67	福建省顺安建筑工程有限公司	98	福建大唐建设工程集团有限公司
68	福建省雄盛建筑工程有限公司	99	福鼎市市政工程有限公司
69	福建省东风建筑工程有限公司	100	元宏集团有限公司

第二批建筑业“百千”增产增效行动重点企业名单

2020年7月22日福建省住房和城乡建设厅下发《关于印发实施一二三产业“百千”增产增效行动方案第二批建筑业企业名单的通知》（闽建筑〔2020〕5号）提出，根据《中共福建省委办公厅福建省人民政府办公厅关于印发〈实施一二三产业“百千”增产增效行动方案〉的通知》（闽委办〔2020〕12号）要求，现将建筑业“百千”增产增效行动重点企业名单（第二批）予以公布。

第二批建筑业“百千”增产增效行动重点企业名单

序号	企业名称	序号	企业号称
1	福建六建集团有限公司	30	中建八局（厦门）建设有限公司
2	福建省永泰建筑工程公司	31	厦门海投工程建设有限公司
3	福建省永富建设集团有限公司	32	福建勤马集团有限公司
4	福建省华荣建设集团有限公司	33	厦门市吉兴集团建设有限公司
5	福建发展集团有限公司	34	福建互助建筑工程有限公司
6	福建省二建建设集团有限公司	35	福建筑兆建设有限公司
7	福建省融旗建设工程有限公司	36	中磐建设集团有限公司
8	中国水利水电第十六工程局有限公司	37	厦门市大方舟建设有限公司
9	新纪建工集团有限公司	38	厦门集三建设集团有限公司
10	福州建工（集团）总公司	39	福建省恒超建设发展有限公司
11	宇旺建工集团有限公司	40	福建众诚建设工程有限公司
12	华辉建工集团有限公司	41	厦门鲁班源房屋营造有限公司
13	福州市城投建筑有限公司	42	福建南建建设发展有限责任公司
14	福建建中建设科技有限责任公司	43	福建省第五建筑工程公司
15	福建省协兴建设有限公司	44	福建第一公路工程集团有限公司
16	福建璟榕工程建设发展有限公司	45	福建省桃城建设工程有限公司
17	中铁二十四局集团福建铁路建设有限公司	46	福建路港（集团）有限公司
18	福建省工业设备安装有限公司	47	中建富林集团有限公司
19	冠林电子有限公司	48	福建省育才建设发展有限公司
20	厦门辉煌装修工程有限公司	49	福建省闽南建筑工程有限公司
21	厦门特房建设工程集团有限公司	50	福建省惠一建设工程有限公司
22	福建博业建设集团有限公司	51	福建新铭豪建设工程有限公司
23	福建铭泰集团有限公司	52	福建省金正建设工程有限公司
24	福建三建工程有限公司	53	福建省广泽建设工程有限公司
25	中建闽泰建设开发有限公司	54	福建省汤头建筑工程有限公司
26	中城投集团第八工程局有限公司	55	福建省华策建设集团有限公司
27	中建大闽台建设发展有限公司	56	福建省晋南建设集团有限公司
28	福建省交建集团工程有限公司	57	福建凤凰山装饰工程有限公司
29	厦门树鑫建设集团有限公司	58	福建省世新工程营造有限公司

续表

序号	企业名称	序号	企业号称
59	福建省嘉晟建设发展有限公司	79	福建荣冠环境建设集团有限公司
60	福建才溪建设集团有限公司	80	漳州市建筑工程有限公司
61	福建省泰宏建设工程有限公司	81	漳州新源电力工程有限公司
62	福建新华夏建工有限公司	82	中建华鸿建设发展有限公司
63	龙岩市西安建筑工程有限公司	83	凯辉集团（福建）有限公司
64	福建成森建设集团有限公司	84	福建省盛威建设发展有限公司
65	福建联泰建设工程有限公司	85	中核华辰工程管理有限公司
66	福建永旺建设集团有限公司	86	中建豪城建设有限公司
67	福建省恒鼎建筑工程有限公司	87	福建省凡士建设集团有限公司
68	福建省恒基建设股份有限公司	88	福建省九建建筑工程有限公司
69	海曜建工集团有限公司	89	宏晖建设工程有限公司
70	福建省国泰建设有限公司	90	卓辉（福建）建设工程有限公司
71	福建省中木建设集团有限公司	91	江山（福建）建设工程有限公司
72	华宇（福建）置业集团有限公司	92	福建省邵武三建工程有限公司
73	福建省中禹水利水电工程有限公司	93	福建南平九峰建设工程有限公司
74	福建三明市第一建设工程有限公司	94	福建南平剑州建设工程有限公司
75	福建省禹澄建设工程有限公司	95	福建省武夷鸿三建工发展有限公司
76	福建恒盛建筑集团有限公司	96	武夷山顺鑫建设股份有限公司
77	福建联谊建筑工程有限公司	97	福建省嘉象建设工程有限公司
78	福建省天钧建设发展有限公司	98	中发腾龙建设有限公司

（摘编：王增丰）

福建省装配式钢结构生产基地名单

2020年9月9日福建省住房和城乡建设厅办公室下发《关于公布福建省装配式钢结构生产基地有关事项的通知》（闽建办筑函〔2020〕16号）提出，为方便建筑市场各方主体及时掌握我省装配式钢结构生产基地情况，按照《关于组织推荐装配式钢结构生产基地的函》（闽建办筑函〔2019〕39号）要求，经省建筑业协会组织推荐，现将我省第二批钢结构生产基地名单予以公布。

第一批福建省装配式钢结构生产基地名单（闽建办筑函〔2019〕43号）公布后，部分入选企业反映因申报名称不规范，给后续招投标等工作带来不便。经省建筑业协会组织核实，现将第一批福建省装配式钢结构生产基地名称进行统一规范并重新公布，闽建办筑函〔2019〕43号文同时废止。

第二批福建省装配式钢结构生产基地名单

序号	基地名称	基地地址	重型钢构年设计生产能力（万吨）
1	福建东钢钢铁有限公司装配式钢结构生产基地	福建省福清市阳下镇洪宽工业村沿溪路5号	5
2	福建屹鑫钢业有限公司装配式钢结构生产基地	福州市长乐区潭头镇大宏工业区899号	6
3	福建新鑫钢结构工程有限公司装配式钢结构生产基地	福州市快安高新园区湖里支路6号	5
4	福州铭林钢塔钢构制造有限公司装配式钢结构生产基地	福州铭林钢塔钢构制造有限公司仓山区城门工业区生产基地	8
5	福建省华厦建筑钢结构有限公司装配式钢结构生产基地	福州市闽侯县白沙镇楼格村	5
6	福建天安建筑钢铁制品有限公司装配式钢结构生产基地	福建省福清市阳下街道洪宽二路下坝村安明桥36号	5
7	龙岩市隆顺金属工程有限公司装配式钢结构生产基地	龙岩市新罗区龙州工业区、龙雁工业区	6
8	东益钢结构有限公司装配式钢结构生产基地	福建省龙岩市武平县十方村上葛藤坪186号	8
9	福建东日钢构制造有限公司装配式钢结构生产基地	福建省龙岩市永定区高陂镇高新工业园区沿河西路2号	5
10	福建省荣德胜建设发展有限公司装配式钢结构制造基地	福建省南平市建阳区闽北经济开发区（童游）一期5号地	5
11	漳州中城投建筑科技有限公司装配式钢结构生产基地	漳州市华安县经济开发区九龙工业园111号	5
12	福建河峰机械制造有限公司装配式钢结构生产基地	福建省漳州市华安经济开发区九龙工业区	6

续表

序号	基地名称	基地地址	重型钢构年设计生产能力（万吨）
13	恒晟集团有限公司装配式钢结构生产基地	漳州市华安县丰山镇内角村	5
14	福建宏之升钢结构工程有限公司装配式钢结构生产基地	漳州市南靖高新技术开发区	5
15	漳州厦钢钢结构有限公司装配式钢结构生产基地	漳州市长泰县古农农场顺祥路17号	5
16	中交三航（厦门）工程有限公司装配式钢结构生产基地	厦门市翔安区新店镇新澳路9号（中交三航厦门机电工程处）	8
17	赛博思（莆田）钢结构房屋工程有限公司装配式钢结构生产基地	福建省莆田市城厢区灵川镇太湖工业园区柯朱街368号	5
18	厦门鑫创好钢结构有限公司装配式钢结构生产基地	厦门市同安区洪塘镇新霞路308号	6
19	厦门瑞生祥钢结构股份有限公司装配式钢结构生产基地	漳州市华安工业区	5.2
20	厦门鑫红祥钢结构工程有限公司装配式钢结构生产基地	福建省漳州市长泰县古农农场内	5
21	漳州市军立工贸有限公司装配式钢结构生产基地	漳州市北斗工业区	5.6
22	福建省兴岩建设集团有限公司装配式钢结构生产基地	基地1：漳州市长泰县岩溪镇工业集中区 基地2：漳州市长泰县兴泰开发区仙景工业园106号	5
23	中铁科工集团轨道交通装备有限公司福州装配式钢结构生产基地	福州市长乐区江田镇东漳路	5.2

第一批福建省装配式钢结构生产基地名单（重新公布）

序号	基地名称	基地地址	重型钢构年设计生产能力（万吨）
1	中建海峡建设发展有限公司装配式钢结构生产基地	福建省福州市闽清县云龙乡后陇村	6
2	福建博那德科技园开发有限公司装配式钢结构生产基地	福建省福州市长乐区文岭镇前董村文鹤路168号	6
3	金强（福建）建材科技股份有限公司装配式钢结构生产基地	福建省福州市长乐区潭头镇金福路二刘村路段3#厂房1层（金强工业园）	5
4	福建和谐钢结构工程有限公司连江装配式钢结构生产基地	福建省福州市连江县东湖镇飞石岗工业区	6
5	福建海峡榕都建设工程有限公司装配式钢结构生产基地	福建省福州市连江县坑园镇兴港路3号	6
6	福建省工业设备安装有限公司装配式钢结构生产基地	福建省泉州市泉港区界山镇鹅头村福建省工业设备安装有限公司基地	5
7	福建荣盛钢结构实业有限公司装配式钢结构生产基地	福建省泉州市泉港区普安工业区、前黄工业区	8

续表

序号	基地名称	基地地址	重型钢构年设计生产能力（万吨）
8	福建省万成建筑工程有限公司装配式钢结构生产基地	福建省泉州市南安霞美镇埔当工业区	5.1
9	福建省恒隆建设工程有限公司装配式钢结构生产基地	福建省泉州市南安康美镇雪峰经济开发区	5.2
10	泉州市中骄构件制造有限公司装配式钢结构生产基地	基地1：福建省泉州市台商投资区惠南工业区（张坂镇） 基地2：福建省泉州市惠安县紫山镇美仁工业区	5.2
11	厦门新长诚钢构工程有限公司漳州华安装配式钢结构生产基地	福建省漳州市华安经济开发区	15
12	福建鑫晟钢业有限公司装配式钢结构生产基地	福建省漳州市长泰县兴泰开发区	5
13	福建十八重工股份有限公司装配式钢结构生产基地	福建省漳州市云霄县列屿镇疏港路18号	6
14	福建省凯第杭萧钢构有限公司装配式钢结构生产基地	福建省漳州市高新区靖城园区	H型钢梁1.5万吨 箱型钢0.5万吨 钢管束6万吨
15	福建省日誉建设集团有限公司装配式钢结构生产基地	福建省漳州市九湖镇工业园区内	5
16	龙岩市杰新钢结构工程有限公司钢结构生产基地	福建省龙岩经济技术开发区联发路1号	5
17	福建联泰建设工程有限公司（福建省联泰钢构有限公司）装配式钢结构生产基地	福建省龙岩市上杭县临城镇南岗工业园区黄竹路8号	6
18	住宅产业化（三明）生产基地	福建省三明市梅列区小蕉工业园兴业五路19号	6
19	福建飞阳钢结构有限公司装配式钢结构生产基地	福建省莆田市涵江区石庭工业区内	5
20	福建省马尾造船股份有限公司装配式钢结构生产基地	福建省福州市连江县琯头镇粗芦岛船政大道一号	8
21	福建东南造船有限公司装配式钢结构生产基地	福建省福州市经济技术开发区建设路7号	5.5
22	福建福宁船舶重工有限公司装配式钢结构生产基地	福建省福安市甘棠镇奎住村	6
23	厦门船舶重工股份有限公司装配式钢结构生产基地	福建省厦门市海沧区排头路	5.5
24	福建福船一帆新能源装备制造有限公司装配式钢结构生产基地	福建省漳州市六鳌镇新厝村	20
25	厦门天重钢结构有限公司装配式钢结构生产基地	基地1：福建省厦门市集美区北部工业区东林路1111号 基地2：福建省漳州市长泰县兴泰开发区积山村塘边1026号	5.2

（摘编：林开龙）

2020年福建省工业和信息化省级龙头企业名单

2020年6月28日福建省工业和信息化厅下发《关于发布2020年福建省工业和信息化省级龙头企业名单的通知》（闽工信投资〔2020〕91号）提出，为贯彻落实《福建省人民政府办公厅关于印发新一轮促进工业和信息化龙头企业改造升级行动计划（2018－2020年）》（闽政办〔2018〕50号），经企业申报、各有关单位审核推荐和网上公示，现将福建省能源集团有限责任公司等518家2020年福建省工业和信息化省级龙头企业（含子公司）名单予以发布。

各设区市及平潭综合实验区工信部门（物流牵头部门）、在闽央属企业、省属控股（集团）公司要将龙头企业作为日常管理、支持和服务的重点，指导和督促龙头企业登录“福建省工业企业服务云平台”定期报送企业生产经营信息，及时做好动态跟踪服务，推动龙头企业加快改造升级，持续做大做强。

2020年福建省工业和信息化省级龙头企业名单

序号	企业名称	所在地区	大类行业	细分行业
1	福建省能源集团有限责任公司	福州	煤炭开采和洗选业	煤炭开采和洗选业
2	1 福建煤电股份有限公司	龙岩		
3	2 福建省永安煤业有限责任公司	三明		
4	3 福建省鸿山热电有限责任公司	泉州		
5	4 福建晋江天然气发电有限公司	泉州		
6	5 福建省福能新能源有限责任公司	莆田		
7	6 福建福能南纺卫生材料有限公司	南平		
8	7 福建水泥股份有限公司	福州		
9	8 福建水泥股份有限公司炼石水泥厂	南平		
10	9 福州炼石水泥有限公司	福州		
11	10 福建永安建福水泥有限公司	三明		
12	11 福建安砂建福水泥有限公司	三明		
13	12 福建省永安金银湖水泥有限公司	三明		
14	13 福建省福能龙安热电有限公司	宁德		
15	福建马坑矿业股份有限公司	龙岩	黑色金属矿采选业	铁矿采选
16	益海嘉里（泉州）粮油食品工业有限公司	泉州	农副食品加工业	谷物磨制
17	莆田市利源米业有限公司	莆田		
18	厦门海嘉面粉有限公司	厦门		

续表

序号	企业名称	所在地区	大类行业	细分行业
19	福建元成豆业有限公司	福州	农副食品加工业	饲料加工
20	福建傲农生物科技集团股份有限公司	漳州		
21	1 漳州傲农牧业科技有限公司	漳州		
22	2 龙岩傲农饲料有限公司	龙岩		
23	3 福州傲农生物科技有限公司	福州		
24	福建长德蛋白科技有限公司	福州		
25	福建天马科技集团股份有限公司	福州		
26	1 福建天马饲料有限公司	福州		
27	漳州大北农农牧科技有限公司	漳州		
28	福州开发区高龙饲料有限公司	福州		
29	泉州福海粮油工业有限公司	泉州	农副食品加工业	植物油加工
30	中纺粮油（福建）有限公司	漳州		
31	福建康宏股份有限公司	福州		
32	福州集佳油脂有限公司	福州		
33	厦门中禾实业有限公司	厦门		
34	福建圣农控股集团有限公司	南平	农副食品加工业	屠宰及肉类加工
35	1 福建圣农发展股份有限公司	南平		
36	2 福建圣农发展（浦城）有限公司	南平		
37	3 福建圣农食品有限公司	南平		
38	4 圣农发展（政和）有限公司	南平		
39	5 福建海圣饲料有限公司	南平		
40	6 福建省圣新能源股份有限公司	南平	电力、热力、燃气及水生产和供应业	电力生产
41	天怡（福建）现代农业发展有限公司	莆田	农副食品加工业	屠宰及肉类加工
42	福建容和盛食品集团有限公司	龙岩	农副食品加工业	屠宰及肉类加工
43	福建正大食品有限公司	龙岩		
44	1 龙岩正大有限公司	龙岩		
45	福建东山县顺发水产有限公司	漳州	农副食品加工业	水产品加工
46	福建福鼎海鸥水产食品有限公司	宁德		
47	福建新福水产集团有限公司	漳州		
48	福州旭煌食品有限公司	福州		
49	漳州市东好水产食品有限公司	漳州		
50	福建新华东食品有限公司	漳州		
51	漳州泉丰食品开发有限公司	漳州		
52	阿一波食品有限公司	泉州		
53	福建省红太阳精品有限公司	莆田		

续表

序号	企业名称	所在地区	大类行业	细分行业
54	诏安县安邦水产食品有限公司	漳州	农副食品加工业	水产品冷冻加工
55	福建亿达食品有限公司	福州		
56	宁德市金盛水产有限公司	宁德		
57	漳州元新食品有限公司	漳州		
58	福建岳海水产食品有限公司	宁德		
59	中港（福建）水产食品有限公司	漳州		
60	长乐聚泉食品有限公司	福州	农副食品加工业	鱼糜制品及水产品干腌制加工
61	海欣食品股份有限公司	福州		
62	1 东山腾新食品有限公司	漳州		
63	如意情集团股份有限公司	厦门	农副食品加工业	蔬菜加工
64	福建省晋江福源食品有限公司	泉州	食品制造业	焙烤食品制造
65	达利食品集团有限公司	泉州		
66	蜡笔小新（福建）食品工业有限公司	泉州	食品制造业	糖果、巧克力及蜜饯制造
67	福建久久王食品工业有限公司	泉州		
68	福建东方食品集团有限公司	漳州		
69	1 漳州含羞草食品有限公司	漳州		
70	天喔（福建）食品有限公司	莆田		
71	福州龙福食品有限公司	福州	食品制造业	方便食品制造
72	福建安井食品股份有限公司	厦门		
73	福建长富乳品有限公司	南平	食品制造业	乳制品制造
74	福建紫山集团股份有限公司	漳州	食品制造业	罐头食品制造
75	安发（福建）生物科技有限公司	宁德	食品制造业	其他食品制造
76	百威雪津啤酒有限公司	莆田	酒、饮料和精制茶制造业	酒的制造
77	厦门太古可口可乐饮料有限公司	厦门	酒、饮料、茶制造业	饮料制造
78	漳州天福茶业有限公司	漳州	酒、饮料和精制茶制造业	精制茶加工
79	厦门烟草工业有限责任公司	厦门	烟草制品业	卷烟制造
80	龙岩烟草工业有限责任公司	龙岩		
81	福建长源纺织有限公司	福州	纺织业	棉纺织及印染精加工
82	福建金源纺织有限公司	福州		
83	福建省长乐市锦源纺织有限公司	福州		
84	福州翔隆纺织有限公司	福州		
85	福建龙峰纺织科技实业有限公司	泉州		

续表

序号	企业名称	所在地区	大类行业	细分行业
86	福建新华源发展集团	福州	纺织业	棉纺织及印染精加工
87	1 福建新华源纺织集团有限公司	福州		
88	2 福建华源纺织有限公司	福州		
89	3 福建恒源纺织有限公司	福州		
90	福建经纬集团有限公司	福州		
91	福建省长乐市第二棉纺织厂	福州		
92	福建省长乐市华亚纺织有限公司	福州		
93	福建省长乐市正隆纺织有限公司	福州		
94	福建省宏鑫纺织有限公司	龙岩		
95	福建省永泰县金泰纺织有限公司	福州	纺织业	棉纺纱加工
96	福建省天和纺织实业有限公司	福州		
97	福建省长乐金沙港纺织有限公司	福州		
98	福建金磊纺织有限公司	福州		
99	福建华锦实业有限公司	莆田	纺织业	棉印染精加工
100	福建锦程高科实业有限公司	福州	纺织业	化纤织造及印染精加工
101	福建华峰新材料有限公司	莆田	纺织业	针织或钩针编织物及其制品制造
102	信泰（福建）科技有限公司	泉州		
103	福建浔兴拉链科技股份有限公司	泉州	纺织业	产业用纺织制成品制造
104	福建源盛纺织服装城有限公司	福州	纺织服装、服饰业	机织服装制造
105	1 福州融裕行纺织织造有限公司	福州		
106	2 福州茂盛投资有限公司	福州		
107	福建柒牌时装科技股份有限公司	泉州		
108	九牧王股份有限公司	泉州		
109	才子服饰股份有限公司	莆田		
110	利郎（中国）有限公司	泉州		
111	莆田市金利莱斯服饰织造有限公司	莆田		
112	福建七匹狼实业股份有限公司	泉州		
113	1 晋江七匹狼服装制造有限公司	泉州		
114	福建利瑶纺织制衣有限公司	泉州		
115	福建华耀运动用品科技有限公司	莆田	纺织服装、服饰业	运动机织服装制造
116	匹克（中国）有限公司	泉州		
117	晋江市七彩狐服装织造有限公司	泉州	纺织服装、服饰业	针织或钩针编织服装制造
118	福建宏远集团有限公司	泉州		
119	福建南安市万家美针织有限公司	泉州		
120	兴业皮革科技股份有限公司	泉州	皮革、毛皮、羽毛及其制品和制鞋业	皮革鞣制加工
121	1 福建瑞森皮革有限公司	漳州		

续表

序号	企业名称	所在地区	大类行业	细分行业
122	祥兴（福建）箱包集团有限公司	福州	皮革、毛皮、羽毛及其制品和制鞋业	皮革制品制造
123	特步（中国）有限公司	泉州	皮革、毛皮、羽毛及其制品和制鞋业	制鞋业
124	安踏体育用品集团有限公司	泉州		
125	莆田市鑫龙鞋业有限公司	莆田		
126	安踏（中国）有限公司	泉州		
127	贵人鸟股份有限公司	泉州		
128	莆田启明鞋业有限公司	莆田		
129	三六一度（中国）有限公司	泉州		
130	乔丹体育股份有限公司	泉州		
131	泉州鸿荣轻工有限公司	泉州	皮革、毛皮、羽毛及其制品和制鞋业	制鞋业
132	莆田市辉特体育用品有限公司	莆田		
133	福建协丰鞋业有限公司	莆田		
134	三六一度（福建）体育用品有限公司	泉州	皮革、毛皮、羽毛及其制品和制鞋业	皮鞋制造
135	福建鸿星尔克体育用品有限公司	泉州		
136	莆田市来克体育用品有限公司	莆田		
137	莆田市永丰鞋业有限公司	莆田		
138	福建东方猎狼服装织造有限公司	莆田		
139	莆田市新日鞋服有限公司	莆田		
140	福建荔丰鞋业开发有限公司	莆田		
141	莆田市力奴鞋业有限公司	莆田		
142	双驰实业股份有限公司	莆田		
143	1 福建省莆田市双源鞋业有限公司	莆田		
144	福建省连江县飞鹭鞋业有限公司	福州	皮革、毛皮、羽毛及其制品和制鞋业	塑料鞋制造
145	福建华峰运动用品科技有限公司	莆田	皮革、毛皮、羽毛及其制品和制鞋业	其他制鞋业
146	福建省永安林业（集团）股份有限公司	三明	木材加工和木、竹、藤、棕、草制品业	人造板制造
147	1 福建森源家具有限公司	三明		
148	武夷山市美华实业有限公司	南平	木材加工和木、竹、藤、棕、草制品业	木质制品制造
149	福建华宇集团有限公司	南平	木材加工和木、竹、藤、棕、草制品业	竹、藤、棕、草等制品制造
150	1 福建居怡竹木业有限公司	南平		
151	2 福建驰宇装饰材料有限公司	南平	橡胶和塑料制品业	塑料制品业
152	家世比科技有限公司	泉州	家具制造业	其他家具制造
153	1 泉州天隆金属制品有限公司	泉州	金属制品业	建筑、安全用金属制品制造

续表

序号	企业名称	所在地区	大类行业	细分行业
154	联盛纸业（龙海）有限公司	漳州	造纸和纸制品业	造纸
155	玖龙纸业（泉州）有限公司	泉州		
156	福建省青山纸业股份有限公司	三明		
157	山鹰华南纸业有限公司	漳州		
158	福建恒利纸业有限公司	泉州	造纸和纸制品业	纸制品制造
159	中天（中国）工业有限公司	泉州		
160	怡佳（福建）卫生用品有限公司	泉州		
161	福建恒安集团有限公司	泉州		
162	1 晋江恒安家庭生活用纸有限公司	泉州		
163	2 晋江恒安心相印纸制品有限公司	泉州		
164	3 福建恒安卫生材料有限公司	泉州		
165	4 福建恒安家庭生活用品有限公司	泉州		
166	5 恒安（中国）卫生用品有限公司	泉州		
167	6 恒安（中国）纸业有限公司	泉州		
168	福建友谊胶粘带集团有限公司	福州	文教、工美、体育和娱乐用品制造业	文教办公用品制造
169	福建省三福古典家具有限公司	莆田	文教、工美、体育和娱乐用品制造业	工艺美术及礼仪用品制造
170	福建杜氏木业有限公司	南平		
171	福建金德尚黄金有限公司	福州		
172	舒华体育股份有限公司	泉州	文教、工美、体育和娱乐用品制造业	体育用品制造
173	厦门钢宇工业有限公司	厦门		
174	福建联合石油化工有限公司	泉州	石油、煤炭及其他燃料加工业	精炼石油产品制造
175	中化泉州石化有限公司	泉州		
176	福建石油化工集团有限责任公司	福州	化学原料和化学制品制造业	基础化学原料制造
177	1 福建省东南电化股份有限公司	福州		
178	2 福建湄洲湾氯碱工业有限公司	泉州		
179	3 福建省福橡化工有限责任公司	泉州		
180	4 福建福海创石油化工有限公司	漳州		
181	5 腾龙芳烃（漳州）有限公司	漳州		
182	福建天辰耀隆新材料有限公司	福州		
183	三明厦钨新能源材料有限公司	三明		
184	瓮福紫金化工股份有限公司	龙岩		
185	福建省清流县东莹化工有限公司	三明		
186	福建榕昌化工有限公司	南平		
187	福建合盛气体有限公司	福州	化学原料和化学制品制造业	其他基础化学原料制造

续表

序号	企业名称	所在地区	大类行业	细分行业
188	三棵树涂料股份有限公司	莆田	化学原料和化学制品制造业	涂料、油墨、颜料及类似产品制造
189	福建中锦新材料有限公司	莆田	化学原料和化学制品制造业	合成材料制造
190	福建中景石化有限公司	福州		
191	福建省中江石化有限公司	福州		
192	腾龙特种树脂（厦门）有限公司	厦门		
193	长春化工（漳州）有限公司	漳州		
194	中仑塑业（福建）有限公司	泉州		
195	翔鹭石化（漳州）有限公司	漳州	化学原料和化学制品制造业	合成纤维单（聚合）体制造
196	福建永荣科技有限公司	莆田		
197	福建元力活性炭股份有限公司	南平	化学原料和化学制品制造业	专用化学产品制造
198	1 南平元力活性炭有限公司	南平		
199	2 福建省南平市元禾化工有限公司	南平		
200	福建青松股份有限公司	南平		
201	福建省金鹿日化股份有限公司	泉州		
202	厦门金达威集团股份有限公司	厦门	医药制造业	化学药品原料药制造
203	漳州片仔癀药业股份有限公司	漳州	医药制造业	中成药生产
204	1 福建片仔癀化妆品有限公司	漳州		
205	赛得利（福建）纤维有限公司	莆田	化学纤维制造业	纤维素纤维原料及纤维制造
206	恒申控股集团有限公司	福州	化学纤维制造业	锦纶纤维制造
207	1 长乐恒申合纤科技有限公司	福州		
208	2 长乐力恒锦纶科技有限公司	福州		
209	3 福建申远新材料有限公司	福州		
210	4 长乐力源锦纶实业有限公司	福州		
211	福建永荣锦江股份有限公司	福州		
212	1 福建新创锦纶实业有限公司	福州		
213	福建凯邦锦纶科技有限公司	福州		
214	福建景丰科技有限公司	福州		
215	福建恒捷实业有限公司	福州	化学纤维制造业	锦纶纤维制造
216	福建万鸿纺织有限公司	福州		
217	福建省金纶高纤股份有限公司	福州	化学纤维制造业	涤纶纤维制造
218	福建百宏聚纤科技实业有限公司	泉州		
219	福建省长乐市山力化纤有限公司	福州		
220	福建正麒高纤科技股份有限公司	泉州		
221	福建经纬新纤科技实业有限公司	福州		
222	厦门翔鹭化纤股份有限公司	厦门		
223	晋江市锦福化纤聚合有限公司	泉州		
224	福建逸锦化纤有限公司	泉州		

续表

序号	企业名称	所在地区	大类行业	细分行业
225	福建佳通轮胎有限公司	莆田	橡胶和塑料制品业	橡胶制品业
226	福建省海安橡胶有限公司	莆田		
227	正新（漳州）橡胶工业有限公司	漳州		
228	建新轮胎（福建）有限公司	三明		
229	厦门长塑实业有限公司	厦门	橡胶和塑料制品业	塑料制品业
230	厦门建霖健康家居股份有限公司	厦门		
231	1 厦门英仕卫浴有限公司	厦门		
232	2 厦门百霖净水科技有限公司	厦门		
233	3 厦门阿匹斯智能制造系统有限公司	厦门		
234	4 漳州建霖实业有限公司	漳州		
235	福融辉实业（福建）有限公司	福州		
236	福建百宏高新材料实业有限公司	泉州		
237	福建恒杰塑业新材料有限公司	福州		
238	天守（福建）超纤科技股份有限公司	龙岩		
239	福建龙麟集团有限公司	龙岩	非金属矿物制品业	水泥、石灰和石膏制造
240	1 福建龙麟环境工程有限公司	龙岩		
241	2 漳浦龙麟水泥有限公司	龙岩		
242	3 龙岩市华麟混凝土有限公司	龙岩		
243	漳平红狮水泥有限公司	龙岩		
244	1 大田红狮水泥有限公司	三明		
245	2 龙海红狮水泥有限公司	漳州		
246	3 漳州紫金建材有限公司	漳州		
247	4 南安红狮水泥有限公司	泉州		
248	福建塔牌水泥有限公司	龙岩		
249	1 福建塔牌矿业有限公司	龙岩		
250	福建金牛水泥有限公司	三明		
251	1 将乐金牛水泥有限公司	三明		
252	2 三明金牛水泥有限公司	三明		
253	3 南平金牛水泥有限公司	南平		
254	4 福州金牛水泥有限公司	福州		
255	福建春驰集团有限公司	龙岩	非金属矿物制品业	水泥制造
256	1 福建春驰集团新丰水泥有限公司	龙岩		
257	2 国产实业（福建）水泥有限公司	龙岩		
258	福建建华建材有限公司	福州	非金属矿物制品业	水泥制品制造
259	溪石集团发展有限公司	泉州	非金属矿物制品业	砖瓦、石材等建筑材料制造
260	金强（福建）建材科技股份有限公司	福州		
261	南安市水头康利石材有限公司	泉州		

续表

序号	企业名称	所在地区	大类行业	细分行业
262	南安市奥力石业有限公司	泉州	非金属矿物制品业	建筑用石加工
263	福建泉州南星大理石有限公司	泉州		
264	福耀玻璃工业集团股份有限公司	福州	非金属矿物制品业	玻璃制造
265	1 福建省万达汽车玻璃工业有限公司	福州		
266	漳州旗滨玻璃有限公司	漳州		
267	莆田市日晶玻璃制品有限公司	莆田	非金属矿物制品业	玻璃制品制造
268	九牧厨卫股份有限公司	泉州	非金属矿物制品业	陶瓷制品制造
269	福建福欣特殊钢有限公司	漳州	黑色金属冶炼和压延加工业	炼钢
270	福建大东海实业集团有限公司	福州		
271	福建顺昌和兴实业有限公司	南平		
272	福建省三钢（集团）有限责任公司	三明		
273	1 福建罗源闽光钢铁有限责任公司	福州		
274	2 福建泉州闽光钢铁有限责任公司	泉州		
275	三宝集团股份有限公司	漳州		
276	1 福建三宝钢铁有限公司	漳州		
277	2 福建三宝特钢有限公司	漳州		
278	宝钢德盛不锈钢有限公司	福州		
279	福州吴航钢铁制品有限公司	福州		
280	福建吴航不锈钢制品有限公司	福州		
281	福建青拓镍业有限公司	宁德		
282	福建鼎信实业有限公司	宁德		
283	福建青拓实业股份有限公司	宁德		
284	福建三山（集团）南平市钢铁有限公司	南平		
285	福建甬金金属科技有限公司	宁德	黑色金属冶炼和压延加工业	钢压延加工
286	福建宏旺实业有限公司	宁德		
287	福建三钢小蕉实业发展有限公司	三明		
288	1 福建天尊新材料制造有限公司	三明		
289	2 福建天尊铸业有限公司	三明		
290	福建凯景新型科技材料有限公司	漳州		
291	福建青拓设备制造有限公司	宁德		
292	福建青拓上克不锈钢有限公司	宁德		
293	首钢凯西钢铁有限公司	漳州		
294	福建省辉源金属制品有限公司	泉州		
295	福建省明光新型材料有限公司	三明		
296	福建鼎信科技有限公司	宁德		
297	福建统一马口铁有限公司	漳州		

续表

序号	企业名称	所在地区	大类行业	细分行业
298	福建联德企业有限公司	宁德	黑色金属冶炼和压延加工业	铁合金冶炼
299	紫金矿业集团股份有限公司	龙岩	有色金属冶炼和压延加工业	常用有色金属冶炼
300	1 紫金铜业有限公司	龙岩		
301	2 紫金矿业集团黄金冶炼有限公司	龙岩		
302	3 福建紫金铜业有限公司	龙岩		
303	中铝东南铜业有限公司	宁德	有色金属冶炼和压延加工业	铜冶炼
304	福建省闽发铝业股份有限公司	泉州	有色金属冶炼和压延加工业	有色金属压延加工
305	中铝瑞闽股份有限公司	福州		
306	厦门钨业股份有限公司	厦门	有色金属冶炼和压延加工业	有色金属压延加工
307	1 厦门金鹭特种合金有限公司	厦门		
308	2 厦门虹鹭钨钼工业有限公司	厦门		
309	3 厦门嘉鹭金属工业有限公司	厦门		
310	4 厦门朋鹭金属工业有限公司	厦门		
311	5 宁化行洛坑钨矿有限公司	三明		
312	6 福建省长汀金龙稀土有限公司	龙岩		
313	7 厦门厦钨新能源材料股份有限公司	厦门		
314	8 宁德厦钨新能源材料有限公司	宁德	有色金属冶炼和压延加工业	稀有稀土金属冶炼
315	福建省南平铝业股份有限公司	南平	有色金属冶炼和压延加工业	有色金属压延加工
316	1 福建省南铝板带加工有限公司	南平		
317	2 福建省华银铝业有限公司	南平		
318	厦门厦顺铝箔有限公司	厦门		
319	福建奋安铝业有限公司	福州		
320	福建固美金属股份公司	泉州		
321	福建祥鑫股份有限公司	福州		
322	福建博那德科技园开发有限公司	福州	金属制品业	结构性金属制品制造
323	福建冠盖金属包装有限公司	莆田	金属制品业	集装箱及金属包装容器制造
324	昇兴集团股份有限公司	福州		
325	漳州中集集装箱有限公司	漳州		
326	厦门保沣实业有限公司	厦门	金属制品业	金属包装容器及材料制造
327	路达（厦门）工业有限公司	厦门	金属制品业	建筑、安全用金属制品制造
328	厦门松霖科技股份有限公司	厦门		
329	百路达（厦门）工业有限公司	厦门		

续表

序号	企业名称	所在地区	大类行业	细分行业
330	福建申利卡铝业发展有限公司	泉州	金属制品业	金属表面处理及热处理加工
331	通达（厦门）科技有限公司	厦门	金属制品业	锻造及其他金属制品制造
332	福建省威盛机械发展有限公司	泉州	通用设备制造业	金属加工机械制造
333	林德（中国）叉车有限公司	厦门	通用设备制造业	物料搬运设备制造
334	龙工（福建）桥箱有限公司	龙岩	通用设备制造业	轴承、齿轮和传动部件制造
335	福建联迪商用设备有限公司	福州	通用设备制造业	文化、办公用机械制造
336	玉晶光电（厦门）有限公司	厦门		
337	龙工（福建）机械有限公司	龙岩	专用设备制造业	采矿、冶金、建筑专用设备制造
338	福建晋工机械有限公司	泉州		
339	大博医疗科技股份有限公司	厦门	专用设备制造业	医疗仪器设备及器械制造
340	福建龙净环保股份有限公司	龙岩	专用设备制造业	环保、邮政、社会公共服务及其他专用设备制造
341	1 福建龙净脱硫脱硝工程有限公司	厦门		
342	2 龙岩龙净环保机械有限公司	龙岩		
343	3 厦门龙净环保技术有限公司	厦门		
344	东南（福建）汽车工业有限公司	福州	汽车制造业	汽车整车制造
345	福建奔驰汽车有限公司	福州		
346	厦门金龙联合汽车工业有限公司	厦门		
347	厦门金龙旅行车有限公司	厦门		
348	中国重汽集团福建海西汽车有限公司	三明		
349	上海汽车集团股份有限公司乘用车福建分公司	宁德	汽车制造业	新能源车整车制造
350	福建龙马环卫装备股份有限公司	龙岩	汽车制造业	改装汽车制造
351	正兴车轮集团有限公司	漳州	汽车制造业	汽车零部件及配件制造
352	1 华安正兴车轮有限公司	漳州		
353	厦门日上集团股份有限公司	厦门		
354	1 厦门新长诚钢构工程有限公司	厦门		
355	2 厦门日上钢圈有限公司	厦门		
356	3 厦门日上金属有限公司	厦门		
357	4 新长诚（漳州）重工有限公司	漳州		
358	福州六和机械有限公司	福州		
359	厦门金龙汽车集团股份有限公司	厦门		
360	1 厦门金龙汽车车身有限公司	厦门		
361	2 厦门金龙汽车新能源科技有限公司	厦门	电气机械和器材制造业	电机制造
362	云集（福建）实业有限公司	福州	铁路、船舶、航空航天和其他运输设备制造业	铁路运输设备制造

续表

序号	企业名称	所在地区	大类行业	细分行业
363	福建省船舶工业集团有限公司	福州	铁路、船舶、航空航天和其他运输设备制造业	船舶及相关装置制造
364	1 福建省马尾造船股份有限公司	福州		
365	2 厦门船舶重工股份有限公司	厦门		
366	3 福建东南造船有限公司	福州		
367	4 福建福宁船舶重工有限公司	宁德		
368	5 福人木业（福州）有限公司	福州		
369	6 福人木业（莆田）有限公司	莆田		
370	7 福建福船一帆新能源装备制造有限公司	漳州		
371	8 福人集团森林工业有限公司	南平		
372	上海电气风电设备莆田有限公司	莆田	电气机械和器材制造业	电机制造
373	厦门 ABB 开关有限公司	厦门	电气机械和器材制造业	输配电及控制设备制造
374	厦门宏发电声股份有限公司	厦门		
375	1 厦门宏发电力电器有限公司	厦门		
376	2 厦门宏发电力电子科技有限公司	厦门		
377	3 厦门精合电气自动化有限公司	厦门		
378	4 厦门宏发汽车电子有限公司	厦门		
379	5 厦门金越电器有限公司	厦门		
380	6 厦门宏发开关设备有限公司	厦门		
381	7 厦门宏远达电器有限公司	厦门		
382	8 漳州宏发电声有限公司	漳州		
383	9 厦门宏发信号电子有限公司	厦门		
384	科华恒盛股份有限公司	厦门	电气机械和器材制造业	输配电及控制设备制造
385	1 漳州科华技术有限责任公司	漳州		
386	阳光中科（福建）能源股份有限公司	泉州		
387	大通（福建）新材料股份有限公司	福州	电气机械和器材制造业	电线、电缆、光缆及电工器材制造
388	福建南平太阳电缆股份有限公司	南平		
389	1 福建上杭太阳铜业有限公司	龙岩		
390	2 福建南平太阳铜业有限公司	南平		
391	宁德新能源科技有限公司	宁德	电气机械和器材制造业	电池制造
392	宁德时代新能源科技股份有限公司	宁德		
393	飞毛腿（福建）电子有限公司	福州		
394	福建南平南孚电池有限公司	南平		
395	福建省闽华电源股份有限公司	泉州		
396	飞毛腿电池有限公司	福州	电气机械和器材制造业	锂离子电池制造

续表

序号	企业名称	所在地区	大类行业	细分行业
397	漳州蒙发利实业有限公司	漳州	电气机械和器材制造业	家用电力器具制造
398	厦门华联电子股份有限公司	厦门		
399	宁化月兔科技有限公司	三明		
400	奥佳华智能健康科技集团股份有限公司	厦门		
401	1 厦门蒙发利电子有限公司	厦门		
402	2 厦门蒙发利健康科技有限公司	厦门		
403	漳州灿坤实业有限公司	漳州		
404	厦门通士达照明有限公司	厦门	电气机械和器材制造业	照明器具制造
405	戴尔（中国）有限公司	厦门	计算机、通信和其他电子设备制造业	计算机制造
406	戴尔（厦门）有限公司	厦门	计算机、通信和其他电子设备制造业	计算机整机制造
407	漳州万利达科技有限公司	漳州		
408	锐捷网络股份有限公司	福州		
409	福建捷联电子有限公司	福州	计算机、通信和其他电子设备制造业	计算机外围设备制造
410	福建省电子信息（集团）有限责任公司	福州	计算机、通信和其他电子设备制造业	计算机、通信和其他电子设备制造业
411	1 福建星网锐捷通讯股份有限公司	福州		
412	2 福建省星云大数据应用服务有限公司	福州		
413	3 福建升腾资讯有限公司	福州		
414	4 四创科技有限公司	福州		
415	5 福建闽东电机股份有限公司	宁德		
416	6 三禾电器（福建）有限公司	宁德		
417	7 福建福强精密印制线路板有限公司	福州		
418	8 福州瑞华印制线路板有限公司	福州		
419	9 福建省数字福建云计算运营有限公司	福州	互联网和相关服务	互联网数据服务
420	厦门美图移动科技有限公司	厦门	计算机、通信和其他电子设备制造业	通信设备制造
421	国脉科技股份有限公司	福州		
422	厦门亿联网络技术股份有限公司	厦门		
423	中邮科通信技术股份有限公司	福州	计算机、通信和其他电子设备制造业	通信系统设备制造
424	福建省石狮市通达电器有限公司	泉州	计算机、通信和其他电子设备制造业	广播电视设备制造
425	厦门强力巨彩光电科技有限公司	厦门		
426	1 厦门强力巨彩显示技术有限公司	厦门		

续表

序号	企业名称	所在地区	大类行业	细分行业
427	冠捷显示科技（厦门）有限公司	厦门	计算机、通信和其他电子设备制造业	非专业视听设备制造
428	新大陆科技集团有限公司	福州		
429	1 新大陆数字技术股份有限公司	福州		
430	2 福建新大陆支付技术有限公司	福州		
431	3 福建新大陆自动识别技术有限公司	福州		
432	4 福建新大陆软件工程有限公司	福州		
433	5 福建新大陆通信科技股份有限公司	福州		
434	瑞芯微电子股份有限公司	福州	计算机、通信和其他电子设备制造业	集成电路制造
435	宸美（厦门）光电有限公司	厦门	计算机、通信和其他电子设备制造业	显示器件制造
436	友达光电（厦门）有限公司	厦门		
437	宸鸿科技（厦门）有限公司	厦门		
438	厦门天马微电子有限公司	厦门		
439	华映科技（集团）股份有限公司	福州		
440	1 华映光电股份有限公司	福州		
441	2 福州华映视讯有限公司	福州		
442	3 福建华冠光电有限公司	福州		
443	福州京东方光电科技有限公司	福州		
444	祥达光学（厦门）有限公司	厦门		
445	厦门三安光电有限公司	厦门	计算机、通信和其他电子设备制造业	半导体照明器件制造
446	开发晶照明（厦门）有限公司	厦门		
447	福建天电光电有限公司	泉州		
448	漳州立达信光电子科技有限公司	漳州	计算机、通信和其他电子设备制造业	光电子器件制造
449	1 漳州立达信灯具有限公司	漳州		
450	福州高意通讯有限公司	福州		
451	太龙（福建）商业照明股份有限公司	漳州		
452	厦门盈趣科技股份有限公司	厦门	计算机、通信和其他电子设备制造业	其他电子器件制造
453	1 漳州盈塑工业有限公司	漳州	橡胶和塑料制品业	橡胶制品业
454	长鸿光电（厦门）有限公司	厦门	计算机、通信和其他电子设备制造业	电子元件及电子专用材料制造
455	泉州嘉德利电子材料有限公司	泉州		
456	厦门弘信电子科技集团股份有限公司	厦门		
457	宝宸（厦门）光学科技有限公司	厦门	仪器仪表制造业	光学仪器制造
458	福建雨丝梦洋伞实业有限公司	泉州	其他制造业	日用杂品制造

续表

序号	企业名称	所在地区	大类行业	细分行业
459	福建兴达船业有限公司	福州	金属制品、机械和设备修理业	铁路、船舶、航空航天等运输设备修理
460	晋江太古飞机复合材料有限公司	泉州		
461	福建有道贵金属材料科技有限公司	三明	废弃资源综合利用业	金属废料和碎屑加工处理
462	福建宁德核电有限公司	宁德	电力、热力生产和供应业	电力生产
463	华阳电业有限公司	漳州		
464	福建华电可门发电有限公司	福州		
465	神华福能发电有限责任公司	泉州		
466	1 福建晋江热电有限公司	泉州		
467	2 神华福能（福建雁石）发电有限责任公司	龙岩		
468	福建大唐国际宁德发电有限责任公司	宁德		
469	国投云顶湄洲湾电力有限公司	莆田	电力、热力生产和供应业	电力生产
470	福建太平洋电力有限公司	莆田		
471	中海福建燃气发电有限公司	莆田		
472	国电福建电力有限公司	福州	电力、热力生产和供应业	电力供应
473	1 国电福州发电有限公司	福州	电力、热力生产和供应	电力生产
474	东亚电力（厦门）有限公司	厦门	电力、热力生产和供应	火力发电
475	华能国际电力股份有限公司福州电厂	福州		
476	国电泉州热电有限公司	泉州	电力、热力生产和供应	热电联产
477	中海福建天然气有限责任公司	莆田	燃气生产和供应业	燃气生产和供应业
478	泉州市燃气有限公司	泉州		
479	盛丰物流集团有限公司	福州	道路运输业	道路货物运输
480	福建好运联联信息科技有限公司	福州		
481	1 福建好运福融物流有限公司	福州		
482	泉州安通物流有限公司	泉州	多式联运和运输代理业	运输代理业
483	中国厦门外轮代理有限公司	厦门		
484	厦门国贸泰达保税物流有限公司	厦门		
485	福建省交通运输集团有限责任公司	福州	装卸搬运和仓储业	装卸搬运
486	1 福建省海运集团有限责任公司	福州		
487	2 中国福州外轮代理有限公司	福州		
488	厦门市顺丰速运有限公司	厦门	邮政业	快递服务
489	福州京邦达供应链科技有限公司	福州	邮政业	其他寄递服务
490	四三九九网络股份有限公司	厦门	互联网和相关服务	互联网信息服务
491	厦门网宿有限公司	厦门		
492	厦门美柚股份有限公司（集团）	厦门	互联网和相关服务	互联网其他信息服务
493	1 厦门柚子家信息科技有限公司	厦门		

续表

序号	企业名称	所在地区	大类行业	细分行业
494	福建中海创集团有限公司	福州		
495	1 福州福大自动化科技有限公司	福州		
496	厦门信息集团有限公司	厦门	软件和信息技术服务业	软件和信息技术服务业
497	1 厦门信息港建设发展股份有限公司	厦门		
498	2 厦门路桥信息股份有限公司	厦门		
499	咪咕动漫有限公司	厦门		
500	福建网龙计算机网络信息技术有限公司	福州		
501	国网信通亿力科技有限责任公司	厦门		
502	1 福建亿榕信息技术有限公司	福州		
503	2 福建网能科技开发有限责任公司	福州		
504	中电福富信息科技有限公司	福州		
505	厦门市美亚柏科信息股份有限公司	厦门		
506	1 厦门美亚中敏科技有限公司	厦门	软件和信息技术服务业	软件开发
507	2 厦门安胜网络科技有限公司	厦门		
508	南威软件股份有限公司	泉州		
509	厦门亿力吉奥信息科技有限公司	厦门		
510	福建榕基软件股份有限公司	福州		
511	1 福建榕基软件工程有限公司	福州		
512	福建天晴数码有限公司	福州		
513	厦门美图之家科技有限公司	厦门		
514	富春科技股份有限公司	福州		
515	易联众信息技术股份有限公司	厦门	软件和信息技术服务业	软件开发
516	1 厦门市易联众易惠科技有限公司	厦门		
517	2 福建易联众保睿通信息科技有限公司	厦门		
518	厦门美图网科技有限公司	厦门	软件和信息技术服务业	应用软件开发

（摘编：吴汉良）

2020年福建省首台（套）重大技术装备与智能制造装备认定名单

2020年12月24日福建省工业和信息化厅下发《关于公布2020年福建省首台（套）重大技术装备与智能制造装备认定名单的通知》（闽工信函装备〔2020〕619号）提出，根据省经信委、省财政厅《关于印发〈福建省首台（套）重大技术装备认定和扶持实施细则〉的通知》（闽经信装备〔2017〕91号）和省工信厅《关于开展2020年度福建省首台（套）重大技术装备与智能制造装备认定申报工作的通知》（闽工信函装备〔2020〕172号）要求，经各设区市推荐、评审和公示，认定“XJ998RM集装箱旋转卸货机”等3个产品为国内首台（套）重大技术装备；“通信用柴油发电机组（型号LG1650CC）”等65个产品为省内首台（套）重大技术装备；“KH－TRC再生能量回馈装置”等6个产品为省内首台（套）智能制造装备，现予以公布（详见名单）。

重大技术装备是制造业的脊梁，具有新技术密集、系统成套复杂、附加值高、带动性大等特点，是衡量核心竞争力的重要标志。各设区市工信部门要按照《福建省人民政府关于加快发展智能制造九条措施的通知》（闽政〔2015〕36号）、《福建省首台（套）重大技术装备认定和扶持实施细则》（闽经信装备〔2017〕91号）和《关于进一步促进福建省首台（套）重大技术装备示范应用若干措施的通知》（闽工信法规〔2020〕40号）有关规定，认真落实首台（套）项目扶持资金及应用补助，加大首台（套）产品推广示范应用力度。

2020年福建省首台（套）重大技术装备认定名单

序号	企业名称	产品及型号	认定意见
1	厦门厦金机械股份有限公司	XJ998RM集装箱旋转卸货机	国内首台重大技术装备
2	福建龙净环保股份有限公司	HLT型高温复合滤筒尘硝协同脱除装备	国内首套重大技术装备
3	福建龙净脱硫脱硝工程有限公司	焦炉烟气SCR脱硝装置	国内首套重大技术装备
4	福建永强力加动力设备有限公司	通信用柴油发电机组（型号LG1650CC）	省内首台重大技术装备
5	福耀集团（福建）机械制造有限公司	汽车风窗夹层玻璃炉内双片压制炉/TSL22－01	省内首台重大技术装备
6	福建省鑫港纺织机械有限公司	XGM84/1全电脑高速多梳栉提花经编机	省内首台重大技术装备
7	厦门厦工机械股份有限公司	厦工举高喷射消防车CXG5400JXFJP48	省内首台重大技术装备
8	厦门航天思尔特机器人系统股份公司	消防车与直曲臂高空作业平台转台焊接生产线SRT－ZTHJSCX－A	省内首套重大技术装备
9	福建信达机械有限公司	建筑工业化生产基地工程混凝土拌合楼HLN120	省内首套重大技术装备
10	龙岩市海德馨汽车有限公司	HDX5120XTXC5DFC0型通信车	省内首台重大技术装备

续表

序号	企业名称	产品及型号	认定意见
11	福建侨龙应急装备股份有限公司	适应复杂环境的大功率远程供排水系统（QLT-GP1500－60）	省内首套重大技术装备
12	福建建阳龙翔科技开发有限公司	LCT－0816ZKY 航空斜交轮胎成型机组	省内首套重大技术装备
13	厦门明翰电气股份有限公司	SmartSwitch 智能化中压开关柜	省内首套重大技术装备
14	厦门金龙旅行车有限公司	公路用 5G 双控智能驾驶纯电动客车（星辰）XML6606JEV10C	省内首台重大技术装备
15	福建成功机床有限公司	VTL200A 数控立式车床	省内首台重大技术装备
16	福州闽台机械有限公司	MT－202 卤蛋生产线	省内首套重大技术装备
17	福州天宇电气股份有限公司	SFZ11－100000/220 变压器（带平衡绕组）	省内首台重大技术装备
18	福建星云电子股份有限公司	动力电池包装配线（18650 型）	省内首套重大技术装备
19	福建威而特旋压科技有限公司	旋压带轮智能制造成套装备（型号：HAP－L80）	省内首套重大技术装备
20	泉州市汉威机械制造有限公司	HW－KZ－300 型口罩生产设备	省内首台重大技术装备
21	福建省马尾造船股份有限公司	大部件更换运维平台（海电运维 801）	省内首套重大技术装备
22	福建东南造船有限公司	海上风电运维服务船（海电运维 101）	省内首套重大技术装备
23	厦门洪海机械有限公司	高效成型机 STB1014	省内首台重大技术装备
24	华达（福建龙岩）环卫科技有限公司	斜压分体式垃圾压缩设备（钩臂式 HDXYJ－2000）	省内首套重大技术装备
25	福州派利德电子科技有限公司	集成电路测试打标光检编带一体机（PH－8－240）	省内首台重大技术装备
26	福建新大陆环保科技有限公司	NLQ－400K 紫外消毒系统	省内首套重大技术装备
27	福建兴航机械铸造有限公司	XH－（10—18）－SC 型电炉液态熔融钢渣水淬粒化环保处理设备	省内首套重大技术装备
28	厦门维克机械设备有限公司	OMC－30 型风电叶片真空直注式在线灌注设备	省内首台重大技术装备
29	泉州市三联机械制造有限公司	全自动伺服墙地砖生产线（SLST1500）	省内首套重大技术装备
30	福建省正丰数控科技有限公司	磁悬浮铣车复合式超级加工中心 S5－5C	省内首台重大技术装备
31	泉州坤泰机械精工制造有限公司	TA465 日用陶瓷智能自动成型生产线	省内首套重大技术装备
32	漳州金钥匙机械有限公司	JYS－DK－410 烤纯蛋糕生产线	省内首套重大技术装备
33	福建精艺机械有限公司	JYFE－51－20 分体转换门高低差平台垃圾压缩机	省内首台重大技术装备
34	福建泉成机械有限公司	QC－2000 智能环保型沥青混合料搅拌设备	省内首套重大技术装备
35	福清市永裕来齿轮有限公司	双工位螺旋锥齿轮数控磨齿机（GOLM－2－600－I）	省内首台重大技术装备
36	厦门福信光电集成有限公司	端子走线 AOI 设备 SL－17－D4A	省内首台重大技术装备
37	国安达股份有限公司	压缩空气泡沫灭火系统 GCAFS－4000/1.0	省内首套重大技术装备
38	福建佶龙机械科技股份有限公司	LHG－2400 针织物平幅免水洗智能染定联合机	省内首套重大技术装备
39	福建省晋江市和盛机械有限公司	XG－1850 新型高效节能切石机	省内首台重大技术装备
40	漳州万利达科技有限公司	平板电脑 MMI 自动测试设备（MMI－600）	省内首台重大技术装备

续表

序号	企业名称	产品及型号	认定意见
41	南平德赛技术装备有限公司	电气开关柜框架机器人自动压装生产线（DS - KJ1701）	省内首套重大技术装备
42	福建永顺机械有限公司	棉秆拔切残膜回收联合作业机（YS - 4MGBQM - 210）	省内首台重大技术装备
43	厦门鼎铸智能设备有限公司	NC64 - 7L 型清光机器人	省内首台重大技术装备
44	福建盛达机器股份公司	卫仕 E500 智能板材切割生产线 CNC - 4 - 500L	省内首套重大技术装备
45	泉州市沪航阀门制造有限公司	HH - FDJ - 300 - 1.0 型水系统控制阀门动态性能检测设备	省内首台重大技术装备
46	福建星网物联信息系统有限公司	智慧保险 - 职场智能感知系统（SN1962A - F）	省内首套重大技术装备
47	福建玮晟机械有限公司	一次成型透气膜生产线 WS - 110 - 90 - 95 - BF3200L	省内首套重大技术装备
48	龙合智能装备制造有限公司	ZNZC10 - 001 垛装物料智能无人装车设备	省内首台重大技术装备
49	龙岩亿丰机械科技有限公司	YFM318 - 1100 全自动分体式超微粉体加工设备	省内首台重大技术装备
50	机械科学研究总院海西（福建）分院有限公司	CAMHX - ZDCQ001 转炉钢水机器人自动测温取样设备	省内首台重大技术装备
51	宁德思客琦智能装备有限公司	Busbar 激光焊接机（SKEQI - BUSBAR - R - A）	省内首台重大技术装备
52	百能数控设备（福建）有限公司	玻璃刻花机 BN2060	省内首台重大技术装备
53	福建鸿益机械有限公司	仿石路侧石成型生产线 HY1000	省内首套重大技术装备
54	漳州金钥匙机械有限公司	JYS - MB - 2000 吐司面包生产线	省内首套重大技术装备
55	华盛流体分离科技（厦门）股份有限公司	连续离交设备（规格型号 3075）	省内首套重大技术装备
56	泉州汇成针织有限公司	医用纺织新材料编织机组 HCR16 - EX E30	省内首台重大技术装备
57	厦门厦工重工有限公司	煤泥干化成套设备 XXG80GH	省内首套重大技术装备
58	厦门鸿基伟业复材科技有限公司	热固性预浸料智能化成套设备（型号：HJWY - YJ1000）	省内首套重大技术装备
59	厦门海普锐科技股份有限公司	HPC - 9080 自动化二次电缆生产线	省内首套重大技术装备
60	林德（中国）叉车有限公司	林德创新智能控制型平衡重内燃叉车 - CPCD/HT100Ds/1200	省内首台重大技术装备
61	厦门精合电气自动化有限公司	HFE29IUSA/SAGEM 生产线	省内首套重大技术装备
62	福建海山机械股份有限公司	道路污染清除车 FHS5250TWQ07H	省内首台重大技术装备
63	福建南平和洁环保科技有限公司	回收 DMF 涡轮萃取塔技术集成装备（CQTJ - 12.5/DMF - HJHB）	省内首套重大技术装备
64	厦门爱迪特环保科技有限公司	沸石转轮浓缩 ADTP101 - ZC220 - 30T 型废气处理系统	省内首套重大技术装备
65	福州科杰电子衡器有限公司	KJ - CG01 一卡通骨科定量装车系统	省内首套重大技术装备
66	厦门达斯自动化技术有限公司	推杆炉智能装卸料系统 RMone - 3	省内首套重大技术装备
67	福建省霞浦县众源机械有限公司	金刚石多组绳锯机/ZY - MW58	省内首台重大技术装备
68	漳州万利达科技有限公司	金融 POS 机无人值守机器人智能检测系统（IDS - 800）	省内首套重大技术装备

2020 年福建省首台（套）智能制造装备认定名单

序号	企业名称	产品及型号	认定意见
1	科华恒盛股份有限公司	KH－TRC 再生能量回馈装置	省内首台智能制造装备
2	厦门市美亚柏科信息股份有限公司	ZJ－2000 资金查控工作台	省内首台智能制造装备
3	翡柯机械（福建）有限公司	EPP 欧版真空成型机（型号：FKO－EPP2416）	省内首台智能制造装备
4	厦门金龙汽车车身有限公司	大巴顶盖骨架焊接机器人工作站 JLZB－1813	省内首套智能制造装备
5	福建省三钢（集团）有限责任公司	砂轮片在线智能更换系统（SMXY－KH180025）	省内首台智能制造装备
6	福建省三明市东辰机械制造有限责任公司	开放式自动升降双工位平板硫化机（DCE1610X950X3000）	省内首台智能制造装备

（摘编：赵小真）

福建省第二批建设培育产教融合型企业名单

2020 年 9 月 16 日，省发改委、教育厅、人社厅近日公布我省第二批建设培育产教融合型企业名单，共有 21 家企业上榜。

这 21 家上榜企业为：厦门优优汇联信息科技有限公司、福建工大岩土工程研究所有限公司、三棵树涂料股份有限公司、华峰华锦集团有限公司、福建致道投资发展有限公司、惠安县双喜制衣有限公司、福建南平太阳电缆股份有限公司、福建星云电子股份有限公司、福建钜能电力有限公司、福州派科自动化科技有限公司、四创科技有限公司、福州安博榕信息科技有限公司、福建华众互联网科技有限公司、厦门风云科技股份有限公司、龙净实业集团有限公司、福建省晨曦信息科技股份有限公司、福建佳通轮胎有限公司、福建永荣科技有限公司、福建华佳彩有限公司、厦门海迈科技股份有限公司、福建莱仁家政有限公司。

（摘编：严志东）

2020年福建省“专精特新”中小企业名单

2020年12月3日福建省工业和信息化厅下发《关于公布2020年福建省“专精特新”中小企业名单的通知》（闽工信中小〔2020〕158号）提出，为贯彻落实《福建省人民政府关于促进中小企业平稳健康发展的若干意见》（闽政〔2020〕3号），根据《福建省工业和信息化厅关于印发<福建省“专精特新”中小企业认定管理办法>的通知》（闽工信法规〔2020〕118号）和《福建省工业和信息化厅关于开展2020年福建省“专精特新”中小企业认定申报工作的通知》（闽工信中小〔2020〕119号）等文件精神，经企业自愿申报、设区市审核推荐、我厅审核并公示后，认定丽珠集团福州福兴医药有限公司等89家企业为2020年福建省“专精特新”中小企业。现将名单予以公布，并就有关事项通知如下：

一、落实奖励政策

对经认定的福建省“专精特新”中小企业，由省工信厅授予“福建省‘专精特新’中小企业”称号、颁发牌匾，并由所在设区市工信、财政部门统筹省级中小微企业发展专项转移支付资金和设区市相关资金，按照“惠企政策项目管理系统”有关要求，完善资金拨付程序，按规定优先兑现奖励资金（厦门市可参照执行），切实打通政策落实“最后一公里”，增强我省“专精特新”中小企业发展信心。

二、加大政策支持

各设区市工信部门要精心抓好辖区内“专精特新”中小企业跟踪服务工作，在资金奖励、融资支持、技术改造、品牌培育、市场开拓、管理提升等方面加大政策支持，引导企业专注主业、重视研发、提升质量，培育一批细分领域专精特新“小巨人”企业，持续为我省工业和信息化高质量发展超越提供新动能。

三、抓好运行监测

为精准做好“专精特新”中小企业的跟踪培育和服务工作，省工信厅将省“专精特新”中小企业纳入中小企业运行监测体系。获得认定的89家省“专精特新”中小企业须于2020年12月底前登录工业和信息化部“中小企业生产经营运行监测平台”（http://baosong.miit.gov.cn）完成注册，于2021年1月15日前完成首月数据报送，并指定专人负责，往后于每月15日前完成数据报送工作。此外，获得认定的企业要登录福建省“专精特新”中小企业培育平台（网址：zjtx.fujiansme.com），于每季度结束后的第一个月15日前填报生产经营情况数据等信息。各设区市工信部门要认真组织辖区内“专精特新”中小企业做好注册和数据报送工作，加强跟踪督促，按时、保质、保量抓好中小企业生产运行监测工作。

四、加强动态管理

按照《福建省“专精特新”中小企业认定管理办法》规定，省工信厅对省“专精特新”中小企业实行动态管理，每三年复核一次，对复核不合格的企业，将取消其称号。各设区市工信部门要加强对本辖区内“专精特新”中小企业的跟踪管理，在省“专精特新”中小企业发生更名、重组、重大违法违规事件后，应按规定及时做好报告工作。

附件

2020 年省“专精特新”中小企业名单（89 家）

序号	所属地市	企业名称	序号	所属地市	企业名称
1	福州	丽珠集团福州福兴医药有限公司	36	厦门	厦门璞真食品有限公司
2	福州	福建亚通新材料科技股份有限公司	37	厦门	厦门狄耐克智能科技股份有限公司
3	福州	福建祥龙塑胶有限公司	38	漳州	福建立兴食品有限公司
4	福州	福州迈新生物技术开发有限公司	39	漳州	福建吉邦电子有限公司
5	福州	福建闽威科技股份有限公司	40	漳州	福建金正丰金属工业有限公司
6	福州	福州英迪特智能科技有限公司	41	漳州	福建粤海饲料有限公司
7	福州	福州富昌维控电子科技有限公司	42	漳州	福建省腾龙工业公司
8	福州	福建闽高电力股份有限公司	43	泉州	福建立信换热设备制造股份公司
9	福州	福州华虹智能科技股份有限公司	44	泉州	泉州市一鸣交通电器有限公司
10	福州	福建耀美斯坦利机电科技有限公司	45	泉州	福建省百川资源再生科技股份有限公司
11	福州	福州上华防火设备有限公司	46	泉州	福建省晋江市励精汽配有限公司
12	福州	福州春晖制衣有限公司	47	泉州	晋江市安海联诚机械有限公司
13	福州	福建森源电力设备有限公司	48	泉州	晋江万兴隆染织实业有限公司
14	福州	福建腾博新材料科技有限公司	49	泉州	福建中益制药有限公司
15	福州	金强（福建）建材科技股份有限公司	50	泉州	福建省海兴凯晟科技有限公司
16	福州	福州万德电气有限公司	51	泉州	福建省炎英包装科技有限公司
17	福州	福建源鑫建材有限公司	52	泉州	南安市恒发纸品包装有限公司
18	福州	大莲电瓷（福建）有限公司	53	泉州	泉州日美卫浴有限公司
19	福州	福建省闽清双棱竹业有限公司	54	泉州	福建省江南冷却科技有限公司
20	福州	福清市新大泽螺旋藻有限公司	55	泉州	泉州市正域数码科技有限公司
21	福州	福建钰融科技有限公司	56	泉州	环球石材（福建）有限公司
22	福州	福建光阳蛋业股份有限公司	57	泉州	回头客食品集团股份有限公司
23	福州	福建御冠食品有限公司	58	泉州	福建立亚新材有限公司
24	厦门	厦门康柏机械集团有限公司	59	三明	三明市普诺维机械有限公司
25	厦门	厦门金龙汽车新能源科技有限公司	60	三明	三明市海斯福化工有限责任公司
26	厦门	厦门安科科技有限公司	61	三明	福建省展化化工有限公司
27	厦门	双桥（厦门）有限公司	62	三明	福建省尤溪永丰茂纸业有限公司
28	厦门	厦门东声电子有限公司	63	莆田	福建东亚机械有限公司
29	厦门	厦门特宝生物工程股份有限公司	64	莆田	新万鑫（福建）精密薄板有限公司
30	厦门	厦门汉印电子技术有限公司	65	莆田	福建省海安橡胶有限公司
31	厦门	厦门万新橡胶有限公司	66	莆田	福建长城华兴玻璃有限公司
32	厦门	厦门嘉戎技术股份有限公司	67	莆田	福建省山河药业有限公司
33	厦门	博益宁（厦门）医疗器械有限公司	68	莆田	福建华兴玻璃有限公司
34	厦门	厦门力巨自动化科技有限公司	69	南平	武夷山香江茶业有限公司
35	厦门	厦门致善生物科技股份有限公司	70	南平	福建省建瓯黄华山酿酒有限公司

续表

序号	所属地市	企业名称	序号	所属地市	企业名称
71	南平	福建驰宇装饰材料有限公司	80	龙岩	福建清景铜箔有限公司
72	南平	福建双羿竹木发展有限公司	81	龙岩	龙岩金时裕电子有限公司
73	南平	福建仁宏医药化工有限公司	82	龙岩	福建省长汀盼盼食品有限公司
74	南平	福建鑫隆达竹木科技有限公司	83	龙岩	福建爱的电器有限公司
75	南平	福建省神六保健食品有限公司	84	龙岩	福建漳平协龙高新化纤有限公司
76	龙岩	福建龙岩喜鹊纺织有限公司	85	龙岩	福建省漳平市九鼎氟化工有限公司
77	龙岩	福建龙麟环境工程有限公司	86	龙岩	福建致尚生物质材料发展有限公司
78	龙岩	福建铭麟科技有限公司	87	宁德	三禾电器（福建）有限公司
79	龙岩	上杭县紫金佳博电子新材料科技有限公司	88	宁德	三祥新材股份有限公司
			89	宁德	安波电机（宁德）有限公司

（摘编：朱明清）

2020 年福建省智能制造试点示范企业遴选名单

2020 年 10 月 9 日福建省工业和信息化厅下发《关于公布 2020 年省智能制造试点示范企业遴选名单的通知》（闽工信装备〔2020〕510 号）提出，根据《福建省人民政府关于加快发展智能制造九条措施的通知》（闽政〔2015〕36 号）和《福建省工业和信息化厅关于开展 2020 年福建省智能制造试点示范企业遴选工作的通知》（闽工信函装备〔2020〕164 号）要求，经各设区市推荐和省工信厅评审、公示，遴选福建兰天包装材料有限公司等 44 家企业为 2020 年省智能制造试点示范企业，现予以公布。

2020 年福建省智能制造试点示范企业遴选名单

序号	企业名称	项目名称	类型
1	福建兰天包装材料有限公司	新型多层高阻隔、多功能塑料软包装材料项目	流程型智能制造
2	福建东龙针纺有限公司	提升绿色生态型内衣面料档次及深加工项目	流程型智能制造
3	厦门三安光电有限公司	半导体照明核心器件智能制造新模式应用	离散型智能制造
4	厦门倍杰特科技股份公司	智能马桶盖板的智能制造试点示范	离散型智能制造
5	厦门金龙汽车新能源科技有限公司	新能源汽车动力电池 PACK 研发及生产建设项目（一期）	离散型智能制造
6	漳州伟伊化纤有限公司	年产 1000 吨包覆纱自动化生产线建设项目	流程型智能制造
7	漳州万利达科技有限公司	基于 5G + 万物互联的万利达智能制造	离散型智能制造
8	漳州松霖智能家居有限公司	高端家居产品智能工厂	离散型智能制造
9	福建省德化同鑫陶瓷有限公司	日用陶瓷标准化厂房及数字化车间建设项目	离散型智能制造
10	玖龙纸业（泉州）有限公司	年产 65 万吨高档牛卡纸智能制造项目	流程型智能制造
11	华辉玻璃（中国）有限公司	玻璃深加工智能化工厂改造	离散型智能制造
12	陆升（福建）集团有限公司	高档酒店瓷自动化和信息化生产项目	离散型智能制造
13	福建省中科生物股份有限公司	植物工厂产业化项目	流程型智能制造
14	福建逸锦化纤有限公司	年产 20 万吨聚酯高强低伸棉型短纤生产数字化车间	流程型智能制造
15	德化县宏顺陶瓷有限公司	日用陶瓷生产自动化及信息化技术应用项目	离散型智能制造
16	福建良瓷科技有限公司	九牧永春智慧制造产业园（一期）	离散型智能制造
17	晋江万兴隆染织实业有限公司	晋江万兴隆面料染整加工智能制造生产线示范项目	流程型智能制造
18	福建纳川管材科技股份有限公司	钢骨架塑料复合管材智能制造生产线	流程型智能制造
19	晋江市天守服装织造有限公司	运动服装数字化智能制造试点示范项目	离散型智能制造
20	福建回头客食品有限公司	烘焙类系列产品生产线智能制造试点示范项目	流程型智能制造

续表

序号	企业名称	项目名称	类型
21	福建省德化龙顺陶瓷有限公司	龙顺日用陶瓷自动化成产车间项目	离散型智能制造
22	福建省向兴纺织科技有限公司	染整生产、包装、仓储一体化智能制造项目	流程型智能制造
23	福建顺成面业发展股份有限公司	全自动智能面粉生产车间	流程型智能制造
24	石狮市新华宝纺织科技有限公司	石狮市新华宝纺织科技有限公司印染改扩建项目	流程型智能制造
25	裕忠（福建）新材料科技有限公司	高端差别化复合短纤智能制造试点示范项目	流程型智能制造
26	信泰（福建）科技有限公司	新型环保鞋面材料智能工厂智能制造试点示范	流程型智能制造
27	福建欣兴泰新材料股份有限公司	新增20000吨无纺布智能制造项目	流程型智能制造
28	永悦科技股份有限公司	不饱和聚酯树脂智能制造生产线建设项目	流程型智能制造
29	福建省德化明英华陶瓷有限公司	福建省智能制造试点示范企业	离散型智能制造
30	福建钜能电力有限公司	HDT太阳能电池及组件智能制造生产线	流程型智能制造
31	福建省莆田市双源鞋业有限公司	智能制造车间升级项目	离散型智能制造
32	福建华佳彩有限公司	显影智能生产线	离散型智能制造
33	福建恒而达新材料股份有限公司	双金属带锯条数控智能制造项目	离散型智能制造
34	双驰实业股份有限公司	双驰企业鞋业工业互联网示范项目	大规模个性化定制
35	福建紫金铜业有限公司	福建紫金铜业智能工厂项目	流程型智能制造
36	福建龙麟环境工程有限公司	利用水泥窑处置危险废物	流程型智能制造
37	福建天守纺织新材料有限公司	智能化纺织数字车间项目	离散型智能制造
38	福建易动力电子科技股份有限公司	新能源电池集成系统生产项目	离散型智能制造
39	龙岩市海德馨汽车有限公司	应急专用车智能健康服务系统平台试点示范	远程运维服务
40	龙工（福建）机械有限公司	“龙工”牌装载机改扩建项目	离散型智能制造
41	福建龙马环卫装备股份有限公司	环卫装备远程运维服务平台	远程运维服务
42	福建建豪建筑科技有限公司	PC构件智能制造项目	流程型智能制造
43	上海汽车集团股份有限公司乘用车福建分公司	上汽乘用车福建分公司智能制造项目	离散型智能制造
44	福建华龙化油器有限公司	化油器研产供销集成数字化车间建设项目	离散型智能制造

（摘编：陈建闽）

福建省一二三产业“百千”增产增效行动方案第二批制造业重点企业名单

2020年7月20日福建省工业和信息化厅下发《关于印发一二三产业“百千”增产增效行动方案第二批制造业重点企业名单的通知》（闽工信运行〔2020〕107号）提出，为贯彻落实《中共福建省委办公厅　福建省人民政府办公厅关于印发〈实施一二三产业“百千”增产增效行动方案〉的通知》（闽委办〔2020〕12号）精神，根据《福建省工业和信息化厅关于印发〈一二三产业“百千”增产增效行动制造业推进工作方案〉的通知》（闽工信运行〔2020〕70号）要求，现印发第二批制造业重点企业名单（434家，协调服务单位另行下达）。请按照省委和省政府工作要求，切实加强组织领导，加大政策扶持保障，强化协调精准服务，推动制造业优势产业和企业增产增效、做大做强，促进产业高质量发展，推动全省工业经济保持平稳运行。

一二三产业“百千”增产增效行动方案制造业重点企业名单（第二批）

一、福州84家

1. 福州高意通讯有限公司
2. 福建福强精密印制线路板有限公司
3. 福建闽威科技股份有限公司
4. 福州宜美电子有限公司
5. 智恒科技股份有限公司
6. 福建福特科光电股份有限公司
7. 福建福顺微电子有限公司
8. 福建鑫联达智能科技有限公司
9. 福州瑞华印制线路板有限公司
10. 福州通尔达电线电缆有限公司
11. 利莱森玛电机科技（福州）有限公司
12. 福建华东船厂有限公司
13. 福州泰全工业有限公司
14. 福州天宇电气股份有限公司
15. 福州小糸大亿车灯有限公司
16. 福建金龙腾动力机械有限公司
17. 福建金源泉科技发展有限公司
18. 福建辉阳电缆科技有限公司
19. 福建森达电气股份有限公司
20. 福州天石源超硬材料工具有限公司
21. 福建网能科技开发有限责任公司
22. 福建省轻工机械设备有限公司
23. 福建创合电气股份有限公司
24. 德通（连江）金属容器有限公司
25. 嘉园环保有限公司
26. 中福大明集团有限公司
27. 福州英迪特智能科技有限公司
28. 福建施可瑞医疗科技股份有限公司
29. 福州正源铝业有限公司
30. 福建麦特新铝业科技有限公司
31. 福建省长乐市永盛金属制品有限公司
32. 中建商品混凝土（福建）有限公司
33. 福建省大地管桩有限公司
34. 福建大力新型建材科技有限公司
35. 福建省闽清新东方陶瓷有限公司
36. 大莲电瓷（福建）有限公司
37. 永万（福州）新型建材有限公司
38. 福建源达针织有限公司
39. 福建腾龙鞋业有限公司
40. 福建省尚飞制衣有限公司
41. 福建东龙针纺有限公司

42. 福建源嘉轻纺有限公司
43. 福州市长乐星艺毛纺有限公司
44. 福建锦成制衣有限公司
45. 福建省永泰三连制衣有限公司
46. 福州春晖制衣有限公司
47. 福建金磊纺织有限公司
48. 福建省长乐金沙港纺织有限公司
49. 福建省天和纺织实业有限公司
50. 福建广裕德制衣有限公司
51. 长乐力源锦纶实业有限公司
52. 福建省长乐市欣美针纺有限公司
53. 福建省长乐市鹰鸿针织有限公司
54. 福州万佳服装有限公司
55. 福建顺邦防护科技有限公司
56. 福建省长乐市天梭纺织实业有限公司
57. 福清宏益食品有限公司
58. 福清龙威水产食品有限公司
59. 福州海马饲料有限公司
60. 百鲜食品（福建）有限公司
61. 贝奇（福建）食品有限公司
62. 福建福铭食品有限公司
63. 福州日兴水产食品有限公司
64. 福建御冠食品有限公司
65. 福建省神蜂科技开发有限公司
66. 福州新北生化工业有限公司
67. 福州素天下食品有限公司
68. 福建高龙海洋生物工程有限公司
69. 福建兴顺饲料有限公司
70. 福建东水食品股份有限公司
71. 福州和盛食品有限公司
72. 福建省天海东方食品集团有限公司
73. 胜田（福清）食品有限公司
74. 福清市华盛水产食品有限公司
75. 福建海壹食品饮料有限公司
76. 福建亿达食品有限公司
77. 福州美可食品有限公司
78. 福建友和胶粘科技实业有限公司
79. 福建福融华薄膜工业有限公司
80. 爹地宝贝股份有限公司
81. 福建浩通管业科技有限公司
82. 福州中澳科技有限公司
83. 福建源鑫环保科技有限公司
84. 福建久策气体股份有限公司

二、厦门 80 家

85. 厦门建松电器有限公司
86. 厦门通士达照明有限公司
87. 福建星网智慧科技股份有限公司
88. 长鸿光电（厦门）有限公司
89. 罗普特科技集团股份有限公司
90. 厦门慕莱照明有限公司
91. 福建宏泰智能工业互联网有限公司
92. 百事联电子（厦门）有限公司
93. 厦门三德信科技股份有限公司
94. 厦门东昂光电科技股份有限公司
95. 厦门柏恩氏电子有限公司
96. 厦门东声电子有限公司
97. 厦门唯恩电气有限公司
98. 厦门芯阳科技股份有限公司
99. 厦门美塑工贸有限公司
100. 厦门利德宝电子科技股份有限公司
101. 厦门英诺尔充源电子有限公司
102. 厦门讯亨电子科技有限公司
103. 睿云联（厦门）网络通讯技术有限公司
104. 厦门宏钛盛电子科技有限公司
105. 捷太格特转向系统（厦门）有限公司
106. 厦门群鑫机械工业有限公司
107. 卡斯卡特（厦门）叉车属具有限公司
108. 协富光洋（厦门）机械工业有限公司
109. 厦门日上金属有限公司
110. 三达膜科技（厦门）有限公司
111. 上特展示（厦门）股份有限公司
112. 协成科技股份有限公司
113. 厦门美科安防科技有限公司
114. 厦门万久科技股份有限公司
115. 厦门龙净环保技术有限公司
116. 厦门市迈动体育用品有限公司
117. 厦门航天思尔特机器人系统股份公司
118. 厦门安科科技有限公司
119. 厦门康柏机械集团有限公司
120. 厦门扬森数控设备有限公司
121. 厦门火炬特种金属材料有限公司
122. 厦门明翰电气股份有限公司

123. 厦门特盈自动化科技股份有限公司
124. 厦门宇电自动化科技有限公司
125. 厦门佰瑞福环保科技有限公司
126. 固克节能科技股份有限公司
127. 厦门虹鹭钨钼工业有限公司
128. 厦门市三航伟业投资有限公司
129. 厦门和利多卫浴科技有限公司
130. 厦门美益兴业建材有限公司
131. 古琳达姬（厦门）股份有限公司
132. 厦门华诚实业有限公司
133. 厦门安踏实业有限公司
134. 厦门华诚高新纺织有限公司
135. 英科新创（厦门）科技股份有限公司
136. 国药控股星鲨制药（厦门）有限公司
137. 厦门新盛洲植物油有限公司
138. 厦门古龙食品有限公司
139. 安保（厦门）塑胶工业有限公司
140. 鑫德大（厦门）食品有限公司
141. 厦门万泰凯瑞生物技术有限公司
142. 锐珂（厦门）医疗器材有限公司
143. 厦门优迈科医学仪器有限公司
144. 佳格食品（厦门）有限公司
145. 厦门恩成制药有限公司
146. 厦门良一食品有限公司
147. 施爱德（厦门）医疗器材有限公司
148. 厦门致善生物科技股份有限公司
149. 厦门百霖净水科技有限公司
150. 厦门金德威包装有限公司
151. 厦门汉印实业有限公司
152. 厦门星际照明有限公司
153. 厦门吉宏科技股份有限公司
154. 通达（厦门）科技有限公司
155. 厦门顾德益电器有限公司
156. 辑美包装印刷科技（厦门）有限公司
157. 厦门合兴实业有限公司
158. 厦门市台亚塑胶有限公司
159. 吉富（厦门）实业有限公司
160. 厦门创业人环保科技股份有限公司
161. 卓达印章器材（厦门）有限公司
162. 厦门正大农牧有限公司
163. 厦门美时美克空气净化有限公司
164. 厦门宏驰实业有限公司

三、漳州 59 家

165. 漳州灿坤实业有限公司
166. 漳州中科智谷科技有限公司
167. 漳浦桂宏工业有限公司
168. 天泽业丰（漳州）电子科技有限公司
169. 福建航天机电集团有限公司
170. 宏泰机电科技（漳州）有限公司
171. 漳州万宝能源科技股份有限公司
172. 漳州市东方智能仪表有限公司
173. 漳州市金安机电有限公司
174. 漳州中集集装箱有限公司
175. 南靖长青精密丝杆制造有限公司
176. 漳州市华威电源科技有限公司
177. 福建奥斯福电力系统有限公司
178. 福建省华东建设机械有限公司
179. 福建欧柏亚日化有限公司
180. 漳钢（漳州）工贸有限公司
181. 春保森拉天时钨钢材料（漳州）有限公司
182. 龙海市美佳人造板木业有限公司
183. 漳州万佳陶瓷工业有限公司
184. 福建省漳州建华陶瓷有限公司
185. 龙海红狮水泥有限公司
186. 漳州紫金建材有限公司
187. 福建龙威药用玻璃有限公司
188. 福建成达玻璃有限公司
189. 漳州建华建材有限公司
190. 漳州伟浩化纤有限公司
191. 漳州市宏香记食品有限公司
192. 漳州正邦农牧科技有限公司
193. 东山县海旺水产冷冻有限公司
194. 福建省漳州市华龙饲料有限公司
195. 漳州盛业食品有限公司
196. 福建乐华食品有限公司
197. 漳州市锦德福食品有限公司
198. 路易达孚（福建）精炼糖有限公司
199. 东山县启昌冷冻加工有限公司
200. 多麦（福建）食品有限公司
201. 漳州楠宝湾食品有限公司
202. 福建美一食品有限公司
203. 福建省卡尔顿食品有限公司

204. 漳州兴威食品有限公司
205. 福建嘉田农业开发有限公司
206. 漳州东裕食品有限公司
207. 福建海山食品有限公司
208. 福建同发糖业有限公司
209. 龙海市永利来食品有限公司
210. 福建舜洋食品有限公司
211. 龙海市陈鸿记食品有限公司
212. 振牌（福建）海洋生物科技有限公司
213. 福建其亮食品科技有限公司
214. 漳州合亚塑胶有限公司
215. 福建豪锦化妆品有限公司
216. 福建致易电子科技有限公司
217. 云霄瑞顿户外安全运动用品有限公司
218. 漳州拓奇实业有限公司
219. 漳州市英姿钟表有限公司
220. 漳州建霖实业有限公司
221. 中德（福建）幕墙装饰股份有限公司
222. 漳州东荣工贸有限公司
223. 漳浦县健德医疗器械有限公司

四、泉州 66 家

224. 博纯材料股份有限公司
225. 福建飞通通讯科技股份有限公司
226. 石狮市科达电器有限公司
227. 福建省富达精密科技有限公司
228. 泉州森鹤电子有限公司
229. 泉州市一鸣交通电器有限公司
230. 西人马联合测控（泉州）科技有限公司
231. 福建省辉源金属制品有限公司
232. 福建申利卡铝业发展有限公司
233. 泉州市沪航阀门制造有限公司
234. 泉州市华德机电设备有限公司
235. 石狮市汇星机械有限公司
236. 福建炼化林德气体有限责任公司
237. 福建省东鑫石油化工有限公司
238. 泉州市恒星五金橡塑有限公司
239. 福建省泉州美岭水泥有限公司
240. 南安红狮水泥有限公司
241. 福建泉州顺美集团有限责任公司
242. 福建省华辉石业股份有限公司
243. 福建华夏金刚科技股份有限公司
244. 晋江市港益纤维制品有限公司
245. 百佳（福建）内衣有限公司
246. 晋江市远祥服装织造有限公司（卡尔美）
247. 福建纬璇织造有限公司
248. 福建万家美轻纺服饰有限公司
249. 福建南安市顺昌鞋业有限公司
250. 晋江市雄兴体育用品有限公司
251. 泉州龙豪服饰织造有限公司
252. 福建南安市万家美针织有限公司
253. 石狮市大帝集团有限公司
254. 泉州加来盟体育科技有限公司
255. 乔丹体育股份有限公司
256. 福建美明达鞋业发展有限公司
257. 福建汇龙化纤纺织实业有限公司
258. 晋江兴德织造有限公司
259. 泉州盛克鞋服有限公司
260. 福建省海兴凯晟科技有限公司
261. 福建省好兄弟体育用品有限公司
262. 泉州市金华油脂食品有限公司
263. 福建省燕京惠泉啤酒股份有限公司
264. 福建省力诚食品有限公司
265. 金帝食品有限公司
266. 安记食品股份有限公司
267. 泉怡饮料（福建）有限公司
268. 金冠健康产业股份有限公司
269. 福建中益制药有限公司
270. 泉州成信实业有限公司
271. 福建华泰集团股份有限公司
272. 福建西河卫浴科技有限公司
273. 聚隆（福建）包装有限公司
274. 百润（中国）有限公司
275. 建新橡胶（福建）有限公司
276. 福建夜光达科技股份有限公司
277. 福建省安泰建材实业有限公司
278. 泉州天娇妇幼卫生用品有限公司
279. 晋江太古飞机复合材料有限公司
280. 晋江万代好光电照明有限公司
281. 美律科技（福建）有限公司
282. 福建大方睡眠科技股份有限公司
283. 冠达星股份有限公司
284. 泉州市圣能电源科技有限公司

285. 陆升（福建）集团有限公司
286. 石狮市百隆包装有限公司
287. 福建省鼎泰光电科技有限公司
288. 泉州海日星工艺美术有限公司
289. 福建省舒华健康产业有限公司

五、三明27家

290. 福建省开诚机械有限公司
291. 福建省宝山机械有限公司
292. 三明市普诺维机械有限公司
293. 福建高宝矿业有限公司
294. 永安市丰源化工有限公司
295. 福建省永安煤业有限责任公司
296. 沙县宏盛塑料有限公司
297. 超然（福建）新材料科技有限公司
298. 福建森美达生物科技有限公司
299. 福建三明金氟化工科技有限公司
300. 三明巨丰化工有限公司
301. 福建大田县金阳矿业有限公司
302. 大田红狮水泥有限公司
303. 福建澳工塑胶电器有限公司
304. 东南新材料股份有限公司
305. 三明建华纺织有限公司
306. 三明海大饲料有限公司
307. 三明惊石食品有限公司
308. 福建兴辉食品有限公司
309. 福建源容生物科技有限公司
310. 福建省泰宁县金湖酒业股份有限公司
311. 永安市昇鸿竹木业有限公司
312. 福建省永安林业（集团）股份有限公司
313. 福建清流汽枪厂有限公司
314. 福建秦朝木业科技有限公司
315. 福建鸿丰纳米科技有限公司
316. 福建吉兴竹业有限公司

六、莆田43家

317. 联懋科技（莆田）有限公司
318. 杰讯光电（福建）有限公司
319. 莆田市涵江区依吨多层电路有限公司
320. 福建安特微电子有限公司
321. 福建省莆田市万鑫金属制品有限公司
322. 上海电气集团上海电机厂有限公司莆田分公司
323. 福建省汽车工业集团云度新能源汽车股份有限公司
324. 福建聚力电机有限公司
325. 福建海山机械股份有限公司
326. 莆田睿康科技有限公司
327. 赛博思（莆田）钢结构房屋工程有限公司
328. 莆田市祥冠鞋业有限公司
329. 莆田市三迪鞋服有限公司
330. 福建富康橡胶制品有限公司
331. 莆田市祥麟鞋业有限公司
332. 莆田市大诚鞋业有限公司
333. 福建省莆田市协龙鞋业有限公司
334. 福建省佩吉服装股份有限公司
335. 莆田艾力艾鞋服有限公司
336. 莆田市协昇体育用品有限公司
337. 莆田市新日鞋服有限公司
338. 莆田萨拉曼户外用品有限公司
339. 福建省莆田市鑫源鞋业有限公司
340. 莆田市欧米加实业有限公司
341. 莆田市鑫祥股份有限公司
342. 莆田安健致远鞋业有限公司
343. 福建安恒致远鞋业有限公司
344. 莆田市城厢区恒鑫鞋材有限公司
345. 福建省莆田市欣达鞋业有限公司
346. 莆田市和顺鞋业有限公司
347. 福建省晟威工贸有限公司
348. 莆田市诚毅鞋业有限公司
349. 福建省永盛大工贸有限公司
350. 福建省莆田市华都饲料有限公司
351. 莆田市城厢区诚味食品有限公司
352. 庄严苑工艺品有限公司
353. 中科华宇（福建）科技发展有限公司
354. 莆田市三箭塑胶五金有限公司
355. 福建省仙游县鲁艺古典家具有限公司
356. 联盛（莆田）彩印有限公司
357. 福建亿发卫生用品有限公司
358. 福建省莆联木业有限公司
359. 福建莆田市成联包装有限公司

七、南平26家

360. 南平华孚电器有限公司
361. 福建创四方电子有限公司

362. 福建省南铝板带加工有限公司
363. 福建建阳龙翔科技开发有限公司
364. 南平市建阳区汽车锻压件厂
365. 福建亮晶晶新材料有限公司
366. 福建乔宝陶瓷有限公司
367. 福建省镜江纺织科技有限公司
368. 福建湛峰茶业有限公司
369. 福建圣农发展股份有限公司
370. 福建圣农食品有限公司
371. 福建省武夷山嘉乐食品有限公司
372. 南平市享通生态农业开发有限公司
373. 浦城县永芳香料科技有限公司
374. 福建明良食品有限公司
375. 汉德（武夷山）食品有限公司
376. 福建承天金岭药业有限公司
377. 福建南平市元乔木业有限公司
378. 福建华韵竹木有限公司
379. 福建百丰竹业有限公司
380. 福建省碧诚工贸有限公司
381. 福建省庄禾竹业有限公司
382. 福建省建瓯市中亿纸品制造有限公司
383. 南平市华泰木竹有限公司
384. 福建省唐金包装有限公司
385. 武夷山正华竹木制品有限公司

八、龙岩 20 家

386. 福建合信创展科技有限公司
387. 龙岩市永定区祥亿电子有限公司
388. 福建省汇创新高电子科技有限公司
389. 龙岩德煜照明有限公司
390. 谊美吉斯光电科技（福建）有限公司
391. 福建逢兴机电设备有限公司
392. 福建省得力机电有限公司
393. 福建溢泰科技有限公司
394. 福建龙净高精设备制造有限公司
395. 龙岩亿丰机械科技有限公司
396. 福建豪邦化工有限公司
397. 福建致尚生物质材料发展有限公司
398. 泰山石膏（福建）有限公司
399. 福建瓮福蓝天氟化工有限公司
400. 福建铭麟科技有限公司
401. 福建金山耐磨材料有限公司
402. 福建福迩金生物科技有限公司
403. 新洲（武平）林化有限公司
404. 福建万恒精密刀具有限公司
405. 福建爱的电器有限公司

九、宁德 29 家

406. 福建永盛电子有限公司
407. 福建省立新船舶工程有限公司
408. 宁德特波电机有限公司
409. 三禾电器（福建）有限公司
410. 福建鑫常泓机械设备有限公司
411. 福建大成电机集团有限公司
412. 福建强宇石化机械有限公司
413. 寿宁县瑞铭铝制品有限公司
414. 宁德市大裕精密铸造有限公司
415. 福建省友力化油器有限公司
416. 宁德市凯欣电池材料有限公司
417. 福建鑫豪高新科技材料有限公司
418. 福建宏大特钢有限公司
419. 屏南县永锋混凝土搅拌有限公司
420. 福建意迈达鞋业有限公司
421. 福建麦德龙食品有限公司
422. 古田县吉发食用菌有限公司
423. 福建三友食品有限公司
424. 宁德福进食品有限公司
425. 福建天人药业股份有限公司
426. 福建忠和生物食品有限公司
427. 福建隆祥皮革有限公司
428. 福建华夏超纤有限公司
429. 福建盈浩文化创意股份有限公司
430. 福建博艺材料科技有限公司
431. 巨龙光学（福建）有限公司
432. 福建盛耳食品有限公司
433. 福建福泉鑫生物科技有限公司
434. 周宁县华兴茶叶有限公司

（摘编：朱明清）

福建省第四批制造业单项冠军企业（产品）名录

2020年10月30日福建省工业和信息化厅关于公布福建省第四批制造业单项冠军企业（产品）名录的通告（闽工信产业〔2020〕147号）提出，为贯彻落实《工业和信息化部制造业单项冠军企业培育提升专项行动实施方案》，引导我省制造业企业专注于细分产品市场的创新、产品质量提升和品牌培育，提升我省制造业核心竞争力，推动产业迈向中高端，带动福建制造走向全国乃至全球，根据《福建省制造业单项冠军企业（产品）管理实施细则》（闽经信产业〔2017〕159号），经企业自主申报，设区市、平潭综合实验区工信部门推荐，专家论证和网上公示等程序，确定了福建省第四批制造业单项冠军企业（产品）名录，现予公布。

各设区市、平潭综合实验区工信部门、有关行业协会要加强对企业的服务和支持，引导企业专注细分产品领域的创新、产品质量提升和品牌建设，培育具有全国乃至全球竞争力的一流企业。

福建省第四批制造业单项冠军企业（产品）名单

一、单项冠军企业（9家）

序号	企业名称	主营产品
1	福州旭福光电科技有限公司	G8.5代液晶玻璃基板
2	福建祥鑫股份有限公司	特种铝合金棒材及铝材
3	奥佳华智能健康科技集团股份有限公司	保健按摩器具
4	沙迪克（厦门）有限公司	慢走丝线切割机床
5	泉州嘉德利电子材料有限公司	电容器用聚丙烯薄膜
6	福建金杨科技股份有限公司	二氧化锰原电池（组）零件
7	福建省展化化工有限公司	过硫酸钠
8	福建中锦新材料有限公司	聚酰胺切片
9	福建青松股份有限公司	合成樟脑系列

二、单项冠军产品（32个）

序号	主营产品	企业名称
1	星光级超高清ETC高速摄像头	福建福特科光电股份有限公司
2	高性能铝合金摇臂	福建华威钜全精工科技有限公司
3	车用齿轮、传动和驱动部件	福州金锻工业有限公司
4	高性能防火电缆	福建礼恩科技有限公司
5	建筑用高强铝型材	福建奋安铝业有限公司

续表

序号	主营产品	企业名称
6	HDPE 网箱框架系统	福建亚通新材料科技股份有限公司
7	电力电缆护套用改性聚丙烯管材	福建和盛塑业有限公司
8	已内酰胺	福建申远新材料有限公司
9	新型高强工业聚酯纤维空间布	福建思嘉环保材料科技有限公司
10	涤纶纱	福建金源纺织有限公司
11	免疫组化检测试剂	福州迈新生物技术开发有限公司
12	三维锡膏印刷检测设备 - 3D SPI	厦门思泰克智能科技股份有限公司
13	低熔点聚酯/聚酯复合牵伸丝	厦门翔鹭化纤股份有限公司
14	立方体磷酸锆载银抗菌粉	晋大纳米科技（厦门）有限公司
15	钢制汽车轮毂	厦门日上集团股份有限公司
16	4 英寸图形化蓝宝石衬底	福建晶安光电有限公司
17	阀控式密封铅酸蓄电池	泉州市凯鹰电源电器有限公司
18	疏水阀	英侨机械制造有限公司
19	生态陶板	福建华泰集团股份有限公司
20	SBR 有机硅闭孔发泡材料	易宝（福建）高分子材料股份公司
21	微棱镜反光膜、微棱镜反光布	福建夜光达科技股份有限公司
22	鞋材用非织造布	晋江市港益纤维制品有限公司
23	人造石	福建鹏翔实业有限公司
24	智能坐便器	泉州科牧智能厨卫有限公司
25	酚醛塑料	沙县宏盛塑料有限公司
26	EPDM 颗粒	福建奥翔体育塑胶科技股份有限公司
27	HAPTIC 印刷鞋面产品	华峰运动用品科技有限公司
28	氢氟酸	福建永晶科技股份有限公司
29	锡磷青铜铜带（铜箔）	福建紫金铜业有限公司
30	二氧化硅（白炭黑）	福建正盛无机材料股份有限公司
31	不锈钢棒材	福建青拓镍业有限公司
32	电子感应垃圾桶	福建纳仕达电子股份有限公司

（摘编：李兵）

福建省循环经济示范试点园区、企业（第四批）名单

2020年11月23日福建省工业和信息化厅下发《关于公布福建省循环经济示范试点园区、企业（第四批）名单的通知》（闽工信函节能〔2020〕576号）提出，为推进我省循环经济示范试点园区和企业循环化发展，2020年我厅继续开展第四批循环经济示范试点遴选工作，经组织专家评审和公示，现将列入福建省循环经济示范试点（第四批）名单的6家园区和87家企业予以公布，并就有关工作要求通知如下：

一、完善实施方案。各设区市、平潭综合实验区工信部门要指导示范试点园区、企业修改完善实施方案，进一步明确发展循环经济的目标、任务重点和措施等。

二、认真组织实施。各试点园区、企业要加快方案的组织实施，有序落实各项目标任务。有关部门要加强对示范试点工作的日常跟踪和指导，对示范试点建设出现的问题及时研究，帮助协调解决示范试点工作需要的相关建设条件。

三、跟踪管理及验收。各级工信部门要建立示范试点工作进展情况报送和跟踪管理制度，加强对示范试点工作调研服务，每半年定期汇总上报工作推进情况。实施方案完成建设目标、任务并取得一定成效，达成预期目标90%以上的示范试点园区、企业可向所在地设区市工信局提出验收申请，并提交自评估报告等相关验收材料。我厅将委托第三方对示范试点园区、企业实施情况进行评估验收，对验收通过的予以示范园区、企业公告。列入示范试点园区、企业应加快方案实施，及时提出验收申请，自列入示范试点之日起两年内未提出验收申请的，将自动取消示范试点资格。

附件

福建省循环经济示范试点园区、企业（第四批）名单

序号	申报单位	属地	序号	申报单位	属地
一、示范试点园区			4	福建吴航不锈钢制品有限公司	福州
1	罗源湾经济开发区（源鑫资源综合利用基地）	福州	5	长乐联丰染整有限公司	福州
			6	华润水泥（连江）有限公司	福州
2	福建莆田华林经济开发区	莆田	7	福建德胜新建材有限公司	福州
3	福建省清流经济开发区	三明	8	福建长德蛋白科技有限公司	福州
4	晋江（长汀）工业园区	龙岩	9	福建亚通新材料科技股份有限公司	福州
5	福建永定工业园区	龙岩	10	爹地宝贝股份有限公司	福州
6	福建（龙岩）稀土工业园区	龙岩	11	厦门天马微电子有限公司	厦门
二、示范试点企业			12	厦门兴重环保化工有限公司	厦门
1	福建大东海实业集团有限公司	福州	13	厦门万新橡胶有限公司	厦门
2	福建凯航再生资源有限责任公司	福州	14	福建长宏建材有限公司	漳州
3	福建八方新型建材有限公司	福州	15	福建三宝钢铁有限公司	漳州

续表

序号	申报单位	属地
16	福建龙溪轴承（集团）股份有限公司	漳州
17	漳州市陆海环保产业开发有限公司	漳州
18	漳州环境再生能源有限公司	漳州
19	漳州旗滨玻璃有限公司	漳州
20	福建省珊瑚岛生物科技有限公司	漳州
21	瀚蓝（常山华侨经济开发区）固废处理有限公司	漳州
22	泉州福海粮油工业有限公司	泉州
23	福建信泰印染有限公司	泉州
24	晋江市港益纤维制品有限公司	泉州
25	晋江市七彩狐服装织造有限公司	泉州
26	福建鹏翔实业有限公司	泉州
27	福建省南安盈晟新型墙体材料有限公司	泉州
28	福建省泉州美岭水泥有限公司	泉州
29	福建众益太阳能科技股份公司	泉州
30	福建福田纺织印染科技有限公司	泉州
31	晋江市福龙拉链染织有限公司	泉州
32	名志体育用品（中国）有限公司	泉州
33	石狮联诚植绒有限公司	泉州
34	福建石狮晨光化纤染织有限公司	泉州
35	福建龙翌合金有限公司	泉州
36	石狮市福耀天祥织造有限公司	泉州
37	石狮市德胜纺织漂染有限公司	泉州
38	福建省南安市天发石材有限公司	泉州
39	福建固美金属股份公司	泉州
40	泉州市凯鹰电源电器有限公司	泉州
41	德化县润发建材有限责任公司	泉州
42	三明市八闽废旧物资回收有限公司	三明
43	三明金牛水泥有限公司	三明
44	福建南方制药股份有限公司	三明
45	福建万峰节能建材有限公司	三明
46	三明市青杉活性炭有限公司	三明
47	福建中翔纳米科技有限公司	三明
48	福建省大田县恒丰工贸有限公司	三明
49	福建鑫森合纤科技有限公司	三明
50	福建丰帝锦纶有限公司	三明
51	福建省海安橡胶有限公司	莆田
52	福建中裕新材料技术有限公司	莆田
53	双驰实业股份有限公司	莆田
54	莆田市百合鞋业有限公司	莆田
55	莆田市城厢区昌德食品有限公司	莆田
56	福建长城华兴玻璃有限公司	莆田
57	莆田市涵江怡丰鞋业有限公司	莆田
58	福建华兴玻璃有限公司	莆田
59	中节能（莆田）再生资源利用有限公司	莆田
60	福建省正巽绿城建材有限公司	莆田
61	福建省华越新型建材有限公司	莆田
62	莆田鑫晶山淤泥开发有限公司	莆田
63	福建武夷九峰节能建材有限公司	南平
64	福建南平远大新型墙材有限公司	南平
65	福建省武夷白鹭日用化工有限公司	南平
66	福建永晶科技股份有限公司	南平
67	福建鑫隆达竹木科技有限公司	南平
68	福建华韵竹木有限公司	南平
69	福建省慧通工艺品有限公司	南平
70	福建竹家女工贸有限公司	南平
71	福建龙麟环境工程有限公司	龙岩
72	福建省华龙建材有限公司	龙岩
73	上杭县紫金佳博电子新材料科技有限公司	龙岩
74	福建省长汀金龙稀土有限公司	龙岩
75	福建省长汀卓尔科技股份有限公司	龙岩
76	福建新纺纺织有限公司	龙岩
77	福建天守纺织新材料有限公司	龙岩
78	天守（福建）超纤科技股份有限公司	龙岩
79	福建中晶科技有限公司	龙岩
80	上海汽车集团股份有限公司乘用车福建分公司	宁德
81	福建古田冠鹰环保建材有限公司	宁德
82	福建锦和盛环保建材有限公司	宁德
83	宁德市大裕精密铸造有限公司	宁德
84	福安市青拓环保建材有限公司	宁德
85	福建闽宏纤维有限公司	宁德
86	福建贝迪药业有限公司	宁德
87	宁德厦钨新能源材料有限公司	宁德

（摘编：郑新贵）

福建省第三批绿色制造名单

2020年6月18日福建省工业和信息化厅下发《关于公布福建省第三批绿色制造名单的通知》（闽工信节能〔2020〕88号）提出，为贯彻落实工业和信息化部《工业绿色发展规划（2016—2020）》《绿色制造工程实施指南（2016—2020年）》，加快建设我省绿色制造体系，打造绿色制造先进典型，引领相关领域工业绿色转型，根据《福建省绿色制造体系创建实施方案》（闽经信环资〔2018〕248号，以下简称《实施方案》）及《关于组织申报工信部第五批绿色制造名单的通知》（闽工信函节能〔2020〕105号）要求，我厅组织开展了福建省第三批绿色制造名单推荐工作。经企业申报、各设区市工信部门推荐、专家评审、公示、复核并征求相关部门意见，确定福建省第三批绿色制造名单，其中绿色工厂64家、绿色供应链18个、绿色园区6个、绿色设计产品20款，现予以公布。有关事项通知如下：

一、列入绿色制造名单的单位要按照《实施方案》要求和省工信厅反馈意见，持续改进提升绿色制造和绿色发展水平，切实发挥绿色制造示范带动作用，引领本领域制造业绿色转型。

二、各设区市工信局要高度重视绿色制造体系建设工作，引导绿色制造单位发挥先进典型作用。要加强对绿色制造单位及第三方评价机构的指导、监督和管理，对不再符合《实施方案》要求的单位及第三方评价机构，及时向省工信厅报送有关情况。

三、省工信厅对纳入省级绿色制造名单的单位实施动态管理，对存在弄虚作假、重大安全事故、环境污染、产品质量问题和失信被执行人的单位，以及在国务院及有关部委相关督查工作中发现存在严重问题的单位，将移出省级绿色制造名单并进行通报。

1. 2020年福建省第三批绿色工厂名单（64家）

2. 2020年福建省第三批绿色供应链名单（18个）

3. 2020年福建省第三批绿色园区名单（6个）

4. 2020年福建省第三批绿色设计产品名单（20款）

附件1

2020年省级第三批绿色工厂名单（64家）

序号	申报示范单位名称	属地	行业	第三方评价机构
1	福建永荣锦江股份有限公司	福州	锦纶纤维制造业	方圆标志认证集团福建有限公司
2	九牧王股份有限公司	泉州	纺织服装、服饰业	方圆标志认证集团福建有限公司
3	阿斯福特纺织（漳州）有限公司	漳州	家用纺织制成品制造	机械工业环保产业发展中心
4	福建捷联电子有限公司	福州	电子行业	福州睿信企业管理咨询有限公司
5	福建紫金铜业有限公司	龙岩	铜压延加工业	福建省计量科学研究院
6	泉州福海粮油工业有限公司	泉州	食品	华盛绿色工业基金会
7	福建长源纺织有限公司	福州	纺织业	福州睿信企业管理咨询有限公司

续表

序号	申报示范单位名称	属地	行业	第三方评价机构
8	福建龙溪轴承（集团）股份有限公司	漳州	轴承制造	机械工业环保产业发展中心
9	福人木业（莆田）有限公司	莆田	人造板制造	中国信息通信研究院
10	福建大东海实业集团有限公司	福州	钢铁	中钢集团金信咨询有限责任公司
11	福建亚通新材料科技股份有限公司	福州	塑胶行业	方圆标志认证集团福建有限公司
12	雀氏（福建）实业发展有限公司	泉州	其他纸制品制造	福建省环安检测评价有限公司
13	漳州盈塑工业有限公司	漳州	塑料制品制造	中国信息通信研究院
14	福建福田纺织印染科技有限公司	泉州	纺织	福建省环安检测评价有限公司
15	福建南平太阳电缆股份有限公司	南平	电气机械及器材制造业	福建省建筑科学研究院有限责任公司
16	福建杜氏木业有限公司	南平	轻工	中节能咨询有限公司
17	福建祥龙塑胶有限公司	福州	塑胶行业	黑龙江省建筑材料工业规划设计研究院
18	漳州片仔癀药业股份有限公司	漳州	制药	深圳华测国际认证有限公司
19	福建晋江天然气发电有限公司	泉州	火力发电	北京国金衡信认证有限公司
20	厦门聚富塑胶制品有限公司	厦门	塑料薄膜制造	福建省环安检测评价有限公司
21	福建龙麟集团有限公司	龙岩	水泥	福建省建筑材料科研院有限公司
22	福州福耀模具科技有限公司	福州	模具制造	黑龙江省建筑材料工业规划设计研究院
23	福建省长乐市立峰纺织有限公司	福州	棉纺纱加工 涤纶纤维制造	福建省建筑科学研究院有限责任公司
24	龙合智能装备制造有限公司	龙岩	机械装备行业	福建省业通开发咨询有限公司（原龙岩市业通开发咨询有限公司）
25	福建奋安铝业有限公司	福州	有色金属	北京国金衡信认证有限公司
26	山鹰华南纸业有限公司	漳州	造纸和纸制品业	厦门科诚杰管理咨询有限公司
27	将乐金牛水泥有限公司	三明	水泥	福建省建筑材料科研院有限公司
28	福建省亚明食品有限公司	莆田	肉制品及副产品加工	中机生产力促进中心
29	中化泉州石化有限公司	泉州	原油加工及石油产品制造	安徽焓谷工程技术有限公司
30	福建双羿竹木发展有限公司	南平	木材加工和木、竹、藤、棕、草制品业	福建省建筑科学研究院有限责任公司
31	厦门利德宝电子科技股份有限公司	厦门	电子电路制造	福建省环安检测评价有限公司
32	福建圣农发展股份有限公司	南平	农副食品加工业	中国信息通信研究院
33	上海电气风电设备莆田有限公司	莆田	风能原动设备制造	北京卡本能源咨询有限公司
34	福建永强力加动力设备有限公司	福州	电气机械制造	中环联合（北京）认证中心有限公司
35	华润水泥（永定）有限公司	龙岩	水泥	福建省建筑材料科研院有限公司
36	福建省金怡丰工贸有限公司	龙岩	纺织	福建省建筑材料科研院有限公司
37	福建省东南电化股份有限公司	福州	化工（烧碱）	福建省石油化学工业设计院

续表

序号	申报示范单位名称	属地	行业	第三方评价机构
38	福建省瑞祥竹木有限公司	南平	木材加工和木、竹、藤、棕、草制品业	中国船级社质量认证公司
39	华润水泥（龙岩曹溪）有限公司	龙岩	水泥	福建省建筑材料科研院有限公司
40	福建傲农生物科技集团股份有限公司	漳州	农副食品加工业	福州睿信企业管理咨询有限公司
41	三明金牛水泥有限公司	三明	水泥	福建省建筑材料科研院有限公司
42	华润水泥（龙岩雁石）有限公司	龙岩	水泥	福建省建筑材料科研院有限公司
43	福州联泓交通器材有限公司	福州	交通运输制造业	中联认证中心（北京）有限公司
44	福建水泥股份有限公司炼石水泥厂	南平	水泥	福建省建筑材料科研院有限公司
45	福建钢泓金属科技股份有限公司	龙岩	金属制品业	福建省业通开发咨询有限公司（原龙岩市业通开发咨询有限公司）
46	漳州市桥南印刷有限公司	漳州	印刷包装装潢	福建省环安检测评价有限公司
47	厦门艾思欧标准砂有限公司	厦门	其他非金属矿物制品制造	中国建材检验认证集团厦门宏业有限公司
48	厦门智欣建工科技有限公司	厦门	砼结构构件制造	方圆标志认证集团厦门有限公司
49	中国重汽集团福建海西汽车有限公司	三明	整车制造	福建省建筑科学研究院有限责任公司
50	福建福清万年青水泥有限公司	福州	水泥粉磨	福建省建筑材料科研院有限公司
51	福建华夏合成革有限公司	宁德	轻工	轻工业环境保护研究所
52	通亿（泉州）轻工有限公司	泉州	纺织	福建省环安检测评价有限公司
53	福建省谋成水泥发展有限公司	三明	水泥	福建省建筑材料科研院有限公司
54	福建诚安蓝盾实业有限公司	南平	金属门窗制造	中国信息通信研究院
55	福建思嘉环保材料科技有限公司	福州	新材料	福建工程学院
56	福建中意铁科新型材料有限公司	龙岩	新材料	厦门科诚杰管理咨询有限公司
57	福建中景石化有限公司	福州	化工行业	中国信息通信研究院
58	福建省铁拓机械股份有限公司	泉州	机械制造业	中节能咨询有限公司
59	永安市宝华林实业发展有限公司	三明	纺织	福建省建筑科学研究院有限责任公司
60	雷勃动力传动（漳州）有限公司	漳州	制造	北京和碳环境技术有限公司
61	海益（厦门）建材工业有限公司	厦门	塑料零件及其他塑料制品制造日用塑料制品制造	福建省环安检测评价有限公司
62	中海福建天然气有限责任公司	莆田	天然气生产和供应业	海油总节能减排监测中心有限公司
63	福建龙马环卫装备股份有限公司	龙岩	专用设备制造业	中联认证中心（北京）有限公司
64	福建省鑫森炭业股份有限公司	南平	林产化工	福建工程学院

附件 2

2020 年福建省第三批绿色供应链名单（18 个）

序号	申报示范单位名称	属地	行业	第三方评价机构
1	福耀玻璃工业集团股份有限公司	福州	玻璃行业	中节能咨询有限公司
2	九牧厨卫股份有限公司	泉州	卫生陶瓷制品制造	四川省地质工程勘察院集团有限公司
3	福建南平太阳电缆股份有限公司	南平	电气机械及器材制造业	福建省建筑科学研究院有限责任公司
4	中国重汽集团福建海西汽车有限公司	三明	整车制造	福建省建筑科学研究院有限责任公司
5	飞毛腿（福建）电子有限公司	福州	锂电池制造	北京中创碳投科技有限公司
6	福建省海安橡胶有限公司	莆田	工程巨型子午轮胎	中国电子技术标准化研究院
7	福建中能电气有限公司	福州	电气机械制造	国瑞沃德（北京）低碳经济技术中心
8	永安市宝华林实业发展有限公司	三明	纺织	福建省建筑科学研究院有限责任公司
9	福建西河卫浴科技有限公司	泉州	其他未列明制造业	福州睿信企业管理咨询有限公司
10	福建华龙化油器有限公司	宁德	机械制造	四川省地质工程勘察院集团有限公司
11	福建晶安光电有限公司	泉州	电子电器	中节能咨询有限公司
12	福建圣农食品有限公司	南平	肉制品及副产品加工	国瑞沃德（北京）低碳经济技术中心
13	福建经纬新纤科技实业有限公司	福州	化学纤维制造业	四川省地质工程勘察院集团有限公司
14	福建省石狮市通达电器有限公司	泉州	计算机、通信和其他电力设备制造业	北京中创碳投科技有限公司
15	福建双羿竹木发展有限公司	南平	木材加工和木、竹、藤、棕、草制品业	福建省建筑科学研究院有限责任公司
16	福建省长乐市立峰纺织有限公司	福州	棉纺纱加工涤纶纤维制造	福建省建筑科学研究院有限责任公司
17	福建晋工机械有限公司	泉州	大型成套装备机械	福建工程学院
18	三六一度（中国）有限公司	泉州	纺织服装、服饰业	福州睿信企业管理咨询有限公司

附件 3

2020 年福建省第三批绿色园区名单（6 个）

序号	申报示范单位名称	属地	行业	第三方评价机构
1	福建漳州金峰经济开发区	漳州	制造业	北京化工大学
2	福建光泽工业园区	南平	生物制药、食品加工和轻工	中国信息通信研究院
3	晋江（长汀）工业园区	龙岩	纺织	福建省建筑材料科研院有限公司
4	福建仙游经济开发区	莆田	省级开发区	福州大学
5	福建（龙岩）稀土工业园区	龙岩	稀土工业	福建省业通开发咨询有限公司（原龙岩市业通开发咨询有限公司）
6	福建浦城工业园区	南平	食品加工、竹木加工、生物科技等	中国船级社质量认证公司

附件4

2020年福建省第三批绿色设计产品名单（20款）

序号	申报示范单位名称	属地	产品名称	产品型号
1	福建省宏港纺织科技有限公司	福州	锦纶内衣面料	C523301NH
2	福建省宏港纺织科技有限公司	福州	锦纶环保型运动面料	C122503NH
3	福建省宏港纺织科技有限公司	福州	锦纶泳衣面料	C411702NH
4	福建省宏港纺织科技有限公司	福州	锦纶内衣面料	C611130NH
5	福建省宏港纺织科技有限公司	福州	锦纶内衣面料	C611407N8H
6	福建省宏港纺织科技有限公司	福州	锦纶泳衣双拉面料	T361960NH
7	福建省宏港纺织科技有限公司	福州	锦纶运动面料	C222201NH
8	福建省宏港纺织科技有限公司	福州	锦纶运动面料	DA40012NH
9	福建省宏港纺织科技有限公司	福州	锦纶泳衣双拉面料	T461930NH
10	福建省宏港纺织科技有限公司	福州	锦纶环保型内衣面料	SA40017NH
11	山鹰华南纸业有限公司	漳州	瓦楞原纸	
12	山鹰华南纸业有限公司	漳州	牛皮箱板纸	
13	福建省百川资源再生科技股份有限公司	泉州	再生原液着色涤纶 DTY	150D/36F
14	福建凤竹纺织科技股份有限公司	泉州	针织成品布	纯棉单面布
15	福建凤竹纺织科技股份有限公司	泉州	针织成品布	涤棉氨纶布
16	福建凤竹纺织科技股份有限公司	泉州	针织成品布	涤棉双面布
17	福建凤竹纺织科技股份有限公司	泉州	针织成品布	纯棉双面布
18	福建凤竹纺织科技股份有限公司	泉州	针织成品布	涤棉单面布
19	福建凤竹纺织科技股份有限公司	泉州	针织成品布	纯棉氨纶布
20	紫金铜业有限公司	龙岩	阴极铜	A级

（摘编：郑新贵）

第一批福建省省级工业旅游示范基地名单

2020年4月28日福建省工业和信息化厅、福建省文化和旅游厅《关于公布第一批福建省省级工业旅游示范基地名单的通知》（闽工信函服务〔2020〕189号）提出，根据《关于加快推进我省工业旅游发展的意见》（闽工信服务〔2019〕167号）和《关于创建福建省省级工业旅游示范基地实施细则》（闽工信法规〔2019〕188号）有关要求，经研究，确定福建船政文化保护开发有限公司等9家企业为第一批福建省省级工业旅游示范基地，现予以公布。

创建省级工业旅游示范基地是发展工业旅游新业态，助推企业提升品牌竞争力、实现转型升级的重要举措。第一批省级工业旅游示范基地要不断完善基础设施，加强安全生产，大力弘扬工业文化精神，充分发挥示范带动作用。

第一批福建省省级工业旅游示范基地名单

序号	企业名称	工业旅游基地名称	属地
1	福建船政文化保护开发有限公司	福建船政文化保护开发有限公司	福州
2	漳州片仔癀药业股份有限公司	漳州片仔癀药业股份有限公司	漳州
3	漳州天福茶业有限公司	漳州天福茶观光工厂	漳州
4	福建泉州南星大理石有限公司	东星奢石文创园	泉州
5	福建七匹狼实业股份有限公司	七匹狼中国男装博物馆	泉州
6	福建省三钢（集团）有限责任公司	福建三钢工业旅游示范基地	三明
7	百威雪津啤酒有限公司	百威中国啤酒博物馆	莆田
8	福建省三福古典家具有限公司	福建省三福文化产业基地	莆田
9	福建省小密酒业有限公司	印象小密—中国包酒文化博览园	南平

（摘编：郭鹭）

福建省2020年省级外贸转型升级基地名单

2021年1月4日福建省商务厅《关于公布2020年新认定省级外贸转型升级基地名单的通知》（闽商务〔2021〕1号）提出，为贯彻落实《中共中央 国务院关于推进贸易高质量发展的指导意见》和《国务院办公厅关于推进对外贸易创新发展的实施意见》，加快我省贸产融合，推动外贸转型升级，省商务厅组织开展了2020年外贸转型升级基地认定工作。经各单位申报、设区市初审推荐、组织评审、公示等程序，现将2020年省级外贸转型升级基地名单予以公布。

建设外贸转型升级基地是培育技术、标准、品牌、质量、服务等竞争优势的有效途径，也是稳定和畅通产业链、供应链，推进外贸创新发展的重要举措。请各设区市商务局、基地所在县（市、区）商务主管部门进一步加强对基地工作的组织领导，结合当地实际制订基地发展规划和相关政策，总结经验，大胆创新，优化营商环境，推动基地不断培育外贸竞争新优势、发挥示范带动作用，为全省外贸高质量发展作出更大贡献。

2020年省级外贸转型升级基地名单

1. 福州市福清市外贸转型升级基地（平板显示产业）
2. 漳州市漳州台商投资区外贸转型升级基地（家电产业）
3. 漳州市长泰县外贸转型升级基地（光机电产业）
4. 三明市永安市外贸转型升级基地（汽车及零部件产业）
5. 龙岩市上杭县外贸转型升级基地（金铜产业）

（摘编：刘海元）

福建省2020年省级示范物流园区名单

2020年10月30日福建省工业和信息化厅下发《关于公布2020年省级示范物流园区名单的通知》（闽工信函服务〔2020〕541号），根据我厅《关于印发福建省创建省级示范物流园区实施细则的通知》（闽经信服务〔2017〕144号）、《关于组织申报2020年省级示范物流园区的通知》（闽工信函服务〔2020〕271号）精神，经研究，同意将美兴物流园（一期）等8家物流园区列为2020年省级示范物流园区。现将有关事项通知如下：

一、按照《福建省创建省级示范物流园区实施细则》（闽经信服务〔2017〕144号）规定，对获评的省级示范物流园区，从省工业和信息化发展专项转移支付资金中给予一次性100万元奖励（厦门市获评园区由厦门市参照奖励）。

二、各设区市物流牵头部门要加强指导，推动已获评的省级示范园区进一步完善公共基础配套设施，提高园区运行效率，创新园区运作模式，提升园区信息化标准化水平，强化服务地方经济和产业集群的能力，在推动我省物流业高质量发展超越中发挥示范带动作用。

三、各设区市物流牵头部门要对照省级示范物流园区创建办法，加强对辖区内物流园区的统筹规划和科学发展，努力培育建设一批布局集中、用地集约、功能集成、特色明显的示范物流园区，加快推进我省物流业融入以国内大循环为主体、国内国际双循环相互促进的新发展格局。

2020年省级示范物流园区名单

序号	园区名称	企业名称	属地	备注
1	美兴物流园（一期）	福建美兴实业有限公司	福州市	
2	象屿厦门前场物流园区（一期）多联中心	厦门铁路物流投资有限责任公司	厦门市	
3	嘉晟供应链物流基地	厦门市嘉晟创新投资有限公司	厦门市	
4	鑫展旺物流园	福建鑫展旺物流有限公司	漳州市	
5	罗屿港口物流园	福建省罗屿港口开发有限公司	莆田市	
6	莆田市双赢物流中心	福建省莆田市双赢物流有限公司	莆田市	
7	南平荣华山现代物流园	福建荣华物流有限公司	南平市	
8	平潭跨境电商园	平潭综合实验区岚台物流有限公司	平潭综合实验区	

（摘编：林开龙）

第八批福建省省级工业设计中心名单

2020 年 7 月 27 日福建省工业和信息化厅下发《关于公布第八批福建省省级工业设计中心名单的通知》（闽工信函服务〔2020〕334 号）提出，根据《福建省工业和信息化厅关于组织申报 2020 年（第八批）省级工业设计中心的通知》（闽工信服务〔2020〕43 号），按照《福建省省级工业设计中心认定管理办法》（闽经信政法〔2018〕99 号文）有关规定，经研究，将福建省尚飞制衣有限公司等 9 家企业的工业设计中心以及厦门威迪思汽车设计服务有限公司、福建（泉州）哈工大工程技术研究院 2 家工业设计企业认定为第八批福建省省级工业设计中心，现予以公布。

工业设计在引领创新驱动、提升产品附加值、促进产业转型升级等方面发挥重要的作用，是制造业价值链的关键环节。各省级工业设计中心要进一步提升中心建设水平，充分发挥示范带动效应，引领行业设计能力提升，推动制造业高质量发展。

第八批福建省省级工业设计中心企业名单

1. 福建省尚飞制衣有限公司
2. 厦门唯科模塑科技股份有限公司
3. 厦门强力巨彩光电科技有限公司
4. 厦门万仟堂艺术品有限公司
5. 正兴车轮集团有限公司
6. 漳州科能电器有限公司
7. 福建省东山县辉永泰体育用品实业有限公司
8. 福建杜氏木业有限公司
9. 福建省瑞祥竹木有限公司
10. 厦门威迪思汽车设计服务有限公司
11. 福建（泉州）哈工大工程技术研究院

（摘编：林开龙）

福建省2020年省级技术转移机构名单

2020年12月11日福建省科学技术厅下发《关于公布2020年省级技术转移机构名单的通知》（闽科成〔2020〕3号）提出，为加强我省技术转移体系建设，根据《福建省技术转移机构管理办法（暂行）》要求，经评估和研究，确定“福建师范大学技术转移中心”等26家机构为2020年省级技术转移机构。

各省级技术转移机构要充分发挥纽带作用，不断推进科技成果与市场要素的有效对接，积极促进区域、行业和境内外技术转移和成果转化。

2020年省级技术转移机构名单

序号	机构名称	推荐单位
1	自然资源部第三海洋研究所产业处	自然资源部第三海洋研究所
2	福建省农业科学院农业质量标准与检测技术研究所	福建省农业科学院
3	中科院宁波材料所福建技术转移转化中心	中国科学院福建物质结构研究所
4	福建师范大学技术转移中心	福建师范大学
5	福建鑫恒动信息技术有限公司	福州市科技局
6	福建博思创业园管理有限公司	
7	福州琴声创业园管理有限公司	
8	福建省闽量校准技术中心	
9	福建省中智科技成果评价中心	
10	福州创新驿站孵化器管理有限公司	
11	福建省智能制造发展促进会	
12	福州金大瑞商务咨询有限公司	
13	福建鸣鹤网络科技有限公司	
14	福建紫慧信息技术有限公司	
15	福州顺升科技有限公司	
16	福建西闽安全科技有限公司	
17	福建省原道生态环境研究院	
18	漳州市食品科技应用研究院	漳州市科技局
19	福建省正启企业管理咨询有限公司	
20	漳州市安信企业管理咨询有限公司	

续表

序号	机构名称	推荐单位
21	福建（泉州）哈工大工程技术研究院	泉州市科技局
22	泉州装备制造研究所	
23	浙江伍一技术股份有限公司泉州分公司	
24	泉州市启智企业管理服务有限公司	
25	闽南理工学院技术转移转化中心	
26	南安市融和中欧技术转化中心	

（摘编：肖启辉）

2020 年福建省星创天地名单

2020 年 12 月 3 日福建省科学技术厅下发《关于公布 2020 年福建省星创天地名单的通知》（闽科星〔2020〕1 号）提出，根据《福建省星创天地管理细则（暂行）》及《福建省科学技术厅关于开展 2020 年福建省星创天地认定工作的通知》（闽科星函〔2020〕12 号）的要求，省科技厅组织开展了省级星创天地评审认定工作。经各有关部门推荐、形式审查、专家评审、公示等程序，现确认“两岸（漳州）星创天地”等 24 家星创天地为“福建省星创天地”。请各星创天地运营主体深入实施乡村振兴战略，积极开展集聚创业人才、技术集成创新、成果示范推广、创业培育孵化、实用人才培训、科技金融服务、科技扶贫等综合性服务。各星创天地的业务主管部门加强对星创天地建设的指导和服务，切实发挥星创天地的示范、辐射、带动作用，为促进农村创新创业、推进科技扶贫精准扶贫、助力乡村振兴作出新贡献。

2020 年福建省星创天地认定名单

序号	星创天地名称	运营单位名称	负责人	推荐单位
1	两岸（漳州）星创天地	福建省农业科学院亚热带农业研究所	郑开斌	福建省农科院
2	福建省长汀盼盼食品有限公司星创天地	福建省长汀盼盼食品有限公司	蔡丕鹏	龙岩市科技局
3	上杭县供销农产品双创孵化园星创天地	上杭县旧县福村鸿建山鸡专业合作社	张美焕	龙岩市科技局
4	武平梁野农业科技星创天地	福建省喜浪农业科技发展有限公司	钟林添	龙岩市科技局
5	绿之梦星创天地	长汀县贞美红叶杨专业合作社	易小贞	龙岩市科技局
6	绿欣农业星创天地	龙岩市绿欣农业发展有限公司	李建珍	龙岩市科技局
7	元生泰星创天地	武夷山元生泰生物科技有限公司	毛景华	南平市科技局
8	万鑫源星创天地	武夷山市万鑫源农庄有限公司	谢章财	南平市科技局
9	龙源星创天地	福建省龙源茶业有限公司	游辉文	南平市科技局
10	慢客花卉星创天地	长泰金诺农业科技有限公司	黄彩霞	漳州市科技局
11	绿洲星创天地	漳州绿州农业发展有限公司	黄卫刚	漳州市科技局
12	大老古星创天地	福建大老古食品有限公司	郑新岳	莆田市科技局
13	莆田金日兴星创天地	莆田市金日兴生物科技开发有限公司	郑文金	莆田市科技局
14	莆田高新区创客梦工场星创天地	福建易达号信息科技有限公司	吕　强	莆田市科技局
15	拓天农科星创天地	福建拓天生物科技有限公司	方丽金	福州市科技局
16	满堂香星创天地	福建满堂香茶业股份有限公司	高晨生	福州市科技局
17	福清岚湖山现代农业创业创新园区星创天地	福建省南湖山茶业有限公司	黄　建	福州市科技局
18	农时通星创天地	福建省福州外贸食品冷冻厂有限公司	张君临	福州市科技局

续表

序号	星创天地名称	运营单位名称	负责人	推荐单位
19	闽清县三农服务星创天地	福州引凤惠农科技服务有限公司	杨小浪	福州市科技局
20	益智源星创天地	宁德市益智源农业开发有限公司	杨丽琴	宁德市科技局
21	燕吉鸿星创天地	福建燕吉鸿原生态农业投资有限公司	范纯斌	三明市科技局
22	福鑫星创天地	建宁县福鑫莲业食品有限公司	罗四歪	三明市科技局
23	集盛鸽业星创天地	福建集盛鸽业发展有限公司	陈孝秋	泉州市科技局
24	安溪铁观音集团星创天地	福建安溪铁观音集团股份有限公司	刘纪恒	泉州市科技局

（摘编：郭鹭）

福建省第五批省级新型研发机构名单

2020年9月3日福建省科学技术厅下发《关于公布第五批省级新型研发机构的通知》（闽科政〔2020〕3号）提出，为贯彻落实《福建省人民政府办公厅关于鼓励社会资本建设和发展新型研发机构若干措施的通知》（闽政办〔2016〕145号）精神，根据《福建省科学技术厅关于组织申报第五批省级新型研发机构的通知》（闽科政函〔2020〕25号）要求，在自主申报、省级主管单位或设区市科技部门推荐的基础上，经组织专家评审、实地核查和公示后，确定福建中信网安信息科技有限公司等54家单位为我省第五批省级新型研发机构。

新评估命名的省级新型研发机构要建立健全以市场为导向的新型管理体制和运行机制，积极推进以技术创新为核心的全面创新，不断提升自主创新能力，加速促进技术转移转化，充分发挥示范、引领和带动作用。各级科技管理部门要加强对省级新型研发机构的指导和服务，协调落实相关扶持政策，支持引导省级新型研发机构持续创新发展。

福建省第五批省级新型研发机构名单

（排名不分先后）

序号	单位名称	所属地市
1	福建中信网安信息科技有限公司	福州市（25家）
2	福州丹诺西诚电子科技有限公司	
3	福建省星云大数据应用服务有限公司	
4	特力惠信息科技股份有限公司	
5	福建和瑞基因科技有限公司	
6	北卡科技有限公司	
7	福建国通信息科技有限公司	
8	澳蓝（福建）实业有限公司	
9	福建汇川物联网技术科技股份有限公司	
10	福州数据技术研究院有限公司	
11	福建博思软件股份有限公司	
12	福建凯米网络科技有限公司	
13	福建省新闽科生物科技开发有限公司	
14	福建新大陆通信科技股份有限公司	
15	福建榕基软件工程有限公司	
16	福建万润新能源科技有限公司	
17	福建天泉教育科技有限公司	

续表

序号	单位名称	所属地市
18	福建省固体废物处置有限公司	福州市（25 家）
19	福建经纬测绘信息有限公司	
20	福建金品农业科技股份有限公司	
21	福州新北生化工业有限公司	
22	福建省闽环试验检测有限公司	
23	福建九五检测技术服务有限公司	
24	福州创实讯联信息技术有限公司	
25	福建上源生物科学技术有限公司	
26	厦门乃尔电子有限公司	厦门市（15 家）
27	厦门亚锝电子科技有限公司	
28	清华海峡研究院（厦门）	
29	厦门恩成制药有限公司	
30	厦门万泰沧海生物技术有限公司	
31	盛发环保科技（厦门）有限公司	
32	厦门赛诺邦格生物科技股份有限公司	
33	福建盛迪医药有限公司	
34	厦门万泰凯瑞生物技术有限公司	
35	厦门威迪思汽车设计服务有限公司	
36	厦门瑞德利校准检测技术有限公司	
37	厦门华特公路沥青技术有限公司	
38	美林美邦（厦门）生物科技有限公司	
39	厦门蔚扬药业有限公司	
40	厦门福流生物科技有限公司	
41	福建融诚检测技术股份有限公司	漳州市（2 家）
42	宏正（福建）化学品有限公司	
43	福建省劲安节能监测技术有限公司	泉州市（4 家）
44	晋江市天守服装织造有限公司	
45	福建北电新材料科技有限公司	
46	泉州市丰阳精密模具有限公司	
47	福建德尔科技有限公司	龙岩市（4 家）
48	福建强纶新材料股份有限公司	
49	上杭县紫金佳博电子新材料科技有限公司	
50	经纬空间信息科技有限公司	
51	宁德时代电机科技有限公司	宁德市（1 家）
52	三明市普诺维机械有限公司	三明市（1 家）
53	福建华佳彩有限公司	莆田市（1 家）
54	南平博瑞医学检验所有限公司	南平市（1 家）

（摘编：林开龙）

柒牌拿下全省首张转产无菌医用防护服生产许可证

2020 年 2 月 26 日，福建省食品药品质量检验研究院消息，由中国柒牌送检的“无菌型医用一次性防护服”按照国家标准检验全部检测合格。在福建省药品监督管理局指导、晋江市市场监管局协调下，省药品监督管理局完成对柒牌医用一次性防护服产品注册和生产许可审批。

中国柒牌成为我省首家“转产”并获得无菌型医用防护服生产许可的服装企业，亦是泉州市首家获得无菌型医用防护服生产资质的企业。

中国柒牌目前正开足马力生产，日产能为4000 件。在晋江市三创园的十万级洁净车间，200多位工人埋头苦干。尽管柒牌采用的已经是十万级的洁净车间，但依然会固定消毒，确保车间洁净。而从车间生产出来的防护服，还需送往相关部门进行环氧乙烷灭菌、解析，再送检环氧乙烷残留物含量及无菌检测，符合国标的无菌医用防护服才可以被送到医院使用。

截至目前，中国柒牌已经投入数百万元用于设备及面辅料的采购，并将生产线扩增至 4 条。而中国柒牌位于英林工业园的生产车间，医用防护服亦在开足马力生产。

（摘编：李兵）

福建省发布 2019 年工业互联网 APP 典型应用案例

为深入推进《工业互联网 APP 培育工程实施方案（2018—2020 年）》，发挥典型应用案例示范引领作用，推动我省工业互联网 APP 生态建设，省工信厅在全省公开征集工业互联网 APP 典型应用案例。经设区市工信部门推荐、专家评审、现场演示、网上公示等环节，最终于 2020 年 1 月 3日遴选出 10 个工业互联网 APP 典型应用案例。

此次入围的工业互联网 APP 典型应用案例包括：厦门乐石科技有限公司的乐石 I2025 智慧制造管理系统 APP－科牧、厦门奥普拓自控科技有限公司的厦门市碳排放智能管理云平台、福建晋工机械有限公司的晋工“车管家”APP、宁德厦钨新能源材料有限公司的宁德厦钨年产 4 万吨锂离子正极材料生产项目一期智能化系统、福建思安智能科技开发有限公司的智慧车间规范化管理系统大数据工业互联网 APP 应用解决方案、福建华拓自动化技术有限公司的能效管理工业 APP、福建华平纺织服装实业有限公司的华平“掌上能管”安全节能管理 APP、摩尔元数（厦门）科技有限公司的摩尔云生产系统、厦门卡伦特科技有限公司的卡伦特在线 CAD 设计平台、雅马哈发动机（厦门）信息系统有限公司的基于 TPM 理念的设备保全管理系统。入围的工业互联网 APP 项目将在资金安排等方面获得优先支持。

（摘编：林开龙）

福建省首版次软件产品名单

2020 年 3 月 25 日福建省工业和信息化厅下发《关于公布 2019 年福建省首版次软件产品的通知》（闽工信软件〔2020〕45 号）提出，根据《福建省工业和信息化厅关于征集 2019 年福建省首版次软件产品的通知》（闽工信软件〔2019〕145 号，以下简称《通知》）文件精神，省工信厅在全省公开征集 2019 年福建省首版次软件产品，经设区市工信部门推荐、专家评审、网上公示等环节，厦门奥普拓自控科技有限公司的“奥普拓城市碳排放智能管理云平台系统 V1.0”等 8 个软件列入 2019 年福建省首版次软件产品，现予以公布。

请根据《通知》要求，结合实际，在资金安排上统筹安排对上述首版次软件产品给予奖励，鼓励和推进加快推进我省软件产业创新发展，促进软件业和制造业深度融合。

2019 年福建省首版次软件产品名单

序号	企业名称	首版次软件产品名称
1	厦门奥普拓自控科技有限公司	奥普拓城市碳排放智能管理云平台系统 V1.0
2	易联众信息技术股份有限公司	易联众基于 C－DRG 的医保实时刷卡结算系统 V1.0
3	福建智涵信息科技有限公司	智涵劳动人事争议仲裁调解系统 V1.00
4	福建顶点软件股份有限公司	顶点 A5 证券交易系统 V1.0
5	恒瑞通（福建）信息技术有限公司	恒瑞通公共信用信息系统 V2.0
6	长威信息科技发展股份有限公司	EVECOM 通用多维度数据探索分析平台
7	漳州万利达科技有限公司	无纸化智能会议系统（V1.0.6.1）
8	福建思特电子有限公司	" 一品一码" 食品安全信息溯源监管平台系统（V1.0）

（摘编：郭鹭）

第六篇
专业人才

2019年度福建省科学技术奖获奖名单

2020年11月25日福建省人民政府下发《福建省人民政府关于2019年度省科学技术奖励的决定》（闽政文〔2020〕209号）提出，为深入贯彻习近平新时代中国特色社会主义思想和党的十九大和十九届二中、三中、四中、五中全会精神，大力实施创新驱动发展战略，营造有利于创新创业创造良好发展环境，鼓励科技成果转移转化，根据《福建省科学技术奖励办法》的有关规定，省科学技术奖励委员会组织对2019年度福建省科学技术奖进行评审，经省委研究，省政府决定对2019年度在科学技术进步活动中作出重要贡献的科学技术人员和组织给予奖励，为获奖者颁发奖状、证书和奖金。具体如下：

一、授予“染料敏化二氧化钛纳米晶太阳能电池的应用基础研究”等2项成果福建省自然科学奖一等奖，授予“环境中抗生素抗性基因的形成和传播扩散机理”等3项成果福建省自然科学奖二等奖，授予“多源异构模糊多目标群体决策理论与方法”等8项成果福建省自然科学奖三等奖。

二、授予“复合功能化车载玻璃关键技术研发及产业化”福建省技术发明奖一等奖，授予“利用首炉堆芯备用燃料组件提高反应堆燃料安全性的方法”等2项成果福建省技术发明奖三等奖。

三、授予“基于64位8核处理器的移动互联终端SoC芯片”等25项成果福建省科学技术进步奖一等奖，授予“高耸杆塔及其基础关键技术与工程应用”等57项成果福建省科学技术进步奖二等奖，授予“43英寸液晶显示面板MMG套切技术研发及产业化”等94项成果福建省科学技术进步奖三等奖。

希望获奖的科技工作者珍惜荣誉，再接再厉，充分发挥科技创新的模范带头作用，勇攀高峰，再创佳绩。全省各级各部门及广大科技工作者要认真贯彻落实习近平总书记关于科技创新工作的重要讲话重要指示批示精神，围绕科技自立自强战略目标，坚持“四个面向”，抢占创新先机、强化技术攻关、加快成果转化，发扬创新精神和使命担当，力争取得更多重大科技成果，为全方位推动高质量发展超越，加快新时代新福建建设作出新的更大贡献。

2019年度福建省科学技术奖获奖名单

序号	项目名称	主要完成单位	主要完成人
一、自然科学奖（13项）			
一等奖			
1	染料敏化二氧化钛纳米晶太阳能电池的应用基础研究	华侨大学	吴季怀、兰　章、林建明、黄妙良、黄昀昉
2	器官尺寸大小调控机理与靶向干预	厦门大学	周大旺、陈兰芬、邓贤明、耿　晶、张世浩
二等奖			
1	环境中抗生素抗性基因的形成和传播扩散机理	中国科学院城市环境研究所、中国科学院生态环境研究中心	朱永官、苏建强、乔　敏、崔　丽、安新丽

续表

序号	项目名称	主要完成单位	主要完成人
2	基于二维材料的宽波段短脉冲激光技术及应用	厦门大学	罗正钱、蔡志平、翁　建、徐　斌、许惠英
3	非中心对称结构光电功能晶体材料	中国科学院福建物质结构研究所	罗军华、赵三根、孙志华、沈耀国、李丽娜
三等奖			
1	多源异构模糊多目标群体决策理论与方法	福州大学	李登峰、万树平、董九英
2	量子信息中的算子论方法	厦门大学	杜拴平、白朝芳
3	复杂系统的分岔与同步	华侨大学、湖南大学	汤龙坤、汪东树、温振庶、皮定恒、李继彬
4	集成分类和降维方法及生物信息学应用	厦门大学	邹　权、林　琛、曾念寅、曹刘娟、洪志令
5	基于人工智能的医学影像处理研究	厦门大学、中国人民解放军第一七四医院	王连生、黄绍辉、鞠　颖、刘昌华
6	石墨烯结构设计性能调控及可控制备	福建师范大学	郑勇平、徐兰青、冯　倩、刘金养、黄志高
7	锂离子电池功能电解质与作用机理的研究	厦门大学	杨　勇、张忠如、赵玉芬、郑建明、路　密
8	多重环境压力下海洋酸化的生理生态影响及其食物链效应	厦门大学、江苏海洋大学、汕头大学	高坤山、金　鹏、徐军田、李富田、陈善文
二、技术发明奖（3 项）			
一等奖			
1	复合功能化车载玻璃关键技术研发及产业化	福耀玻璃工业集团股份有限公司、厦门大学、福建工程学院	周忠华、蒋炳铭、郭善济、王乾廷、阳　欢
二等奖（空缺）			
三等奖			
1	利用首炉堆芯备用燃料组件提高反应堆燃料安全性的方法	福建福清核电有限公司	蔡光明、耿　飞、肖冰山、张　羽、张　鹏
2	智能变频脉冲电源	厦门锐传科技有限公司	马宗煊、黄志超、杨佳林、许怀佑、陈顺乐
三、科学技术进步奖（176 项）			
一等奖			
1	基于64位8核处理器的移动互联终端SoC芯片	福州瑞芯微电子股份有限公司、福州大学	李诗勤、林峥源、郑明魁、韩　江、黄　涛、苏培源、邓训金、陈　炜、张圣钦、陈志峰
2	动力电池快充关键技术及应用	宁德时代新能源科技股份有限公司	柳　娜、王升威、王家政、骆福平、卢光波、张　明、何立兵、邹启凡、康　蒙、杜鑫鑫

续表

序号	项目名称	主要完成单位	主要完成人
3	规模化电池储能系统运行控制关键技术及工程应用	国网福建省电力有限公司电力科学研究院、中国电力科学研究院有限公司、北京交通大学、科华恒盛股份有限公司、许继电源有限公司、北京索英电气技术有限公司	李相俊、吴　涵、惠　东、范元亮、唐　芬、郑　高、甘江华、王上行、王仕城、冯晓滨
4	超高电压锂离子电池及其关键材料技术	宁德新能源科技有限公司	徐磊敏、栗文强、王　亮、王　梦、唐　超
5	智能化集成化的机器学习云平台	福州大学、国网信通亿力科技有限责任公司、福建省星云大数据应用服务有限公司、福建六壬网安股份有限公司	郭文忠、陈　星、郭　昆、陈　宏、张　毅、王　琦、陈羽中、戴远飞、林欣郁
6	铝型材厂污泥和铅锌尾矿高值化利用	福州大学、福建省德化县创捷窑具有限公司、福建省大田县鑫城水泥工业有限公司、福建省建筑科学研究院有限责任公司、至永建设集团有限公司	于　岩、阮玉忠、林生凤、庄赞勇、罗　列、陈瑞文、李　杰、吴任平、林春莺、杜育红
7	高性能功能性 TPU/PET 纤维复合材料关键技术研发及产业化	福州大学、福建恩迈特新材料有限公司、福建思嘉环保材料科技有限公司、福建省长乐市伊纺达针纺有限公司、浙江华峰热塑性聚氨酯有限公司	郑玉婴、邓中文、蒋石生、陈金恩、张　通、李宝铭、王炳喜、温　娜、王振祥、曹宁宁
8	大型危化品储运设备安全运维关键技术研究与工程应用	福州大学、厦门市特种设备检验检测院、上海交通大学、厦门市标准化研究院	钟舜聪、伏喜斌、彭志科、钟剑锋、黄学斌、张金梅、张秋坤、林杰文、周　宁、陈伟强
9	基于乘波原理的飞行器前体/进气道/发动机一体化设计方法及应用	厦门大学	尤延铖、朱呈祥、朱剑锋、李怡庆、黄　玥、吴了泥、邱若凡、李　涛、施崇广、郑晓刚
10	高精度衡器载荷测量仪开发和应用	福建省计量科学研究院、福州大学、泉州市计量所、绍兴市肯特机械电子有限公司	姚进辉、池　辉、许　航、杨晓翔、郭贵勇、王秀荣、赖征创、梁　伟、林　硕、柳历波
11	大跨度空间新型管桁架及复杂节点设计理论与应用	福州大学、中建海峡建设发展有限公司、福建省二建建设集团有限公司、福建六建集团有限公司、福州市一建建设股份有限公司、福建江夏学院、华侨大学、中铁二十四局集团新余工程有限公司	陈　誉、李　峻、黄跃森、蒋国平、徐接武、王卫华、钟栋材、王　耀、何　康、陈育新
12	基于多传感器融合的工程建设远程监管关键技术及应用	福建汇川物联网技术科技股份有限公司、闽江学院、福建省建设工程质量安全总站	郑　文、林文忠、黄立强、韩晓东、孙小燕、张　翔、陈周与、郭月容、傅　平、罗海波
13	基于纳米材料形貌变化的可视化传感技术研究及应用	福州大学、福建中检华日食品安全检测有限公司、长乐聚泉食品有限公司	林振宇、郭隆华、陈劲星、邱　彬、翁齐彪、苏建峰、许梢华、陈国南
14	天然蛋白源抗冻多肽的高效制备关键技术及产业化应用	福州大学、上海交通大学、福建莆田市海一百食品有限公司、安徽国肽生物科技有限公司、福建圣农食品有限公司	汪少芸、吴金鸿、蔡茜茜、陈　旭、赵立娜、蔡　晟、张　恒、周　红、付才力、马荣池
15	复杂动力条件下砂质海滩修复理论与关键技术研究与应用	自然资源部第三海洋研究所、河海大学、自然资源部海岛研究中心、自然资源部第一海洋研究所、中国海洋大学、自然资源部第二海洋研究所	蔡　锋、张　弛、戚洪帅、郑金海、杜　军、雷　刚、刘建辉、李广雪、时连强、朱　君

续表

序号	项目名称	主要完成单位	主要完成人
16	燃煤烟气多污染物干式协同超净技术及装置	福建龙净环保股份有限公司、福建龙净脱硫脱硝工程有限公司	张　原、王建春、林春源、詹威全、陈树发、赖毅强、饶益龙、苏清发、初　琨、陈旭荣
17	再生稻高产高效生产关键技术创新与应用	福建省农业科学院水稻研究所、尤溪县农业技术推广站、浦城县农业技术推广站、福建省种植业技术推广总站	张建福、姜照伟、谢华安、林　祁、林　武、郑　莉、陈丽娟、林　强、解振兴、朱永生
18	太子参连作介导土壤环境灾变机理与消减关键技术	福建农林大学	林文雄、林　生、吴林坤、张志兴、方长旬、陈　婷、张重义、林伟伟、黄冬寿、彭来真
19	杉木人工林长期生产力保持关键技术及其应用	福建农林大学、国际竹藤中心、南京林业大学	马祥庆、吴鹏飞、林开敏、范少辉、曹光球、邹显花、陈　杰、刘　博、李　明、俞元春
20	脑胶质瘤基础与综合治疗系列研究	福建医科大学附属第一医院、厦门大学	康德智、杨朝勇、姚培森、吴巧艺、黄理明、王行富、林元相、洪金省、许文燊、张　声
21	基于放疗的食管癌个体化精准治疗的临床研究	福建省肿瘤医院、福建医科大学附属协和医院、泉州市第一医院	陈俊强、陈明秋、蔡文杰、康明强、林　宇、李建成、陈晓辉、胡彩容、陈元美、吴海山
22	肿瘤耐药基因表型筛查与靶向治疗关键技术及临床应用	中国人民解放军联勤保障部队第九〇〇医院、福建省肿瘤医院、浙江省肿瘤医院、浙江省荣军医院	余宗阳、王水良、郑雄伟、宋正波、朱有才、许春伟、林贤东、赵忠全、孔文翠
23	胆囊癌淋巴转移影响因素及其临床应用	福建医科大学附属协和医院	陈燕凌、洪海杰、蒋　雷、杜　强、林　伟、朱广伟、刘敏超、韩圣华、江小杰
24	危重症孕产妇三级转诊、救治综合体系建立及关键技术推广应用	福建省妇幼保健院（福建省妇儿医院）、福州大学	颜建英、郑博仁、张　栋、张宇龙、廖秋萍、韩　晴、蒋玲玲、黄科华
25	出血中风继发性损伤和闭、脱证微观病理机制的系列研究	福建中医药大学附属第二人民医院、福建省立医院、福建医科大学附属协和医院	吴成翰、严晓华、高丽丽、廖远生、王开宇、林菊珊、廖联明、王谨敏、谢步霓、杨瑞玲
		二等奖	
1	高耸杆塔及其基础关键技术与工程应用	国网福建省电力有限公司、中国电力科学研究院有限公司	韩军科、黄明祥、卞宏志、吴　静、杨文智、杨风利、郑　宇
2	MW 级储能变流器装置关键技术与产业化	漳州科华技术有限责任公司、福州大学、科华恒盛股份有限公司	苏先进、曾春保、赖永春、林镇煌、林琼斌、蔡逢煌、陈海森
3	支撑分布式能源高效利用的主动配电网运行控制关键技术及示范应用	国网福建省电力有限公司、国网福建省电力有限公司厦门供电公司、福州大学、中国电力科学研究院有限公司、国网北京市电力公司	刘文亮、陈金祥、杨占勇、陈国伟、熊　军、张　逸、郭熠昀
4	高效高可靠 LED 照明产品关键技术及产业化应用	厦门大学、厦门市产品质量监督检验院、厦门通士达照明有限公司、厦门华联电子股份有限公司	吕毅军、史　园、陈　朝、黄叶彪、沈亚锋、傅诺毅、朱丽虹

续表

序号	项目名称	主要完成单位	主要完成人
5	基于仿生原理的微波仿真与测试系统研究及产业化应用	华侨大学、福建火炬电子科技股份有限公司、四川中测微格科技有限公司、泉州市中仿宏业信息科技有限公司	柳培忠、杜永兆、张育钊、邓建华、骆炎民、胡亚楠、黄德天
6	基于循环经济的高品质可组合性 LED 灯模块化技术及其产业化	漳州立达信光电子科技有限公司、漳州立达信灯具有限公司	王其远、董永哲、许建兴、马永墩、曹亮亮、温晓良、杨小明
7	超高密度小间距 LED 芯片关键技术开发及应用	厦门市三安光电科技有限公司、厦门三安光电有限公司	林素慧、洪灵愿、何安和、王　锋、郑高林、夏章艮、彭康伟
8	融合全场景智能终端的远程交互协作系统关键技术研发与产业化	厦门理工学院、厦门大学、厦门亿联网络技术股份有限公司、华侨大学	朱顺痣、张联昌、丁兴号、曾焕强、朱　晨、廖　昀、陈　思
9	智慧公交管理服务平台关键技术研发与推广应用	厦门卫星定位应用股份有限公司、厦门大学、华侨大学、汉纳森（厦门）数据股份有限公司	赖增伟、许旺土、李文锋、钱建裕、高悦尔、赖永炫、王　成
10	企业级安全通信系统的关键技术研发及产业化	福建星网锐捷通讯股份有限公司、北卡科技有限公司、福州大学	魏和文、陈明志、许春耀、陈荣观、黄昉菀、谢加良、郑一鸣
11	基于大数据的智慧应急关键技术及其综合服务系统	福建工程学院、长威信息科技发展股份有限公司、清华大学、福建省预警信息发布中心	吴建平、廖律超、黄炳裕、陈治杰、邹复民、潘正祥、蒋新华
12	智慧园社区泛在融合自组网设备关键技术研发	厦门大学、立达信物联科技股份有限公司、厦门盈趣科技股份有限公司、厦门立林科技有限公司	黄联芬、高志斌、林和志、张润福、赵毅峰、钟扬贵、吴振达
13	高可用云计算数据中心关键技术与应用	华侨大学、国富瑞（福建）信息技术产业园有限公司、国富瑞数据系统有限公司、浙江师范大学	莫毓昌、谢扬海、张　昭、贾　静、游银萍、吴明辉、黄种育
14	植被遥感与数字化建模分析技术服务于区域生态监测评价	福州大学、福建省林业调查规划院、福州林景行信息技术有限公司	邱炳文、陈崇成、唐丽玉、邹　杰、李　峥、黄洪宇、刘　斌
15	面向海洋工程装备的石墨烯重防腐涂料的技术研发及产业化应用	泉州师范学院、信和新材料股份有限公司、中国科学院福建物质结构研究所	卓东贤、王诗榕、吴立新、瞿　波、王　立、王书传、吴海波
16	可弯曲高强韧刀模钢制造的关键技术及应用	福建恒而达新材料股份有限公司、莆田学院	林正华、郎兆林、唐群华、黄福生、陈建兴、陈秋星、沈群宾
17	高品质铜合金线、管、带及箔材开发与应用	福州大学、福建紫金铜业有限公司	向红亮、周建辉、邓丽萍、曾佳伟、沈莉香、罗仁昆
18	印刷版基用超高品质铝合金带材成形制造关键技术及产业化	中铝瑞闽股份有限公司、福建工程学院	黄瑞银、魏祥昭、吴建新、崔志香、徐始祥、刘　琼、林善斌
19	大规格长纤维增强热塑性复合材料的关键制造技术与产业化	福建海源复合材料科技股份有限公司、福建海源新材料科技有限公司、福建工程学院、福州大学	李良光、陈　晖、方　辉、王永刚、廖永辉、程国龙、林建全
20	废弃轮胎裂解炭黑的高性能改性技术及工业化应用	三明学院、明溪县宝福再生资源开发中心	苏志忠、黄世俊、林明穗、崔国星、罗正根、王仁章、张启卫

续表

序号	项目名称	主要完成单位	主要完成人
21	镶块式高性能旋切刀辊关键技术及应用	三明市普诺维机械有限公司、三明学院、圣智（福建）热处理有限公司、三明市锐格模切科技有限公司、德普惠（福建）自动化设备有限公司	陈阳升、吴　龙、郭尚接、林炜鑫、高　浩、廖昌城、余富才
22	重载工程机械高效电液驱动与能量回收系统研制及产业化	华侨大学、福建华南重工机械制造有限公司	林添良、庄钦河、付胜杰、万禹平、任好玲、郭海波、陈其怀
23	汽车曲轴加工用高品质异形刀具	厦门金鹭特种合金有限公司	邹伶俐、吴其山、何耿煌、陈艺聪、林凤添、林亮亮、鄢国洪
24	客车多元材料轻量化关键技术研发	厦门金龙联合汽车工业有限公司、吉林大学	苏　亮、那井新、吴长风、林银聚、周维毅、陈龙志、陈新柱
25	城市客车电动化关键技术研发与产业化	厦门金龙旅行车有限公司、厦门理工学院	房永强、周水庭、石添华、周毅鹏、韩锋钢、康燕语、林剑健
26	潜水支持船的技术研究与应用	福建省马尾造船股份有限公司	罗益根、余　平、林善军、罗新东、涂家鹰、吴恭鼎、张成虎
27	逆流式节能型沥青混合料厂拌热再生关键技术及设备	福建铁拓机械有限公司、长安大学、福建荣建集团有限公司、龙岩市西安建筑工程有限公司	高岱乐、殷作耀、潘泽源、傅章敏、谢立扬、党森纪、杨健中
28	微棱镜型反光膜制造关键技术研发及产业化	集美大学、福建夜光达科技股份有限公司	皮　钧、杨　光、许明旗、刘菊东、姜　涛、许经厨、沈志煌
29	含砷炭质难处理金矿加压预氧化关键技术开发及工业化应用	紫金矿业集团股份有限公司、贵州紫金矿业股份有限公司、中国恩菲工程技术有限公司、厦门紫金矿冶技术有限公司	陈景河、王　春、刘　诚、黄怀国、傅建国、李　静、熊　明
30	海参加工关键技术创新与产业化应用	福建农林大学、胜田（福清）食品有限公司、福州聚春园食品股份有限公司、莆田市汇龙海产有限公司	张龙涛、郭泽镔、曾绍校、王锦锋、胡正红、王　跃、林海鹏
31	结构型温湿控制运动面料制备关键技术及产业化	泉州师范学院、安踏（中国）有限公司、东华大学、泉州海天材料科技股份有限公司、中原工学院、福建百宏聚纤科技实业有限公司	王黎明、李景川、权震震、王启明、何建新、叶敬平、邱夷平
32	拉链布带的超临界无水染色技术与装备	福建浔兴拉链科技股份有限公司、中国科学院福建物质结构研究所	林锦新、余　培、黄婷婷、曾国赞、张　田、崔红生、李　伟
33	车间非点源 VOCs 和颗粒物协同治理关键技术及产业化	福建工程学院、澳蓝（福建）实业有限公司、福建三建工程有限公司、厦门中联永亨建设集团有限公司、福州大学、福建立盛建筑集团有限公司	范亚明、何华明、戴文新、刘润雨、石成春、翁仁贵、林　莹
34	高温多雨地区耐久沥青路面建造关键技术	福建省高速公路建设总指挥部、交通运输部公路科学研究院、东南大学、福建路桥建设有限公司	陈礼彪、严二虎、马　涛、曾俊铖、徐　剑、陈岳峰、黄晓明
35	复杂地质护坡灾变防控与生态防护关键技术研究与应用	福建荣建集团有限公司、浙江大学城市学院、福建创盛建设有限公司、神州建设集团有限公司、厦门中联永亨建设集团有限公司、福建天蒙建设有限公司	王新泉、徐化新、韩尚宇、刁红国、谢勇成、陈徐东、黄传宝

续表

序号	项目名称	主要完成单位	主要完成人
36	不良地质环境复杂群洞隧道施工关键技术	福建工程学院、中铁隧道集团二处有限公司、鲲鹏建设集团有限公司、中铁四局集团有限公司、福建市政建设有限公司、福建承昌建设工程有限公司	吴　波、姚志雄、牛　瑞、翁志坚、郑军锋、蔡俊华、陈治雄
37	复杂地层条件下地铁车站建造及站－桥同位合建关键技术	福州大学、中铁十八局集团有限公司、福建省建筑科学研究院有限责任公司、中国电建集团华东勘测设计研究院有限公司、南昌铁路勘测设计院有限责任公司	黄　明、沈启炜、李志伟、简文彬、郑　斌、陈林靖、詹刚毅
38	装配式 RCS 混合结构抗震性能提升与建造关键技术	华侨大学、厦门源昌城建集团有限公司、厦门特房建设工程集团有限公司	刘　阳、黄群贤、郭子雄、程　强、黄春彩、胡红松、刘小娟
39	新型装配式结构抗震性能及结构三维隔震减震关键技术与应用	福州大学、福建江夏学院、福州建工（集团）总公司、福建省昊立建设工程有限公司、福建创盛建设有限公司、福建省龙祥建设集团有限公司	颜学渊、王素裹、林　伟、肖三霞、陈尚鸿、陈再现、林祥武
40	华南火成岩区地热资源探测理论与技术	中国地质科学院水文地质环境地质研究所、中国地质大学（武汉）	王贵玲、蔺文静、张薇、马峰、甘浩男、刘彦广、刘德民
41	河口仿生态鱼道关键技术研究与应用	福建省水利水电勘测设计研究院、福州市水务投资发展有限公司、福州水务平潭引水开发有限公司、水利部交通运输部国家能源局南京水利科学研究院	杨首龙、陈宏景、杨晓峰、黄智刚、付开雄、范晓辉、宣国祥
42	番茄特色新品种选育与优质栽培关键技术研究及推广应用	福建农林大学、福建省种子管理总站、酒泉市华美种子有限责任公司、厦门中田金品种苗有限公司、福州田美种苗科技有限公司	钟凤林、林义章、侯毛毛、吴　双、林志强、许　茹、贾　琪
43	重要蚊虫快速鉴定及高效杀蚊 Bt 制剂创制关键技术	福建农林大学、福州国际旅行卫生保健中心、福建省疾病预防控制中心、青海省疾病预防控制中心、中国检验认证集团天津有限公司	张灵玲、关　雄、吴松青、黄恩炯、张小娟、林立旺、郭　鹏
44	利用捕食螨携菌多靶标控制害虫害螨的研究与应用	福建省农业科学院植物保护研究所、四川省农业农村厅植物保护站、福建艳璇生物防治技术有限公司	张艳璇、余德亿、孙　莉、徐　翔、黄　鹏、陈　霞、姚锦爱
45	双孢蘑菇种质创新与新品种 W192 等的选育及应用	福建省农业科学院食用菌研究所	廖剑华、陈美元、郭仲杰、蔡志欣、卢园萍、曾志恒、柯斌榕
46	半番鸭种质创新与高效生产关键技术研究及应用	福建省农业科学院畜牧兽医研究所、福建农林大学、南靖品原养殖有限公司、漳州昌龙农牧有限公司	郑嫩珠、辛清武、缪中纬、朱志明、李　丽、章琳俐、黄一帆
47	腹腔镜直肠癌关键技术的创新与推广应用	福建医科大学附属协和医院	池　畔、黄　颖、官国先、卢星榕、林惠铭、蒋伟忠、陈致奋
48	胰腺癌多重耐药机理与治疗策略的关键技术应用	中国人民解放军联勤保障部队第九〇〇医院、福州市第一医院	陈　雄、陈　曦、谭　挺、李　捷、季洪兵、张　霞、翁向群
49	多种引起人类急性呼吸道感染的新型病毒的发现和分子生物学研究	福建省疾病预防控制中心、福建省妇幼保健院（福建省妇儿医院）	修文琼、郑奎城、刘光华、谢剑锋、吴冰珊、欧剑鸣、黄　萌

续表

序号	项目名称	主要完成单位	主要完成人
50	非编码 RNA 等介导急性白血病表观遗传调控的机制研究	福建医科大学附属协和医院	沈建箴、周华蓉、付海英、吴淡森、张媛媛、徐成波、沈松菲
51	高危难治急性髓细胞白血病的早期诊断和干预新策略	厦门大学附属第一医院（厦门市第一医院）、南方医科大学南方医院	徐　兵、方志鸿、李志峰、史鹏程、郭绪涛、李　银、董慧娟
52	难治性股骨颈骨折及股骨头坏死的创新性治疗研究	中国人民解放军联勤保障部队第九〇九医院	练克俭、林达生、王　雷、罗德庆、陈志文、林　斌、翟文亮
53	社会心理因素致人群健康损害及其评价指标体系构建和应用	福建医科大学	吴思英、李煌元、田　俊、林少炜、柴文丽
54	颅脑肿瘤、0T 多模态磁共振成像的技术创新和临床应用	福建医科大学附属第一医院	曹代荣、邢　振、佘德君、杨谢锋、丁雅玲、陈潭辉、康德智
55	引导组织再生技术的创新发展与推广应用	福建省博特生物科技有限公司、中国医学科学院北京协和医院、深圳市人民医院、中国医学科学院整形外科医院、福建医科大学附属口腔医院、厦门大学	张其清、张　瑗、刘玲蓉、张　丁、邱　晨、栾　杰、陈　江
56	闽台特色藤本类药材基础研究及转化应用	福建中医药大学、厦门中药厂有限公司、福州市望心生物科技有限公司	林　羽、徐　伟、褚克丹、范世明、陈　红、陈　丹、关　斌
57	榕基自主可控技术创新工程项目	福建榕基软件股份有限公司	
		三等奖	
1	43 英寸液晶显示面板 MMG 套切技术研发及产业化	福州京东方光电科技有限公司	王宝强、JANGJONGSEOK、王文超、方　涛、赖意强
2	闭环实时控制高性能开关关键技术	福州大学、厦门宏发开关设备有限公司	许志红、庄杰榕、陈细金、郑　昕、汤龙飞
3	模块化多模多频手机关键技术研究及产业化	联想移动通信科技有限公司、联想移动互联科技（厦门）有限公司	康志洪、侯西荣、蔡志艺、王　宝、罗炳财
4	无新线通信射频分量融合关键技术及其综合应用	国网福建省电力有限公司宁德供电公司、福建省亿坤通信股份有限公司、福州大学	丁智华、王东方、林维明、章浦军、涂承谦
5	一种智能油电混合式汽车万用表的研发	漳州市东方智能仪表有限公司	黄志刚、陈志宏、周毓荣
6	M310 核电机组工程建设重大创新与技术改进	福建福清核电有限公司	陈国才、林传清、宋　林、薛峻峰、徐金龙
7	面向新型源网荷特征的电压暂降监测、评估和治理技术及应用	国网福建省电力有限公司电力科学研究院、福州大学、四川大学、国网福建省电力有限公司厦门供电公司	黄道姗、汪　颖、张　逸、郭敬东、林　焱
8	智能全保真光学电流互感器研制与应用	国网福建省电力有限公司电力科学研究院、福州大学、江苏凌创电气自动化股份有限公司、国网福建省电力有限公司福州供电公司	徐启峰、李　超、谢　楠、张　炜、王韧秋
9	同期线损计算分析关键技术研究与应用	国网信通亿力科技有限责任公司、国网福建省电力有限公司信息通信分公司	黄文思、陆　鑫、李宏发、陈　婧、谷　峪
10	复杂水电站群多策略调度决策系统研究与应用	中国华电集团有限公司福建分公司、南京金水尚阳信息技术有限公司	杨炳良、陈瑞兴、李昌平、陈士永、曹春兰

续表

序号	项目名称	主要完成单位	主要完成人
11	输电线路雷击故障精准定位与降低雷害风险的关键技术及应用	国网福建省电力有限公司检修分公司、武汉大学、国家电网公司华中分部、国网福建省电力有限公司电力科学研究院	李　涵、陈　灵、倪孟华、刘　溟、周文俊
12	大面积停电多源情景耦合应急处置智能推演决策关键技术与应用	国网福建省电力有限公司检修分公司、全球能源互联网研究院有限公司、国网山东省电力公司应急管理中心、国网福建省电力有限公司福州供电公司	余尔汶、孙世军、门永生、王智敏、蔡　维
13	基于区块链和大数据的电网企业运营多维分析关键技术及应用	福建网能科技开发有限责任公司、国网能源研究院有限公司、国网甘肃省电力公司、国网江苏省电力有限公司	郑厚清、林　芬、贾德香、罗义钊、高　骞
14	核电厂物理燃料技术支持系统开发及应用	福建福清核电有限公司	孟凡锋、李振振、程宏亚、郑东佳、兰蛟龙
15	高比能长寿命磷酸铁锂动力电池系统	宁德时代新能源科技股份有限公司	吴　凯、胡建国、周灵刚、刘晓梅、韩昌隆
16	多物理场影响下宽频高量程光学互感器实用化关键技术及工程应用	国网福建省电力有限公司莆田供电公司、中国电力科学研究院有限公司、国网陕西省电力公司电力科学研究院、国网福建省电力有限公司经济技术研究院	胡　蓓、庄建煌、成　林、刘东伟、林瑞宗
17	煤粉工业锅炉清洁燃烧无烟煤的技术开发及应用	集美大学、福建永恒能源管理有限公司	何宏舟、赵　雪、张榕杰、张　军、郑捷庆
18	基于云计算与大数据的可视化防伪电子票据关键技术及应用	福建博思软件股份有限公司	林初可、宋冬林、肖　勇、黄荣明、张晓龙
19	基于多基线优化的多源视频融合技术	罗普特科技集团股份有限公司	张　翔、陈延艺、江文涛、张　龙、卢天发
20	服务质量智能管控模式研究与应用	厦门航空有限公司	张　宁、陈哲毅、郑少帅、许　蕊、谢　歆
21	公安智能感知大数据平台	南威软件股份有限公司	许辉奇、陈嵩荣、许仕明、吴清顺、林雪红
22	机器视觉智能测量及传输系统关键技术研发与应用	金钱猫科技股份有限公司	林大甲、许锡顺、程永红、林宝栋、庄世勇
23	复杂场景下多源电子数据恢复关键技术研究及应用	厦门市美亚柏科信息股份有限公司、公安部第三研究所	吴少华、吴松洋、沈长达、吴鸿伟、黄志炜
24	物联网智能抗干扰技术及其应用	厦门大学、厦门盈趣科技股份有限公司、京信通信系统（中国）有限公司、厦门盈趣汽车电子有限公司	肖　亮、唐余亮、刘思聪、陈建成、方绍湖
25	数字建造关键技术研究及应用	福建农林大学、福州大学、中建海峡建设发展有限公司、三明莆炎高速公路有限责任公司	陈日清、陈国栋、杨长才、蔡俊华、陈　兵
26	连续缠绕技术生产高流动性高强耐磨耐腐蚀玻璃纤维复合管材	福建路通管业科技股份有限公司	王　磊、吴文露、章爱美、张秀英、郭文真

续表

序号	项目名称	主要完成单位	主要完成人
27	高值利用陶瓷废料和低质原料的生态陶板的自主研发与产业化	福建华泰集团股份有限公司	陈岚波、吴国良、吴国伟
28	交通运输用高温、耐磨铝合金材料的研制及产业化	福建祥鑫股份有限公司	黄铁明、冯永平、刘金霞、张建雷、池海涛
29	特种电熔氧化锆的研发	三祥新材股份有限公司	程诗忠、胡天喜、包晓刚、李小毅、叶旦旺
30	IGCC 技术在大型炼油化工一体化系统中的首次成功应用	福建联合石油化工有限公司	林　栩、唐礼焰、李永吉、陈金表、张爱新
31	环境友好型含氟多氧杂表面活性剂的产业化技术及应用	三明市海斯福化工有限责任公司、三明学院	吴成英、肖旺钏、谢伟东、李奇勇、吕　涛
32	内外编码一体化工业雷管	福建省民爆化工股份有限公司	杨荣生、颜建议、华富春、曾陆平、林素英
33	制冷螺杆压缩机制造关键技术及产业化应用	福建雪人股份有限公司、福州大学	吴维青、张功旺、林汝捷、魏德强、翁明祖
34	智能化数控矿山金刚石绳锯机	泉州师范学院、华侨大学、泉州市洛江区双阳金刚石工具有限公司	宋金玲、顾立志、陈秋平、杨惠山、梁凤顺
35	基于深度学习的中厚板表面缺陷在线检测及质量评估系统	福建三钢闽光股份有限公司、北京科技大学、福建省三钢（集团）有限责任公司、北京科技大学设计研究院有限公司	陈玉叶、徐　科、詹光曹、杨朝霖、郑芳垣
36	病死畜禽无害化智能处理机关键技术及应用	三明学院、福建省农业机械化研究所、华南理工大学、漳州市天洋机械有限公司	任　雯、陈金瑞、艾子健、赖森财、胥布工
37	乘用车发动机皮带轮精密旋压关键技术及设备	福建威而特旋压科技有限公司	林卫东、张培凯、钟宜钦、高日华、许兆昌
38	高品质大型汽轮机铸钢件关键技术研究与应用	福建省开诚机械有限公司、三明学院、温州市开诚机械有限公司	张滨旭、刘建军、俞　惠、高伟峰、黄海彪
39	农用轮式挖掘机的关键技术研究及产业化	福建晋工机械有限公司	赵家宏、吕志忠、肖传奇、刘雄伟、吴景毅
40	垛装物料装车托盘自动转换设备关键技术	龙合智能装备制造有限公司	杨　静、卢衍湘、谭鲁民、杨林海、高　超
41	高性能特大型高锰钢圆锥破碎机衬板关键技术研究及应用	三明市毅君机械铸造有限公司、三明学院、三明市蓝天机械制造有限公司	刘渊毅、王春荣、蔡　建、黄高翔、夏尔冬
42	锦纶 6 智能高效生产及立体仓储系统集成技术研究与应用	福建景丰科技有限公司、福建锦江科技有限公司、闽江学院	付重先、吴华新、刘冰灵、金志学、杨金富
43	民用建筑机电设备噪声及振动控制关键技术研究与应用	闽江学院、厦门嘉达声学技术有限公司、厦门嘉达环保科技有限公司、福建省特种设备检验研究院	郑祥盘、宋继萍、林　洁、潘健鸿、林嘉祥
44	新能源汽车动力锂电池系统组装装备的高可靠性制造关键技术与应用	福建星云电子股份有限公司、福建工程学院	汤　平、刘成武、李有财、赖秋凤、邓秉杰
45	新能源汽车动力电池箱专用自动灭火装置	中汽客汽车零部件（厦门）有限公司	洪伟艺、洪清泉、熊孝新、许燕青、华　伟

续表

序号	项目名称	主要完成单位	主要完成人
46	低品位含铜金矿高效提金及铜综合回收关键技术研究与应用	紫金矿业集团股份有限公司	谭希发、巫銮东、沈贤德、江　城、简勇章
47	无氨氮参与的磷酸镧铈铽关键制备技术及产业化	福建省长汀金龙稀土有限公司	钟可祥、李来超、叶纪龙、张榕贵、赵德森
48	基于鞋材功能性的研究及其在鞋底中的应用	茂泰（福建）鞋材有限公司	卢　鑫、丁思博、丁思恩、罗显发、郑荣大
49	特色海产食品深加工关键技术创新及产业化	福州百洋海味食品有限公司、福建省农业科学院农业工程技术研究所	赖谱富、高向登、滕忠希、李怡彬、黄茂坤
50	茶叶功能成分保健效应研究与产业化应用	武夷学院、福建农林大学、浙江大学、福建春伦集团有限公司	叶乃兴、屠幼英、吴　仲、KIM EUNHYE、张　渤
51	乌龙茶及速溶茶粉风味品质提升关键技术的开发与应用	集美大学、福建八马茶业有限公司、大闽食品（漳州）有限公司	李利君、倪　辉、林荣溪、翁淑燚、黄高凌
52	红茶自动化加工关键技术装备集成创新与产业化应用	福建佳友茶叶机械智能科技股份有限公司、中国农业科学院茶叶研究所、集美大学	董春旺、陈加友、陈英勇、江进福、刘建华
53	高效低阻纳米高温复合滤材产业化技术开发	福建福能南纺新材料有限公司、厦门大学	李祖安、孙道恒、黄族健、吴德志、黄桢宝
54	面向经编智能化生产的机器视觉在线检测关键技术及产业化	福建省晋江市华宇织造有限公司、泉州思玛特信息技术有限公司、天津大学	苏成喻、苏子旭、陈孝蒙、张效栋、苏子滩
55	福建区域性重要天气气候过程定量化监测评估关键技术研究	福建省气候中心	邹　燕、刘爱鸣、林　昕、江晓南、杨志勇
56	软弱地层浅埋暗挖大跨隧道近接施工技术	福建省科建控股股份有限公司、深圳市市政设计研究院有限公司、大连理工大学、中铁十一局集团有限公司	林位玉、王建新、王峥峥、彭　琦、何承国
57	通航受限水域船舶航行安全智能管控关键技术与应用	闽江学院、武汉中原电子集团有限公司、交通运输部东海航海保障中心福州航标处、中设设计集团股份有限公司	何　伟、陈明忠、初秀民、陈先桥、刘　轰
58	复杂路堑高边坡运营风险监测评估及养护对策与工法研究	龙岩双永高速公路有限责任公司、福州大学	王　浩、林治基、陈善棠、丘仁科、豆红强
59	排水沥青路面的关键技术研究	福州大学、深圳海川新材料科技股份有限公司、国智建筑科技有限公司、中恒宏瑞建设集团有限公司	肖　鑫、许　莉、王志滨、鲍丹宇、张利铨
60	沿海强震区混凝土桩基抗震设计计算方法与应用	福州大学、中建五局土木工程有限公司、福建省宏实建设工程质量检测有限公司、福州市规划设计研究院	黄福云、罗文艺、庄一舟、郑杰圣、蔡纪锋
61	水域工程地震勘探关键技术研究与应用	福建省建筑设计研究院有限公司	刘宏岳、戴一鸣、殷　勇、刘俊龙、林孝城
62	装配式约束混凝土柱蜂窝钢梁组合结构研究与应用	华侨大学、福建省第五建筑工程公司、厦门市建安集团有限公司、厦门市聚雄建设集团有限公司	李升才、肖清云、吴马保、胡振烽、沈夏磊

续表

序号	项目名称	主要完成单位	主要完成人
63	高水头浅覆盖层低桩承台钢板桩围堰施工技术	中交一公局厦门工程有限公司	黄　宇、王　禹、费志高、王铁法、谷世平
64	大断面管廊长距离过海顶管技术	中铁二十二局集团第三工程有限公司	刘四德、王　宏、王新荣、孟祥龙、郑一明
65	加筋土与微型桩新型边坡组合支挡体系关键技术与应用	福建省地质工程勘察院、宁波大学、福建永强岩土股份有限公司、龙岩市西安建筑工程有限公司	齐昌广、张智超、孔秋平、郑敏洲、仉文岗
66	多层级互动式智能化防汛平台关键技术及示范应用	福建省水利水电勘测设计研究院	朱光华、陈继泉、陈　敏、郑涛、李　东
67	福建省河流生态安全评价方法及其应用	福建省水利水电科学研究院、福建师范大学	康辉平、陈兴伟、李孝成、李世恩、林炳青
68	优质抗病紫肉甘薯新品种选育与应用	福建省农业科学院作物研究所、福建省种植业技术推广总站	邱永祥、邱思鑫、罗维禄、刘中华、李华伟
69	进出境重要花卉、果树和蔬菜病毒快速检测关键技术及应用	福州海关技术中心、中国检验检疫科学研究院、福建农林大学、福建省农业科学院果树研究所	沈建国、张永江、吴祖建、高芳銮、谢丽雪
70	福建茶树主要害虫绿色防控规范化技术研究与应用	福建省农业科学院茶叶研究所	吴光远、曾明森、王庆森、刘丰静、王定锋
71	凹叶厚朴良种繁育及规范化栽培关键技术研究	福建农林大学、福建林业职业技术学院	郑郁善、荣俊冬、陈礼光、陈凌艳、何天友
72	“建阳桔柚”品种选育及其生态果园构建与配套关键技术集成应用	南平市建阳区经济作物技术推广站、福建省农业科学院农业生态研究所、福建省农业科学院生物技术研究所、南平市建阳区玉女桔柚生态示范场	刘　韬、吴瑞东、雷　龑、王义祥、翁伯琦
73	食用菌高效安全生产关键技术研究及应用	福建农林大学、河南世纪香食用菌开发有限公司、福建省食用菌技术推广总站、福建万辰生物科技股份有限公司	江玉姬、邓优锦、陈炳智、李彦增、肖淑霞
74	秀珍菇高产安全栽培关键技术提升	福建省农业科学院食用菌研究所	卢政辉、柯斌榕、兰清秀、兰世步、陈国平
75	秃杉品种选育和资源高效培育技术研究与应用	福建省德化葛坑国有林场、福建省林业科学研究院	连勇机、欧阳磊、林贤山、陈元品、张先动
76	先锋植物类芦对困难立地植被修复机理及其生态应用	福建农林大学	蔡丽平、侯晓龙、周垂帆、岳　辉、王友生
77	肉羊舍饲关键技术研究与应用	福建省农业科学院畜牧兽医研究所、福建省畜牧总站、宏畅（福建）农牧科技有限公司、福建省福之羊生态农业科技有限公司	李文杨、刘　远、吴贤锋、沈华伟、李桂贤
78	海水鱼刺激隐核虫病防控关键技术研发与应用	福建省农业科学院生物技术研究所、宁德市富发水产有限公司、福建省淡水水产研究所、福建省闽东水产研究所	龚　晖、樊海平、陈　佳、池洪树、郑炜强
79	脑缺血再灌注血脑屏障损伤新机制：免疫蛋白酶体调控作用	福建省立医院	陈兴泳、汪银洲、张　旭、江秀龙、雷惠新

续表

序号	项目名称	主要完成单位	主要完成人
80	冠心病介入治疗后再狭窄的相关基础和临床研究	福建省立医院	陈海峰、卢　楠、陈新敬、郑炜平、王热华
81	高血压脑出血神经组织损伤机制及微创手术治疗策略	中国人民解放军联勤保障部队第九〇〇医院、重庆医科大学附属永川医院（重庆市第二人民医院）	袁邦清、王守森、杨　罂、郑兆聪、吴贤群
82	类风湿关节炎治疗新靶标的基础研究及其干预	福建医科大学附属第一医院	林锦骠、欧启水、杨　滨、何毓珏、陈君敏
83	福建省乙肝高流行区流行规律及儿童乙肝免疫防控策略研究	福建省疾病预防控制中心、复旦大学附属妇产科医院	周　勇、黄丽芳、杨秀惠、吴江南、潘伟毅
84	基于细胞自噬影响卵巢癌化疗耐药的机制及相关临床研究	福建省立医院	孙　阳、晋　龙、刘佳华、眭玉霞、杨　茵
85	前列腺癌诊疗体系创新和临床应用	福建医科大学附属第一医院、香港中文大学威尔斯亲王医院	薛学义、许　宁、吴志辉、魏　勇、郑清水
86	自体神经移植物微环境调控及其在脊髓与周围神经损伤中的应用	福建医科大学附属第一医院、香港大学李嘉诚医学院	张文明、方心俞、张立群、Carolin Ruven、吴武田
87	人工智能在糖尿病及并发症管理中的研发及应用	福州康为网络技术有限公司、北京大学第一医院、闽江学院、中国疾病预防控制中心	宋李斌、郭晓蕙、谭　枫、林中燕、周盛宗
88	重要吸血医学昆虫分类鉴定关键技术和系统发育构建	福州国际旅行卫生保健中心	张建庆、方义亮、杨美琼、陈　敏、郑爱萍
89	革兰阴性杆菌耐药性及耐药机制的系列研究	泉州市第一医院	明德松、苏智军、吴一波、陈清清、陈晓婷
90	奥美拉唑碳酸氢钠胶囊	厦门恩成制药有限公司	乐云峰、林亚玲、郭加明、张家福、贺　宇
91	常用牙科合金再生循环利用的系列研究	福建医科大学附属口腔医院、福建医科大学	程　辉、张长源、王颖卉、林泓磊、江　磊
92	痰瘀同治阻断肝病传脾干预2型糖尿病研究	福建中医药大学附属人民医院、福建中医药大学、漳州市中医院	衡先培、黄苏萍、蓝元隆、杨柳清、李　亮
93	脑卒中中医康复护理关键技术的建立与推广应用	福建中医药大学、福建中医药大学附属康复医院	陈锦秀、李壮苗、杨　柳、葛　莉、郑丽维
94	茵陈蒿汤类方治疗非酒精性脂肪性肝病的物质基础研究与应用	厦门大学、厦门市中医院	陈少东、梁惠卿、唐金模、赖鹏华、吴春城

（摘编：朱明清）

第十八届福建省优秀企业家名单

2020年9月26日福建省企业与企业家联合会下发《福建省企业与企业家联合会关于授予王磊等134位企业经营管理者第十八届福建省优秀企业家荣誉称号的决定（闽企联〔2020〕33号）提出，根据中共福建省委办公厅、省人民政府办公厅《关于公布省级考核检查、评比表彰及认定类项目清理结果的通知》（闽委办发〔2014〕6号）精神，两年一次的"福建省优秀企业家"评选工作由福建省企业与企业家联合会组织开展。今年我省组织开展的"第十八届福建省优秀企业家"评选活动，经过各设区市企业与企业家联合会、省直有关部门、省级主要行业协会、商会等机构推荐，由省直十三个部门、单位领导组成的省优秀企业家评选委员会进行两轮评审，征求了法院、应急管理、生态环境、总工会、人民银行等有关机构意见，并在我省主要媒体上公示，现决定授予王磊等134位企业经营管理者为第十八届福建省优秀企业家荣誉称号。

新当选的134位全省优秀企业家在推动企业转型升级、提质增效、绿色发展及履行社会责任等方面做出了优异成绩，是一批德才兼备、善于经营、充满活力，致力于创新创业创造的优秀企业家，为推动我省经济社会发展做出了突出贡献。特别是他们在抗击新冠肺炎疫情特殊时期，充满爱国情怀，尽显责任担当，为新时代企业家精神注入了新内涵。他们分布在全省各地、各个行业中，既有国有企业的经营管理者，也有民营、外资企业的经营管理者；既有艰苦创业、奋斗多年、事业有成的年富力强企业家，也有勇于拼搏、大胆创新、迅速成长的年青一代企业家，他们都是我省企业家的先进代表和模范人物。

希望新当选的第十八届福建省优秀企业家继续发扬"敢为天下先，爱拼才会赢"的福建企业家精神，深入学习贯彻习近平总书记在企业家座谈会上的重要讲话精神，珍惜荣誉，戒骄戒躁，开拓进取，再立新功。同时，希望全省企业经营管理者向优秀企业家学习，高举爱国主义旗帜，努力提升自身素质和治企能力，牢牢坚守主业，做强做优做大企业，为福建推动全方位高质发展超越，为实现中国民族伟大复兴的中国梦做出新的更大贡献！

第十八届福建省优秀企业家名单

（按姓氏笔画排序）

姓　名	单　位　名　称
王　磊	厦门天马微电子有限公司总经理
王亚华	通达（厦门）科技有限公司董事长
王志芳	中国电信股份有限公司福建分公司党委副书记、副总经理
王茂玲	福州聚春园集团有限公司党委书记、董事长
王卿泳	梅花（晋江）伞业有限公司总经理
尤信情	宁德市金盛水产有限公司董事长

续表

姓　名	单 位 名 称
毛克升	福建省顺昌县升升木业有限公司董事长
计红日	晋江市红日袜业有限公司董事长
卢　健	福建省华荣建设集团有限公司总裁
叶剑峰	厦门盛元集团有限公司总经理
丘鸿彬	国鼎投资集团有限公司国鼎集团董事局主席
冯浩然	福建华威农产品供应链有限公司董事长
吕　锜	大帝集团有限公司总裁
朱志强	厦门强力巨彩光电科技有限公司董事长
刘志军	厦门金龙联合汽车工业有限公司党委书记总经理
刘鸣鸣	福建安井食品股份有限公司董事长
刘征敏	福建省金正建设工程有限公司董事长
刘荣海	福建南平南孚电池有限公司总经理
刘梅萱	福建泉州闽光钢铁有限责任公司党委书记、总经理
江庆元	宝钢德盛不锈钢有限公司党委书记、董事长
江银强	福建武夷交通运输股份有限公司党委书记、董事长
许柏强	福建龙麟集团有限公司执行总裁
许清水	泉州泉商置业有限公司董事长
许德洁	福建省粮油食品进出口集团有限公司党总支书记、董事长、总经理
阮加勇	福建星网锐捷通讯股份有限公司总经理
孙文钰	三明市丰润化工有限公司总经理
严　明	福建马坑矿业股份有限公司党委书记、董事长
苏军良	兴业银行股份有限公司福州分行党委书记、行长
苏志芳	福建省晋江豪山建材有限公司董事长
苏清泉	福建省泉州美岭水泥有限公司总经理
李　翔	福建省南平铝业股份有限公司党委书记、董事长
李成光	盛辉物流集团有限公司副总裁兼车管本部后市场业务本部总经理
李坤云	固克节能科技股份有限公司总裁
李贵生	智恒科技股份有限公司董事长兼总裁
李智平	福建省永泰建筑工程公司董事长
李曜君	厦门钢宇工业有限公司集团总裁
杨　明	厦门盈趣科技股份有限公司轮值总裁
YANG WENCHU	安费诺电子装配（厦门）有限公司总经理
杨希龙	福建永荣控股集团有限公司执行总裁
杨金辉	福建省大地管桩有限公司总经理
杨宗铭	福建福铭食品有限公司董事长
连健昌	福建龙泰竹家居股份有限公司董事长

续表

姓　名	单　位　名　称
肖　玉	福建璟榕工程建设发展有限公司董事长
吴　刚	中电福富信息科技有限公司党委书记、总经理
吴志雄	南威软件集团党委第一书记、董事长
吴继贤	晋大纳米科技（厦门）有限公司董事长
邱志祥	福建省闽南建筑工程有限公司总经理
邱忠生	福建湄洲湾控股有限公司总经理
邱碧香	福建亿达食品有限公司总经理
余钟龙	福建省人力资源服务有限公司总经理
余建铣	福建凯邦锦纶科技有限公司总经理
邹剑寒	奥佳华智能健康科技集团股份有限公司董事长、总经理
张　骏	中闽能源股份有限公司党委书记、董事长
张永亮	福建省圣新环保股份有限公司董事、总经理
张连枝	福建省惠东建筑工程有限公司董事长、总经理
张青年	厦门宏发电力电器有限公司总经理
张清海	泉州文化旅游发展集团有限公司党委副书记、副董事长、总经理
张澍楠	福建省领秀文旅集团有限公司董事长
陈　苹	富春科技股份有限公司党委副书记、总裁
陈　航	福建博思软件股份有限公司董事长
陈为仁	福建华东船厂有限公司董事长
陈志平	厦门港务控股集团有限公司党委书记、董事长
陈丽霜	厦门建发国际旅行社集团有限公司董事长兼 CEO
陈良地	福建合信包装有限公司总经理
陈国才	福建福清核电有限公司总经理
陈明宏	福建长源纺织有限公司总经理
陈金聪	闽消消防科技有限公司总裁
陈建华	福建省建阳金石氟业有限公司董事长、总经理
陈秋华	福建福晶科技股份有限公司总经理
林　冰	阳光控股有限公司执行总裁
林　苑	福建省闽东力捷迅药业有限公司总经理
林　经	福建发展集团有限公司总经理
林　景	福建经纬新纤科技实业有限公司总经理
林一文	福建永福电力设计股份有限公司党委书记、董事长、总经理
林卫东	福建威而特旋压科技有限公司总经理
林有希	福建省天湖茶业有限公司董事长
林向武	中建海峡建设发展有限公司党委书记、董事长
林向前	泉州农村商业银行股份有限公司党委书记、董事长

续表

姓　名	单 位 名 称
林军华	福州城市建设投资集团有限公司副总经理
林志雄	大博医疗科技股份有限公司董事长
林环周	中国建筑第四工程局有限公司福州分公司党委书记、总经理
林国镜	福建大东海实业集团有限公司董事长
林荣华	七星电气股份有限公司董事长
林柳强	漳州市九龙江集团有限公司党委副书记、总经理
林炳润	中国电建集团福建工程有限公司党委书记、执行董事、法定代表人
林振聪	福建省东霖建设工程有限公司董事长
林爱花	福建省九龙建设集团有限公司总经理
林焰锋	福清东龙湾花蛤小镇投资实业有限公司总经理
林镇土	福建一建集团有限公司董事长
卓本与	福建永强力加动力设备有限公司党委书记、总裁
周建辉	福建紫金铜业有限公司总经理
郑　文	福建汇川物联网技术科技股份有限公司董事长
郑　宏	福建升腾资讯有限公司总裁
郑　彬	印象大红袍股份有限公司总经理
郑华杰	平潭中发商品混凝土有限公司总经理
郑庆华	鑫泰建设集团有限公司总经理
郑丽煌	福建聚合网络有限公司总经理
郑施波	福州海王福药制药有限公司总经理
柯永远	晋江市远祥服装织造有限公司董事长
俞　凯	名城地产（福建）有限公司董事长
俞代华	武夷山市九龙袍茶业有限公司董事长
姜海洪	青拓集团有限公司董事长
洪清池	厦门华夏国际电力发展有限公司党委书记、总经理
倪章益	永富建工集团有限公司董事长
徐建革	赢创嘉联白炭黑（南平）有限公司总经理
郭丹冰	福建省博达企业管理咨询服务有限公司董事长
郭玮韡	福建亚南电机集团总经理
郭建涛	福建三能节能科技有限责任公司董事长
唐光宇	福州智永信息科技有限公司董事长
黄　伟	喜相逢集团有限公司董事长、总经理
黄丹青	融汇（福建）集团有限公司总裁
黄圣辉	福建省武夷山瑞泉茶业有限公司董事长
黄进明	漳州片仔癀药业股份有限公司总经理
黄国盛	福建凯灏劳务工程有限公司董事长

续表

姓　名	单 位 名 称
黄金星	福建路港（集团）有限公司董事长
黄偏明	厦门经济特区房地产开发集团有限公司党委书记、董事长
龚信嘉	福建钜闽机械有限公司董事长
符　磊	福建奔驰汽车有限公司党委书记、执行副总裁
章旭升	福建金牛水泥有限公司董事长、总经理
梁军湘	福建天辰耀隆新材料有限公司党委书记、董事长
彭宜斌	福建省富强石材有限公司董事长
董德建	中核华辰建设有限公司党委书记、董事长
蒋兴华	福建宁德核电有限公司党委书记、总经理
景　浓	福建腾龙鞋业有限公司董事长
傅天甫	福建春伦集团有限公司总经理
蔡金钗	福建盼盼食品有限公司总裁
蔡燕英	才子服饰股份有限公司总裁
熊　立	网龙网络控股有限公司首席执行官（CEO）
潘庆建	福建省工业设备安装有限公司党委书记、董事长
薛从福	焙之道食品（福建）有限公司董事长
薛君南	祥兴（福建）箱包集团有限公司总经理
穆秀鳌	福建省百盛建设发展有限公司董事长
戴继成	福建省海安橡胶有限公司总经理
魏　军	青岛啤酒（福州）有限公司党委书记、总经理

（摘编：刘海元）

福建省正高级会计师职务任职资格人员名单

丁毅等8位同志正高级会计师职务任职资格人员名单

2020年11月30日福建省人力资源和社会保障厅下发《关于批准确认丁毅等8位同志正高级会计师职务任职资格的通知》（闽人社批复〔2020〕650号）。经研究，批准确认由2020年福建省正高级会计师任职资格评审委员会评审通过的丁毅等8位同志正高级会计师职务任职资格。任职资格确认时间为2020年10月31日，现予公布，名单如下：

一、福建省教育厅（1人）：

福建省教育考试院：丁毅

二、福建省卫生健康委员会（2人）：

福建省妇幼保健院：吴中

福建省妇幼保健院：江志坚

三、福建省医疗保障局（1人）：

福建省药械联合采购中心：郑成艳

四、福建建工集团有限责任公司（1人）：雷志华

五、厦门市（3人）：

厦门优胜卫厨科技有限公司：黄欣

福建厦门海晟连锁商贸有限公司：任励

欣贺股份有限公司：陈国汉

（摘编：王增丰）

福建省正高级工艺美术师任职资格人员名单

2020年12月29日福建省人力资源和社会保障厅下发《关于批准确认林劭川等3位同志工艺美术系列正高级工艺美术师任职资格的通知》（闽人社批复〔2020〕707号）。经研究，批准确认2019年度全省正高级工艺美术师职务任职资格评审委员会评审通过的林劭川等3位同志的正高级工艺美术师任职资格。任职资格确认时间为2020年12月6日，现予公布，名单如下：

一、福建省旅游发展集团有限公司（1人）

福建省工艺美术实验厂有限公司：林劭川

二、福州市（2人）

福州市寿山石行业协会：姚仲达

福州寿山石鉴定中心有限公司：刘传斌

（摘编：朱明清）

福建省农业技术高级职务任职资格人员名单

2020年7月7日福建省人力资源和社会保障厅下发《关于批准确认黄宝珠等132位同志农业技术高级职务任职资格的通知》（闽人社批复〔2020〕346号）：经研究，批准确认由省第二十四届农业技术高级职务评审委员会评审通过的黄宝珠等132位同志农业技术高级职务任职资格。任职资格确认时间为2020年7月7日，现予公布，名单如下：

一、福州市（12人）：

高级农艺师：黄宝珠、林达荣、肖祖胜、叶燕丽、陈星文

高级畜牧师：廖冰麟、潘建文

高级兽医师：曾菊英、林后全

高级农经师：苏祥鼎、谢秀芳、张贤锥

二、厦门市（3人）：

高级农艺师：张发治

高级兽医师：林坎婴

高级农经师：柯明乐

三、漳州市（14人）：

高级农艺师：詹炮国、吴俊光、黄汉明、蔡跃庆、陈水利、王国鑫、赖添财、张明真

高级兽医师：陈文志、李绿生、黄耀生

高级农经师：吴剑评、杨著发、杨春龙

四、泉州市（12人）：

高级农艺师：蔡国明、傅建卿、陈进火、叶媛蓓、蔡英杰

高级畜牧师：周世业、杨家飞

高级兽医师：汤智君、李宝忠、张玉泉、林晚忠

高级农经师：陈锦聪

五、三明市（39人）：

高级农艺师：严衍旺、陈李平、陈知年、张菊凤、卓芳梅、黄显锋、黄勇、赖仁仲、黄峥嵘、肖灿荣、洪东方、黄绍明、张久勇、吴光侣、赖忠南、上官锦旺、朱振柳、陈彩霞

高级畜牧师：张占春、詹祖焜、张宏盛

高级兽医师：金艳冬、陈庆、吴善力、陈华吉、郑承吉、叶建波、张春兰、李志中、李正根

高级农经师：詹爱清、曾竹花、班沁、卓斌玲、张芙蓉、刘兴致、余梅花、罗妃、刘真华

六、莆田市（3人）：

高级农艺师：柯蓓

高级兽医师：杨国生、陈文明

七、南平市（20人）：

高级农艺师：全祖和、袁美莲、魏苑生、邱国富、沈世胜、吴建兵、吕义妹、张全婢、胡萍、邓文明、杨辉和、陈美清、陈成椿、佘修华

高级兽医师：官聪雷、周立良、管惠云

高级农经师：张闽皖、刘宏珍、张水生

八、龙岩市（11人）：

高级农艺师：邹海忠、吴才玉、王增炎、王允勇、

高级兽医师：杨宝云、陈椿水、朱瑞平、钟耀培、丘远明、林志源

高级农经师：游秀玲

九、宁德市（18人）：

高级农艺师：黄钰森、郭郁文、蓝春准、林喜盈、黄晓霞、张羽、陈秀梅、胡培蓉、李斌、方巧玉、王晓丹、姚晖、卓仁、刘成涛

高级兽医师：吴小红、陈瑞玉

高级农经师：何鸿銮、陈卫娜

（摘编：彭文荣）

福建省高级工程师职务任职资格人员名单

林宗明等28位同志通信专业高级工程师任职资格

2020年7月16日福建省人力资源和社会保障厅下发《关于批准确认林宗明等28位同志通信专业高级工程师任职资格的通知》（闽人社批复〔2020〕375号）：经研究，批准确认由省工程系列通信专业高级职务任职资格评审委员会评审通过的林宗明等28位同志高级工程师任职资格。任职资格确认时间为2020年7月16日，现予公布，名单如下：

一、中国移动通信集团福建有限公司（21人）

林宗明、郑立、林伟、杨家珠、黄艳欢、郭冬奎、黄友亮、张磊、林洁、庄蕊、郑仁富、苏春颖、王亦淳、庄彦、高盛昌、吴松林、戴毅鸣、孙立杰、刘青青、杨川、王勇

二、中国联合网络通信有限公司福建省分公司（1人）

李诺

三、中国铁塔股份有限公司福建省分公司（2人）

林化琛、李志博

四、中国海峡人才市场（3人）

徐天文、谢晖、蔡进林

五、厦门市专用通信局（1人）

陈仲源

黄炜等127位同志高级工程师职务任职资格人员名单

2020年7月27日福建省人力资源和社会保障厅下发《关于批准确认黄炜等127位同志高级工程师职务任职资格的通知》（闽人社批复〔2020〕393号）：经研究，批准确认由省工程系列林业专业高级职务任职资格评审委员会评审通过的黄炜等127位同志高级工程师职务任职资格。任职资格确认时间为2020年7月27日，现予公布。

1. 省林业局（5人）

福建省林业调查规划院：林力、郑开基、王如均

福建省林业科技试验中心：朱育端、程习梅

2. 海峡人才市场（2人）

陈光、林漳河

3. 福建建工集团（1人）

李燕祥

4. 厦门市（3人）

厦门市绿化中心：樊改丽

厦门市同安区小坪林业试验场：郑志征

厦门市翔安区林政资源事务中心：郑海军

5. 漳州市（12人）

福建省华安金山国有林场：邹圭碧

福建省诏安国有防护林场：许丽鸿

福建省南靖永丰国有林场：陈南州

福建漳州城投集团有限公司：陈毅建

漳州市林业科学研究所：申巍

华安县林业局仙都林业管理站：蔡史杰

华安县林业局沙建林业管理站：邹楷泽

诏安县林业规划设计队：陈松泉

诏安县白洋乡林业工作站：许毅松

平和县林业局崎岭林业站：赖河生

东山县樟塘林业工作站：林义保

南靖县森林病虫防治检疫站：庄启茂

6. 泉州市（9人）

福建省南安罗山国有林场：杨建清

福建省泉州罗溪国有林场：蒋丽蓉
泉州市洛江区林业技术推广站：徐丽萍
南安市林业局营林管理站：戴碧鸿
石狮市林业资源站：林明富
永春县林业局蓬壶林业工作站：张煌城
德化县国有生态林场：林承章
德化县南埕林业工作站：赖瑞政
德化县杨梅林业工作站：林其华

7. 莆田市（2 人）

仙游县不动产登记中心：黄霖珍
仙游县林业局钟山林业工作站：张清云

8. 三明市（42 人）

福建省三明市国有林场工作站：许建伟
福建省尤溪国有林场：罗素珍、郑云峰
福建省将乐国有林场：方萍
福建省泰宁国有林场：卢远锦
福建省清流国有林场：黄述河、李玉琪
福建省永安国有林场：黄和顺、邓鸿荣、陈宇
福建省沙县水南国有林场：肖靖萍
福建省大田梅林国有林场：叶敏
福建省大田桃源国有林场：郑肇快、刘国昌
福建省清流林业有限责任公司：吴美和
福建省永安林业（集团）股份有限公司永安人造板厂：叶新强
三明市林业科技推广中心：许春枝
三明市林业执法支队：李锦烨
三明市林业基金站：朱业辉
三明市园林中心：陈新艳
三明市速生丰产林工作站：陈水木
三明市三元区森林资源站：张莉
三明市三元区林业科技推广中心：卢爱红
三明市三元区岩前林业工作站：孔智翔
三明市梅列区森林病虫防治检疫站：游桂接
沙县木材经营总公司：易晓冬
尤溪县林业行政执法大队：邱其才
尤溪县林权服务中心：郑小妹
尤溪县林业局梅仙林业站：杨林
尤溪县林业局中仙林业站：严圣钦、吴宇飞
尤溪县林业局汤川林业站：林志满
将乐县南口林业站：肖慎元
大田县速生丰产林基地建设办公室：林玉秀
大田县均溪林业工作站：林文雄
大田县屏山林业工作站：施明灿
宁化县县属国有林场：张元明
宁化县森林病虫害防治检疫站：陈㼆
宁化县林业局曹坊林业站：余华生
清流县林业执法大队：林钟洪
明溪县林地承包纠纷调解处理中心：叶伟光
建宁县林业科技推广中心：王福根

9. 南平市（14 人）

福建省顺昌埔上国有林场：黄杭延
南平市建阳区不动产登记中心：郑元华
南平市延平区林业综合行政执法大队：黄炜
南平市延平区大横林业站：陈兴章
南平市延平区茫荡林业站：杨正琴
浦城县林业苗圃：徐金俊
浦城县丹洋生态国有林场：袁正军、伍基滨、吴陈富
浦城县古楼林业工作站：余定峰
光泽县林业规划设计队：吴靖
光泽县华桥林业工作站：王金魁
建瓯万木林省级自然保护区管理处：卓鸣秀
建瓯市徐墩林业工作站：朱忠泰

10. 龙岩市（21 人）

福建省龙岩市林业科学研究所：王友生
福建省长汀楼子坝国有林场：邱建华、邱建声
福建省武平南坊国有林场：严明基
福建省武平南坊国有林场：李永秀
龙岩市地质公园保护发展中心：詹林星
龙岩市永定区林业局湖雷林业站：廖小昆
上杭县林业局珊瑚林业站：黄贵福
上杭县林业局白砂林业站：刘斌
上杭县林业局旧县林业站：伍素萍
连城县林业执法大队：黄隆元、罗俊鸿
连城县生态公益林管理站：巫楚森
连城县宣和林业管理站：伍志斌
连城县姑田林业管理站：罗仕祥、巫克荣、汤长江
连城县莒溪林业管理站：邹凤艳
长汀县宣成林业工作站：童远明
武平县林业局湘店林业工作站：余涛养
武平县林业局东留林业工作站：钟太欣

11. 宁德市（16 人）

福建省霞浦国有林场：郑道雄

福建省福安国有林场：张雨平

福建省屏南古峰国有林场：陈明久

宁德市森林资源管理中心站：上官保国

福安市林业局赛岐林业工作站：陈彬

福安市林业局溪潭林业工作站：阮柏斌

古田县凤都林业站：张胜

屏南县林业行政执法大队：黄虎妹、杨华思

屏南县林业局路下林业站：张家桥

屏南县林业局熙岭林业站：柯凯春

寿宁县林业局清源林业工作站：范新绿

周宁县林业局规划队：缪希潮

周宁县林业局浦源林业工作站：李立志

霞浦县林业局溪南林业站：林立法

霞浦县林业局沙江林业站：徐光

陈培焕等 147 位同志高级工程师职务任职资格人员名单

2020 年 8 月 20 日福建省人力资源和社会保障厅下发《关于批准确认陈培焕等 147 位同志高级工程师职务任职资格的通知》（闽人社批复〔2020〕461 号）：经研究，批准确认由省工程技术人员交通专业高级职务任职资格评委会评审通过的陈培焕等 147 位同志高级工程师职务任职资格。任职资格确认时间为 2020 年 7 月 24 日，现予公布，名单如下：

一、福建省交通运输厅（38 人）

1. 福建省泉州港口发展中心（1 人）：陈培焕

2. 福建省交通建设质量安全中心（2 人）：陈思晓、陈阵阵

3. 福建省交通科技发展集团有限责任公司（35 人）

（1）福建省交通规划设计院有限公司（16 人）

福建省交通规划设计院有限公司（15 人）：林明杰、黄晓伟、唐晖、侯海璇、陈祖鑫、郑津津、王伟伟、许睦军、魏嫵、吴聪雅、廖志聪、陈炳、宗绍利、林伯福、杨洋

福建省交设工程咨询有限公司（1 人）：林秋明

（2）福建省交通科研院有限公司（5 人）：刘齐辉、江华、王祖鑫、蔡亦来、林善伟

（3）福建省交通人力资源有限公司代理人员（6 人）

福建省交通建设工程试验检测有限公司：陈津凯

福建省闽西交通工程有限公司：黄绍焰

福州路港交通工程试验检测中心：高丹

福州市长乐区纵横交通建设有限公司：张颖

福州新洋海事咨询服务有限公司：林超明

中铁十七局集团第六工程有限公司：董健

（4）福建省港航勘察设计院有限公司（8 人）：苏良德、秦日松、丁学圣、杜虎、张惠、王璐、林姗、吴远东

二、福建省教育厅（1 人）

福建船政交通职业学院：杨相如

三、福建省水利厅（1 人）

福建省水利水电勘测设计研究院：陈义华

四、福建省交通运输集团有限责任公司（1 人）

福建省港口工程有限公司：阮寅锴

五、福建建工集团有限责任公司（2 人）

福建建工路桥有限公司：杨飞

漳州通广云平高速公路有限公司：叶利邦

六、福建省高速公路集团有限公司（22 人）

福建省高速公路养护工程有限公司：金亮、徐志华

福建省高速公路信息科技有限公司：肖伦营

福建省高速公路达通检测有限公司：李思泉、林张滨、陈汉发、项龙

福建省高速公路集团有限公司福州管理分公司：陈建堂、程竞、邱劲、潘小松、陈旭栋

福建省高速公路集团有限公司漳州管理分公司：杨敏成

福建省高速公路集团有限公司泉州管理分公司：傅继伟

三明福银高速公路有限责任公司：伍耀华

福建省高速公路集团有限公司莆田管理分公司：阮金宇、王振华

福建省高速公路集团有限公司南平管理分公司：张丽丽

福建省高速公路集团有限公司龙岩管理分公司：郑建荣

福建省福宁高速公路有限责任公司：傅永强、游乃安、张聿盛

七、福建省招标采购集团有限公司（6 人）

福建省交通建设工程监理咨询有限公司：林文榕、王赟、黄森勇、林小辉、张臣美、陈鹏

八、中国海峡人才市场（3 人）

平潭综合实验区管廊投资管理有限公司：游华明

连江县城市建设发展有限公司：郑建智

福建路信交通建设监理有限公司：黄国庆

九、漳州市（9 人）

漳州市公路事业发展中心：张淑林、张林城

漳州市公路事业发展中心南靖分中心：石金龙

漳州市交通运输综合执法支队：许筱明

漳州通平漳武高速公路有限公司：黄春圆、林东发

漳州市市政工程有限公司：赖明振

漳州市先行勘测设计院有限公司：陈艺伟

福建闽泰交通工程有限公司：严惠娜

十、泉州市（18 人）

泉州市公路局桥梁隧道管理中心：郑文杰

福建路港（集团）有限公司：吴丽珍

福建第一公路工程集团有限公司：黄晓新、林桂阳、汪君君、林燕祥、林春辉、梁蓝艺、吴雄伟、沈吟春、胡长江、蒲义成、朱洪明、张根

福建省华福工程检测有限公司：尤亚珍

泉州市路桥建设开发有限公司：许贵标

泉州台商投资区城市建设发展有限公司：吴大建

永春县公路建设开发有限公司：李志聪

十一、三明市（15 人）

三明市公路路面养护中心：孔陆敏

三明市公路养护中心：彭锋

三明市公路养护中心明溪分中心：胡元清

三明市公路养护中心三元分中心：邱梅英、唐圆

三明市公路养护中心沙县分中心：柯志芳

三明市公路养护中心尤溪分中心：余思良

三明市交通运输综合执法支队：徐木旺

福建闽中交通勘察设计有限公司：陈海灶

福建省海盛交通投资有限公司：杨帆、朱起荣

福建省华明路桥建设有限公司：李智曙

福建省永信交通设计院有限公司：吴钗香

福建亿达工程勘察设计研究院有限公司：黄文泉

尤溪县顺安交通发展有限公司：凌元和

十二、莆田市（1 人）

莆田市轨道交通有限公司：杨丽芳

十三、南平市（8 人）

福建省南平市公路局顺昌分局：陈辉

福建弘沁工程勘察设计有限公司：蔡茂星、曾晓波

福建省恒通路桥工程有限公司：杨忠强

南平高速建设有限公司：王才树

南平市公路工程试验检测中心：罗晓安

南平武沙高速公路有限责任公司：黄章文

武夷新区创业服务中心：康文娟

十四、龙岩市（13 人）

龙岩市公路养护中心：戴金龙

福建海瑞工程建设有限公司：陈景

福建省闽西交通工程有限公司：聂强、万长青、尹晓林

龙岩东环高速公路有限责任公司：赖旺林

连城县县乡公路站：罗兆雄

上杭县公路工程管理站：朱启标

龙岩交通建设集团有限公司：丘利盛、黄双杰、卢蒋继、汪有贵、徐楚蓥

十五、宁德市（9 人）

宁德市公路局：林廷春、林光锋、吴晓龙

宁德市交通建设发展中心：郭颖华

古田县交通建设质量安全监督所：程瑜

宁德沈海复线双福高速公路有限责任公司：林兆新

宁德市交通投资集团有限公司：赖盛君

宁德市蕉城宏鑫交通工程投资有限公司：黄金华

宁德市港航设计有限责任公司：范国娟

潘震宇同志地震专业高级工程师职务任职资格

2020年8月21日福建省人力资源和社会保障厅下发《关于批准确认潘震宇同志地震专业高级工程师职务任职资格的通知》（闽人社批复〔2020〕464号）：经研究，批准确认厦门市地震遥测中心潘震宇同志地震专业高级工程师职务任职资格，任职资格确认时间为2019年12月27日，现予公布。

李聪等13位同志水产专业高级工程师职务任职资格人员名单

2020年8月21日福建省人力资源和社会保障厅下发《关于批准确认李聪等13位同志水产专业高级工程师职务任职资格的通知》（闽人社批复〔2020〕474号）。经研究，批准确认由省工程技术人员水产专业高级职务任职资格评委会评审通过的李聪等13位同志高级工程师职务任职资格。任职资格确认时间为2020年7月18日，现予公布，名单如下：

一、福建省海洋与渔业局（4人）

福建省渔业资源监测中心：李聪、陈火荣、丁光茂、王臻

二、漳州市（2人）

漳州市水产技术推广站：曾凡荣

云霄县农产品质量安全检验检测站：汤晓丹

三、泉州市（1人）

晋江市海洋与渔业技术服务中心：王宝珍

四、三明市（3人）

中国渔政泰宁县大队：陈明贵

大田县湖美乡水产技术推广站：范锦桧

清流县畜牧兽医水产中心：兰海荣

五、南平市（1人）

光泽县水产研究所：沈朝平

六、龙岩市（2人）

连城县水产技术推广站：林兴榕、黄清梅

李世君等71位同志高级工程师职务任职资格人员名单

2020年9月23日福建省人力资源和社会保障厅下发《关于批准确认李世君等71位同志高级工程师职务任职资格的通知》（闽人社批复〔2020〕518号）：经研究，批准确认由2018年度福建省地勘专业高级工程师评审委员会评审通过的李世君等71位同志高级工程师职务任职资格。任职资格确认时间为2020年8月29日，现予公布，名单如下：

一、福建省地质矿产勘查开发局（64人）

福建省闽北地质大队：李世君、池书华

福建省闽西地质大队：郑振梅、刘检生、柳其坤、杨芬、吴惠强、钟文君、陈首开、邓丽菊、陈辉标、陈群星、黄志坚、潘宁、谢鑫、赵林、贾健、李继红、徐文荣、周云梅

福建省闽东南地质大队：谢燕光、卓福星、庄学聪、蒋祖增、卢文平、蔡伟、朱明新、陈佑飞、蔡元最

福建省第二地质勘探大队：杨生、赖永木、刘建标

福建省第四地质大队：刘成俊、陈桂全、林才秀

福建省第八地质大队：洪国平、邹道全

福建省闽南地质大队：彭军、吴灿辉、许益青、庄小荣、范贤奕、杨志明、蔡加清

福建省地质工程勘察院：张智超、张晓斌、宋闽宏

福建省地质工程大队：姚文胜

福建省地质测试研究中心：杨芳芳

福建省地质测绘院：黄雪峰、张林曼、朱方、陈仁表、刘芳丽、柴旭、卓韦通

福建省地质物资供应站：方南平

福建省地质调查研究院：黄新鹏、雷玉平、杨修明、吴继东

福建省核工业二九五大队：张桂、李强、马文政、

二、福建省煤田地质局（3人）

福建省121地质大队：罗冠平、张宏刚、任

开林

三、海峡人才市场（2 人）

福建省闽东工程勘察院：高钦棂

福建金地勘测规划有限公司：何仕扬

四、龙岩市（2 人）

紫金矿业集团股份有限公司：阮诗昆、张立中

郑火娇等 46 位制茶高级工程师任职资格人员名单

2020 年 9 月 27 日福建省人力资源和社会保障厅下发《关于批准确认郑火娇等 46 位制茶高级工程师任职资格的通知》（闽人社批复〔2020〕541 号）：经研究，批准确认由福建省第二届制茶高级工程师任职资格评审委员会评审通过的郑火娇等 46 位同志制茶高级工程师任职资格。任职资格确认时间为 2020 年 9 月 20 日，请予公布，名单如下：

一、福州市（2 人）：郑火娇、陈由权

二、漳州市（1 人）：林燕腾

三、泉州市（17 人）：汪健仁、林金俗、蔡银笔、周有良、苏成家、何环珠、周爱民、朱文伟、詹国珍、林慧峰、刘敏珍、刘金龙、李金登、王清海、刘协宗、陈素全、林茂安

四、三明市（1 人）：林秀娟

五、南平市（16 人）：吴成建、季素英、黄绍斌、叶文珍、卓庆霖、徐杰、曹士先、刘仕章、林小荣、刘安兴、徐秋生、黄圣亮、林小明、周泽有、彭仲坚、叶昌飞

六、宁德市（9 人）：陈真、何孟生、林飞应、谢中银、陈祖贝、邵克平、张礼雄、王传意、曾兴

孔祥猛等 137 位同志高级工程师职务任职资格人员名单

2020 年 11 月 5 日福建省人力资源和社会保障厅下发《关于批准确认孔祥猛等 137 位同志高级工程师职务任职资格的通知》（闽人社批复〔2020〕625 号）：经研究，批准确认由 2020 年省工程技术人员水利水电专业高级职务任职资格评委会评审通过的孔祥猛等 137 位同志高级工程师职务任职资格。任职资格确认时间为 2020 年 9 月 27 日，现予公布，人员名单如下：

一、福建省水利厅厅属单位（39 人）

1. 福建省水利水电勘测设计研究院（12 人）：孔祥猛、刘正风、刘耀辉、杨艳、辛丽萍、张淼、陈耀闽、林金勇、姚莉莉、徐毅、游允越、潘占燃

2. 福建省水利水电工程局有限公司（14 人）：余火明、张洪菲、陈伟锋、林贻贤、胡永建、洪宝城、袁刚、倪硕、徐柳柳、黄永辉、黄杰宏、韩钟昌、程方圆、曾瑜璇

3. 福建省围垦建设工程有限公司（1 人）：杨志亮

4. 福建省水利水电建设有限公司（3 人）：张纯银、陈孝银、黄航

5. 福建省水投勘测设计有限公司（3 人）：马富明、王妹凤、张云慧

6. 福建省水利建设中心（1 人）：林舟

7. 福建省九龙江北溪水资源调配中心（2 人）：陈金炜、官国焱

8. 福建省水利水电工程质量技术站（2 人）：吴燕烽、黄惠嘉

9. 福建省水土保持试验站（1 人）：汪水前

二、海峡人才市场（6 人）

1. 福建润闽工程顾问有限公司：蒋宁、缪时佳

2. 福建省建江水利水电设计咨询有限公司：陈元俊

3. 福建省永川水利水电勘测设计院有限公司：李翰铨

4. 福建绿景生态工程咨询有限公司福州分公司：陈明

5. 泰宁县鑫辉水利水电工程有限公司：王胜

三、漳州（7 人）

1. 漳州市水利水电勘测设计有限公司：卢灿先

2. 漳州市峰头水库运行中心：蔡冬松

3. 华安县水利电力工作站：陈秀玲

4. 长泰县水利建设与运行站：叶娇贵

5. 云霄县水利建设技术队：汤继城

6. 福建芗江工程项目管理有限公司：吴毅鑫

7. 福建联冠建设有限公司：余燕琼

四、泉州（22 人）

1. 泉州市彭村水库管理处：林添德

2. 泉州市山美水库管理处：陈辉程、陈谋育、曾佳福

3. 泉州市水利建设站：曾翠蓉

4. 泉州市区应急备用水源管理所：黄越鹏

5. 泉州市石壁水库管理处：黄庆坛

6. 泉州市河务管理中心：陈守珊

7. 泉州市金鸡拦河闸管理处：贾香香

8. 泉州市龙门滩引水工程管理处：赖更松

11. 泉州水务工程建设集团有限公司：林智巍

12. 晋江市堤防管理中心：李加进

13. 南安市水利电力管理站：庄天宝、黄智强

14. 南安市水利局：苏敬爱

15. 惠安县水利工程建设管理站：许春城

16. 惠安县惠女菱溪陈田库区事务所：李仕钢

17. 永春县农村水电建设服务中心：康碧云

18. 永春县水利工程规划建设服务站：刘少平

19. 安溪县龙涓乡农业服务中心：蔡宗根

20. 福建路港（集团）有限公司：刘庆春、何毅伟

五、三明（22 人）

1. 三明市明兴水利水电勘察设计有限公司：李腾达、徐永滨、凌宗锴

2. 三明市水利工程站：刘小娟

3. 永安市水利水电工程质量技术站：兰荣辉、林兆成、林丽、林鹏

4. 将乐县古镛镇水利水电工作站：汤忠寿

5. 将乐县电力工作站：揭仕华

6. 沙县水利水电工程质量服务中心：吴义妹

7. 沙县水利水电技术服务中心：苏玉金

8. 尤溪县水利工作站：陈晓婷

9. 尤溪县水电工程管理站：陈玉清

10. 宁化县水利局工程质量安全监督站：夏银香

11. 泰宁县水利水电工作站：吴升平

12. 泰宁县水政监察大队：肖世文

13. 泰宁县水利工程站：陈友森

14. 大田县水土保持工作站：叶德广、周庆生

15. 福建省中建荣鼎建设有限公司：刘庆棠

16. 福建省明兴工程建设有限公司：陈敏

六、莆田（2 人）

1. 莆田市水利局水利建设站：张碧钦

2. 仙游县水政监察大队：林申升

七、南平（15 人）

1. 福建省南平市水利电力工程处：郑欧田

2. 南平市水利工程安全质量技术中心：林昱

3. 南平市建阳区漳墩镇水利工作站：鄢全春

4. 邵武市水利管理站：肖厚平

5. 建瓯市农业技术推广中心：郑其华

6. 建瓯市东游镇水利电力工作站：江云福、李德顺

7. 建瓯市迪口镇水利电力工作站：江华丽

8. 建瓯市徐墩镇水利电力工作站：冯吉荣

9. 建瓯市房道镇水利电力工作站：杨瑞钊

10. 武夷山市东溪水库管理局：黄彩兰

11. 浦城县水利水电工程质量安全技术中心：江东武

12. 政和县水利水电工程管理站：马征飞

13. 政和县水利规划基建室：陈銮士

14. 光泽县水政水资源管理站：王瑾

八、龙岩（13 人）

1. 龙岩市水利投资发展有限公司：罗金云

2. 龙岩市永定区水利工作站：陈元华

3. 龙岩市永定区河道管理中心：简万富

4. 上杭县水利水电工程质量监督站：李永娘

5. 上杭县水利水电规划室：黄盛桃

6. 上杭县水利工作站：蓝茂秋

7. 武平县水利水电工程移民发展中心：钟小樟

8. 武平县水利水电服务中心：张新连

9. 长汀县水土保持站：林根根

10. 长汀县水政监察大队：赖荣东

11. 福建亿水工程勘察设计有限公司：华叶萍

12. 福建安澜水利水电勘察设计院有限公司：董国聪

13. 福建韩江工程咨询有限公司：武柯君

九、宁德（10 人）

1. 福鼎市水利技术队：董延城

2. 福安市河道堤防管理处：郭幼珠

3. 霞浦县水利电力技术队：雷翠芳

4. 霞浦县水土保持试验站：陈仲永

5. 屏南县水利局：黄华杰

6. 屏南县水电开发有限公司：周茂露

7. 屏南县河务管理中心：包思智

8. 柘荣县水利水电局水利电力技术队：彭秀松

9. 周宁县水利水电技术队：吕石源

10. 福建大创水电集团有限公司：陆术勇

十、平潭（1 人）

平潭综合实验区城乡建设与交通运输服务中心：陈鹏程

李晓征等 46 位同志高级工程师职务任职资格人员名单

2020 年 11 月 26 日福建省人力资源和社会保障厅下发《关于批准确认李晓征等 46 位同志高级工程师职务任职资格的通知》（闽人社批复〔2020〕646 号）：经研究，批准确认由 2019 年度省工程技术人员科技管理专业高级职务任职资格评委会评审通过的李晓征等 46 位同志高级工程师职务任职资格。任职资格确认时间为 2020 年 11 月 8 日，现予公布，名单如下：

一、福建省教育厅

福建省学生资助管理中心：李晓征；

二、福建省科技厅

福建省科学技术信息研究所：王林伟；

三、福建省应急管理厅

福建省安全生产科学研究院：吴剑锐；

四、福建省地质矿产勘查开发局

福建省闽西地质大队：张仁炳

五、福建省煤田地质局

福建省 197 地质大队：周闽；

六、福建省科学技术协会

福建省科协闽台科技交流中心：邹光盛；

七、福建省汽车工业集团有限公司

福建省汽车工业集团有限公司：陈建业；

八、福建省电子信息（集团）有限责任公司

福建省星云大数据应用服务有限公司：颜阿南；

福建省安华智星信息技术服务有限公司：张林；

九、福建省国有资产管理有限公司

福建福特科光电股份有限公司：郭少琴；

福州正先安全科技咨询服务有限公司：王凌、陈基文；

十、福建省投资开发集团有限责任公司

福建省投资开发集团有限责任公司：赵汝峰；

十一、福建龙溪轴承（集团）股份有限公司

福建龙溪轴承（集团）股份有限公司：郑裕斌；

十二、中国海峡人才市场

中海福建天然气有限责任公司：陈本峰；

十三、福州市

福州市高新技术产业创业服务中心：王德喜；

福建合盛气体有限公司：曾少宁；

十四、漳州市

漳州片仔癀药业股份有限公司：殷婷婷；

漳州市不动产登记中心常山华侨经济开发区不动产登记处：方云显；

漳州发展水务集团有限公司：孙少群；

漳州市环境信息中心：张达敏；

漳浦县国土资源新信息中心：陈朝远；

漳浦县安全生产应急救援中心：陈永发；

十五、泉州市

泉州市科学技术信息研究所：黄峻；

泉州高新技术产业开发区创业服务中心：陈坚议；

泉州市环卫处：荆慧；

泉州市节能监察中心：庄要民；

泉州市市政工程管理处：王双波；

泉州市排水管理中心：洪诗南；

福建省雄伟安全技术咨询有限责任公司：柯文耀；

泉州市环境卫生管理处：陈金凤；

泉州市安全生产执法支队：谢文辉；

德化县安全生产应急救援中心：林惠欣；

晋江市安全生产应急救援中心：柯晓瑜；

十六、三明市

三明市科技信息研究所：胡庆祯；

大田县太华镇农业服务中心：张玉勇；

建宁县溪口镇农业服务中心：余斌朝；

永安市应急救援中心：雷朝添；

清流县经济开发区企业服务中心：郑新家；

十七、莆田市

莆田市荔城区安全生产应急救援与重大危险源监控中心：林棋衔；

十八、南平市

南平武夷集团有限公司：牟宏霖；

福建省南平市第一医院：龚进梅；

十九、龙岩市

龙岩市公共资源交易中心有限公司：罗峰；

二十、宁德市

古田县人民政府城西街道办事处农业服务中心：余深艾；

周宁县公共资源交易中心：何斌；

福安市地震办公室：刘树生。

郭振挺等87位同志高级工程师职务任职资格人员名单

2020年12月7日福建省人力资源和社会保障厅下发《关于批准确认郭振挺等87位同志高级工程师职务任职资格的通知》（闽人社批复〔2020〕666号）：经研究，批准确认由福建省工程技术人员冶金专业2019年度高级职务评审会评审通过的郭振挺等87位同志高级工程师职务任职资格。任职资格确认时间为2020年11月22日，现予公布，名单如下：

一、福建省冶金（控股）有限责任公司

（一）福建省三钢（集团）有限责任公司（36人）：郭振挺、陈钢明、方建龙、张祥远、郑原首、吴志逊、杨东武、吴伍彬、何刚、马超群、黎永恒、陈金、郑永平、时伟伟、许英华、林贤洪、王金华、刘光华、凡俊、邓海平、柯国强、蒋有军、黄继平、张恒、刘先进、张鹏、陶兴华、文承、范芳东、周汝锦、李元文、曾金旭、王振雄、施文杰、李长银、陈长生

（二）厦门钨业股份有限公司（3人）：蓝琴、吕喆、郑枝木

（三）厦门欧斯拓科技有限公司（3人）：师大伟、王顺德、王威

（四）厦门厦钨新能源材料股份有限公司（1人）：尹秉胜

（五）厦钨电机工业有限公司（1人）：王鹏

（六）厦门金鹭特种合金有限公司（4人）：卢杰、臧文海、王明胜、陈路

（七）洛阳金鹭硬质合金工具有限公司（1人）：杨跃

（八）福建省长汀金龙稀土有限公司（2人）：黄清芳、李来超

（九）宁化行洛坑钨矿有限公司（5人）：邱小斌、周英茂、黄景华、王锦胜、詹克军

（十）福建省南平铝业股份有限公司（6人）：黄祥、朱晓驰、廖儒福、陈茂新、卢寿超、桑叶靖

（十一）福建马坑矿业股份有限公司（2人）：王选、钟龙芳

二、厦门市（7人）

（一）紫金（厦门）工程设计有限公司（2人）：陈志兴、谢火明

（二）厦门紫金矿冶技术有限公司（5人）：梁治安、陈晓芳、徐其红、王俊娥、许晓阳

三、龙岩市（15人）

（一）紫金矿业集团股份有限公司（10人）：吴智、孔繁琼、朱厚生、华建彬、赖秋祥、黄宇林、秦忠虎、李洪文、陈建平、郑正华

（二）紫金铜业有限公司（1人）：吴万华

（三）福建紫金矿冶测试技术有限公司（2人）：林英玲、俞金生

（四）福建金鑫钨业股份有限公司（1人）：谢建干

（五）龙岩市稀土产业服务中心（1人）：李贵乾

四、宁德市（1人）

福建青拓实业股份有限公司（1人）：袁少平

林思益等69位同志高级工程师职务任职资格人员名单

2020年12月7日福建省人力资源和社会保障厅下发《关于批准确认林思益等69位同志高级工程师职务任职资格的通知》（闽人社批复〔2020〕667号）：经研究，批准确认由2019年度省工程技术人员能源专业高级职务任职资格评委会评审通过的林思益等69位同志高级工程师职务任职资格。

任职资格确认时间为2020年11月21日，现予公布，名单如下：

一、福建省能源集团有限责任公司（37人）

福建煤电股份有限公司：林思益、张杰彬、魏二兴、吴太元

福建省永安煤业有限责任公司：吴伯乐、林科渊、陈义得、徐建智、肖付钊、陈其晖、涂鹏绍、田富波

福建省天湖山能源实业有限公司：梁文江、姚文华、廖旭辉

福煤（漳平）煤业有限公司：赖伟平、李秀祥

福建晋江天然气发电有限公司：陈金欣、李德兵、汪明

福建省鸿山热电有限责任公司：冯磊、黄万武、连晖、章凯、陈志洋、陈咨财、郭伟康、欧昇玮

福建省石狮热电有限责任公司：庄松田

福建省福能龙安热电有限公司：李燕福

福建省福能晋南热电有限公司：罗学亮

福建福能东南热电有限责任公司：陈厚钗

福建省华厦能源设计研究院有限公司：严积琼、杨金

福建省配电售电有限责任公司：郭俊杰

福建福能南纺卫生材料有限公司：雷禄燕

福能环保新材（泉州）有限责任公司：蔡彦煌

二、福建省煤田地质局（4人）

福建省196地质大队：罗序琪

福建省197地质大队：刘鑫尧、钟颖先

福建省121地质大队：王磊

三、福建省水利厅（3人）

福建省水利水电勘测设计研究院：陈怡、甘毅、朱学敏

四、福建建工集团有限责任公司（9人）

福建建工建材科技开发有限公司：陈维灯、刘阳杰、詹丽萍

福建省建筑工程质量检测中心有限公司：蔡清芬、陈梓荣、黄欢、刘蓉凯、张标富、吕文生

五、福建省投资开发集团有限责任公司（2人）

福建中闽海上风电有限公司：戴锦山、耿克红

六、中国海峡人才市场（6人）

中海福建燃气发电有限公司：念小文、王武

福建省东锅节能科技有限公司：邱瑞飞、吴金玲

中国城市建设研究院有限公司福建分院：张益阳、

北京华能新锐控制技术有限公司：刘碧峰

七、福州市（1人）

福州市红庙岭垃圾综合处理中心：刘正根

八、三明市（5人）

清流县煤炭中心：江长兵

福建省清流县煤炭工业公司：李水长

清流县矿产品流通服务中心：董继慈

福建惠峰矿业有限公司：吴占相

福建三明生态工贸区生态新城集团有限公司：吴定勇

九、龙岩市（2人）

龙岩市交通工程试验检测中心：林才强

龙岩高岭土股份有限公司：曹泽亮

连扬鹏等49位同志高级工程师职务任职资格人员名单

2020年12月9日福建省人力资源和社会保障厅下发《关于批准确认连扬鹏等49位同志高级工程师职务任职资格的通知》（闽人社批复〔2020〕671号）：经研究，批准确认由2019年度省工程技术人员电子专业高级职务任职资格评委会评审通过的连扬鹏等49位同志高级工程师职务任职资格。任职资格确认时间为2020年11月22日，现予公布，名单如下：

一、福建省卫生健康委员会（1人）

福建省立医院：连扬鹏

二、福建省广播电视局（1人）

福建省广播电视节目收听收看中心：蓝宏斌

三、福建省电子信息（集团）有限责任公司（20人）

福建省星云大数据应用服务有限公司：黄旭

福建星海通信科技有限公司：华广有、张霖

福建星网锐捷通讯股份有限公司：林勇、赖

增凯、倪海鸥、卓康志、郑远

锐捷网络股份有限公司：洪炳林、李丽清、张凯、张希弓、章建钦、陈建祥、黄米青、林川、罗才彬、罗来财、唐文、王靖天

四、福建广电网络集团股份有限公司（1人）

福建广电网络集团股份有限公司：陈智阳

五、福建省广播影视集团（8人）

福建省广播影视集团：陈洁颖、林凌、林敏、林田、林翔

福建省广播电视传输发射中心：曹荣丰、高荣华

福建省广播电视传输发射中心三〇四台：林炜

六、福建省国有资产管理有限公司（1人）

福建东赫信息技术有限公司：谢德海

七、海峡人才市场（5人）

福州皓视光电科技有限公司：连全塔

福建捷联电子有限公司：刘妍侦

联勤保障部队第九〇〇医院：倪少石

福州理工学院：陈亮

福州芝麻智能科技有限公司：王龙南

八、新大陆数字技术股份有限公司（1人）

福建新大陆自动识别技术有限公司：郭锋

九、厦门航空有限公司福州分公司（2人）

厦门航空有限公司福州分公司：丁金亮、叶颖新

十、漳州市（5人）

龙海市融媒体中心：陈宽录

福建省长泰吴田山微波站：陈马泰

漳州芝山转播台：甘坤耀

漳州市芗城区融媒中心：林庆良

漳州科华技术有限责任公司：陈少俊

十一、泉州市（1人）

泉州广播电视台：林志强

十二、龙岩市（1人）

龙岩市广播电视发射台：林洪喜

十三、宁德市（2人）

宁德人民广播电台：林华

宁德电视台：韦弦

姜晓娜等50位同志高级工程师职务任职资格人员名单

2020年12月11日福建省人力资源和社会保障厅下发《关于批准确认姜晓娜等50位同志高级工程师职务任职资格的通知》（闽人社批复〔2020〕675号）：经研究，批准确认由2019年度省工程技术人员汽车、船舶专业高级职务任职资格评委会评审通过的姜晓娜等50位同志高级工程师职务任职资格。任职资格确认时间为2020年11月28日，现予公布，名单如下：

一、福建省交通运输厅（1人）

福建省港航事业发展中心：姜晓娜；

二、福建省船舶工业集团有限公司（28人）

福建省马尾造船股份有限公司：曹铁军、雷杼致、庄榕、罗新东、刘国泰；

福建东南造船有限公司：李绿琴、刘文平、王建东、吴远东；

厦门船舶重工股份有限公司：王立、袁青梅、陈渊彬、刘健、王毅、徐裕强、薛伟胜、董帝尧、苏国材、杨帆、邱海君；

福建省福船海洋工程技术研究院有限公司：林媛、肖祖维、黄俊华、赵巨斌；

福建福船投资有限公司：常永辉；

中铁福船海洋工程有限责任公司：林炎；

福建福船一帆新能源装备制造有限公司：郭平；

福建省新能海上风电研发中心有限公司：曾晨；

三、福建省汽车工业集团公司（11人）

东南（福建）汽车工业有限公司：曾毅、张岩金、王钊、黄道进、江金寿、陈义、肖泽辉、薛学贵、王孝全；

福建新龙马汽车股份有限公司：罗水平、游扬彬；

四、海峡人才市场（4人）

福州万商汽车服务有限公司：陈育彬；

泉州鑫豪工程机械科技有限公司：詹小朋；

福建奔驰汽车有限公司：林钰泓、吴燕；

五、云度新能源汽车股份有限公司（2人）

福建省汽车工业集团云度新能源汽车股份有限公司：林钊、刘艳；

六、漳州市（1人）

漳州市交通发展集团有限公司：陈少仪；

七、龙岩市（2人）

福建龙马环卫装备股份有限公司：黄荣明；

龙岩畅丰专用汽车有限公司：张红艳；

八、宁德市（1人）

福建省白马船厂：郑福光

蒋冬升等88位同志高级工程师职务任职资格人员名单

2020年12月11日福建省人力资源和社会保障厅下发《关于批准确认蒋冬升等88位同志高级工程师职务任职资格的通知》（闽人社批复〔2020〕676号）：经研究，批准确认由2019年度省工程技术人员环保专业高级职务任职资格评委会评审通过的蒋冬升等88位同志高级工程师职务任职资格。任职资格确认时间为2020年11月30日，现予公布，名单如下：

一、福建省生态环境厅直属事业单位（25人）

福建省环境监测中心站：蒋冬升

福建省辐射环境监督站：陈永伟、林国灿、陈达、时磊、江春

福建省固体废物及化学品环境管理技术中心：张鸿斌

福建省生态环境应急与事故调查中心：陈影声

福建省近岸海域环境监测站：王晓娟

福建省福州环境监测中心站：潘文、郭维超、周淑玲、陈奇亮

福建省漳州环境监测中心站：李怀旻、张妙芬、林丛宾、张坤龙、林晓洁、林炎平

福建省泉州环境监测中心站：林晓峰

福建省莆田环境监测中心站：黄芳茹、陈艳、陈中健

福建省龙岩环境监测中心站：郭敏容

福建省辐射环境监督站泉州分站：施养树

二、福建省住房和城乡建设厅（1人）

福建省建筑科学研究院有限责任公司：雷思聪

三、共青团福建省委员会（6人）

福建省环境保护设计院有限公司：钟启俊、陈烨、赵银中、李宝华、戴锋

中检集团福建创信环保科技有限公司：韩宁

四、海峡人才市场（17人）

福建省环境监测中心站：蒋本锋

福建省环境保护设计院有限公司：张碧云、张秋花

福建省金皇环保科技有限公司：李涛、郑耀辉、林巧香、姜蓉蓉

福州市环科检测技术有限公司：钟厚璋

福建闽科环保技术开发有限公司：罗静

福建鑫泽环保设备工程有限公司：范禄宝

福建拓普检测技术有限公司：严和盛

福州庆林环保科技开发有限公司：黄巧燕、罗玉琴、陈冰

环德（福建）环保科技有限公司：吴学钦

福建省伟邦市政环保工程设计研究院有限公司：李永霞

福建腾晖环境建设集团有限公司：蓝达群

五、福建建工集团（3人）

福建省建筑科学研究院有限责任公司：贾婧姝

福建省石油化学工业设计院：朱彩燕

福建省环境科学研究院：陈君君

六、福建省能源集团公司（2人）

福建省华厦能源设计研究院有限公司：杨宇、陈玉相

七、福建省国有资产管理有限公司（1人）

福建省蓝深环保技术股份有限公司：张金

八、福建龙净环保股份有限公司（5人）

福建龙净环保股份有限公司：连娥桂、杨钰锦、左鹏、李立锋、赖鼎东

九、漳州市（3人）

漳州市龙文环境监测站：徐松立

漳州市龙海环境监测站：刘毅芬

漳州市平和环境监测站：罗茂樟

十、泉州市（7人）

鲤城区环境监测站：黄永兴

泉州市泉港区环境监测站：黄韵绮

晋江市环境保护应急中心：冯吉燕

南安市溪美街道企业服务中心：林庆华

泉州南京大学环保产业研究院：周聪海

福建省蓝深环保技术股份有限公司：高德提

芳源环保（惠安）有限公司：苏俊新

十一、三明市（3人）

三明市三元环境监测站：黄鹏

三明医学科技职业学院：钟建生

尤溪县河务管理中心：游荣仙

十二、莆田市（4人）

莆田市环境保护科学研究所：刘建生

莆田市环境监测站：陈伟民

莆田市荔城区排水管理中心：胡金育

莆田市科龙环保技术有限公司：姚俊冰

十三、南平市（5人）

南平市环境科学研究所：杨丽

南平市环境信息与宣传教育中心：苗淑芳

南平市建阳环境监测站：张婧

南平市武夷山环境监测站：卢正生

南平市松溪环境监测站：王暾

十四、龙岩市（4人）

紫金矿业集团股份有限公司：谢桂芳、林秀培

紫金铜业有限公司：李涛

福建百灵天地环保科技有限公司：范景彪

十五、宁德市（2人）

宁德市环境保护科学研究所：吴卫平

宁德市疾病预防控制中心：周珊

郭月容等694位同志高级工程师职务任职资格人员名单

2020年12月11日福建省人力资源和社会保障厅下发《关于批准确认郭月容等694位同志高级工程师职务任职资格的通知》（闽人社批复〔2020〕680号）：经研究，批准确认由福建省2019年度工程技术人员土建专业高级技术职务评审委员会评审通过的郭月容等694位同志高级工程师职务任职资格。任职资格确认时间为2020年11月12日，现予公布，名单如下：

一、省住建厅（1人）

福建省建设工程质量安全总站：郭月容

二、团省委（3人）

1. 福建福大建筑设计有限公司：余玉龙
2. 福建三峰建设工程有限公司：朱绍鑫
3. 福州俊达建筑机械租赁有限公司：洪炳泉

三、省交通运输厅（19人）

1. 福建省交通规划设计院有限公司：王枝茂、傅庆凯、杨为品、刘文刚、徐其玮、叶晨峰、郭大敬、许丽娟、陈犀喆、陈凯军、程文鑫、肖志坚
2. 福建省交设工程咨询有限公司：林佳聪
3. 海峡（福建）交通工程设计有限公司：王小燕
4. 北京建友工程造价咨询有限公司：严腾
5. 建发房地产集团有限公司：陈宏泉
6. 福建华闽通达信息技术有限公司：陈吓俤
7. 泉州市工程建设监理事务所：陈学龙
8. 福鼎市市政工程建设投资有限公司：黄文华

四、省煤田地质局（3人）

1. 福建东辰综合勘察院：郑国星
2. 福建省东辰建设工程集团有限公司：刘用俊
3. 福建东辰市政工程有限公司：朱俊峰

五、省地矿局（2人）

1. 福建省闽南地质大队：张晓瑜
2. 福建省地质工程公司：郑惠昭

六、省国有资产管理公司（8人）

1. 中闽（福建）勘察设计有限公司：郑立土
2. 杭德（建阳）混凝土有限公司：吕元师
3. 万喜（福建）发展有限公司：谢衍锋
4. 福州市鼓楼建筑工程集团公司：杨光
5. 中建鑫宏鼎环境集团有限公司：林巍
6. 福建省路海工程管理有限公司：谢池清
7. 福建盛越建设有限公司：陈艺辉
8. 福州中博建设发展有限公司：曾美玲

七、省高速公路集团公司（1人）

福建省高速技术咨询有限公司：念其振

八、省机电（控股）公司（1人）

福建省机电建筑设计研究院：李凌

九、福州大学（1人）

福建福大建筑设计有限公司：陈建东

十、福建商学院（1人）

福建商学院：宁大勇

十一、省交通运输集团公司（1人）

福建省高速公路养护工程有限公司：林伟

十二、省能源集团公司（4 人）

1. 福建省华厦能源设计研究院有限公司：杨建平、林亮

2. 福建联美建设集团有限公司：陈育菡、张雷朋

十三、省石化集团公司（1 人）

福建湄洲湾氯碱工业有限公司：叶淑滨

十四、省冶金（控股）公司（2 人）

福建省三钢（集团）有限责任公司：张孜逊、郑飞凤

十五、省招标采购集团公司（2 人）

1. 福建工大岩土工程研究所有限公司：江凡

2. 福建省闽招咨询管理有限公司：施丽雄

十六、福建建工集团公司（67 人）

1. 福建建工集团有限责任公司：卓亦超、柯宇轩、阮沛霖、廖斯汉、林发飞、黄金甲、金钟城、翁海辉、郑侃、陈琪、刘贤景、何怀旭、姜麟、高翔、王锦文、刘键辉

2. 福建七建集团有限公司：卢增荣

3. 福建省工业设备安装有限公司：俞传达

4. 福建省建科工程技术有限公司：黄志强、王小幸

5. 福建省建研工程顾问有限公司：郑柳杨、王立平、吴友、尹文柯

6. 福建省建筑工程质量检测中心有限公司：郑小强、章东、范江平、褚福鹏、张羲岭、黄君一、曾小勇、王永祯、吴灵燕、范勇、王沣、翁启奋、徐国宾、耿丽

7. 福建省建筑科学研究院有限责任公司：林新锋、陈定艺、杨淑波

8. 福建省建筑设计研究院有限公司：施春华、李茂林、王敏、王剑、郑硕、陈艳艳、王磊磊、郭久栋、李欣、苏昭剑、张红梅、许祯昱、林佳、齐欣、吴超、林坤河、施玉艳、雷海霞、吴兵

9. 中国武夷实业股份有限公司：黄敬利、林秀巧、李文兰、蔡仁贵、叶宇鸿、黄能文、黄声漩

十七、福建建工集团公司（人才中心代理 165 人）

1. 福建百禾市政建筑设计有限公司：沈强

2. 福建博海工程技术有限公司：谭双双

3. 福建博业建设集团有限公司：林育培

4. 福建博宇建筑设计有限公司：饶世营

5. 福建博越建筑设计有限公司：邓恩玲

6. 福建诚正工程造价咨询有限公司：蔡乌秀、李爱珠

7. 福建创盛建设有限公司：林育芳

8. 福建创盈建设发展有限公司：黄福灵

9. 福建春锦市政园林有限公司：刘浪

10. 福建笪升建设发展有限公司：何晓莉

11. 福建东政智能科技有限公司：薛理代

12. 福建富力方工程管理有限公司：詹海通

13. 福建工程建设监理有限公司：林金太、张铁军

14. 福建广宇建筑设计院有限公司：余惠

15. 福建宏端建设工程有限公司：黄青山

16. 福建宏盛建设集团有限公司：郑麟翔、吴炜林

17. 福建华益工程造价咨询有限公司：蔡燕玲

18. 福建嘉博联合设计股份有限公司：郑永鑫

19. 福建建工集团有限责任公司：彭涛、王秀燕、林金发、桥元志、魏敦全、林佳

20. 福建金华夏建筑发展有限公司：郑斌杰

21. 福建九鼎建设集团有限公司：邱妹仔

22. 福建开辉市政建设有限公司：陈元雄

23. 福建乐航景观建设发展有限公司：刘东

24. 福建联审工程管理咨询有限公司：王林敏

25. 福建联谊建筑工程有限公司：陈训东

26. 福建六建集团有限公司：檀鲁铭、郑光辉、郑展

27. 福建闽审工程造价咨询有限公司：刘付斌

28. 福建普尔泰集团有限公司：余挺

29. 福建清华建筑设计院有限公司：余传强

30. 福建清秀市政园林集团有限公司：林森杰、王雨生

31. 福建融茂水利水电工程有限公司：唐兴华

32. 福建山海装饰装修工程有限公司：郑芳

33. 福建昇华工程造价咨询有限公司：苏晓晓

34. 福建省城乡规划设计研究院：罗义锥、刘伟琴、孙思敏、翟寅初、林峰、谢森玺、乐文健、吴正莺

35. 福建省村镇建设发展中心：林伟

36. 福建省二建建设集团有限公司：廖祥超、

董晔

37. 福建省高德工程建设有限公司：许文德

38. 福建省工大工程设计有限公司：陈建英、沈细春、江平

39. 福建省浩发绿化工程有限公司：鲍日善

40. 福建省宏实建设工程质量检测有限公司：邹清林

41. 福建省华庭建筑设计有限公司：巫海兰

42. 福建省机电设备招标有限公司：郑凯峰

43. 福建省集泰建筑设计有限公司：池新锋、李靖

44. 福建省建诚工程咨询有限公司：雷鑫根

45. 福建省建设工程咨询有限公司：黄雪灿

46. 福建省建信工程管理集团有限公司：曾淑芬

47. 福建省建研工程顾问有限公司：王圣杰

48. 福建省建筑设计研究院有限公司：黄玉庭

49. 福建省金亚园林景观工程有限责任公司：王燕

50. 福建省兰竹生态景观工程有限公司：毛起剑

51. 福建省林业勘察设计院：李建东、方肖芳

52. 福建省泷澄建设集团有限公司：范庆祥

53. 福建省绿榕园林设计有限公司：练金

54. 福建省闽建工程造价咨询有限公司：陈妙卿

55. 福建省闽招咨询管理有限公司：林治锴

56. 福建省明建工程咨询有限公司：黄丽兰

57. 福建省南方建筑设计有限公司：林其双

58. 福建省泉州市东海建筑有限公司：谢剑星

59. 福建省榕圣市政工程股份有限公司：刘风

60. 福建省顺安建筑工程有限公司：周剑毅

61. 福建省桃城建设工程有限公司：许衍宝

62. 福建省腾达园林工程有限公司：蔡佳清

63. 福建省天闽建筑装饰有限公司：赖卫周

64. 福建省天润园景景观工程设计股份有限公司：郑燕华、林丹殊

65. 福建省伟邦市政环保工程设计研究院有限公司：陈文赐

66. 福建省吴航建筑工程有限公司：黄文智

67. 福建省五建装修装饰工程公司：蔡宝清

68. 福建省向春建设工程有限公司：林久

69. 福建省兴宏创建设发展有限公司：周明

70. 福建省兴岩建设集团有限公司：林峰鑫

71. 福建省浔益建筑工程有限公司：林天堂

72. 福建省雅林建设集团有限公司：陈强

73. 福建省永正工程质量检测有限公司：姜真

74. 福建省长希园林建设工程有限公司：温俊灵

75. 福建省正大青商工程造价咨询有限公司：柯滨颖

76. 福建省中孚检测技术有限公司：林克琴

77. 福建省中隧建设工程有限公司：王钦俊

78. 福建盛宇欣建设工程有限公司：钟志诚

79. 福建顺恒工程项目管理有限公司：王桂香

80. 福建舜晟建设工程有限公司：倪伟勋

81. 福建舜天绿艺园林工程有限公司：洪建南、洪国贤

82. 福建新宝龙建设发展有限公司：肖铭镇

83. 福建艺景园林工程有限公司：张佳招

84. 福建永宏建设工程有限公司：张仁庚

85. 福建远昌建设工程有限公司：江贵生

86. 福建中道景观设计有限公司：林智惠

87. 福建中恒华筑建设设计有限公司：陈武

88. 福清市永盛钢构安装工程有限公司：蒙刚

89. 福州轨道交通设计院有限公司：潘臻

90. 福州惠光照明设计工程有限公司：王德毓

91. 福州江河图测绘有限公司：范巧萍

92. 福州诺成工程项目管理有限公司：叶金文

93. 福州融城房地产开发有限公司：周丽平

94. 福州三禾园林景观工程有限公司：蒙露梅

95. 福州市第三建筑工程公司：陈魁荣

96. 福州信源工程造价咨询有限公司：张银花

97. 福州盈创筑业工程设计有限公司：朱木发

98. 福州中博建设发展有限公司：吴翔飞

99. 福州中恒建设发展有限公司：阙庆钟

100. 福州紫光高科投资发展有限公司：王旭婀

101. 广通建设集团有限公司：许国荣、黄秀妹

102. 海曜建工集团有限公司：王水忠

103. 湖南城市学院规划建筑设计研究院：黄强风

104. 华地设计有限公司：邱德勇

105. 健研检测集团有限公司：洪凤超

106. 晋江艺森建筑工程有限公司：何艺森

107. 闽武长城建设发展有限公司：陈明

108. 平潭综合实验区城市投资建设集团有限公司：倪晓君

109. 泉州嘉瑞置业有限公司：陈翰瑶

110. 泉州市工程建设监理事务所：黄琪宗

111. 融侨集团股份有限公司：瞿佳

112. 厦门安能建设有限公司：沈贤芬

113. 厦门高诚信工程技术有限公司：陈志华

114. 厦门海沧土地开发有限公司：程春

115. 厦门骏业市政园林工程有限公司：林德根

116. 厦门凯翔建设工程有限公司：汪文泽

117. 厦门珑禹生态建设有限公司：詹仕发

118. 厦门市精宏诚建筑工程有限公司：江南

119. 厦门万银环境科技有限公司：王两季

120. 上海经纬建筑规划设计研究院股份有限公司：吴祥斌、辜进海

121. 上海中福建筑设计院有限公司：李竹盛

122. 上海中森建筑与工程设计顾问有限公司：伍春雨

123. 深圳市市政设计研究院有限公司：凌建林

124. 石狮市规划设计院有限公司：谢国林

125. 耀华园林股份有限公司：沈喜炎

126. 瀛华生态环境股份有限公司：袁成军

127. 漳州市海滨城置业有限公司：陈明磊

128. 漳州卫生职业学院：叶威捷

129. 浙江同方建筑设计有限公司：季清平

130. 中城建设有限责任公司：蔡福来

131. 中国市政工程西北设计研究院有限公司：林雨初

132. 中建华磊建设发展有限公司：陈金密

133. 中建旷博（福建）有限公司：吴育晖

134. 中建四局建设发展有限公司：汪翀

135. 中交建宏峰集团有限公司：黄英明、童发

136. 中元（厦门）工程设计研究院有限公司：张和杰

137. 中智（福建）科技有限公司：吴洁华

十八、中国海峡人才市场（129 人）

1. 北京城建设计发展集团股份有限公司：王超峰

2. 北京中榕建工程造价咨询有限公司：张春华

3. 博亚（福建）建筑设计有限公司：张旭

4. 大成工程建设集团有限公司：何冬祥

5. 福建诚正工程造价咨询有限公司：黄义明

6. 福建城航建设工程有限公司：郭浩华

7. 福建东方园林景观工程有限公司：童林伟

8. 福建方遒建筑工程有限公司：林钊

9. 福建翰文景观设计工程有限公司：林鹏飞

10. 福建宏盛建设集团有限公司：黄俊熠

11. 福建华兴资产评估房地产土地估价有限公司：张君亮

12. 福建华亿建设咨询有限公司：林敏榆

13. 福建皇兴生态园林建设有限公司：黄兴勇

14. 福建汇景生态环境股份有限公司：李子林、郑章发

15. 福建建工集团有限责任公司：林幼莉

16. 福建江海苑园林工程有限公司：柯立东

17. 福建经帆市政园林工程有限公司：陈强

18. 福建景尚建筑环境设计工程有限公司：刘庆珏

19. 福建联审工程管理咨询有限公司：许宗烜

20. 福建领建建设有限公司：吴端锦

21. 福建六建集团有限公司：林友臣、詹明豪、邱文辉、陈秋平、杨海山、黄茂文、林泺、蓝晓辉、翁燕华、杨挺、徐伟、袁亚锋、杨洪庆

22. 福建泉宏工程管理有限公司：潘波

23. 福建融耀建材有限公司：林国忠

23. 福建瑞兴达幕墙设计有限公司：陈亮

24. 福建山水城市规划设计研究院有限公司：许宗添

25. 福建省百顺达建设发展有限公司：江腾龙

26. 福建省福联集成电路有限公司：张升

27. 福建省福瑞工程招标有限公司：程翔

28. 福建省国翰建设发展有限公司：薛涵

29. 福建省华庭建筑设计有限公司：周荣钦

30. 福建省建福工程管理有限公司：郭中南

31. 福建省建信工程管理集团有限公司：卢文初

32. 福建省建园景观工程有限公司：黄伟山
33. 福建省聚星建设发展有限公司：姚钦云、张明清
34. 福建省林业勘察设计院：林达、郑国芳、林苗、吴日辉
35. 福建省闽南建筑工程有限公司：廖志刚
36. 福建省闽武建筑设计院有限公司：方朝晖
37. 福建省明通建设集团有限公司：黄渊文
38. 福建省南方建筑设计有限公司：詹世鹏
39. 福建省奇尚园林工程有限公司：陈让跃
40. 福建省群溢建筑工程有限公司：郑晓华
41. 福建省实华建设监理有限责任公司：吴绍福
42. 福建省岩林建筑装饰有限公司：林添
43. 福建省永富建设集团有限公司：陈漫群
44. 福建省永正工程质量检测有限公司：罗金灵、杨兴垒、卓慧灵
45. 福建省中孚检测技术有限公司：邹明亮
46. 福建省中景建筑设计院有限公司：王林
47. 福建鑫正建设工程有限公司：陈振祯
48. 福建易而商信息技术有限公司：邱文钊
49. 福建永福电力设计股份有限公司：张晓迎
50. 福建章诚隆建设工程有限公司：黄振
51. 福建中成工程检测有限公司：胡学珍
52. 福建中诚信工程造价咨询有限公司：宣新
53. 福建筑景宜居景观工程有限公司：周晓杰
54. 福清洪宽园艺有限公司：颜燕
55. 福清明发混凝土有限公司：邓树峰
56. 福州城建设计研究院有限公司：黄山、周强、梁小光、吴则基
57. 福州地铁集团有限公司：李娜、王岐山
58. 福州广荣建筑工程管理有限公司：陈全健
59. 福州轨道交通设计院有限公司：李俊
60. 福州国伟建设设计有限公司：黄翔宇
61. 福州精业建筑工程设计咨询有限公司：吴抒闻
62. 福州世茂世悦置业有限公司：余雪松
63. 福州市规划设计研究院：汪博文、查伟、汪波、欧耀、张斌、郄磊堂、邱香港、杜沐露、林靖锋
64. 福州市鸿腾房地产开发有限公司：谢超禄
65. 福州市琅岐路桥建设有限公司：王永安
66. 福州铁建建筑有限公司：肖向淼
67. 福州中博建设发展有限公司：许斌
68. 冠榕盛（福建）园林景观规划建设有限公司：张斌
69. 光大成贤（福建）建设有限公司：朱建华
70. 广州市住宅建筑设计院有限公司：刘辉
71. 翰林（福建）勘察设计有限公司：梁耀俊
72. 宏晖建设工程有限公司：李宏伟
73. 湖南城市学院规划建筑设计研究院：赖加庆
74. 垒智设计集团有限公司：林木棍
75. 联盛建信（福建）设计院有限公司：李清辉
76. 平潭综合实验区岚城投资开发有限公司：刘孙英
77. 平潭综合实验区森林园林管养有限公司：时顺锋
78. 平潭综合实验区市政园林有限公司：林存、李桂玲
79. 莆田市贤良港交通投资有限公司：黄志刚
80. 泉州建工检测有限公司：黄炳艺
81. 泉州市德安工程检测有限公司：肖三保
82. 泉州市南翼港区发展有限公司：陈剑鹏
83. 厦门市城邦园林规划设计研究院有限公司：黄晓滨
84. 上海经纬建筑规划设计研究院股份有限公司：陈慧水
85. 时代建筑设计院（福建）有限公司：戴甜杰、林峰
86. 水立方建设集团股份有限公司：李量
87. 同舟（福建）工程技术有限公司：杨晶
88. 耀华园林股份有限公司：胡美姬
89. 永同昌建设集团有限公司：郑伟斌
90. 中北工程设计咨询有限公司：李小明
91. 中国城市建设研究院有限公司：张长浩、刘明浩
92. 中交远洲交通科技集团有限公司：姚珍凤
93. 中铁二十二局集团第三工程有限公司：郑佳豪
94. 中铁二院（成都）咨询监理有限责任公

司：严拱永

十九、中国电信股份有限公司福建分公司（1人）

福建省邮电规划设计院有限公司：郑团磊

二十、海关总署（1人）

福州海关后勤管理中心：连扬群

二十一、中核工建设集团有限公司（1人）

中核工建设集团第四工程局有限公司：潘三平

二十二、厦门市（1人）

厦门华润燃气有限公司：唐海侠

二十三、漳州市（49人）

1. 安华城投集团有限公司：欧阳坤辉
2. 北京东方筑中建设规划设计有限公司：黄兆阳
3. 东山县正达混凝土有限公司：蓝建武
4. 福建安华发展有限公司：杨燕玲
5. 福建富达城市发展集团有限公司：黄怀哲
6. 福建光正工程项目管理有限公司：曾清华、黄颜彬
7. 福建联冠建设有限公司：陈仕强
8. 福建明裕建设工程有限公司：杨志明
9. 福建荣冠环境建设集团有限公司：李长江、张炜禧
10. 福建瑞宇工程咨询有限公司：罗美妍
11. 福建省春天生态科技股份有限公司：詹明旭
12. 福建省建融工程咨询有限公司：王滟滟
13. 福建省禹澄建设工程有限公司：王明镜
14. 福建省漳州市建筑设计有限公司：颜铖炜、李源鸿
15. 福建兴艺建设集团有限公司：林清福
16. 福建漳州城投集团有限公司：杨芳
17. 南京市市政设计研究院有限责任公司：黄雅容、黄俊波
18. 南靖县基建投资审计中心：韩少敬
19. 三宝集团股份有限公司：张先兰
20. 信和置业（漳州）有限公司：林卫华
21. 云霄县建设工程造价管理站：方开恩
22. 漳浦县房屋征收服务中心：李夏婷
23. 漳浦县江滨建设投资开发有限公司：潘晓红
24. 漳浦县投资审计中心：陈艺芩
25. 漳州城投建工集团有限公司：戴玉凤
26. 漳州高新区靖城建设开发有限公司：李燕山
27. 漳州古雷港经济开发区自然资源服务中心：蔡耿生
28. 漳州金峰经济开发区建设工程服务中心：管鸣强
29. 漳州市城市规划设计有限公司：何镇文、蔡艺明、杨惠贤、李秀燕、陈涵杰、戴阿花
30. 漳州市古雷交通发展有限公司：蒋艳红
31. 漳州市建筑工程有限公司：陈晓雄、陈传博
32. 漳州市龙文区城市建设开发中心：陈亚彬
33. 漳州市水利电力工程有限公司：陈恩源
34. 漳州台商投资区市容园林服务中心：夏国兰
35. 漳州唐盛房地产开发有限公司：杨圣雄
36. 漳州圆山新城建设有限公司：颜伟平
37. 长泰县村镇建设工作站：杨健
38. 长泰县国土空间规划中心：方艺洪
39. 长泰县园林服务中心：叶葆瑄

二十四、泉州市（70人）

1. 安溪县小城镇建设投资有限公司：黄毅鹏
2. 德化陶瓷产业园区发展服务中心：李德清
3. 德化县雷峰镇村镇规划建设环保站：黄晓茹
4. 福建省第五建筑工程公司：石宁波、柯伟刚、黄翔、黄金钢、史凯旋、林炜鑫、杨志强、曾小龙、戴玉婷、刘素贤
5. 福建省东霖建设工程有限公司：陈贤龙
6. 福建省弘惠建设工程有限公司：黄旻弘
7. 福建省鸿嘉建设工程有限公司：艾忠红
8. 福建省华策建设集团有限公司：叶志建
9. 福建省惠东建筑工程有限公司：陈育平
10. 福建省金晶建设工程有限公司：王志坚
11. 福建省闽南建筑工程有限公司：吴烟平、庄添和、许云标、傅志风、林国洪、陈晓明、邱建辉
12. 福建省汤头建筑工程有限公司：练发焰
13. 福建中择建设有限公司：陈美萍

14. 华城建设集团有限公司：肖美虹

15. 晋江海川市政园林工程有限公司：施若凡

16. 晋江市城乡规划管理中心：许天注、翁信托

17. 晋江市城乡规划局总工程师办公室：陈志平、杨平生

18. 晋江市园林管理处：吴雅湄

19. 垒智设计集团有限公司（原泉州市建筑设计院有限公司）：郑维佳

20. 南安市城乡规划编制管理中心：罗静

21. 南安市建设工程质量与安全监督站：陈奕盛

22. 泉州清源山景区资源保护中心：庄一凰

23. 泉州三众工程管理有限公司：杨坤明

24. 泉州市城建项目管理中心：黄平阳

25. 泉州市城市规划设计研究院：林宝炎、汪建丁

26. 泉州市城乡规划局总工程师办公室：潘盛艺

27. 泉州市房地产开发经营公司：唐应钦、廖玉柱

28. 泉州市公园管理中心：刘志煌

29. 泉州市海上丝绸之路申遗中心：苏志明

30. 泉州市鲤城房地产公司：夏哲龙

31. 泉州市廉租住房与公房管理所：黄种才

32. 泉州市市政园林古建筑设计院有限公司：甘玲玲

33. 泉州市西北洋滞洪排涝工程管理处：苏建达

34. 泉州市园林管理局：许红红

35. 泉州市政府投资项目评审中心：王珊珊

36. 泉州市住房和城乡建设局总工程师办公室：洪燕虹

37. 泉州市住宅建筑设计院：吴雍容

38. 泉州台商投资区城市建设发展有限公司：张宇霖、陈志福、郑晓伟

39. 泉州台商投资区建设工程质量安全监督站：陈志明

40. 泉州台商投资区开发建设有限责任公司：曾灵蓉

41. 泉州永信房地产评估项目咨询有限公司：郭建宏

42. 石狮市城市建设服务中心：卢秀力

43. 石狮市城市建设有限公司：蔡明晓

44. 石狮市村镇规划服务站：张振海

45. 石狮市市政公用事业处：谢扬乙

46. 石狮市政府投资审计服务中心：黄明忠

47. 耀华园林股份有限公司：范联国

48. 中建恒杰集团有限公司：吴志龙

49. 中建远南集团有限公司：阮设加

二十五、莆田市（4 人）

1. 福建省南方建筑设计有限公司：潘喜锋

2. 莆田市荔城区村镇建设服务中心：吴智丹

3. 莆田市建设工程质量安全监督站：彭程

4. 莆田市荔城区住房保障服务中心：徐建伟

二十六、三明市（48 人）

1. 大田县城乡规划服务中心：吴成坎

2. 大田县建筑工程工作站：郑娜

3. 福建金鼎建筑发展有限公司：陈彩霞、周钦

4. 福建闽华晟工程管理有限公司：余孟铭

5. 福建三明市政工程有限公司：郭煜娟

6. 福建沈榕建设有限公司：陈金耀

7. 福建省枞煊建设工程有限公司：赵令浩

8. 福建省东南建筑设计院：李榕燕

9. 福建省广厦工程咨询有限公司：陈春华

10. 福建省国泰建设有限公司：林家催

11. 福建省蓝图监理咨询有限公司：王秀美

12. 福建省明建工程咨询有限公司：张明

13. 福建省磐石混凝土工程有限公司：张志荣

14. 福建一建集团有限公司：林志强、卢新埜、周腾铝、林兴、程文清、桂智聪、郑学士、曹启良

15. 福建庸博咨询有限公司：乐德深

16. 华宇（福建）置业集团有限公司：黄开章、冯文明

17. 将乐诚方建筑材料检测有限责任公司：陈剑

18. 将乐县村镇建设站：陈春生

19. 闽晟集团城建发展有限公司：李伟

20. 宁化县交通工程有限公司：高世有

21. 清流县公用事业工作站：黄祯勤

22. 三明高新技术产业开发区金沙园建设发展有限公司：吴国权

23. 三明市城市建设投资集团有限公司：曹发根、黄修阳

24. 三明市公路养护中心：张斌

25. 三明市明顺工程检测有限公司：陈潘

26. 三明市三元区建设工程质量服务中心：谢建枫

27. 三明市三元区建设工程质量服务中心、三明市三元区建设工程安全生产服务中心：陈卫东

28. 三明市园林中心：何丽晖、李贵梁

29. 沙县市政工程中心：茅小明

30. 厦门建兴工程管理有限公司：徐毅迁

31. 泰宁县城乡规划建设技术中心：童本聪

32. 永安市建设工程技术服务中心：汪方尾

33. 永安市建筑安全站：方浩

34. 尤溪县规划勘测设计院：詹光和

35. 尤溪县台溪乡村镇建设规划管理站：陈善裕

36. 尤溪县溪尾乡村镇规划建设管理站：黄邦社

37. 中建厚德建设有限公司：卢俊晨

二十七、南平市（29 人）

1. 福建南平九峰建设工程有限公司：郭清标

2. 福建省睿翼建设有限公司：徐子林

3. 福建武夷高新技术园区开发建设有限公司：何祖强

4. 福建武夷山旅游发展股份有限公司：熊居华

5. 福建新纪建设集团有限公司：刘建辉

6. 光泽县固定资产投资审计中心：管金莲

7. 建瓯市城乡规划设计室：张声雄

8. 建瓯市通济街道国土资源所：何家灿

9. 南平市城乡规划设计研究院：饶杰、熊识铭

10. 南平市房地产开发总公司：杨炎辉

11. 南平市工业园区建设服务中心：张化大

12. 南平市国土空间规划技术研究中心：章灵玲

13. 南平市建设工程造价管理站：王舟

14. 南平市建通工程检测有限公司：钟金龙

15. 南平市政园林工程有限公司：李震

16. 南平水务发展有限公司：张慧敏

17. 南平正诚建设工程检测有限公司：江燕芳、黄荔香

18. 浦城恒鑫建筑工程有限公司：齐雄

19. 浦城县城乡建设规划设计室：余雯娟

20. 邵武市房地产交易管理所：陈安乐

21. 邵武市建设工程管理服务中心：岳志华

22. 邵武市建设工程质量安全监督站：王学高

23. 邵武市园林管理处：黄祖健

24. 顺昌县郑坊镇村镇规划建设服务中心：张聚才

25. 武夷山风景名胜区后勤保障中心：郑碧凤

26. 武夷山市城乡建设技术发展中心：陈云龙

27. 武夷山市环境卫生管理处：吴继英

二十八、龙岩市（58 人）

1. 福建博业建设集团有限公司：林金水、张春进

2. 福建成森建设集团有限公司：黄胜荣、罗良誉

3. 福建城航建设工程有限公司：邱爱珍

4. 福建大恒建设工程有限公司：王永金

5. 福建大华鑫建设工程有限公司：黄日标

6. 福建互华土木工程管理有限公司：王小炜

7. 福建惠丰建筑工程有限公司：江益珍

8. 福建开泰建设发展有限公司：廖超平

9. 福建可盛市政园林工程有限公司：邱惠芳

10. 福建龙净环保股份有限公司：陈世见

11. 福建荣建集团有限公司：纪铭愿

12. 福建瑞晟建设工程造价咨询有限公司：陈小平

13. 福建省恒基建设股份有限公司：王建煌

14. 福建省龙岩市城市建设投资发展有限公司：王云岗、邹立舜、王芳洁

15. 福建省龙岩市城乡规划设计院：周左、周文升、林柳、李建波

16. 福建省天成建筑工程设备有限公司：陈成灿

17. 福建省同源建设工程有限公司：王剑锋

18. 福建省长汀县规划设计院：蔡欣

19. 福建西景市政园林建设有限公司：李晓烨

20. 福建新华夏建工有限公司：陈勇

21. 福建永强岩土股份有限公司：孔秋平

22. 福建筑景园林建设有限公司：郭升柳

23. 广通建设集团有限公司：谢镜华

24. 恒亿集团有限公司：李美娘、吴伟霖

25. 连城县固定资产投资审计中心：罗超

26. 连城县市政公用事业建设管理中心：黄文亮

27. 龙岩城发地产有限公司：曾念盛

28. 龙岩城发市政公用工程有限公司：江建辉

29. 龙岩佳迅建筑工程有限公司：洪龙福

30. 龙岩交发地产有限公司：赵豫

31. 龙岩交通发展集团有限公司：林继仪

32. 龙岩龙津河建设发展有限公司：林亚惠

33. 龙岩市安居住宅建设有限公司：郑奇锋、张钊华

34. 龙岩市城乡规划设计院：卢建新

35. 龙岩市固定资产投资审计中心：陈烨嫔

36. 龙岩市环境卫生管理处：郭泽冰

37. 龙岩市吉城建设发展有限公司：郑华勇

38. 龙岩市市政维护管理处：黄龙华

39. 龙岩市政建设集团有限公司：林亚谷

40. 龙岩水发自来水有限责任公司：陈滨、卢锦煌

41. 龙岩住厦房地产开发有限公司：杨建雄

42. 厦门天恒建业工程管理有限公司：林南扬

43. 上杭县城乡建设工作站：邱国安

44. 上杭县建设工程质量安全监督站：胡康福、刘俊峰

45. 顺裕（龙岩）混凝土有限公司：陈峰

46. 武平县固定资产投资审计中心：兰彬发

47. 紫金矿业建设有限公司：温富源

二十九、宁德市职改办（18 人）

1. 东侨经济技术开发区建设工程质量安全站：张剑平、赵承辉

2. 福安市城市规划办公室：陈晓枫

3. 福安市建设工程质量安全监督站：林忠锦

4. 福安市市政工程管理处：陈晔

5. 福鼎市固定资产投资审计中心：曾云拯、谢瑾、吴晓莉

6. 福建省宁德市建筑设计研究院：谢昭华

7. 古田县房屋交易管理中心：徐书文

8. 宁德市城建教育投资有限公司：丁善銮

9. 宁德市城市建设发展中心：陈志伟

10. 宁德市城乡规划设计院：汤传民

11. 宁德市建设工程质量安全站：胡裕兴、徐苏桐

12. 宁德市园林绿化中心：罗澍、曹有泉

13. 霞浦县建设工程质量监督站检测室：刘飞

三十、平潭综合实验区（3 人）

1. 平潭综合实验区财政金融事务服务中心：俞榕芳

2. 福建誉洲建设有限公司：曾剑波

3. 长江中兴工程顾问（平潭）有限责任公司：章容甄

徐名中等 61 位同志高级工程师职务任职资格人员名单

2020 年 12 月 22 日福建省人力资源和社会保障厅下发《关于批准确认徐名中等 61 位同志高级工程师职务任职资格的通知》（闽人社批复〔2020〕702 号）：经研究，批准确认由 2019 年度省工程技术人员质量专业高级职务任职资格评委会评审通过的徐名中等 61 位同志高级工程师职务任职资格。任职资格确认时间为 2020 年 11 月 29 日，现予公布，名单如下：

一、福建省市场监督管理局

福建省产品质量检验研究院：徐名中、雷晓阳

福建省计量科学研究院：黎健生、吕丹、沈明炎

福建省特种设备检验研究院：林其岳、许竞、陈泰潮、卢松俊、孙朝志、李擎

福建省锅炉压力容器检验研究院：黄晓芝、王芳、吴高峰、林娟、王锦温

福建省纤维检验中心：林枫、许龚彦

福建省工业产品生产许可证审查技术中心：苏宁子

福建省特种设备检验研究院泉州分院：曾国源、陈金游、蔡育晓、黄四彬、林俊杰

福建省特种设备检验研究院漳州分院：陈伟林、高绍忠

福建省特种设备检验研究院龙岩分院：王曾赟

福建省特种设备检验研究院三明分院：陈伟斌

福建省特种设备检验研究院南平分院：吴金星

福建省锅炉压力容器检验研究院宁德分院：张桂忠、刘毅

福建省锅炉压力容器检验研究院莆田分院：林重庆

福建省锅炉压力容器检验研究院泉州分院：刘贵超、杨钊勇

福建省锅炉压力容器检验研究院漳州分院：黄志鹏、游龙

福建省锅炉压力容器检验研究院三明分院：刘耀文、罗贤寿

福建省标院信息技术有限公司：李海晏

二、福建省粮食和物资储备局

福建省粮油质量监测所：林滉、陈宜

三、中国海峡人才市场

中国检验认证集团福建有限公司：朱明伟

四、福建省能源集团

福建福能南纺卫生材料有限公司：林清华

五、福州市

福州市产品质量检验所：吴忠兴、李黎榕、许艳军、陈鑫、吴芳华

福州市工业产品生产许可证审查技术中心：余明远

连江县产品质量检验所：黄长增

六、漳州市

漳州市食品药品审评与不良反应监测中心：黄枝梅

诏安县质量计量检验检测所：沈综宗

七、泉州市

泉州市计量所：刘灵文、刘跃华

福建省正基检测技术有限公司：吴小丽

中科汇聚（福建）检测科技有限公司：熊正燕

八、莆田市

莆田市家具产品质量监督检验中心：朱涛

莆田市工业产品生产许可证审查技术中心：陈荔红

九、三明市

三明市检验检测中心：邱开云

十、龙岩市

龙岩市产品质量检验所：池永亮

十一、宁德市

宁德市计量所：詹华挺

周灿洪等52位同志高级工程师职务任职资格人员名单

2020年12月22日福建省人力资源和社会保障厅下发《关于批准确认周灿洪等52位同志高级工程师职务任职资格的通知》（闽人社批复〔2020〕695号）：经研究，批准确认由2019年度省工程技术人员化工专业高级职务任职资格评委会评审通过的周灿洪等52位同志高级工程师职务任职资格。任职资格确认时间为2020年12月6日，现予公布，名单如下：

一、福建石化集团公司（8人）

福建石油化工集团有限责任公司：周灿洪

福建省东南电化股份有限公司：林昌艳

福建湄洲湾氯碱工业有限公司：汤小琪

福建福海创石油化工有限公司：蔡顺利、徐学阳、黄身旺

福建省福化天辰气体有限公司：杨聪永、余晟

二、福建省煤田地质局（2人）

福建省121地质大队：赵振、杨牡丹

三、中国海峡人才市场（4人）

福州三合元生物科技有限公司：黄平

中海油（福建）应急维修有限责任公司：李超平

中国检验认证集团福建有限公司：张雅嫆

中海福建燃气发电有限公司：吴荔丹

四、福建省冶金（控股）有限责任公司（1人）

福建省三钢（集团）有限责任公司：包晓晖

五、福建省国有资产管理有限公司（3人）

福建医工设计院有限公司：翁凯、沙洁

中仑塑业（福建）有限公司：简锦炽

六、福建龙净环保股份有限公司（2人）：李晓峰、卢茂源

七、宁德新能源科技有限公司（7人）：陶兴华、高潮、蒋晨曦、唐超、王梦、何金铧、刘祖超

八、宁德时代新能源科技股份有限公司（12人）：何立兵、李星、李永坤、刘成勇、牛少军、史东洋、王家政、张明、张小文、马林、冯欣、唐代春

九、漳州市（1人）

漳州旗滨玻璃有限公司：张志强

十、泉州市（2人）

中纺协检验（泉州）技术服务有限公司：黄龙

福建省安元光学科技有限公司：蔡志发

十一、莆田市（1人）

莆田市排水管理处：肖雄

十二、三明市（2人）

福建三明金氟化工科技有限公司：张蒙

三明市海斯福化工有限责任公司：王孟英

十三、南平市（2人）

福建仁宏医药化工有限公司：王国洪

浦城县永芳香料科技有限公司：张琦

十四、龙岩市（5人）

福建龙氟化工有限公司：雷游生

紫金矿业集团股份有限公司：张玲文

福建紫金选矿药剂有限公司：罗忠岩

龙岩高岭土股份有限公司：沈耀生

时代思康新材料有限公司：魏丽招

鲍俊等119位同志高级工程师职务任职资格人员名单

2020年12月22日福建省人力资源和社会保障厅下发《关于批准确认鲍俊等119位同志高级工程师职务任职资格的通知》（闽人社批复〔2020〕694号）：经研究，批准确认由2019年度省工程技术人员机械专业高级职务任职资格评委会评审通过的鲍俊等119位同志高级工程师职务任职资格。任职资格确认时间为2020年11月22日，现予公布，名单如下：

一、福建省机电控股有限责任公司（14人）

福建海峡科化股份有限公司：鲍俊、丁海峰、胡黎东、洪进青、刘银、林起革、刘桑花、彭慧明、徐敬华、张满福、张美足、朱广杰

福建省机电建筑设计研究院：何泳滨、尤伟钦

二、共青团福建省委员会（1人）

福建云端智能科技有限公司：林敏毅

三、省教育厅（2人）

福建水利电力职业技术学院：黄谊福

福建林业职业技术学院：张碧清

四、福建省市场监督管理局（1人）

福建省特种设备检验研究院泉州分院：魏李平

五、福州大学（1人）：郑开魁

六、福建医科大学（1人）

福建医科大学附属第一医院：薛建伟

七、福建省高速公路有限责任公司（2人）

福建省高速公路信息科技有限公司：林勇攀

福建省福泉高速公路有限公司：吴舒曼

八、福建省能源集团有限责任公司（2人）

福建福维股份有限公司：冯光彬

福建肖厝港物流有限责任公司：黄循超

九、福建石油化工集团有限责任公司（1人）

福建省石油化学工业设计院：刘岳

十、福建建工集团总公司（2人）

福建广和信息科技有限公司：陈献妹

福州新南建设开发有限公司：阮春辉

十一、福建省轻纺（控股）有限责任公司（1人）

福建省青山纸业股份有限公司：李建桥

十二、福建省国有资产管理有限公司（10人）

福建广电网络实业发展有限公司：刘杰林

福建宏瑞建设工程有限公司：陈奕群、范海芳、许建雄、柯钦雨

福建闽高电力股份有限公司：郑召兴

福建省电力建设工程咨询有限公司：李海燕

福建同力工程顾问有限公司：谢丙寅、徐云飞

新大陆数字技术股份有限公司：冯星火

十三、中国海峡人才市场（29人）

福建博电工程设计有限公司：苏明强

福建金三洋控股有限公司：郑建全

福建晋工机械有限公司：吕志忠

福建联合动力机电科技有限公司：林宗院

福建荣冠环境建设集团有限公司：丁映

福建省锅炉压力容器检验研究院：王锦温

福建省环境保护设计院有限公司：陈伟

福建省闽航飞腾科技有限公司：吴玉发

福建省特种设备检验研究院：万当

福建省特种设备检验研究院泉州分院：陈金游、陈少伟

福建扬天电能有限公司：陈镇清

福建永福电力设计股份有限公司：黄嵩、赖培敦、方峰

福建原力称重设备有限公司：林海清

福建源发电力勘察设计有限公司：马永峰

福建中天电力咨询有限公司：陈杰

福州电力设计院有限公司：李勤

福州良正机械有限公司：柯才杰

福州万山电力咨询有限公司：陈杨健

宁波钜智自动化装备有限公司：林华章

泉州华中科技大学智能制造研究院：苏惠阳

厦门奥林特环保科技有限公司：杨祖成

厦门电力勘察设计院有限公司：李锦辉

上海市隧道工程轨道交通设计研究院：刘艳

亿兴电力有限公司：苏韵

中检集团康泰安全科技有限公司：林雄文

漳州电力勘察设计院有限公司：汤添贵

十四、泉州市（4人）

福建华南重工机械制造有限公司：万禹平

福建南方路面机械股份有限公司：颜伟泽、杜月香

福建亿兴电力设计院有限公司：姚蓉

十五、漳州市（2人）

福建联冠建设有限公司：林文和

福建省同舟建设有限公司：刘礼家

十六、龙岩市（7人）

福建龙马环卫装备股份有限公司：张福燕、李基锋、简溪金、赖振赋

紫金铜业有限公司：袁立新、林仁华

龙岩电力勘察设计院有限公司：何富昌

十七、三明市（2人）

福建省永安林业（集团）股份有限公司：陈建新

中机数控科技（福建）有限公司：余辅华

十八、南平市（1人）

福建海源新材料科技有限公司：王永刚

十九、福建龙净环保股份有限公司（27人）：李宏桢、陈张文、赖碧伟、林锋源、赖标贵、林荷、王妨、高海欧、李文晖、林航英、苏存芳、林启桃、张卡德、黄举福、杨健晖、林志洪、李东春、丘会兴、黄炬彩、舒晓媛、黄展、陈晓凤、彭宇泉、沈钦添、丘书荣、刘发秀、张智成

二十、福建龙溪轴承（集团）股份有限公司（5人）：

邹宽城、陈德平、戴明钟、陈朱池、张丽盆

二十一、宁德时代新能源科技股份有限公司（3人）：

郑于炼、叶永煌、陈才松

二十二、宁德新能源科技有限公司（1人）：丛艳斌

颜潮勇等54位同志高级工程师职务任职资格人员名单

2020年12月28日，福建省人力资源和社会保障厅下发《关于批准确认颜潮勇等54位同志高级工程师职务任职资格的通知》（闽人社批复〔2020〕709号）：经研究，批准确认由2019年度省工程技术人员测绘专业高级职务任职资格评委会评审通过的颜潮勇等54位同志高级工程师职务任职资格。任职资格确认时间为2020年12月12日，现予公布，名单如下：

一、测绘专业49人

（一）福建省自然资源厅（10人）

福建省测绘院：颜潮勇、陈文慧、郭晓雅、郭绍航、张丽文

福建省基础地理信息中心：王伟凡、吴平

福建省制图院：郑兴辉

福建省测绘产品质量检测中心：王晓贺

福建省国土资源信息中心：谢晓云

（二）福建省交通厅（1人）

福建省港航勘察科技有限公司：管孝汉

（三）福建省林业局（1人）

福建省林业调查规划院：许雪玲

（四）福建省地质矿产勘查开发局（1人）

福建省地质调查研究院：李明

（五）海峡人才市场（12人）

1. 福州市勘测院：杨菁元、林亦林、张清龙、杨志胜、林世妹、王福生、郑学祺、李二振

2. 福州星球勘测设计有限公司：廖辉灿

3. 福建润闽工程顾问有限公司：谢建良

4. 福建省纵横地理信息有限公司：张秀美

5. 石狮市规划设计院有限公司：郭先通

（六）福建省国有资产管理有限公司（1人）

福建省地质遥感与地理信息服务中心（代理人员）：宋秋风

（七）厦门市（4人）

1. 厦门亿力吉奥信息科技有限公司：李凌

2. 厦门精图信息技术有限公司：陈云

3. 厦门市政智慧城市科技有限公司：黎云

4. 福建悟海工程咨询有限公司：邹天涯

（八）漳州市（6人）

1. 漳州市测绘设计研究院：陈莉、康毅清

2. 漳州市水利水电勘测设计有限公司：李凌斌

3. 长泰县不动产登记中心：黄亚兴

4. 东山县自然资源局土地收购储备中心：何建寿

5. 漳州通正勘测设计院有限公司：罗李清

（九）泉州市（3人）

1. 泉州市土地开发整理中心：杨培源

2. 福建泉州勘测设计院有限公司：刘荣昌

3. 泉州中正测绘咨询代理有限公司：郑建国

（十）莆田市（1人）

福建省永胜测绘有限公司：陈飞虎

（十一）龙岩市（3人）

1. 龙岩市勘察测绘大队：易元春、张玲

2. 长汀县测绘管理服务中心：李小金

（十二）三明市（3人）

1. 三明市测量队：陈静冰

2. 三明市国土信息与土地整治中心：刘蔡斌

3. 永安市土地开发整理中心：张根福

（十三）南平市（2人）

1. 南平市国土资源与地理信息管理中心：方利超

2. 松溪县不动产登记中心：陈绍文

（十四）宁德市（1人）

福安市白云山风景名胜区管理委员会：郭斌

二、土地规划利用专业5人

（一）福建省地质矿产勘查开发局（1人）

福建省地质测绘院：苏梅琳

（二）海峡人才市场（2人）

1. 福建省地科勘测规划有限公司：徐锦柏

2. 福州市仓山区土地开发建设投资有限公司：吴国明

（三）厦门市（1人）

厦门高新人才开发有限公司：洪冬琳

（四）平潭综合实验区（1人）

平潭综合实验区自然资源服务中心：许琳琳

（摘编：肖启辉）

福建省高级经济师职务任职资格人员名单

苏爱琴等227位同志高级经济师职务任职资格人员名单

2020年2月11日福建省人力资源和社会保障厅下发《关于批准确认苏爱琴等227位同志高级经济师职务任职资格的通知》（闽人社批复〔2020〕76号）：经研究，批准确认由省经济专业高级职务任职资格评委会评审通过的苏爱琴等227位同志高级经济师职务任职资格，任职资格确认时间为2020年2月11日，现予公布，名单如下：

一、福建省工业和信息化厅

福建省中小企业服务中心：苏爱琴

二、福建省发展和改革委员会

福建省价格研究所：陈成沐

福建省经济信息中心：余晓红

三、福建省财政厅

福建省预算编审中心：林晓丹

四、福建省人力资源和社会保障厅

福建省人力资源和社会保障厅行政服务中心：吴燕玲

福建省人事人才研究所：段晓川

五、福建省交通运输厅

福建省湄洲湾港口管理局东吴港务管理站：邱新建

六、福建省卫生健康委员会

福建省疾病预防控制中心：陈少锋

七、福建省林业局

福州植物园：邱勇、王尔斌

八、福建省市场监督管理局

福建省计量科学研究院：曾惠容

九、福建省地质矿产勘查开发局

福建省闽北地质大队：李秋荣

福建省地质探矿机械设备服务中心：陈锦芳

福建省地质测绘院：黄琛

十、福建省煤田地质局

福建省197地质大队：肖细妹

福建省196地质大队：郑鸿雁

福建省121地质大队：罗榕梅

十一、福建省投资开发集团有限责任公司

福建省投资开发集团有限责任公司：苏杰、周天行

十二、福建省能源集团有限责任公司

福建省天湖山能源实业有限公司：刘婀娴

福建省鸿山热电有限责任公司：王英门

十三、福建省冶金（控股）有限责任公司

福建省冶金（控股）有限责任公司：赖建平

福建省三钢（集团）有限责任公司：蔡良毅、柳丽

福建三钢闽光股份有限公司：翁汪茵

十四、福建省交通运输集团有限责任公司

福建省莆头港口开发有限公司：葛绍健

福建漳州港口有限公司：郑亚宝

福州新港国际集装箱码头有限公司：陆捷

十五、福建省电子信息（集团）有限责任公司

福建航空装备维修中心：谢飞

十六、福建建工集团有限责任公司

福建建工集团有限责任公司：王自樑、江华

福建七建集团有限公司：张纯枝

福建省工业设备安装有限公司：卢毓

福建省建筑科学研究院有限责任公司：刘榕蓉

福建省建筑设计研究院有限公司：薛莹莹

中国武夷实业股份有限公司：杨乃建、金鸣

迪、林秀娟

十七、福建省高速公路集团有限公司

福建省高速公路经营开发有限公司：刘心寰

十八、福建省汽车工业集团有限公司

福建省汽车工业集团有限公司：高学城

十九、福建省广播影视集团

福建省广播影视集团：蔡加珍

二十、海峡出版发行集团有限责任公司

海峡出版发行集团有限责任公司：薛川、张帆

二十一、福建省招标采购集团有限公司

福建省招标采购集团有限公司：李曦

二十二、兴业银行股份有限公司

兴业银行股份有限公司：林仁德

二十三、福建省农村信用社联合社

福建省农村信用社联合社：叶盛锋

福建莆田农村商业银行股份有限公司：郑金滨

连江县农村信用合作联社：陈辉

德化县农村信用合作联社：林荣答

二十四、中国海峡人才市场

福建华通银行股份有限公司：叶振和

福建嘉信资产评估土地房地产估价有限责任公司：吴心媛

福建六建集团有限公司：徐海燕

福建省城乡综合开发投资有限责任公司：万荔

福建永福电力设计股份有限公司：吴漩、程秋嫣

海峡股权交易中心（福建）有限公司：曾维翰

海峡石化产品交易中心有限公司：吴钦明

浙江稠州商业银行股份有限公司福州分行：杨开宝

二十五、中国电信股份有限公司福建分公司

中国电信股份有限公司福建分公司：孙吟、赵俊来

中国电信股份有限公司福清分公司：江密

中国电信股份有限公司厦门分公司：林瑞祥

中国电信股份有限公司福建号百信息服务分公司：钱政新

福建省电信技术发展有限公司福州分公司：陈建平

福建省通信产业服务有限公司：林娟

福建省邮电规划设计院有限公司：陈艳楠

二十六、福州海关

福建出入境检验检疫局机关服务中心：连扬群

福州出入境检验检疫局综合技术服务中心：郑璇

二十七、中国移动通信集团福建有限公司

福建福诺移动通信技术有限公司：鞠圆

二十八、厦门航空有限公司福州分公司

厦门航空有限公司福州分公司：陈济成

二十九、漳州市

福建大迅安装有限公司：吴定山

福建龙溪轴承（集团）股份有限公司：曾雅萍

福建漳发建设有限公司：庄奕燊

福建漳州发展股份有限公司：叶钦妹

漳州市就业培训和失业保险管理中心：陈颖

漳州古城保护开发有限公司：郑闽敏

漳州市城市建设投资开发有限公司：陈雅卉

漳州市峰头水库管理局：罗云集

漳州市妇幼保健院：阮丽芬

漳州市工程咨询中心：柯俊君

漳州市市政工程中心：郑富明

漳州市游泳水上运动管理中心：郑慧君

漳州市中小企业发展服务中心：王仁华、郑殷恬

漳州圆山新城建设有限公司：王长和

龙海市第一医院：黄育苹

龙海市固定资产投资审计中心：林智慧

华安经济开发区公共事业管理中心：苏金妹、黄锦云

三十、泉州市

泉州经贸职业技术学院：苏超君

泉州市地质环境监测中心：连锦华

泉州市房屋交易中心：黄金瓶、汪燕花

泉州市林业基金管理站：陈小萍

泉州市数字泉州建设办公室：连世佳

泉州市政府和社会资本合作（PPP）管理中心：李志贤

泉州台商投资区市政管理有限责任公司：李秋兰

泉州永信房地产评估项目咨询有限公司：郭

建宏

泉州展览城管理处：王春鸥、姚鸣毅

福建第一公路工程集团有限公司：陈维淳

福建洛江经济开发区管理处：叶生化

洛江区不动产登记中心：刘小艺

鲤城区国库支付中心：刘水园

鲤城区机关后勤管理处：王锦锋

福建省恒雕装饰广告有限公司：黄复望、庄萌

福建省远宏物业管理有限公司：黄永发

锦兴（福建）化纤纺织实业有限公司：欧阳春风

福建省南安五台山国有林场：粘东平

南安市市场服务中心：郭海生

晋江市城城置业有限公司：陈耀从

晋江市农业农村局：王巧艺

石狮市住房保障管理中心：黄美花

德化县工人俱乐部：吴寿山

德化县国库支付中心：黄宗锡

德化县资产管理中心：林明花

惠安县建筑安全监督站：陈东军

永春县财政局非税收入征收管理中心：周新娜

永春县东平镇经济社会事务服务中心：徐小君

永春县疾病预防控制中心：潘静宜

永春县煤炭工业公司：姚秀编

永春县社会劳动保险管理中心：陈建基

三十一、三明市

福建一建集团有限公司：范希枚

三明市城市建设投资集团有限公司：林金香

三明市第一医院：胡素琴

三明市公路局：童燕青

三明市公路局梅列分局：季蓉

三明市疾病预防控制中心：陈建布

三明市林业总公司：陈丽清

三明市住房公积金管理中心：林明榕

永安市测绘管理站：罗文光

永安市土地开发整理中心：黄海

永安市土地收购储备中心：戴燕

福建尤溪经济开发区综合服务中心：罗仕龙

三明市尤溪县不动产登记中心：陈成鑫

尤溪经济开发区综合服务中心：陈文清、谭丹芸

尤溪县坂面镇企业管理站：徐承强

尤溪县城乡居民社会养老保险管理中心：罗晓丽

尤溪县地震办公室：陈书才

尤溪县房地产管理所：黄瑞钏

尤溪县副食品基地协调中心：毛毓楠

尤溪县公共资源交易中心：林圣雄、余锦霞

尤溪县国有公益水库管理中心：卓传洁

尤溪县环境监测站：陈霞云

尤溪县机关事业单位社会保险管理中心：魏成川

尤溪县金融服务中心：陈春华

尤溪县劳动就业中心：林冬妹

尤溪县林业行政执法大队：纪小梅、张春苹

尤溪县林业局城关林业站：赖春仙

尤溪县梅仙镇乡镇企业技术管理服务中心：陈晓云

尤溪县人防指挥信息保障中心：陈建樟

尤溪县散装水泥与新型建材推广中心：叶开春

尤溪县市场服务中心：黄巧珠

尤溪县市政园林中心：杨小青

大田县济阳林业工作站：陈长征

大田县价格监测中心：连幼琴

福建省大田梅林国有林场：刘兴明

福建省将乐国有林场：李红豫

将乐县城乡居民社会养老保险管理中心：严土旺

将乐县公共资源交易中心：余文彬

福建省宁化国有林场：张满水

三明市宁化县第三产业发展办公室：王远球

宁化县城乡低保中心：孔金凤

宁化县电子商务服务中心：张华金

福建泰宁工业园区管理委员会综合服务中心：吴慧梅

建宁县国有资产管理中心：曾宪华

沙县村镇建设管理站：卓玲

沙县体育中心：杨芳

三十二、莆田市

莆田赤港华侨经济开发区管委会：陈瑢

莆田高新技术产业开发区管理委员会：林雪玉

莆田市城厢区工业办公室：詹丽明

莆田市涵江区城乡居民社会养老保险管理中心：李凡

莆田市涵江区价格认定局：郑秀凤

莆田市园林科学研究中心：杨丽英

仙游县工业和信息化局：黄异炜

三十三、南平市

福建南平太阳电缆股份有限公司：陈有智

福建省南平市公路局：陈晖

南平市浦城县社会劳动保险管理中心：林建斌

南平市社会劳动保险管理中心：郑琼

南平市水南街道经济委员会：鄢宝妹

南平市土地发展集团有限公司：陈应华

南平市延平湖旅游开发区管理中心：黄秀琴

南平市住房公积金管理中心：王盛富

建瓯市迪口镇流通与信息工作站：程本浩

建瓯市林权流转交易中心：叶琳

浦城县富岭镇村镇规划建设服务中心：刘翠妹

浦城县婚姻登记处：余振平

浦城县机关事业单位退休人员管理办公室：陈启东

浦城县人力资源公共服务中心：吴浦娟

邵武市劳动人事争议仲裁院：吴秀凤

顺昌县双溪国土资源所：林丹

武夷山风景名胜区后勤保障中心：林敬志

武夷山市不动产登记中心：周志春

武夷山市立医院：陈芸

三十四、龙岩市

福建省龙岩市公路局：谢剑虹

福建省龙岩市中心血站：陈学源

龙岩市12345便民服务平台管理中心：刘东明

龙岩市第一医院：陈厦

龙岩市公路局永定分局：朱亮英

龙岩市河务管理中心：黄文侣

龙岩市医疗保障基金管理中心：张耀新

上杭县科技兴县领导小组办公室：陈蕃茂

上杭县市场监督管理局：廖美东

漳平市机关事业单位社会保险管理中心：黄进士

紫金矿业建设有限公司：苏华英

三十五、宁德市

宁德市林业局：吴小芳

宁德市人力资源和社会保障电子政务管理中心：陈亮

宁德市食品药品执法支队：汤圭

宁德市医疗保障基金管理中心：王叶震

宁德市医院：陈晓玲

宁德市漳湾临港工业区开发建设有限公司：王飞

福安市不动产登记中心：林锋

福安市科学技术情报研究所：林婕

福鼎市基本建设工程预决算审核中心：廖书善

福鼎市农村综合改革办公室：谢传耀

古田县机关事业单位社会保险管理中心：严慧华

屏南县财政国库支付中心：陈昌保

屏南县人事人才公共服务中心：韦传

屏南县双溪镇企业服务中心：何春燕

寿宁县公安文职人员服务中心：练逢斌

霞浦县人事考试培训中心：章丽清

柘荣县人事人才公共服务中心：陈小芳

三十六、平潭综合实验区

平潭综合实验区城市投资建设集团有限公司：梁要春

黄恒等32位同志高级经济师职务任职资格人员名单

2020年4月20日福建省人力资源和社会保障厅下发《关于批准确认黄恒等32位同志高级经济师职务任职资格的通知》（人社批复〔2020〕183号）：经研究，同意确认由省非公有制企业高级专业技术职务考核委员会考核并审议通过的黄恒等32位同志高级经济师职务任职资格。任职资格确认时间为2020年4月20日，请予公布，名单如下：

一、福州市（6人）：

黄恒、李行送、黄敏强、许姜、王艳珍、于祯

二、厦门市（2人）：陈晓灵、李伟

三、漳州市（3人）：黄丽玲、毛灯辉、赖永春

四、泉州市（12人）：

赖非洪、黄美容、程定义、张华锋、李荣、

苏介全、黎小宝、张真、林群星、黄玉丽、刘锦宏、简义龙

五、南平市（2人）：刘峰、吴丽敏

六、宁德市（1人）：郭玮韡

七、莆田市（2人）：林承鑫、吴其明

八、北京福建企业总商会（2人）：杨文芳、谢庭荣

九、省酒业协会（1人）：林原

十、省轻工业联合会（1人）：丁志猛

（摘编：林开龙）

福建省海洋船舶系列高级专业技术职务任职资格人员名单

2020年7月7日福建省人力资源和社会保障厅下发《关于批准确认刘奇凯等6位同志海洋船舶系列高级专业技术职务任职资格的通知》（闽人社批复〔2020〕347号）提出，根据《交通运输部办公厅关于公布全国海洋船舶系列高级专业技术职务任职资格2019年度评审结果的通知》（交办人教函〔2020〕424号），现将由全国海洋船舶系列高级专业技术职务任职资格评审委员会评审通过的刘奇凯等6位同志船舶系列高级专业技术职务任职资格予以公布，任职资格确认时间2020年7月7日，名单如下：

一、高级船长（3人）

厦门海隆对外劳务合作有限公司：刘奇凯

集美大学：张永强、张锋

二、高级引航员（3人）

厦门港引航站：陈春洪、屈浩东、夏成龙

（摘编：林开龙）

福建省高级审计师职务任职资格人员名单

2020年12月28日福建省人力资源和社会保障厅下发《关于批准确认胡国屏等11位同志高级审计师职务任职资格的通知》（闽人社批复〔2020〕708号）：经研究，批准确认由省审计专业高级职务任职资格评委会评审通过的胡国屏等11位同志高级审计师职务任职资格，任职资格确认时间为2020年11月21日，现予公布，名单如下：

一、福建省农村信用社联合社（1人）

福建省农村信用社联合社宁德审计中心：胡国屏

二、漳州市（1人）

长泰县乡镇审计中心：林映惠

三、莆田市（1人）

仙游县审计局：李清雄

四、三明市（2人）

尤溪县乡镇审计办事处：王永峰

明溪县融媒体中心：夏丽琴

五、南平市（3人）

南平市固定资产投资审计中心：谢独俊

邵武市政府投资审计中心：蔡爱兰

松溪县政府投资项目审计中心：叶旌方

六、龙岩市（1人）

连城县固定资产投资审计中心：项静榕

七、宁德市（1人）

福安市固定资产投资审计中心：张小辉

八、平潭综合实验区（1人）

平潭综合实验区廉政教育与审计事务服务中心：黄俊朝

（摘编：李兵）

福建省高级会计师任职资格人员名单

丁毅等 8 位同志正高级会计师职务任职资格人员名单

2020 年 11 月 30 日福建省人力资源和社会保障厅下发《关于批准确认丁毅等 8 位同志正高级会计师职务任职资格的通知》（闽人社批复〔2020〕650 号）：经研究，批准确认由 2020 年福建省正高级会计师任职资格评审委员会评审通过的丁毅等 8 位同志正高级会计师职务任职资格。任职资格确认时间为 2020 年 10 月 31 日，现予公布，名单如下：

一、福建省教育厅（1 人）：

福建省教育考试院：丁毅

二、福建省卫生健康委员会（2 人）：

福建省妇幼保健院：吴中

福建省妇幼保健院：江志坚

三、福建省医疗保障局（1 人）：

福建省药械联合采购中心：郑成艳

四、福建建工集团有限责任公司（1 人）：雷志华

五、厦门市（3 人）：

厦门优胜卫厨科技有限公司：黄欣

福建厦门海晟连锁商贸有限公司：任励

欣贺股份有限公司：陈国汉

关晓宏等 119 位同志高级会计师职务任职资格人员名单

2020 年 11 月 30 日福建省人力资源和社会保障厅下发《关于批准确认关晓宏等 119 位同志高级会计师职务任职资格的通知》（闽人社批复〔2020〕649 号）：经研究，批准确认由省会计专业高级职务评审委员会（事业类）评审通过的关晓宏等 119 位同志高级会计师职务任职资格。任职资格确认时间为 2020 年 10 月 25 日，现予公布，名单如下：

一、福建省教育厅（2 人）：

福建省教育考试院：关晓宏

福建水利电力职业技术学院：俞秀梅

二、福建省人力资源和社会保障厅（1 人）：

福建省引进人才服务中心：叶彩霞

三、福建省财政厅（1 人）：许利毅

四、福建省卫生健康委员会（9 人）：

福建省级机关医院：林丽、洪珊；

福建省妇幼保健院：朱晶艳、李沁蔚、徐敏惠

福建省肿瘤医院：朱希

福建省立医院：何敏、黄健美、黄鑫

五、福建省地质矿产勘查开发局（2 人）：

福建省地质探矿机械设备服务中心：黄蓉

福建省地质测绘院：郑宇虹

六、福建省煤田地质局（1 人）：

福建省煤田地质岩土测试中心：卢琳

七、海峡人才市场（3 人）：

福建师范大学协和学院：陈辉

中国共产主义青年团福建省团校：徐超

福建农林大学金山学院：唐青峰

八、福建医科大学（4 人）：

福建医科大学附属第一医院：黄离团、陈憬、李心

福建医科大学附属协和医院：陈立

九、福建中医药大学（4 人）：

福建中医药大学：卢建华

福建中医药大学附属康复医院：吴萍

福建中医药大学附属人民医院：李飞飞、张赛如

十、福建师范大学（1人）：刘秀华

十一、福建商学院（1人）：林琼

十二、闽南师范大学（1人）：杨金瑞

十三、福州市（8人）：

福州市鼓楼区温泉街道办事处：郑治铄

福州保税港区综合服务中心：简桂梅

福州市高新技术产业创业服务中心：贾琳

福清市国库支付中心：林华玉、俞宏平

福清市滨江初级中学：林秀霞

罗源县医院：陈萍

连江县医院：陈苒

十四、厦门市（13人）：

中国共产党厦门市委员会党校：王月燕

厦门广播电视集团：陈婷婷

厦门大学附属第一医院：林丽娜、邵静

厦门大学附属中山医院：陈德坤、韩群红

厦门市中医院：谢小琴

厦门市仙岳医院：吴丹

厦门理工学院：黄舜婷

厦门信息学校：陈燕晖

厦门市湖里区禾山街道网格化综合服务管理中心：林静

厦门市湖里区殿前街道社区卫生服务中心：何丽碧

厦门市翔安区非税收入中心：叶美祝

十五、漳州市（7人）：

漳州市市属国有企业服务中心：陈丽冰

漳州卫生职业学院：吴舒婷

福建省漳州市医院：蔡毅敏

漳州市龙文区财政局国库支付中心：林小燕

漳浦县妇幼保健院：林小芳

福建省龙海市妇幼保健院：谢惠斌

龙海市第一医院：张丽明

十六、泉州市（6人）：

泉州师范学院：郭艳萍

泉州市洛江区财政国库支付中心：张玮

永春碧卿国有林场：潘群英

晋江市财政国库支付中心：陈慧

南安市柳城小学：林海燕

福建省南安五台山国有林场：赖世裕

十七、莆田市（3人）：

莆田市廉政教育中心：陈秀美

莆田市城厢区工业办公室：张秋兰

仙游县国有资产投资营运中心：何金如

十八、三明市（7人）：

三明市第一医院：陈宏

三明市医疗保障基金中心：黄式涛

三明市三元区城关街道社区卫生服务中心：林丽萍

三明医学科技职业学院：罗春梅

尤溪县西城镇卫生院：林开淼

尤溪县人民政府采购事务服务中心：余美然

明溪县疾病预防控制中心：罗卿

十九、南平市（28人）：

南平市医疗保障基金管理中心：章青妹

南平市第一医院：陈旻

南平市公共资源交易中心：陈芳

南平市国土空间规划技术研究中心：林燕

南平市延平区财政局国库收付中心：黎敏

南平市延平区机关事业单位社会保险管理中心：叶玉兰

南平市建阳区住房保障和房地产交易管理处：李芾

南平市建阳区纪检监察网络舆情信息中心：吕光贵

南平市建阳区国库支付中心：郑小玲

浦城县国库支付中心：兰启平

浦城县医院：关健

福建省建瓯市立医院：谢淑美

建瓯市中西医结合医院：叶婷

建瓯市教育会计核算中心：雷建平

建瓯市小松林业工作站：许莲

光泽县鸾凤乡三农服务中心：邓方妩

光泽县李坊乡卫生院：谢爱华

光泽县财政国库集中支付中心：蔡小玉

顺昌县国库支付中心：匡冬娣、罗长金、饶秀珍

顺昌县固定资产投资审计中心：宋芳

福建省武夷山市疾病预防控制中心：胡仁吉

武夷山市财政局国库收付中心：李明丽、胡美连

政和县财政监督检查中心：许文珍

邵武市财政国库收付中心：许丽娜

邵武市环境卫生管理处：许骁军

二十、龙岩市（8 人）：

龙岩市地质灾害防治中心：邱文义

龙岩市住房公积金管理中心：钟海英

福建省龙岩市城乡规划设计院：陈春芹

福建省龙岩师范附属小学：蔡燮斌

上杭县财政国库支付中心：黄海鹰

武平县中医院：王雪飞

武平县审计局举报中心：李向阳

武平县乡镇财政服务中心：黄益琴

二十一、宁德市（6 人）：

宁德市妇幼保健院：王丽雪

古田县收费票据管理所：吴翔峰

古田县医院：郑金玲

宁德市福鼎精神病人疗养院：林少杰、郑心晶

霞浦县国库集中支付中心：林心

林莉莉等 3 位高级会计师职务任职资格人员名单（中直单位委托评审）

一、福建省气象局（1 人）：

福建省莆田市气象局：林莉莉

二、中国科学院福建物质结构研究所（1 人）：沈佳

三、交通运输部（1 人）：

交通运输部东海航海保障中心福州航标处：欧阳彦华

罗裕富等 326 位同志高级会计师职务任职资格人员名单

2020 年 12 月 2 日福建省人力资源和社会保障厅下发《关于批准确认罗裕富等 326 位同志高级会计师职务任职资格的通知》（闽人社批复〔2020〕658 号）：经研究，批准确认由省会计专业高级职务评审委员会（企业类）评审通过的罗裕富等 326 位同志高级会计师职务任职资格。任职资格确认时间为 2020 年 11 月 15 日，现予公布，名单如下：

一、福建省交通运输厅（3 人）

福建省交通科研院有限公司：罗裕富、黄晖

聚材谷（福建）电子商务有限公司：王娉

二、福建省水利厅（3 人）

福建省水利水电工程局有限公司：王剑波

福建省水利投资开发集团有限公司：曹仕镛

福建省水利水电勘测设计研究院：陈勤

三、共青团福建省委（1 人）

福州市规划设计研究院：李铭

四、兴业银行股份有限公司（1 人）倪良锁

五、福建省农村信用社联合社（6 人）

福建省农村信用社联合社：李乾雷、伍锦香

南安农村商业银行股份有限公司：陈晓真

政和县农村信用合作联社：张丽芬

龙岩农村商业银行股份有限公司：陈南方

邵武市农村信用合作联社：傅丽

六、福建省轻纺（控股）有限责任公司（1 人）：张应蕊

七、福建石油化工集团有限责任公司（1 人）

福建省福橡化工有限责任公司：姚新

八、福建省机电（控股）有限公司（1 人）

福建省民爆化工股份有限公司：吴晶

九、福建省交通运输集团有限责任公司（7 人）

福建省交运集团财务有限公司：倪晓燕、黄勇

福建省海运集团有限责任公司：邱燕阳

福建省港航建设发展有限公司：魏言村

福建省商业（集团）有限责任公司：柳昕

福州青州集装箱码头有限公司：吴晶晶

泉州市泉港闽运出租车有限公司：黄国勇

十、福建省冶金（控股）有限责任公司（1 人）

福建省南平铝业股份有限公司：宋勤

十一、福建省电子信息（集团）有限责任公司（9 人）

福建省电子信息（集团）有限责任公司：许妍

福建省电子信息应用技术研究院有限公司：林君

福建省数字福建云计算运营有限公司：陈莹莹、丛俏

福建兆元光电有限公司：简少煌

福建省和格实业集团有限公司：魏文金

福建福日电子股份有限公司：吴慕毓

四创科技有限公司：李雅聪

麦克赛尔数字映像（中国）有限公司：何贤锋

十二、福建建工集团有限责任公司（11 人）

福建建工集团有限责任公司：陈全省、俞汪洋、姚雪英、刘廷利、林梅、曾金

中国武夷实业股份有限公司：刘奇辉、林华富、郑福明

福建省建筑设计研究有限公司：李芝浚

上海家趣物业服务发展有限公司：郭芬

十三、福建省汽车工业集团有限公司（1 人）

福建福奔汽车有限公司：黄碧燕

十四、福建省能源集团有限责任公司（4 人）

福建省能源集团有限责任公司：尤伟红

福建省华厦能源设计研究院有限公司：姜冬妹

福建省永安煤业有限责任公司：方丽萍

福建省天湖山能源实业有限公司：叶舒蔚

十五、福建省投资开发集团有限责任公司（5 人）

福建省投资开发集团有限责任公司：邱鹏忠、畅静、陈玉贤

福建中闽水务投资集团有限公司：伍碧倩、林晓斓

十六、福建省高速公路集团有限公司（1 人）：蔡伟华

十七、福建省旅游发展集团有限公司（1 人）

福建福旅旅游股份有限公司：卢小平

十八、福建省招标采购集团有限公司（1 人）：李美美

十九、福建省国有资产管理有限公司（1 人）

福建森源电力设备有限公司：肖月英

二十、中国海峡人才市场（31 人）

福建金品农业科技股份有限公司：张为武

永辉超市股份有限公司：林伟

致同会计师事务所（特殊普通合伙）福州分所：叶文征、杨莹

国药控股福州有限公司：潘家琪

福建大世界企业集团有限公司：赵子纯

福建省二建建设集团有限公司：谢梅智、邓凌扬

福州天泽奥莱商业管理有限公司：王东

福建东百集团股份有限公司：高萍

福建弘华会计师事务所有限公司：杨恩淋

国药控股福州有限公司：范闽

福州物联网开放实验室有限公司：齐爱青

福建天志互联信息科技股份有限公司：黄育霞

福建新紫金医药有限公司：郭联锋

恒锋信息科技股份有限公司：郭小萍

福建安吉达智能科技有限公司：游旋

福建路桥建设有限公司：陈永熙

福州世纪联华商业有限公司：欧星萍

立信中联会计师事务所（特殊普通合伙）：黄彩香

融侨集团股份有限公司：张昊

融侨（福州）置业有限公司：林兆永

福建永荣控股集团有限公司：林腾

福建文丰农业机械有限公司：黄东山

福建冠业投资发展有限公司：金辉

福州市聚春园食品股份有限公司：房志勇

福建三木集团股份有限公司：戴建成

福建永福电力设计股份有限公司：张玉科

福建省天润园景景观工程设计股份有限公司：陶乃生

福州地铁集团有限公司：林小丽

南平万达地产有限公司：张郑钟

二十一、福州市（19 人）

福建新大陆通信科技股份有限公司：张敏晞

福州市鼓楼区房地产开发公司：彭秀平

福州市金融控股集团有限公司：吴太荣

福州新榕城市建设发展有限公司：张院斌、干昊程

福建钧正会计师事务所有限公司：林颖

福州富昌维控电子科技有限公司：卢宏端

福州中税税务师事务所有限公司：杨丽金

弘扬软件股份有限公司：吴勇州

福州市水务投资发展有限公司：郭梅钦

福州市建设发展集团有限公司：曹云

福州达华智能科技股份有限公司：王景雨

福建航兴建设发展有限公司：周巧兴

福州市电子信息集团有限公司：姚华

福州鑫桥实业有限公司：岳燕萍
新大陆科技集团有限公司：林奋
福州市粮食购销有限公司：魏宏振
福州市第三建筑工程公司：陈海坤
福州新区开发投资集团有限公司：高美芳

二十二、厦门市（128 人）

厦门龙净环保投资有限公司：陈丽仙
明达实业（厦门）有限公司：许丽萍
法福来（厦门）医疗器具有限公司：陈芬
厦门居本信息科技集团股份有限公司：曾顺生
厦门建发纸业有限公司：彭丽红
福建实达集团股份有限公司：艾丽燕
厦门国贸控股集团有限公司：林艺娜、谢亚璇、林秉雄、庄月兰
厦门市锐思投资有限公司：常智华
厦门三五互联科技股份有限公司：何碧帮
福建磊鑫（集团）有限公司：侯守赞
厦门象屿股份有限公司：陈春晓、陈健、李计银
福建广电网络集团股份有限公司厦门分公司：傅建盛
厦门片仔癀宏仁医药有限公司：张奇智、李志艇
厦门市翔安投资集团有限公司：陈燕治
厦门航空有限公司：蔡进高、陈松长、卢翔云、黄耿耿
厦门仙侠网络股份有限公司：黄育青
厦门中骏集团有限公司：林芬
厦门轻工集团有限公司：李慧
厦门美柚股份有限公司：陈晓亮
厦门畅享信息技术有限公司：黄亚影
立信会计师事务所（特殊普通合伙）厦门分所：宋文龙
厦门信息集团商贸有限公司：赖海榕
厦门市房屋修建工程有限公司：叶丽芬
厦门唯恩电气有限公司：高亮
厦门安居集团有限公司：邱小英
厦门住宅建设集团有限公司：林敏
七匹狼控股集团股份有限公司：张承洪
厦门市政集团有限公司：戴阿芬
厦门嘉晟集团：何进福
厦门市市政建设开发有限公司：张蓉、许水堤
厦门新兴海峡实业有限责任公司：肖一
厦门盈趣科技股份有限公司：郭惠菁
厦门高新技术创业中心有限公司：罗丽璇、邹宇筠
泉州市国大药房连锁有限公司：王友德
安费诺电子装配（厦门）有限公司：陈海燕
厦门立马耀网络科技有限公司：刘丽华
厦门九华通信设备厂：刘玉龙
厦门市巨茂新能源有限公司：崔丽
奥佳华智能健康科技集团股份有限公司：南玫
圣元环保股份有限公司：黄宇
建盟设计集团有限公司：骆毅荣
厦门信达股份有限公司：侯灿灿
厦门三优光电股份有限公司：孙方韦
海峡西岸（厦门）置业发展有限公司：刘祖良
厦门港务疏浚工程有限公司：吴晓如
厦门市环境能源投资发展有限公司：孙文鑫
瀚蓝（晋江）固废处理有限公司：李太祥
厦门东旭启德置业有限公司：蔡建能
福建德盛物流有限公司：陈丽贞
厦门海翼地产有限公司：林艺泉
厦门华夏国际电力发展有限公司：张翼
罗普特科技集团股份有限公司：徐亚玲
厦门市住房置业融资担保有限公司：林丽娜
厦门永和会计师事务所有限公司：赵锋斌
厦门信息港建设发展股份有限公司：廖美英
厦门业华会计师事务所有限公司：罗兰
润丰集团福建中润投资有限公司：吴素柳
福建小鱼网络科技股份有限公司：钱剑彝
厦门市磊艺进出口贸易有限公司：陆秀琴
九牧厨卫股份有限公司厦门分公司：熊燕芳
厦门夏商集团有限公司：王耀华
厦门威迪亚精密模具塑胶有限公司：陈秋花
厦门夏商配送有限公司：陆旭
厦门港务发展股份有限公司：何碧茜
厦门市神力机械有限公司：王文志
厦门信达物联科技有限公司：彭杰
通达（厦门）管理顾问有限公司：吴海燕
厦门美润无纺布股份有限公司：康建立
中科建设（厦门）有限公司：叶晓伟

厦门华润燃气有限公司：游小芬
厦门建发医疗健康投资有限公司：叶斌
厦门大学附属厦门眼科中心有限公司：吴淑春
厦门市易家网讯科技有限公司：郭碧华
厦门宏发电声股份有限公司：林坤明
厦门与梦信息技术有限公司：李加东
厦门太古飞机工程有限公司：杨晓峰
厦门海沧投资集团有限公司：王小平
恺霖卫浴科技（厦门）有限公司：郑阿瑜
厦门金圆投资集团有限公司：方瑄
南安市圣元环保电力有限公司：魏建坤
汉纳森（厦门）数据股份有限公司：邱宣达
欣贺股份有限公司：杨霞、庄等治
厦门赫特置业有限公司：张桂花
厦门经济特区房地产开发集团有限公司：左晓琴
厦门雅瑞光学有限公司：范雪芳
厦门联合国际船舶代理有限公司：王志艺
厦门市磊元贸易有限公司：林振坝
联发集团有限公司：陈丽芳
厦门钨业股份有限公司：苏小燕、陈权
瑞达期货股份有限公司：詹建芳
厦门海投工程建设有限公司：吕学招
厦门建发集团有限公司：钟婉华
厦门尚品宅配家居用品有限公司：颜美珠
厦门金龙汽车集团股份有限公司：蔡通林
厦门市亚太鹏盛税务师事务所有限公司：邢婷婷
厦门趣店科技有限公司：杨奶铃
厦门建发股份有限公司：周舰、康乐乐
厦门市德保通通信有限公司：苏玉华
厦门恒兴集团有限公司：邓金榕、李苏
厦门百城建设投资有限公司：杜东旭
厦门市观音山物业服务有限公司：吴丽丽
厦门文广传媒集团有限公司：李立菁
厦门港务金融控股有限公司：乐晓娟
厦门光莆电子股份有限公司：王丽君
厦门潮人新能源汽车服务有限公司：王帅
厦门市民数据服务股份有限公司：李新煌
厦门港务地产有限公司：蔡俊杰
福建博业建设集团有限公司：张园演
合诚工程咨询集团股份有限公司：杨碧琼
厦门地铁物资有限公司：杨佳聪
厦门港务集团石湖山码头有限公司：陈昕
厦门市集美区产业投资有限公司：余红梅
上海欣成祥汽车配件有限公司：陈燕惠

二十三、漳州市（9 人）

漳州城投建工集团有限公司：张霞阳
漳州圆山新城建设有限公司：林丽惠
福建富达城市发展集团有限公司：郑敦火
福建漳州城投集团有限公司：蔡素容
中海油福建漳州天然气有限责任公司：黄扬琤
福建龙溪轴承（集团）股份有限公司：刘丽虹
漳州市金信财务有限公司：林蓉
漳州片仔癀药业股份有限公司：颜月清
福建省长泰县物资局：郑秀玉

二十四、泉州市（21 人）

福建溪石股份有限公司：许儒
晋江市新合发塑胶印刷有限公司：吴传良
福建省晋江市大远鞋塑有限公司：吴高传
泉州港务集团有限公司：林益群
石狮市赛琪体育用品有限公司：叶琦
福建省泉州市董酒销售有限公司：金青青
福建盼盼食品有限公司：杨乐金
福建第一公路工程集团有限公司：黄昌林
德化县瓷艺城投资建设有限公司：郑金柳
华兴诚信（晋江）财务咨询有限公司：颜秋花
功夫动漫股份有限公司：罗旌永
福建南方路面机械股份有限公司：林燕
泉州台商投资区开发建设有限责任公司：裴敏燕
泉州交通发展集团有限责任公司：李永堂
晋江福兴拉链有限公司：杨汉标
泉州中泉国际经济技术合作（集团）有限公司：吴安阳
劲霸男装股份有限公司：杜利君
福建安踏投资有限公司：许建水
安踏体育用品集团有限公司：陈晓端
泉州市宏途网络科技有限公司：庄宜萍
中大（福建）工程建设集团有限公司：庄扬平

二十五、莆田市（2 人）

金强（福建）建材科技股份有限公司：肖武智

莆田湄渝高速公路有限责任公司：张风荣

二十六、三明市（6人）

国药控股三明有限公司：李玉芬

福建省永安林业（集团）股份有限公司大坑采育场：林开虹

福建省沈郎油茶股份有限公司：黄登侣

三明信达通宝汽车销售服务有限公司：方晓秋

福建省清流县自来水厂：林生木

福建鑫盛建设有限公司：郑雅瑜

二十七、南平市（4人）

武夷山茶旅小镇开发有限公司：魏六妹

福建鸿志兴股份有限公司：肖唐亮

南平市高建养护工程有限公司：余禄兴

福建建阳龙翔科技开发有限公司：王艳萍

二十八、龙岩市（25人）

福建省龙岩市城市建设投资发展有限公司：卢静文

紫金矿业集团股份有限公司：丘寿才、林军、刘永豪

福建省梅花山旅游发展有限公司：陈春兴

龙岩市汇金发展集团有限公司：祝桂英、华小红

龙岩住厦房地产开发有限公司：林艳华

福建龙马环卫装备股份有限公司：廖建和

上杭县鑫源自来水有限公司：阙金亮

龙岩市莲花湖实业有限公司：陈颖

福建九州龙岩高岭土公司：钟俊福

龙岩市龙地置业有限公司：章涢芸

福建省南方联合置业有限公司：黄水英

黑龙江紫金龙兴矿业有限公司：丘燕华

福建龙净环保股份有限公司：邱娟

龙岩铁路建设发展集团有限公司：陈爱明

紫金矿业集团股份有限公司紫金山金铜矿：巫庆

龙岩投资发展集团有限公司：罗志杰

龙岩水发自来水有限责任公司：郑炜

龙岩交通发展集团有限公司：兰春花

龙岩城发地产有限公司：练珊琴

福建省龙岩汇金置业有限公司：沈泽琴

福建正大食品有限公司：刘小群

龙岩经济发展集团有限公司：杜小华

二十九、宁德市（7人）

中国人民解放军第四八〇七工厂（福建省白马船厂）庄志萍

宁德沙埕湾跨海高速公路有限责任公司：李玲芳

福建闽东电力股份有限公司：陈重源、陈青

宁德市国有资产投资经营有限公司：钟智

福建省广拓会计师事务所有限责任公司：刘芳

福建德润会计师事务所有限责任公司宁德分所：阮斌云

三十、平潭综合实验区（1人）

平潭综合实验区旅游集团有限公司：郑永明

卫帆舟等14位高级会计师职务任职资格人员名单（中直单位委托评审）

一、中国移动通信集团福建有限公司（2人）

中国移动通信集团福建有限公司：卫帆舟

中国移动通信集团龙岩分公司：罗秋平

二、中国电信股份有限公司福建分公司（4人）

中国电信股份有限公司福建分公司：陈果、林强

中国电信股份有限公司三明分公司：邱亚蓉

福建省邮电工程有限公司：杨英珠

三、中国邮政集团福建分公司（2人）

中国邮政集团有限公司福建省分公司：林金

中国邮政集团有限公司尤溪县分公司：陈百荣

四、中国邮政储蓄银行股份有限公司（2人）

中国邮政储蓄银行股份有限公司福建省分行：吕文杰

中国邮政储蓄银行股份有限公司宁德市分行：戢清娥

五、中储粮集团福建分公司（1人）

中央储备粮福州直属库有限公司：谢萍

六、中国农业发展银行（2人）

中国农业发展银行福建省分行：周胜、庄丹枚

七、中纺粮油进出口有限责任公司（1人）：

中纺粮油（福建）有限公司：田颖君

（摘编：陈建闽）

福建省高级工艺美术师任职资格人员名单

林海斌等51位同志高级工艺美术师职务任职资格人员名单

2020年4月20日福建省人力资源和社会保障厅下发《关于批准确认林海斌等51位同志高级工艺美术师职务任职资格的通知》（闽人社批复〔2020〕188号）：经研究，同意确认由省非公有制企业高级专业技术职务考核委员会考核并审议通过的的林海斌等51位同志高级工艺美术师职务任职资格。任职资格确认时间为2020年4月20日，请予公布，名单如下：

一、福州市（1人）：林海斌

二、厦门市（1人）：陈秋英

三、漳州市（1人）：洪冰晖

四、泉州市（27人）：

郭惠春、林慧、陈钦聪、张竟志、张华达、陈杰、王伯昌、陈拥军、庄平章、谢新家、刘爱民、孙义渊、林吉祥、张丽娇、赖瑞攀、郭桂星、李国信、张昶林、王顺、邱桂还、曾昭良、李文质、李志峰、曾华良、徐金宝、李焕燃、苏崇辉

五、三明市（2人）：毛祚胜、王建忠

六、南平市（2人）：范志华、孙莉

七、莆田市（1人）：林锐群

八、省轻工业联合会（16人）：

王悦鑫、傅华中、张其仕、陈德兴、温清民、林灵月、郭诚裕、郑国锋、黄雪玉、欧宙翼、林少虎、陈国钦、陈廷实、阮孝肇、林荣泰、陈培一

林劭川等3位同志工艺美术系列正高级工艺美术师任职资格人员名单

2020年12月29日福建省人力资源和社会保障厅下发《关于批准确认林劭川等3位同志工艺美术系列正高级工艺美术师任职资格的通知》（闽人社批复〔2020〕707号）：经研究，批准确认2019年度全省正高级工艺美术师职务任职资格评审委员会评审通过的林劭川等3位同志的正高级工艺美术师任职资格。任职资格确认时间为2020年12月6日，现予公布，名单如下：

一、福建省旅游发展集团有限公司（1人）

福建省工艺美术实验厂有限公司：林劭川

二、福州市（2人）

福州市寿山石行业协会：姚仲达

福州寿山石鉴定中心有限公司：刘传斌

（摘编：郭鹭）

福建省技校系列副高级职务任职资格名单

2020年12月25日福建省人力资源和社会保障厅下发《关于批准确认欧锦等20位同志技校系列副高级职务任职资格的通知》（闽人社批复〔2020〕704号）：经研究，批准确认2019年度全省技校系列副高级职务任职资格评审委员会评审通过的欧锦等20位同志的副高级职务任职资格。任职资格确认时间为2020年12月6日，现予公布，名单如下：

一、高级讲师（18人）

（一）省人社厅（3人）

福建省第二高级技工学校：欧锦、张芸

福建省技工教育中心：马光凯

（二）厦门市（8人）

厦门技师学院：郭木阳、张樱、蔡雄彬、方昕、柯笔桦、连瑞红、陈颖、杨玲

（三）宁德市（1人）

宁德技师学院：张德权

（四）漳州市（3人）

漳州市高级技工学校：刘玉岩

漳州市平和技工学校：林秀莲、林国茂

（五）龙岩市（2人）

龙岩技师学院：陈建生、卢永煌

（六）南平市（1人）

闽北高级技工学校：李彦辉

二、高级实习指导教师（2人）

（一）福州市（1人）

福州第二技师学院：林各锦

（二）龙岩市（1人）

二、龙岩技师学院：张经友

（摘编：郭鹭）

福建省青年岗位能手名单

2020 年 6 月 3 日福建省工业和信息化厅、共青团福建省委员会下发《关于授予陈太丽等 4 位同志“福建省青年岗位能手”称号的通知》（闽工信科技〔2020〕75 号）提出，由省工信厅、教育厅、人社厅、总工会、团省委联合举办的“2019 年福建省‘国锐杯’增材制造技术综合应用技能大赛”在福州市顺利举行。本次大赛是省级一类大赛，规格高，覆盖面广，在全省增材制造技术应用领域尚属首次，一大批熟练掌握增材制造领域专业知识和技能青年人才脱颖而出。为进一步鼓励先进，加强全省工匠型高技能人才队伍建设，经研究，决定授予职工组一等奖获得者陈太丽同志“福建省青年岗位能手标兵”称号，授予职工组二等奖获得者林森泉、赖瑜莉、高艺惠三位同志“福建省青年岗位能手”称号。

福建省青年岗位能手标兵名单

序号	姓名	单位	身份证号码	竞赛等次
1	陈太丽	福建船政交通职业学院	350125＊＊＊＊＊＊＊＊2414	职工组一等奖

福建省青年岗位能手名单

序号	姓名	单位	身份证号码	竞赛等次
1	林森泉	漳州职业技术学院	350627＊＊＊＊＊＊＊＊201X	职工组二等奖
2	赖瑜莉	福建省漳州第一职业中专学校	350600＊＊＊＊＊＊＊＊1529	职工组二等奖
3	高艺惠	厦门市集美职业技术学校	350211＊＊＊＊＊＊＊＊3529	职工组二等奖

（摘编：黄国实）

2020年福建省烹饪行业职业技能竞赛总成绩前十名选手名单

2020年11月3日福建省商务厅、福建省人力资源和社会保障厅、福建省总工会下发《关于2020年福建省烹饪行业职业技能竞赛成绩的通报》(闽商务〔2020〕176号)提出，2020年福建省烹饪行业职业技能竞赛于2020年10月14日至16日在三明宁化成功举办。经理论知识笔试、技能现场操作两个环节，共有20名选手分获中式烹调师、中式面点师2个职业竞赛总成绩前十名。为进一步提高我省餐饮行业服务品质，推动烹饪技艺创新发展，表彰先进，发挥模范作用，现对获得总成绩前十名选手名单予以通报。

2020年福建省烹饪行业职业技能竞赛总成绩前十名选手名单

一、中式烹调师前十名选手名单：

第一名　卢云长　福州市永泰县香米拉温泉酒店

第二名　林海滨　福州聚春园集团有限公司

第三名　陈供乐　厦门市草根家宴馆

第四名　谢小林　龙岩市长汀县寻味汀州餐饮有限公司

第五名　汤跃华　龙岩市长汀县冠良大酒店

第六名　叶礼强　福建省武哥餐饮文化管理有限公司

第七名　傅育高　福州草根餐饮管理有限公司

第八名　陈　波　福州三迪华美达广场酒店

第九名　江　闽　福州金祥大酒楼

第十名　胡泽良　晋江市荣誉国际酒店

二、中式面点师前十名选手名单：

第一名　张建华　福州悦华酒店

第二名　张宗銮　闽侯凤翔首邑温泉度假酒店

第三名　庄小瑚　南安市红星职业中专学校

第四名　李丽娜　南安市红星职业中专学校

第五名　郑奕贤　惠安职业中专学校

第六名　卓秀文　漳州市高级技工学校

第七名　曾玉桂　泉州酒店

第八名　连心敏　福州天心苑·星空花园时尚餐厅

第九名　叶配伶　福州叽哩咕噜投资管理有限公司

第十名　赵　宇　福建省新东方技工学校

（摘编：李兵）

2020年福建省家庭服务业职业技能竞赛总成绩前十名的名单

2020年11月9日福建省商务厅下发《关于2020年福建省家庭服务业职业技能竞赛的成绩通报》（闽商务〔2020〕173号）提出，2020年福建省家庭服务业职业技能竞赛（育婴员）总决赛于10月25日－26日在福州成功举办。为进一步推动家政服务业技能队伍建设，弘扬精益求精的工匠精神，表彰先进，发挥模范作用，现对获得总成绩前十名的选手名单予以通报。

2020年福建省家庭服务业职业技能竞赛总成绩前十名的名单

第一名　李长芳　福州市鼓楼区闽姐姐家庭服务有限公司

第二名　邱小美　厦门市万阳家政服务有限公司

第三名　张细萍　南平市久久家政服务有限公司

第四名　肖巧华　泉州市金牌家政服务有限公司

第五名　李锦娟　厦门好邦伲家政服务有限公司

第六名　张妙贤　厦门孕育年华家政服务有限公司

第七名　林　梦　宁德市树人家政服务有限公司

第八名　曾建萍　宁德市树人家政服务有限公司

第九名　刘定菊　福建莱仁家政有限公司

第十名　兰庆赟　南平树人家政服务有限公司

（摘编：刘海元）

第七篇

区域概况

2020年福州市经济发展概况

2020年，第三届数字中国建设峰会在福州成功举办，习近平总书记发来贺信，给全市人民以巨大鼓舞。一年来，福州市凝心聚力、攻坚克难、锐意进取，全力打好新冠疫情防控阻击战，全力落实“六稳”“六保”任务，各项工作都取得了新的进展。初步统计。全市地区生产总值突破1万亿元；一般公共预算总收入1108.4亿元，增长1.2%；地方一般公共预算收入675.6亿元，增长1.1%；进出口总额2526亿元，与上年持平；实际利用外资70亿元，增长7.2%；社会消费品零售总额突破4200亿元，增长0.8%；城镇居民人均可支配收入49358元，增长3%；农村居民人均可支配收入22600元，增长6%；固定资产投资增长10.5%；居民消费价格总水平上涨2.8%；城镇登记失业率2.9%。完成省下达的节能减排降碳任务。

“十三五”期间，福州市地区生产总值从5777亿元提高到预计突破1万亿元，五年跨越五个千亿台阶，在全国省会城市中排名从第13位提高到第10位。人均地区生产总值从7.74万元提高到预计12.5万元，在全国省会城市中排名从第11位提高到第6位。上市企业数量从69家增加到91家，总市值超万亿元。国家级高新技术企业从444家增加到2052家，数量翻了两番多。战略性新兴产业增加值占规上工业增加值比重从21.8%提高到预计29.3%。全社会研究与试验发展经费投入强度从1.76%提高到预计2.2%，投入总量从98.8亿元提高到预计232亿元、连续四年全省第1。国企总资产（不含金融企业）从2261亿元增加到5084亿元。引进并投产产业项目10625个，落地京东方、万华化学、申远聚酰胺一体化等一批投资超百亿项目。引进高层次人才超1万人、高技能人才超5万人。

农　业

2020年福州市出台促进粮食生产八条措施等支农惠农政策，完成粮食种植面积123.86万亩，七大农业特色产业全产业链总产值预计达2024亿元，一产增加值预计突破540亿元、增长4%。打造乡村振兴中高级版试点村69个，新建美丽乡村174个、提升美丽乡村200个，建成县域垃圾焚烧处理设施4座、农村生活污水配套管网61公里，拆除旱厕3188个，整治裸房2万栋。建成安全生态水系39公里，综合治理水土流失14.1万亩，新开工洪洋溪安全生态水系、新洋溪防洪治理等重大水利项目27项。鼓宦线获评全国“十大最美农村路”。

“十三五”期间，福州市农林牧渔业总产值稳居全省首位。水产品产量和产值跃居全国地级市第一位。粮食安全省长责任制考核连续三年全省第一，“菜篮子”市长负责制考核连续四次全省第一。海洋生产总值从1532亿元提高到预计2850亿元。新建、改造农村公路800公里。国省道从803公里增加到1291公里。

实施美丽乡村建设1792个，农村无害化厕所普及率从92.5%提高到99.3%，农村污水治理管控率从54.7%提高到91.4%。

工　业

开展“抓项目促跨越”专项行动，构建“晾、晒、奖、惩”项目推进机制，落实重点项目2960个，“五个一批”综合考评位居全省第1位。开展

“双百双千”增产增效专项行动，全方位精准帮扶重点企业2660家，其中2625家实现正增长。开展“百项千亿”技改专项行动，从基金、融资、要素等方面予以支持，实施技改项目313项，预计完成技改投资940亿元。二产增加值预计突破4000亿元、增长4.8%。开展“新基建”专项行动，实施人工智能、工业互联网等新基建项目175个，建成5G基站5723个、电动汽车充电桩2000个。打造晋安湖、东湖、旗山湖等“三创园”，集聚国家级高新技术企业140家。实施工业（产业）园区标准化建设，新建“升级版”标准厂房121万平方米。

“十三五”期间，福州市工业总产值从8195亿元提高到预计突破1.1万亿元。产值超百亿工业企业数量占全省三分之一。数字经济规模预计突破4500亿元，占地区生产总值比重达45%。

建筑业

开展城市品质提升“十位一体”专项行动。地铁1号线二期开通运营，2号线东延线和6号线东调段获国家发改委批复。“绿进万家、绿满榕城”行动常态化推进，造林绿化7.3万亩，建成区新种乔木16万株。新增林荫大道51条，提升绿道143.3公里，新建街头、路边、山边、水边串珠式小公园432个。实施新店外环路、下洋路延伸段、首山路北段等城区缓堵项目136个，建成投用福马路、站东互通、西岭互通铜盘路连接线等项目67个。改造旧屋区16个115万平方米。整治老旧小区126个。提升立面景观110处。整治传统老街巷54条、小街巷59条。基本建成城区内河信息化平台，内河水系治理全面转入长效运营管理阶段。提升改造垃圾分类屋（亭）911座，厨余垃圾处理厂和生活垃圾焚烧协同处置厂建成投用。新增更新公交车302辆，优化公交线路118条，改建公交站台133个。开展城市精细化管理“十位一体”专项行动。整治提升华林路、湖东路等重要街区11条。铺设超薄沥青防尘路面63条、200万平方米。修补人行道365条、38万平方米。新建公厕202座。完成零星地块精准改造131处。完成拆墙透绿426处。减少围挡23万平方米。清理广告牌匾1927面。拆除废弃杆件931根。整治沿街箱柜1058个。新增缆化下地425段、178公里。优化47条道路车行标识，新设75条道路人行标识730面。清理批而未供土地2.33万亩。处置“两违”942.7万平方米。电动自行车管理更加严格规范。闽江沿线规划管控和大学城、高新区环境整治得到有效提升。加快滨海新城建设，启动建设输配环、互联网科技产业园、智慧运营中心等项目69个，建成海峡青少年活动中心、安置房三期等项目58个。三江口片区开发稳步推进，建成樟岚北片区道路、马航洲湿地修复保护等项目5个。

“十三五”期间，福州市建筑业增加值从689.4亿元提高到预计1380亿元，位居全省第1位。福州港集装箱吞吐量从全球第73位跃升到第49位，货物吞吐量从1.4亿吨增加到2.48亿吨、跃居全省第1位。长乐国际机场航线从106条增加到119条，航点从73个增加到94个。机场第二跑道开工建设。铁路运营里程从474.6公里增加到542.3公里。福州到平潭铁路建成通车。高速公路通车里程从588公里增加到754公里，“三纵三横”高速公路网基本形成。市政道路从1256公里增加到2461公里。市政路网密度从每平方公里4.8公里提高到8.3公里，跃居全省第1位。地铁1号线、2号线60公里开通运营。地铁4号线、5号线、6号线、滨海快线170.4公里同步开建。城镇供水管网从3369公里增加到5288.6公里，供水能力从每日232.3万吨提高到330万吨，污水处理能力从每日133.5万吨提高到151.5万吨。城镇燃气管网长度从2588公里增加到3840公里，居民管道燃气用户数从60.5万户增加到104.2万户。红庙岭垃圾处理场22个垃圾后端处理项目全部建成投用，垃圾分类处理能力实现全覆盖。城区生活垃圾实现“零填埋”。建设环山休闲步道131.3公里、滨水休闲步道680.3公里、大型生态公园15个、串珠式小公园1202个，开挖旗山湖、晋安湖等调蓄、景观湖7个。整合拓展西湖、左海景区水系。打造闽江两岸休闲景观带56公里。实施连片旧屋区改造186个，拆除旧房2354万平方米，惠及群众10万户35万人。实施老旧小区整治608个，惠及群众14.1万户50万人。拆墙透绿1072处，拆除围墙92.7公里。城区修补人行道750条、

60万平方米。完成缆化下地1071段、439公里。新建、改建城乡公厕1826座。“两违”处置量连续三年全省第1。实施城区缓堵项目840个，高峰延时指数下降10.16%，交通拥堵排名从全国第19位下降到第27位。城区垃圾分类覆盖率达100%，居民分类准确率达80%，垃圾分类考评排名进入全国前10。建设冶山、新店遗址公园。整修“三山两塔”。修复上下杭、朱紫坊、烟台山。打造鳌峰坊、南公园等特色历史文化街区17个。整治中山路、学生街、桂香街等传统老街巷261条。保护修缮重点文物和古建筑1200多处。建设马尾船政文化城。福清天宝陂入选世界灌溉工程遗产名录。永泰爱荆庄荣获联合国文化遗产保护奖。滨海新城实施建设类项目277个、总投资超2700亿元，落地招商项目625个、总投资1952亿元。福州城市正从滨江城市向滨江滨海城市跨越。

服务业

开展“惠聚榕城消费季”专项行动，通过发放消费券、直播带货等措施，直接拉动消费40.1亿元，15个夜色经济示范街区建成开街。三产增加值预计突破5500亿元、增长6%。开展“网络招商、视频招商”专项行动，通过线上洽谈、线上推介等方式，签约华电福瑞能源、恒拓原油集散平台等产业项目6479个。实施“引金入榕”工程，引进浙商银行、光大永明保险等一批金融机构。新增限上规上商贸服务业企业600家、企业总部84家。宜家家居、“上下杭·金银里”商业步行街建成开业。鼓岭旅游度假区完成第三轮整体提升。福州综合保税区、江阴港综合保税区获国家批准。入选国家骨干冷链物流基地。开通福州—台北海运货物直航专线。闽东北、榕港澳、闽浙赣皖、泛珠三角区域协作不断深入推进。

“十三五”期间，福州市三产增加值从2839亿元提高到预计突破5500亿元，占地区生产总值比重从49.1%提高到55%以上。社会消费品零售总额从2925.5亿元提高到预计突破4200亿元。金融业增加值从576亿元提高到预计突破1200亿元，占地区生产总值比重从10%提高到12%以上。旅游总人数从4669万人次提高到9654万人次。旅游总收入从537亿元增加到1450亿元。

2021年发展目标

2021年是奋进“十四五”、逐梦新征程的开局之年。福州市立足新发展阶段，全方位推动高质量发展超越。经济社会发展的主要预期目标是：地区生产总值增长8.5%，地方一般公共预算收入增长5%，固定资产投资增长10%，社会消费品零售总额增长9%，出口总额增长8%，实际利用外资增长6%，城镇居民人均可支配收入增长8%，农村居民人均可支配收入增长8.5%，城镇登记失业率控制在3.5%以内，完成节能减排降碳任务。

一、农业

发展现代特色农业。落实粮食安全省长责任制，确保粮食种植面积稳定在122万亩以上，新增高标准农田11万亩，生猪存栏108万头，农作物良种覆盖率达98.5%以上。新建果蔬菌等设施农业2000亩以上、林下经济示范基地10个，新增“三品一标”农产品22个，新培育市级以上休闲农业示范点5个、休闲渔业示范基地5个。新建一批省级现代农业智慧园、农业物联网应用基地。办好中国（福州）国际渔业博览会、中国食用菌产业博览会。加快乡村振兴步伐。持续开展农村垃圾处理、污水治理、旱厕改造、危旧房清理、庭院绿化，推动600个村植树60万株以上，力争70%以上行政村建成“绿盈乡村”。新建农村生活污水配套管网105公里。推进农村垃圾干湿分类。完成裸房整治1万栋。打造乡村振兴精品线路10条以上，新增乡村振兴中高级版试点村60个以上。选任省市级科技特派员600人。实施正太新材、现代水产品交易中心等重点海洋产业项目100个以上。建设福州（连江）国家远洋渔业基地。力争海洋生产总值突破3000亿元。推行“林长制”，严厉打击破坏林业生态资源违法行为。落实生态环境损害赔偿制度，强化自然保护地监督管理。整治农村乱占耕地违法建房。严格取水许可审批。深化自然资源资产审计。出台传统村落规划编制指南。编制自然资源资产负债表。综合治理水土流失8万亩。清理批而未供土地、闲置土地15万亩。开展耕作层土壤剥离再利用。

二、工业

建设先进制造业强市。围绕打造大龙头、大集群、大产业，继续实施“双百双千”增产增效专项行动，精准帮扶重点企业2700家。继续实施“百项千亿”技改专项行动，落实重点技改项目230个，完成投资1000亿元以上，新增“上云上平台”工业企业450家以上。继续实施龙头扶引专项行动，支持恒申控股、大东海集团、永荣控股、中景石化等优质企业发展壮大。继续实施战略性新兴产业领跑专项行动，聚焦新型材料、新能源汽车等领域，支持阿石创新材料、天马科技、礼恩科技等一批企业快速做大，力争战略性新兴产业产值突破3200亿元。盯紧16条产业链，动建祥鑫特种合金铝、科麟环保等强链补链项目。深入开展工业（产业）园区标准化建设，实施补短板项目183项以上，建成“升级版”标准厂房300万平方米以上。加快晋安湖、东湖、旗山湖等“三创园”建设，推进滨海信息产业园一期、高新区创新园三期等78个项目。办好第四届数字中国建设峰会。打造全国数字应用第一城。建设清华—福州数据研究院、鲲鹏生态创新中心等产业创新服务平台10个以上，培育东湖数字小镇、金牛山互联网产业园等数字经济特色集聚区5个以上，推出数字驾驶舱、智慧停车等数字应用示范场景100个以上，建成菜鸟网络、中电数据产业园等数字福州项目30个以上。推动城市大脑建设。力争数字经济规模突破5000亿元。培育宏东、宏龙等海洋经济骨干企业50家以上。

三、建筑业

增强城市承载能力。新改扩建市政道路100公里。续建国省道120公里。动建滨海新城高速、机场第二高速等一批项目。提速316国道长乐漳港至营前段、城区北向第二通道等一批项目。建成道庆洲大桥、洪塘大桥、洪山桥等一批项目。加快福厦客专建设进度。推动高铁进机场、永泰旅游空铁示范线前期工作。开通地铁6号线长乐段，动建2号线东延线和6号线东调段。推进工业北路延伸线、二环东南段闭合等56个缓堵项目建设。新增更新公交车200辆，优化公交线路20条，新建改造公交站台100座、公共停车泊位4000个。完成霍口水库大坝浇筑。实现“一闸三线”长乐段通水、“高水高排”北线贯通。启动全市城乡供水一体化建设，在台江鳌峰片区、海峡会展中心片区、滨海新城启动区等区域开展直饮水建设试点。完善新区新城功能配套。加快长乐区行政中心搬迁。推进福米智能智造园、数字教育小镇、中电福富5G产业园等产城融合示范区建设，壮大临空经济示范区。推进沿海防护林带、下沙度假村、东湖湿地等项目建设，改善新城生态环境。推进第二工人文化宫、安置房七至九期和新城老城半小时交通体系等项目建设，完善新城基础配套。推进嘉里樟岚、亚升总部、福泉高速连接线拓宽改造等44个项目建设，加速三江口片区建设进程。推进闽江口、福清湾、江阴湾等区域开发建设。提升老城环境品质。实施新一轮市区、县城、镇区品质提升“十位一体”工作方案。开展城区水系治理“回头看”，完成马杭洲河、梁厝河整治，启动大学城水系水质提升和水系连通工程。新启动旧屋区改造项目60个、老旧小区整治项目82个。完成大学城、北江滨中央商务区等10个片区提升改造。清理违章建筑。实施新一轮灯光夜景提升。完善城区垃圾分类收运体系。建成城市管理综合体13座和义序建筑垃圾资源化项目。提升主题公园17个、打造城市花廊19条、完善林荫网络14个、新建街头小公园110个。

四、服务业

推动服务业跨越发展。办好中国跨境电商交易会，打造1—2个产业链完整、专业性强的跨境电商产业园。发展普惠金融、绿色金融、供应链金融，推动兴业银行金融科技产业园建设。办好第56届全国工艺品交易会、世界华人保险大会等大型展会。新引进企业总部50家。加快纺织化纤、冶金钢铁等行业购销供应链平台建设，做大做强晋安数字产业园、仓山互联网小镇等一批平台企业集聚区，推动朴朴电商等一批平台企业向百亿级企业迈进，扶持永辉供应链、榕滴能源等一批龙头平台企业打造行业标杆。力争平台经济交易额突破2000亿元。

（摘编：赵小真）

2020年厦门市经济发展概况

2020年，厦门市坚持以习近平新时代中国特色社会主义思想为指导，深入学习贯彻党的十九大和十九届二中、三中、四中、五中全会精神，全面贯彻落实习近平总书记对福建、厦门工作的重要讲话重要指示批示精神，统筹推进疫情防控和经济社会发展，扎实做好“六稳”工作，全面落实“六保”任务，坚定“抓招商促发展、抓项目增后劲”，经济运行持续回稳、稳中向好，社会大局保持稳定安定。全市地区生产总值增长5.7%；固定资产投资增长8.8%；财政总收入、地方级财政收入分别增长1.7%和2%；全体居民人均可支配收入稳步增长；居民消费价格涨幅2.5%；完成年度节能减排任务。

农　业

乡村振兴深入推进。都市现代农业全产业链产值1021亿元，增长10.9%。建成农村公路88.7公里，改造提升24个山区农村饮水安全工程，农村自来水普及率达97.8%。推进28个自然村生活污水治理，城乡环卫实现一体化。完成既有农房“平改坡”2459栋、裸房整治1509栋，完成263户困难家庭住房安全保障任务。全力推进中央生态环保督察反馈问题整改，新建改造污水管网160公里，新建扩建5座污水处理厂，全市污水处理能力达每日150万吨，整治入海排放口171个，全面完成海域养殖退养。空气质量在全国168个重点城市中排名第四，主要流域国省控断面和饮用水水源地水质优良率达100%，土壤环境质量保持稳定。公众对生态环境质量满意率全省第一。

工　业

先进制造业提质增效。启动金砖国家新工业革命伙伴关系创新基地建设。规上工业增加值增长6%。天马六代线等39个投资亿元以上项目开工建设，浪潮产业园等35个重点项目竣工投产，电气硝子三期等43个大项目增资扩产。产融合作试点工作成效居全国第二。促进工业稳增长和转型升级等4项改革创新举措获国务院通报表扬。科技创新步伐加快。自主创新示范区新策划25项创新事项。净增国家高新技术企业354家，总数达2282家。296家“三高”企业实现倍增发展，新建项目311个，完成投资254亿元。新增4家国家级和21家省级企业技术中心、15家省级新型研发机构。发明专利授权增长30.8%。超额完成“三个六”引才目标。主动服务抗疫大局。率先协调组织16家企业开足马力生产防疫物资，通过市属国企向境外紧急采购口罩、防护服。在防疫物资最紧张的阶段，为全国全省提供口罩1.2亿只、护目镜47万个、防护服28.4万套等。企业纾困帮扶成效明显。率先谋划复工复产复市，及时推出“暖企15条”“稳增长24条”“工程建设20条”“金融支持28条”等200多条扶持政策，建立“五个一”机制，经济社会秩序全面恢复。全年为企业减负近400亿元，协助融资超5500亿元。兑现扶持资金超百亿元，发放中小微企业应急还贷资金63.2亿元，设立30亿元技改服务基金、首期16亿元中小微企业融资增信基金。

建筑业

“岛内大提升、岛外大发展”全面推进。策划生成未来三年亿元以上项目1224个，计划总投资1.88万亿元。东坪山整治提升成效明显。全市累计完成房屋征收1081万平方米，增长56.1%。岛外重大片区完成投资1620亿元，环东海域新城初步形成滨海高端酒店群，“三谷三园”建设和产业招商协同推进；集美新城十年集聚成城，产城融合加速，特斯拉中心等一批项目落地；马銮湾新城环湾大道、南岸生态岛等基本建成；同翔高新城加快集聚新能源等优势产业；东部体育会展新城新体育中心、新会展中心开建。基础设施不断完善。新机场航站区综合交通枢纽等工程加快建设。地铁3号、4号线进展顺利，6号线林埭西至华侨大学段开工。福厦高铁关键节点取得突破，远海码头铁路专用线开建。海沧隧道基本贯通，翔安大桥等一批交通重点工程加快推进，“两环八射”快速路网基本形成。长泰枋洋水利枢纽工程具备应急供水能力，新建改造供水管网80.3公里。建成5个世界一流城市输电网综合示范区。新建改造燃气管道123.1公里。全国首个5G全场景应用智慧港口、公交综合智慧系统入选国家新基建示范工程项目。处置重大安全隐患房屋4663栋，改造老旧小区228个，新增路外公共停车泊位6213个。投用东部垃圾焚烧发电厂二期，原生生活垃圾实现“零填埋”。新增改造园林绿地432公顷。

服务业

现代服务业加快提升。安达仕、华尔道夫等一批高端酒店开业，字节跳动、京东数科等一批营收超百亿元项目签约落地。总部经济企业营收增长10%。港口集装箱吞吐量连续六个月单月突破百万标箱，人民币存贷款余额增长14%，新增境内上市公司12家（含过会），成功举办第33届中国电影金鸡奖系列活动。消费潜力加快释放。出台旅游会展、餐饮住宿、电商等系列扶持政策，实行阶段性景区免费、公交免费、展馆免费，开展各类消费促进活动1200多场，成功举办“云上石材展”等重大活动，首店经济、夜间经济、直播经济等新兴商业模式蓬勃发展。限上批发零售业销售额增长28.2%，位居全省首位。重点领域改革持续深化。自贸试验区新推出18项全国首创举措。全面实施零基预算改革，在全国率先编制政府保障事项清单。组建国有资本投资运营公司，市属国企营收增长20.4%。深化“放管服”改革，“不见面审批”办件量提升至58%，60个事项“秒批秒办”，企业开办实现全程电子化，新设商事主体13.2万户，增长8.8%，纳税服务指标全国第一。口岸进出口通关时间较2017年分别压缩71%和93%，提前完成国务院下达任务。“e政务”便民服务站项目入选国务院办公厅典型经验案例。设立“厦门企业家日”，构建“亲而有度、清而有为”的新型政商关系，获评全国营商环境标杆城市，公共服务质量满意度全国第三。开放型经济水平不断提升。实现进出口总额6915.8亿元，增长7.8%，占全省49.3%。象屿保税物流园区、海沧保税港区获批成为综合保税区。航空维修等14个重点平台带动效应增强，启动跨境电商B2B出口试点，9610模式出口量增长67倍。获批全国深化服务贸易创新发展试点、全国进口贸易促进创新示范区、国家数字服务出口基地。中欧（厦门）班列发货量、货值分别增长33%和34%。“丝路海运”开行航次增长35.6%。对“一带一路”沿线国家和地区进出口增长12.1%。新增对外投资项目116个，实际投资10.6亿美元。两岸交流融合稳步推进。新批台资项目577个，合同使用台资增长88.1%。两岸首家全牌照合资证券公司金圆统一证券开业，建霖家居等台企在A股上市。进一步放宽台胞职业资格采认，台湾人才来厦就业1864人。成功举办海峡论坛、两岸企业家峰会年会、文博会等两岸交流活动。“招商引资与项目建设攻坚年”成果丰硕。成功举办厦洽会和电子信息、生物医药、总部经济、海洋经济等产业发展大会，新增落地项目8411个，总投资1.64万亿元。实际使用外资增长23.8%，增幅和规模均居全省首位。一批百亿量级项目落地。完善“1+3+1”决策推进机制，推动“6+2+8”主体赋能，实施百日冲刺行动，415个市重点项目完成投资1767.8亿元。

2021 年发展目标

2021 年是中国共产党成立 100 周年，是第二个百年奋斗目标和“十四五”规划的开局之年，也是厦门经济特区建设 40 周年，做好今年工作意义重大。发展的主要预期目标为：地区生产总值增长 7.5% 以上，规上工业增加值增长 7.5%，固定资产投资增长 8% 左右，财政总收入、地方级财政收入分别增长 5.5% 和 5%，社会消费品零售总额增长 8%，外贸进出口总额增长 3%，实际使用外资增长 6%，居民消费价格涨幅控制在 3% 左右，全体居民人均可支配收入保持稳定增长，完成国家和省下达的节能减排任务。

一、农业

做好农业农村工作，全面推进乡村振兴。巩固提升都市现代农业。加强农业水利设施和高标准农田建设，示范推广优质蔬菜、水果新品种，大力推进良种选育攻关，发展种苗产业，保障重要农产品有效供给。扶持壮大农业龙头企业，提升休闲农渔业和乡村旅游业，推动农村一二三产业融合发展。推动农村全面进步。统筹城镇和村庄规划，保护传统村落和乡村风貌。加快乡村振兴千亿投资工程项目建设，抓好 60 个省级试点村建设，完善乡村水、电、路等基础设施。圆满完成村级组织换届选举。促进农民全面发展。提高农民科技文化素质，加快培育家庭农场等新型农业经营主体，发展多种形式适度规模经营，拓展就业创业空间，促进农民增收。深化农村集体产权制度改革，发展新型农村集体经济。保障进城落户农民土地承包权、宅基地使用权、集体收益分配权，鼓励依法自愿有偿转让。

二、工业

持续推进制造业发展高端化。实施制造业骨干企业增产增效行动，力促太古维修基地等一批重大项目开工，推动天马六代线、厦钨稀土永磁电机产业集群等一批项目加快建设，加快联芯电子等一批项目增资扩产。实施扶优扶先行动，支持工业大数据平台建设，打造行业示范、标杆企业，争创工业互联网示范区。实施质量强市战略，提高制造业质量竞争力水平。加大重点领域改革力度。积极争取支持建设高质量发展引领示范区。实施国企改革三年行动方案，鼓励国有经济布局战略性新兴产业、基础设施、公共服务领域。深化零基预算改革，强化预算约束和绩效管理，集中有限财力保障重点工作、重点项目和基本民生。加快投资体制改革，创新投融资机制，健全政府多元化融资渠道。依法平等保护民营企业产权和企业家权益，有序放宽市场准入，激发民营经济活力。

三、建筑业

积极扩大有效投资。主动衔接国家重大规划、重点投向，持续生成一批大项目好项目。狠抓“两新一重”项目建设、“五个一批”项目攻坚，加快推动“十四五”规划项目、409 个市重点项目开工建设。狠抓要素保障，用好政府债券、中央直达资金、市场化融资，盘活“批而未供”“供而未用”土地。全面加快跨岛发展。加快编制城市国土空间总体规划，做好总体城市设计。岛内大提升重点加快空间优化、资源盘活、产业升级，推进何厝岭兜、湖滨、湖里东部等片区重大项目建设，加快沙坡尾、中山路等老城区更新，谋划推进滨北超级总部、开元创新社区、五通高端商务区等。岛外大发展重点围绕打造国际一流新城，按照“成熟一片、开发一片、发挥效益一片”原则，完善商业、基础设施、社会事业配套，实现以城兴业、以产促城、融合发展。着力提升城市基础设施承载力。全面完成新机场前期审批工作，开工建设主体工程、综合保护带等核心项目，加快申报国家级临空经济区。加快轨道交通工程建设，推动同安进岛轨道交通前期工作。建成投用海沧隧道，全力推动翔安大桥等 121 个交通大提升项目。建成综合管廊 15 公里、燃气管道 60 公里，加快建设西水东调管道二期、海沧水厂三期、电力进岛第三通道缆化迁改等一批供水供电项目。不断提高城市颜值。加快打造“城市大脑”，创新城市管理手段、管理模式，让城市运转更聪明更智慧。加强建筑第五立面管控，大力整治“两违”和房屋安全隐患。加快推进七大环境提升工程，全面完成高铁高速沿线整治，改造提升一批背街小巷街区立面，改造提升老旧小区，进一步提高无障碍设施建设水平。推广停车场信息联网，新增路外公共停车泊位2000个以上。

四、服务业

持续提升现代服务业发展层级。加快建设国际航运中心，聚集高端航运服务要素，增强航运综合服务能力。加快建设国际旅游会展中心，提升“海上花园·诗意厦门”城市品牌国际影响力。加快建设区域金融中心，大力引进各类金融机构，发展金融科技等特色产业，支持企业登陆资本市场，加强金融风险防范。加快引进各类总部企业，打造“海丝”沿线和东南沿海领先的总部经济核心区。大力发展影视产业、网络视听和文化创意产业，深化拓展中国电影金鸡奖活动，加快建设新兴文化产业强市。力促消费扩容提质。提高岛内商圈业态品质，加快发展岛外商圈，推动传统消费转型升级，积极创建国际消费中心城市。培育壮大新兴消费热点，鼓励发展直播电商、网红经济等新业态，繁荣首店经济、夜间经济、小店经济，壮大康养护理、数字教育等服务消费规模，满足民众多样化消费需求，持续扩大节假日消费。全力帮扶市场主体。落实“五个一”“六必访”工作机制，加快兑现各项助企纾困政策，适时出台新的帮扶措施。深化政银企对接，优化普惠金融服务。全力解决企业市场拓展难题，支持企业参加境内外展会，加大出口转内销力度。全力解决企业供应链难题，加大原材料、物流运输、快速通关等协调力度，提高产品产销率和配套率。加快建设国际贸易中心。系统研究对接《区域全面经济伙伴关系协定》和《中欧投资协定》有关规则和便利化举措，积极拓展国际合作新空间。建好综合保税区，积极发展国际中转、离岸贸易等新业态，巩固传统市场，拓展新兴市场。做强做优跨境电商综合试验区，壮大进出口规模。打造“丝路海运”“丝路飞翔”品牌，扩大中欧（厦门）班列辐射功能，筹建厦门基地货运航空公司，建设国家物流枢纽。高标准建设金砖创新基地。坚持高位谋划、高点起步，抓紧完善总体方案，争取政策支持。推进中俄数字经济研究院等项目建设，加快汇聚金砖技术流、人才流、资金流、物资流、信息流，打造科技创新、工业与数字经济、贸易投资、人才培养四大合作中心和政策协调平台，努力把基地建成金砖和“金砖+”国家合作的重要桥梁和纽带。

2035年远景目标：根据市委十二届十二次全会的战略安排，到2035年我国基本实现社会主义现代化之时，厦门市将成为自由港特征经济特区和高素质高颜值现代化国际化国家中心城市，率先实现全方位高质量发展超越，率先基本建成社会主义现代化强国的样板城市。全市经济实力、科技实力、综合实力将大幅跃升，经济总量和城乡居民人均收入将再迈上新的大台阶，人才优势和创新动力显著增强，成为高水平创新型城市；实现新型工业化、信息化、城镇化、农业现代化，建成现代化经济体系；建成更高水平开放型经济新体制，国内大循环重要节点、国内国际双循环重要枢纽的新优势显著增强；实现治理体系和治理能力现代化，人民平等参与、平等发展权利得到充分保障，法治厦门、法治政府、法治社会全面建成；社会事业蓬勃发展，市民素质和社会文明程度达到新高度，城市国际影响力显著增强；形成绿色生产生活方式，人居环境与城市品质全面提升，人民生活更加美好，人的全面发展、人民共同富裕基本实现；建成国际航运中心、国际贸易中心、国际旅游会展中心、区域创新中心、区域金融中心和金砖国家新工业革命伙伴关系创新基地等“五中心一基地”。

（摘编：吴汉良）

2020年漳州市经济发展概况

2020年是极不平凡的一年，在以习近平同志为核心的党中央坚强领导下，在省委和省政府以及市委的正确领导下，漳州市坚持以习近平新时代中国特色社会主义思想为指导，全面贯彻党的十九大和十九届二中、三中、四中、五中全会精神，深入学习贯彻习近平总书记对福建工作的重要讲话重要指示批示精神，统筹推进常态化疫情防控和经济社会发展，扎实做好“六稳”工作、全面落实“六保”任务，坚持不懈“大抓工业、抓大工业”，全方位推动高质量发展超越。全市完成生产总值4545.61亿元；一般公共预算总收入350.65亿元，下降1.6%，地方一般公共预算收入218.56亿元，下降0.4%；进出口807.5亿元，增长11.3%；实际利用外资41.14亿元，增长8%；社会消费品零售总额1697.15亿元；居民消费价格指数（市辖区）上涨1.7%；城镇居民人均可支配收入40008元，增长2.7%；农村居民人均可支配收入21103元，增长6.1%；城镇登记失业率3.59%；完成年度节能减排任务。

“十三五”时期，漳州市生产总值和城乡居民人均可支配收入均比2010年翻一番，全市建档立卡贫困人口全部脱贫，全面建成小康社会目标圆满完成。这五年，是“大抓工业、抓大工业”，产业结构不断优化的五年。培育形成食品加工、装备制造、新材料三大千亿产业集群，“4+4”产业体系日趋完善，三次产业结构优化为11.0∶45.2∶43.8。这五年，是科技引领、创新驱动，发展动能换挡提速的五年。全市拥有国家级高新技术企业350家，比2015年增加235家，全社会研发投入年均增长超20%。这五年，是深化改革、扩大开放，体制机制日臻完善的五年。“会审制”改革、“商务110”等经验做法在全国推广，开放型经济新体制综合试点试验成果顺利通过国家验收，累计新引进台资项目334个、实际利用台资127.2亿元。这五年，是生态优先、绿色转型，人居环境持续提升的五年。探索推进“生态+”模式，布局建设“五湖四海”项目，全市森林覆盖率从63.58%提高到64.78%。这五年，是统筹城乡、加快融合，基础设施显著改善的五年。全市常住人口城镇化率预计从54%提高到61%，中心城区建成区面积扩大到123.47平方公里，乡村振兴战略开局良好，“四难一差”问题明显缓解，高速公路密度达到发达国家水平。

农　业

落实农业稳产保供，扎实推进乡村振兴，特色现代农业加快发展。围绕打好打赢“三大攻坚战”，落实“四个不摘”要求，全面推行缓解相对贫困人口政策，市本级扶贫资金增长39.8%；加快推进中央环保督察反馈问题整改，探索开展市级环保督查，大力开展矿山环境整治专项行动，启动东山八尺门综合治理生态修复工程，推动河湖长制落实，排查整治污染源1.88万个，市区空气质量优良率为98.1%、提高0.8个百分点，主要流域国、省考断面Ⅰ－Ⅲ类水质比例均为100%。

工　业

加快打造工业新城，实施“1144”工程，启动工业园区标准化建设三年行动计划，古雷开发区跻身“中国化工园区30强”。迅速推动复工复产复商复市，深入开展“奋战下半年、勇夺双胜利”竞赛活动和突破“难、硬、重、新”工作行动，出台促进“六稳”工作18条等一揽子政策，开展产业链供应链固链、中小微企业纾困等行动，累计新增减税降费55.35亿元，金融机构本外币贷款增量突破500亿元，创历年新高。深入开展国资国企综合改革，组建农业发展集团、信息产业集团、人才发展集团，推动国有企业做强做优做大。深化漳台全面融合，漳浦台湾农民创业园考核位居全国第一，台资实际到资金额位居全省第一。

建筑业

深化“五个一批”项目建设，持续开展“云招商”“云签约”，谋划实施“中国女排娘家”基地、古雷炼化一体化二期等一批重大项目，漳州核电三期等752个、总投资超4800亿元的新项目顺利签约，97个、总投资589亿元的重大项目集中开工，市级在建重点项目完成投资1724亿元。加快补齐社会事业短板，漳州市职业教育园区、漳州一中新高中部建成投用，市医院新总部业务楼封顶、市医院朝阳分院负压病房完成改造，全市新增中小学学位1.3万个、公办幼儿园学位1.6万个、病床位2408张、养老床位4137张。完善民生基础设施建设，建成保障性安居工程7560套，新增公共停车位5151个、公园绿地面积2180亩，市殡仪馆改扩建一期工程完工，52个老旧小区完成改造，中心城区农贸市场提升改造建设三年行动取得良好成效。

服务业

深化“放管服”改革，推进开发区体制机制改革向县管开发区延伸，企业开办审批时间压缩至1个工作日内，企业开办“零成本”改革经验在全省推广，全市92.4%的审批事项“一趟不用跑”、82.86%的事项全流程网办，位居全省第一。加快打造区域性旅游目的地城市，推进文化旅游体育和会展夜间经济融合发展。通过开展“全闽乐购”“你消费、我买单，亿元奖励等你拿”等促进消费活动，拉动消费超50亿元。创新“田野直播间”等模式，电商交易额突破500亿元、增长19.7%，邮政快递业务总量增长75.8%。出台支持外贸企业稳定发展系列政策，落实扶持资金9857.5万元。获批国家跨境电子商务综合试验区，漳州台商投资区保税物流中心（B型）封关运营。有效防控重点领域金融风险，严控政府债务余额，全市不良贷款率降至0.93%。

2021年发展目标

做好漳州市今年的工作，事关“十四五”开局，事关新发展阶段起步，事关全方位推动高质量发展超越。漳州市主要预期目标是：全市生产总值增长7.5%左右；一般公共预算总收入增长4%左右，地方一般公共预算收入增长3%左右；固定资产投资增长8%左右；进出口增长3%左右，实际利用外资增长5%左右；社会消费品零售总额增长6.5%左右，居民消费价格指数（市辖区）涨幅3%左右；城镇登记失业率控制在5%以内；城镇居民、农村居民人均可支配收入分别增长7%和8%左右；完成节能减排任务。

一、农业

推动特色现代农业高质高效发展。提高粮食和重要农副产品供给保障能力，开展耕地“非农化”“非粮化”整治，建设高标准农田15万亩，稳定粮食播种面积，落实粮食储备35万吨，保持生猪存栏110万头以上。实施现代农业发展三年行动，持续打造现代农业产业园和产业强镇，推进60个重点项目建设，新建54个省级优质农产品标准化示范基地、30个省级农产品产地初加工中心，新增“三品一标”产品30个。强化农业科技和装备支撑，推进现代种业创新，实施主要农作物全程机械化行动，加快农产品仓储保鲜冷链物流设施建设。培育发展农业产业化龙头企业、农民合作社和家庭农场，新组建4家省级农业产业化联合体，省级以上农业龙头企业达到200家。扎实做好动物疫病防控和农作物病虫害防治工作。深入实施乡村振兴战略。巩固拓展脱贫攻坚成果，保持5年过渡期内主要帮扶政策总体稳定，在规划、政策、工作、机制上同乡村振兴有效衔接，防止返贫致贫。落实乡村振兴“一村一方案”，打造28条串点连线成片的乡村振兴示范线路。实施乡村建设行动，完善乡村规划体系和农房建设管理制度，落实农村宅基地“一户一宅”政策，保护传统村落和乡村风貌，打造一批原山原水、古色古香、宜居宜业的特色乡村。实施村庄基础设施改善工程，完善农田水利、水电路气、物流通信配套，推进县乡村公共服务一体化。开展农村人居环境整治五年提升行动，加快推进农村生活垃圾治理市场化，完成70个村庄生活污水治理提升任务，整治裸房1.6万栋。坚持山水林田湖草系统治理。严守“三线一单”，深化河湖长制，全面推行林长制，强化自然保护地和湿地监管，完成植树造林9.9万亩。加强矿山生态修复，严格落实“矿长制”“净矿出让制”“绿色矿山承诺制”，持续推进漳浦县蔡坑矿山生态修复和龙海市一比疆、长泰县吴田山废弃矿山综合治理。扎实推进涉海（河）非法采运砂综合治理行动，加快漳江口红树林综合整治修复，完成东山八尺门综合治理生态修复工程海堤贯通。落实耕地占补平衡，加强永久基本农田保护和管理，完成年度补充耕地及水田任务。完善九龙江流域（漳州段）生态补偿机制，全面实施九龙江流域（漳州段）山水林田湖草生态保护修复，探索推进环境污染第三方治理。实施“蓝天、碧水、净土、碧海”四大工程，深化污染源头排查整治，推动臭氧和颗粒物协同治理，确保空气环境质量稳定好转；基本完成千人以上农村集中供水饮用水水源地生态环境整治，确保主要流域国、省考断面Ⅰ－Ⅲ类水质比例达到考核要求；开展农业面源污染、工业固废（危废）排查整治等专项行动，推动受污染耕地、地块安全利用率分别达到93%和90%以上；加强海漂垃圾综合治理，建立海上环卫队伍，推进岸滩整治修复，建设美丽海湾。加快推动绿色低碳发展。实施绿色制造工程，大力支持节能技改、资源综合利用和循环经济项目建设，加快清洁能源替代，降低碳排放强度。开展重点用能单位“百千万”行动、农业“三减量三利用三提升”行动，畜禽养殖粪污资源化利用率达到98%以上。

二、工业

提效工业新城建设，构筑现代产业体系。做大做强“三大三新”产业。主动融入国家和省域产业链布局，一体推进强链补链延链，着力打造大石化产业、大健康产业、大装备产业，推动新一代信息技术、新材料、新能源发展提速。大石化产业重点依托古雷，着力延伸乙烯、丙烯、芳烃产业链，力促古雷炼化一体化、中沙古雷乙烯等一批项目顺利投产或投建，石化产业产值突破650亿元。培育壮大数字经济，加大人工智能、5G、物联网、大数据等新一代信息技术在制造业领域应用与融合，数字经济增长15%以上。大力发展海洋经济，推动港湾、产业、城市联动发展。实施龙头企业“培优扶强”工程，培育省级制造业单项冠军1家以上、“专精特新”企业8家以上，新增新上规模企业超100家。推进工业园区标准化建设试点工作，打造若干个标杆园区。扩大制造业设备更新和技改投资，完成300项以上市级重点技改项目。搭建高水平创新载体和人才队伍。积极引进国内外科研大院名所或分支机构，大力培育国家级科技企业孵化器，支持具备条件的企业争创省创新实验室，力争新认定重点实验室、新型研发机构、技术转移机构等省级创新平台6家，新增市级示范众创空间5家。提升企业自主创新能力。完善高技术企业成长加速机制和激励评价机制，培育壮大科技企业集群，完成科技型中小企业评价300家以上，力争国家级高新技术企业突破400家、省级高新技术企业突破450家。开展规模工业企业研发活动广覆盖行动，支持行业龙头企业组建创新联合体，带动中小企业加强创新，推动全社会研发投入增长20%以上。

三、建筑业

抓实“五个一批”项目，深入实施新基建三年行动计划，安排落实281个“两新一重”项目，加快推进“北水南调”、罗溪水库等项目前期工作，力促漳汕高铁、鹰厦铁路漳州支线外迁等项目开工，确保全年重点项目投资不低于上一年度。扩大制造业设备更新和技改投资，完成300项以上市级重点技改项目。加强基础设施联通，加快东山5000吨级对台客货码头项目建设，推进东山与澎湖、高雄客货运直航。主动融入闽西南协同发展区建设。强化规划引领，编制实施《厦漳泉都市圈发展规划》，配合完成闽西南协同发展区专项规划编制，进一步推动产业共建、服务共享、政策共用。用好闽西南城市协作开发集团和发展投资基金，扎实推进闽西南协同发展区重大项目建设，加快建设漳武高速、福厦（漳）客运专线、厦门轨道交通6号线漳州（角美）延伸段，尽快开工厦漳泉城际铁路R1线。精心建造城市和县域核心区。完成市、县国土空间规划编制。稳妥推进中心城区行政区划调整，提速东部新城、市区北部片区、西湖片区、南江滨片区开发建设，推动主城区跨江面海发展。主动融入“211”省内交通网建设，完善城市路网和对外快速通道，新建改造城市道路120公里以上。实施城市更新行动，深化城市建设管理“十项行动”，改造提升77个老旧小区。启动创建国家生态园林城市，新增公园绿地1500亩以上、绿道100公里以上。推进智慧城市建设，提高城市管理科学化、精细化、智能化水平。坚持教育优先发展，加快市属本科院校创建工作，建设高素质专业化创新型教师队伍，加强中小学生心理健康教育，新建公办幼儿园17所，新增中小学学位8000个。

加快市医院新总部、市中医院新院区等项目建设，促进优质医疗资源扩容和区域均衡布局。加强全民健身场地设施建设，办好第十四届市运会、第十一届老健会。重视文物保护与利用，落实“六个一批”项目，做好在闽举办的第44届世界遗产大会漳州考察路线筹备工作。加大保障性租赁住房建设力度，发展长租房市场，实施公共租赁住房租赁补贴，推动棚户区改造1万套以上，完成2000户困难老年人家庭适老化改造。

四、服务业

加快现代服务业提质升级。开展制造业“主辅分离”专项行动，加快发展现代物流、金融服务等“五大生产性服务业”。推进文化旅游体育和会展夜间经济融合，实施全域旅游发展总体规划，加快建设“中国女排娘家”基地等服务业载体，重点建设漳州古城、闽南水乡等夜间经济集聚区，扶持培育食品交易博览会等专业展会，持续打响“花样漳州”旅游品牌，打造区域性旅游目的地城市。以碧湖、建元、西湖等板块为重点，加快培育和发展总部经济、楼宇经济。大力发展生活性服务业，推动养老、育幼、康养、家政等向专业化和多样化升级。全面促进消费。持续开展“乐购漳州”系列活动，打造“一县一商圈”，完善便捷停车、便利消费的软硬件配套，培育一批重点商圈和特色街区。加快发展“直播带货”“网上餐厅”“网上超市”等新业态，支持实体商业发展线上业务，引导零售企业向“新零售”转型。开拓城乡消费市场，配套完善区域性商贸物流配送中心和乡村末端配送网点，畅通农产品进城和工业品下乡渠道。开展“A级景区+星级酒店”创建行动，加快组建旅游车队，建设旅游特色商品购物点，落实带薪休假制度，扩大节假日旅游消费。鼓励新能源汽车消费，促进家电家具家装消费，推动住房消费健康发展。推动内外贸一体化。坚持用好国内国际两个市场，建设“漳州产”内外贸展示平台，扩大内外销产品“同线同标同质”实施范围，引导出口企业打造内销品牌、开拓国内市场。发挥国家跨境电子商务综合试验区和台商投资区保税物流中心（B型）平台优势，加快建设线上公共服务平台、国际快件中心等，打通“关、税、汇、商、物、融”产业链条，一体化发展保税物流、仓储、电商、展示，促进“买全球、卖全球”。拓展外贸空间，组织中小企业“抱团出海”，开展线上线下“漳州产·全球销”“漳州味·世界行”活动，鼓励企业参展进博会，扩大服务进口。培育国际合作和竞争新优势。推动更深层次、更宽领域、更大范围的对外开放，积极融入“海丝”核心区建设，拓展“一带一路”技术合作，加强与东盟国家港口、物流和产业合作。主动对接区域全面经济伙伴关系协定和中欧投资协定，深化货贸、服贸和投资等经济技术对外合作。加大国际贸易“单一窗口”推广应用，推行汇总征税和关税保证保险等新型担保措施，进一步优化进出口环节监管服务，巩固跨境贸易便利化成果。推动行业标准共通，鼓励台资企业在漳设立第三方检验检测和认证机构，参与制定国家和行业标准。落实落细惠台政策，实施乡情亲情延续工程，持续推动台湾青年创业基地建设，用产业、项目、事业、待遇吸引台湾青年人才来漳发展。

（摘编：于新光）

2020 年泉州市经济发展概况

2020 年，在做好疫情防控的基础上，泉州市扎实推进“六稳”工作，全面落实“六保”任务，认真执行市十六届人大五次会议通过的决议，经济逐步恢复常态，社会各项事业取得新成效。聚焦疫情对经济的巨大冲击，一季度破解“五难”操作链，二季度实施“六稳”“六保”追赶行动，三季度开展双循环攻坚，四季度组织年终冲刺，全市生产总值由一季度下降 10.3% 到全年增长 2.9%。实施“百千”增产增效行动，梳理 2237 家重点扶持企业，兑现惠企资金 48.2 亿元、减税降费 91.1 亿元；建立企业金融服务顾问制度，开展“百名行长进企业”活动，为企业增贷、转续贷、降低利率、延期还款 2400 多亿元，创新开设“网络招聘超市”、推行共享用工，支持龙头企业与本地中小微企业产能对接 810 亿元。农林牧渔业增加值增长 1.8%、工业增加值增长 2.9%、第三产业增加值增长 3.2%。

农　业

扎实推进乡村振兴，编制完成 145 个乡村振兴试点村规划，加快创建 23 条示范线路，完成人居环境整治、乡村旅游、乡村记忆文化等 19 个三年行动任务，十大特色产业全产业链产值突破 2000 亿元。加强农村宅基地管理，农村建房乱象初步得到遏制。开展全国深化农村公路管理养护体制改革试点，建成农村公路路网 239 公里，实施生命防护工程 912 公里。顺利完成脱贫攻坚目标任务，有效化解疫情对脱贫攻坚的影响，强化返贫预警监测和突发原因致贫应急救助，巩固提升“两不愁三保障”和农村饮水安全水平，村集体经营性收入普遍达 10 万元以上。扎实推进中央生态环保督察反馈问题整改，完成 70 个大气减排精准治理项目，中心市区空气质量优良率 97.3%；实行“流域河长令”，河长制标准化建设入选水利部优秀案例；完成农村“千吨万人”饮用水水源保护区划定，县级以上 13 个饮用水水源地Ⅲ类水质达标率 100%。完成植树造林 8.4 万亩、水土流失治理 31 万亩、矿山生态修复 59.5 万平方米。安溪获评国家生态文明建设示范县，永春入选全国“绿水青山就是金山银山”实践创新基地，桃溪国家湿地公园通过验收。

工　业

实施“四新”“八老”投资盘子，开展 13 个新基建新经济基地建设比拼，实行“龙头（平台）+产业链+基金+专班”专案运作；建成 5G 基站 1 万个，成为全国首批“双千兆城市”。启动千亿产业集群改造提升行动，实施强链补链、科技赋能等项目 710 个，新增数字化、智能化生产线 124 条，培育省级智能制造试点示范企业 21 家，新增“上云上平台”企业 1000 家，筛选培育明星梯队企业 141 家。攻坚推进“五个一批”项目，完成在建重点项目投资 1498 亿元，白濑水利枢纽工程大坝开建，中化乙烯、三安氮化镓砷化镓、百宏 PTA、烯石新材料等 98 个重点项目竣工投产。开展招商季活动，制定招引大区公司专项扶持措施，创新开展云招商、云签约，引进国亨化学、立邦新材料、中化化销等重大项目，全市新签约项目 432 个、总投资 2281 亿元。实施科技创新工程，获批“科创中国”试点城市；新增高新技术企业 350 家、科技小巨人领军企业 141 家；推动清源创新实验室实质运作，与湖南大学、上海大学、同济大学等合作建设研发平台，中科院大学智能制造学院迎来首批研究生。

建筑业

环湾向湾建设提速提质。启动国土空间规划编制，科学划定“三条控制线”。比拼开展片区更新改造活动，北峰丰州西华洋、繁荣大道及棚户区、南埔山片区开工建设，东海后埔、城东南滨江片区加快征迁；县（市、区）13 个片区更新改造完成投资 105 亿元。开工老旧小区改造项目 297 个、完工 152 个，惠及 5.6 万户家庭。梯次实施聚城畅通工程，兴泉铁路、福厦客专泉州段加快架梁铺轨；厦漳泉城市联盟路泉州段建成通车，泉梅、泉厦金高速列入国网规划；城东至北峰通道将于春节前通车，武荣大桥、刺桐大桥南节点开工建设；鲤城紫山路、洛江滨江大道、泉港海南街等 28 条断头路打通。稳步推进古城综合提升工程，中山中路保护提升项目进入工程收尾，承天巷、旧馆驿等 29 条古城街巷启动保护提升，11 所古书院开展复建复兴，正音、宝觉等书院投入使用；梧林古村落项目对外试运营。提升城市生态景观，晋江下游南岸生态整治、百崎湖启动区、蚶江湿地公园等 11 个生态连绵带项目基本完工，西湖桃花岛、山线绿道二期工程建成开放；全市新改建城市综合公园、社区公园和口袋公园 137 个、面积 700 公顷。改善城市治理，出台泉州市文明行为促进办法、电动自行车管理办法，完善创城创卫常态长效机制；垃圾分类实施范围扩大到 22 个街道（乡镇）、40 多万户居民，实现公共机构全覆盖。南安、晋江、安溪生活垃圾焚烧发电厂完成改扩建，餐厨垃圾资源化处理设施建成投用。全市新改建城镇污水管网 345 公里，完成柯石、浔美等 23 个排涝工程建设和 83 个积水点改造。支持公交线路跨区发展，新增公共停车泊位 6500 多个。

服务业

实施“全闽乐购”泉州促消费活动，发放各类消费券 2 亿元，组织线下百场促销；开展“海丝精品・好货不贵”等直播系列活动，网络零售额 2574 亿元、增长 34.9%，数额全省第一；快递业务量破 17 亿件、增长 41.2%，数量占全省一半；餐饮、住宿、旅游业稳步复苏，石牛山景区、八仙过海等项目开放运营，德化获评全国全域旅游示范区。实施出口突围拓展行动，出口增长 3.4%。推广扩容石狮市场采购贸易和预包装食品出口，新增晋江鞋纺城获批市场采购贸易试点，实现省内通关一体化，市场采购贸易出口 343 亿元、增长 98.2%；获批并实施跨境电商零售进口试点。完善市政府质量奖评选办法，举办首届“刺桐杯”国际设计大赛。深入推进人才“港湾计划”，新认定高层次人才 2907 人、团队 7 个，开展自主认定试点企业 116 家，引进产业急需高校毕业生超万人，新认定技能人才 3.8 万人。传承弘扬“晋江经验”创新前行。认真落实市委重点改革任务，全力增创发展新优势。深化“放管服”改革，全面推进“一窗通办”，整合“一件事集成套餐服务”事项 54 件，电力工程占用挖掘道路政企“一窗”联审模式全省推广；建成投用行政审批服务“中介超市”，推行“红黑榜”考评管理；组建国有大数据运营服务公司，启动政务数据汇聚与共享应用平台（二期）建设，基本完成市、县两级政务数据中心整合迁移和政务数据全量汇聚，在全省率先实现“区块链电子证照 + 实体证照”同步颁发。营商环境在百座经济活跃城市综合排名升至第 15 位。深化金融服务实体经济改革，获批国家产融合作试点城市。推动供应链金融、银税互动、云电贷等增户扩面，金融机构贷款余额增长 13.1%；建设企业公益性综合信用评价体系，完成 20 万家企业公共信用评价；支持企业改制上市，精准实施分阶段奖励补助，新增上市企业 3 家；新设创新投资基金、科技成果转化基金。强化信贷风险防范化解，不良贷款率保持较低水平。加快市属国企改革，稳妥推进市属国有外经贸企业整合重组。出台实施医改“1 + N”政策，深化“三医联动”改革，全市所有县级二级以上公立医院均建立现代医院管理制度，按病种收付费覆盖面、药品与医用耗材集中采购范围进一步扩大，职工医保、城乡居民基本医保政策目录范围内的报销比例分别提高到 92.8% 和 68.5%，实现医保

“村村通”；第一医院医疗集团实质运作，县（市）均建成紧密型县域医共体。推动对台对外交流合作稳中有进，创新疫情背景下与海丝沿线国家（地区）交流合作方式，与印度金奈缔结友好城市获全国友协批复同意；泉台贸易总额、利用台资分别增长50%和73.8%，安溪清水岩获批国家级对台交流基地；与港澳侨合作稳步拓展，南洋华裔族群寻根谒祖综合服务平台一期投入试运营。

2021 年发展目标

2021 年是实施“十四五”规划的开局之年，经济社会发展主要预期目标为：全市生产总值增长7.5%左右，农林牧渔业总产值增长2.5%左右，工业增加值增长7.5%左右，第三产业增加值增长8%左右；一般公共预算总收入增长5%，地方一般公共预算收入增长5%；固定资产投资增长7.5%左右；实际利用外资增长7%，出口商品总额增长7%；社会消费品零售总额增长7.5%左右，居民消费价格涨幅控制在3%左右；居民收入增长和经济同步增长；完成节能减排降碳任务。

一、农业

突出乡村振兴，夯实高质量发展超越的“三农”基础。提高农业质量效益。落实粮食安全责任制，抓好“米袋子”，稳定130万亩粮食播种面积，建设15万亩高标准农田，加强种质资源保护利用；拎好“菜篮子”，增加生猪存栏出栏数量，启动建设4个标准化屠宰场，新改建10个农贸市场。持续推进农业“五百”示范项目，十大特色产业全产业链产值增长6%。加快一二三产深度融合，建设农业物联网应用基地5个以上，扶持休闲农业示范点10个以上。实施农民专业合作社规范提升行动，深化科技特派员制度。推进渔港经济区建设，强化海上渔业生产管理，整治涉渔“三无”船舶。实施乡村建设行动。拓展创建315个乡村振兴试点村，培育50个典型示范村，加快23条示范线串点连线成片。启动农村人居环境整治提升五年行动，全面清除农村旱厕，逐步建立农村生活垃圾减量化机制和村庄清洁行动长效机制。深化农村宅基地制度改革试点，建设农村宅基地改革一体化管理平台，加强农村房屋建设管理，整治既有农房2.4万栋。加快水利基础设施建设，抓好白濑水利枢纽工程、永春马跳水库等项目，基本建成惠女至菱溪、陈田至泗洲引调水工程。完善“路长制”，争创“四好农村路”示范市。实施城乡供水一体化，提升农村供水保障水平。巩固拓展脱贫成果。落实“四个不摘”要求，对易返贫致贫人口实行常态化监测，强化欠发达地区和低收入群体帮扶，实施产业扶贫1500户以上、住房条件改善提升500户以上，扶持低收入村发展村财创收项目150个以上。扎实推进革命老区、中央苏区振兴发展。

二、工业

培育壮大新兴产业。滚动推进时空产业、传感智造、新型显示等新基建新经济基地建设，力争新落地项目80个、总投资200亿元以上。培育壮大电子信息产业，加快三安、渠梁、慧芯激光、中石光芯等项目建设，延伸布局产业链条。加快新能源国家工程研究中心及产业园建设。规划发展原料药、海洋生物医药，培育本土优秀中成药品牌，建设中国医疗防护用品生产基地。发展数字经济，加快物联网、区块链、大数据、人工智能等未来产业布局，新建5G基站1万个，培育示范应用场景50个，投用工业互联网标识解析二级节点，推动中科曙光超算中心、中科数遥项目落地建设。改造提升传统产业。依靠科技赋能民生消费品产业，加强纺织新材料、高性能陶瓷、新型建筑等应用研究和示范推广，开发功能性、差异化产品；实施重点技改项目200项以上，推广应用数字化生产线120条；加快SAP、华为、海尔卡奥斯等工业互联网平台落地运作，新增1000家企业“上云上平台”。加快石化产业从“炼”到“化”延伸，抓好国亨化学、中纺院绿纤等项目，推动化工新材料、精细化工提质扩能。促进建筑业高质量发展，做大做强古建筑、建筑幕墙等优势领域。实施产业龙头促进计划，滚动培育明星梯队企业。深化工业园区标准化建设三年行动，推动24个小微产业园规范建设。实施全方位创新行动。发挥国家自主创新示范区先行优势，加速泉州科学城、环清源山科创走廊、泉厦科创走廊布点落子。推动规上工业企业研发活动全覆盖，支持领军企业组建创新联合体，实行攻关任务

"揭榜挂帅"，力争新增高新技术企业300家。深化拓展与中科系、大学系、军工系、企业系等大院大所产学研合作，推出科技创新券，提高服务本地产业实效；建好用好清源创新实验室、中关村中试熟化基地等平台，启动建设时间中心大科学装置，正式运行中国（泉州）知识产权保护中心，再引进2－3家高水平研发平台。

三、建筑业

开展"项目攻坚2021"。实施在建重点项目538个，完成年度投资1500亿元以上，确保开工、竣工重点项目各90个。做强环湾城市中心。完成国土空间规划编制，开展165平方公里环湾核心区城市设计，推动金融服务、现代商贸、科创研发等高端要素集聚，精心打造晋江、洛阳江入海口展示面。新启动鲤城龙头山、新华路北拓、后渚莲埯、城东西福等8个片区改造提升；新开展300个以上老旧小区改造，实施铭湖、后坂、东美等8个老旧街区成片更新。深化县（市、区）片区更新改造比拼活动。建设棚户区改造项目1.67万套，新增各类租赁住房1.5万套以上。提升城市品质颜值。启动国家生态园林城市创建，依托水系、山脉、海岸、干道等，推进生态修复提升，新策划实施18个生态连绵带项目，建设依山傍水、显山露水的生态廊道。围绕"300米见绿、500米见园"的目标，每个县（市）新建1个面积不小于6万平方米的城市综合性公园，新建改造10个以上面积不小于500平方米的口袋公园、小游园，各区新建改造总面积不小于2000平方米的口袋公园，全市新增绿地面积120公顷以上。完善综合交通体系。深入实施聚城畅通工程，着力贯通中环城路和一重环湾快速路，开工建设站前大道鲤城段南延伸至池峰路、通港东街快捷化改造，以及晋江西滨至石狮大道段，推进刺桐大桥南节点改造；切实加快池峰路南延伸至凤池路、晋新路快捷化改造前期。着力建设中心市区至县域"多向放射线"，往南开工晋江世纪大道南延伸工程，往西推进武荣大桥建设，往北开展北迎宾二期改造工程等前期。着力建设跨江跨海通道，开工泉州大桥拓改工程，做细东海、百崎、金屿通道及洛阳江大桥拓改前期。推动高快一体、融合发展，力争开工建设泉梅高速泉州段、联十一线南安官桥段，加快永泰至德化、大田至安溪高速前期，实施跨海大桥降价惠民通行，谋划新国道、省道入泉列规。推进区域协同发展。加快闽西南协同区重点台账项目建设，推动兴泉铁路建成通车，加快福厦客专泉州段建设步伐，深化城际轨道R1线、轨道交通、泉厦金高速等项目前期。融入"丝路海运""丝路飞翔"工程，持续抓好石湖5－6#、石井16－17#等泊位码头建设，推进晋江国际机场扩能改造。

四、服务业

提质扩量第三产业。滚动推进服务业百大项目建设，发展壮大电子商务、现代物流、商贸会展、咨询服务等生产性服务业，培育市级以上服务型制造示范企业（平台）15个。发展直播电商，建设产播示范基地20个，举办直播活动100场以上；推进电商总部回归，培育本地电商平台。积极引进快递企业总部"入籍泉州"，推进快递"进厂""进村""出海"，推动港航物流、冷链物流、都市配送等提质增效。实施"一月一会展"活动，提升海丝国际品牌博览会实效，打造石狮服装城、食品城、晋江鞋纺城等内外贸融合发展的专业市场样板。深化"全闽乐购"泉州促消费活动，做优做活夜间经济、商圈经济，打造10个夜间经济示范区，争创省级步行街、示范商圈，培育3个以上省级工业旅游示范基地。高水平扩大开放。加快海丝先行区建设，抓住RCEP协议签订机遇期，争取增设自贸区泉州片区，探索在石化、石材等大宗商品交易与制造业保税研发等方面先行先试。开展"泉州品牌专区"全球推广计划，组织50场外贸"云展会"，举办30场"亚马逊走入泉州产业带"活动。推动石狮、晋江市场采购贸易差异化协作发展，加快市场采购贸易和预包装食品出口推广扩容，实现市场采购贸易出口400亿元；用好跨境电商综试区和跨境电商零售进口试点城市政策，推进阿里巴巴来赞达"一基地两中心"建设，实现跨境电商进出口额80亿元。发挥泉籍侨亲侨商优势，密切与港澳侨合作，办好泉籍青年精英故乡行活动，整合提升华侨历史博物馆，力争泉澳金融合作取得突破。

（摘编：陈建闽）

2020年三明市经济发展概况

2020年是极不平凡、很不容易的一年，面对新冠肺炎疫情等困难和挑战，全市上下坚决贯彻落实习近平总书记重要讲话重要指示批示精神，按照省委省政府和市委决策部署，战疫情、稳经济、保稳定、惠民生，全力做好“六稳”工作、落实“六保”任务，做实“四篇文章”、推进“四个着力”、深化“五比五晒”，促进了经济稳步回升和社会大局稳定。初步统计，全市生产总值2702.19亿元，增长4.1%；规模以上工业增加值增长3.1%；地方一般公共预算收入111.16亿元，增长3.2%；固定资产投资增长7.1%；外贸出口106.6亿元，增长－39.7%；实际利用外商直接投资1.41亿元，增长7.3%；社会消费品零售总额781.71亿元，下降0.3%；城镇居民人均可支配收入39270元，增长3.5%；农村居民人均可支配收入19410元，增长6%；居民消费价格总水平上涨1.3%；节能减排年度任务可以完成。

“十三五”期间，三明市综合实力明显提升，全市生产总值从2015年的1712.99亿元提高到2020年的2702.19亿元，增加近1000亿元，增长40.7%；人均生产总值达10.4万元，比2015年末增加3.6万元，增长36.6%；全市一般公共预算总收入从2015年的130.67亿元增加到170.15亿元、增长30.21%（加上减税降费和疫情影响，达到195.47亿元，同口径增长49.59%）；地方一般公共预算收入从2015年的93.68亿元增加到111.16亿元、增长18.65%（加上减税降费和疫情影响，达到126.63亿元，同口径增长35.17%）；城乡居民人均可支配收入从2015年的27393元、12806元分别提高到39270元、19410元，分别年均增长7.5%、8.7%，增幅均居全省前列；五年实施省市重点项目807个、总投资4078亿元，全市固定资产投资年均增长11.3%、保持全省前列水平，“五个一批”新增项目总数和新增开工数、新增投产数近三年连续保持全省前3名，产业项目占比提升至80.6%；五年共化解政府债务402.01亿元、处置不良贷款316亿元，不良贷款率从2015年最高8.58%下降至0.94%，全市金融机构贷款余额从2015年的1207.93亿元提高到1698.26亿元，增长40.6%；五年新增市场主体37.72万家，增量是“十二五”时期的5.8倍。

农　业

全面实施乡村振兴战略，建宁现代种业产业园获批创建国家级产业园，沙县、泰宁列入国家武夷岩茶特色产业集群，大田被授予全国首批国家数字乡村试点地区，尤溪被评为第二批国家农村产业融合发展示范园；“一革命五行动”加快推进，建成1个省级重点特色乡镇和12个美丽乡村精品示范村、13个乡村振兴实绩突出村，完成农村公路提档升级1400公里，清流获评全国村庄清洁行动先进县。持续深化集体林权制度改革，累计发放“福林贷”“益林贷”等林业普惠性贷款140.7亿元，“林票”制度、“福林贷”、林业金融风险综合防控机制被列入《国家生态文明试验区改革举措和经验做法推广清单》。特色现代农业产值达1620亿元。

“十三五”期间，三次产业比重由2015年末的13.3∶54.2∶32.5调整为2020年的11.6∶51.9∶36.5，形成钢铁与装备制造、新材料、文旅康养和特色现代农业四大主导产业，三明杂交水稻制种产业发展走在全国前列，面积和产量占全国的比重从2015年的11.3%和13.4%分别提高到20.2%

和25%。

工　业

持续做实“工业三明”，深入实施“百千”行动计划，新增签订“一企一策”56家，全市钢铁与装备制造产业实现产值1246.34亿元，新材料产业实现产值197.58亿元；实施新一轮技改行动计划，工业技改投资增长42.4%；出台加快人才集聚24条措施，持续推进三明氟化工研究院等“6+1”产业科技创新平台建设，全市新增国家级高新技术企业29家，高技术产业增加值增长12.6%，普诺维、科宏生物入选全省首批产业领军团队；开展市县联办园区体制机制改革，出台开发区高质量发展12条措施，推进园区标准化建设。龙头企业培育富有成效。三钢集团主业实现整体上市，位列中国500强企业第227位、福建制造业百强第6位；翔丰华公司在深交所成功上市，位列福建战略性新兴企业百强第65位。南方制药、奥翔塑胶、金圣特钢、森美达4家企业获评国家级专精特新“小巨人”企业。闽西南协同发展区建设不断深化，泉三高端装备产业园累计入园企业26家，10家企业动工建设，安德凯重工、恒冠达重工2家企业投产；厦明火炬新材料产业园新增签约项目15个、总投资65.4亿元，台氟科技、福碳新材料等6个项目开工建设。5个山海协作产业园加快推进，厦门三明山海文旅合作深入开展。京闽（三明）科技合作取得重大进展，京闽（三明）科技合作“云签约”视频会议成功召开，首批31名北京科技特派员到三明市开展科技帮扶，三明中关村科技园从签约到揭牌开园仅用100天，首批总投资58.23亿元的44家企业签约入驻，总投资45.26亿元的13个入驻项目正式开工。

“十三五”期间，工业投资在2018年增长22.6%、2019年增长28%的基础上，2020年增长17.8%，均居全省前列，规上工业增加值2017年以来连续三年保持8%以上增幅，策划实施了计划总投资105亿元的三钢转型升级项目、计划总投资96亿元的顺源纺织产业链延伸项目、计划总投资33.2亿元的克劳斯玛菲高端智能注塑机项目、计划总投资31亿元的三化高纯超净电子级氟化氢项目、计划总投资28.2亿元厦钨新能源稀土产业项目、计划总投资22亿元的海西重汽技改提升项目、计划总投资22亿元的明一乳业项目、计划总投资12.2亿元的翔丰华高端石墨和石墨烯产业项目、计划总投资6.23亿元的月兔空调白色家电产业园项目等一批龙头企业支撑项目，计划总投资30亿元的科顺新型防水材料、计划总投资50亿元的韵达电商产业园等一批新引进重大产业项目落地开工或竣工投产。

建筑业

聚焦破解“四篇文章”推进中难点堵点问题，深化开展“五个一批”项目攻坚专项行动，全市新增“五个一批”项目2406个、总投资4249.4亿元；全市新增停车泊位5813个、新（改）建标准公厕110座、整治农贸市场39个、治理背街小巷261条、治理和提升小区170个。全市12个县（市、区）全部纳入长征国家文化公园福建重点建设区并启动建设，三明中央苏区革命纪念馆建成。福建一建集团综合产值超百亿元，位列福建百强企业第86位。169个市区经济重点项目完成投资108.2亿元，9个专业特色工业园区新增规上企业22家，六路商圈、荆东片区产教融合、夜间经济等项目加快实施；“城市双修”持续深化，建成贵溪洋生态湿地公园、市区老年儿童微游乐园等项目，23个老旧小区微改造和市区东侧后山地灾工程治理项目全部完成；“依法和谐征迁”强力推进，市区完成征迁1218.5亩，徐碧“城中村”等一批“老大难”问题有效解决；行政区划调整工作稳步推进，编制完成三沙生态旅游区总体规划，市区与沙县产业民生领域同城化步伐加快，生态新城发展提速，生态康养城、市第一医院生态新城分院、市委党校迁建等项目加快推进。

“十三五”期间，三明沙县机场建成使用，开辟北上广深等11个城市8条航线，南龙铁路、厦沙高速建成通车，兴泉铁路、浦梅铁路、莆炎高速公路三明段即将全面建成，铁路、高速公路通车里程分别达到490公里、860公里，铁路、高速公路路网密度位居全国前列，五年新增普通公路725公里，新改建农村公路1785公里。

服务业

持续做实“绿色三明”，建宁、宁化入选第四批国家生态文明建设示范县，泰宁、尤溪入选第二批国家全域旅游示范区，新增万寿岩文旅小镇等3个国家4A级旅游景区，闽江流域山水林田湖草生态保护修复项目获财政部绩效考评正向激励，全市文旅康养实现总收入642亿元。成功举办首届“乐购三明”直播节，当天销售额超亿元，分期发放总额3000万元普惠性居民消费券，带动全市超过1000家各类商贸企业参与促销，全市限上企业网上商品零售额增长21.3%。防范化解重大风险成效显著，全市不良率降至0.94%，为近五年最低；新增贷款达174.4亿元、增长11.46%，为近五年新高；探索绿色信贷、绿色债券、绿色基金、绿色租赁、绿色信托、绿色保险为一体的绿色金融改革，全年绿色贷款增长21.2%。成功举办第16届林博会、第26届世界客属石壁祖地祭祖大典、纪念朱熹诞辰890周年等活动；鼓励企业“走出去”，充分利用网上广交会平台开拓国际市场，推动汇天药业等7家企业获得商务部出口白名单。

“十三五”期间，全市第三产业增加值从2015年的556.13亿元提高到985.72亿元，增长48.4%；电商产业产值从2015年的13.1亿元提高到48.8亿元，增长272.5%。全社会研究与试验发展（R&D）经费投入年均增长16.6%，全市高新技术企业147家、较2015年末增长2.5倍。

2021年发展目标

2021年，三明市发展的主要预期目标是：地区生产总值增长7.5%以上；地方一般公共预算收入增长3%；固定资产投资增长8%；外贸出口增长3%；实际利用外商直接投资增长3%；社会消费品零售总额增长8%；居民消费价格涨幅3%左右；城镇登记失业率控制在5%以内；城镇居民人均可支配收入增长7%，农村居民人均可支配收入增长8.5%；完成节能减排降碳目标。

一、农业

“绿色三明”坚持践行习近平生态文明思想，深化河湖长制工作，全面实行“林长制”，统筹推进山水林田湖草系统治理，推动清流创建国家生态文明建设示范县和将乐、三元创建“绿水青山就是金山银山”实践创新基地。全面实施乡村振兴战略。做好巩固拓展脱贫攻坚成果同乡村振兴有效衔接，落实“四个不摘”要求，健全防止返贫监测和帮扶机制，全面推广农村相对贫困家庭“239”精准帮扶和城市困难家庭“347”精准帮扶机制，推进易地扶贫搬迁后续帮扶；扎实推进12个省级乡村振兴特色乡镇、110个省级乡村振兴试点村建设，持续推进沙县夏茂镇、将乐县高唐镇乡村振兴综合试验示范乡镇创建工作。大力发展特色现代农业，推进高优粮食、绿色林业、精致园艺、生态养殖和现代烟草等五大优势特色产业全产业链发展，抓好12个特色农产品优势区和26个“一县一业”特色农业产业发展，强化“中国稻种基地”建设，打响沙县小吃、美人茶等特色品牌，创建国家农产品质量安全市，新增“三品一标”农产品30个以上，稳定粮食生产面积240万亩、粮食产量94.5万吨以上；推进国家级电商示范县“升级版”建设，打造一批“网红”产品和“食尚三明”等区域公共品牌。因地制宜推进乡村建设，开展农村人居环境整治五年提升行动，落实农村居民住宅规划建设“两统筹、两统管”机制，全市实施农村公路提档升级1000公里以上。着力推动海峡两岸乡村融合振兴，实施特色现代农业发展、森林康养产业、美丽乡村建设、乡村治理、交流合作平台等五大融合行动，建设海峡两岸乡村融合发展试验区。

二、工业

“工业三明”坚持做优做强钢铁和装备制造产业，抓好三钢集团转型升级项目建设，支持海西重汽、天华智能等成套装备制造企业扩规上量，集聚提升金瑞高科、普诺维机械等高端零部件“专精特新”企业，力争年内实现产值1500亿元以上；提升壮大新材料产业，加快贝特瑞石墨烯导热膜等项目建设，着力突破稀土分离指标，引进发展5G导电导热新材料等高附加值产业，力争实现产值210亿元以上；加快发展新型建材、高端纺织、现代种业三大优势产业，积极鼓励扶持数字信息、生物医药、建筑产业发展。落实落细

"一企一策"，支持三钢集团加快成长为千亿企业集团，厦钨新能源、顺源纺织等9家企业加快发展为百亿龙头企业，力争新增规上企业150家。强化企业创新，制定新一轮技改行动计划，推动规上企业研发活动全覆盖，支持三钢集团争创国家级企业技术中心，力争全市R&D投入经费同比增长18%以上，年内新认定国家高新技术企业25家以上。

三、建筑业

深化"项目攻坚年"活动，完善"五个一批"项目推进机制，实施市级以上重点项目310个，突出"两新一重"项目建设，实现县城以上5G信号全覆盖，持续做好入明高铁、三明核电等重大项目前期工作，力争全市新增"五个一批"项目1500个以上。统筹安排2000万元，持续强化"6+1"科技研发平台建设，推动机科院海西分院打造成为福建省超精密数控机床加工基地，启动试行氟化工研究院技术研发"悬赏揭榜制"，加快永清石墨烯研究院检测中心建设，支持市农科院重点攻关种质资源创新，推动新能源研究院、医工总院三明分院建设发展。深入实施市区经济重点项目建设行动计划，提升"9+2"专业特色园区建设水平，加快三钢产能置换、台氟科技含氟精细化工等56个工业重点项目建设，加快建设大坂城市物流园等现代服务业项目，大力发展以"夜景、夜游、夜唱、夜娱、夜市、夜购、夜健、夜养"为重要内容的"夜经济"。巩固提升"城市双修"成果，实施城市更新行动，启动建设三明植物园，全面推行生活垃圾分类，深化城市管理"五难"治理，开展41个老旧小区微改造，新增公共停车泊位1300个以上、新建改造农贸市场10个以上，扩大小区物业管理覆盖面，支持民房加装电梯。推进三明教育学院附属幼儿园、陈景润实验小学富兴堡校区等10个项目今年秋季投入使用，续打造市区优质教育高地；加快闽西北区域医疗中心建设，不断提升市区医疗服务水平。持续做大市区空间，稳步推进行政区划调整，推动市区与永安交通、产业一体化发展，加快荆东产教融合示范区、陈大、富兴堡、贵溪洋、三沙生态旅游区等重点区域开发，统筹抓好洋溪、荆西、莘口、岩前、贡川等市区周边小城镇建设；推进生态新城产城融合发展，依托三明中关村科技园创新中心、三明陆地港，大力发展电子商务、智能互联、生命健康、综合物流等特色产业，加快康养城、市第一医院生态新城分院、市委党校迁建、市档案馆等项目建设。全面打通连接通道，确保年内浦梅铁路建宁至冠豸山段和兴泉铁路、莆炎高速三明段建成通车，力争开工建设武夷新区至沙县、大田广平至安溪官桥高速公路，续建及开工建设普通国省道100公里以上，加快建设闽江沙溪口至三明台江航道整治工程。着力提升泉三高端装备产业园、厦明新材料产业园共建水平，力争年内新增入园企业20家以上、投资超40亿元，新增开工项目16个、投产项目15个。

四、服务业

全面促进消费，深入开展"全闽乐购·乐购三明"促消费行动，举办第二届"乐购三明"直播节，因地制宜打造一批"网红"热点消费，大力发展现代物流产业，支持发展养老、托幼"一老一幼"服务业。做实财税金融工作，落实财源培植政策措施，强化项目融资服务，支持企业通过上市、发债扩大直接融资规模，年内新增信贷150亿元以上，力争2家企业上市。强化大招商招好商，聚焦"433"产业新体系，用好"招商地图工作法"，突出抓好16条百亿特色产业链、220个重点项目的招商推介，推动三明中关村科技园发挥龙头带动作用，力争全年签约项目投资总额1500亿元以上。提升生态产业化发展水平。做好"绿色+"文章，培育文旅康养、教育培训、体育休闲、水美经济等新业态，推动绿色生态与特色现代农业、现代生活服务业等有机结合。全域全产业链推进文旅康养产业发展，抓实一批森林康养基地项目建设，推动万寿岩—格氏栲文化生态旅游区提质升级。着力把都市消费人群引进来，抓住国铁集团对口支援、厦航与三明机场合作等机遇，用好沪明联谊会等平台，力争全市旅游接待人数、旅游总收入分别增长15%以上。

（摘编：朱明清）

2020 年莆田市经济发展概况

2020 年，莆田市地区生产总值 2700 亿元，增长 3%；一般公共预算总收入 231.3 亿元，增长 2.2%，地方一般公共预算收入 147.1 亿元，增长 2.8%；固定资产投资额与上年持平；社会消费品零售总额 1625 亿元，与上年持平；外贸进出口额 580.5 亿元，增长 43.4%；实际利用外资 9.6 亿元，增长 6.5%；居民人均可支配收入 3.2 万元，增长 5%；城镇登记失业率 2.41%；居民消费价格总水平上涨 2%。获批国家跨境电子商务综合试验区、新能源产业创新示范区、北斗三号综合应用示范城市、产融合作试点城市和信息消费示范城市。

“十三五”期间，莆田市坚持新发展理念，综合实力跃上新台阶。地区生产总值是五年前的 1.6 倍，鞋服产值突破千亿，工业总量跃升全省第五位，三次产业结构由 5.8∶55.3∶38.9 优化为 4.9∶50.9∶44.2。前瞻布局 5G、人工智能、电子信息、生命健康等产业，建成投产华佳彩一期、HDT 高效太阳能电池、华峰系列项目、永荣已内酰胺、雪津迁建等一批产业龙头，获批国家级新型功能材料产业集群、海峡两岸生技和医疗健康产业合作区，制造业加速向中高端迈进。产业互联网平台蓬勃发展，获得全省唯一的平台经济示范区，63 家平台企业累计交易额 1700 亿元、税收超 30 亿元。北理工东南信息技术研究院、中电研究院、兰州大学莆田研究院、中科院兰海核医学研究中心、黑马莆田分院、莆商领袖商学院等一批创新载体顺利落地，新增国家高新技术企业 115 家、是五年前的 3 倍。世界中式古典家具之都、中国古典工艺家具之都、中国油画产业之都落户莆田。

农　业

统筹山水林田湖草系统治理，让良好生态成为全面小康最美底色。污染防治攻坚战成效显著，木兰溪全国示范河湖建设通过国家水利部终验；创建 20 个“污水零直排区”试点村，入河排污口整治率达 98.1%，居全省首位；新建改造城镇污水管网 62 公里，列入住建部清单的 6 条黑臭水体连续 8 个季度水质监测达到消除黑臭水体条件，木兰溪、萩芦溪两大流域Ⅰ－Ⅲ类水质比例稳定在 90%，县级及以上集中式饮用水源地水质达标率 100%。蓝色海湾整治进展顺利，全面完成禁养区水产养殖设施清退任务，近岸海域海水水质优良比例全省首位。开展“幸福河湖”创建活动，永丰鞋业企业河长入选全国“民间河湖卫士”。森林生态功能不断增强，完成植树造林 3.7 万亩、森林抚育 8.93 万亩、封山育林 6.37 万亩。农村生态环境持续改善，创建“绿盈乡村”426 个。特色小镇持续推进，妈祖国际健康城初具规模，两岸生技产业园一期建成投用，妈祖医学院、重离子医院全面施工。乡村振兴扎实推进，70 个村居列入省级乡村振兴试点村，新改建农村公路 51 公里。

工　业

全力加速产业转型升级。实施“343”重点产业发展计划，出台“双招双引”10 条等措施，引进亿元以上产业类项目 119 个、总投资 1496 亿元，落地投资额 396 亿元的丙烷制丙烯系列项目。传统产业加快升级，创建鞋业产业赋能创新中心、新智造生态联盟和“莆田好童学”等平台，“制鞋行业大规模个性化定制解决方案”荣获第二届中国工业互联网大赛二等奖，鞋服产业转危为机逆势增长；品牌名师引领产业取得成效，郑春辉荣获“大国工匠年度人物”，林建军、黄福华荣获轻工“大国工匠”，工艺美术产业稳中向好、效益提升。战略性新兴产业规模壮大，新增国家高新企业49家、省科技小巨人领军企业15家，电子信息、新型功能材料规模产值分别增长20%、10%。数字经济加快发展，成立市数字经济协会，荣获全国首个北斗三号综合应用示范城市，成功对接第三届数字中国建设峰会，100个项目、总投资450亿元列入全省数字经济项目库，4个项目参展数字福建馆，7个项目入选福建省百项数字经济应用场景示范项目，63家列入跟踪的平台企业预计实现交易额1000亿元、税收20亿元，物泊科技入选省“未来独角兽”企业，豆讯科技、药械网入选省“瞪羚”企业。妈祖健康城完成投资36亿元，建设妈祖质子重离子医院，建成39万平方米的高端专科医院集群和医技共享中心，已落地专科医院8个，瑞仕国际潜力少年综合中心开业运营，两岸生技产业园一期建成投用。实施开发区改革和创新发展三年行动计划，推进人事薪酬、“管委会+公司”运营等机制改革，争取园区专项债42.2亿元，建成“两体两中心”项目40多个、专业化标准厂房17万平方米，盘活闲置厂房37万平方米，园区动力活力进一步激发。改革重组市属国有企业，形成5大国企集团，投融资能力和综合竞争力显著增强。

建筑业

持续提高城乡建设水平。城市新区启动建设，绶溪、沟头、龙德井等24个片区顺利征迁，出让土地2673亩、成交211亿元，建成棚改房9304套，改造老旧小区17个。完成安置房、历史遗留不动产办证11万套、5927宗。新改建市政道路60公里、城镇污水管网60公里、城乡公厕420座。新建公园绿地70公顷、口袋公园35个、绿道40公里。建成智慧停车管理系统，新增停车泊位5015个。公布两批71处历史建筑保护名录，拆除“两违”建筑超200万平方米，完成“两高”沿线环境整治。全年330个市重点项目完成投资788.8亿元，超序时进度9.6个百分点，新建福厦铁路莆田段、三棵树涂料系列等176个项目完成投资均超亿元；组织4次集中开竣工活动，恒达机电、光电子产业园等180个项目实现开工，华兴玻璃、华峰生态科技产业园等150个项目实现竣工；全年新增“五个一批”项目554个，总投资5915亿元，其中新增10亿元以上项目164个，居全省第二位。高铁新城建设正式拉开序幕，出台规划体系实施方案，启动区首批18个项目集中开工，坚持新城建设和旧城改造并举，沟头、龙德井等片区率先突破。城市功能不断提升，新改扩建市政道路68公里，新增公共停车泊位5015个，新建改造供水管网60公里，新建公园绿地70公顷、口袋公园35个、绿道40公里，“两地道三天桥”基本完成，城市供水水质在线监测系统建成投用，建成城乡公厕420座、生活垃圾分类屋（亭）193座，城乡生活垃圾无害化处理率达100%。加快融入闽东北协同发展区，罗屿港口吞吐量首次突破千万吨，40万吨码头正式列入国家规划，32万吨超大型散货船舶首靠罗屿港口，罗屿保税仓库成为台湾钢企最为倚重的大陆铁矿石保税堆场。

“十三五”期间，莆田市城市新区全面铺开、妈祖健康城拔地而起、大学城建成投用、中心城区快速拓展，建成区面积从87.1平方公里扩大到132.4平方公里。城市更新焕发活力，完成征迁2181万平方米，建成棚改房7.8万套。世界妈祖文化论坛永久会址、会展中心、“三馆一宫”成为新地标，新增香格里拉、喜来登等国际品牌酒店，相继贯通莆涵大道、壶公路、滨溪北路，打通文献路等断头路44条，建成区道路总长度从678公里增加到1095公里，绿道长度从157.8公里增加到418.7公里，绶溪、南湖、环玉湖等城市公园成为“新网红”。新增人行天桥13座，“小黄人”公共自行车成为市民“新宠”、骑行量超6000万人次，城市品质跃升一个新台阶。现代立体交通体系日益完善，实现镇镇半小时上高速、村村通客车、岛岛通班轮。创新采用流域系统治理的PPP模式，城镇污水管网从824公里增加至1310公里，污水收集处理量从23.5万吨/日增加到30.5万吨/日，新增近50万人口污水收集处理量。建成区及乡镇污水处理设施实现全覆盖，城乡生活垃圾无害化处理率100%。生态绿心保护修复项目获评“中国人居环境范例奖”。

服务业

深化“放管服”改革，打造政务云平台，推行企业开办“1+X”套餐、政企直通车服务，“互联网+电子政务”水平居全省第一。成功举办第五届世界妈祖文化论坛、海峡论坛·妈祖文化活动周等活动，莆台交流合作走深走实。湄洲岛晋级国家5A级旅游景区。全国首推存量贷款余额利率减免优惠政策，为企业转贷461笔、额度287.4亿元。引入国开行等三家政策性银行设立200亿元专项贷款额度，为67家企业放款80亿元。莆惠金服平台建成投用，累计上架金融产品193款，放款金额突破50亿元。发挥市再担保公司政策融资担保作用，累计为1843家中小微企业提供融资担保19.2亿元。“信易贷”平台莆田站在全省率先设立抗疫专属产品专区，为416家企业融资超50亿元。全省率先上线“企业用工共享平台”，设立企业用工保障专班，开展“点对点、一站式”直达运输，帮助57家企业运输员工返莆，为26家企业调剂员工2975人。全省首家设立500万复工复产综合险，与中信保福建分公司签订出口信保额400亿元的战略合作协议，扩大出口信保覆盖面。消费市场持续回暖，创新“莆田餐巴”模式，培育直播经济新业态，新增限上商贸业558家、规上服务业企业56家。

“十三五”期间，莆田市坚定不移推进改革开放，全国首创“自己‘批’、网上办”审批新模式，“证照同办”“多证合一”改革走在全国前列，市场主体突破50万户、比五年前翻一番。改革重组市属国有企业，总资产是五年前的3倍。全力打赢防范化解金融风险攻坚战，银行业不良贷款率从全省第二高的6.06%回落至低于全省平均水平。莆田港口岸扩大对外开放通过国家验收，港口吞吐能力年均增长10%以上，东南沿海最大的罗屿40万吨码头列入国家布局规划，30万吨铁矿石巨轮成功靠泊，东方大港雄姿初展。开展妈祖千年首巡东南亚、20年赴台再巡安，设立大陆首家台胞医保服务中心，实现莆台海上货运直航，来莆台胞突破200万人次。

2021年发展目标

2021年莆田市经济社会发展的主要预期目标是：地区生产总值增长8%以上；规模工业增加值增长7.5%；一般公共预算总收入增长5%，其中地方一般公共预算收入增长5%；固定资产投资额增长9%；社会消费品零售总额增长9%；外贸出口总额增长8.5%，实际利用外资增长6.5%；居民人均可支配收入增长8%；城镇登记失业率3%以内；居民消费价格总水平涨幅3%左右；完成节能减排降碳任务。

一、农业

坚持农业农村优先发展，全面推进乡村振兴，促进农业高质高效、乡村宜居宜业、农民富裕富足。高质量发展特色现代农业。扛起粮食安全的政治责任，落实最严格的耕地保护制度，新建高标准农田5万亩。加强“莆田四黑”“四大名果”“四大贝苗”等优质种源保护和利用，扶持意达科技、中海源等一批种源企业做强做大。健全重要农产品保供体系，建设农业产业园、冷链物流园区，壮大10家大型农业企业。大力发展海洋经济，加快南日岛国家级海洋牧场等建设，发展休闲渔业、生态渔业、远洋渔业，培育10家领军型海洋水产品精深加工企业和海洋生物加工企业。因地制宜推进乡村建设。加快村庄规划编制，建设宜居农村社区，启动农村人居环境整治提升五年行动，深入开展乡村振兴“百村示范”工程、“四好农村路”工程。实施集镇建设和镇区提质行动，纵深推进城乡供水一体化，建成仙游经济开发区水厂，开工建设市第五水厂、乌溪水厂。

二、工业

巩固壮大实体经济。精耕细作传统优势产业，实施重点技改项目100个，联盟创新、联合创牌，打造“莆田好鞋”“中国军鞋莆田造”等区域品牌，开展百威雪津“三个100亿”行动，提升鞋艺、啤酒、红木、金银谷等特色小镇功能品质，推动鞋服、食品、工艺美术产业规模产值均增长10%以上。做强做大战略性新兴产业，建成投产永荣CPL二期、华峰赛隆等项目，开工建设丙烷制丙烯及下游新材料项目，打造国家新型功能材料产业基地，规模产值增长20%；加快建设电子信息产业“一中心两基地”，建成投产大唐5G、福英泰手机显示模组等项目，规模产值增长30%；围绕新能源汽车、海上风机和数控机床等项目，引入战略投资合作，打造高端装备制造基地，规模产值突破300亿元；以HDT高效太阳能电池、中海油福建LNG为龙头，建设国家新能源产业创新示范区，规模产值突破500亿元。大力培育未来产业。推行普惠性“上云用数赋智”服务，建好京东仙游、创世纪等数据中心，开展“百个项目百个场景”数字化应用，高起点建设北斗三号综合应用示范城市，数字经济增加值增长20%。开展平台经济倍增计划，实现税收40亿元，培育物泊科技、豆讯科技、众协联等3—5家上市后备企业，做强做大点钢网、产业赋能创新中心等重点平台，引进落地数字大健康、再生资源回收等百亿级平台，各县区结合转型需求发展领军型平台2个以上。全力建设海峡两岸生技和医疗健康产业合作区，建成妈祖质子重离子医院，投用8家高端专科医院、市第一医院新院区、台湾名医诊疗中心，两岸生技产业园投产30个项目，办好第一届孤独症国际大会。

三、建筑业

优化城市发展布局。推进跨溪连铁抱湾，高起点规划建设城市新区，完成木兰溪南岸土地综合整治一期项目，形成核心区基础设施框架，建成国际鞋艺小镇一期，促进秀屿城区、妈祖健康城联动发展；以木兰溪为纽带，完成木兰陂世遗景区、樟林片区等重要节点建设，东串啤酒小镇，西联仙游城区，打造宜居宜业宜游的新经济走廊。实施城市更新“双百”行动，加快钟潭、紫霄、白塘湖等片区改造，完成“三所一中心一场”搬迁，改造46个城镇老旧小区。传承保护莆仙建筑风格，做好重点片区、主干道等重要节点城市设计，塑好特色风貌，让城市的颜值更有气质。完善城市功能设施。启动城市轨道交通建设，加快筹建妈祖机场，加快城市快速路、木兰大道、八二一街南伸等主干路网和公交专用道建设，整治提升东园路、迎宾大道等城市道路，新改扩建城市道路60公里，打通涵港大道、延寿路等一批“断头路”。提升公共自行车专用道，新建人行过街设施10个、公共停车泊位5000个。建设城市污水管网GIS平台，新建雨水管网50公里。开展园林绿化提升攻坚行动，推动市域绿道互联互通，新增公园绿地70公顷、绿道40公里。

四、服务业

发展壮大现代服务业。推动生产性服务业向专业化和价值链高端延伸，做大莆惠金服平台，实施上市“木兰计划”，提高直接融资比重，建设国家产融合作试点城市，各项贷款余额增长20%；建设物流分拨中心，提升5个传统物流园区，创建2家省级以上示范物流园区；全面盘活国有企事业单位闲置资产，培育一批研发设计、咨询、法律、中介等服务企业；推动工贸分离、主辅分离，发展总部经济、会展经济。推动生活性服务业向高品质和多样化升级，加强公益性、基础性服务业供给。全面促进消费扩容提质。坚持把扩大消费同改善人民生活品质结合起来，持续开展“全闽乐购”莆田行动，开展“汽车下乡”、家电以旧换新，打响“百家餐饮名店”等莆田美食品牌，辐射带动旅游住宿、文体娱乐等行业焕发活力。开展莆货天下行活动，推动名优特产进商圈、进超市、进展会、进电商。大力推进旅游消费，创新“精品酒店+优美生态+产业发展”模式，建设文旅融合示范区，推动大九鲤湖创建国家5A级旅游景区，建设萩芦温泉酒店等旅游项目，旅游业收入增长20%。积极培育服务消费、定制消费、品质消费等新热点，繁荣发展商圈经济、夜间经济。促进外贸稳中提质。用活RCEP有关规则和便利化举措，扶持企业建立国际营销网络、并购境外品牌和专利，设立海外仓、保税仓，拓展外贸新市场。完善跨境电商综合服务平台，大力发展跨境电商、市场采购贸易、转口贸易等新业态，提升贸易数字化水平。落细落实出口产品转内销措施，对接头部电商平台，实施直播新业态发展“662”工程，培育15个直播基地、100家直播机构，助力企业开拓国内市场。

（摘编：陈建闽）

2020年南平市经济发展概况

2020年，南平市大力实施“八项行动”，深入开展突破“难、硬、重、新”和“创新突破年”活动，凝心聚力全方位推动绿色高质量发展超越，决胜全面建成小康社会取得重大胜利。全市生产总值2007.4亿元，增长0.3%；一般公共预算总收入146.1亿元、下降2%，地方一般公共预算收入98.2亿元、增长2%；固定资产投资增长0.1%；实际利用外资2.48亿元；社会消费品零售总额702.4亿元、下降3.9%；居民消费价格总水平上涨1.4%；城镇居民人均可支配收入36492元、增长3.8%，农村居民人均可支配收入18557元、增长6.7%；城镇登记失业率3.38%；省上下达的节能减排降碳任务全面完成。

“十三五”期间，南平市GDP突破2000亿元大关、年均增长5.4%，人均GDP高于全国平均水平，服务业增加值占GDP比重提高5个百分点以上；全社会研究与试验发展经费投入年均增长超10%，新增国家级高新技术企业72家，新增省级以上“专精特新”中小企业、小巨人企业、单项冠军企业64家；成功创建国家森林城市、全国森林康养基地试点市，森林覆盖率达78.85%，提前一年完成“十三五”单位GDP能耗下降目标。

农　业

南平市成为全省唯一入选农业绿色发展全国先进行列地区，武夷岩茶列入国家级优势特色产业集群，新增市级农业龙头企业45家。“武夷山水”品牌持续位列中国区域农业品牌影响力排行榜前三；水利部水规总院以南平为样板的《水美城市建设规划编制导则》正式发布。乡村振兴扎实推进。实施乡村振兴“十大行动”，开展城乡人居环境整治百日大会战和大战60天“全域无垃圾”专项行动；按照“一带N点”模式，结合水美乡村建设和特色产业发展，打造189个乡村振兴示范点和22条乡村振兴示范带。

“十三五”期间，水美城市建设向水美乡村、全域水美延伸，建成645个美丽乡村，农村无害化卫生户厕普及率达97.69%，整治农村裸房3.7万栋。落实耕地保护面积与永久基本农田划定面积全省第一，连续21年实现全市耕地占补平衡。科技特派员制度领跑全国，累计选派科技特派员7866人次，与高等院校组建科特派团队345个，建立利益共同体1055个，推广“五新”技术4000余项，带动农民增收55亿元。与中国工程院、中国农业科学院等建立战略合作关系，中科院STS项目落地实施18项。

工　业

实体经济逐步做强，三爱富氟新材料、泰盛纸业等重大项目加快推进，南平工业园区、邵武金塘工业园区列入省级标准化示范园区建设试点，工业技改投资增长43.3%、居全省第一，14家企业获评国家、省级专精特新“小巨人”企业、单项冠军等。数字经济迈出新步伐，围绕打造全省人工智能产业基地，建成“福建智能视觉AI开放平台”“区块链服务网络城市节点”等新型基础设施。回归经济持续壮大，开展“机关联商会、党建促回归”活动，深入实施“六个一”工程，引进喜马拉雅等回归项目574个、总投资559亿元。七大绿色产业加快发展、稳步提质。推进生态产业化、产业生态化，绿色产业的规上工业增加值占全市比重86%，对规上工业增长贡献率达93.1%。

建筑业

持续开展项目集中开竣工活动，建阳新型卫材、建瓯闽北电商快递分拨中心、顺昌添裕生物新材料等项目开工，武夷山茶旅小镇会展中心、松溪康百赛新材料、光泽圣维兽用疫苗、浦城永芳合成香料等项目投产，武夷新区旅游观光轨道交通一期试运行。新型城镇化建设步伐加快。中心城市建设力度加大。争取省上出台支持武夷新区建设加快新南平全方位绿色高质量发展措施，行政中心搬迁后各项工作有序推进。邀请高水平团队，加快编制南平市国土空间总体规划（2020—2035）、建阳中心城区概念性总体发展规划（2019—2070）、中心城区（建阳）建筑风貌设计导则。武夷新区中国农批南平云仓储中心、氢燃料电池设备生产基地等项目落地，智慧物流园、教育实训基地等项目开工建设，福建船政交通职业学院职教园顺利开园。推进延平城区建设，宝武营、北门岭等示范社区和工业路一期改造基本完成，白炭黑及林产化工一体化、爱克太尔新材料、远驰科技等项目加快推进，产城融合态势日益凸显。县域城市功能持续完善。19个城市棚户区、91个城镇老旧小区改造和一批城乡历史文化保护项目加快实施，新改建城市道路147公里、地下管网531公里，新增绿道132公里、绿地101公顷、公共停车泊位3061个、公厕76座，城乡基础设施和品质风貌有效提升。南平一中武夷新区高中部等项目加快建设，改扩建12所公办幼儿园。提高全民健康水平，策划医疗卫生补短板项目105个，1159个村卫生所完成一体化管理标准化建设。新建11所农村区域性养老服务中心、14所居家社区养老服务中心、276个农村幸福院，全国居家和社区养老服务改革试点市通过验收，新分配公租房1536套，社会事业持续协调发展。

“十三五”期间，举全市之力打赢“武夷新区决胜搬迁攻坚战”，平稳顺利完成行政中心搬迁。武夷新区开发建设累计投资超600亿元，延平新城、建阳西区生态城初具规模，53个总投资406亿元城市更新、旧城改造等片区开发项目加快实施，城市建成区面积新增31.5平方公里。南三龙铁路、衢宁铁路建成通车，铁路营运里程新增115公里、总里程达848公里。高速南平联络线、顺邵高速、武夷新区绕城高速、武夷山高速北城互通建成通车，乡镇便捷通高速项目和普通国省道提级改造工程加快实施，高速公路通车里程新增115公里、总里程达1045公里，总里程居全省第一；农村公路建设与改造里程2092公里，居全省第一。武夷山机场迁建项目省空协议签订，闽江航道南平段整治工程完工，雷公口水库引调水工程通水。一批防洪排涝、水库除险加固和中小流域治理工程相继建成，供水、供气、电力、通讯等设施不断改善。

服务业

累计接待旅游总人数、总收入增幅均高于全省平均水平，武夷山旅游股份公司重组上市步伐加快，9家企业获评省级最具成长性文化企业，获批创建省级绿色金融改革试验区试点。成功举办“两山”理论实践与创新高峰论坛，发布《南平市生态文明治理现代化探索研究报告》，“生态银行”入选中国改革2020年度十大案例，顺昌“森林生态银行”、光泽“水美经济”列为全国生态产品价值实现典型案例；深化“一把手”招商、产业链招商、以商招商，成功举办首届资管峰会、第十四届海峡两岸茶博会、第四届食博会、第五届有机大会、第四届旅发会，引进深业生命健康中心、宝龙城市商业综合体等投资超5000万元项目475个、总投资933亿元。持续深化“放管服”改革优化营商环境，审批服务事项网上可办率达98.75%，“一趟不用跑”占比81.02%，“三减一提升”中减次数、减时限、提升即办件占比等3项指标居全省前列。率先在全省推行线上“一件事”套餐服务，创新推广“e政务”、企业用水“三减一免”服务、企业供电“三零”措施、不动产登记“四合一”联动过户模式。企业开办实现“零成本”，新增市场主体10.2万户、增长150.2%。夜间经济进一步激活，加快实施146个、总投资109亿元的“六夜”工程项目，打造夜游延平湖、建瓯建发商贸综合体、武夷山印象建州文旅商业综合体等一批精品项目。举办“全闽乐购”南平促消费行动和全国郊野钓鱼大赛、中国龙舟公开赛等赛事，滚动投放5500万元消费券，带动民宿、餐饮等服务业发展。

2021年发展目标

2021年是“十四五”开局之年，经济社会发展的主要预期目标是：全市生产总值增长7.5%左右；一般公共预算总收入增长3%，地方一般公共预算收入增长3%；固定资产投资增长8%左右；外贸出口增长3%，实际利用外资增长6%；社会消费品零售总额增长8%，居民消费价格总水平涨幅控制在3%以内；城镇登记失业率控制在省上下达指标内；城镇居民、农村居民人均可支配收入分别增长7%和8.5%；单位GDP能耗控制在省上下达的目标内。粮食总产量稳定在117.5万吨以上。

一、农业

全面实施乡村振兴战略，总结推广农文、农旅、农工、农商融合的产业振兴模式，按照“点上出精品、线上有美景、一带一主题”思路，重点打造12个省级特色乡镇、110个省级试点村，新建20条乡村振兴示范带，实施400个乡村振兴项目，推广“圆梦村”试点建设经验，推动老区苏区振兴发展。大力发展乡村产业。加快国家农业绿色发展先行示范区建设，围绕构建“全域绿色食品”发展格局，深化开展“两减一禁”农业绿色行动，各县（市、区）至少打造1个全国绿色食品原料标准化生产基地和食品加工园区，打造笋竹、粮油、茶叶、食用菌等4个现代农业百亿产业，力争绿色食品生产面积突破150万亩。落实粮食安全行政首长责任制，建设高标准农田20万亩，粮食播种面积稳定在280万亩以上，蔬菜播种面积稳定在110万亩以上。实施乡村建设行动。统筹县域城镇和村庄规划建设，注重历史文化名镇名村、传统村落保护和活化利用，加快改善乡村电网、物流等基础设施，持续抓好“四好农村路”建设，实施河道疏浚整治和水美乡村建设。

二、工业

推进产业链提升和产业基础再造。做大做强做优七大绿色产业，聚焦3个千亿、4个五百亿和5个百亿产业集群目标，细分梳理若干个优势产业链，围绕产业成长坐标，纵向上找准产业链上下游缺失环节，横向上理清产业链龙头企业的关联配套情况，制定产业地图、产业链关键环节和缺失环节清单、供应链断供风险清单，把补齐产业链短板落实到一个个具体的项目和企业中，持续补链强链延链，加强产业配套，提高产业竞争力，增强产业链供应链稳定性。实施“培优扶强”行动，鼓励企业开展产业链垂直整合和跨领域横向拓展，支持圣农向千亿规模，南铝、南孚、太阳电缆等企业向百亿规模迈进，新增省级以上“专精特新”、制造业单项冠军企业12家。加快103个年新增产值超2000万元的市级新增长点项目，以及170个总投资超600亿元的市级重点工业投资项目建设，力争重点企业产值增长8%。加快标准化园区建设。推进邵武氟新材料专业园、建阳经济开发区创业园二期等23个、总投资247亿元项目建设，完善16个工业园区检验检测、职业技能提升中心等基础配套设施，力争年度投资超50亿元。进一步明晰园区产业发展方向，统筹好产业布局，引导园区往特色化、专业化方向发展。推进工业园区管理体制创新，优化“园区管委会+公司”管理模式。开展批而未供土地、闲置土地处置和城镇低效用地再开发利用专项行动，力争完成20%处置任务，提升土地集约利用率和亩产效益。发展数字信息产业，培育“5G+工业互联网”应用示范标杆，深化智能制造企业试点示范，滚动实施96项重点技改、80项市级“两化融合”项目，推动传统产业数字化、网络化、智能化改造，力争技改投资增长15%，新增上云工业企业100家。推动先进制造业与创意设计、电子商务、现代物流等生产性服务业融合发展，提升产品附加值和产业竞争力。

三、建筑业

加快远翔新材料、龙竹科技等企业上市进程。落实建筑业企业增产增效政策，力争建筑业产值增长11%，综合甲级建筑企业实现零的突破，每个县（市、区）新增1家施工总承包甲级企业。推进以人为核心的新型城镇化建设，以“水美城市”建设为抓手，全面实施6大提升工程和10大样板工程。全力加快中心城市建设。注重产、城、人融合，处理好职、住、服综合平衡，合理布局生产、生活、生态空间，实现功能混合、组团发展，统筹城市基础设施和公共服务设施建设，深化重点区域、重要节点城市设计，加快推进月亮湾片区、赤岸片区、新岭片区开发建设。重点推进商务 CBD、金融 CBD、云谷二期、体育中心项目及市政路网建设，加快打造万达广场、武夷山水城等高端商圈和特色街区。加快武夷高新技术园区建设，推进新能源产业园、武夷智谷软件园、教育培训产业园、智慧物流园建设，优化产业布局。推动武夷新区与建阳区、武夷山市同城化发展，加快推进童游大道西延段、双龙东路、塔山大桥改扩建、新机场快捷通道等项目，实现将口水厂对武夷新区和建阳城区供水全覆盖。加快原省道 303 南源岭至兴田段提级改造等项目，启动崇阳溪产业景观带规划设计和部分节点项目实施，推动武夷新区至武夷山景区、度假区公交同城化。持续抓好延平城区建设，坚持老城补短板、新城强功能，加大东坑岭、南纸、大家厂、高铁片区开发力度，加快推进延平新城产教城融合发展、南平工业园区基础设施、延平港区洋坑码头及港后配套区和新港路二期、九峰山路等项目建设，促进新老城联动发展。加快县域城镇化补短板强弱项，实施 7 大类城乡民生基础设施重点工程，提高乡镇污水设施市场化建设运营水平，改造老旧小区 3.2 万户，新改建城市道路 120 公里、绿道 130 公里，雨水、污水、供水、燃气等市政管网 480 公里，新增城市停车泊位 2000 个，新建提升公园绿地 100 公顷。县级市全面启动垃圾分类工作，县级城区至少建成 1 个垃圾分类示范片区

四、服务业

推动武夷山茶旅小镇、政和白茶城融合发展，加快打造茶叶集散中心和交易流通平台。加快省级绿色金融改革试验区建设，建立健全绿色产业、绿色项目识别体系，深化政银企合作，创新绿色金融产品，推动绿色发展。持续办好第二届中国资产管理武夷峰会。落实国企改革三年行动实施方案，开展创新型企业试点，稳妥推进混合所有制改革，促进国有资本和国有企业做强做优做大。以点带面推行零基预算改革，加强“四本预算”统筹衔接，强化预算约束和绩效管理。提升“武夷品牌”价值力，精选茶叶、粮油、果蔬等特色产品，扩大标准化种植规模，建设一批集检测、包装、仓储、物流、电商于一体的“武夷山水”品牌园区，强化宣传营销、品牌维护，提升市场占有率和溢价率。系统推进、扩面提升“生态银行”试点，培育壮大“生态银行”公司，通过资源规模化整合、资本运作、项目导入，推动林、竹、水、田等资源持续利用变现。加快发展“水美经济”，培育发展亲水旅游、临水康养、滨水体育等涉水新业态，丰富投融资模式，打造水美产品全产业链条。同时，以政策、科技、资金助推“三项创新”系统集成、有机融合，力争打造全国生态产品价值实现示范区。对标深圳、上海等营商环境样本城市，最大限度减环节、减证明、减时间，实现企业开办时间压缩至 1 个工作日以内，投资项目全流程审批压缩至 65 个工作日以内，纳税缴费时间压缩至 120 个小时以内，不动产抵押登记压缩至 2 个工作日以内。全面推行“不见面”办事，推进“一事一次办”便民套餐改革，持续推进政务服务市县通办、省内通办、跨省通办。完善信用监管、大数据监管、包容审慎监管。积极融入国内国际双循环重要通道建设。全方位融入“一带一路”，加快“万里茶道”申遗，推动闽西欧班列开通。推进跨境贸易，组织企业参加网上广交会、东盟经贸推介会、非洲市场推介会等，支持竹木制品、绿色食品等重点生产性企业扩大出口。开展“台胞台商服务提升年”活动，提高“台胞台企服务窗口”、数字“第一家园”等平台实效。推广“以台引台”招商模式，加快推进闽台农业融合发展产业园、武夷新区同心进口商品保税仓等项目建设。推动台湾青年创新创业基地建设，鼓励台湾青年团队参与闽北乡建乡创、工业设计研发等。持续办好海峡论坛南平分会场活动，促进南台文化交流。

（摘编：郑新贵）

2020 年龙岩市经济发展概况

2020 年，龙岩市实行项目化推进工作落实机制，开展突破“难、硬、重、新”工作行动，扎实做好“六稳”工作、全面落实“六保”任务，经济社会保持平稳发展，全面建成小康社会取得决定性成就。初步统计，全市生产总值 2880 亿元，增长 4.2%左右；一般公共预算总收入 329.8 亿元、增长 1.5%，地方一般公共预算收入 158.6 亿元、增长 1.9%；固定资产投资增长 3%；出口增长 22.7%，实际利用外资下降 16.9%；社会消费品零售总额下降 4%；城镇居民人均可支配收入 40370 元、增长 4%，农村居民人均可支配收入 20180 元、增长 7%。

“十三五”时期，龙岩市牢记习近平总书记的谆谆嘱托，紧紧抓住中央支持原中央苏区振兴发展的重大机遇，攻坚克难、砥砺前行，全力以赴推动高质量发展落实赶超，全面建成小康社会，基本完成“十三五”规划任务，为“十四五”发展、开启全面建设社会主义现代化国家新征程打下坚实基础。全市生产总值由 1920 亿元增加到 2880 亿元，年均增长 7.1%；人均 GDP 突破 10 万元，年均增长 6.7%。一般公共预算总收入由 269.8 亿元增加到 329.8 亿元；地方一般公共预算收入由 124.6 亿元增加到 158.6 亿元。固定资产投资年均增长 10.4%。有色金属、文旅康养、建筑业产值均突破 1000 亿元。成功创建全国文明城市、国家新型工业化产业军民融合示范基地、国家应急产业示范基地等一批国字号品牌。上杭跻身全省县域经济实力十强县，长汀、连城、武平连续入选全省县域经济发展十佳县。

农　业

七大特色农业全产业链产值 834 亿元。开展“两治一拆”专项行动，完成农房整治 2.8 万栋、整治面积 287 万平方米。农村集中供水率达 94.7%。获评“福建百香果”中国特色农产品优势区，新增 3 个国家级农业产业强镇，乡村治理经验做法获农业农村部和省里肯定推广。上杭县获评全国村庄清洁行动先进县、入选国家数字乡村试点地区。加强中央、省生态环保督察反馈问题整改，突出抓好水环境治理保护，全市 3 条主要河流均为Ⅰ－Ⅲ类水质，82 条小流域中 80 条达Ⅰ－Ⅲ类水质标准。市、县两级集中式生活水源地水质 100% 达标。城市空气质量优良天数比例 99.2%，保持全省前列。实施森林质量精准提升工程，造林绿化 76.5 万亩，治理水土流失面积 47.7 万亩。完成国土空间总规纲要、“三线一单”编制工作。矿区生态恢复治理等 5 项举措被列为国家生态文明试验区改革模式进行推广。武平县获评国家生态文明建设示范县。武平县、梅花山被评为首批国家森林康养基地。新罗区、漳平市入选全省首批农村生活污水治理试点地区。

工　业

有色金属、机械装备产业产值分别达 1000 亿元、590 亿元。实施工业园区标准化建设三年行动，基础设施完成投资超 70 亿元，新建标准厂房 91 万平方米，新获批工业项目用地 1206 亩。实施百家成长型中小微工业企业培育计划，新增规上工业企业 80 家，规模工业增加值增长 4.3%、企业利润总额增长 4%。出台市属国企参与政府性投资项目规范管理办法，推动企业做强主业，市属国企实现营收 330 亿元、增长 209%，新增主体信用 AA 级以上企业 2 家。龙高股份主板上市获中国证监会审核通过，连城赛特新材在科创板上市。

建筑业

建筑业产值1350亿元。出台稳投资16条等措施，开展重大项目集中开竣工、招商项目集中云签约等活动，“五个一批”项目、重点项目、“重中之重”项目均超额完成年度投资任务。常青三元前驱体一期、鑫鹭钨业等75个重大项目竣工投产，龙净智慧环保、时代思康、新兴纺织等110个重大项目开工建设，龙岩新机场选址获国家民航局批复。全市新改建道路120公里、供水污水管网229公里，新增公共停车位3433个，中心城区龙岩大桥、犀牛路一期、华莲西路一期等一批项目建成通车。中央苏区金融街建成开街，龙岩大道商圈成功创建省级示范商圈。全市完成106个老旧小区改造提升任务。建成保障性安居工程8078套。全市13所中小学校秋季建成招生、新增学位2.7万个，33所公办幼儿园开工建设。龙岩学院列入国家中西部高等教育振兴计划，闽西职业技术学院通过省示范性现代职业院校建设工程评估验收。市第一医院分院、市中医院医技综合大楼建成投入使用，基层医疗服务水平进一步提升。

服务业

文旅康养产业总收入1010亿元。开展“千名干部挂千企”帮扶、“手拉手”供需对接等活动，减轻企业税费负担25亿元，拖欠民营企业无分歧账款全部“清零”，新增市场主体14.2万户、同比增长191%。出台支持汽车、家电消费六条措施，组织“全闽乐购·幸福龙岩”促消费系列活动、发放消费券2250万元。创新实行产业链招商、项目审批代办服务等招商机制，成功举办“11·8”机博投洽会、文旅产业发展大会，全年新签约项目411个、总投资1137亿元，其中10亿元以上项目28个。开展征地拆迁“百日攻坚”大会战，攻克了一大批征迁难题，149个重点项目净地交付。龙岩市及7个县（市、区）全部纳入中央国家机关及有关单位对口支援范围。理顺厦龙合作区、龙雁组团开发建设机制。列入国家电子证照应用试点，入选全国社保卡“一卡通”创新运用综合示范地区。获批财政部支持深化民营和小微企业金融服务综合改革试点城市。在全省率先建立政务服务高频事项“跨省通办”合作机制。全面推行证明事项和涉企经营许可事项告知承诺制，“一窗受理”事项达86%，企业开办时间压缩至半天。全市不良贷款率为0.71%，信贷资产质量居全省前列。健全基层财政运转预警监测机制，兜牢县级“三保”底线。

2021年发展目标

2021年是中国共产党成立100周年，也是实施“十四五”规划、开启全面建设社会主义现代化国家新征程的第一年。龙岩市坚持以习近平新时代中国特色社会主义思想为指导，全面贯彻党的基本理论、基本路线、基本方略，增强“四个意识”、坚定“四个自信”、做到“两个维护”，深入贯彻落实习近平总书记关于做好老区苏区工作的重要论述，坚持稳中求进工作总基调，立足新发展阶段，贯彻新发展理念，服务和深度融入新发展格局，扭住供给侧结构性改革，注重需求侧管理，巩固拓展疫情防控和经济社会发展成果，更好统筹发展和安全，扎实做好“六稳”工作、全面落实“六保”任务，全方位推动高质量发展超越，建设闽西南生态型现代化城市，打造有温度的幸福龙岩，以优异成绩庆祝建党100周年。全年经济社会发展主要预期目标是：主要指标增速保持全省中上游水平。全市生产总值增长7.6%左右；一般公共预算总收入增长5.5%，地方一般公共预算收入增长5%；固定资产投资增长8.5%左右；出口增长8%左右，实际利用外资增长6%；社会消费品零售总额增长9%左右；城镇登记失业率控制在5.5%以内；城镇居民、农村居民人均可支配收入分别增长7.6%和8%；单位GDP能耗控制在省下达的目标内。

一、农业

突出美丽宜居，全面推进乡村振兴。坚持农业农村优先发展，做好巩固拓展脱贫攻坚成果同乡村振兴有效衔接，促进农业高质高效、乡村宜居宜业、农民富裕富足，努力走出一条龙岩特色的乡村振兴之路。巩固脱贫攻坚成果。建立解决相对贫困常态长效机制，保持过渡期内主要帮扶政策总体稳定，推进欠发达乡村加快发展。落实好兜底保障政策，加大对低保对象、特困供养人员、残疾人等困难群体帮扶。健全防止返贫动态监测和帮扶机制，持续实行激励性产业扶贫，增强相对贫困群体发展内生动力。支持少数民族乡村、革命基点村振兴发展。实施产业兴农行动。坚持以工业化理念抓农业，加快发展乡村产业，推进品种培优、品质提升、品牌打造和标准化生产，力争七大特色农业全产业链产值950亿元。高标准推进连城地瓜干、漳平茶叶等产业园建设，力争实现国家级现代农业产业园“零”的突破。大力培育农业龙头企业，发展农产品精深加工，新增省级以上龙头企业10家以上。培育壮大新型农业经营主体，新增省级农民合作示范社20个、示范家庭农场25个。打响“红古田”区域公用品牌，加强特色农产品营销推广，认证“三品一标”产品60个。推动农村一二三产融合发展，鼓励发展休闲农业、乡村旅游等新业态，拓宽农民增收渠道。坚决遏制耕地“非农化”、防止“非粮化”，完成粮播面积190万亩、产量82万吨以上，确保粮食安全。实施乡村建设行动。完善中心镇教育、医疗等公共服务设施，促进农村人口、产业集聚。实施“一县一片区”乡村振兴区域试点示范提升工程，以点带面、连线成片推进乡村振兴。接续推进农村人居环境整治，深入开展“两治一拆”专项行动，完成150个试点村整治任务。严格一户一宅，加强农村宅基地审批管理。加快推进城乡供水一体化项目建设，完善乡村物流、通信等基础设施，提高农村公路通达程度。加强历史文化名镇名村、传统村落保护修缮和活化利用。加强和改进乡村治理。认真做好村级组织换届选举工作。加强法治乡村建设，深入开展移风易俗活动，培育文明乡风、良好家风、淳朴民风。盘活利用农村闲置资产资源，创新发展新型农村集体经济。深化新时代科技特派员制度，加强农业农村人才队伍建设，引导大学毕业生、退休干部等投身乡村振兴。

二、工业

坚持把发展经济着力点放在实体经济上，实行“一业一策”、市领导挂钩等机制，发展壮大“5+N”产业，不断夯实高质量发展支撑。大抓工业、抓大工业。着力抓龙头、铸链条、建集群，做强主导产业，稳住传统产业，壮大新兴产业，推动工业高质量发展，力争规模工业增加值增长8.5%。有色金属产业重点延伸金铜冶炼、金铜精深加工、稀贵金属加工、稀土高端功能材料及其应用，突出抓好金铜新材料循环产业园等重大项目建设，力争实现产值1100亿元。机械装备产业重点拓展新能源汽车及专用车、环保、工程机械等高端装备制造，推进龙净智慧环保等项目建设，力争实现产值630亿元。组织实施工业企业“五百”工程，深化“千名干部挂千企”帮扶活动，力争全年新增规上工业企业100家、产值超10亿元企业5家，新认定省级以上“专精特新”企业5家，百家成长型中小微企业产值增长30%。支持现有企业技改升级、增资扩产、新上项目，推动“老树发新枝”。加快工业互联网、5G网络等建设与应用，实施10个以上“5G+工业互联网”项目，推动数字经济与实体经济深度融合。加大格兰尼、侨龙等重点上市后备企业培育力度，支持优质企业上市融资。加快园区标准化建设。全面实施工业园区标准化建设三年行动，推进龙岩经开区、蛟洋工业区省级标准化建设试点，力争有4个园区产值超300亿元、新增1家省级高新区。着力抓好园区标准化建设项目，完善基础设施和教育、商贸等公共配套设施，县（市、区）、龙岩经开区各新建标准厂房10万平方米以上。进一步理顺园区发展体制，引入第三方运营主体，探索建立“园区管委会+公司”等运营模式。加强园区用地报批服务，根据投资强度、建设进度分期分批供地，提高土地使用效益。坚持以产兴城、以城促产，支持上杭金铜、武平新型显示、长汀稀土、连城光电新材料、漳平钢铁机械制造等优势产业发展壮大。

三、建筑业

支持建筑施工企业在岩注册独立法人、做大业绩、提升资质，鼓励建筑企业拓宽外地市场，力争建筑业实现产值1485亿元，新增10亿元以上企业5家。坚持先谋后动、动则必快、动则必成，谋划一批、签约一批、开工一批、投产一批、增资一批，推动项目滚动接续，培育更多新增长点。完善领导挂钩、定期协调、问题专报等机制，继续抓实“五个一批”项目，突出抓好300个重点项目、60个“重中之重”项目，加快推进时代思康、新兴纺织、漳平特钢、国动通信等重大项目，天甫电子材料、建宁至冠豸山铁路、东环高速等项目建成或竣工投产，上杭新材料科创谷、武平信息光电产业园等项目开工建设，龙岩新机场、龙龙铁路武平至梅州段、漳平抽水蓄能电站等重大项目前期取得新突破。强化成本意识、效率意识，加强政府性投资项目建设管理，深化必要性、可行性和资金拼盘、建设规模等论证，力促项目早开工、早建成。

突出统筹协同，建设现代精美城市。深入实施支持中心城区经济加快发展行动，统筹抓好东园、浮蔡、东环高速周边等重点片区开发，同步推进学校、医院、道路等公共设施建设，增强中心城市辐射带动力。优化土地供应，实行精准调控，促进房地产市场平稳健康发展。支持以新罗区为主体开发建设龙雁组团，突出抓好北部“未来城”和银雁新城规划建设，提速推进三创园、科创园、智慧能源互联网产业园等项目，培育新的增长极。支持龙岩经开区与永定区共同开发建设高坎组团，聚焦工业发展，加强招商引资，发展壮大机械装备、电子信息、生物医药等重点产业，确保龙马环卫二期、圣德医药等项目竣工投产。支持永定区做好“东楼西湖”文章，加快文秀数据信息产业园开发建设，发展壮大文化旅游、数字经济、新型建材等产业；推动公共服务与中心城区一体化发展，加快城际快速通道等项目建设，莆永高速坎市互通春节前建成通车。加速推进古蛟组团开发建设，抓好全国中小学研学实践教育营地等项目，打造全国知名的红色旅游、培训、研学目的地。实施城市更新行动。持续实施道路畅通工程，全市新改建城市道路20公里以上，新增公共停车位2000个以上；中心城区突出抓好龙岩大道四期、东环高速与城市路网的连接等道路建设，加快打通金鸡路二期、犀牛路南段等“断头路”，抓好人行天桥等过街设施规划建设，罗桥节点改造等项目建成通车。持续提升城市居住品质，全市改造提升老旧小区250个以上。持续实施城市供水水质和污水处理提升三年行动，全市新改建供水管网80公里、污水管网80公里。中心城区抓好万安溪引水工程、北翼水厂及配套管网工程等项目建设，加快引水、制水、供水、污水处理一体化运营。持续实施园林绿化提升工程，重点抓好中心城区滨河绿道等项目。补齐基础设施和公共服务短板，加快推进以县城为重要载体的新型城镇化建设。坚持“一县一特色”，支持上杭中国特色社会主义现代化的先行区、示范区、模范区，武平闽粤赣省际宜居宜业宜旅的生态文明示范城市，长汀国家历史文化名城“客家首府”，连城国际山水旅游度假城市，漳平产城人融合发展示范区建设，打造具有地域特征、现代内涵和人文特色的县域城市。

四、服务业

促进服务业提质增效。力争实现第三产业增加值1387亿元，新增规上服务业企业30家、限上商贸企业50家。发挥红色、绿色优势，加快推进古田梅花山文旅康养试验区、龙湖生态旅游综合开发等项目，支持冠豸山创国家5A级景区，建设运营好古田干部学院，做大红色教育培训产业，推进全域旅游发展，力争文旅康养产业总收入1080亿元，打响“红色古田·养生龙岩”品牌。加快公路港、铁山等物流园区规划建设，引进培育物流龙头企业，大力发展第三方物流、冷链物流和城市配送，力争物流业增加值完成105亿元。深入实施扩大消费行动，加大汽车、家电等促消费力度，促进线上线下消费融合，进一步激发消费潜力。加强金融生态环境建设，发展各类金融市场主体，争取设立普惠型银行，力争金融业增加值完成158亿元。持续实施互联网项目返乡工程，培育壮大数字经济。做优做活夜间经济、总部经济、平台经济。提高招商实效。立足产业基础和资源禀赋，精准策划一批强链补链延链项目，提高项目入库率和转化率。坚持“一把手”招商，推行产业链招商、以商招商、基金招商、商会招商，发挥驻外机构招商职能作用，对接引进更多优质项目。高质量办好“11·8”机博投洽会、文旅产业发展大会等经贸活动。

（摘编：肖启辉）

2020年宁德市经济发展概况

2020年，宁德市深入实施“一二三”发展战略，统筹推进疫情防控和经济社会发展，扎实做好“六稳”工作、全面落实“六保”任务，成为全省唯一连续四个季度保持经济正增长的设区市。省对市考核的12项主要经济指标中，多项增幅居全省前列。全市生产总值2619亿元、增长6%；规上工业增加值增长7.4%；一般公共预算总收入233.55亿元，地方一般公共预算收入137.79亿元，分别增长5.3%、8.6%；城镇居民人均可支配收入37121元、增长3.4%，农村居民人均可支配收入19050元、增长7%；进出口增长17.9%，其中出口增长17.9%；实际利用外资增长5.1%；固定资产投资增长0.7%；金融机构本外币存款余额2496.36亿元、贷款余额2299.24亿元，分别增长21.4%、14.6%；年度节能减排任务全面完成。

农　业

全市农林牧渔业总产值584.14亿元、增长3.1%，八大特色农业占比94%以上。建成高标准农田13.24万亩，粮食总产量47.24万吨。低产低质茶园改造提升2万亩。水产品产量103.49万吨、增长1.8%，渔业产值266.17亿元、增长1.7%。新建省级水果、蔬菜、食用菌等标准化生产基地16个，创建市级“菜篮子”示范基地20个。出台特色农业保险实施方案。“0593宁德号”区域公用品牌正式启用。新增“三品一标”认证产品133个。寿宁入选国家数字乡村试点县，古田、福安入选全国“互联网+”农产品出村进城工程试点县。积极探索具有闽东特色的乡村振兴之路，388名乡村振兴指导员、303名科技特派员和25名金融助理员驻乡联村服务。海上养殖综合整治取得决定性胜利，累计投入资金47.72亿元，清退和升级改造渔排142.7万口、贝藻类55万亩，清海工作“宁德模式”成为全国生态环保督察整改典型经验、生态审计典型案例，海漂垃圾加快陆海统筹治理。投入乡村振兴资金44.31亿元，110个省级乡村振兴试点村实施项目597个，306个市级产业薄弱村实施项目1139个，基本消除村级集体经济年收入10万元以下相对薄弱村。完成铁路沿线环境安全隐患整治，全面提升“两高一线”沿线362个乡村景观风貌，培育乡村文化振兴示范村38个。

工　业

四大主导产业增加值增长16.2%，对规上工业增加值增长贡献率达137.1%。锂电新能源产业实现产值734亿元、增长17.8%。锂电池投产产能100GWh，综合市场占有率稳居全球第一。时代三期、新能源科技三期、时代一汽、国泰、阿李科技项目建成投产，时代四期车里湾扩能、新能源科技四期、时代科士达项目开工建设，时代五期（福鼎）项目对接落地。新能源汽车产业实现产值65亿元。上汽宁德基地入选中国标杆智能工厂，新车型实现量产，月产量已达2万辆，年产量达到6.6万辆。不锈钢新材料产业实现产值1217亿元、增长7.7%。青拓不锈钢无缝钢管、奥展不锈钢一期和周宁不锈钢产业园一期项目建成投产，青拓棒线材、宏泰不锈钢产业科技园等项目加快建设。铜材料产业实现产值175亿元、增长28.5%。中铜东南铜业阴极铜产量达35万吨以上。正威一期10万吨精密铜线项目实现当年开工、当年投产。福浦一期、正威三期项目开工建设，嘉元铜箔项目签约落地，铜精深加工产业链加速延伸。宁德时代21C创新实验室开工建设，新能源科技获批建设省重点实验室。宁德时代、新能源科技各一项关键技术荣获省科技进步一等奖。宁德时代储能微网入选国家首批科技创新（储能）试点示范项目。青拓集团笔尖钢实现量产，青拓特钢获批建设省高性能氮合金化不锈钢工程研究中心。第五届动力电池应用国际峰会暨首届中国新能源新材料（宁德）峰会、中国·宁德不锈钢新材料创新研讨会在我市召开，两大主导产业话语权持续增强。三祥液态金属、纳米氧化锆项目建成投产，镁铝合金项目开工建设。与省药监局签订闽东药城高质量发展合作备忘录，广生堂5个创新药进入临床审批阶段，一批仿制药通过一致性评价。华龙化油器信息化系统获评工信部企业上云典型案例。获批建设中国（宁德）知识产权保护中心，成为全省第二家。新增国际专利申请4747件、增长3.75倍，居全省第一。卓高入选国家级专精特新“小巨人”企业，思客琦等16家企业入选省科技小巨人领军企业。三祥新材、安波电机、三禾电器被认定为省“专精特新”中小企业，时代电机、广生堂入选省产业领军团队。新增国家级高新技术企业29家、省级47家。新认定省企业技术中心6家。新获批博士后科研工作站2个。东侨获批建设全国大众创业万众创新示范基地。

“十三五”时期，宁德市主导产业加速壮大，立起工业四梁八柱。规上工业增加值年均增长8.2%，增速连续3年居全省第一。四大主导产业增加值年均增长30.5%，占全市规上工业比重超六成，吸引集聚了上下游产业链企业近200家。拥有产值百亿级企业10家、十亿元以上企业24家、亿元以上企业282家。中铜、上汽宁德基地持续刷新项目建设“宁德速度”，“四千精神”全面推广。宁德时代、新能源科技成为世界级龙头企业。宁德时代成为创业板史上首个市值突破8000亿元的企业。青拓集团成为全省首家年产值超千亿元民营企业、位列民企制造业50强之首。

建筑业

项目建设加快，招商签约项目440个、总投资1141.39亿元，履约率85.2%、开工率68.9%。PPP项目年度入库数、签约落地数均居全省第一。新增“五个一批”项目1468个、总投资4117亿元。福安、霞浦、柘荣、周宁进入全省“五个一批”项目季度正向激励综合考评前十名。300个在建市重点项目完成投资677.14亿元，占年度计划102.4%。组织开展“双百项目”百日攻坚行动，破解494个前期报批、79个安征迁和225.39亿元融资等问题。新开工重点项目128个、竣工137个，超额完成年度开竣工任务。衢宁铁路开通运营，结束了周宁、屏南不通铁路的历史。建成沙埕湾跨海通道工程，打通了对接长三角出省新通道。漳湾作业区7#泊位建成投用。霞浦核电2#机组开工建设。中心城区实施城建项目217个，完成投资68.3亿元。四大馆、工人文化宫建成投用。时代广场、人民广场、镜台山公园一期完成改造提升。连城路及周边道路加快建设，三都澳新区路网基本形成，打通3条断头路，完成24个城市主干道交叉路口优化改造，“白改黑”28.8公里。建成公厕14座。新增公共停车位（含临时）1万多个、充电桩1300个。中心城区重点流域黑臭水体基本消除，新建改造雨污管网280公里，新改扩建污水处理厂3个，污水日处理能力由5万吨提高到16.5万吨。全市109个大气治理项目、1647个入河排污口排查、14个农村“千吨万人”饮用水水源地环境整治全面完成。

“十三五”时期，宁德市城乡基础设施建设累计投入2400亿元。新增铁路营运里程119公里、高速公路通车里程167公里、普通国省道通车里程276公里，“三纵四横”高速公路网基本形成，县县通高速、镇镇有干线、村村通客车全面实现。公交车电动率100%。农村公路总里程突破1万公里。完成中小河流治理29条、安全生态水系建设585公里、水土流失治理112.02万亩。道路340公里、增长77%。

服务业

现代服务业实现增加值973.4亿元、增长6.3%。总部经济、平台经济取得突破，正威总部、智享无限、宁德动游投入运营，国网时代储能、周宁大宗商品交易平台、福安益卓商贸签约落地。港口物流加快发展，货物吞吐量近5000万吨、增长17.5%，集装箱吞吐量14.5万标箱、增长10.9%，增幅均居全省第一。安吉物流宁德基地一期、上汽铁路专用线建成运营，全年汽车整车公铁水联运7万多辆。文旅融合加速发展。“乡村+文创”“摄影+民宿”“白茶+文化”等模式有效推广。寿宁“下乡的味道”红色之旅、古田生态休闲旅游列入全国乡村旅游精品线路，新增省级以上旅游村镇25个。成功举办第十届宁德世界地质公园文化旅游节，全市接待游客2615.64万人次、旅游总收入291.47亿元。发放消费券、乐购券价值4166万元，拉动消费1.52亿元。电子商务网络零售额312.23亿元、增长30.5%。周宁、霞浦入选国家级电子商务进农村综合示范县。

2021年发展目标

2021年宁德市经济社会发展的主要预期目标是：全市生产总值增长9%以上；规上工业增加值增长15%；固定资产投资增长5%；社会消费品零售总额增长5%；出口增长15%；实际利用外资增长10%；一般公共预算总收入增长6%、地方一般公共预算收入增长3%；城镇居民、农村居民人均可支配收入分别增长8%、8.5%；城镇登记失业率控制在5%以内；完成年度节能减排任务。

一、农业

在促进农业高质高效上下功夫。抓好“米袋子”“菜篮子”，建设高标准农田15万亩，粮播面积稳定在135.7万亩。“8+1”特色产业全产业链总规模达2000亿元，村级集体经济年收入20万元以上的村超600个。重点推进农产品优势区和农业产业强镇建设。完成低产低质茶园改造2万亩以上、沿路沿线菇棚标准化改造4500间以上，推广深水大网箱等新型生态养殖1万亩以上。保持生猪存栏79万头。培育省级农业龙头企业10家以上。加强特色农业保险。成立省农科院宁德分院。推广“茶叶+民宿”“渔旅+美食”“果园采摘+乡村旅游”新模式，建成旅游小镇10个以上，打造13个美丽休闲乡村、省级“一村一品”示范村。建立农产品质量安全监管平台，打响“0593宁德号”区域公用品牌。推进“互联网+”农产品出村进城，建制村快递服务通达率90%，力争全市农产品网络零售额增长10%以上。在促进乡村宜居宜业上下功夫。推进乡村建设，启动“多规合一”实用性村庄规划编制。深化农村人居环境综合整治，逐步消除农房“高大裸空”现象，持续治理农村生活污水，完成360个以上村庄环境综合整治。每个县至少一个乡镇、街道开展垃圾分类，实现干湿分离。建设“四好农村路”330公里。建设“绿盈乡村”50个，推进6个历史名镇名村、传统村落保护，开展历史建筑保护修缮和活化利用50处，打造闽东特色乡村振兴示范线路24条。开展全国乡村治理体系试点，推动村级公共安全视频监控网络全覆盖。深化市县乡村四级综治中心、“信访评理室”建设。做好村级组织换届选举工作。在促进农民富裕富足上下功夫。保持现有帮扶政策总体稳定，健全防止返贫动态监测和帮扶机制。发挥乡村振兴指导员、科技特派员、金融助理员驻乡联村帮扶作用。培训高素质农民1万人次、农村实用技术培训2万人次。加快城乡供水一体化建设，新改扩建规模化水厂21处、农村供水管网375公里。开工建设中心城区湖库连通、屏南龙虎岔水库引水、霞浦田螺岗水库工程，加快建设福安穆阳溪一期、福鼎管阳溪跨流域引水工程。实施乡村文化振兴“十百千万”工程，建设乡村振兴文化带10条，培育乡村文化振兴示范村40个、文化队伍400支、文化骨干4000名。常态化开展文化“三下乡”活动。推动乡村移风易俗，办好农村“孝老食堂”。评选一批文明乡村、文明家庭。

二、工业

打造锂电新能源千亿产业集群，建成投产新能源科技四期、卓高三期、青美材料、屏南时代新材料二期项目，加快建设时代四期车里湾扩能、邦普动力电池材料项目，开工建设时代五期（福鼎）一期、天赐、时代科士达二期、厦钨三期项目，深化时代五期（三都澳）和新能源科技五期项目前期工作。不锈钢新材料产业要实现产值1500亿元，建成投产青拓棒线材、冷轧及深加工配套一期、宏泰不锈钢产业科技园项目，开工建设宏旺不锈钢冷轧精加工扩建、周宁不锈钢产业园二期项目，同步推进青拓200万吨宽板和甬金、宏旺配套冷轧系列项目。新能源汽车产业要实现产值300亿元、年产量25万辆，导入更多新车型，加快推动上汽宁德基地二期项目，延伸布局一批二三级配套企业。铜材料产业要实现产值200亿元，加快建设正威三期、福浦一期项目，抓紧开工建设嘉元铜箔项目。引导传统产业融入主导产业生态圈。支持中小企业“上云用数赋智”，向“专精特新”方向转型。实施省市重点技改项目50项以上。推动三祥液态金属、镁铝合金、纳米氧化锆项目达产。引导电机电器产业重点向新能源汽车、两轮电动车驱动电机方向发展。支持传统钢铁企业加快向生产精品钢、特种钢转型，建成投产鼎盛一期项目。落实闽东药城高质量发展合作备忘录，支持广生堂、力捷迅、安发等重点企业加快研发化学药、生物技术药、现代中药、畜药。

三、建筑业

落实支持建筑业发展政策，推动建筑企业投资、设计、施工、运营一体化发展。实施在建市重点项目316个，年度计划投资656.6亿元，计划开工市重点项目100个、竣工80个，新增“五个一批”项目1200个。开展履约率、开工率、投产率和前期报批、安征迁、筹融资“三比三赛”活动。工业投资增长10%，基础设施投资增长8%。推动宁古高速、宁上高速霞浦至福安段全面开工建设，复工建设白马港铁路支线，加快建设霞浦核电2#机组，推动周宁抽水蓄能电站投产发电，确保28个年度计划投资亿元以上重大交通能源项目完成投资186亿元。加快推进温福高铁、沈海高速宁德段扩容工程、宁德至福州长乐机场城际铁路、漳湾港铁路专用线、宁德核电5#6#机组、上白石水利枢纽等项目前期工作，促进项目良性接续。加强新基建建设，建成投用大数据中心二期。建成5G基站2300个，加快“双千兆”工程建设。建成投用充电桩500个，扩大重点村快速充电网络覆盖面。启动实施一批城市更新项目，完成城镇老旧小区改造2200户。加快推进72个市政道路项目建设，建成连城路二三期及周边道路，开工建设东侨路，打通惠风路，延伸金马南路。新增路外公共停车泊位2000个，建设一批立体停车场，盘活地下停车场资源。开工建设东湖明月公园、大寨溪公园，改造提升南漈公园，建设串联金蛇山、贵岐山、前岩山的郊野公园，建成城市慢行系统130公里。加快建设植物园。动工建设东侨广场、正威广场等商业综合体。建成第三水厂日供水20万吨扩建项目，推进三都澳新区、车里湾片区、八都片区供水管网建设。建成岐头溪、拱屿溪排洪渠。推动县域整体“打包”实施乡镇污水处理设施改造提升、管网铺设和运行管护，新改建雨污管网170公里。

四、服务业

发展现代服务业，加快发展正威总部、智享无限、国网时代储能、周宁大宗商品交易平台、福安益卓商贸等总部经济、平台经济。融入国家数字经济创新发展试验区建设，拓展一批人工智能、大数据、物联网、工业互联网、区块链等数字经济应用场景。全力推进国际物流中心、水陆联运中心、快递物流中心、三都澳大黄鱼产业园、飞鸾农海产品冷链中心等项目建设，加快发展电商物流、网络货运，提升物流智能化水平。设立产业引导基金，鼓励发展供应链金融。探索“车电分离”模式，改善充电、停车、通行环境。培育短视频、直播、网络文学等新业态。发展10个以上精品夜市。鼓励新能源汽车、家电等大宗消费。发展上汽宁德基地观光工厂等工业旅游。拓展乡村消费市场。支持屏南创建国家全域旅游示范区，周宁、寿宁、霞浦创建省全域生态旅游示范县。办好第十一届宁德世界地质公园文化旅游节。做好普惠金融改革。深入推进国家普惠金融改革试验区建设，推广“担保云”服务系统，融资担保放大倍数3倍以上。构建“蓝色银行”可视化系统，争取征信服务机构资质。建立农村产权、农业设施流转平台。更新上市后备企业库，支持力捷迅上市。完善金融风险预警处置机制，营造良好金融生态。力争全市贷款增长15%，普惠小微贷款增长50%、涉农贷款增长8.5%以上。

（摘编：赵小真）

2020年平潭综合实验区经济发展概况

2020年是全面建成小康社会和“十三五”规划收官之年，是平潭发展历史上极不寻常、极不平凡的一年。这一年，平潭综合实验区牢记嘱托，砥砺奋进，深入实施习近平总书记亲自擘画的“一岛两窗三区”战略，旅游品牌全面打响，两岸融合、对外开放走深走实，改革创新成果丰硕，产业培育开拓新篇，高质量发展超越的步伐更加稳健；这一年，在实验区干部群众全力冲刺年度和“十三五”目标任务的关键时刻，省委尹力书记来岚调研指导，充分肯定平潭发展成就，提出做好“四篇大文章”，为未来发展指明了方向，注入了强大动力；这一年，实验区坚持人民至上、生命至上，严把“三道关口”，压实“四方责任”，筑牢“五道防线”，打赢了疫情防控的人民战争、总体战、阻击战，保持了“零确诊”，守护了群众生命安全和身体健康，为经济复苏增长创造了良好条件；这一年，实验区发扬斗争精神，深化“八大工程”，打响“四大攻坚战”，爬坡过坎，奋力攻坚，持续掀起干事创业热潮，全年目标任务顺利完成，确保了“十三五”圆满收官，为“十四五”开局奠定了坚实基础。一年来，实验区坚持以习近平新时代中国特色社会主义思想为指导，深入贯彻党的十九大和十九届二中、三中、四中、五中全会精神，增强“四个意识”、坚定“四个自信”、做到“两个维护”，坚持稳中求进总基调，坚持新发展理念，扎实做好“六稳”工作、全面落实“六保”任务，夺取了疫情防控和经济社会发展“双胜利”。据统计，2020年地区生产总值301.4亿元，增长5.4%；一般公共预算总收入90.8亿元，增长28.2%；地方一般公共预算收入54.6亿元，增长20%；进出口总值131.3亿元，增长31.4%；城镇登记失业率3%；城镇居民人均可支配收入43278元，增长3.9%；农村居民人均可支配收入18742元，增长6.6%；节能减排任务全面完成。

“十三五”是平潭开放开发进程中极其重要的发展时期，经历了爬坡过坎、攻坚克难的艰辛历程。经过全区上下铁心拼搏、不懈奋斗，省委省政府提出的“四个转变”基本实现，《平潭综合实验区总体发展规划》第二阶段、《平潭国际旅游岛建设方案》第一阶段主要目标基本完成，开放开发亮点纷呈，经济社会全面进步，干成了多年来想干而没有干成的许多大事要事，实现了许多人想都不敢想的历史性突破，平潭从名不见经传的“丑小鸭”变成了声名鹊起的“白天鹅”，充满活力、更具魅力的“麒麟宝岛”加快崛起，奏响了“平潭浪涌”的时代强音。突出创新发展，综合实力跃上新台阶。地区生产总值年均增长7.1%，完成固定资产投资近1700亿元；一般公共预算总收入突破310亿元，年均增长24.7%，增幅连续五年居全省第一；上划中央收入116亿元，年均增长34%，实现了从向国家“伸手要钱”到开始为国家做净贡献的历史性锐变。产业培育力度加大，壮士断腕迁出一批高污染工业企业，注重选商选资选项目，文旅康体、总部经济、航运物流三大主导产业由小变大、加快发展，数字经济、现代金融、影视新媒体等新产业新业态从无到有、多点开花，三次产业比例为12∶28∶60，产业结构进一步优化。累计落地新经济企业400家、电子信息企业1161家、金融及类金融企业2214家。年营业收入超亿元以上企业达52家。培育国家级省级高新技术企业68家，连续三年增幅位居全省前列。区属国企做大做强，资产总额超过1000亿元。获批跨境电商综合试验区，跻身全国投资潜力百强县

（市），全方位推动高质量发展超越的底气越来越足。

农　业

现代农业加快发展。2020年获批“绿色食品”认证4个、国家地理标志产品1个。河长制工作深入开展，城乡供水一体化建设正式启动，“一闸三线”平潭段等一批重大水利项目有序推进。全省率先完成20个省级乡村振兴试点村庄规划编制，征迁清零、“三沿六区”坟墓整治、海域养殖清退任务全面完成，农村人居环境整治如期完成，7个村居被评为省级森林村庄。推动村（居）与区属国企合作，盘活闲置资金2.1亿元，186个村（居）年经营性收入达到10万元以上。基层治理创新发展，全国首创“一网三联”涉台司法服务模式和台湾法律专才实习实训试点，培育两岸基层融合试点村86个，形成8个各具特色的基层融合示范村居。

工　业

国有资产盘活、国企融资水平创历史新高。纾困政策有效落实，为中小微企业减免税费4.6亿元，兑现产业奖补资金21.6亿元。全国首创5G通信基站建设“快车道”模式，建成5G基站663个，基本实现全岛5G信号全覆盖。

建筑业

2020年引进投资额3000万元以上项目532个。项目建设克难奋进，新开工世茂海峡恋岛、长江澳海上风电场等61个项目，建成高铁中心站及周边路网工程等60个项目。城乡建设统筹推进。世界最长最美跨海公铁大桥建成通车，入选“2020年度央企十大超级工程”，平潭迈入高铁时代。新建、改造、打通市政道路30多条，新增各类停车位15000多个，污水、供水、燃气等管道建设进一步加快。积极创建全国文明城市，城市管理更加有序，“两违”综合治理保持良好态势。台企参与制定的《海峡两岸绿色建筑评价标准》，成为福建省工程建设地方标准。海峡两岸交流培训中心开工建设，台胞社区加快建设。

服务业

新经济新业态加速成长。启用跨境电商、新兴产业、直播经济三大产业园，金融港入港企业229家，基金管理规模达1800亿元，基金公司备案率在全国基金小镇中排名第三，总部平台经济营收突破450亿元。传统产业加快回归，岚商签约项目落地转化率达到68%。开展“全闽乐购”、发放消费券等系列促消费活动，撬动内需增长。

两岸融合行稳致远。经贸合作逆势上扬，台湾农渔产品贸易和保税进口货值分别增长48.2%、89.6%，构建“全球—台湾—平潭”海空联运通道，中转运输防疫物资超过4万批次。深化行业标准共通，率先构建覆盖职业资格、企业资质、商品检验的全链条采信体系。宗仁科技成为平潭首家在海峡股权交易中心挂牌的台资企业。民间交流持续深化，成功举办第九届共同家园论坛、第三届两岸国学论坛、首届IM两岸青年影展、第十二届海峡两岸电视主持新人大赛等35场对台交流活动。

旅游发展提档升级。国际旅游岛建设全面推进，获评“中国最美海岛生态旅游度假目的地”等殊荣。竹屿湾欢乐南岛项目签约落地，“6·8小镇”（一期）、海上环岛游投入运营。生态建设力度加大，全省率先实现36个历史废弃矿山“青山挂白”治理，完成“绿岛花城”建设面积1.6万亩，综合治理水土流失近1000公顷。旅游设施日益完善，民宿管理更加规范。建成6个智慧景区示范点，“智慧文旅”项目获评亚洲旅游“红珊瑚”奖。建成生态旅游廊道45公里，进入全国“十大最美农村路”推选名单。“影视+旅游”初见成效，竹屿湾影视基地和台湾风情影视基地双双发力，《守岛人》等17部影视作品在岚拍摄，落地影视企业260家。成功承办全国沙滩排球精英赛、国际风筝冲浪邀请赛等重大品牌赛事。更多国内外游客走进平潭观赏美景、品尝美食、体验独特的海岛人文风情。

改革创新彰显活力。深化集成创新、联合创新、融合创新，推出28项创新举措，其中全国首创15项，在全国全省复制推广13项。推进职权下放，赋予片区民生保障、工程建设等领域31项区级权限。商事登记、项目投资、招投标监管体制改革持续深化，与企业和群众密切相关的审批服务事项90%以上实现“全程网办”，290多个便民服务事项做到“一窗通办”。政银企联合攻关，全省率先创新“链融通”区块链金融服务平台，开通全国首个两岸电商跨境人民币服务平台。实施人才引进改革，全省率先创新实行“编制池”管理政策。开展“两步申报”“两段准入”通关改革试点，率先上线福建国际贸易单一窗口4.0版，口岸通关效率位居福州关区第一，对外开放和营商环境进一步优化。

2021年发展目标

2021年是我国现代化建设进程中具有特殊重要性的一年，是“十四五”规划开局之年，做好今年工作意义重大。实验区强化历史担当、积极奋发有为，紧扣“四篇文章”、攻坚“八大工程”，做好“六稳”工作、落实“六保”任务，在新的历史起点上开好局、起好步。经济社会发展的主要预期目标是：地区生产总值增长7.8%；一般公共预算总收入增长4.5%，地方一般公共预算收入增长4.5%；固定资产投资完成210亿元；进出口增长10%；实际利用外资增长10%；社会消费品零售总额增长10%；城镇登记失业率与上年持平；城镇居民、农村居民人均可支配收入分别增长7%和8%；完成省定生态指标任务。

一、农业

推进乡村全面振兴。保持现有帮扶政策总体稳定，健全防止返贫动态监测和帮扶机制，持续巩固深化脱贫攻坚成果。加强耕地保护，严格落实粮食安全责任制，完善粮食应急保障体系，建成军粮区域配送中心，确保储备原粮3万吨以上、应急成品粮650吨。建成闽台农业融合发展（农渔）产业园。实施乡村建设行动，加快国彩村、青观顶村等20个乡村振兴试点村建设，重点推进苏澳、平原、北厝、敖东等集镇街区改造提升工程，推进大练渔限等6个陆岛交通码头改扩建和提升工程。继续深化农村集体产权制度改革，支持发展壮大农村集体经济，支持远洋企业在境外建立养殖基地。

二、工业

加快发展新兴产业。深入实施产业链链长制，精准研究出台实用管用的新兴产业扶持政策，确保新兴产业引得进、落得下、长得好。聚焦产业数字化、数字产业化，打造两岸数字经济融合发展示范区。建设集成电路产业与技术促进中心，构建以台资集成电路企业为核心的特色集成电路产业集群。拓展区块链推广应用，建设区块链服务网络国家东南区域主干网平潭节点。依托流水蓝色产业园，发展海产品精深加工及关联产业。加快建设数字平潭。扎实推进5G组网布局，新建5G基站620个，推进智慧杆（塔）建设和一杆多用。依托“档案+大数据中心”，深化全岛大数据共享开放中心建设，实现政务数据集中归集、有机融合和按需服务。建成统一的智慧城市管家服务平台，打造“线上服务超市”，实施诚信监管“一张网”。在交通、旅游、警务、政务、教育、文化、医疗等领域打造一批数字化应用示范项目，进一步提升城市智能化水平。激发企业创新活力。实施高新技术企业倍增计划，强化知识产权和科技创新激励，加快构建高新技术企业成长机制，加大成长型中小微创新企业扶持力度，力争新增国家级和省级高新技术企业20家。推动宸鸿科技生产线技术升级，推进中保创新等项目落地。继续有效落实减税降费等惠企政策。

三、建筑业

推动投资加快回升。年度安排重点项目320个以上，计划投资130亿元左右。开工建设码族部落、瑞谦智能、鸿生PC构件等引领性产业项目，建成海洋国际会展中心、国际演艺中心、大练海上风电等标志性重大项目。持续做大国企资本总量，提升筹融资运作能力，积极对接导入各类社会资本，做大投资盘子。完善总部经济、跨境电商、新兴产业、直播经济四大园区基础配套，实现优质企业“拎包入住”。探索创新招商模式，完善招商激励机制，积极扩大精准招商实效，力争引进3000万元以上项目300个，新增总投资200亿元。实施建筑业总部经济战略，支持隧道工程企业提高资信，重塑隧道品牌效应，加快形成建筑业全产业链集群。实施城市更新行动。持续完善金井新城配套设施，扩大人口总量。扎实推进“老城区补短板强弱项三年行动计划”，启动16个老旧小区和23个背街小巷改造项目，新建、改造500个以上停车位。以高铁中心站为交通枢纽，加快构建“一核四向”快速交通网，完善岛内干线公路网，打通新老城区接线道路。统筹推进城乡供水、污水、天然气管网更新改造，加快推进南部自来水厂扩容工程，启动北部自来水厂建设，全面推进城乡供水一体化。持续推进城区美化、绿化、洁化、亮化，全面实施生活垃圾分类，加强“两违”综合治理，不断提高城市建设管理水平。

四、服务业

大力发展文旅康体、总部经济、航运物流三大产业，提升产业链水平，增强产业链韧性。推动旅游与文化、影视、体育、康养、智能等产业融合发展，打造特色鲜明的跨界融合新业态。培植发展电商、物流、化纤等平台经济新业态，力争总部经济企业营收突破500亿元。推动跨境电商综合试验区建设，进一步完善口岸及仓储功能，发展跨境电商、保税加工、转口贸易新业态，壮大物流贸易产业规模。做大做强金融港，探索建立入港基金、企业及优质项目服务机制，重点打造产融对接平台，增强金融服务实体经济能力。用好区块链融资平台，扎实推进普惠金融三年专项行动，最大限度帮助企业缓解筹融资压力。拓展提升传统产业。大力发展海洋经济，完善航运产业链，打造集海事服务、国际油品交易、对台航运服务等于一体的国际航运补给基地。多渠道扩大消费。继续开展“全闽乐购”等各类线上线下促消费活动，稳定和扩大餐饮、旅游、家电、电子产品、住房等领域消费。鼓励实体农特产品、跨境商品、台湾产品和旅游服务产品商家开展直播带货活动。积极创建澳前商业街等一批特色美食街、休闲购物街，加快培育金井商圈、高铁商圈以及台湾文化广场、潭人街等新型消费商圈，不断激发消费潜力。提升乡村商贸水平，扩大乡村消费。

深化两岸经贸合作。推动现有客货运直航常态化、规模化运营，积极打造海铁联运主通道。发挥金井港区“四合一”指定监管场地作用，加快发展两岸快件、冷链物流、农渔产品交易等贸易业态，打造两岸共同市场先行区。加快建设两岸邮件处理中心，对台中药材贸易中心投入运营。推动对台金融先行先试，拓展跨境人民币业务，探索金融机构试点人民币与新台币直接清算，深化合格境外投资者政策试点，加快建设海峡股权交易中心台资板。推动设立闽台医疗合作创新中心，促进台湾医养、医美等高端健康服务产业落地发展。

提升社会融合水平。落实两岸融合发展的政策措施，落深落细台胞台企“两个同等待遇”，提升台胞获得感认同感。持续扩大对台职业资格采信成果应用，结合职业技能等级试点工作，打造台胞考证一体化服务点。建成台胞社区一期主体工程。创新对台普惠金融服务，全面推广“麒麟卡”“两岸共同家园卡”等台胞专属金融服务卡，推进基本公共服务均等化、普惠化、便捷化。深化“台胞台企服务年”活动，为台商台胞提供优质服务。优化台湾人才、台籍社区营造师管理和服务机制，试点引进台湾社工，推动基层治理融合向纵深发展。组建平潭两岸融合发展研究院，整合专家智库资源，打造对台研究新高地。

促进民间交流升温。加强与台湾青年社团对接联络，吸引台青来岚参访交流。继续实施“台湾青年就业创业引领计划”，争取新增一批省区级台湾青年创业就业基地。建设两岸影视产业创新基地，吸引台湾优秀IP和制作团队落地发展。继续举办两岸青年创新创业大赛、IM两岸青年影展等交流活动，让两岸青年成为共同打拼的好伙伴。办好共同家园论坛、两岸国学论坛、海峡两岸村里长交流会等品牌活动，促进两岸心意相通、心灵契合。保持民俗信仰、宗亲等民间交流热度，延续两岸源远流长的亲情乡情。拓展对台宣传渠道，推动与台湾友好媒体等建立合作关系，提高平潭在台湾岛内的影响力。

持续拓展对外开放空间。积极对接RCEP协定成果，扎实做好海外侨团、港澳社团联络联谊工作，加快建设“海丝”核心区战略支点。持续拓展国际交往合作，培育优质友城资源，争取在中欧合作项目上取得突破。

（摘编：黄国实）

第八篇

经济数据

说明：本篇内容摘自《2021福建统计年鉴》，采用近3年的数据（除说明外）。

（摘编：赵小真）

综　合

全省法人单位数和从业人员数（2020年）

单位：个

项　　目	法人单位数		
		单产业法人	多产业法人
按登记注册类型分	**1156978**	**1133545**	**23433**
内资	1140856	1118080	22776
国有	39931	36609	3322
集体	8493	7819	674
股份合作	418	365	53
联营	313	310	3
国有联营	37	36	1
集体联营	94	93	1
国有与集体联营	28	28	
其他联营	154	153	1
有限责任公司	23671	22252	1419
国有独资公司	2309	2048	261
其他责任有限公司	21362	20204	1158
股份有限公司	1765	1375	390
私营	989691	974173	15518
私营独资	65677	65218	459
私营合伙	13067	13001	66
私营有限责任公司	906699	891998	14701
私营股份有限公司	4248	3956	292
其他	76574	75177	1397
港澳台商投资	10780	10408	372
合资经营（港或澳、台资）	2480	2378	102
合作经营（港或澳、台资）	83	80	3
港、澳、台商独资经营	7946	7702	244
港、澳、台商投资股份有限公司	154	133	21
其他港澳台商投资	117	115	2
外商投资	5342	5057	285
中外合资	1411	1339	72
中外合作	33	32	1

续表

项目	法人单位数	单产业法人	多产业法人
外商独资	3739	3541	198
外商投资股份有限公司	75	64	11
其他外商投资	84	81	3
按机构类型分	**1156978**	**1133545**	**23433**
企业	1031865	1012895	18970
事业单位	26700	25526	1174
机关	7706	5859	1847
社会团体	18154	18106	48
其他	72553	71159	1394
按行业分	**1156978**	**1133545**	**23433**
农、林、牧、渔业	59673	59503	170
农业	31690	31618	72
林业	6301	6264	37
畜牧业	8700	8677	23
渔业	7312	7294	18
农、林、牧、渔服务业	5670	5650	20
采矿业	1811	1770	41
煤炭开采和洗选业	142	136	6
石油和天然气开采业			
黑色金属矿采选业	237	224	13
有色金属矿采选业	185	180	5
非金属矿采选业	1177	1160	17
开采辅助活动	41	41	
其他采矿业	29	29	
制造业	158080	156392	1688
农副食品加工业	6177	6072	105
食品制造业	4795	4708	87
酒、饮料和精制茶制造业	6474	6362	112
烟草制品业	12	11	1
纺织业	5821	5761	60
纺织服装、服饰业	10831	10694	137
皮革、毛皮、羽毛及其制品和制鞋业	11686	11597	89
木材加工和木、竹、藤、棕、草制品业	6427	6367	60
家具制造业	5585	5540	45
造纸和纸制品业	4063	4036	27

续表

项　　目	法人单位数		
		单产业法人	多产业法人
印刷和记录媒介复制业	3237	3191	46
文教、工美、体育和娱乐用品制造业	10598	10512	86
石油加工、炼焦和核燃料加工业	289	282	7
化学原料和化学制品制造业	3962	3896	66
医药制造业	1297	1269	28
化学纤维制造业	274	271	3
橡胶和塑料制品业	8404	8345	59
非金属矿物制品业	19460	19283	177
黑色金属冶炼和压延加工业	564	558	6
有色金属冶炼和压延加工业	727	717	10
金属制品业	13018	12920	98
通用设备制造业	8497	8416	81
专用设备制造业	8075	8009	66
汽车制造业	1860	1836	24
铁路、船舶、航空航天和其他运输设备制造业	1023	1013	10
电气机械和器材制造业	5325	5257	68
计算机、通信和其他电子设备制造业	3946	3883	63
仪器仪表制造业	1160	1140	20
其他制造业	2348	2335	13
废弃资源综合利用业	880	866	14
金属制品、机械和设备修理业	1265	1245	20
电力、热力、燃气及水生产和供应业	6853	6640	213
电力、热力生产和供应业	5488	5340	148
燃气生产和供应业	179	145	34
水的生产和供应业	1186	1155	31
建筑业	55581	51329	4252
房屋建筑业	17425	15054	2371
土木工程建筑业	10652	9409	1243
建筑安装业	4375	4184	191
建筑装饰和其他建筑业	23129	22682	447
批发和零售业	404677	399969	4708
批发业	224222	222217	2005
零售业	180455	177752	2703
交通运输、仓储和邮政业	23530	22724	806
铁路运输业	73	71	2

续表

项　　目	法人单位数	单产业法人	多产业法人
道路运输业	13585	13235	350
水上运输业	1421	1373	48
航空运输业	148	140	8
管道运输业	8	8	
多式联运和运输代理业	5243	5135	108
装卸搬运和仓储业	1988	1945	43
邮政业	1064	817	247
住宿和餐饮业	16900	16177	723
住宿业	5455	5291	164
餐饮业	11445	10886	559
信息传输、软件和信息技术服务业	70248	69699	549
电信、广播电视和卫星传输服务	861	782	79
互联网和相关服务	21107	20992	115
软件和信息技术服务业	48280	47925	355
金融业	4734	4204	530
货币金融服务	1422	1157	265
资本市场服务	2136	2123	13
保险业	531	289	242
其他金融业	645	635	10
房地产业	26042	24738	1304
房地产业	26042	24738	1304
租赁和商务服务业	124636	122824	1812
租赁业	9370	9244	126
商务服务业	115266	113580	1686
科学研究和技术服务业	54197	53077	1120
研究和试验发展	10602	10539	63
专业技术服务业	20978	20063	915
科技推广和应用服务业	22617	22475	142
水利、环境和公共设施管理业	7619	7468	151
水利管理业	657	634	23
生态保护和环境治理业	1178	1159	19
公共设施管理业	4769	4670	99
土地管理业	1015	1005	10
居民服务、修理和其他服务业	20506	20065	441
居民服务业	9047	8819	228

续表

项　　目	法人单位数	单产业法人	多产业法人
机动车、电子产品和日用产品修理业	7867	7722	145
其他服务业	3592	3524	68
教育	23600	22593	1007
教育	23600	22593	1007
卫生和社会工作	8314	8141	173
卫生	5840	5689	151
社会工作	2474	2452	22
文化、体育和娱乐业	30424	30072	352
新闻和出版业	342	332	10
广播、电视、电影和影视录音制作业	4698	4645	53
文化艺术业	10621	10530	91
体育	3670	3567	103
娱乐业	11093	10998	95
公共管理、社会保障和社会组织	59553	56160	3393
中国共产党机关	1550	1415	135
国家机构	14967	13117	1850
人民政协、民主党派	272	260	12
社会保障	265	259	6
群众团体、社会团体和其他成员组织	25138	25074	64
基层群众自治组织	17361	16035	1326

各设区市按行业门类分的法人单位数（2020 年）

单位：个

项　　目	福建省	福州市	厦门市	莆田市	三明市	泉州市	漳州市	南平市	龙岩市	宁德市
农、林、牧、渔业	59673	7697	1389	2417	7677	6974	8597	8436	5508	10978
采矿业	1811	69	14	18	551	260	153	170	469	107
制造业	158080	15518	23233	7770	5852	66710	14702	8103	5964	10228
电力、热力、燃气及水生产和供应业	6853	693	176	161	1294	869	911	871	1155	723
建筑业	55581	14295	10077	2948	2416	11233	5016	3174	3469	2953
批发和零售业	404677	64092	76151	42475	12127	125299	28333	18755	19918	17527
交通运输、仓储和邮政业	23530	4963	5641	855	1264	4367	2457	1477	1238	1268
住宿和餐饮业	16900	3670	4286	930	568	3389	1443	723	1051	840
信息传输、软件和信息技术服务业	70248	16792	17574	2773	1474	21288	3325	2159	2853	2010
金融业	4734	1729	1494	94	157	537	211	141	200	171

续表

项目	福建省	福州市	厦门市	莆田市	三明市	泉州市	漳州市	南平市	龙岩市	宁德市
房地产业	26042	5569	5208	1348	1246	5210	2473	1533	1620	1835
租赁和商务服务业	124636	30189	26630	5179	3524	31582	8683	5848	4925	8076
科学研究和技术服务业	54197	12854	12814	2419	1836	12139	4609	2248	2879	2399
水利、环境和公共设施管理业	7619	1224	1035	430	675	1229	1121	670	598	637
居民服务、修理和其他服务业	20506	4557	5452	991	697	4107	1693	972	1079	958
教育	23600	4169	4727	1630	1251	4237	3130	1448	1687	1321
卫生和社会工作	8314	2327	963	347	1184	1107	647	759	487	493
文化、体育和娱乐业	30424	5882	7511	1418	1208	7011	2340	1772	1930	1352
公共管理、社会保障和社会组织	59553	11378	2760	4113	6161	9531	6706	6967	5237	6700
国际组织										

各设区市按机构类型分的法人单位数（2020 年）

单位：个

地区	法人单位数	企业法人	事业法人	机关法人	社团法人	其他法人
福建省	1156978	1031865	26700	7706	18154	72553
福州市	207667	187013	4509	1289	4146	10710
厦门市	207135	201110	1223	405	1330	3067
莆田市	78316	71213	1995	459	817	3832
三明市	51162	36720	2956	1004	1684	8798
泉州市	317079	298087	4157	1091	3734	10010
漳州市	96550	80820	3915	1088	1406	9321
南平市	66226	50297	3729	868	2329	9003
龙岩市	62267	51479	1994	685	1538	6571
宁德市	70576	55126	2222	817	1170	11241

各设区市按营业状态分的企业法人单位数（2020 年）

单位：个

地区	企业法人单位数	营业	停业（歇业）	筹建	其他
福建省	1031865	823653	38561	167643	2008
福州市	187013	145480	6848	34216	469
厦门市	201110	171955	9319	19829	7
莆田市	71213	47178	957	23071	7
三明市	36720	31343	2053	3206	118

续表

地　区	企业法人单位数	营　业	停业（歇业）	筹　建	其　他
泉州市	298087	236554	8817	51628	1088
漳州市	80820	60486	2297	17870	167
南平市	50297	39575	2540	8047	135
龙岩市	51479	47158	1890	2425	6
宁德市	55126	43924	3840	7351	11

各设区市按登记注册类型分的企业法人单位数（2020 年）

单位：个

地　区	企业法人单位数	内资企业	#国有企业	#集体企业	#股份合作企业
福建省	1031865	1015748	2644	4132	382
福州市	187013	183762	610	986	57
厦门市	201110	195165	167	194	67
莆田市	71213	70781	78	195	19
三明市	36720	36423	262	476	27
泉州市	298087	294213	372	719	45
漳州市	80820	79361	352	465	71
南平市	50297	50030	422	483	25
龙岩市	51479	51063	179	336	45
宁德市	55126	54950	202	278	26

地　区	#联营企业	#有限责任公司	#股份有限公司	#私营企业	港澳台商投资企业	外商投资企业
福建省	99	23506	1756	983054	10775	5342
福州市	28	4852	461	176717	2170	1081
厦门市	15	5138	414	189170	3745	2200
莆田市	5	2060	95	68324	291	141
三明市	7	1423	101	34126	214	83
泉州市	17	3845	196	289005	2816	1058
漳州市	7	1978	138	76336	985	474
南平市	11	1232	98	47742	167	100
龙岩市	4	1461	155	48835	299	117
宁德市	5	1517	98	52799	88	88

国民经济核算

主要社会经济效益指标

项　　目	2010	2015	2018
全员劳动生产率（元/人）	**71731**	**119890**	**173566**
总产出中间投入率（%）	**61.9**	**65.0**	**62.1**
第一产业	40.8	41.0	41.7
第二产业	71.5	74.6	72.3
第三产业	41.3	41.8	41.7
按主要行业分			
工业	72.1	75.4	73.4
建筑业	67.5	71.0	67.9
交通运输、仓储和邮政业	55.5	59.5	57.9
批发和零售业	26.9	30.9	34.8
增加值率（%）	**38.1**	**35.0**	**37.9**
第一产业	59.2	59.0	58.3
第二产业	28.6	25.4	27.7
第三产业	58.8	58.2	58.4
按主要行业分			
工业	27.9	24.6	26.6
建筑业	32.5	29.0	32.1
交通运输、仓储和邮政业	44.5	40.5	42.1
批发和零售业	73.1	69.1	65.2

地区生产总值

单位：亿元

年份	地区生产总值	第一产业	第二产业	第三产业	工业	建筑业	人均 GDP（元）
2018	38687.77	2379.02	18847.75	17461.00	14781.03	4131.38	94719
2019	42326.58	2595.53	20065.48	19665.57	15654.00	4482.03	102722
2020	43903.89	2732.32	20328.80	20842.78	15745.55	4654.13	105818

地区生产总值构成

单位:%

年 份	地区生产总值	第一产业	第二产业	第三产业	工业	建筑业
2018	100.0	6.1	48.7	45.1	38.2	10.7
2019	100.0	6.1	47.4	46.5	37.0	10.6
2020	100.0	6.2	46.3	47.5	35.9	10.6

分行业地区生产总值

单位：亿元

项 目	2010	2019	2020
地区生产总值	**15002.51**	**42326.58**	**43903.89**
第一产业	1269.87	2595.53	2732.32
第二产业	7705.25	20065.48	20328.80
第三产业	6027.39	19665.57	20842.78
按主要行业分			
农、林、牧、渔业	1317.45	2691.13	2833.33
工业	6532.27	15654.00	15745.55
采矿业	287.94	238.70	246.00
制造业	5885.09	14679.53	14747.50
电力、热力、燃气及水生产和供应业	359.24	735.77	752.05
建筑业	1201.07	4482.03	4654.13
交通运输、仓储和邮政业	846.83	1482.18	1497.31
信息传输、软件和信息技术服务业	315.50	961.41	1047.59
批发和零售业	1464.87	4422.91	4667.60
住宿和餐饮业	286.33	655.59	614.44
金融业	742.19	3040.51	3418.36
房地产业	714.38	2697.75	2904.80
租赁和商务服务业	237.82	1261.13	1339.46
科学研究和技术服务业	105.86	557.30	596.95
水利、环境和公共设施管理业	46.70	160.77	181.17
居民服务、修理和其他服务业	247.16	810.51	802.22
教育	276.53	1175.30	1247.17
卫生和社会工作	170.92	557.71	586.21
文化、体育和娱乐业	103.89	340.26	330.00
公共管理、社会保障和社会组织	392.74	1376.09	1437.61

地区生产总值指数（上年 =100）

单位：以上年为 100

年份	地区生产总值	第一产业	第二产业	第三产业	工业	建筑业	人均 GDP
2018	108.3	103.4	108.8	108.6	109.2	106.9	107.2
2019	107.5	103.5	105.4	110.4	105.2	106.4	106.5
2020	103.3	103.1	102.5	104.1	101.7	105.8	102.5

地区生产总值指数（1952 年 =100）

单位：以 1952 年为 100

年份	地区生产总值	第一产业	第二产业	第三产业	工业	建筑业	人均 GDP
2018	44520.1	1547.4	292674.5	79919.5	337594.2	30370.0	13668.0
2019	47859.1	1601.6	308478.9	88231.1	355149.1	32313.7	14556.4
2020	49438.5	1651.2	316190.9	91848.6	361186.6	34187.9	14920.3

三次产业对经济增长的贡献及拉动

单位:%

年份	贡献率				地区生产总值增长率	拉动（百分点）			
	第一产业	第二产业	第三产业	工业		第一产业	第二产业	第三产业	工业
2018	2.7	52.6	44.7	44.7	8.3	0.2	4.4	3.7	3.7
2019	2.9	36.4	60.7	28.3	7.5	0.2	2.7	4.6	2.1
2020	5.7	37.7	56.6	20.7	3.3	0.2	1.2	1.9	0.7

按收入法计算的地区生产总值

单位：亿元

年份	地区生产总值	劳动者报酬	生产税净额	固定资产折旧	营业盈余	占地区生产总值比重（%）			
						劳动者报酬	生产税净额	固定资产折旧	营业盈余
2016	29609.43	16300.08	3583.90	3165.68	6559.77	55.1	12.1	10.7	22.2
2017	33842.44	18497.50	3808.55	3365.72	8170.68	54.7	11.3	9.9	24.1
2018	38687.77	20515.33	4204.66	4272.15	9695.63	53.0	10.9	11.0	25.1

第三产业增加值

单位：亿元

年份	第三产业	#批发和零售业	#交通运输、仓储和邮政业	#金融业	#房地产业
2018	17461.00	3891.85	1376.22	2581.10	2435.96
2019	19665.57	4422.91	1482.18	3040.51	2697.75
2020	20842.78	4667.60	1497.31	3418.36	2904.80

第三产业增加值构成

单位：亿元

年份	第三产业	#批发和零售业	#交通运输、仓储和邮政业	#金融业	#房地产业
2018	100.0	22.3	7.9	14.8	14.0
2019	100.0	22.5	7.5	15.5	13.7
2020	100.0	22.4	7.2	16.4	13.9

第三产业增加值指数（上年＝100）

单位：以上年为100

年份	第三产业	#交通运输、仓储和邮政业	#批发和零售业	#金融业	#房地产业
2018	108.6	105.0	106.9	103.3	107.0
2019	110.4	109.3	112.3	116.7	109.1
2020	104.1	104.8	105.3	106.4	103.0

就业和职工工资

福建省就业基本情况

项　　目	2010	2019	2020
就业人员合计（万人）	**2114**	**2210**	**2206**
第一产业	600	369	323
第二产业	774	745	719
第三产业	740	1096	1164
就业人员构成（%）			
第一产业	28.4	16.7	14.6
第二产业	36.6	33.7	32.6
第三产业	35.0	49.6	52.8
城镇非私营单位就业人员（万人）	**507.14**	**639.58**	**605.90**
#国有单位	155.51	147.14	152.27
集体单位	16.58	9.32	8.85
股份合作单位	8.14	5.47	7.51
联营单位	1.95	0.32	0.40
有限责任公司	87.40	276.30	245.28
股份有限公司	31.28	52.97	52.65
港澳台商投资单位	110.25	84.33	77.82
外商投资单位	81.88	48.58	53.84
城镇非私营单位在岗职工人数（万人）	485.94	522.82	497.57
国有单位	145.74	118.99	126.18
城镇集体单位	15.38	6.66	6.32
其他经济	324.83	397.16	365.07
城镇私营单位就业人员数（万人）	**362.67**	**617.59**	**603.26**
城镇登记失业人数（万人）	**14.49**	**16.81**	**35.74**
城镇登记失业率（%）	**3.77**	**3.50**	**3.82**

城镇非私营单位企业、事业、机关年末在岗职工人数

单位：万人

年　份	总　计	企　业	机关和事业	事　业	机　关
2018	588.80	477.25		75.75	33.10
2019	522.82	407.65		75.74	33.93
2020	497.57	377.73	115.02		

城镇非私营单位企业、事业、机关在岗职工含劳务派遣人员平均工资

年　份	平均货币工资（元）					指数（上年＝100）				
	总　计	企　业	机关和事业	事　业	机　关	合　计	企　业	机关和事业	事　业	机　关
2018	76266	69939		101857	107169	110.5	110.0		112.4	114.1
2019	84374	77020		111146	112462	110.6	110.1		109.1	104.9
2020	91072	81752	121090			107.9	106.1	108.5		

城镇非私营单位就业人员平均劳动报酬（2020 年）

单位：元

项　　目	单位从业人员	在岗职工	劳务派遣人员	其他从业人员
合　　计	**88149**	**94093**	**60658**	**58337**
按企事业机关分				
企业	79816	83166	65829	62066
机关和事业	116030	130832	49718	39398
按国民经济行业分				
农、林、牧、渔业	59655	69855	33793	21192
采矿业	56885	57183	76113	36760
制造业	75992	76352	60317	84950
电力、热力、燃气及水生产和供应业	123310	132642	68458	53810
建筑业	68618	68653	67777	69275
批发和零售业	86482	87638	54170	83018
交通运输、仓储和邮政业	97558	101901	67896	46761
住宿和餐饮业	45186	46832	47831	19701
信息传输、软件和信息技术服务业	131811	135114	69917	95677
金融业	113781	181866	91730	50930
房地产业	84869	87471	54922	51761
租赁和商务服务业	65475	69806	46429	21977
科学研究和技术服务业	128207	133727	83359	61052
水利、环境和公共设施管理业	66565	71000	45916	39156
居民服务、修理和其他服务业	64190	65211	44107	61269
教育	103820	113486	46317	37624
卫生和社会工作	127830	135865	67075	58142
文化、体育和娱乐业	93079	102110	49778	36267
公共管理、社会保障和社会组织	117688	139015	48271	38707
按三次产业分				
第一产业	59655	69855	33793	21192
第二产业	74484	75772	66381	70239
第三产业	102294	112969	54156	47453

城镇私营单位就业人员平均劳动报酬

单位：元

项　　目	2019	2020	2020 年比上年增长（%）
合　　计	**57141**	**58631**	**2.6**
按国民经济行业分			
农、林、牧、渔业	41032	46674	13.8
采矿业	54269	63617	17.2
制造业	56924	60593	6.4
电力、燃气及水的生产和供应业	44688	51440	15.1
建筑业	59959	60041	0.1
交通运输、仓储和邮政业	58038	58494	-28.1
信息传输、计算机服务和软件业	81306	85901	91.8
批发和零售业	52206	52577	-9.4
住宿和餐饮业	44796	43025	-17.6
金融业	64487	71411	10.7
房地产业	56501	58915	4.3
租赁和商务服务业	57330	53710	-6.3
科学研究、技术服务和地质勘查业	64121	57701	-10.0
水利、环境和公共设施管理业	46284	50612	9.4
居民服务和其他服务业	44235	45129	2.0
教育	43723	43257	-1.1
卫生、社会保障和社会福利业	59677	67295	12.8
文化、体育和娱乐业	42862	44934	4.8
公共管理和社会组织			
按三次产业分			
第一产业	41032	46674	13.7
第二产业	58417	60292	3.2
第三产业	54882	55513	1.1

农　业

农村基层组织和劳动力情况

项　　目	2010	2019	2020
农村基层组织情况			
乡（镇）政府（个）	929	925	922
乡政府	334	271	263
镇政府	595	654	659
村民委员会（个）	14434	14335	14280
自来水受益村数（个）	12592	13825	13867
通有线电视村数（个）		14018	14073
通宽带村数（个）		14283	14237
农村劳动力资源情况			
乡村劳动力资源总数（万人）	**1579.32**	**1645.59**	**1641.03**
乡村从业人员（万人）	**1395.81**	**1414.86**	**1407.96**
按性别分			
男	752.57	761.05	758.74
女	643.23	653.81	649.23
#农林牧渔业从业人员	623.73	577.23	570.99

农业机械化情况

项　　目	2010	2019	2020
农业机械动力（万千瓦）	**1206.16**	**1237.73**	**1260.20**
柴油发动机	891.66	767.66	769.01
汽油发动机	64.01	177.15	193.61
电动机	250.47	292.91	297.56
其它机械	0.03	0.02	0.02
农业机械拥有量			
大型拖拉机（台）		308	384
大型拖拉机动力（万千瓦）		2.59	3.23
中型拖拉机（台）		5144	5453
中型拖拉机动力（万千瓦）		20.95	22.88
小型拖拉机（台）	107739	84730	81347
小型拖拉机动力（万千瓦）	107.02	94.06	90.20
联合收割机（台）	4411	10328	11002
联合收割机动力（万千瓦）	15.48	42.68	47.74

续表

项　　目	2010	2019	2020
机动脱粒机（台）	93484	99478	105772
养殖渔船（艘）		21853	28693
捕捞渔船（艘）		24154	21963
机电井（眼）	17866	316132	312609

农业生产条件

年　份	农业机械动力（万千瓦）	耕地灌溉面积（千公顷）	化肥施用量（吨）	农药使用量（吨）	农村用电量（万千瓦小时）	农用塑料薄膜使用量（吨）
2018	1228. 27	1085. 18	1107377	49143	4038675	60002
2019	1237. 73	1076. 78	1062630	45477	4179238	58507
2020	1260. 20	1110. 42	1008056	43163	4450731	51824

农业基础设施

项　　目	2010	2019	2020
1. 农业机械使用			
机耕地面积（千公顷）	908. 68	922. 43	951. 11
机械播种面积（千公顷）	25. 77	216. 78	258. 33
机械收获面积（千公顷）	222. 74	557. 42	601. 47
2. 化肥施用量（万吨）			
按折纯量计算	121. 04	106. 26	100. 81
氮肥	47. 74	39. 93	36. 80
磷肥	17. 06	14. 88	14. 11
钾肥	24. 67	20. 77	19. 66
复合肥	31. 56	30. 68	30. 23
3. 农用塑料薄膜使用量（万吨）	**5. 71**	**5. 85**	**5. 18**
#地膜使用量	2. 66	3. 10	2. 55
4. 农用柴油使用量（万吨）	**83. 17**	**81. 25**	**78. 35**

农作物播种面积

单位：千公顷

年　份	合　计	粮食作物	#谷物	#稻谷	非粮作物	#油料作物
2018	1621. 42	833. 51	653. 23	619. 61	787. 91	75. 42
2019	1648. 03	822. 43	634. 00	599. 23	825. 60	77. 51
2020	1682. 00	834. 43	639. 17	601. 72	847. 57	79. 31

粮食作物播种面积

单位：千公顷

项　　目	2010	2019	2020
总　　计	**1073.17**	**822.43**	**834.43**
按品种分			
#稻谷			
早稻	192.14	97.36	97.70
中稻	286.37	256.69	258.43
晚稻	311.08	245.18	245.59
小麦	1.46	0.11	0.08
甘薯	136.45	99.27	102.91
马铃薯	57.58	49.23	49.96
玉米	30.47	30.49	33.05
大豆	42.99	32.74	34.36

非粮作物播种面积

单位：千公顷

项　　目	2010	2019	2020
总　　计	**868.04**	**825.60**	**847.57**
油料	91.74	77.51	79.31
#花生	83.06	71.51	73.18
油菜籽	7.63	5.61	5.72
芝麻	0.70	0.24	0.26
甘蔗	8.91	4.83	4.90
麻类		0.01	0.01
烟叶	59.86	50.19	47.53
#烤烟	59.49	50.04	47.47
莲籽	5.55	2.84	3.42
蔬菜	578.89	579.80	596.98
西瓜	23.43	15.74	16.17
绿肥	17.06	7.65	9.09
青饲料	17.74	3.23	3.15

水产品养殖面积

单位：千公顷

项　　目	2010	2019	2020
总　　计	**231.47**	**250.06**	**250.25**
海水养殖	137.64	163.71	163.14
#滩涂养殖	55.21	47.00	45.04
淡水养殖	93.83	86.35	87.10
#池塘养殖	34.36	35.16	35.31
湖泊养殖	0.80	0.63	0.78
河沟养殖	4.91	3.88	3.88
水库养殖	51.63	43.33	43.67

年末各类园林水果实有面积

单位：公顷

项　　目	2010	2019	2020
园林水果合计	**425824**	**344079**	**355785**
#柑　桔	77007	52776	56172
龙　眼	53284	31038	30132
荔　枝	27390	13945	14084
香　蕉	19583	11628	11840
枇　杷	26365	19679	20429
菠　萝	2123	899	1025
橄　榄	8436	8308	8448
柿	16009	9228	9850
桃	18071	11554	11964
李	27079	25140	25855
梨	18141	13949	13907
葡　萄	5659	9905	10523
杨　梅	13799	9394	10236

农林牧渔业总产值和指数

年　份	农林牧渔业总产值（亿元）					农林牧渔业总产值指数（1952 年＝100）				
	总产值	#农业	#林业	#牧业	#渔业	总指数	#农业	#林业	#牧业	#渔业
2018	4229.52	1653.45	389.00	718.42	1318.20	2110.9	1162.7	4860.7	2781.0	7173.8
2019	4636.56	1774.77	417.33	914.39	1361.68	2187.1	1209.1	5062.1	2796.3	7485.6
2020	4901.07	1818.18	390.57	1141.12	1373.12	2260.4	1258.0	5226.3	2906.7	7631.1

农林牧渔业分类产值和增速

项　　目	数值（万元）		比上年增长（%）	
	2019	2020	2019	2020
农林牧渔业总产值（万元）	**46365647**	**49010675**	**3.6**	**3.3**
农业产值	**17747696**	**18181757**	**4.0**	**4.0**
谷物及其他作物	2489579	2591730	-1.6	0.8
谷物	1290981	1344385		
薯类	365435	370531		
油料	243495	228105		
豆类	81097	90401		
棉花	54	50		
麻类	9	4		
糖料	30811	32918		
烟草	309494	334105		
其他农作物	168203	191230		
蔬菜、食用菌及花卉盆景园艺作物	8769037	9072660	4.6	3.4
#蔬菜	5206549	5479545		
食用菌	2294074	2291222		
花卉	941966	921877		
水果、坚果、茶、饮料和香料作物	5822914	5795172	5.3	6.4
#水果	3355957	3459335		
园林水果	3242825	3332912		
果用瓜	113132	126423		
茶叶	2372212	2236563		
香料原料	1794	2660		
中草药材	666166	722195	6.0	5.0
林业产值	**4173334**	**3905721**	**4.1**	**3.2**
林木的培育和种植	419455	421455	6.5	-2.4
木竹采运	1704466	1527003	2.2	1.8
#村及村以下	1176490	1164022		
林产品	2049413	1957262	5.5	5.6
牧业产值	**9143868**	**11411244**	**0.5**	**3.9**
牲畜饲养	545811	631984	6.5	15.2
牛	197978	224105		
羊	204808	213910		
奶类	143025	193970		
#牛奶	133218	183755		
猪的饲养	3318786	5125380	-9.0	2.1

续表

项目	数值（万元）		比上年增长（%）	
	2018	2019	2018	2019
家禽饲养	5029336	5426923	5.4	4.6
肉禽	4256199	4517787		
禽蛋	773137	909136		
捕猎野兽、野禽	38989	6708	-3.6	-82.3
其他畜牧业	210946	220249		3.1
渔业产值	**13616754**	**13731183**	**4.3**	**1.9**
海水产品	11616927	11779989	4.2	1.9
淡水产品	1999827	1951195	5.3	2.2
农林牧渔服务业产值	**1683997**	**1780771**	**6.1**	**4.4**

主要农业产品产量

单位：万吨

年份	粮食	油料	蔬菜	园林水果
2018	498.58	21.24	1366.70	639.82
2019	493.90	22.03	1437.33	681.61
2020	502.32	22.73	1492.30	717.05

粮食总产量及单产

年份	总产量（万吨）		单产（公斤/亩）	
	粮食	稻谷	粮食	稻谷
2018	498.58	398.31	399	429
2019	493.90	388.79	400	433
2020	502.32	391.75	401	434

非粮作物总产量及单位播种面积产量

年份	总产量（万吨）				单产（公斤/亩）			
	油料	花生	甘蔗	烤烟	油料	花生	甘蔗	烤烟
2018	21.24	20.32	26.13	10.68	188	195	3552	147
2019	22.03	21.04	26.25	9.40	190	196	3620	125
2020	22.73	21.68	26.98	10.03	191	197	3667	141

各类粮食产量

单位：万吨

项　　目	2015	2019	2020
合　　计	**500.05**	**493.90**	**502.32**
按品种分			
稻谷	405.69	388.79	391.75
早稻	91.28	61.59	62.16
中稻	159.26	169.38	171.16
晚稻	155.15	157.81	158.42
#小麦	0.08	0.03	0.02
甘薯	52.37	57.89	60.66
马铃薯	18.34	20.88	21.49
玉米	11.57	13.44	14.76
豆类	10.31	11.37	11.99
大豆	8.11	9.07	9.47

非粮作物产量

单位：吨

项　　目	2010	2019	2020
蔬菜	12788200	14373288	14922973
油菜籽	9859	9158	9645
芝麻	829	336	365
烟叶	115955	94819	100476
莲籽	6397	4613	5810
西瓜	490390	380779	397018

茶叶园林水果实有面积及产量

年　份	面积（千公顷）		产量（万吨）	
	茶　叶	园林水果	茶　叶	园林水果
2018	210.89	331.79	41.83	639.82
2019	219.81	344.08	43.99	681.61
2020	223.94	355.78	46.14	717.05

各类茶叶、园林水果、食用菌产量

单位：吨

项　　目	2010	2019	2020
茶叶	**258289**	**439931**	**461371**
#红茶	12765	52455	55433
绿茶	97054	127656	129290

续表

项　　目	2010	2019	2020
青茶	140022	227323	237976
园林水果	**4950288**	**6816149**	**7170499**
#柑桔	1038022	972689	1069866
龙眼	200967	202642	220071
荔枝	127584	90952	105787
香蕉	605545	447917	452130
枇杷	247500	315209	335485
菠萝	25113	16955	16996
橄榄	61166	139221	137763
柿	97226	114852	126574
桃	157890	151584	159575
李	205776	333623	356616
梨	157860	190986	194922
苹果	309	15	16
葡萄	100444	218361	228683
杨梅	110240	147177	155307
食用菌	**762663**	**1333623**	**1378814**
#蘑菇	341758	385355	370982
香菇	92345	134873	143135
白木耳	30589	45146	45645
黑木耳	35491	71098	73390

林业牧业水产品产量

年　份	造林面积（千公顷）	肉类总产量（万吨）	猪出栏数（万头）	奶类产量（万吨）	水产品产量（万吨）
2018	6.52	256.06	1421.34	14.31	782.12
2019	9.98	255.15	1297.26	14.99	814.58
2020	4.89	259.39	1299.86	17.48	830.34

主要林产品产量

项　　目	2010	2019	2020
木材产量（万立方米）	1455.38	1453.81	1451.25
毛竹采伐量（万根）	26602	61304	62921
篙竹采伐量（万根）	14787	31572	32785
油桐籽（吨）	23244	29408	29910
油茶籽（吨）	94815	215540	232847
乌柏籽（吨）	532	421	410
棕片（吨）	14847	17762	18842

续表

项　　目	2010	2019	2020
松脂（吨）	87758	119746	125246
笋干（吨）	215123	417374	440986
山苍籽（吨）	12174	16146	15976
板栗（吨）	80793	86677	99113

主要畜禽产品产量

项　　目	2010	2019	2020
肉类产量（万吨）	**192.61**	**255.15**	**259.39**
#猪肉	155.36	103.03	103.75
牛肉	1.69	2.14	2.46
羊肉	1.62	2.22	2.28
禽肉	31.44	141.87	146.56
兔肉	1.85	1.62	1.78
牛奶产量（万吨）	**12.91**	**14.46**	**16.93**
羊奶产量（万吨）	**0.33**	**0.52**	**0.54**
蜂蜜产量（万吨）	**0.86**	**1.65**	**1.74**
禽蛋产量（万吨）	**30.54**	**48.58**	**53.66**
猪出栏数（万头）	**2080.38**	**1297.26**	**1299.86**
出栏率（%）	151.4	162.2	202.6
羊出栏数（万头）	**118.47**	**155.86**	**159.06**
出栏率（%）	125.2	163.5	150.5
牛出栏数（万头）	**16.80**	**19.57**	**22.07**
家禽出栏数（万只）	**23662.83**	**99437.77**	**103102.07**
家兔出栏数（万只）	**1321.13**	**1066.87**	**1125.86**

淡水产品产量

单位：万吨

项　　目	2010	2019	2020
淡水产品产量	**74.16**	**91.05**	**92.49**
#养殖产量	65.97	83.94	85.47
按类别分			
#淡水鱼类	62.68	75.46	76.80
虾蟹类	5.10	9.63	10.00
贝类	4.84	4.75	4.67
主要品种产量			
淡水鳗	8.75	10.15	10.75
草鱼	13.84	17.44	17.73

续表

项　　目	2010	2019	2020
鲢鱼	6.21	7.82	7.90
鲤鱼	5.08	6.01	6.12
罗非鱼	11.08	12.07	12.06

海水产品产量

单位：吨

项　　目	2010	2019	2020
海水产品产量	**5132598**	**7235282**	**7378527**
#鱼类	1787085	1882461	1913707
虾蟹类	388610	500244	506489
贝类	2221429	3274846	3342548
藻类	599357	1189338	1237766
#海水养殖产量	**3038990**	**5107162**	**5268029**
#鱼类	170308	429386	464961
虾蟹类	95816	212338	217134
贝类	2171544	3237735	3308910
藻类	598225	1187581	1235977
主要品种产量			
大黄鱼	75660	189454	207007
带鱼	240362	150737	142731
鲳鱼	62817	59800	59141
鳓鱼	15425	11341	10670
马鲛鱼	54226	40822	40247
鲷鱼	76902	101940	102282
鲐鱼	62656	251188	215906
鳗鱼	70186	60065	56384
墨鱼	30085	36462	36911
海蜇皮	11819	13409	13880
对虾	72282	158944	158187
毛虾	56383	49909	48159
梭子蟹	89261	110108	109370
蛏	193708	300755	305755
蛤	288793	472651	467837
蚶	37469	65260	63503
牡蛎	1456106	2012589	2068647
海带	452096	803131	827883
紫菜	51313	80758	72858

工　　业

主要年份工业总产值

单位：亿元

年　份	总　计	#国有企业	#集体企业	#轻工业	#重工业
2018	57732. 35	142. 54	132. 81	29502. 35	28230. 01
2019	63172. 56	100. 69	216. 76	32062. 10	31110. 46
2020	63476. 68	94. 40	250. 51	31617. 62	31859. 06

工业总产值指数

年　份	工业总产值指数（1952＝100）					工业总产值本年比上年增长（%）				
	总　计	#国有企业	#集体企业	#轻工业	#重工业	总计	#国有企业	#集体企业	#轻工业	#重工业
2018	1168711. 2	145331. 2	14289514. 1	795820. 9	3937599. 3	9. 4	6. 6	3. 6	9. 2	9. 7
2019	1271775. 3	157940. 4	15668708. 7	854992. 7	4345140. 4	8. 8	8. 7	9. 7	7. 4	10. 3
2020	1296567. 1	155322. 3	17884189. 1	851881. 3	4532770. 0	1. 9	－1. 7	14. 1	－0. 4	4. 3

规模以上工业企业主要指标

单位：亿元

年　份	企业单位数（个）	资产总计	流动资产合计	主营业务收入	利润总额	税金总额
2018	17347	36858. 81	18968. 09	50640. 07	4180. 27	1613. 05
2019	18373	39551. 81	20046. 89	56787. 62	4326. 54	1503. 65
2020	18845	41995. 99	21136. 44	53220. 66	3949. 87	1188. 01

规模以上工业企业主要经济指标

单位：亿元

年　份	固定资产原价				固定资产合计				主营业务收入	
	合　计	国　有	集　体	其　他	合　计	国　有	集　体	其　他	合　计	国　有
2018	20143. 13	191. 81	42. 22	19909. 10	10902. 29	99. 13	24. 97	10778. 19	50640. 07	73. 65
2019	21474. 87	67. 32	75. 02	21332. 53	10849. 95	47. 35	21. 40	10781. 19	56787. 62	42. 40
2020	22883. 84	450. 39	81. 13	22352. 32	11263. 71	256. 84	20. 72	10986. 16	53220. 66	282. 12

年　份	主营业务收入		利税总额				利润总额			
	集　体	其　他	合　计	国　有	集　体	其　他	合　计	国　有	集　体	其　他
2018	162. 73	50403. 69	5793. 33	8. 31	11. 57	5773. 45	4180. 27	5. 34	7. 29	4167. 64
2019	216. 57	56528. 64	5830. 19	5. 74	10. 00	5814. 46	4326. 54	4. 48	6. 26	4315. 79
2020	227. 99	52710. 55	5137. 88	2. 27	15. 10	5120. 51	3949. 87	－10. 39	12. 83	3947. 43

规模以上工业企业主要经济效益指标

年份	总资产贡献率（%）	资产负债率（%）	流动资产周转次数（次/年）	工业成本费用利润率（%）	全员劳动生产率（元/人）	产品销售率（%）
2018	16.68	51.58	2.70	8.93	288928	97.27
2019	15.55	50.65	2.87	8.17	316727	97.15
2020	12.93	50.68	2.62	7.74	385625	96.53

规模以上工业企业单位数

单位：个

项目	2010	2019	2020
合计	**19227**	**18373**	**18845**
按轻重分			
轻工业	10654	10642	10872
重工业	8573	7731	7973
按注册类型分			
内资企业	13524	15109	15711
港澳台商投资企业	3705	2103	1990
外商投资企业	1998	1161	1144
按经济类型分			
国有	273	122	127
集体	584	81	71
其他	18370	18170	18647
#外商及港澳台商投资	5703	3264	3134
按经济组织分			
独资	5631	2728	2654
合作、合伙	681	134	114
股份有限公司	444	611	585
有限责任公司	12471	14900	15492
按规模分			
大型	124	451	426
中型	2116	2538	2297
小型	16987	14191	14189
微型		1193	1933

规模以上工业企业主要工业产品产量

年　份	化学纤维（万吨）	原煤（万吨）	发电量（亿千瓦小时）	粗钢（万吨）	水泥（万吨）	农用氮、磷、钾化学肥料（折纯）（万吨）	汽车（辆）	移动通信手持机（万台）	微型计算机设备（万台）
2018	694.88	918.87	2342.54	2100.70	8783.18	68.16	239457	1362.14	1183.63
2019	849.31	831.72	2406.44	2390.28	9443.13	90.27	169475	1802.92	2192.40
2020	856.36	645.85	2537.12	2466.50	9686.90	86.25	180410	2382.81	1493.63

规模以上工业企业产品产量

项　　目	2010	2019	2020
原煤（吨）	24427250	8317199	6458491
铁矿石原矿量（吨）	23272585	18942331	20800804
硫铁矿（折硫35%）（吨）	99177	384940	399436
原盐（吨）	333929	218298	265406
配混合饲料（吨）	4830171	9448297	10374680
食用植物油（吨）	1684343	2263179	2030794
罐头（吨）	2032091	2979613	2818036
啤酒（千升）	1887767	1581156	1569360
饮料（吨）	3869623	8092001	8344303
精制茶（吨）	103310	288580	266865
卷烟（万箱）	168.75	175.80	177.29
纱（吨）	1847365	5809122	5434505
布（万米）	312003	1027549	744892
棉布（万米）	39708	89630	79416
棉混纺交织布（万米）	110002	508308	234714
化学纤维短纤布（万米）	162292	429612	430761
印染布（万米）	391229	561902	591712
毛线（吨）	5020	906	924
服装（万件）	292273	530003	551100
轻革（平方米）	43511617	34040714	53601277
皮革鞋靴（万双）	114358	205456	203570
人造板（立方米）	9979320	22224292	25502960
胶合板（立方米）	4248677	14443612	18011171

续表

项目	2010	2019	2020
纤维板（立方米）	1936396	2399672	1899736
刨花板（立方米）	2075427	1189223	1425742
机制纸及纸板（吨）	4320636	8051297	7984898
焦炭（吨）	1430462	2019226	2234565
硫酸（折100%）（吨）	597822	3426459	3437310
盐酸（含量31%以上）（吨）	70749	173730	194951
烧碱（折100%）（吨）	201120	389755	358968
纯碱（吨）	177867	290660	254912
合成氨（吨）	1021305	585596	298917
农用氮、磷、钾化学肥料（折纯）（吨）	578746	902684	862460
#氮肥（吨）	553717	616690	561493
#尿素（吨）	329370		
磷肥（吨）	25028	285994	300967
涂料（吨）	319064	1296898	1262270
初级形态的塑料（吨）	1524961	3830255	3980344
合成洗涤剂（吨）	39705	235931	186185
化学原料药（吨）	7266	20019	24473
中成药（吨）	6534	25801	31077
化学纤维（吨）	2061509	8493097	8563633
轮胎外胎（条）	27876136	35746001	29257788
塑料制品（吨）	1663088	5336145	5469151
水泥（吨）	59212000	94431346	96868968
砖（万块）	303443	2784900	3112055
花岗石板材（平方米）	145464187	73909228	72615489
平板玻璃（重量箱）	27653500	51139411	53616323
生铁（吨）	5588053	10380801	11062083
粗钢（吨）	10868830	23902775	24665002
钢材（吨）	13405616	37376565	38616471
铁合金（吨）	240768	169113	117872
十种有色金属（吨）	138774	734056	739662
金属切削机床（台）	3146	13868	11632

续表

项　　目	2010	2019	2020
起重机（吨）	4655	13640	10002
叉车（台）	11081	20682	21005
泵（台）	8358576	3840436	3683734
气体压缩机（台）	50472	61035	58568
轴承（万套）	11108	15306	15410
汽车（辆）	194963	169475	180410
#载货汽车	8005	38174	35977
改装汽车（辆）	16222	11630	10380
民用钢质船舶（载重吨）	727031	832630	900444
交流电动机（千瓦）	5827571	3574416	4186489
变压器（千伏安）	5728012	11015053	13787333
电力电缆（千米）	105487	215025	582788
电话单机（台）	8452845	1823319	1144416
微型计算机设备（台）	7382707	21923992	14936299
集成电路（万块）	1158.40	95587.70	169472.67
彩色电视机（台）	9031009	7908489	13300154
照相机（台）	4510909	1028134	606223
钟（台）	85595769	108262218	94237627
发电量（万千瓦小时）	13563200	24064379	25371210
#水电	4536900	2969460	2075960

规模以上工业企业

项　　目	企业单位数（个）	资产总计	负债合计	固定资产原价	固定资产净值
合　　计	**18845**	**419959914**	**212837941**	**228838447**	**123433360**
#国有控股企业	**535**	**112143781**	**64681122**	**86817806**	**50344968**
#亏损企业	**1570**	**39168454**	**25980396**	**20463133**	**12368373**
按轻重分					
轻工业	10872	166762717	76868079	71933790	37285645
重工业	7973	253197198	135969862	156904657	86147716
按经济类型分					
国有	127	28359063	18133804	32118700	17276282
集体	71	597170	236357	897072	253353
股份	798	98705424	53014942	55853019	35276337
私营	14704	173307477	83255579	75205675	40552658
外商及港澳台商投资	3134	118936079	58187882	64750536	30064733
其他	10	19891	4278	12532	9917
按登记注册分					
内资企业	15711	301023836	154650059	164087911	93368628
港、澳、台商投资	1990	70101666	33925940	33389878	15664973
外商投资企业	1144	48834413	24261942	31360658	14399759
按经济组织分					
独资企业	2654	85090465	41020672	44685216	21630013
合作、合伙	114	865815	347485	572072	267972
股份有限公司	585	76123102	34962107	19917034	11609528
有限责任公司	15492	257880533	136507677	163664125	89925847
按规模分					
大型企业	426	161548848	87176884	96034040	51458677
中型企业	2297	113226364	52982850	59070246	31064876
小型企业	14189	126164850	61886526	65753243	33992526
微型企业	1933	19019852	10791681	7980918	6917281
按行业分					
煤炭开采和洗选业	50	1165967	492969	557955	372048
石油和天然气开采业					
黑色金属矿采选业	61	983333	509821	1065963	524525
有色金属矿采选业	40	787532	250210	856152	383008
非金属矿采选业	169	1516620	409801	1205086	482354
其他采矿业					

主要指标（2020 年）

单位：万元

所有者权益合计	营业收入	主营业务收入	利润总额	利税总额	所得税费用	应交增值税
203902297	**552808533**	**532206606**	**39498711**	**51378813**	**3510902**	**6649133**
47375031	74229140	72435971	3609361	8335716	529527	1642396
12307947	20384664	19264717	-1881492	-1512945	-48879	172000
87676949	271643041	260093939	21125308	26843764	1466373	2816035
116225348	281165492	272112668	13373404	24535049	2044529	3833099
10158950	20107506	19810932	533154	2951427	75005	521979
354944	2735315	2655784	152884	183539	3474	16524
45641508	66151499	64197585	4912947	6719118	571171	1112805
88260079	308646137	296560920	21492628	26076896	1420915	3210514
59441492	154989412	148802722	12393219	15433654	1440326	1787105
15613	77525	77525	4319	4383		12
144460804	397819121	383403884	27105493	35945158	2070576	4862029
35604022	87589926	83254557	8026892	9481541	837134	1007975
23837471	67399486	65548165	4366327	5952113	603193	779130
42900818	110408167	106282817	9073669	10773291	989071	1109257
516126	2131417	2076202	146985	180353	17235	23021
41049542	46387743	44046684	4702448	5607326	418132	660300
119435810	393881206	379800903	25575609	34817842	2086465	4856555
74371964	159103007	156073142	12599167	18402743	1428790	2501636
60243506	149448990	146287336	12648124	15169767	1262500	1757287
64276595	225276653	223580900	13432391	16694187	829687	2249362
5010231	18979883	6265229	819030	1112116	-10075	140848
562898	809579	734426	61655	112471	11620	37572
468090	2286886	2229324	74375	123385	13789	32230
537321	852594	837418	36416	59759	6565	7923
1098142	3078302	3020113	158491	244402	15080	32848

续表

项目	企业单位数（个）	资产总计	负债合计	固定资产原价	固定资产净值
农副食品加工业	1168	15811482	7736790	6445534	3542085
食品制造业	632	9891661	3798643	3501069	1976021
酒、饮料和精制茶制造业	573	6146642	2261060	3455230	1795556
烟草制品业	7	2679231	753397	1572660	411112
纺织业	1074	17823585	8641883	10172167	4840926
纺织服装、服饰业	1414	13081830	5120942	4610079	2364970
皮革、毛皮、羽毛及其制品和制鞋业	1317	17937983	8557985	7140471	4123897
木材加工和木、竹、藤、棕、草制品业	823	3755158	1662604	2779027	1039170
家具制造业	396	2960293	1454922	1172851	648273
造纸和纸制品业	464	9309757	5296997	4756166	2759889
印刷和记录媒介复制业	277	2622107	1116314	1206938	648354
文教、工美、体育和娱乐用品制造业	993	9056943	3649757	3984336	2055780
石油、煤炭及其他燃料加工业	42	11606100	6655385	12050749	6544071
化学原料和化学制品制造业	775	22570360	12515017	13038911	8293611
医药制造业	203	5622238	1678821	2402828	1270938
化学纤维制造业	104	8859656	5338868	6725870	2928162
橡胶和塑料制品业	939	12318943	5836109	6666518	3235022
非金属矿物制品业	1863	25952299	12033205	12977854	6708699
黑色金属冶炼和压延加工业	148	13380604	8084074	7322430	4212515
有色金属冶炼和压延加工业	148	20916790	12275886	5814434	3521750
金属制品业	972	11543907	5500570	5173243	2697867
通用设备制造业	700	10461417	4529127	3990535	2080124
专用设备制造业	659	10231628	5441420	3505951	1690557
汽车制造业	379	10007929	5837908	4997001	2392646
铁路、船舶、航空航天和其他运输设备制造业	156	3092256	2121313	1185253	655383
电气机械和器材制造业	744	31786247	15718804	7754034	4201342
计算机、通信和其他电子设备制造业	695	45177905	22126563	20466354	11598063
仪器仪表制造业	209	2734746	1072114	599951	356375
其他制造业	149	1259954	526596	352375	194087
废弃资源综合利用业	84	861618	522807	357472	248561
金属制品、机械和设备修理业	35	1135119	352286	763445	421464
电力、热力生产和供应业	243	45925067	28254535	52884064	28888937
燃气生产和供应业	56	2617037	1280796	2000663	1308416
水的生产和供应业	84	6367975	3421642	3326829	2016804

所有者权益合计	营业收入	主营业务收入	利润总额	利税总额	所得税费用	应交增值税
7928254	32224642	31128117	2049534	2305622	77970	181486
5972358	15781887	15379254	1460684	1682512	77024	168313
3778817	10071304	9698396	843927	1108699	64790	142738
1925834	3094645	3007166	205578	2222530	22862	268650
8919794	32651605	31205469	1744027	2037153	100965	205629
7715808	24948037	23447848	1894151	2331370	113035	324085
9229623	37039588	35695960	3044007	3665303	207995	441641
2020411	12854594	12442887	532690	679114	21439	100133
1457917	6583142	6360795	410136	493799	25789	56400
3884504	12501646	11878479	1060878	1278377	86601	168509
1484686	4779249	4654586	327485	397737	19637	47329
5258531	20933824	19854634	1689912	1964882	107677	165734
4940820	13988457	13762953	501111	1947320	41002	477460
9987094	25325072	24392464	1490370	1935197	89082	259729
3937843	4880813	4786600	1052755	1195625	131806	108168
3517184	14904559	13972462	709065	785763	15865	46417
6417941	18694338	18023864	1240408	1527553	110203	198382
13776523	44944488	43724889	3775125	4750141	312867	670513
5241835	21790131	21239722	1219797	1449362	132804	182747
8627971	29156794	28533509	1844700	2137768	254458	219929
5955537	19009016	18255577	1180216	1430523	89095	184562
5819718	13945685	13396736	1166680	1357543	83029	126524
4732992	11310447	10975030	963442	1196808	78359	169132
4160352	10760221	10390960	471380	729486	85085	139911
950971	2573386	2453174	-36109	22234	7415	32160
15411881	25943982	24813012	2964742	3374650	333508	279333
22806027	41078106	38619772	2564832	3065260	312767	369986
1650122	2796019	2732953	183506	232827	16025	39518
678874	2637197	2436220	170321	211217	10977	31874
325050	2287616	2202277	32717	204468	3481	150176
782302	1168086	1159955	76758	98000	11109	14119
17670528	20643913	20494781	1860931	2491574	330800	527718
1336240	3503272	3396215	367307	387629	68181	13519
2931504	975414	868607	104714	140753	20149	26040

大中型工业企业

项　　目	企业单位数（个）	资产总计	负债合计	固定资产原价	固定资产净值
合　计	**2723**	**274775212**	**140159734**	**155104285**	**82523553**
煤炭开采和洗选业	10	701442	276761	260679	134064
石油和天然气开采业					
黑色金属矿采选业	5	622245	340462	558101	395041
非金属矿采选业	7	504895	33849	161145	152070
其他采矿业					
农副食品加工业	130	7145337	3152325	2974971	1646831
食品制造业	110	5511032	1909750	1496792	808574
酒、饮料和精制茶制造业	70	3274969	1250744	1800165	928301
烟草制品业	6	2661449	739464	1339376	405007
纺织业	181	10477588	4937900	6111125	2886494
纺织服装、服饰业	214	8138754	2768582	2764147	1366679
皮革、毛皮、羽毛及其制品和制鞋业	368	12874002	6280066	4360867	2585392
木材加工和木、竹、藤、棕、草制品业	36	784537	331970	374493	170754
家具制造业	48	1409535	730123	572983	299326
造纸和纸制品业	59	6194490	3487104	3557487	2117517
印刷和记录媒介复制业	26	1146510	444464	455836	245360
文教、工美、体育和娱乐用品制造业	164	4227933	2042022	1723999	912883
石油、煤炭及其他燃料加工业	6	10898071	6344430	11856466	6415265
化学原料和化学制品制造业	67	9952024	4826781	6051250	3532718
医药制造业	37	3546808	760578	1101528	571780
化学纤维制造业	34	7511495	4573033	6104610	2536006
橡胶和塑料制品业	113	6495735	2850928	4091356	1957931
非金属矿物制品业	258	12097853	5401511	6619532	3316905
黑色金属冶炼和压延加工业	30	12201399	7459854	6448148	3524876
有色金属冶炼和压延加工业	32	19734809	11645527	5326993	3198128
金属制品业	83	5637995	2538482	2116628	1148358
通用设备制造业	73	5652663	2255929	1923195	982557
专用设备制造业	58	5270125	3130487	1028306	512469
汽车制造业	66	7130316	4530122	3349140	1632421
铁路、船舶、航空航天和其他运输设备制造业	19	2001767	1570407	616612	385576
电气机械和器材制造业	131	25579548	12573691	6101295	3249177
计算机、通信和其他电子设备制造业	194	36075846	17019934	18208951	10128946
仪器仪表制造业	21	958213	254930	249525	152287
其他制造业	27	550611	255048	135896	69409
废弃资源综合利用业					
金属制品、机械和设备修理业	6	714968	197885	561860	285872
电力、热力生产和供应业	18	33076227	21255552	41499533	22060052
燃气生产和供应业	6	1448095	647948	1432851	865137
水的生产和供应业	9	2505388	1324109	1585909	917030

主要经济指标（2020 年）

单位：万元

所有者权益合计	营业收入	主营业务收入	利润总额	利税总额	所得税费用	应交增值税
134615471	**308551998**	**302360477**	**25247291**	**33572510**	**2691290**	**4258923**
424682	374295	347320	35220	62700	9308	18687
281783	631127	629519	48449	76191	11108	19926
471046	250357	250330	46608	48786	280	798
3993012	11485033	11259179	841772	943700	33038	79054
3601281	7082347	7048015	825500	945215	58277	91925
2024224	5090294	5008371	482016	651466	48690	87701
1921986	3055853	2968374	205295	2222170	22862	268650
5539688	18014133	17914865	1068390	1232792	73466	120584
5370172	13165646	13049135	1206593	1476097	93723	203307
6593935	25374286	25289000	2287865	2733484	185908	321851
452567	2035781	2023918	92727	125593	6928	18790
679412	2835252	2796069	208299	244780	16349	22066
2707386	7598343	7394417	793172	934845	69109	110107
702047	1652546	1644469	130470	157215	6630	15895
2185911	8687995	8645534	571741	788805	63527	72340
4553641	12872156	12728548	441976	1864398	37572	457447
5125243	9381720	9059769	741065	913976	43448	117243
2786230	2700719	2664591	846904	942386	113450	74754
2938462	12441423	11922292	592191	654074	14787	36291
3644807	8162221	7987186	669325	812954	74443	98373
6696343	17264664	17066600	1[illegible]39912	2246440	176523	291938
4741545	19320668	18920853	1087812	1301299	125102	171233
8089282	19045820	18523308	1786014	2046013	247680	198413
3099512	7251905	7082132	517879	630519	60719	87306
3396734	6070907	6011323	715670	798296	61463	55160
2139637	3635701	3575301	380150	476166	45267	75412
2600193	6716421	6517214	260606	450506	64023	89558
431361	1150411	1141608	-110813	-89781	3321	11132
13005856	18964115	18126720	2552150	2843040	302768	197240
19055911	33559074	32305808	2221804	2630386	283652	301609
703283	1038792	1030995	72830	85397	8617	10243
295564	1445776	1445626	98956	123336	8624	20190
517083	620703	619195	36843	48428	4866	6944
11820675	17358704	17255388	1273964	1835839	263518	484113
800147	1779021	1689902	237994	248654	43236	6692
1181279	358034	339986	26445	44089	5864	12884

国有控股工业企业

项　　目	企业单位数（个）	资产总计	负债合计	固定资产原价	固定资产净值
合　计	**535**	**112143781**	**64681122**	**86817806**	**50344968**
按隶属关系分					
中央企业	85	42878768	28796554	47031487	27748935
地方企业	450	69265013	35884568	39786319	22596033
按轻重分					
轻工业	99	7537316	2478040	3204900	1385938
重工业	436	104606465	62203082	83612906	48959030
按规模分					
大型企业	37	66372329	39030723	56834836	32100945
中型企业	98	20877696	10662254	14170753	7403397
小型企业	340	16643048	9180526	11269576	7099251
微型企业	60	8250707	5807620	4542641	3741375
按行业分					
#煤炭开采和洗选业	**11**	**780622**	**294342**	**291127**	**160948**
黑色金属矿采选业	4	601201	336100	530810	371427
有色金属矿采选业	8	190017	57893	277368	74234
非金属矿采选业	11	568815	81926	200285	173822
农副食品加工业	18	237354	188073	78816	46882
食品制造业	10	487534	175735	139982	94284
酒、饮料和精制茶制造业	9	214853	34721	148466	49603
烟草制品业	6	2661449	739464	1339376	405007
纺织服装、服饰业	5	43558	4276	18527	6890
木材加工和木、竹、藤、棕、草制品业	6	311596	187028	178463	92637
造纸和纸制品业	4	463308	131065	334983	127538
印刷和记录媒介复制业	11	260389	93085	107628	33919
石油、煤炭及其他燃料加工业	4	10605782	6231930	11683501	6342970
化学原料和化学制品制造业	29	7082967	5605182	4199532	3352613
医药制造业	14	1322945	204958	389567	164037
化学纤维制造业	3	145101	114905	105750	51503
非金属矿物制品业	50	1375644	641345	666795	325124
黑色金属冶炼和压延加工业	10	6734665	3470308	3655035	2079588
有色金属冶炼和压延加工业	21	12466673	6781133	2590751	1583021
金属制品业	9	130975	66628	51526	33654
通用设备制造业	11	707692	364790	224331	134295
专用设备制造业	8	408959	210688	107672	46216
汽车制造业	10	2272928	1865119	1145942	700691
铁路、船舶、航空航天和其他运输设备制造业	8	1938606	1647671	576494	397322
电气机械和器材制造业	17	1489757	1098655	344797	261045
计算机、通信和其他电子设备制造业	28	11826318	4747262	6228134	4019056
废弃资源综合利用业	6	129789	91149	58222	43150
金属制品、机械和设备修理业	6	84784	45012	43861	35785
电力、热力生产和供应业	131	39578772	25443742	47019566	26677835
燃气生产和供应业	9	1271692	567740	1302403	761137
水的生产和供应业	52	5454273	3029568	2608090	1596398

主要经济指标（2020 年）

单位：万元

所有者权益合计	营业收入	主营业务收入	利润总额	利税总额	所得税费用	应交增值税
47375031	**74229140**	**72277750**	**3609361**	**8335716**	**529527**	**1642396**
14082213	24396682	24033216	1059570	3393157	162235	838422
33292818	49832459	48244534	2549791	4942559	367293	803974
5060320	6360681	6131212	600011	2713090	70355	338564
42314711	67868459	66146539	3009350	5622626	459172	1303831
27341606	43908728	43072809	2063409	6174039	259084	1270076
10215443	13392116	12795490	1031815	1378959	192294	252955
7462521	14435185	14170842	666171	821261	100499	100215
2355461	2493112	2238609	-152034	-38544	-22350	19149
419971	232884	201732	22077	46223	9286	17203
265101	357859	356251	47888	74579	11108	19801
132125	251726	248344	18646	32773	3989	4873
486888	169407	169230	24810	33278	5915	5062
49280	586705	555288	16194	18546	461	849
311799	120392	117276	-3657	584	316	2898
180132	138026	136638	12450	27204	3291	6641
1921986	3055853	2968374	205295	2222170	22862	268650
39283	21760	21597	1823	4742	294	2582
124568	213557	213057	10537	13443	-596	2058
332243	172187	168721	-1774	7653	279	7794
167304	128676	106803	19960	25595	3984	4578
4373852	12282550	12141646	377601	1779344	29797	439566
1477785	4398684	4042838	-141766	-6755	-29171	35678
1119031	677147	676121	275108	318851	30870	36281
30196	163408	100803	-6353	-5188	44	447
733684	1492941	1454589	159275	208298	23364	40513
3264356	6440010	6149369	241057	345312	77269	83008
5678623	12958029	12743941	457680	588070	16672	89612
64347	244397	210716	10633	14441	2760	3270
342902	292726	274645	30714	34267	3303	1626
198271	191306	182935	5351	10525	540	3819
407810	2255481	2176427	-64454	-53623	342	-8668
290935	484881	473192	-166832	-163275	-3223	841
391102	1253955	1241476	44368	46685	1277	-488
7079055	4702156	4591613	343981	462406	21690	91704
38639	169397	168886	-816	16783	409	15560
39772	67030	63890	5095	6432	911	1149
14135029	18218180	17961065	1416508	1937389	231920	436822
703952	1508989	1454952	168512	176612	40886	4411
2409877	597329	528003	55760	82912	13761	20229

规模以上外商及港澳台投资工业

项　　目	企业单位数（个）	资产总计	负债合计	固定资产原价	固定资产净值
合　计	**3134**	**118936079**	**58187882**	**64750536**	**30064733**
按登记注册类型分					
港、澳、台商投资企业	**1990**	**70101666**	**33925940**	**33389878**	**15664973**
合资经营企业	426	15229836	8601695	6435876	3229121
合作经营企业	5	57969	30186	21405	10548
独资企业	1499	48369765	22388468	24197780	11177723
股份有限公司	60	6444097	2905591	2734817	1247582
外商投资企业	**1144**	**48834413**	**24261942**	**31360658**	**14399759**
中外合资经营企业	277	16930518	9477640	15566346	7125695
中外合作经营企业	10	418710	181494	313747	137672
外资企业	839	28932758	13076647	14381777	6406651
外商投资股份有限公司	18	2552426	1526161	1098789	729742
按轻重分					
轻工业	2047	62111555	29613426	26923249	13566440
重工业	1087	56824524	28574456	37827287	16498292
按规模分					
大型企业	186	50946532	26032318	29977128	13155730
中型企业	731	38416462	17690448	20974142	10059452
小型企业	1927	25323799	12169691	12769720	5949379
微型企业	290	4249284	2295425	1029546	900172
按行业分					
有色金属矿采选业	1	3572	235	3784	1755
非金属矿采选业	4	39805	11907	20380	13897
其他采矿业					
农副食品加工业	124	3824449	1910945	1799915	939095
食品制造业	111	4056181	1264355	1217558	611064
酒、饮料和精制茶制造业	57	2588392	1255868	1480237	757283
烟草制品业					
纺织业	219	5616407	2709996	2928065	1408703

企业主要经济指标（2020 年）

单位：万元

所有者权益合计	营业收入	主营业务收入	利润总额	利税总额	所得税费用	应交增值税
59441492	**154989412**	**148802722**	**12393219**	**15433654**	**1440326**	**1787105**
35604022	87589926	83254557	8026892	9481541	837134	1007975
6492908	19235414	17664069	1756117	2199824	210378	283169
27782	113978	113978	4692	5606	2	717
25544824	62122984	59570248	5831183	6730998	579683	635118
3538507	6117551	5906263	434900	545113	47071	88972
23837471	67399486	65548165	4366327	5952113	603193	779130
7413088	24075718	23643521	1071895	1988381	135769	315429
236596	561854	544362	60671	74239	13856	10900
15161521	39557775	38219524	2920323	3526155	407082	411435
1026266	3204139	3140758	313438	363338	46485	41365
31333109	83242212	79534427	7780101	9050680	716554	875760
28108383	71747200	69268295	4613117	6382974	723772	911345
24914215	66107117	65162651	5226998	6854081	688993	796615
20726011	48242727	46797288	4376274	5251527	564984	611266
13154683	36075019	35685693	2513954	3003981	180051	346277
646584	4564549	1157091	275993	324066	6298	32947
3338	29067	29067	406	1195		323
27899	152620	152620	7081	19597	558	6822
1910616	6517799	6417140	480857	513569	24619	21918
2768481	5560769	5486926	672163	754917	30356	62797
1327039	2861219	2734109	241250	360365	35549	60635
2808186	7805897	7010893	437327	521853	27433	55127

续表

项目	企业单位数（个）	资产总计	负债合计	固定资产原价	固定资产净值
纺织服装、服饰业	363	5968087	2235334	2219955	1211288
皮革、毛皮、羽毛及其制品和制鞋业	305	10373689	4800833	3570900	1952608
木材加工和木、竹、藤、棕、草制品业	33	363476	165980	237175	77960
家具制造业	56	793750	430617	365236	198318
造纸和纸制品业	77	4062344	2502485	1740366	951603
印刷和记录媒介复制业	29	490590	211830	252873	137052
文教、工美、体育和娱乐用品制造业	211	2996530	1255465	1391261	703540
石油、煤炭及其他燃料加工业	7	4315020	2080293	6809186	2935745
化学原料和化学制品制造业	109	2630207	1133598	1964988	945752
医药制造业	34	1135331	318047	532668	296200
化学纤维制造业	30	3671286	2461256	3137449	1244322
橡胶和塑料制品业	180	6235235	2948319	3803231	1694028
非金属矿物制品业	146	5701296	2867588	3025435	1642363
黑色金属冶炼和压延加工业	17	2546564	1744237	1983889	1048621
有色金属冶炼和压延加工业	26	2714569	1622153	1528900	886509
金属制品业	123	4381319	2160473	1625775	817511
通用设备制造业	106	3345561	1344169	1590382	718703
专用设备制造业	127	2360220	999000	934728	406046
汽车制造业	134	5492345	3085327	2809134	1142371
铁路、船舶、航空航天和其他运输设备制造业	24	373466	158940	179597	65824
电气机械和器材制造业	150	10158367	4723851	3398631	1668014
计算机、通信和其他电子设备制造业	164	14846222	8884385	7918233	3101553
仪器仪表制造业	36	651606	159940	202310	93911
其他制造业	58	879480	372545	206132	100209
金属制品、机械和设备修理业	10	874546	248758	641579	325592
电力、热力生产和供应业	27	4134766	1500839	4204812	1353796
燃气生产和供应业	21	926309	430186	569928	395707
水的生产和供应业	13	339708	160382	432475	207503

所有者权益合计	营业收入	主营业务收入	利润总额	利税总额	所得税费用	应交增值税
3587931	9438821	8623405	792088	977105	71369	141839
5474697	16511178	16240045	1794923	2106188	143256	220690
197259	546407	536181	15917	26087	2534	8591
333087	1440279	1413909	100538	113175	6607	8355
1513398	3334044	3091202	456238	511127	55293	41449
260450	608607	562146	44786	54169	5416	6456
1676166	6042648	5665217	459312	519299	37428	33088
2234726	8754017	8671139	325759	1054969	10467	180935
1502924	3530697	3410441	391626	484531	43107	68490
812545	887085	866981	153508	183280	20283	24092
1210030	4619294	4275145	88916	113981	6008	18014
3266264	6637909	6355942	503341	624237	50540	86359
2825811	5319756	5253184	647993	774369	67234	93057
802327	4722314	4691888	239902	297035	32074	45093
1088072	4408710	4308094	326653	378187	42238	39869
2204484	4247406	4054575	303823	371350	35756	52647
1980523	4209667	3969430	480231	538942	57723	38335
1355987	2603664	2554289	277374	331549	32346	41381
2404914	5446456	5299819	331001	512538	70480	97609
213213	508751	506983	37704	49487	4581	3563
4876529	10819237	10642329	1597296	1771819	256690	120610
5866325	20948380	19717141	480532	612109	144069	87181
489243	833584	803265	49784	58974	7432	7447
466230	1599990	1538025	97546	123083	8614	20309
625788	831408	829887	47936	58348	6479	5602
2633927	1819916	1791610	377556	469167	89830	78228
496123	1229318	1141046	125813	135940	11993	6825
179325	142926	139099	7731	11722	1965	2547

规模以上工业企业主要经济效益指标（2020 年）

单位:%

项　　目	总资产贡献率	资产负债率	流动资产周转次数（次/年）	工业成本费用利润率
合　计	**12.93**	**50.68**	**2.62**	**7.74**
#国有控股企业	8.45	57.68	2.29	5.29
按轻重分				
轻工业	16.59	46.09	2.75	8.51
重工业	10.52	53.70	2.50	7.01
按经济类型分				
国有	11.67	63.94	2.92	2.99
集体	31.09	39.58	13.19	5.98
股份	7.66	53.71	1.99	8.01
联营	28.90	14.65	4.58	10.45
私营	15.68	48.04	3.11	7.51
外商及港澳台商投资	13.49	48.92	2.16	8.70
其他	22.42	21.51	7.55	5.90
按登记注册分				
内资企业	12.71	51.37	2.85	7.37
港、澳、台商投资企业	14.08	48.40	2.05	10.04
外商投资企业	12.65	49.68	2.31	6.99
按经济组织分				
独资企业	13.04	48.21	2.15	8.93
合作、合伙	21.24	40.13	4.53	7.41
股份有限公司	7.74	45.93	1.20	11.10
有限责任公司	14.40	52.93	3.26	7.02
按规模分				
大型企业	12.06	53.96	2.10	8.71
中型企业	14.24	46.79	2.55	9.26
小型企业	13.86	49.05	3.31	6.36
微型企业	6.36	56.74	2.09	4.54
按行业分				
煤炭开采和洗选业	9.48	42.28	1.76	8.15
石油和天然气开采业				
黑色金属矿采选业	14.38	51.85	9.14	3.40
有色金属矿采选业	8.06	31.77	5.74	4.54
非金属矿采选业	16.45	27.02	6.72	5.52
其他采矿业				

续表

项　　目	总资产贡献率	资产负债率	流动资产周转次数（次/年）	工业成本费用利润率
农副食品加工业	15.30	48.93	3.46	6.79
食品制造业	17.54	38.40	2.67	10.06
酒、饮料和精制茶制造业	18.30	36.79	3.53	9.21
烟草制品业	82.82	28.12	1.60	18.77
纺织业	12.40	48.49	3.25	5.68
纺织服装、服饰业	18.08	39.15	3.30	8.25
皮革、毛皮、羽毛及其制品和制鞋业	20.88	47.71	3.45	8.94
木材加工和木、竹、藤、棕、草制品业	19.06	44.28	6.11	4.33
家具制造业	16.98	49.15	3.59	6.66
造纸和纸制品业	14.74	56.90	2.29	9.27
印刷和记录媒介复制业	15.81	42.57	3.56	7.33
文教、工美、体育和娱乐用品制造业	22.42	40.30	4.16	8.86
石油、煤炭及其他燃料加工业	17.30	57.34	3.69	3.98
化学原料和化学制品制造业	9.78	55.45	2.57	6.30
医药制造业	21.46	29.86	1.53	27.05
化学纤维制造业	10.79	60.26	3.66	5.00
橡胶和塑料制品业	13.04	47.38	2.67	7.15
非金属矿物制品业	18.97	46.37	3.36	9.21
黑色金属冶炼和压延加工业	11.37	60.42	4.18	5.95
有色金属冶炼和压延加工业	11.45	58.69	2.96	6.72
金属制品业	12.65	47.65	2.67	6.63
通用设备制造业	13.39	43.29	2.13	9.17
专用设备制造业	12.03	53.18	1.76	9.29
汽车制造业	7.77	58.33	1.74	4.63
铁路、船舶、航空航天和其他运输设备制造业	2.28	68.60	1.28	-1.41
电气机械和器材制造业	10.42	49.45	1.15	12.89
计算机、通信和其他电子设备制造业	7.19	48.98	1.64	6.58
仪器仪表制造业	8.98	39.20	1.66	7.00
其他制造业	17.34	41.79	3.22	6.92
废弃资源综合利用业	25.55	60.68	4.75	1.45
金属制品、机械和设备修理业	9.48	31.04	2.18	7.00
电力、热力生产和供应业	6.98	61.52	2.71	9.85
燃气生产和供应业	15.22	48.94	4.43	11.48
水的生产和供应业	2.55	53.73	0.53	11.86

建筑业和房地产投资

建筑企业基本情况

年　份	单位数（个）	#国有	#集体	从业人员（万人）	#国有	#集体	总产值（亿元）	#国有	#集体
2018	5581	78	33	488.76	22.76	5.35	11941.56	635.62	129.06
2019	6082	83	26	457.00	21.84	6.41	13164.44	743.52	169.39
2020	7027	80	26	483.79	22.24	8.00	14117.80	803.35	177.17

年　份	资产合计（亿元）	利润总额（亿元）	税金总额（亿元）	房屋建筑面积（万平方米）		按总产值计算的劳动生产率（元/人）
				施工面积	竣工面积	
2018	6703.65	393.80	451.45	72704.00	17644.24	244332
2019	7051.54	387.81	417.27	76606.34	17810.53	269231
2020	8081.66	417.94	392.59	82671.20	18231.74	285578

建筑企业主要经济指标

项　　目	2010	2019	2020
企业单位数（个）	**2606**	**6082**	**7027**
建筑业总产值（亿元）	**3062.17**	**13164.44**	**14117.80**
建筑业竣工产值	1742.46	5953.71	6033.58
房屋施工面积（万平方米）	**28406.86**	**76606.34**	**82671.20**
#本年新开工	14349.31	23872.14	26914.19
房屋竣工面积（万平方米）	**9095.78**	**17810.53**	**18231.74**
#住宅	5474.72	11752.55	12931.99
年末从业人员（万人）	**229.57**	**457.00**	**483.79**
按总产值计算的劳动生产率（元/人）	134520	269231	285578
工资总额（亿元）	**713.35**	**2868.30**	**2810.68**
财务指标（亿元）			
资本金合计	511.59	1751.81	1805.78
流动资产年末数	1321.15	5856.23	6703.66
固定资产原值	327.21	698.76	750.04
营业收入	2816.29	10878.45	11421.15
主营业务收入	2801.82	10796.44	11267.30
主营业务成本	2512.58	9870.58	10291.83
利润总额	87.91	387.81	417.94
#营业利润	168.45	508.59	415.55
利税总额	195.61	805.08	810.53

国有经济建筑企业主要经济指标

项　　　目	2010	2019	2020
企业单位数（个）	**93**	**83**	**80**
建筑业总产值（亿元）	**448.16**	**743.52**	**803.35**
建筑业竣工产值	167.59	297.50	266.30
房屋施工面积（万平方米）	**3063.41**	**3192.65**	**2948.29**
#本年新开工	1417.80	1039.63	662.69
房屋竣工面积（万平方米）	**498.51**	**713.35**	**560.58**
#住宅	376.06	484.86	380.21
年末从业人员（万人）	**29.32**	**21.84**	**22.24**
按总产值计算的劳动生产率（元/人）	158901	180852	329150
工资总额（亿元）	**88.03**	**132.18**	**116.09**
财务指标（亿元）			
资本金合计	44.25	70.77	88.44
流动资产年末数	221.40	535.21	668.75
固定资产原值	59.54	64.87	66.47
营业收入	424.75	540.13	637.10
主营业务收入	420.07	535.27	626.40
主营业务成本	386.16	508.25	588.60
利润总额	5.42	9.73	18.73
#营业利润	19.06	18.41	18.38
利税总额	19.20	18.33	30.70

集体经济建筑企业主要经济指标

项　　　目	2010	2019	2020
企业单位数（个）	**73**	**26**	**26**
建筑业总产值（亿元）	**61.44**	**169.39**	**177.17**
建筑业竣工产值	43.29	100.65	211.39
房屋施工面积（万平方米）	**884.06**	**1914.65**	**2386.84**
#本年新开工	339.27	515.12	707.22
房屋竣工面积（万平方米）	**277.51**	**253.83**	**794.88**
#住宅	196.10	224.27	760.97
年末从业人员（万人）	**4.21**	**6.41**	**8.00**
按总产值计算的劳动生产率（元/人）	137908	271852	266113
工资总额（亿元）	**13.95**	**36.54**	**44.60**
财务指标（亿元）			
资本金合计	9.97	10.13	10.25

续表

项目	2010	2019	2020
流动资产年末数	33.75	43.88	55.87
固定资产原值	6.50	3.00	3.41
营业收入	51.92	102.90	101.42
主营业务收入	51.61	102.72	101.20
主营业务成本	46.52	98.02	96.61
利润总额	1.10	2.07	2.20
#营业利润	3.05	3.27	1.65
利税总额	3.02	3.52	4.02

各种资质等级建筑企业主要经济指标（2020 年）

项目	合计	总承包	一级及以上	二级	三级及其他	专业承包	一级	二级	三级及不分等级
企业单位数（个）	**7027**	**5279**	**413**	**902**	**3964**	**1748**	**331**	**1041**	**376**
建筑业总产值（亿元）	**14117.80**	**12975.89**	**8117.54**	**2922.89**	**1935.46**	**1141.91**	**567.01**	**365.32**	**209.58**
建筑业竣工产值	6033.58	5631.24	3613.73	1218.64	798.87	402.34	187.49	132.05	82.79
房屋施工面积（万平方米）	**82671.20**	**80849.62**	**58974.65**	**15319.99**	**6554.98**	**1821.57**	**699.89**	**548.72**	**572.96**
#本年新开工	26914.19	26028.17	17277.30	6187.38	2563.49	886.02	265.71	236.66	383.65
房屋竣工面积（万平方米）	**18231.74**	**17560.23**	**11460.54**	**4023.12**	**2076.57**	**671.51**	**306.13**	**175.25**	**190.13**
#住宅	12931.99	12596.01	8669.84	2944.21	981.97	335.99	132.51	57.45	146.03
年末从业人员（万人）	**483.79**	**446.19**	**273.70**	**101.66**	**70.82**	**37.57**	**17.82**	**13.16**	**6.58**
按总产值计算的劳动生产率（元/人）	285578	285610	297204	280659	251205	285401	311690	253707	282457
工资总额（亿元）	**2810.68**	**2599.05**	**1686.41**	**548.99**	**363.66**	**211.63**	**94.32**	**78.94**	**38.38**
财务指标（亿元）									
资本金合计	1805.78	1540.07	657.14	416.25	466.68	265.71	112.44	101.56	51.70
流动资产年末数	6703.66	5975.12	3641.67	1319.58	1013.87	728.54	348.57	223.86	156.11
固定资产原值	750.04	643.32	316.97	173.41	152.94	106.72	40.25	35.92	30.55
营业收入	11421.15	10367.25	6521.67	2309.98	1535.60	1053.90	519.13	339.75	195.02
主营业务收入	11267.30	10232.25	6487.78	2252.90	1491.57	1035.06	511.30	331.44	192.32
主营业务成本	10291.83	9378.17	6018.44	2037.97	1321.76	913.66	448.39	293.80	171.46
利润总额	417.94	378.93	221.36	90.15	67.41	39.01	21.77	11.53	5.71
#营业利润	415.55	377.14	221.60	88.94	66.59	38.41	21.62	11.21	5.58
利税总额	810.53	733.12	414.85	182.05	136.22	77.41	42.00	22.46	12.95

按行业分建筑企业主要经济指标（2020 年）

项　　目	房屋建筑业	土木工程建筑业	建筑安装业	建筑装饰和其他建筑业
企业单位数（个）	**3764**	**1962**	**350**	**951**
建筑业总产值（亿元）	**10079.55**	**3284.61**	**279.89**	**473.75**
建筑业竣工产值	4385.90	1332.67	141.82	173.19
房屋施工面积（万平方米）	**74448.02**	**7332.39**	**107.64**	**783.14**
#本年新开工	23008.81	3364.21	68.01	473.16
房屋竣工面积（万平方米）	**15432.43**	**2524.70**	**111.39**	**163.22**
#住宅	11336.80	1457.06	62.17	75.97
年末从业人员（万人）	**359.53**	**102.39**	**7.34**	**14.54**
按总产值计算的劳动生产率（元/人）	276447	310590	360414	291907
工资总额（亿元）	**2077.44**	**589.72**	**50.64**	**92.89**
财务指标（亿元）				
资本金合计	1101.41	505.89	81.92	116.56
流动资产年末数	4441.71	1691.45	268.80	301.70
固定资产原值	394.68	277.64	38.27	39.45
营业收入	7936.75	2761.11	299.00	424.30
主营业务收入	7849.03	2713.47	293.57	411.23
主营业务成本	7198.87	2473.90	255.17	363.89
利润总额	286.43	102.65	12.75	16.12
#营业利润	283.45	103.79	12.46	15.84
利税总额	566.83	193.97	21.06	28.66

按经济类型分建筑企业主要经济指标（2020 年）

项　　目	国有经济	集体经济	港澳台经济	外商经济	其他经济
企业单位数（个）	**80**	**26**	**19**	**7**	**6895**
建筑业总产值（亿元）	**803.35**	**177.17**	**116.94**	**28.87**	**12991.47**
建筑业竣工产值	266.30	211.39	51.68	2.85	5501.36
房屋施工面积（万平方米）	**2948.29**	**2386.84**	**1838.48**	**23.11**	**75474.48**
#本年新开工	662.69	707.22	203.51	7.69	25333.08
房屋竣工面积（万平方米）	**560.58**	**794.88**	**175.70**	**13.15**	**16687.43**
#住宅	380.21	760.97	174.41		11616.41
年末从业人员（万人）	**22.24**	**8.00**	**4.17**	**0.14**	**449.24**
按总产值计算的劳动生产率（元/人）	329150	266113	283059	2081471	283023
工资总额（亿元）	**116.09**	**44.60**	**24.39**	**1.50**	**2624.10**
财务指标（亿元）					
资本金合计	88.44	10.25	7.03	3.86	1696.19

续表

项　　目	国有经济	集体经济	港澳台经济	外商经济	其他经济
流动资产年末数	668.75	55.87	44.37	31.63	5903.04
固定资产原值	66.47	3.41	1.03	0.66	678.47
营业收入	637.10	101.42	114.65	26.20	10541.78
主营业务收入	626.40	101.20	114.64	26.15	10398.91
主营业务成本	588.60	96.61	111.25	23.59	9471.77
利润总额	18.73	2.20	1.95	2.12	392.95
#营业利润	18.38	1.65	1.94	2.12	391.46
利税总额	30.70	4.02	4.51	2.60	768.70

房屋竣工建筑面积

单位：万平方米

项　　目	竣工面积		
	2015	2019	2020
合　计	**16631.27**	**17810.53**	**18231.74**
住宅房屋	10715.31	11752.55	12931.99
商业及服务用房屋	1150.74	1354.85	1176.89
商厦房屋（批发和零售用房）	498.94	578.38	501.42
宾馆用房屋（住宿用房）	126.68	99.50	65.09
餐饮用房屋（餐饮用房）	30.6	3.31	7.35
商务会展用房屋	59.22	23.90	32.84
其他商业及服务用房屋（居民服务业用房）	435.31	649.76	570.18
办公用房屋	969.45	1047.27	711.67
科研、教育、医疗用房屋	527.54	527.00	534.09
科学研究用房屋	59.19	32.17	21.07
教育用房屋	374.83	401.47	383.28
医疗用房屋（卫生医疗用房）	93.52	93.38	129.74
文化、体育、娱乐用房屋	140.22	193.47	110.19
厂房及建筑物	2898.59	2707.84	2542.22
#厂房	1256.84	1365.42	1427.95
仓库	106.89	79.06	58.86
其他未列明的房屋建筑物	122.53	148.48	165.83

各设区市建筑企业数（2020 年）

单位：个

地　区	合计	总承包	一级及以上	二级	三级及其他	专业承包	一级	二级	三级及不分等级
全　省	**7027**	**5279**	**413**	**902**	**3964**	**1748**	**331**	**1041**	**376**
福州市	1738	1133	105	282	746	605	109	343	153
厦门市	1167	735	103	149	483	432	88	251	93
莆田市	496	445	34	39	372	51	1	39	11
三明市	585	557	25	77	455	28	4	12	12
泉州市	963	615	69	111	435	348	99	193	56
漳州市	482	367	34	63	270	115	4	99	12
南平市	514	479	6	38	435	35	8	15	12
龙岩市	632	552	28	94	430	80	14	49	17
宁德市	450	396	9	49	338	54	4	40	10

各设区市建筑企业从业人员数（2020 年）

单位：人

地　区	合计	总承包	一级及以上	二级	三级及其他	专业承包	一级	二级	三级及不分等级
全　省	**4837882**	**4462161**	**2737023**	**1016619**	**708519**	**375721**	**178240**	**131633**	**65848**
福州市	1945463	1782887	1130855	485022	167010	162576	85388	51158	26030
厦门市	800893	706067	474922	128568	102577	94826	33812	33064	27950
莆田市	250095	248185	166426	41183	40576	1910	3	1220	687
三明市	314252	311665	127275	78627	105763	2587	925	275	1387
泉州市	610652	548921	400849	84252	63820	61731	40502	17403	3826
漳州市	242446	229063	150749	38897	39417	13383	368	12022	993
南平市	115015	106237	50943	12206	43088	8778	2991	3852	1935
龙岩市	485828	460547	221220	119869	119458	25281	13647	9481	2153
宁德市	73238	68589	13784	27995	26810	4649	604	3158	887

各设区市建筑企业房屋施工情况（2020 年）

单位：万平方米

地　区	房屋建筑竣工面积	房屋建筑施工面积	本年新开工
全　省	**18231. 74**	**82671. 20**	**26914. 19**
福州市	7860. 50	39623. 29	12438. 16

续表

地　区	房屋建筑竣工面积	房屋建筑施工面积	本年新开工
厦门市	2566.45	13350.39	4245.34
莆田市	894.64	5744.02	2214.82
三明市	930.12	3891.15	1102.21
泉州市	2832.26	8767.67	2832.61
漳州市	733.08	3184.30	967.61
南平市	279.92	1117.59	313.13
龙岩市	1974.92	6156.18	2590.67
宁德市	159.86	836.59	209.64

各设区市建筑企业总收入（2020 年）

单位：万元

地　区	营业收入	主营业务收入	主营业务成本	营业利润	营业外收入	其他业务利润
全　省	**114211502**	**112673017**	**102918256**	**4155502**	**95504**	**55766**
福州市	43581942	42975051	39417273	1337015	32091	41332
厦门市	20725885	20319242	18978898	494862	20030	8147
莆田市	6327620	6122955	5518697	261690	4297	557
三明市	6757212	6753805	6128276	287211	2991	-372
泉州市	16868015	16754924	14916744	924756	12855	983
漳州市	5354840	5317611	4854285	253222	3451	1194
南平市	1962324	1893338	1701914	81368	1476	202
龙岩市	10943648	10866334	9864056	463373	16258	3005
宁德市	1690016	1669757	1538115	52005	2056	718

各设区市建筑企业利税总额（2020 年）

单位：万元

地　区	利税总额	#利润总额	#主营业务税金及附加	产值利税率（%）	资产利税率（%）
全　省	**8105277**	**4179382**	**1306612**	**5.7**	**10.0**
福州市	2728665	1356592	408052	5.2	8.3
厦门市	920831	502680	105492	3.3	5.5
莆田市	556489	259597	127159	7.1	15.2
三明市	632645	288507	124549	7.2	15.7
泉州市	1584445	933357	254995	8.0	15.2
漳州市	437473	253446	61361	6.3	8.2
南平市	167191	81681	28442	7.8	7.7
龙岩市	967153	450589	187609	7.0	23.7
宁德市	110385	52933	8954	5.1	6.8

房地产开发企业（单位）主要情况

项　　目	2010	2019	2020
企业个数（个）	**3634**	**3519**	**3608**
内资企业	2926	3208	3287
#国有	216	370	382
集体	52	22	23
港澳台商投资企业	529	213	208
外商投资企业	179	98	113
土地开发及购置（万平方米）			
土地购置面积	1540.42	1031.70	598.50
本年完成投资（亿元）	**1818.86**	**5673.13**	**6026.80**
#住宅	975.13	4076.31	4372.10
本年实际到位资金（亿元）	2631.31	6873.76	7355.03
#国内贷款	432.46	822.32	753.75
利用外资	18.17	22.57	7.23
自筹资金	1099.64	2871.84	3173.46
房屋建筑面积（万平方米）			
施工面积	14189.73	34140.18	34556.77
本年房屋竣工面积	2242.47	2882.29	3804.07
本年新开工面积	4679.56	6398.36	6637.99
#住宅	3399.53	4615.00	4549.05
商品房销售面积（万平方米）	**2575.62**	**6456.13**	**6607.18**
#住宅	2139.26	5073.73	5210.03

房地产开发企业（单位）投资和销售情况

年　份	本年完成投资（亿元）	#住宅	商品房销售额（亿元）	#住宅	商品房销售面积（万平方米）	#住宅
2018	4940.34	3456.86	6579.49	5074.52	6213.40	4781.58
2019	5673.13	4076.31	6938.79	5685.25	6456.13	5073.73
2020	6026.80	4372.10	7497.75	6343.34	6607.18	5210.03

房地产开发投资完成情况

年　份	企业个数（个）	本年完成投资（亿元）	施工面积（万平方米）	竣工面积（万平方米）	商品房销售面积（万平方米）	商品房销售额（亿元）
2018	3351	4940.34	32825.97	3739.02	6213.40	6579.49
2019	3519	5673.13	34140.18	2882.29	6456.13	6938.79
2020	3608	6026.80	34556.77	3804.07	6607.18	7497.75

按各类分组房地产开发投资

单位：亿元

项　　目	2010	2018	2019
完成投资额	**1818.86**	**5673.13**	**6026.80**
按登记注册类型分			
国有	128.22	118.63	32.88
集体	27.66	0.38	0.11
股份合作	2.86		
联营	0.55		
有限责任公司	705.67	2977.24	2367.44
股份有限公司	58.05	25.26	38.66
私营企业	586.39	2168.41	3099.59
港澳台商投资企业	227.76	295.25	251.34
外商投资企业	70.15	87.02	236.80
其他企业	11.55	0.95	
按构成分			
建筑工程	877.89	3060.19	3122.86
安装工程	53.72	234.26	182.30
设备工器具购置	9.39	66.80	57.16
其他费用	877.85	2311.88	2664.49
按工程用途分			
商业营业用房	162.33	450.01	481.96
住宅	975.13	4076.31	4372.10
办公楼	49.67	272.72	214.56
其他	631.72	874.09	958.19
按隶属关系分			
中央	9.23	105.65	34.00
地方	1809.62	671.13	671.06
其他		4896.35	5321.74

按工程用途分房地产开发投资

单位：亿元

年　份	本年完成投资	住　宅	办公楼	商业营业用房	其　他
2018	4940.34	3456.86	215.55	457.63	810.30
2019	5673.13	4076.31	272.72	450.01	874.09
2020	6026.80	4372.10	214.56	481.96	958.19

商品房竣工面积

单位：万平方米

年份	房屋竣工面积	住宅	办公楼	商业营业用房	其他
2018	3739.02	2347.24	261.45	374.56	755.78
2019	2882.29	1813.90	177.59	367.91	522.88
2020	3804.07	2403.09	226.57	391.51	782.90

商品房销售面积

单位：万平方米

年份	商品房销售面积	住宅	办公楼	商业营业用房	其他
2018	6213.40	4781.58	304.59	457.83	669.40
2019	6456.13	5073.73	331.17	425.93	625.30
2020	6607.18	5210.03	224.80	431.97	740.38

房地产开发施工、竣工和销售情况（2020年）

项目	合计	住宅	#90平方米以下	#90—144平方米	#144平方米以上	办公楼	商业营业用房	其他
房屋施工面积（万平方米）	**34556.77**	**22929.82**	**5856.12**	**14641.65**	**2432.05**	**1848.05**	**2997.92**	**6780.97**
#新开工面积	6637.99	4549.05	1207.12	2972.67	369.26	277.49	446.88	1364.58
房屋竣工面积（万平方米）	**3804.07**	**2403.09**	**518.10**	**1608.08**	**276.91**	**226.57**	**391.51**	**782.90**
商品住宅竣工套数（万套）		**21.80**	**7.15**	**13.17**	**1.47**			
竣工房屋价值（亿元）	**1232.72**	**773.75**	**171.73**	**519.81**	**82.21**	**87.26**	**145.91**	**225.80**
出租房屋面积（万平方米）	**99.60**	**0.50**		**0.50**		**14.34**	**58.61**	**26.16**
商品房销售面积（万平方米）	**6607.18**	**5210.03**	**1284.00**	**3383.87**	**542.16**	**224.80**	**431.97**	**740.38**
#现房销售面积	862.63	413.37	99.84	188.70	124.83	58.14	161.94	229.18
期房销售面积	5744.55	4796.65	1184.15	3195.18	417.32	166.66	270.04	511.20
商品房销售额（亿元）	**7497.75**	**6343.34**	**1750.25**	**3668.24**	**924.86**	**236.41**	**527.89**	**390.10**
#现房销售额	787.67	458.88	105.02	180.14	173.72	56.60	170.42	101.77
期房销售额	6710.08	5884.47	1645.23	3488.10	751.14	179.81	357.47	288.33
商品住宅销售套数（万套）		**48.95**	**16.48**	**29.56**	**2.91**			
年末待售面积（万平方米）	**1807.37**	**479.44**	**82.53**	**239.07**	**157.85**	**155.19**	**463.01**	**709.72**
#待售1-3年	652.84	195.26	40.14	111.14	43.98	66.04	161.26	230.27
待售3年以上	793.52	157.17	23.82	56.58	76.77	47.73	231.91	356.71

交通运输和邮电通信业

主要年份各类运输总量

年　份	客运量（万人）	旅客周转量（亿人公里）	货运量（万吨）	货物周转量（亿吨公里）
2018	51435	1153.28	136974	7652.89
2019	49379	1190.02	133693	8296.62
2020	25490	661.97	139927	9020.34

交通运输业基本情况

项　　目	2010	2019	2020
铁路营业长度（公里）	**2110**	**3509**	**3774**
公路通车里程（公里）	**91015**	**109785**	**110118**
#高速公路	2350	5347	5635
内河通航里程（公里）	**3245**	**3245**	**3245**
客运量（万人）	**77153**	**49379**	**25490**
铁路	3640	12741	7539
公路	70714	31199	14882
水运	1444	1821	742
航空	1356	3618	2327
旅客周转量（亿人公里）	**648.76**	**1190.02**	**661.97**
铁路	137.70	396.25	223.16
公路	346.68	189.99	90.64
水路	2.14	2.66	0.77
航空	162.23	601.13	347.40
货运量（万吨）	**66159**	**133693**	**139927**
铁路	3765	4086	3750
公路	45575	87317	91137
水运	16803	42263	45018
航空	16	28	23
货物周转量（亿吨公里）	**2983.52**	**8296.62**	**9020.34**
铁路	184.20	191.61	180.90
公路	578.32	962.48	1021.69
水路	2218.88	7135.60	7811.73
航空	2.12	6.94	6.02
全社会机动车拥有量（辆）	**7249619**	**11189434**	**12088602**
#汽车	1996529	6812772	7313359

续表

项　　目	2010	2019	2020
沿海主要港口货物吞吐量（万吨）	**32687. 01**	**59483. 99**	**62132. 47**
福州港	7124. 79	21255. 49	24896. 84
厦门港	12728. 05	21343. 91	20749. 54
泉州港	8455. 37	7458. 88	6679. 98
漳州港	1202. 47		
湄州湾港	1755. 99	9425. 71	9806. 11
宁德港	1420. 33		

各类运输工具拥有量（年底数）

项　　目	2010	2019	2020
公路			
全社会机动车拥有量（辆）	**7246919**	**11189434**	**12088602**
#民用汽车	1996529	6812772	7313359
#载客汽车	1502963	5983444	6420715
大型	24704	35619	34689
中型	39736	22012	20401
小型	1384498	5893693	6336414
微型	54025	32120	29211
载货汽车	451130	793208	863337
重型	64942	140999	156769
中型	47062	20085	18729
轻型	329155	630946	678417
微型	9971	1178	768
三轮汽车			25
低速货车			8629
专项作业车			29307
水路			
内河			
客轮			
艘数（艘）	319	165	169
载客量（客位）	9395	7702	7723
货轮			
艘数（艘）	722	288	272
净载重量（吨）	313962	158132	189738
沿海			
客轮			

续表

项　　目	2010	2019	2020
艘数（艘）	259	214	203
总吨（吨位）	16617	24455	24979
载客量（客位）	15259	20334	20413
货轮			
艘数（艘）	952	949	1059
总吨（吨位）	2593122	6611367	7950141
净载重量（吨）	4061378	9759191	12162201
远洋			
货轮			
艘数（艘）	91	54	57
总吨（吨位）	818337	1102970	1180173
净载重量（吨）	1297002	1616380	1790767

运输线路长度（年底数）

单位：公里

项　　目	2010	2019	2020
铁路营业长度	**2110**	**3509**	**3774**
#电气化长度	1498	2883	3148
公路通车里程	**91015**	**109785**	**110118**
#绿化里程	45906	94946	94919
#养护里程	91009	109785	110118
按行政等级分			
国道	4206	10875	10982
省道	6151	5520	5722
县道	13485	15151	14889
乡道	35676	42104	41525
专用公路	486	123	122
按技术等级分			
#等级路里程合计	70655	93753	95316
高速公路	2351	5347	5635
一级	603	1477	1481
二级	7373	11148	11459
三级	6419	8814	9251
四级	53910	66968	67490
内河通航里程	**3245**	**3245**	**3245**

铁路运输情况

年　份	营业长度（公里）	旅客发送量（万人）	旅客周转量（亿人公里）	货物发送量（万吨）	货物周转量（亿吨公里）
2018	3509	12096	385.20	3518	147.35
2019	3509	12741	396.25	4086	191.61
2020	3774	7539	223.16	3750	180.90

公路运输情况

年　份	公路通车里程（公里）	汽车数（辆）	客运量（万人）	旅客周转量（亿人公里）	货运量（万吨）	货物周转量（亿吨公里）
2018	108901	6239188	34081	212.04	96576	1289.52
2019	109785	6812772	31199	189.99	87317	962.48
2020	110118	7313359	14882	90.64	91137	1021.69

水路运输情况

年　份	内河航运里程（公里）	#通航里程	客运量（万人）	旅客周转量（亿人公里）	货运量（万吨）	货物周转量（亿吨公里）
2018	3955	3245	1929	2.75	36854	6209.37
2019	3955	3245	1821	2.66	42263	7135.60
2020	3955	3245	742	0.77	45018	7811.73

民用航空情况

年　份	空港数（个）	旅客发送量（万人）	货物发送量（万吨）	旅客周转量（万人公里）	货物周转量（万吨公里）
2018	6	3329.82	26.98	5532934	66423
2019	6	3618.06	27.71	6011270	69365
2020	6	2326.77	22.80	3474032	60231

沿海港口货物吞吐量

单位：万吨

年　份	总　计	福州港	厦门港	泉州港	宁德港	湄州湾港	漳州港	吞吐总量指数（以1950年为100）
2018	55806.88	17876.32	21719.93	7839.73		8370.89		166987.4
2019	59483.99	21255.49	21343.91	7458.88		9425.71		177990.2
2020	62132.47	24896.84	20749.54	6679.98		9806.11		185915.0

民用汽车拥有量

年份	民用汽车总计（辆）	载客汽车	大型	中型	小型	微型	载货汽车	重型
2018	6239188	5456288	35682	23568	5360949	36089	747687	130040
2019	6812772	5983444	35619	22012	5893693	32120	793208	140999
2020	7313359	6420715	34689	20401	6336414	29211	863337	156769

年份	中型	轻型	微型	三轮汽车	低速货车	专项作业	其他汽车	机动车驾驶员（万人）	#汽车
2018	21243	594600	1804				35213	1260.00	1017.37
2019	20085	630946	1178				36120	1342.74	1105.65
2020	18729	678417	768	25	8629	29307		1403.45	1164.30

私人汽车拥有量

单位：辆

年份	私人汽车	载客汽车	大型	中型	小型	微型	载货汽车
2018	5452399	4935482	374	4279	4896731	34098	498746
2019	5914008	5380036	376	3566	5346021	30073	516944
2020	6326715	5768711	317	3071	5738167	27156	549507

年份	重型	中型	轻型	微型	三轮汽车	低速货车	专项作业车	其他汽车
2018	27844	11684	457487	1731				18171
2019	27295	10495	478031	1123				17028
2020	26353	9136	505233	690	10	8085	8497	

邮电通信业务情况

年份	邮电业务总量（亿元）	邮政业务总量	电信业务总量	函件（亿件）	固定电话用户（万户）	移动电话用户（万户）
2018	2525.74	499.04	2026.70	0.93	732.73	4553.52
2019	3880.76	646.01	3234.74	0.48	763.71	4720.32
2020	4764.94	856.48	3908.46	0.33	733.07	4739.28

邮电业务总量

年　份	邮电业务总量（亿元）	电信业务总量（亿元）	快递业务量（万件）	集邮业务（万枚）	互联网用户（万户）	
					（固定）互联网宽带接入用户	移动互联网用户
2018	2525.74	2026.70	211613.44	3591.30	5474.00	
2019	3880.76	3234.74	261951.28	2803.00	1779.04	3915.80
2020	4764.94	3908.46	343189.82	2261.00	1831.02	3979.60

电信主要通信能力

年　份	局用交换机容量（万门）	移动电话交换机容量（万户）	移动电话基站（个）	光缆线路长度（公里）	
					长途光缆线路总长度
2018	278	7418	231133	1556948	25336
2019	90	8637	290227	1589606	24733
2020	68	8862	323151	1548884	25010

邮政业网点及邮递路线

项　　目	2018	2019	2020
营业网点（处）	10255	8902	8365
快递营业网点	8782	7257	6730
信筒信箱（个）	7584	7351	7312
农村投递路线（公里）	102319	116760	117538
城市投递路线（公里）	41175	75353	68794
邮政总长度（单程）（公里）	712096	683020	298991
#航空邮路	585766	585766	162565
汽车邮路	125997	96984	136159

注：2012 年起，航空、汽车邮路不含 EMS 部分。

设区市交通运输业基本情况（2020 年）

项　　目	客运量（万人）	旅客周转量（亿人公里）	货运量（万吨）	货物周转量（亿吨公里）	全社会机动车拥有量（万辆）	
						汽　车
福建省	**15623.65**	**91.41**	**136154.26**	**8833.42**	**1208.86**	**731.34**
福州市	5574.70	28.86	33549.35	3052.10	188.32	155.50
#平潭	357.68	1.81	6457.99	831.41	8.97	6.39
厦门市	1389.39	5.54	32827.67	2548.19	175.93	146.72
莆田市	547.66	9.87	4492.00	65.03	86.12	42.36
三明市	591.11	3.57	8601.51	84.13	75.15	33.88
泉州市	1438.66	11.92	29906.38	2663.71	289.90	172.34

续表

项目	客运量（万人）	旅客周转量（亿人公里）	货运量（万吨）	货物周转量（亿吨公里）	全社会机动车拥有量（万辆）	
						汽车
漳州市	685.88	3.84	7897.60	92.52	126.99	66.94
南平市	1018.50	6.50	4181.78	97.60	85.64	31.91
龙岩市	1106.37	5.56	8301.56	101.98	113.85	50.25
宁德市	3271.38	15.76	6396.42	128.16	66.96	31.43

设区市邮电通信业务基本情况（2020年）

项目	邮政业务总量（亿元）	电信业务总量（亿元）	固定电话用户（万户）	移动电话用户（万户）	（固定）互联网宽带接入用户（万户）	移动互联网用户（万户）	快递业务（万件）	邮路总长度（单程）（公里）
福建省	**856.48**	**3908.46**	**733.07**	**4739.28**	**1831.02**	**3979.60**	**343189.82**	**298991**
福州市	134.42	898.16	164.07	1021.32	389.10	845.24	45908.89	89596
#平潭	1.59	36.85	5.51	39.69	17.61	34.75	429.50	377
厦门市	138.00	615.44	104.94	653.64	245.07	567.32	54343.32	89565
莆田市	63.67	278.60	51.72	342.29	134.21	285.25	18598.63	1637
三明市	12.31	186.50	39.30	268.75	107.94	221.55	3684.08	6354
泉州市	382.05	919.53	154.14	1036.17	407.63	881.06	171757.74	90526
漳州市	67.24	387.40	72.53	528.89	192.21	436.63	29906.13	4158
南平市	16.21	195.12	39.19	285.26	108.98	236.10	4648.27	7238
龙岩市	18.98	197.29	61.59	285.18	120.59	239.33	6335.72	5024
宁德市	23.60	230.41	45.60	317.77	125.30	267.11	8007.04	4893

批发零售、住宿餐饮和旅游业

社会消费品零售总额

年　份	社会消费品零售总额（亿元）	社会消费品零售总额指数	
		以上年为100	以1950为100
2018	17178.37	111.6	446202.4
2019	18896.83	110.0	490822.7
2020	18626.45	98.6	483951.2

限额以上批发零售与住宿餐饮业企业基本情况

项　　目	2018	2019	2020
法人企业（个）	**15625**	**18828**	**20578**
批发和零售业	13566	16404	17956
住宿和餐饮业	2059	2424	2622
批发和零售业（亿元）			
商品购进总额	29063.79	34477.53	43004.25
商品销售总额	33737.85	39334.09	45882.59
商品库存总额	1454.68	1753.40	2443.67
住宿和餐饮业营业额（亿元）	482.44	570.51	484.61

限额以上批发和零售企业基本情况（2020年）

单位：万元

项　　目	法人企业（个）	商品购进额	商品销售额	#批发额	期末商品库存额
合　计	**17956**	**430042535**	**458825929**	**384835402**	**24436683**
批发业	10628	369591486	391693674	378578915	18060354
按登记注册类型分					
内资企业	10307	348590217	368551340	356221184	17025701
#国有企业	57	5548397	8006343	7964944	292984
集体企业	23	227542	241960	220825	28348
有限责任公司	707	124375763	126791844	125535304	7506890
股份有限公司	21	28196040	28761637	28746803	2451386
私营企业	9498	190240138	204746959	193750712	6745994
港澳台商投资企业	175	12851460	13976113	13525525	636164
外商投资企业	146	8149809	9166221	8832206	398489
按行业分					

续表

项　　目	法人企业（个）	商品购进额	商品销售额	#批发额	期末商品库存额
农、林、牧、渔产品批发	299	10211330	10297526	10150354	1298861
食品、饮料及烟草制品批发	1230	27635134	31776143	29576515	1912329
米、面制品及食用油批发	148	3746511	3704080	3530882	840494
烟草制品批发	18	8269195	10809533	10803799	243355
纺织、服装及家庭用品批发	2365	44990305	51415196	48286108	1349180
服装批发	673	10924935	12442608	11690669	481258
日用家电批发	104	1098406	1178589	1087595	123074
文化、体育用品及器材批发	298	9105291	9488790	9191690	393446
医药及医疗器材批发	426	7494834	8328425	7929359	761991
矿产品、建材及化工产品批发	4208	228923661	236327890	232139285	9269113
煤炭及制品批发	253	28203154	29378108	28805925	1323730
石油及制品批发	283	22602202	23215214	21902985	602647
金属及金属矿批发	1027	111621397	113713586	113094690	3062669
建材批发	1402	22894599	24080682	22801063	1142056
化肥批发	76	1254808	1392606	1346150	109622
机械设备、五金产品及电子产品批发	1289	21419571	23188616	21433847	1376984
汽车及零配件批发	266	5340794	5500428	4880433	337622
计算机、软件及辅助设备批发	111	1163523	1367282	1250445	87327
贸易经纪与代理	36	2380520	2390878	2387721	58967
其他批发业	477	17430840	18480211	17484036	1639482
零售业	7328	60451049	67132255	6256487	6376329
按登记注册类型分					
内资企业	7118	50172728	55945043	4614429	5711443
#国有企业	13	31302	36571	3183	892
集体企业	65	463673	514220	77991	8423
有限责任公司	418	6112570	6782182	681610	537369
股份有限公司	17	3060344	2347923	1245583	142564
私营企业	6596	40482098	46240151	2606061	5021820
港澳台商投资企业	99	2061598	2366155	315339	212909
外商投资企业	111	8216724	8821057	1326719	451978
按行业分					
综合零售	637	8573770	9199659	202195	515837
百货零售	188	2099121	2391901	68559	123583
超级市场零售	321	5822821	6079467	62149	363546
食品、饮料及烟草制品专门零售	1148	3845959	4538704	296628	2318974

续表

项　　目	法人企业（个）	商品购进额	商品销售额	#批发额	期末商品库存额
纺织、服装及日用品专门零售	410	3386712	3991248	312106	384110
服装零售	144	1435126	1630078	149468	291667
文化、体育用品及器材专门零售	233	2089575	2387659	419990	198489
图书、报刊零售	12	542099	553472	252078	87029
医药及医疗器材专门零售	197	1167235	1339692	118876	167953
西药零售	151	997321	1144632	108647	132728
中药零售	39	154529	178184	2777	34166
汽车、摩托车、零配件和燃料及其他动力销售	1576	23746581	25008099	3038096	1637706
汽车新车零售	1076	15573055	16578211	374544	1324841
机动车燃油零售	304	7054622	6999685	2593125	251100
家用电器及电子产品专门零售	615	2814207	3469226	118475	168844
家用视听设备零售	44	243214	274279	7316	13367
日用家电零售	294	1406457	1927976	37788	94117
计算机、软件及辅助设备零售	143	518799	565405	36110	16725
通信设备零售	89	490867	529407	32584	34137
五金、家具及室内装饰材料专门零售	636	3451693	4031672	188911	275153
货摊、无店铺及其他零售业	1876	11375317	13166295	1561211	709264

限额以上批发和零售企业财务状况（2020 年）

单位：万元

项　　目	主营业务收入	营业成本	税金及附加	营业利润
合　计	**406960154**	**391577422**	**1380395**	**7344759**
批发业	346918565	336982108	1140570	5746770
按登记注册类型分				
内资企业	325938237	317279230	1109502	5275770
#国有企业	7289913	5633224	720581	744021
集体企业	220485	212217	501	1665
有限责任公司	111235617	109690688	102228	1124848
股份有限公司	25237628	25013474	10400	468206
私营企业	181951997	176727182	275791	2936900
港澳台商投资企业	12813231	12143227	15788	157808
外商投资企业	8167097	7559652	15279	313193
按行业分				
农、林、牧、渔产品批发	9633744	9444685	7023	63718
食品、饮料及烟草制品批发	28222680	25521762	771946	1503195

续表

项　　目	主营业务收入	营业成本	税金及附加	营业利润
米、面制品及食用油批发	3426182	3290491	3356	15852
烟草制品批发	9019450	7858257	723065	829819
纺织、服装及家庭用品批发	46499217	44550243	61897	1242572
服装批发	11115081	10446401	23381	470780
日用家电批发	1057824	1008984	2148	18296
文化、体育用品及器材批发	8299206	7998940	10134	113200
医药及医疗器材批发	7372046	6813999	19328	219031
矿产品、建材及化工产品批发	207904784	205028398	182201	2002363
煤炭及制品批发	25038390	24924882	28894	128579
石油及制品批发	20198393	19793643	21348	162973
金属及金属矿批发	100606452	99418532	59896	1011157
建材批发	21278837	20535717	37427	353395
化肥批发	1212711	1174080	1703	16005
机械设备、五金产品及电子产品批发	20598336	19726394	37844	439299
汽车及零配件批发	4947561	4830805	7815	23966
计算机、软件及辅助设备批发	1224032	1143075	2033	24534
贸易经纪与代理	2220070	2219847	2402	28610
其他批发业	16168483	15677842	47794	134784
零售业	60041589	54595314	239825	1597989
按登记注册类型分				
内资企业	49741997	45261032	207118	1167468
#国有企业	24406	30181	155	781
集体企业	486673	438142	1585	13413
有限责任公司	6006627	5477828	20874	102319
股份有限公司	2149743	2085394	5400	96920
私营企业	41064708	37209022	179064	953508
港澳台商投资企业	2148239	1770263	12528	93900
外商投资企业	8151354	7564018	20178	336621
按行业分				
综合零售	8205162	7527898	36639	250372
百货零售	2069191	1824512	18771	27244
超级市场零售	5476925	5107524	15419	199441
食品、饮料及烟草制品专门零售	3913853	3461435	27362	276221
纺织、服装及日用品专门零售	3574954	2957325	11317	74920
服装零售	1457089	1178355	3872	23976
文化、体育用品及器材专门零售	2051221	1808922	18699	100972

续表

项　　目	主营业务收入	营业成本	税金及附加	营业利润
图书、报刊零售	459984	379518	2142	20519
医药及医疗器材专门零售	1194183	1000991	4125	22006
西药零售	1017223	860844	3520	22421
中药零售	161971	126481	588	-916
汽车、摩托车、零配件和燃料及其他动力销售	22517202	21399353	66403	390329
汽车新车零售	14789648	14159135	44633	75256
机动车燃油零售	6560884	6037125	18365	287820
家用电器及电子产品专门零售	3049327	2880337	7078	44813
家用视听设备零售	247469	229702	486	8406
日用家电零售	1709931	1596480	3633	15564
计算机、软件及辅助设备零售	478814	470114	1655	16357
通信设备零售	463777	442592	952	1460
五金、家具及室内装饰材料专门零售	3523104	3218457	34867	103339
货摊、无店铺及其他零售业	12012583	10340595	33335	335019

限额以上批发和零售企业主要效益指标（2020年）

单位：%

项　　目	资产负债率	销售毛利率	经营费用率	成本费用利润率
合　计	**66.5**	**3.8**	**4.0**	**1.9**
批发业	67.5	2.9	2.8	1.7
按登记注册类型分				
内资企业	68.2	2.7	2.7	1.7
#国有企业	25.0	22.7	5.0	12.3
集体企业	80.0	3.8	6.6	1.4
有限责任公司	64.9	1.4	1.4	1.1
股份有限公司	61.2	0.9	1.1	1.9
私营企业	73.4	2.9	3.5	1.7
港澳台商投资企业	52.8	5.2	5.1	1.3
外商投资企业	69.0	7.4	6.7	4.5
按行业分				
农、林、牧、渔产品批发	70.6	2.0	2.5	0.8
食品、饮料及烟草制品批发	50.0	9.6	6.8	5.5
米、面制品及食用油批发	77.5	4.0	4.2	1.1
烟草制品批发	19.7	12.9	4.7	9.9
纺织、服装及家庭用品批发	58.1	4.2	4.6	2.8
服装批发	70.0	6.0	6.4	4.8

续表

项　　目	资产负债率	销售毛利率	经营费用率	成本费用利润率
日用家电批发	82.1	4.6	4.8	1.8
文化、体育用品及器材批发	67.1	3.6	3.3	1.4
医药及医疗器材批发	67.7	7.6	7.1	3.0
矿产品、建材及化工产品批发	71.9	1.4	1.5	1.0
煤炭及制品批发	75.8	0.5	1.4	0.6
石油及制品批发	64.0	2.0	1.4	0.9
金属及金属矿批发	72.7	1.2	1.0	1.0
建材批发	74.6	3.5	3.7	1.7
化肥批发	79.3	3.2	3.9	1.6
机械设备、五金产品及电子产品批发	72.8	4.2	4.5	2.2
汽车及零配件批发	80.7	2.4	2.7	0.5
计算机、软件及辅助设备批发	62.6	6.6	6.0	2.1
贸易经纪与代理	73.2		2.1	1.4
其他批发业	72.4	3.0	3.9	1.6
零售业	60.9	9.1	10.4	2.7
按登记注册类型分				
内资企业	61.6	9.0	10.1	2.3
#国有企业	37.9	-23.7	11.5	2.9
集体企业	32.4	10.0	8.5	2.7
有限责任公司	64.1	8.8	10.4	1.6
股份有限公司	37.9	3.0	7.4	4.0
私营企业	64.6	9.4	10.2	2.3
港澳台商投资企业	61.3	17.6	17.6	6.6
外商投资企业	58.3	7.2	10.1	4.2
按行业分				
综合零售	60.2	8.3	15.2	2.8
百货零售	71.5	11.8	16.7	1.0
超级市场零售	55.7	6.7	15.0	3.4
食品、饮料及烟草制品专门零售	37.9	11.6	11.9	8.1
纺织、服装及日用品专门零售	72.5	17.3	18.1	2.0
服装零售	76.4	19.1	19.9	1.5
文化、体育用品及器材专门零售	55.5	11.8	10.2	5.1
图书、报刊零售	60.3	17.5	13.9	4.9
医药及医疗器材专门零售	66.0	16.2	16.6	1.9
西药零售	63.3	15.4	15.7	2.2
中药零售	77.8	21.9	23.0	-0.2

续表

项　　目	资产负债率	销售毛利率	经营费用率	成本费用利润率
汽车、摩托车、零配件和燃料及其他动力销售	64.5	5.0	6.3	1.8
汽车新车零售	75.6	4.3	5.8	0.6
机动车燃油零售	47.0	8.0	7.3	4.3
家用电器及电子产品专门零售	68.8	5.5	7.5	1.5
家用视听设备零售	62.7	7.2	4.3	3.5
日用家电零售	73.7	6.6	8.6	0.9
计算机、软件及辅助设备零售	45.8	1.8	5.8	3.3
通信设备零售	65.1	4.6	7.5	0.4
五金、家具及室内装饰材料专门零售	52.4	8.6	8.4	2.9
货摊、无店铺及其他零售业	58.2	13.9	12.8	2.9

亿元以上商品交易市场主要经济指标（2020 年）

项　　目	市场数（个）	摊位数（个）	营业面积（平方米）	市场成交额（万元）
总　计	**102**	**47953**	**2811187**	**11349381**
按经营环境分				
封闭式	84	41261	2593581	9637914
露天式	5	1082	49787	981638
其他	13	5610	167819	729829
按营业状态分				
常年营业	101	47925	2809687	11337781
季节性营业	1	28	1500	11600
其他				
按经营方式分				
批发（或以批发为主）	41	24858	1937289	9018010
零售（或以零售为主）	61	23095	873898	2331371
按市场类别分				
综合市场	45	24108	780752	3773052
生产资料综合市场	1	200	5100	10690
工业消费品综合市场	3	5705	71638	900313
农副产品综合市场	33	13821	313788	1425061
其他综合市场	8	4382	390226	1436988
专业市场	57	23845	2030435	7576329
生产资料市场	6	1670	308700	675462
农产品市场	30	10096	718244	3985295
食品饮料及烟酒市场	2	2539	67221	136900
纺织、服装、鞋帽市场	4	4833	174981	588807

续表

项　　目	市场数（个）	摊位数（个）	营业面积（平方米）	市场成交额（万元）
日用品及文化用品市场				
黄金、珠宝、玉器等首饰市场	4	1862	242569	1194527
电器、通讯器材、电子设备市场	1	719	38000	94263
医药、医疗用品及器材市场	1	28	1500	11600
家具、五金及装饰材料市场	6	1728	421620	341807
汽车、摩托车及零配件市场	3	370	57600	547668
花、鸟、鱼、虫市场				
旧货市场				
其他专业市场				

亿元以上商品交易市场成交情况（2020 年）

项　　目	出租摊位数（个）	市场成交额（万元）
总　计	**41219**	**11349381**
粮油、食品类	19975	5823091
饮料类	2850	338005
烟酒类	272	248516
服装、鞋帽、针纺织品类	8147	1420950
服装类	6405	1096803
鞋帽类	961	110475
针纺织品类	781	213672
化妆品类	76	7592
金银珠宝类	1392	1031127
日用品类	1024	269959
五金、电料类	597	50754
体育、娱乐用品类	99	71438
电子出版物及音像制品类	7	331
家用电器和音像器材类	372	51738
中西药品类	75	17269
#西药类	4	2477
中草药及中成药类	65	13787
文化办公用品类	569	87311
家具类	616	171343
通讯器材类	78	5137
煤炭及制品类		
木材及制品类	472	75812
化工材料及制品类	11	2411

续表

项　　目	出租摊位数（个）	市场成交额（万元）
金属材料类	123	444064
建筑及装潢材料类	2329	492073
机电产品及设备类	127	3482
汽车类	352	547668
种子饲料类	202	47579
棉麻类		
其他类	1450	141620

限额以上住宿业企业基本情况（2020 年）

项　　目	法人企业（个）	床位数（个）	餐位数（位）
住宿业	1211	268312	416786
按登记注册类型分			
内资企业	1115	235969	343678
#国有企业	34	6652	10854
集体企业	6	728	1743
有限责任公司	127	45004	74917
私营企业	947	183407	256164
港澳台商投资企业	61	18335	53468
外商投资企业	35	14008	19640
按行业分			
#旅游饭店	694	187606	347724
一般旅馆	482	74796	63338
民宿服务	10	1939	1348
其他住宿业	25	3971	4376

限额以上餐饮业企业基本情况（2020 年）

项　　目	法人企业（个）	年末餐饮营业面积（平方米）	餐位数（位）
餐饮业	1411	2371692	697320
按登记注册类型分			
内资企业	1365	1988126	605274
#国有企业	3	3645	973
集体企业	3	3100	1000
有限责任公司	36	54167	21551
股份有限公司			
私营企业	1321	1919194	580050

续表

项　　目	法人企业（个）	年末餐饮营业面积（平方米）	餐位数（位）
港澳台商投资企业	24	174456	35820
外商投资企业	22	209110	56226
按行业分			
正餐服务	1257	1935722	554471
快餐服务	62	303819	102809
饮料及冷饮服务	29	32660	6377
餐饮配送及外卖送餐服务	31	39777	13759
其他餐饮业	32	59714	19904

限额以上住宿业和餐饮业企业经营情况（2020 年）

单位：万元

项　　目	营业额	客房收入	餐费收入	商品销售额	其他收入
合　计	**4846066**	**1002782**	**3515790**	**132050**	**195445**
住宿业	2130055	942506	1025847	58367	103335
按登记注册类型分					
内资企业	1790377	799060	857925	50166	83226
#国有企业	47830	23713	16355	430	7331
集体企业	11039	3273	7232		534
有限责任公司	413601	178387	187590	11397	36227
私营企业	1317281	593062	646747	38337	39135
港澳台商投资企业	238804	89694	131277	7388	10446
外商投资企业	100874	53753	36646	813	9663
按行业分					
#旅游饭店	1641898	662029	849802	44171	85895
一般旅馆	450210	256729	164303	12567	16610
民宿服务	8340	3998	2765	1296	281
其他住宿业	29608	19750	8977	333	549
餐饮业	2716011	60275	2489942	73683	92110
按登记注册类型分					
内资企业	2094798	58669	1928835	56447	50848
#国有企业	1844	778	1050	4	12
集体企业	2862		1797	1066	
有限责任公司	60119	2879	51251	2450	3540
股份有限公司					
私营企业	2027727	54943	1872682	52928	47174

续表

项　　目	营业额	客房收入	餐费收入	商品销售额	其他收入
港澳台商投资企业	220363	1110	201815	8551	8887
外商投资企业	400851	497	359293	8685	32376
按行业分					
正餐服务	1760019	60275	1632005	41556	26183
快餐服务	717666		693005	10680	13980
饮料及冷饮服务	119580		78967	11013	29600
餐饮配送及外卖送餐服务	53780		30083	1497	22200
其他餐饮业	64966		55882	8937	147

限额以上住宿和餐饮业企业主要财务指标（2020 年）

单位：万元

项　　目	主营业务收入	营业成本	税金及附加	营业利润
合　计	**4589154**	**2846029**	**49522**	**-75317**
住宿业	2021425	1087741	36165	-162894
按登记注册类型分				
内资企业	1689991	944665	30581	-109390
#国有企业	43121	20547	570	-12168
集体企业	10402	8267	73	366
有限责任公司	385602	186605	5825	-38959
私营企业	1250276	728764	24099	-56425
港澳台商投资企业	228038	103043	3143	-27181
外商投资企业	103396	40034	2441	-26322
按行业分				
#旅游饭店	1570954	804663	30622	-146514
一般旅馆	413885	256990	5249	-12209
民宿服务	8068	7742	117	-2981
其他住宿业	28519	18346	177	-1190
餐饮业	2567728	1758288	13357	87577
按登记注册类型分				
内资企业	1969215	1452533	12873	72422
#国有企业	1763	1059	3	91
集体企业	2573	1231	91	-514
有限责任公司	57404	39469	315	1506
股份有限公司				
私营企业	1905311	1409442	12363	70789

续表

项　　目	主营业务收入	营业成本	税金及附加	营业利润
港澳台商投资企业	212708	81470	184	8218
外商投资企业	385805	224285	300	6937
按行业分				
正餐服务	1658442	1150421	11521	64467
快餐服务	689041	451121	1279	23030
饮料及冷饮服务	110043	82098	170	-9402
餐饮配送及外卖送餐服务	51521	41375	82	1156
其他餐饮业	58682	33273	306	8326

限额以上批发和零售业连锁企业基本经营情况（2020 年）

项　　目	连锁总店数（个）	年末门店数（个）			年末营业面积（平方米）	年末从业人员（人）	商品销售总额（万元）
			直营店	加盟店			
总　计	**179**	**13113**	**7608**	**5505**	**14050662**	**146160**	**17217123**
批发业	7	1220	143	1077	398611	5350	445864
零售业	172	11893	7465	4428	13652051	140810	16771260
按登记注册类型分							
内资企业	160	10764	5359	5405	3267281	65543	5601562
#国有企业	5	176	176		178981	1684	478298
有限责任公司	61	2894	2595	299	1306786	28365	2468540
股份有限公司	12	1217	486	731	580490	4255	916759
私营企业	81	6440	2088	4352	1161106	30899	1637335
港澳台商投资企业	3	507	407	100	55019	1352	49021
外商投资企业	16	1842	1842		10728362	79265	11566541

限额以上住宿和餐饮业连锁企业基本经营情况（2020 年）

项　　目	连锁总店数（个）	连锁门店数（个）			营业面积（平方米）	年末从业人员（人）	营业收入（万元）
			直营店	加盟店			
总　计	**21**	**1057**	**965**	**92**	**286209**	**32326**	**503794**
住宿业							
餐饮业	21	1057	965	92	286209	32326	503794
按登记注册类型分							
内资企业	11	297	205	92	62673	5514	115385
#有限责任公司	4	105	45	60	39376	3945	88006
私营企业	6	169	137	32	11049	1342	23469

续表

项　　目	连锁总店数（个）	连锁门店数（个）			营业面积（平方米）	年末从业人员（人）	营业收入（万元）
			直营店	加盟店			
港澳台商投资企业	4	223	223		91522	9706	125192
外商投资企业	6	537	537		132014	17106	263217

入境游客人数

单位：人次

年　份	合　计				
		外国人	台湾同胞	港澳同胞	
					#香港同胞
2018	9012403	3441938	3634961	1935504	1722028
2019	9582756	3732298	3876409	1974049	1735036
2020	2296740	939246	830244	527250	458473

接待游客人数及旅游收入

年　份	入境旅游人数（人次）		国际旅游外汇收入（万美元）	国内旅游人数（万人次）	国内旅游收入（亿元）	国内游客人均花费（元）
		#外国人				
2018	9012403	3441938	909162	45139	6033	1337
2019	9582756	3732298	1024348	52697	7393	1403
2020	2296740	939246	206863	36981	4928	1332

入境外国游客人数

单位：人次

国别（地区）	2018	2019	2020
合　计	**3441938**	**3732298**	**939246**
亚洲小计	**2205587**	**2447527**	**519366**
#日本	395819	402769	101799
菲律宾	128474	148893	24714
新加坡	330029	375140	69086
泰国	50260	71135	18997
印度尼西亚	110532	125055	19326
马来西亚	534660	622773	84522
美洲小计	**510542**	**534026**	**191601**
#美国	363662	387726	125608
加拿大	81815	78756	43449
欧洲小计	**466796**	**484471**	**146264**

续表

国别（地区）	2018	2019	2020
#英国	72020	80629	31840
法国	47572	53733	16075
德国	71940	67545	23759
意大利	40660	43696	10660
俄罗斯	47138	49638	11142
大洋洲小计	**149596**	**158850**	**54893**
#澳大利亚	100043	106058	34666
新西兰	31077	34473	11767
非洲小计	**109417**	**107424**	**27122**

国内旅游人数及旅游收入

项目	2018	2019	2020
国内旅游者人数（万人次）	**45138.93**	**52697.08**	**36981.07**
住宿设施接待人数	17798.79	20442.93	15378.79
居民家庭接待人数	4417.20	5212.22	3862.28
一日游游客人数	22922.93	27041.92	17740.01
国内旅游收入（亿元）	**6032.95**	**7393.43**	**4927.72**
外省游客消费	3011.85	3394.37	1821.75
本省多日游游客消费	2010.35	2605.38	2288.61
一日游游客消费	1010.75	1393.68	817.36

国内游客消费构成

单位:%

项目	2018	2019	2020
交给旅行社	5.1	5.5	3.8
长途交通	22.7	21.9	19.8
住宿	22.7	19.8	20.1
餐饮	17.1	17.5	19.1
购物	16.1	17.3	18.0
游览	6.1	6.5	7.0
娱乐	4.5	5.8	6.3
市区交通	4.1	3.8	4.0
邮电通讯			
其他	1.6	1.8	2.1

国内游客构成

单位：%

项　　目	2018	2019	2020
按性别分			
男	49.2	48.7	47.2
女	50.8	51.3	52.8
按年龄分			
14岁以下	1.4	1.3	1.3
15－24岁	31.6	31.0	31.6
25－44岁	56.3	55.8	54.8
45－59岁	9.7	10.6	11.2
60岁以上	1.0	1.2	1.2
按旅游目的分			
休闲观光渡假	79.8	78.8	79.5
探亲访友	6.1	6.8	6.6
公务	5.6	6.6	6.8
经商	0.7	0.8	0.8
会议			
医疗	0.7	0.8	0.6
宗教朝拜	2.6	1.9	1.7
文化科技交流			
其他	4.5	4.3	4.0
按出游方式分			
单位组织	6.6	7.3	6.0
旅行社	3.4	3.2	2.3
个人亲友结伴	88.0	87.5	89.6
其他	2.0	2.0	2.1

各设区市国际旅游外汇收入

单位：万美元

地　区	2018	2019	2020
福州市	180638	220559	57783
厦门市	389671	423821	94984
莆田市	41229	48904	6639
三明市	9726	11719	996
泉州市	178411	178892	24803
漳州市	57202	79335	13688
南平市	31963	33887	4115

续表

地 区	2018	2019	2020
龙岩市	15421	20403	2192
宁德市	3413	4702	1059
平潭综合实验区	1488	2127	604

各设区市入境游客人数

单位：人次

地 区	2018	2019	2020
福州市	1619542	1734022	556315
厦门市	3595810	3765050	931772
莆田市	468560	554651	101920
三明市	95589	104261	13491
泉州市	1780388	1762125	351659
漳州市	703945	813381	213911
南平市	464815	493592	60201
龙岩市	194664	252569	39160
宁德市	48164	55035	15186
平潭综合实验区	40926	48070	13125

金融保险

金融机构人民币各项存款和贷款余额

单位：亿元

年　份	各项存款			各项贷款		
		住户存款	财政存款		#短期贷款	中长期贷款
2018	44677.70	18278.38	1305.78	45173.87	14726.54	28439.09
2019	48754.92	20954.92	1017.18	51396.64	16552.98	32205.10
2020	55160.49	24052.60	1053.15	58589.49	17843.60	37789.19

金融机构年末人民币分项存贷款余额（2020 年）

单位：亿元

项　　目	数值	比上年增长（%）
金融机构各项存款余额	55160.49	13.1
境内存款	54529.18	13.1
住户存款	24052.60	14.8
个人活期存款	10773.38	8.7
个人定期存款	7557.98	26.8
结构性存款	671.32	-35.2
非金融企业存款	16604.36	15.8
企业活期存款	5505.85	5.9
企业定期存款	1724.27	35.1
企业保证金存款	1515.87	3.6
企业结构性存款	1916.21	-16.4
政府存款		
财政性存款	1053.15	3.5
非银行业金融机构存款	5196.99	32.3
境外存款	631.31	13.6
金融机构各项贷款余额	58589.49	14.0
境内贷款	58270.11	13.8
住户贷款	29158.11	15.6
短期贷款	8538.57	3.5
个人消费贷款	4907.50	-13.9

续表

项　　目	数值	比上年增长（%）
个人经营性贷款	3631.07	42.2
中长期贷款	20619.54	21.5
个人消费贷款	16443.96	24.3
个人经营性贷款	4175.58	11.5
非金融企业及机关团体贷款	28764.78	11.8
短期贷款	9305.03	12.1
单位经营贷款	8113.93	10.5
单位固定资产贷款	76.95	-4.1
单位并购贷款	23.47	-23.5
贸易融资	1079.59	28.4
中长期贷款	17169.65	12.8
单位经营贷款	3404.98	26.0
单位固定资产贷款	13293.25	9.7
单位并购贷款	348.70	10.3
贸易融资	122.70	31.3
融资租赁	105.49	21.2
票据融资	2173.47	3.7
各项垫款	11.15	-46.7
非银行业金融机构贷款	347.22	48.8
境外贷款	319.38	59.0

商业保险业务情况

单位：万元

项　　目	2015	2019	2020
保险费收入	**7775781**	**11747656**	**12422493**
财产保险	2745518	3825003	3900407
#机动车辆险	2070193	2455859	2388086
企业财产险	124024	158155	163749
家庭财产险	14044	26524	27521
人身保险	5030263	7922653	8522086
人寿保险	4081091	5850023	6199780
健康保险	784114	1839379	2105128
意外伤害	165058	233251	217178

续表

项　　目	2015	2019	2020
有效保单赔款及给付金额	**2450773**	**3641924**	**3932296**
财产保险	1472506	2245098	2431610
#机动车辆险	1068129	1445703	1432080
企业财产险	92346	70104	74168
家庭财产险	9729	14791	7815
人身保险	978267	1396826	1500686
人寿保险	729538	840964	864984
健康保险	210014	506089	589349
意外伤害	38716	49773	46353

商业保险系统机构和人员数（2020 年）

项　　目	财产保险公司			人寿保险公司		
	机构数（个）	职工人数（人）	代理制销售人员（人）	机构数（个）	职工人数（人）	代理制销售人员（人）
保险公司	**947**	**19390**	**41484**	**1283**	**15215**	**216779**
#省级分公司	28	3665	3106	35	5132	4368
中心支公司	150	7328	8502	133	5353	20090
支公司	333	6131	20562	231	3133	72472
营业部	3	101	1221	2	66	885
营销服务部	432	1748	7737	882	1350	118916

各设区市商业保险业务情况（2020 年）

单位：万元

地　区	保险费收入	财产保险	#机动车辆险	#企业财产险	#家庭财产险	人身保险	人寿保险	健康保险	意外伤害
福建省	**12422493**	**3900407**	**2388086**	**163749**	**27521**	**8522086**	**6199780**	**2105128**	**217178**
福州市	3692250	1133152	540371	55032	6419	2559097	1769164	722625	67308
厦门市	2364607	829108	533392	44448	2492	1535499	1140050	357310	38138
莆田市	715357	194596	129253	4911	1370	520761	381942	129757	9063
三明市	539786	161802	105771	6307	1316	377984	300820	69074	8090
泉州市	2471359	695799	523257	24674	7885	1775561	1322850	406046	46665
漳州市	867522	314849	207489	8730	1933	552673	410830	124184	17659
南平市	566225	180704	101794	5806	1372	385521	301277	77221	7023
龙岩市	631162	238705	148298	7650	2621	392457	291071	90164	11222
宁德市	574226	151693	98460	6193	2112	422533	281778	128745	12010

地 区	有效保单赔款及给付金额	财产保险	#机动车辆险	#企业财产险	#家庭财产险	人身保险	人寿保险	健康保险	意外伤害
福建省	**3932296**	**2431610**	**1432080**	**74168**	**7815**	**1500686**	**864984**	**589349**	**46353**
福州市	1134733	661577	335145	23345	1037	473157	215467	246988	10703
厦门市	835349	573566	349832	24956	364	261783	160550	91747	9487
莆田市	219294	118069	75587	939	302	101225	43546	55442	2236
三明市	161734	92808	58562	2400	712	68926	53979	12359	2588
泉州市	699125	422045	293139	5612	1712	277080	196368	71432	9281
漳州市	315021	219249	122805	8654	671	95772	68362	23489	3920
南平市	178695	118223	57820	4032	825	60472	43659	14691	2122
龙岩市	212170	144508	81355	2569	1005	67661	45349	18497	3816
宁德市	176175	81564	57836	1661	1187	94610	37705	54706	2200

商业保险公司业务经济技术指标（2020 年）

单位：亿元

项 目	保险金额	保费收入	赔款及给付
财产保险公司	**853298. 71**	**390. 04**	**243. 16**
#企业财产险	34310. 77	16. 37	7. 42
家庭财产险	14538. 11	2. 75	0. 78
机动车辆险	123645. 84	238. 81	143. 21
船舶险	2723. 55	3. 32	1. 90
货物运输险	14889. 86	3. 73	1. 79
特殊风险保险	1382. 60	1. 30	2. 82
建筑、安装工程	3178. 11	3. 93	2. 66
责任险	79382. 57	23. 75	12. 06
信用险	2901. 51	11. 90	7. 04
保证保险	2092. 41	20. 57	16. 43
农业险	1193. 32	7. 17	4. 77
人寿保险公司	**314630. 86**	**852. 21**	**150. 07**
人身保险	**38036. 81**	**619. 98**	**86. 50**
个人业务	33695. 38	618. 61	83. 47
团体业务	4341. 43	1. 37	3. 03
健康险	**196467. 06**	**210. 51**	**58. 94**
人身意外伤害险	**80126. 99**	**21. 72**	**4. 64**

对外经济

对外经济基本情况

项　　目	2010	2019	2020
海关货物进出口总额（亿元）	**7363.88**	**13307.35**	**14080.59**
出口总额	4839.73	8281.55	8473.17
进口总额	2524.15	5025.81	5607.43
进出口差额	2315.57	3255.74	2865.74
海关货物进出口总额（亿美元）	**1087.80**	**1930.86**	**2033.17**
出口总额	714.93	1201.83	1223.87
初级产品	52.98	99.24	100.20
工业制品	661.95	1102.59	1123.48
进口总额	372.87	729.03	809.30
初级产品	102.41	409.09	469.47
工业制品	270.45	319.88	339.82
进出口差额	342.06	472.80	414.57
外商直接投资			
新签合同数（个）	1139	2391	2234
合同投资金额（亿美元）	73.76	160.54	133.51
实际利用外资（亿美元）	58.03	46.10	50.23
外商投资企业工商注册情况			
年末注册数（个）	17886	31608	31637
投资总额（亿美元）	1248.31	2974.71	3152.55
注册资本（亿美元）	693.58	1765.59	1990.23
对外承包工程（亿美元）			
合同金额	0.86	17.34	7.96
完成营业额	2.35	10.18	12.89
对外劳务合作（亿美元）			
劳务人员合同工资总额	2.06	6.93	6.11
劳务人员实际收入总额	2.32	8.51	8.63

进出口总额

单位：亿美元

年　份	进出口总额（亿美元）	出　口	进　口	进出口总额（亿元）	出　口	进　口
2018	1875.76	1156.85	718.90	12357.29	7624.07	4733.21
2019	1930.86	1201.83	729.03	13307.35	8281.55	5025.81
2020	2033.17	1223.87	809.30	14080.59	8473.17	5607.43

按主要贸易方式分进出口商品贸易额（2020 年）

项　　目	总计（万元）	总计（万美元）
出口总额	**84731650**	**12238704**
#一般贸易	60064558	8675034
来料加工贸易	515913	74317
进料加工贸易	12303391	1777331
保税监管场所进出境货物	2905098	418932
海关特殊监管区域物流货物	5232332	753169
进口总额	**56074265**	**8093032**
#一般贸易	45446291	6557379
来料加工装配贸易	379351	54721
进料加工贸易	6145110	887923
加工贸易进口设备	960	136
外商投资企业作为投资进口的设备、物品	59728	8590
保税监管场所进出境货物	2568053	371187
海关特殊监管区域物流货物	1081398	156356
海关特殊监管区域进口设备	2728	393

按企业性质分进出口商品贸易额（2020 年）

项　　目	总计（万元）	总计（万美元）
进出口总额	**140805915**	**20331736**
出口总额	**84731650**	**12238704**
#国有企业	8515923	1226258
集体企业	303056	43753
私营企业	52594645	7601715
外商投资企业	23182644	3347635
进口总额	**56074265**	**8093032**
#国有企业	21787749	3140686
集体企业	359322	51935
私营企业	17750636	2566578
外商投资企业	16010123	2309832

进出口主要分类情况（2020 年）

项　　目	总计（万元）	总计（万美元）
进出口总额	**140805915**	**20331736**
出口商品总额	**84731650**	**12238704**
初级产品	6931506	1002025

续表

项　　　目	总计（万元）	总计（万美元）
工业制品	77787353	11234757
进口商品总额	**56074265**	**8093032**
初级产品	32549947	4694659
工业制品	23522773	3398151
机电产品进出口	**42299027**	**6111012**
出口总额	31989130	4621581
进口总额	10309897	1489431
高新技术产品进出口	**17571377**	**2540962**
出口总额	10163246	1470549
进口总额	7408131	1070413
外商投资企业进出口	**39192767**	**5657467**
出口总额	23182644	3347635
进口总额	16010123	2309832
一般贸易进出口	**105510849**	**15232413**
出口总额	60064558	8675034
进口总额	45446291	6557379
加工贸易进出口	**19343764**	**2794292**
出口总额	12819304	1851648
进口总额	6524461	942644

按主要国别（地区）分进出口商品贸易额（2020 年）

国别（地区）	出口总额（万元）	出口总额（万美元）	进口总额（万元）	进口总额（万美元）
总　计	**84731650**	**12238704**	**56074265**	**8093032**
亚洲	40091331	5792842	26077237	3764629
#中国香港	4365803	630746	144018	20733
中国澳门	25619	3687	15	2
中国台湾	3988549	576919	4307364	621632
日本	4322258	623199	2421408	349964
菲律宾	6214441	897913	651933	94545
泰国	2331049	336400	1141945	164932
马来西亚	2662885	386268	2038542	293672
新加坡	1409266	203980	451796	65155
阿拉伯联合酋长国	955645	138028	193231	27974
欧洲	16823336	2429793	7020338	1013304
#德国	2943156	424569	1148957	166488
法国	1015016	146405	335074	48324

续表

国别（地区）	出口总额（万元）	出口总额（万美元）	进口总额（万元）	进口总额（万美元）
意大利	998576	143963	268423	38843
芬兰	83674	12018	135871	19573
英国	2573690	374180	189381	27386
丹麦	246780	35553	49924	7231
瑞典	260221	37451	124565	17928
瑞士	89437	12880	248038	35535
西班牙	1252552	180909	294685	42550
北美洲	17284628	2494737	4126181	595951
#加拿大	1650452	238192	1519706	218846
美国	15633379	2256431	2593232	375188
大洋洲	2062838	297867	8469506	1220307
#澳大利亚	1675903	241933	7459331	1074278
拉丁美洲及非洲	8469516	1223465	10350133	1494402

人民币汇率（年平均价）

单位：元

年　份	100 美元	100 日元	100 港元	100 欧元
2018	661.74	5.99	84.43	780.16
2019	689.85	6.33	88.05	772.55
2020	689.76	6.46	88.93	787.55

按行业分外商直接投资合同数

单位：个

年　份	总　计	农　业	工　业	建筑业	交通运输仓储及邮电通信业	批发和零售贸易餐饮业	其他服务业
2018	2419	107	276	28	26	737	1245
2019	2391	71	276	17	29	745	1253
2020	2234	117	214	26	41	687	1149

按行业分外商直接投资合同金额

单位：万美元

年　份	总　计	农　业	工　业	建筑业	交通运输仓储及邮电通信业	批发和零售贸易餐饮业	其他服务业
2018	1591814	52312	492241	33099	25668	211578	776916
2019	1605398	22265	310031	4758	17487	348630	902227
2020	1335089	85889	241623	9272	44789	239634	713882

分国别（地区）外商直接投资合同数和合同金额

国别（地区）	2018	2019	2020
合同数（个）	**2419**	**2391**	**2234**
#中国香港	684	531	617
中国澳门	50	43	83
中国台湾	1316	1382	1233
日本	23	16	16
菲律宾	5	20	4
泰国	3	2	4
马来西亚	39	33	23
新加坡	39	53	36
印度尼西亚	8	4	10
德国	3	10	6
法国	4	6	4
英国	16	14	7
加拿大	20	23	16
美国	53	40	36
澳大利亚	16	12	15
合同金额（万美元）	**1591814**	**1605398**	**1335089**
#中国香港	945726	1129009	727939
中国澳门	4748	7145	18898
中国台湾	221977	225491	339565
日本	4257	13038	3027
菲律宾	184	2352	2047
泰国	683	-100	9527
马来西亚	1541	19148	5130
新加坡	116136	65333	89533
印度尼西亚	-189	354	2327
德国	157	-2637	146
法国	52	179	2287
英国	4116	4507	14877
加拿大	41301	3699	1178
美国	15778	6279	10003
澳大利亚	5873	1691	4840

实际利用外商直接投资金额

单位：万美元

年　份	合　计
2018	445477
2019	460953
2020	502347

分国别（地区）实际利用外商直接投资金额

单位：万美元

国别（地区）	2010	2019	2020
总　计	**580279**	**460953**	**502347**
亚洲			
#中国香港	354634	298274	355884
中国澳门	5156	1588	2779
中国台湾	23805	9793	16621
印度尼西亚	1883	10	
日本	6287	679	841
新加坡	25545	26808	18987
韩国	3254	2342	450
泰国	153	20	110
欧洲			
#英国	1007	1167	49
德国	1443	134	38
法国	278		994
俄罗斯			
拉丁美洲			
#巴哈马	1769		
开曼群岛	12662	20361	18929
墨西哥	957		
英属维尔京群岛	42153	12081	13484
北美洲			
#加拿大	1099	979	15
美国	5096	2580	203
大洋洲			
#澳大利亚	1823	82	121
新西兰	336		

外商投资企业工商注册数

单位：个

项　　　目	2018	2019	2020
总　计	**30144**	**31608**	**31637**
按行业分			
农、林、牧、渔业	812	826	872
采矿业	34	34	32
制造业	10247	9890	9359
电力、燃气及水的生产和供应业	218	217	216
建筑业	291	289	315
交通运输、仓储和邮政业	662	675	695
信息传输、计算机服务和软件业	1399	1434	1424
批发和零售业	7165	7800	7740
住宿和餐饮业	1387	1435	1461
金融业	505	455	442
房地产业	1070	1076	1084
租赁和商务服务业	3150	3472	3588
科学研究、技术服务和地质勘查业	2123	2697	2979
水利、环境和公共设施管理业	116	116	113
居民服务和其他服务业	242	257	274
教育	53	64	61
卫生、社会保障和社会福利业	46	59	54
文化、体育和娱乐业	614	805	923
其他行业	10	7	5
按国别（地区）分			
#中国香港	9228	9311	9297
中国澳门	466	489	545
中国台湾	8049	9137	9366
日本	432	419	407
英国	114	120	121
德国	76	78	78
加拿大	200	222	214
美国	651	661	622
澳大利亚	214	205	212

外商投资企业工商注册资本金

单位：万美元

项　　目	2018	2019	2020
总　计	**16384415**	**17655891.27**	**19902256**
按行业分			
农、林、牧、渔业	336736	350585	355570
采矿业	25936	24270	11349
制造业	6616701	6770426	6935832
电力、燃气及水的生产和供应业	256137	265232	266047
建筑业	262598	266790	290831
交通运输、仓储和邮政业	422068	435148	483093
信息传输、计算机服务和软件业	331362	445483	501028
批发和零售业	1411428	1335161	1434256
住宿和餐饮业	199198	318301	370821
金融业	547584	468733	484634
房地产业	1255992	1564289	1678443
租赁和商务服务业	2992761	3442412	3729385
科学研究、技术服务和地质勘查业	1034122	1301987	2652586
水利、环境和公共设施管理业	149199	133079	114802
居民服务和其他服务业	169922	194926	223415
教育	23664	23784	23068
卫生、社会保障和社会福利业	63985	172391	122532
文化、体育和娱乐业	282960	140878	217441
其他行业	2062	2017	7124
按国别（地区）分			
#中国香港	9823928	10772879	12401585
中国澳门	154852	163969	186889
中国台湾	1906749	2105367	2301376
日本	158175	184669	186667
英国	168490	168300	169934
德国	53279	48351	46468
加拿大	95566	101379	101534
美国	235849	223318	219381
澳大利亚	124470	52428	58076

外商投资企业工商注册投资总额

单位：万美元

项　　目	2018	2019	2020
总　计	**27869529**	**29747115**	**31525492**
按行业分			
农、林、牧、渔业	518733	525965	516303
采矿业	52168	51020	17130
制造业	12896877	13313063	13229862
电力、燃气及水的生产和供应业	775424	715237	715244
建筑业	482713	482483	523025
交通运输、仓储和邮政业	800466	824484	917146
信息传输、计算机服务和软件业	579414	708278	770648
批发和零售业	2149863	1826692	1934999
住宿和餐饮业	393582	454530	474732
金融业	471624	406370	427221
房地产业	2200389	2908038	3030649
租赁和商务服务业	3799726	4411616	4488006
科学研究、技术服务和地质勘查业	1597948	2021605	3363781
水利、环境和公共设施管理业	325429	274164	235376
居民服务和其他服务业	319322	344976	375949
教育	60912	61031	60301
卫生、社会保障和社会福利业	96026	204605	153835
文化、体育和娱乐业	346069	210160	282017
其他行业	2844	2799	9266
按国别（地区）分			
#中国香港	16424954	17996485	19390518
中国澳门	241278	252677	274423
中国台湾	2623998	2878763	3095442
日本	331363	411151	419965
英国	237896	235139	236047
德国	123702	110810	107407
加拿大	194552	200858	200617
美国	395698	361150	336958
澳大利亚	147077	74467	80371

涉外税收主要指标

单位：万元

年 份	涉外税收	外商投资企业和外国企业所得税	个人所得税	城市房地产税	车船使用牌照税
2018	11866512	2559616	496225	204706	5178
2019	11254806	2501123	537759	208224	5166
2020	10330155	2366176	445447	188311	5325

对外承包工程和劳务合作主要指标

年 份	对外承包工程合同金额（万美元）	劳务人员合同工资总额（万美元）	年末在外人数（人）		
				承包工程	劳务合作
2018	64107	78644	64045	3400	60645
2019	173362	69306	68168	2581	65587
2020	79616	61081	57033	3021	54012

各设区市进出口商品总额（2020 年）

年 份	进出口总额（万元）	进出口总额（万美元）	出口总额（万元）	出口总额（万美元）	进口总额（万元）	进口总额（万美元）
福州市	25051493	3613249	17863307	2576740	7188186	1036509
厦门市	69411929	10019739	35720353	5156465	33691576	4863274
莆田市	6306980	912801	2285940	330749	4021040	582053
三明市	1154288	165610	1065876	152874	88412	12736
泉州市	19713432	2849430	15034095	2175565	4679337	673866
漳州市	8103125	1171943	5381288	779107	2721837	392836
南平市	1252087	180550	1149611	165774	102477	14775
龙岩市	3380694	489080	2286226	330906	1094468	158174
宁德市	5097659	735469	3353643	484308	1744017	251160
平潭综合实验区	1334228	193866	591312	86217	742916	107648

各设区市外商直接投资合同数

单位：项

年 份	福州市	厦门市	莆田市	三明市	泉州市	漳州市	南平市	龙岩市	宁德市
2018	514	1215	37	45	280	120	21	54	25
2019	310	1322	41	30	314	109	36	50	20
2020	297	987	29	54	358	104	32	45	27

各设区市外商直接投资合同金额

单位：万美元

年　份	福州市	厦门市	莆田市	三明市	泉州市	漳州市	南平市	龙岩市	宁德市
2018	397233	714111	14901	49253	181596	116530	17471	17304	9200
2019	393993	514164	49154	45768	225256	85587	43710	28380	25580
2020	266757	552310	21415	17200	241468	76600	11380	33713	29134

各设区市实际利用外商直接投资金额

单位：万美元

年　份	福州市	厦门市	莆田市	三明市	泉州市	漳州市	南平市	龙岩市	宁德市
2018	77987	172500	12629	3978	59584	82305	5807	4482	1814
2019	94116	197995	13370	1941	64112	55246	8147	4784	2080
2020	101007	241030	13698	2034	66339	59041	3561	3886	2148

各设区市国民经济主要指标

地区生产总值（2020 年）

单位：亿元

地区	地区生产总值	第一产业	第二产业	第三产业	工业	建筑业	人均 GDP（元）
全省	**43903.89**	**2732.32**	**20328.80**	**20842.78**	**15745.55**	**4654.13**	**105818**
福州市	**10020.02**	**560.70**	**3840.77**	**5618.55**	**2532.16**	**1328.23**	**121015**
福州市辖区							
鼓楼区	2069.86		311.62	1758.24	42.13	269.57	307557
台江区	600.81		88.03	512.78	3.56	84.63	144773
仓山区	902.27	1.76	344.79	555.73	278.83	67.69	79741
马尾区	604.96	9.89	354.87	240.19	226.44	128.92	208966
晋安区	959.05	7.99	253.98	697.08	139.98	114.28	121016
长乐区	1003.41	57.76	651.97	293.69	607.46	44.72	127095
福清市	1228.54	110.00	619.40	499.15	486.48	133.23	88352
闽侯县	793.04	48.52	413.42	331.10	327.32	86.41	81171
连江县	594.85	147.07	221.80	225.98	164.99	69.80	93091
罗源县	316.61	49.02	171.63	95.96	151.58	20.33	124407
闽清县	344.88	36.19	184.90	123.79	74.53	112.92	134195
永泰县	300.31	56.47	139.92	103.92	22.30	117.70	106873
平潭县	301.43	36.03	84.44	180.96	6.56	78.04	77289
厦门市	**6384.02**	**28.89**	**2519.83**	**3835.29**	**1892.18**	**655.90**	**123962**
厦门市辖区							
思明区	2053.04	2.99	327.15	1722.90	82.03	245.36	191963
海沧区	815.75	1.75	458.59	355.41	403.08	55.83	140163
湖里区	1395.75		545.65	850.09	398.96	173.23	134855
集美区	822.41	3.08	400.10	419.23	321.81	78.96	79768
同安区	591.21	11.42	309.41	270.38	283.01	26.66	69107
翔安区	705.87	9.66	478.93	217.27	403.28	75.87	122334
莆田市	**2643.97**	**125.66**	**1362.33**	**1155.98**	**1094.00**	**270.96**	**82753**
莆田市辖区							
城厢区	485.85	11.16	170.70	303.99	113.76	57.22	89723
涵江区	595.12	17.22	391.51	186.39	328.73	63.58	123854
荔城区	548.01	16.52	285.92	245.57	224.18	62.28	82223
秀屿区	493.50	58.47	257.11	177.91	212.08	45.54	81705
仙游县	521.49	22.29	257.08	242.11	215.26	42.34	57782

续表

地　区	地区生产总值	第一产业	第二产业	第三产业	工业	建筑业	人均 GDP（元）
三明市	**2702.19**	**314.57**	**1401.90**	**985.72**	**1022.10**	**383.88**	**108304**
三明市辖区							
梅列区	355.83	5.51	163.04	187.27	139.31	23.79	162850
三元区	247.43	13.15	147.56	86.72	103.47	44.37	130917
永安市	446.26	37.49	262.53	146.24	216.06	46.97	129351
明溪县	111.00	20.92	53.79	36.29	35.12	18.76	111003
清流县	154.58	24.33	82.80	47.45	42.06	40.96	128280
宁化县	201.97	29.22	91.00	81.75	48.33	43.16	76941
大田县	228.72	45.11	115.26	68.35	102.41	13.23	76112
尤溪县	223.87	52.13	84.47	87.27	70.50	14.27	65362
沙县	323.87	32.41	190.36	101.09	136.59	54.87	129289
将乐县	165.31	20.47	81.66	63.18	58.76	23.18	113615
泰宁县	103.07	14.90	50.21	37.96	29.71	20.62	97692
建宁县	140.29	18.92	79.22	42.15	39.77	39.70	121992
泉州市	**10158.66**	**226.60**	**5808.14**	**4123.91**	**5120.69**	**695.86**	**115768**
泉州市辖区							
鲤城区	621.85	0.21	304.07	317.57	277.61	26.56	145293
丰泽区	763.92	1.69	148.76	613.47	83.65	65.24	109837
洛江区	284.94	5.41	183.60	95.94	155.12	28.48	115830
泉港区	734.44	10.85	587.19	136.41	517.75	69.58	208057
石狮市	937.16	24.29	423.05	489.82	374.97	48.23	136911
晋江市	2616.11	20.26	1577.32	1018.52	1510.84	73.16	126872
南安市	1352.72	36.49	791.40	524.84	730.38	61.65	89171
惠安县	1317.71	31.95	936.41	349.36	761.98	174.73	128058
安溪县	747.63	56.24	379.50	311.89	307.99	71.68	74391
永春县	494.52	26.47	306.77	161.28	270.14	36.72	116769
德化县	287.66	12.75	170.08	104.83	130.26	39.83	86775
漳州市	**4545.61**	**498.71**	**2056.79**	**1990.11**	**1606.63**	**453.63**	**89834**
漳州市辖区							
芗城区	752.46	11.82	307.54	433.10	214.38	93.29	118312
龙文区	349.07	5.95	116.42	226.70	76.73	40.01	117729
龙海市	1115.75	79.99	634.95	400.81	486.54	151.01	117139
云霄县	231.65	38.60	98.91	94.14	86.25	12.71	56295
漳浦县	495.61	88.76	157.44	249.41	121.66	35.89	58410
诏安县	287.63	56.28	135.37	95.99	121.28	14.09	50909
长泰县	344.54	19.76	225.65	99.13	185.08	40.71	150453

续表

地　区	地区生产总值	第一产业	第二产业	第三产业	工业	建筑业	人均 GDP（元）
东山县	198.25	38.03	70.83	89.39	51.04	19.86	90318
南靖县	345.33	75.29	154.65	115.39	131.57	23.13	112120
平和县	254.57	48.50	67.17	138.90	54.20	12.97	55582
华安县	170.76	35.73	87.87	47.16	77.90	9.97	126021
南平市	**2007.40**	**329.76**	**759.42**	**918.22**	**526.97**	**232.76**	**74903**
南平市辖区							
延平区	415.82	40.65	164.92	210.25	72.94	92.06	90102
建阳区	261.94	39.38	106.37	116.20	80.15	26.27	78426
邵武市	241.66	29.37	107.27	105.03	83.13	24.19	87878
武夷山市	208.05	28.51	74.65	104.89	53.01	21.65	83722
建瓯市	280.29	53.03	99.42	127.84	76.36	23.10	63200
顺昌县	128.33	22.21	45.24	60.88	36.87	8.39	69367
浦城县	175.54	39.72	58.49	77.32	44.28	14.23	58807
光泽县	117.29	44.04	37.43	35.81	31.60	5.83	87854
松溪县	80.16	14.20	29.15	36.82	18.49	10.67	63121
政和县	98.32	18.65	36.49	43.18	30.13	6.36	56668
龙岩市	**2870.90**	**319.73**	**1263.37**	**1287.80**	**861.51**	**401.86**	**105548**
龙岩市辖区							
新罗区	1018.81	59.23	479.04	480.55	366.29	112.75	121577
永定区	285.83	39.69	112.64	133.49	61.42	51.22	87276
漳平市	274.70	37.18	117.65	119.86	83.14	34.51	108362
长汀县	309.77	41.38	137.15	131.24	93.88	43.27	77929
上杭县	431.87	60.46	179.38	192.02	98.44	80.94	115164
武平县	273.38	41.01	114.47	117.89	72.67	41.80	98337
连城县	276.55	40.77	123.03	112.74	85.67	37.36	110399
宁德市	**2619.00**	**325.92**	**1319.69**	**973.40**	**1089.10**	**232.16**	**83541**
宁德市辖区							
蕉城区	782.81	42.32	494.64	245.84	421.02	74.01	127182
福安市	600.16	53.43	371.14	175.59	323.40	48.18	98630
福鼎市	418.69	60.70	219.04	138.94	184.00	35.44	75849
霞浦县	264.48	69.35	65.36	129.77	48.00	17.62	55621
古田县	204.97	49.03	52.12	103.82	38.33	13.81	63166
屏南县	91.84	16.37	23.60	51.87	15.48	8.14	65598
寿宁县	104.68	17.39	38.11	49.18	23.48	14.64	58807
周宁县	76.16	8.41	23.53	44.22	13.32	10.21	51284
柘荣县	75.23	8.91	32.15	34.17	22.06	10.11	81327

地区生产总值指数（2020 年）

单位：以上年为 100

地　区	地区 生产总值	第一产业	第二产业	第三产业	工业	建筑业	人均 GDP
全　省	**103.3**	**103.1**	**102.5**	**104.1**	**101.7**	**105.8**	**102.5**
福州市	**105.1**	**104.0**	**106.2**	**104.4**	**105.1**	**108.8**	**104.2**
福州市辖区							
鼓楼区	103.2	100.0	102.4	103.4	102.4	102.3	104.2
台江区	106.3	100.0	112.7	105.3	103.7	113.0	108.0
仓山区	105.8	100.7	106.9	105.0	105.2	115.1	102.4
马尾区	105.7	112.8	108.3	101.3	106.2	113.1	103.8
晋安区	105.7	103.8	106.9	105.2	105.1	109.4	106.1
长乐区	106.8	103.4	108.0	104.4	107.8	111.7	105.9
福清市	106.7	104.0	108.3	105.2	107.9	109.8	105.8
闽侯县	105.0	103.7	105.1	104.9	103.6	113.1	101.5
连江县	100.2	104.5	94.4	104.3	90.8	107.6	99.5
罗源县	106.3	104.0	107.6	104.8	107.4	109.4	104.8
闽清县	106.2	104.6	107.4	104.9	105.1	109.5	106.0
永泰县	106.2	104.5	108.0	104.9	102.6	109.4	101.7
平潭县	105.4	102.0	101.8	107.7	88.8	103.4	106.8
厦门市	**105.7**	**102.5**	**106.1**	**105.5**	**105.4**	**108.6**	**103.5**
厦门市辖区							
思明区	104.5	113.4	108.3	103.7	106.4	109.2	103.7
海沧区	104.5	110.5	101.8	108.9	106.9	71.2	100.5
湖里区	106.4		103.2	108.7	101.2	109.8	106.0
集美区	105.5	102.4	109.2	101.5	106.6	124.3	101.8
同安区	107.9	100.9	108.9	106.9	107.6	132.0	105.2
翔安区	108.0	98.9	108.0	108.5	105.5	128.2	104.4
莆田市	**103.3**	**101.4**	**101.5**	**105.8**	**101.9**	**99.7**	**102.0**
莆田市辖区							
城厢区	103.8	102.1	99.2	106.7	103.5	90.3	101.3
涵江区	105.4	105.4	103.6	109.4	102.7	108.9	105.3
荔城区	102.2	97.6	101.8	103.0	102.7	97.8	99.5
秀屿区	101.2	100.7	100.4	102.5	101.3	95.8	100.8
仙游县	103.8	103.1	101.0	107.5	99.9	109.2	103.0
三明市	**104.1**	**103.9**	**104.2**	**104.1**	**103.0**	**107.6**	**104.5**
三明市辖区							
梅列区	103.4	103.2	101.4	105.2	100.6	106.7	101.8
三元区	103.9	104.0	104.7	102.5	103.2	109.0	104.8

续表

地　区	地区生产总值	第一产业	第二产业	第三产业	工业	建筑业	人均 GDP
永安市	103.6	103.7	103.6	103.6	103.0	106.7	103.8
明溪县	104.0	104.3	104.3	103.2	103.6	105.9	105.0
清流县	105.6	104.6	105.5	106.3	103.3	108.0	109.1
宁化县	103.7	103.8	105.7	101.4	103.7	108.1	104.5
大田县	105.1	104.4	104.5	106.9	104.0	108.5	106.0
尤溪县	104.1	103.8	104.6	103.6	103.9	108.6	104.7
沙县	103.5	103.3	103.9	102.7	103.0	106.1	103.0
将乐县	105.0	104.5	105.1	104.9	103.9	108.8	105.3
泰宁县	103.9	103.9	104.7	102.8	102.8	107.6	104.4
建宁县	106.0	103.5	105.7	107.9	103.5	108.2	106.0
泉州市	**102.9**	**101.8**	**102.8**	**103.2**	**102.9**	**101.6**	**102.6**
泉州市辖区							
鲤城区	96.6	109.0	92.7	101.0	92.2	99.5	96.5
丰泽区	103.9	108.6	99.5	105.0	97.9	102.1	101.8
洛江区	102.0	102.6	103.2	99.1	103.6	100.9	100.1
泉港区	103.8	100.6	105.4	97.0	105.2	107.1	102.9
石狮市	102.9	95.9	102.6	103.5	103.1	97.5	102.4
晋江市	104.2	102.8	103.7	104.9	104.3	90.7	104.1
南安市	104.8	103.6	105.7	103.3	105.7	105.2	104.6
惠安县	100.7	95.7	99.9	103.7	99.9	99.8	100.2
安溪县	103.3	103.0	105.2	100.8	104.2	110.5	103.5
永春县	103.0	103.9	103.3	102.0	103.5	102.3	104.2
德化县	104.1	104.3	105.0	102.3	104.0	109.2	103.0
漳州市	**96.1**	**103.1**	**90.9**	**101.1**	**88.8**	**100.9**	**96.2**
漳州市辖区							
芗城区	97.8	104.7	93.4	101.4	88.3	111.2	96.8
龙文区	96.4	103.6	85.6	103.8	78.4	108.4	92.5
龙海市	102.3	101.2	102.1	102.8	102.9	98.8	102.1
云霄县	88.9	101.5	81.7	94.4	81.1	87.4	89.1
漳浦县	94.9	105.8	83.3	100.8	79.1	106.3	94.8
诏安县	101.0	105.2	100.7	99.2	101.0	97.8	102.7
长泰县	96.4	104.3	93.3	104.2	91.2	106.2	96.4
东山县	76.6	98.7	54.3	101.6	49.9	74.5	76.4
南靖县	92.6	104.0	85.5	96.8	83.6	101.6	94.1
平和县	93.7	101.8	77.0	101.9	75.6	85.2	95.3

续表

地　区	地区生产总值	第一产业	第二产业	第三产业	工业	建筑业	人均 GDP
华安县	97.8	104.0	95.8	97.5	96.0	94.6	100.3
南平市	**100.3**	**103.9**	**96.5**	**102.4**	**92.8**	**107.5**	**100.3**
南平市辖区							
延平区	101.1	104.3	98.8	102.4	94.8	102.7	103.0
建阳区	104.6	104.5	104.0	105.3	99.8	121.6	101.8
邵武市	99.4	101.1	96.2	102.6	93.7	107.7	99.9
武夷山市	100.1	104.6	95.9	102.1	88.1	127.5	95.4
建瓯市	96.0	104.3	87.8	100.3	84.8	101.1	98.2
顺昌县	95.7	105.6	85.8	101.5	83.1	103.1	98.8
浦城县	104.2	107.0	102.8	103.7	99.9	115.0	104.3
光泽县	101.9	101.3	103.4	101.0	103.5	102.6	104.2
松溪县	98.5	101.7	93.0	102.2	89.8	100.2	95.4
政和县	100.1	104.9	95.7	102.2	94.5	102.5	96.9
龙岩市	**105.3**	**103.3**	**105.3**	**105.7**	**104.4**	**107.6**	**104.7**
龙岩市辖区							
新罗区	105.5	103.7	105.1	106.2	104.3	107.8	103.5
永定区	105.2	103.2	105.0	106.0	102.8	108.1	106.4
漳平市	104.6	103.6	105.4	104.1	104.7	107.6	104.0
长汀县	104.9	103.1	105.5	104.9	104.7	107.4	104.8
上杭县	105.7	103.5	106.2	105.9	105.6	106.9	105.7
武平县	104.7	102.6	105.0	105.1	103.6	107.7	104.7
连城县	105.0	103.2	105.9	104.6	105.2	107.7	104.8
宁德市	**106.0**	**103.1**	**106.6**	**106.3**	**107.0**	**104.7**	**105.0**
宁德市辖区							
蕉城区	112.6	100.3	115.5	109.2	116.6	109.0	108.8
福安市	106.7	103.4	106.4	108.6	106.3	107.7	106.0
福鼎市	100.8	103.4	98.9	103.3	98.3	102.5	100.4
霞浦县	101.5	101.6	95.0	105.9	93.1	101.6	101.3
古田县	103.5	105.2	104.6	101.9	105.4	101.9	103.8
屏南县	100.5	106.4	99.2	99.5	95.8	108.1	100.5
寿宁县	103.7	104.4	99.9	107.0	101.4	97.0	103.7
周宁县	103.3	105.0	93.8	109.9	98.5	87.0	101.3
柘荣县	105.0	104.4	103.3	107.2	100.9	110.4	104.5

城镇非私营单位在岗职工（含劳务派遣人员）平均工资（2020 年）

单位：元

地　区	在岗职工平均工资	在岗职工平均工资比上年增长（%）
全　省	**91072**	**7.9**
福州市	**96478**	**8.5**
福州市辖区		
鼓楼区	105980	9.1
台江区	100592	6.9
仓山区	91477	8.8
马尾区	98996	6.6
晋安区	100671	7.3
长乐区	85091	11.2
福清市	83487	9.7
闽侯县	113445	10.9
连江县	90557	9.5
罗源县	75295	4.4
闽清县	83834	6.9
永泰县	77711	9.1
平潭县	95400	6.4
厦门市	**108554**	**11.0**
厦门市辖区		
思明区	120880	12.9
海沧区	93981	10.5
湖里区	123640	10.7
集美区	95800	6.7
同安区	88484	5.6
翔安区	92540	12.9
莆田市	**75316**	**7.3**
莆田市辖区		
城厢区	73064	-14.2
涵江区	72055	16.3
荔城区	69633	6.8
秀屿区	73557	-0.6
仙游县	69368	8.8
三明市	**90508**	**4.6**
三明市辖区		
梅列区	107772	3.3
三元区	85961	5.0

续表

地　区	在岗职工平均工资	在岗职工平均工资比上年增长（%）
永安市	88950	8.3
明溪县	88334	4.6
清流县	85355	4.3
宁化县	97254	-3.4
大田县	77356	4.6
尤溪县	86543	5.1
沙县	81031	7.4
将乐县	83221	6.5
泰宁县	95382	0.8
建宁县	77421	2.7
泉州市	**76330**	**5.5**
泉州市辖区		
鲤城区	82371	10.0
丰泽区	103260	6.8
洛江区	65626	5.3
泉港区	81487	6.1
石狮市	75198	4.9
晋江市	78327	6.5
南安市	75377	9.4
惠安县	65324	2.6
安溪县	74985	6.4
永春县	65790	10.4
德化县	67267	8.5
漳州市	**89060**	**6.8**
漳州市辖区		
芗城区	101323	13.9
龙文区	86192	5.7
龙海市	88067	-0.8
云霄县	91135	23.0
漳浦县	71888	-7.8
诏安县	72242	4.5
长泰县	78168	5.1
东山县	92319	3.6
南靖县	87119	3.7
平和县	85780	3.4
华安县	84488	3.5

续表

地　区	在岗职工平均工资	在岗职工平均工资比上年增长（%）
南平市	**82487**	**8.2**
南平市辖区		
延平区	86429	8.9
建阳区	88565	12.7
邵武市	77955	7.0
武夷山市	81954	8.3
建瓯市	78552	3.4
顺昌县	83676	9.4
浦城县	79473	6.2
光泽县	85916	3.2
松溪县	75057	10.1
政和县	70381	7.7
龙岩市	**82970**	**5.2**
龙岩市辖区		
新罗区	95524	4.7
永定区	82156	5.4
漳平市	64776	5.3
长汀县	72796	6.5
上杭县	85690	3.7
武平县	76471	5.8
连城县	75169	4.7
宁德市	**92223**	**11.1**
宁德市辖区		
蕉城区	103715	10.7
福安市	93082	10.4
福鼎市	81626	10.6
霞浦县	81364	9.7
古田县	77628	10.7
屏南县	91405	8.6
寿宁县	77600	9.8
周宁县	81241	8.9
柘荣县	80993	10.6

金融机构货币存贷款余额（2020 年）

单位：亿元

地　区	金融机构人民币各项存款余额	#非金融企业存款	住户存款	金融机构人民币各项贷款余额	#短期贷款	#中长期贷款
全　省	**55160.49**	**16604.36**	**24052.6**	**58589.49**	**17843.60**	**37789.18**
福州市	**17382.98**	**5475.23**	**6951.54**	**19308.02**	**4360.70**	**14391.80**
福州市辖区	11511.25	4258.14	3352.15	13749.45	2873.35	10396.98
鼓楼区						
台江区						
仓山区						
马尾区	890.15	216.02	486.38	818.67	180.30	615.33
晋安区						
长乐区	1059.11	267.17	594.07	1221.13	489.86	715.38
福清市	1563.30	276.06	1062.55	1192.18	294.13	884.18
闽侯县	708.85	139.53	394	595.35	123.62	469.42
连江县	510.50	65.46	359.25	555.32	97.22	457.47
罗源县	166.51	26.76	110.38	213.15	57.52	154.80
闽清县	200.66	27.01	152.29	114.50	39.49	74.22
永泰县	198.17	38.72	122.63	168.91	27.79	141.09
平潭县	574.48	160.36	317.84	679.35	177.42	482.94
厦门市	**12553.38**	**5129.81**	**3684.39**	**12687.99**	**4027.74**	**7780.45**
厦门市辖区	12553.38	5129.81	3684.39	12687.99	4027.74	7780.45
思明区						
海沧区						
湖里区						
集美区						
同安区						
翔安区						
莆田市	**2297.85**	**374.3**	**1551.27**	**2204.53**	**589.71**	**1591.54**
莆田市辖区	1850.89	336.83	1192.67	1892.07	483.38	1385.51
城厢区						
涵江区						
荔城区						
秀屿区						
仙游县	446.95	37.47	358.6	312.46	106.33	206.02
三明市	**2082.08**	**451.28**	**1200.14**	**1697.61**	**390.99**	**1236.13**
三明市辖区	667.29	232.3	268.73	629.60	140.49	446.28

续表

地 区	金融机构人民币各项存款余额	#非金融企业存款	住户存款	金融机构人民币各项贷款余额	#短期贷款	#中长期贷款
梅列区						
三元区						
永安市	247.57	46.92	166.16	239.94	75.80	161.87
明溪县	94.05	13.57	58.03	37.22	10.27	25.33
清流县	77.24	10.44	49.23	45.40	9.80	34.50
宁化县	176.02	23.11	106.76	103.34	15.93	84.75
大田县	138.09	18.91	94.35	112.50	24.91	86.03
尤溪县	185.33	21.43	141.25	138.59	31.22	99.55
沙县	210.33	47.67	136.63	200.29	43.50	149.79
将乐县	104.74	15.8	71.29	79.32	15.45	62.79
泰宁县	83.17	9.98	50.98	54.87	9.87	43.51
建宁县	98.25	11.15	56.72	56.55	13.74	41.73
泉州市	**8711.65**	**2407.85**	**4793.8**	**8023.23**	**2785.78**	**4771.45**
泉州市辖区	2795.11	904.56	1141.59	3043.03	877.96	1842.39
鲤城区						
丰泽区						
洛江区						
泉港区						
石狮市	798.95	149.27	535.94	748.00	307.71	423.66
晋江市	2107.86	696.79	1162.35	1672.56	675.37	943.79
南安市	1205.01	218.17	857.83	966.34	386.92	554.55
惠安县	743.78	245.86	410.56	598.12	228.14	331.02
安溪县	562.73	122.14	374.43	560.33	156.00	401.17
永春县	259.78	25.52	186.97	174.36	55.03	115.14
德化县	238.42	45.54	124.13	260.49	98.66	159.73
漳州市	**3460.36**	**876.41**	**2010.74**	**3438.79**	**995.93**	**2334.86**
漳州市辖区	1405.35	525.59	613.37	1475.59	476.01	906.91
芗城区						
龙文区						
龙海市	651.66	141.34	409.95	777.14	162.95	607.57
云霄县	171.40	17.03	125.81	154.69	43.46	110.36
漳浦县	386.25	92.23	244.9	420.74	76.30	343.13
诏安县	153.63	12.47	119.69	116.37	48.84	67.34
长泰县	164.84	31.2	101.91	120.44	44.04	74.91
东山县	120.11	16.87	88.67	136.33	35.13	101.12

续表

地　区	金融机构人民币各项存款余额	#非金融企业存款	住户存款	金融机构人民币各项贷款余额	#短期贷款	#中长期贷款
南靖县	151.73	14.12	110.53	85.60	38.66	45.75
平和县	186.39	16.06	144.87	111.23	47.94	61.07
华安县	69.00	9.5	51.03	40.65	22.61	16.71
南平市	**2265.22**	**393.01**	**1408.09**	**1673.14**	**458.48**	**1164.39**
南平市辖区	611.91	119.68	306.82	524.54	127.13	368.07
延平区						
建阳区	322.72	105.09	166.54	276.49	53.07	223.30
邵武市	216.82	29.87	148.81	165.19	46.40	116.87
武夷山市	196.88	27.66	134.96	171.66	41.81	126.93
建瓯市	276.01	31.09	205.55	171.25	47.83	121.44
顺昌县	138.04	14.21	98.03	88.98	30.10	51.70
浦城县	208.54	25.53	152.46	104.13	35.16	65.39
光泽县	89.22	13.69	61.07	65.56	25.24	40.31
松溪县	82.87	9.9	61.12	46.12	23.09	21.52
政和县	122.20	16.28	72.73	59.22	28.64	28.85
龙岩市	**2340.58**	**659.7**	**1241.33**	**2413.18**	**717.54**	**1645.06**
龙岩市辖区	1147.40	392.63	519.11	1420.80	361.74	1025.88
新罗区						
永定区	181.66	25.84	126.12	142.28	50.62	91.65
漳平市	145.71	22.14	100.95	129.93	43.71	86.20
长汀县	230.79	24.53	146.79	190.82	67.91	121.10
上杭县	370.68	153	169.13	277.75	102.02	160.20
武平县	146.93	24.98	98.33	139.23	47.63	91.58
连城县	117.41	16.58	80.91	112.36	43.91	68.45
宁德市	2392.18	797.46	1164.77	2296.27	493.51	1683.73
宁德市辖区	1029.07	567.62	261.09	842.34	154.49	617.97
蕉城区						
福安市	326.47	79.93	204.4	306.55	63.82	202.83
福鼎市	333.16	63.85	219.96	518.55	88.95	425.53
霞浦县	191.93	28.23	123.4	218.12	54.26	163.84
古田县	204.51	23.17	148.09	167.55	51.55	115.98
屏南县	83.62	8.79	61.85	83.67	22.17	61.27
寿宁县	87.41	9.24	63.14	57.95	27.60	28.29
周宁县	78.58	7.57	50.63	56.93	16.21	38.26
柘荣县	57.43	9.06	32.2	44.62	14.45	29.76

主要农产品产量（2020 年）

单位：吨

地　区	粮　食	油　料	蔬　菜	食用菌	茶　叶	园林水果	肉　类	水产品
全　省	**5023168**	**227326**	**14922973**	**1378814**	**461371**	**7170499**	**2593907**	**8303416**
福州市	**485445**	**54331**	**4289749**	**257271**	**44694**	**899161**	**169834**	**2837470**
福州市辖区	75310	1971	877998	8716	2338	57006	30632	349922
鼓楼区								2000
台江区								
仓山区			39526					3248
马尾区	1605	52	42215			10982	4370	152384
晋安区	4016		147683	599	2184	5555	7328	770
长乐区	69689	1919	648574	8117	154	40469	18934	555312
福清市	107069	32258	792436	3390	536	135629	40362	191520
闽侯县	57996	2377	1192183	23174	1855	170136	31057	21726
连江县	42026	806	119969	3794	12579	28474	15045	1222133
罗源县	33977	311	139326	161108	8223	61610	12745	212618
闽清县	53471	2969	499469	32134	3519	179472	14893	7320
永泰县	96651	6914	606555	24955	15644	263933	17127	11245
平潭县	18945	6725	61813			2901	7972	457194
厦门市	**25066**	**4342**	**562337**	**30710**	**1574**	**74197**	**29796**	**75870**
厦门市辖区	25066	4342	562337	30710	1574	74197	29796	75870
思明区								51744
海沧区	401	46	30524			3336	876	729
湖里区								
集美区	1205	252	48168	16	7	29844	1625	1951
同安区	12826	1301	256476	2888	1563	28831	13166	3196
翔安区	10634	2743	227169	27806	4	12186	14128	18250
莆田市	**185286**	**39726**	**652037**	**37419**	**3862**	**202387**	**89664**	**995125**
莆田市辖区	101149	31367	528849	11700	813	82804	65712	979822
城厢区	12171	2301	18771	3	40	22884	33570	57879
涵江区	23193	2470	98456	11697	755	39999	11951	58535
荔城区	23970	3482	339402		18	18919	5468	86108
秀屿区	41815	23114	72220			1002	14723	777300
仙游县	84137	8359	123188	25719	3049	119583	23952	15303
三明市	**945287**	**13830**	**1939662**	**148746**	**49011**	**914401**	**188463**	**114730**
三明市辖区	19537	400	177288	2104	567	174372	21525	2601
梅列区	4105	190	48406	606	20	47013	4607	1351
三元区	15432	210	128882	1498	547	127359	16919	1250

续表

地　区	粮　食	油　料	蔬　菜	食用菌	茶　叶	园林水果	肉　类	水产品
永安市	65148	1233	308325	7004	2270	104899	23885	13490
明溪县	80817	1782	98215	8604	3525	62587	7711	7895
清流县	80285	2092	103546	3288	2380	76390	12297	26870
宁化县	177446	3123	174228	8674	5687	18984	16558	10620
大田县	88571	1089	496925	21622	13742	104206	22641	8355
尤溪县	135033	882	227474	48321	13287	105157	28318	10360
沙县	74501	1286	172472	8670	4136	102675	26854	8563
将乐县	76794	918	71889	18217	769	31515	11657	5001
泰宁县	57723	726	26188	14527	908	1383	8753	13605
建宁县	89432	299	83112	7715	1740	132233	8264	7370
泉州市	**498320**	**46527**	**1012096**	**98427**	**90057**	**151117**	**179061**	**1049880**
泉州市辖区	23096	5472	76672	169	556	7971	18293	103231
鲤城区	203	38	10018	62		490	267	88
丰泽区	231	75	5456	107	3	609	90	13211
洛江区	11672	2252	32464		94	3845	9656	1634
泉港区	10990	3107	28734		459	3027	8281	88298
石狮市	5039	557	26333	146		2425	25	395187
晋江市	23407	6906	195726	9463		4485	6003	251463
南安市	153976	8587	125241	19108	1220	24697	68913	57368
惠安县	55226	20467	75854	885	40	2542	25314	238632
安溪县	88100	3329	258644	1065	75613	16298	25697	1595
永春县	88990	589	136445	65739	11038	67911	18551	892
德化县	60486	620	117181	1852	1590	24788	16264	1512
漳州市	**412467**	**32691**	**2416716**	**395841**	**58235**	**3579826**	**352201**	**2044716**
漳州市辖区	3496	577	85283	42520	494	60286	19712	19993
芗城区	3095	512	44166	41480	164	58759	15265	11823
龙文区	401	65	41117	1040	330	1527	4447	8170
龙海市	50992	1591	267333	165922	138	179157	42736	430650
云霄县	48566	2809	181585	17177	1442	281459	16188	261700
漳浦县	111735	13623	718684	47035	265	222973	52211	407868
诏安县	70959	5514	291325	3245	13758	232905	23991	440078
长泰县	38386	3032	152304	3814	2769	123693	16210	24475
东山县	8831	2348	72783			8257	4554	432056
南靖县	37097	1702	343499	86377	7524	310001	134198	17600
平和县	24691	325	195167	3592	12088	1973572	20236	6695
华安县	17714	1170	108753	26159	19757	187523	22167	3601

续表

地 区	粮 食	油 料	蔬 菜	食用菌	茶 叶	园林水果	肉 类	水产品
南平市	**1178212**	**11339**	**1480160**	**153068**	**79346**	**381127**	**869128**	**88800**
南平市辖区	266562	1680	402653	34344	6428	55234	78493	18600
延平区	58108	760	191411	14813	261	12162	66094	9335
建阳区	208454	920	211242	19531	6167	43072	12399	9265
邵武市	180824	4278	107137	12580	9457	10914	16608	17148
武夷山市	99154	1670	150937	11477	22482	19562	10850	6754
建瓯市	212038	1194	317949	9722	17274	209018	27081	13268
顺昌县	46389	329	49195	66936	259	72725	14388	4661
浦城县	210282	1465	92766	3833	1944	1833	236822	10504
光泽县	62139	385	78472	5323	1296	1509	406481	11033
松溪县	51414	181	112619	7948	7777	4559	6226	5037
政和县	49410	157	168432	905	12429	5773	72178	1795
龙岩市	**820691**	**18033**	**1558452**	**51685**	**24240**	**430672**	**635206**	**61890**
龙岩市辖区	149782	3608	271052	3688	2724	179371	258621	10679
新罗区	49832	2214	129898	1402	1097	16906	174864	6315
永定区	99950	1394	141154	2286	1627	162465	83757	4364
漳平市	60559	1039	253668	25847	12994	54229	34080	6290
长汀县	171203	4879	259220	5579	1849	18708	76041	11968
上杭县	156891	3039	364680	4798	1803	98706	146932	8405
武平县	154341	1241	174438	8661	3395	59973	70721	12714
连城县	127915	4227	235394	3112	1475	19685	48811	11834
宁德市	**472394**	**6507**	**1011764**	**205647**	**110352**	**537611**	**80554**	**1034935**
宁德市辖区	25919	1433	104455	335	9080	39539	11401	215842
蕉城区	25919	1433	104455	335	9080	39539	11401	215842
福安市	75478	1964	288547	6856	26399	220392	10665	101904
福鼎市	63464	332	184032	17043	32448	41440	5076	225468
霞浦县	41799	1638	113721	6208	7273	71320	9014	464523
古田县	115453	451	80004	132068	1004	104908	14198	18568
屏南县	46263		68790	22676	613	12415	16079	3068
寿宁县	52846	132	101904	12073	20020	33912	5550	2261
周宁县	26841	341	44900	2418	7707	10442	5098	2061
柘荣县	24331	216	25411	5970	5808	3243	3472	1240

农作物播种面积（2020年）

单位：千公顷

项　目	农作物播种面积	粮食作物	稻　谷	薯　类	豆　类	非粮作物
全　省	**1682.00**	**834.43**	**601.72**	**152.86**	**42.40**	**847.57**
福州市	**262.78**	**86.25**	**39.21**	**37.83**	**7.11**	**176.53**
福州市辖区	43.39	12.39	5.57	6.73	0.07	31.00
鼓楼区						
台江区						
仓山区	1.94					1.94
马尾区	2.34	0.28	0.15	0.11	0.01	2.06
晋安区	6.49	0.59	0.12	0.45	0.01	5.90
长乐区	32.63	11.52	5.31	6.17	0.05	21.10
福清市	57.32	18.96	6.74	9.68	2.34	38.35
闽侯县	52.19	11.00	4.98	4.34	1.19	41.19
连江县	13.52	7.21	4.28	2.24	0.63	6.32
罗源县	14.57	6.22	3.10	2.46	0.62	8.35
闽清县	29.03	9.54	6.37	2.11	0.96	19.48
永泰县	43.17	17.25	8.17	6.76	1.15	25.92
平潭县	9.59	3.68	0.01	3.51	0.16	5.92
厦门市	**22.50**	**4.09**	**1.91**	**1.81**	**0.12**	**18.41**
厦门市辖区	22.50	4.09	1.91	1.81	0.12	18.41
思明区						
海沧区	1.28	0.07	0.05	0.02	0.01	1.20
湖里区						
集美区	2.77	0.20	0.14	0.05	0.01	2.57
同安区	9.55	2.18	1.33	0.54	0.07	7.37
翔安区	8.91	1.63	0.39	1.20	0.04	7.27
莆田市	**67.64**	**30.43**	**17.38**	**8.64**	**2.97**	**37.22**
莆田市辖区	45.91	16.84	7.08	7.16	1.88	29.06
城厢区	3.34	1.93	1.02	0.47	0.23	1.41
涵江区	8.97	3.77	2.80	0.66	0.25	5.20
荔城区	16.13	4.01	2.32	1.17	0.45	12.11
秀屿区	17.47	7.12	0.94	4.86	0.95	10.34
仙游县	21.74	13.58	10.30	1.48	1.09	8.15
三明市	**303.44**	**161.27**	**119.44**	**19.29**	**11.10**	**142.17**
三明市辖区	9.68	3.08	2.19	0.40	0.26	6.61
梅列区	3.49	0.71	0.39	0.15	0.08	2.78

续表

项　　目	农作物播种面积	粮食作物	稻　谷	薯　类	豆　类	非粮作物
三元区	6.19	2.36	1.80	0.26	0.19	3.83
永安市	23.50	10.81	8.28	0.84	0.69	12.69
明溪县	25.50	14.34	9.09	1.64	2.56	11.16
清流县	41.16	14.85	9.38	2.37	1.56	26.31
宁化县	52.03	31.81	21.17	3.16	3.79	20.22
大田县	38.86	16.52	9.89	4.58	1.02	22.35
尤溪县	34.90	22.39	17.49	3.78	0.45	12.51
沙县	21.66	11.71	9.83	1.03	0.20	9.96
将乐县	19.13	12.13	10.67	0.70	0.22	7.00
泰宁县	14.50	9.65	8.20	0.52	0.12	4.85
建宁县	22.51	13.99	13.25	0.26	0.23	8.53
泉州市	**163.29**	**86.89**	**55.51**	**28.38**	**1.31**	**76.40**
泉州市辖区	9.24	3.92	1.50	1.89	0.12	5.32
鲤城区	0.43	0.04	0.01	0.02	0.01	0.40
丰泽区	0.51	0.05	0.01	0.04		0.46
洛江区	4.10	1.91	0.84	0.72	0.05	2.18
泉港区	4.20	1.92	0.64	1.11	0.06	2.28
石狮市	2.96	1.10	0.11	0.91	0.05	1.85
晋江市	15.69	3.47	0.56	2.57	0.16	12.22
南安市	37.65	25.96	22.40	3.26	0.14	11.69
惠安县	21.26	10.79	3.15	6.74	0.49	10.46
安溪县	34.57	17.94	9.46	8.00	0.26	16.63
永春县	25.15	14.44	11.63	2.65	0.06	10.71
德化县	16.77	9.25	6.69	2.36	0.04	7.52
漳州市	**175.10**	**61.44**	**47.13**	**8.41**	**2.86**	**113.66**
漳州市辖区	4.94	0.65	0.27	0.17	0.22	4.29
芗城区	2.97	0.59	0.27	0.11	0.21	2.38
龙文区	1.97	0.06		0.05	...	1.91
龙海市	22.06	7.48	5.85	1.18	0.14	14.58
云霄县	17.31	7.10	6.19	0.68	0.20	10.22
漳浦县	50.11	15.90	11.69	2.93	0.89	34.21
诏安县	22.82	10.38	8.83	1.05	0.39	12.44
长泰县	12.57	5.96	3.07	0.34	0.60	6.61
东山县	4.97	1.37	0.05	1.27	0.05	3.60
南靖县	21.15	5.85	5.44	0.15	0.22	15.29

续表

项　目	农作物播种面积	粮食作物				非粮作物
			稻　谷	薯　类	豆　类	
平和县	10.36	4.16	3.65	0.25	0.09	6.21
华安县	8.81	2.59	2.07	0.40	0.06	6.22
南平市	**300.37**	**187.31**	**150.75**	**13.11**	**9.24**	**113.06**
南平市辖区	68.06	41.47	35.92	2.33	1.01	26.59
延平区	20.83	9.87	7.98	0.70	0.58	10.95
建阳区	47.23	31.60	27.94	1.63	0.43	15.63
邵武市	46.16	31.57	22.48	3.57	2.18	14.59
武夷山市	26.59	14.99	12.59	0.86	0.73	11.60
建瓯市	50.77	33.59	22.45	3.47	3.97	17.18
顺昌县	12.66	8.01	6.85	0.30	0.42	4.65
浦城县	42.99	31.75	28.31	0.93	0.58	11.24
光泽县	19.56	10.05	9.28	0.18	0.25	9.51
松溪县	14.75	7.84	6.74	0.25	0.02	6.91
政和县	18.84	8.04	6.13	1.22	0.08	10.80
龙岩市	**216.37**	**127.05**	**112.31**	**10.38**	**2.49**	**89.31**
龙岩市辖区	39.91	23.73	21.81	0.91	0.12	16.18
新罗区	14.30	7.79	6.62	0.33	0.06	6.51
永定区	25.61	15.94	15.19	0.59	0.06	9.67
漳平市	21.75	9.34	8.37	0.75	0.10	12.41
长汀县	41.50	25.44	21.74	2.58	0.73	16.06
上杭县	45.40	24.21	21.62	1.58	0.71	21.19
武平县	34.48	23.99	23.25	0.41	0.27	10.49
连城县	33.33	20.34	15.52	4.14	0.56	12.99
宁德市	**170.51**	**89.70**	**58.07**	**25.01**	**5.20**	**80.81**
宁德市辖区	11.47	5.28	3.17	1.71	0.26	6.20
蕉城区	11.47	5.28	3.17	1.71	0.26	6.20
福安市	35.98	15.92	7.54	6.78	1.53	20.05
福鼎市	30.88	13.06	5.62	5.47	1.75	17.82
霞浦县	17.53	8.28	4.00	3.67	0.49	9.26
古田县	25.97	19.98	17.70	2.00	0.17	5.99
屏南县	12.69	7.87	6.80	0.71	0.12	4.83
寿宁县	17.54	10.17	5.89	3.29	0.64	7.37
周宁县	8.68	4.72	3.57	0.86	0.18	3.95
柘荣县	9.77	4.42	3.77	0.52	0.06	5.35

规模以上工业增加值增速（2020 年）

单位:%

地　区	工业增加值比上年增长	轻工业	重工业
全　省	**2.0**	**-0.2**	**4.3**
福州市	**5.3**	**7.8**	**3.1**
福州市辖区	6.9	8.8	6.1
鼓楼区	2.5	2.7	1.1
台江区	3.9	18.8	-12.0
仓山区	5.3	9.8	3.3
马尾区	6.2	6.5	5.9
晋安区	5.3	7.1	4.4
长乐区	8.3	11.1	7.5
福清市	8.4	8.2	8.8
闽侯县	3.5	6.8	-1.1
连江县	-9.5	-6.6	-13.5
罗源县	7.6	8.5	-2.5
闽清县	5.3	1.9	25.3
永泰县	5.2	2.1	7.2
平潭县	-23.8	-30.2	-23.2
厦门市	**6.0**	**10.2**	**3.7**
厦门市辖区	6.0	10.2	3.7
思明区	4.4	-9.6	7.6
海沧区	8.4	13.2	1.3
湖里区	1.3	-11.6	3.0
集美区	6.9	2.1	9.9
同安区	8.5	12.4	2.5
翔安区	6.9	24.4	3.3
莆田市	**2.2**	**0.2**	**6.5**
莆田市辖区	3.1	持平	9.5
城厢区	3.6	4.8	0.2
涵江区	3.3	-2.3	14.5
荔城区	3.3	2.7	7.6
秀屿区	1.0	-6.5	7.1
仙游县	-0.3	2.3	-6.7
三明市	**3.1**	**6.1**	**1.8**
三明市辖区	1.7	4.7	1.2
梅列区	0.5	4.3	0.4

续表

地　区	工业增加值比上年增长		
		轻工业	重工业
三元区	3.3	4.8	2.6
永安市	2.9	5.5	1.9
明溪县	3.6	8.2	1.3
清流县	3.2	-8.5	8.2
宁化县	3.8	0.6	8.1
大田县	4.0	-2.1	5.6
尤溪县	4.1	4.3	3.6
沙县	3.0	5.3	1.7
将乐县	3.9	0.5	6.5
泰宁县	2.8	3.8	1.5
建宁县	3.5	1.9	4.9
泉州市	**3.0**	**-0.8**	**8.8**
泉州市辖区	0.7	-16.9	17.0
鲤城区	-8.0	-7.9	-8.1
丰泽区	-4.3	-11.8	3.8
洛江区	3.4	5.4	-2.5
泉港区	5.1	-58.4	23.3
石狮市	3.0	2.4	4.2
晋江市	5.0	5.9	2.1
南安市	6.2	0.7	9.2
惠安县	-1.2	-9.0	6.1
安溪县	4.5	3.4	6.8
永春县	3.3	3.2	3.8
德化县	5.0	5.3	4.1
漳州市	**-13.5**	**-16.2**	**-10.7**
漳州市辖区	-15.6	-7.7	-23.5
芗城区	-12.2	1.8	-20.5
龙文区	-23.8	-14.6	-39.7
龙海市	3.8	2.6	16.5
云霄县	-20.0	-14.0	-26.2
漳浦县	-25.7	-49.4	-14.8
诏安县	1.7	9.0	-24.2
长泰县	-13.1	-14.6	-11.8
东山县	-56.5	-65.0	-2.7
南靖县	-15.0	-20.4	-10.9

续表

地　区	工业增加值比上年增长	轻工业	重工业
平和县	-28.8	-38.2	-24.1
华安县	-6.0	-26.3	3.7
南平市	**-9.5**	**-9.2**	**-10.5**
南平市辖区	-5.1	-6.3	-4.5
延平区	-6.8	-8.5	-6.8
建阳区	-1.9	-2.8	-0.8
邵武市	-7.4	-11.2	-1.1
武夷山市	-18.1	-18.9	-6.0
建瓯市	-18.8	-16.3	-22.5
顺昌县	-21.0	-17.7	-23.0
浦城县	-2.7	-2.6	-3.2
光泽县	3.0	5.3	-22.5
松溪县	-18.1	-17.4	-19.6
政和县	-7.3	-1.4	-18.2
龙岩市	**5.1**	**6.7**	**4.1**
龙岩市辖区	4.4	7.6	1.5
新罗区	4.5	6.2	2.8
永定区	3.3	41.7	-7.8
漳平市	6.1	4.0	7.4
长汀县	5.5	7.1	4.2
上杭县	7.3	-28.1	8.4
武平县	4.4	13.9	-0.2
连城县	6.6	6.0	7.4
宁德市	**7.4**	**6.3**	**8.4**
宁德市辖区	18.4	15.9	32.1
蕉城区	21.0	16.1	37.4
福安市	5.8	-26.6	6.9
福鼎市	-7.5	-20.9	1.0
霞浦县	-16.0	-21.8	-3.2
古田县	0.2	-18.6	55.1
屏南县	-32.1	-13.8	-41.4
寿宁县	-2.9	-5.7	-1.4
周宁县	-13.4	-13.5	-13.4
柘荣县	-7.0	-11.9	-0.2

规模以上工业企业主要财务指标（2020 年）

单位：亿元

地　区	固定资产净额	流动资产合计	营业收入	利润总额	利税总额
全　省	**11263.71**	**21136.44**	**55280.85**	**3949.87**	**5137.88**
福州市	**3312.75**	**3676.80**	**11073.15**	**526.79**	**692.89**
福州市辖区	1748.83	1862.05	6535.28	264.21	347.52
鼓楼区	1056.72	192.08	1250.23	16.30	37.41
台江区	1.71	6.21	5.18	-0.08	0.10
仓山区	57.86	326.88	992.45	36.44	53.94
马尾区	115.01	420.17	793.15	37.04	48.03
晋安区	42.20	144.27	596.10	15.28	25.27
长乐区	475.32	772.44	2898.17	159.23	182.76
福清市	940.71	910.40	1987.30	104.57	134.17
闽侯县	155.22	403.49	1143.42	58.03	89.46
连江县	206.80	205.74	575.31	66.26	75.15
罗源县	150.09	176.40	497.58	10.24	14.83
闽清县	67.66	65.22	242.42	22.55	29.00
永泰县	27.13	33.98	72.11	1.38	2.50
平潭县	16.31	19.51	19.73	-0.45	0.25
厦门市	**1297.53**	**4394.74**	**6164.88**	**464.95**	**658.60**
厦门市辖区	1297.53	4394.74	6164.88	464.95	658.60
思明区	83.23	284.11	279.43	27.51	33.91
海沧区	275.07	1064.91	1455.11	159.28	269.46
湖里区	140.51	822.87	1359.87	79.02	93.49
集美区	172.95	780.43	929.62	76.28	94.57
同安区	204.56	665.94	972.50	64.84	85.22
翔安区	421.22	776.49	1168.35	58.02	81.95
莆田市	**683.20**	**1051.30**	**3665.26**	**304.76**	**343.45**
莆田市辖区	548.29	845.56	2991.86	253.34	284.02
城厢区	24.80	90.86	399.67	28.00	32.40
涵江区	177.70	224.98	1101.83	112.36	122.20
荔城区	44.13	219.97	733.98	30.65	40.18
秀屿区	301.66	309.75	756.37	82.34	89.25
仙游县	134.91	205.74	673.40	51.42	59.43
三明市	**607.04**	**773.84**	**4835.45**	**156.91**	**204.04**
三明市辖区	234.98	211.78	1055.29	56.14	73.47
梅列区	99.98	142.47	557.59	22.18	32.18
三元区	134.99	69.31	497.70	33.96	41.28

续表

地　区	固定资产净额	流动资产合计	营业收入	利润总额	利税总额
永安市	107.39	169.18	997.99	23.03	31.27
明溪县	16.47	19.11	144.87	7.25	9.00
清流县	17.77	21.25	152.51	14.86	16.92
宁化县	23.63	18.23	163.18	5.10	6.86
大田县	53.55	59.91	519.18	6.49	11.47
尤溪县	28.77	68.46	364.17	4.71	6.52
沙县	49.58	123.24	891.55	24.04	28.94
将乐县	40.62	46.67	224.53	4.86	7.44
泰宁县	17.00	15.99	120.66	2.85	3.70
建宁县	17.28	20.01	201.51	7.57	8.45
泉州市	**2538.98**	**5184.55**	**16235.01**	**1373.33**	**1762.82**
泉州市辖区	414.11	917.67	2947.27	257.30	368.61
鲤城区	71.01	389.42	567.06	60.57	72.84
丰泽区	21.83	85.13	156.02	23.25	26.62
洛江区	64.85	117.80	627.00	68.19	72.98
泉港区	256.42	325.32	1597.19	105.29	196.18
石狮市	201.40	386.79	1102.70	75.99	90.82
晋江市	479.49	2051.85	5199.73	338.36	429.93
南安市	256.55	848.90	2706.28	247.96	293.90
惠安县	854.76	612.57	2231.25	236.96	328.00
安溪县	251.37	192.66	915.57	113.99	132.50
永春县	44.63	115.77	827.90	89.62	98.15
德化县	36.68	58.33	304.31	13.16	20.92
漳州市	**922.60**	**2145.55**	**5269.86**	**478.07**	**579.66**
漳州市辖区	112.39	422.29	940.37	109.89	130.86
芗城区	74.67	315.40	710.29	92.30	107.70
龙文区	37.71	106.89	230.09	17.58	23.16
龙海市	306.86	622.84	1700.86	163.06	193.03
云霄县	21.34	73.25	250.15	16.93	20.38
漳浦县	207.71	329.95	453.87	2.43	16.89
诏安县	39.48	97.47	381.64	42.41	46.78
长泰县	92.82	194.73	542.36	52.53	65.80
东山县	31.97	95.40	144.06	9.07	13.72
南靖县	49.26	195.39	471.39	42.43	47.96
平和县	19.89	35.81	156.53	12.77	14.92
华安县	40.88	78.42	228.63	26.56	29.32

续表

地　区	固定资产净额	流动资产合计	营业收入	利润总额	利税总额
南平市	**383.69**	**507.06**	**1464.84**	**94.54**	**121.39**
南平市辖区	103.30	199.88	486.45	29.03	40.02
延平区	73.41	121.72	268.64	16.89	23.49
建阳区	29.89	78.16	217.81	12.14	16.53
邵武市	78.82	80.30	211.10	13.12	17.35
武夷山市	17.53	22.67	99.37	3.96	4.93
建瓯市	21.36	45.40	178.18	9.58	12.97
顺昌县	16.87	24.26	82.11	2.15	3.15
浦城县	50.24	41.38	133.71	11.17	13.72
光泽县	59.08	49.90	137.74	14.68	15.29
松溪县	8.23	19.07	66.75	5.51	7.25
政和县	28.26	24.19	69.43	5.35	6.69
龙岩市	**456.44**	**1152.54**	**3160.06**	**183.94**	**351.43**
龙岩市辖区	215.99	623.39	1222.86	77.33	220.84
新罗区	165.44	552.90	1067.39	65.67	204.22
永定区	50.55	70.50	155.47	11.66	16.62
漳平市	59.82	77.45	234.64	19.19	24.61
长汀县	32.05	63.75	255.65	25.47	27.84
上杭县	92.15	287.17	1009.02	27.60	36.99
武平县	33.64	54.83	192.38	18.32	23.37
连城县	22.80	45.95	245.52	16.03	17.78
宁德市	**1061.47**	**2250.05**	**3412.34**	**366.58**	**423.60**
宁德市辖区	355.97	1381.85	1266.55	169.15	186.41
蕉城区	355.97	1381.85	1266.55	169.15	186.41
福安市	167.60	525.71	1390.85	136.37	153.37
福鼎市	456.96	207.17	488.83	47.46	65.08
霞浦县	31.37	56.13	86.41	4.23	5.88
古田县	13.79	25.39	57.36	2.32	3.26
屏南县	11.29	15.94	9.03	-1.01	-0.60
寿宁县	11.79	16.64	44.18	2.29	3.14
周宁县	3.85	6.61	15.26	0.55	0.92
柘荣县	8.85	14.61	53.87	5.24	6.12

运输邮电基本情况（2020 年）

单位：公里

地　区	农村投递路线总长度	公路通车里程
全　省	**117538**	**110118**
福州市	**16929**	**12276**
福州市辖区		1972
鼓楼区		
台江区		
仓山区		98
马尾区		227
晋安区		495
长乐区	1838	1152
福清市	3327	2174
闽侯县	3457	1738
连江县	1400	1256
罗源县	1263	1010
闽清县	1089	1535
永泰县	1804	1931
平潭县	1142	659
厦门市	**11029**	**2204**
厦门市辖区		2204
思明区		66
海沧区		220
湖里区		63
集美区		283
同安区		1047
翔安区		526
莆田市	**5166**	**6428**
莆田市辖区		3788
城厢区		680
涵江区		1198
荔城区		627
秀屿区		1284
仙游县	1646	2640
三明市	**10981**	**15395**
三明市辖区		992
梅列区		388
三元区		604
永安市	1447	1772
明溪县	550	1128
清流县	804	932
宁化县	1006	1520
大田县	1503	1827
尤溪县	1446	2674
沙县	1503	1259
将乐县	802	1215
泰宁县	531	953
建宁县	847	1123
泉州市	**30879**	**18147**
泉州市辖区		1527
鲤城区		185
丰泽区		313
洛江区		518
泉港区		511
石狮市	1162	539
晋江市	9678	2050
南安市	8278	3391
惠安县	3078	1189
安溪县	1996	4449
永春县	1623	2701
德化县	1124	2300
漳州市	**12696**	**12905**
漳州市辖区		623
芗城区		332
龙文区		291
龙海市	2785	1520
云霄县	563	824
漳浦县	2274	2014
诏安县	984	1226
长泰县	524	1096
东山县	806	437

续表

地　区	农村投递路线总长度	公路通车里程	地　区	农村投递路线总长度	公路通车里程
南靖县	1181	2051	永定区	966	1917
平和县	787	1721	漳平市	1376	2134
华安县	473	1393	长汀县	1271	2531
南平市	**9991**	**15984**	上杭县	1173	2172
南平市辖区		3753	武平县	1524	1742
延平区		2220	连城县	1083	1984
建阳区	1324	1533	**宁德市**	**11114**	**12077**
邵武市	898	1726	宁德市辖区		1227
武夷山市	842	1362	蕉城区		1227
建瓯市	1204	2615	福安市	2733	2089
顺昌县	868	1247	福鼎市	1191	1695
浦城县	1221	1965	霞浦县	2037	1480
光泽县	627	1084	古田县	1154	1654
松溪县	421	825	屏南县	758	937
政和县	1291	1408	寿宁县	924	1371
龙岩市	**8753**	**14702**	周宁县	722	935
龙岩市辖区		4139	柘荣县	598	690
新罗区		2221			

第九篇

涉企政策

福建省涉企政策选编

中共福建省委　福建省人民政府印发《关于营造更好发展环境支持民营企业改革发展的若干措施》

2020年7月2日福建日报刊发：近日，中共福建省委、福建省人民政府印发《关于营造更好发展环境支持民营企业改革发展的若干措施》，并发出通知，要求各地各部门结合实际认真贯彻落实。

《关于营造更好发展环境支持民营企业改革发展的若干措施》公布如下：

为深入贯彻落实习近平总书记重要讲话重要指示批示精神，营造有利于创新创业创造的良好发展环境，进一步激发民营企业活力和创造力，充分发挥民营经济在推进供给侧结构性改革、建设现代化经济体系中的重要作用，扎实做好“六稳”工作，全面落实“六保”任务，全方位推动高质量发展超越，根据《中共中央、国务院关于营造更好发展环境支持民营企业改革发展的意见》，结合我省实际，制定如下措施。

一、在市场准入方面一视同仁。全面实施市场准入负面清单制度，民营企业等各类市场主体依法平等进入清单以外的行业、领域、业务等，不得因所有制形式不同，设置或者变相设置差别化市场准入条件。各级各部门要配合做好市场准入负面清单的信息公开工作，不得自行发布市场准入性质的负面清单，不得违规另设市场准入行政审批。鼓励民营企业参与电力、铁路、石油、天然气等重点行业领域相关业务以及养老、医疗、教育、文体等事业。

二、实施公平公正监管。推行行政执法公示制度、执法全过程记录制度、重大执法决定法制审核制度，不得对民营企业采取选择性执法和监管。推行“双随机、一公开”跨部门联合监管，避免多头执法、重复检查。实施信用分级分类监管，对信用好、风险低的民营企业减少抽查比例和频次；依法对民营企业及其经营管理者公共信用信息进行管理，不得违法增设监管措施和惩戒措施，对已纠正失信行为的企业要依法及时进行信用信息修复。实施“互联网＋监管”，运用云计算、人工智能等信息技术手段开展“智慧监管”。对新技术、新产业、新业态、新模式等实行包容审慎监管。

三、保障各类市场主体公平竞争。认真贯彻落实《中共中央、国务院关于构建更加完善的要素市场化配置体制机制的意见》，充分发挥市场配置资源的决定性作用，进一步减少政府对要素的直接配置，畅通要素流动渠道，破除阻碍要素自由流动的体制机制障碍，扩大要素市场化配置范围，实现要素价格市场决定、流动自主有序、配置高效公平。在制定实施产业政策、土地供应、资金安排、资质许可、项目申报、金融服务供给、科技创新、人才服务、数据信息服务、分配能耗指标、实施污染物排放标准及其他资源要素配置方面，不得因所有制形式不同而设置不平等标准或条件，保障不同市场主体平等获取生产要素，确保权利平等、机会平等、规则平等。建立有违公平竞争问题的投诉举报和处理绿色通道，并及时向社会公布处理情况。

四、保障各类市场主体平等参与政府采购和招标投标。实施全省统一的政府采购和招标投标规则，不得违法将企业所有制形式、注册地、注册资本金、成立年限、在本地登记或设立分支机构等，作为参与政府采购和招标投标活动的资格要求或加分条件，不得提出与项目不相适应的资质、技术或业绩要求。开展政府采购和招标投标领域营商环境整治，依法清理纠正各种以不合理条件排斥、限制民营企业的做法。创新监管方式，建设“福建省工程领域招投标在线监管平台”，强化全过程监管，防范“量身定制”、恶意串通、违法分包转包等问题。

五、全面落实减税降费政策。落实好普惠性减税和结构性减税并举政策，实质性降低企业负担。缓解企业资金周转困难，加快退还符合条件的企业增值税期末留抵税额，推广以金融机构保函替代现金缴纳涉企保证金。对政府性基金、涉企行政事业性收费、涉企保证金以及实行政府定价的经营服务性收费，实行目录清单管理并向社会公开，目录清单之外的一律不得收费。继续扩大电力直接交易市场主体范围和电量规模。完善电价形成机制，降低企业用电成本。现有工业用地在符合规划和安全生产要求、不改变原用途的前提下，提高工业用地土地利用率和增加容积率，不再补缴土地出让金及相关费用。除法律法规规定外，任何单位和个人不得强制或者变相强制企业参加评比、达标、表彰、培训、考核、考试以及类似活动，不得借前述活动向企业收费或变相收费。严格清理整治违规涉企收费和第三方截留减税降费红利等行为，畅通投诉举报渠道，对社会反映集中的政府部门转嫁收费、中介机构违法违规收费、转供电主体乱收费行为进行重点查处。

六、加大银行机构的融资支持。支持发展地方中小法人银行机构，为中小微企业提供多样化的金融服务。鼓励银行机构增加民营企业信贷投放，提高新发放公司类贷款中民营企业贷款户数和金额比重。引导银行业机构健全授信尽职免责机制，在内部绩效考核制度中落实对普惠型小微企业不良贷款容忍度的要求。优化民营企业授信评价机制，注重企业正常生产经营活动产生现金流量的审核，对生产经营情况正常、资信良好的企业融资提供便利条件。提高信用贷款、中长期贷款等比重，不随意抽贷、断贷、压贷。同等条件下，银行机构对各类市场主体的贷款利率、贷款条件应当保持一致。大力推广应收账款、特许经营权、政府采购订单、收费权、知识产权等质押融资方式，拓宽银行抵（质）押物范围。大力推广“信易贷”“税易贷”“快服贷”等产品和模式，引导企业充分利用“全国中小企业融资综合信用服务平台”、“金服云”等平台进行融资。

七、扩大民营企业直接融资。指导民营企业开展规范化股份制改制，支持更多符合条件的民营企业到主板、中小板、创业板、科创板、“新三板”、海峡股权交易中心等多层次资本市场上市、挂牌。对在全国中小企业股份转让系统和海峡股权交易中心新挂牌交易的小微企业，省级财政给予最高30万元补助。支持民营企业通过增资扩股、发行债券等方式融资，鼓励发行小微企业增信集合债，对符合条件的给予贴息。

八、帮助民营企业纾难解困。在做好常态化疫情防控的前提下，继续加强要素保障，给予民营企业稳定支持。着力保市场主体，打通政策链、服务链、操作链，帮扶中小企业有效应对疫情影响、渡过难关，提高中小企业生存和发展能力。设立省级中小微企业应急纾困专项贷款，支持中小微企业纾难解困。用好省级纾困基金和纾困专项债，重点支持符合条件的上市公司纾解股权质押风险，帮助短期流动性出现困难的上市企业渡过难关。各级政府性融资担保机构要通过综合应用风险补偿、保费补贴、代偿补偿等手段，为民营企业提供融资增信支持。省级财政统筹安排一定资金，对融资担保机构从事政策性担保业务予以奖补。符合国家调整产业结构和土地集约利用要求、纳税确有困难的企业，可申请减征或免征城镇土地使用税。

九、整治拖欠民营企业账款。各级政府及其所属事业单位、国有企业要严格履行在招商引资、政府与社会资本合作等活动中与民营企业依法签订的各类合同，不得违约拖欠民营企业货物、工程、服务等账款，确保无分歧拖欠账款立清立还，有分歧拖欠账款也要通过调解、协商、司法等途径加快解决，决不允许增加新的拖欠。按照“属地管理、分级负责，谁监管、谁负责”的原则，切实加强对清欠工作的组织领导，强化政策协同，形成工作合力。将清欠工作完成情况列入巡视巡察整改、审计监察和各级政府绩效考核，提高政府部门及其所属事业单位、国有企业的拖欠失信成本，构建严防新增拖欠的长效机制。

十、保护民营企业和民营企业家合法权益。加强对民营企业的刑事保护。提高司法审判和执行效率，防止因诉讼拖延影响企业生产经营。依法慎用羁押性强制措施和查封、扣押、冻结等措施，禁止超范围、超标的保全。建立履行宽限期制度，在宽限期内，暂不发布被执行人失信或者限制消费信息；期限届满，被执行人仍未履行生效法律文书确定义务的，再发布其信息并采取相应惩戒措施。及时公正地甄别纠正侵犯民营企业和企业家人身财产权的冤错案件。对侵犯企业合法权益等违法犯罪行为，要依法惩处。健全知识产权侵权惩罚性赔偿制度，合理降低权利人举证难度，加大源头侵权、重复侵权、恶意侵权和规模侵权的赔偿力度，按规定增设知识产权法庭。

十一、支持民营企业改革发展。鼓励民营企业加快建立现代企业制度，通过多种方式参与国有企业混合所有制改革。支持优势企业通过并购重组，整合产业链上下游资源做大做强。对企业兼并重组重大项目发生的评估、审计、法律顾问、财务顾问等前期费用和并购贷款利息予以补助，单个项目补助不超过300万元。鼓励企业聚焦实业，加快转型升级，对新认定的省“专精特新”中小企业和国家专精特新“小巨人”企业，分别给予不低于10万元、50万元奖励；对新认定的省制造业单项冠军和国家制造业单项冠军，分别给予不低于50万元、100万元奖励。

十二、支持民营企业科技创新。支持民营企业参与重大科学技术项目攻关。加快向民营企业开放国有重大科研基础设施和大型科研仪器。对民营企业开展科技创新和成果转移转化给予经费支持。对新认定的国家工程研究中心，按国家给予的补助金额，予以1：1配套奖补；对新认定的国家企业技术中心给予500万元奖励；对新认定并经评审为优秀的省级工程研究中心，给予500万元奖励；对新认定的省企业技术中心和省级新型研发机构分别给予50万元奖励，对被认定的省级制造业创新中心试点牵头单位给予100万元资金扶持，对被认定的省级制造业创新中心牵头单位给予1000万元资金扶持，激发民营企业创新活力，提高核心技术开发能力。优化高新技术企业认定流程，落实企业研发费用分段补助、税前加计扣除和高新技术企业所得税减免等政策。

十三、支持企业人才建设。在人才引进支持政策方面，对民营企业一视同仁，加大认定和支持力度，做好高层次人才的服务保障工作。实施产教融合，大力推进校企合作，通过产学研合作、共建实习实训基地等方式，培养培训符合企业需求的各类人才。对民营企业人才参加全省各系列、各层次职称评审的，在评价标准、评审程序等方面平等对待。

十四、完善市场主体退出机制。提升企业注销网上服务水平，实现企业注销“一网”服务。进一步推进企业简易注销登记改革试点工作，探索将简易注销适用范围扩大到未实质性开展经营活动、无债权债务的非上市股份有限公司、各类企业分支机构、农民专业合作社及其分支机构；建立简易注销容错机制，解决企业注销难问题。落实“府院联动”处置破产工作统一协调机制，统筹协调破产重整程序中的企业注销、涉税事项办理、资产处置、职工权益保护等问题。

十五、支持民营企业拓展发展空间。鼓励民营企业用好我省“多区叠加”政策优势，积极参与“海丝”核心区、闽东北闽西南两大协同发展区建设，支持民营企业在共建“一带一路”、推进乡村振兴中发挥更大作用。引导和支持民营企业拓展海外市场，促进闽台产业深度融合，深化闽港澳交流合作。深入实施军民融合发展战略，加强民营企业与军工央企集团对接合作和“走出去”，引导民营企业按规定进入基础设施建设、国防科技工业和军队后勤保障改革等领域，发展壮大军民融合产业，形成若干具有示范带动作用的军民融合产业基地或园区。

十六、关心关爱民营企业家。发布我省年度民营企业100强名单。在各类评选表彰活动中，平等对待优秀民营企业和企业家。鼓励引导民营企业和企业家心无旁骛办实业，守法合规经营，增强社会责任，参与社会公益事业。加强对民营企业家特别是年轻一代的培养教育，弘扬优秀企业家精神，促进民营企业家健康成长。加强舆论引导，慎重发布对企业生产经营产生重大影响的负面信息，为民营企业改革发展营造宽松包容的良好社会氛围。

十七、构建亲清政商关系。建立规范化机制化政企沟通渠道，落实党政领导干部与企业家恳谈会制度，定期召开企业家座谈会，专题听取企业家意见和诉求。各级政府召开的经济类会议，可邀请民营企业参加。建立政务咨询、诉求回应机制，通过“政企直通车”、人大代表建议、政协委员提案等，充分发挥工商联、行业协会商会作用，广泛听取企业诉求和意见，及时处理和反馈。公职人员在依规依纪依法的前提下，要大胆开展工作，积极主动到企业或行业协会商会开展政策宣传、调查研究、招商引资、征求意见等，经批准可参加企业或行业协会商会举办的会议及活动，为民营企业发展靠前服务、排忧解难。公职人员尤其是党员领导干部在与企业及企业家交往过程中，要严格遵守党纪法规，不搞权力寻租、不谋取私利、不厚此薄彼，既严于律己、把握底线，又积极为企业服务，坦荡真诚同企业家接触交往。

十八、狠抓惠企政策落实。制定涉企政策前，要广泛调研、聚焦关切，充分听取行业协会商会和企业家的意见建议。制定政策时，要同步研究配套解读材料、申报流程图、办事指南及示例，将政策性支持和补助项目细化、申报流程具体化，方便查询申请。政策出台后，要按规定通过政府门户网站、网上办事大厅、新闻媒体、微信微博、移动客户端等多渠道多形式及时公布、宣传解读，更多利用闽政通 APP、“政企直通车”等平台集中发布、精准推送惠企政策。对马上实施有困难的，要合理设置缓冲过渡期，给企业留出必要的适应调整时间。要适时开展执行情况和实施效果评估，对确需调整的及时按程序调整，推动惠企政策真正落地见效。要加强政策储备，让政策跑在受困企业前面。

十九、提升政务服务水平。坚持“马上就办”，面向企业的依申请政务服务事项，除涉密外全部入驻省网上办事大厅和各地行政服务中心，实时更新，动态管理。全面推行行政审批标准化，公开办事指南、明示办理流程、统一申报材料，同一事项实行无差别受理、同标准办理。大力推行“互联网＋政务服务”，构建省市县乡政务服务“一张网”，提升“全程网办、一网通办”和“一趟不用跑”、“最多跑一趟”事项比例，实现“马上办、网上办、掌上办、就近办”。各地可依托行政服务中心、工业园区（开发区）推行代办服务，为企业投资建设项目审批等提供免费帮代办，对重大项目积极开展全程帮代办。落实政务服务“好差评”制度，服务绩效由企业和群众评判。

二十、强化民营经济统计监测和分析。建立健全民营经济统计监测、分析制度，在统计分析报告中体现民营经济相关指标数据和运行情况。各级政府要建立风险监测制度，利用大数据等技术对存在或者可能存在的市场风险进行分析和评估，及时向民营企业发出预警信息，防范市场风险。

二十一、加强组织领导。坚持党对支持民营企业改革发展工作的领导。各级要建立支持民营企业改革发展的领导协调机制，省级要发挥好福建省促进中小企业发展工作领导小组的协调推动作用。指导民营企业设立党组织，积极探索创新党建工作方式，开展党的活动，努力提升民营企业党的组织和工作覆盖质量。将支持民营企业发展相关指标纳入高质量发展绩效评价体系，作为党政领导班子和领导干部工作考核的重要内容。各级各部门要因地因时因业施策，在统筹推进疫情防控和经济社会发展工作中，持续加大对民营企业精准帮扶力度。探索评选改革发展标杆民营企业和民营经济示范城市，发挥示范引领作用。全面贯彻实施《优化营商环境条例》，开展营商环境评价，努力为民营企业营造稳定、公平、透明、可预期的发展环境。

各级各部门要充分认识营造更好发展环境支持民营企业改革发展的重要性，认真贯彻落实党中央、国务院决策部署，按照省委和省政府工作要求，结合各自实际，完善工作机制，细化支持政策，创新具体举措，确保各项政策措施落地见效，真正让民营企业有更多获得感。

福建省人民政府关于促进中小企业平稳健康发展的若干意见

闽政〔2020〕3 号

各市、县（区）人民政府，平潭综合实验区管委会，省人民政府各部门、各直属机构，各大企业，各高等院校：

为深入贯彻落实习近平总书记重要讲话重要指示批示精神，扎实做好“六稳”工作，全面落实“六保”任务，实施“八项行动”，让企业稳得住、能发展，贯通产业链供应链堵点断点，促进中小企业平稳健康发展，提出以下意见。

一、畅通产业链条

（一）开展产业链固链行动。聚焦电子、机械、石化等重点产业，突出抓龙头企业带动大中小企业协同，抓产业协作促进上下游贯通，抓关键替代维护供应链稳定。市、县（区）财政可依据龙头企业协作配套销售额或委托加工费、中小企业为龙头企业配套加工产值或加工费的一定比例，分别给予龙头企业、中小企业相应补助。

（二）打通产业链、供应链堵点。加强统筹指导和协调服务，采取“一事一议”“一企一策”方式，推动解决龙头企业及其配套中小企业复工复产、增产增效的跨部门跨地区问题，协调解决企业实际困难，强化要素保障。

（三）推动产业链填平补齐。深入梳理相关产业链薄弱环节，精准策划生成一批产业龙头项目及产业链缺失、延伸和升级项目。围绕产业链填平补齐，大力开展产业链招商，对接引进一批产业协同配套、区域协同发展重点项目，市、县（区）可根据项目投资情况给予一次性奖励。

责任单位：省中小办、发改委、商务厅，各市、县（区）人民政府，平潭综合实验区管委会

二、帮扶纾困解难

（四）减税费。自 2020 年 2 月起，阶段性减免企业基本养老保险、失业保险、工伤保险（以下简称三项社会保险）单位缴费部分，其中 2 月至 6 月，免征中小微企业三项社会保险单位缴费部分。对新冠肺炎疫情期间为服务业小微企业减免租金的非国有房产出租方，可按现行规定减免当年房产税、城镇土地使用税。对餐饮、住宿、公路水路运输、部分旅游行业免征 2020 年度江海堤防工程维护管理费。落实阶段性减征职工基本医疗保险费政策，阶段性减征实施时间为 2020 年 2 月至 6 月。

责任单位：省人社厅、财政厅、医保局，福建省税务局、厦门市税务局，各市、县（区）人民政府，平潭综合实验区管委会

（五）纾困难。用好首期 100 亿元贷款额度的省中小微企业纾困专项资金，及时纾解中小企业面临的暂时流动性困难。充分发挥各级政府设立的企业应急周转金作用，为企业提供“过桥”周转服务。

责任单位：省财政厅、工信厅、金融监管局，人行福州中心支行、福建银保监局、厦门银保监局，各市、县（区）人民政府，平潭综合实验区管委会

（六）降成本。适当放宽受疫情影响企业稳岗返还政策认定标准，对受疫情影响不裁员、少裁员的中小微企业，企业及其职工上年度缴纳的失业保险费全额返还，对暂时经营困难且恢复有望的符合条件的参保企业，稳岗返还政策实施期限

延至2020年底。对中小微企业吸纳高校毕业生就业的，2020年按每人1000元的标准给予用人单位一次性吸纳就业补贴，从各地就业补助资金中列支。至2020年6月底，对承租国有经营性房产的中小企业免收或减半收取房租，服务业小微企业免除上半年3个月租金。

责任单位：省人社厅、发改委、工信厅、财政厅、国资委、市场监管局、机关管理局，各市、县（区）人民政府，平潭综合实验区管委会

（七）缓期限。阶段性缓缴职工基本医疗保险费，缓缴期限延期至2020年10月底。缓缴期间不收取滞纳金、暂不划拨个人账户。指导银行业金融机构根据企业申请，结合企业受疫情影响情况和经营情况，给予企业一定期限的临时性延期还本付息安排，还本付息日期最长可延至2020年6月底，免收罚息。

责任单位：省医保局、金融监管局，人行福州中心支行、福建银保监局、厦门银保监局

三、支持企业融资

（八）加大信贷支持力度。引导银行业金融机构对市场前景好、经营诚信但暂时出现经营困难的中小企业，不盲目抽贷、断贷、压贷，不随意压缩贷款规模和授信额度，不随意调降贷款分类标准，适当提高中小企业不良贷款容忍度；提高新发放贷款中的“首贷户”、信用贷款、中长期贷款和无还本续贷业务比重；合理控制小微企业贷款利率，进一步压降普惠型小微企业综合融资成本。发挥政府性融资担保机构作用，推广“总对总”批量担保业务并对其取消反担保要求，在可持续经营的前提下，引导政府性融资担保机构逐步降低担保费率至1%以内。

责任单位：省金融监管局，人行福州中心支行、福建银保监局、厦门银保监局

（九）大力发展供应链金融。支持供应链创新与应用试点企业基于真实交易场景，根据需要开展应收账款、仓单和存货质押和预付款融资。支持我省中小企业经“中征应收账款融资服务平台”或银行业金融机构自建的供应链融资平台开展应收账款融资的，省级财政按我省中小企业通过应收账款获得年化融资额不超过1%的比例，对供应链核心企业给予奖励，最高不超过200万元。

责任单位：省工信厅、财政厅、商务厅，人行福州中心支行、福建银保监局、厦门银保监局

（十）深化产融对接合作。进一步发挥省、市、县（区）三级产融合作工作机制，借助“产融云”“金服云”等平台，创新产融合作政银企对接模式，统筹省、市相关专项资金对市县产融合作对接活动予以支持。整合设立规模10亿元的省级政策性优惠贷款风险分担资金池，促进银行业金融机构通过“快服贷”和助保贷产品，支持符合条件的中小企业融资。发挥省技改基金带动作用，中小企业技改项目融资额占比不低于50%。

责任单位：省中小办、财政厅、金融监管局，人行福州中心支行、福建银保监局、厦门银保监局，各市、县（区）人民政府，平潭综合实验区管委会

（十一）建立“白名单”制度。对产业带动能力强、经济效益高、信用记录优的中小企业实行动态“白名单”管理，优先满足“白名单”企业的融资需求。支持政府性融资担保机构为“白名单”企业提供不收取保证金的融资担保服务，按照合理比例分摊担保风险。

责任单位：省中小办、财政厅、科技厅、商务厅、农业农村厅、金融监管局，人行福州中心支行、福建银保监局、厦门银保监局，各市、县（区）人民政府，平潭综合实验区管委会

（十二）加大清理拖欠企业账款力度。各级政府部门（含事业单位）和国有企业与中小企业的往来账款在依法依规条件下优先支付。对符合条件但因政府部门或国有企业方面未组织项目验收和开展财政审核审计等原因造成拖欠的，应立即采取措施加快项目验收和财政审核审计进度，切实提高清偿率。各级政府应及时支付企业征迁补偿款。

责任单位：省中小办、财政厅、住建厅、国资委，各市、县（区）人民政府，平潭综合实验区管委会

四、加大财政支持

（十三）用好专项发展资金。中小企业发展专项资金重点用于支持中小企业创业创新、公共服务体系和融资服务体系建设，并向小微企业倾斜。中小企业获得贷款贴息、认定类和奖励类项目的

省级资金补助，可同时享受其他省级资金补助。

责任单位：省工信厅、科技厅、商务厅、财政厅，各市、县（区）人民政府，平潭综合实验区管委会

（十四）发挥政府投资基金作用。积极对接国家中小企业发展基金，整合现有省内扶持中小企业发展各类基金，引导带动社会资金，支持初创期中小企业创业创新发展和融资担保体系建设。有条件的市、县（区）应设立本级中小企业发展基金。

责任单位：省财政厅、发改委、工信厅、科技厅、金融监管局，各市、县（区）人民政府，平潭综合实验区管委会

五、推动市场开拓

（十五）发展新模式新业态。通过产业与金融、物流、交易市场、社交网络等生产性服务业的跨界融合，扶持疫情防控期间涌现出的在线办公、在线教育、远程医疗、无接触配送等新模式新业态加快发展。打造产业供需对接平台，促进产供销衔接。发展工业旅游、文化旅游、休闲农业乡村旅游等，对列入省级工业旅游示范基地的，给予一次性不超过50万元的奖励。

责任单位：省工信厅、教育厅、文旅厅、卫健委、商务厅、农业农村厅，省邮政管理局，各市、县（区）人民政府，平潭综合实验区管委会

六、实施梯度培养

（十六）引导个体工商户转为企业（“个转企”）。简化“个转企”程序，按照“一注一开”的原则和程序同时办理；在不违反企业名称有关规定的前提下，可保留原个体工商户的名称及特点；在经营有效期内，如经营场所（住所）不变，原个体工商户工商登记前置许可的有效证件、经营场所证明可以继续使用。对“个转企”的小微企业给予不低于5年的过渡期，在过渡期内对账证不健全的转型企业符合相关规定的可以实行核定征收；“个转企”过程中，办理土地、房屋权属变更时，投资主体、经营范围不变，且符合国家税收政策规定的，免征契税。对完成登记手续的“个转企”主体，市、县（区）可给予一次性奖励。

（十七）推动小微企业上规模（“小升规”）。以年营业收入500万元—2000万元的小微工业企业为重点培育对象，建立“小升规”工业企业培育库，实施“一对一”精准对接服务。对新增的规模以上工业企业，市、县（区）可给予一次性奖励。

（十八）推动规上企业股份制改造（“规改股”）。每年筛选一批条件成熟、成长性较好的企业，作为上市后备企业，在企业改制、政策培训、综合金融服务等方面加大服务力度。对完成股份制改造的规模以上企业，市、县（区）可给予一次性奖励。

（十九）推动企业上市融资（“股上市”）。对在全国中小企业股份转让系统和省内区域性股权市场挂牌交易的小微企业，以及在沪深交易所主板、中小板、创业板、科创板首发上市的企业，市、县（区）可给予一次性奖励。

省级财政对推动实施梯度培养成效明显的前三名设区市（含平潭综合实验区），分别给予500万元、300万元、200万元正向奖励。

责任单位：省中小办、市场监管局、住建厅、财政厅、商务厅、自然资源厅、统计局、金融监管局、发改委，福建省税务局、厦门市税务局、福建证监局、厦门证监局，各市、县（区）人民政府，平潭综合实验区管委会

七、引导提质增效

（二十）支持“专精特新”发展。对新认定的省“专精特新”中小企业和国家专精特新“小巨人”企业，分别给予一次性不低于10万元、50万元奖励；对新认定的省制造业单项冠军和国家制造业单项冠军，分别给予一次性不低于50万元、100万元奖励。

责任单位：省工信厅、财政厅，各市、县（区）人民政府，平潭综合实验区管委会

（二十一）支持创业创新。支持纳入省级高新技术企业培育库的中小企业享受最低20万元最高不超过200万元的补助。发挥“创响福建”等创新创业大赛作用，激发“双创”活力。推进创业创新载体建设，对新获评国家小型微型企业创业创新示范基地，统筹省、市资金给予一次性100万元奖励。鼓励各地组织开展企业管理提升活动，统筹省、市相关专项资金给予一定补助。弘扬企

业家精神，表彰突出贡献企业家。

责任单位：省科技厅、工信厅、财政厅，省工商联，各市、县（区）人民政府、平潭综合实验区管委会

八、强化服务保障

（二十二）提升“政企直通车”服务效能。推进省、市、县（服务站）三级平台互联互通、数据共享，形成“1＋10＋N”服务平台网络，与各级网上办事大厅、闽政通APP、12345便民服务平台及各涉企部门网上服务系统等对接。对完成建设验收的市、县级平台和园区服务站分别给予一次性50万元、30万元、20万元建设补助。

责任单位：省中小办、财政厅、发改委及其他省直有关单位，各市、县（区）人民政府，平潭综合实验区管委会

（二十三）优化公共服务体系。加大对全省中小企业公共服务平台网络运营的支持力度，对完成考核目标任务前10名的平台给予不超过30万元的运营补助。加强中小企业公共服务示范平台建设和培育，支持申报“国家中小企业公共服务示范平台”。

责任单位：省工信厅、财政厅，各市、县（区）人民政府，平潭综合实验区管委会

九、加强组织领导

（二十四）发挥协调机制作用。充分发挥各级促进中小企业发展工作领导小组和办公室协调机制作用，定期研究中小企业发展工作，帮助企业解决实际困难。加强福建省惠企政策统一发布平台建设，扩大政策知晓率。深化“三个一百”活动。开展中小企业发展环境评估并向社会公布。建立中小企业运行监测、统计分析、预测预警机制。

责任单位：省中小办及其他省直有关单位，各市、县（区）人民政府，平潭综合实验区管委会

本意见自印发之日起实施，所涉及的资金奖补政策适用年限为2020年至2022年。

福建省人民政府

2020年5月19日

（此件主动公开）

福建省人民政府办公厅关于进一步落实粮食安全省长责任制若干措施的通知

各市、县（区）人民政府，平潭综合实验区管委会，省人民政府各部门、各直属机构，各大企业，各高等院校：

为深入贯彻落实习近平总书记关于粮食安全的重要论述，全面落实党中央、国务院决策部署，推进粮食安全省长责任制落实落细落到位，持续提升粮食安全保障能力和水平，经省政府同意，提出以下措施：

一、加强耕地保护。强化国土空间规划管控和用途管制，严格建设项目占用耕地审批，一般建设项目不得占用永久基本农田，符合条件的重大建设项目确需占用永久基本农田的，按规定严格审核论证后报国务院审批。严格执行“占优补优、占水田补水田”，落实耕地占补数量、质量双平衡。转变补充耕地方式，重点通过全域土地综合整治、高标准农田建设、生态修复利用等方式补充耕地，减少未利用地开发。强化补充耕地项目监管，加强项目后期管护。持续推进涉镉等重金属重点行业企业排查整治工作，有效防控镉等重金属污染农田。

责任单位：省自然资源厅、农业农村厅、生态环境厅，各市、县（区）人民政府，平潭综合实验区管委会

二、稳定面积产量。各地按季节分品种推进粮食生产，切实落实粮食生产属地责任。完善耕地地力保护补贴、水稻种植保险等政策，鼓励发展规模种粮，提高粮食生产风险保障水平，调动农民种粮积极性。从2021年开始连续3年，对完成粮食生产指导性任务目标的县（市、区），省级对上年超额完成面积部分给予每亩300元奖励。对旱粮面积增长10%以上的县（市、区），在安排省级相关项目经费时予以倾斜支持。深入开展粮食绿色高质高效创建等项目，示范推广粮食增产关键技术，带动大面积均衡增产。实施大中型灌区节水配套改造，提高农业灌溉供水能力。推进落实农业水价综合改革各项机制，促进农田水利良性运行。确保粮食播种面积、产量稳定在1250万亩、500万吨水平。

责任单位：省农业农村厅、水利厅、发改委、财政厅，各市、县（区）人民政府，平潭综合实验区管委会

三、落实收购政策。实行粮食最低收购价和储备订单粮食收购直接补贴政策，加强粮食收购市场监管，守住不发生农民“卖粮难”底线。省级储备订单数量保持20万吨，并给予售粮农户每50公斤12元直接补贴。各市、县（区）政府要按照储备轮换和调控需要，合理安排本级储备订单粮食收购计划并给予补贴。

责任单位：省发改委、粮储局、财政厅，农业发展银行福建省分行，各市、县（区）人民政府，平潭综合实验区管委会

四、增强储备能力。结合本地粮食余缺、购粮人口、灾害影响等实际，科学确定粮食储备规模，建设与本级储备粮规模相匹配的现代化仓容。加快粮食仓储设施功能提升改造，大力推广科技储粮、绿色储粮新技术。持续推进粮库智能化升级改造，推动省级平台与地方储备粮承储企业之间的数据互通共享、在线全程监控，形成全省粮食储备信息化“一张网”。

责任单位：省发改委、数字办、粮储局、财政厅，农业发展银行福建省分行，各市、县（区）人民政府，平潭综合实验区管委会

五、深化产销协作。持续办好粮食产销协作福建洽谈会，实施引粮入闽奖励政策。充分发挥我省粮食市场优势，支持省内粮食企业到产区建设生产基地、仓储设施和加工企业，鼓励产区粮食企业到我省建设仓储物流设施和营销网络，开展粮食储、加、销一体化经营，推动引粮入闽，增强我省粮源保障。

责任单位：省发改委、粮储局，各市、县（区）人民政府，平潭综合实验区管委会

六、建设优质工程。持续推动建设一批“中国好粮油”示范县、示范企业，评选认定一批“福建好粮油”产品。加快粮食产后服务中心建设，推动节粮减损。支持无粮食检验监测能力的县（市、区）依托国有粮食企业建设检验监测机构，提升粮食质量检测能力。

责任单位：省发改委、粮储局、农业农村厅、财政厅，各市、县（区）人民政府，平潭综合实验区管委会

七、严格质量监管。加强粮食风险监测和粮食收购、储存、加工、销售全链条质量安全监管，督促粮食经营者履行质量安全主体责任，严格落实粮食出入库质量检验检测制度，严格不符合食品安全标准粮食的处置，确保“舌尖上的安全”。加强经费保障，将粮食质量安全监测和执法经费纳入同级财政预算。

责任单位：省市场监管局、发改委、粮储局、财政厅，各市、县（区）人民政府，平潭综合实验区管委会

八、加强进口管控。严格进口粮食检验检疫，按程序实施现场检验检疫并加强实验室检测，严防有毒有害物质超标等不合格粮食入境。严格进口粮食调运管理，加强进口粮食装卸、运输环节监控，严防疫情输入。规范开展外来杂草、自生苗监测和防除。

责任单位：福州海关、厦门海关，省农业农村厅、发改委、粮储局，各市、县（区）人民政府，平潭综合实验区管委会

九、倡导爱粮节粮。扎实开展“光盘行动”，提倡“厉行节约、反对浪费”的社会新风尚，切实杜绝“舌尖上的浪费”。把粮食安全教育纳入国民教育体系，培养学生勤俭节约良好美德，形成爱粮节粮习惯。强化新闻媒体和社会舆论监督，在全社会营造浪费可耻、节约为荣的氛围。大力推进绿色仓储及粮油适度加工等流通各环节节粮减损工作。

责任单位：省教育厅，团省委、省妇联，省农业农村厅、科技厅、发改委、粮储局，各市、县（区）人民政府，平潭综合实验区管委会

十、完善应急保障。加快重点粮食仓储物流园区建设。依托较大型粮油企业建立应急粮油生产加工生产线，现有粮食应急加工能力不足的市、县（区），应增建应急加工生产线。改造建设一批粮食应急供应网点和应急加工企业，并给予支持和补助。福州、厦门按15天、其他设区市（含平潭综合实验区）按7天市场供应量落实应急成品粮政府储备。

责任单位：省发改委、粮储局、财政厅，各市、县（区）人民政府，平潭综合实验区管委会

十一、充实行业队伍。各级政府要加强粮储管理队伍建设，调整充实人员配备，保持队伍稳定。县级粮储行政管理机构在核定编制内必须配备粮食储备管理、粮食统计与市场预警监测、执法督查等专职人员。

责任单位：各市、县（区）人民政府，平潭综合实验区管委会

十二、强化责任考核。各级政府要切实承担保障本地区粮食安全主体责任，强化对考核工作的组织领导，加强粮食生产、储备和流通能力建设。坚持问题导向，对标对表补缺补漏，确保各项考核指标全面完成。坚持从严考核，对未完成重点考核目标任务的，约谈政府主要负责同志。强化考核成果应用，确保保障粮食安全的责任、举措、工作落实到位。推动出台《福建省粮食安全保障条例》，为依法管粮提供法治保障。

责任单位：省粮食安全省长责任制考核工作组各成员单位，各市、县（区）人民政府，平潭综合实验区管委会

福建省人民政府办公厅

2020年11月8日

（此件主动公开）

福建省人民政府办公厅关于全面推动农业复工复产扎实抓好春季农业生产二十条措施的通知

闽政办〔2020〕8号

各市、县（区）人民政府，平潭综合实验区管委会，省人民政府各部门、各直属机构，各大企业，各高等院校：

为深入贯彻习近平总书记重要讲话重要指示批示精神和党中央决策部署，全面落实国务院联防联控机制与省委、省政府的部署要求，统筹抓好疫情防控和经济社会发展，按照分区分级管理原则，全面推动农业复工复产，扎实抓好春季农业生产，经省委、省政府同意，现结合福建实际，制定以下措施：

一、全面推动复工复产

1. 支持企业引工稳岗，对在疫情防控期间采取积极措施稳定队伍、连续生产的企业，给予一次性稳就业奖补。具体标准由各地制定。

责任单位：省人社厅、农业农村厅、财政厅，各市、县（区）人民政府，平潭综合实验区管委会

2. 组织返乡农民工就地就近就业，对新招员工开展适岗培训，并纳入岗位职业技能人才培训计划，省级给予培训补助。

责任单位：省人社厅、财政厅，各市、县（区）人民政府，平潭综合实验区管委会

3. 县（市、区）政府要按照分区分级管理的原则，认真落实疫情防控“十个不放松”“十二个加强”要求，加强统筹协调，帮助企业配齐复工复产必要的口罩、手套、测温仪等防护物品和洗手液、消毒水、酒精等消杀用品。

责任单位：省农业农村厅，各市、县（区）人民政府，平潭综合实验区管委会

4. 组织具有果蔬冷藏储运条件的企业向社会开放，对农业龙头企业、农民合作社、家庭农场等在疫情防控期间滞销的农产品进行冷藏代储，市县两级财政对存储费用给予适当补贴。

责任单位：省农业农村厅、财政厅，各市、县（区）人民政府，平潭综合实验区管委会

5. 组织省内具备冷冻条件的家禽屠宰企业，对不具备屠宰能力的本省养殖场户滞销活禽进行屠宰收储，疫情防控期间收购活禽10万只以上的，省级对收储企业按实际收购量每只鸡（鸭）给予2元补助。

责任单位：省农业农村厅、财政厅，各市、县（区）人民政府，平潭综合实验区管委会

6. 对2020年第一季度利用电子商务第三方平台、自营平台实现农产品网络销售额超过1000万元的企业，省级按销售额1.5%给予不超过50万元奖励。

责任单位：省商务厅、财政厅，各市、县（区）人民政府，平潭综合实验区管委会

二、全力推进春耕备耕

7. 抓紧落实146万亩早稻生产任务，积极扩大旱粮作物种植，将优质水稻、旱粮主产区优先纳入绿色高质高效创建、农业产业强镇等项目，省级予以重点支持。

责任单位：省农业农村厅、财政厅，各市、县（区）人民政府，平潭综合实验区管委会

8. 各级农业农村部门和供销社要组织种子、化肥、农药、饲料、兽药等农资经营企业增设服务网点，延伸乡村服务，延长销售时间。支持开

展线上销售、送货上门、指导到户，市县两级财政对农资网购配送费用给予适当补助。

责任单位：省农业农村厅、供销社，各市、县（区）人民政府，平潭综合实验区管委会

9. 县（市、区）农业农村部门要组织农机社会化服务，组织面向小农户开展生产托管服务，特别要针对疫情防控中风险乡镇，组织开展代耕代种等服务，避免因疫情防控影响春耕春播，省级对符合条件的社会化服务组织和农户给予适当补助。

责任单位：省农业农村厅、财政厅，各市、县（区）人民政府，平潭综合实验区管委会

10. 省农业农村厅牵头会同福建农林大学、省农科院等相关高校、科研院所，组织开展农业专家“千万服务”行动，选派1500名农业专家牵头组建千支技术服务小分队，深入全省万个乡村开展农业技术咨询和指导服务。

责任单位：省农业农村厅、福建农林大学、省农科院，各市、县（区）人民政府，平潭综合实验区管委会

11. 各级林业主管部门要采取挂点包片的办法，深入乡村、山头地块开展点对点服务，及时分析研判情况，落实有针对性的举措，确保完成90万亩植树造林任务。

责任单位：省林业局，各市、县（区）人民政府，平潭综合实验区管委会

12. 省属国有林场可将森林管护站、护林用房等免费提供给造林绿化作业人员使用，对在3月底前完成植树造林任务的，可以给予作业人员每人每天10—20元生活补助奖励。

责任单位：省林业局

13. 对疫情期间鲜切花无法上市交易的花卉生产企业，市、县（区）可视损失情况给予每亩不超过500元的补助。地方财力有困难的，可从2020年省级林业经济发展（花卉产业）补助资金中安排。

责任单位：省林业局、省财政厅，各市、县（区）人民政府，平潭综合实验区管委会

三、强化“菜篮子”稳产保供

14. 抓紧叶菜扩种，对符合条件的设施蔬菜温室大棚优先纳入省级补贴，确保全省春季新种叶菜80万亩以上。福州、厦门、泉州等城市要采取基地建设补助、价格指数保险等政策措施，提高当地叶菜市场保障水平。

责任单位：省农业农村厅、财政厅，各市、县（区）人民政府，平潭综合实验区管委会

15. 加快推进96个万头以上生猪标准化规模养殖场和39个设施蛋鸡新、改、扩建项目，省级对符合条件的给予专项资金支持。

责任单位：省农业农村厅、财政厅，各市、县（区）人民政府，平潭综合实验区管委会

16. 各县（市、区）要加大投入力度，加快推进生猪定点屠宰场标准化建设，全面落实屠宰环节非洲猪瘟自检和派驻官方兽医制度，严格执行病害猪无害化处理规定，确保肉品质量安全。

责任单位：省农业农村厅，各市、县（区）人民政府，平潭综合实验区管委会

17. 加快推进海带、南美白对虾、河鲀等三大品种种业创新与产业化工程建设，支持大黄鱼、鲍鱼、蛤、牡蛎和大宗淡水养殖品种良种繁育基础设施建设，扩大苗种生产规模，加强水产养殖生产技术服务和用药指导，有效保障养殖生产需求及水产品质量安全。

责任单位：省海洋渔业局，各市、县（区）人民政府，平潭综合实验区管委会

四、加强金融政策支持

18. 对列入全国和我省疫情防控重点保障企业名单的我省农业产业化龙头企业，按照有关规定享受中央、省级的贷款贴息支持；其他受疫情影响严重的省级以上重点农业产业化龙头企业，对其2020年6月30日前新发放的贷款，省级按不高于人民银行专项再贷款利率50%予以贷款贴息，单个企业贷款贴息补助不超过30万元。将环保达标的年出栏500头以上生猪养殖场列入贷款贴息补助范围，对养殖企业银行贷款贴息比例原则上不超过2%，补助时间截至2020年12月31日。

责任单位：省农业农村厅、财政厅，各市、县（区）人民政府，平潭综合实验区管委会

19. 疫情防控期间，省农业融资担保公司、县级农业融资担保公司对新型农业经营主体符合“双控”（即控制业务范围和控制担保额度）标准的担保业务减半收取担保费用，相应减少的担保

费收入由省级予以适当补助。对确无还款能力的新型农业经营主体，及时履行代偿义务，视疫情影响情况适当延长追偿时限，符合核销条件的，按规定核销代偿损失。

责任单位：省财政厅、农业农村厅，各市、县（区）人民政府，平潭综合实验区管委会

20. 强化农业保险风险保障作用，不断提高水稻种植、杂交稻制种、能繁母猪、育肥猪、奶牛养殖等政策性农业保险的覆盖面。积极推进设施种植业、养殖业以及食用菌、茶叶、葡萄、枇杷、莲子、花卉、兔等特色农业保险，落实市县两级财政20%以上保费补贴政策，鼓励市县因地制宜适当提高保费补贴比例。

责任单位：省财政厅、农业农村厅、林业局、海洋渔业局，各市、县（区）人民政府，平潭综合实验区管委会

福建省人民政府办公厅

2020年2月29日

（此件主动公开）

福建省人民政府办公厅关于印发福建省实施工业（产业）园区标准化建设推动制造业高质量发展三年行动计划（2020—2022年）的通知

闽政办〔2020〕48号

各市、县（区）人民政府，平潭综合实验区管委会，省人民政府各部门、各直属机构，各大企业，各高等院校：

经省政府研究同意，现将《福建省实施工业（产业）园区标准化建设推动制造业高质量发展三年行动计划（2020—2022年）》印发给你们，请认真组织实施。

福建省人民政府办公厅

2020年9月20日

（此件主动公开）

福建省实施工业（产业）园区标准化建设推动制造业高质量发展三年行动计划（2020—2022年）

为深入贯彻习近平总书记对福建工作的重要讲话重要指示批示精神，认真落实党中央、国务院决策部署和省委十届十次全会精神，大力实施工业（产业）园区标准化建设，全面提升我省工业（产业）园区发展水平，更好促进优质生产要素集中集聚，做强做优做大产业，加快产业结构优化升级，为全方位推动高质量发展超越提供有力支撑，制定本行动计划。

一、总体要求

（一）发展思路

以习近平新时代中国特色社会主义思想为指导，坚持稳中求进工作总基调，坚持新发展理念，坚持以供给侧结构性改革为主线，主动融入以国内大循环为主体、国内国际双循环相互促进的新发展格局，打好产业基础高级化、产业链现代化的攻坚战，提升产业链供应链现代化水平，加快建设先进制造业强省，打造未来发展新优势。

坚持扶引大龙头、培育大集群、发展大产业，着力抓好工业园区、工业互联网“一实一虚”两大平台建设，实施十大专项行动，推进园区标准化建设，通过高起点规划、高标准配套、高效率服务，将园区打造为推动制造业高质量发展的重要平台和发展引擎。围绕畅通产业循环、市场循环、经济社会循环，深入梳理、全力打通产业链供应链的堵点断点；加强产业链上下游协作，促进大中小企业融通发展，增强产业链韧性，提升产业链水平，健全产业生态体系，保产业链供应链稳定，大力推动制造业全方位高质量发展。

（二）主要目标

开展工业（产业）园区标准化建设试点，力争到2022年，试点园区配套基础设施、商贸文体设施、人才职工住房保障体系基本完善，教育、医疗配套基本满足生产生活需要。各试点园区配套建设综合服务中心、科技公共服务平台1家以上。试点园区“亩产效益”达到全国先进水平，经济发展质量和效益明显提升。全省制定工业（产业）园区建设省地方标准10项以上，力争主导或参与制定工业（产业）园区建设国家级标准2项以上；试点园区企业参与制修订国际标准、国家标准、行业标准300项以上。到2025年，工业（产业）园区标准化体系基本完善，标准化建设经验全面推广，全省工业园区承载能力和产业集聚水平显著提升，有力助推制造业高质量发展，在全国形成品牌示范效应。

到2022年，全省纺织鞋服产业产值达12500亿元，机械装备产业产值达10200亿元，电子信息制造业产值达9300亿元，石油化工产业产值达8300亿元，食品产业产值达7400亿元，冶金产业产值达5900亿元，建材产业产值达5400亿元，战略性新兴产业增加值达7000亿元，数字经济规模达26000亿元；培育形成55家以上产值超百亿元工业企业（集团）、65个以上产值规模超百亿元的工业（产业）园区（其中，超500亿元园区20个，超千亿元园区8个）、20个以上产值规模超千亿的产业集群（其中，超3000亿元产业集群5个，2000亿元至3000亿元产业集群10个）。到2025年，培育形成4个超万亿产业，60家以上产值超百亿元工业企业（集团），其中产值超千亿元的10家。

二、专项行动

（一）龙头品牌专项行动

突出龙头品牌带动，坚持优化园区布局、强化项目支撑、延伸产业链条、增强产业配套，持续实施百亿龙头、千亿集群、万亿产业推进计划，做强做优做大产业。加快培育一批优势龙头企业，到2022年培育形成1000家左右“专精特新”企业、250家左右制造业单项冠军企业，着力提升质量品牌核心竞争力，培育更多国际国内知名品牌，打造福建制造新名片。扎实做好“六稳”工作，落实“六保”任务，突出抓龙头带动，促大中小企业协同；抓产业协作，促上下游贯通；抓进口替代，促供应链稳定；抓市场开拓，促产供销衔接；抓企业帮扶，促要素保障。深入实施制造业“百千”增产增效行动，以重点企业达产满产超产和产业链畅通为抓手，发挥辐射带动和示范引领作用，实现全省工业经济平稳运行。

发挥优势龙头企业引领性作用，积极布局建设产业链上下游企业联盟，实施中小企业梯度培育，促进大中小企业融通发展；加强产业链协同创新，开展产业链关键核心技术攻关；实施产业链协同制造，推动制造业向数字化、网络化、智能化转变；加快精准招引一批延链补链强链重大项目；积极拓展供应链、采购链、创新链、人才链、资金链、服务链等多个链条的协同发展，构建更加紧密的产业链综合生态。积极构建垂直整合的产业链集群，推动产业链上中下游和关联产业、同类企业同类产品、制造业和生产性服务业集聚发展，建设一批综合效益和竞争力全国领先产业集群。

依托各地重点产业，建立省市县三级联动挂钩重点产业链工作推进机制，突出党政领导挂帅，进一步盘活和整合区域各类资源，提升跨企业、跨行业、跨区域、跨行政部门之间的配置效率。围绕“巩固、增强、创新、提升”产业链，每条重点产业链成立一套工作专班，完善一个产业链发展规划、建立一套产业链发展支持政策、培育一批产业链龙头企业、打造一批产业链发展平台、实施一批产业链重点项目，打造一批具有战略性和全局性的产业链。

电子信息制造业突出“增芯强屏”延链补链，加大关键核心技术和设备开发，积极发展特色IC制造、OLED（AMOLED）新型显示、LED、自主计算机整机制造及以5G为牵引的网络通信产业，建设海峡两岸集成电路产业合作试验区，打造东南沿海集成电路和电子信息产业基地；机械装备产业突出高端化智能化，大力发展高端智能制造装备，提升关键零部件基础配套能力，做大做强汽车产业，打造具有区域特色的国内先进装备制造产业基地；石油化工产业突出一体化精细化，着力提升必要的炼油能力，增加烯烃、芳烃基础原料供应能力，延伸拓展石化中下游产业链，大力发展化工新材料、精细化学品、化纤和塑料等领域高附加值产品，打造世界一流的石化产业基地；纺织鞋服产业突出品牌化高附加值化，进一步推进上游纤维原料产业做大做强，推进中端印染行业关键环节转型升级，拓展提升终端高端纺织品供给应用，推进建设规模居前、制造高端、品质领先的纺织服装产业强省，打造全球知名鞋类生产基地；冶金建材产业突出新型化绿色化，重点通过工艺技术和装备等改造，推进绿色节能降耗技术应用，促进产品结构调整和精深加工，推动传统冶金建材产业向新型绿色冶金建材产业发展，建设产品结构高端绿色、关键基础材料支撑能力强的现代冶金和建材产业基地；食品产业突出生态化特色化，加快产业转型升级，促进食品精深加工，进一步延伸拓展食品产业链条，提升产品附加值，建设全国领先的健康生态食品制造基地。

新兴产业突出前沿化规模化，加快培育新兴产业龙头骨干企业，加快高水平科研平台建设，着力突破一批重大关键核心技术，完善技术创新体系，推动新一代信息技术、新材料、高端装备、节能环保、新能源、新能源汽车、生物与新医药等新兴产业存量提升、增量拓展，打造一批国家级战略性新兴产业集群；数字产业突出融合化赋能化，着力提升产业数字化和数字产业化的水平，大力发展新型基础设施、5G、工业互联网、物联网、大数据、软件和信息服务业及平台经济，推动数字经济占国民经济比重进一步提高；围绕电子信息、机械装备、能源石化、生物技术医疗等领域，结合汽车、稀土、石墨烯等国家新开放领域，组织闽台产业对接交流合作，构建两岸高新产业合作基地，深化闽台产业融合发展。

（省工信厅牵头，省直有关部门按职责分工负责，各设区市人民政府、平潭综合实验区管委会落实）

（二）规划提升专项行动

引导工业（产业）园区立足区域特点、产业基础、资源禀赋和环境承载能力，科学谋划、准确定位，及时开展园区总体发展规划修编，与当地经济社会总体发展规划、国土空间规划、产业规划以及生态保护红线、环境质量底线、资源利用上线、环境准入清单（“三线一单”）等有机衔接，落实“多规合一”。强化规划引领，体现效益优先、集聚发展，生态优先、绿色发展导向，以园区高质量规划保障园区高质量发展。统筹规划重点产业集群发展，明确区域产业发展定位，推动形成区域分工有序、相互协作、链接紧密、资源集约和环境保护的产业集群发展格局。依托“五个一批”项目工作机制推进一批园区标准化建设项目。各试点园区发挥比较优势，合理规划布局重点产业，确定主攻方向，形成1—2个在全省具有明显示范引领和辐射带动作用的主导产业，推动延伸产业链、布局创新链、补足服务链、提升价值链，打造产业生态圈，优化提升产业生态系统。

（省发改委牵头，省直有关部门按职责分工负责，各设区市人民政府、平潭综合实验区管委会落实）

（三）集约发展专项行动

明确标准化工业（产业）园区用地条件，按照工业用地综合容积率、固定资产投入强度及亩均税收等标准化工业（产业）园区用地主要指标，开展试点园区土地利用标准化评价工作，指导标准化园区建立土地集约利用长效工作机制。按照布局集中、产业集聚、用地集约的原则，科学合理布局工业项目，有序引导工业项目进区入园，鼓励新上工业项目集中连片建设。加大存量建设用地盘活力度，落实土地利用计划指标配置与存量建设用地盘活挂钩制度，保障试点园区转型升级项目的合理用地需求，支持园区所在地优先配置土地利用计划指标。对“退城入园”、转型升级的企业，优先在工业园区内安排建设用地或协调租赁标准厂房。

加大用地保障力度，对省级以上试点园区产业项目所需用地，由设区市统筹优先保障。积极支持试点园区在符合规划、安全生产前提下，适当提高建设用地容积率，单个工业项目的容积率上限可提高至3.0。支持试点园区生产性和服务配套设施建设，对于试点园区用于住宿餐饮、商务金融、设备维修检测、公共租赁住房等从单一生产功能向城市综合功能转型的建设，在符合国土空间规划的前提下，通过统一配套，可适当安排建设用地予以保障。

（省自然资源厅牵头，省直有关部门按职责分工负责，各设区市人民政府、平潭综合实验区管委会落实）

（四）产教融合专项行动

制定实施职业技能提升中心建设管理办法，指导试点园区普遍设立实体化运作的职业技能提升中心。园区管委会与职业院校（含技工院校）共建共管深度合作，开展校企合作，整合各类资源、平台建设职业技能提升中心，面向园区产业工人提供职业技能培训、职业技能评价、职业技能竞赛等多种公共服务，面向园区高技能人才开展技能技术交流、技术技艺攻关，面向企业管理人员、专业技术人员等对象开展继续教育。鼓励职业技能提升中心申报建设各级公共实训基地，打造产教融合创新平台。鼓励园区企业将职工培训机构设在职业技能提升中心，购买培训服务，深化企业职工在岗培训，共建技能大师工作室。深度结合园区产业发展实际和人才需求，优化引才政策，在人才引进、人才培训、服务管理等方面进行细化，建立健全各类高层次人才引进机制。到2022年，各试点园区实现政府、企业、职业院校（含技工院校）良性互动，技能人才培养模式健全完善。全省园区技能人才培养的结构、质量、水平与产业需求基本匹配，职业教育、职业培训对经济发展和产业升级的贡献显著增强。

（省人社厅牵头，省直有关部门按职责分工负责，各设区市人民政府、平潭综合实验区管委会落实）

（五）科技创新专项行动

建立试点园区科技公共服务平台建设项目库，推动试点园区围绕产业链部署创新链，以数字化、智能化、共享化为导向，联合优势龙头企业、产业链上下游企业和相关科研院所打造科技公共服务平台，每个园区配套建设或提升1家以上省级（或国家级）孵化器、省（或国家备案）众创空间、科技创新中心、公共研发检测平台、行业联合实验室、产业研究院、工业互联网等初创孵化平台和成果转化平台，为园区企业研发和成果转化提供高效便捷服务。围绕园区产业发展需求，发挥公共服务平台优势，储备一批科技成果，推动转化落地。加快推进科技公共服务平台服务资源向全省拓展，促进全省工业（产业）园区创新创业创造。

加大园区高新技术企业培育力度，持续培育创新主体。全面落实国家、省支持创新研发的政策，支持符合条件的企业享受研发经费分段补助、研发费用税前加计扣除和高新技术企业所得税减免等优惠政策。强化企业创新主体地位，促进企业加大研究与试验发展（R&D）投入，推动试点园区规上工业R&D投入经费增速高于主营业务收入增速，R&D投入强度（R&D投入经费与主营业务收入之比）高于全省平均水平。鼓励园区构建以企业为主导，科研院所、高等学校、金融机构、中介服务机构等多方参与的知识产权运用体系，大力培育高价值专利组合，打造知识产权密集型产业园区。

（省科技厅牵头，省直有关部门按职责分工负责，各设区市人民政府、平潭综合实验区管委会落实）

（六）融资支持专项行动

推进园区筹资体制机制创新，盘活园区自有资产，鼓励园区成立具备独立法人资格的专业运营公司，由同级财政注资，或将历年投入形成的实物资产通过划转或授权经营方式依法合规注入，支持运营公司加强与金融机构、战略投资者合作，开展股权、债权融资等多样化融资模式。省企业技改基金优先支持园区企业技术改造及园区配套设施建设。多渠道筹集资金，鼓励支持符合条件的园区基础设施项目争取国家专项资金支持或使用地方政府专项债券资金。建立园区配套设施建设及园区企业贷款财政贴息机制，鼓励园区企业创新创业创造，给予园区企业创业担保贷款贴息和外贸出口融资贴息，支持园区企业做大做强和转型升级。

发挥信贷主渠道作用，引导金融机构加强信贷资金组织调度，设立支持转型升级的信贷产品，鼓励银行盘活存量，加大对实体经济的支持力度。鼓励园区积极搭建银企对接平台，开展应收账款融资活动，引导金融机构为园区提供更好的资本和货币市场金融服务。提高直接融资比重，积极运用上市融资再融资、发行债券、融资租赁、信托等各类融资工具，拓宽工业转型升级项目和企业融资渠道，支持企业转型发展。

（省财政厅牵头，省直有关部门按职责分工负责，各设区市人民政府、平潭综合实验区管委会落实）

（七）配套设施专项行动

围绕工业（产业）园区产业发展需求，持续强化园区软硬实力，在试点园区推广“七通一平”标准化建设，进一步完善道路、通信、能源、环保、安全等配套基础设施体系，切实提升基础设施承载能力。加强园区电力保障，电力部门设立专属项目经理，主动对接园区新增及扩能用电需求，开辟“绿色通道”，实行“一对一”服务。规划建设园区智慧综合能源体系，优化能源结构，节约能源，减少碳硫排放，提高能源利用效率，推动园区绿色发展。

完善园区商贸文体综合配套，指导园区结合发展实际需求，依托自身区位、交通、产业和生态人文资源特色，积极推动商业与商务、会展、文化、娱乐等相结合，科学优化商业空间布局，制定商贸、文体、住宿等综合体配套建设实施方案，加大投入力度，建设一批商务特色项目和休闲服务设施，建成综合性、全方位、多功能的综合配套服务体系。指导园区配套建设与产业发展需求相适应的现代物流服务体系，加快完善物流产业基础设施，促进生产要素有序流动和优化配置。

引导园区根据区域内教育、医疗规划，综合考虑园区发展水平、人口、地理交通环境等情况，合理布局设置一批教育、医疗配套项目，整合优质教育、医疗资源向园区配套，切实做到“学有所教”“病有所医”“宜居宜业”，园区社会事业发展水平与经济发展水平相适应。加强园区人才职工住房保障，逐步将工业（产业）园区的人才职工纳入住房保障范畴，符合当地人才认定标准和住房保障条件的人才可优先购买限价商品住房或租赁公共租赁住房。对人才聚集或外来务工人员集中的工业（产业）园区，支持其在符合国土空间规划等前提下，按照集约用地原则，申请利用自有土地统筹规划建设公共租赁住房。在保障园区基础设施项目建设用地的基础上，生活设施用地可安排不低于30%用于公共租赁住房等保障性住房建设。鼓励有条件的工业园区统一规划、集中建设新型社区，优化社区服务，配套完善生产生活服务设施，建设产业新城，推进产城融合，构建宜居宜业的园区营商环境。

（省住建厅牵头，省卫健委、教育厅、商务厅等省直有关部门按职责分工负责，各设区市人民政府、平潭综合实验区管委会落实）

（八）新型基建专项行动

以新一代信息技术为驱动，打造面向园区的新型信息基础设施，为园区管理和园区企业数字化、网络化、智能化转型升级赋智赋能，实现信息技术与制造技术的渗透、融合和创新应用。加快推进5G、固网“双千兆”和移动物联网深度覆盖，实现低时延、高带宽、广覆盖、可定制的工业互联网高质量外网全覆盖。部署一批数据中心、边缘计算节点等新型智能化计算设施，鼓励相关单位在时间敏感网络、边缘计算、IPv6、工业智能等领域加快技术攻关和应用部署。拓展工业互联网网络化标识覆盖范围，增强网络基础资源支撑能力。创新园区治理模式，围绕园区综合管理、智慧安防、云上招商、动态监测等目标，配套打造“智慧园区”综合管理平台，并接入福企网，形成省企联动的平台服务体系。鼓励园区企业开展内网升级改造，深化5G技术与垂直行业的融合创新，打造一批“5G + 工业互联网”应用示范标杆。

推动园区企业开放生产制造场景和数据，促进新一代信息技术与制造业深度融合。建设一批工业数字化服务平台，服务入驻企业数字化转型，推动园区数字经济规模、质量显著提升。完善园区网络安全保障体系，加强工业大数据能力分析和安全监测，确保信息基础设施安全平稳可靠运行，提升工业领域信息系统安全漏洞可发现和风险可防范能力。

（省通信管理局牵头，省数字办、工信厅等省直有关部门按职责分工负责，各设区市人民政府、平潭综合实验区管委会落实）

（九）机制创新专项行动

理顺并完善园区与属地政府管理关系，积极推进园区整合提升。对试点园区现有管理体制、机构设置等进行梳理，结合国家对经开区、高新区的考核要求，指导园区加快改革。重点在理顺区地关系、市场化选人用人机制和薪酬制度等方面开展探索，构建运转高效的园区管理体制机制。推动成立园区运营机构，充分发挥管委会管理职能和运营公司市场化运作功能。积极探索将园区资产打包交由专业的运营公司统一管理、运营，负责厂房回购、专业化服务等工作；鼓励建立专业的招商团队，推广产业链招商、第三方招商、龙头企业招商。

支持发展空间受限的试点园区采用“一区多园”的管理模式整合托管周边园区，拓展发展空间，有条件的支持其依法依规扩区升级。建设完善园区综合服务中心，培育中介服务机构，强化综合服务功能。深化“放管服”改革，加大赋权力度，创新服务标准，开展服务对标，着力提升政务服务能力和水平，切实降低制度性交易成本，优化园区营商环境。

（省商务厅牵头，省直有关部门按职责分工负责，各设区市人民政府、平潭综合实验区管委会落实）

（十）标准研制专项行动

以深入实施标准化战略为抓手，扎实开展“五个一”标准化行动。指导园区围绕工作协调、政策激励、科技成果运用转化、标准实施效果评价等，建立一套园区建设标准化工作机制。按照分类分级原则，针对不同类型和不同规模的工业（产业）园区对生产环境和配套设施要求，科学划定标准层级，构建科学合理、层次分明的工业（产业）园区建设标准体系框架，加强园区建设标准体系的协同性，探索构建一系列工业（产业）园区建设标准体系。推动园区规划建设、企业生产制造、技术支撑服务等重点领域的标准制修订工作，研制一批工业（产业）园区建设重点领域标准。探索园区建设团体标准工作模式，深化园区团体标准试点和应用，促进团体标准更好满足园区建设需要，发展一批园区团体标准。推进企业开展对标国际先进标准活动，鼓励园区企业参与企业标准排行榜，培育一批企业标准“领跑者”。

（省市场监管局牵头，省直有关部门按职责分工负责，各设区市人民政府、平潭综合实验区管委会落实）

三、保障措施

（一）强化统筹协调。省工业（产业）园区发展工作联席会议负责统筹推进园区标准化建设，整合省直相关厅局资源，形成试点园区标准化工作的产业发展项目和配套设施项目清单，协同推进项目建设。充分利用省直相关部门的专项资金，推进试点园区的产业发展、基础设施、科技创新、商贸服务、职工住房、产教融合等全面提升。对符合条件的试点园区产业项目和配套项目，省级预算内资金予以优先支持。符合公路网、防洪排涝、供水规划的园区配套项目，优先列入交通、水利部门建设计划。应急管理部门和生态环境部门依法依规做好园区安全生产监管和生态环境监管工作。

（二）强化责任落实。各专项行动牵头省直部门要根据工作任务和自身职能，制定具体的实施方案，建立工作机制，细化政策措施，并加强部门协同，形成工作合力；各试点园区所在地政府要落实属地主体责任，建立健全试点园区标准化建设统筹协调机制，研究制定具体实施方案和政策措施，整合资源力量，全面统筹推进试点园区标准化建设；各试点园区对照《福建省工业（产业）园区标准化建设指南》，结合当地实际，制定三年行动计划，细化梳理项目，确保各项任务落实到位。

（三）强化考核评价。省工业（产业）园区发展工作联席会议办公室（省工信厅）会同有关部门科学制定试点园区标准化建设考核评价办法，突出龙头品牌带动成效，充分考虑山区、沿海园区发展水平的差异。省级财政对考核优秀的试点园区按照正向激励机制给予一定奖励，对试点园区的重点产业项目及配套项目给予一定比例的财政资金扶持。设立省工业（产业）园区标准化建设咨询委员会，强化标准制订的科学管理，参与标准执行效果的评估。加大园区标准化工作的宣传推广，树立标杆园区，总结推广先进经验，促进产业高质量发展。

福建省人民政府办公厅关于应对新冠肺炎疫情支持交通运输现代服务业发展若干措施的通知

闽政办发明电〔2020〕20号

各市、县（区）人民政府，平潭综合实验区管委会，省人民政府各部门、各直属机构，各大企业：

为深入贯彻党中央、国务院关于加强新型冠状病毒感染肺炎疫情防控工作的重大部署，全面落实国家出台的保障疫情防控和企业复工复产各项政策措施以及支持交通运输、快递等物流业纾解困难加快恢复发展的措施，全力支持我省交通运输现代服务业恢复生产，畅通经济循环，满足民生需要，培育发展交通运输新动能，经省委、省政府研究同意，制定以下措施：

一、开辟业务办理绿色通道

积极开展道路运输业务网上办理，简化办理流程，确保办理事项快速办结。疫情期间，道路运输企业、从业人员无法及时申请办理驾驶证审验换证、机动车检验的，可以延期办理；无法及时申请换发道路运输经营许可证、车辆道路运输证、从业资格证审验换证等业务的，可以延期到疫情结束以后办理；道路运输车辆年审时间到期，暂时无法进行车辆审验或不具备相关审验条件的，允许其年审周期自动延续至疫情结束之后45天。（责任单位：省交通运输厅、省公安厅、各设区市人民政府、平潭综合实验区管委会。以下均需各设区市人民政府、平潭综合实验区管委会负责，不再列出）

二、积极对接金融服务政策

支持网络货运、快递服务、城市绿色配送、陆地港、多式联运、智慧出行、邮轮经济等交通运输现代服务业企业，按照规定享受信贷支持、贷款贴息、融资担保等金融扶持政策，积极对接“快服贷”融资服务。交通运输部门要加强与相关部门的沟通对接，积极争取将符合条件的为疫情防控物资和生活物资提供仓储、运输、配送的物流企业纳入疫情防控重点保障企业名单，切实落实优惠政策。（责任单位：省交通运输厅、福建银保监局、厦门银保监局、人民银行福州中心支行、省金融监管局、省财政厅、省发改委）

三、减轻受困企业税费负担

认真落实国家对交通运输、快递等物流业的阶段性减税降费政策。受疫情影响不能按期缴纳税款的交通运输现代服务业企业，可申请依法办理延期缴纳税款；因疫情遭受重大损失、正常生产经营活动受到重大影响的中小企业，可按规定申请房产税、城镇土地使用税困难减免。交通运输部门要及时汇总有关企业名单，积极协调相关部门，推动政策落实落地。（责任单位：省交通运输厅、省财政厅、省发改委、省税务局、厦门市税务局）

四、切实降低企业运营成本

各地要督促落实减免中小企业房租相关政策，对承租国有经营性房产的交通运输现代服务业中小企业，可以免收或减半收取3个月房租，或者延期收取租金；鼓励其他业主为企业减免租金。鼓励各保险公司通过延长保险期限、续保费用抵扣等方式，适当减免疫情期间停运的营运车辆、船舶、飞机保险费用。鼓励省内卫星定位平台服务商免收道路运输企业3个月监控服务费。（责任单位：省交通运输厅、省国资委、福建银保监局、厦门银保监局、省公安厅）

五、发展网络货运平台经济

支持符合条件的网络货运平台企业申请总部企业认定和总部经济政策。允许网络货运平台省级示范企业开展代开增值税专用发票等试点工作。各地要积极引导辖区商贸、工业企业物流业务通过省内网络货运平台企业结算。（责任单位：省交通运输厅、省财政厅、省税务局、厦门市税务局）

六、培育快递电商产业集群

支持建设快递电商产业园区，对投资规模20亿元以上且于2020年9月30日前完成首期土地招拍挂的快递电商产业园项目，在用地指标上予以优先保障，在土地农转用报批、不动产登记等方面予以优先办理。（责任单位：省自然资源厅、省交通运输厅）

七、促进冷链物流加快发展

2020年省财政继续安排2000万元专项资金支持我省道路货物运输企业购置冷藏运输工具，提升冷链运输装备水平。支持城乡冷链等物流基础设施项目申请地方政府专项债券。（责任单位：省交通运输厅、省发改委、省财政厅）

八、加快发展城市绿色配送

鼓励有条件的设区市开展城市绿色配送“五统一”试点，并制定试点实施方案，报省交通运输厅、公安厅审核后实施。省级从油价补助退坡资金中安排8000万元，对工作成效好、示范效应强的设区市给予正向激励。（责任单位：省交通运输厅、省公安厅、省财政厅、省邮政管理局）

九、打造跨境物流便捷通道

支持福州、厦门、泉州以及平潭等地加快发展跨境电商，开通跨境电商洲际货运包机业务。支持省内陆地港等交通运输现代服务业企业申请国际快递经营资质。支持省内陆地港应用福州、厦门、平潭对台海运快件试点资质，实现我省货物通过台湾直通中转，形成稳定、可预期的国际物流新通道。（责任单位：省交通运输厅、省商务厅、省邮政管理局、福州海关、厦门海关）

十、减轻道路运输企业和出租汽车司机负担

各地要落实道路运输企业减负政策。疫情期间，按照当地政府要求承担班线运输、务工人员返岗包车“点对点”运输服务的道路客运企业，当地政府要通过政府购买服务或者补贴部分包车费用的形式，积极给予支持；执行应急运输任务的交通运输、物流企业，属于政府购买公共服务的，各级财政要给予补偿。各地要采取措施鼓励出租汽车企业对疫情期间继续正常从事运营服务的出租汽车司机阶段性减免承包金、延长承包期限，帮助出租汽车司机渡过难关。（责任单位：省交通运输厅、省工信厅、省财政厅、省国资委）

十一、做好企业复工复产服务

各地要建立联系服务机制，推动各项惠企政策落实到位，帮助交通运输现代服务业重点企业解决用工难、疫情防控难、交通物流难、供应链协同配套难、市场拓展难等“五难”问题，统筹解决交通运输现代服务业复工复产防疫物资需求。对受疫情影响严重的航空、高速公路等行业企业，“一企一策”进一步研究具体帮扶措施，帮助企业解决生产经营问题。（责任单位：省交通运输厅、省发改委、省人社厅、省卫健委、省工信厅、省商务厅、省国资委）

福建省人民政府办公厅

2020年3月6日

（此件主动公开）

关于印发《福建省制造业设计能力提升专项行动计划实施意见》的通知

闽工信服务〔2020〕89号

各设区市、平潭综合实验区工业和信息化、发展改革、教育、财政、人力资源和社会保障、商务、知识产权主管部门，各有关单位：

现将《福建省制造业设计能力提升专项行动计划实施意见》印发给你们，请结合实际贯彻落实。

福建省工业和信息化厅
福建省发展和改革委员会
福建省教育厅
福建省财政厅
福建省人力资源和社会保障厅
福建省商务厅
福建省知识产权局
2020年6月15日

（此件主动公开）

福建省制造业设计能力提升专项行动计划实施意见

工业设计是制造业高质量发展的重要引领，是制造向创造转变的重要途径。根据工业和信息化部等十三部门《制造业设计能力提升专项行动计划（2019—2022年）》（工信部联产业〔2019〕218号）要求，为进一步提升我省制造业设计能力，推动制造业高质量发展，制定本实施意见。

一、指导思想

以习近平新时代中国特色社会主义思想为指导，全面贯彻落实习近平总书记对福建工作的重要讲话重要指示批示精神和党中央决策部署，按照《制造业设计能力提升专项行动计划（2019—2022年）》总体安排，瞄准我省重点产业和发展趋势，开展制造业设计能力提升专项行动，着力提升重点行业工业设计基础研究和公共服务，全面构建工业设计创新体系，为制造业高质量发展提供有力支撑。

二、工作目标

到2023年，全省建成100家左右省级工业设计中心，20家以上国家级工业设计中心，加快工业设计与互联网、人工智能和大数据融合发展；培育创建国家、省级工业设计研究院，加强工业设计基础研究和公共服务。持续举办各类工业设计赛事活动，搭建工业设计人才和成果与我省制造业企业对接平台，提高成果转化率，力争“海峡杯”“八闽杯”等工业设计赛事活动获奖作品产业化率达20%以上。

三、主要任务

（一）强化载体培育

围绕我省“强主导产业、培新兴产业、优传统产业”发展思路，强化福州市工业设计生态圈、泉州“一带一路”设计走廊、晋江国际工业设计园、厦门海西工业设计园、海峡两岸（漳州）设计创意中心、莆田仙游工艺创意产业园等园区载体培育。鼓励在城市或产业园区内，通过旧厂房改造利用、传统商业设施升级等方式，规划建设辐射带动效应明显的工业设计园区（中心）。支持有条件的城市申报以设计服务为特色的服务型制造示范城市，引导设计产业聚集发展。进一步发挥“矮凳网”“海峡国际工业设计网”等线上载体作用，整合各类设计资源，推动工业设计聚焦区域产业重点，打造“福设计”品牌。

（二）强化主体创建

培育壮大工业设计骨干企业，提升自有设计品牌，探索工业设计服务新模式，鼓励设计企业与制造业企业开展销售提成、项目股权等多种形式的战略合作，共担风险，共享成果。引导制造企业重视工业设计，组建或共建工业设计中心，并加强与有关高等学校、科研机构的产学研合作，提升自主创新能力和研发设计能力。支持行业龙头企业围绕优势领域，创建省级、国家级工业设计中心和工业设计研究院。加强省级陶瓷工业设计研究院建设，进一步培育钟表、制鞋工业设计研究院，支持研究院开展行业CMF（材料、工艺、设计）研究，建立实用、高效、开放、共享的设计资源数据库，提供设计工具、设计标准、检验检测、成果转化等服务，提升行业工业设计基础研究和服务水平。

（三）强化融合发展

推进工业设计与3D打印、VR、物联网、云计算、大数据、人工智能、区块链等新型技术融合，加快新工艺、新装备、新材料等在制造企业的设计应用。引导工业设计企业联合信息技术服务企业，发展大规模、柔性化、个性化定制服务以及智能产品和智能设计服务。培育推广“互联网+”工业设计平台，支持网络设计平台采取优惠折扣等形式促进企业“上云上平台”。引导设计服务链条向高端综合设计服务和提供系统解决方案方向延伸，开展产品回收及再制造、再利用等产品全生命周期绿色设计，提升全产业链设计服务能力。

（四）强化公共服务

继续发挥福建省中小企业公共服务平台作用，及时发布工业设计相关政策、资源和信息。进一步培育省工业设计协会、工业设计与服务制造行业技术开发基地、工业设计研究院等公共服务平台，支持平台探索建立设计人才数据库和人才评价、培养、激励、流动机制，开展设计标准体系建设和产业设计趋势研究与发布，建立福建省“设计志愿者”库，承担设计公益、设计扶贫活动。支持高校、社会机构、行业组织开展工业设计“慕课”建设、工业设计专题培训、典型经验交流、优秀设计资源对接等活动。举办“海峡杯”“八闽杯”“白鹭杯”及海峡两岸工业设计创新大赛、“张三丰杯”竹产业、“何朝宗杯”陶瓷产业等工业设计赛事活动，搭建境内外工业设计人才、成果和我省制造企业对接平台。

（五）强化交流合作

依托“海峡杯”“八闽杯”和地方特色产业工业设计赛事活动，加强与境内外相关工业设计机构、高校的交流合作。鼓励台港澳地区及境内外知名设计机构来闽设立分支机构，鼓励境内外工业设计大师来闽就业或开设独立工作室，入驻工业设计专业园区。大力支持我省工业设计企业主动承接国际设计业务外包服务、参加中国工业设计展览会、中国优秀工业设计奖等展会活动，扩大知名度，争创设计服务品牌。

四、保障措施

（一）加大政策引导。充分利用相关部门现有政策和渠道，支持制造业设计能力提升，重点支持国家级、省级工业设计中心和工业设计研究院建设，“互联网+”工业设计公共服务平台建设，工业设计基础软件开发，“海峡杯”“八闽杯”和地方特色产业工业设计大赛举办，设计教育和服务外包。各地可根据实际情况，制定相关政策，支持当地工业设计产业发展。

（二）营造发展氛围。通过举办工业设计大赛、展示、培训、设计坊等活动，传播工业设计价值；大力宣传设计领域优秀成果、赛事活动、重点企业和领军人才，体现设计对制造业转型升级的支撑作用。加强设计类知识产权保护的宣传，提升诚信经营意识；不断扩大设计创新的社会影响，营造全社会重视设计、推动设计发展的良好氛围。

（三）加强人才培养。对“海峡杯”等工业设计大赛获奖选手，依据省人社厅等部门有关政策规定，推荐选手申报有关荣誉；大赛获奖选手来闽创业、就业，符合条件的可享受省市县人才、住房和创业扶持等相关政策。鼓励工业设计相关单位向有关部门申请享受创意产业发展及高层次人才引进等各项优惠政策和奖项荣誉等。深化工业设计产教融合、校企合作，鼓励校企共同研究制定人才培养方案，培养我省产业发展急需的工业设计人才。

（四）健全保障体系。加大对侵权行为的打击力度，鼓励工业设计企业和个人申报专利、商标和著作权。探索实行工业设计知识产权预备案制度，加强知识产权申请、保护、转让等专题培训，强化工业设计知识产权保护意识与维权能力。落实研发设计费用加计扣除政策，支持制造企业采购工业设计服务按规定给予税前加计扣除。加强金融扶持，将工业设计企业纳入科技型中小企业信贷政策支持的范畴。鼓励和支持工业设计企业参加高新技术企业认定和科技型中小企业申报，经认定符合条件的可享受相应税收优惠政策。

关于印发《福建省完善质量保障体系提升建筑工程品质若干措施》的通知

闽建建〔2020〕5号

各设区市建设局、发改委、自然资源局、工信局、人社局、市场监管局、科技局，人民银行省内各市中心支行、福州各县（市、区）支行，平潭综合实验区交建局、经发局、自然资源局、社会事业局、市场监管局：

为进一步完善质量保障体系，提升建筑工程品质，按照省政府办公厅有关工作要求，现将《福建省完善质量保障体系提升建筑工程品质若干措施》印发给你们，请结合本地实际，认真贯彻执行。

福建省住房和城乡建设厅
福建省发展和改革委员会
福建省自然资源厅
福建省工业和信息化厅
福建省人力资源和社会保障厅
福建省市场监督管理局
福建省科学技术厅
中国人民银行福州中心支行
2020年10月27日

福建省完善质量保障体系提升建筑工程品质若干措施

为进一步完善质量保障体系，提升建筑工程品质总体水平，促进建筑业高质量发展，不断提高人民群众满意度，根据《国务院办公厅转发住房城乡建设部关于完善质量保障体系提升建筑工程品质的指导意见》（国办函〔2019〕92号）、住房和城乡建设部《关于落实建设单位工程质量首要责任的通知》（建质规〔2020〕9号），结合我省实际，提出如下措施。

一、突出建设单位首要责任。建设单位是工程质量第一责任人，依法对工程质量承担全面责任。建设单位要严格落实项目法人责任制，严格履行基本建设程序，依法依规发包工程。要坚持进度服从质量安全，严禁盲目赶工期、抢进度，保证合理工期和造价，按时支付工程款，通过合同约束等手段督促参建各方认真履职，及时消除质量安全隐患。要健全工程项目质量安全管理体系，配备专职人员并明确其质量安全管理职责，不具备条件的可聘用专业机构或人员。要严格履行住宅工程质量保修责任，建立质量回访和质量投诉处理机制，及时组织处理保修范围和保修期限内出现的质量问题，并对造成的损失先行赔偿。推动建立住宅工程质量信息公示制度，住宅工程开工前，建设单位要公开工程规划许可、施工许可、工程结构形式、设计使用年限、主要建筑材料、参建单位及项目负责人等信息；交付使用前，应公开质量承诺书、工程竣工验收报告、质量保修负责人及联系方式等信息。研究推进行业信用体系建设，加强对建设单位及其法定代表人、项目负责人质量安全信用信息归集，及时向社会公开，倒逼建设单位落实首要责任。（省住建厅、省发改委负责）

二、落实施工单位主体责任。施工单位应完善质量安全管理体系，加强培训教育，强化质量安全责任意识，建立岗位责任制度，设置质量安全管理机构，配备专职质量安全负责人。施工单位要规范承发包行为，不得转包、违法分包工程。结合实际细化制定岗位标准化手册，将质量安全管理要求落实到每个项目和员工。扎实推行工程质量安全手册制度，健全质量安全管理标准化制度和评价体系，提高工程项目质量安全管理和过程控制水平。建立质量责任标识制度，对关键工序、关键部位隐蔽工程实施举牌验收，同步留存影像资料，加强施工记录和验收资料管理，实现质量责任可追溯。实施《建设工程施工现场远程视频监控系统建设应用标准》，利用监控设备生成的图像、视频等大数据资料及时采取措施，消除施工现场质量安全隐患。（省住建厅负责）

三、履行工程质量监管责任。落实属地监管责任，完善日常检查和抽查抽测相结合的工程质量安全动态监管机制，应用“互联网 +”技术，全面推行“双随机、一公开”检查方式，重点加强对涉及公共安全的工程地基基础、主体结构等部位和竣工验收等环节的监督检查。针对我省城市轨道交通工程的通信、信号、大型机械设备等方面监管力量薄弱问题，鼓励采用政府购买服务的方式，委托具备条件的社会力量进行工程质量安全监督检查和抽测的技术性、辅助性工作。探索研究建筑工地智慧化管理措施，推行建筑设备智能识别开机，推进施工扬尘在线监测系统应用，提高监管效能。鼓励创建优质工程，落实“优质优价”政策。（省住建厅、省发改委负责）

四、加强建材质量管理。建立健全缺陷建材产品响应处理、信息共享和部门协同处理机制，对监督抽查发现建材产品质量不合格的，依法处理并告知相关部门，落实建材生产单位和供应单位终身责任，规范建材市场秩序。强化预拌混凝土生产、运输、使用环节的质量管理，通过飞行检查等方式开展对检测和预拌混凝土及其原材料质量的监督检查，严厉打击检测弄虚作假行为。加快机制砂矿点选址出让和项目建设投产，扩大机制砂产能，保障建设用砂。强化机制砂企业产品质量监督管理，落实机制砂企业质量责任，开展对工程项目机制砂进场质量的抽查抽测，保障建筑工程质量。鼓励企业建立装配式建筑部品部件生产和施工安装全过程质量控制体系，建设和监理等相关方可通过合同约定采用驻厂监造等方式加强部品部件生产质量管控。建立从生产到使用全过程的建材质量追溯机制，并将相关信息向社会公示。（省市场监管局、省住建厅、省自然资源厅、省工信厅负责）

五、提升建筑设计水平。优化工程设计招投标制度，积极引进院士、设计大师等领军人才领衔大型公共建筑设计，鼓励港、澳、台优秀设计团队参与我省建筑设计，引进先进设计理念。完善勘察设计质量管控体系，落实勘察设计企业主体责任，加强企业内部质量控制，推动利用信息化技术优化设计。稳步推进施工图审查制度改革，全面实施数字化图审，强化可追溯在线监管，加强对免审项目的事后抽查。严格控制超限高层建筑建设，加强超限高层建筑抗震、消防、节能等管理，严格落实抗震设防标准，强化超限高层建筑抗震专项审查，推广应用减震隔震技术。突出地域特征，开展建筑文化研究，倡导注重文化传承的城市设计。大力推动勘察设计行业创新创优，培育壮大本省优秀建筑师队伍，充分发挥工程勘察设计大师引领作用。鼓励企业提取年营业收入的一定比例作为科技活动和优秀建筑方案创作基金，激发建筑师活力和创造力，提升设计供给体系质量和建筑设计品质。（省住建厅、省发改委负责）

六、推行绿色建造方式。推进绿色建筑高质量发展，加快绿色建筑地方立法，建立健全绿色建筑标准体系，完善绿色建筑评价标识制度。逐步提高建筑节能标准要求，推进新建和既有建筑能效提升。完善绿色建材产品应用标准，进一步提高建筑产品节能标准，建立新产品、新材料、新工艺、新技术发布制度，推广应用新型墙体材料、预拌砂浆、预拌混凝土、节能门窗等绿色建材；推行绿色建材产品认证标识制度，鼓励新建、改建、扩建项目优先使用获得认证标识的绿色建材产品。推进绿色施工，通过先进技术和科学管理，降低施工过程对环境的不利影响。（省住建厅、省发改委、省工信厅、省市场监管局负责）

七、完善提升标准体系和科技创新能力。精简优化工程建设地方标准，规范团体标准和企业标准编制，推进建筑施工企业工法改革，构建地方、团体、企业三个层级工程建设地方标准体系。促进两岸标准共通，在福建自贸区、平潭综合实验区、武夷新区的项目中率先试点应用。加大建筑业技术创新及研发投入，突破重点领域、关键共性技术开发应用。推进建筑信息模型（BIM）、大数据、移动互联网、云计算、物联网、人工智能等技术在设计、施工、运营维护全过程的集成应用，推广工程建设数字化成果交付与应用，加大信息技术在绿色建筑、装配式建筑、城市轨道交通等场景的深度应用，打造一批绿色智慧精品工程。（省住建厅、省科技厅、省工信厅、省发改委负责）

八、完善招标投标制度。推行工程总承包模式，完善工程招投标体制机制。发展全过程工程咨询，支持政府投资项目优先采用全过程工程咨询模式。鼓励政府投资项目采取“全过程工程咨询+工程总承包”管理服务方式。进一步落实招标人自主权，在评标定标环节探索建立能够更好满足项目需求的制度机制。简化招标投标程序，实施招投标网上运行公开，推行电子招标投标和异地远程评标，严格评标专家管理。积极推行电子保函和施工过程结算，全面实施工程款支付担保。扩大信用信息在招标投标环节的规范应用，加快完善“守信激励、失信惩戒”市场竞争机制。健全打击整治工程领域招投标违法犯罪协作机制，充分运用省公共资源交易大数据分析功能，强化多部门联动监管，严厉打击串通投标、弄虚作假和虚假招标等违法行为，强化标后合同履约监管。（省发改委、省住建厅、省市场监管局负责）

九、强化从业人员管理。加强建筑业从业人员职业教育，大力开展建筑工人职业技能培训，重点培养适应建筑产业现代化发展的产业工人，大力倡导培育工匠精神，积极推进企业建立职业培训实训基地。发挥企业在技能人才培养、评价方面的主体作用，鼓励支持具备条件建筑企业开展职业技能等级认定工作。推行建筑工人实名制信息化管理，实现实名制信息与全国平台互联互通。加强对企业用工管理，落实农民工工资专户、用工实名制管理和工资保证金等制度，确保按时足额发放工资。未经承包人同意，发包人不得以商业汇票等非货币形式支付进度款。建立健全与建筑业相适应的社会保险参保缴费方式，大力推进建筑施工单位主动按项目参加工伤保险，切实保障建筑工人工伤保险权益。（省住建厅、省人社厅负责）

十、加强诚信体系建设。完善福建省建设行业信息公开平台，加强信息归集，健全违法违规行为记录制度，及时公示相关市场主体的行政许可、行政处罚、抽查检查结果等信息，并与全国建筑市场监管公共服务平台、省公共信用信息共享平台、省公共资源交易服务平台和国家企业信用信息公示系统（福建）实现数据共享交换。健全建设领域诚信体系，将企业履行质量安全管理职责情况作为信用评价的主要内容。严格实施建筑市场主体黑名单制度，及时向社会曝光，推动实行多部门联合惩戒。（省住建厅、省发改委、人民银行福州中心支行、省市场监管局负责）

完善工程质量保障体系提升工程品质是一项系统工程，各地各相关部门要认真履行部门职责，健全工作机制，细化工作措施，确保各项工作落实到位。同时结合营商环境建设，进一步简化建设项目管理，切实提升政府服务水平，加强舆论宣传引导，积极宣传好经验、好做法，营造良好的社会氛围。

福建省应对新型冠状病毒感染肺炎疫情工作领导小组商务发展服务小组关于印发进一步促进网红经济发展九条措施的通知

闽商务明电〔2020〕8号

省商务发展服务小组各成员单位，省有关单位：

《关于进一步促进网红经济发展九条措施》已经福建省应对新型冠状病毒感染肺炎疫情工作领导小组商务发展服务小组会议审议通过，现印发给你们，请抓好贯彻落实。

福建省应对新型冠状病毒感染肺炎疫情
工作领导小组商务发展服务小组
（福建省商务厅代章）
2020年5月27日

（此件公开发布）

关于进一步促进网红经济发展九条措施

为贯彻落实党中央、国务院的决策部署和省委、省政府关于统筹推进疫情防控和经济社会发展的工作要求，扎实做好“六稳”工作，落实“六保”任务，大力推动直播带货等电子商务新业态发展，繁荣网红经济，现提出以下措施。

一、直播赋能福建质造，推广福建网红产业带

鼓励各地围绕优势制造业，抱团开展线上产业直播推广活动，通过产业带+直播模式和网红力量，推动我省优势产业、品牌企业、优质产品提高市场占有率。鼓励优势制造业企业开展源头好货工厂直播，举办厂家直销、C2B反向定制、柔性制造等活动，精准匹配消费者需求，促进“小而美”工业品牌发展。培育、推广一批福建网红产业带。

二、对接直播头部平台，拓展网红流量资源

加强与阿里巴巴、快手、抖音、拼多多等互联网平台在直播带货领域的合作，共同开展直播公益培训。鼓励企业借助各平台网络直播资源拓展国际、国内市场，积极参加平台组织的直播培训和线上公益直播活动，通过直播模式降低触网门槛，提升线上推广能力。

联合银联、银行业以及各互联网直播平台，积极筹办“全闽乐购直播节”等直播活动。开设名特优及原产地产品直播专场，通过直播卖场优惠等形式，带动商品销量与品牌传播。积极争取各平台对福建的流量支持，不断提升我省茶叶、鲍鱼、海参等名优特产品网络销售规模。

三、鼓励直播融合商贸，激发商超网红热点

利用直播电商有效压缩中间环节、重塑交易方式、线上线下融合互动的特质，加大对规模以上批零企业的直播电商辅导力度，推动专业批发市场、传统商超、步行街、商圈开展直播带货，引进网红商店，开拓“线下打烊、线上开播”新运营模式，培养一批网红老板，实现线上线下商贸全面繁荣。

联合银联、直播平台等机构举办全省“播客技能竞赛”、“网红商店直播大赛”等赛事评选活动，给予宣传、奖励、营销激励等扶持政策。

四、直播助力跨境电商，打响海外网红名品

鼓励各地借助跨境电商综试区综合优势，开展保税区进口商品直播促销活动，支持直播电商平台以全链路、新场景、多语种直播形式，通过直播电商开拓境内外市场，促进跨境领域直播电商发展，为福建企业搭建数字贸易桥梁。

五、打造夜间经济网红，引导促进夜间消费

鼓励各地聚焦夜间经济传统商品优势，用好直播电商带货功能，培育一批网红夜间商品，提振夜间消费。鼓励企业借助网红直播、短视频等新业态，为消费者夜间消费提供精准导购服务，提升消费体验。鼓励企业借助银行业助商惠民优惠政策，持续开展线上线下宣传引流，促进直播效应最大化，打造一批网红夜间街区、夜间旅游打卡点，带动夜间消费人气和流量，提升线下消费热度。

六、发展农村直播电商，培育乡村网红经济

积极开展农村直播技能培训，提升农户直播操作、运营技能，培育一批农村主播、网红农民。鼓励农村电商示范县联动银行业县域电商平台，运用直播电商促进本地区农产品、特色手工、地方性产品和乡村旅游等优质农村产品上行，培育一批网红村、乡、镇。

鼓励电商企业通过网络直播推广我省优质农产品，邀请国内著名头部网红代言我省名特优新农水产品，培育一批福建网红农货，促进贫困地区优质农特产品、滞销农产品线上销售，带动贫困地区增产增收。

七、创新直播场景应用，提升网红经济消费体验

探索多元化直播电商应用场景，积极引导住宿、餐饮、旅游、汽车、教育等企业开展直播电商业务，发展“线上引流 + 实体消费”模式。鼓励直播电商企业运用5G技术，促进直播与VR、AR技术融合，提高消费者消费体验感。

八、积极培育直播网军，强化网红经济支撑

支持各地结合自身优势，以具备条件的商务楼宇、专业市场、主题街区、步行街、闲置物业等为载体，推动内容制造、视频技术、直播场景等一站式直播基础设施建设，吸引国内优质直播电商平台、MCN机构入驻，加快培育一批网红直播基地。

加强直播业务培训和人才培养，鼓励电子商务示范城市、示范县、行业商协会持续开展直播电商公益普及性培训，开设直播带货课程。依托电商行指委，加快完善直播电商及其应用的教育课程体系，引导院校、直播电商培训机构、主播孵化机构，开展直播带货实操培训，培育与我省产品、产业相匹配的主播团队，力争培养一批福建头部网红。

探索发动在闽名人、名流化身主播，为福建商务代言。

九、加强服务规范发展，促进网红经济健康成长

以《电子商务法》及国家网络安全管理有关规定为指导，发挥政府、协会、社会监督合力作用，引导直播电商、网红带货达人诚信规范经营，推动网红经济持续健康发展。

加强网红经济规划研究，依托数字经济智库为福建网红经济发展把脉，提供智力支撑。

优化政策支持，对运用新模式扩大网络销售成效明显的企业给予一定奖励。优先推荐直播基地功能完善的电商园区参评国家电子商务示范基地。

各设区市涉企政策选编

福州市人民政府关于印发
培育龙头企业工作方案及政策措施的通知

榕政综〔2020〕261号

各县（市）区人民政府、高新区管委会，市直各委、办、局（公司），市属各高等院校，自贸区福州片区管委会：

经市委、市政府研究同意，现将《培育农业龙头企业工作方案及政策措施》《培育工业龙头企业工作方案及政策措施》《培育软件业龙头企业工作方案及政策措施》《培育建筑业龙头企业工作方案及政策措施》《培育服务业龙头企业工作方案及政策措施》印发给你们，请认真组织实施。

福州市人民政府

2020年12月21日

关于培育农业龙头企业工作方案及政策措施

为贯彻落实市委、市政府“扶引大龙头、培育大集群、发展大产业”的战略部署，发挥龙头引领带动作用，全方位推动我市特色现代农业高质量发展，现结合我市实际，制定本方案及政策措施。

一、指导思想

深入贯彻落实习近平总书记对福建、福州工作重要指示要求和党的十九届五中全会精神，坚持农业农村优先发展，着力培育一批“自主创新能力强、加工增值水平高、行业位次排名前、辐射带动作用好”的农业龙头企业，带动特色现代农业高质量发展，提升农业农村现代化水平，为争当全省推动全方位高质量发展超越排头兵，建设国家中心城市和现代化国际城市进一步夯实龙头之柱、筑牢产业之基。

二、培育对象

种养类企业年销售收入达2亿元以上，加工流通类企业年销售收入达10亿元以上，且“十四五”期间具有高成长潜力的特色农业龙头企业。

三、发展目标

1. 企业产能实现跃升。到2025年，力争年销售收入（产值）10亿元以上企业达到50家以上，其中：150亿元以上企业1家以上、100亿—150亿元企业3家以上、50亿—100亿元企业8家以上、10亿—50亿元企业40家以上。

2. 企业质量实现提升。到2025年，力争农业产业化国家级重点龙头企业达15家以上，中国农业企业500强达10家以上，培育一批具有全国竞争力和行业话语权的企业。

四、重点任务

1. 提升龙头引领作用。加强对企业的挂钩服务，切实帮助企业突破发展瓶颈；支持企业申报国家级、省级农业产业化重点龙头，推动企业做大做优做强；引导企业与合作社、家庭农场、种养大户建立稳定的合作关系，依托区域特色产业，围绕生产经营特点，因地制宜组建农业产业化联合体，建立完善利益联结机制，实现合作共赢。

2. 延伸农业产业链条。支持企业通过以商招商方式，加强上下游合作，实现生产加工、冷链运输、仓储销售等各环节相链接。支持企业发展休闲观光农业、农业康养等新产业、新业态，开展连锁经营、智能配送和电子商务等多样化营销。

3. 强化金融信贷服务。进一步扩大“政府基础风险金”规模；减轻企业贷款利息负担；鼓励银行等金融机构针对农业企业特点，积极开展金融创新，扩大农产品、水产品的担保物范围；加强对企业上市的辅导服务，支持企业到主板、科创板或赴境外上市，解决企业快速发展的资金瓶颈问题。

4. 强化发展要素保障。加强人才支持，鼓励企业采取多种形式培养业务骨干，积极引进高层次人才，并享受我市人才引进待遇。加强用地保障，试点农业用地新模式，优化农业生产区域布局，加强特色农产品优势区建设；鼓励企业开展农业适度规模经营，建设一批规模化、标准化、专业化加工专用原料生产基地。

5. 提升科技创新能力。支持企业加大科研投入，开展特色农产品精深加工技术创新，引进国内外先进技术和设备，推进产品结构和产业结构升级；支持企业深化与高校、科研院所、行业技术开发基地合作，加快关键核心技术攻关；支持企业建设一批国家级、省级企业技术中心、研发中心、重点实验室等，打造发展新优势。

6. 加强品牌培育推广。鼓励企业发展技术含量高与附加值高、有市场潜力的名牌农产品；鼓励企业申报无公害农产品、绿色食品和有机食品认定认证，支持企业申报驰名商标、质量奖和名牌农产品，鼓励创建区域品牌和地理标志。引导企业开展企业形象和品牌标识宣传活动，提高农产品市场知名度、美誉度；鼓励企业通过电商平台、专业展会等多渠道扩大品牌产品经营规模，提高产品市场占有率。

五、扶持政策

1. 加强领导挂钩服务。建立领导挂钩服务机制，成立属地县（市）区工作专班，制定“一企一策”帮扶措施，及时解决企业发展遇到的困难和问题。重大问题可通过“一企一议”服务工作机制解决。

责任单位：市农业农村局、市海洋与渔业局、市林业局、市发改委，各县（市）区人民政府、福州高新区管委会

2. 支持企业升格晋级。对新认定为国家级、省级农业产业化

重点龙头的企业，分别给予一次性奖励100万元、30万元；对首次入围中国农业企业500强榜单的企业，给予一次性奖励30万元。

责任单位：市农业农村局、市海洋与渔业局、市林业局、市财政局

3. 支持企业加大研发投入。对R&D占年销售收入（产值）1.5%以上、支出增速达15%以上的企业，按年度给予30万元奖励。

责任单位：市科技局、市农业农村局、市海洋与渔业局、市林业局、市财政局、市发改委、市工信局

4. 加强农业用地保障。对企业申请的设施农业用地采用备案制，尽量避让永久基本农田，确实难以避让的，经自然资源和规划、农业农村部门论证同意后，办理备案手续；合理安排土地利用年度计划指标，优先保障龙头企业的新建、扩建项目用地需求；试点“点状”“带状”布局、多个地块组合开发的用地模式。

责任单位：市自然资源和规划局、市农业农村局、市海洋与渔业局、市林业局，各县（市）区人民政府、福州高新区管委会

5. 加大金融支持力度

（1）拓宽融资渠道。市农业产业化重点龙头企业“政府基础风险金”规模增加至5000万元，对列入名单的单个企业贷款额度从1000万元提高

到2000万元，其中超过1000万元部分的贷款，用产权清晰、流转条件成熟的农村土地承包经营权、林权、海域使用权等作为抵押。

责任单位：市地方金融管理局、市农业农村局、市海洋与渔业局、市林业局、市财政局、市邮储银行、市担保公司

（2）支持开展仓单质押。鼓励企业开展农产品、水产品等仓单质押，按银行实际利息的50%给予补助，市、县（区）各负担50%，单个企业市县财政补助总额每年最高不超过100万元。

责任单位：市地方金融管理局、市农业农村局、市海洋与渔业局、市林业局、市财政局、市担保公司

6. 加大企业人才保障

（1）企业高级管理人员工薪个人所得税纳税额3万元以上的，按其本年度所缴工薪个人所得税地方留成部分的80%予以等额财政奖励，奖励期限5年；其义务教育及学前阶段子女由教育部门统筹安排优质学校。

（2）对年销售收入（产值）达到10亿元、50亿元、100亿元的企业，5年内每年每家自主认定不超过1名、3名、5名骨干人员，优先提供政府人才公寓、公共租赁住房、安居型商品房，其义务教育及学前阶段子女由教育部门统筹安排优质学校。

（3）支持企业稳岗用工，帮助企业开展东西部劳务协作，贫困务工人员就业提供稳岗补助；支持企业招用新劳动力，人力资源机构、老员工为企业介绍招用新劳动力享受相应奖补；继续帮助支持企业“点对点”接送外地员工返岗就业。

（4）支持企业开展初、中级职称自主评定；市人社局会同行业主管部门开展企业亟需的新兴行业初、中级职称评定工作。

责任单位：市委人才办、市人社局、市房管局、市教育局、市财政局，各县（市）区人民政府、福州高新区管委会

7. 鼓励企业以商招商。对通过企业以商招商方式引进的市域

外企业投资项目，在项目取得施工许可证之日起一年内实际固定资产投资额（不含土地）达2000万元（含）以上的，按照其固定资产投资完成额1%给予龙头企业招商奖励，最高不超过100万元。

责任单位：市农业农村局、市海洋与渔业局、市林业局、市财政局

六、保障措施

（一）加强组织领导。建立农业龙头企业培育工作联席会议制度，由市政府分管领导担任召集人，定期听取各部门工作进展，研究协调企业发展遇到的困难和问题。

（二）强化责任分工。市直各相关部门要主动对号入座，进一步细化工作方案，将各项工作任务及扶持政策转化为具体的项目清单、任务清单、责任清单，制定政策实施细则，明确分工，抓好落实。

（三）强化督导考核。对企业上报的需市、县两级政府协调解决的困难和问题，实行挂牌督办和对账销号制度，由市农业农村局会同市效能办对各有关单位进行督导考核，对不作为、慢作为，推动工作不力、推诿扯皮的单位和相关责任人予以效能问责。

七、附则

1. 经认定的龙头企业，按照“就高不重复”原则，自行选择享受本市政策中的扶持措施。

2. 获得企业以商招商奖金奖励后、五年内迁出本市的企业，需退回已获得的奖励奖金。

3. 企业名单实施动态管理，原则上每年更新调整一次，经市政府同意后予以公布。

4. 本方案及政策措施自颁布之日起施行，有效期至2025年12月31日。

5. 本方案及政策措施由市农业农村局会同相关单位负责解释。

关于培育工业龙头企业工作方案及政策措施

为加快培育一批百亿乃至千亿级工业龙头企业，发挥龙头引领带动作用，促进产业高质量发展，经研究制定本方案及政策措施。

一、指导思想

深入贯彻落实党的十九届五中全会精神和习近平总书记对福建、福州工作系列指示要求，按照“扶引大龙头、培育大集群、发展大产业”战略部署，聚焦“扶”和“引”两点共同发力，着力培育一批具有国际竞争力、区域影响力、产业带动力的龙头企业，充分发挥龙头企业在构建国内大循环为主体、国内国际双循环相互促进的新发展格局中的引领作用，为我市争当全省推动高质量发展超越排头兵，建设现代化国际城市进一步筑牢产业之基。

二、龙头企业标准

1. 超大型龙头企业：年营业收入达1000亿元（含）以上的企业（集团）；

2. 大型龙头企业：年营业收入达100亿元（含）以上的企业（集团）；

3. 龙头企业：年营业收入达10亿元（含）以上的企业。

三、发展目标

到2025年，力争培育年营业收入超百亿元工业企业（集团）30家，较2020年翻一番。到2025年，力争培育年营业收入1000亿元以上企业（集团）5家，300亿—1000亿元企业（集团）8家，100亿—300亿元企业（集团）17家。到2025年，力争培育中国企业500强5家，培育一批具有全球竞争力和行业话语权的龙头企业。

四、重点任务

（一）推动龙头企业规模提升

1. 鼓励龙头企业整合提升。鼓励龙头企业通过增资扩股、兼并重组、股权置换、股权转让、混改等形式引进战略投资者，实现资源整合有效利用，迅速提升企业规模。加强质量品牌建设，争创各类品牌荣誉，力争更多龙头企业入围中国企业500强。

2. 鼓励龙头企业上市发债。加强对龙头企业上市辅导服务，支持龙头企业充分利用银行间债券市场非金融企业债务融资工具融资，扩大直接融资规模，推动企业做大做强，提升规模效应和企业知名度。

（二）推动龙头企业创新发展

1. 打造以龙头企业为主体的产业创新平台。鼓励龙头企业加大创新研发投入，年度R&D建设投入强度达3.5%以上。支持龙头企业牵头搭建行业性创新研发平台，探索组建联合实验室和产业技术创新联盟，开展技术协同攻关，突破“卡脖子”专利技术，强化行业基础性、关键性技术研发共享。

2. 构建以龙头企业为核心的产学研用体系。加强产学研用合作，以科学城、“三创园”为依托，推动龙头企业与科研院校联办技术研发中心、实验室、中试基地，实现科技研发成果产业化，打造产学研用一体化创新高地。

（三）推动龙头企业转型升级

1. 推动龙头企业数字化改造。鼓励龙头企业对采购、生产、销售、仓储、物流等各个环节进行数字化、智能化技术改造，打造智能制造样板工厂、样板车间，推动产业转型升级。

2. 推动龙头企业平台化发展。鼓励龙头企业建设工业互联网平台、电子信息公共服务平台、电子商务平台、供应链及物流服务平台、第三方综合服务平台；支持龙头企业搭建产业链公共服务云平台，实现产业链、供应链上下游企业的数据、信息、资源汇聚，将龙头企业打造成为引领带动行业发展的“航空母舰”。

（四）推动龙头企业跨界融合

1. 支持龙头企业跨区域发展。鼓励龙头企业按照“总部+基地”模式，建设海外、域外生产基地、原料供应基地、分销中心、研发中心，推动企业跨区域发展。

2. 支持龙头企业跨行业融合。大力发展服务型制造，推动龙头企业开展设计、定制、检验检测认证等多元业务，提供一体化的系统解决方案，开展总集成、总承包服务，实现以主业为核心的跨行业融合发展。

（五）推动龙头企业链式发展

1. 促进龙头企业延伸产业链。推动龙头企业延伸产业链、创新新模式、开发新业态，补齐发展短板，打通内循环，提升价值链水平，打造一企一链、一企一园产业生态。

2. 促进龙头企业产业链招商。支持龙头企业利用自有土地、标准厂房，开展产业链以商招商。推行“龙头企业开单、政企联动招商”模式，实施一企一策、靶向发力、精准招商，引进一批产业链填平补齐的大项目、好项目。

五、扶持政策

1. 领导挂钩服务。对列入培育名单的龙头企业建立领导挂钩服务机制，成立属地县（市）区工作专班，制定“一对一”帮扶措施，及时解决企业面临的困难问题。重大问题，龙头企业可通过“一企一议”服务工作机制解决。

责任单位：市发改委、市工信局，各县（市）区人民政府、福州高新区管委会

2. 培育龙头品牌。对入围中国企业联合会、中国企业家协会发布的中国企业500强、中国制造业企业500强榜单的企业，由市政府予以表彰授牌，并作为良好信用信息记入市公共信用信息平台，纳入企业信用档案。

责任单位：市工信局，各县（市）区人民政府、福州高新区管委会

3. 推动自主创新。落实好企业研发费用加计扣除、企业研发经费分段补助等创新政策，激励龙头企业加大研发投入，对符合条件的企业，按研发经费支出额的2%、4%、5%进行研发费用分段补助。给予龙头企业年度研发经费支出较上一年度增量部分的6%补助。对年产值在5000万元以上、税收1000万元以上且研发经费内部支出占主营业务收入比重超过5%的高研发投入企业，在享受已有研发经费分段补助政策基础上，按其研发经费内部支出超出上一年度的增量部分，再给予10%的奖励，最高奖励500万元。

责任单位：市科技局、市财政局，各县（市）区人民政府、福州高新区管委会

4. 强化成长激励。对年产值达10亿元（含）以上，且较上年度产值分别增长15%（含）—30%、30%（含）—45%、45%（含）以上的龙头企业，按照其增值税、企业所得税市县两级地方留成部分较上年度增量部分的15%、30%、45%予以分档财政奖励，用于支持企业扩大再生产。

责任单位：市工信局、市财政局、市税务局，各县（市）区人民政府、福州高新区管委会

5. 加大引才扶持。

（1）龙头企业高级管理人员工薪个人所得税纳税额3万元以上的，按其本年度所缴工薪个人所得税地方留成部分的80%予以等额财政奖励，奖励期限5年；其义务教育及学前阶段子女由教育部门统筹安排优质学校。

（2）对年营业收入达到100亿元、300亿元、1000亿元的龙头企业，5年内每年每家自主认定不超过1名、3名、5名骨干人员，优先提供政府人才公寓、公共租赁住房、安居型商品房；其义务教育及学前阶段子女由教育部门统筹安排优质学校。

（3）支持龙头企业稳岗用工，帮助龙头企业开展东西部劳务协作，对贫困务工人员就业提供稳岗补助；支持龙头企业招用新劳动力，人力资源机构、老员工为龙头企业介绍招用新劳动力享受相应奖补；继续帮助支持龙头企业“点对点”接送外地员工返岗就业。

（4）支持龙头企业开展初、中级职称自主评定；市人社局会同行业主管部门开展龙头企业亟需的新兴行业初、中级职称评定工作。

责任单位：市委人才办、市人社局、市房管局、市教育局、市财政局，各县（市）区人民政府、福州高新区管委会

6. 优先要素保障。用电方面，支持龙头企业自建变电站，参与电力市场化交易，对符合条件的企业给予“两节”用电资金补助。用能方面，“十四五”能耗指标优先保障符合条件的龙头企业

项目；推动龙头企业大项目争取获得国家能耗指标单列。用气方面，降低龙头企业用气成本，享受用气大型企业配气价格优惠政策。用地方面，保障龙头企业项目用地需求；鼓励龙头企业兼并重组收购园区中小企业，对低效工业用地进行集中改造。环保方面，“十四五”环保排污指标优先保障符合条件的龙头企业项目。

责任单位：市发改委、市自然资源和规划局、市工信局、市生态环境局、市建设局，福州供电公司、福州华润燃气公司，各县（市）区人民政府、福州高新区管委会

7. 支持开拓市场。支持将符合条件的龙头企业产品优先列入《福州市名优产品目录》，由市财政投入的建设项目、市属国有企业所属项目对目录中企业的名优产品可依法依规应用尽用。主动对接龙头企业产品销售需求，帮助企业通过创新销售模式、行业内多企合作等形式，协调解决企业产品销售困难问题。

责任单位：市工信局、市建设局、市财政局，市属国有企业、相关项目业主单位，各县（市）区人民政府，高新区管委会

8. 鼓励以商招商。对通过龙头企业以商招商方式引进的市域外企业投资项目，在项目取得施工许可证之日起一年内，实际固定资产投资额（不含土地）达5000万元（含）以上的，由市政府予以表彰授牌，并对龙头企业招商主要负责人按照其固定资产投资完成额1%给予一次性奖励，最高不超过100万元。

责任单位：市投促局、市工信局、市财政局，各县（市）区人民政府、高新区管委会

六、组织保障

1. 加强组织领导。建立工业龙头企业培育工作联席会议制度，由市政府分管领导负责召集，市工信局、市发改委、市科技局、市人社局、市建设局、市财政局、市房管局、市教育局、市自然资源和规划局、市投促局、市生态环境局、市税务局、市效能办等单位为成员单位，定期听取工作进展，部署重点工作，研究协调龙头企业发展面临的困难问题。

2. 细化工作方案。各项扶持政策责任单位要主动对号入座，进一步细化工作方案，将各项工作任务、扶持政策转化为具体的项目清单、任务清单、责任清单，制定政策实施细则，明确责任分工，划定办理时限，高效长效推进。

3. 强化督促考核。对龙头企业上报的需市、县两级政府部门协调解决的困难问题，实行挂牌督办和对账销号制度，由市工信局会同市效能办对各有关单位进行督促考核，对不作为、慢作为，推动工作不力、推诿扯皮的单位和相关责任人予以效能问责。

七、附则

1. 本方案及政策措施从2021年1月1日起实施，有效期五年，由市工信局牵头市直相关部门负责解释；市直各部门根据本部门职责，制定相应实施细则。

2. 经认定的龙头企业，按照“就高不重复”原则，自行选择享受本市政策中的扶持措施；各龙头企业当年度所获奖补资金总额，不超过其当年入库市、县两级增值税和企业所得税的地方留成；奖补所需资金由市、县（市）区按照现行财政体制规定分别承担。对获得我市工业龙头企业奖励后五年内迁出本市的企业，需退回已获得的奖励金。

3. 计算龙头企业年营业收入等数据时，包含其对外投资控股的子公司，以及其主要投资者实际控制的关联企业。

4. 龙头企业实施动态管理，每年更新调整一次，经市政府同意后发布。

关于培育软件业龙头企业工作方案及政策措施

为贯彻国家软件产业发展战略部署，提升福州市软件产业的核心竞争力，构建完善的产业生态和创新生态，推动软件产业高质量发展，经研究制定本方案及政策措施。

一、指导思想

深入贯彻落实党的十九届五中全会精神和习近平总书记对福建、福州工作系列指示要求，以深化中国软件特色名城建设为抓手，以加快数字福州建设为指引，聚焦龙头、培育骨干、激发活力、创新生态，全面提升核心基础软件的研发能力、共性支撑软件的供给能力、行业应用软件的渗透能力，在构建国内大循环为主体、国内国际双循环相互促进的新发展格局中树立我市软件龙头企业的引领和标杆作用，为我市争当全省推动高质量发展超越排头兵，建设现代化国际城市进一步夯实龙头之柱、筑牢产业之基。

二、龙头企业标准

同时具备以下两个条件：

1. 年主营业务收入 5 亿元以上，或国家规划布局内重点软件企业，或上市企业（不含新三板），或入围全国软件业务收入前百家、综合竞争力百强、互联网百强的软件企业（集团）；

2. 软件业务收入占主营业务收入 30% 以上。

三、发展目标

1. 龙头数量倍增。到 2025 年，力争培育年主营业务收入超亿元软件企业（集团）150 家，其中：超百亿元企业（集团）2 家，50 亿元至 100 亿元企业（集团）5 家，10 亿元至 50 亿元企业（集团）10 家，5 亿元至 10 亿元企业（集团）30 家。

2. 龙头质量跃升。到 2025 年，力争培育一批具有全球竞争力和行业话语权的龙头企业，包含：国家规划布局内重点软件企业 15 家，核心百强榜单企业 10 家，新增上市企业 10 家。

四、重点任务

（一）推动规模提升

1. 鼓励整合提升。鼓励龙头企业通过增资扩股、兼并重组、股权置换、股权转让、混改等形式引进战略投资者，实现资源有效整合利用，迅速提升企业规模。

2. 加大金融支持。发挥财政资金杠杆作用，引导社会资金和金融资本支持软件产业发展。鼓励、辅导和支持有条件的龙头企业上市，扩大直接融资规模。

（二）推动创新发展

1. 突破关键核心。支持龙头企业充分整合国家、省、市关于扶持软件产业高质量发展的有关政策，着力在关键基础软件、新兴平台软件、行业应用软件、大型工业软件、嵌入式软件等领域进行产品研发，加强大数据、云计算、人工智能、区块链、物联网、工业互联网等新兴信息技术攻关，实现自主可控。

2. 强化研发投入和标准引领。鼓励龙头企业加大创新研发投入，确保年度 R&D 建设投入强度达 6% 以上。支持龙头企业走标准化道路，开展企业能力建设与评价，参与或主导国际、国家、行业、地方和团体标准制修订。

（三）推动融合应用

1. 深化产业赋能。围绕智能制造、工业互联网、两化融合等国家战略和市场需求，支持软件技术与制造业融合发展，鼓励软件业龙头企业深入制造企业开展智能化改造，提高软件技术和产品在智能制造实施中的应用比例。

2. 创新发展业态。支持龙头企业提升集成服务能力，推进大数据、云计算、人工智能、区块链、物联网等新兴信息技术在民生服务、城市治理、政府管理、公共安全和产业融合各领域各场景的深化应用，形成一批具有代表性的创新模式和新型业态。

（四）推动生态培育

1. 促进品牌建设。支持龙头企业争取“中国软件业务收入前百家”“软件和信息技术服务综合竞争力百强”“中国互联网企业100强”等核心百强荣誉，提升规模效应和企业知名度。

2. 构建产学研用体系。推动龙头企业与科研院校共建技术研发中心、实验室，实现科技研发成果产业化。支持龙头企业牵头搭建行业性创新研发平台，探索组建联合实验室和产业技术创新联盟，开展技术协同攻关，突破“卡脖子”技术，强化行业基础性、关键性技术研发共享。

3. 培育自主产业生态。加速基于国产化路线的创新中心、适配中心建设，引导龙头企业加快融入信息技术应用创新生态。支持龙头企业参与开源社区建设，构建开源开放的技术产品创新和应用生态。支持龙头企业建设协同攻关和体验推广中心项目，整合关键领域产业链资源，输出行业解决方案和跨行业、跨领域动态融合解决方案，推动我市国产融合应用软件产业生态加快形成。

五、扶持政策

1. 领导挂钩服务。对列入培育名单的龙头企业建立领导挂钩服务机制，成立属地县（市）区工作专班，制定“一对一”帮扶措施，及时解决企业面临的困难问题。重大问题，龙头企业可通过“一企一议”服务工作机制解决。

责任单位：市发改委、市工信局，各县（市）区人民政府、福州高新区管委会

2. 鼓励做大规模。对龙头企业年度主营业务收入首次突破5亿元、10亿元、50亿元、100亿元，分别给予100万元、120万元、150万元、200万元奖励。

3. 培育软件品牌。对首次入选“中国软件业务收入前百家”“软件和信息技术服务综合竞争力百强”“中国互联网企业100强”、集成电路“中国芯”等国家级荣誉的企业，给予50万元奖励。对持续上榜百强榜单，且排名较往届提升的企业，再给予30万元奖励。

4. 支持重大项目。支持龙头企业牵头承担国家重大专项，加快推进重大软件项目研发和成果产业化，按照项目投资总额的30%予以配套，最高不超过200万元。

5. 鼓励市场开拓。对龙头企业中标省外公开招投标项目，单个中标合同金额500万元以上的，按不超过合同金额3%给予奖励，单个项目奖励不超过100万元，单家企业年度奖励不超过200万元。

责任单位：市工信局、市财政局，各县（市）区人民政府、福州高新区管委会

6. 加强人才保障。（1）龙头企业高级管理人员工薪个人所得税纳税额3万元以上的，按其本年度所缴工薪个人所得税地方留成部分的80%予以等额财政奖励，奖励期限5年；其义务教育及学前阶段子女由教育部门统筹安排优质学校。（2）对年主营业务收入达到10亿元、50亿元、100亿元的龙头企业，5年内每年每家自主认定不超过1名、3名、5名骨干人员，优先提供政府人才公寓、公共租赁住房、安居型商品房；其义务教育及学前阶段子女由教育部门统筹安排优质学校。（3）支持龙头企业开展初、中级职称自主评定；市人社局会同行业主管部门开展龙头企业亟需的新兴行业初、中级职称评定工作。

责任单位：市委人才办、市人社局、市房管局、市教育局、市财政局，各县（市）区人民政府、福州高新区管委会

六、组织保障

1. 加强组织领导。建立软件业龙头企业培育工作联席会议制度，由市政府分管领导负责召集，市发改委、市工信局、市人社局、市财政局、市房管局、市教育局、市税务局、市效能办等单位为成员单位，定期听取工作进展，部署重点工作，研究协调龙头企业发展面临的困难问题。

2. 细化工作方案。各项扶持政策责任单位要主动对号入座，进一步细化工作方案，将各项工作任务、扶持政策转化为具体的项目清单、任务清单、责任清单，制定政策实施细则，明确责任分工，划定办理时限，高效长效推进。

3. 强化督促考核。对龙头企业上报的需市、县两级政府部门协调解决的困难问题，实行挂牌督办和对账销号制度，由市工信局会同市效能办对各有关单位进行督促考核，对不作为、慢作为，推动工作不力、推诿扯皮的单位和相关责任人予以效能问责。

七、附则

1. 本方案及政策措施从2021年1月1日起实

施，有效期五年，由市工信局牵头市直相关部门负责解释；市直各部门根据本部门职责，制定相应实施细则。

2. 经认定的龙头企业，按照“就高不重复”原则，自行选择享受我市政策中的扶持措施；各龙头企业当年度所获奖补资金总额，不超过其当年入库市、县两级增值税和企业所得税的地方留成；奖补所需资金由市、县（市）区按照现行财政体制规定分别承担。对获得我市工业龙头企业奖励后五年内迁出本市的企业，需退回已获得的奖励金。

3. 计算龙头企业年主营业务收入、软件业务收入包含其对外投资控股的子公司，以及其主要投资者实际控制的关联企业。

4. 龙头企业实施动态管理，每年更新调整一次，经市政府同意后发布。

关于培育建筑业龙头企业工作方案及政策措施

按照省委、市委“扶引大龙头、培育大集群、发展大产业”的工作部署，为培育建筑业龙头企业、发挥磁吸效应、扩大产业集群、强化产业支撑体系，保障我市建筑业在“十四五”时期充分应对国内国际双循环环境下的机遇和挑战，促进建筑业经济高质量发展，结合我市实际，制定本方案及政策措施：

一、指导思想

全面贯彻党的十九届五中全会精神，积极响应省委省政府关于推动建筑业高质量发展超越的意见，按照“抓龙头、兴产业、强经济”的战略部署，坚持创新驱动、深化改革、转型升级、履约守信的引导方向，着力培育与壮大本地龙头企业，提升龙头企业市场竞争力和发展活力，形成以主业突出、综合能力强、增长速度快、引领带动作用大的龙头企业为支撑的建筑业产业结构，优化市场资源配置，进一步巩固我市建筑业全省排头兵地位。

二、工作目标

（一）百亿企业数量翻倍。到2025年，年度产值超百亿元的建筑业企业达到12家以上，其中：100亿—300亿元的建筑业企业8家以上，300亿—500亿元的建筑业企业3家以上，500亿元以上的建筑业企业1家以上。

（二）信用排名大幅提升。到2025年，在福建省建筑施工企业信用综合评价系统中信用排名前50名的施工企业中福州市本地建筑业企业占一半以上。

（三）高资质企业持续增加。到2025年，新增5家以上施工总承包特级企业、30家以上施工总承包一级企业，进一步壮大我市高资质建筑施工企业。

三、重点任务

（一）鼓励整合提升。鼓励建筑业龙头企业通过兼并重组、股权置换、混改等方式组建年产值“百亿”级的大型企业集团，增强企业综合服务能力和抗风险能力，形成“龙头”企业效应，引领我市建筑业企业组团发展。

（二）扶持开拓业务。依托本地项目优势，创建龙头企业、央企、大型国有企业的交流互动平台，推动强强联合，建立长期合作关系；积极推动本地龙头企业与市外央企、大型国有企业联合参与我市重大基础设施项目投标，提高龙头企业的本地市场参与度。

（三）倡导科技创新。加大对建筑产业科研投入的扶持力度，积极推进企业自主创新能力建设，鼓励建筑业企业设立技术中心。

（四）支持企业“走出去”。支持建筑业企业跟踪国外特别是“一带一路”沿线国家的投资热点，每年举办全市外经企业和有意向开拓境外市场企业的“业务培训辅导会”，与项目所在国企业通过股份合作、项目合作、组建联合体等方式，共同承包国外大中型项目。

（五）加大信贷支持。鼓励银企合作，拓展建筑业企业融资渠道，在授信额度、投标保函、质押融资、利率优惠等方面给予支持，开展以企业应收账款作为质押担保的试点工作。

四、入选条件

（一）龙头企业入选条件

在福州市境内注册的独立企业法人，符合以下条件之一，可申请列入福州市建筑业龙头企业。

1. 具备特级施工总承包资质；

2. 上年度建筑业产值高于40亿元，具备一级施工总承包资质且信用分排名在全省前50名；

3. 上年度建筑业产值高于40亿元，具备三项或以上施工总承包一级资质；

4. 列入过福建省建筑业施工总承包龙头企业名单。

（二）准龙头企业入选条件

在福州市境内注册的独立企业法人，企业虽未达到龙头企业标准，但符合以下条件之一，可申请列入福州市建筑业准龙头企业：

1. 上一年度建筑业产值高于20亿元，具备稀缺行业（除房建、市政外）一级施工总承包资质；

2. 上一年度建筑业产值高于20亿元，具备一级施工总承包资质且信用分排名在全省前150名；

3. 上一年度建筑业产值高于20亿元，具备房建、市政施工总承包双一级资质。

五、扶持政策

（一）领导挂钩服务。对列入培育名单的建筑业（准）龙头企业建立领导挂钩服务机制，成立属地县（市）区工作专班，制定“一对一”帮扶措施，及时解决企业面临的困难问题，龙头企业的重大问题可通过“一企一议”服务工作机制解决。

牵头单位：市发改委；责任单位：市建设局、各县（市）区人民政府、福州高新区管委会

（二）推动自主创新。落实好企业研发费用加计扣除、企业研发经费分段补助等创新政策，激励（准）龙头企业加大研发投入，对符合条件的企业，按研发经费支出额的2%、4%、5%进行研发费用分段补助。给予（准）龙头企业年度研发经费支出较上一年度增量部分的6%补助。对年产值在5000万元以上、税收1000万元以上且研发经费内部支出占主营业务收入比重超过5%的高研发投入企业，在享受已有研发经费分段补助政策基础上，按其研发经费内部支出超出上一年度的增量部分，再给予10%的奖励，最高奖励500万元。

牵头单位：市科技局；责任单位：市财政局、各县（市）区人民政府、福州高新区管委会

（三）强化成长激励。对年度产值增速分别增长15%（含）—30%、30%（含）—45%、45%（含）以上的（准）龙头企业，按照其增值税、所得税市县两级地方留成部分较上年度增量部分的15%、30%、45%予以分档财政奖励，用于支持企业扩大再生产。

牵头单位：市财政局；责任单位：市税务局，各县（市）区人民政府、福州高新区管委会

（四）保障企业人才

1. 税收返还奖励。（准）龙头企业高级管理人员工薪个人所得税纳税额3万元以上的，按其本年度所缴工薪个人所得税地方留成部分的80%予以等额财政奖励，奖励期限5年；其义务教育及学前阶段子女由教育部门统筹安排优质学校。

2. 住房教育保障。对年营业收入达到100亿元、300亿元、500亿元的（准）龙头企业，5年内每年每家自主认定不超过1名、3名、5名骨干人员，优先提供政府人才公寓、公共租赁住房、安居型商品房，其义务教育及学前阶段子女由教育部门统筹安排优质学校。

3. 劳务用工保障。支持（准）龙头企业稳岗用工，帮助（准）龙头企业开展东西部劳务协作，贫困务工人员就业提供稳岗补助；支持（准）龙头企业招用新劳动力，人力资源机构、老员工为（准）龙头企业介绍招用新劳动力享受相应奖补；继续帮助支持（准）龙头企业“点对点”接送外地员工返岗就业。

4. 职称自主评定。支持龙头企业开展初、中级职称自主评定；市人社局会同行业主管部门开展龙头企业亟需的新兴行业初、中级职称评定工作。

牵头单位：市委人才办；责任单位：市人社局、市房管局、市教育局、市财政局，各县（市）区人民政府、福州高新区管委会

（五）鼓励以商招商。对通过（准）龙头企业以商招商方式引进的市域外企业投资项目，在项目取得施工许可证之日起一年内实际固定资产投资额（不含土地）达5000万元（含）以上的，由市政府予以表彰授牌，并对（准）龙头企业招商主要负责人按照其固定资产投资完成额1%给予一次性奖励，最高不超过100万元。

牵头单位：市投促局；责任单位：市建设局、市财政局，各县（市）区人民政府、福州高新区管委会

（六）实施合同贷款。建筑业龙头企业可以凭借承建的国有资金投资工程的施工合同、施工许可证及应收账款凭证等材料向商业银行申请贷款，拓宽融资渠道，建设单位应当积极予以配合。

牵头单位：市建设局；责任单位：市金融监管局、市属国有企业、各县（市）区人民政府、福州高新区管委会

（七）扶持开拓市场

1. 减少投标成本。建筑业龙头企业参与我市省、市重点工程投标的，可按照《房屋建筑和市政基础设施工程施工招标投标管理办法》提交投标担保。

2. 列入邀请名单。对我市国有投资占控股或主导地位的邀请招标工程项目，在符合资格条件下，应优先邀请我市建筑业龙头企业。

3. 进行重点推荐。将我市建筑业龙头企业列入推荐名录，优先向央企及大型国有企业推介，联合参与工程建设，建立长期合作关系，对推介成功的，可视为完成同等招商引资任务。

牵头单位：市建设局；责任单位：市属国有企业、市发改委、市行政服务中心管委会、市投促局、各县（市）区人民政府、福州高新区管委会

六、保障措施

（一）建立联席会议制度。建立以市政府分管领导为召集人，市建设局、市发改委、市财政局、市人社局、市统计局、市税务局、市地方金融监管局、市国资委等有关部门为成员的联席会议制度，负责研究建筑业龙头企业发展重大问题，深化我市建筑业高质量发展体制改革，解决重点建筑业企业发展问题，联席会议办公室主任由市建设局主要负责同志担任。各县（市）区要结合本地实际，完善建筑业发展配套政策，切实推动各项扶持政策落实到位。

（二）强化政策宣传。各级各部门要重视建筑业（准）龙头企业发展扶持政策的专项宣传工作，充分利用新闻媒体、网络平台宣讲解读建筑业发展扶持政策，定期召开企业座谈会，做好政策实施情况评估，及时完善、优化，确保政策惠企到位。

（三）做好服务保障。各级各部门要强化服务建设，坚决贯彻“一企一议”，最大限度释放政策红利，最大程度协调解决企业发展面临的困难和问题，为企业发展营造良好外部环境。

七、其他

（一）市建设局分年度开展（准）龙头企业认定工作，报市政府同意后予以公布，对上一年度被行业主管部门列入黑名单或发生较大及以上工程质量安全事故的企业不得列入建筑业（准）龙头企业名单。

（二）经认定的（准）龙头企业，按照“就高不重复”原则，自行选择享受本市政策中的扶持措施；各（准）龙头企业当年度所获奖补资金总额，不超过其当年入库市、县两级增值税和企业所得税的地方留成；奖补所需资金由市、县（市）区按照现行财政体制规定分别承担。对获得我市建筑业（准）龙头企业资金奖励后五年内迁出本市的企业，需退回已获得的奖励资金。

（三）本方案及政策措施由市建设局、市财政局、市人社局、市科技局、市统计局、市税务局、市地方金融监管局按职责负责解释。

（四）本方案及政策措施自2021年1月1日起实施，有效期5年。

关于培育服务业龙头企业工作方案及政策措施

为加快培育一批百亿乃至千亿级产业龙头服务业企业，发挥龙头企业引领带动作用，经研究，制定本方案及政策措施。

一、指导思想

深入贯彻落实党的十九届五中全会精神和习近平总书记对福建、福州工作系列指示要求，按照“扶引大龙头、培育大集群、发展大产业”部署，着力培育一批具有国际竞争力、区域影响力、产业带动力的龙头企业，充分发挥龙头企业在构建国内大循环为主体、国内国际双循环相互促进的新发展格局中的引领作用，成为推动服务业高质量发展超越、争当全省高质量发展超越排头兵的“新引擎”和“孵化器”。

二、发展目标

1. *数量实现突破*。至2025年，力争列入全市服务业龙头企业培育发展计划的企业超过80家，年营业收入可望达百亿元以上的企业超过20家。

2. *规模实现跃升*。至2025年，力争培育年营业收入超千亿元企业1家，300亿—1000亿元企业4家，100亿—300亿元企业15家。

3. *质量实现提升*。至2025年，力争培育中国服务业500强企业5家。

三、重点任务

1. *着力提升生产性服务业规模*。进一步优化现代服务业发展结构，提升专业化服务水平，实施一批服务业重大项目，培育一批服务业行业领军企业，打造一批服务业集聚区，加快生产性服务业向价值链高端提升，构建产业竞争新优势，培育服务业发展新增长点，进一步增强对高质量发展的支撑作用。

2. *大力推动购销供应链体系建设*。发挥优势产业规模优势，发动市属国企参与，把国企融资功能优势与引进企业的专业技能优势融合起来，推进各行业龙头企业购销供应链体系建设，以点带面培育出模式先进、协同性强、辐射力广的购销供应链体系。

3. *积极发展新业态新模式*。积极推动流通领域转型发展，鼓励业态模式创新，积极发展新型业态。大力发展跨境电商、网红直播经济等，推动企业实现经营业态多样化、线上线下一体化发展。

4. *培育龙头企业品牌竞争力*。鼓励发挥行业协会和第三方中介机构作用，引导龙头企业建立和实施品牌培育管理体系，推动企业品牌创新、管理和经营。鼓励龙头企业积极注册国内、国际商标，打造品牌形象，开展国际品牌合作。

5. *推动龙头企业招商*。强化省市县三级联动，推行“龙头企业开单、政企联手招商”等招商方式，发挥商协会、政府驻外办、异地商会作用，重点引进一批服务业大项目、好项目。完善重点项目挂钩联系服务制度，对龙头企业项目加强跟踪服务，建立台账、靠前调度，及时协调项目推进中的堵点难点，确保项目按序时进度加快建设。

四、服务业龙头企业认定标准

1. *批发业*：2019年（或2020年）营业收入达50亿元以上；以及年营业收入30亿元（含）以上，且当年度营业收入较上年度增长达20%（含）以上的高成长性批发业企业。

2. *零售业*：2019年（或2020年）营业收入达10亿元以上；以及年营业收入6亿元（含）以上，且当年度营业收入较上年度增长达20%（含）以上的高成长性零售业企业。

3. *住宿餐饮业*：2019年（或2020年）营业收入达5亿元以上；以及年营业收入3亿元（含）以上，且当年度营业收入较上年度增长达20%（含）以上的高成长性住宿餐饮业企业。

4. *物流业*：2019年（或2020年）营业收入达15亿元以上；以及年营业收入10亿元（含）以上，且当年度营业收入较上年度增长达20%（含）以上的高成长性物流业企业。

5. 其他服务业：2019 年（或 2020 年）营业收入达 10 亿元以上；以及年营业收入 6 亿元（含）以上，且当年度营业收入较上年度增长达 20%（含）以上的高成长性的其他服务业企业。

五、扶持政策

1. 给予稳定发展扶持。对认定为市级平台企业的服务业企业，享受《福州市人民政府办公厅印发关于促进平台经济发展四条措施的通知》（榕政办〔2019〕145 号）可延续至 2025 年。对 2020 年（含）以前落地的平台企业，以其 2019 年度缴纳各项税费为基数；2021 年（含）以后引进落地的平台企业，每年均可按新引进企业标准计算奖励。企业需承诺在我市持续经营 10 年（含）以上。

责任单位：市商务局、市财政局，各县（市）区人民政府、福州高新区管委会

2. 培育龙头品牌。对入围中国企业联合会、中国企业家协

会发布的中国服务业企业 500 强榜单的企业，由市政府予以表彰授牌，并作为良好信用信息记入市公共信用信息平台，纳入企业信用档案。

责任单位：市商务局及市直有关部门，各县（市）区人民政府、福州高新区管委会

3. 强化成长激励。对年营业收入达百亿元（含）以上，且较上年度营收分别增长 15%（含）—30%、30%（含）—45%、45%（含）以上的龙头企业和高成长性企业，按照其增值税、所得税市县两级地方留成部分较上年度增量部分的 15%、30%、45% 予以分档财政奖励，用于支持企业持续扩大经营。

责任单位：市商务局、市财政局、市税务局，各县（市）区人民政府、福州高新区管委会

4. 加强土地要素供给。

（1）在不改变用地主体、规划条件等前提下，允许利用工业厂房、仓储用房等存量房产、土地，兴办电子商务、信息服务、研发设计、创意文化等新兴产业及国家鼓励发展的生产性或高科技服务业。5 年内保持土地原用途、权利类型不变。

责任单位：市自然资源和规划局、市商务局、市财政局，各县（市）区人民政府、福州高新区管委会

（2）对涉及民生保障领域的龙头企业为持续、稳定经营需要续租我市国有房产的，由市商务局商产权单位并报经市政府批准后，可允许采取协议租赁等方式续租，租金按市场价确定。

责任单位：市国资委、市商务局、市财政局、市城镇集体联社、市直有关主管部门，各县（市）区人民政府、福州高新区管委会

5. 鼓励以商招商、专业招商。对通过以商招商、专业招商

等方式引进市域外重点企业招商项目的，将视项目落地数量、质量和实际贡献情况，对龙头企业或专业机构招商集体或负责人给予招商奖励，最高不超过 100 万元（具体标准和细则另行制定）。其中，对招商资源丰富、贡献特别突出的龙头企业或专业机构负责人予以表彰，并授予“招商大使”荣誉。

责任单位：市商务局、市投促局、市财政局，各县（市）区人民政府、福州高新区管委会

6. 支持招贤引才。

（1）龙头企业高级管理人员工薪个人所得税纳税额 2 万元以上的，按其本年度所缴工薪个人所得税地方留成部分的 80% 予以等额财政奖励，奖励期限 5 年；其义务教育及学前阶段子女由教育部门统筹安排优质学校。

（2）对年营业收入达到 100 亿元、300 亿元、1000 亿元的龙头企业，5 年内每年每家自主认定不超过 1 名、3 名、5 名骨干人员，优先提供政府人才公寓、公共租赁住房、安居型商品房；其义务教育及学前阶段子女由教育部门统筹安排优质学校。

（3）支持龙头企业稳岗用工，帮助龙头企业开展东西部劳务协作，为贫困务工人员就业提供稳岗补助；支持龙头企业招用新劳动力，人力资源机构、老员工为龙头企业介绍招用新劳动力享受相应奖补；继续帮助支持龙头企业“点对点”接送外地员工返岗就业。

（4）支持龙头企业开展初、中级职称自主评定；市人社局会同行业主管部门开展龙头企业亟需的新兴行业初、中级职称评定工作。

责任单位：市委人才办、市人社局、市房管局、市教育局、市财政局，各县（市）区人民政

府、高新区管委会

六、组织保障

1. 加强组织领导。建立服务业龙头企业培育工作联席会议制度，由市政府分管领导负责召集，市商务局、市发改委、市科技局、市人社局、市建设局、市财政局等单位为成员单位，定期听取工作进展，部署重点工作，研究协调龙头企业发展面临的困难问题。

2. 强化挂钩服务。对列入培育名单的服务业龙头企业、高成长企业建立市领导挂钩服务机制，属地县（市）区成立工作专班，制定“一对一”帮扶措施，及时解决企业面临的困难问题。重大问题可由企业挂钩市领导直报市主要领导“一企一议”平台协调解决。

3. 强化督促考核。对服务业龙头企业上报的需市、县两级政府部门协调解决的困难问题，实行挂牌督办和对账销号制度，由市商务局会同市效能办对各有关单位进行督促考核，对不作为、慢作为，推动工作不力、推诿扯皮的单位和相关责任人予以效能问责。

七、附则

1. 本方案及政策措施从 2021 年 1 月 1 日起实施，有效期五年，由市商务局牵头市直相关部门负责解释；市直各部门根据本部门职责，制定相应实施细则。

2. 经认定的龙头企业，按照“就高不重复”原则，自行选择享受本市政策中的扶持措施；各龙头企业当年度所获得奖补资金总额，不超过其当年入库市、县两级地方留成；奖补所需资金由市、县（市）区按照现行财政体制规定分别承担。

3. 对获得我市服务业招商资金奖励后五年内迁出本市的企业，需退回已获得的奖励资金。

4. 计算龙头企业和高成长企业的年营业收入等数据时，包含其投资控股的子公司，以及其主要投资者实际控制的关联企业。龙头企业和高成长企业名单实施动态管理，每年更新调整一次，经市政府同意后予以公布。

厦门市人民政府关于印发促进海洋经济高质量发展若干措施的通知

厦府规〔2020〕14号

各区人民政府，市直各委、办、局，各开发区管委会：

《关于促进海洋经济高质量发展的若干措施》已经市政府同意，现印发给你们，请遵照执行。

厦门市人民政府
2020年11月20日

（此件主动公开）

关于促进海洋经济高质量发展的若干措施

为落实海洋强国发展战略，加快建设海洋强市，进一步加大对海洋新兴产业的政策扶持力度，不断推进本市海洋经济高质量发展，制定以下措施。

一、构建现代化的海洋产业新体系

（一）支持海洋龙头企业建设。鼓励海洋新兴产业组建集团，按政策规定予以扶持。鼓励海洋企业并购重组，支持海洋产业优势企业通过强强联合、跨地区兼并重组，实现规模化发展。做大做强海洋产业联盟。对企业开展并购项目（与本企业无投资关系）所发生的评估、审计法律顾问等前期费用及并购贷款利息予以补助，单个项目最高不超过300万元；对认定为本市海洋产业龙头的，给予一次性补助30万元。

（二）大力发展海洋信息与数字产业。将智慧海洋产业发展纳入全市“十四五”信息产业发展规划。积极发展海洋通信卫星、水下机器人、无人机等海洋信息与数字相关前沿产业，大力支持建设基于海洋物联网的海洋综合性大数据平台，加快建设智慧海洋国家级示范基地。对符合本市科技和产业扶持补助条件的，按相应最高档次予以补助。

（三）大力发展现代特色渔业。大力发展品牌优势苗种业，做强水族观赏鱼产业，着力发展工厂化循环水养殖，积极扶持远洋渔业。建设水产品冷链物流体系，发展现代水产品深加工产业链，健全完善水产品质量安全体系。

（四）打造渔村休闲旅游产业。大力推进乡村振兴战略，落实海域退养上岸渔民转产就业等各项扶持政策，对海域退养渔民开展技能型、实用性培训，促进渔村转型发展、渔民转产增收；挖掘保护渔村文化资源，留住渔村“乡愁”，加强渔村村容村貌改造提升和旅游公共服务设施建设；支持发展“海上公交”项目，拓展海上游、串岛游和渔村游，从用海用地、码头与航道规划、资金等方面予以支持；大力推动沿海镇（街）、村

（居）发展海洋文旅产业、建设特色渔村。对经省级评定纳入国家特色小镇清单名录的，市特色小镇专项资金每个给予1000万元资金支持。

（五）壮大海洋文化创意产业。深度挖掘闽台海洋历史文化、海丝文化和本土民俗文化，扶持一批海洋文化馆、博物馆、展览馆等设施，将厦门建设成为传承闽南特色的海洋文化中心。积极弘扬华侨文化、嘉庚精神、海堤精神，并赋予其新的时代内涵，将其打造为新的厦门海洋文化名片。支持开展海洋文化研学活动，不断扩大厦门海洋文化影响力；推动大专院校、科研院所的海洋实验室、科技馆、样品馆和科考船等向社会开放，鼓励发展海洋工业旅游；将下潭尾红树林公园打造成海洋生态科普教育示范基地；大力发展水上体育运动，积极引进和举办帆船、摩托艇等品牌赛事。通过海洋文化、体育赛事、科普教育宣传，不断增强全民海洋意识。

二、拓展海洋产业发展新空间

（六）推动渔港经济圈融合发展。推动高崎渔港提升改造和“渔市游”等项目建设，建设集吃、住、游、购为一体的现代化渔业休闲产业，促进渔业一二三产融合发展；启动欧厝国家级中心渔港规划和建设，制定三年升级改造提升计划。开展渔港疏浚与基础设施建设，突出对台渔业基地及国际海洋科考基地功能。大力推动两岸水产品交易中心和高端水产品交易中心建设，争取金枪鱼、澳洲龙虾、帝王蟹等高端渔货的全国市场主导地位，打造辐射全省乃至全国的高端水产品交易中心。

（七）发展海洋高新产业集聚园区。依托生物医药港、火炬高科技等产业园区，合力培育壮大海洋高新产业；以欧厝渔港作为海洋高新产业的起步区，依托澳头特色小镇及欧厝以东片区，打造海洋高新产业集聚园区。建设集科研、创新、孵化、产业为一体的产学研园区，吸引国内外知名海洋企业总部落户，形成海洋高新产业集聚发展。

（八）推动大厦门湾海洋经济合作。推动厦漳泉金合作，共同制定大厦门湾海洋空间规划和产业布局，拓展厦门海洋经济发展空间。加强与漳州、泉州、金门在海洋生物科技、海洋工程装备、智慧海洋、现代渔业、海洋石化、海洋旅游、航运物流、海洋科技服务等领域的合作，形成海洋产业分工合作、优势互补、融合发展的厦门湾区。

三、打造创新型的海洋科技新高地

（九）加大海洋新兴产业科技投入。培育一批在海洋生物科技、海洋高端装备、海洋信息与数字产业、海洋大健康、海洋文化创意产业、海洋新材料、海洋高技术服务业、现代渔业等海洋战略性新兴产业领域具有技术领先优势和自主知识产权的创新型企业；鼓励海洋企业加大科技投入力度，建立研发中心、技术中心和工程实验室，实施知识产权战略，在品牌打造、专利申请等方面享受本市有关资助奖励政策；支持海洋科技成果转化与产业化示范项目（含增资扩产项目），对符合条件的项目按照总投资的三分之一给予补助，单个项目补助金额不超过1500万元。支持海洋经济发展重大示范项目，纳入市委、市政府重大、重点产业化项目的，对符合条件的项目按照总投资的三分之一给予补助，单个项目补助金额不超过2500万元。

（十）支持海洋科技创新载体建设。对新认定的海洋类省、市级重点实验室，依托高校、科研院所、医疗机构和其他法人单位建设的，给予每家100万元支持；依托民营企业及“三高企业”建设的，给予每家200万元支持；对新获批的海洋类国家重点实验室、国家技术创新中心、国家工程研究中心，给予一次性1000万元资助。推动国内外一流大学、著名研发机构、世界500强企业等大院大所来厦设立海洋科技研发分支机构或新型研究院，支持海洋科技福建省创新实验室、海洋生物资源开发利用工程技术创新中心等重大科技创新载体建设，布局建设若干重大海洋科技基础设施，提升海洋科技创新源头支撑能力。

（十一）支持海洋创业载体建设。支持涉海众创空间、科技企业孵化器等创业载体建设，新认定为国家级专业化众创空间、国家级科技企业孵化器的，分别给予100万元和300万元的奖励。

四、强化海洋经济高质量发展的政策服务保障

（十二）加大资金扶持力度。整合各部门现有涉海专项资金，优先用于支持海洋战略性新兴产业发展。积极争取中央和省财政加大对我市海洋战略性新兴产业发展、涉海基础设施建设、海洋基础研究和科技成果创新的资金支持力度。

（十三）实施经营贡献奖补。对进入市海洋战略性新兴产业目录的成长型海洋企业（年度营业收入5000万元以上，承诺在厦经营期限不少于10年），自认定年度（即达到认定条件的年度）起，按其年度企业所得税和增值税地方留成部分给予连续十年经营贡献奖励。前五年1000万元以内部分奖励比例60%，1000万元以上部分奖励比例70%；后五年奖励比例分别减半。

（十四）拓展融资渠道。支持符合条件的涉海企业发行债券、短期融资券和中期票据，鼓励相关金融机构积极提供财务顾问和承销服务；支持符合条件的海洋新兴产业领域企业进入厦门两岸股权交易中心挂牌交易。大力发展和引进股权投资基金投入海洋经济领域，符合条件的可享受本市促进股权投资业发展的有关扶持政策；鼓励通过信托业务募集民间资金，为中小型海洋企业提供信托贷款支持。

（十五）鼓励信贷支持。鼓励银行业金融机构加大对海洋经济重点领域、重点企业、重点项目的信贷资金投放力度；完善政银企合作机制，建立海洋融资项目信息库，通过市重点项目银企合作平台，引导银行业金融机构采取项目贷款、银团贷款等多种模式，优先满足海洋新兴产业的资金需求；探索推动银行等金融机构推出游艇按揭产品，建立完善多层次、专业化的融资担保体系。

（十六）扩大产业基金规模。积极对接上级海洋产业发展基金政策扶持方向，扩大海洋产业投资引导基金规模。引导鼓励各类创投（风投）企业投资在厦门涉海企业和产业项目。推动银行、保险、信托、金融租赁与股投、担保合作，发展海洋投贷联盟。

（十七）鼓励海洋人才引进。充分发挥各级海洋专家的作用，不断完善市海洋专家组的工作机制。支持引进海洋经济领域科技领军人物、创业人才，鼓励海洋企业建立或与科研院所共建院士工作站和博士后科研工作站，符合条件的享受我市相关资助奖励政策。

（十八）支持海洋人才培养。推动海洋人才的培养，鼓励企业和院校建设海洋产业类人才培养载体，支持海洋人才申报技能大师工作室、支持海洋行业申办开展职业技能大赛，按照政策规定，给予相应补贴。

本若干措施自发布之日起施行，有效期5年。涉及奖补政策的兑现渠道按原渠道执行，涉及已有政策的执行期限仍按原有文件的有效期限执行。

漳州市人民政府办公室关于印发漳州市进一步促进产业发展重大政策落地见效工作实施意见的通知

漳政办〔2020〕74 号

各县（市、区）人民政府，漳州、常山、古雷开发区管委会，漳州台商投资区、漳州高新区管委会，市直各单位：

《漳州市进一步促进产业发展重大政策落地见效工作实施意见》已经市政府同意，现印发给你们，请认真贯彻执行。

漳州市人民政府办公室

2020 年 11 月 9 日

（此件主动公开）

漳州市进一步促进产业发展重大政策落地见效工作实施意见

为进一步做好全国和省市产业发展重大政策宣传贯彻解读工作，让社会公众更好地知晓政策、用好政策，推动政策红利转化为惠企利民、推动发展的有效助力。现就进一步促进产业发展重大政策落地见效工作制定本实施意见。

一、明确政策范围

（一）国家、省出台的产业发展重大政策性文件，特别是与企业和群众密切相关的政策性文件；

（二）市政府或市政府办公室，市政府工作部门、直属机构以及依据法律、法规、规章授权制定的产业发展重大政策性文件，特别是涉及减税降费、项目建设、科技创新、招商引资、营商环境、金融支持、要素保障等政策性文件。

二、落实工作举措

按照“谁起草、谁宣传、谁解读、谁推动”原则，让企业和群众了解、掌握、运用政策并取得实际效果。国家、省出台的重大政策由市级对应部门负责做好宣传贯彻解读。

（一）做好“策前引导”

1. 重大政策出台前，应公开听取社会各方面意见，涉及企业和群众重大权益的政策性文件，起草部门应通过听证座谈、调查研究、统计咨询、征求意见等方式，了解掌握企业和群众的意见建议。

2. 起草部门要善于运用媒体，做好政策吹风和预期引导，与企业和群众充分沟通，增进各方对政策出台重要性、必要性、紧迫性的共识，为后续政策发布和落实打下良好基础。

3. 起草部门应在重大政策性文件制定之初，最迟在拟发布前 7 个工作日，通过基层部门以及各种商会、学会、协会、研究会等渠道，搜集政策实施对象信息（包括总体情况和相关单位名称、地址，主要负责人、具体联络人的联系电话、电子邮箱、微信号码、QQ 号码、通信地址等），建立政策宣传贯彻解读信息网络，为精准推送宣传贯彻解读政策做好准备。

（二）做好“策中解读”

1. 重大政策出台时，要同步组织开展解读，宣传贯彻解读应便民利民、可操作性强。宣传贯彻解读方案主要由解读内容、宣传贯彻解读方式方法、宣传贯彻解读时间组成。其中，解读内容主要包括重大政策性主要内容、新旧政策差异、涉及范围、操作方法等。语言应深入浅出、通俗易懂，配以案例、数据，更多运用图片、图表、图解、视频等方式，使政策解读传播可视、可读、可感。

2. 政策文件与解读方案、解读材料同步组织、同步审批、同步部署。文件公布时，相关解读材料与文件同步通过政府门户网站、部门（单位）网站、政务微信、政务微博、广播电视、报刊等向社会发布。

3. 重大政策出台后，组织由单位分管领导为组长，业务科室人员为成员的宣讲小组，多样化开展重大政策宣传、贯彻、解读、培训，并于文件公开之日起 1 个月内覆盖全市各县（市、区）、开发区（投资区、高新区）。原则上以访谈的形式，统筹运用专题讲座、培训班等多种解读形式，扩大传播范围和受众面。同时，组织开展送政策进园区、进企业、进社区活动，走好政策落地落实的“最后一公里”，帮助企业和群众用足用好政策。

4. 重大政策精准推送。起草部门或受委托的基层部门、商会、学会、协会，一般在重大政策性文件发布后 5 个工作日内，选用报纸、网络、电子邮箱、微信或微信公众号、QQ 等途径，将重大政策性文件及解读材料推送到政策实施对象手中，并接受咨询，及时回复处理；对于同企业和群众密切相关的重大政策性文件，在文件实施前或实施后 10 个工作日内，起草部门或受委托的基层部门开展多种形式宣传、培训，让社会公众知晓政策、用好政策。

（三）做好“策后跟踪”

1. 责任部门应根据政策执行过程中遇到的新问题、群众反映的新热点，及时进行有针对性地补充解读，对可能引发政务舆情和社会关切的政策文件及解读材料，在其发布后，有关部门和单位要加强分析和研判，及时发布权威信息，正确引导社会舆论。

2. 建立健全重大政策评估机制，重大政策出台后，根据需要适时开展自我评估或第三方评估，及时掌握政策实施情况及存在的主要问题，分析原因，改进工作方法，完善工作措施，加大工作力度，推动重大政策有效实施。同时重视第三方评估结果应用，作为政策调整或终止的重要依据，并于每年年底将政策评估、梳理结果报送市政府。

三、强化责任落实

（一）加强组织领导。重大政策性文件起草部门是宣传贯彻责任主体，多个部门共同起草的由牵头部门负责宣传贯彻解读，各级各部门要高度重视政策宣传贯彻解读工作，建立健全本单位、本行业重要政策解读工作机制，切实加强组织领导，形成主要领导亲自过问、分管领导具体抓、业务科室具体负责的政策宣传贯彻解读工作机制，不断提高政策宣传贯彻解读能力。

（二）加强队伍建设。要把政策文件宣传贯彻纳入政务公开培训计划，加强宣传贯彻解读工作人员的业务培训，提高解读意识和工作能力。各级各部门要做好政策文件宣传贯彻解读工作的人员、经费保障。根据工作需要，可以组建由单位负责同志、科室业务骨干、高校学者、媒体记者等组成的专家库，提高政策文件解读宣传的权威性、科学性和有效性。

（三）规范考核评估。建立健全科学、合理、有效的量化考评指标体系，市政务公开工作主管部门加强对政策宣传贯彻解读工作的考评，促进政策解读的方式方法进一步调整优化，增强政策宣传贯彻实效。政策宣传解读考评结果要作为政务公开绩效考核的重要内容。

本意见各县（市、区）、开发区（投资区、高新区）参照执行。

泉州市人民政府关于印发泉州市支持企业改制挂牌上市实现高质量跨越发展若干措施的通知

泉政文〔2020〕37 号

各县（市、区）人民政府，泉州开发区、泉州台商投资区管委会，市人民政府各部门、各直属机构，各大企业，各高等院校，各金融机构：

经市政府第 99 次常务会议研究同意，现将《泉州市支持企业改制挂牌上市实现高质量跨越发展的若干措施》印发给你们，请结合实际，认真抓好贯彻落实。

泉州市人民政府

2020 年 10 月 26 日

（此件主动公开）

泉州市支持企业改制挂牌上市实现高质量跨越发展的若干措施

为深入贯彻落实党的十九大和中央、省、市关于金融工作决策部署，把握我国多层次资本市场改革创新发展、新《证券法》施行的重大机遇，全面实施企业上市“育苗成林”工程，促进我市转型为“资本强市”，助推区域经济实现高质量发展超越，现结合我市实际，提出如下措施：

一、精心筛选后备资源

（一）建立后备企业资源库。建立挂牌、科创板上市和上市后备企业（以下统称后备企业）资源库，筛选符合国家和省、市产业政策且经营情况良好、具备发展潜力和有挂牌、上市意愿的企业入库，实行滚动管理，每年调整 1 次。

（二）入库企业条件。进入后备企业资源库的企业应为股份有限公司或有限责任公司，近 3 年无重大违法违规行为。其中：

1. 列入上市后备企业（科创板除外）资源库的企业还需满足以下条件之一：

（1）注册资本 3000 万元以上，前 3 年净利润累计 3000 万元以上或上年度纳税额 500 万元以上。

（2）拟在创业板上市，最近两年净利润累计 1000 万元以上，或者最近一年营业收入 5000 万元以上且上一年净利润 500 万元以上。

2. 列入科创板上市后备企业资源库的企业还需满足以下条件之一：

（1）符合科创板定位，科技创新能力突出、拥有关键核心技术。

（2）上一年营业收入同比增速不低于 20% 的高新技术企业或最近一年股权融资额不低于 2000 万元、投后估值不低于 5 亿元或实现国产替代进口、弥补国内技术空白。

3. 列入挂牌后备企业资源库的企业还需满足以下条件之一：

（1）最近一年净利润200万元以上或纳税总额100万元以上。

（2）高新技术企业或市级以上农业产业龙头企业。

（三）申报入库程序。由企业提出申请，报所在县（市、区）（含泉州开发区、泉州台商投资区，下同）金融局（金融办、上市办）初审、推荐（市属国有企业向市国资委申报，由市国资委推荐），市金融监管局审核并报市政府审定。

二、持续加大扶持力度

（一）实施分阶段奖励，企业成功上市各阶段奖励累计可达500万元。

1. 股改阶段

（1）股改费用补贴。对与证券公司、区域性股权交易市场挂牌推荐机构会员、会计师事务所、律师事务所、咨询公司等中介机构签订改制辅导等相关协议，并完成股份制改制的后备企业，市政府给予30万元补贴。科创板后备企业叠加20万元补贴。

（2）股权登记托管费用补助。非上市股份有限公司在辖内股权托管机构进行股权登记托管的，自托管年度起连续5年，市政府给予30%费用补助，单家企业每年最高不超过2万元。

（3）股改贡献奖励。后备企业在股改时，因盈余公积金、未分配利润转增股本而缴纳的个人或企业所得税，受益财政按财政贡献地方留成部分的50%予以奖励；因土地、房产、设备评估增值或补入账而补缴的税收，受益财政按财政贡献地方留成部分的50%予以奖励。

（4）支持措施。后备企业因改制、重组、并购而涉及土地、房产相关权证变更过户且实际控制人无发生变化的，经同级人民政府甄别认定后，可依法直接办理变更手续；因历史原因未办理土地、房产相关权证且无争议的，按照“一企一议”原则，补缴相应规费后，依法依规补办权证；改制涉及的本级权限内收费项目一律按最低标准收取。

2. 挂牌阶段

（1）“新三板”挂牌奖励。挂牌后备企业在基础层、创新层挂牌，市政府分别给予50万元、60万元奖励；在精选层挂牌并首次公开发行股票的，以招股说明书为依据，募集资金50%以上投资于我市的，市政府给予140万元奖励。

（2）区域性股权交易市场挂牌奖励。挂牌后备企业在具有法人资格的在泉区域性股权交易市场股改层、交易层挂牌的，市政府分别给予20万元、50万元奖励。

（3）挂牌贡献奖励。挂牌后备企业在“新三板”或在泉区域性股权交易市场股改层、交易层挂牌当年起，以上一年度所缴企业所得税为基数，每年新增的企业所得税，由受益财政按财政贡献地方留成部分的50%予以奖励，期限3年。

3. 上市阶段

（1）辅导备案奖励。上市后备企业经福建证监局辅导备案的，市政府给予50万元奖励。

（2）境内上市奖励。上市后备企业首发上市申报材料获中国证监会（沪、深证券交易所）受理的，市政府给予50万元奖励，申报科创板叠加25万元奖励。首发上市募集资金50%以上投资于我市的，以招股说明书为依据，市政府给予100万元奖励，科创板上市叠加50万元奖励；首发上市募集资金达5亿元且70%以上投资于我市的，以招股说明书为依据，市政府给予200万元奖励，科创板上市叠加75元奖励；上市当年缴纳增值税和企业所得税达5000万元的，叠加50万元奖励。

（3）境外上市奖励。上市后备企业发行境外上市外资股申报材料获中国证监会核准的，市政府给予100万元奖励。首次公开发行境外上市外资股并上市或以存在控制关系的境外公司境外上市的，以招股说明书为依据，上市募集资金50%以上投资于我市的，市政府给予100万元奖励；首发上市募集资金达5亿元且70%以上投资于我市的，以招股说明书为依据，市政府给予200万元奖励；上市当年缴纳增值税和企业所得税达5000万元的，叠加50万元奖励。发行境外上市外资股的上市公司发行A股，且募集资金50%以上投资于我市的，市政府给予100万元奖励。

（4）异地迁入奖励。上市后备企业按相关法律法规异地“借壳”“买壳”上市后，将上市公司注册地迁至我市并承诺10年内不迁离的，市政府给予200万元奖励。

（5）上市贡献奖励。上市后备企业在福建证监局辅导备案的前一年至上市当年，以上一年度所缴企业所得税为基数，受益财政按每年新增财政贡献地方留成部分的50%予以奖励；拟发行境外上市外资股的，奖励的起始时间为取得中国证监会核准批复的前一年至上市当年，奖励时间最长3年。

（二）融资奖励。挂牌、上市公司成功发行股票（不包含首发上市融资）、优先股、可转债、各类债券融资，且募集资金50%以上投资于我市的，市政府按实际募集资金的1%予以奖励，当年度奖励金额最高不超过100万元。

（三）间接上市中介费用补助。支持上市后备企业以资产置换、兼并重组等方式实现间接上市，中介费用由受益财政按其实际费用总额的50%给予补助，最高不超过300万元。

（四）资本人才奖励。后备企业的财务总监、董事会秘书、财务经理、证券事务代表自任职的第二年起，由受益财政按照其上一年度工资薪金收入所缴纳的个人所得税地方留成部分的50%给予奖励，期限3年。

（五）鼓励企业实施股权激励，激发科技、管理人才创新能力，引进、培育“价值创造型”合伙人，增强团队凝聚力。

1. 股权激励奖励。后备企业完成股改并对高管、核心骨干人员等实施股权激励的，市政府给予20万元奖励。

2. 员工持股平台扶持措施。挂牌、上市公司和后备企业采用合伙企业作为员工持股平台的，自合伙人在泉州缴纳首笔企业所得税或个人所得税之日起，5年内由受益财政按照缴纳所得税地方留成部分的80%予以奖励。

3. 股权质押融资服务奖励。辖内金融机构、小额贷款公司为后备企业及高管提供股权质押融资服务的，以其上年度股权质押贷款总额为基数，市政府按每年新增部分的1%给予奖励，单家机构奖励最高不超过30万元。

（六）支持挂牌、上市公司发挥产业集群创新引领作用，围绕产业链条实施技术、品牌、渠道资源并购，带动同业及下属子公司利用资本市场迅速做大做强。

三、构建最优服务体系

（一）完善“绿色通道”制度。发改、科技、工信、财政、人社、资源规划、住建、商务、市场监管、生态环境、应急管理、住房公积金管理、人行、税务、银保监、海关等单位要树立主动服务意识，及时为符合国家政策、法律法规的后备企业办理行政审批或备案、许可手续等。

（二）加大政策倾斜力度。对申请各类财政性资金补助、高新技术企业认定等的挂牌、上市公司和后备企业，同等条件下优先给予安排、推荐。挂牌、上市公司募投项目优先纳入或者上报纳入省、市重点项目盘子，实行“一站式”跟踪服务。后备企业在改制、挂牌、上市过程中需要补办土地、房屋有关手续以及挂牌、上市公司申请募投项目用地指标的，各职能部门要优先给予办理，限时办结。

（三）协调解决历史遗留和疑难问题。对后备企业在改制、挂牌、上市和挂牌、上市公司兼并重组、再融资过程中遇到的疑难问题，按“一事一议”和“一企一策”原则，由市企业上市工作领导小组召开专题会议予以协调解决。

（四）多元拓展融资渠道。鼓励在泉金融机构信贷资源重点向后备企业倾斜，支持政策性融资担保公司优先服务后备企业并给予担保费率优惠。支持市、县两级政府引导基金、国有资本通过参与增资扩股、共同设立基金、业务合作等方式支持后备企业和挂牌、上市公司创新发展。

（五）强化平台服务功能。指导区域性股权交易市场开展对后备企业精准化、精细化辅导，实施全方位跟踪辅导。深化上市公司协会桥梁纽带作用，增进企业间及与政府、中介机构、金融机构等的深度交流合作，加强自律意识。支持市产业基金公司、海丝基金小镇建立优选基金合作资源库和项目培优资源库，吸引创业投资、股权投资机构和产业资本聚集培育我市企业。支持省级上市后备企业培育孵化基地在泉设立市级挂牌、上市后备企业培育服务基地，鼓励省级基地加大在泉投入，引导企业加速改制、挂牌、上市进度，对于完成市政府下达目标任务的，按其实际支出的50%给予补助，最高不超过20万元。

（六）提升中介机构服务水平。引导证券公司、会计师事务所、律师事务所、咨询公司等机构来我市设立区域总部、分支机构。证券中介机构应与市金融监管局保持日常沟通，及时通报在我市展业情况并提出服务对象需协调解决事项或相关意见建议。市金融监管局牵头建立健全证券中介机构执业业绩档案并开展评价工作。对表现突出的，优先向后备企业推荐合作。

（七）优化人才待遇。各级各有关部门对挂牌、上市公司和后备企业高管及核心科技、管理人才，且认定为泉州市高层次人才的，在职称评定、户籍迁移、人事关系办理、子女就学、住房安置等方面给予最优照顾。

（八）加大宣传引导力度。各级各有关部门、新闻媒体要积极宣传，营造挂牌、上市氛围，增强后备企业信心，提高其对接资本市场的意识和能力。

（九）加强监管和风险防控化解工作。市金融监管局配合证监部门督促挂牌、上市公司规范经营、提高质量，建立资本市场动态监测和突发事件应急处置机制，指导企业自救化险。推动省、市纾困基金、国有资本、社会资本通过购买资产、收购老股、参股等方式向暂时出现资金问题的挂牌、上市公司提供流动性支持。

四、完善工作保障机制

（一）加强组织领导。充分发挥市企业上市工作领导小组作用，统筹协调推进相关工作。各县（市、区）要持续完善协调服务机制，强化人员和经费保障。市直有关单位应按自身职能及时协调解决企业的困难和问题。强化日常督促考核，将企业挂牌上市工作纳入全市金融风险防控绩效考评体系。

（二）建立健全信息互通机制。市金融监管局要建立与证监部门、证交所的联系互动机制，牵头搭建部门间、市县间的联络沟通渠道，协调推动“内外”联动，形成工作合力。

（三）落实问题清单责任制。各县（市、区）指派专人实时搜集企业改制、挂牌、上市情况和需协调解决问题，并落实到相关职能部门和人员，各县（市、区）金融局（金融办、上市办）按月向市金融监管局反馈进展情况和需协调解决事项，市金融监管局牵头协调解决。

（四）补足基层人员和专业短板。聚集在泉服务的证券公司、会计师事务所、律师事务所、股权投资基金、咨询公司等机构专家资源成立基层专家服务团，为后备企业提供融资、法律、财务等中长期基础性服务。建立后备企业、上市公司、资本专家、中介机构、股改上市问题案例等档案库并持续更新。建立金融干部挂职交流机制，选拔金融监管部门、金融企业的优秀金融干部到市金融监管局和县（市、区）金融局（金融办、上市办）挂职，充实地方服务力量。

五、其他事项

（一）本措施相关扶持政策的兑现，由企业提出书面申请，报企业所在县（市、区）金融局（金融办、上市办）、财政局联合初审后报市金融监管局、财政局，市金融监管局会同市财政局对申请材料进行审核后下达奖励资金。

（二）上市后备企业在“新三板”和区域性股权交易市场挂牌的，参照挂牌后备企业享受本措施扶持政策。“新三板”和区域性股权交易市场挂牌企业转板或在境内外上市的，参照后备企业享受本措施扶持政策，但应扣除此前享受奖励的重叠部分。

（三）后备企业因历史、业务重组等原因不符合股改条件，需以新设主体或以同一实际控制人旗下的其他主体实施股改的，该股改主体参照后备企业享受本措施扶持政策。

（四）企业享受本措施优惠政策5年内不得迁离本市；不到5年迁离的，须将已兑现奖补资金全额退还。

（五）若上级新出台扶持政策且条款多于或奖励标准高于本措施的，执行新出台政策。涉及县级财政承担部分，市、县两级政策重叠的，企业按就高不重复的原则申请享受。

（六）本措施由市金融监管局负责解释，自印发之日起施行。《泉州市人民政府关于进一步推动企业挂牌上市工作的若干意见》（泉政文〔2017〕82号）、《泉州市金融监管局　人民银行泉州市中心支行　泉州银保监分局关于印发〈泉州市关于加强金融服务民营和小微企业若干措施〉的通知》（泉金管〔2019〕84号）相关奖励措施条款同时废止。

三明市人民政府办公室关于印发三明市百亿特色产业链“建链补链强链”招商行动工作方案的通知

明政办〔2020〕42号

各县（市、区）人民政府，市直各单位：

《三明市百亿特色产业链“建链补链强链”招商行动工作方案》已经市委、市政府同意，现印发给你们，请认真组织实施。

三明市人民政府办公室

2020年7月5日

（此件主动公开）

三明市百亿特色产业链“建链补链强链”招商行动工作方案

为做大做强钢铁与装备制造、新材料、文旅康养、特色现代农业等四大主导产业，切实推进全市16条百亿特色产业链“建链补链强链”招商工作，制定本工作方案。

一、总体要求

坚持以习近平新时代中国特色社会主义思想为指导，牢记习近平总书记重要嘱托，以新发展理念为引领，持续做实“四篇文章”，推进“四个着力”，深化“五比五晒”，以开展“项目攻坚年”为载体，突出主导产业发展、突出特色产业链打造、突出建链补链强链，充分抓住全国生产生活正常秩序全面恢复的有利时机，按下招商“快进键”，在全市深入开展重点产业招商引资专项行动，重点突出特色产业链招商，进一步形成“大招商招大商”浓厚氛围，做大做强四大主导产业。

二、工作目标

围绕做大做强我市四大主导产业，梳理确定16条百亿特色产业链，共筛选策划重点招商项目221个。积极开展“建链补链强链”招商行动，支撑主导产业加快发展，力争到2025年，16条百亿特色产业链实现总产值（总收入）9500亿元以上。

三、责任分工

（一）第一产业。由市政府党组成员陈瑞喜担任总链长，牵头单位：市农业农村局；责任单位：市林业局、烟草局，各县（市、区）人民政府；重点抓好5条百亿特色产业链建设，策划重点产业链招商项目63个，力争到2025年实现总产值3000亿元以上。具体是：

1. 高优粮食产业链，重点围绕延伸杂交水稻制种产业链，以科荟种业、六三种业、禾丰种业、天力种业等企业为龙头，培育和引进中国种业集团等产业链中、上游企业，补齐机械化制种、种子精加工、仓储物流等产业链关键环节和发展短板，全力打造三明“中国稻种基地”，力争到2025年实现产值150亿元以上。〔责任单位：市农业农村局，各县（市、区）人民政府〕

2. 生态养殖产业链，坚持“调整产业结构，推动转型升级”的原则，大力发展特色畜禽产业。以福建大丰山禽业、温氏集团、明一乳业等企业为龙头，补齐家禽屠宰加工、奶牛生态养殖、乳制品深加工等产业链关键环节和发展短板，全面开展畜禽粪污资源化利用，推动畜牧业高质量发展，构建“生态养殖—产品加工—电子商务—休闲观光”为一体的全产业链，力争到2025年实现产值达1200亿元以上。〔责任单位：市农业农村局，各县（市、区）人民政府〕

3. 精致园艺产业链，发挥我市水果、蔬菜、食用菌等规模大、品质好、特色较突出的优势，以尤溪九泰农业、大田大方广茶业、福建祥云生物科技、将乐新怀蜜、福源建莲、宁化新绿金等企业为龙头，积极引进和培育采后商品化处理、流通销售、农产品精深加工企业，补齐加工、销售和产业融合等产业链关键环节和发展短板，延伸产业链，提高附加值，力争到2025年实现产值780亿元以上。〔责任单位：市农业农村局，各县（市、区）人民政府〕

4. 绿色林业产业链，重点发展森林资源培育、苗木花卉、油茶、木竹加工等绿色林业。森林资源培育产业，重点推进与中林集团合作的中央储备林项目，精准提升森林质量。苗木花卉产业，依托新成立的三明市苗木花卉协会，由苗木花卉骨干企业牵头组建“福建省闽中精品花木有限公司”，运营“中国闽中花木集散中心”。油茶产业，开展低产林改造工作，2020年建设示范基地1.3万亩，发挥好尤溪沈郎油茶等龙头企业的示范带动作用，大力发展油茶精深加工项目。木竹加工产业，以永安林业、永安和其昌、尤溪红树林等企业为龙头，积极引进竹材精深加工、标准木构件等生产项目。当前主要是针对产业链中高附加值产品比例较低的关键环节，在精品制造、品牌打造上下工夫，构建“森林资源培育—林产品加工—品牌打造—市场拓展”产业链条，打造南方绿色林产品生产基地，力争到2025年实现产值900亿元以上。〔责任单位：市林业局，各县（市、区）人民政府〕

5. 现代烟草产业链，发挥我市烟叶种植规模全省第一、产量占全省总量约45%的优势，继续打好用好“翠碧一号”品牌，提高优质烟叶比例，强化烟叶种植“产前、产中、产后”全过程服务，推动烟草产业高质量发展，补齐产业链中特色彰显和科技营销环节短板，力争到2025年实现产值45亿元以上（按85万担测算烟农售烟收入和烟叶销售给工业企业的收入）。〔责任单位：市烟草局，各县（市、区）人民政府〕

（二）第二产业。由市政府副市长程鹏鹰担任总链长，牵头单位：市工信局；责任单位：市发改委、科技局、自然资源局、住建局、农业农村局、林业局、商务局、卫健委、市场监管局，海西生态工贸区管委会、三明经济开发区管委会，各县（市、区）人民政府，中国电信、移动、联通三明分公司以及广电网络三明分公司等运营商；重点抓好9条百亿特色产业链建设，策划重点产业链招商项目108个，力争到2025年实现总产值4500亿元以上。具体是：

1. 钢铁产业链，按照“做强钢铁主业，发展多元产业”的发展思路，以三钢集团为龙头，重点引进合金钢、特种钢生产、服务型制造等项目，突破高等级建筑结构用钢材、高性能装备零部件用合金钢、冷轧硅钢板等产品，补齐高端钢材缺失关键环节，构建“炼钢—压延—钢材制品—钢铁产品服务”发展链条，打造绿色高端钢铁生产基地，力争到2025年实现产值480亿元以上。(责任单位：市工信局、发改委，梅列区、沙县人民政府)

2. 装备制造产业链，按照构建“产品设计—零部件制造/采购—整车（机）—销售和服务”机械装备全产业链的发展思路，依托天华智能、海西汽车、机械科学研究总院海西（福建）分院等整机、整车企业龙头，重点引进特种改装车、变速器等关键总成及轮毂、汽车电子等关键零部件生产项目，环保设备、轨道交通、风电设备、自动化生产线、机器人、数控机床、智能机床、自动化装备、3D打印、伺服电机、减速器、机器视觉、传感器等生产项目，以及工业软件（ERP/MES/DCS 等）和自动化系统集成、生产线集成服务等项目。全力推动装备产业向“绿色、高端、智能”发展，打造海西重大成套和技术装备重要制造产业基地，力争到 2025 年实现产值 1500 亿元以上。〔责任单位：市工信局，各县（市、区）人民政府〕

3. 石墨和石墨烯产业链，按照“加强应用拓展、做大应用产业”的发展思路，以贝特瑞集团、翔丰华为龙头，重点引进中钢特种石墨、石墨烯导热膜、石墨烯增碳剂等项目，深化厦明火炬新材料产业园、北京石墨烯研究院福建产学研协同创新中心招商合作，补齐高端石墨烯应用缺失关键环节，构建集采矿—高纯石墨—石墨产品—石墨烯产品为一体的全产业链，打造全国高端石墨和石墨烯产业基地，力争到 2025 年实现产值 80 亿元以上。（责任单位：市工信局、科技局，三元区、永安市、大田县人民政府）

4. 氟新材料产业链，按照“市县联动、差异发展”的思路，充分发挥我市萤石资源和氟化氢基础产品等优势，以海斯福、东莹化工、三化公司、福建三农为龙头，依托三元、明溪、清流、吉口四个氟新材料产业园，重点推动昆山立邦公司超纯微电子新材料和六氟磷酸锂、雅鑫新型超纯系列产品清洗材料、中欣氟材氟苯系列产品等项目建设，补齐电子级氢氟酸、锂电池电解液等关键环节，拓展含氟新材料产业发展方向，打造特色鲜明、产业链配套、国内先进的全国氟新材料绿色产业基地，力争到 2025 年实现产值 180 亿元以上。（责任单位：市工信局，三明经济开发区管委会，三元区、明溪县、清流县人民政府）

5. 稀土新材料产业链，按照“引进一家龙头企业、建立一个专业园区、形成一条产业链”的发展思路，以三明厦钨新能源为龙头，重点引进稀土冶炼分离、高性能烧结钕铁硼永磁材料、稀土磁致伸缩材料、锂电正极材料等项目，补齐稀土开采、冶炼分离关键环节，拓展稀土磁性材料、发光材料、催化材料、储氢材料产业发展方向，打造海西稀土材料及高端应用的产业集聚平台，力争到 2025 年实现产值 150 亿元以上。（责任单位：市工信局、科技局、自然资源局，三明经济开发区管委会，三元区人民政府）

6. 生物医药产业链，按照“提升存量，做大增量”的发展思路，以汇天生物、南方制药、森美达等企业为龙头，加快推进医药产业园和香精香料产业园建设，重点对接恒瑞医药等知名企业，在三明布局现代中药、化药制剂、特色中间体和原料药、香精香料产品等项目，提高生物医药特色产品、终端产品和高附加值产品比重，拓展从中草药到中成药、中间体到制剂、林产品到单体香料全产业链发展方向，拓展医工交叉领域，发挥三明医改“金字招牌”作用，整合并延伸医疗器械 + 大数据 + 大健康，重点对接国内医疗器械知名企业，布局智能化康复辅助产品等医工交叉项目生产基地，打造具有三明优势特色的生物医药产业集聚平台，力争到 2025 年实现产值 220 亿元以上。〔责任单位：市工信局、卫健委、市场监管局、农业农村局、林业局，各县（市、区）人民政府〕

7. 5G 新基建产业链，依托将乐金瑞高科、瑞奥麦特、半固态研究所等龙头，提升压铸数字化、自动化、智能化技术水平，运用“技术 + 应用”的 5G 生产模式，开发生产 5G 通讯基站散热壳体、通讯基站滤波器组件等小型化、轻量化 5G 应用产品；以海斯福公司为龙头，生产研发 5G 设备全氟烯醚类密封圈，积极推进“互联网 + 先进制造业”场景应用、电子元器件、新材料等重点项目，打造一批工业互联网应用标杆企业、工业互联网行业示范平台、“互联网 + 先进制造业”重点建设项目，力争到 2025 年实现产值 200 亿元以上。〔责任单位：市工信局、发改委、科技局、商务局，海西生态工贸区管委会、三明经济开发区管委会，各县（市、区）人民政府，中国电信、移动、联通三明分公司以及广电网络三明分公司等运营商〕

8. 高端纺织产业链，按照坚持走差别化、功能化和细分领域的发展思路，以顺源纺织、鑫森合纤、宝华林等企业为龙头，重点推动顺源纺织粗细络联智能数字化纱纺、旭源纺织高品质混纺纱等重点项目建设，补齐产业用纺织品、高新技术纤维等领域项目关键环节短板，加快拓展和突破天丝溶解浆技术瓶颈，打造纤维—纺纱—织布—染色—后整理—服装涂层—家纺—产业用纺织品

的产业集聚平台，力争到2025年实现产值900亿元以上。（责任单位：市工信局，永安市、尤溪县、宁化县人民政府）

9. 新型建材产业链，以金牛水泥、建福水泥、科顺公司为龙头，重点引进新型墙材生产、机制砂、水泥窑协同处置废弃物等项目，补齐高端建材等关键环节，拓展商品混凝土、水泥预制件一体化、装配式建筑产业发展方向，打造海西重要的建材产业基地，力争到2025年实现产值800亿元以上。〔责任单位：市工信局、住建局，各县（市、区）人民政府〕

（三）第三产业。由市委常委、市政府常务副市长黄建波担任总链长，牵头单位：市发改委；责任单位：市工信局、民政局、交通运输局、商务局、文旅局、卫健委、林业局、体育局，海西生态工贸区管委会，各县（市、区）人民政府；重点抓好两条百亿特色产业链建设，策划重点产业链招商项目50个，力争到2025年实现总收入2000亿元以上。具体是：

1. 现代物流产业链，发挥我市立体交通体系基本形成的优势，以三明机场公司、三明港务、兄弟物流等企业为龙头，加大招商引资力度，开展物流关联产业招商，重点引进国内外知名大型物流企业，补齐城乡冷链物流体系建设领域短板，加快推进三明陆地港、三明城市物流园、三明空港、三明大坂物流园、闽中公铁联运物流基地等重点物流项目建设，努力把三明建成对接沿海、辐射周边地区和内陆省份的现代物流集散中心，力争到2025年实现总收入500亿元以上。〔责任单位：市发改委、工信局、交通运输局、商务局，各县（市、区）人民政府〕

2. 文旅康养产业链，以“生态+”为主线，以“全国森林康养基地试点建设市”为抓手，发挥“林深水美人长寿”优势和泰宁、建宁、尤溪等全域旅游县的龙头作用，坚持差异化、特色化发展路径，推进文旅康养全产业链发展。补齐红色旅游、医护结合、体育消费、森林康养和疗休养领域短板，培育培训研学、康养旅居、生态观光、山地运动、自然观鸟等业态，持续打响“中国绿都·最氧三明”品牌。强化精准招商，加快推进永安抗战之声音乐小镇、沙县古韵虬城小吃慢镇等文旅康养产业重点招商项目落地实施，推动三明生态康养城、三元格氏栲、清流天芳悦潭、大田桃源最氧睡眠小镇等项目建设，力争到2025年实现总收入1500亿元以上。〔责任单位：市发改委、民政局、文旅局、卫健委、林业局、体育局，海西生态工贸区管委会，各县（市、区）人民政府〕

四、保障措施

（一）建立市县联动机制。各产业链招商牵头部门要根据产业链布局和特点，统筹谋划项目，加强从项目策划对接到项目落地投产全过程的跟踪推进，强化市直有关部门和项目落地县（市、区）的联动，一同策划、一同招商、一同服务，确保项目对接落地无障碍。

（二）建立项目资源共享机制。推动市县之间项目资源共享、互通有无，凡是不具备承载条件或不符合当地产业发展布局、无法落地的项目，尽量协调其在我市区域内进行流转。

（三）建立协调推进机制。完善“一月一协调、一季一通报”“挂牌服务”等机制，三次产业招商牵头单位每个月将招商项目跟踪推进情况分别报市商务局汇总。

（四）建立督查考评机制。纳入到“五比五晒”和重点产业招商引资专项行动中督查考评。

附件：三明市百亿特色产业链“建链补链强链”招商项目表（略）

莆田市人民政府关于应对新型冠状病毒感染的肺炎疫情支持中小微企业共渡难关十条措施的通知

莆政综〔2020〕3号

各县（区）人民政府（管委会），市直有关单位：

为深入贯彻落实习近平总书记关于坚决打赢疫情防控阻击战的重要指示精神，全面落实党中央国务院、省委省政府和市委关于疫情防控的决策部署，积极发挥中小微企业在疫情防控中的重要作用，支持中小微企业稳定生产经营、共渡难关，现就受疫情影响、生产经营遇到困难的中小微企业，提出以下扶持措施：

一、各银行机构对有发展前景，但受疫情影响较大而暂时受困的中小微企业，予以展期或采取无还本续贷等方式提供信贷支持，不得抽贷、压贷、断贷，确保2020年对中小微企业信贷余额不低于2019年同期余额。

责任单位：市金融办、人行莆田市中支、莆田银保监分局、各银行机构

二、各银行机构对资金困难的中小微企业通过下调贷款利率、增加信用贷款和中长期贷款等方式，支持相关企业战胜疫情灾害影响。特别是对受疫情影响较大的“白名单”中小微企业续贷时，执行在原有贷款利率水平上减点，减点幅度在60个基点以内，确保2020年中小微企业融资成本不高于2019年同期融资成本。对生产“三必须一重要”重点生产领域资金困难的中小微企业，新增贷款利息予以贴息50%。支持符合条件的企业纳入国家重点医用物品和重点生活物资企业名单，争取优惠利率专项再贷款。

责任单位：市金融办、人行莆田市中支、莆田银保监分局、市发改委、各银行机构

三、支持国家开发银行、农业发展银行、进出口银行等政策性银行加大服务对接力度，积极争取不少于10亿元的紧急融资额度，全力满足疫情防控融资需求。莆田农商行发放专项项目贷款，降低利率水平，确保贷款利率低于同期贷款市场报价利率水平。市中小企业融资再担保公司及各县（区）政府性融资担保机构，对有发展前景但资金暂时困难的中小微企业的合理信贷需求，取消反担保要求，优先予以增信担保，并免收再担保费用。

责任单位：市财政局、人行莆田市中支、莆田银保监分局、莆田农商行、市中小企业融资再担保公司

四、各银行机构对受疫情影响较大企业的融资需求，建立快速审批通道，简化业务流程，采取就近网点办公、召开视频会议等方式尽快为企业办理审批转贷、放款等业务，提高金融服务的效率和水平。切实保护中小微企业征信权益，对受疫情影响暂时失去收入来源的中小微企业，依调整后的还款安排，报送信用记录。

责任单位：人行莆田市中支、莆田银保监分局、各银行机构

五、对不裁员或少裁员的参保中小微企业，返还其上年度实际缴纳失业保险费的50%。对面临暂时性生产经营困难且恢复有望、坚持不裁员或少裁员的参保企业，返还标准按六个月的当地

月人均失业保险金和参加失业保险职工人数确定，政策执行期限按照国家规定执行。

责任单位：市人社局、市财政局

六、对受疫情影响，面临暂时性生产经营困难，确实无力足额缴纳社会保险费的中小微企业，延期至疫情解除后三个月内缴费，期间不加收滞纳金，不影响参保人员个人权益。

责任单位：市税务局、市人社局、市医保局、市财政局

七、疫情期间，对承租国有资产类经营用房的中小微工业企业，房租给予免收，其他行业房租减半。对租用其他经营用房的，鼓励业主（房东）为租户减免租金，减免部分计入业主个税抵扣。

责任单位：市国资委、市税务局，各县（区）人民政府（管委会）

八、疫情期间，对中小企业的房产税、城镇土地使用税减半征收，确有困难的，可申请减免。

责任单位：市财政局、市税务局

九、对因受疫情影响不能按期办理纳税申报的中小微企业，由企业申请，依法办理延期申报。对确有特殊困难而不能按期缴纳税款的企业，由企业申请，依法办理延期缴纳税款，最长不超过三个月。

责任单位：市税务局

十、对转型生产疫情防控物资的中小企业购置的设备予以加大补助力度，对生产的物资予以兜底采购，对采购原辅材料予以协调周转资金支持。对困难企业复工生产的，予以电费优惠和招工补贴。

责任单位：市工信局、市人社局、市财政局

本政策执行期暂定为自政策发布之日起三个月。中央、省出台相关支持政策，我市遵照执行。由市工信局会同相关部门负责政策解释。

莆田市人民政府

2020 年 2 月 3 日

南平市人民政府关于印发南平市加快武夷新区金融服务业发展若干措施的通知

南政综〔2020〕88号

各县（市、区）人民政府，武夷新区管委会，市人民政府各部门、各直属机构，各大企业，各大中专院校：

《南平市加快武夷新区金融服务业发展若干措施》已经市政府同意，现印发给你们，请认真贯彻执行。

南平市人民政府
2020年9月24日

（此件主动公开）

南平市加快武夷新区金融服务业发展若干措施

为优化武夷新区金融服务业发展环境，培育壮大金融服务业，促进金融服务业更好服务我市经济社会发展，着力将武夷新区打造成为区域性金融服务业聚集区，特提出如下措施。

一、适用范围

本措施所称金融服务业企业是指在武夷新区内新引进注册（不包括我市辖区内迁移）且在当地纳税（需查账征收）的金融机构（银行、保险、证券及信托等纳入“一行两会”监管的各类持牌金融机构除外）和金融服务业配套服务机构，主要包括金融后台服务企业（中心）、地方金融组织和股权投资类企业。

金融后台服务企业（中心）：一是指隶属于银行、保险、证券及信托等持牌金融机构直接管理的金融后台服务机构，如信息技术和数据处理中心、银行卡中心、支付结算中心、业务运营中心、客户服务中心、灾备中心、新型网络金融机构、电商机构、研发中心、培训中心、康养中心等。二是指专业从事钞票处理、ATM运营管理和金融档案管理等金融外包服务的法人机构。三是指依托互联网、移动通信和大数据处理等技术手段，提供第三方支付结算、移动支付、金融产品服务、财经传媒服务的法人机构。

地方金融组织是指由地方属地化监管的小额贷款公司、融资担保公司、区域股权市场、典当行、融资租赁公司、商业保理公司、地方资产管理公司、投资公司和地方各类交易所等9类从事金融相关业务的法人机构。

股权投资类企业包括股权投资企业和股权投资管理企业。股权投资企业是指依法设立并从事非公开交易的企业股权投资和公开交易的证券投资为主要经营业务的企业（含以股权投资企业为投资对象的股权投资母基金、员工持股平台企业、创业投资基金、私募股权投资基金、私募证券投资基金等)；股权投资管理企业是指接受合格投资人委托，以股权和证券投资管理为主要经营业务的企业。

二、落户奖励

对入驻武夷新区的公司制金融服务业企业，按照实缴资本规模，给予一次性落户奖励：实缴资本2000万元（含）以上1亿元（不含）以下部分的，奖励比例为0.8%；实缴资本1亿元（含）至5亿元（不含）部分的，奖励比例为0.6%；实缴资本5亿元（含）以上部分的，奖励比例为0.4%。

落户奖励按分段累进方式予以计算，单个企业落户奖励补助金额最高不超过2000万元，从企业入驻后的纳税地方留成部分中分年安排。

三、用地、购房、租房支持

（一）建设用地支持。引进企业独立或联合申请建设用地用于经营及办公的，优先列入年度土地供应计划，优先使用盘活的存量建设用地。涉及使用新增建设用地的，用地指标优先予以保障，在办理农转用和土地征收手续时允许单独组卷报批。同一地块可允许住宅、商服等2种以上用途出让，以满足金融服务业市场需求和产业发展要求。

（二）办公用房支持。引进企业租用办公用房的，可按照租金市场指导价给予房租60%的补助，最长补助期不超过5年；购置办公用房的，可按最高不超过500元/平方米给予补助。单个企业享受补助的办公用房面积根据其业务属性、人员数量、地方税收贡献等指标由市金融工作领导小组按年审定，补助金额原则上最高累计不超过1000万元，从企业入驻后的纳税地方留成部分中分年安排。享受购房补助的办公用房5年内不得出租、出售，不得改变用途。违反上述规定的，须退还已获得的补助。

（三）住房支持。鼓励引进企业按照城市规划与土地出让管理有关规定，参与住宅土地出让竞拍，建设人才公寓或倒班房。引进企业员工符合我市人才住房支持政策和保障性住房政策的，按我市相关政策执行。对于专业技术人员按市场价购买武夷新区范围内商品住房的，自购房之日起5年内可按照其在武夷新区缴纳的工资薪金个人所得税地方留成部分的100%为计算参考给予购房补助。

四、经营贡献奖励

（一）对新引进的金融服务业企业，自认定当年起，5年内可按其增值税地方留成部分的100%和企业所得税地方留成部分的80%为计算参考给予经营贡献奖励补助。

（二）新引进的股权投资企业对市区范围内实体企业股权（上市公司或挂牌企业增发的除外）投资额达到1000万元（含）以上的，经认定符合条件的，按投资金额的1%对管理该企业的股权投资管理企业给予奖励，从该股权投资企业入驻后的纳税地方留成部分中分年安排。股权投资企业所投资的实体企业须在市区范围内注册并实际运营，投资于自身关联企业、基建和房地产项目不享受本奖励。

（三）对新引进的金融服务业企业，自认定当年起，其应缴纳的行政事业性收费属于地方政府审批权限范围内的部分，5年内可全部免除。

五、自然人合伙人奖励

股权投资类企业自然人有限合伙人（LP）退出时所缴纳的个人所得税或企业分红个人股东缴纳的个人所得税，按其缴纳的个人所得税地方留成部分的80%为计算参考给予补助。

对企业设立的员工持股平台（有限合伙企业），因企业上市（含精选层）发生“减持、并购、重组”等事项而为其员工（合伙人）代扣代缴个人所得税当年度合计达50万元以上的，按其合伙人缴纳的个人所得税地方留成部分的80%为计算参考给予补助。

六、人才激励

（一）对引进企业高管人才（每家企业不超过5人），按其当年在本地缴纳的工资薪金个人所得税地方留成部分的100%为计算参考给予补助；对其他专业技术人员，按其当年在本地缴纳的工资薪金个人所得税地方留成部分的60%为计算参考给予补助。补助期限5年，已享受购房补助的个人不得同时享受该补助。

（二）鼓励支持武夷学院、闽北职业技术学院、南平农业学校、南平武夷旅游商贸学校、南平技师学院、闽北高级技工学校等辖区内高校和重点职业院校结合金融服务业产业发展需求有针对性、前瞻性地增设相关专业，为金融服务业企业尤其是金融后台企业提供充足的人才保障。对开展校企合作，为落地武夷新区的金融服务业企业举办技能人才或专业技术人才“专班”的，按每生每年5200元的标准给予培养院校补助。对金融服务业企业组织员工开展短期培训，培训取得《福建省职业技能培训结业证书》的，可按规定给予职业培训补贴。

七、其他支持

（一）鼓励市属国有企业通过投资入股、联合投资、重组等多种方式，与引进企业进行混合所有制改革、战略合作、资源整合。

（二）鼓励市属国有企业通过自建或代建等方式为引进企业和员工建设办公用房、人才公寓、商品住房及相关配套设施。

八、组织实施

（一）上述奖补扶持政策与我市出台的其他优惠政策类同的，引进企业可自主选择申请项目，但不重复享受。除有专项资金支持的企业和员工补助、特别奖励外，企业申请的各类补助和奖励，累计额不超过当年度该企业地方税收贡献额（指对我市地方级收入中的企业所得税、增值税、个人所得税的税收贡献额）；如超过的，可顺延至以后年度企业纳税地方留成部分兑现。奖励资金按照市区财政体制分级承担。

（二）上述奖励扶持机制股权投资类企业按季兑现，其他企业按年兑现。由市地方金融监督管理局牵头组织相关企业申报奖励项目，税务部门配合提供完税证明材料，市地方金融监督管理局对申报材料进行初审，市财政局复审后提交市金融工作领导小组审批，市财政局根据领导小组审批意见予以兑现相关资金。

九、其他事项

（一）对区域金融服务业带动性强、地方经济发展贡献大的重点项目，经市委、市政府研究，可给予一事一议的政策支持。

（二）本措施由市地方金融监督管理局负责解释。本措施如与国家、省、市最新法律、法规及政策不一致时，以国家、省、市最新法律、法规及政策为准。

（三）本措施自发布之日起生效，有效期五年。本措施到期后，符合本措施规定且仍处在政策规定优惠期内，可继续享受政策至优惠期结束。

龙岩市人民政府关于支持龙岩电网高质量发展十五条措施的通知

龙政综〔2020〕63号

各县（市、区）人民政府，市直有关单位：

为扎实做好“六稳”工作、全面落实“六保”任务，加快推进电网建设，保障电网运行良好环境，支持我市电网高质量发展，确保我市经济平稳发展，制定以下政策措施。

一、强化电网规划建设

1. 加强电网规划与保护。将电网专项规划纳入龙岩市国土空间布局规划“一张图”，做好电网规划与国土空间规划有效衔接。变电站、开闭所、线路走廊等电力设施纳入国土空间规划后，各县（市、区）人民政府应严格执行，并对站址、线路走廊等给予保护，不得随意变更；确需调整的，应征求电网企业意见，获得同意后按相关程序报批。

牵头单位：市自然资源局

责任单位：各县（市、区）人民政府，市住建局、林业局，国网龙岩供电公司

2. 加快电网基础建设。“十四五”期间规划建设龙岩市第二座500千伏变电站，各县（市、区）均覆盖两座及以上220千伏变电站，加快构建以卓然、汀州两座500千伏变电站为中心的220千伏多环网结构。优化电网建设环境，加强农网升级改造，强化配电网结构，提升全市电网“两率一户”水平，为能源互联网建设奠定坚实基础。

牵头单位：国网龙岩供电公司

责任单位：各县（市、区）人民政府

二、优化电网项目审批服务

3. 优化电网项目审批流程。电网项目实行联合审批，立项用地规划许可、工程建设许可、竣工验收、路径确认实行“一家牵头、一张表单、一份指南、一套机制”的审批模式，严格按照“一口受理、市县联动、并联审批、限时办结、信息共享、统一送达”完成审批。市发改委牵头负责立项用地规划许可涉及的电网工程项目（能源类）核准、用地预审与项目选址意见书等事项；项目所在地住建部门牵头负责电网项目涉及房建、市政建设部分相关审批工作；项目所在地自然资源部门牵头负责电网项目工程建设许可、电力线路路径确认相关审批工作（总时限不超过15个工作日）。

牵头单位：市发改委、自然资源局、住建局

责任单位：市林业局、生态环境局、水利局、交通运输局、公安局、市行政服务中心管委会等，国网龙岩供电公司

4. 提高电网项目审批效率。简化电网项目核准审批手续，新增建设用地的项目按要求开展社会稳定风险评估，220千伏及以下变电站工程站内生产性建筑免予办理人防审批手续。简化35千伏及以上线路工程规划许可审批手续，由电网企业自行开展施工图审查并提交审查后的施工图及审查纪要、项目核准文件至自然资源部门审核；简化电力管线破路审批手续，减少审批前置要件，长度小于200米（含200米）的工程豁免工程规划许可证，采用抢修报备制；缩短电网项目审批时限，长度大于200米的高压电力工程总审批时限不超过10个工作日，提高审批效率。

牵头单位：市发改委、自然资源局、城市管理局

责任单位：市林业局、生态环境局、水利局、交通运输局、公安局、人防办等，国网龙岩供电公司

5. *明确电网项目报批实施主体*。电网项目农用地转用和土地征收报批工作（包括发布土地征收启动公告、开展土地现状调查和社会稳定风险评估、编制征地补偿方案、发布征地补偿安置公告、组织听证、签订征地补偿安置协议、提出征地申请、发布土地征收公告等）由县级人民政府主导并实施，电网企业积极配合做好相关工作。电网项目林木采伐许可证由项目属地乡（镇）人民政府（街道办事处）负责办理，所需费用由电网企业在青苗赔偿合同中打包支付。

牵头单位：各县（市、区）人民政府

责任单位：市农业农村局、人社局、自然资源局、林业局等，国网龙岩供电公司

6. *加快推进政府性投资项目配套电力基础设施工程实施*。建设单位在配套电力工程概算和预算通过审核后依法委托国网龙岩供电公司按规范程序组织招标，由建设单位与中标单位签订合同，国网龙岩供电公司指派专人参与、指导建设管理及验收移交，全面提速政府性投资项目及市属国有投资项目涉电工程进度。建立涉电工程单独结算和定期沟通协调机制，及时会商协调解决问题，加快工程结算。

牵头单位：市发改委、住建局

责任单位：市国资委、财政局、工信局，国网龙岩供电公司

三、保障电网运行安全

7. *加大电力设施保护力度*。落实电力设施保护与电力安全联席会议制度，组织开展电力设施保护与电力安全专项整治，重点解决变电站和电力线路周边易飘浮物影响电网安全运行、施工建设破坏电力设施、“树线矛盾”“三线交越”等问题。加大电力执法力度，严厉查处破坏电力设施案件，及时制止各种违规行为，有效打击破坏电力设施的违法行为，保障电网安全运行。

牵头单位：市工信局

责任单位：市住建局、应急局、自然资源局、林业局、公安局、城市管理局，国网龙岩供电公司

8. *提升电网大面积停电应急处置能力*。完善龙岩市处置电网大面积停电事件应急预案，组织开展应急演练。建立各单位应对大面积停电协作机制，有效调配全市应急资源，建立电力抢修应急涉及的路径审批、林木砍伐、交通运输、通信保障、应急发电燃料供应等绿色通道，加快响应速度。引导社会资本开展共享应急电源项目建设，提供电源车、柴油发电机、UPS电源等应急电源租赁服务，推动各方力量参与应急处置。

牵头单位：市工信局

责任单位：市应急局、住建局、交通运输局、林业局，国网龙岩供电公司

9. *加强电力用户用电安全管理*。督促电力用户遵守电力法律法规，执行国家、省有关电力规程规范，及时整改影响电网安全运行的行为，重要电力用户按规范配置供电电源及自备应急电源。推动用户对其产权线路实行绝缘化改造，提高线路防雷水平。推广电网产业单位开展政府部门及国有企事业单位的主配网设备智能化运维检修，实现用电设备远程服务，预防电气安全隐患。多渠道推动城乡居民全面安装家用漏电保护装置，保护人民生命财产安全。

牵头单位：市工信局

责任单位：市住建局、林业局、城市管理局、应急局，国网龙岩供电公司

10. *推进老旧小区电力设施改造*。将供电设备改造纳入老旧小区改造范围。供电线路及设备改造按产权归属进行出资改造，产权归属电网企业的，由电网企业承担改造费用；产权归属企事业单位的，由各产权单位承担改造费用；产权归属小区业主共有的，供电线路、设备及“一户一表”改造费用由政府、电网企业各承担50%。鼓励非电网企业产权的供电线路及设备经验收合格后，移交电网企业负责日常维护和管理。

牵头单位：市住建局

责任单位：各县（市、区）人民政府，市城市管理局，国网龙岩供电公司

四、优化电力营商环境

11. *严厉打击违规供电*。严格落实《电力法》《电力供应与使用条例》等法律法规，加强对未经许可非法供电行为的巡查，一经发现，按有关法律规定处置。对于违规对外供电的电站且拒不整

改的依法予以惩治。重点整治新罗区天源、上杭大光明自供区等违规供电区域，2021 年 12 月底前整治到位。

牵头单位：市工信局

责任单位：各县（市、区）人民政府，市发改委、市场监管局，国网龙岩供电公司

12. 加快转供电加价清理。建立政府与电网企业沟通协调长效机制，常态开展转供电加价排查，加大电价政策宣传力度，支持全面推广“转供电费码”，确保电费降价红利有效传导到终端用户。强化源头治理，督促电网企业加大对转供电主体的转改直工作力度，积极推动转供电主体改造到户。电网企业要积极主动指导转供体规范内部计量方式、电费结算方式，协助转供电主体厘清终端用户电费。

牵头单位：市市场监管局、发改委

责任单位：市工信局、国网龙岩供电公司

13. 推动数据共建共享。建立电力大数据应用常态沟通机制，由市大数据局负责对接电网企业开展大数据开发应用，支持产品应用和研发。推进电表与房产联动过户，支持龙岩市不动产综合收件窗口在办理房产过户时同步办理用电过户手续，数据共享，将相关材料推送至电网企业，实现用户电表过户“一趟不用跑”。

牵头单位：市不动产登记中心，国网龙岩供电公司

责任单位：市住建局、大数据局、工信局，市行政服务中心管委会

五、推进电力绿色发展

14. 推进综合能源利用。支持电网企业作为牵头单位开展能源综合利用研究，降低企业用能成本，开展产业园区综合能源布局规划，支持电网企业开展市政及国有企事业单位综合能源业务。建立电能替代激励机制，研究出台电烤烟等补贴政策，降低污染排放。

牵头单位：市发改委、工信局

责任单位：市自然资源局，市烟草专卖局（市烟草公司）、国网龙岩供电公司

15. 推动“新基建”充电桩建设。出台支持有序充电补贴政策，推动物流及邮政、环卫、公务用车、中短途公路客运车等公共用车燃油车电动化，将城市充电站纳入城市建设统一规划，加快充电站建设。

牵头单位：市发改委、工信局、交通运输局、自然资源局

责任单位：市住建局、自然资源局，国网龙岩供电公司

上述措施自印发之日起实施，《龙岩市人民政府关于支持龙岩电网加快发展十二条措施的通知》（龙政综〔2019〕11 号）同时废止。

龙岩市人民政府

2020 年 7 月 23 日

（此件主动公开）

宁德市人民政府办公室关于印发宁德市进一步促进现代物流业发展九条措施的通知

宁政办〔2020〕82号

各县（市、区）人民政府、东侨经济技术开发区管委会，市直有关单位：

《宁德市进一步促进现代物流业发展的九条措施》已经市委、市政府研究通过，现印发给你们，请认真贯彻执行。

宁德市人民政府办公室

2020年8月17日

（此件主动公开）

宁德市进一步促进现代物流业发展的九条措施

为助推物流企业提质升级，培育现代物流服务市场，促进我市现代物流业高质量发展，提出以下措施：

一、支持物流企业规模化发展

对公路货物运输企业实现地方级税收（不含省级）总额达到50万元、200万元、500万元、1000万元以上（含）的，分别按其缴纳增值税和企业所得税地方留成部分的50%、60%、70%、80%奖励给企业。

对自有运力车辆规模达到50辆车以上，当年实现地方级税收（不含省级）100万元以上（含100万元）的公路货物运输企业，给予一次性20万元奖励；自有运力车辆规模达到100辆车以上，当年实现地方级税收（不含省级）200万元（含200万元）以上的公路货物运输企业，给予一次性50万元奖励；自有运力车辆规模达到200辆车以上，当年实现地方级税收（不含省级）300万元（含300万元）以上的公路货物运输企业，给予一次性80万元奖励。

责任单位：各县（市、区）人民政府、东侨经济技术开发区管委会，市税务局、财政局、交通运输局

二、发展网络货运平台经济

网络平台道路货物运输（以下简称网络货运）企业在宁德取得《道路运输经营许可证》并设立法人机构，在宁德经营不少于3年，地方级税收（不含省级）每年不少于2000万元的，予以一次性奖励100万元。支持符合条件的网络货运企业申请总部企业认定和总部经济政策。允许符合条件的网络货运企业依规定程序开展代开增值税专用发票等试点工作。积极引导辖区商贸、工业企业和个体工商户物流业务通过我市网络货运企业结算。

责任单位：各县（市、区）人民政府、东侨

经济技术开发区管委会，市交通运输局、发改委、工信局、商务局、财政局、税务局

三、加快物流园区建设和发展

争取物流园区纳入省级物流园区提升工程包，支持停车场等配套设施与物流园区同步建设、同步投运。鼓励本地国有企业与民营物流企业合作开发建设物流园区，探索股权多元化和跨行业经营，健全零担物流体系。支持创建省级物流示范园区，对获得省级物流示范园区的单位，鼓励受益财政给予配套奖励。鼓励物流企业进驻物流园区集聚发展，支持园区内企业信息化建设，帮助申报各级补助资金。

责任单位：各县（市、区）人民政府、东侨经济技术开发区管委会，市发改委、工信局、国资委、交通运输局、交投集团

四、推进物流业与制造业融合

加快产业园区配套建设公共外仓，鼓励物流企业深入制造业供应、生产和销售链条，应用大数据、准时制生产、仓配一体化、甩挂运输等技术模式，借助流程再造和延伸服务，为制造业企业提供共享仓储等一体化物流服务解决方案。引导支持本地制造业与本地物流业加强合作，加大对获得A级评定物流企业的扶持力度，具体实施办法由市工信部门会同相关部门共同研究制定。

责任单位：各县（市、区）人民政府、东侨经济技术开发区管委会，市发改委、工信局、交通运输局、交投集团

五、鼓励车辆落籍宁德

鼓励新增公路货物运输车辆落籍和外挂车辆回迁本市。对当年实现地方级税收（不含省级）达20万元及以上的货运企业在本市新购货物运输车辆或主动办理回迁我市的外挂车辆，总质量12吨（含）以上的每辆给予一次性8000元奖励，新购甩挂运输车（含挂车）、冷藏运输车给予每辆车一次性5万元奖励。货物运输企业应承诺享受奖励金的车辆在三年内如转出本市必须退还奖励金上缴财政。购买本市车籍的二手车不享受本奖励政策。

开辟“绿色通道”，提供优先办理、预约办理等服务，做好货运车辆回迁的转入工作，做到当日核发牌证。优化物流车辆停靠规划，针对我市物流企业配送需求，在可行条件下合理施划配送车辆专用临时停车位，方便配送车辆临时停放作业。确保物流车辆临时通行，对需要申请在限行区域通行的我市物流运输企业车辆，符合条件的应立即办理车辆通行证。具体实施由市交警部门会同相关部门研究落实。

责任单位：各县（市、区）人民政府、东侨经济技术开发区管委会，市税务局、财政局、交通运输局、住建局、交警支队

六、支持冷链物流发展

提升完善冷链设施，鼓励新建保鲜库、变温库、气调库、立体自动化冷库等智能型高端冷藏设施项目，扶持生鲜农产品批发市场配建冷库冷藏设施、冷链运输和信息管理系统，建设低温物流专区项目。加强生猪肉品冷链配送建设项目的规划与指导，对冷链配送项目发展给予政策扶持，并将生猪肉品冷链配送运营亏损兜底补助纳入受益县（市、区）本级政府年度财政预算。争取更多冷链物流项目列入年度省级服务业发展引导资金盘子。

责任单位：各县（市、区）人民政府、东侨经济技术开发区管委会，市商务局、农业农村局、发改委、交通运输局、财政局、交投集团

七、优化物流用地保障

对纳入市级及以上现代物流业发展规划或省现代物流重点项目库的物流园区、物流配送中心等物流项目和为生产配套的仓储物流项目的新增用地，执行工业用地出让政策。物流项目用地出让年限可在法定最高年限范围内按需设定。在符合有关规划和保证安全的前提下，鼓励企业“零增地”技术改造，对利用现有厂区、厂房改造或加层改造建设以提高土地利用率和增加容积率的物流项目，可不办理土地用途变更手续，不再征收土地价款，免收城市基础设施建设配套费。

在不改变用地主体、规划条件的前提下，利用存量房产和土地资源建设物流项目的，可在5年内保持土地原用途和权利类型不变，5年期满后需办理相关用地手续的，经批准可采取协议方式办理。对符合条件的物流企业自有的大宗商品仓储设施用地，按所属土地等级适用税款额标准的50%计征城镇土地使用税。支持已征未用的地块作

为临时停车场使用。

责任单位：各县（市、区）人民政府、东侨经济技术开发区管委会，市自然资源局、住建局、财政局、税务局、土地收储中心

八、实行多元化金融服务

鼓励金融机构为交通运输企业提供多样化金融服务，提供风险分担模式下的融资服务，支持交通运输企业拓宽直接融资渠道。优化信贷资源配置，引导更多的信贷资源向物流企业倾斜。在依法合规、风险可控的前提下，对省级物流示范园区合理确定授信规模，创新园区企业资产按揭贷款，对物流园区企业正常的贷款需求应贷尽快贷。积极推广“物流银行”贷款业务，推动银行资金流、物流信息流、企业货流的有机融合，有效增强物流企业的经营能力。进一步降低物流企业贷款利率，加大无还本续贷推广力度，力争2020年小微企业综合融资成本较去年下降0.5个百分点。鼓励按照“政府引导、财政配套、市场运作”的原则，推动现代物流领域投保安全生产责任险及公众责任险，提高社会综合保障能力。

责任单位：各县（市、区）人民政府、东侨经济技术开发区管委会，人行宁德中心支行、宁德银保监分局

九、加大税费优惠力度

简化税费核准流程，企业可通过电子税务局提交相关申请表及附列资料，审核通过后于线上完成办理。因疫情影响，无法按期缴纳税款的物流企业，可依法申请办理延期缴纳税款。因疫情遭受重大损失，正常生产经营活动受到重大影响的中小物流企业，可按规定申请房产税和城镇土地使用税困难减免。经各级应对疫情工作领导小组办公室、应急指挥部或当地牵头负责应对疫情工作后勤保障部门确认，保障疫情防控的物流行业纳税人，可免征其名下车辆2020年度的车船税。

责任单位：各县（市、区）人民政府、东侨经济技术开发区管委会，市财政局、税务局

本措施自印发之日起实行，有效期至2022年8月17日。以上优惠政策中涉及财政支出的，除已明确市级补助外，其余按照现行财政体系由受益财政负担；若享受本文件中规定的优惠政策，则不再重复享受本市出台的其他同类型优惠政策措施。涉及的各类补助和奖励累计额不超过当年度企业上缴我市税收收入地方留成部分。现有政策条款与本文件不一致的，以本文件为准。

本政策（措施）由市交通运输局负责解释。

平潭综合实验区管委会办公室关于印发《平潭综合实验区支持新兴产业园示范区运营发展的政策措施》的通知

岚综管办〔2020〕31 号

各片区管理局，区直各单位，各区属事业单位、国企：

《平潭综合实验区关于支持新兴产业园示范区运营发展的政策措施》已经 2020 年实验区党工委第 15 次委员会议研究同意，现印发给你们，请认真贯彻执行。

平潭综合实验区管委会办公室
2020 年 4 月 29 日

平潭综合实验区支持新兴产业园示范区运营发展的政策措施

为进一步贯彻落实《平潭综合实验区关于推动新兴产业园区高质量发展的实施意见》（岚综管办〔2019〕63 号）文件精神，加快示范区产业集聚，结合实验区实际，制定本政策措施。

第一条 新兴产业园示范区位于君山片区芦洋组团，区新兴公司为示范区的运营单位，平潭新兴产业园区工作领导小组办公室（下称：“园区办”）为示范区的日常管理机构。

第二条 本政策措施适用对象必须符合以下条件：1. 必须为 2020 年 1 月 1 日后在实验区新设立的公司（或在新兴产业园区内取得土地的项目或新增 1000 万元以上固定资产投资的项目），且商事主体登记地位于示范区内，具有独立法人资格，在实验区开设基本账户、纳税、纳统备案；2. 企业实际入驻运营，且企业员工总数不少于 10 人；3. 企业行业类型属于：新一代信息技术产业、大健康产业研发、加工、组装，及配套的生产性服务业、生活性服务业（生活性服务业在兑现本政策第四条时，仅享受第 1、2 两点政策优惠，以与园区运营单位签约的为准）。

第三条 经入园审核且符合《实验区企业所得税优惠目录》的企业，按相关规定享受国家、福建省赋予实验区企业所得税优惠，享受“一线”进口机器、设备等免税，进口加工产品所需的原材料、零部件等保税，“二线”增值税、消费税退税，销往内地货物选择性征税，以及通关便利等方面政策。

第四条 经入园审核的企业，除按规定享受实验区、自贸区现有的税收奖励、行业奖补、人才政策、招商奖励等政策外，还可择优享受以下示范区专项政策：

1. 租金奖励政策。为鼓励企业入驻，参照区内外政策，示范区实行“三免两减”租金政策，2025年6月30日前，示范区按市场评估基准价格（32元/平方米·月）的20%（6.4元/平方米·月）租赁；2023年6月30日前，给予企业实际办公人员每人15平方米的免租金奖励。企业设立展示厅、实验室的，可根据产业类型、实际用途、投资规模等因素综合评估，给予300平方米以内的免租金奖励；租金奖励采用先缴后返的方式，当月可申请奖补；合同期满，同等条件下给予优先续租。

2. 装修补助政策。入驻企业可选择已装修楼宇入驻或自行装修入驻。选择已装修楼宇入驻的企业，由园区运营单位负责装修，为企业提供拎包入住条件；选择自行装修入驻的企业，按实际装修面积，给予300元/平方米的一次性装修补贴，每家企业补贴总额不超过100万元。入驻已装修楼宇的企业，须在房屋交付使用后的半个月内入驻办公；自行装修的企业，须在租房协议签定之日起三个月内完成装修并入驻办公。

3. 降低招聘成本。对企业聘用的员工签订合同满一年以上的，按相应学历给予一次性招聘成本补贴。标准为：全日制大专学历每人2000元、全日制本科学历每人3000元、全日制硕士研究生学历每人5000元、全日制博士研究生学历每人10000元，工作满一年后发放。

4. 实习实训奖励。鼓励示范区企业接收两岸大专及以上在读学生开展实习实训，可申请每人每月1000元的实习实训补贴，实习时间不少于3个月，实习期满后发放。实习生毕业后，继续留在示范区就业的，给予大专及以上每人10000元安家补贴，工作满一年后发放。

5. 生活补助政策。入驻企业常驻人员（全日制大专及以上学历、每年办公时间不少于183天），给予总额5万元补助，分3年发放。

6. 子女教育保障。入驻企业员工符合人才政策的，子女可按规定优先选择区内优质的公立中小学、幼儿园入学；其他企业员工子女可按规定统筹安排公立中小学、幼儿园入学。

7. 经营贡献奖励。对年产值2000万元以上的规模以上工业或年营业收入1000万元以上的规模以上生产性服务业，按以下标准奖励：年度缴纳税收总额（含）10万—30万元，按其年缴纳税收的地方级分成的75%予以奖励；年度缴纳税收总额（含）30万—100万元，按其年缴纳税收的地方级分成80%予以奖励；年度缴纳税收总额（含）100万元以上的，按其年缴纳税收的地方级分成的85%予以奖励。

8. 金融服务支持。入驻企业可根据项目的实际情况向区麒麟股权有限公司申请“双创”、“平潭发展”基金投资；需要向金融机构融资的项目，由区信平融资担保有限责任公司提供担保服务。对为入驻示范区企业提供融资担保的担保机构，由区财政按年度新增担保额2%给予风险补偿的；对已提供融资担保的信贷项目发生代偿的，按代偿资金的10%给予代偿补偿。

9. 用房用地支撑。支持入驻企业以成本价购买示范区内的办公用房。示范区内企业拓展生产需求，优先提供标准厂房或在新兴产业园区内给予选址和用地保障。

10. 优化行政服务。由园区办按照“一口受理、全程代办、限时办结”的原则，协助入驻企业全程办理各项行政审批手续。

11. 一事一议政策。对固定资产投资5000万元以上的项目，或年产值5亿元以上的项目，或获得国家级、省部级科技进步奖项的项目，可另行个案一事一议研究。

第五条　享受奖补的企业应当承诺自注册之日起，十年内不得迁出平潭，否则应退回全部奖励金。

第六条　本文件所列的优惠政策与我区其他优惠政策如有重复或者属于同类别的，企业可择优申报，不得重复享受，与本文件不一致的，以本文件为准。

第七条　入驻企业申请上述奖励政策，由区行政服务中心统一兑现奖补。

第八条　本政策奖补资金从全区各类产业奖补预算中列支，由区经济发展局会同有关部门制定实施细则，自发布之日起试行。有效期至2025年6月30日，政策期满另行研究。

第九条　本文件由平潭新兴产业园区工作领导小组办公室承担具体解释工作。

第十篇
表彰奖励

福建省十四项成果获国家科学技术奖

我省民企首获国家科技进步一等奖

在2020年1月10日举行的2019年度国家科学技术奖励大会上，我省共有14项成果（我省单位主持完成的3项，参与完成的11项）荣获2019年度国家科学技术奖，其中，国家自然科学奖二等奖2项，国家技术发明奖二等奖2项，国家科学技术进步奖一等奖1项、二等奖9项。

我省2019年度国家科学技术奖获奖结果呈现几个明显特点：

（一）获奖数量和领域有较大突破。获奖总数为上一年的2倍，也是近5年内最多。其中，福建农林大学的《中国特色兰科植物保育与种质创新及产业化关键技术》，是我国兰花领域的第一个也是福建省花卉产业领域的第一个国家科技进步奖；

（二）企业创新实力凸显。企业获奖成果8项，比上年增加60%。获奖企业10家，比上年翻了一番。在技术发明奖和科学技术进步奖成果中，企业参与完成的占三分之二。其中，三安光电等3家我省企业参与完成的项目获国家科学技术进步一等奖，这是近年来我省企业在获奖等级上取得的重大突破。这些都显示了我省企业在研发创新方面逐渐占据重要地位；

（三）得奖项目的产学研用结合更加紧密。由我省单位牵头完成的3个项目都系自主研发或拥有完全自主知识产权，目前在全国范围已有比较成熟的成果转化成效。参与研发的单位也在新能源动力电池、水产养殖、能源与环境、医药生物等领域实现了技术突破，部分达到了全球领先水平，并创造了较大的经济效益。

（四）此次获奖项目中，由我省单位主持完成的有：

国家自然科学奖二等奖：厦门大学田中群等完成的《电化学表面增强拉曼光谱学研究》。

国家科学技术进步奖二等奖：福建农林大学兰思仁等完成的《中国特色兰科植物保育与种质创新及产业化关键技术》，福建中医药大学陈立典等完成的《脑卒中后功能障碍中西医结合康复关键技术及临床应用》。

我省单位参与完成的有：

国家科学技术进步奖一等奖：三安光电股份有限公司、厦门华联电子股份有限公司、厦门光莆电子股份有限公司与中国科学院半导体研究所联合攻关的《高光效长寿命半导体照明关键技术与产业化》。

国家科学技术进步奖二等奖：福建省农业科学院畜牧兽医研究所的《蛋鸭种质创新与产业化》，福建龙净环保股份有限公司的《燃煤电站硫氮污染物超低排放全流程协同控制技术及工程应用》，宝钢德盛不锈钢有限公司的《红土镍矿冶炼镍铁及冶炼渣增值利用关键技术与应用》，厦门美图之家科技有限公司的《编码摄像关键技术及应用》，福建星云电子股份有限公司的《新能源汽车能源系统关键共性检测技术及标准体系》，厦门艾德生物医药科技股份有限公司的《基于外周血分子分型的肺癌个体化诊疗体系建立及临床推广应用》，福建上润精密仪器有限公司的《水产集约化养殖精准测控关键技术与装备》。

国家自然科学奖二等奖：福州大学杨有福的《基于全寿命周期的钢管混凝土结构损伤机理与分析理论》。

国家技术发明奖二等奖：厦门大学高亚辉的《近海赤潮灾害应急处置关键技术与方法》，福建省建筑科学研究院有限责任公司施峰的《深基础自平衡法承载力测试成套技术开发及应用》。

（五）我省民企首获国家科学技术进步一等奖。在2019年度国家科学技术奖励大会上，三安集团下属三安光电股份有限公司、厦门华联电子股份有限公司、厦门光莆电子股份有限公司与中国科学院半导体研究所联合攻关的《高光效长寿命半导体照明关键技术与产业化》获国家科学技术进步一等奖。这是近年来福建企业在获奖等级上取得的重大突破，也是我省民企首获国家科学技术进步一等奖。

（摘编：吴建翰）

华侨大学科研团队 获商务部（2019）商务发展研究成果奖

2020年6月8日国家商务部“2018—2019年度商务发展研究成果奖”评选结果日前揭晓，华侨大学工商管理学院张向前科研团队申报的成果《中国政府购买服务、社会资本合作与社会组织发展研究》获得报告类优秀奖。该成果基于公共治理、政府与市场失灵、社会组织管理等理论，立足于我国政府购买服务、社会资本合作（PPP）与社会组织发展的历史与现状，研究创建多主体参与国家治理机制，政府借助社会组织的力量，鼓励和引导社会投资、增强公共产品供给能力，促使各类资本优势互补、相互融合，充分发挥公共服务市场化配置的效益优势，与社会资本建立利益共享、风险分担及长期合作机制，满足社会公众对公共服务供给的层次化和个性化需求，实现政府、社会组织、大众的多赢，为相关决策主体提供有效的理论支持和政策建议。

“商务发展研究成果奖”是国家商务部设立的面向全国的社会科学类奖项，旨在加强商务战略和政策研究，鼓励全国从事商务理论、政策研究和实际工作的单位及个人提高研究质量与水平，加快培养商务研究人才，建立健全商务领域科研工作的机理机制。该奖项用于奖励商务领域具有前瞻性、创见性，有较高理论和学术价值的著作、论文和研究报告，以及对政府决策和实际工作产生重要影响的研究成果，分论文、著作、报告、政策调研四类，覆盖世界经济、国际贸易、流通经济和商务法律等多个领域，是我国商务领域最权威的部级政府奖项。

（摘编：李兵）

福建三位青年科学家获2020年度“科学探索奖”

2020年11月14日，2020年“科学探索奖”颁奖典礼在北京钓鱼台国宾馆举行，来自九大领域的50位获奖人从奖项发起人手中接过奖杯。其中，福建籍科学家徐集贤、史大林、陈兴分别在能源环保、天文和地球科学、化学新材料领域获奖。

出生于1986年的徐集贤来自莆田，目前是中国科学技术大学化学与材料科学学院特任教授、博导，他长期从事新型光电转换材料和器件的研究，特别是在新一代太阳能光伏技术领域取得了具有一定国际影响力的成果。

史大林1977年出生于福州，目前是厦门大学特聘教授、博导，近海海洋环境科学国家重点实验室（厦门大学）首席科学家，厦门大学环境与生态学院副院长，他的主要研究方向为海洋生物地球化学与全球变化。

来自龙岩的陈兴出生于1980年，目前是北京大学化学与分子工程学院教授、院长，兼任北大－清华生命科学联合中心高级研究员、北京大学合成与功能生物分子中心研究员，其主要研究方向为化学糖生物学和生物纳米技术。

“科学探索奖”是由腾讯公司董事会主席兼首席执行官、腾讯基金会发起人马化腾与北京大学教授饶毅，携手杨振宁等十几位知名科学家共同发起的公益性奖项。该奖项面向基础科学和前沿技术领域，支持在中国内地及港澳地区全职工作、45周岁及以下的青年科技工作者。获奖者每人将在未来5年内获得腾讯基金会总计300万元人民币的奖金，并且可以自由支配。

今年“科学探索奖”获奖人名单较去年更为多元化，其中女性获奖人增至5位、35岁及以下获奖人6位。50位获奖人平均年龄不到40岁，其中最年轻获奖者仅30岁。而在港澳地区首次放开申请后，亦有3位科学家获奖。

（摘编：黄国实）

全国青年岗位能手（标兵）称号福建省荣获者名单

2020年7月20日团省委消息，在共青团中央、人力资源社会保障部联合开展的第20届全国年岗位能手评选活动中，我省共有18名优秀青年受到表彰。其中，王家政、王志沿荣获“全国青年岗位能手标兵”称号，马俊、涂闽杰、李琳等16人荣获“全国青年岗位能手”称号。

此次被命名表彰的50名“全国青年岗位能手标兵”和760名“全国青年岗位能手”，是通过层层遴选、严格审核和社会公示产生的。他们集中展现了新时代中国青年积极进取、不懈奋斗的精神风貌，是广大青年成长成才、建功立业的榜样。

（摘编：严志东）

福建获得生态环境部表彰的 2019年全国执法大练兵先进集体和个人名单

2020年3月29日，生态环境部通报表扬2019年生态环境保护执法大练兵表现突出集体和个人，福建“环保铁军”继续保持高水平，再创佳绩。

福建省生态环境厅获评2019年生态环境保护执法大练兵表现突出组织单位，居全国第一梯队首位。

莆田市环境执法支队、泉州市环境监察支队、龙岩市环境监察支队、宁德市生态环境保护综合执法支队、福州市闽侯生态环境局、莆田市城厢生态环境局、三明市三元生态环境局、泉州市安溪生态环境局、泉州市晋江生态环境局、宁德市霞浦生态环境局等10个环境执法单位获评表现突出集体。

俞扬、黄立都、陈德仁、周治诚、陈先哲、谢晓彬、李新发、占凯滨、顾宗元、傅蔡捷等10名环境执法人员获评表现突出个人。

（摘编：严志东）

第十七届“福建青年五四奖章”集体和个人名单

2020年4月24日共青团福建省委、福建省青年联合会下发的《关于表彰第十七届“福建青年五四奖章”集体和个人的决定》提出，经过专家评审、公示、复核，共青团福建省委、福建省青年联合会研究决定，授予晋江青年商会等50个集体第十七届“福建青年五四奖章集体”荣誉称号（其中，福州肺科医院隔离病房团队等10个集体为第十七届“福建青年五四奖章集体标兵”），授予李圆圆等99名同志第十七届“福建青年五四奖章”荣誉称号（其中，纪荣嵘等10名同志为第十七届“福建青年五四奖章标兵”），追授杨波同志第十七届“福建青年五四奖章”荣誉称号。此次受表彰的先进集体和个人，集中展示了新时代福建青年在以习近平同志为核心的党中央集中统一领导下，坚定政治信念，矢志拼搏奋斗，勇于开拓创新，在统筹疫情防控和经济社会发展工作大局中作出积极贡献，是全省广大青年追求进步的楷模和成长成才的榜样。名单如下：

第十七届“福建青年五四奖章集体标兵”获得名单

（共10个，排名不分先后）

福州肺科医院隔离病房团队

厦门北站台湾青年双创基地

华侨大学“精卫”旅游扶贫志愿服务队

三明市公安局白沙派出所

古田县大学生创业协会

福建医科大学附属协和医院援鄂医疗队

福建师范大学海峡两岸高中语文教材编写与推广团队

莆田高速“一路帮”志愿服务队

漳州市检察院未检“水仙花”团队

泉州市消防救援支队

第十七届“福建青年五四奖章集体”获得名单

（集体共40个，排名不分先后）

青年创业团队：

晋江青年商会

青年科研团队：

福建师范大学泉港石化研究院

福建农林大学福建省生态公益林重大有害生物防控福建省高校重点实验室

福建中医药大学康复学科团队

福州大学光电信息团队

厦门大学固体表面物理化学国家重点实验室

青年卫士团队：

福州市台江区人民检察院第五检察部

平和县公安局巡特警反恐大队

福建医科大学附属第二医院重症医学科

松溪县检察院湛卢青检先锋连

福建省公安厅交警总队龙岩高速公路支队二大队新泉中队

上杭县公安局城关派出所

龙岩市永定区人民法院坎市人民法庭

厦门市湖里区人民法院自由贸易区法庭

青年志愿服务团队：

福州职业技术学院青年志愿者服务总队

中建三局第三建设工程有限责任公司厦门分公司

泉州市青年志愿者协会

南平市建阳区人民法院

宁德市公安局大门山派出所环东湖巡防队

华侨大学归根情·情暖归侨侨眷志愿服务队

南平能源公司“萤火虫”志愿者服务队

青年精准扶贫团队：

阳光学院智力助农服务乡村振兴大学生实践队

其他综合类团队：

中建海峡青少年活动中心项目部

厦门国贸集团股份有限公司百人团员青年攻坚队

厦门象屿集团青年突击队

国网漳州供电公司无人机作业班

长泰县融媒体中心记者部

莆田市消防救援支队梅雪路特勤站

福建省政协研究室综合处

福建省中小企业服务中心

福建省地质测绘院服务乡村振兴项目组

泉州银保监分局统计信息与风险监测科

疫情防控一线优秀集体：

福州市疾控中心新冠肺炎疫情防控青年突击队

厦门大学附属第一医院防控疫情杏林青年突击队

泉州市第一医院疫情防控救治区

南平市人民医院急诊科

龙岩市第一医院新冠肺炎疫情防控青年突击队

福州市长乐区闽运交通运输有限公司疫情防控青年突击队

福建女子监狱援鄂工作队

福清市城投集团

第十七届“福建青年五四奖章标兵”获得名单

（共10名，以姓氏笔画为序）

纪荣嵘　厦门大学信息学院教授

李璋高　德化县璋高陶瓷研究所雕塑师

吴伟锋　莆田市湄洲日报社记者

何伙珍（女）　福州建筑工程职业中专学校教师

何金兰（女）　龙岩人民医院内分泌科主治医师

张长禄　漳州市公安局巷口派出所所长

林思彤（女）　残疾人运动员

卓惠长　福建医科大学附属第一医院重症医学科主治医师

郑艺娟（女）　南靖县特殊教育学校一级教师

程贤芳（女）　尤溪县重症医学科护士

第十七届“福建青年五四奖章”获得名单

（个人共89名，以姓氏笔画为序）

青年农民：

李圆圆（女）　福建省方圆恒达农业发展有限公司总经理

陈燕金（女）　连江县江南乡梅洋村党支部书记、村委会主任

雷金玉（女，畲族）　福安市坂中畲族乡后门坪村支部书记兼村委会主任

青年技能人才：

王亚东　中国铁路南昌局集团有限公司福州工务段桥隧工

王家政　宁德时代新能源科技股份有限公司主任、工程师

朱清强　一鼎（福建）生态园林建设有限公司总经理、高级工程师

严登峰　福建省环境监测中心站副主任

李　乍　国网龙岩供电公司配电运检中心配电二次运检班班长

张天水　三明市消防救援支队白沙路特勤站副站长

陈小波　国网福州供电公司信通分公司物联网建设管理高级师

陈明伟　福建省泷澄建设集团有限公司董事长

林华春　福建三钢棒材厂副厂长、副总工程师

郭贵勇　福建省计量科学研究院建交所实验室主任、工程师

雷金彪（畲族）　厦门虹鹭钨钼工业有限公司小转盘成品操作工

青年科教人才：

付进华　福建省福州高级中学教务处副主任

朱建亭　莆田擢英中学副校长

陈　星　福州大学数学与计算机科学学院院长助理、副教授、博士生导师

徐通达　福建农林大学海峡联合研究院园艺中心副主任、教授

黄　彬（女）　福建警察学院教研室副主任、区域反恐研究中心主任、副教授

崔志香（女）　福建工程学院材料科学与工程学院副院长、副教授

韩瑞峰　福建广播电视大学公共管理学院讲师

程栋梁　福建师范大学地理科学学院教授

魏展画　华侨大学材料科学与工程学院教授、发光材料与信息显示研究院副院长

青年法务工作者：

卞国平　漳州市芗城区人民法院审判员

朱华银　漳平市公安局和平派出所所长

刘洁君（女）　福建省高级人民法院民一庭二级法官助理

吴宇春　福建省检察院办公室综合科负责人

陈胜男（女）　闽侯县人民检察院第五检察部副主任

陈婷婷（女）　福州市鼓楼区人民检察院办公室主任

林　敏　闽侯县人民法院综合办主任

林娇鸿（女）　泉州市人民检察院副主任科员

郭　婕（女）　三明市中级人民法院少年与家事审判庭副庭长

潘进格（女）　漳州市龙文区人民检察院一级检察官

青年经济商务工作者：

王　钻　福建纵腾网络有限公司总裁

王隆元　福建华平纺织服装实业有限公司职务总经理

朱才华　福建远勤建设工程有限公司董事长

杨　辉　福州港马尾港务有限公司人力资源部经理，建宁县溪源乡都团村党支部第一书记（挂职）

何加伟　福建银保监局银行检查处一级主任科员

余鸿侠　福建中闽医药贸易有限公司总经理

陈晓君（女）　厦门美柚股份有限公司党总支书记、联合创始人

林　溱　厦门中达集团有限公司总经理

林　聪　闽西兴杭国有资产投资经营有限公司董事、副总经理

洪炳煌　恒丰（福建）化纤科技有限公司总经理

洪锃淮　劲霸男装股份有限公司 CEO 兼创意总监

高锦海　福建明海鑫企业股份有限公司总经理

韩　婷（女）　南平市武夷新区管委会经济发展局四级主任科员

潘德标　福建申远新材料有限公司总经理

青年台港澳及海外华侨人士：

吴志鸿　三明学院专任教师

何　佳（女）　平潭县人民法院审判管理办公室法官助理

陈安邦　福建长源纺织有限公司特聘副总工程师

周志豪　福建晶安光电有限公司研发课长

郭屹凡　福建景盈国际贸易有限公司法人代表

彭欧雅（女）　北京大学创业训练营两岸青年众创空间副总经理

蔡志阳　漳浦台丰山生态农业有限公司总经理、高级农艺师

蔡佩纭（女）　多纳思维教育咨询有限公司创始人

潘　达　福建师范大学音乐学院声乐教授

青年社会组织和社会中介骨干：

吴玉季（女）　南安青年商会常务副会长兼秘书长

张　洁（女）　福州市信任社会工作服务中心中心主任

陈跃腾　厦门市集美区和欣社工服务中心总干事

青年新闻及文体工作者：

吴鸿珍（女）　宁德市千乘桥文化创意有限公司董事长

林卫军　福州广播电视台主任记者

颜　鹏　泉州晚报社总编室副主任、综合部主任

青年医药卫生工作者：

庄智敏　漳浦县医院住院医师

宋惠雯（女）　三明市第一医院分院感染科科主任

张炎达　福建贝迪药业有限公司科技项目部经理、企业技术中心主任

林　韦（女）　福建医科大学附属第一医院主管护师

尚秀玲（女）　福建省立医院重症医学三科

副主任医师

其他综合类：

刘博娴（女）　谷文昌纪念馆讲解员

许大东　福建省人民政府发展研究中心机关党委一级主任科员、驻南平市延平区洋后镇大禄村党支部第一书记

许玮玮　福建省委办公厅一级主任科员，长汀县大同镇红湖村党支部第一书记（挂职）

阮昭群（女）　泉州市公路局南安分局副局长

苏武源　福建省纪委第十二纪检监察室一级主任科员

陈茂旺　北京城市学院党委宣传部、教师工作部部长、福建驻北京团工委书记

郑荣跃　厦门市湖里区土地房屋征收事务中心副主任（主持工作）

郑航毅　福州市公安局水部派出所案件审理一中队中队长

徐澄钰（女）　闽江学院人文学院2016级汉语言文学班学生

黄相钰　福州市委组织部非公企业和社会组织工委办公室主任

黄裕林　福建省直机关工委宣传部一级主任科员、省直工委派驻武平县永平镇梁山村支部第一书记

疫情防控一线优秀个人：

马鸿伟　厦门市公安局指挥情报中心情报处警务技术二级主管

王　旌　福建省妇幼保健院副主任技师

叶　冰（女）　福建医科大学附属协和医院重症医学科主治医师

许婉婷（女）　福建省厦市第五医院外科护师

陈黄冰　莆田市涵江医院重症医学科副护士长主管护师

林世丹　柘荣县卫健局党组成员、科技副局长（挂职），福建省卫生健康委医政管理处三级主任科员

林春锦　福建省立医院副主任医师

郑　翔　福建省委组织部人才工作处副处长、省委人才办副主任

郑丽玲（女）　福州市鼓楼区温泉街道东大社区书记、主任

柯伟龙　福州机场边检站执勤业务四队检查员

涂思义　福建中医药大学附属第二人民医院主治医师

第十七届“福建青年五四奖章”追授名单

疫情防控一线优秀个人：

杨　波　中国联合网络通讯有限公司平潭实验区分公司支撑总监

（摘编：刘海元）

2019—2020年度福建三八红旗手（集体）名单

2021年3月8日福建日报刊载2020年全国三八红旗手（集体）福建上榜名单、2019—2020年度福建三八红旗手（集体）名单。

2020年度全国三八红旗手

付　虹　谢宝缘　戴清华　吴雄英　林　黎
任　希　李秀妃　严雪蕾　董六妹

2020年度全国三八红旗集体

福州市罗源县人民法院
漳州市检察院未检“水仙花”团队
莆田市涵江区人民法院
南平市人民医院妇产科
龙岩市妇联
福建省高级人民法院民事审判第一庭

2019—2020年度福建省三八红旗手标兵

李白蕾　许卫宁　蔡惠珍　庄丽芬　张秀平
蔡晶晶　季伙凤　温晓红　郭萼苓　苏雅彤

2019—2020年度福建省三八红旗手

吴　靓　陈　媚　陈　瑜　沈彧澜　陈建英
王小红　王榕琴　翁晨霞　梁碧娥　卓艳华
叶尔贞　刘文彬　林　艳　陈　嫣　杨　莹
张　敏　王艳玲　唐丽虹　李　芹　杜开颜
游素华　黄　艳　戴晓芳　蔡佩纭（台胞）
林　曦　林云芝　施　丹　余　英　杨　萍
林桂云　张锦榕　卢　静　卢　筠　陈颖媛
陈连珠　郑文娟　沈层层　林小兰　陈春红
叶燕芬　郭　静　林方园　戴爱珍　刘敏玲
佘　逸　戴仕梅　张越颖　陶　云　魏晓红
陈　琦　方　全　陈晓君　吴　艳　吴月清
范　虹　王　慧　马爱平　韩秋英　汤丰榕
陈瑛瑛　柯雪梅　洪瑞莲　李秀丽　吴秀玉
魏　美（石羡）　林妙玲　王碧祥　蓝阿花
汤启慧　王丽华　林惠儿　陈晓冬　朱惠珍
庄绿绒　马阿芬　黄淑芬　黄小环　郑丹红
赵　烨　洪佩瑄　黄丽萍　朱美华　许艺彬
林惠芳　杨小惠　郑迎春　吴惠珍　许瑞梅
张慧芳　郑丽琼　游岚岚　高艺滨　曾凤蓉
洪丽萍　彭碧玉　庄碧凤　施少芳　蔡婉妮
龚晶莹　李丽金　苏敏玉　刘水清　周玉英
陈冰玲　蔡斯艺　林玉婷　吴旭菁　林海虹
林安娜　丁美清　陈美满（台胞）　郭锦红
苏彬彬　吴端端　郑玲玲　陈雅云　黄秀枝
曾玉云　李　立　叶永萍　郭玉凤　伍婷婷
王月娇　郑秀棉　陈鸿琴　柯琪琪　陈秀治
郭　婕　林文菊　曾凤清　张春英　陈翠玲
潘文霞　张欣颐（台胞）　张　宁　陈艺容
俞　艳　邱　婕　黄兰芳　林文琴　王莉莉
黄翠霞　郑　艳　李金媚　谢淑萍　林芳芳
谢碧霞　陈晓霞　李　艳　杨　奕　李　静
黄萍萍　唐爱兰　陈峻英　林亦霞　廖荔红
郭丽卿　林梅治　黄琼霞　肖　卿　黄于芳
曾慧敏　彭丽萍　刘慕媛　方娟娟　黄　华
林美玉　朱丽晶　林力华　罗淑贞　刘文英
傅秀兰　季素英　杨　艳　冯秀玲　周红霞
马　贞　陈　燕　宋秋萍　丁文新　肖向丽
赖　玲　孙　莉　陈冬花　林秀珍　李　治
陈秀丽　叶晶晶　邬建蓉　张成琳　翁艳丽
杜婷婷　阙金梅　黄晓琴　刘石英　谢桃荣
邱建平　熊小莉　周彩霞　聂淑玲　邱祥美
林志华　郑奕玲　周艳红　邱鹭鹭　黄凤婷
黄颖娴　欧阳芳芳　肖丽萍　廖琳虹　陈秀惠

李园园　秦燕平　徐雪珍　王文慧　陈玉华
李锐　何丽瑶　张宇芳　崔航　潘慧青
罗立　缪玉　陈秀喜　孙玉莺　兰淑琴
陈桥　徐晓宇　余爱惠　黄婷婷　詹述琴
魏瑞娇　蔡秀英　康素群　丁美娇　陈璇
丁玲　张旭玲　郑丽玲　郑智明　丁珌
张珅　陈宜　黄青　邓淑丹　郑芷
蔡丽　林芳　花蕾　陈梅　朱探芳
张建蓉　李亚贞　李丽琴　郑春晖　阮惠婷
刘爱珠　潘海洪　杨媚　王凌云　郑琦
郑福连　许素琴　陈丽红　林清艳　郑榕美
陈丽　杜丽卿　王雯　李晓岚　毛宁
张雪梅　孙姝　刘玉洁　李华　林艳
池菊香　李长芳　陈巧玲　姚秀娟　周晓芬
陈芝薇　魏平珠　骆惠玉　陈湘平　叶雯婧
张海燕　陈湘琦　陈丽敏　刘安娜　魏琴
连宁芳　赵建铭　吴凡　张燕茹　林丽玲
王幼绢　高晶　林昭　刘丽敏

2019—2020 年度福建省三八红旗集体

福州市鼓楼区洪山镇锦江社区、福州市晋安区象园街道乐园社区、闽侯县甘蔗街道滨江社区党支部、福州市长乐区航城街道洋屿村村委会、福清市玉屏街道步行街社区总支部委员会、福州市连江阳光幼儿园、福州市残疾人辅助器具服务中心、福州广播电视台新闻频率、福州市第二医院急诊科、福州文教职业中专学校、福州市公安局指挥中心、福州地铁集团有限公司运营事业部客运一中心车站服务一部福州火车南站、厦门市思明区滨海街道办事处、厦门市五缘实验幼儿园、厦门市海沧区新阳街道霞阳社区居委会、厦门市同安区汀溪镇顶村村妇联、国家税务总局厦门市翔安区税务局第一税务所、厦门市中级人民法院民事审判第五庭、厦门市儿童医院急诊科、厦门市招商中心、芗城区卫生健康局、龙海市妇女联合会、漳浦县人民法院立案庭（诉讼服务中心）、云霄县公安局治安大队户政中队、东山县公安局妇委会、中国农业银行股份有限公司诏安县支行营业厅、平和县实验幼儿园、南靖县“土楼红妹子”宣讲队、长泰县审计局、漳州市审计局、漳州人民广播电台综合广播、泉州微公益协会、丰泽区泉秀街道华丰社区居委会、洛江区机关幼儿园、泉港区妇女联合会、石狮市总医院重症医学科、晋江市第三实验幼儿园、南安市向阳乡女子民兵队、惠安县螺阳镇尾透村惠女调解室、安溪县红十字会、泉州市医疗保障局永春分局、国网德化县供电公司浔中镇供电所内勤班、泉州市妇女援助中心、“风展红旗如画”红色三明故事宣讲团、三明市公安局出入境管理支队受理办证队、三明市第九中学美术教研组、福建三明机场有限公司安检护卫部、华电福建福新能源有限公司池潭水力发电厂水工班、三元区富兴堡街道东霞社区居民委员会、永安市安砂镇培竹村妇联、清流县人民法院民事审判庭（家事少年庭）、莆田市直机关妇工委、莆田市儿童活动中心幼儿园、莆田市实验小学、莆田市仙游县卫生健康局、莆田市荔城区妇女联合会、莆田市城厢区沟头小学、莆田市涵江区卫生健康局、中国人寿保险股份有限公司莆田市秀屿区支公司、印象大红袍股份有限公司、建瓯市妇女联合会、浦城县南浦街道梦笔社区、邵武市民政局婚姻登记中心、顺昌县农村信用合作联社城关信用社、福建广电网络集团股份有限公司光泽分公司综合部、南平市政府督查室、福建省南平实验小学、龙岩市新罗区妇女联合会、国家税务总局龙岩市永定区税务局第一税务分局、上杭县人民法院诉讼服务中心、武平县人民检察院第一检察部未成年人刑事检察办公室、长汀县公安局河田派出所户籍室、连城县公安局城关派出所户籍室、漳平市菁城街道富山社区居民委员会、龙岩市不动产登记中心窗口、中国人寿保险股份有限公司古田县支公司、福鼎市行政服务中心妇委会、柘荣县关爱留守儿童协会、福安市妇女联合会、霞浦县松城街道俊贤社区、蕉城区社区居家养老服务中心、周宁县人民法院立案庭（诉讼服务中心）、寿宁县公安局交警大队直属女子骑行中队、平潭综合实验区公安局妇委会、平潭综合实验区海坛片区红山社区、福建省人大常委会法工委一处、福建省纪委监委信访室、中共福建省委党校福建行政学院图书馆、福建省档案馆信息技术处、福建省人民检察院第十一检察部、福州港马尾港务有限公司客运站黄岐客运班、莆田市荔城区总工会、龙岩人民医院产科、福州大学工会、联勤保障部队第九〇〇医院儿科、96714部队41分队、福州肺科医院隔离病房团队、福州市晋安区茶园街道社区卫生服务中心疫情防控小组、厦门大学附属第一医院杏林分院、厦门市疾病预防控制中心新冠病毒采样检测组、漳州市医院新冠肺炎救治团队、泉州市疾控中心新冠肺炎疫情现场流行病学调查处置组、三明市第一医院感染科、莆田市疾病预防控制中心传染病防治科、南平市疾病预防控制中心微生物检验科、龙岩市康山医院护理团队、宁德市闽东医院新冠肺炎隔离病房团队、福建省立医院抗击新冠肺炎疫情团队、福建省妇幼保健院护理部、福建省级机关医院护理部（院感科）、福建医科大学附属协和医院援鄂医疗队、福建医科大学附属第一医院援鄂医疗队、福建医科大学附属第二医院呼吸与危重症医学部、福建中医药大学附属人民医院发热门诊、福建中医药大学附属第二人民医院急诊科护理团队、福建中医药大学附属第三人民医院三病区护理组

（摘编：郑新贵）

第十届海峡两岸信息服务创新大赛暨福建省第十四届计算机软件设计大赛获奖名单

2020年12月10日福建省工业和信息化厅、福建省教育厅、福建省人力资源和社会保障厅、福建省商务厅、福建省科学技术厅、福建省总工会、共青团福建省委下发《关于公布第十届海峡两岸信息服务创新大赛暨福建省第十四届计算机软件设计大赛获奖名单的通知》（闽工信软件〔2020〕161号）提出，由福建省工业和信息化厅、福建省教育厅、福建省人力资源和社会保障厅、福建省商务厅、福建省科学技术厅、福建省总工会、共青团福建省委联合主办的第十届海峡两岸信息服务创新大赛暨福建省第十四届计算机软件设计大赛已完成全部赛程。经专家组评审、公示及组委会审定，共有140队参赛选手获奖，其中一等奖21队、二等奖41队、三等奖78队。

大赛组委会将从一等奖的团队中择优推荐1名符合条件的一线职工（非在校学生、非企业负责人，且正式从事本工种工作3年以上）和3个参赛团队（非在校学生团队），按程序向省总工会申报“福建省五一劳动奖章”“福建省工人先锋号”。

第十届海峡两岸信息服务创新大赛暨福建省第十四届计算机软件设计大赛获奖名单

一等奖（21队）

序号	编号	参赛作品名称	团队所属	指导老师	团队成员
1	IAPP1－8	便携式血管显像仪	福建师范大学光电与信息工程学院	何友武　黄祖芳	谢智鑫　刘逸超　杨　瑾　陈　琦　候晨果　周启帆
2	IAPP2－7	Discovery——基于STM32的智能侦察机器人	福建师范大学光电与信息工程学院	李雪芳　刘金清　刘文文	李清欢　施靖蓉　许智杰　章羽茜　江若诗
3	IAPP3－6	QUQI－猫咪雾化器	福州大学厦门工艺美术学院	洪歆慧	朱士越　江欣颖　贺金鑫　白松原　张珷绮
4	XINCHUANG1－6	基于鲲鹏架构下的大型及复杂网络异常行为分析	福建雷盾信息安全有限公司		余红梅　何凤英　谢泉钦
5	IAPPHEB1－2	基于改进型数字指纹算法的文章抄袭检测平台的设计与应用	安徽农业大学		陈　滔　李胜男
6	CDES1－4	绘本设计——《你不知道的厦门》	泉州师范学院软件学院	廖雪清　朱文娟	康佳佳　黄　婷
7	CDES2－13	《医往情深》公益三维动画	厦门大学信息学院	陈俐燕	宋柳锐　肖品彤　曹路鑫　夏文雁　付轶楠
8	PWORK1－13	基于AI驾驶技术的系统	福建振杭机器人装备制造有限责任公司		杨雷涛　刘　辉　黄　星

续表

序号	编号	参赛作品名称	团队所属	指导老师	团队成员
9	PWORK2－1	创蔚来——企业综合服务平台	福建创蔚来科技有限公司		傅志宏
10	PWORK3－3	VIPLive 虚拟主播服务	厦门野生概念科技有限公司		王宗晓
11	PWORK4－6	环安阻－无卤阻燃环氧树脂电子封装材料	福建师范大学数学与信息学院	陈明锋 陈林婕	黄振盛 张译匀 潘铭鸿 黄一丹 刘晓轩 陈一明
12	PWORK5－4	云天游隼：全国领先的飞防植保解决方案	福建农林大学	何均琳 杨志磊 陈玲凤	陈俊杰 鲍闽榕 黄婧泓 康炜锟 陈丽丽 张静茹
13	PG1－6	基于深度学习的文本摘要算法	福州大学数学与计算机科学学院/软件学院		吕宇鹏 吴君毅 叶己峰
14	PUPUTECH1－2	基于智能推荐的广告投放系统	福建师范大学协和学院	协和学院软件竞赛指导组	洪敏敏 陈银镇 林嘉慧 黄润展
15	HUAWEI1－7	CTC 高速筛查系统	福州云跃智创科技有限公司	孙志勇 林田田	徐永亮 黄毅凯 苏弘戬 苏 琪 邱思慧 刘千煌
16	HUAWEI2－3	云交通 智城市	华侨大学计算机科学与技术学院	钟必能 柳 欣 陈 雁	马 杰 张子凯 刘天野 褚滨飞 宁天瑜 郑耀宗
17	TATWAH ONE＋1－13	Holotable 全息显示桌面	福建师范大学光电与信息工程学院	林 枭 谭小地 李雪芳 辛承南	陈敬思 黄梓龙 杨紫琳 蔡子恒 曾睿昊 王澄昊
18	YIRONG1－13	自视卷	福州大学数学与计算机科学学院/软件学院	王一蕾	赖沛超 陈志炜 叶飞扬 应俊杰 严柯寰 许佳琳
19	CHENXI1－2	鲁班 BIM 队	华侨大学土木工程学院	祁神军 张 泳	徐 林 王银蓉 余青倚
20	CHENXI2－6	精锐之师	福建林业职业技术学院	袁 玲 孙 华	黄泳彬 张玲玲 高超勤
21	ZOANIM1－4	9 号实验室功夫鸡图库设计	集美大学诚毅学院	林起北 邱亚萍 叶 凯	黄晨颖 陈 熠 吕奇聪

二等奖（41 队）

序号	编号	参赛作品名称	团队所属	指导老师	团队成员
1	IAPP1－3	沐融云海——个性健身精准服务商	福建农林大学	何均琳	兰煌洛 黄种兴 曹庄缘 梁玉蕊 温 晴 林洪慧
2	IAPP1－7	乐 BUY 超市购物助手	福州大学厦门工艺美术学院	吴晶晶 王 丞	林祥炜 陈孝鍪 黄文杰 张新禾
3	IAPP2－3	仿生六足救援机器人	福建师范大学光电与信息工程学院	苏伟达	陈 玉 刘天岑 李 威 李正航
4	IAPP2－12	第二试卷	福州大学数学与计算机科学学院/软件学院	王一蕾	王永福 周鑫煌 邱畅杰 彭陈浩 郑 斌 张晓涓
5	IAPP3－5	FG（Fifth Generation）	华侨大学计算机科学与技术学院	张惠臻	黄智远 王晨曦 陈友庆 姚水林

续表

序号	编号	参赛作品名称	团队所属	指导老师	团队成员
6	IAPP3－13	基于机器视觉 AI 智能安全系统设备	三明学院信息工程学院	温春勇　王　晶　刘持标	王健臣　凌　鑫　杨伟鸿　陈燕茹　徐隆斌　谢章翔
7	XINCHUANG 1－4	电子航海日志	集美大学诚毅学院	邹　鸽　骆宾岚　江海学　孙小清	许海玲　邱慧莹　陈宇俊　陈　琳　陈亚洁　曾毅婷
8	XINCHUANG 1－13	CTC 高速筛查系统	福州云跃智创科技有限公司	冯尚源　侯建雄　李雪芳　左　宁	陈元浩　陈静思　王雨辰　朱金海　林则地　林欣妍
9	IAPPHEB1－1	小型智能双足机器人跨障碍之研究	佛山科学技术学院	李海鹉	朱祖莹　欧晓泉
10	CDES1－3	当我成为母亲	福建师范大学协和学院	章　斓	王　夏　陈冰清　邹　颖
11	CDES1－6	天工趣绘	厦门华厦学院	林舜美	王　鑫
12	CDES2－4	钢铁森林田园诗——创意游戏设计	福建师范大学外国语学院	林明金	任　真　孙源培　许翊君　杨博然　黄　晰　刘　烨
13	CDES2－14	侠行	福州大学厦门工艺美术学院	初保军　袁　野	何张颖　张　凯　许雅娜　张　震
14	PWORK1－4	AI 程序员加速器	福建通慧教育科技有限公司	章珠明	丘仲权
15	PWORK1－10	盖恰（福建）智慧交通项目	盖恰（福建）智能科技有限公司	蔡翔宇	吴宗纳
16	PWORK2－9	“研湿兄”考研专业课辅导平台	研一（福建）教育科技有限公司		任亚洲
17	PWORK2－10	工业物联网智慧园区综合管理平台建设项目	福建省中坚环保科技有限公司	许丽忠　张坤其　黄　晞　章　忠	郑福旺　李彦辰　童海平　俞怡芳　左楠柯　郑梦鑫
18	PWORK3－8	海量数据归档云平台	福建通潮科技有限公司		顾程飞　阮鹤銮　陈航滨
19	PWORK3－11	优速云低代码开发平台	优速云（福建）科技有限公司		郑才海　翁城彬　杨　钊　龚灵超　李　李
20	PWORK4－5	BLANC DE CHINE	福州外语外贸学院	胡金河　林　颖　吴　昊　童智锦	廖福平　鲍　妮　许　瑞　肖自柏　林颖
21	PWORK4－7	智农时代，无线灌溉	福建农林大学	周娟娟　叶一江　潘鹤立　钟凤林	徐永涛　张　欢　王雯晴　王宇航　黄晨馨　王熙泽
22	PWORK5－5	地管通——排水管线综合服务商	福州蒂创环境科技有限公司	许长宾　张　挺	吴新立　李育健　曾明才　黄宇洲　詹　妮　杨　珺
23	PWORK5－10	InBDP 集成化大数据智能平台	福州大学/福州市联创智云信息科技有限公司	刘漳辉　郭文忠　傅茂松　鲍星华	卓　越　张晓涓　苏　婷　庄舒曼　尤菲芙　颜宇铖
24	PG1－1	自视卷	福州大学数学与计算机科学学院/软件学院	王一蕾	赖沛超　陈志炜　叶飞扬　张世博　林敬茹　黄章衡
25	PG1－10	基于改进型数字指纹算法的文章抄袭检测平台的设计与应用	安徽农业大学		陈　滔　李胜男

续表

序号	编号	参赛作品名称	团队所属	指导老师	团队成员
26	PUPUTECH1 -3	蜜蜂寻址	福州理工学院	林胜青　张　璜	林炆玉　李　艳　傅德帆　赵瑞龙　庄俊霖　黄俊煌
27	PUPUTECH1 -8	基于大数据的智能消费推荐与预测系统	福建师范大学协和学院	协和学院软件竞赛指导组	黄　晶　吴乃焕　张佳栩　林洁铭　罗钰龙　温美玲
28	HUAWEI1 -1	优速云低代码开发平台	优速云（福建）科技有限公司		李　李　翁城彬　龚灵超　杨　钊　郑才海
29	HUAWEI1 -6	大数据可视化平台	福建榕基软件股份有限公司		黄庆炬　蔡明渊　邹新明　李　阳　黄俊旸
30	HUAWEI2 -2	数据领航 - 大数据智慧教育平台	福建农林大学	何均琳　陈俊杰　陈日清	陈　傲　朱津辰　刘心如　万李普照　廖雨丹　丁燕婷
31	HUAWEI2 -12	监控智慧运维一体化平台	福建师范大学	林　晖　徐哲鑫　沈梓宇　蒲鑫源	李彭鑫　王泽泉　谢安颉　叶长翊　夏　青　李文静
32	TATWAH ONE +1 -10	数字乡规可视化助力乡村振兴	福建农林大学金山学院	曾芳芳　陈俊杰　周　喆　何均琳	林以恒　徐舒怡　蔡椰萍　魏金莲　林茜　雷敏
33	TATWAH ONE +1 -12	博物大师——展教结合的创新智慧博物馆系统	厦门大学建筑与土木工程学院	邱鲤鲤　李　渊　饶金通	柯少翔　王雨晴　刘雨晴　倪泽伟　周恒　陈可嘉
34	YIRONG1 -1	基于改进型数字指纹算法的文章抄袭检测平台的设计与应用	安徽农业大学		陈　滔　李胜男
35	YIRONG1 -5	巭算子——一键式“中小企业”机器学习提供商	福州大学数学与计算机科学学院/软件学院	陈　星　郭文忠　鲍星华　傅茂松	林章颖　黄　旭　王鸿涛　凌铧钦　李宇琨　付乐乐
36	CHENXI1 -4	平平无奇小分队	福建工程学院	陈曼英　刘晓文	吴林丽　杨嘉豪　黄　妃
37	CHENXI1 -12	BIM 技术应用实践	福州外语外贸学院	方伟国　张爱青	林　敏　庄煜莹　阮嘉仪
38	CHENXI2 -8	匠心读道队	福建林业职业技术学院	黄丽卿　高国兴	黄嘉鑫　黄诗涵　兰大滨
39	CHENXI2 -12	登峰造极	福建林业职业技术学院	邵维佳　相文强	李长龙　倪旭升　林秋凡
40	ZOANIM1 -5	皮影·功夫鸡	厦门华厦学院	林舜美	蒋欣睿
41	ZOANIM1 -7	可爱攻势！小 Q 团团功夫鸡！	福州大学厦门工艺美术学院	何俊	刘小涵

三等奖（78 队）

序号	编号	参赛作品名称	团队所属	指导老师	团队成员
1	IAPP1 -4	基于深度学习的口罩佩戴识别	福州大学数学与计算机科学学院/软件学院	翁　谦	方燮楠　郭晗宇　巫舒静
2	IAPP1 -5	智能门禁管理系统开发	三明学院信息工程学院	王　聪	王志伟　黄振鹏　邓　吉　邱晓杰　穆其强　刘轩辰
3	IAPP1 -14	基于计算机视觉技术的教学辅助管理系统	厦门大学信息学院	陈俐燕	奥玛·次尔友珍　施丽丽　曾文婷　白皓月　林　璐

续表

序号	编号	参赛作品名称	团队所属	指导老师	团队成员
4	IAPP2－1	小型智能双足机器人跨障碍之研究	佛山科学技术学院	李海鹔	朱祖莹　欧晓泉
5	IAPP2－4	基于 StyleGAN2 的卡通风动漫图像生成	华侨大学计算机科学与技术学院	范文涛	陈霓　陈怡倩　于腾斐
6	IAPP2－9	小耳朵——听障儿童语言康复训练助手	福州大学厦门工艺美术学院	洪歆慧	聂广艺　王枫湆　林逸龙　李迅潮　张　奇
7	IAPP3－1	基于 VR 的急救演练	福建师范大学协和学院	协和学院软件竞赛指导组	廖艳婷　杨　洁　吴海霖　邱　嘉　王嘉禾
8	IAPP3－4	智能租购管理平台	福建师范大学协和学院	协和学院软件竞赛指导组	龚佳琦　罗轩豪　陈子卷　陈雯静　陈鑫铭　卢晨浩
9	IAPP3－12	智能超市仓库系统	三明学院信息工程学院	张鸣华	余迪崴　洪超辉　刘晓阳　魏泰炜　范颂扬
10	XINCHUANG 1－2	XK－Note 云笔记	三明学院信息工程学院	张标汉	梁朝雨　林　威　林宏华
11	XINCHUANG 1－8	“绿手掌”植物工厂	三明学院信息工程学院	张子超	黄华飞　翁紫扬　陈世隆　林文清　陈燕茹　刘晓阳
12	XINCHUANG 1－11	智慧通行管理平台	福州家道云网络科技有限公司		朱铭城
13	IAPPHEB1－8	无人值守式太阳能水泵	哈尔滨工业大学		林志杰　于元榕
14	IAPPHEB1－14	灾害救援用电缆智能快速架设系统	哈尔滨工程大学		鲁浩南　鞠宛桐
15	CDES1－5	《当我还年轻》	福州大学厦门工艺美术学院	黄晓瑜	郭思恬　谢凯丽
16	CDES1－10	猫与食	泉州工艺美术职业学院	林清增　黄彬瑜　刘玉珍　林丹妮	魏晓雪　甘展鹏　郑慧旋　吴　腾
17	CDES1－11	《坊巷记忆——三坊七巷漆艺文创徽章系列》	福建艺术职业学院	陈若鸥	林海涛　郑敢祥　吴佳泽
18	CDES2－7	两岸魂－十指悬丝戏古今，双手拨弄匠人心	阳光学院	王　苹　王明令　游　玲　蒋湘玉	和欧赓　章斯豪　翁涵玲　黄育秀　陈　玲　郑芬婷
19	CDES2－8	《遇见》	福州大学厦门工艺美术学院	袁　野	刘小涵　郑婷婷　林一娜　郑婉钰
20	CDES2－9	校园地震 VR 虚拟仿真系统	福建工程学院	薛醒思	蒋　超　赵云盟　卢家伟　吴晓静
21	PWORK1－1	基于 5G 的智慧水质多参数动态监测物联网系统	福建红蝠科技有限公司	王克秋	吴雁飞
22	PWORK1－9	福建淘客互动网络科技有限公司	福建淘客互动网络科技有限公司	陈粱华	张小新
23	PWORK1－11	配件银行平台	福州威尔超声医疗设备维修有限公司	叶胜光	叶云生
24	PWORK2－7	码上优聘——IT 从业者一站式聘育平台	福建码上教育科技有限公司		陈光辉　陈剑英　冯文春　魏英杰

续表

序号	编号	参赛作品名称	团队所属	指导老师	团队成员
25	PWORK2－11	源生污泥基炭膜浓缩液处理技术	七萃中坚（福建）环保科技有限公司	郑育毅　叶　琪 刘常青　章　忠	庄艺玲　张清怡　洪浪豪 林煊琴　樊佳朋　刘婷娇
26	PWORK2－12	打造互联网 S2B2C 软装赋能平台	易素美学（福州）科技有限公司		王　宽
27	PWORK3－4	服装短视频 AI 换脸购物平台	厦门万物共振科技有限公司		丘运能
28	PWORK3－7	股票资管系统	福州沪深创科网络科技有限公司		詹国强
29	PWORK3－12	华盛实验室－构建全球智慧实验室生态系统	安徽华盛实验设备科技有限公司	蔡　亮　周夏飞 欧阳宏伟	林翊颉　钱文鑫　陈俊茹 房　聪
30	PWORK4－1	小智云——新时期 ICT 自主成才的燃灯者	福州外语外贸学院	袁晓建　陈燎原 潘云燕	孙鑫海　连金海　王章远 张　晴　何心怡
31	PWORK4－3	龙谷——5G 新时代短视频设计平台	福州外语外贸学院	王家利　胡真真	陈华淋　詹　莹　詹　欣 潘艺芬　计媛明　朱倩倩
32	PWORK4－8	云眼百炼－数字乡规引领乡村生态与产业振兴	福建农林大学	何均琳　陈俊杰 周沿海　吴小刚	康炜锟　柳书常　钟梓峰 弓耀奇　王悦　黄恩临
33	PWORK5－1	砼盾——高性能新型防火涂料	福州大学土木工程学院	季　韬　许长宾 江小敏	郭凌凯　施琦琦 沈东丰　魏辉霖　黄凯璐
34	PWORK5－3	癌症光动力治疗剂量检测仪	福建师范大学光电与信息工程学院	林黎升　刘丽娜	俞彦清　刘贤滨　杨　鸿 余艺群　余超群　汤贵溪
35	PWORK5－6	智学慧教——一站式智慧校园解决方案提供商	福建农林大学	何均琳　陈俊杰 陈日清	陈　傲　刘心如 万李普照　廖雨丹 朱津辰　林佳壕
36	PG1－3	新闻摘要自动生成系统	厦门理工学院	王　琰	王嘉雯　蔡胜德　杜奇勇
37	PG1－5	智能－文档内容对比工具	集美大学诚毅学院	叶晓红　夏　梦	吴政霖　罗　圻　郝可得 林宇鸿　王周健　陈烜
38	PG1－7	基于深度学习的主观题自动评阅系统	莆田学院	吴敏敏　陈志辉	黄云飞　夏秋雪　连旭灿 陈一墉　吴少聪　赵　兴
39	PUPUTECH1－1	六六大顺	龙岩学院	曾志宏	邱荣华　冯天阳　李泳福 吴超越　郑怡蓉
40	PUPUTECH1－6	投屏	福建船政交通职业学院	郑志娴　王　敏	唐宇轩　林　辉　刘鸿毅 郑文宁　吴伟杰　谢进泽
41	PUPUTECH1－10	导弹红包－兑信	福建兑信科技有限公司	吴昌盛	李诗全　吴昌盛　曾兴强 黄宇珊　孙雅婷　杨洁
42	PUPUTECH1－11	首页投放系统	福州大学数学与计算机科学学院/软件学院		翁宏晖　陈志君　傅灿宇 彭晓勤　王少聪　余佳硕
43	PUPUTECH1－12	农大北斗——未来智能温室作业机器人的领跑者	福建农林大学	尤　达　唐伟杰 王　晓	黄晨昕　郑文欣　赖佳琪 钱芳雅　李艳婷
44	HUAWEI1－2	咪家园园区资产智能管理系统	福建百悦信息科技有限公司		林传勇　张雪锋　林欣 陈伟舰
45	HUAWEI1－3	简伴环保卫士	厦门简伴科技有限公司		张永鑫　赖毅光　林天任

续表

序号	编号	参赛作品名称	团队所属	指导老师	团队成员
46	HUAWEI1－4	能耗检测平台	北京福富软件技术股份有限公司福州分公司	季志鹏	季志鹏 罗亿辉 蔡仁辉 陈辉德 谢德梓
47	HUAWEI1－5	外卖回收宝	福建榕基软件股份有限公司		蔡明渊 邹新明 黄庆炬 占琴 黄俊旸
48	HUAWEI1－8	智慧信息导览云系统	龙岩蜂鸟网络科技有限公司		郑林雁 黄斐鸿 何荣盛
49	HUAWEI2－4	“医药云骑士”——医疗冷链智慧监控系统	三明学院信息工程学院	李年攸	刘晓阳 陈燕茹 陈世隆 翁紫扬 黄华飞 林文清
50	HUAWEI2－5	竹林鸡——基于区块链的智能云端养殖系统	三明学院信息工程学院	张子超	余昌熹 林张恒 李昊楠 陈金龙 陈世康
51	HUAWEI2－8	Aicity：智慧交通跟踪系统	华侨大学工学院	朱建清	沈飞 周密 朱任 陶英杰 陈剑涛 谢懿
52	HUAWEI2－9	基于小程序的“华大云校园”信息交互平台	华侨大学计算机科学与技术学院	范文涛	杨逸飞 陈浩 郑晶晶 陈怡倩
53	HUAWEI2－11	“路路安”——智能弯道安全预警系统	三明学院信息工程学院	张子超	黄华飞 林文清 陈燕茹 刘晓阳 翁紫扬 陈世隆
54	TATWAH ONE +1－2	甜辣酱好物精选	集美大学诚毅学院	骆宾岚 魏征 张燕园 陈丽云	陈亚洁 王梦楠 纪晓锬 陈宇俊 伍烨玲 许海玲
55	TATWAH ONE +1－4	基于5G的“航空+”AI智能化平台及产业化项目	龙岩学院/福建图宇燎原信息技术有限公司	林金堂	陈祖炳 周宸 孟君陶 刘先锋 叶新灿 谢广课
56	TATWAH ONE +1－6	裸眼3D数字互动展厅	福建中红信创科技有限公司		刘江
57	TATWAH ONE +1－8	云衡教务	福州大学数学与计算机科学学院/软件学院		黄章衡 吕春玲 周浩东
58	TATWAH ONE +1－14	手伴——预防阿尔茨海默症的手脑结合型体感游戏	福州大学厦门工艺美术学院	吴绍兰	林文君 刘金如 王晓婷 李玟婷 顾倬滔
59	YIRONG1－2	基于AI机器自学习的垃圾自动分类	福建师范大学协和学院	陈清华 陈耿 薛建辉	吴宸宸 林同涛 王晓龙 卢敬靖 张政伟
60	YIRONG1－4	基于深度学习的主观题评阅系统	莆田学院	吴敏敏 陈志辉	吴纪鹏 黄云飞 连旭灿 赵兴 赵鑫淼 吴少聪
61	YIRONG1－10	云天游隼：智慧飞防领航者	福建农林大学	何均琳 陈俊杰 李健英	陈雪婷 林静怡 陈嘉琳 黄艺娟 陈小霞 吕晓杰
62	YIRONG1－11	面向非机动车头盔佩戴的低功耗AI交通监管平台	华侨大学计算机科学与技术学院	钟必能 陈雁 柳欣	程思远 张子凯 苏佳鹏 褚滨飞 高杰 王琦
63	YIRONG1－12	FG（Fifth Generation）	华侨大学计算机科学与技术学院	张惠臻	黄智远 王晨曦 陈友庆 姚水林
64	CHENXI1－3	福工Bimers小分队	福建工程学院	戴一璟 李杰	黄友诚 欧秀眉 谢伟杰
65	CHENXI1－7	阳光BIM晨曦	阳光学院	龙绛珠 陈建飞	林儿心 朱枳言 林若晴
66	CHENXI1－11	怪我们过分美丽	福州工商学院	谢信永 杨娇	许娟娟 郑淑娟

续表

序号	编号	参赛作品名称	团队所属	指导老师	团队成员
67	CHENXI1 - 13	颜朝筑创	三明学院建筑工程学院	苏万鑫　崔秀琴	余晓淇　张雅婷　严辉华
68	CHENXI1 - 14	关于建筑信息模型技术的应用	福州大学至诚学院	张豪杰　何燕清	周　斌　林小燕　张旺贵
69	CHENXI2 - 2	124	福建水利电力职业技术学院	林　丹　林新闽	陈　怡　叶艳龄　林涵诗
70	CHENXI2 - 4	三人行	福建水利电力职业技术学院	林张纪　林　丹	吴靖媛　陈宝玲　王靖明
71	CHENXI2 - 7	好好学习	漳州科技职业学院	蔡晓莉　胡桂珍	杨亚施　阮进炜　黄　昊
72	CHENXI2 - 10	岚筑队	福建信息职业技术学院	林伯熔　郑金妹	江炜达　王艺林　郑佳齐
73	CHENXI2 - 11	华工造	福建华南女子职业学院	蔡育华　陈秀珍	卢　慧　温晓菲　卢海燕
74	ZOANIM1 - 1	机器风云 - 功夫鸡	厦门华厦学院	林舜美	洪玮濠　邱倩云
75	ZOANIM1 - 2	功夫鸡表情系列	泉州师范学院软件学院	廖雪清　朱文娟　何冬冬	黄　婷　吴宜芬　黄　钰
76	ZOANIM1 - 3	民族功夫鸡	厦门华厦学院	林舜美	张泳婷　朱　华
77	ZOANIM1 - 6	功夫鸡品牌图库创作	福建寸草春晖信息科技有限公司		魏　萍　杨逸遥　杨　扬
78	ZOANIM1 - 9	功夫鸡逆袭	集美大学诚毅学院	邱亚萍　阚　甜　林起北	叶林辉　杨义霖　李　浩　杨舒涵

（摘编：彭文荣）

福建省第三届工业控制系统信息安全攻防大赛暨首届工业互联网安全技术技能大赛获奖队伍名单

2020 年 11 月 10 日福建省工业和信息化厅、福建省人力资源和社会保障厅、福建省总工会、共青团福建省委、福建省通信管理局下发《关于公布 2020 年福建省第三届工业控制系统信息安全攻防大赛暨首届工业互联网安全技术技能大赛获奖队伍名单的通知》（闽工信信息〔2020〕150 号）提出，由福建省工业和信息化厅、福建省人力资源和社会保障厅、福建省总工会、共青团福建省委、福建省通信管理局联合主办的“2020 年福建省第三届工业控制系统信息安全攻防大赛暨首届工业互联网安全技术技能大赛”，已于 10 月 23 日完成全部赛程。经裁判组评审及组委会公示、审定，共有 7 支参赛队伍获奖，其中一等奖 1 队、二等奖 2 队、三等奖 4 队。

2020 年福建省第三届工业控制系统信息安全攻防大赛暨首届工业互联网安全技术技能大赛获奖队伍名单

奖项	参赛单位	战队名称	队　员	备注
一等奖	中国移动通信集团福建有限公司	福建移动一队	邱琰琛　350XXXXXXXXXXX7031 郭荣烈　350XXXXXXXXXXX3012 林煜豪　350XXXXXXXXXXX0015 林　秀　350XXXXXXXXXX1552	—
二等奖	福建省海峡信息技术有限公司	SISTart	吴世昌　350XXXXXXXXXX3310 商祖淡　350XXXXXXXXXX1717 李建振　350XXXXXXXXXX5213	—
二等奖	国网福建省电力有限公司	Grid_ OG	张坤三　350XXXXXXXXXX5130 吴丽进　350XXXXXXXXXX193X 林　楠　350XXXXXXXXXX0012 谢静怡　510XXXXXXXXXX1825	—
三等奖	中国电信股份有限公司福建分公司	福建电信一队（工业添翼）	郭春平　350XXXXXXXXXX001X 陈悦涛　350XXXXXXXXXX1517 林聪源　350XXXXXXXXXX0317 王　鑫　350XXXXXXXXXX0012	—
三等奖	中电福富信息科技有限公司	福富立刃二队	吴少海　352XXXXXXXXXX4218 俞雪敏　350XXXXXXXXXX1960 程林煌　350XXXXXXXXXX571X	—

续表

奖项	参赛单位	战队名称	队员	备注
三等奖	福州职业技术学院	Fvti	傅云凡 350XXXXXXXXXX0011 胡玉豪 411XXXXXXXXXX2311 张泽楷 350XXXXXXXXXX1015 陈特文 350XXXXXXXXXX5530	并列
三等奖	厦门三绎信息科技有限公司	SUNEE	吴丽莉 350XXXXXXXXXX6227 项金明 350XXXXXXXXXX3215 胡德金 350XXXXXXXXXX2134 陈泽超 350XXXXXXXXXX6311	并列

（摘编：严志东）

第九届福建创新创业大赛获奖名单及奖金

2020年9月15日福建省科学技术厅下发《关于公布第九届中国创新创业大赛（福建赛区）暨第八届福建创新创业大赛获奖名单、发放奖金及做好全国赛参赛工作的通知》（闽科企函〔2020〕21号）提出，第九届中国创新创业大赛（福建赛区）暨第八届福建创新创业大赛已圆满落下帷幕。根据《福建省科技厅关于印发〈第九届中国创新创业大赛（福建赛区）暨第八届福建创新创业大赛方案〉的通知》（闽科企函〔2020〕11号，以下简称“省赛方案”）和比赛成绩，共有82家企业获得87个奖项、荣誉，28家企业获得推荐晋级全国行业总决赛。现将大赛获奖名单公布如下：

第九届福建创新创业大赛获奖名单及奖金

序号	参赛企业	奖项	奖金（万元）
1	上杭县紫金佳博电子新材料科技有限公司	一等奖	15
2	漳州智觉智能科技有限公司	一等奖	15
3	福建龙夏电子科技有限公司	二等奖	10
4	福建同发糖业有限公司	二等奖	10
5	龙海协能新能源科技有限公司	二等奖	10
6	福建美拉得康生物制药有限公司	二等奖	10
7	福州百讯光电有限公司	三等奖	5
8	福建省佑达环保材料有限公司	三等奖	5
9	福建中信网安信息科技有限公司	三等奖	5
10	龙合智能装备制造有限公司	三等奖	5
11	福建立亚特陶有限公司	三等奖	5
12	福州津出新材料科技有限公司	三等奖	5
13	福建美营自动化科技有限公司	决赛优胜奖	2
14	福建票付通信息科技有限公司	决赛优胜奖	2
15	福建中益制药有限公司	决赛优胜奖	2
16	谊美吉斯光电科技（福建）有限公司	决赛优胜奖	2
17	福建微波通通信技术有限公司	决赛优胜奖	2
18	漳州市皓康生物科技有限公司	决赛优胜奖	2
19	福州数据技术研究院有限公司	决赛优胜奖	2
20	福建岩康生物科技有限公司	决赛优胜奖	2
21	蜂行者汽车服务有限公司	决赛优胜奖	2

续表

序号	参赛企业	奖项	奖金（万元）
22	福建智涵信息科技有限公司	决赛优胜奖	2
23	福建安泰新能源科技有限公司	决赛优胜奖	2
24	福建省华裕天恒科技有限公司	决赛优胜奖	2
25	华瑞（福建）生物科技有限公司	决赛优胜奖	2
26	福建慧思通三维技术有限公司	决赛优胜奖	2
27	福鼎中重特种机器人有限公司	决赛优胜奖	2
28	福建振杭机器人装备制造有限责任公司	决赛优胜奖	2
29	龙岩龙院奇迈信息科技有限公司	决赛优胜奖	2
30	莆田达斯琪数字科技有限公司	决赛优胜奖	2
31	龙岩市龙狮科技有限公司	决赛优胜奖	2
32	福建希海环保科技有限公司	优秀企业	1
33	福建省高创环境科技股份有限公司	优秀企业	1
34	龙岩文伍车桥制造有限公司	优秀企业	1
35	连城县中触电子有限公司	优秀企业	1
36	漳州三炬生物技术有限公司	优秀企业	1
37	福建美一食品有限公司	优秀企业	1
38	莆田市涵江区依吨多层电路有限公司	优秀企业	1
39	龙岩创嘉科技有限公司	优秀企业	1
40	漳州捷龙自动化技术有限公司	优秀企业	1
41	福建伊斯普电子科技有限公司	优秀企业	1
42	福州众创群升科技有限公司	优秀企业	1
43	漳州顶竹通讯技术有限公司	优秀企业	1
44	福建省希望生物科技有限公司	优秀企业	1
45	福建万润新能源科技有限公司	优秀企业	1
46	福州科力恩生物科技有限公司	优秀企业	1
47	福建蓝昊肽生物科技发展有限公司	优秀企业	1
48	福建泳力泰针织机械有限公司	优秀企业	1
49	福建龙新三维阵列科技有限公司	优秀企业	1
50	福建兴恒机械科技有限公司	优秀企业	1
51	万乘智慧科技（龙岩）有限公司	优秀企业	1
52	上杭县新德里现代农业发展有限公司	优秀企业	1
53	福建正德智能设备有限公司	优秀企业	1
54	漳州金蝶奇思软件有限公司	优秀企业	1
55	福州国化智能技术有限公司	优秀企业	1
56	福建康碳复合材料科技有限公司	优秀企业	1
57	易之泰生物科技（龙岩）有限公司	优秀企业	1

续表

序号	参赛企业	奖项	奖金（万元）
58	福建图宇燎原信息技术有限公司	优秀企业	1
59	福建龙岩龙理医药科技有限公司	优秀企业	1
60	福建平潭瑞谦智能科技有限公司	优秀企业	1
61	福建新天建设发展有限公司	优秀企业	1
62	福建龙腾大数据信息技术有限公司	优秀企业	1
63	福建莆田电商投资管理股份有限公司	优秀企业	1
64	福建省壹蓝智能科技有限公司	优秀企业	1
65	福建心智信息科技股份有限公司	优秀企业	1
66	龙岩建海医药科技有限公司	优秀企业	1
67	福建汉特云智能科技有限公司	优秀企业	1
68	福建希恩凯电子有限公司	优秀企业	1
69	福建创威新材料科技有限公司	优秀企业	1
70	德化二礼陶瓷有限公司	优秀企业	1
71	福州云跃智创科技有限公司	优秀企业	1
72	福建海默农业科技发展有限公司	优秀企业	1
73	福建康圣生物科技有限责任公司	优秀企业	1
74	龙岩煜联信息技术有限公司	优秀企业	1
75	龙岩琦智信息科技有限公司	优秀企业	1
76	龙岩海圣科技有限公司	优秀企业	1
77	漳州纽什达信息科技有限公司	优秀企业	1
78	宁德横渠信息技术有限公司	优秀企业	1
79	福建中信网安信息科技有限公司	设区市赛优胜奖	1
80	福建省佑达环保材料有限公司	设区市赛优胜奖	1
81	中节能（莆田）再生资源利用有限公司	设区市赛优胜奖	1
82	三明市森彩生态农业发展有限公司	设区市赛优胜奖	1
83	漳州智觉智能科技有限公司	设区市赛优胜奖	1
84	福建意格机械设备有限公司	设区市赛优胜奖	1
85	龙岩小桔信息科技有限公司	设区市赛优胜奖	1
86	福鼎中重特种机器人有限公司	设区市赛优胜奖	1
87	福建平潭瑞谦智能科技有限公司	设区市赛优胜奖	1
合　计			194

（摘编：郑新贵）